Das Tagebuch von Witold Gombrowicz ist eines der großen Meisterwerke des Denkens und Beobachtens, eine »Auseinandersetzung mit der Welt mit einem Maximum an Frechheit«. Die Reflexionen, Analysen, Paradoxien und Provokationen des eigensinnigen und äußerst gebildeteten Denkers reizen den Leser zu Gelächter, Zustimmung und Nachdenken. Gombrowicz' Überlegungen zu philosophischen historischen oder aktuellen Themen, sei es Marxismus, Katholizismus oder Homosexualität sind unerwartet und weisen auf verblüffende Zusammenhänge – sie sind aufschlußreiche Pamphlete gegen jedwede Lüge und Ideologie.

Witold Gombrowicz wurde 1904 als Sohn eines Landadeligen in Małoszyce in Polen geboren. 1915 übersiedelte die Familie nach Warschau, wo Gombrowicz nach Abschluß der Schule Jura studierte. Von 1928 bis 1934 arbeitete er an einem Warschauer Gericht, widmete sich aber bald ausschließlich der Literatur. Im Sommer 1939 wurde Gombrowicz auf einer Reise in Buenos Aires vom Ausbruch des Krieges überrascht. Er blieb 24 Jahre in Argentinien. In dieser Zeit entstanden fast alle seine Werke, die ab 1950 auf polnisch in Paris und später auch in Warschau erschienen. 1963 kehrte er nach Europa zurück und ließ sich 1964 in Vence nieder, wo er 1969 starb.

Unsere Adresse im Internet: www.fischerverlage.de

Witold Gombrowicz
Tagebuch 1953–1969

Aus dem Polnischen
von Olaf Kühl

Fischer Taschenbuch Verlag

Veröffentlicht im Fischer Taschenbuch Verlag,
einem Unternehmen der S. Fischer Verlag GmbH,
Frankfurt am Main, August 2004

Lizenzausgabe mit freundlicher Genehmigung
des Carl Hanser Verlags München Wien
Die Originalausgabe erschien 1971 unter dem Titel
›Dziennik (1953–1966)‹, ›Kultura 1967–1969‹
im Institut Littéraire, S.A.R.L.
© Institut Littéraire, S.A.R.L. 1971
Für die deutschsprachige Ausgabe
© Carl Hanser Verlag München Wien 1988
Druck und Bindung: Clausen & Bosse, Leck
Printed in Germany
ISBN 3-596-16437-0

ERSTES BUCH
1953–1956

1953

I

	Montag
Ich.	
	Dienstag
Ich.	
	Mittwoch
Ich.	
	Donnerstag
Ich.	
	Freitag

Józefa Radzymińska hat mir großherzig einige Ausgaben der *Wiadomości* und des *Życie* zur Verfügung gestellt, und zugleich fielen mir ein paar Exemplare der heimatlichen Presse in die Hände. Ich lese diese polnischen Zeitungen wie den Bericht über einen sehr guten und nahen Bekannten, der dann aber plötzlich verreist ist, zum Beispiel nach Australien, um dort merkwürdige Abenteuer zu erleben ... Abenteuer, die insofern gar nicht mehr wirklich sind, als sie jemand anderen und neuen betreffen, der nur noch in einem Zustand loser Identität mit der uns einst bekannten Person ist. So stark spürbar ist die Zeit auf diesen Seiten, daß in uns der Hunger nach Unmittelbarkeit, Lebenslust und der Wunsch nach einer wenn auch nur unvollkommenen Realisierung wach werden. Aber das Leben ist wie hinter Glas – so weit entfernt – es scheint uns alles nicht mehr zu betreffen, so als sähen wir es aus dem fahrenden Zug.

Wenn in diesem Reich vergänglicher Fiktion eine wirkliche Stimme zu hören wäre! Aber nein – das ist entweder Echo, fünfzehn Jahre alt, oder auswendig gelernter Singsang. Die Presse in der Heimat singt die Pflichtmelodie und schweigt dabei wie ein Grab, wie ein Abgrund, ein Geheimnis, und die

Emigrantenpresse ist – bieder. Zweifellos ist uns der Geist in der Emigration verbiedert. Die Emigrantenpresse erinnert an ein Krankenhaus, wo den Rekonvaleszenten nur leichtverdauliche Süppchen gereicht werden. Wozu alte Wunden aufreißen? Weshalb der Härte, mit der das Leben uns gesalbt hat, noch Härte hinzufügen, und sollten wir denn nicht eigentlich ohnehin artig sein, da wir doch schon einen Klaps bekommen haben? . . .

So herrschen hier denn alle christlichen Tugenden, Güte, Menschlichkeit, Erbarmen, Achtung vor dem Menschen, Maß, Bescheidenheit, Anstand, Umsicht und Verstand, und alles was geschrieben wird, ist vor allem gutmütig. So viele Tugenden! So tugendhaft waren wir nicht, als wir noch fester auf den Beinen standen. Ich habe kein Vertrauen zu der Tugend von Pechvögeln, zu einer aus Not geborenen Tugend, und diese ganze Moralität erinnert mich an das Wort Nietzsches: »Die zunehmende Sanftheit unserer Sitten ist Folge unserer Schwächung.«

Im Gegensatz zur Stimme der Emigration klingt die Stimme der Heimat scharf und kategorisch, es scheint ganz unglaublich, daß dies nicht die Stimme der Wahrheit und des Lebens sein soll. Hier weiß man wenigstens, worum es geht – schwarz und weiß, gut und böse –, hier tost die Moral und schlägt wie ein Knüppel. Großartig wäre dieser Gesang, wären die Sänger nicht entsetzt von ihm, und spürte man nicht ein Zittern in ihrer Stimme, das Mitleid erregt . . . In gigantischem Schweigen gestaltet sich unsere uneingestandene, stumme und geknebelte Wirklichkeit.

Donnerstag
»Krakau. Statuen und Paläste, die ihnen ganz großartig vorkommen – für uns Italiener aber ohne größeren Wert sind.«
Galeazzo Ciano, Tagebuch.

Ein Artikel von Lechoń in den *Wiadomości* unter dem Titel »Die polnische Literatur und die Literatur in Polen«. Wie aufrichtig kann das gemeint sein? Diese Ausführungen sollen wieder einmal beweisen (ach, das wievielte Mal?!), daß wir den besten Literaturen der Welt gleich sind – gleich, aber vergessen und unterschätzt! Er schreibt (bzw. sagt, denn das war eine Rede, die in New York für die dortigen Auslandspolen gehalten wurde):

»Unsere Schriftgelehrten konnten, weil sie überwiegend mit dem Polnischen beschäftigt waren, nicht der Aufgabe gerecht werden, unserer Literatur einen geeigneten Platz unter den anderen zu finden und unseren Meisterwerken Weltrang zuzuweisen... Nur ein großer Dichter, ein Meister seiner eigenen Sprache, hätte seinen Landsleuten einen Begriff vom Niveau unserer Dichter geben können, die den Größten der Welt nicht nachstanden, und sie davon überzeugen können, daß diese Dichtung aus dem gleichen Metall, vom gleichen Feingehalt ist wie Dante, Racine und Shakespeare.«

Und so weiter. Aus dem gleichen Metall? Das ist Lechoń wohl danebengegangen. Denn gerade der Stoff, aus dem unsere Literatur gemacht ward, ist anders. Mickiewicz mit Dante oder mit Shakespeare zu vergleichen hieße eine Frucht mit Konfitüre, ein Naturprodukt mit einem verarbeiteten Produkt, Wiese, Feld und Dorf mit Kathedrale oder Stadt zu vergleichen, die ländliche mit der städtischen Seele, die in den Menschen, nicht in der Natur wurzelt und mit Wissen vom Menschengeschlecht geladen ist. War denn Mickiewicz nun kleiner als Dante? Wenn wir uns schon mit solchen Messungen befassen sollen, so sei gesagt, daß er die Welt von den sanften Hügeln Polens aus betrachtete, während Dante auf den Gipfel eines gewaltigen Berges (aus Menschen) gehoben war, von dem sich andere Perspektiven eröffneten. Dante, ohne vielleicht »größer« zu sein, hatte einen höheren Standort: das macht ihn überragend.

Doch genug damit. Es geht mir viel mehr um das Altmodische der Methode und die nie endende Wiederholbarkeit dieses erbaulichen Stils. Wenn Lechoń stolz erwähnt, daß Lautréamont »sich gern auf Mickiewicz berief«, fischt mein müder Sinn eine ganze Reihe ähnlicher, stolzer Offenbarungen aus der Vergangenheit hervor. Wie oft hat nicht dieser oder jener, vielleicht Grzymała, vielleicht auch Dębicki, urbi et orbi nachgewiesen, daß wir denn doch keine Affen aus dem Urwald sind, denn »Thomas Mann hielt die *Ungöttliche* für ein großes Werk«, oder »*Quo Vadis* wurde in sämtliche Sprachen übersetzt«. Das ist der Zucker, den wir uns schon immer schmecken ließen. Ich würde nur gern den Augenblick erleben, da das Pferd der Nation mit den Zähnen nach Lechońs süßer Hand schnappt.

Ich verstehe Lechoń und sein Unterfangen. Das ist, denkt man an den historischen Augenblick in der aufgezwungenen Fremde, vor allem eine patriotische Pflicht. Es ist die Rolle des polnischen Schriftstellers. Zum andern aber glaubt er bestimmt bis zu einem gewissen Grade an das, was er schreibt – »bis zu einem gewissen Grade«, sage ich, denn diese Wahrheiten erfordern ihrer Natur nach viel guten Willen. Und natürlich, wenn es um das »Konstruktive« geht, so ist dieser Auftritt völlig in Ordnung und hundertprozentig positiv.

Gut. Aber ich habe eine andere Einstellung zu diesen Dingen. Einmal war es mir bestimmt, an einer jener Versammlungen teilzunehmen, die dazu dienen, sich nach polnischer Art gegenseitig zu kräftigen und sich Mut zu machen... wo man nach dem Absingen der Rota und dem Tanzen eines Krakowiak daranging, einem Redner zuzuhören, der die Nation lobte, denn »wir haben Chopin hervorgebracht«, denn »wir haben die Curie-Skłodowska« und den Wawel sowie Słowacki und Mickiewicz, und außerdem waren wir ein Bollwerk des Christentums, und die Konstitution des Dritten Mai war sehr fortschrittlich... Er machte sich und den Versammelten klar, daß wir ein großes Volk seien, was vielleicht keinen Enthusiasmus mehr unter den Zuhörern hervorrief (die dies Ritual kannten – sie nahmen daran teil wie an einem Gottesdienst, von dem man keine Überraschungen zu erwarten hat), dennoch aber nahm man gewissermaßen befriedigt zur Kenntnis, daß der patriotischen Pflicht Genüge getan ward. Ich aber empfand diese Zeremonie als eine Ausgeburt der Hölle, dieser nationale Gottesdienst wurde mir zu etwas teuflisch Hohnlachendem und boshaft Groteskem. Denn indem sie Mickiewicz erhoben, erniedrigten sie sich – und mit diesem Lobgesang auf Chopin bewiesen sie nur, daß sie Chopin nicht gewachsen waren – und indem sie in der eigenen Kultur schwelgten, entblößten sie ihre Primitivität.

Genies! Zum Teufel mit diesen Genies! Ich hatte Lust, den Versammelten zu sagen: »Was geht mich Mickiewicz an? Ihr seid mir wichtiger als Mickiewicz. Und weder ich noch irgend jemand anders wird das polnische Volk nach Mickiewicz oder Chopin beurteilen, sondern danach, was hier in diesem Saal geschieht und was hier gesprochen wird. Selbst wenn ihr ein an Größe so armes Volk wäret, daß euer größter Künstler Tetmajer oder die Konopnicka wäre, dafür aber mit der Freiheit geistig unabhängiger Menschen über sie sprechen könntet, mit dem Maß und der Nüchternheit reifer Menschen, wenn eure Worte keinen hinterwäldlerischen, sondern einen Welthorizont hätten ... dann würde euch sogar ein Tetmajer zum Ruhme gereichen. Wie aber die Dinge liegen, dient euch Chopin mit Mickiewicz nur zur Hervorhebung eurer Kleinlichkeit – ihr fuchtelt dem gelangweilten Ausland doch nur deshalb so naiv mit diesen Polonaisen vor der Nase herum, um euer angegriffenes Selbstwertgefühl zu stärken und eure Bedeutung zu steigern. Wie ein Bettler seid ihr, der sich damit brüstet, daß seine Großmutter einen Gutshof hatte und oft in Paris weilte. Ihr seid die armen Verwandten der Welt, die sich und den anderen imponieren wollen.«

Aber nicht das war das Schlimmste und Peinlichste, nicht das erniedrigte und schmerzte am ärgsten. Am Schrecklichsten war, daß hier Leben und lebendiger Verstand Toten geopfert wurden. Denn diese Akademie ließ sich als gegenseitige Verdummung der Polen im Namen Mickiewiczs definieren ... und keiner der Versammelten war so dumm wie die Versammlung, die er bilden half und die nach billiger, prätentiöser und unaufrichtiger Phrase roch. Die Versammlung wußte übrigens, daß sie töricht war – töricht, weil sie Fragen berührte, die sie weder gedanklich noch gefühlsmäßig beherrschte – daher diese Ehrerbietung, diese beflissene Demut vor der Phrase, diese Bewunderung für die KUNST, diese floskelhafte und angelernte Sprache, dieser Mangel an Ehrlichkeit und Aufrichtigkeit. Hier wurde rezitiert. Von Verklemmtheit, Künstlichkeit und Unaufrichtigkeit war die Versammlung aber auch deshalb gekennzeichnet, weil Polen daran teilnahm, und Polen gegenüber weiß sich der Pole nicht zu benehmen, es bringt ihn aus der Fassung und macht ihn manieriert – verschüchtert ihn dermaßen, daß ihm nichts mehr richtig »gerät«, es versetzt ihn in einen Krampfzustand – zu sehr will er Ihm helfen, zu innig ist sein Wunsch, Es zu erhöhen. Denkt einmal daran, daß die Polen sich Gott gegenüber (in der Kirche) normal und korrekt verhalten – gegenüber Polen verlieren sie sich, das ist etwas, woran sie sich noch nicht gewöhnt haben.

Ich erinnere mich an eine Teegesellschaft in einem argentinischen Haus, auf der mein Bekannter, ein Pole, auf Polen zu sprechen kam – und natürlich wurden wieder Mickiewicz, Kościuszko samt König Sobieski und der Schlacht bei Wien aufgetischt. Die Ausländer lauschten artig dem hitzigen Vortrag und nahmen zur Kenntnis, daß »Nietzsche und Dostojewski polnischer Abstammung waren« und daß »wir zwei Literatur-Nobelpreise haben«. Ich dachte daran, daß es eine grobe Taktlosigkeit wäre, sich oder seine Familie auf solche Weise zu loben. Dachte daran, daß dieses Gepoker mit anderen Nationen um Genies und Helden, um Verdienste und kulturelle Errungenschaften unter dem Gesichtspunkt der Propagandataktik eigentlich äußerst ungeschickt ist – denn mit unserem halbfranzösischen Chopin und nicht ganz astreinen Kopernikus können wir gegen die italienische, französische, deutsche, englische und russische Konkurrenz nicht bestehen; gerade unter diesem

Gesichtspunkt sind wir zur Zweitrangigkeit verurteilt. Die Ausländer aber hörten weiter geduldig zu, so wie man Leuten zuhört, die den Anspruch erheben, adlig zu sein und bei jeder Gelegenheit darauf hinweisen, daß ihr Ururgroßvater Burgvogt von Liw gewesen sei. Und sie lauschten umso gelangweilter, als ihnen das völlig gleichgültig war, denn sie selbst, als junges und zum Glück von Genies freies Volk, waren außer Konkurrenz. So hörten sie denn nachsichtig und sogar mitfühlend zu, denn eigentlich konnten sie sich ja in die psychologische Situation *del pobre polaco* hineinversetzen; der aber, von seiner Rolle mitgerissen, war nicht zu bremsen.

Meine Situation jedoch spitzte sich immer mehr zu. Als polnischer Schriftsteller bin ich keineswegs darauf erpicht, irgend etwas außer mir selbst zu repräsentieren, doch zwingt uns die Welt solche Repräsentationsfunktionen gegen unseren Willen auf, und es ist nicht meine Schuld, daß ich für diese Argentinier ein Vertreter der zeitgenössischen polnischen Literatur war. Ich konnte also wählen: entweder diesen Stil des armen Verwandten zu ratifizieren, oder ihn zu vernichten – wobei die Vernichtung auf Kosten aller für uns mehr oder weniger schmeichelhafter und günstiger Informationen geschehen mußte, die hier bekanntgemacht worden waren, und das gewiß zum Nachteil unserer, der polnischen, Interessen. Und dennoch verbot mir nichts anderes als mein nationales Ehrgefühl jegliche Hintergedanken – bin ich doch ein Mensch von zweifellos geschärftem persönlichen Ehrgefühl, und so ein Mensch, selbst wenn er seiner Nation nicht durch gewöhnlichen Patriotismus verbunden wäre, wird immer auf die Ehre der Nation achten, sei es nur aus dem Grund, daß er von ihr nicht loskommt und für die Welt ein Pole ist – deshalb erniedrigt jene Erniedrigung der Nation auch ihn persönlich gegenüber den Menschen. Diese Empfindungen aber, die gewissermaßen zwanghaft und von uns unabhängig sind, sind hundertfach stärker als alle angelernten und abgedroschenen Sentiments.

Wenn uns so ein Gefühl erfaßt, das stärker ist als wir, handeln wir blindlings, und solche Augenblicke sind wichtig für den Künstler, dann nämlich bilden sich die Ausgangsbasen der Form, wird die Haltung zu einem brennenden Problem bestimmt. Was also sagte ich? Mir war klar, daß nur ein radikaler Wechsel der Tonart die Befreiung bringen konnte. Ich bemühte mich also, Geringschätzung in meine Stimme zu legen und sprach dann wie jemand, der den bisherigen Errungenschaften seines Volkes keine größere Bedeutung beimißt, und dessen Vergangenheit weniger wert ist als seine Zukunft – für den das höchste Recht dasjenige der Gegenwart ist, das Recht auf maximale Geistesfreiheit im gegebenen Augenblick. Ich hob die fremden Elemente im Blut der Chopins, Mickiewiczs und Kopernikusse hervor (damit man nicht denke, ich hätte etwas zu verbergen, oder irgend etwas könnte mir die Bewegungsfreiheit nehmen) und sagte, die Metapher, wir, die Polen, hätten sie »hervorgebracht«, sei doch wohl nicht ganz ernst zu nehmen; seien sie doch nur unter uns geboren. Was habe eine Frau Kowalska mit Chopin gemein? Erhöht sich denn das Gattungsgewicht eines Herrn Powalski auch nur einen Deut dadurch, daß Chopin seine Balladen geschrieben hat? Kann die Schlacht vor Wien einem Herrn Ziębicki aus Radom irgendwie zum Ruhm gereichen? Nein (sagte ich), wir sind nicht die direkten Erben vergangener Größe noch Kleinheit – nicht des Verstandes noch der Dummheit – weder der Tugend noch der Sünde – und jeder ist nur für sich allein verantwortlich, jeder ist er selbst.

An dieser Stelle hatte ich jedoch den Eindruck, nicht tief genug zu sein und (wenn das, was ich sagte, eine Wirkung haben sollte) die Angelegenheit umfassender behandeln zu müssen. So gab ich denn zu, daß in den großen Errungenschaften einer Nation, in den Werken ihrer schöpferischen Kräfte bis zu einem gewissen Grade die spezifischen Tugenden zum Ausdruck kommen, die der Gemeinschaft eigen sind, sowie jene Spannungen, Energien, Reize, die in der Masse entstehen und ihr Ausdruck sind – und traf damit genau den Grundsatz der nationalen Selbstvergötterung. Wie ein wirklich reifes Volk seine eigenen Verdienste maßvoll einschätzen müsse, sagte ich, so müsse ein wirklich vitales Volk lernen, sie geringzuschätzen, müsse unbedingt über alles *erhaben* sein, was nicht seine heutige, aktuelle Angelegenheit und sein gegenwärtiges Werden sei...

»Destruktion« oder »Konstruktion«? Eins ist sicher – diese Worte waren insofern empörend, als sie das eifrig errichtete Gebäude der »Propaganda« untergruben, ja selbst die Ausländer verbittern konnten. Aber was ist das für ein Genuß: nicht für jemanden, sondern für sich selbst zu sprechen! Wenn jedes Wort dich in dir bestärkt, dir innere Kraft verleiht und von tausenderlei ängstlichen Rücksichtnahmen befreit – wenn du beim Sprechen nicht der Sklave des Effekts bist, sondern ein freier Mensch!

Et quasi cursores, vitae lampada tradunt.

Doch erst ganz am Schluß meiner Philippika kam ich auf einen Gedanken, der mir – in der Atmosphäre jener trüben Improvisation – am treffendsten schien. Nämlich, daß nichts Eigenes dem Menschen imponieren kann; wenn uns also unsere Größe oder unsere Vergangenheit imponieren, beweist das, daß sie uns noch nicht in Fleisch und Blut übergegangen sind.

FREITAG

Das Aufschlußreichste in den *Wiadomości* sind die Leserbriefe.

»An den Redakteur der *Wiadomości*: In der letzten Ausgabe Zbyszewski wie immer unüberlegt, Mackiewicz ohne Perspektive, dafür aber die Naglerowa Spitze. – Feliks Z.«

»An den Redakteur der *Wiadomości*... Schade, daß unsere Schriftsteller so wenig an sich arbeiten, gutes Material, aber ungeschliffen, einzig und allein Hemar ist ein echter Europäer. Arbeiten heißt es! Józef B.«

»An den Redakteur der *Wiadomości*... In der letzten Ausgabe habe ich geschrieben, Herr Roman sei besser als Żeromski, jetzt sage ich, er ist überhaupt der Beste, Donner und Doria, Herr Roman, für diese letzte Heldentat, eine Delikatesse war das!!! Nur weiter so! Ein Küßchen den Kindern! Konstanty F.«

Eine ehrbare Ecke! Eine Ecke, in der sich auch Herr Wincenty mal so richtig aussprechen, in der Herr Walery seiner Empörung Ausdruck verleihen und Frau Franciszka mit ihrem Wissen auftrumpfen kann. Was ist schlecht daran? Nichts, bestimmt nicht. Auf diese Weise wird immerhin Literatur unter die Leute gebracht, und davon gedeiht die Aufklärung.

Aber daß sich hier im stillen Winkel Personen ausleben, die kein Anrecht erworben haben, an anderem, weniger biederen Ort aufzutreten... diese Biederkeit eben ist mir zuwider. Denn die Literatur ist eine Dame von strengen Sitten, und es geht nicht an, sie mal eben so zu zwacken, wenn niemand guckt. Kennzeichen der Literatur ist Schärfe. Selbst wenn sie dem Leser gutmütig zulächelt, ist Literatur das Ergebnis einer scharfen, harten Entwicklung ihres Schöpfers. Und der Literatur muß an der Verschärfung des Geisteslebens gelegen sein, nicht an einer derartigen Winkeltoleranz.

Dieses Detail, an und für sich bedeutungslos, ist doch insofern charakteristisch, als es die Invasion von Weichheit in ein Gebiet aufzeigt, das hart sein sollte. Eine Literatur, die ständig von allerlei Romane und Feuilletons fabrizierenden biederen Tanten aufgeweicht wird, von den Lieferanten der letzten Prosa und Dichtung, von wortgewandten Weichlingen, eine solche Literatur ist in Gefahr, ein weichgekochtes Ei zu werden, statt – wie es ihre Berufung wäre – ein hartgekochtes zu sein.

SONNABEND

Aus dem Artikel eines Herrn B.T. in den *Wiadomości*: »Ich wage jedoch den Verdacht zu äußern, daß der polnische Optimismus – entgegen allem Anschein – einfach eine Folge von Denkfaulheit ist... Wann immer die Situation brenzlig wird, flüchten wir uns in die Tradition der ›Erbauung‹...«

Nebenan, auf derselben Seite, in einem Artikel von W. Gr.: »Wir vergessen allmählich, daß die Größe der Literatur auf ihrer Selbstherrlichkeit beruht. Die Kunst dient niemandem...«

Eine Hitze. Meine Ermüdung will nicht weiterlesen... und doch beunruhigen diese Wendungen. Ich könnte sie unterschreiben, ihr Inhalt steht mir nahe. Und gerade deshalb, weil sie mir inhaltlich nahe sind, werden sie beunruhigend feindlich. Denn der Inhalt stammt von jemand anderem, ist Ergebnis anderer Welten, eines anderen stilistischen, geistigen Hinterlandes. Es genügt, wenn ich einige weitere Sätze des Herrn W. Gr. lese:

»*Der verliebte Modegeck*, das ist echte Literatur... ein selbstgenügsames Kleinod, wie auch ein gesunder Mensch in fröhlichem Sonnenschein oder luftigem Schatten ein selbstgenügsames Kleinod ist...«

... und allein diese Kombination Kleinod–Gesundheit, bei der mir einfällt, was ich aus seinen anderen Arbeiten von diesem Autor weiß, entfernt mich von ihm und macht mir jene Aussage von ihm unsympathisch. Wieviel hängt davon ab, aus welchem Munde wir eine Meinung hören, die auch die unsere ist, die wir unterstützen. Und ich finde, den Ideen in Polen haben immer die Menschen gefehlt... das heißt, die Menschen waren nicht in der Lage, den Ideen nicht nur genug Kraft, sondern auch jene magnetische Anziehungskraft zu verleihen, die eine gut »gelungene« Seele besitzt. Das ist umso verwunderlicher, als wir eine ungewöhnliche Zahl edler und sogar erhabener Schriftsteller hatten. Und dennoch war die Persönlichkeit eines Żeromski, eines Prus oder Norwid, ja selbst eines Mickiewicz nicht in der Lage, jenes Vertrauen zu erwecken (zumindest in mir nicht), mit dem Montaigne bis zum Rande erfüllt. Das sieht so aus, als hätten unsere Schriftsteller auf ihrem Entwicklungsweg irgend etwas in sich verheimlicht und seien infolge dieser Verheimlichung nicht zu allseitiger Aufrichtigkeit fähig gewesen, als hätte ihre Tugend nicht allen Arten der Sünde ins Auge schauen können.

Aber die oben zitierten Sätze ärgern mich auch aus einem anderen Grunde. Dies autodidaktische »wir«... Wir Polen sind so und so... Uns Polen passiert das und das... Der Fehler von uns Polen ist, daß ... Quälend ist dieser Stil, weil er epidemisch ist, wer von uns belehrte heute das Volk nicht auf diese Weise? Das ist eine jener stilistischen Fallen, die auf den Schreibenden lauern und denen man – ich spreche aus eigener Erfahrung – unerhört schwer entgeht.

Und wie immer ist dieser stilistische Ausrutscher Symptom einer ernsteren Krankheit. Der Irrtum dieser Auffassung ist treffend beschrieben mit dem Aphorismus: *medice, cura te ipsum.* In Wirklichkeit ist dieses »wir« nur eine Floskel – denn der Autor spricht als Erzieher, als derjenige, der uns mit Europa konfrontiert und unsere Unzulänglichkeiten kummervoll konstatiert. Hinter solchen scheinbar bescheidenen Belehrungen verbirgt sich also eine geballte Ladung Überheblichkeit, ganz zu schweigen davon, daß die doch recht schwerfällige Pädagogik solcher Formulierungen allzu schlicht und billig ist ... jeder kann sie sich erlauben, wenn er nur auf »Europäer« macht. Die tiefste und grundlegendste Wurzel dieses Irrtums aber reicht so tief in uns herab, daß es einer gewaltigen Operation bedürfte, ihm endgültig »ade« zu sagen.

Wie soll man das definieren? Das ist eine Frage von Energie und Lebenskraft. Das betrifft unsere ganze Lebenseinstellung. Ach, der kleine Adam überlegte auf der Schule ständig, was für Fehler er habe und wie er sie ausrotten könne, er wollte fromm sein wie Zdziś, praktisch wie Jozio, vernünftig wie Henryś, witzig wie Wacio ... die Lehrer lobten ihn sehr dafür. Aber die Kameraden mochten ihn nicht und prügelten ihn gern.

II

Montag

Nach 16stündiger, ganz erträglicher Fahrt mit dem Bus von Buenos Aires (wären nur die Tangos nicht gewesen, die der Lautsprecher spie!) die grünen Höhen von Salispuedes, und ich in ihrer Mitten, ein Buch von Miłosz mit dem Titel *Verführtes Denken* unter dem Arm. Weil es gestern gegossen hat, komme ich heute mit der Lektüre zu Ende. Das also war euch bestimmt, dies euer Schicksal, so euer Weg, ihr alten Herren Bekannten, Freunde und Genossen aus der *Ziemiańska* oder vom *Zodiak* – hier ich – dort ihr – so hat sich das herausgeschält – so demaskiert. Miłosz erzählt die Geschichte vom Bankrott der Literatur in Polen fließend, und ich fahre mit seinem Buch glatt und schlaglochlos über diesen Friedhof, so wie vorgestern mit dem Bus über die asphaltierte Landstraße.

Entsetzlicher Asphalt! Nicht daß *tempora mutantur*, entsetzt mich, sondern daß *nos mutamur in illis*. Nicht der Wechsel der Lebensbedingungen, der Niedergang von Staaten, die Auslöschung von Städten und andere Überraschungsgeysire, die aus dem Schoße der Geschichte sprudeln, entsetzen mich, sondern daß ein Typ, den ich als X kannte, plötzlich zu Y wird, seine Persönlichkeit wechselt wie das Hemd und beginnt, im Widerspruch zu sich selbst zu handeln, reden, denken und fühlen – das ängstigt mich, macht mich verlegen. Fürchterliche Schamlosigkeit! Lachhaftes Ableben! Ein Grammophon zu werden, dem man eine Platte mit dem Titel »His Master's Voice« auflegt – die Stimme meines Herrn? Wie grotesk ist das Schicksal dieser Schriftsteller!

Schriftsteller? Wir könnten uns manche Enttäuschung ersparen, wenn wir nicht jeden, der »schreiben« kann, gleich als »Schriftsteller« bezeichneten ... Ich kannte diese »Schriftsteller« – das waren Personen von überwiegend seichter Intelligenz und recht beschränktem Horizont, aus denen, so weit ich zurückdenken kann, nichts geworden war ... deshalb haben sie auch heute eigentlich auf nichts zu verzichten. Diese Leichname zeichneten sich zu Lebzeiten durch folgende Eigenschaft aus: es fiel ihnen leicht, sich ein moralisches und ideologisches Antlitz zu fabrizieren, um so das Lob der Kritiker und der ernster zu nehmenden Leser zu ernten. Keine fünf Minuten habe ich an den Katholizismus von Jerzy Andrzejewski geglaubt, und nachdem ich ein paar Seiten aus seinem Roman gelesen hatte, bedachte ich seine vergeistigte Leidensmiene im Café *Zodiak* mit so skeptischem Blick, daß der beleidigte Autor sofort sämtliche Beziehungen zu mir abbrach.

Aber sowohl der Katholizismus wie das Märtyrerhafte des Buches wurden mit »Hosianna«-Rufen von Naivlingen begrüßt, die den aufgewärmten Klops für ein blutiges Lendenbeefsteak nahmen. Der versoffene Nationalismus eines Gałczyński, der übrigens wirklich begabt war, taugte nicht mehr als die Intellektualismen Ważyks oder die Ideologie der Gruppe *Prosto z mostu*. In den Warschauer Cafés bestand damals, ähnlich wie in den Cafés der ganzen Welt, eine Nachfrage nach »Idee und Glauben«, so daß die Schriftsteller von heute auf morgen an dies oder jenes zu glauben begannen. Was mich betrifft, ich hielt das immer für Kinderei; ich tat sogar ganz amüsiert, auch wenn mich beim Anblick dieses Vorspiels zur späteren Großen Maskerade insgeheim die Angst überkam. All das war vor allem billig, und nicht weniger billig war in den meisten Fällen die rührselige Menschenfreundlichkeit des Frauenvölkchens, das Dichtertum Tuwims und der Gruppe Skamander, die Erfindungen der Avantgarde, der ästhetisch-philosophische Wahnwitz der Peipers und Brauns sowie andere Erscheinungen des literarischen Lebens.

Geist entsteht aus der Imitation von Geist, und ein Schriftsteller muß Schriftsteller spielen, um schließlich ein solcher zu werden. Die Vorkriegsliteratur in Polen war, von einigen kleinen Ausnahmen abgesehen, eine ganz gelungene Imitation von Literatur, aber mehr auch nicht. Diese Leute wußten, wie ein großer Schriftsteller zu sein hat – »authentisch« – »tief« – »konstruktiv« –, also waren sie geflissentlich bemüht, diese Anforderungen zu erfüllen; den Spaß verdarb ihnen aber das Bewußtsein, daß nicht ihre eigene »Tiefe« und »Erhabenheit« sie zum Schreiben trieb, sondern daß sie – umgekehrt – jene Tiefen in sich fabrizierten, um Schriftsteller zu sein. So lief eine subtile Erpressung mit Werten ab, und man konnte nicht mehr sagen, ob jemand vielleicht allein deshalb zur Demut aufrief, um sich hervorzutun und berühmt zu werden, oder ob ein anderer den Bankrott von Kultur und Literatur womöglich zu dem Zweck verkündete, ein guter Autor zu werden. Je hungriger aber diese in den eigenen Widersprüchen gefangenen Wesen nach einem wahren und reinen Wert wurden, desto verzweifelter empfanden sie, daß allmählich alles nur noch Schund und Plunder war. Oh, diese ausgefeilten Intelligenzen, diese hochgeschraubten Niveaus, an den Haaren herbeigezogenen Subtilitäten und Seelenqualen, die dem Leser da vorgesetzt wurden! Es gab nur ein Mittel, dieser Hölle zu entkommen: die Wirklichkeit aufdecken, diesen ganzen Mechanismus entblößen und den Primat des Menschlichen vor dem Göttlichen loyal anerkennen – aber gerade davor hatte nicht nur unsere Literatur Angst, das wollten die Literaten um keinen Preis eingestehen – obwohl allein das ihnen zu einer neuen Wahrheit und Aufrichtigkeit hätte verhelfen können. Das ist der Grund, warum die polnische Vorkriegsliteratur immer mehr ins Epigonentum abrutschte. Das ehrbare Völkchen aber, das diese Literatur ernstgenommen hatte, war sehr erstaunt zu sehen, daß ihre »führenden Autoren«, vom historischen Moment an die Wand gedrängt, reibungslos zum neuen Glauben konvertierten und überhaupt nach fremder Pfeife zu tanzen begannen. Schriftsteller! Aber das ist es ja gerade, daß diese Schriftsteller um keinen Preis aufhören wollten, Schriftsteller zu sein, sie waren zu den heldenhaftesten Opfern bereit, um nur bei ihrer Schriftstellerei zu bleiben.

Ich behaupte keineswegs, daß ich, wäre ich demselben Druck ausgesetzt gewesen wie sie, nicht ebenso versagt hätte, halte das sogar für sehr wahrscheinlich – aber ich hätte mich wenigstens nicht so dumm gestellt wie sie, weil ich mir selbst gegenüber aufrichtiger war und mir diese absoluten Werte nicht so reich über die Lippen kamen. Damals in den drangvollen und lauten Cafés von Warschau hatte ich schon so eine Art Vorgefühl von dem nahenden Tag der Konfrontation, der Aufdeckung und Entblößung und vermied deshalb auf alle Fälle lieber jede Phrasendrescherei. Und dennoch: nicht alles an dieser Pleite ist Pleite, und heute suche ich in Miłoszs Buch eher nach neuen Entwicklungsmöglichkeiten als nach Anzeichen des völligen Scheiterns. Mich interessiert die Frage: inwieweit können diese finsteren Erfahrungen den Schriftstellern des Ostens eine Überlegenheit über ihre westlichen Kollegen verschaffen?

Denn es ist unleugbar, daß sie in ihrem Niedergang den Westen auf eine spezifische Weise überragen, und Miłosz betont mehr als einmal die eigenartige Kraft und Klugheit, die die Schule der Verlogenheit, des Terrors und der konsequenten Deformation vermitteln kann. Aber Miłosz selbst ist eine Illustration dieser eigenartigen Entwicklung, denn sein ruhiger, flüssiger Stil, der seinen Gegenstand mit kaltblütiger Ruhe observiert, schmeckt nach einer eigenartigen Reife, die sich in mancher Hinsicht von der unterscheidet, welche im Westen gedeiht. Ich möchte sagen, Miłosz kämpft in seinem Buch an zwei Fronten: hier geht es nicht nur darum, im Namen der westlichen Kultur den Osten zu verdammen, sondern auch darum, dem Westen ein eigenes, andersartiges Erlebnis, das man von dort mitgebracht hat, und das neue Wissen von der Welt zwingend mitzuteilen. Und dieses schon beinah persönliche Duell des zeitgenössischen polnischen Schriftstellers mit dem Westen, in dem es darum geht, den eigenen Wert, die eigene Kraft und Andersartigkeit zu beweisen, ist für mich interessanter als die Analyse der Probleme des Kommunismus – die, auch wenn sie außerordentlich scharfsinnig ist, doch nichts wirklich Neues mehr bringen kann.

Er selbst, Miłosz, hat sich einmal ungefähr so ausgedrückt: der Unterschied zwischen dem westlichen Intellektuellen und dem östlichen besteht darin, daß ersterer nie richtig eins in die Fresse gekriegt hat. Im Sinne dieses Aphorismus bestünde unser Trumpf (ich schließe mich selbst nicht aus) darin, daß wir Vertreter einer brutalisierten Kultur sind, also dem Leben näherstehen. Doch Miłosz kennt die Grenzen dieser Wahrheit selbst sehr gut – und es wäre traurig, wenn sich unser Prestige ausschließlich auf diesen geprügelten Körperteil stützen sollte. Denn ein geprügelter Körperteil ist kein Körperteil im normalen Sinne, und Philosophie, Literatur und Kunst sollten doch denjenigen dienen, denen man nicht die Zähne ausgeschlagen, die Augen blaugehauen und die Kiefer verrenkt hat. Und schaut euch Miłosz an, wie er – trotz allem – versucht, seine Verwilderung an die Erfordernisse westlicher Verweichlichung anzupassen.

Seele und Leib. Es kommt vor, daß leiblicher Komfort die Seele schärfer macht, und daß hinter lauschigen Gardinen, im stickigen Zimmer des Bourgeois eine Härte heranwächst, die jene, die mit Flaschen auf Panzer losgingen, sich nie hätten träumen lassen. Unsere brutalisierte Kultur wäre also nur dann zu etwas nütze, wenn sie, gut verdaut, zu einer neuen Form wirklicher Kultur würde, zu unserem durchdachten und organisierten Beitrag zum universalen Geist.

Frage: Sind Miłosz oder eine freie polnische Literatur in der Lage, dieses Programm auch nur zum Teil zu erfüllen? Ich schreibe dies alles auf meinem Zimmerchen und muß nun abbrechen, denn das Abendbrot in der Pension Las Delicias wartet auf mich. Ade also nun für kurze Zeit, mein geliebtes Tagebuch, treuer Hund meiner Seele – aber winsle nicht – dein Herrchen geht zwar jetzt, aber es kommt wieder.

MITTWOCH

Seit einiger Zeit (verursacht vielleicht von der Eintönigkeit meiner Existenz hier) packt mich oft eine Neugier, die ich in dieser hochkonzentrierten Intensität nie zuvor gekannt habe – die Neugier, was im nächsten Augenblick passieren wird. Vor meiner Nase – eine Mauer aus Dunkelheit, aus der das unmittelbarste Sofort wie eine drohende Offenbarung hervortritt. Was wird sein... hinter dieser Ecke? Ein Mensch? Ein Hund? Wenn ein Hund, welcher Gestalt, welcher Rasse? Ich sitze am Tisch, und im nächsten Augenblick wird die Suppe gereicht, aber ... was für eine Suppe? Diese grundlegende Erfahrung ist bisher von der Kunst nicht recht bearbeitet worden, der Mensch als Instrument, das Unbekanntes in Bekanntes verwandelt, zählt nicht zu ihren Haupthelden.

Ich habe Miłoszs Buch durchgelesen.

Eine unerhört lehrreiche und anregende Lektüre für uns alle, für die polnischen Schriftsteller darüberhinaus erschütternd. Ich denke fast ununterbrochen daran, wenn ich allein bin, und immer weniger interessiert mich Miłosz als Verteidiger der westlichen Zivilisation, immer mehr dafür Miłosz als Gegner und Rivale des Westens. Dort, wo er bewußt anders sein will als die westlichen Schriftsteller, ist er für mich am bedeutsamsten. Ich spüre in ihm, was auch in mir steckt, nämlich Abneigung und Geringschätzung gegenüber diesen Autoren, mit einem Beigeschmack bitterer Ohnmacht. Ein Vergleich Miłoszs mit Claudel zum Beispiel, oder mit Cocteau, oder selbst mit Valéry, führt zu merkwürdigen Ergebnissen. So sollte es scheinen, daß dieser polnische Schriftsteller, Kollege von Andrzejewski und Gałczyński, Stammgast im Café *Ziemiańska*, über mehr realistische Kraft verfügt und »moderner«, ja sogar geistig freier, offener für die Wirklichkeit und loyaler ihr gegenüber ist; und weiter erhält man den Eindruck, daß er womöglich noch einsamer ist; und weiter, daß er die Reste jener Illusionen abgestreift hat, an die die westlichen Dichterpropheten sich noch klammern (denn Valéry, obwohl man ihm sämtliche Illusionen ausgetrieben hat, findet doch noch immer Halt in seinem Milieu und einem gewissen gesellschaftlichen Festland – Miłosz dagegen ist ganz und gar aus dem Sattel geworfen). Man könnte also meinen, daß diese brutalisierte Kultur eine – gar nicht geringe – Überlegenheit verschafft. Doch das alles ist irgendwie noch nicht zu Ende gedacht, nicht zu Ende gesprochen, nicht gefestigt, und uns fehlt vielleicht jene völlige Bewußtseinsklarheit, die unserer Wahrheit zur vollen Kraft und Eigenart verhelfen würde. Uns fehlt der Schlüssel zu unserem Rätsel.

Wie ärgerlich, daß unsere Einstellung zum Westen so unklar ist! Mit der Welt des Ostens konfrontiert, ist der Pole genau definiert und von vornherein bekannt. Steht er aber mit dem Gesicht nach Westen, schaut er trübe aus den Augen und ist voll unklaren Zorns, Mißtrauens und geheimen Ärgers.

Donnerstag

Es regnet und ist ziemlich kalt. Las deshalb den ganzen Tag in den *Brüdern Karamasov*, in einer hervorragenden Ausgabe, die auch die Briefe und Kommentare Dostojewskis enthält.

Freitag

Post. R. hat mir Briefe und Zeitschriften geschickt, darunter die letzte *Kultura*. Ihr entnehme ich, daß Miłosz den Prix Européen für einen Roman erhalten hat, den ich nicht kenne: *La prise du pouvoir*. In derselben *Kultura* – Bemerkungen von Miłosz über die *Trauung* und *Trans-Atlantik*.

Sonnabend

Die meisten der wenigen Briefe, die ich zu *Trans-Atlantik* bekomme, sind weder Ausdruck des Protestes wegen »Beleidigung heiligster Gefühle«, noch Polemik oder auch nur Kommentar. Nein. Nur zwei gewaltige Probleme sind es, die diese Leser fesseln: wie kann ich es wagen, mitten im Satz Wörter mit großen Anfangsbuchstaben zu schreiben? Wie mich erdreisten, das Wort »Schei...« zu benutzen?

Was soll man von dem intellektuellen und überhaupt dem Niveau einer Person halten, die bis heute nicht weiß, daß ein Wort sich ändert, je nachdem, wie es benutzt wird – daß sogar das Wort »Rose« seinen Duft verlieren kann, wenn eine affektierte Ästhetin es in den Mund nimmt, und daß selbst das Wort »Sch...« ganz wohlerzogen daherkommen kann, wenn es mit zielbewußter Disziplin eingesetzt wird?

Aber die lesen wörtlich. Wenn jemand erhabene Worte benutzt, ist er edel; benutzt er kräftige, ist er stark; ordinäre – ordinär. Und diese stumpfsinnige Wortwörtlichkeit grassiert selbst in den höchsten gesellschaftlichen Kreisen – wie soll man da von einer polnischen Literatur auf breiter Basis träumen?

DIENSTAG
(Zwei Wochen später, nach der Rückkehr nach Buenos Aires)
Ich habe einen Brief von Miłosz bekommen, der folgende Kritik von *Trans-Atlantik* enthält:

»Bei dieser Gelegenheit möchte ich Ihnen mitteilen, was ich von Ihren Arbeiten halte. Bisweilen habe ich den Eindruck, Sie gingen wie Don Quijote vor, der Windmühlen und Schafen ein eigenartiges Leben verlieh. Aus der Sicht der Heimat (oder überhaupt im Hinblick auf die gewaltigen Prügel, die man dort bezogen hat) sind ›die Polen‹, die Sie von ihrem Polentum befreien wollen, jämmerliche Existenzen von überaus schemenhafter Daseinsintensität... Mit anderen Worten, Sie tun manchmal so, als hätte es das alles, das heißt diese ganze, so furchtbar erfolgreiche Liquidation dort in Polen nicht gegeben, als wäre Polen von einer Mondkatastrophe hinweggefegt worden, und da kommen Sie mit Ihrer Abneigung gegen das unreife, provinzielle Polen der Zeit vor 1939. Die Abrechnung auf eigene Faust ist vielleicht nützlich, oder sogar notwendig, aber für mich sind das Menschen, mit denen schon gründlich genug abgerechnet worden ist. Und eine Menge Fragen sind schon gründlich abgehandelt. Das ist ein sehr kompliziertes Problem, das darauf beruht, daß der Marxismus *liquidiert* (so wie zum Beispiel die Zerstörung einer Stadt alle Ehestreitigkeiten, Möbelsorgen usw. liquidiert).«

»Doch gibt es da so eine nihilistische Falle, und wir schwanken zwischen dem Wunsch, die Menschen in Polen zu erreichen, d.h. eine post-marxistische Geisteshaltung zu schaffen (die den Marxismus aufnehmen und verdauen muß), und dem

Bedürfnis nach einem ganz eigenen, selbständigen Denken (das keine Rücksicht auf das Klima nehmen kann, das dort in den unterjochten Ländern herrscht und immerhin so real ist, daß es Vergangenheit wie Zukunft verändert). Wenn ich Sie lese, muß ich immer daran denken...«

Darauf antwortete ich:
»Lieber Czesław Miłosz, wenn ich richtig verstanden habe, erheben Sie gegen *Trans-Atlantik* zwei Einwände: daß ich mich mit dem Polen vor 1939 beschäftige, das sich in Luft aufgelöst hat, und das aktuelle, wirkliche Polen außer acht lasse; und daß mein Denken, wie ein Kater, allzusehr seine eigenen Wege geht, daß ich meine eigene Welt besitze, die chimärisch oder veraltet scheinen mag.

Aber wie Sie richtig bemerken, beurteilen Sie das aus der Sicht der Heimat. Und ich kann die Welt nicht anders betrachten als aus meiner eigenen Sicht.

Um eine gewisse Ordnung in meine Gefühle zu bringen, habe ich mir vorgenommen (und das schon vor langer Zeit), nur über meine eigene Wirklichkeit zu schreiben. Ich kann nicht über das heutige Polen schreiben, weil ich es nicht kenne. Diese ›Erinnerungen‹, die *Trans-Atlantik* ja sind, betreffen meine Erlebnisse aus dem Jahre 1939, angesichts der damaligen polnischen Katastrophe.

Kann denn die Beschäftigung mit dem Polen der Vergangenheit für das gegenwärtige Polen wichtig sein? Sie erwähnen in Ihrem Brief Don Quijote – und ich glaube, Cervantes hat den Don Quijote geschrieben, um mit den fürchterlichen Ritterromanen seiner Zeit abzurechnen, von denen keine Spur blieb. Der Don Quijote aber ist geblieben. Daraus kann man, können auch bescheidenere Autoren die Lehre ziehen, daß man auf unvergängliche Weise über vergängliche Dinge schreiben kann.

Über das Polen von 1939 zielt *Trans-Atlantik* auf jedes Polen der Gegenwart und Zukunft ab, denn mir geht es um die Überwindung der nationalen Form als solcher, um die Gewinnung von Distanz zu jeglichem ›polnischen Stil‹, wie immer er beschaffen sei. Heute sind die Polen in der Heimat auch einem bestimmten ›polnischen Stil‹ ausgeliefert, der dort unter dem Druck des neuen kollektiven Lebens entsteht. Wenn wir in hundert Jahren noch eine Nation sind, werden sich andere Formen zwischen uns herausgebildet haben, und mein später Enkel wird sich gegen sie auflehnen, so wie ich mich heute auflehne.

Ich greife die polnische Form an, weil sie die meine ist... und weil alle meine Werke in einem gewissen Sinne (in einem gewissen – denn das ist nur ein Sinn meines Unsinns) das Verhältnis des modernen Menschen zur Form revidieren wollen – zu der Form, die nicht unmittelbar aus ihm folgt, sondern ›zwischenmenschlich‹ geschaffen wird. Ich brauche Ihnen wohl nicht zu sagen, daß dieser Gedanke mitsamt all seinen Verzweigungen ein Kind der heutigen Zeit ist, da die Menschen ganz bewußt darangehen, den Menschen zu formen – mir scheint sogar, dieser Gedanke ist zentral für das heutige Bewußtsein.

Aber obwohl ich nichts schrecklicher finde als Anachronismen, will ich mich nicht allzusehr an die aktuellen Tageslosungen binden, die sich doch schnell ändern. Ich meine, die Kunst sollte sich von allen Slogans besser fernhalten und eigene, persönlichere Wege suchen. In Kunstwerken gefällt mir am meisten jene geheimnisvolle Abweichung, die bewirkt, daß das Werk, obwohl seiner Epoche verhaftet, doch die Schöpfung eines besonderen Einzelnen ist, der sein eigenes Leben lebte...«

Ich führe diesen Briefwechsel an, um dem Leser einen Einblick in Gespräche von Schriftstellern zu verschaffen, die wie Miłosz und ich – jeder auf seine Weise – nach ihrer schriftstellerischen Linie suchen. Aber dazu noch ein Kommentar: mein Brief an Miłosz wäre viel ehrlicher und vollständiger, hätte ich in ihm die Wahrheit gesagt, daß mir gar nicht so sehr an diesen Thesen, Wegen und Problemen liegt; daß ich mich zwar damit abgebe, aber eigentlich ohne große Lust; im Grunde bin ich vor allem *kindlich*... Ob Miłosz auch *vor allem* kindlich ist?

MITTWOCH

Miłosz ist eine Kraft ersten Ranges. Ein Autor von klar umrissener Aufgabe, dazu berufen, unser Tempo zu beschleunigen, damit wir mit der Epoche Schritt halten – und ein großartiges Talent, das für diese seine Bestimmung bestens gerüstet ist. Er besitzt etwas, das mit Gold nicht aufzuwiegen ist, und das ich als »Willen zur Wirklichkeit« bezeichnen möchte, zudem ein Gespür für die drastischen Punkte unserer Krise. Er gehört zu den wenigen, deren Wort Bedeutung hat (das einzige, was ihm zum Verhängnis werden könnte, ist Überhastung).

Aber dieser Autor ist gegenwärtig zu einem Spezialisten für Polen, also auch für den Kommunismus geworden. So wie ich zwischen dem westlichen und dem östlichen Miłosz unterschied, so sollte man vielleicht auch zwischen Miłosz als »absolutem« Schriftsteller und Miłosz als dem Protokollanten allein des historisch aktuellen Moments unterscheiden. Und dieser westliche Miłosz (d.h. der, der im Namen des Westens den Osten verurteilt) ist nun gerade von geringerem Format und eher ein Kind seiner Zeit. Gegen den West-Miłosz lassen sich mehrere Einwände erheben, die insgesamt jenen Zweig der Gegenwartsliteratur betreffen, der nur von einem Problem lebt: dem Kommunismus.

Der erste Einwand ist: sie übertreiben. Nicht in dem Sinne, daß sie die Gefahr unnötig aufbauschten, sondern daß sie jener Welt Züge einer geradezu dämonischen Einmaligkeit verleihen und sie als etwas nie Gesehenes und somit Frappierendes darstellen. Diese Einstellung ist aber mit Reife unvereinbar – die nämlich kennt das Wesen des Lebens und läßt sich von seinen Ereignissen nicht überraschen. Revolutionen, Kriege, Katastrophen – was bedeutet dieser Schaum im Vergleich zum fundamentalen Grauen des Daseins? So etwas habe es noch nicht gegeben, sagt ihr? Ihr vergeßt, daß in dem Krankenhaus um die Ecke nicht minder furchtbare Dinge geschehen. Millionen kommen um, sagt ihr? Ihr vergeßt, daß pausenlos Millionen umkommen, ohne Unterlaß, seit die Welt besteht. Solche

Schreckensbilder entsetzen euch, weil eure Phantasie eingeschlafen ist und ihr vergeßt, daß wir ständig mit einem Bein in der Hölle stehen.

Das ist wichtig – denn der Kommunismus kann nur vom Standpunkt strengster und tiefster Existenz wirksam verurteilt werden, niemals vom Standpunkt eines oberflächlichen und gemilderten: eines bürgerlichen Lebens. Ihr laßt euch von dem typischen Künstlerbedürfnis hinreißen, das Bild möglichst ausdrucksvoll und grell zu zeichnen. Daher ist eure Literatur eine Aufbauschung des Kommunismus, und ihr konstruiert eine derart mächtige und einmalige Vorstellung, daß nicht viel fehlt, und ihr fallt selbst vor ihr auf die Knie.

Ich frage deshalb, ob es der Geschichte und unserem Wissen von der Welt und dem Menschen nicht angemessener wäre, wenn ihr diese Welt hinter dem Vorhang nicht als eine neue, unerhörte und dämonische Welt betrachtet, sondern nur als Entstellung und Verzerrung der gewöhnlichen Welt; und wenn ihr die Proportionen zwischen diesen Konvulsionen einer aufgewühlten Oberfläche und dem unaufhörlichen, machtvollen und tiefen Leben wahrtet, das darunter abläuft?

Zweiter Einwand: Indem ihr alles auf diese eine Antinomie zwischen Osten und Westen zurückführt, müßt ihr – das ist unvermeidlich – den Schemata zum Opfer fallen, die ihr selbst erschafft. Dies umso mehr, als man nicht unterscheiden kann, was bei euch Wahrheitssuche und was Versuch einer psychischen Mobilisierung zu diesem Kampf ist. Damit will ich nicht behaupten, daß ihr Propaganda betreibt – will nur sagen, daß in euch tiefe Kollektivinstinkte wirksam sind, die die Menschheit heutzutage zwingen, sich auf eine Schlacht zu konzentrieren. Ihr treibt im Strom der Massenphantasie, die sich ihre Begriffe, Bilder und Mythen schon geschaffen hat, und diese Strömung reißt euch weiter mit, als euch lieb ist. Wieviel Orwell steckt in Miłosz? Wieviel Koestler in Orwell? Wieviel haben beide von den tausend und abertausend Worten, die die Druckerpressen – zu ebendiesem Thema – Tag für Tag produzieren, was keineswegs von amerikanischen Dollars verursacht ist, sondern seinen Grund in unserer Natur hat, die die Welt gern definieren mag. Der grenzenlose Reichtum des Lebens wird bei euch auf einige Probleme reduziert, ihr operiert mit der Konzeption einer simplifizierten Welt, einer Konzeption, deren provisorischer Charakter euch sehr wohl klar ist.

Nun beruht aber der Wert der reinen Kunst darauf, daß sie Schemata zerschlägt.

Und der dritte Vorwurf ist noch schmerzlicher: Wem wollt ihr dienen? Dem Einzelnen oder der Masse? Denn der Kommunismus unterwirft doch den Menschen der Gemeinschaft, und die treffendste Art, den Kommunismus zu bekämpfen, ist folglich die Stärkung des Einzelnen gegenüber der Masse. Wenn es nur zu verständlich ist, daß Politik, Presse und die auf praktische Wirkung abzielende Gebrauchsliteratur eine Kollektivkraft schaffen wollen, die zum Kampf gegen die Sowjets fähig ist, so ist doch die Aufgabe der ernsten Kunst eine andere – und entweder wird sie ewig bleiben, was sie von Anbeginn der Welt war, nämlich Stimme des Individuums, Ausdruck des Menschen in der Einzahl, oder sie wird eingehen. In diesem Sinne sind eine Seite Montaigne, ein Gedicht von Verlaine, ein Satz Proust »antikommunistischer« als der anklagende Chor, den ihr darstellt. Sie sind frei – und damit befreiend.

Und schließlich der vierte Vorwurf: Die wirklich ehrgeizige Kunst (und diese Vorwürfe gelten nicht all und jedem, sondern nur Künstlern mit hochgesteckten Zielen, die auf den Titel des Künstlers Wert legen) muß ihrer Zeit voraus, muß immer Kunst von morgen sein. Wie ist diese gewaltige Aufgabe mit der Aktualität der Kunst, d.h. mit ihrer Bedeutung in der Gegenwart zu vereinbaren? Die Künstler sind stolz darauf, daß die letzten Jahre ihr Bild vom Menschen ungeheuer erweitert haben – so sehr, daß im Vergleich dazu unlängst verstorbene Autoren schon naiv wirken –, doch all diese Wahrheiten und Halbwahrheiten wurden ihnen nur dazu gegeben, um sie zu überwinden und andere zu entdecken, die sich hinter ihnen verbergen. Die

Kunst muß also Zerstörerin der heutigen Begriffe im Namen der kommenden sein. Aber diese neuen, kommenden Geschmäcker, morgigen Gefühle, uns bevorstehenden Geisteslagen, Konzeptionen und Emotionen – wie sollen sie einer Feder entfließen, die allein danach strebt, die heutige Vision, die heutigen Widersprüche zu zementieren? Miłoszs Anmerkungen in der *Kultura* zu meinem Theaterstück illustrieren das ausgezeichnet. Er hat einen Blick für das in der *Trauung*, was »zeitgemäß« ist – Verzweiflung und Klage über die Erniedrigung der Menschenwürde und den gewaltsamen Zusammenbruch der Zivilisation –, aber er bemerkt nicht, wie sehr Lust und Vergnügen hinter der Fassade des Heute lauern, um den Menschen jeden Augenblick über seine Niederlage zu erheben.

Allmählich bekommen wir die heutigen Gefühle satt. Unsere Symphonie nähert sich dem Moment, da der Bariton sich erhebt und intoniert: O Freunde, nicht diese Töne, sondern laßt uns angenehmere anstimmen...! Doch der Gesang der Zukunft wird nicht von denen geschrieben werden, die allzusehr der Gegenwart verhaftet sind.

Es wäre unklug von mir, Leuten einen Vorwurf zu machen, die Alarm schlagen, weil sie's brennen sehen. Das ist nicht meine Absicht. Aber ich sage: Jeder soll tun, wozu er berufen und begabt ist. Eine Literatur schweren Kalibers muß weit schießen und vor allem darauf achten, daß ihr die Reichweite nicht beschnitten wird. Wollt ihr, daß das Geschoß weit fliegt, so richtet den Lauf nach oben.

FREITAG
Eine neue Ausgabe der *Wiadomości*, darin meine Erzählung *Bankett*. Sowie ein »schmeichelhafter« Artikel über Miłosz. Ich lese: »Das *Verführte Denken* ist eine große Abschaffung des Pompösen in der Emigrationsliteratur.« Weiter: »Bestimmte Kapitel von Miłosz erinnern mich von den mir bekannten Sachen vor allem an die Schreibweise Prousts, nur daß sie besser sind als Prousts Werke.« Dann so ein Abschnitt: »Die übrigen

Kapitel sind historisch-ökonomisch-philosophische Theorien, die den Wissensschatz des Autors sichtlich überschreiten. Das sind glänzend formulierte Aphorismen, denen die Grundlage von Wissen und Wissenschaft fehlt: Die Prätentionen dieses Buches gehen weit über seinen tatsächlichen Wert hinaus.«

Ich fürchte, die Prätentionen dieser Rezension gehen weit über ihren realen Wert hinaus. Wenn die Emigrationsliteratur noch eine »Abschaffung des Pompösen« braucht und wenn das Miłoszs größtes Verdienst sein soll, dann... dann verliert man lieber kein Wort über Proust, der hat denn doch weniger elementare Sorgen. Überhaupt ist die Zusammenstellung Miłoszs mit Proust dazu angetan, dem Leser sämtliche Sinne zu verwirren und ihm einen Aufschrei der Art »Was soll die Kuh auf dem Dach?!« zu entlocken.

Aber das ist weniger wichtig. Mehr Aufmerksamkeit verdient der dritte von mir zitierte Passus. Wer von den Literaten, wer von den Gebildeten, Herr Mackiewicz, wer selbst von den Weisen besitzt denn jene »Grundlagen von Wissen und Wissenschaft« in der notwendigen Vollständigkeit? Ist es nicht so, daß unsere Bibliotheken unsere Aufnahmefähigkeit inzwischen übersteigen, daß wir alle mehr oder minder Ignoranten sind und uns gar nichts anderes übrigbleibt, als uns in bester Absicht des Wissensschatzes zu bedienen, den wir besitzen? Hätte also jemand von so hervorragender Intelligenz wie Miłosz nicht das Recht, ganz einfach seine persönlichsten Erlebnisse zu erzählen und die ihm gemäße Wahrheit darin zu suchen, ohne daß man ihn als eingebildeten Ignoranten beschimpft? In der sechsten Klasse war ich Mitglied im Diskussionsklub und erinnere mich, daß das die mörderischsten Vorwürfe waren – mörderischer umso mehr, als sie wie ein Bumerang zurückkamen:

Du bist ein eingebildeter Ignorant, nicht ich!

Und wo hat er das mit den historisch-ökonomisch-philosophischen Theorien her, die angeblich den Großteil des Buches ausmachen? Wirklich, über Bücher wird der größte Blödsinn geschrieben.

Mein Verhältnis zu den *Wiadomości* (auch zur *Kultura*) und zu St. Mackiewicz ist kompliziert. Ich halte die *Wiadomości* für ein ausgezeichnetes und außerordentlich nützliches Wochenblatt und lese Mackiewicz mit dem größten Vergnügen, selbst wenn er mich ärgert – aber die erdrückende Leichtigkeit, mit der die literarische Publizistik die Literatur abfertigt, reizt mich zum Widerstand. Die literarische Presse hat etwas, daß sie der Literatur im Halse steckenbleibt.

Donnerstag

Einmal habe ich jemandem erklärt, man müsse sich Folgendes vorstellen, um die wahrhaft kosmische Bedeutung zu erfassen, die der Mensch für den Menschen besitzt: Ich bin ganz allein in der Wüste; niemals habe ich Menschen gesehen und habe auch keine Ahnung, daß es einen anderen Menschen geben könnte. Da erscheint in meinem Gesichtsfeld ein analoges Wesen, das doch nicht ich ist – das gleiche Prinzip, verkörpert in einem anderen Leib – jemand Identisches und dennoch Fremdes – und ich erfahre wunderbare Vervollständigung und schmerzliche Zweiteilung zugleich. Vor allem aber eine Offenbarung: Ich bin grenzenlos geworden, unvorhersehbar für mich selbst, in all meinen Möglichkeiten vervielfacht durch diese fremde, frische und doch identische Kraft, die sich mir da nähert, so als näherte ich selbst mich mir von außen.

Um die Gedanken zu Miłosz abzuschließen: Ich versuche zu verstehen, welches die Schlüsselidee sein könnte, die unsere östlichen Erfahrungen dem Westen vermitteln, welches der Beitrag der modernen polnischen Literatur zur Literatur des Westens sein könnte.

Sicher fasse ich diese Sache ein wenig subjektiv auf. Ich bin kein Denkspezialist und verhehle nicht, daß für mich der Gedanke lediglich ein Hilfsgerüst ist. Ich will nur sagen, welche Saiten jene östliche, unsere, Wirklichkeit in mir anschlägt.

Für einen gläubigen Kommunisten ist die Revolution der

Triumph von Vernunft, Tugend und Wahrheit, für ihn hat sie also nichts, was von der normalen Linie menschlichen Fortschritts abwiche. Dem »Heiden« dagegen, wie Miłosz sagt, verschafft die Revolution ein anderes Bewußtsein, das er in folgendem Satz formuliert: Der Mensch kann mit dem Menschen alles machen.

Darin steckt jenes Etwas, das uns östliche Literaten in etwa vom Westen zu trennen beginnt. (Seht, wie vorsichtig ich bin. Ich sage »in etwa«, »beginnt«.) Der Westen lebt trotz allem der Vision des vereinzelten Menschen und der absoluten Werte. Uns dagegen wird immer spürbarer eine andere Formel bewußt: Mensch plus Mensch, Mensch mal Mensch – und sie sollte keineswegs mit einem Kollektivismus gleich welcher Art assoziiert werden. Der jüdische Philosoph Buber hat das recht gut formuliert, als er davon sprach, daß die bisherige individualistische Philosophie schon am Ende ist und die größte Enttäuschung, die der Menschheit in nächster Zukunft harrt, der Bankrott der kollektiven Philosophie sein wird, die den Einzelnen, indem sie ihn als eine Funktion der Masse begreift, in Wirklichkeit solchen Abstrakta wie gesellschaftliche Klasse, Staat, Nation, Rasse unterwirft; und erst auf den Leichnamen dieser Weltanschauungen wird das dritte Bild des Menschen erstehen: der Mensch im Zusammenhang mit dem anderen, konkreten Menschen, ich in Verbindung mit dir und mit ihm...

Der Mensch durch den Menschen. Der Mensch in bezug auf den Menschen. Der vom Menschen immer neu geschaffene Mensch. Der vom Menschen potenzierte Mensch. Ist es eine Illusion von mir, darin eine verborgene, neue Wirklichkeit zu sehen? Aber ich stoße doch, wenn ich über die Mißverständnisse nachdenke, die gegenwärtig zwischen uns und dem Westen erwachsen, ständig auf diesen »anderen Menschen«, der zur Kategorie einer schaffenden Kraft erhoben ist. Man kann das in zwanzig verschiedenen Definitionen fassen, auf hundertfünfzig Weisen sagen, Tatsache bleibt doch, daß uns Söhnen des Ostens das Problem des individuellen Gewissens, an dem sich noch die halbe französische Literatur mästet, zwischen den Fingern zerrinnt und Lady Macbeth und Dostojewski unglaubwürdig werden... daß uns mindestens die Hälfte der Texte verschiedener Mauriacs vorkommt, als wären sie auf dem Mond geschrieben, und wir aus den Stimmen eines Camus, Sartre, Gide, Valéry, Eliot, Huxley unverdauliche Finesse heraushören, ein Überbleibsel aus Zeiten, die für uns vergangen sind. Und diese Unterschiede werden in der Praxis so deutlich, daß ich zum Beispiel (und ich sage das ohne jede Übertreibung) überhaupt nicht in der Lage bin, mit Künstlern über Kunst zu reden – denn der Westen, seinen absoluten Werten weiter treu, glaubt noch an die Kunst und an den Genuß, den sie uns vermittle, für mich aber ist das ein aufgezwungener Genuß, der zwischen uns entsteht – und wo sie einen Menschen vor der Musik Bachs knien sehen, sehe ich Menschen, die sich gegenseitig zum Knien und zu Begeisterung, Genuß und Bewunderung zwingen. So eine Auffassung von Kunst muß sich auf meinen ganzen Umgang mit ihr auswirken, und ich bin anders darin, wie ich ein Konzert höre, die großen Meister bewundere oder Lyrik beurteile.

So ist es mit allem. Wenn dieses Empfinden in uns sich bisher noch nicht entsprechend stark geäußert hat, so deshalb, weil wir in einer überkommenen Sprache befangen sind; es dringt aber immer stärker durch die Ritzen der Form an die Oberfläche. Was wird, was könnte entstehen in Polen und in den Seelen der ruinierten und brutalisierten Menschen, wenn eines Tages auch diese neue Ordnung verschwindet, die die alte erwürgt hat, und das Nichts beginnt? Man stelle sich das bildlich vor: das ehrwürdige Gebäude einer tausendjährigen Zivilisation zusammengebrochen, Stille und Leere ringsum, wir auf seinen Trümmern – ein Schwarm grauer und kleiner Menschenwesen, die sich vor Verblüffung noch nicht fassen können. Denn ihre Dome, die Altäre, Gemälde, Kirchenfenster und Statuen, vor denen sie knieten, das Gewölbe, das ihnen Schutz bot, liegen in Schutt und Asche, und sie selbst stehen in all ihrer Nacktheit da. Wo Schutz suchen? Was vergöttern? Zu wem beten? Wen fürchten? Worin einen Quell von Inspiration und Glauben finden? Wäre es ein Wunder, wenn sie in sich selbst die einzige schöpferische Kraft und die einzige ihnen zugängliche Gottheit sehen würden? Das ist der Weg, der von der Verehrung der Menschenprodukte zur Entdeckung des Menschen als entscheidender und nackter Kraft führt.

Die Bewohner des Prachtbaus der westlichen Zivilisation sollten sich auf eine Invasion von Obdachlosen mit ihrem neuen Gespür für den Menschen vorbereiten... die nie erfolgen wird. Jetzt eben habe ich meine Meinung geändert. Denn ein Bulgare traut dem andern nicht, ein Bulgare verachtet den Bulgaren, ein Bulgare hält den anderen für ein... (hier wäre das berühmte auspunktierte Wort einzusetzen). So zwingen wir denn niemandem unser Empfinden auf, weil wir unsere Empfindungen nicht ernst nehmen. Und es wäre zu verwunderlich, wenn ein solches Menschenbild unter Menschen entstünde, die sich nicht für voll nehmen.

DIENSTAG

Eine andere Rezension, diesmal im *Orzeły Biały*, über »*Trans-Atlantik* und die *Trauung*«. Jan Ostrowski. Wenn schon ich von diesen zerzausten, ungewaschenen Sätzen mit verrenkten Gliedern, diesem wilden Gestammel nichts verstehe – was sollen dann andere verstehen?

»Wie üblich treffen die avantgardistischen Horchposten die drastischsten Dinge im herausgestreckten ›Popo‹.«

»Nach seinen Erklärungen zu urteilen, liegt Gombrowiczs Problematik in... der Aufdeckung einer teilchenhaften Vollkommenheit.« »Vom Importeur literarischer Neuigkeiten während des Krieges hat Gombrowicz sich zu einem Exporteur polnischer Literaturerzeugnisse gewandelt.«

Oder so ein grammatikalischer Schnitzer:

»Der fertige Text als Kunstwerk können die Theorien des Autors nicht gutmachen.«

Drei Spalten solchen Schmutzes. Ostrowski ist, soviel ich weiß, Leiter der Literaturabteilung im *Orzeł*. Diesen Artikel konnte tatsächlich nur derjenige zum Druck freigeben, der ihn geschrieben hat.

Weshalb pufft das verführte Denken des Herrn Redakteurs mein Buch in die Rippen und zwackt es nach Kräften? Ich bin diesem Geheimnis nachgegangen und habe die Lösung in folgendem Satz gefunden: »Er hat sich und die Emigration ›besudelt‹ ... Jetzt bekommt er erst einmal polemische Prügel und eine kräftige Dosis anästhisierendes Schweigen.« Herr Ostrowski hat eingesehen, daß polemische Prügel wirksamer sind, obwohl jemand, der nicht sprechen kann, lieber anästhisierend schweigen sollte. Wer nur Blödsinn redet, Herr Ostrowski, schweigt mich besser tot. Was anfangen mit dem entzückenden Phänomen eines »Feuilletonisten« à la Ostrowski? Der genüßliche Kiebitz, der in wenigen Worten Weltanschauungen zerschlägt, Lehren erteilt, Wahrheiten aufdeckt, gestaltet, konsolidiert, formiert, demaskiert, konstruiert, lanciert, orientiert ... Sogar mit Gott pfeffert er sein Feuilleton, aber bei Gott, es geht ihm gar nicht um Gott, sondern allein darum, jemandem eine Nadel in den ... zu stecken. Was berechtigt ihn zu einem derartigen Mißbrauch des Gottesnamens und so vieler geachteter Namen, mit denen er sein Feuilleton gespickt hat, und dem Mißbrauch der Gutgläubigkeit des Lesers? Was? Natürlich – gesunde Ideale. Ich aber als schändlicher Zerstörer und Zyniker weiß, daß nichts leichter ist, als gesunde Ideale zu haben. Das kann doch jeder. Gesunde Ideale hat jeder – wenigstens nach seiner eigenen Überzeugung. Diese gesunden Ideale sind das Verderbnis, die Krankheit, der Fluch unseres unredlichen Jahrhunderts. Ostrowski ist eine Mikrobe genau der Krankheit, deren Diagnose Miłosz uns liefert – so zeitigen kleine Ursachen furchtbare Wirkungen. Ideale zu haben ist keine Kunst, aber eine Kunst ist es, im Namen sehr großer Ideale keine kleinen Fälschungen zu begehen.

III

Mittwoch

Bei einer Begegnung mit dem jungen Maler Eichler bei Grodzickis erklärte ich: ich glaube nicht an die Malerei! (Musikern sage ich immer: ich glaube nicht an die Musik!) Später erfuhr ich von Zygmunt Grocholski, daß Eichler ihn gefragt hat, ob ich solche Paradoxe zum Spaß betreibe. Sie ahnen gar nicht, wieviel Wahrheit in diesem Spaß steckt... wahrhaftigere Wahrheit wohl als jene, von denen ihre sklavische »Kunstverbundenheit« sich nährt.

Gestern ließ ich mich von N.N. überreden und ging mit ihm ins Museo Nacional de Bellas Artes. Der Überfluß der Gemälde quälte mich, noch bevor ich dazu kam, sie zu betrachten; wir gingen von Saal zu Saal; blieben vor einem der Bilder stehen; traten dann an ein anderes heran. Mein Gefährte strahlte selbstverständlich »Einfachheit« und »Natürlichkeit« aus (jene sekundäre Natürlichkeit, die Überwindung der Künstlichkeit) und hütete sich ganz nach den Regeln des savoir-vivre vor allem, das man der Exaltiertheit hätte zeihen können... ich atmete Apathie, buntschillernd zwischen Ekel, Unlust, Rebellion, Wut und Widersinn.

Außer uns vielleicht noch zehn Personen... die herantraten, betrachteten, sich entfernten... das Mechanische ihrer Bewegungen, ihre gedämpfte Stille ließen sie wie Marionetten erscheinen, und im Vergleich zu den Gesichtern, die da von den Leinwänden auf sie herabsahen, hatten sie gar keine. Nicht zum ersten Mal sehe ich, wie das Antlitz der Kunst die Gesichter lebendiger Menschen auslöscht. Wer geht denn auch ins Museum? Irgendein Maler – öfter ein Kunststudent oder ein Gymnasiast – eine Frau, die zuviel Zeit hat, ein paar Liebhaber – Personen, die von fern gekommen sind und die Stadt besichtigen – aber sonst fast niemand, obwohl alle auf Knien schwören könnten, Tizian oder Rembrandt seien Wunderwerke, von denen man eine Gänsehaut bekommt.

Mich wundert diese Menschenleere nicht. Große, leere, bilderbehängte Säle sind abstoßend widerwärtig und dazu angetan, in tiefste Verzweiflung zu stürzen. Gemälde eignen sich nicht dazu, eins neben dem anderen an der kahlen Wand zu hängen, ein Gemälde ist dazu da, den Raum zu schmücken und diejenigen zu erfreuen, die Zugang zu ihm haben. Hier wird Gedränge produziert, die Quantität erdrückt die Qualität, Meisterwerke, nach Dutzenden gezählt, sind keine Meisterwerke mehr. Wer kann sich einen Murillo anschauen, wenn daneben ein Tiepolo einen Blick erheischt und weiter entfernt dreißig Gemälde schreien: Guck, guck her! Es besteht ein unerträglicher, erniedrigender Kontrast zwischen der *Intention* dieser Kunstwerke, deren jedes das einzige und ausschließliche sein will, und ihrer Aushängung in diesem Gebäude. Aber die Kunst – nicht nur die Malerei – ist reich an solchen beiläufigen Mißtönen, Absurditäten, Häßlichkeiten und Dummheiten, die wir aus unserer Wahrnehmung verbannen. Ein welkender Tenor in der Rolle des Siegfried, kaum noch erkennbare Fresken, eine Venus mit abgebröckelter Nase, eine alternde Frau, die junge Gedichte rezitiert – das stört uns alles nicht.

Ich aber bin immer weniger geneigt, meine Empfindsamkeit in säuberlich getrennte Fächer einzuteilen und die Augen vor Absurditäten zu verschließen, die mit der Kunst einhergehen, ohne Kunst zu sein. Ich verlange von der Kunst nicht nur künstlerische Qualität, sondern auch, daß sie im Leben gut verankert ist. Weder will ich ihre allzu lächerlichen Heiligtümer tolerieren, noch die Gebete... die uns allzusehr der Lächerlichkeit preisgeben. Wenn das Meisterwerke sind, die uns mit Begeisterung erfüllen sollen – weshalb ist unser Gefühl dann ängstlich und unsicher und stolpert umher? Bevor wir vor einem Meisterwerk auf die Knie fallen, überlegen wir uns, ob das auch ein Meisterwerk ist, wir fragen schüchtern, ob es uns überwältigen sollte, informieren uns emsig, ob wir jenes himmlische Entzücken empfinden dürfen – und geben uns erst dann der Begeisterung hin. Wie ist die angeblich erschütternde Gewalt der

Kunst, die so unwiderstehlich, spontan und offensichtlich sein soll, mit der Unsicherheit unserer Reaktion zu vereinbaren? Und auf Schritt und Tritt wird die Verlogenheit unserer Sprache von ergötzlichen Faux-pas, fürchterlichen Reinfällen und fatalen Irrtümern kompromittiert. Immer wieder ohrfeigen die Tatsachen unsere Unaufrichtigkeit. Weshalb ist dieses Original 10 Millionen wert, während jene Kopie von ihm nur 10 Tausend kostet (obwohl sie so perfekt ist, daß sie genau die gleichen künstlerischen Eindrücke vermittelt)? Weshalb versammelt sich vor dem Original eine andächtige Menge, während die Kopie niemand bestaunt? Jenes Bild war für himmlisches Entzücken gut, solange es als ein »Werk Leonardos« galt; heute wirft niemand mehr einen Blick darauf, weil die Farbanalyse gezeigt hat, daß es das Werk eines Schülers ist. Diese Schultern von Gauguin sind ein Meisterstück, aber um dieses Meisterstück einschätzen zu können, muß man die Technik kennen, die ganze Geschichte der Malerei im Kopf haben und einen ausgepichten Geschmack besitzen – mit welchem Recht also bewundern es jene, die dafür nicht ausgebildet sind? Wenn wir demnach (sagte ich zu meinem Begleiter, als wir das Museum verlassen hatten), statt die Farben zu analysieren, die Reaktionen des Betrachters einer genaueren, experimentellen Untersuchung unterziehen würden, würden wir eine solche Unmenge von Fälschungen ans Licht bringen, daß sämtliche Parthenons krachend zusammenstürzten und die Sixtinische Madonna vor Scham in Flammen aufginge.

Er sah mich nur schief an – ich begriff, daß sein Vertrauen im Begriff war, erschüttert zu werden. Meine Argumente kamen ihm primitiv vor, nicht deshalb, weil ich seiner Meinung nach unrecht hätte, sondern vor allem, weil das nicht die Sprache einer Person aus »Künstlerkreisen« war und weder Malraux, noch Cocteau, noch irgend jemand von denen, die er schätzte, sich auf diese Weise geäußert hätten. Das war eine Begriffssphäre, der sie schon lange entwachsen waren, ja, eine »niedere Sphäre«, etwas, das wirklich unter dem Niveau war, nein, in diesem Ton konnte man nicht über Kunst sprechen! Und ich wußte, was ihm in den Sinn kam: daß ich ein Pole, also ein primitiveres Wesen bin. Aber gleichzeitig war ich der Autor von Büchern, die er für »europäisch« hielt... also war das aus meinem Munde wohl kein slavischer Primitivismus, sondern eher Theater, Verrücktspielen? Er sprach: »Sie sagen das, um mich zu ärgern.«

Ärgern! Wenn eure Stumpfheit mich ärgert, dann laßt euch gefälligst auch von mir ärgern! Weshalb will euch nicht in den Kopf, daß Raffinement Einfachheit keineswegs ausschließt, sondern gerade mit ihr einhergehen sollte und muß. Daß jemand, der sich kompliziert, ohne dabei in der Lage zu sein, sich zu vereinfachen, die innere Widerstandsfähigkeit gegenüber jenen Kräften verliert, die er in sich geweckt hat und die ihn zerstören? Selbst wenn in meinen Worten nichts als das Verlangen gewesen wäre, der Kunst nicht zu erliegen, ihr gegenüber souverän zu bleiben, so hätte das schon Beifall verdient: denn das ist gesunde Künstlerpolitik. Aber ich hatte – darüberhinaus – andere, tiefere Gründe, von denen er nichts wußte. Ich hätte ihm sagen können:

»Du denkst, ich bin naiv, dabei bist du es, der naiv ist. Du bist dir gar nicht klar darüber, was in dir vorgeht, wenn du die Bilder betrachtest. Du meinst, du näherst dich der Kunst freiwillig, angelockt von ihrer Schönheit, du meinst, dein Umgang mit ihr geschieht in einer Atmosphäre der Freiheit, und der Genuß, hervorgezaubert von der göttlichen Rute der SCHÖNHEIT, erwacht spontan in dir. In Wirklichkeit aber ist es so, daß eine Hand dich im Genick packt, dich vor das Bild schleppt und dich auf die Knie zwingt – und ein Wille, der stärker ist als deiner, befiehlt dir, dich um die richtigen Gefühle zu bemühen. Was für eine Hand das sei, und was für ein Wille? Diese Hand ist nicht die Hand eines Einzelnen, dieser Wille ist ein kollektiver Wille, der in einer zwischenmenschlichen, dir ganz fremden Dimension entsteht. Du bewunderst also gar nicht – du bemühst dich nur, zu bewundern.«

Das hätte ich sagen können, und vieles andere... aber ich bezwang mich... Das alles muß stumm in mir bleiben – denn wie soll ich dem Gedanken Gewicht verleihen, ihn ausbauen und in einer ausführlicheren Arbeit organisieren, wenn meine Zeit die von niemandem geachtete Zeit eines kleinen Angestellten ist? Sich in Andeutungen äußern? In Anspielungen auf eine Wahrheit, die man nicht ganz zutage bringen kann? Bekenntnislos und fragmentarisch mußte ich bleiben, ohnmächtig gegenüber dem Widersinn, der mich entstellte... und nicht nur mich...

Er sagt: Ich bewundere. Ich sage: Du bemühst dich, zu bewundern. Ein kleiner Unterschied, doch auf dieser kleinen Verdrehung ruht ein Berg von frommer Heuchelei. Und in dieser verlogenen Schule wird Stil geformt, nicht nur der künstlerische, sondern der Denkstil und das Gefühl einer Elite, die hierherkommt, um ihr Empfinden zu vervollkommnen und Sicherheit der Form zu erlangen.

FREITAG

Ich erinnere mich an einen Vortrag, den ich vor einigen Jahren in Fray Mocho gehalten habe (er ist später u.d.T. *Gegen die Dichter* in der *Kultura* erschienen). Damals, als ich versuchte, diesen Argentiniern, die doch so weit von Europa entfernt waren, klarzumachen, daß wir unsere Einstellung zur Versdichtung ändern müssen, sagte man mir: »Ist das die Möglichkeit? Sie verlangen, daß die Kunst ›für alle‹ sei, Sie, als typischer Eliteautor?«

Aber ich fordere keineswegs eine populäre Kunst, noch bin ich (wie auch behauptet) ein Feind der Kunst, noch stelle ich ihr Gewicht und ihre Bedeutung in Frage. Ich behaupte nur, daß sie anders wirkt, als wir meinen. Und es macht mich wütend, daß die Unkenntnis dieses Mechanismus uns ausgerechnet dort unredlich werden läßt, wo Authentizität über alles geht. Und bei den Polen ärgert mich das erst recht.

Denn unsere slavische Einstellung zu den Dingen der Kunst ist lockerer, wir nahmen die Kunst nicht so ernst wie die westeuropäischen Völker und besitzen mehr Bewegungsfreiheit. Genau das versuchte ich oft Zygmunt Grocholski klarzumachen, der schwer an seinem Polentum trägt, das bei aller elementaren Kraft von Paris erdrückt wird; sein Ringen ist ebenso verzweifelt wie das Drama all jener polnischen Künstler, die es sich zur einzigen Losung gemacht haben, »Europa einzuholen«, und die bei diesem Wettlauf dadurch behindert werden, daß sie ein andersartiger und spezifischer Typ Europäer sind, geboren an einem Ort, wo Europa nicht mehr ganz Europa ist. Etwas in der Art habe ich auch zu Eichler gesagt, als wir uns bei den Grodzickis unterhielten:

»Ich wundere mich, daß die polnischen Maler nicht versuchen, den Trumpf des Polentums in der Kunst auszuspielen. Wollt ihr ewig den Westen nachahmen? Vor der Malerei kuschen, wie die Franzosen? Ernsthaft malen? Auf den Knien malen, mit tiefer Hochachtung, schüchtern malen? Ich akzeptiere diese Art der Malerei, aber sie ist doch gegen unsere Natur, wir haben schließlich andere Traditionen. Die Polen haben sich nie übermäßig um die Kunst geschert, wir neigten immer der Ansicht zu, die Tabaksdose sei für die Nase da und nicht die Nase für die Tabaksdose, uns paßte eher der Gedanke, daß ›der Mensch über dem steht, was er schafft‹. Habt keine Angst mehr vor den eigenen Bildern, hört auf, die Kunst zu verehren, behandelt sie nach polnischer Art, von oben herab, unterwerft sie euch, dann wird Originalität in euch frei, dann öffnen sich euch neue Wege, und ihr werdet das Wertvollste, das Fruchtbarste gewinnen: eine eigene Wirklichkeit.«

Ich konnte Eichler, den es viel Anstrengung gekostet hatte, zu solidem Europäertum zu kommen, nicht überzeugen – er sah mich an mit einem Blick, den ich kannte, und der soviel besagte wie: »Du hast leicht reden!« Maler und bildende Künstler, die von einer Masse technischer Probleme erdrückt werden und konzentriert um die Perfektion von Farbe und Strich kämpfen, hegen im allgemeinen nicht den Wunsch, aus ihrer Werkstatt herauszukommen, wissen es nicht zu schätzen, daß eine neue Auffassung so manchen Knoten zerhaut, der sich anders nicht lösen ließ. Während ich also von ihnen verlange, Menschen zu sein, die malen – wollen sie nichts als Maler sein. Ich bin dennoch zuversichtlich, daß ins uns heute Raum ist für eine eigenere – und schöpferische – Kunstauffassung. Haben wir doch am eigenen Leibe nacheinander zwei Konzeptionen erlebt, von denen die eine, die aristokratische, den Rezipienten zwingt, sich für etwas zu begeistern, das er weder empfinden noch verstehen kann, die zweite aber, die proletarische, den Schaffenden zwingt, etwas zu produzieren, das er verachtet, das unter ihm steht und sich nur für Simpel und Winzlinge eignet. Das Ringen dieser feindlichen Schulen geschieht an unserem eigenen Leib, und sie zerstören einander mit solcher Gewalt, daß ein Vakuum in uns entstanden ist – werden wir aus diesem Höllenbad je gereinigt hervorgehen, fähig zu eigenem und andersartigem schöpferischen Akt?

Verliert keine wertvolle Zeit für den Wettlauf mit Europa – einholen werdet ihr es nie. Versucht nicht, zu polnischen Matisses zu werden, auf euren Macken wächst so schnell kein Braque. Nehmt euch lieber die europäische Kunst aufs Korn, seid Demaskierer, statt euch zu fremder Reife hochzuziehen, versucht lieber, Europas Unreife bloßzustellen. Bemüht euch, euer wahrhaftiges Empfinden zu organisieren, damit es in der Welt zu objektivem Sein gelangt, findet eine Theorie, die mit eurer Praxis übereinstimmt, schafft eine Kunstkritik von eurem Standpunkt aus, schafft ein Bild von der Welt, vom Menschen, von der Kultur, das euch gemäß wäre – habt ihr dieses Bild gemalt, so werden euch andere Bilder nicht schwerfallen.

SONNABEND

G.R. las mir einen Brief vor, den er von einer Polin bekommen hat und von dem er behauptet, daß er eigentlich an mich gerichtet sei. Ich habe mir folgende Absätze herausgeschrieben:

»Wirklich, ich will nichts wissen, nein, nein, nein, ich will nur glauben. Ich glaube an die Unfehlbarkeit meines Glaubens und die Richtigkeit meiner Grundsätze. Ein Gesunder will sich nicht von Bazillen anstecken lassen, und ich will nicht den gedanklichen Pesthauch einatmen, der meinen Glauben zerrütten kann, den Glauben, den ich zum Leben brauche, der mir sogar mein Leben selbst ist...«

»Glauben kann man nur, wenn man glauben will und wenn man den Glauben in sich hegt; wer seinen Glauben absichtlich auf die Probe stellt, der glaubt nicht mehr an den Glauben. Es ist so, daß man nicht nur glauben muß. Man muß glauben, daß man glauben muß. Man muß an den Glauben glauben! Den Glauben in sich liebgewinnen.«

»Ein Glauben ohne Glauben an den Glauben ist nicht stark, er kann auch niemanden befriedigen.«

Das habe ich in Fray Mocho vorgelesen. Man fragte interessiert, ob der Katholizismus in Polen heute ebenso glühend sei wie früher, und *Polonia sempre fidelis*? Ich sagte, das heutige Polen sei wie ein Stück trockenes Brot, das krachend in zwei Hälften zerbricht: die gläubige und die ungläubige. Zu Hause dachte ich daran, daß die obigen Zitate sich für eine Erörterung eignen. Dieser »Glaube an den Glauben«, dieser starke Akzent, der auf den glaubenschaffenden Willensakt gelegt wird, dieser Rückzug aus dem Glauben in die Sphäre, wo er entsteht – das ist etwas, was mir wirklich zu denken gibt.

Abgesehen davon: Welchen Standpunkt soll ich zum Katholizismus einnehmen? Ich meine nicht meine im engeren Sinne künstlerische Arbeit, dort sucht man sich weder Standpunkte noch Einstellungen aus, die Kunst erschafft sich selbst – sondern an meine Literatur in ihrer umgänglich-sozialen Form, diese Artikel und Feuilletons da... Diesem Problem stehe ich ganz allein gegenüber, denn unser Denken hat seit der Lähmung im Jahre 1939 in diesen fundamentalen Fragen nicht einen Schritt vorwärts getan. Nichts können wir richtig durchdenken, weil wir den Kopf nicht frei haben. Unser Denken ist so gebannt von unserer Situation und so vom Kommunismus fasziniert, daß wir nur gegen oder mit ihm denken können – und *avant la lettre* sind wir an seinen Wagen geschmiedet, er hat uns besiegt, indem er uns an sich gefesselt hat, auch wenn wir uns scheinbarer Freiheit erfreuen. So darf man denn auch den Katholizismus heute nur als eine Kraft des Widerstands denken, und Gott ist zur Pistole geworden, mit der wir Marx erschießen wollen. Das ist ein heiliges Geheimnis, das sattelfesten Freimaurern die Köpfe senkt, den Kirchenwitz aus weltlichen Feuilletons vertrieben hat, dem Dichter Lechoń rührende Strophen an die Gottesmutter diktiert, sozialistisch-atheistische Professoren wieder so rührend unschuldig macht wie zur Zeit ihrer Erstkommunion und überhaupt Wunder wirkt, die sich die Philosophen bisher nicht träumen ließen. Aber... ist das ein Triumph Gottes, oder Marxens? Wäre ich Marx, so wäre ich stolz – an Gottes Stelle aber, als einem Absolutum, wäre mir nicht ganz geheuer. Pharisäer! Wenn ihr den Katholizismus jetzt nötig habt, dann bringt ein bißchen mehr Mut auf und tretet mit offenem Visier an ihn heran. Diese gemeinsame Front soll nicht nur Politik sein. Ich bin einfach dafür, daß alles, was in unserem Geistesleben geschieht, möglichst gründlich und aufrichtig geschieht. Die Zeit ist reif dafür, daß die Atheisten nach einer neuen Verständigung mit der Kirche suchen.

Aber wenn man es grundsätzlich stellt, wird das Problem gleich so abschreckend schwierig, daß man wahrlich den Mut verlieren kann. Wie sollen wir uns mit jemandem verständigen, der glaubt, glauben will und keinen Gedanken an sich heranläßt, der auf dem dogmatischen Index steht? Gibt es denn irgendeine gemeinsame Sprache zwischen mir, der ich von Montaigne und Rabelais herkomme, und dieser glaubensversessenen Briefschreiberin? Was immer ich sagen würde, sie würde es ihrer Doktrin anpassen. In ihr ist alles schon gelöst, kennt sie doch die letzte Wahrheit vom Weltall – wodurch ihr Menschentum einen ganz anderen und meines Erachtens recht absonderlichen Charakter hat. Um mit ihr einig zu werden, müßte ich diese ihre letzten Wahrheiten erschüttern – aber je überzeugender, desto teuflischer wäre ich zugleich für sie, desto fester würde sie die Ohren schließen. Sie darf keinen Zweifel zulassen, meine guten Gründe werden nur ihr *credo quia absurdum* nähren.

Und hier tut sich eine erschreckende Analogie auf. Hat man im Gespräch mit einem Kommunisten nicht den Eindruck, mit einem »Gläubigen« zu sprechen? Für den Kommunisten ist auch alles geklärt, zumindest in der jetzigen Phase des dialektischen Prozesses, er ist im Besitz der Wahrheit, er weiß Bescheid. Und mehr noch, er glaubt, und noch mehr, er will glauben. Selbst wenn du ihn überzeugtest, er läßt sich nicht überzeugen, weil er sich der Partei verschrieben hat: die Partei weiß es besser, die Partei weiß für ihn. Hast du, als deine Worte von dieser Hermetik abprallten wie die Erbsen von der Wand, nicht den Eindruck gehabt, daß die eigentliche Trennungslinie zwischen den Gläubigen und den Ungläubigen verläuft, und daß dieser Kontinent des Glaubens so zerstrittene Kirchen wie den Katholizismus, den Kommunismus, den Nazismus und Faschismus umfaßt . . . In diesem Augenblick hast du also das Gefühl gehabt, von einer kolossalen heiligen Inquisition bedroht zu sein.

Sonnabend
Ingenieur L. lud mich zu der Versammlung einer katholischen Gesellschaft ein. Ungefähr zwanzig Personen und ein Mönch. Man sprach ein kurzes Gebet, dann las L. Texte von Simone Weil in eigener und – soweit ich sah – sehr guter Übersetzung. Danach Diskussion.

Wie immer auf solchen Versammlungen frappierten mich vor allem die verzweifelten technischen Mängel dieses Vorhabens. Simone Weil ist schwierig, kondensiert, von innerem Erleben ganz geladen, auf viele ihrer Gedanken muß man mehrmals zurückkommen – wer von diesen Leuten hätte sie im Fluge erfassen, sich aneignen, im Gedächtnis behalten können? Und selbst wenn man sie begriffen hätte . . .

Die Diskussion war von der landläufigen Art, die niemanden mehr aufregen kann. Trotzdem schien mir die Situation mit Shakespeare zu sagen:

Doch ist Gefährliches in mir,
Vor dem ich dich zu hüten rate...

Es ist nicht wahr, daß alle gleich wären und jeder jeden besprechen könnte. Simone Weil war ins Getriebe dieser weniger entwickelten Geister, gewiß unreiferen Seelen geraten, und mit solch ungeschicktem Räderwerk durchwalkte man nun ein viel höherstehendes und überragendes Phänomen. Man äußerte sich bescheiden und ungekünstelt, niemand aber rang sich zu der Feststellung durch, daß er nichts verstanden habe und überhaupt nicht berechtigt sei, darüber zu sprechen.

Das Erstaunlichste war, daß sie, die persönlich so tief unter der Weil standen, sie von oben herab behandelten, von den Höhen jener kollektiven Weisheit, die sie erhöhte. Sie wähnten sich im Besitz der Wahrheit. Wäre Sokrates auf dieser Sitzung erschienen, sie hätten ihn wie einen Pennäler behandelt, weil er nicht auf dem laufenden war... Sie wußten es besser.

Eben dieser Mechanismus, der es einem niederen Menschen ermöglicht, die persönliche Konfrontation mit dem höheren zu meiden, erschien mir unmoralisch.

-

Sonntag
Und dennoch wünsche ich keinen, möchte ich keinen Krieg mit dem Katholizismus; ich suche aufrichtig Verständigung. Und das natürlich unabhängig von der politischen Konjunktur. Seit Boy die »schwarze Okkupation« attackierte, sind viele Wasser die Weichsel hinabgeflossen. Ich war nie Anhänger eines allzu flachen Laizismus, und Krieg und Nachkriegszeit haben mich in dieser Beziehung nicht viel geändert, haben mich eher in dem Verlangen nach einer elastischeren Welt mit tieferer Perspektive bekräftigt.

Wenn ich mit dem Katholizismus leben kann, so deshalb, weil Ideen mich immer weniger interessieren und ich allen Nachdruck auf das Verhältnis des Menschen zur Idee lege. Die Idee war und ist immer ein Schirm, hinter dem andere und wichtigere Dinge geschehen. Die Idee ist Vorwand. Die Idee ist Hilfsmittel. Das Denken, losgelöst von der menschlichen Wirklichkeit etwas Majestätisches und Großartiges, wird zu lauter Gebrüll, wenn es in einer Masse triebhafter und unzulänglicher Wesen aufgeht. Ich habe die dummen Diskussionen satt. Kontertanz von Argumenten. Hochmütiges Klugtun der Intellektuellen. Leerformeln der Philosophie. Unsere Gespräche wären großartig, ach ja, voller Logik, Disziplin, Bildung, Methode, Präzision, sie wären grundsätzlich, weitreichend, innovativ, wenn sie sich nicht zwanzig Stockwerke hoch über uns abspielten. Neulich war ich bei einem Intellektuellen zum Frühstück. Niemand, der diese mit zahlreichen Zitaten gestützten Definitionen gehört hätte, wäre darauf gekommen, daß das ein völlig blinder Schafskopf ist, der sich in höherer Sphäre auslebt.

Diesen Überdruß empfinde nicht nur ich. Er verleidet einem zunehmend allen Gedankenaustausch. Ich höre fast gar nicht mehr auf den Inhalt der Worte, achte nur darauf, *wie* sie gesprochen werden; und ich verlange vom Menschen einzig und allein, daß er sich von seinen eigenen Weisheiten nicht verdummen läßt, daß seine Weltanschauung ihm nicht den natürlichen Verstand, seine Doktrin ihm nicht die Menschlichkeit raubt, sein System ihn nicht steif und mechanisch macht, seine Philosophie ihn nicht abstumpft. Ich lebe in einer Welt, die sich noch von Systemen, Ideen und Doktrinen nährt, aber die Symptome der Verdauungsstörung sind immer deutlicher, der Patient stößt schon auf.

Die Abneigung, die ich gegen die Idee als solche empfinde, erlaubt mir, einen *modus vivendi* mit den Menschen zu finden, die sie bekennen. Die Frage, die ich den Katholiken stelle, ist nicht: welchen Gott sie bekennen, sondern nur: was für Menschen sie sein möchten? Und bei dieser Frage rechne ich mit der unvollständigen Entwicklung des Menschen. Meiner Meinung nach haben sie sich zu einer von einem bestimmten Mythos geprägten Gruppe zusammengeschlossen, um sich gegenseitig zu erschaffen. Für mich hat also der Mythos Hilfscharakter, wichtig ist, was für ein Mensch unter seinem Einfluß entsteht. Aber auch hier sind meine Ansprüche bescheidener als früher, im Zeitalter der triumphierenden Vernunft. Wenn ich heutzutage einen Katholiken betrachte, ist mir, als betrachte ich mich selbst – in diesem Spiegel sehe ich die Veränderungen, die sich unter der Wirkung der rauhen Geschichte der letzten Jahre in mir vollzogen haben. Verlange ich heute von der Menschheit, daß sie fortschrittlich sei, Vorurteile bekämpfe, das Banner von Aufklärung und Kultur hochhalte, sich um die Entwicklung von Kultur und Wissenschaft sorge? Sicherlich... vor allem aber wünschte ich, daß dieser andere Mensch mich nicht beißt, mich nicht bespuckt und nicht zu Tode quält. Und hier treffe ich mich mit dem Katholizismus. Mit ihm verbindet mich ein feines Gespür für die Hölle, die in unserer Natur verborgen ist, und die Furcht vor einer übermäßigen Dynamik des Menschen. Wenn ich mir den Katholiken so betrachte, sehe ich, daß ich in gewisser Hinsicht vorsichtiger geworden bin. Was im hehren Zeitalter Nietzsches als Verrat am dionysischen Leben galt, eben diese bedächtige Politik des Katholizismus gegenüber den Naturkräften, ist mir nähergekommen, seitdem der Lebenswille, zu maximaler Anspannung gesteigert, sich selbst zu fressen begann.

Nahegekommen ist mir die Kirche in ihrem Mißtrauen gegen den Menschen, und meine Abneigung gegen die Form, mein Bedürfnis, Gestalt zu meiden, jene Feststellung »das bin noch nicht ich«, die jeden meiner Gedanken und jedes Gefühl begleitet, deckt sich mit den Intentionen ihrer Doktrin. Die Kirche fürchtet den Menschen, auch ich fürchte ihn. Die Kirche traut dem Menschen nicht, ich traue ihm auch nicht. Indem sie die Vergänglichkeit der Ewigkeit, die Erde dem Himmel gegenüberstellt, versucht die Kirche, dem Menschen genau die Distanz zu seiner Natur zu verschaffen, die auch ich benötige. Aber nirgendwo wird diese Verwandtschaft deutlicher als in unserer Einstellung zur Schönheit. Sowohl ich als auch sie – die Kirche – fürchten die Schönheit in diesem Jammertal, wir suchen sie zu entschärfen, wollen uns vor übermäßiger Bezauberung schützen. Entscheidend ist für mich, daß sowohl die Kirche als auch ich die Zweiteilung des Menschen fordern, sie – in ein menschliches und ein göttliches Element, ich – in Leben und Bewußtsein. Nach einer Zeit, da Kunst, Philosophie und Politik nach dem integralen, einheitlichen, konkreten, wörtlichen Menschen suchten, wächst das Bedürfnis nach dem unfaßbaren Menschen als einem Spiel der Gegensätze, einem Springbrunnen, der aus Antinomien hervorschießt, einem System unendlicher Kompensierung. Und wer das als »Eskapismus« bezeichnet, ist nicht ganz gescheit.

Wir reifen trotz allem, irgendwo ganz unten. Wenn der Katholizismus, wie ich finde, der polnischen Entwicklung großen Schaden zugefügt hat, so deshalb, weil er bei uns zu einer allzu leichten und allzu bequemen Philosophie verflachte, die dem Leben und seinen unmittelbaren Bedürfnissen diente. Eine Verständigung mit dem tiefen, tragischen Katholizismus fällt heute der Literatur nicht schwer, denn er zeigt jene gedankliche Emotionalität, die beim Anblick der zügellos entfesselten Welt auch in uns aufkommt. Rückzug! Rückzug! Rückzug! Sobald wir begreifen, daß wir uns zu weit vorgewagt haben, sobald wir uns aus uns zurückziehen wollen, reicht uns der geniale Christus die Hand: diese Seele hat wie keine andere das Geheimnis des Rückzugs erkannt. Eine Lehre, die das Römische Reich zugrundegerichtet hat, ist uns Verbündeter im Kampf um die Zerstörung all der allzu hochstrebenden Gebäude, die wir heutzutage errichten, in unserem Bemühen, zu Nacktheit und Einfachheit, zur gewöhnlichen, elementaren Tugend zu kommen.

Die geistige Krise, die wir durchleben, ist vielleicht weniger dem Zweifel an der Kraft der Vernunft zuzuschreiben als der

Tatsache, daß ihr Einfluß so gering ist. Mit Entsetzen mußten wir sehen, daß wir von einer millionenfachen Unzahl dunkler Geister umgeben sind, die uns unsere Wahrheiten rauben, um sie zu verdrehen, herabzusetzen und zum Werkzeug ihrer Leidenschaften zu machen; und wir haben entdeckt, daß die Zahl der Menschen weit entscheidender ist als die Qualität der Wahrheiten. Daher unser ausgeprägtes Bedürfnis nach einer Sprache, die so einfach und fundamental wäre, daß sich in ihr der Philosoph mit dem Analphabeten treffen kann. Und daher unsere Bewunderung für das Christentum als eine auf alle Geister berechneten Weisheit, einen Gesang für alle Stimmen, von den höchsten bis zu den tiefsten, eine Weisheit, die sich auf keiner Bewußtseinsebene in Dummheit verwandeln muß. Doch wenn mir jemand sagte, daß es dennoch keine wirkliche Verständigung zwischen einem geistig freien Menschen und einem dogmatischen Menschen geben kann, so antworte ich: Schaut euch lieber die Katholiken an. Auch sie existieren in der Zeit und sind ihrer Wirkung ausgesetzt. Unmerklich und langsam ändert sich das Verhältnis des Katholiken zum Glauben. Bei vielen von ihnen könnt ihr euch zusammenreimen, was ich in dem Brief las, von dem anfangs die Rede war: »Man muß glauben, daß man glauben muß. Man muß an den Glauben glauben.«

Der Vater dieser Dame hat gewiß einfach geglaubt – ohne vorbereitende Maßnahmen. Sie aber muß, um glauben zu können, zunächst »glauben wollen«, ihr wird der Glaube zu einer Anstrengung. Wenn Gott sich somit dieser Katholikin nicht mehr offenbart, wenn sie sich ihn erschaffen muß – fallen wir dann nicht vom Himmel auf die Erde, und ist dieser Wille zum Glauben nicht menschlich, allzumenschlich? So trat denn der offenbarte Glaube, zusammen mit allen menschlichen Idealen, den Marsch zu seinen Quellen an. Auch von dieser Seite her erschwert weniger die Wahrheit eine Verständigung, als vielmehr der Wille, das Verlangen, sich einen bestimmten Kanon aufzuzwingen, um jemand Bestimmtes zu sein – jemand zu sein.

Ich sage zum eigenen Gebrauch: Auf diese Tatsache achten, sie niemals aus den Augen verlieren, den Punkt suchen, wo das Göttliche sich mit dem Menschlichen trifft, denn davon hängt die ganze Zukunft meines Denkens ab. Niemals darf ich vergessen, daß die modernen Gläubigkeiten, selbst in ihren heftigsten Ausprägungen, nicht mehr Glauben im früheren Sinne dieses Wortes sind. Die, die glauben wollen, unterscheiden sich sehr von jenen, die glauben. Die Betonung, die man heute auf die Schaffung des Glaubens legt, beweist gerade, daß der fertige Glaube futsch ist. Wir alle, unabhängig von unserem jeweiligen Credo, müssen uns heute von einer offenbarten, fertigen Welt auf eine Welt im Werden umstellen – wenn das nicht geschieht, schwindet die letzte Verständigungsmöglichkeit.

DONNERSTAG

Konzert in Colón.

Was bedeutet schon der beste Virtuose im Vergleich mit der Stimmung meiner Seele, die heute nachmittag ganz und gar von einer falsch gesummten Melodie erfüllt war, und jetzt, am Abend, mit Abscheu eine Musik von sich weist, die von einem befrackten *maître* auf vergoldeter Schüssel, samt Knödeln, gereicht wird. Nicht immer schmeckt das Essen in Drei-Sterne-Restaurants am besten. Aber mich spricht ja die Kunst fast immer stärker an, wenn sie unvollendet, zufällig und fragmentarisch daherkommt, mir gewissermaßen nur ihre Gegenwart signalisiert und sich durch eine unzulängliche Interpretation hindurch erfühlen läßt. Ich mag lieber einen Chopin, der aus einem Fenster auf der Straße zu hören ist, als Chopin mit allen Schikanen auf der Konzertbühne.

Dieser deutsche Pianist galoppierte mit Orchesterbegleitung. Eingelullt von den Tönen, ließ ich mich träumend treiben – Erinnerungen – dann wieder etwas, das ich morgen erledigen mußte – das Hündchen Bumfili, ein kleiner Foxterrier ... Währenddessen funktionierte das Konzert, der Pianist galoppierte.

War das wohl ein Pianist, oder ein Pferd? Ich hätte schwören können, daß es hier nicht um Mozart ging, sondern darum, ob dieses flinke Roß Horowitz oder Rubinstein die Zügel anlegen würde. Die anwesenden Manns- und Frauenspersonen waren ganz von der Frage in Anspruch genommen: Welcher Klasse ist dieser Virtuose, sind seine Piani denen Arraus ebenbürtig und seine Forti auf der Höhe Guldas? Ich träumte also, das sei ein Boxkampf, und sah, wie er mit dem linken Haken eines Arpeggios Brailowski erledigte, Gieseking mit Oktaven schlug, Solomon mit einem Triller den knock-out versetzte. Pianist, Pferd, Boxer? Da schien mir plötzlich, das sei ein Boxer, der Mozart bestiegen hatte und auf Mozart ritt, auf ihn einschlug und einhieb und ihn mit den Sporen bearbeitete und stach. Was war das? Er hatte die Ziellinie erreicht! Beifall, Beifall, Beifall! Der Jockey stieg vom Pferd und verneigte sich, wischte sich die Stirn mit dem Tuch.

Seufzte die Gräfin, mit der ich in der Loge saß: »Wunderbar, wunderbar, wunderbar!...«

Sprach ihr Mann, der Graf: »Ich kenn' mich da nicht aus, aber ich hatte den Eindruck, das Orchester kam nicht ganz mit...«

Ich sah sie an wie die Hunde! Zu ärgerlich, wenn die Aristokratie keinen Benimm hat! Man verlangt so wenig von ihnen, und selbst das bißchen bringen sie nicht fertig! Diese Personen sollten wissen, daß die Musik nur der Vorwand für eine gesellschaftliche Versammlung war, an der sie mit ihren Manieren und Maniküren teilhatten. Aber statt bei ihrem Leisten, d.h. in ihrer aristokratisch-gesellschaftlichen Welt zu bleiben, wollten sie die Kunst plötzlich ernstnehmen und hielten es für ihre Pflicht, ihr furchtsam zu huldigen – und gerieten, aus der Gräflichkeit gebracht, ins Pennälerhafte. Rein formale Phrasen mit dem Zynismus von Menschen, die wissen, was solche Komplimente wert sind, hätte ich gern akzeptiert... sie aber versuchten, ehrlich zu sein... die Armen!

Worauf wir uns ins Foyer begaben. Mein Blick ruhte auf der

erlesenen Menge, die kreisend Verbeugungen austeilte. Siehst du den Millionär XY? Guck mal, dort der General mit dem Botschafter, und daneben beweihräuchert der Vorsitzende den Minister, der der Frau Professor ein Lächeln schickt! Ich meinte also unter den Helden Prousts zu sein, als man nicht ins Konzert ging, um zuzuhören, sondern allein, um ihm mit seiner Anwesenheit Glanz zu verleihen, als die Damen sich Wagner ins Haar steckten wie eine Brillantnadel, als zu Bachschen Klängen Namen, Titel, Ränge, Gelder und Positionen paradierten. Aber, aber, was war das? Als ich an sie herantrat, kam es zur Götterdämmerung, Größe und Macht schwanden dahin ... ich konnte hören, daß sie sich ihre Eindrücke vom Konzert mitteilten ... Eindrücke, die schüchtern, demütig, voll Hochachtung für die Musik und zugleich schlechter waren als das, was jeder *aficionado* vom billigsten Rang hätte sagen können. So tief also waren sie gesunken? Ich hatte den Eindruck, daß seien keine Präsidenten, sondern Obertertianer; und da ich ungern auf die Schulzeit zurückkomme, verließ ich die schüchterne Jugend.

Und ich allein in der Loge, ich, der Moderne, ich, der Vorurteilslose, ich, der Anti-Salonlöwe, dem die Peitsche des Scheiterns alle Flausen ausgetrieben hatte, ich dachte – daß ich eine Welt, in der der Mensch sich mit Musik vergötterte, überzeugender finde als eine Welt, in der der Mensch die Musik vergöttert.

Dann kam der zweite Teil des Konzerts. Der Pianist saß auf (auf Brahms) und galoppierte los. Eigentlich wußte niemand, was gespielt wurde, denn die Perfektion des Pianisten machte es unmöglich, sich auf Brahms zu konzentrieren, und Brahms' Vollendung lenkte vom Pianisten ab. Aber er kam ans Ziel. Beifall. Kennerbeifall. Laienbeifall. Ignorantenbeifall. Herdenbeifall. Durch Beifall provozierter Beifall. Selbstgenährter, aufeinanderwachsender, erregender, herausfordernder Beifall – und niemand konnte mehr das Klatschen lassen, weil alle klatschten.

Wir gingen hinter die Bühne, um dem Künstler zu huldigen. Der Künstler drückte Hände, tauschte Liebenswürdigkeiten, nahm Komplimente und Einladungen mit dem blassen Lächeln eines Wanderkometen entgegen. Ich musterte ihn und seine Größe. Er selbst machte einen sehr angenehmen Eindruck – sensibel, intelligent, kultiviert... aber seine Größe? Diese Größe trug er wie einen Frack, und tatsächlich – war sie ihm nicht von einem Schneider zugeschnitten? Angesichts der vielen beflissenen Ehrerbietungen hier konnte es scheinen, als gäbe es keinen großen Unterschied zwischen diesem Ruhm und dem Ruhm eines Debussy oder Ravel, auch sein Name war in aller Munde, schließlich war auch er ein »Künstler« wie sie... Und dennoch... und dennoch... War er so berühmt wie Beethoven, oder wie Gillette-Rasierklingen, oder wie Waterman-Füllfedern? Welch ein Unterschied zwischen dem Ruhm, für den man zahlt, und dem Ruhm, an dem man verdient!

Aber er war zu schwach, um sich dem Mechanismus entgegenzustellen, der ihn emporhob; von ihm durfte man keinen Widerstand erwarten. Im Gegenteil. Er tanzte ganz nach dieser Pfeife. Und pfiff denen was, die um ihn tanzten.

IV

FREITAG

Ich schreibe dieses Tagebuch nicht gern. Seine unredliche Aufrichtigkeit quält mich. Für wen schreibe ich? Wenn für mich, weshalb wird das gedruckt? Und wenn für den Leser, weshalb tue ich so, als spräche ich mit mir selbst? Sprichst du so zu dir, daß es die anderen hören?

Wie weit entfernt bin ich von der Sicherheit und dem Schwung, die in mir wach werden, wenn ich – verzeiht – »schaffe«. Hier auf diesen Seiten fühle ich mich, als träte ich heraus aus der segensreichen Nacht ins unbarmherzige Morgenlicht, das mich mit Gähnen erfüllt und meine Fehler zum Vorschein bringt. Die Falschheit, die schon in der Anlage meine Tagebuchs steckt, macht mich befangen, und ich entschuldige mich, ach, Verzeihung... (aber vielleicht sind die letzten Worte überflüssig, sind sie schon affektiert?)

Dennoch ist mir klar, daß man auf allen Ebenen des Schreibens man selber sein muß, d.h. ich muß mich nicht nur in einem Gedicht oder Drama ausdrücken können, sondern auch in gewöhnlicher Prosa – in einem Artikel, oder im Tagebuch – und der Höhenflug der Kunst muß seine Entsprechung in der Sphäre des gewöhnlichen Lebens finden, so wie der Schatten des Kondors sich über die Erde breitet. Mehr noch, dieser Übergang aus einem in fernste, fast untergründige Tiefe entrückten Gebiet in die Alltagswelt ist für mich eine Angelegenheit von ungeheurer Bedeutung. Ich will ein Ballon sein, aber an der Leine, eine Antenne, aber geerdet, ich will fähig sein, mich in die gewöhnliche Sprache zu übersetzen. Aber – *traduttore, traditore*. Hier werde ich mir untreu, bin unter meinem Niveau.

Die Schwierigkeit besteht darin, daß ich von mir schreibe, aber nicht nachts, nicht in der Einsamkeit, sondern eben in der Zeitung und unter den Leuten. Unter diesen Umständen kann ich mich nicht ernst genug nehmen, muß »bescheiden« sein – und wieder quält mich, was mir das ganze Leben zu schaffen machte, was meinen Umgang mit den Menschen so beeinflußt hat, nämlich die Notwendigkeit, mich geringzuschätzen, um mich denen anzupassen, die mich geringschätzen oder überhaupt keinen blassen Schimmer von mir haben. Und diese »Bescheidenheit« will ich um keinen Preis akzeptieren; ich empfinde sie als meinen Todfeind. Glücklich die Franzosen, die ihre Tagebücher mit Taktgefühl schreiben – aber ich glaube nicht an den Wert ihres Taktes, ich weiß, daß das nur taktvolle Flucht vor einem seiner Natur nach ungeselligen Problem ist.

Aber ich sollte den Stier bei den Hörnern packen. Ich bin von Kind auf eng vertraut mit dieser Sache, sie ist mit mir groß geworden, heute müßte ich mich mit ihr tatsächlich ganz ungezwungen fühlen. Ich weiß und habe wiederholt gesagt, daß jeder Künstler anmaßend sein muß (weil er sich einen Denkmalssockel anmaßt), daß aber das Verhehlen dieser Anmaßung ein Stilfehler ist, Beweis für eine schlechte »innere Lösung«. Offenheit. Mit offenen Karten muß man spielen. Das Schreiben ist nichts anderes als ein Kampf, den der Künstler mit den Menschen um seine hervorragende Bedeutung kämpft.

Aber wenn ich nicht fähig bin, diesen Gedanken hier, im Tagebuch, zu realisieren – was ist er dann wert? Und doch kann ich nicht, und etwas hindert mich; wenn zwischen mir und den Menschen keine künstlerische Form ist, wird der Kontakt zu peinlich. Ich sollte dieses Tagebuch als ein Werkzeug meines Werdens in eurem Angesicht behandeln – danach streben, daß ihr mich auf eine bestimmte Weise begreift – auf eine Weise, die mir (heraus mit dem gefährlichen Wort) Talent ermöglicht. Möge dieses Tagebuch moderner und bewußter und möge es von der Idee durchdrungen sein, daß mein Talent nur in Verbindung mit euch entstehen kann, d.h. daß nur ihr allein Talent in mir entfachen – mehr noch – es in mir erschaffen könnt.

Ich möchte, daß man in meiner Person das sieht, was ich suggeriere. Mich den Menschen als Persönlichkeit aufzwingen, um ihr dann das ganze Leben unterworfen zu sein. Andere Tagebücher sollen sich zu diesem hier verhalten wie die Worte »ich bin so« zu den Worten »ich möchte so sein«. Wir sind tote Worte gewöhnt, die nur konstatieren – besser ist ein Wort, das ins Leben ruft. Ein Spiritus movens. Wenn es mir gelänge, diesen bewegenden Geist auf den Seiten des Tagebuchs zu beschwören, könnte ich allerhand erreichen. Ich könnte vor allem (und das habe ich umso nötiger, als ich ein polnischer Autor bin) diesen engen Begriffskäfig zerbrechen, in den ihr mich gern sperren würdet. Allzu viele, die ein besseres Schicksal verdient hätten, ließen sich fesseln. Niemand anders als ich selbst darf mir meine Rolle zuweisen.

Und weiter – indem ich, gewissermaßen als Vorschlag, Probleme aufwerfe, die mehr oder weniger mit mir zusammenhängen, arbeite ich mich in sie ein, und sie machen mich mit anderen, mir noch unbekannten Geheimnissen vertraut. Mich so weit wie möglich in die jungfräulichen Bereiche der Kultur, an ihre noch halbwilden, also unanständigen Orte wagen, und indem ich euch zur Drastik reize, auch mich selbst erregen... Denn gerade in diesem Dickicht will ich euch treffen, mich auf – für euch und für mich – möglichst schwierige und unbequeme Weise mit euch verbinden. Und weiter – muß ich mich nicht von der heutigen europäischen Geisteswelt absondern, sind meine Feinde nicht die Richtungen und Doktrinen, denen ich ähnele; und muß ich sie nicht angreifen, um mich zum Anderssein zu zwingen, und euch dazu, es anzuerkennen. Weiter – meine Gegenwart offenlegen, mich im Heute mit euch verbinden.

Ich möchte in diesem Tagebuch offen darangehen, mir Talent zu konstruieren – so offen, wie Henryk sich im dritten Akt die *Trauung* fabriziert... Weshalb – offen? Weil ich euch das Rätsel meiner selbst erschweren will, indem ich mich offen zeige. Indem ich euch hinter die Kulissen meines Wesens führe, zwinge ich mich zum Rückzug in eine noch tiefere Tiefe.

Das alles – wenn es mir gelänge, den Geist zu beschwören. Aber ich fühle mich zu schwach... Seit drei Jahren habe ich leider mit der reinen Kunst gebrochen, denn mein Genre gehört nicht zu jenen, die man übers Knie brechen oder an Sonn- und Feiertagen betreiben kann. Ich habe dieses Tagebuch einfach begonnen, um mich zu retten, aus Angst davor, allen Halt zu verlieren und endgültig in den Wogen des trivialen Lebens zu versinken, das mir schon bis zum Halse reicht. Nun stellt sich heraus, daß ich auch hier nicht zu voller Leistung fähig bin. Man kann nicht die ganze Woche ein Nichts sein, um dann sonntags zu existieren. Keine Angst, ihr Journalisten und ihr, werte Schwatz-Räte und Kiebitze. Von mir drohen euch keine Überheblichkeit, keine Unverständlichkeit mehr. Wie ihr, und mitsamt der ganzen Welt, gleite ich in die Publizistik ab.

SONNABEND

Meine Einstellung zu Polen folgt aus meiner Einstellung zur Form – ich möchte mich Polen entziehen, so wie ich versuche, mich der Form zu entziehen – möchte mich über Polen emporschwingen, so wie über den Stil – hier und dort die gleiche Aufgabe.

In gewisser Weise fühle ich mich wie Moses. Wirklich ulkig, diese meine Neigung zur Übertreibung, was mich selbst betrifft. In meinen Träumen blase ich mich auf, wie ich nur kann. Ha, ha – wieso ich mich als Moses fühle, fragt ihr? Vor hundert Jahren prägte ein litauischer Dichter die Gestalt des polnischen Geistes, heute führe ich, wie Moses, die Polen aus der Gefangenschaft dieser Gestalt, führe den Polen aus sich selbst heraus.

Tränen habe ich gelacht über meinen Größenwahn! Aber theoretisch gesehen, ist diese Antinomie nicht ganz unbegründet, und ich würde gern wissen, wer von unserer heutigen sogenannten, aber ansonsten P.P. Intelligenz in der Lage wäre, die Bedeutung dieses Prozesses zu erfassen. Daß ein gewisser Pole gerade deshalb, weil er schon allzusehr und allzu hartnäckig Pole und nur Pole war, sich kategorisch vom Polen befreien wollte – und daß gerade bei uns aufgrund eines selbstvergessenen Nationalismus ein schier entgegengesetztes Gefühl, eine völlig andere Idee entstehen mußte. Ich frage auch, wie viele dieser P.P. Intellektuellen begreifen könnten, was für grenzenlose Perspektiven eine solche Revolution uns eröffnet, vorausgesetzt, es finden sich genug entschlossene Leute von Format, sie vollständig zu realisieren. Welche Auffrischung! Welch ein Zustrom schöpferischer Energie, und welche Tatkraft in dieser Freiheit, die sich auf eine erneuerte Einstellung des Polen zu sich selbst stützt! Ach, ich träume manchmal davon, Anhänger zu finden, die mich zu einem Ereignis unserer Geschichte aufbauschen würden, und ich behaupte, das wäre nicht unmöglich – denn nach meiner Auffassung hängt die Bedeutung eines Werkes ebensosehr davon ab, wer es liest, wie davon, wer es schreibt. Es gibt so viele Bücher, die wie die Trompeten von

Jericho erschallen könnten, wollten die Menschen sie nur aufheben und an die Lippen setzen... Schlaf, meine Trompete, schlaf auf dem Misthaufen ungenutzter polnischer Möglichkeiten.

Misthaufen. Das ist ja der Haken, daß ich von eurem Misthaufen abstamme. In mir macht sich bemerkbar, was ihr im Laufe der Jahrhunderte als Abfall wegwarft. Wenn meine Form die Parodie einer Form ist, dann ist mein Geist eine Geistesparodie und meine Person die Parodie einer Person. Es ist doch so: man kann die Form nicht dadurch schwächen, daß man sie einer anderen Form gegenüberstellt, sondern nur dadurch, daß man das Verhältnis zur Form selbst lockert. Nein, es ist kein Zufall, daß immer, wenn man unbedingt einen Helden braucht, wie aus heiterem Himmel ein Narr geboren wird... der das weiß und deshalb ernstzunehmen ist. Allzulange wart ihr zu wörtlich – zu naiv – in eurem Kampf mit dem Schicksal. Ihr vergaßt, daß der Mensch nicht nur er selbst ist, sondern sich auch spielt. Ihr habt alles auf den Misthaufen geworfen, was Theater und Schauspielerei in euch war, wolltet es unbedingt vergessen – heute schaut ihr aus dem Fenster und seht, daß auf dem Misthaufen ein Baum gewachsen ist – die Parodie eines Baumes.

Angenommen, ich wurde geboren (was nicht sicher ist), dann bin ich geboren, euer Spiel zu demaskieren. Meine Bücher sollen euch nicht sagen: Sei, wer du bist, sondern – du tust so, als wärst du, der du bist. Ich möchte gerade das in euch fruchtbar werden sehen, was ihr für völlig unergiebig, ja sogar für beschämend hieltet. Wenn ihr die Schauspielerei so haßt, dann deshalb, weil sie in euch steckt – für mich aber ist die Schauspielerei ein Schlüssel zum Leben und zur Wirklichkeit. Wenn euch die Unreife ekelt, so deshalb, weil ihr sie in euch tragt – in mir aber bestimmt die polnische Unreife mein ganzes Verhältnis zur Kultur. Aus meinem Mund sprechen eure Jugend, eure Verspieltheit, eure ausweichende Biegsamkeit und Unbestimmtheit – gerade das haßt ihr, wollt ihr verdrängen – in mir wird der verborgene Pole frei, euer *alter ego*, die Kehrseite eurer

Medaille, der bisher unsichtbare Teil eures Mondes. Ach, ich wollte, ihr würdet zu Schauspielern, die sich ihres Spiels bewußt sind!

Aber denke ich in diesem Augenblick an die Masse des Volkes, an die tausend und abertausend einfachen Leute? Was sollen sie damit? Sei's drum – in der Finsternis, in der ich mich befinde, kann ich nur blindlings handeln. Ich schreibe dies alles als Vorschlag, um zu sehen, welche Wirkung es hat... und wenn die Wirkung positiv ist, werde ich weitergehen.

MITTWOCH

Meine Überheblichkeit ist schon fast krankhaft. Ich fürchte allmählich, die Feuilletonisten werden mir die verdienten Prügel verabreichen. Aber was mache ich gegen den Hochmut, der mich überkommt? Vielleicht sollte ich zum Arzt gehen? (Das habe ich geschrieben, um mich abzusichern und so größere Handlungsfreiheit zu gewinnen.)

Abgesehen davon – verstehe ich mich selbst? Wenn ich mich selbst definiere, verstoße ich nicht nur gegen meine eigene Philosophie, sondern vor allem gegen meine lyrische Ader. Und eine äußerst scharfsichtige Person warnt mich in einem Brief: »Kommentieren Sie sich nicht! Schreiben Sie nur. Wie schade, daß Sie sich provozieren lassen und Einführungen, ja sogar Kommentare zu Ihren Werken schreiben!«

Und dennoch muß ich mich erklären, so gut und soweit ich kann. In mir spukt die Überzeugung, daß einem Schriftsteller, der nicht über sich selbst schreiben kann, etwas fehlt.

DONNERSTAG

Mit K. hatte ich seit einigen Jahren sieben Stunden täglich in einem Raum verbracht – mein Arbeitskollege, Angestellter wie ich – und er war mir ans Herz gewachsen... Letzten Freitag hatte ich mich wie immer von ihm verabschiedet – aber Montag saß er nicht wieder am Schreibtisch. Er war verschwunden bzw. gestorben. Er starb so plötzlich und verschwand so völlig, als hätte ihn eine Hand von uns genommen. Ich sah ihn noch einmal im Sarg, wo er wie ein lästiger, allzu augenfälliger Gegenstand wirkte. Peinlicher Eindruck.

Immer wieder einmal verflüchtigt sich einer der Kollegen auf diese Weise, dann ziehen wir den Kopf ein und sagen: Hm, hm ... (was können wir schon sagen?), und leichte Konsternierung macht sich breit. Und dennoch liegen wir Angestellten in der überwiegenden Mehrheit alle schon im Sterben. Leute über vierzig, die allmählich zugrundegehen, jedes Jahr ein Jahr älter. Auf der Beerdigung dachte ich, daß da nicht Lebende einen Toten verabschieden, sondern Sterbende einen Gestorbenen. Auf dem Friedhof zur hellen Mittagsstunde sahen diese von einer Art grundsätzlicher Hoffnungslosigkeit geprägten Gesichter leichenhaft aus, wie jene Leiche im Sarg, und jeder schleppte sich dahin wie einen Sack voll Tod.

Während des ganzen Begräbnisses war mir die Häßlichkeit des langsamen Sterbens, die wir Altern nennen, schwer wie ein Fels, und zwar wie ein absoluter Fels, ein unausweichlicher, ein Fels *sans phrases*. Ich dachte auch über die Mystifizierung nach, die damit einhergeht. Denn es kann bei den Menschen keinen größeren Gegensatz geben als den zwischen aufsteigender und absteigender Biographie, zwischen Entwicklung und Dekadenz, zwischen dem Menschen über dreißig, der schon auf sein Ende zugeht, und dem unter dreißig, der sich entwickelt. Das ist Feuer und Wasser, hier verändert sich etwas im innersten Wesen des Menschen. Was hat der Jüngling mit dem Alternden gemeinsam, ist doch jeder von ihnen in einer anderen Tonart geschrieben? Man sollte also meinen, es müßte zwei verschiedene Sprachen geben: eine für diejenigen, deren Leben wächst, und eine für die, deren Leben schwindet. Aber dieser Kontrast wird eigentlich verschwiegen, die Alternden tun so, als lebten sie weiterhin, niemand war bisher in der Lage, ein besonderes Wort für die Menschen zu erfinden, die ins Sterben eintreten. Seht euch die Kunst an – sie tut, was sie kann, um diese fatale

Grenze zu verwischen. Hört einmal hin, wie diese »Erwachsenen« miteinander reden – die gleiche Sprache der Jugend, sogar die gleichen Witze, die gleiche Schöntuerei, nur mit einem Beigeschmack von Eitelkeit und Karikatur. Und diese Tatsache, daß unsere Sprache sich nach Überschreitung der fatalen Grenze nicht grundlegend ändert, daß zwischen den ersten und letzten Sonaten Beethovens kein unüberbrückbarer Abgrund klafft, ist klarer Beweis dafür, daß der Mensch sich in seinem individuellen Dasein nicht äußern kann – daß er Schweigen ist – des Ausdrucks beraubt.

Die heutigen französischen Theorien zum Tod finde ich ausgesprochen künstlich, wie übrigens alle *memento mori*. Sie sind nur ein weiteres Beispiel dafür, wie fremd uns unsere eigenen Gedanken sind. Dieses ständige Gerede vom Tod beweist nur, daß wir nicht in der Lage sind, ihn zu assimilieren; müßte er uns doch – wenn wir seine Gegenwart tatsächlich wahrnähmen – den Schlaf und den Appetit rauben; aber er hindert uns nicht einmal, ins Kino zu gehen. Ganz zu schweigen von dem katholischen Tod mit seinem Fegefeuer und seiner Hölle, voll Vorahnung des Schmerzes. So nehmen wir unsere eigenen Gedanken nicht ganz ernst, und es ist, als denke der Gedanke sich – auf hegelsche Art – von selbst.

Ich glaube also nicht, daß der Tod das eigentliche Problem des Menschen wäre, und bin der Ansicht, ein Kunstwerk, das ganz unter seinem Eindruck steht, ist kein völlig authentisches Werk. Das Eigentliche ist gerade das Altern, jene Form des Todes, die wir täglich erleben. Aber gar nicht einmal das Altern selbst, sondern daß es so völlig, so fürchterlich von der Schönheit abgeschnitten ist. Wir leiden nicht an unserem langsamen Sterben, sondern eher daran, daß der Reiz des Lebens uns unzugänglich wird. Ich sah auf dem Friedhof einen Jungen, der wie ein Wesen aus einer anderen Welt zwischen den Gräbern umherging, geheimnisvoll und prächtig blühend, während wir wie Bettler waren. Stutzig machte mich jedoch, daß ich unsere Ohnmacht nicht als etwas absolut Unvermeidliches empfand.

Und diese Empfindung gefiel mir sofort. Ich klammere mich nur an Gedanken und Gefühle, die mir gefallen, ich bin nicht fähig, etwas zu denken oder zu empfinden, das mich völlig vernichten würde. Also hielt ich mich auch jetzt an diese Denkungsart, die gerade dadurch, daß sie in mir entstanden war, Hoffnung machte. Läßt sich das reife Alter wirklich nicht mehr mit Leben und Jugend verknüpfen? Diese Künstlichkeit am Menschen, an die ich mich immer mehr gewöhne, diese *idée fixe*, daß die entsetzliche Konkretheit unserer Gestalt nicht die einzig mögliche sei, schlägt langsam und hartnäckig Wurzeln in mir und macht mir die Welt elastisch; und wenn ich früher meinte, es sei schon alles gesagt, so bin ich heute von einer Unmenge Ideen- und Formenkombinationen umgeben, und fruchtbar wird alles ringsum. (Hier will ich anmerken, daß ich wohl eine halbe Stunde nach den Sätzen gesucht habe, die gleich kommen. Denn ich stelle mir das Problem wie immer, ohne die Lösung zu kennen, gestützt allein auf die Intuition, daß die Lösung mir möglich ist, und auf dem Friedhof hatte ich die Sache auch nicht zu Ende gedacht.) Meiner Ansicht nach mag die Jugend im Innersten die eigene Schönheit nicht und wehrt sich gegen sie – daher ist diese Abneigung gegen die Schönheit schöner an ihr als die Schönheit selbst – und darin liegt die einzige Möglichkeit, die todbringende Distanz zu überwinden.

Freitag

Giedroyć wollte, daß ich Cioran (dem rumänischen Schriftsteller) auf seinen Artikel »Bequemlichkeiten und Unbequemlichkeiten des Exils« antworte. In dieser Antwort bringe ich auch meine Ansicht von der Rolle der Exilliteratur zum Ausdruck.

Von Ciorans Worten weht die Kälte von Kellern und der Moder des Grabes, aber sie sind allzu kleinlich. Von wem ist hier die Rede? Wen hat man unter der Bezeichnung »Schriftsteller im Exil« zu verstehen? Adam Mickiewicz schrieb Bücher, und Herr X. schreibt Bücher, die völlig korrekt und viel gelesen sind, beide sind »Schriftsteller«, und notabene Schriftsteller im Exil... doch darin erschöpft sich jede Ähnlichkeit zwischen ihnen.

Rimbaud? Norwid? Kafka? Słowacki?... (verschieden sind die Exile). Ich glaube, keiner von ihnen wäre allzusehr von dieser Art Hölle entsetzt. Es ist ärgerlich, keine Leser zu haben – sehr unangenehm, seine Werke nicht veröffentlichen zu können – keineswegs ersprießlich, unbekannt zu sein – höchst mißlich, ohne die Hilfe jenes Mechanismus dazustehen, der nach oben treibt, Propaganda macht, Ruhm organisiert... aber die Kunst ist geladen mit Elementen der Einsamkeit und Selbstgenügsamkeit, sie findet ihre Befriedigung und Daseinsberechtigung in sich selbst. Vaterland? Jeder der Großen war doch schon aufgrund seiner Größe ein Fremder sogar bei sich zu Hause. Leser? Sie schrieben doch nie »für« die Leser, immer »gegen« sie. Ehrungen, Erfolg, Resonanz, Ruhm – sie wurden doch berühmt gerade deshalb, weil sie sich selbst höher schätzten als ihren Erfolg.

Und das, was jeder Literat, selbst geringeren Kalibers, von Kafka oder Conrad oder Mickiewicz hat, was wirkliches Talent ist und wirkliche Überlegenheit bzw. wirkliche Reife – das paßt nie und nimmer in Ciorans Keller. Ich möchte Cioran auch darauf hinweisen, daß nicht nur die Exilliteratur, sondern die Kunst überhaupt aufs engste mit dem Verfall verbunden ist, daß sie aus der Dekadenz erwächst und die Umwandlung von Krankheit in Gesundheit ist. Überhaupt grenzt alle Kunst ans Lächerliche, an Niederlage und Erniedrigung. Gibt es einen Künstler, der nicht, wie Cioran schreibt, »ein ehrgeiziges, in seinem Untergang aggressives Wesen, ein Eroberer voller Bitterkeit« wäre? Hat Cioran je einen Künstler, einen Schriftsteller gesehen, der nicht größenwahnsinnig war und sein mußte? Und die Kunst ist, wie Boy einmal richtig gesagt hat, ein riesiges Gräberfeld: auf Tausende, die sich nicht verwirklichen konnten und in der Sphäre schmerzlicher Unzulänglichkeit verblieben, kommen kaum ein oder zwei zu wirklichem »Dasein«. Dieser Schmutz, dieses Gift unerfüllten Ehrgeizes, dieser verzweifelte Kampf im luftleeren Raum, dieses Scheitern hat wenig mit der Emigration zu tun, viel dagegen mit der Kunst – sie sind das Kennzeichen jedes literarischen Kaffeehauses, und es ist wirklich ziemlich gleichgültig, an welchem Ort sich die Schriftsteller quälen, die nicht Schriftsteller genug sind, um wirklich Schriftsteller zu sein.

Und es ist vielleicht gesünder, daß man ihnen die Unterstützung und den Beifall entzogen hat, jene kleinen Liebkosungen, die Staat und Gesellschaft ihnen in besseren Zeiten zur »Förderung des nationalen Schaffens« zukommen ließen. Das traute Spiel um Größe und Bedeutung – der sympathische Lärm, den eine nachsichtig lächelnde Presse und eine unausgegorene Kritik ohne Gespür für Dimensionen seinerzeit produzierten – dieser Prozeß der künstlichen Aufblähung von Kandidaten für den »Nationaldichter« . . . roch das denn nicht alles nach Kitsch? Das Resultat? Nationen, bei denen es bestenfalls für ein paar authentische Künstler gelangt hätte, züchteten in diesem Brutkasten Heerscharen von Berühmtheiten heran, und in dem heimeligen Mief, einer Mischung aus tantenhafter Gutmütigkeit und zynischer Geringschätzung aller Werte, verschwamm jegliche Hierarchie. Kein Wunder, daß die im Schoß der Nation gehätschelten Treibhausgeschöpfe welken, sobald sie diesen Schoß verlassen. Cioran berichtet, wie ein von seiner Gesellschaft losgerissener Schriftsteller zugrunde geht. Aber dieser Schriftsteller hat nie richtig existiert: es ist ein Schriftstellerembryo.

Ich habe eher den Eindruck, daß – theoretisch, abgesehen von den materiellen Schwierigkeiten – dieses Eintauchen in die Welt, wie es die Emigration ist, ein unerhörter Ansporn für die Literatur sein sollte.

Da wird die Elite aus dem Land geworfen. Sie kann von außen denken, fühlen und schreiben. Sie gewinnt Distanz. Sie gewinnt eine unerhörte geistige Freiheit. Alle Fesseln reißen. Man kann mehr man selbst sein. In dem allgemeinen Chaos lockern sich alle bisherigen Formen, man kann rücksichtsloser nach Zukunft streben.

Einmalige Gelegenheit! Ersehnter Augenblick! Man sollte denken, daß die stärkeren Individuen, die reicheren Persönlichkeiten ein Löwengebrüll anstimmen. Weshalb brüllen sie nicht? Weshalb klingt die Stimme dieser Leute im Ausland so dünn?

Sie brüllen nicht, weil . . . vor allem, weil sie zuviel Freiheit haben. Die Kunst braucht Stil, Ordnung, Disziplin. Zu Recht unterstreicht Cioran die Gefahr einer zu weit gehenden Loslösung, übermäßiger Freiheit. All das, womit sie verbunden waren und das sie verband – Vater-

land, Ideologie, Politik, Gruppe, Programm, Glaube, Milieu – all das ging im Strudel der Historie unter, und an der Oberfläche schwimmt eine mit Nichts gefüllte Blase... und die hinter dem Wald hervorkamen, finden sich im Angesicht der Welt, einer unermeßlichen und deshalb nicht zu beherrschenden Welt. Nur eine universale Kultur kann der Welt gerecht werden, niemals aber Lokalkulturen, Kulturen, die nur in Seinsausschnitten leben. Der Verlust des Vaterlandes stößt nur den nicht in die Anarchie, der tiefer sieht, über das Vaterland hinaus, für den das Vaterland nur eine Ausdrucksform des ewigen und universalen Lebens ist. Der Verlust des Vaterlands bringt nur diejenigen nicht aus der inneren Fassung, denen die Welt Vaterland ist. Die Zeitgeschichte ist für allzu nationale und partikulare Literaturen zu gewaltsam und zu grenzenlos gewesen.

Und dieses Übermaß an Freiheit ist es, was den Schriftsteller am meisten hemmt. Bedroht von der Riesigkeit der Welt und der Endgültigkeit ihrer Dinge, klammern sie sich krampfhaft an die Vergangenheit; klammern sich an sich selbst; wollen so bleiben, wie sie waren; fürchten selbst die geringste Veränderung in sich, aus Angst, dann könnte alles aus den Fugen gehen; und klammern sich schließlich krampfhaft an die einzige Hoffnung, die ihnen geblieben ist, die Hoffnung auf die Wiedergewinnung des Vaterlandes. Aber das Vaterland kann man nur durch Kampf wiedergewinnen, und ein Kampf verlangt Stärke, kollektive Stärke aber kann nur entstehen, wenn man auf das eigene Ich verzichtet. Um sie zu erzeugen, muß der Schriftsteller sich und seine Landsleute zu blindem Glauben und zu vielen anderen Verblendungen zwingen, und der Luxus des uneigennützigen und freien Denkens wird zur schwersten aller Sünden. So kann er denn ohne Vaterland kein Schriftsteller sein – muß aber, um das Vaterland zurückzugewinnen, aufhören, Schriftsteller, ernsthaft Schriftsteller zu sein.

Vielleicht aber hat diese Geisteslähmung noch eine andere Ursache, zumindest was die Leute der Kunst, nicht die Intellektuellen betrifft. Ich meine die Konzeption von Kunst und Künstler, wie sie sich in Westeuropa herausgebildet hat. Ich glaube nicht, daß es der Wirklichkeit entspricht, was wir heute vom Wesen der Kunst, der Rolle des Künstlers, dem Verhältnis des Künstlers zur Gesellschaft glauben. Die Kunstphi-

losophie des Westens ist in einer Elite entstanden, in auskristallisierten Gesellschaften, in denen nichts die Sprachkonventionen stört – wer sich aber plötzlich außerhalb der Konvention sieht, der kann nicht viel damit anfangen. Und die Kunstkonzeption, die jenseits des Vorhangs von der siegreichen Bürokratie des Proletariats geprägt wurde, ist noch elitärer... und naiver. Aber der Künstler in der Emigration, der gezwungen ist, nicht nur außerhalb der Nation, sondern auch außerhalb der Elite zu leben, wird viel unmittelbarer mit der geistig und intellektuell niederen Sphäre konfrontiert, nichts isoliert ihn gegen diesen Kontakt, er persönlich muß den Druck des brutalen und unreifen Lebens aushalten. Er ist wie der bankrotte Graf, der sieht, daß die Salonmanieren ohne den Salon wertlos sind. Das treibt die einen ins »demokratische« Flachwasser, in gutgemeinte Banalität oder ordinären »Realismus«... andere wiederum verurteilt es zur Vereinzelung. Wir müssen einen Weg finden, uns wieder als Aristokraten (im tieferen Sinne dieses Wortes) zu fühlen.

Wenn also von Zerfall und Dekadenz der Exilliteraturen die Rede ist, dann leuchtet mir diese Interpretation schon eher ein... denn hier befreien wir uns wenigstens für einen Augenblick aus dem Teufelskreis der Bagatellen und berühren Schwierigkeiten, die imstande sind, authentische Schriftsteller zu zersetzen. Und ich bestreite keineswegs, daß es zu ihrer Bewältigung großer Entschlossenheit und Geistesverwegenheit bedarf. Als Schriftsteller dem Rang der Emigration gewachsen zu sein, ist nicht leicht, denn das ist ein Rang nahezu völliger Einsamkeit. Was wunder, daß wir vor lauter Entsetzen über die eigene Schwäche und die ungeheuren Aufgaben den Kopf in den Sand stecken, uns eine Parodie der Vergangenheit organisieren und damit aus der Welt in die Hinterwelt fliehen?...

Und dennoch werden wir uns früher oder später Auswege aus dieser Sackgasse ersinnen müssen. Unsere Probleme werden Bearbeiter finden. Einstweilen geht es nicht ums Schaffen selbst, sondern darum, wieder die Möglichkeit zum Schaffen zu bekommen. Wir müssen jene Portion Freiheit, Mut und Rücksichtslosigkeit, ja ich würde sogar sagen – Verantwortungslosigkeit aufbringen, ohne die schöpferische Tätigkeit unmöglich ist. Wir müssen ganz einfach mit dem neuen Maßstab unseres Da-

seins vertraut werden. Unsere teuersten Gefühle werden wir kaltblütig und rücksichtslos traktieren müssen, um zu neuen Werten zu kommen. Sobald wir darangehen, die Welt zu gestalten, von dem Ort aus, an dem wir uns befinden und mit den Mitteln, die uns zur Verfügung stehen, wird die Unmasse kleiner werden, das Unmaß wird Form annehmen und die wütenden Wogen des Chaos werden sich glätten.

DONNERSTAG

Jemand hat mich aus Paris mit einem Paket wichtiger französischer Bücher beschenkt, in der richtigen Annahme, ich kennte sie nicht und es sei nötig, daß ich sie lese. Bei der Lektüre bin ich auf die Bücher angewiesen, die mir gerade in die Hände kommen, denn welche zu kaufen, kann ich mir nicht leisten – ich knirsche mit den Zähnen, wenn ich sehe, wie Industrielle und Kaufleute ihre Arbeitszimmer großzügig mit einer Bücherwand schmücken, während ich keinen Zugang zu Werken habe, die ich zu doch immerhin anderem Behufe brauche. Aber ihr verlangt, daß ich belesen und orientiert bin, nicht wahr? Iwaszkiewicz hat einmal zu mir gesagt, ein Künstler dürfe nicht zuviel wissen. Gut und schön, aber er darf auch nicht zulassen, daß seine Stimme nachhinkt, und die grenzenlose Idiotie einer Gesellschaftsordnung, die die Türen der Theater, Konzertsäle und Buchhandlungen vor ihm zuschlägt, Türen, die dem Geld der Snobs sperrangelweit offenstehen, wird sich dereinst an euch rächen. Dieses System, das die Intellektuellen zu ewig Letzten macht und der Intelligenz die Entwicklungsmöglichkeit verwehrt, wird in Zukunft gebührend gewürdigt werden, und eure Enkel werden euch für Dummköpfe halten (aber was macht euch das schon aus!).

Erst jetzt, dank der freundlichen Pariser Freigebigkeit, konnte ich Camus' Werk *L'Homme revolté* kennenlernen – ein Jahr nach dem Erscheinen des Buches. Ich lese es »unter der Bank«, wie einst in der Schule; Camus hätte also allen Grund, gegen eine solche Lektüre zu protestieren – und dennoch drehen sich all meine Gedanken nur noch um seinen Text. »Entsetzen«? Ja, »Entsetzen« (um ehrlich zu sein, habe ich Gefühle immer nur in Anführungsstrichen). Doch wenn ich von Entsetzen sprechen könnte, dann würde ich sagen, daß mich weniger das Drama entsetzt, das in dem Buch beschrieben wird, als der Wille zur Schaffung eines Dramas, den man dem Autor selbst anmerkt. Hegel, Schopenhauer, Nietzsche, an die wir bei der Lektüre alle Augenblicke denken müssen, waren nicht weniger dramatisch – doch hatte das tragische Denken der Menschheit zu jener Zeit noch etwas von der Entdeckungsfreude, die bei Schopenhauer so deutlich und auch bei Nietzsche greifbar und kindlich ist – Camus aber ist kalt.

Es macht die Hölle dieses Buches beunruhigender, daß sie kalt, und mehr noch, daß sie gewollt ist. Nichts unzutreffender als diese Worte, sollte man meinen – ist doch dieses Werk so menschlich und von so edler Absicht, so rührend um den Menschen besorgt wie selten eines. Aber die Todeskälte rührt eben daher, daß Camus sich sogar das Vergnügen verwehrt, das das Verstehen der Welt bereitet, er will den bloßen Schmerz darbieten und verwirft die Wonne des Arztes, der sich an seiner Diagnose freut – asketisch will er sein. Und sein Bedürfnis nach Tragödie wurzelt darin, daß für uns heute Tragödie und Größe, Tragödie und Tiefe, Tragödie und Wahrheit zu Synonymen geworden sind. Was bedeutet, daß wir nur auf tragische Weise groß, tief und wahrhaftig sein können.

Das ist vielleicht ein Hauptzug unseres Denkens im Verlauf des letzten Jahrhunderts. Einerseits sind wir so weit gereift, daß wir uns unserer Wahrheit nicht mehr freuen können. Andererseits sind wir tragisch gesinnt und suchen verbissen nach Tragik, wie nach einem Schatz. Also ist wohl nicht die alte, in ihrem Unglück ewig gleiche Welt tragischer geworden, sondern der Mensch. Und hier gibt es wirklich Grund zur Sorge – denn wenn wir nicht aufhören, über unseren Abgrund gebeugt, den bösen Geist aus dem Nichts zu rufen, wird er unser Sein bis in den letzten Winkel erfüllen! Die Welt wird sein, wie wir sie haben wollen. Wenn denn ein Gott in den Höhen ist und er dazu Erbarmen kennt, so mach er, daß wir »keine bösen Träume haben«, denn »das ist nicht gut und bringt nichts Gutes«.

Was hätte ich über die Moral des *Menschen in der Revolte* zu sagen?

Es ist ein Werk, dem ich von ganzem Herzen zustimmen wollte. Der Haken ist nur, daß für mich das Gewissen, das individuelle Gewissen nicht so entscheidend für die Erlösung der Welt ist, wie für ihn. Sehen wir denn nicht auf Schritt und Tritt, daß das Gewissen fast nichts zu sagen hat? Tötet oder foltert der Mensch deshalb, weil er zu dem Schluß gekommen ist, daß er dazu berechtigt sei? Er tötet, weil andere töten. Er quält, weil andere quälen. Die schrecklichste Tat wird leicht, wenn der Weg zu ihr geebnet ist, in den Konzentrationslagern zum Beispiel war der Pfad zum Tod schon so ausgetreten, daß ein Spießbürger, der zu Hause keiner Fliege etwas zuleide tun konnte, mit Leichtigkeit Menschen zu Tode brachte. Was uns heute also irritiert, ist nicht diese oder jene Problematik, sondern, um es so zu formulieren, die Auflösung der Problematik in der Masse der Menschen, ihre Vernichtung unter der Wirkung von Menschen.

Ich töte, weil du tötest. Du und er und ihr alle quält, also quäle auch ich. Ich habe ihn getötet, weil ihr mich umgebracht hättet, wenn ich ihn nicht getötet hätte. Das ist die Konjugation und Deklination unserer Zeiten. Und daraus folgt, daß die Handlungstriebfeder nicht im Gewissen des Einzelnen liegt, sondern in dem Verhältnis, das zwischen ihm und den anderen Menschen entsteht. Wir tun nicht deshalb Böses, weil wir Gott in uns zunichte gemacht hätten, sondern weil Gott und sogar der Satan unwichtig sind, denn die Tat wird vom anderen Menschen sanktioniert. In dem Buch von Camus vermisse ich die einfache Wahrheit, daß die Sünde umgekehrt proportional zu der Zahl der Menschen ist, die sich ihr hingeben – und diese Entwertung von Sünde und Gewissen kommt nicht zur Geltung in einem Werk, das ihnen so große Bedeutung beimißt.

Camus nimmt, wie andere vor ihm, den Menschen aus der Masse, ja sogar aus dem Verkehr mit dem anderen Menschen heraus, um die einzelne Seele mit der Existenz zu konfrontieren – das sieht aus, als nähme er einen Fisch aus dem Wasser.

Sein Denken ist zu individualistisch, zu abstrakt. Ich habe schon lange den Eindruck, diese Rasse von Moralisten hängt in der Luft. Wenn ihr wollt, daß ich nicht töte und es anderen nicht nachtue, dann versucht mir nicht weiszumachen, daß Rebellion »Bejahung der Werte« sei – bringt lieber das Netz der Spannungen zur Entladung, das sich zwischen mir und den anderen gebildet hat, zeigt mir, wie ich da herauskomme. Gewissen? Ich habe wohl ein Gewissen, aber es ist, wie alles in mir, eher Halbgewissen und Nicht-ganz-Gewissen. Ich bin halbblind. Ich bin leichtsinnig. Bin irgendwie. Camus, der messerscharfe Kenner der niederen Welt, einer von denen, die die in unserer unvollendeten Menschwerdung prunkende »Lücke« am besten hat darstellen können – auch er sucht sein Heil in allzu sublimen Formeln.

Weshalb habe ich, wenn ich Moralisten lese, immer den Eindruck, daß ihnen der Mensch entwischt? Ohnmächtig, abstrakt und theoretisch kommt mir die Moral vor – als vollziehe sich unsere wahre Existenz irgendwo jenseits von ihr. Ich frage: Ist es Camus, der aus diesem Buch zu mir spricht, oder eine bestimmte moralische Denkschule, die sich durch die Anstrengung verschiedener Pascals auf französischem Boden herausgebildet hat – und sie applizieren dieses Instrument, das durch die angestrengte Arbeit so vieler Denker vervollkommnet und scharfgeschliffen worden ist, unmittelbar auf mich und andere? Ist das nicht eine spezialisierte Moral? Eine ausgebaute? Eine übertrieben tiefe, sozusagen? Übermäßige? Überwuchernde? Eine Moral als das Werk von Menschen, die nicht nur ein besonders subtiles Gespür für Tiefe besitzen, sondern sich dazu noch gegenseitig in ihm vervollkommnen. Ihr Denken ist nur scheinbar individualistisch – es beschäftigt sich mit dem Individuum, ist aber nicht das Werk des Individuums.

Immer wieder einmal zerschlägt Camus' Leidenschaft dieses Skelett, dann atme ich auf. Trotzdem quält mich dieses hochgeschraubte Gewissen, das er mir nahelegt, das endgültige und absolute Gewissen. Wie ist die Moral zu beleben, wie kann man ihr diesen Aspekt des Theoretischen nehmen, wie bewirken, daß sie zu mir, zum Menschen findet? Vergebens sucht Camus mein Gewissen zu vertiefen. Mein Problem ist nicht die Vervollkommnung meines Gewissens, sondern vor allem die Frage, inwiefern mein Gewissen mir gehört. Denn das Gewissen, über das ich heute verfüge, ist ein Produkt der Kultur, und die Kultur ist etwas, das zwar seinen Ursprung in den Menschen hat, aber beileibe nicht identisch mit dem Menschen ist. Und hier möchte ich sagen: Wenn ihr dieses kollektive Gebilde auf mich anwendet, behandelt mich nicht, als wäre ich eine autonome Seele im Kosmos – der Weg zu mir führt über andere Menschen. Wollt ihr mich wirksam ansprechen, so sprecht mich niemals direkt an.

Die Einsamkeit, die Camus ausstrahlt, ist nicht weniger quälend als der trockene, marxistische Kollektivismus. Je wahrhaftiger die Werte dieses Buches sind, desto quälender wird es. Ich bewundere es, stimme zu, unterschreibe, unterstütze es – und traue zugleich meiner eigenen Zustimmung nicht so recht.

In dieser Richtung gehe ich – und nicht weil ich wollte, sondern weil ich muß.

V

SONNABEND

Gestern auf einer *garden party petites tables thé dansant* bei Gośka gab ich mal so richtig mit meinem Stammbaum an und prahlte vor der versammelten Gästeschar, mal schwer und ungehobelt, dann wieder fein, dann frech durch Mark und Bein, dann gewunden durch die Blume, danach wieder einnehmend, im weiteren leiden- oder auch wissenschaftlich, und brüstete mich so, bis Hala und Zosia schließlich mit gespieltem Gähnen riefen: »Um Himmels willen, hör auf zu langweilen, wen interessiert denn das schon?«

SONNTAG

Als sie das gerufen hatten, sagte ich: »Stellt euch mal vor! Es ist doch bekannt, daß ich kein Graf bin. Und trotzdem habe ich mich vor ein paar Jahren im Café *Rex*, das ich jeden Abend aufsuche, als Graf ausgegeben, und eine ganze Zeit lang rief man mich als ›conde Gombrowicz‹ zum Telefon, aber nur eine Zeit lang – denn meinen Freunden vom Café *Rex* fiel eine Ausgabe der *Brüder Karamasov* von Dostojewski in die Hände, in der sie lasen, daß auf Auslandsreisen jeder Pole ein Graf ist.«

Kaum hatte ich das gesagt, da sprach einer der Anwesenden: »Was ist das für eine fixe Idee von Ihnen, diese ständige Lust, den polnischen Namen vor den Ausländern zu kompromittieren!«

»Ha!« rief ich. »Ich tue das gar nicht, um zu kompromittieren, sondern weil's Spaß macht!«

Darauf rief die Ira mit der Maja und der Lusia:

»Aber Witold, hör mal zu, du wirst uns doch nicht weismachen wollen, daß jemand wie du, ein Mann von deinem Niveau, solchen Dummheiten frönt!« Und Fila fügte hinzu: »Schließlich bist du ein Schriftsteller, und das heißt mehr, als wenn du Graf wärst.«

Und da...
Und da...
Und da...

Sah ich sie so seltsam an mit meinem bekannten selbstentblößenden und elenden Lazarusblick – und sagte barfuß kurzerhand:

»Ich ziehe es vor, für einen Grafen *tout court* gehalten zu werden, als für einen Grafen der schönen Künste, einen Marquis des Intellekts oder einen Fürsten der Literatur.«

Und sie riefen im Chor: »Du bist vielleicht ein Komödiant!«

Montag

Aber diese Gespräche bei Gośka erinnern mich an ein anderes Erlebnis im Hause Zygmunts. Ja, ja, damals an dem Abend habe ich ganz schön was von mir hergemacht! Ich kam spät, als der Abend schon auf dem Höhepunkt war, und setzte mich – nachdem ich eingetreten war – in einem Nebenzimmer zum Gespräch mit Krysia und Jolanta sowie Irena. Doch war mein Erscheinen nicht unbemerkt geblieben, und zwei, drei Personen setzten sich zu uns, kurz darauf fast alle, der ganze Kreis dieser neugierigen... ausgehungerten... gespannten Polen, die mir, ganz Ohr, Worte von den Lippen fingen, die ich eher beiläufig, aber doch scharf und mit verhaltener Erregung fallen ließ. Und wovon sprach ich? Ich sprach, wie sich das aus dem Gang des Geplauders ergab, von der faustischen und der apollinischen Konzeption des Menschen und von der für die Gegenwart entscheidenden Rolle des Barock, und ich sprach mit jenem unterschwelligen, feinen Anflug von Genialität, der dem gewöhnlichen Leben unwiderstehlich seinen eigenen, höheren Sinn aufzwingt. Meine Strenge (»Nein, das dürft ihr nicht sagen!«) verband sich mit der Unergründlichkeit (»Was ist Unruhe?«) und Entschiedenheit des geistigen Führers (»Das ist die Richtung, und den Weg – so verschlungen er ist – müssen wir einschlagen!«). Und das Licht ward gedämpft. Es kam der Augenblick, da die Zuhörer, von meinem düsteren Glanz bezaubert, in mich drangen, ich solle ihnen sagen, was Kunst sei, worin Kunst bestehe, worauf Kunst beruhe? – und diese Fragen fielen mich an, so wie mich einst die Hunde angefallen hatten, als ich, Jahre ist es her, vor dem Herrenhof von Wsola vorgefahren war. Ich erwiderte:

»Nein, das werde ich euch nicht sagen!«

Und fügte hinzu:

»Das kann ich nur einer Person sagen, die mir an Rang gleichkommt. In diesem Kreise – nur einer Person.«

»Wem?« fragte man.

»Nur ihr«, antwortete ich und zeigte auf eine der Damen, »nur ihr, denn sie ist eine Fürstin!«

DIENSTAG

Diese Szene im Hause Zygmunts ruft schmerzlichere und neuere Erinnerungen hervor...

Bei diesem Abendessen bei X.s war etwas mit mir passiert! Waren sie mir gesellschaftlich überlegen? Wohl kaum. Es war eine jener argentinischen Familien aus der sogenannten Oligarchie, die durch Vermählungen mit den Castellanes, den Buccleuch-et-Queensberry, den Wurmbrand-Stuppachs und den Brancacio-Ruffano Eintritt in die internationale Aristokratie gefunden hatten. Aber selbst wenn ich den Vorrang dieser Würden akzeptierte... war da nicht meine Überlegenheit als Künstler? Die Feinheit und Vollkommenheit meines Geschmacks, die ihren Respekt vor mir erzwingen mußten!

Aber etwas war passiert...

Statt den Salon ungezwungen zu betreten, trat ich schüchtern ein. Einen Augenblick vielleicht nur ließ ich mir von ihnen imponieren. Doch das genügte – und sofort platzte mein aus meinem armseligen Café gebürtiges, mit dem Kleinkram zweitrangiger Poeten oder gar ordinärer Obsthändler verschwägertes anderes Ich, brach meine ganze traurige, graue Uneleganz herein... Wie schrecklich! Ganz weich war ich geworden... Längere Zeit saß ich schweigend da. Und wurde auf einmal beflissen! Ach Gott ja, ich befleißigte mich und begann ein Gespräch... war geflissentlich ungezwungen – elegant – und liebenswürdig...

Meine ganze Welt war zusammengebrochen. Was ich in langen Jahren mühsam erworben hatte, lag in Trümmern. Wo war mein Stolz? Wo mein Verstand? Meine Reife? Meine Herablassung? Alles war verloren, und da bemühst du dich, bemühst dich geflissentlich, auf den Knien vor einem Gott, den du tausendmal gestürzt hast!

Und dieser Hölle entstiegen, lief ich in der Nacht durch die leeren Straßen der Stadt zu meinem armseligen Café, um meinen paar Bekannten und Kumpeln, die dort bei Würfelspiel und Torowein saßen, sagen zu können:

»Ich komme gerade von...«

MITTWOCH

Aber dabei fällt mir etwas anderes, weiter Zurückliegendes ein. Vor dem Krieg. Das Café *Ziemiańska* in Warschau. Eine Rauchwolke. Der Tisch der jungen Autoren und Lyriker. Avantgarde. Proletariat. Surrealismus. Sozrealismus. Vorurteilslos. Sie sagen:

»Dummer Snobismus des niedergehenden Kleinbürgertums!« Oder:

»Lächerliche Rassenvorurteile des Feudalismus!«

Ich aber erwähne, kaum daß ich mich dazugesetzt habe, ganz beiläufig, daß meine Großmutter eine Cousine der spanischen Bourbonen war. Dann reiche ich ihnen formvollendet den Zucker – aber nicht Kazimierz (der unter ihnen die erste Geige spielte, weil er der beste Lyriker war), sondern Henryk (der aus besseren Kreisen kommt und einen Oberst zum Vater hat). Als dann die Diskussion beginnt, unterstütze ich Stefans Meinung, weil er aus einer adligen Gutsbesitzerfamilie stammt. Oder ich sage: »Stasiu, mal abgesehen von der Dichtung, aber vor allen Dingen rate ich dir: mach dich nicht gemein!« Oder: »Die Kunst ist ein in erster Linie heraldisches Phänomen!« Sie lachen oder gähnen, oder protestieren – ich aber mache das monatelang, jahrelang mit der unerschütterlichen Konsequenz des Absurden, dem Ernst des Unsinns, mit dem allergrößten Fleiß gerade deshalb, weil es die Mühe nicht wert war. »Hör auf! Idiotisch! Blödsinn!« schreien sie, doch ganz allmählich wird erst der eine, dann der andere weich, schon druckst dieser, sein Großvater habe eine Villa in Konstancin besessen, jener gibt zu verstehen, daß die Schwester seiner Großmutter »vom Lande« kam, und wieder ein anderer zeichnet wie zum Spaß sein Wappen auf Zigarettenpapier. Sozrealismus? Surrealismus? Avantgarde? Proletariat? Poesie? Kunst? – Nein. Ein Wald von Stammbäumen, und wir in ihrem Schatten.

Sagte mir der Dichter Broniewski:

»Was tun Sie? Was ist das für eine Unterwanderung? Sogar die Kommunisten haben Sie mit Ihrer Heraldik angesteckt!«

Donnerstag

In Argentinien fand ich mich ohne einen Pfennig – in einer äußerst schwierigen Situation. Ich wurde in die literarische Welt eingeführt, und es lag nur an mir, diese Leute durch besonnenes Vorgehen für mich zu gewinnen. Aber ich setzte ihnen meinen Stammbaum vor und erntete nur ein mildes Lächeln.

Diese Leidenschaft, dieser wahnwitzige Hang zur Stilisierung, einer möglichst idiotischen dazu! Dieser Stammbaumwahn, der mich ruiniert, den ich mit meiner gesellschaftlichen Karriere bezahle! Wenn ich noch wirklich ein Snob wäre. Aber ich bin keiner. Ich habe nie den leisesten Versuch gemacht, »vornehm zu verkehren«, und die »feine Gesellschaft« langweilt mich, ekelt mich sogar.

Was bringt mich auf diese Erinnerungen? Nun, das Wappenbuch. Mir wurde gesagt, daß jemand in Argentinien sich mit der Absicht trägt, ein Wappenbuch herauszugeben, ein spezielles Wappenbuch für Emigranten. Ein Emigrantenwappenbuch, das ist der Gipfel, das Meisterstück unserer Absurdität. Und dennoch wird dieses Buch, wenn es erscheint, eines der ehrlichsten sein, die wir hervorgebracht haben. Denn diese Dinge sind nicht vorbei – weder in mir, noch in vielen anderen Polen. Kriege und Revolutionen, die Zerstörung von Städten, der Tod von Millionen, Ideologien sind über uns hinweggegangen, aber auf unserer Wiese treibt die Mythologie der Wappenbücher Blüten wie eh und je, die Phantasie ist der alten Liebe treu geblieben: Sie liebt die Grafen. Und keine Scheußlichkeit, um die sich diese Heckenwinde nicht wände. Da habe ich doch kürzlich die achtbarste Frau der Welt mit Tränen in den Augen erzählen hören, wie die Deutschen in Polen den X. gequält hätten. Aber ich wußte, weshalb sie das erzählte. Ich lauerte, wie die Katze auf die Maus... und bekam schließlich zu hören, was kommen mußte: »Es darf Sie nicht wundern, daß mir das so zu Herzen geht, aber es ist meine eigene Familie... Meine Mutter war in erster Ehe eine...«

Gebt also zu, daß für diesen euren Wahn kein Vorwand blutig genug ist.

Seid ehrlich und gesteht, daß ihr bis heute, obwohl ihr aus den Salons hinausgeworfen seid, die Litanei hochtönender Namen hersagt.

Weshalb werdet ihr rot? Weshalb zuckt ihr zusammen und protestiert, daß ihr da schon herausgewachsen seid – wenn ihr sehr gut wißt, daß ihr da keineswegs herausgewachsen seid, daß das in euch ist.

Aber wenn das so ist... wenn ihr damit gespickt seid... wenn das in euch steckt... wie wollt ihr dann Anspruch auf eine wirkliche Existenz erheben? Im wirklichen Leben? Diese Hierarchien, Mythen und Rangstufen sind in eurer alten Viertelwelt entstanden und heute schon abgestorben – weil jenes Seinsfragment, aus dem sie hervorgingen, untergegangen ist – doch sie verdecken uns noch immer das Sein, und wir bringen diesen verreckten Götzen insgeheim unsere lächerlichen Opfer dar.

Sei's drum. Warum spreche ich von euch? Besser, ich spreche von mir. So hört mich denn an. Für mich war die Aristokratie eine jener unreifen Störungen, jener schauerlichen, grünen Bezauberungen, die – wer weiß es? – aus mir geboren oder mir aufgezwungen waren und gegen die ich in der Literatur, und mehr noch im Leben, ankämpfte. Und wie es immer mit solchen unreifen Mythologien ist, sind sie scheinbar ganz leicht zu überwinden – erst, wenn man tiefer in sie eindringt und genauer mit sich zu Gewissen geht, zeigt sich ihre ganze raubgierige Unverwüstlichkeit. Was mich betrifft – hätte ich den Snobismus nicht einfach verachten und ihn zunichte machen können, indem ich mir die Fertigphrasen zulegte, die in solchen Fällen bereitstehen: »Nein, mir imponiert das nicht, für mich ist nicht der Titel von Bedeutung, sondern der Wert des Menschen, ach, wer glaubt denn an diese lächerlichen Vorurteile!« Und das wäre insofern ungelogen, als es mit meiner Vernunft, die eher fortschrittlich und von dieser uralten Dummheit reingewaschen ist, übereinstimmt. Aber es wäre, so wahr es ist, doch nur die halbe Wahrheit, und so eine Einstellung finde ich nicht intelligent genug, ja, sie zeugt von oberflächlichem Verständnis – denn es kennzeichnet die Macht aller unreifen Mythologie, daß sie sich bemerkbar macht, obwohl wir sie nicht akzeptieren und genau wissen, daß sie blödsinnig ist. Auf so eine gereifte Persönlichkeit, die sich mit ihrer Vorurteilslosigkeit brüstet, braucht bloß ein Fürst von Fleisch und Geblüt zuzutreten, schon wird ihre ganze »Gleichheit« angestrengt und beflissen, ha, er wird ganz schön aufpassen müssen, daß er nicht in die Ungleichheit abgleitet! Daß du dich also dagegen wehren mußt, ist ein Beweis, daß dieses Etwas doch existiert! Die Dinge sind nicht immer so einfach, wie demokratische Treuherzigkeit sie gern hätte.

Und es ist nicht schwer zu begreifen, weshalb sogar sie – die Modernen – mit diesen Hierarchien rechnen müssen. Doch wohl deshalb, weil ein Marquis, auch wenn er dir nicht imponiert, doch anderen imponiert – und mit den anderen mußt du rechnen. Du kannst nicht leicht jemanden von gleich zu gleich behandeln, vor dem andere die Häupter neigen – vergebens wirst du sie insgeheim als Dummköpfe verfluchen –, und so findet die Unreife immer ihre Leute und hält sich an ihnen aufrecht. Aber man könnte auch sagen, daß wir, ohne der Aristokratie einen persönlichen Wert zuzuerkennen, doch für die Tatsache aufgeschlossen sind, daß sie Produkt eines jahrhundertelangen Luxus ist (nach dem wir alle uns sehnen), die Verkörperung von Reichtum, Sorglosigkeit, Freiheit, Geschöpf eines Milieus, das – zu Recht oder Unrecht – dem Elend des Lebens enthoben ist. Der Erbadel hat keine Vorzüge aufzuweisen. Das sind nicht selten schlecht erzogene Menschen. Keine allzu lichten Geister und sehr oft verweichlichte und unappetitliche Charaktere. Ziemlich miese Ästhetik und recht zweifelhafter Charme. Ihre Diener sind im allgemeinen viel besser als sie, sogar in den Manieren. Doch die Fehler der Aristokratie sind Folgen ihrer Lebensweise, Zeugnis dafür, daß sie auf großem Fuße leben, und diesen gepflegten Fuß verehren wir trotz der moralischen und ästhetischen Natur des Phänomens. Man mag hinzufügen, daß die Aristokratie anziehend und faszinierend ist wie alle hermetischen, exklusiven Welten, die ihr Geheimnis besitzen – sie lockt mit dem gleichen Mysterium, das Proust in der Gruppe der *jeunes filles en fleur* ebenso wie im Salon der Madame de Guermantes vorschwebte.

Den Snobismus derart mit einigen pseudoreifen Phrasen summarisch abzutun, spräche also nicht gerade für denjenigen, der sich so wehrte, und ich mußte einen anderen Weg finden – doch was für einen? Ich weiß wahrlich nicht, ob ich keinen Mißbrauch treibe, wenn ich erneut das Buch meiner Erinnerungen aufschlage... Ja, ja! Natürlich konnte ich nicht zulassen, daß die Rothschilds oder Faucigny Lucinge... daß die alte Herzogin Franciszkowa oder Eddy Montague Stuart Gewalt über mich gewannen – ich mußte mich wehren, oh ja, wenn ich in der Kultur überhaupt etwas vorstellen wollte, mußte ich das Grafen- und Fürstenzeichen an meinem Sternhimmel zertrümmern! Aber wie? Für diese Krankheiten kenne ich nur ein Heilmittel: Offenheit. Kavalierskrankheiten kommt man nur auf ungalante Weise bei. Wenn ich beim Five o'clock die alte Franciszkowa traf, quälte mich nicht, daß sie mich mit einer unbegrenzten und, scheint mir, fast zügellosen Raffinesse der Gliedmaßen beherrschte, sondern daß ich mich schämte, mir das einzugestehen – und diese Diskretion empfand ich als Niederlage! An dem Tag, da ich es wagte, meine Schwäche laut bekanntzugeben, riß die Kette, mit der ich an diese zarte Fessel geschmiedet war. Ich erinnere mich lebhaft, es geschah vor Jahren in Stockholm, wo ich zufällig den Fürsten Gaetano traf, der mit seiner Schwester, Pauline de Anticoli-Corrado, Marquise Pescopagano, bei Oppedheimherr wohnte. Ja, dort definierte ich erstmals meine Methode, die Aristokratie zu behandeln.

Mit meinem seligen Vater verband den Fürsten eine recht enge Vertrautheit und womöglich, fein gesponnen, sogar weitläufige Verwandtschaft; wie er also erfuhr, wer ich sei, bat er, ich möge sie täglich nach dem Mittag zum Kaffee beehren. Doch ich erwähnte schon, daß ich nichts von einem Salonlöwen habe, und für die Aristokratie empfinde ich nur insoweit etwas, als mir ihre Überlegenheit zuwider ist. So kamen mir die Besuche beim Fürsten Gaetano nicht sehr gelegen, ja sie wurden schon bald zu einer schwer erträglichen Belastung – tummelte sich doch dort die glänzende Crème der *haute société* und gedieh ein *genre*, das mich niederschmetterte. Zweifellos war ich nicht vertraut genug mit der himmlischen Sphäre der *Durchlaucht*, noch beschlagen genug in den Verwandtschaften der Herrscherfamilien, noch ausreichend *au courant*, was die Gerüchte und den Tratsch betrafen, von denen solche Erlesenheit sich nährte, und die ihn bestimmen. Oh, mit welcher Lust hätte ich meine Minderwertigkeit und meinen zugeschnürten Hals eingestanden, um die Sache am hellichten Tage auf die Spitze zu treiben! Doch diese Hierarchien gründen darauf, daß sie uneingestanden bleiben, die höhere Welt imponiert gerade deshalb, weil alle so tun, als ginge es gar nicht ums Imponieren, als wäre das ständige, unaufhörliche Imponieren nicht ihr wesentlichster Inhalt. Die höhere Welt läßt sich in ihrem eigentlichen Sinn nicht erfassen, und das macht sie unbesiegbar. Der Fürst, und mit ihm sein ganzes Gefolge, behandelte mich, als könnte gar keine Rede davon sein, daß sie mir Ehre antaten...

Ja, den Salon zu zertrümmern, ihn zu vernichten ist deshalb unmöglich, weil der Salon alle, die nicht salonfähig sind, sofort vor die Tür setzt. Ich mußte also listig handeln – und den ersten Sieg trug ich davon, als ich, mit Blick in den Spiegel, den Fürsten fragte, ob ich distinguiert genug sei (*croyez-vous que je suis assez distingué?*).

Eine Frage, die im ersten Augenblick als Scherz genommen wurde. Ich aber wiederholte sie, und zwar so, daß klar war, daß sie keinesfalls scherzhaft sei!

Darauf folgte ein Augenblick leichter Panik, denn gerade weil Distinktion die vornehmste Aufgabe des Salons ist, tut er so, als wüßte er nichts davon und setzt voraus, daß Distinktion seinen Gästen sämtlich angeboren sei!

Da aber wiederholte ich meine Frage noch einmal; diesmal jedoch scherzhaft, so als sei ich amüsiert.

Daraufhin fragte ich: »*Pourrais-je un jour être aussi imposant et aussi distingué que vous, prince, et vous, madame? Voila mon rêve!*« (Ob ich es jemals schaffen werde, so distinguiert zu sein wie Sie? – das ist mein Traum!)

Eine Frage, noch drastischer als die vorherige, und das war zweifellos ein Drahtseilakt – ernsthaft gestellt, wäre sie unziemlich gewesen, als Scherz aber zu einer noch sträflicheren, an Unverschämtheit grenzenden Taktlosigkeit geraten. Ihre Intonation durfte keinen Zweifel daran lassen, daß ich Ihre Fürstlichkeit wirklich anerkannte (Ihr somit meine Huldigung darbrachte), sie mußte aber zugleich ein entlastendes Element von Belustigung und Amüsement enthalten – so als spielte ich mit dieser Situation, das heißt, spielte mit ihnen und mir.

Danach strebte ich. Ja, mit ihnen spielen – das war das geheime Ziel meines Unterfangens, das den endgültigen und unwiderruflichen Triumph bedeutet hätte! Aber spielen mit ihnen durfte ich nur unter der Bedingung, daß ich mit mir, das heißt meiner Schüchternheit, meiner Steifheit ihnen gegenüber zu spielen vermochte – nur ein solches zweischneidiges Spiel konnte ihnen und mir Distanz zu der gemeinen, ja ordinären Wahrheit verschaffen, die ich offengelegt hatte. Gaetano verstand. Er begriff sowohl meine Aufrichtigkeit wie mein Vergnügen. Und mein Vergnügen gefiel ihm gerade deshalb, weil es in den blutigen und grausamen, dabei ausgezeichnet maskierten Sinn der Aristokratie einführte – so ließ er sich allmählich auf das Spiel ein, das meinerseits in einer immer schärferen Akzentuierung der Unterschiede zwischen uns bestand – und es gelang mir auf diese Weise, den Aristokraten unmerklich alle Masken abzunehmen, sie gewissermaßen nackt auszuziehen und zu erreichen, daß die ARISTOKRATIE ihr wahres Gesicht nicht mehr verbergen konnte. Nach einiger Zeit gestattete man mir bereits unverhohlen, mich an ihnen zu delektieren, und Gaetano weihte mich ungeniert in seinen Stammbaum ein, nur um mir zu imponieren – oder er hob das Hosenbein und ließ es zu, daß mich die edle Fessel, rank wie Wein, vernichte. Ich aber ergötzte mich, amüsiert darob, daß ich mich ergötzte...

Sicher, das war nur eine Episode... ein befreiender Blitz von Stil am trüben und mißratenen Himmel. Bald darauf verließ ich Stockholm, das aufgewühlte Chaos des Lebens überspülte meinen zeitweiligen Sieg; und als ich den Fürsten Jahre später, bei meiner Tante Fleury in Paris, traf, war seine Fürstlichkeit, unserer Spiele nicht mehr eingedenk, wieder hermetisch wie eine Flasche alten Cognacs. Gleichwohl datiert seit Stockholm die geheime Arbeit meines Geistes, die darauf abzielt, den Tiger der Aristokratie zu zähmen. Damals begann in mir jene Lebensart zu entstehen, die auf Befreiung durch Offenheit setzt. Von da an betrat ich die gräfliche Halbwelt nicht mehr ohne Lüsternheit – und nahm an ihrem Gottesdienst mit der nötigen Ehrerbietung teil, erfüllte die Zeremonie und zelebrierte das heilige Ritual – so daß demokratische Aufgeklärtheit beim Anblick des geckgewordenen Intellektuellen sprachlos war, sich totärgerte. Doch was wißt ihr von dem Triumph, der die eigene Unreife zum Genuß macht und sie befreit und überwindet zugleich? Und weiter – wißt ihr, wie göttlich es ist, den tatsächlichen und brutalen Werten des Lebens (wie Gesundheit, Verstand, Charakter) jene fiktiven, aus unreifem Finger gesaugten Grafenwerte entgegenzustellen, deren einzige Bedeutung darin liegt, daß sie ein reines Spiel mit Hierarchie und Wertsetzung sind? Kennt ihr das schließlich: auf der eigenen Wirklichkeit zu beharren, so wie sie ist, allen Verstandesprotesten zum Trotz? Und kennt ihr die wahnwütige Lust am Absurden? Ha, wenn ich vor den Fürsten kniee, dann nicht, um mich ihnen zu unterwerfen...

Knie nieder, Richard, um erhöht zu werden,
Erhebe dich, Sir Richard und Plantagenet...

Auf den Knien vor den Fürsten, freue ich, Plantagenet, mich an mir und der Welt – nicht sie sind meine Fürsten, ich bin der Fürst dieser Fürsten!

(Wozu hab ich das geschrieben?

Es geht mir um die Methode.

Achtet auf meine Methode und versucht, sie zur Entschärfung anderer Mythen zu benutzen.)

SONNABEND

Leider ist sicher, daß die psychische Entwicklung dieser Generation eine ganz andere Richtung genommen hat als die, die ich vorschlage. Wir sehen eine armselige und ernsthafte Generation von Angestellten, die auf die Befriedigung ihrer elementaren Bedürfnisse aus ist – eine graue Arbeiter- und Beamtengeneration, während ich für Luxus, Spaß, ja – für Spielerei stehe.

Sollte das Grau allen Glanz des Daseins erdrücken? Ich bin sicher, daß ich von diesen Ingenieuren nie verstanden werde. Aber ... die Zukunft wird erweisen, wer da tief war, und wer oberflächlich. Ist das Spiel nicht auch ein elementares Bedürfnis? Tragen die jungen Proletarier, solange sie nicht in die Tretmühle müssen und von Arbeit gezähmt werden – tragen sie nicht ein Lächeln auf dem Gesicht?

VI

MITTWOCH

In der *Kultura* vom September ein Artikel von Jan Winczakiewicz über Baliński, Lechoń, Łobodowski und Wierzyński. Sie figurieren in einer Anthologie, die Dr. St. Lam unter dem kategorischen Titel »Die bedeutendsten Lyriker der Emigration« herausgegeben hat.

Winczakiewiczs Rezension enthält nur eine Wahrheit, sie ist dadurch umso schlagender ... doch wäre ihr Autor kein Dichter, der viel Verehrung, Anbetung und Feinsinn für die Lyrik aufbringt, ich würde sie nicht als vernichtend bezeichnen. Die Sache ist nur, daß all die altmodische Galanterie, mit der Winczakiewicz der gereimten Muse die Fingerspitzen küßt, einen Stoßseufzer nicht übertönen kann, den ich teile: Weshalb wirkt das alles so überlebt? »Alle vier sinnen der Vergangenheit nach« – stellt bedauernd der Verehrer fest, um gleich darauf noch Ärgeres hinzuzufügen: »Mehr noch: der Blick, den sie da in die Vergangenheit richten, kommt aus vergangenen Augen. Und noch mehr: Sie betrachten selbst die laufenden Ereignisse mit den Augen der Vergangenheit.«

Wie schade! Wenn es um einfache Gedichte ginge, wäre das ja schließlich keine Katastrophe. Aber es sind ja nun »großartige«, »glänzende« Gedichte und erheischen heftig unsere Bewunderung – doch dann sollten sie uns wenigstens nicht blamieren. Ja, es wäre besser, diese vier »Größten« schauten uns nicht wie aus einem alten Album mit Familienfotos an, und die hochgeschätzten Bändchen wären keine Alben mit getrockneten Herbstblättern. *Où sont les neiges d'antan?* Was faseln uns denn unsere vier subtilen Traumprinzen, welches Weihnachtslied ist es, das ihre zärtliche Harfe raunt? Oh, das Weihnachtslied ist ja ein Wiegenlied! Schlafen...

Ich greife keineswegs die vier exzellenten Poeten an (wie Winczakiewicz schreibt, kann man schwerlich von ihnen verlangen, daß sie die Augen wechseln) – ich attackiere nur unsere Bewunderung. *Où sont les neiges d'antan?* Diese Logik, die die Exillyrik eine Poesie von Erinnerungen, Wehmut, Umkehr, Flucht oder bestenfalls von Nichtgegenwart sein heißt, diese Logik hat etwas dialektisch und historisch derart Logisches, daß es einem fast aufs Maul haut. Was ist uns geblieben außer diesem dezenten Parfüm der Erinnerungen? Ist denn nicht historisch begründet und steht es nicht in den Büchern des Marxismus-Leninismus geschrieben, daß die Poesie der niedergehenden Schichten eine Poesie des Gestern sein muß? So steigen wir denn gehorsam in die Postkutsche dieser vier historisch begründeten Dichter und fahren mit ihnen zu jenen Hainen vergangener Nachtigallen und vergangener Rosen, zu den altertümlichen Postkarten, Gebetbüchern und großmütterlichen Stammbüchern. *Où sont les neiges d'antan?* Vergebens wollen uns »Polonisten« wie Weintraub damit trösten, daß Wierzyński immerhin nach neuen Ausdrucksformen sucht, daß seine Rhythmik »freier« und seine Lyrik direkter und gedämpfter wird. Hier geht es leider weder um Rhythmik noch um den lauteren oder leiseren lyrischen Ton, sondern um die geistige Einstellung, um die reine Stimmung – und zwar weniger die der Harfen, als die der Harfenspieler.

Où sont les neiges d'antan? Doch ich kann Winczakiewicz nicht folgen, wenn er sagt, es sei die Romantik, die sie zur Flucht aus der Gegenwart zwinge, und der Anti-Intellektualismus sei die Ursache ihrer Hilflosigkeit in der heutigen antiromantischen Welt, in der nur für intellektuelle Lyrik Platz sei. Nein. Der Tag, pardon, die Nacht, die wir durchleben, ist bis zum Rand mit einer Romantik von tausend Byron-Stärken gefüllt. Niemals tobte so ein Sturm im gequälten Schoß der Menschheit, unser Ozean brüllt und birst an den Felsklippen. Ich glaube sogar, die Wunder dieses Grauens sind den vier historisch begründeten Barden, von denen die Rede ist, nicht unbekannt. Nur – sie bekommen diese Schönheit nicht in ihr Gedicht, in ein Gedicht, das ihnen in den alten Vorkriegszeiten gewachsen ist; es will ihnen einfach nicht in die Metapher, paßt ihnen nicht in den Stil.

Wie hat es sich an diesen Leuten gerächt, daß sie so naiv an Dichtung und Dichter geglaubt, die poetische Form angebetet, sich allen Fiktionen hingegeben haben, die das Poetenmilieu produziert! Der Dichter von heute sollte Kind sein, aber ein listiges, nüchternes und besonnenes Kind. Möge er Dichtung betreiben, aber ohne je den klaren Blick für ihre Grenzen, ihre Häßlichkeiten, Dummheiten und Lächerlichkeiten zu verlieren

– möge er Dichter sein, doch immer bereit, das Verhältnis der Dichtung zum Leben und zur Wirklichkeit zu prüfen. Auch als Dichter möge er nicht einen Augenblick aufhören, Mensch zu sein und den Menschen nie dem »Dichter« unterordnen. Doch diesen Selbstspott, diese Selbstironie, Selbstverachtung, dies Selbstmißtrauen konnte die naive Schule des Skamander, deren einziger Ehrgeiz es war, »schöne Gedichte« zu schreiben, nicht vermitteln. Wenn also Lechoń heute den Dichter in sich erneuern und reformieren sollte, wo fände er einen Rückhalt, was ist das Etwas, das ihm erlauben würde, irgendeine Veränderung zu riskieren? Kein einziges Komma wagt er anzutasten in sich, wer weiß denn, vielleicht ist er dann kein Dichter mehr und seine Gedichte sind weniger schöne Gedichte? Wie kann Lechoń sich in diesem Sinne gegen den Lyriker Lechoń wenden, wenn Lechoń – wie wir lesen – ein *altissimo poeta* ist, und wenn die Lyrik zu seinem Fach, seiner gesellschaftlichen Stellung, seiner Geisteshaltung geworden ist? Wie kann er sich den glücklich erreichten Einklang mit den Lesern verderben?

Diesen vier historisch Begründeten, die uns gegeben sind, auf daß wir sie bewundern und bewundernd die Wonne des Aussterbens und der Ohnmacht empfinden, fehlt nicht Form – ihnen fehlt Distanz zur Form. So frei sie zur Welt stehen, in einem Punkt sind sie doch gehemmt: in puncto Poesie. Und dieses entsetzliche, dies enge »ich bin Dichter«, in dem das Salbungsvolle heiliger Esoterik mitschwingt, schneidet sie von all der Schönheit ab, die im Dickicht der Welt erwächst und die geheiligten Formen angreift. Immer wieder einmal führen sie in beherztem Attentat auf die eigene Steifheit irgendeine ungeheure Innovation ein – einen neuen Reim, eine Assonanz – und damit hat sich's.

Ein Künstler, der sich im Rahmen der Kunst verwirklicht, wird niemals schöpferisch sein – er muß sich in jenem Grenzbereich ansiedeln, wo sich die Kunst mit dem Leben berührt, dort, wo man sich vor unangenehmen Fragen solcher Art sieht: Inwiefern ist die Lyrik, die du schreibst, konventionell, inwiefern lebt sie wirklich? Wie sehr lügen die, die mich verehren, und wie sehr lüge ich, wenn ich mich als Dichter verehre? Doch als ich einige derartige Fragen in dem Artikel *Gegen die Dichter* aufwarf, ganz unkomplizierte Fragen, deren einzige Besonderheit darin bestand, daß sie nicht die Verskunst als solche, sondern nur ihr Verhältnis zur Wirklichkeit betrafen, stellte sich heraus, daß niemand auch nur ein Wort verstand, und das vollendetste Unverständnis zeigten die Dichter. Denn diese Religion ist wie jede andere dadurch gekennzeichnet, daß sie keine Zweifel zuläßt, nicht wissen will. Aber genug damit. Weshalb peinige ich die Dichter? Euch und mir werde ich den Grund meiner herzensguten Grausamkeit verraten: Ich weiß, daß ein Dichter alles erträgt und nichts krummnimmt – unter der einen Bedingung, daß man ihm zugesteht, ein Dichter zu sein. Und in dieser Hinsicht kann ich ihnen voll Genüge tun; ich sage hundertmal, daß sie Dichter sind, ja, bedeutende Dichter, und sogar, wie die Anthologie es will, die bedeutendsten Dichter (dagegen habe ich überhaupt nichts).

Du aber, mein Volk, sei auf der Hut vor ihrer historisch begründeten Dämmerung. Laß dich nicht auf das Spielchen ein, daß sie »singen«, während du bewunderst. Überprüfe deine Gemeinplätze. Bisweilen ist es so, daß wir bewundern, weil wir uns ans Bewundern gewöhnt haben, und auch deshalb, weil wir uns die Schau nicht verderben wollen. Es kommt auch vor, daß wir aus Zartgefühl bewundern, um niemandem weh zu tun. Meine Rat für alle Fälle: Hauen wir sie kräftig und sehen zu, ob sie umfallen. Und dieser Hieb wird vielleicht Gegenwart in uns freisetzen, wird uns Zukunft erschließen. Dummköpfe! Wieso laßt ihr euch die Dichter von der Geschichte aufzwingen? Ihr selbst müßt sie erschaffen, die Dichter mitsamt der Geschichte.

FREITAG

Ich ging in das Modegeschäft »Ostende« und kaufte ein Paar gelbe Schuhe, die mir dann zu eng waren. Also ging ich ins

Geschäft zurück und tauschte die Schuhe gegen andere um, die die gleiche Form und Nummer hatten und überhaupt in jeder Beziehung identisch waren; wie sich herausstellte, waren auch sie zu eng.

Manchmal wundere ich mich über mich selbst.

Sonnabend

X., seine Frau, sowie Herr Y., überaus aktiv unter den Polen in Argentinien, erzählten mir Klatsch. Angeblich wurde ich auf der Organisationssitzung irgendeiner Vereinigung als Mitglied vorgeschlagen – darauf sprang der Vorsitzende oder sonstwer auf und brüllte, für solches Gelichter wie mich sei kein Platz! Und auf der Sitzung eines anderen Komitees votierte man dafür, daß meine »Mitarbeit« unerwünscht sei.

Na sollen sie doch! Selbst wenn man eine Delegation mit Blaskapelle und Blümchen zu mir schickte, ich würde nie in Komitees mitarbeiten, die mich tödlich langweilen, und mich auch nicht zum Vorsitzenden wählen lassen, denn ich als ernsthafter Mensch eigne mich nicht als Galionsfigur. Dieses Theater mit Vorsitzenden, Komitees und Sitzungen ist für Sonntagsjäger gut, nicht für jemanden wie mich, der im Schweiße seines Angesichts auf dem Feld der nationalen Literatur und Kultur ackert. Ich weiß ja auch, daß mir kein Amt winkt, denn der Haß gegen mich liegt in der Natur der Komitees, die Komitees als solche werden mich immer bekämpfen, selbst wenn all ihre Mitglieder mir privat und unter vier Augen zuflüstern sollten: »Schreiben Sie, was das Zeug hält!« Nur möge doch ein Feuer vom Himmel fallen, das das argentinische Leben der Polen vom wuchernden Kitsch reinigt. Ich kann diese Leute nicht verstehen. Es ist mir ein Rätsel, wie jemand, der die sieben Kreise der Hölle durchschritten und Situationen erlebt hat, die ihn zutiefst aufgewühlt haben müssen, jemand, der ein für allemal gelernt hat, was Kampf, Schmerz, Verzweiflung, Glaube und Zweifel sind, kaum daß er hier in Argentinien angekommen ist, wie selbstverständlich sofort ins nächste Komitee eintritt und offensichtlich unausrottbare Phrasen rezitiert. Die Lebenserfahrung, die sie gewonnen haben, gewinnen mußten, scheint ihnen nur lose anzuhängen – sie tragen sie in der Tasche, nicht in der Brust – und selbst diese Tasche ist noch zugenäht.

Ihr kindischer Ton ist unerträglich. Die Wochenschrift *Die Stimme* hat in den letzten Jahren neue Autoren gewonnen, sie hat sich von einem fürchterlichen Schmierenblatt zum stolzen und nutzbringenden »Organ« gemausert, ist aber trotzdem nach wie vor ein Tanten- und Onkelverein, der alle erdenkliche Vorsicht übt, um nur die minderjährige Nichte nicht zu kränken. Wirklich rührend, diese Sorge um die vorsintflutliche Unschuld der heutigen Polen. Personen, die Härtestes erlebt haben, werden wie Oberschülerinnen der fünften Klasse behandelt, und man gestattet ihnen nur bestimmte, entsprechend versüßte und gemilderte Themen. Aber vielleicht ist es gut so, daß *Die Stimme* sich zurückhält, denn wenn *Die Stimme* ihre wahre Stimme erhöbe, wäre zu befürchten, daß diese Stimme *Die Stimme* in fünf Minuten sprengt, womöglich mitsamt der ganzen Emigrantenkolonie. Wir fürchten unsere wahre Stimme und bedienen uns deshalb eines perfekt nichtssagenden »Organs«.

Doch es liegt mir fern, diesen Sachverhalt mit allzu drastischen Mitteln zu bekämpfen. Immer wieder einmal wendet sich jemand – meist der Vorsitzende, Schatzmeister oder Sekretär – mit der vertraulichen Aufforderung an mich, ich solle mich zur Geißel der Kolonie machen und es allen mal so richtig zeigen. Diese Rolle lockt mich nicht. Es bringt nichts, wenn wir uns gegenseitig besudeln und als Heuchler, Dummköpfe und Tölpel beschimpfen. Man sollte besser dafür sorgen, daß diese Polen sich der Irrealität, der Fiktion bewußt werden, der sie leben, und daß dieses Bewußtsein in ihnen bestimmend wird. Man muß ihnen immer wieder sagen: Du bist nicht so, du bist wirklich herausgewachsen aus dem, was du da sagst, du benimmst dich so, weil du dich den anderen anpaßt, zelebrierst, weil alle zelebrieren, lügst, weil alle lügen, aber du und wir alle sind besser als die Farce, in der wir auftreten – das muß man ihnen immer wieder sagen, bis dieser Gedanken zum rettenden Strohhalm für sie wird. Diese Art Hetman brauchen wir unbedingt. Wir müssen dahin kommen, uns wie Schauspieler eines schlechten Stücks zu fühlen, die sich in ihren engen und banalen Rollen nicht ausspielen können. Dieses Bewußtsein erlaubt uns wenigstens, unsere Reife für Zeiten zu bewahren, in denen wir wirklicher werden können.

Ich laste niemandem die Schuld an, nicht die Menschen sind schuld, die Situation ist es.

Donnerstag

Er, Miłosz, durchlebt wie sie alle (Schriftsteller einer bestimmten Schule, die mit der »gesellschaftlichen« Problematik groß geworden sind) innere Kämpfe, Qualen und Zweifel, die den früheren Schriftstellern völlig unbekannt waren.

Rabelais hatte keine Ahnung davon, ob er »historisch« oder »ahistorisch« sei. Er beabsichtigte nicht, »absolute Dichtung« zu betreiben noch der »reinen Kunst« zu dienen, noch auch – im Gegenteil – seiner Epoche zum Ausdruck zu verhelfen, er beabsichtigte überhaupt nichts, weil er schrieb, wie ein Kind im Gebüsch Pipi macht: um sich zu erleichtern. Er griff an, was ihn wütend machte; bekämpfte, was ihm im Weg war; und schrieb zum – eigenen und fremden – Genuß, schrieb, was ihm gerade einfiel.

Dennoch brachte Rabelais seine Epoche zum Ausdruck und erfaßte die heraufziehende Epoche und schuf überdies unvergängliche und reinste Kunst – und dies deshalb, weil er, indem er sich selbst völlig ungezwungen ausdrückte, zugleich auch das ewige Wesen seines Menschseins zum Ausdruck brachte und sich als Kind seiner Zeit und sich als Keim der kommenden Zeit.

Miłosz aber (und nicht er allein) legt heute den Finger an die

Stirn und meditiert: Wie soll ich schreiben, und worüber? Wo ist mein Platz? Was sind meine Pflichten? Soll ich in die Geschichte eintauchen? Oder vielleicht das »andere Ufer« suchen? Wer soll ich sein? Was tun? Der selige Żeromski hätte in solchen Fällen wohl gesagt: schreib, was das Herz dir befiehlt – und dieser Ratschlag leuchtet mir noch am ehesten ein.

Wann werden wir die tyrannischen Strohpuppen der Abstraktion stürzen, um wieder einen Blick für die konkrete Welt zu bekommen? Die Macht dieser hochphilosophischen Antinomien ist so groß, daß Miłosz völlig vergißt, wen er vor sich hat und mir die Rolle eines Verteidigers der »reinen Kunst« zuschreibt, eines Ästheten nachgerade. Und das mir! Wenn ich mich gegen die Schemata wende, die der Literatur von übertriebener Aktualität drohen, tue ich das nicht, um ein anderes Schema durchzusetzen. Ich trete weder für die ewige noch für die reine Kunst ein, ich sage Miłosz nur: Man muß aufpassen, daß uns das Leben nicht unter der Feder zu Politik gerät – oder zu Philosophie, oder zu Ästhetik. Ich fordere weder die angewandte noch die reine Kunst – ich fordere Freiheit, fordere das »natürliche« Schaffen als unreflektierte Selbstverwirklichung des Menschen.

Er aber sagt: Ich habe Angst ... ich fürchte, wenn ich mich von der Historie entferne (von den jeweils aktuellen Gemeinplätzen, heißt das), werde ich einsam sein. Ich antworte darauf: diese Angst ist unanständig und, schlimmer noch, imaginär. Unanständig, weil sie fürwahr ein Verzicht nicht nur auf Größe, sondern auch auf die eigene Wahrheit ist, Verzicht auf den wohl einzigen Heroismus, aus dem die Literatur ihren Stolz, ihre Kraft und Lebensfähigkeit bezieht. Wer menschliche Verachtung und Einsamkeit unter den Menschen fürchtet, der möge schweigen. Aber diese Angst ist außerdem imaginär – denn eine Popularität, die im Dienste des Lesers und der Zeitströmungen gewonnen wird, bedeutet nur hohe Auflagen – und nichts, nichts weiter; nur wer es fertiggebracht hat, sich von den Menschen abzusondern und als einzelner Mensch zu existieren, um sich erst dann zwei, drei, zehn Bekenner, Freunde zu gewinnen, nur der hat die Einsamkeit auf eine in der Kunst zulässige Weise überwunden.

Und er sagt (immer noch in der Gewalt jener ausgeklügelten Vision, die sich so sehr mit seinen wertvollsten persönlichen Eigenschaften reibt): wir Polen können heute herablassend und forsch zum Westen sprechen, »ganz einfach deshalb (ich zitiere wörtlich), weil in unserem Lande die wichtigsten Veränderungen stattfinden, die es geben kann, und weil in diesen Veränderungen der ›Zukunftsgesang‹ ist, der aufklingen wird, wenn die Herrschaft Moskaus über die Völker zusammenbricht«. Ich würde ihm zur Antwort den Rat geben, diesen Gedanken auf Bulgarien oder China anzuwenden, die doch auch zu dieser historischen Avantgarde gehören. Nein, Miłosz, keine Historie kann dir dein persönliches Bewußtsein, deine Reife, deine Tiefe ersetzen, nichts kann dich von dir selbst entbinden. Wenn du persönlich wichtig bist, kannst du an den konservativsten Punkt des Globus ziehen, dein Zeugnis vom Leben wird wichtig sein; aber bedeutsame Worte aus unreifen Menschen herauszuquetschen, das schafft keine historische Mangel.

Das alles wird so schwierig, zweifelhaft, dunkel, verworren unter dem Ansturm der komplizierten Sophistik unserer Zeit; es gewinnt aber seine kristallene Klarheit wieder, sobald wir begreifen, daß wir heute nicht auf neue und besondere Art sprechen oder schreiben, sondern genau so wie seit Anbeginn der Welt. Und keine Konzeption kann für das Vorbild der großen Meister stehen, keine Philosophie der Literatur ihren Stammbaum ersetzen, der reich ist an Namen, die mit Stolz erfüllen. Es gibt keine Wahl: entweder schreibt man so wie Rabelais, Heine, Racine oder Gogol – oder man schreibt gar nicht. Das Erbe dieser großen Rasse, das uns vermacht wurde, ist unser einziges Gesetz. Aber damit polemisiere ich nicht gegen Miłosz, der ist ein Rassepferd – ich polemisiere nur gegen sein Halfter, gegen diese Fuhre voller Skrupel, die ihm seine Vergangenheit angehängt hat.

Montag

Weshalb habe ich, als ich über Winczakiewiczs Rezension schrieb, Wittlin nicht erwähnt, da doch auch seine Gedichte in der Anthologie enthalten sind?

Ich habe ihn übergangen, weil auch Winczakiewicz ihn übergeht – er behauptet, diese frühen Gedichte Wittlins seien nicht maßgebend. Aber ich möchte den Punkt aufs i setzen.

Wenn Wittlin nur der Verfasser der Gedichte in der Anthologie wäre, ich wäre sicher auch ihm zu Leibe gerückt. Aber Wittlin ist ein amphibisches Geschöpf und Bewohner von zehn Wirklichkeiten – ein Dichter, der Prosaiker ist, der Heilige als Rebell, ein der Avantgarde verwandter Klassiker, Patriot und Kosmopolit, gesellschaftsverändernder Einzelgänger. Einer dieser Wittlins stammt zwar vom Skamander ab und ist in gewissem Maße mit seinem Erbe belastet, aber die neun anderen Wittlins bestürmen ihn und drängen auf Änderung. Dieser stille Sturm der Wittlins in Wittlin, dieses Brodeln im scheinbar so artigen Vulkan, diese seine gequälte und aktive Menschlichkeit ist nicht mein Feind – sie ist mein Verbündeter. Und die Kraft aller Wittlinschen Rebellion beruht darauf, daß er um keinen Preis rebellieren will, und wenn er es doch tut, so nur, weil er muß. Aus diesem Grunde ist niemand von uns so überzeugend wie er, niemand ist fähig, in Vorurteilen erstarrte Menschen durch seine Worte so für sich zu gewinnen. Ich habe diese Kraft am eigenen Leibe erfahren, denn Wittlins Vorwort zu meinem Buch ist ein Meisterstück unverblümter Überzeugungsarbeit und einer Güte, die von ganz moderner Dynamik getragen ist. Aber gerade dieses Vorworts wegen würde ich gern auf Wittlin einschlagen – damit es nicht heißt, ich schonte ihn, weil er mich verteidigt und unterstützt (armselig, meine Gefühle!).

Sonnabend

Ja, was man auch sagen will, ich fürchte diese feschen Feuilletons, die mir das Wasser reichen wollen, auf daß ich darin ertrinke. Was macht es, daß sie nur faseln? Was ein Dummkopf von dir sagt, selbst wenn es ein ausgemacht monumentaler Vollidiot wäre, ist keineswegs ohne Bedeutung, denn die Dummköpfe sind Legion. Doch was wichtiger ist, eine solche Meinung kommt, selbst wenn sie von perfekter Unintelligenz gezeichnet und von A bis Z erlogen wäre, unter Leute, die weder dich noch deine Bücher kennen – und demnach keine Möglichkeit haben, sich ein eigenes Bild von dir zu machen.

Wenn man nach solchen Giftspritzen, die lächerlich machen, vernichten, Leser vergraulen, materiell und moralisch schädigen wollen (alles in Verteidigung der heiligen Ideale), auf einen redlich geschriebenen Artikel trifft, weitet sich die Brust vor himmlischem Stolz. Ehre sei Ryszard Wraga! Ich verlange nicht von ihm, daß ihm meine Sachen gefallen – ich bin dankbar, daß er *fair play* spielt. Seine Sätze schleichen sich nicht heimlich an mein Gesicht, um mir die Maske eines Idioten aufzusetzen. Na bitte! Endlich mal ein anständiger Journalist! Wenn er auch meine Ansichten scharf kritisiert, so gibt er doch ohne Zögern zu, daß mein Buch in gewisser Hinsicht seine Aufnahmefähigkeit übersteigt, und daß gerade das, was er nicht versteht, von anderen für »großartig und bedeutend« gehalten wird. Eine solche Aufrichtigkeit ist moralisch wertvoll. Seine ideologisch begründeten Einwände hindern ihn nicht, mir Gerechtigkeit widerfahren zu lassen, und er behauptet sogar, »wie kann man Gombrowicz denn mit Sienkiewicz vergleichen!«. »Ein revolutionäres Drama«, schreibt er über *Die Trauung* und zitiert sogar »eine seiner erschütterndsten Szenen«.

Mich dürstet nicht nach süßem Lob. Aber die Worte der Anerkennung, mit denen Herr Wraga mich bedenkt, sind für mich Gold wert, weil sie von einem Gegner stammen – einem Gegner, der sich den Luxus der Unparteilichkeit leisten kann und es über sich bringt, dem Vorteil zu entsagen, daß ein Leser, der meine Werke nicht kennt, eventuelle Verdrehungen (zum Schutze der bedrohten Ideale) und Verfälschungen (in Verteidigung angetasteter Heiligtümer) nicht durchschauen könnte.

Wahrlich! Einen so ehrenhaften Publizisten muß man sich zum Vorbild nehmen! Was ich hiermit tue.

DIENSTAG

Eine Rede an die Nation, gehalten am Jahresende 1953 auf einem Bankett im gastlichen Hause der Familie X.

»Gern gießt ihr mit Tränen die Beete der Erinnerung und sehnt euch innig nach den verlorenen Heimatorten, wenn die Festzeit naht. Macht euch nicht lächerlich, laßt die Sentimentalitäten! Lernt das eigene Los zu tragen! Was sollen die faden Gesänge über die Schönheiten Grójecs, Piotrkóws oder Biłgorajs? Wisset, eure Heimat ist nicht Grójec und nicht Skierniewice, nicht einmal das ganze Land, und das Blut soll euch heiß in die Wangen steigen beim Gedanken, daß ihr selbst eure Heimat seid! Was macht es, daß ihr nicht in Grodno, Kutno oder Jedlińsk seid? Ist jemals ein Mensch irgendwo anders gewesen, als in sich selbst? Ihr seid bei euch, ob ihr euch nun in Argentinien oder in Kanada befindet, denn Heimat ist kein Ort auf der Landkarte, sondern das lebendige Wesen des Menschen.

So laßt denn ab davon, fromme Illusionen und künstliche Sentiments zu hegen. Nein, niemals waren wir glücklich in der Heimat. Die Kiefern, Birken und Weiden dort sind in Wahrheit gewöhnliche Bäume, die euch mit endlosem Gähnen erfüllten, solange ihr sie jeden Morgen gelangweilt aus dem Fenster betrachtetet. Es ist nicht wahr, daß Grójec mehr sei als ein entsetzliches Provinzloch, in dem eure graue Existenz sich einst fristete. Nein, lügt nicht: Radom war nie ein Gedicht, selbst bei Sonnenaufgang nicht! Die Blumen dort waren nicht wundervoll und unvergeßlich – und Elend, Schmutz, Krankheit, Langeweile und Unrecht haben euch auch damals umringt wie zur Dämmerung heulend die Hunde auf den öden polnischen Dörfern.

Seid keine Tölpel, sage ich. Vergeßt nicht, daß niemand von euch sich um Polen scherte, solange er in Polen lebte; denn es war alltäglich. Heute dagegen wohnt ihr nicht mehr in Polen, aber dafür ist Polen stärker in euch zu Hause – jenes Polen, das als euer tiefstes, aus der Arbeit von Generationen entstandenes Menschsein zu definieren ist. Wisset, wo immer der Blick eines Jünglings sein Schicksal in den Augen eines Mädchens entdeckt, wird Heimat erschaffen. Wenn euch Zorn oder Entzücken über die Lippen kommen, wenn die Faust auf Niedertracht zielt, wenn eines Weisen Worte oder ein Lied von Beethoven eure Seele entflammen und sie in himmlische Sphären entführen, dann entsteht – in Alaska oder am Äquator – Heimat. Auf dem Sachsen-Platz in Warschau aber, auf dem Krakauer Ring werdet ihr obdachlose Vagabunden sein, warenlose Hausierer, Landstreicher, hoffnungslos ordinäre Geizhälse, wenn ihr es zulaßt, daß die Trivialität das Schöne in euch zunichte macht.

Es ist bedauerlich, daß ihr nicht edel und beseelt genug seid, um den pathetischen Sinn eures Wanderlebens zu begreifen.

Doch verliert die Hoffnung nicht. In diesem Kampf um den tieferen Sinn des Lebens und seine Schönheit seid ihr nicht allein. Zum Glück steht euch die polnische Kunst zur Seite, die heute zu Wichtigerem und Wahrhaftigerem geworden ist, als obdachlose Ministerien und entmachtete Ämter sind – und sie, die Kunst, lehrt euch Tiefe; ihre Peitsche, streng und gütig zugleich, wird knallend auf euch niederfahren, wann immer ihr Zeichen von Zersetzung, Verweichlichung, Weinerlichkeit zeigt. Sie, die Kunst, wird euch die Augen öffnen für die harte Schönheit der Gegenwart, für die Größe unserer Aufgabe, und sie wird allzu provinzielles Empfinden durch ein neues Gefühl ersetzen, wie es die Welt, wie es die Horizonte brauchen, die sich vor euch auftun. Sie wird euch die Fähigkeit wiedergeben, zu fliegen und stark zu sein, damit man von euch nicht mit Shakespeares Worten sage:

's ist mißlich, wenn die schlechtere Natur
Sich zwischen die entbrannten Degenspitzen
Von mächt'gen Gegnern stellt.

1954

VII

Freitag

Ich tauchte um 2 Uhr früh auf diesem Tanzvergnügen auf (es war Neujahr) und hatte außer Truthahn eine Menge Wodka und Wein in mir. Ich war mit Bekannten verabredet – fand sie aber nicht – also wanderte ich durch die verschiedenen Säle – setzte mich in den Garten – wo die Masse überraschend in Paare zerfiel und ein Tanz begann.

Das geschah auf Veranlassung der Musik, die allerdings von meinem Platz aus kaum zu hören war und mich nur gerade mit dem dumpfen Echo des Schlagzeugs erreichte oder in wenigen Tönen einer beschwingten, verklingenden Melodie schwache Lebenszeichen gab. Dem himmlischen Locken verspielter Fragmente aber, die sich immer konsequent zeigten, immer um irgendeine mir unzugängliche Phrase konzentriert, entsprach hier ein drolliger und heftiger, witziger und aufdringlicher, zum Platzen tanzseliger Körperrhythmus – und greifbarer war er, wirklicher als jene ferne Anspielung, so daß es gar schien, nicht die Musik löse den Tanz aus, sondern der Tanz die Musik – ja, man hatte gar den Eindruck, als erzwinge der Rhythmus, der hier unten schier unwiderstehlich war, dort oben die Andeutung eines bestätigenden Lautes.

Doch was für ein Tanz! Tanz von Bäuchen, Tanz von amüsierten Glatzen, Tanz eines welken Gesichts, Tanz der abgearbeiteten, gewöhnlichen Alltäglichkeit, die hier feiertags über die Stränge schlug, Tanz der grauen Mißgestalt. Das heißt nicht, daß das Publikum schlechter gewesen wäre als irgendein anderes – aber es waren überwiegend ältere Leute, und es war schließlich normale Menschheit mit ihrer unvermeidlichen Armseligkeit – und diese Armseligkeit kam nun in stolzen

Sprüngen daher – Sprüngen, die ohne die Musik etwas lästerlich Unverschämtes, entsetzlich Heidnisches und hemmungslos Wildes waren... Es sah aus, als wären sie entschlossen, Schönheit, Witz, Eleganz und Fröhlichkeit mit Gewalt zu erringen und in Besitz zu nehmen, und bildeten, indem sie ihre Defekte und all ihre Banalität so zum Tanzen brachten, gemeinsam eine tanzselige, weinselige Figur... auf die sie kein Recht hatten, die sie sich eigentlich nur anmaßten. Doch dieser wahnwitzige Anspruch auf Charme erzwang, als er seine höchste Spannung erreichte, plötzlich das Lebenszeichen der Melodie, diese paar glückseligen Töne, die den Tanz, da sie auf ihn herabperlten, einen Augenblick lang heiligten – wieder gefolgt vom wilden, finsteren, klang- und gottlosen Zusammenwirken durchgerüttelter, selbstergriffener Leiber.

So schuf denn der Tanz die Musik, der Tanz eroberte die Melodie mit Gewalt, und das trotz seiner Unvollkommenheit! Welch eine tiefe Rührung empfand ich angesichts dieses Gedankens – war es doch von allen Gedanken der Welt heute für uns der wichtigste, stand uns am nächsten, ja, diese Offenbarung lauerte hinter einem Vorhang, von dem ich mir mit einem Gedicht Valérys*, in Lechońs Übersetzung, glaube ich, inbrünstig sagte:

Schweres Tor des Schlafs, immerfort unvollendet
Schwer sich hebender Rubinvorhang...

Und das lag all unseren Büchern, all unserem Ringen, unserem Genius, unserer himmelstürmenden Kühnheit zugrunde! Zu dieser Idee – daß der Tanz die Musik macht – drängte die Menschheit auf all ihren Wegen, sie beseelte meine Zeit und war ihr Ziel geworden, zu ihr strebte auch ich in einer Spirale, die immer engere Kreise zog. Im selben Moment aber war ich vernichtet. Denn mir wurde klar, daß ich diesen Gedanken nur um seines Pathos willen dachte!

* *Profusion du soir*

Donnerstag

Ein Vogel fliegt. Gleichzeitig bellt ein Hund.

Statt zu sagen: »Ein Vogel fliegt, ein Hund bellt«, sagte ich mit Absicht: »Ein Hund fliegt, ein Vogel bellt.«

Was ist stärker in diesen Sätzen – Subjekt oder Prädikat? Ist in »Ein Hund fliegt« eher das »fliegt« unangebracht, oder der »Hund«? Und weiter: Könnte man etwas schreiben, das sich auf so eine perverse Begriffsverbindung, auf sprachliche Ausschweifung stützte?

Sonnabend

Gespräch mit Karol Świeczewski über die *Trauung*, und zugleich ein Brief von S. mit der Nachricht, daß jemand in den Staaten die *Trauung* aufführen wolle, sowie ein Brief von Camus mit der Frage, ob ich damit einverstanden bin, daß er die *Trauung* einem Theaterdirektor in Paris empfiehlt.

Was tun? Die *Trauung* ohne Theater ist wie ein Fisch auf dem Trocknen – ja, denn es ist nicht nur ein fürs Theater geschriebenes Drama, sondern, zumindest von seiner Intention her, das eigentlich Theatralische des Daseins, wie es sich befreit. Ich fürchte nur, niemand außer mir wird in der Lage sein, das zu inszenieren, und die Vorstellung wird zu meiner großen Schande wie ein Kartenhaus zusammenfallen, um die Bühnenkarriere des Werkes auf lange Jahre zu begraben.

Die größte Schwierigkeit beruht darin, daß die *Trauung* nicht die künstlerische Bearbeitung irgendeines Problems oder einer Situation ist (das sind wir aus Frankreich gewöhnt), sondern lockere Entladung von, allerdings gespannter, Phantasie in einer bestimmten Richtung. Das heißt nicht, daß die *Trauung* uns nicht eine bestimmte Geschichte erzählte: es ist das Drama des modernen Menschen, dessen Welt verwüstet wurde, der (im Traum) sein Haus in eine Kneipe, seine Verlobte in eine Dirne verwandelt sieht. In dem Wunsch, die Vergangenheit wiederzugewinnen, erklärt dieser Mensch seinen Vater zum König, in der Verlobten will er eine Jungfrau sehen. Vergeblich. Denn nicht nur die Welt ist ihm verheert, er selbst ist ein Wrack, und seine Gefühle von damals haben sich erschöpft... Auf den Trümmern der alten aber wird eine neue Welt sichtbar, die voll schrecklicher Hinterhalte und unberechenbarer Dynamik ist, eine gottberaubte Welt, die von den Menschen in überaus seltsamen Formkonvulsionen geschaffen wird. Berauscht von der Allmacht seines entfesselten Menschseins, ruft er sich zum König, zu Gott, zum Diktator aus und will mit Hilfe dieser neuen Mechanik bewerkstelligen, daß Reinheit und Liebe in ihm wiederaufleben... ja, er traut sich selbst, er zwingt den Menschen diese Trauung auf und bringt sie dazu, sie zu ratifizieren! Doch diese, durch die Form geschaffene Wirklichkeit wendet sich gegen ihn und zerschmettert ihn.

Das ist die Fabel... aber der Inhalt der *Trauung* erschöpft sich nicht in ihr, denn diese neue Welt, die hier erscheint, ist nicht von vornherein bekannt, nicht einmal dem Autor, das Drama ist nur ein künstlerischer Versuch, zu der Wirklichkeit vorzudringen, die sich in der Zukunft verbirgt. Es ist der Traum von einer Epoche, Ausdruck unserer qualvollen Gegenwart, aber auch ein Traum, der seiner Epoche voraus ist, ein Traum, der weissehen will... der am Rande der Handlung träumende Geist des Künstlers und Helden will die Dunkelheit durchdringen, es ist ein Traumkampf mit den Dämonen des Morgen, da wird der heilige Ritus des neuen und unbekannten Werdens zelebriert... Die *Trauung* muß auf der Bühne also zu einem Berg Sinai werden, voller mystischer Offenbarungen, eine tausendfach bedeutungsschwangere, durch die Arbeit von Phantasie und Intuition aufgerissene Wolke, verspieltes *Grand Guignol*, geheimnisvolle *missa solemnis* an der Zeitenwende, zu Füßen eines unbekannten Altars. Dieser Traum ist ein Traum und vollzieht sich in der Dunkelheit, er hat ein Recht darauf, allein von Blitzen erhellt zu werden (bitte sehr um Verzeihung, daß ich mich so hochtrabend ausdrücke, aber anders könnte ich nicht verständlich machen, wie die *Trauung* inszeniert werden soll).

Wenn ihr sie so auffaßt – als Niederkunft einer Seele, die die dräuende Vorahnung kommender Zeiten in sich trägt, als Kultfeier der Zukunft –, dann sollte sie auf der Bühne zur Wirkung kommen; vergeßt aber nicht, daß diese Aufführung so sinnlich wie metaphysisch sein soll, das heißt aller Glanz und alles Grauen der entfesselten Form, der Rausch der Maske, das ausgelassene Spiel um des Spieles willen – das alles muß sie zum Genuß machen. Und vergeßt schließlich nicht, daß ihre letzte Tragik in dem Entsetzen des Menschen liegt, der da sieht, daß er auf eine für ihn unvorhersehbare Weise Gestalt gewinnt – im Mißklang zwischen Mensch und Form.

Melancholisch ist mir bei diesen Hinweisen. Es ist ja doch so, daß ich überhaupt nicht sicher sein kann, ob die *Trauung* zu meinen Lebzeiten aufgeführt werden wird.

SONNTAG

Ich möchte wenigstens sagen, wie ich mir in groben Zügen die Inszenierung des 1. Aktes vorstelle.

Erste Szene Henryk–Władzio: Die nostalgische, erdrückende Melodie des Traums und Henryks Pathos in der Leere, und Władzios »Leichtigkeit«, die erschreckende Leichtigkeit der Jugend. Und das »holla!« wie eine Beschwörung, die an sich selber wächst und Erwartung zeugt.

Als die Eltern erscheinen, nimmt Henryk den Stil des »Reisenden« an, die typische Szene mit dem Schankwirt. Doch gleich darauf das heftige Geschrei des Vaters und der Eintritt der Mutter, deren Schrei mit dem Schreien des Vaters zusammenspielen muß. Und die zwei Monologe Henryks:

So sollte es scheinen,
aber ganz sicher ist es nicht.

Und ich kann einfach nicht sprechen ...

wie zwei Crescendi: Hier beginnt er sich als Priester zu fühlen, der Gottesdienst beginnt. Von nun an wird er zugleich innerhalb und außerhalb der Handlung sein; wird sie bisweilen verbissen unterstützen, wie in dem Wunsch, ihren Sinn ganz herauszubringen, wird sich berauscht mit ihr verbinden oder ihr aus dem Abseits assistieren, oder er wird sie für einen Augenblick ganz aufhalten.

Die Dialoge mit den Eltern in wechselndem Rhythmus, wechselnder Stimmung – aber sie müssen stimmlich bearbeitet werden, wie ein Musiktext, ihre Theatralik muß zum Ausdruck kommen. Und das Rituelle dieses Festmahls. Mit dem paarweisen Gang zu Tisch bricht Groteske ein, schieres Spiel in tänzerischer Parade – hier haben sie das Drama einen Moment vergessen und geben sich dem Vergnügen hin.

Dann der Auftritt der Manka-Mania, gewürzt mit dem quälenden Geheimnis des Traums. Und Henryk verzweifelt, doch amüsiert, gibt sich mit Władzio der Leichtigkeit und dem Leichtsinn hin, der Rhythmus, der Rhythmus ist's, der sie berauscht! Und dann das Eindringen der Säufer, hervorgezaubert von jenem »Schwein«, an dem sich der Vater verschluckt hat, und das aufdringliche Leitmotiv »Schweinefleisch-Manka, Schweine-Manka« – und Henryk, zunächst unbeteiligt, läßt sich hineinziehen und bekräftigt dann, unterstützt nun fanatisch:

»Eine Flasche Schweinsbitter!«

Oder er wiederholt die Worte der Säufer (Manka, Gurken!... Genau aufs Kruzifix!) abseitsstehend so, als vereinige er sich in irgendeiner Zeremonie. Und wenn er dann zu sich sagt, »Wann wird das alles enden?«, fällt der Säufer gleichsam aus der Rolle und antwortet: »Bald«, und es kommt für kurze Zeit zu einer jener für die *Trauung* typischen Unterbrechungen der Handlung:

Henryk (zum Säufer): »Was ist dort hinter den Fenstern?«
Der Säufer: »Dort sind weite Felder.«
Dieses verzweifelte Bedürfnis nach Unantastbarkeit und die

panische Angst vor dem Finger des Säufers erzeugen die Königswürde des Vaters – dieser Finger sollte recht groß und abstoßend sein.

Der Eintritt des zweiten Hauptthemas dieser »Symphonie« (Henryk, o Henryk!), das sich dem ersten, erniedrigenden (Schwein – Schwein) durch seine Erhabenheit entgegenstellt, sollte gehörig aufklingen, gestützt von den »König, König!«-Rufen und dem Erscheinen der Würdenträger. Die Würdenträger sollen zuerst noch in den Dämmer des Schlafs gehüllt sein, erst allmählich konsolidiert sich die Szene in ihrem neuen Aspekt als Königshof.

In der Gebetsszene bekommt die Vaterschaft göttlichen Charakter – Gott ist der Vatersvater – und diese Vaterschaft quält, sie ist übermächtig und legt Henryk unterwürfige Worte in den Mund ... und in der Leere weiß er nicht, was er mit sich anfangen soll ... Da perlt plötzlich das leichte, wundervolle Wörtchen »Trauung« herab, und die Szene erhellt sich – Hochzeitsmarsch, der triumphale Gleitschritt des Finales, jene Polonaise, mit der der Vater die Realität »durchdrücken« will – getrübt nur von einem letzten, kurzen Ausbruch des »Schweins«.

MONTAG
Darf ich solche Kommentare zu den eigenen Werken veröffentlichen? Ist das kein Mißbrauch? Und wird es nicht langweilen?

Sag dir: die Leute träumen davon, dich kennenzulernen. Es verlangt sie nach dir. Sie sind gespannt auf dich. Weihe sie mit Gewalt in deine Angelegenheiten ein, sogar in solche, die ihnen gleichgültig sind. Zwing sie, sich für das zu interessieren, was dich interessiert. Je mehr sie von dir wissen, desto mehr werden sie dich brauchen.

Das »Ich« ist kein Hindernis im Verkehr mit den Menschen, »Ich« ist das, was »sie« begehren. Wichtig aber ist, daß dieses »Ich« nicht eingeschmuggelt wird wie eine verbotene Ware. Was erträgt das »Ich« nicht? Halbheit, Ängstlichkeit, Verschämtheit.

DIENSTAG

Worin unterscheiden wir uns, Herr Goetel und ich?

Goetel sagt (»Überdruß« in den *Wiadomości*), daß die Polen im Exil ein halbherziges, unaufrichtiges Leben leben und daß sie Polen wiedergewinnen müssen, um ein wirkliches Leben zu beginnen. Zwar haben wir es manchmal satt, an den ewigen, jahrhundertealten, nie enden wollenden Kampf um Polen zu denken, dann flüstert uns der Teufel der Wirklichkeitsflucht so manche Möglichkeit ins Ohr, dieser Aufgabe auszuweichen – aber es ist alles zwecklos, es kann für uns ein wahres Leben ohne Polen nicht geben, gibt für uns kein anderes Schicksal, keine andere Berufung, keine andere Aufgabe als nur diese eine, allerwichtigste – Polen zurückzugewinnen.

Ich frage vor allem: Ist es so sicher und offensichtlich, daß das Leben des Polen in Polen weniger halbherzig und unaufrichtig war? War das Leben dort nicht auch elend, ärmlich und beschränkt – war es nicht ein ewiges Warten auf das Leben, das »morgen beginnt«? Ruft euch die Gesichter in der Warschauer Straßenbahn der Vorkriegszeit in Erinnerung. So erschöpft! So zerquält! Aus diesen Gesichtern konntet ihr den grausigen Sinn des Lebens lesen – einen universalen Sinn.

Ich frage zweitens: Ist es wahr, daß dem Leben des Polen im Ausland der wichtigste Inhalt fehlen muß? Was hat euch denn die katholische Kirche gelehrt? Daß ihr eine unsterbliche Seele habt, unabhängig von dem Breitengrad, auf dem ihr euch gerade bewegt. Daß ihr, wo immer ihr seid, um euer und des Nächsten Heil besorgt sein sollt.

Mein Standpunkt deckt sich genau mit dem der Kirche, nur mit dem Unterschied, daß ich, statt von einer Seele im kirchlichen Sinne zu sprechen, eher bestimmte Hauptwerte des Menschen nennen würde, wie Verstand, Edelmut, Entwicklungsfähigkeit, Freiheit und Aufrichtigkeit... Aus Herrn Goetels Worten würde folgen, daß der Weg zu diesen Werten nur über Polen führt; ich dagegen meine, es führt gar kein Weg zu ihnen, weil jeder sie in sich trägt.

Und nun eine wahrhaft dämonische Frage, eine Art Feuerprobe: Wenn man euch sagte, daß ihr, um Polen zu bleiben, auf einen Teil dieser eurer menschlichen Werte verzichten müßt, d.h. daß ihr nur unter der Bedingung Polen sein könnt, daß ihr als Menschen schlechter werdet – etwas weniger begabt, weniger klug, weniger edel –, würdet ihr dieses Opfer Polen bringen?

Diejenigen von euch, die man das Sterben gelehrt hat, werden mit Ja antworten. Die erdrückende Mehrheit aber wird erwidern, daß ein solches Dilemma überhaupt nicht entstehen könne, weil Polen notwendige Bedingung dieser Tugenden sei, ein Pole ohne Polen könne kein vollwertiger Mensch sein. Aber so eine Antwort nenne ich Weltflucht im klassischen Sinne, hier habt ihr sie, die Antwort des Feiglings, der die Wirklichkeit fürchtet. Denn die Werte, von denen die Rede ist, sind absoluter Natur und können von nichts abhängig gemacht werden – wer behauptet, nur Polen könne ihm Verstand oder Großmut sichern, der begibt sich des eigenen Verstandes, des eigenen Großmuts.

Ich sehe auch, daß ich mit Herrn Goetel nie einig werde – denn ihm geht es um Polen, mir dagegen um die Polen. Goetel ist so polenbelastet, daß er selbst die Leistungen eines Conrad oder einer Curie-Skłodowska nur in bezug auf ihren Propagandawert erörtert – inwieweit sie den Namen Polens im Ausland populär gemacht haben. Verächtlich beurteilt Goetel die Rolle der »Intellektuellen« – denn sie haben der polnischen Sache nicht viel zu bieten. So werden Conrad, Curie und Intellekt zu Insekten, die um eine Kerze schwirren – um Polen.

Was wird Herr Goetel dazu sagen? Er wird sagen, ich sei ein wirklichkeitsferner Schwächling, Größenwahnsinniger, Intellektueller (Pseudo), Verräter, Feigling, Schöngeist. Goetel kann gar nichts anderes sagen. Goetel muß das sagen (mit dem reinsten Gewissen).

DONNERSTAG

Sprache. Wichtig ist nicht, keine sprachlichen Fehler zu machen – sondern sich durch die Fehler nicht zu blamieren. Jeder kann sich beim Schreiben mal irren, sogar grammatikalisch, sogar orthographisch – aber manche kleiden sich in die klassische Toga, und die bringt dann der kleinste Fehler zu Fall. Ein Schriftsteller dagegen, der in seiner Ausdrucksweise nicht allzu makellos sein will, darf sich so manchen Fehltritt erlauben, ohne dafür zur Verantwortung gezogen zu werden. Der Schriftsteller muß also nicht nur auf die Sprache achten, sondern – vor allem – darauf, die richtige Einstellung zur ihr zu finden. Die richtige, das heißt eine möglichst lockere Einstellung. Schlechter Stilist, wer sich beim Wort nehmen läßt. Schlecht, wer sich wie manche Frauen den Ruf der Makellosigkeit macht – dann wird der geringste Fehltritt zum Skandal.

Schriftsteller, die zu große Freude an einer vermeintlichen Präzision des Stils entwickeln, eine nicht existierende sprachliche Mathematik zur Schau stellen, mit »Meisterschaft« kokettieren wollen (die Schule von Anatole France) – das paßt nicht mehr in unsere Zeit, gerade weil es unmodern geworden ist, Genießer zu sein. Der Stilist von heute muß ein Gespür dafür haben, daß Sprache unvollendet ist, sich in Bewegung befindet, daß sie unbeherrschbar ist. Er legt den Nachdruck eher auf sein Ringen mit der Form als auf die Form selbst. Er verhält sich mißtrauisch zum Wort als etwas, das ihm entschlüpfen will. Diese Lockerung der Bindung des Schriftstellers ans Wort ermöglicht größere Verwegenheit beim Wortgebrauch.

Das Wichtigste ist, daß das Wort durch eine hypertrophe, überintelligente Stiltheorie nicht seine Wirksamkeit in der Praxis, im Leben verliert. Schließlich vollzieht sich Kunst zwischen lebendigen, konkreten – und also unvollkommenen – Menschen. Es wimmelt heute von Stilen, die anöden – quälen – tödlich langweilen – weil sie das Ergebnis eines intellektuellen Rezepts sind, das Werk von ungeselligen und ganz einfach ungezogenen Menschen. Das Wort an die Menschen richten, nicht an Theorien. Die Menschen meinen, nicht die Kunst. Meine Sprache in diesem Tagebuch ist viel zu korrekt – in meinen künstlerischen Werken bin ich freier.

Freitag

Gute polnische Literatur, modern oder älter, hat mir nicht viel genutzt und mich nur wenig gelehrt – und zwar deshalb, weil sie nie den Mut hatte, den einzelnen Menschen ins Auge zu fassen.

Wenn das Individuum auf ihren Seiten erschien, so geschah das furchtsam, schwach, unaufrichtig, nie ganz ausgesprochen. Die polnische Literatur ist eine typische Verführungsliteratur, sie will den Einzelnen bezaubern, ihn der Masse unterwerfen, zu Patriotismus, Staatsbürgertum, Glauben, Dienst verlokken ... Es ist eine pädagogische Literatur, also nicht gerade vertrauenerweckend.

Die schlechte polnische Literatur dagegen war für mich interessant und lehrreich. Wenn ich die fürchterlichen Novellen gewisser Tanten in der Sonntagsausgabe des *Kurier Warszawski* oder die Romane von German, Mniszkówna, Zarzycka, Mostowicz studierte, entdeckte ich Wirklichkeit ... denn diese Romane demaskieren, sie sind verräterisch. Alle Augenblick platzt ihre mißglückte Fiktion, und durch den Riß kann man einen Blick auf die Schmutzwäsche dieser schmuddeligen Autorenseelen werfen.

Literaturgeschichte ... Gewiß, aber weshalb nur der guten Literatur? Die schlechte Kunst ist manchmal charakteristischer für ein Volk. Die Geschichte der polnischen Trivialliteratur würde uns vielleicht mehr über uns sagen als die Geschichte der Mickiewiczs und Prus'.

Montag

Wir sind nach Tigre gefahren. Zum Delta des Paraná. Im Motorboot gleiten wir über die still und dunkel liegende Wasserfläche im Dickicht der Inseln. Grün, blau, angenehm, amüsant.

An einer Anlegestelle steigt ein Mädchen ein, das... Wie soll ich sagen? Schönheit hat ihr Geheimnis. Es gibt viele schöne Melodien, aber nur wenige sind wie eine Hand, die würgt. Diese Schönheit war so »packend«, daß allen ganz seltsam, vielleicht gar schamhaft zumute wurde – und niemand wagte sie offen anzusehen, obwohl kein Auge war, das ihr bezauberndes Dasein nicht heimlich betrachtet hätte.

Da begann das Mädchen seelenruhig in der Nase zu bohren.

Mittwoch

Virgilio Piñera (kubanischer Schriftsteller): »Ihr Europäer haltet nichts von uns! Niemals, keine fünf Minuten lang habt ihr geglaubt, daß hier Literatur entstehen kann. Eure Amerika-Skepsis ist absolut und grenzenlos! Unerschütterlich! Maskiert von einer Heuchelei, die eine noch mörderischere Art von Verachtung ist. Diese Verachtung hat etwas Erbarmungsloses. Leider! Wir bringen es nicht fertig, diese Verachtung zu erwidern.«

Ein Ausbruch von amerikanischer Naivität – dafür sind hier die besten Geister anfällig. In jedem Amerikaner, hätte er auch die Weisheit mit Löffeln gegessen und alle weltlichen Eitelkeiten durchschaut, ist irgendwo diese Provinz versteckt – um sich mit einem Mal in unverdorbener, kindlicher Klage Luft zu machen. »Virgilio«, sagte ich, »seien Sie doch nicht kindisch. Diese Teilungen in Kontinente und Nationalitäten – das ist doch ein untaugliches, kunstfremdes Schema. Man sieht doch an allem, was Sie schreiben, daß Sie das Wort ›wir‹ nicht kennen, Sie wissen nur, was ›ich‹ ist. Woher also diese Einteilung in ›wir Amerikaner‹ und ›ihr Europäer‹?«

Donnerstag

Werde ich sterben können wie die anderen, und wie wird danach mein Schicksal sein? Unter lauter Menschen, die vor sich selber fliehen, bin ich beharrlich auf mich selbst konzentriert.

Ich vergrößere mich ins Riesenhafte – wo sind die Grenzen? Ist das ungesund? Wie ungesund, und in welchem Sinne? Manchmal habe ich den Verdacht, die Tätigkeit des Selbstvergrößerns, der ich mich hingebe, kann der Natur nicht gleichgültig sein, ist eine Provokation. Habe ich in meinem Verhältnis zu den Naturkräften nicht an Grundsätzliches gerührt, und wird mein Schicksal »danach« nicht deshalb anders sein, weil ich nicht so wie die anderen mit mir umgegangen bin?

VIII

Sonntag

Eine Tragödie.
Ich ging im Regen, den Hut in die Stirn gedrückt, den Mantelkragen hochgeschlagen, die Hände in den Taschen.
Dann ging ich nach Hause.
Ich ging noch etwas zu essen kaufen.
Und aß es.

Freitag

Mit dem spanischen Maler Sanzo in Galeone. Er ist für zwei Monate hierhergekommen, hat für einige Hunderttausend Bilder verkauft, kennt Łobodowski und schätzt ihn sehr. Obwohl er in Argentinien eine Menge Geld verdient hat, spricht er ohne Begeisterung von diesem Land. »In Madrid sitzt man am Café-Tisch an der Straße und weiß, auch wenn man nichts Konkretes erwartet, daß alles passieren kann: Freundschaft, Liebe, Abenteuer. Hier ist klar, daß nichts passiert.«

Doch Sanzos Unzufriedenheit ist noch sehr gemäßigt im Vergleich zu dem, was andere Touristen sagen. Die Schmollmünder der Ausländer, ihre arrogante Kritik und ihr summarisches Urteil über Argentinien scheinen mir nicht gerade bester Stil zu sein. Argentinien steckt voller Wunder und Zauber, aber dieser

Zauber ist diskret, er hüllt sich in ein Lächeln, das nicht zuviel verraten will. Wir haben hier eine ganz gute *materia prima* (Rohstoff), auch wenn wir noch nichts fabrizieren. Wir besitzen keine Kathedrale von Notre Dame und keinen Louvre, dafür sieht man auf der Straße so manches bezaubernde Gebiß, wunderbare Augen, harmonisch gebaute und wendige Leiber. Wenn uns von Zeit zu Zeit Kadetten der französischen Marine besuchen, begeistert sich die Argentinierin, als hätte sie Paris selbst gesehen, das ist klar und unvermeidlich, aber sie sagt: »Schade, daß sie nicht hübscher sind.« Französische Schauspielerinnen berauschen die Argentinier natürlich mit ihrem Pariser Parfüm, aber man hört doch: »Es gibt keine, die alles am rechten Fleck hätte.« Dieses jugendgesättigte Land hat die aristokratische Ruhe von Wesen, die sich nicht zu schämen brauchen und sich ungehemmt bewegen.

Die Rede ist hier ausschließlich von der Jugend, denn Argentiniens Kennzeichen ist die junge und »niedere«, die erdennahe Schönheit, in den höheren oder mittleren Sphären werdet ihr nicht viel von ihr finden. Vornehm ist hier nur die Masse. Nur das Volk ist aristokratisch. Nur die Jugend unfehlbar in jedem Akzent. Ein verkehrtes Land ist das, in dem der Zeitungsjunge, der die literarische *Revista* verkauft, mehr Stil hat als all ihre Mitarbeiter zusammen, in dem die Salons – ob plutokratisch oder intellektuell – durch ihre Mittelmäßigkeit erschrecken, wo es um die Dreißig zur Katastrophe kommt, zum völligen Umschlag der Jugend in eine meist nicht sehr interessante Reife. Argentinien ist, wie ganz Amerika, jung, weil es jung stirbt. Aber seine Jugend ist trotz allem auch wirkungslos. Auf den Festen hier könnt ihr sehen, wie zu den Klängen mechanischer Musik ein zwanzigjähriger Arbeiter, eine Melodie von Mozart, sich einem Mädchen nähert, das eine Vase von Benvenuto Cellini ist, aber aus dieser Begegnung von Meisterwerken entsteht nichts... Es ist also ein Land, in dem die Poesie nie Wirklichkeit wird, aber umso deutlicher spürt man sie hinter dem Vorhang – furchtbar und still.

Man darf übrigens nicht von Meisterwerken sprechen, dieses Wort ist in Argentinien unangebracht – hier gibt es keine Meisterwerke, nur Werke, Schönheit ist hier nicht nur nichts Anormales, sondern geradezu Verkörperung normaler Gesundheit und gewöhnlicher Entwicklung, ist Triumph der Materie, nicht Offenbarung Gottes. Und diese gewöhnliche Schönheit weiß, daß sie nichts Außergewöhnliches ist, deshalb hält sie gar nicht viel von sich – eine völlig weltliche, unbegnadete Schönheit also – und ist doch, ihrem Wesen nach mit Gnade und Göttlichkeit verbunden, um so elektrisierender, als Entsagung.

Und nun:

Ähnlich wie mit der körperlichen Schönheit steht es mit der Form – Argentinien ist ein Land der frühen und leichten Form, hier ist nicht viel zu spüren von den Schmerzen, Fiaskos, dem Schmutz und der Quälerei, mit denen eine langsam nur und angestrengt sich vervollkommnende Form einhergeht. Patzer sind selten. Schüchternheit ist die Ausnahme. Ausgesprochene Dummheit kommt nicht oft vor, und diese Menschen sind weder für Melodramatik, noch für Sentimentalität, noch für Pathos oder Albernheiten anfällig – jedenfalls nie ganz und ausschließlich. Aber aufgrund dieser früh und glatt reifenden Form (dank der ein Kind sich mit der Ungezwungenheit eines Erwachsenen bewegt), die leicht macht, die glättet, ist in diesem Land nie eine Wertehierarchie von europäischem Maßstab entstanden, und ich glaube, das ist es, was mich in Argentinien am meisten anzieht. Sie ekeln sich nicht... sie empören sich nicht... verdammen nicht... schämen sich nicht... so sehr wie wir. Sie haben die Form nicht erlebt, ihr Drama nicht erfahren. Die Sünde ist in Argentinien weniger sündhaft, das Heilige weniger heilig, der Ekel weniger eklig, und nicht nur die Körperschönheit, sondern überhaupt alle Tugend ist hier weniger erhaben und neigt dazu, mit der Sünde aus einem Teller zu essen. Etwas Entwaffnendes liegt hier in der Luft... und der Argentinier mißtraut den eigenen Hierarchien, oder er faßt sie als etwas Zwanghaftes auf. Der Geist hat in Argentinien keinen überzeugenden Klang, das wissen sie selbst am besten, und es gibt hier zwei verschiedene Sprachen – eine öffentliche, dem Geist dienende, die Ritual und Rhetorik ist, und eine andere, private, mit der man sich hinter dem Rücken der ersteren verständigt. Zwischen diesen beiden Sprachen gibt es nicht den geringsten Zusammenhang – per Knopfdruck stellt der Argentinier sich auf Erhabenheit ein, per Knopfdruck kehrt er wieder zur gewöhnlichen Ausdrucksweise zurück.

Was ist Argentinien? Ein Teig, der noch nicht Kuchen geworden ist, etwas einfach noch nicht Ausgeformtes, oder auch ein Protest gegen die Mechanisierung des Geistes, lustlose, achtlose Geste eines Menschen, der eine allzu automatische Akkumulation – allzu intelligente Intelligenz, zu schöne Schönheit, zu moralische Moral – von sich weist? In diesem Klima, in dieser Konstellation könnte echter und schöpferischer Protest gegen Europa aufkommen, wenn... wenn Weichheit einen Weg fände, hart zu sein... wenn Unbestimmtheit Programm, das heißt Definition werden könnte.

DONNERSTAG

Ein Brief an die Mitglieder eines Diskussionsclubs in Los Angeles:

»Vielen Dank für das freundliche Merry Christmas and a Happy New Year. Die Nachricht, daß die erste Clubsitzung einer Besprechung meiner Arbeiten gewidmet war, freut mich sehr. Gestattet mir, liebe Mitglieder, daß ich mich mit einigen Anmerkungen zu der Tätigkeit, der Ihr Euch widmet, d.h. der Kunst des Diskutierens, erkenntlich zeige.

Ich möchte mit Euch darüber nachdenken, denn zu meinem Bedauern muß ich sehen, daß die Diskussion zu jenen Phänomenen der Kultur gehört, die uns im allgemeinen nichts bringen als eine Erniedrigung, die ich ›disqualifizierend‹ nennen möchte. Überlegen wir einmal, woher dies Gift der Schmach kommt, mit dem die Diskussion uns erfüllt. Wir gehen in der

Absicht ans Diskutieren, zu klären, wer recht hat und was wahr ist – also definieren wir *primo* das Thema, setzen *secundo* die Begriffe fest, achten *tertio* auf eine exakte Ausdrucksweise und *quarto* auf logische Folgerungen. So entsteht dann ein Babylonischer Turm, ein Begriffsgewirr, ein Wortchaos, und die Wahrheit wird zerplappert. Aber wie lange wollen wir diese professorale Naivität noch bewahren, die aus dem vergangenen Jahrhundert stammt und meint, Diskussion ließe sich organisieren? Habt Ihr denn gewisse Dinge noch nicht verstanden? Braucht Ihr in dieser diskussionskranken Welt noch mehr Geschwätz, um zu begreifen, daß Geschwätz keine Brücke zur Wahrheit schlägt? Wollt Ihr Eure Dunkelheit, deren Mauer selbst Leuchttürme nicht durchdringen, mit dieser mickrigen Kerze erhellen?

Wenn ich sagte, daß die Diskussion zu den ›disqualifizierenden‹ Erscheinungen zählt, dann meinte ich selbstverständlich nur Diskussionen über erhabene und abstrakte Dinge; wer über die Zubereitung von Kartoffelsuppe debattiert, wird sich weder bloßstellen noch lächerlich machen. Aber die Lächerlichkeit rührt nicht nur daher, daß die Diskussion ihrer Aufgabe nicht gerecht wird – sie entsteht vor allem dadurch, daß wir selbst uns eine gewisse Mystifizierung erlauben, die eben umso drastischer wird, je bedeutender das Thema. Wir tun nämlich vor uns und den anderen so, als ginge es uns um die Wahrheit, während in Wirklichkeit die Wahrheit nur ein Vorwand für uns ist, uns persönlich in der Diskussion auszuleben, kurz gesagt, für unser Vergnügen. Wenn Ihr Tennis spielt, versucht Ihr niemandem einzureden, es ginge Euch um irgend etwas anderes als ums Spiel – aber wenn Ihr Euch mit Argumenten bewerft, wollt Ihr nicht zugeben, daß Wahrheit, Glauben, Weltanschauung, Ideal, Menschheit oder Kunst zu Bällen werden und es im Grunde wichtig ist, wer wen bezwingt, wer Eindruck macht, wer sich in diesem Ringen, das den Nachmittag so angenehm ausfüllt, hervortun kann.

Dient also die Diskussion der Wahrheit, oder die Wahrheit –

der Diskussion? Gewiß trifft beides zu – und in der Zwiespältigkeit dieses Aspekts verbirgt sich wohl jenes Unfaßbare, das das Geheimnis des Lebens und der Kultur ausmacht. Aber wer spricht, muß sich klar darüber sein, weshalb er spricht, und wir brauchen dieses nicht ganz so ernsthafte Gesicht der Diskussion nur schamhaft zu verbergen, schon wird unser Stil verlogen und verbogen, mit all den daraus folgenden Peinlichkeiten. Personen, die sich personenvergessen allein auf das Wahrheitsstreben konzentrieren, sprechen meist schwerfällig und unaufrichtig, ihre leblose Ausdrucksweise wirkt eher gequält als beseelt. Wer aber zur Freude begabt ist, für den wird die Diskussion Arbeit und Vergnügen zugleich sein, Vergnügen für die Arbeit, Arbeit fürs Vergnügen, der läßt sich nicht erdrücken, und dann wird der Meinungsaustausch beflügelt von Charme, Leidenschaft und Poesie, er wird – das ist am wichtigsten – unabhängig von seinem Ergebnis zum Triumph. Denn weder Dummheit noch Unwahrheit können dich niederringen, wenn du nur mit ihnen zu spielen verstehst.

Ich glaube, ich habe hier ganz zufällig das größte und letzte Geheimnis des Stils verraten: wir müssen Spaß an der Sprache haben. Und wenn die Literatur überhaupt ihre Stimme zu erheben wagt, so keineswegs deshalb, weil sie ihrer Wahrheit sicher wäre, sondern weil sie sich ihren Spaß davon verspricht. Weshalb aber lenke ich Eure Aufmerksamkeit auf diese Eigenart der Diskussion, liebe Mitglieder? Weil die Welt ganz blöde vor lauter Ernsthaftigkeit geworden ist und unsere Wahrheiten, denen wir den Spaß versagen, sich langweilen und aus purer Langeweile nunmehr uns zu langweilen beginnen. Wir vergessen, daß der Mensch nicht nur dazu da ist, den anderen zu überzeugen – er ist dazu da, ihn zu gewinnen, für sich einzunehmen, zu verführen, zu bezaubern und zu besitzen. Die Wahrheit ist nicht nur eine Sache von Argumenten – sie ist eine Sache der Attraktivität, also der Anziehungskraft. Wahrheit verwirklicht sich nicht in einem abstrakten Wettkampf der Ideen, sondern im Konflikt von Personen. Als jemand, der gezwungen ist, eine große Anzahl von Büchern zu lesen, die nur Argumente enthalten, weiß ich, was eine von der Person losgelöste Wahrheit, was Wahrheit als Kunstprodukt ist. Daher rufe ich Euch auf: laßt es nicht zu, daß die Idee auf Kosten der Persönlichkeit in Euch wächst.

Ihr schreibt, ich sei Gegenstand Eures Sprechens gewesen. Da möchte ich doch fragen: habt Ihr meine Person in Ehren gehalten? Haben Eure Worte vibriert, habt Ihr gerührt, beschwingt und leidenschaftlich über mich gesprochen, so wie man über Kunst sprechen soll, oder habt Ihr nur irgendwelche ›Anschauungen‹ von mir hervorgeholt und sie wie einen trockenen Knochen meines Skeletts beknabbert? Wisset denn, daß man über mich nicht auf langweilige, gewöhnliche, gemeine Art sprechen darf. Das verbiete ich entschieden. Ich fordere festtagsfröhliche Worte über mich. Wer sich erlaubt, langweilig und vernünftig über mich zu sprechen, den werde ich grausam strafen: im Munde werde ich ihm ersterben, und er wird das Maul voll von meiner Leiche haben.«

MONTAG

Dionys Mascolo: *Le Communisme (Relation et communication ou la dialectique des valeurs et des besoins*, Gallimard, Paris, 1953).

Ich vermute, ich werde noch manches über dieses wichtige Buch zu notieren haben (wichtig, weil das ein raffinierter Kommunismus ist, ganz nach dem Geschmack der Elite, ein Kommunismus für Aristokraten), von dem ich kaum hundert Seiten gelesen habe.

Fürs erste:

Der Text macht einen merkwürdigen Eindruck: von absolutem Ernst und absoluter Kinderei. Absoluter Aufrichtigkeit und absoluter Verlogenheit. Absoluter Kenntnis der Wirklichkeit und absoluter Unkenntnis.

Müßte man da nicht sagen, daß Mascolo einen bestimmten Sinn des Daseins bis zum Grund ausgeschöpft hat, daß ihm aber das Gespür für einen anderen, ergänzenden Sinn fehlt? Dieses Werk steht fest, aber auf einem Bein.

Deshalb wirft es oft einen erleuchtenden Lichtstreif auf die giftige Alchemie der heutigen Kultur, auf unser Spiel mit falschen Karten. Hier kann Mascolo nützlich sein. Aber der eigenen Fälschung steht er vollkommen hilflos gegenüber. Das kommt daher, daß er nicht er selbst, sondern nur ein Werkzeug sein will, das ist ein Mensch, der sich seiner Aufgabe untergeordnet hat. Er kann die Welt nicht verstehen, weil er sich der Welt aufzwingen will, mehr noch, er glaubt, es sei die einzige Form des Verstehens, sich aufzuzwingen. Eine vorsätzlich aufdringliche Seele.

Das schlägt sich nieder im Stil. Diese Sprache schreit: Ich bin auf der Höhe! Ich bin tief. Scharfsinnig. Ich bin bewußt und authentisch. Ich bin in allen Tricks beschlagen, kenne alle Rezepte, mich erwischt ihr bei keiner Naivität. Und doch ist diese Sprache nicht persönlich. Es sieht so aus, als hätte sich Mascolo diese Vielzahl von Bewußtseinsformen, Subtilitäten, Spitzen usw. angeeignet, die in der Luft liegen, in der Luft nämlich, die die moderne intellektuelle Szene atmet – all das hat er übernommen, er geht fließend damit um, aber es ist nicht seins. Nichts ist seins, weil Mascolo sich selbst nicht gehört. Man könnte diesen »Stil« aus dem Buch herausnehmen und gegen ihn selbst zu Felde schicken – man bräuchte ihn nur in einen anderen Umschlag zu stecken und die Anschrift zu ändern.

In diesem Werk, wo der Dämon der edelkommunistischen Intelligenz sich auf einen nicht minder dämonischen und abstrakten Kosmos stürzt, fehlt es nur an einer einzigen Wahrheit, nämlich der bescheidenen, warmen, vertraulichen Wahrheit des Autors.

DONNERSTAG

Die Kritik ist für mich schon lange ein brennendes Problem – wohl seit meinen ersten literarischen Kontakten mit den Menschen. Die Polen sind im allgemeinen keine Psychologen. Ein

Pole ist zum Beispiel nicht in der Lage, den Menschen, mit dem er gerade spricht, oder dessen Buch er liest, richtig einzuschätzen. Ich wußte, daß ein Pole sich nicht die Mühe macht, sich in den Punkt bei mir hineinzuversetzen, wo der Scherz zum Ernst, die Verantwortungslosigkeit zur Verantwortung, die Unreife zur Reife wird, daß er gar nicht merkt, daß ich mein Spiel treibe, und nicht kapiert, warum ich es treibe. Von allen Polen aber ist der Literaturkritiker, dieser Berufswerter, das Wesen, das sich am wenigsten in den Menschen und damit in der Literatur auskennt – denn bei ihm erdrückt der intellektuelle Ballast das unmittelbare, intuitive menschliche Empfinden restlos. Als ich *Ferdydurke* schrieb, ein ungewöhnlich schwieriges Buch voll Augentrug und falscher Fährten, wußte ich daher, daß ich verloren wäre, wenn ich mich diesen Herren wehrlos ausliefern würde.

Und zugleich stellte ich mir einige Fragen. Ist es in Ordnung, daß der Autor dem Kritiker wehrlos gegenübersteht? Warum soll ich es eigentlich wortlos geschehen lassen, daß ein Herr X., der vielleicht weniger Lebenserfahrung hat und fast ganz gewiß weniger davon versteht, was meine – nicht seine – Problematik ist, mich öffentlich beurteilt? Weshalb soll die Meinung des Herrn X., schließlich nur eine von vielen privaten Meinungen, zum Urteilsspruch erhoben werden, nur weil er in der Zeitung schreibt? Weshalb soll ich diese Arroganz und Impertinenz, dies hingepfuschte Geschreibsel, das sich so feierlich Kritik nennt, über mich ergehen lassen? Wäre ich, wenn ich mich auf eine solche Abhängigkeit von menschlichem Urteil eingelassen hätte, nicht im Widerspruch zum Hauptziel meines Werkes gewesen, das mir Freiheit und Souveränität sichern – mir »Selbstsicherheit« verschaffen sollte? Vor allem aber fragte ich mich, (denn in *Ferdydurke* wollte ich mich möglichst vielfältig offen zeigen), ob es in Ordnung ist, daß die Autoren beim Schreiben so tun, als ginge die Kritik sie nichts an, als würden besagte Urteile auf einem anderen Planeten gefällt – während wir in Wahrheit alle für Menschen schreiben, ihr Urteil für uns entscheidend ist, die Angst davor – dominierend.

Und diese Fragen waren umso dringender, da ich als fast unbekannter Autor ohne jede Autorität ein unverschämt freches und provozierendes Buch geschrieben hatte, in dem ich als Grünschnabel mit der ganzen Kultur abrechnete. Meine Stärke sollte aber gerade darin liegen, daß ich meine Schwächen offen zeigte. Gerade der Ausgangspunkt des Buches – die Aufdeckung der eigenen Unreife – sollte sein starker Punkt sein. Ich beschloß also, auch meine Einstellung zur Kritik offenzulegen und setzte, statt diesen Aspekt der schöpferischen Arbeit, wie es *usus* ist, schamhaft zu verschweigen, alles daran, unübersehbar deutlich zu machen, daß das Buch in Angst vor der Kritik, voller Haß auf die Kritik und in dem Wunsch geschrieben war, der Kritik zu entkommen.

Heute fühle ich mich natürlich viel sicherer. Ich habe einen festeren Stand unter den Leuten. Bin nicht mehr so furchtbar einsam, wie damals, als ich mit den ersten Manuskripten zu Kister ging. Heute kann ich der Ansicht von Frau X., die mich für hirnrissig hält, die Meinung von Herrn Y. entgegenstellen, der mich schätzt. Aber...

SONNTAG

Ein kalter Südwind hat die heißen und feuchten Luftmassen aus Buenos Aires hinausgefegt, es bläst jetzt gleitend, heulend, pfeifend, klirrend und fensterrüttelnd, es wirft Papier in die Höhe und verursacht an den Kreuzungen wahre Orgien unsichtbarer Hexen. Dieser herbstlich anmutende Wind reißt auch mich mit, und er jagt mit mir dahin – immer in die Vergangenheit – er genießt das Vorrecht, Vergangenheit in mir wachzurufen, und ich sitze oft Stunden irgendwo auf einer Bank und gebe mich ihm hin. Dort, durchweht, versuche ich etwas fertigzubringen, das über meine Kräfte geht und das ich doch so ersehne – mit dem Witold Gombrowicz unwiederbringlicher Epochen anzuknüpfen. Ich habe der Rekonstruktion meiner Vergangenheit viel Zeit gewidmet, habe fleißig die Chronologie festgemacht, habe mein Gedächtnis bis zum äußersten angestrengt, um mich selbst, wie Proust, wiederzufinden, aber es geht nicht, die Vergangenheit ist bodenlos und Proust lügt – nichts, absolut nichts zu machen... Doch der Südwind bewirkt irgendeine Unruhe im Organismus und weckt ein geradezu erotisches Verlangen, das mich verzweifelt umherirren und mit verzogenen Lippen versuchen läßt, meine alte Existenz in mir wachzurufen, wär's auch nur für einen Augenblick.

In der Avenida Costanera, den Blick auf den Wogen, die sich mit unermüdlicher Wut weißschäumend über die Steinmauer des Ufers warfen, rief ich, der heutige Gombrowicz, jenes, mein fernes Urgebilde in all seiner zitternden und jungen Wehrlosigkeit herbei. Die Trivialität jener Ereignisse gewann für mich heute (für mich, der ich nun wußte, der ich heute eben meine Vergangenheit von damals, die Lösung des Rätsels jenes Jungen war), sie gewann das Heilige der Legenden von den fernen Anfängen; und ich wußte heute um den Ernst der törichten Leiden von damals, ich kannte ihn *ex post*... So erinnerte ich mich zum Beispiel daran, wie er – ich – eines Abends nach Bartodzieje in der Nähe auf eine Party fuhr, wo eine Person war, die ihn – mich – völlig bezauberte und vor der er – ich – mich hervortun, glänzen wollte; und das war mir – ihm – ein Herzensbedürfnis. Doch ich komme in den Salon, und dort, statt Bewunderung, das Mitleid der Tanten, Witzeleien der Vettern, die schwerfällige Ironie des kleinen Landadels. Was war geschehen? Nun, Kaden-Bandrowski hatte eine Novelle von mir »verrissen«, in überaus nachsichtigen Worten zwar, aber nicht ohne mir unzweideutig jedes Talent abzusprechen. Und diese Zeitung war ihnen in die Hände gefallen. Sie glaubten ihr, »ein Schriftsteller, der kennt sich schließlich aus«. An diesem Abend wußte ich also wirklich nicht, wo versinken.

Wenn er – ich – in solchen Fällen hilflos war, so keineswegs deshalb, weil er dem nicht gewachsen gewesen wäre. Ganz im Gegenteil. Gegen solche Situationen konnte man sich nicht wehren, weil sie Gegenwehr nicht verdienten – zu dumm und zu lächerlich waren sie, als daß man das Leiden, das sie bereiteten, hätte ernst nehmen können. So littest du denn und schämtest dich gleichzeitig deines Leides, und du, der du damals schon mit viel furchterregenderen Dämonen ganz gut fertigwurdest, du kamst fürchterlich ins Straucheln, disqualifiziert vom eigenen Schmerz. Armer, armer Junge! Warum war ich damals nicht bei dir, warum konnte ich damals nicht in diesen Salon kommen und dicht an dich herantreten, um dich mit dem Gefühl für den späteren Sinn deines Lebens zu stärken. Aber ich – deine Verwirklichung – war – bin – Tausende von Meilen, viele Jahre von dir entfernt und saß – sitze – hier, so schmerzlich verspätet, am Ufer Amerikas ... und so versonnen in das Wasser, das über die steinerne Mauer gischtet, ganz voll von der Entfernung des Windes, der vom Polarkreis herjagt.

Sonntag

Wenn ich heute, Jahre später und viel ruhiger, nicht so auf Gnade und Ungnade den Urteilen ausgeliefert, *Ferdydurke* in seiner grundsätzlichen Einstellung zur Literaturkritik überdenke, so kann ich das alles nur noch einmal vorbehaltlos unterschreiben. Genug der Unschuldswerke, die mit einer Miene ins Leben treten, als wüßten sie nicht, daß sie von tausend idiotischen Beurteilungen vergewaltigt werden; genug der Autoren, die so tun, als wäre die Gewalt, die ihnen durch ein oberflächliches, unbedachtes Urteil angetan wird, etwas das sie nicht treffen könne und das man übersehen müsse. Selbst ein aus reinster Kontemplation geborenes Werk muß so geschrieben sein, daß es den Autor in seinem Wettkampf mit den Menschen Überlegenheit verschafft. Ein Stil, der menschlichem Urteil gegenüber wehrlos ist, der seinen Schöpfer jedem hergelaufenen Kretin zum Fraß vorwirft, erfüllt seine wichtigste Aufgabe nicht. Aber wir können uns nur dann gegen diese Meinungen wehren, wenn wir uns zu Demut durchringen und gestehen, wie wichtig sie für uns sind – selbst wenn sie von einem Dummkopf stammen. Deshalb ist die Wehrlosigkeit der Kunst gegen menschliche Urteile traurige Folge ihres Hochmuts: ach, darüber bin ich erhaben, ich nehme nur vernünftige Ansichten zur Kenntnis! Aber diese Fiktion ist absurd, die Wahrheit, die schwierige und tragische Wahrheit ist gerade, daß auch die Ansicht eines Dummkopfs zählt, daß auch sie uns erschafft, uns innen und außen formt und weitreichende Konsequenzen für unser praktisches Leben hat.

Doch hat die Kritik noch einen anderen Aspekt. Man kann sie vom Standpunkt des Autors, man kann sie aber auch aus der Sicht des Publikums betrachten – und dann sieht sie noch viel skandalöser nach Verlogenheit und Bauernfängerei aus. Wie verhält es sich damit? Das Publikum will von der Presse über die erscheinenden Bücher informiert werden. Daraus ist die Branche der journalistischen Kritik entstanden, der sich Leute widmen, die irgendwie mit Literatur zu tun haben. Aber wenn diese Leute auf dem Gebiet der Kunst wirklich etwas schaffen könnten, mit ihm verwachsen wären, würden sie sich gewiß nicht mit solchen Artikelchen zufriedengeben – nein, das sind fast immer zweit- und drittklassige Literaten, Leute, die nur lockeren, eher kurzweiligen Kontakt mit der Welt des Geistes pflegen, Leute, die der Sache, die sie referieren sollen, nicht gewachsen sind. Und darin liegt nun die größte Schwierigkeit, die sich nicht übersehen läßt und die Kritik skandalös und unmoralisch macht. Die Frage ist: Auf welche Weise kann ein niederer Mensch einen höheren Menschen kritisieren, seine Persönlichkeit beurteilen, seine Arbeit einschätzen – auf welche Weise kann das geschehen, ohne sofort absurd zu sein.

Niemals haben die Herren Kritiker, zumindest die polnischen, auch nur fünf Minuten über diese delikate Frage nachgedacht. Und dabei bringt sich doch ein X-iński in eine halsbrecherische, unmögliche Situation, wenn er einen Menschen der Klasse von, sagen wir, Norwid, besprechen will. Denn um Norwid zu beurteilen, muß er über Norwid stehen – indessen steht er aber unter Norwid. Diese grundlegende Unaufrichtigkeit ruft eine Kettenreaktion weiterer Unaufrichtigkeiten hervor. Und die Kritik macht so ihre eigenen hochfliegenden Ansprüche zunichte.

Richter der Kunst wollen sie sein? Aber zu dieser Kunst müßten sie erst einmal vordringen, sie befinden sich im Vorzimmer, haben keinen Begriff von den Geisteszuständen, aus denen sie hervorgeht, kennen ihre Intensität nicht.

Methodisch, fachmännisch, objektiv, gerecht wollen sie sein? Aber sie selbst sind ein Triumph des Dilettantismus, weil sie sich zu Themen äußern, die sie nicht beherrschen: sie sind Beispiele für unberechtigste Anmaßung.

Hüter der Moral? Aber die Moral stützt sich auf eine Hierarchie von Werten, während sie die Hierarchie zum Gespött machen, allein die Tatsache ihrer Existenz ist hochgradig unmoralisch. Sie sind doch durch nichts ausgewiesen, haben nie gezeigt, daß sie zu dieser Rolle berechtigt wären. Der Redakteur läßt sie schreiben – das ist alles. Sie, die sich mit einer unmoralischen Arbeit beschäftigen, indem sie billige, leichte, voreilige, ungedeckte Urteile abgeben, wollen die Moral von Menschen beurteilen, die ihr Leben in die Kunst gesteckt haben.

Stil wollen sie einschätzen? Sind doch selbst eine Stilparodie, Verkörperung des Affektierten; so schlechte Stilisten, daß sie die unheilbare Dissonanz jenes »Höher« und »Niederer« nicht stört. Ganz zu schweigen davon, daß sie übereilt und schlampig schreiben; das ist der Schmutz billigster Publizistik . . .

Geistige Lehrer, Erzieher, Führer? Ja wirklich, sie haben dem polnischen Leser weisgemacht, die Literatur wäre so eine Art Schulaufsatz, geschrieben, damit der Pauker seine Note daruntersetzen kann; das Schaffen kein Kräftespiel, das sich nie ganz kontrollieren läßt, kein Ausbruch von Energie, mühevolle Selbstschaffung des Geistes, sondern lediglich die jährliche literarische »Produktion« samt obligaten Rezensionen, Wettbewerben, Preisen und Feuilletons. Meister der Trivialisierung sind das, Künstler darin, das harte Leben in einen langweiligen Brei zu verwandeln, in dem alles gleich mäßig und bedeutungslos ist.

Das sind die bösen Folgen, wenn Schmarotzer sich breitmachen. Über die Literatur zu schreiben ist leichter, als Literatur zu schreiben – da liegt der Hase im Pfeffer. Also ich an ihrer Stelle würde mir sehr genau überlegen, wie ich aus dieser Schmach der billigen Seichtigkeit rauskomme. Denn ihre Überlegenheit ist rein technischer Natur. Ihre Stimme klingt nicht deshalb machtvoll, weil sie mächtig wäre, sondern weil sie durchs Megaphon der Presse sprechen dürfen.

Wie kommt man da raus?

Stolz und wütend alle künstliche Überlegenheit abwerfen, die deine Situation dir verleiht. Denn Literaturkritik ist nicht die Beurteilung eines Menschen durch einen anderen (wer hätte dir das Recht dazu gegeben?), sondern der Kampf zweier absolut gleichberechtigter Persönlichkeiten.

Deshalb – urteile nicht. Beschreibe nur deine Reaktion. Schreibe nie über den Autor, noch über das Werk – nur über dich in Konfrontation mit Werk oder Autor. Über dich selbst darfst du schreiben.

Aber wenn du über dich schreibst, tu es so, daß deine Person Gewicht, Bedeutung und Leben gewinnt – daß sie zu deinem entscheidenden Argument wird. Schreib also nicht als Pseudo-Wissenschaftler, sondern als Künstler. Die Kritik muß ebenso intensiv und vibrierend sein wie das, was sie berührt – andernfalls läßt sie nur Gas aus dem Ballon, schlachtet mit stumpfem Messer, ist Zerlegung, Anatomie, Grab.

Und willst du nicht oder kannst du nicht – dann tritt ab.

(Das habe ich auf die Nachricht hin geschrieben, daß der Verband der Polnischen Schriftsteller im Ausland – in Anerkennung der besonderen Bedeutung der Kritik für das literarische Schaffen – einen Preis von 25 Pfund für die beste kritische Arbeit ausgeschrieben hat. Auch wenn sich alle Preise ohne mich abspielen und das ein Tanz ist, zu dem ich nicht geladen bin ... vielleicht diesmal doch? Ich melde die vorliegende »kritische Arbeit« zur Auszeichnung an und empfehle sie wärmstens der Aufmerksamkeit der Jury.)

SONNABEND

Denjenigen, die sich für meine Schreibtechnik interessieren, vermittle ich folgendes Rezept.

Versetze dich in das Reich des Traums.

Beginne sodann mit der ersten besten Geschichte, die dir in den Kopf kommt, und schreibe ungefähr 20 Seiten. Lies es dir wieder durch.

Auf diesen 20 Seiten finden sich vielleicht eine Szene, einige Sätze, eine Metapher, die dich in Erregung versetzen. Also schreibe alles noch einmal und versuche dabei, diese erregenden Elemente zur Grundlage zu machen – und kümmer dich beim Schreiben nicht um die Wirklichkeit, laß dich nur von den Bedürfnissen deiner Phantasie leiten.

Bei dieser zweiten Redaktion wird deine Phantasie schon eine bestimmte Richtung einschlagen – und du kommst auf neue Assoziationen, die das Handlungsfeld genauer definieren. Dann schreibe weitere 20 Seiten, geleitet immer von den Assoziationen, immer auf der Suche nach dem erregenden – schöpferischen – geheimnisvollen – offenbarenden Element. Darauf schreibe alles noch einmal. Bei diesem Vorgehen wird sich, eh du dich versiehst, eine ganze Reihe von Schlüsselszenen, Metaphern, Symbolen herausbilden (wie in *Trans-Atlantik* das »Gehen«, die »leere Pistole«, der »Hengst«, oder in *Ferdydurke* die »Körperteile«), und du kommst in den Besitz der richtigen Chiffre. Unter der Hand wird dir kraft eigener Logik alles schön und rund, Szenen, Gestalten, Begriffe, Bilder verlangen nach ihrer Ergänzung, und was du schon geschaffen hast, diktiert dir den Rest.

Es kommt aber darauf an, daß du, wenn du dich dem Werk auf diese Weise passiv hingibst und zuläßt, daß es sich selbst erschafft, nie auch nur einen Augenblick die Herrschaft über es verlierst. Dein Grundsatz sei dabei folgender: ich weiß nicht, wohin das Werk mich führt, aber wo immer es mich hinführt, es muß mich zum Ausdruck bringen und mich befriedigen. Als ich *Trans-Atlantik* begann, hatte ich keine Ahnung, daß es mich auf Polen bringen würde, aber als das geschah, war ich bemüht, nicht zu lügen – so wenig wie möglich zu lügen – und diese Gelegenheit zu nutzen, um mich zu entladen und auszuleben... Und alle Probleme, die dir ein derart eigenständig und blindlings entstehendes Werk stellt, ethische, stilistische, formale, intellektuelle Probleme, müssen unter vollem Einsatz deines intensivst arbeitenden Bewußtseins und mit größtmöglichem Realismus gelöst werden (denn das alles ist ein Spiel der Kompensation: je verrückter, phantastischer, intuitiver, unberechenbarer und verantwortungsloser du bist, desto nüchterner, beherrschter und verantwortlicher mußt du auch sein).

Das Ergebnis: zwischen dir und dem Werk kommt es zu einem Kampf, wie zwischen dem Fuhrmann und den Pferden, die ihm durchgehen. Ich kann die Pferde nicht in meine Gewalt bekommen, muß aber darauf achten, daß ich in keiner Kurve umkippe. Wohin ich fahre, weiß ich nicht – aber heil muß ich ankommen. Mehr noch – ich muß bei Gelegenheit auch die Fahrt noch genießen.

Und das Endergebnis: aus diesem Kampf zwischen der inneren Logik des Werkes und meiner Person (denn man weiß nicht: ist das Werk nur Vorwand dafür, daß ich mich aussprechen kann, oder bin ich ein Vorwand für das Werk), aus diesem Ringen entsteht etwas Drittes, ein Mittelding, etwas gleichsam nicht von mir Geschriebenes, das doch meins ist – weder reine Form, noch unmittelbare Äußerung von mir, sondern aus der Sphäre »dazwischen«: zwischen mir und der Welt geborene Deformation. Dieses seltsame Geschöpf, diesen Bastard stecke ich in einen Umschlag und schicke ihn an den Verleger.

Und ihr lest dann in der Presse: »Gombrowicz schrieb *Trans-Atlantik*, um zu zeigen...«, »Die These des Dramas *Die Trauung* ist...«, »In *Ferdydurke* will Gombrowicz uns sagen...«.

FREITAG

Ein Brief von einem mir unbekannten Herrn H. aus London. Er fragt: Ob meiner Meinung nach ein gewisser polnischer

Diplomat, der in seinem Tagebuch einen gewissen Juden als »verzopftes Ekel« bezeichnet hat, nicht ein verdammenswerter Antisemit sei?

Ich bedauere, daß ich keine Kopie meiner Antwort aufgehoben habe; sie lautete ungefähr so:

»Sie irren sich vollkommen. Das Schimpfwort für den Juden ist ›Weichselzopf‹. Die Bezeichnung ›verzopftes Ekel‹ wird in der Umgangssprache ebensooft für Arier gebraucht, und obwohl die beiden Ausdrücke den gleichen Stamm haben, berechtigt nichts zu der Annahme, daß es in Hinsicht auf die jüdische Abstammung des Betreffenden gebraucht wurde. Ich habe den Text, den Sie meinen, vor einigen Tagen gelesen und kam gar nicht darauf, den Verfasser des Antisemitismus zu verdächtigen. Übrigens muß ich Ihnen gestehen, daß auch mir – obwohl aus meiner Literatur deutlich wird, daß ich mit dem Antisemitismus nicht viel gemein habe – bisweilen sogar das Wörtchen ›Weichselzopf‹ entschlüpft, wenn mir mal irgendein Semit zusetzt. Ich bin nämlich kein verkrampfter, angestrengter Philosemit, sondern ein Philosemit in gelockertem Zustand, mit allen Atavismen des Adligen, lieber Himmel, vom Land.«

Ich vermute, diese Antwort wird meinen Briefpartner nicht zufriedenstellen. Sei's drum. Es liegt übrigens an einer gewissen Verschämtheit, daß ich ausgerechnet das, was man von mir erwartet, nicht schreiben kann. Das ungeheure Unmaß der Verbrechen, die an den Juden begangen wurden, ist auch mir für immer durch Mark und Bein gegangen. Aber das wollte ich lieber aus dem Brief herauslassen. Ich hätte es geschrieben – in einem Brief an einen Antisemiten.

Aber ich muß auch anmerken, daß mir diese Wortklauberei nicht ganz einleuchtet. Das hat etwas fragwürdig Traumatisches – gerade im Blick auf die zweifellose Tragik. Ich gehe sogar weiter und sage, daß ein Jude, der allzu hartnäckig darauf besteht, »als Mensch« behandelt zu werden, so als unterschiede ihn nichts von anderen, daß so ein Jude meines Erachtens zu wenig Bewußtsein für sein Judentum hat. Mit dieser Forderung nach Gleichheit haben sie recht – es ist richtig und verständlich –, aber es ist ihrer Realität nicht angemessen. Es ist allzu einfach, allzu leicht...

Ich mag's nicht, wenn Juden nicht auf der Höhe ihrer Berufung sind. Wie oft habe ich mich gewundert, wenn ich in Gesprächen mit durchaus verständigen Juden diese Kleinlichkeit bei der Beurteilung des eigenen Schicksals feststellen mußte. Weshalb sind die Juden unbeliebt? Weil sie begabter sind natürlich, weil sie Geld haben und Konkurrenz darstellen. Weshalb will man nicht zugeben, daß der Jude ein Mensch wie andere ist? Aus Propagandagründen natürlich, aus Rassevorurteilen und Beschränktheit...

Wenn ich diese Leute sagen höre, das jüdische Volk sei wie alle anderen, kommt es mir vor, als hörte ich Michelangelo behaupten, er sei genau wie die anderen, oder hörte Chopin, wie er ein »normales« Leben fordert, oder einen Beethoven, der auf seiner Gleichberechtigung besteht. Ja leider! Wem das Recht auf Überlegenheit gegeben ward, der hat kein Recht mehr auf Gleichheit.

Es gibt kein anderes Volk, das so offenkundig genial ist – und das sage ich nicht nur, weil sie die wichtigsten Inspirationen auf der Welt in sich tragen, weil dieser Vulkan alle Augenblick einen unsterblichen Namen ausspeit und weil sie der Geschichte ihren Stempel aufgedrückt haben. Der jüdische Genius kommt schon in seiner Struktur deutlich zum Ausdruck, d.h. darin, daß er wie die individuelle Genialität aufs engste mit Krankheit, Verfall und Erniedrigung verbunden ist. Genial, weil krank. Höher, weil erniedrigt. Schöpferisch, weil anormal. Dieses Volk ist, wie Michelangelo, Chopin und Beethoven, in Schaffenskraft und Fortschritt sich verwandelnde Dekadenz. Dieses Volk hat keinen leichten Zugang zum Leben, es ist mit dem Leben zerfallen – deshalb wird es Kultur.

Der Haß, die Verachtung, Abneigung und Angst, die dieses Volk in anderen Völkern weckt, sind gleicher Art wie die Gefühle, die der kranke, taube, schmutzige, hysterische, wild gestikulierende Beethoven auf seinen Spaziergängen bei deutschen Bauern hervorrief. Der Leidensweg des Judentums ist seiner Natur nach der gleiche wie Chopins Weg. Die Geschichte dieses Volkes ist eine heimliche Provokation, ähnlich wie die Biographien aller großen Menschen – eine Provokation des Schicksals, ein Aufsichziehen sämtlicher Katastrophen, die zur Erfüllung der Mission beitragen können... der Mission des auserwählten Volkes. Welche Lebensgewalten diese furchtbare Tatsache verursacht haben, weiß man nicht – die aber, die sie ausmachen, die sie darstellen, mögen sich keinen Augenblick darüber täuschen, daß sie aus solchen Abgründen niemals auf die glatte Ebene gelangen werden.

Und interessant, daß selbst das Leben des gewöhnlichsten, gesündesten Juden immer in gewissem Maße das Leben eines hervorragenden Menschen ist: auch wenn er gesund und normal ist und sich durch nichts von den anderen unterscheidet, ist er doch anders und wird anders behandelt, muß abgesondert sein und am Rande leben, ob er will oder nicht. Man könnte also sagen, sogar der durchschnittliche Jude ist zur Größe verurteilt allein deshalb, weil er Jude ist. Nicht nur zur Größe. Er ist zum selbstmörderischen und verzweifelten Kampf gegen die eigene Form verurteilt, weil er sich selbst nicht liebt (wie Michelangelo).

Mit diesem Grauen werdet ihr nicht fertig, indem ihr euch einbildet, »normal« zu sein und vom idyllischen Süppchen der Humanität schlürft. Doch möge der Kampf mit euch weniger niederträchtig werden. Was mich betrifft – der Glanz, der von euch ausgeht, hat mich so manches Mal erleuchtet, und ich habe euch viel zu verdanken.

DONNERSTAG

Ich stand wie üblich gegen 10 Uhr auf und aß Frühstück: Tee mit Zwieback, danach Quaker. Briefe: einer von Litka aus New York, ein weiterer von Jeleński, Paris.

Um 12 ging ich ins Büro (zu Fuß, nicht weit von hier). Sprach telefonisch mit Marril Alberes wegen der Übersetzung; mit

Russo besprach ich den geplanten Ausflug nach Goya. Rios rief an, daß sie schon aus Miramar zurück seien, und Dąbrowski (wegen der Wohnung).

Um 3 Uhr Kaffee mit Schinkenbrot.

Um 7 Uhr verließ ich das Büro und begab mich in die Avenida Costanera, um frische Luft zu schnappen (denn es war heiß, 32 Grad). Ich dachte daran, was mir Aldo gestern erzählt hatte. Dann ging ich zu Cecilia Benedit, und wir gingen gemeinsam abendessen. Ich aß: Suppe, Beefsteak mit Kartoffeln, Salat und Kompott. Ich hatte sie lange nicht gesehen, so erzählte sie von ihren Abenteuern in Mercedes. Irgendeine Sängerin setzte sich zu uns. Die Rede kam auch auf Adolfo und seine Astrologie. Von dort ging ich, schon gegen 1 Uhr, auf einen Kaffee ins Rex. Zu mir setzte sich Eisler, dessen Unterhaltungen mit mir gewöhnlich so aussehen: »Na, was gibt's Neues, Herr Gombrowicz?« – »Reißen Sie sich doch wenigstens einmal zusammen, Eisler, ich bitte Sie!«

Auf dem Heimweg schaute ich bei Tortoni vorbei, um ein Päckchen abzuholen und mich mit Pocho zu verabreden. Zu Hause las ich in Kafkas *Tagebuch*. Gegen 3 Uhr schlief ich ein.

Dies alles gebe ich bekannt, damit ihr wißt, wie ich in meinem Alltagsleben bin.

IX

SONNABEND

Äußerst weise	*Ungewöhnlich dumm*
Zutiefst moralisch	*Erschreckend unmoralisch*
Absolut real	*Wahnsinnig irreal*
Sehr aufrichtig	*Sehr unaufrichtig*

Derart zweigleisig empfand ich bei der Lektüre von Mascolo (Dionys Mascolo: *Le Communisme (Relation et communication ou la dialectique des valeurs et des besoins)*. Ein scharfsinniges Buch, erschreckend in seiner kämpferischen Monotonie. Spezieller Zweck dieser Arbeit ist es, die Bedürfnistheorie als Grundlage des dialektischen Materialismus in den Vordergrund des Marxismus zu rücken. Aber bei dieser Gelegenheit kreuzt Mascolo die Klingen mit dem zeitgenössischen Intellektualismus, mit dem ganzen Bereich des nichtkommunistischen Denkens, und seine Hiebe sind treffsicher, weil er seinen Gegner in sich trägt – er, der typische Intellektuelle von Paris, Madrid oder Rom, Stammgast der gleichen Cafés, Verehrer derselben Dichtungen, Hörer derselben Musik, Gourmet der gleichen Geschmäcker und Heger ebensolcher Gedanken...

Aber deshalb ist dieses Buch mit einer nie erlahmenden Wachsamkeit geschrieben, die alle Vorwürfe voraussieht. Wie er seine Positionen sichert! *Primo:* Dieses Buch spricht nicht mit der Stimme des Kommunisten zu dir, sondern eben mit der Stimme des unabhängigen Intellektuellen, der den Kommunismus verstanden hat; zugleich aber (weil diese Unabhängigkeit sich nicht gut mit dem Diamat vereinbaren läßt) ist es nicht das Werk des klassischen Intellektuellen, sondern eines Menschen, der »Intellektueller genug ist, um kein Kommunist zu sein, und Kommunist genug, um kein Intellektueller zu sein«. Da organisiert sich Mascolo also einen eigenen Standpunkt zwischen Kommunismus und klassischem Intellektualismus. *Secundo:* Hier verpflichtet höchstes geistiges Niveau, hier wird ernsthaft und wirklich gedacht – also kritisiert man nicht nur Sowjetrußland, man verhehlt auch die Tatsache nicht, daß der Kommunismus eine äußerst schwere und blutige Aufgabe ist. Aber man sagt: das ist unvermeidlich; das wird niemand aufhalten; das ist moralisch und materiell notwendig; das ist der historische und gewissensmäßige Imperativ. *Tertio:* Mit größter und nie erlahmender Energie wird versucht zu zeigen, daß der Kommunismus das Alpha und Omega der Gegenwart sei, eine Revision aller Werte in bisher nie dagewesenem Umfang – grundlegende Umwälzung von allem – einzig mögliche Revolution und eine

Revolution, die alle möglichen Revolutionen mit einschließt – daß wir da so ganz und gar drinstecken, daß jedes »außerhalb« unmöglich wird – und dieser Standpunkt verleiht dem Text die Kraft von etwas Übergeordnetem, die Wucht eines Walfischs, der die Welt auf seinem Rücken trägt. Und vor nichts ist Mascolo mehr auf der Hut als vor dem unter der edelkommunistischen Intelligenz verbreiteten Fehler, den Kommunismus als Idee anzuerkennen und ihn als eine von vielen neuen Ideen einzuführen. Nein, der Kommunismus ist keine Idee, er ist keine Wahrheit, sondern etwas, das dem Menschen Wahrheit und Idee ermöglicht. Der Kommunismus ist die Befreiung des Menschen von den materiellen Abhängigkeiten, die ihn bisher nicht richtig denken und fühlen ließen, so wie es seiner wahren Natur entspräche. *Quarto:* Die erdrückende These der Gleichrangigkeit von Geist und Materie, dieser faszinierende und erleuchtende Gedanke erscheint hier so, wie Gott Moses erschien – und diktiert das Recht.

Das alles ist nicht sensationell – aber die Wirkung dieser Offenbarungen, die ich schon oft satt hatte, wird wieder akut, weil sie durch das Prisma eines mir verwandten Geistes, einer mir vertrauten Kultur gesehen sind – da spricht jemand zu mir, der mir nahesteht, der mit den gleichen Vorbildern großgeworden ist wie ich – der aber auf dem Weg, den er mit mir ging, einen anderen Ort erreicht hat, an dem sich andere Aussichten eröffnen. Warum? Wie kam das? Wer von uns beiden ging da fehl? Und auch das muß man zugeben, daß es Menschen wie mir viel schwerer fällt, sich gegen den Kommunismus zu wehren, weil sie ihrer ganzen Geistestendenz nach mit ihm verbunden sind, so sehr, daß die Gedankenwelt des Kommunismus fast ihre eigene ist – um dann, an irgendeinem Punkt, entstellt zu werden, fremd und feind zu sein. Es ist nicht schwer, Kommunistenfresser zu sein, wenn man an die Heilige Dreifaltigkeit glaubt. Wenn man vergangene Schönheit atmet. Wenn man getreulicher Vertreter seines Milieus, wenn man Graf, Herrenreiter, Gutsbesitzer, Kaufmann oder Industrieller, Ingenieur oder Finanzmann, Sienkiewicz oder Antisemit ist. Aber ich? Ich, der ich eine Menschheit ohne Fetisch fordere, ich, der »Verräter« und »Provokateur« meiner eigenen Kreise, ich, für den die moderne Kultur eine Mystifikation ist... da meine Hand mir und anderen die Masken vom Gesicht reißt, da dasselbe Verlangen nach ungefälschter Wirklichkeit in mir wohnt, und ebenso intensiv, da ich die schmerzliche Geburt der neuen Welt liebe und sie, die sich seit fast zweihundert Jahren Weg bahnt und sich eine Position nach der anderen erobert, willkommen heiße... wie kann ich im Widerstreit mit dem Kommunismus liegen? Ich glaube wirklich, ich habe die Anfangsphasen dieses Prozesses auf eigene Faust und vielleicht eigener und authentischer durchgemacht als viele von ihnen, den Kommunisten. Ich habe Gott in mir gestürzt. Habe rücksichtslos denken gelernt. Habe, wichtiger noch, meine Schönheit in der Zerstörung alter Schönheit, habe Liebe in der Trennung von alten Liebhabern finden gelernt. Andere Bande, die mich hätten hemmen können – Vermögen, gesellschaftliche und soziale Rücksichten –, sind schon längst gefallen. Heute gibt es keine Ehre, keine Autorität, keine Bindungen mehr, die mich halten würden, ich bin frei, frei und et cetera frei! Weshalb lehne ich den Kommunismus ab?

Sonntag

Eichler ist aufs Land gefahren, und ich bin für ein paar Tage in seine Wohnung gezogen. Ich habe schon notiert in diesem Tagebuch, daß ich es vorziehe, Kunst nicht zu mögen – das heißt, ich warte, bis sie sich mir aufzwingt – gehöre nicht zu jenen, die ihr nachlaufen... Eichlers Bilder drängten sich mir nun von den Wänden dieses engen Zimmers auf, mit einem Sinn und Gehalt, den ich nicht entschlüsseln konnte. In diesem Menschen und seiner Malerei, die ihm so ähnlich ist – und überaus eigen, hartnäckig eigen – und rein, in seinem ungewöhnlich engen Stilbereich zu höchster Ausdruckskraft gesteigert – steckt irgendein »biologisches« Geheimnis, das ich nicht enträtseln kann. Ich argwohnte Hysterie bei ihm, entdeckte bei näherem Hinsehen aber eine starke und ausgeglichene Natur. Diese Farben, diese Linien, die mit derartiger Hartnäckigkeit (wie sie der Kunst eignet) das immer gleiche in vielfältigen Formkombinationen wiederholten, brachten mich jedenfalls auf den Gedanken an »seidigen Verrat«, und weil mir nichts Besseres einfiel, klammerte ich mich an diese Definition. Verrat? Was für ein Verrat? Läßt sich das ergründen? Jeder von uns findet eine Hintertür, um aus dem Leben zu weichen, und Millionen Pforten führen auf die endlosen Felder des Verrats. Doch (dachte ich, als ich diesen zwiegesichtigen Formen gegenübersaß) welch eine Ohnmacht der Theorie gegenüber dem Sein – und Eichler kam mir vor wie das Wasser, das Mascolo durch die Finger rinnt, wie eine im Gras verschwindende Schlange, eine Ameise, ein Insekt in windbewegtem, flimmerndem Laubwerk.

MONTAG

Ich könnte gewisse Einwände intellektueller Natur gegen den Kommunismus erheben.

Diese Philosophie überzeugt mich aus vielerlei Gründen nicht – vor allem aber deshalb, weil ich finde, daß der Kommunismus weniger ein philosophisches oder ethisches, als vielmehr ein technisches Problem ist. Damit der Geist endlich richtig funktioniert, müßten die körperlichen Bedürfnisse befriedigt sein, sagt ihr? Und behauptet, man müsse allen ein Minimum an Wohlstand garantieren? Doch wo ist der Beweis, daß euer System den Wohlstand sichern kann? Soll ich ihn in Sowjetrußland suchen, das sich bis heute nicht ohne Sklavenarbeit ernähren kann – oder in euren Überlegungen, in denen von allem die Rede ist, nur nicht von der technischen Funktionstüchtigkeit des Systems? Wenn der Kommunismus Materialismus ist und durch eine Änderung der materiellen Bedingungen den Geist beeinflussen will, weshalb erzählt ihr mir dann so viel vom Geist und so wenig davon, wie jene Bezwingung der Materie machbar wäre? Eine Diskussion, die von Produktions- und Organisationsspezialisten geführt werden sollte, wurde auf allgemeine Gleise verschoben, als ginge es um irgendeine normale Philosophie. Solange aber die technische Machbarkeit des Kommunismus nicht geklärt ist, werden alle anderen Überlegungen nur Tagträume sein.

Doch selbst wenn aus euren Berechnungen schwarz auf weiß hervorginge, daß euer System die Gütermenge pro Kopf verdoppelt oder verdreifacht und den Menschen vom Elend befreit, so wäre ich persönlich nicht in der Lage, diese Berechnungen zu prüfen – denn dieses technische Problem setzt technisches Wissen voraus, das ich als Nichtfachmann nicht besitze. Es bliebe mir also nur, euch zu glauben – glauben aber könnte ich ebensogut anderen Spezialisten, deren Berechnungen das genaue Gegenteil beweisen. Und auf solch brüchigem Grund soll ich »Ja« sagen zu einer Revolution, die die gesamte bisherige, zur Beherrschung der Natur geschaffene Organisation zerstört? Und dazu noch all die Gewalt, die mit diesen Maßnahmen einhergeht, wortlos schlucken?

DONNERSTAG

Ich hätte viele andere intellektuelle Argumente gegen den Kommunismus.

Aber wäre es vom Standpunkt meiner persönlichen Politik aus nicht angemessener, gar nicht darüber zu schreiben und nicht einmal darüber nachzudenken?

Ein Künstler, der sich zu solchen Verstandesspekulationen verleiten läßt, ist verloren. Wir Kunstschaffende haben uns in letzter Zeit allzu gefügig von Philosophen und anderen Wissenschaftlern an der Nase herumführen lassen. Wir haben es nicht verstanden, hinreichend anders zu sein. Übertriebene Hochachtung für die wissenschaftliche Wahrheit hat uns den Blick für die eigene Wahrheit geraubt – in dem allzu heißen Wunsch, die Wirklichkeit zu verstehen, vergaßen wir, daß wir nicht dazu da sind, die Wirklichkeit zu verstehen, sondern sie auszusprechen – daß wir, die Kunst, Wirklichkeit sind. Die Kunst ist eine Tatsache, kein Kommentar, der der Tatsache anhinge. Nicht unsere Sache ist es, zu interpretieren, zu erläutern, zu systematisieren und zu beweisen. Wir sind das Wort, das sagt: das tut mir weh – das entzückt mich – das mag ich – das hasse ich – danach verlangt mich – das will ich nicht... Die Wissenschaft bleibt immer abstrakt, unsere Stimme aber ist die Stimme des Menschen aus Fleisch und Blut, die Stimme des Individuums. Nicht die Idee, die Persönlichkeit ist uns wichtig. Wir verwirklichen uns nicht in der Sphäre der Begriffe, sondern der Personen. Wir sind Personen und müssen es bleiben, unsere Rolle besteht darin, daß in einer immer abstrakteren Welt das lebendige Menschenwort nicht verklinge. Ich glaube also, die Literatur hat sich in diesem Jahrhundert zu sehr den Professoren ergeben und wir Künstler müssen einen Skandal vom Zaun brechen, um diese Beziehung zu beenden – müssen die Wissenschaft ganz arrogant und unverschämt traktieren, damit uns die Lust an ungesunden Flirts mit den Formeln wissenschaftlichen Denkens vergeht. Unser eigener, individueller Verstand, unser persönliches Leben und unsere Gefühle sind es, die wir den Laborwahrheiten in schärfster Form entgegenstellen müssen.

Vielleicht wäre es also besser, ich würde nicht versuchen, den Marxismus zu verstehen, sondern mich von diesem Phänomen nur soweit durchdringen lassen, wie es in der Luft liegt, die ich atme.

Aber eine derartige intellektuelle Flucht würde bedeuten, daß ich ihm als konkrete Person nicht widerstehen kann. Besser also, ich wage mich in dieses fremde Reich, aber als Eroberer, der sein eigenes Recht proklamiert. Das muß ich sagen: für Argumente und Gegenargumente habe ich nicht viel übrig, diesen Kontertanz, in dem sich ein Weiser ebenso leicht wie der blutigste Laie verliert. Aber mit meinem ungetrübten Gespür für den Menschen sehe ich mir eure Gesichter an, wenn ihr sprecht, und ich sehe, wie die Theorie euch das Gesicht verzerrt. Ich bin nicht berufen, eure Argumente für richtig zu erklären – mir ist wichtig, daß eure Argumente euch das Gesicht nicht zur Fresse verziehen und daß ihr unter ihrem Einfluß nicht abstoßend, gehässig und unverdaulich werdet. Ich habe keine Ideen zu kontrollieren, sondern nur unbefangen festzustellen, wie die Idee auf die Persönlichkeit wirkt. Als Künstler kann ich sagen: dieser Mensch dort redet zwar weise daher, ist aber selbst ein Dummkopf. Oder: reinste Moral kommt diesem Mann über die Lippen, doch hütet euch, denn er selbst genügt seiner Moral nicht und wird zum Schurken.

Das ist, glaube ich, insoweit von Wert, als die Idee in Loslösung vom Menschen kein volles Sein besitzt. Es gibt keine anderen Ideen als verkörperte. Kein Wort, das nicht Fleisch wäre.

MONTAG

Das Drama von Mascolo und seinesgleichen...

Dieser geistige Prozeß, aus dem es hervorgeht – was für eine großartige Sache! Nichts aufwühlender als der Anblick einer Menschheit, die in den letzten zwei Jahrhunderten alle Anker gelichtet hat, um von der Statik zur absoluten Dynamik überzugehen – von Mensch und Welt als Gegebenheiten zu Mensch und Welt in unaufhörlichem Werden – so wie ein Schiff, das aus dem Hafen aufs offene Meer hinaussegelt. Nachdem wir uns den Himmel, nachdem wir alle Beständigkeit in uns zerstört haben, sind wir uns selbst erschienen als unberechenbare Naturkraft, und unsere Einsamkeit und Einzigartigkeit im Kosmos, diese unerhörte Entfesselung unseres Menschseins in einem Raum, der mit nichts gefüllt ist als mit uns, das ist schon zum Erstaunen und zum Entsetzen. Der Wagemut dieses Drängens ist ohne Beispiel. Wer an diesem Prozeß teilhat, wie Mascolo, wie ich, wie fast die gesamte europäische Intelligenz, hätte allen Grund zu schwersten Skrupeln und Ängsten, wäre die Sache nicht gleichsam unvermeidlich.

Und wenn heute der Kommunismus für viele zu einem so faszinierenden Phänomen geworden ist, dann deshalb, weil er die bisher stärkste Materialisierung der Intelligenz darstellt – es ist, als hätten die Beschwörungen der aufgeklärtesten Geister schließlich eine gesellschaftliche, das heißt aus Menschen bestehende Kraft aus dem Nichtsein hervorgerufen, die zu konkretem Handeln fähig ist. Dieser Teufel mußte an die Wand gemalt werden – jetzt geht es darum, uns von ihm nicht zur Hölle schicken zu lassen.

In Mascolo verkörpert sich das Drama der Intelligenz, die den Kommunismus gezeugt hat, um sich von ihm fressen zu lassen. In diesem Denken zeigt sich überall das Spiel zweier Elemente, die aufs äußerste gesteigert sind und sich gegenseitig ausschließen: Stärke und Schwäche. Und hier verbirgt sich wohl die Lösung des Rätsels – deshalb scheint dieser Gedanke moralisch und unmoralisch, weise und albern, nüchtern und trunken zugleich.

Dieses Denken stand, nachdem es die alte metaphysische Ordnung zertrümmert hatte, der Welt gegenüber, Auge in Auge. Und diese Welt – so schien es – ließ sich ungeheuer leicht vom Gedanken beherrschen, alle Barrieren, die das Denken gebremst hatten, waren ja gefallen, das Denken war zum einzigen Schiedsrichter der Wirklichkeit avanciert. So fühlte Mascolo sich denn als Herr der Welt (daher der Stolz und das Machtgefühl, die von diesem Buch ausgehen). Andererseits aber erwies sich die Welt, da Mascolo sie von seinen Höhen mit dem Blick ganz umfaßte, als etwas in seiner Vielfalt so ungeheuerlich Großes, in seiner Bewegung nie ganz zu Erfassendes, daß Mascolo, dieser Herrscher, sich wahrlich verloren in der Welt fühlte und sein Denken vor Entsetzen atemlos wurde (daher die Panik dieses Buches). In dem Augenblick aber, als Mascolo den Blick von der Welt wandte, um seinem eigenen Denken gegenüberzutreten, fand er sich in der Zange desselben Widerspruchs. Denn einerseits ist dieses Denken einziger und höchster Richter, Führer der Menschheit, Organisator der Materie. Andrerseits aber ist es etwas Unreines, vom Sein Abhängiges, der Materie Unterworfenes, etwas, das man nur schwerlich als »Denken« im früheren Sinne dieses Wortes bezeichnen kann. So konnte er sich auch bei diesem Anblick sowohl an der eigenen Kraft berauschen, wie das katastrophale Gefühl einer erdrückenden Ohnmacht erfahren. Was sollte er tun? An die Kraft des Gedankens glauben und damit die Welt aus den Angeln heben wollen? Oder es ohne allzu großes Vertrauen in den Verstand zulassen, daß die Welt sich selbst erschaffe? In diesem zweiten Fall fragt der Verstand nicht mehr danach, wie die Welt zu sein hat, er engt seinen Wirkungsbereich ein und fragt: Wie soll ich mich in der Welt verhalten? Und er wird zu dem, was er seit Jahrhunderten war, nämlich einem Erkenntnisorgan des Einzelnen in seinem individuellen Leben. Und auf so reduziertem Terrain fühlt er sich sicherer.

Aber Mascolo wählte den ersten Weg. Warum? Vor allem darum, weil – so scheint es – einem Denken, das sich von der Materie abhängig macht, nichts übrigbleibt, als die Materie zu verändern, weil es für einen Hegelianer, der Marxist ist, keinen anderen Weg gibt, als den zur Reform der Welt. Das allein hätte jedoch nicht genügt, Mascolos Denken zu einem derart gewagten Sprung auf die ganze Welt zu bewegen, dieses individuelle Denken hätte sich, wenn ihm nur ein wenig Gespür für Proportionen geblieben wäre, nicht zu dieser Wahnsinnstat hinreißen lassen. Und hier müssen wir, um Mascolos Situation zu verstehen, berücksichtigen, daß seine Gedanken keineswegs seine eigenen, sondern kollektive Gedanken sind, das Produkt eines tausendjährigen Prozesses, zu dem eine Unzahl individueller Leistungen beigetragen haben. Wenn ich meinen Verstand gebrauche, um zu entscheiden, ob ich in die Straßenbahn steigen soll, muß ich nicht auf dieses kollektive Wissen zurückgreifen – ich weiß selbst, was ich zu tun habe. Wenn ich jedoch entscheiden soll, wie die Menschheit zu sein hat, kann ich das nur unter Rückgriff auf das kumulierte Denken der Bibliotheken tun. Ein die Menschheit betreffendes Problem kann nur vom Denken der Menschheit gelöst werden, nicht von dem des Individuums. Dieses Denken der Menschheit aber, das mächtiger ist als unser eigenes, betäubt und berauscht uns – es treibt in den Bereich überindividueller Entscheidungen.

Mascolo ist Folgendes passiert: um die Welt in seine Gewalt zu bekommen, hat er Zuflucht zu einem Denken genommen, das stärker ist als sein eigenes; aber gerade dieses Denkens wird er nicht Herr und wird nun von ihm auf die Welt geworfen.

MONTAG

Die Berge. Córdoba. Ich bin heute früh hier in Vertientes angekommen und habe in dem schönen *chalet* von Lipkowskis Wohnung genommen. Der Blick löst sich von Pferden, Hühnern, Hunden und Kühen, um in der Weite zu ertrinken, die eine komplizierte Geographie von Gebirgsketten und Höhenzügen birgt. Panorama.

Eine Fahrt nach Mendoza steht in Aussicht.

DIENSTAG

Das oben beschriebene Abenteuer Mascolos kommt in seiner Sprache zum Ausdruck, die völlig losgelöst ist von der greifbaren Wirklichkeit, ganz durchtränkt von Abstraktionen; darin ähnelt sie allen Sprachen, deren der Intellekt sich bedient. Dort findet ihr die Hohe Schule, sich möglichst ungezwungen zu geben, während wir in Wirklichkeit krampfhaft darauf bedacht sind, nicht aus dem Sattel zu fliegen. Aber immer wieder wird das so tief, daß Mascolo darin ertrinkt, so subtil, daß Mascolo sich in den eigenen Fäden verfängt, so nichtssagend, daß es hundert andere Bedeutungen tragen kann, und so präzis wie die Arbeit eines Uhrmachers, der über dem Abgrund schwebt. Wenn ich Mascolo lese, so interessieren mich weniger die Gedanken selbst, die kenne ich schon, als vielmehr das verzweifelte Ringen des Denkers mit den Gedanken! Was für eine Anstrengung! Multipliziert aber diese Anstrengung des Autors mit der Anstrengung seiner Leser, macht euch klar, wie dieses Syllogismengebirg auf andere, schwächere Geister niederstürzt, die nur jedes zweite Wort lesen und jedes vierte verstehen, wie Mascolos Gedanken in jedem dieser Hirne als ein anderes Mißverständnis aufblühen. Wo also sind wir? Im Reich von Kraft und Licht und Präzision, oder im schmuddligen Lande der Unzulänglichkeit?

Kraft   *Schwäche*
Klarheit   *Finsternis*
Methode   *Chaos*
Triumph   *Niederlage*

Wie eng benachbart sind diese zwei Litaneien – zwei Schwestern! Und was noch erstaunlicher und beunruhigender ist: durch ein Übermaß an Tugend kommt das Denken in den Sündenfall. Dumm vor Überklugheit. Schwach vor lauter Kraft. Dunkel, weil zu sehr auf Klarheit erpicht.

Verweilen wir noch bei Mascolos Situation.

Er hatte sich verrannt... doch Rettung wäre möglich gewesen... wenn er sich die Freiheit bewahrt hätte – jene Freiheit, die uns den Rückzug gestattet, wenn wir uns verrannt haben. Jene Möglichkeit der Umkehr, jenes »Nachgeben«, jene Flucht aus dem Übermaß in eine menschlichere, freiere Dimension – das ist für mich die einzig wahre Freiheit. Heute aber ist sogar die Freiheit steif und übermäßig geworden. Ich habe einen Brief bekommen mit einem Lob, das schmeckte mir so, daß ich sofort wußte, wie genau es den Kern meiner Bestrebungen trifft. »Die Freiheit, die Sie in Ihrem Tagebuch zeigen, ist wahrhaftiger als die professorale, angestrengte Freiheit Sartres.« Dieser Vergleich hat mir unversehens den Unterschied zwischen der Freiheit, die ich hier anstrebe, und jener intellektuellen Freiheit klargemacht – die so »angestrengt« ist, daß sie recht eigentlich zu neuer Gefangenschaft wird. Meine Freiheit dagegen ist jene gewöhnliche, alltägliche, normale Ungezwungenheit, die wir zum Leben brauchen; sie ist eher Sache des Instinkts als des Verstandes, eine Freiheit, die nichts Absolutes sein will – nur ungezwungen, ganz gleich wie, heißt das, ungezwungen sogar im Verhältnis zur eigenen Freiheit. Die Sartres und Mascolos scheinen zu vergessen, daß der Mensch seinem Wesen nach dazu geschaffen ist, bei mittlerem Druck und mittleren Temperaturen zu leben. Wir kennen heute tödliche Kälte, kennen das Lebensfeuer, aber die Geheimnisse der lauen Sommerbrise, die erfrischt und atmen läßt, haben wir vergessen.

Freiheit! Um frei zu sein, muß man nicht nur frei sein wollen – man muß das Freisein auch nicht allzusehr wollen. Jedes Verlangen, jeder Gedanke, der zu weit getrieben wird, macht sich untüchtig zum Widerstand gegen die Extremismen. Mascolo hat seine innere Freiheit in dem Augenblick getötet, in dem er sein normales, unmittelbares Gespür für die Freiheit intellektuellen Argumenten unterordnete. Wenn wir diesen Unfreien fragten, ob er frei sei, so würde er antworten, ja, gewiß doch – denn frei sei nur, wer seine Abhängigkeit vom dialektischen Geschichtsprozeß versteht usw., usw. Wie also kann diese ausgeklügelte Freiheit ihn vor dem Intellekt schützen, wie soll diese Konzeption von Freiheit ihm Freiheit für andere Konzeptionen lassen – und davon, daß irgend etwas ihn lockern könnte, kann gar keine Rede sein.

Mascolo kann daher nicht zurück – er muß immer weiter, voran – das ist, als führe er Rad: bleibt er stehen, kippt er um. Und Mascolo ist motorisiert, das ist kein Fahrrad mehr, sondern ein Motorrad – geladen mit kollektivem Denken und kollektivem Leiden, angetrieben von der Dynamik des Proletariats. Angetrieben von dem ganzen Mechanismus von Kultur und Zivilisation, der auf unaufhörlicher Anhäufung, auf Kumulation beruht. Meint ihr, er ließe sich bremsen von dem Verdacht, daß er mit überhöhter Geschwindigkeit einer Aufgabe zueilt, die über seine Kräfte geht? Da irrt ihr euch gewaltig: das ist ein Mensch, der seinen Mittelpunkt verloren hat. Wenn die

Aufgabe seine Kräfte übersteigt, heißt das für ihn nur, daß er sich selbst ändern muß, um ihr gewachsen zu sein – deshalb ist er sich selbst nur ein Werkzeug, ist Mascolo für Mascolo nur eine Hürde mehr, die es zu nehmen gilt. Und deshalb ist das Buch mehr für ihn selbst geschrieben, als für andere: hier verwandelt Mascolo Mascolo, indem er ihm vor allem den Rückweg abschneidet. So jagt er auf den Kosmos zu und treibt sich selbst zu wilder Jagd. Und je riesiger und unfaßbarer der Kosmos in all seiner schrecklichen, unbeständigen Maßlosigkeit wird, desto krampfhafter schließt sich dieser Griff. Denn das ist ein Menschenwesen, das sich wie alle anderen Menschenwesen nach einer abgeschlossenen Welt sehnt. Die ganze Dialektik von Entwicklung, Entstehung und Abhängigkeit ist hier eine feingesponnene Lüge, die nur das einzig echte Verlangen verbergen soll – das nach Endlichkeit. Er zertrümmert die Form, um neue Form zu verleihen – ohne Form kann er nicht existieren – und wie auch immer die Form sei, sobald er sie einmal gewählt hat, muß er sie vollends verwirklichen. Warum hat er A gesagt? Man weiß es nicht. Aber da er A gesagt hat, muß er auch B sagen.

MITTWOCH

Wind und Wolkenschwaden, die sich von Süden her auf die Gipfel wälzen. Ein einsames Huhn auf dem Rasen ... pickt ...

Konkreter Mensch sein. Individuum sein. Nicht danach streben, die Welt als Ganzes zu verändern – in der Welt leben und sie nur insoweit gestalten, wie das in Reichweite meiner Natur liegt. Mich im Einklang mit meinen Bedürfnissen – individuellen Bedürfnissen – verwirklichen.

Ich will nicht sagen, daß so ein Denken – das kollektive, abstrakte –, daß die Menschheit als solche nicht wichtig wären. Aber das Gleichgewicht muß wiederhergestellt werden. Die fortgeschrittenste Denkrichtung ist jene, die den einzelnen Menschen wieder entdeckt.

X

FREITAG

In den *Wiadomości* ein Brief Jeleńskis, in dem er auf eine Notiz von Collector zur Veröffentlichung meiner Arbeiten in den *Preuves* antwortet. Obwohl ich mir völlig einig mit Jeleński bin, daß es eine gewisse Verwandtschaft zwischen mir und Pirandello gibt (das Problem der Deformation), auch mit Sartre (in *Ferdydurke* ließe sich so manche Vorahnung des aufkommenden Existentialismus finden), wäre es mir sogar lieber, wenn sie, wie Collector behauptet, nicht viel gemeinsam mit meinen Anschauungen hätten. Im Falle eines Falles möchte ich lieber niemandem ähnlich sein – obwohl der Gedanke nur ein Element der Kunst ist, obwohl man auch schon die abgegriffenste Idee – wie etwa »Liebe heiligt« oder »das Leben ist schön« – genommen hat, um ein Werk von blendender Inspiration daraus zu machen, das durch Originalität und Kraft verblüffte. Was ist die Idee, was selbst die Weltanschauung in der Kunst? Für sich allein genommen, sind sie nichts – bedeutungsvoll können sie nur in Hinsicht darauf sein, wie sie empfunden und geistig ausgeschöpft wurden, wie hoch sie erhoben wurden und welchen Glanz sie von dieser Höhe verbreiten. Das Kunstwerk ist nicht Sache eines einzigen Gedankens noch auch einer einzigen Entdeckung, es ist Geschöpf von tausend kleinen Inspirationen, Geschöpf eines Menschen, der in seinem Bergwerk zu Hause ist und immer neue Mineralien aus ihm zutage fördert.

Aber von den Sartres und Pirandellos würde ich mich auch aus anderen Gründen gern abgrenzen – um die Form zu wahren. Allzuoft geschieht es unter den spezifischen Bedingungen unseres, des polnischen Umgangs miteinander, daß jemand versucht, mit Hilfe dieser »berühmten Namen« mich herabzusetzen; man bläst sich mit Sartre auf und sagt mitleidsvoll: »Gombrowicz«. Und das kann ich nicht zulassen in diesem Tagebuch, das ein privates Tagebuch ist, in dem es immer und ausschließlich um persönliche Angelegenheiten geht, in dem ich meine Person verteidigen und ihr einen Platz unter den Leuten verschaffen will. Ach! Jeleński, alter Freund!

Endlich raus aus diesem Vorort, Vorzimmer, Kredenzraum, kein kleiner polnischer – das heißt zweitrangiger, nicht wahr? – Autor sein, sondern ein Phänomen mit eigenem Sinn und Seinsrecht werden! Die mörderische Zweitklassigkeit meines Milieus durchbrechen und endlich zu wirklichem Dasein gelangen! Meine Situation ist dramatisch und, ich würde sagen, verzweifelt – schon seit längerer Zeit gebe ich diesen mit »berühmten Namen« tapezierten Geistern diskret zu verstehen, daß man auch ohne Weltruhm etwas bedeuten kann, wenn man wirklich und rücksichtslos man selbst ist; sie aber wollen, daß ich zuerst einmal berühmt werde; erst dann nehmen sie mich in ihr Inventar auf und zerbrechen sich über mich den Kopf. Nach Ansicht all dieser zerstreuten polnischen Kulturkenner wird es mir eben zum Verhängnis, daß eine gewisse Übereinstimmung zwischen mir und dem Denken der Sartres und Pirandellos besteht. Man schließt daraus, ich wollte dasselbe sagen wie sie und rennte offene Türen ein; und wenn ich doch etwas anderes sage, so nur deshalb, weil ich nicht so begabt und ernsthaft, auch verworrener sei; sie meinen zum Beispiel, mein Gespür für die Form und seine praktischen Konsequenzen seien »nichts Neues« und halten meine Kritik der Kunst für eine undurchdachte Grimasse, für launische Boshaftigkeit – mit der Überheblichkeit von Snobs (denn der Snob bildet sich nichts auf seinen eigenen Wert ein, sondern darauf, daß er jemanden kennt, der Wert hat) machen sie sich nicht die Mühe, lange nach der inneren Logik meiner Reaktionen zu fragen; ihre Lakaienseele ist schon entzückt, wenn sie meine Seele als Magd und demütig unbeholfene Nachahmerin jener Herrenseelen begreifen kann.

Dagegen kann ich mich nur wehren, indem ich mich definiere – indem ich mich immer wieder, ohne Unterlaß bestimme. Ich werde mich so lange definieren müssen, bis schließlich der begriffsstutzigste Connaisseur meine Gegenwart zur Kenntnis nimmt. Meine Methode beruht darauf: meinen Kampf mit den Menschen um meine eigene Persönlichkeit zu zeigen und all jene persönlichen Wundstellen, die zwischen mir und ihnen entstehen, zur immer deutlicheren Bestimmung des eigenen Ich zu nutzen.

Mich definitiv gegen die Sartreismen und das ganze, zugespitzte, zur Weißglut erhitzte moderne Geistesleben abgrenzen?
Aber nichts leichter als das! Ich bin nichtzugespitztes Denken, bin ein Wesen von mittlerer Temperatur, geistig recht gelockert... Ich bin der, der entspannt. Bin wie Aspirin, das, wenn man der Reklame glauben darf, übermäßige Verkrampfung beseitigt.

Was für einen Eindruck habt ihr, wenn ihr mein Tagebuch lest? Kommt es euch nicht vor, als beträte da ein Bauer aus dem Sandomirschen eine dröhnende, vibrierende Fabrik und spazierte in ihr herum, als wenn es sein eigener Garten wär? Hier steht der glühende Ofen, in dem die Existenzialismen gebrannt werden, dort kocht Sartre seine Freiheit–Verantwortung aus flüssigem Blei. Hier die Werkstatt der Poesie, in der tausend schweißüberströmte Arbeiter beim rasenden Schwung schwindelerregender Bänder und Getriebe mit immer schärferen superelektromagnetischen Messern in immer härterem Material operieren, dort wiederum bodenlose Kessel, in denen Ideologien, Weltanschauungen und Glaubensrichtungen geschmolzen werden. Hier die tiefe Grube des Katholizismus. Dort weiter das Hüttenwerk des Marxismus, hier der Hammer der Psychoanalyse, da die artesischen Brunnen Hegels und die phänomenologischen Werkzeugmaschinen, dort hinten die galvanischen und hydraulischen Batterien des Surrealismus, oder des Pragmatismus. Und die Fabrik stöhnt und rast im dröhnenden Trubel und produziert, sie produziert immer vollkommenere Instrumente, und diese Instrumente dienen zur Verbesserung und Beschleunigung der Produktion, und so wird das alles immer mächtiger, gewaltiger und präziser. Ich aber schlendere mit nachdenklichem Gesicht zwischen diesen Maschinen und Fabrikaten umher, ohne größeres Interesse, ganz so, als wanderte ich dort, auf dem Land, durch meinen Garten. Und ab und zu probiere ich mal ein Produkt (eine Birne vielleicht, oder eine Pflaume) und sage dann: »Hm... hm... das ist mir irgendwie zu hart.« Oder: »Für meinen Geschmack ist das zu üppig.« Oder: »Zum Teufel damit, das ist unbequem, zu steif.« Oder ich sage: »Ha, gar nicht schlecht, wenn es nur nicht so überhitzt wäre!«

Die Arbeiter werfen mir natürlich verstohlen böse Blicke zu. Hat sich da unter lauter Produzenten doch tatsächlich ein Konsument eingeschlichen!

Sonnabend

Jawohl! Scharfsinnig, verständig, reif, »Künstler«, »Denker«, »Stilist« sein nur bis zu einem gewissen Grade, es nie zu sehr sein und gerade aus diesem »nicht zu sehr« eine Kraft schmieden, die allen sehr, sehr, sehr intensiven Kräften gleichkommt. Angesichts gigantischer Phänomene das eigene, menschliche Maß wahren. In der Kultur nicht mehr sein als ein Bauer, als ein Pole, und selbst Bauer und Pole nicht zu sehr sein. Zwanglos sein, aber selbst im Zwanglosen nicht maßlos werden.

Darin liegt die ganze Schwierigkeit.

Denn wenn ich als reiner Barbar, absoluter Anarchist, perfekter Primitiver, als idealer Bauer oder klassischer Pole in die Kultur einginge, würdet ihr sofort Beifall klatschen. Würdet anerkennen, daß ich ein ganz guter Produzent von unverdorbener Primitivität bin.

Aber ich wäre dann genau so ein Fabrikant wie sie – all jene, denen das Produkt wichtiger wird als sie selbst. Alles, was in stilistischer Hinsicht rein ist, ist Machwerk.

Der wahre Kampf in der Kultur (von dem man so wenig hört) tobt, wie ich meine, nicht zwischen feindlichen Wahrheiten oder unterschiedlichen Lebensstilen. Wenn ein Kommunist seine Weltanschauung einem Katholiken gegenüberstellt, so sind das doch noch zwei Weltanschauungen. Am wichtigsten ist auch nicht jene andere Antinomie: Kultur – Wildheit, Wissen – Unwissen, Helligkeit – Dunkelheit, ja man könnte sagen, das sind Phänomene, die zusammenspielen und einander ergänzen. Der wichtigste, der schärfste und unversöhnlichste Streit ist der, den zwei grundlegende Bestrebungen in uns führen: eine, die Form, Gestalt und Definition will, und eine andere, die sich gegen Gestalt wehrt und Form ablehnt. Die Menschheit ist so gemacht, daß sie sich ständig neu definieren und den eigenen Definitionen immer wieder entwischen muß. Die Wirklichkeit ist nichts, das sich restlos in Form fassen ließe. Form ist unvereinbar mit dem Wesen des Lebens. Jeder Gedanke aber, der diese Unzulänglichkeit der Form bestimmen wollte, wird dadurch schon zur Form und bestätigt nur unser Streben nach ihr.

Unsere ganze – philosophische, ethische – Dialektik vollzieht sich vor dem Hintergrund eines Unmaßes, dessen Name Dreiviertelgestalt ist und das weder Dunkelheit noch Licht, sondern gerade eine Mischung von allem ist, Ferment, Unordnung, Unreinheit und Zufall. Gegner von Sartre ist nicht der Priester. Es ist der Milchmann, der Apotheker, das Kind des Apothekers und die Frau des Tischlers, es sind die Bewohner der mittleren Sphäre, der Sphäre von Dreiviertelgestalt und Dreiviertelwert, die immer etwas Unvorhersehbares, Überraschendes bleibt. Und in sich selbst wird Sartre einen Gegner aus dieser Sphäre finden, den man als »Dreiviertel-Sartre« bezeichnen könnte. Und ihr Argument ist, daß kein Gedanke und keine Form das Sein ganz erfassen können, und je allumfassender, desto falscher sind sie.

Überschätze ich mich? Wirklich, ich würde die undankbare und riskante Rolle des Kommentators der eigenen, zweifelhaften Errungenschaften gern jemandem abtreten, aber der Haken ist, daß das in meiner Situation niemand für mich tut. Nicht einmal mein unschätzbarer Parteigänger Jeleński. Ich behaupte, in eigener Sache viel dazu getan zu haben, daß dieser Konflikt mit der Gestalt spürbar wird.

In meinen Werken habe ich den Menschen gezeigt, wie er auf das Prokrustesbett der Form geschnallt ist, ich habe eine eigene Sprache dafür gefunden, seinen Formhunger und seinen Formhaß zu zeigen, in spezifischer Perspektive versuchte ich, die Distanz ans Tageslicht zu bringen, die zwischen ihm und seiner Gestalt besteht. Auf wohl kaum langweilige, sondern gerade unterhaltsame, das heißt menschliche, lebendige Weise habe ich gezeigt, wie zwischen uns Form entsteht, wie sie uns schafft. Habe diese »zwischenmenschliche« Sphäre aufgezeigt, die für die Menschen entscheidend ist, und ihr Züge einer schöpferischen Kraft verliehen. Näher vielleicht als viele andere Autoren bin ich einem bestimmten Menschenbild in der Kunst gekommen – dem Bild eines Menschen, dessen eigentliches Element nicht die Natur, sondern die Menschen sind, der nicht nur unter Menschen lebt, sondern mit ihnen geladen, von ihnen inspiriert ist.

Ich versuchte aufzuzeigen, daß die letzte Instanz für den Menschen der Mensch ist und nicht irgendein absoluter Wert, und versuchte in jenes komplizierte Reich der selbstverliebten Unreife vorzudringen, wo unsere inoffizielle und sogar illegale Mythologie entsteht. Ich habe die Macht der regressiven Kräfte hervorgehoben, die in der Menschheit schlummern, und die Poesie der Gewalt beschrieben, die dem Höheren vom Niederen angetan wird.

Und zugleich habe ich diese Erlebenssphäre mit meinem Nährboden verbunden – mit Polen – und mir gestattet, der polnischen Intelligenz zu suggerieren, daß es eigentlich nicht ihre Aufgabe ist, im Formschaffen mit dem Westen zu konkurrieren, sondern das Verhältnis des Menschen zur Form, und damit zur Kultur bloßzulegen. Daß wir darin stärker, souveräner und erfolgreicher sein werden.

Und es ist mir wohl gelungen, an meinem eigenen Beispiel zu zeigen, daß es keine Schwächung, sondern sogar eine Stärkung bedeutet, sich dieses »Dreiviertel« – diese Dreiviertelgestalt, Dreiviertelentwicklung, Dreiviertelreife bewußt zu machen. Daß es sogar zur Keimzelle neuer Lebenskraft und Entwicklung werden kann – so wie auch in der Kunst diese andere (ich würde sagen: unwillige, geringschätzige) Einstellung zur Form die künstlerischen Ausdrucksmittel erneuern und vervielfältigen kann. Indem ich bei jeder Gelegenheit den Grundsatz proklamiere, daß der Mensch über seinen Werken steht, schaffe ich die Freiheit, die unsere verkrümmte Seele heute so sehr braucht.

Seid ihr wirklich so kurzsichtig, ihr Kenner, daß ich euch alles unter die Nase reiben muß? Begreift ihr denn gar nichts? Wenn ich bei diesen Gelehrten bin, könnte ich schwören, ich sei von Geflügel umgeben. Hört auf, mich zu picken. Hört auf zu zupfen. Hört auf zu gackern und zu quaken! Hört auf, stolz wie ein Truthahn ganz albern zu verkünden, dieser Gedanke sei schon bekannt, jenes sei schon gesagt – ich habe nie einen Vertrag unterschrieben, nur unerhörte Ideen zu liefern. Gewisse Ideen, die in der Luft liegen, die wir alle atmen, sind in mir eine Verbindung von speziellem und unwiederholbarem Gombrowicz-Sinn eingegangen – und ich bin dieser Sinn.

DIENSTAG

La Falda.

Ein Kurort in den Bergen von Córdoba. In der avenida Eden nippen Damen und Herren an Cafétischen an ihren *refrescos*, während die Esel, an Bäume gebunden, die Rinde benagen und aus dem Lautsprecher die Ouvertüre zum dritten Akt der *Traviata* kommt.

Nichts Besonderes – und doch ist für mich dieser Ort wie

Gesichter im Traum – miteinander kombiniert – jene quälenden Gesichter, die eine Verbindung von zwei verschiedenen Antlitzen sind, die ineinander übergehen und sich gegenseitig maskieren. Von überall sieht mich hier bedrohliche Zwiespältigkeit an, die ein schweres, verworrenes Geheimnis birgt. Und alles deshalb, weil ich vor zehn Jahren hier war.

Jetzt sehe ich.

Damals – in Argentinien verloren, ohne Arbeit, ohne Unterstützung, in der Luft hängend, ohne zu wissen, was ich nächsten Monat tun würde – fragte ich mich mit jener Neugier, die der Gedanke an die Zukunft gewöhnlich in mir weckt, und die nicht selten zu ganz krankhaftem Gespanntsein wird – fragte ich, was in zehn Jahren mit mir sein würde.

Der Vorhang hat sich gehoben. Ich sehe mich an einem Cafétisch in derselben avenida, ja, ich bin es. Das bin ich, zehn Jahre später. Ich lege die Hand auf den Tisch. Schaue auf das Haus gegenüber. Rufe den Kellner und bestelle *un cortado*. Trommle mit den Fingern auf dem Tisch. Aber all das hat den Charakter einer geheimen Information für den vor zehn Jahren, und ich benehme mich, als würde ich von ihm beobachtet. Zugleich aber sehe ich ihn, wie er hier saß, vielleicht an genau diesem Tisch hier. Daher dieses fürchterliche Doppelsehen, das ich als Riß in der Wirklichkeit empfinde, es ist unerträglich – als sähe ich mir selbst in die Augen.

Aus dem Lautsprecher kommt die Ouvertüre zum dritten Akt der *Traviata*.

MITTWOCH

Miłosz: *La prise du pouvoir*.

Ein sehr starkes Buch. Miłosz ist für mich ein Erlebnis. Der einzige Schriftsteller in der Emigration, der von diesem Gewitter wirklich durchnäßt wurde. Die anderen nicht. Die standen zwar im Regen, aber mit aufgespanntem Schirm. Miłosz wurde bis auf die Haut durchnäßt, obendrein hat ihm der Orkan die Kleider vom Leibe gerissen – er ist nackt zurückgekommen.

Seid froh, daß dem Anstand genügegetan ward! Wenigstens einer von euch ist nackt. Ihr, der Rest, seid unanständig – in euren Hosen und Jäckchen unterschiedlicher Fasson, mit euren Krawatten und Taschentüchern. Solltet euch was schämen!

Es gibt auch Talente unter uns, bezaubernd ist zum Beispiel Józef Mackiewicz' Roman *Freund Flor*, und Straszewicz sprudelt über vor Humor – aber niemand von ihnen ist richtig eingeweiht. Miłosz weiß Bescheid. Miłosz hat genau hingesehen und erfahren – im blendenden Ungewitter ist ihm etwas erschienen... die Medusa unserer Zeit. Der Miłosz – verheert – zum Opfer fiel.

Verheert? Vielleicht zu stark. Eingeweiht? Womöglich übertrieben, oder eher – ist dies Eingeweihtsein nicht zu passiv? Sich hineinhören in seine Zeit? Ja. Aber nicht – sich der Zeit unterwerfen. Es ist schwer, das auf der Grundlage seiner bisherigen Prosawerke – des *Verführten Denkens* und *La prise du pouvoir* sowie des Gedichtbandes *Tageslicht* – zu erörtern, denn ihr spezifisches Thema ist die Rekapitulation eines bestimmten Zeitraums, ist auch Zeugnis und Warnung. Aber ich habe das Gefühl, Miłosz läß sich von der Historie nicht nur das Thema, sondern auch eine gewisse Haltung aufzwingen, die ich als Haltung des Umgeworfenen bezeichnen würde.

Aber kämpft denn Miłosz nicht? Doch, er kämpft, aber nur mit den Mitteln, die der Gegner gestattet; es sieht so aus, als hätte er dem Kommunismus geglaubt, daß er ein zerschmetterter Intellektueller sei und wäre als zerschmetterter Intellektueller zum letzten, heroischen Kampf angetreten. Dieser arme Schlucker, verliebt in seine eigene traurige Nacktheit, dieser bankrottwütige Bankrotteur, er hat sich selbst wohl freiwillig die Möglichkeiten erfolgreichen Widerstands beschnitten. Miłoszs Irrtum – so sehe ich das, und ich nehme an, dieser Irrtum ist ziemlich weit verbreitet – beruht darauf, daß er sich auf das Maß des Elends stützt, das er beschreibt. Er fürchtet große Worte und versagt sich jeglichen Luxus; loyal und anständig zu seinen Brüdern im Unglück, will Miłosz arm sein wie sie. Aber eine solche Absicht widerspricht dem Wesen künstlerischer Tätigkeit, denn die Kunst ist Luxus, Freiheit, Vergnügen, Traum und Stärke, Kunst entsteht nicht aus der Armut, sondern aus dem Reichtum, sie liebt den Erfolg, nicht den Mißerfolg. Die Kunst hat etwas Triumphales, selbst wenn sie die Hände ringt. Hegel? Hegel hat nicht viel mit uns gemein, denn wir sind Tanz. Wer sich nicht verarmen läßt, wird dem Schaffen des Marxismus ein anderes Schaffen entgegensetzen, das mit überraschend neuem, ungeahntem Lebensreichtum aufwartet. Hat Miłosz wirklich genug Anstrengungen unternommen, um aus der Dialektik herauszukommen, die ihn in Ketten gelegt hat?

Wenn nicht – so nicht aus Schwäche, das weiß ich, sondern aus übertriebener Loyalität. Doch Talent sollte nicht zu loyal sein. Loyalität bedeutet Beschränkung, Talent aber muß Schrankenlosigkeit wollen. Wäre Kolumbus zu loyal gegenüber dem Ei gewesen, er hätte nie Amerika entdeckt. Es gibt noch viele unentdeckte Amerikas. Wir sind noch nicht am Ende unseres Festlands.

Solche Dialoge führe ich mit Miłosz, während ich ihn lese; aber ich weiß, sie sind zu ungeduldig. Diese Bücher liefern eine neue Wirklichkeit, ihr – sehr wichtiges – Ziel ist es, uns mit der Geschichte vertraut zu machen. Die Umgestaltung – dies Schlüsselwort der Kunst – kommt erst danach.

Freitag

Als ich durch das trockene Bett eines Baches ging, der zu Füßen des Banderita führt, erinnerte ich mich (denn La Falda ist eine Hand, die meiner Klaviatur im Vorübergehn vergessene Melodien entlockt) an die Zwillinge, mit denen ich damals oft Ausflüge machte. Grandios war das! Eine Offenbarung! Köstlicher und seelenvoller Scherz des Schöpfers! Zwei sechzehnjährige Jungen, die einander so ähnlich sahen, daß ich sie nie unterscheiden konnte, in großen Cowboy-Hüten, mit frohem Blick – sie erschienen immer wie aus heiterem Himmel, in gewisser Entfernung voneinander, und ihre Identität verstärkte ihre Wirkung so sehr, daß sie trotz ihrer grünschnäbligen Unreife mit einer Gewalt auftauchten, die den ganzen Raum zu füllen schien und von den Bergen spielerisch zurückgeworfen wurde. Alles an so einem Zwilling wurde genial und erstaunlich, witzig und großartig, wichtig und erleuchtend, einfach deshalb, weil irgendwo in der Nähe ein anderer Zwilling lauerte, der absolut genau so war.

Ganz in Gedanken über Bedeutung und Heiligkeit der Offenbarung, die zu schauen mir einst gegeben war, kehrte ich die Avenida Eden zurück. Da faßt mich plötzlich jemand am Arm: »Witold!« Wen sehe ich? Den Zwilling! Einen Zwilling, aber mit Schnurrbart! Und irgendwie verkümmert. Ha, ein Zwilling, der keiner mehr war! Ein Zwilling, dem man den alten Zwilling ausgezogen hatte.

Daneben eine junge Frau mit zwei kleinen Kindern.

Der Zwilling sagte: »Meine Frau.«

Und auf einmal sah ich nicht weit davon den anderen Zwilling, ebenfalls mit Schnurrbart, Frau und Kind.

DONNERSTAG

Frau Irena G. aus Toronto hat einen Brief »An den Redakteur der *Wiadomości*« zusammengekritzelt. Dieses Werk ist so prachtvoll, daß es aus der ungewöhnlichen Kollektion der *Wiadomości*-Leserbriefe hervorsticht.

»Seit 1946«, lesen wir, »ist es mein Hobby, die Einstellung meiner Bekannten zu den Propheten des Morgen genau zu untersuchen.«

Aufgrund der Beobachtungen, die sie bei ihren Bekannten über deren Verhältnis zu den Propheten des Morgen angestellt hat, kam Frau G. zu dem festen Schluß:

»Trotz allem entscheidet die *vox populi* über die Größe eines Schriftstellers. Mögen hundert Kritiker schreien, das Stück sei genial – wenn der Saal leer ist, muß es vom Spielplan.«

Frau G. läßt es nicht bei der Entdeckung dieser Wahrheit, sie erklärt auch noch, warum sie keine allgemeine Anerkennung gefunden hat.

»Und daß die Schieläugigen und die paar Snobs, die der Demagogie der Schieläugigen verfallen sind, brüllen wie am Spieß, liegt gerade daran, daß die *vox populi*, diese Masse der Intellektuellen, die höchste Instanz, ihnen den Eintritt in den Palast der Kunst verwehrt.«

Aber Frau G. können die Schieläugigen nicht ärgern; spricht sie doch im Namen der höchsten Instanz, der Intellektuellenmasse und überdies Wächterin des Kunstpalastes.

»Krüppel können nicht ärgern. Krüppel erregen Mitleid.«

Am besten aber gefällt mir das nachgerade griechische Finale:

»Die Hunde bellen – die Karawane zieht weiter. Die nie überholte, von der *vox populi* eskortierte, hellenische Karawane.«

MITTWOCH

Kafkas *Tagebuch*. Im Zusammenhang damit sah ich mir noch einmal den *Prozeß* durch, um ihn mit der Bühnenversion von Gide zu vergleichen. Aber auch diesmal gelang es mir nicht, dieses Buch redlich durchzulesen – mich blendet die Sonne der genialen Metapher, die durch die dunklen Wolken des Talmud bricht, aber Seite für Seite zu lesen, nein, das übersteigt meine Kräfte.

Irgendwann einmal wird man wissen, warum in unserem Jahrhundert soviel große Künstler so viele unlesbare Werke geschrieben haben. Und warum diese unlesbaren und ungelesenen Bücher wunderbarerweise dennoch Einfluß auf das Jahrhundert ausübten und berühmt sind. Mit aufrichtiger Bewunderung, mit ungespielter Anerkennung mußte ich viele Lektüren abbrechen, die mich allzusehr langweilten. Einmal wird sich klären, aus welch widriger Ehe des Künstlers mit den Lesern Werke hervorgehen, die kein bißchen künstlerischen *sex appeal* besitzen. Was für eine Schande! Manchmal habe ich den Eindruck, unter uns Schriftstellern lebt irgendeine Dummheit, die unser ganzes Schaffen verdreht und gegen die wir uns nicht wehren können, weil sie immer anonym bleibt. Manchmal offenbart sich die Absurdität so schamlos wie eine Dirne mit gespreizten Beinen; das habe ich erst vor wenigen Tagen erlebt. Ich sitze in der Bar. Ein gewisser Argentinier kommt, um mir eine Ausgabe der gesammelten Werke des chilenischen Lyrikers Pablo De Rokha zu zeigen – einen Band von der Größe eines Handkoffers. Ich werfe einen Blick auf den Koffer. Öffne ihn. Innen vier Fotografien des Autors und drei Fotografien der Frau des Autors (auch Lyrikerin), dann das Faksimilie einer Manuskriptseite, Einleitung des Autors, in der er sagt, »diese Gedichte übergebe ich dem chilenischen Volke« (oder etwas in der Art) sowie zahlreiche andere Beigaben. Ich überspringe immer ein paar Seiten und lese:

»Es schreien Verbrechergesichter ihr blasses Dreieck heraus.«

»Mächtig laute Sonne im Sonnensystem, Müllwagen voller Blitze.«

»Das Kriegsgewitter im alltäglichen Orkan kündet vom Grollen der Dämmerung.«

Ich zitiere vielleicht nicht ganz exakt, aber man sieht auch so, das ist gar nicht schlecht, das hat Format. Nur ...

Der Argentinier sagte: »Das ist ein großer Dichter.«

Ich erwiderte nichts. Zero. Mit diesem Riesenschinken auf den Knien – diesem gigantischen Ding ... die materielle Größe des Gegenstands zerquetschte mich, wie ein Stiefel. Ich wußte ja auch, was immer ich sagen würde von dem, was ich sagen wollte – er würde antworten, daß ich nichts von Lyrik verstehe, daß ich die Geheimnisse der chilenischen Seele nicht kenne, kein Gespür für die Metapher habe oder die unterschwellig mitschwingenden Bedeutungen nicht erfasse. Also sagte ich, ich würd's mir durchlesen, und ging dann nach Hause, schleppte das mit und legte es bei mir in die Ecke; ein paar Tage später mußte ich es dem Argentinier wieder zurückbringen, was ich auch tat, und als dieser riesige Gegenstand sich endlich außerhalb meiner Reichweite befand, mußte ich noch einige Worte herstammeln, die im Kosmos mit all den Worten zusammenflossen, die andere Lastenträger bei ähnlicher Gelegenheit hervorgedruckst hatten, um dem Meister De Rokha unsterblichen Ruhm in den Höhen zu verschaffen, Amen.

Ja, ja... Dabei ist der Band von De Rokha nur die übergroße Karikatur einer Mikrobe, der heimlichen Scham der Literatur: daß sie nicht mehr anziehend und reizvoll ist. Ihr Unglücklichen! Niemand liebt euch mehr! Niemandem gefallt ihr! Erregt niemanden! Man schätzt euch nur – mehr nicht...

Ihr bezeugt die Würden des menschlichen GEISTES und die Größe der KUNST, aber die Leute mögen euch nicht.

Die Situation wird noch dadurch verschlimmert, daß der Kritik heute die Intelligenz oder auch die Kraft für die schwierigste Aufgabe fehlt: zurückzukommen auf die elementaren und ewig aktuellen Dinge, die für uns aber gleichsam gestorben sind, weil sie zu leicht, zu einfach sind. Die Kritik kann diesen Mechanismus, der uns regiert und kraft dessen Bücher entstehen, die als Literatur immer besser sind, nur perfektionieren – bis zum Absurdum perfektionieren. Diese Herren werden es nie wagen, das System selbst anzutasten, das übersteigt auch ihre Möglichkeiten. Denn der jeweilige Charakter der Literatur ist eine Folge der Abhängigkeiten, die zwischen dem Künstler und den anderen Menschen entstehen. Wenn ihr wollt, daß der Sänger anders singe, müßt ihr ihn mit anderen Personen verbinden – müßt ihn verliebt machen in jemand anderen, und auf andere Weise. Die Stilkombinationen sind unerschöpflich, aber sie alle sind im Grunde Kombinationen von Personen, sind Bezauberung des Menschen durch den Menschen. Die Literatur ist leider nach wie vor eine Romanze älterer, feinsinniger Herren, die verliebt und nett zueinander sind. Mehr Mut! Zerschlagt diesen Teufelskreis, geht auf die Suche nach neuer Inspiration, laßt euch vom Kind fesseln, vom Halbstarken, vom

Halbgebildeten, verbindet euch mit anders beschaffenen Menschen.

Bisher hat nur der Marxismus es gewagt, diese Situation des Schriftstellers zu reformieren, indem er ihn dem Proletariat unterwarf. In Wirklichkeit unterwarf er ihn nur der Theorie und Bürokratie, und das ergab die langweiligste Literatur, die je geschrieben wurde. Nein. Mit ausgeklügelten und knochentrockenen Theorien schafft ihr das nicht – der Zustrom verjüngenden Zaubers, der von jenen niederen Schichten ausgeht, muß euch aus euch hervorholen. Sobald ihr euch wirklich in das Niedere verliebt, werdet ihr ihm gefallen – aber selbst wenn eure Liebe euren niederen Brüdern zu schwierig wäre – verliebt, unverhohlen verliebt, könnt ihr nicht mehr einsam sein.

XI

Donnerstag

Zbyszewskis Artikel in der *Kultura*: die polnische Literatur ist auf dem Weltmarkt ohne Chance – weil das polnische Leben nicht gewaltig genug sei, um Interesse zu wecken. Journalistisch ganz gut gemacht. Aber wie widerlich dieser forsche Ton vom Standpunkt der Kunst ist. Ich nehme es Zbyszewski übel, daß er das Gebirge flachzeichnet. Mit journalistischer Ungeniertheit erklettert er die Gipfel, mit jener praktischen »Nüchternheit«, die unsere letzte Vernunft geworden ist. In diesem Artikel ist die Rede von einer »Produktion«, die »Reklame« und »Propaganda« erfordert, mit den »Lesern« steht und fällt und ihre Verleger sucht. Zum Teufel mit diesem Produktionsjargon der Fünfjahrespläne! Schon zuvor war Zbyszewski mit einer nicht weniger grotesken und trivialen Enthüllung hervorgetreten: die Literatur sei wegen der Krise auf dem Dienstmädchensektor ohne Chancen – wegen des Mangels an Dienstmädchen hätten die Damen keine Zeit mehr zum Lesen. So geht's auch, aber ist dieser Küchenrealismus nicht etwas übertrieben? Und ist diese Einstellung zu literarischen Fragen nicht schon eine Antwort auf die Frage, weshalb die polnische Literatur keine Chancen hat? Nein, nicht nur deshalb, weil unsere Thematik der Welt zu exotisch ist. Die Thematik läßt sich ändern, verbessern ... Schwerer ist zu ändern, daß wir in unserer Literaturauffassung entweder hochtrabend romantisch sind, oder aber – auf Dienstmädchenniveau – flach und nüchtern; *tertium non datur*. Entweder heilige Mission und Offenbarung – oder Leser, Preise, Verleger. Trunken sind wir groß, unsere Nüchternheit aber riecht nach Küchenmief, und es ist gewiß nicht unsere Stärke, Größe mit klarem Kopf zu vereinbaren. Ich hörte, eine Professorengattin sei von diesem Artikel begeistert gewesen. Verständlich! Erklärt er uns doch auf angenehme Weise, warum wir trotz unserer Genialität nicht anerkannt sind – und diese Erklärung ist genau auf unsern Mangel an Genialität, auf unsere Gewöhnlichkeit zugeschnitten.

Gestern bei Teodolina drei Männer – ein rasierter – ein schnurrbärtiger – ein bärtiger – sehr erstaunt darüber, daß sie sich in der Beurteilung der politischen Lage im Fernen Osten nicht einig werden konnten. Ich sagte: »Ich wundere mich, daß ihr überhaupt miteinander sprecht. Jeder von euch repräsentiert eine andere Realisierung des menschlichen Gesichts, verkörpert eine andere Menschenkonzeption. Wenn der Bärtige in Ordnung ist, so sind Glattrasierter und Schnurrbärtiger Scheusal, Hampelmann, entartet und überhaupt völliger Unsinn; und wenn der Glattkinnige der richtige Mensch ist, so ist der Bärtige Scheusal, Schmutz, Nonsens und Schweinerei. Also los! Worauf wartet ihr? Haut euch in die Fresse!«

Gides Briefwechsel mit Claudel – was für ein Provinzspektakel! Wie ungeschlacht das nach den paar Jahren wirkt! Lächerlich nicht der Dialog des Gläubigen mit dem Ungläubigen, sondern der geschniegelte Frack ... dieser Frack perfekt französischer *mondalité*. Daß das alles so glatt literarisch ist. Maja nackt und Maja angezogen, Gott zwischen Monsieur Gide und Monsieur Claudel. Und wie naiv diese Raffinesse; *quelle delicatesse des sentiments!* Der eigentliche Autor dieses Briefwechsels ist das Dienstmädchen, das ist wirklich was für Zbyszewski. Denn diese ganze Feinsinnigkeit ist von niederen Menschen aufgeputzt und verhätschelt, der hochfliegende Dialog wurzelt im gemeinen Volk – hat aber seine Wurzeln schon vergessen und tut groß so, als lebte er ein eigenes Leben. Da zeigt sich wieder die Notwendigkeit, an jene niedere Wahrheit anzuknüpfen, die der höheren zugrunde liegt.

Zosia hat sich meinen Teppich angeeignet und ihr Schlafzimmer damit geschmückt. Aber kaum lasse ich ein Wörtchen fallen, daß für den Teppich dreihundert Pesos zu entrichten sind, behauptet Zosia, das eilt nicht. Und ihre Freundinnen, Gośka und Hala, wie immer nicht ganz zurechnungsfähig, halten ihr die Stange.

Ich ging in ein Café, wo sich allwöchentlich junge Dichter der Gruppe *Concreto-Invención* versammeln (kann sein, daß es die Gruppe Madi ist). An einem Tisch ungefähr zehn Dichter, die sich in leidenschaftlicher Diskussion überschreien. Aber das Café hat eine fatale Akustik und ist um diese Zeit voller Menschen – man versteht kein Wort. Also sagte ich: »Wie wär's, wenn wir in ein anderes Café gingen?«... Doch diese Worte gingen im allgemeinen Getöse unter. So schrie ich sie, einmal, zweimal, schrie sie dann dem Nachbarn ins Ohr, bis mir schließlich klar wurde, daß sie bestimmt das gleiche schrien – aber einer verstand den anderen nicht. Ein merkwürdiges Völkchen, diese Dichter. Treffen sich Woche für Woche in einem Lokal, nur um sich nicht darüber verständigen zu können, daß man besser in ein anderes ginge...

DIENSTAG

Mit Ernesto Sábato (dem argentinischen Schriftsteller) in der *Helvetico*-Bar.

Sábato, der neben seiner schriftstellerischen Tätigkeit Privatunterricht in Philosophie erteilt, weiht mich in seine Methode ein. Er sagt: »Hay que golpear« (zustoßen muß man). Muß sie aus der Wirklichkeit reißen, an die sie gewohnt sind, muß sie alles neu sehen lassen, dann werden sie unruhig nach Lösungen suchen und sich an den Lehrer wenden... aber man muß alles zerstören, einen Zustand der Bedrohung schaffen...

Richtig. Denn das Wissen, gleich welches es sei, von der exaktesten Mathematik bis zu den dunkelsten Anspielungen der Kunst, ist nicht dazu da, die Seelen zu beruhigen, sondern sie in vibrierende Spannung zu versetzen.

SONNABEND

Tuwims Tod. Ich kann mir die Nekrologe vorstellen. Aber hier, privatim, darf ich notieren: Es starb der größte zeitgenössische Dichter Polens. Der größte? Zweifellos. Ein großer? Hm...

Er hat uns in nichts eingeführt, in nichts eingeweiht, hat nichts entdeckt, keinen Schlüssel geliefert. Aber er vibrierte – er sprudelte über – er bezauberte... mit der Magie des »Dichterwortes«. Solche sinnliche Vibration der poetischen Harfe, die Aura des verbalen Luxus, ist in der Kunst das höchste Ziel der primitiven Völker; er war also ein Dichter, der uns keine Ehre gemacht hat, hat uns sogar ein wenig bloßgestellt. Das Peinliche ist, daß wir von jedem Gedicht Tuwims behaupten können, es sei »wunderbar«, aber auf die Frage, was Tuwim eigentlich an Tuwimschem in die Weltliteratur eingebracht hat, wissen wir keine Antwort. Denn Tuwim als Tuwim, das heißt als Persönlichkeit, existierte nicht. Eine Harfe ohne Harfner.

Ich bin gespannt, ob die Nachrufe es wagen werden, diese Wahrheit auszusprechen. Ich glaube, sie werden eher in einem gesund konventionellen, poetisierten Stil gehalten sein, eine Träne im Auge von wegen des »Verrats«. Unser Gespür für Poesie ist, wie gesagt, etwas primitiv und arg mechanisch, aber unser Sprechen über sie haben wir zu hoher Perfektion gebracht – es ist ein Sprechen voller Triller und Koloratur, in poetischem Ton, mit pseudopoetischer Rührung und ebenso scheinheiliger poetischer Verzückung. Diese Gattung eignet sich vorzüglich für Beerdigungen, daher nehme ich an, sie wird bei dieser Gelegenheit aktiviert werden.

Meiner Meinung nach wird die polnische Lyrik (womöglich die Poesie überhaupt) nicht vom Fleck kommen, wenn sie nicht mit drei furchtbaren Schablonen bricht: 1. der Haltung des Dichters; 2. dem poetischen Ton; 3. der poetischen Form. Macht, was ihr wollt. Versucht dort herauszukommen, durch Tür oder Fenster, das ist mir egal; aber solange ihr drin seid, wird nichts euch erlösen.

FREITAG

Die Touristen aus dem Storchennest.

Straszewicz: Edelmann auf eignem Boden, der trutzt dem Wojewoden, ganz und gar polnisch, Urahn von Rej und Potocki, Enkel von Sienkiewicz, aber auch Neffe von Wiech – eine Parentel, die in weiten Verehrerkreisen Vertrauen erweckt. Obwohl er unter anderem das Polentum karikiert, ist Straszewicz doch einer von uns und vertritt eben doch die alten Geschmäkker, das alte Banner, den alten emotionalen Adelskult. Fast. Beinahe. Nur beinahe, denn bei Straszewicz ist das schon rein »funktional«. Straszewicz, das ist das Polentum von gestern, das von seinem Nährboden gerissen ist und im leeren Raum erklingt, noch vom alten Schwung getrieben. Verspätet also?

Nein! Der Humor... Humor... Würde man Straszewicz den Humor abziehen, er würde ganz unmöglich, wäre in der heutigen Wirklichkeit geistig und intellektuell genau so ein Langeweiler wie... na ja, was sollen hier Namen, man müßte sie denn fast alle nennen. Aber der Humor ist die Verkehrung von allem, und dies so weitgehend, daß der wahre Humorist niemals nur sein kann, was er ist – er ist immer zugleich, was er ist und was er nicht ist. Die Hand, die schrieb: »Die Locke schlug er hoch, die Locke fiel hernieder«, ist die trotzige Hand der Gogols, und unter ihrer Berührung wird Straszewicz zu einem Anti-Straszewicz, die Synthese dieser These und dieser

Antithese aber liefert uns einen Super-Straszewicz, d.h. einen Straszewicz, der zwar noch Straszewicz ist, aber auch schon etwas, das Straszewicz hurtig voraus ist. Ziehen wir die Lehre daraus: in Momenten, da vernichtende Umstände uns zu einer völligen inneren Wandlung zwingen, gibt das Lachen uns Halt. Es bringt uns aus uns heraus und ermöglicht es unserem Menschsein, ungeachtet der schmerzlichen Veränderungen unserer Hülle zu überdauern.

Nie hat je ein Volk das Lachen mehr gebraucht, als wir heute. Und nie hat je ein Volk weniger vom Lachen verstanden – von seiner befreienden Kraft.

Doch kann unser heutiges Lachen kein spontanes, d.h. unwillkürliches Lachen mehr sein – es muß ein Lachen mit Vorbedacht sein, kaltblütig und ernsthaft eingesetzter Humor, todernste Anwendung des Lachens auf unsere Tragödie. Und in breiterem Maßstab, als Straszewicz das tut. Dieses von furchtbaren Zwängen diktierte Lachen sollte nicht nur die Welt der Feinde erfassen, sondern vor allem uns selbst, auch das, was uns am teuersten ist.

Der Autor der *Touristen vom Storchennest* hat in einem Artikel zu *Trans-Atlantik* Anstoß an mir genommen. Ich gebe meine Replik mit leichten Kürzungen wieder, weil sie anderen Äußerungen von mir den Ton vorgibt. Das ist – nach vierzehnjähriger Abwesenheit – einer meiner ersten Auftritte in der polnischen Presse. Als ich nach meiner muttersprachlichen Wiederauferstehung die Situation sichtete, mußte ich feststellen, daß der Verfall in vollem Gange ist. In Polen wird die Literatur kurzgehalten, in der Emigration wurde sie »dienstverpflichtet« – sie hat den Idealen, dem Vaterland, den Lesern zu dienen, allem, nur nicht der eigenen Logik und Bestimmung. Ich beschloß daher, nicht als Militär aufzutreten, sondern in Zivil.

Folgendes habe ich unter dem Titel *Beiläufiges zu Straszewicz* geschrieben:

Erst kürzlich erschien das Risum teneatis, *und schon muß ich wieder antworten. Werden diese Polemiken dem Publikum nicht langweilig? Ist der Ton unserer literarischen Publizistik nicht allzu familiär geworden?*

Ich finde es nicht schlimm, daß die Literaten übereinander schreiben und sich streiten – vorausgesetzt, ihre Personen schlagen eine Brücke zu höheren Dingen, allgemeinen Problemen.

Es könnte den Anschein haben, ich sei der Eingebildete, der mit »Talent« großtut, während er – Straszewicz – sittsame Bescheidenheit pflegt. Dabei ist es umgekehrt. Ich sage: Ich bemühe mich, Talent zu haben. Was sagt Straszewicz? Er sagt: Ich habe Talent, aber... seht nur!.. ich habe es dem Vaterland geopfert!

Ich behaupte nun, daß Straszewiczs Talent sich niemals voll entfalten wird, weil Straszewicz etwas fehlt, das unabdingbar ist: Achtung vor dem Talent.

Mit welcher wahrhaft polnischen Geringschätzung äußert sich unser Czesław über diese Werte! Nichts als Verachtung hat er für die dünkelhaften Egozentriker, die es wagen, »Talent« in einer Zeit ernst zu nehmen, da ein wirkliches Drama geschieht: das Vaterland ist in Gefahr.

Aber... was ist denn eigentlich »Talent«? Wer so dumm ist und sich den Literaten als einen Typen vorstellt, der im Café hockt und ansonsten gelegentlich mit Hilfe jenes nicht näher bestimmten, geheimnisvollen »Talents« mehr oder weniger gelungene Romane und Erzählungen schreibt, der sollte schnellstens umdenken. Der Schriftsteller schreibt nicht mit irgendeinem geheimnisvollen »Talent«, er schreibt... mit sich selbst. Das heißt, er schreibt mit seiner Sensibilität und Intelligenz, mit Herz und Verstand, seiner ganzen geistigen Entwicklung und jener Spannung, jener ständigen geistigen Erregung, die Cicero als das Wesen aller Rhetorik bezeichnete. Es gibt in der Kunst nichts Geheimnisvolles, nichts Esoterisches.

Ich kann ohne Übertreibung sagen, daß ich mich der Literatur »geopfert« habe. Für mich geht es in der Literatur nicht um Karriere und eventuelle Denkmäler, sondern darum, das Wertvollste aus mir hervorzubringen, zu dem ich fähig bin. Sollte sich herausstellen, daß das, was ich schreibe, wertlos ist, so habe ich nicht nur als Schriftsteller, sondern *auch als Mensch verspielt. Straszewicz und seinesgleichen aber behandeln die Literatur als eine Beigabe zur Existenz, als Zierat – sie sind geneigt, die Existenz der Literaten zu tolerieren, solange, wie gesagt, nichts Ernsthaftes geschieht.*

Im Sinne dieser Philosophie wurde auch Miłosz attackiert. – Ach! Ach! Der Schöngeist hat sich aus der Heimat verzogen, als er sah, daß er dort keine Gedichte schreiben kann! Vaterland und menschliches Leid interessieren ihn nicht, nur seine Gedichte! Wer so urteilt, der ist meines Erachtens diesen Problemen nicht gewachsen. Sowohl die Kunst, als auch das Vaterland bedeuten an sich nicht viel. Sie bedeuten sehr viel, wenn der Mensch sich durch sie mit den wesentlichen, tiefsten Werten des Daseins verbindet.

Feigheit! Mangelnder Patriotismus!

Seltsam! Trans-Atlantik *ist das patriotischste und mutigste Buch, das ich je geschrieben habe. Und gerade dieses Werk setzt mich Vorwürfen aus, ich sei ein Feigling und ein schlechter Pole.*

Ist euch klar, daß ich diese Momente meines Lebens überhaupt nicht hätte zu berühren brauchen? Ich hätte ein Buch über ganz andere Dinge schreiben können. Niemals hat mir irgend jemand Vorwürfe gemacht – bis ich sie dann mit der Veröffentlichung von Fragmenten aus Trans-Atlantik *selbst provozierte.*

Bildet euch nur nicht ein, ihr hättet mich da auf frischer Tat ertappt. Ich selbst war es, der sich freiwillig und völlig ungezwungen zu gewissen Gefühlen bekannt hat... Doch die Offenlegung dieser Gefühlszustände (die gewiß auch euch – privat und insgeheim – nicht unbekannt sind) war kein Zynismus und keine Unverschämtheit von mir. Ich durfte mir das erlauben, weil ich gewichtige Gründe dafür hatte und mich von der Rücksicht auf das Gemeinwohl leiten ließ.

Was waren das für Gründe?

Ich finde, die polnische Literatur sollte heute eine Richtung einschlagen, die der bisherigen genau entgegengesetzt ist. Statt eine möglichst enge Bindung des Polen an Polen anzustreben, sollte sie lieber versuchen, eine gewisse Distanz zwischen uns und dem Vaterland zu schaffen. Wir müssen uns emotional und intellektuell von Polen lösen, um ihm gegen-

über mehr Handlungsfreiheit zu gewinnen. Um es erschaffen zu können.

Wir müssen – glaube ich – ein Gefühl für die Vergänglichkeit unseres jetzigen Polentums gewinnen. Anders können wir mit der Welt nicht Schritt halten.

Man mag da anderer Meinung sein. Mag dagegen ankämpfen. Nur soll Straszewicz nicht von mir verlangen, daß ich dem Vaterland nicht nach meinem besten Gewissen diene, sondern so, wie er es für richtig hält.

In dem Falle wäre ich genauso berechtigt, Straszewicz einen schlechten Polen zu nennen – denn meiner Meinung nach hat der emotionale Patriotismus, den er vertritt, uns den allergrößten Schaden zugefügt, er hatte fatalen Einfluß auf unsere ganze Politik, schlimmer noch, unsere Kultur. Hört einmal genau hin, was die Welt von uns sagt – denkt darüber nach, wie die Ausländer uns sehen und empfinden. Wir sind ein Beispiel für verkrampften Patriotismus.

So einem wie mir sagt Straszewicz: »Gehn sie zur Armee! Schlagen Sie sich fürs Vaterland!« Wenn ich mich mit etwas schlagen wollte, dann mit dem Vaterland – um meinen Menschenwert. Doch Straszewicz bräuchte mich gar nicht zum Kampf gegen Hitler und für die Verteidigung der gequälten Bevölkerung Polens aufzufordern, denn – unabhängig von meinen Ansichten zum Vaterland – ich kenne das Maß dieser Leiden und das Maß dieses Unrechts und habe nicht die Absicht, mich mit »Konzeptionen« herauszureden, wenn ein Verbrechen geschieht.

Aber...

Ich verhehle nicht, daß ich – ähnlich wie Straszewicz – Angst hatte. Weniger als Armee und Krieg fürchtete ich vielleicht die Aussicht, davor bei allem guten Willen zu versagen. Ich bin dazu nicht geschaffen. Mein Gebiet ist ein anderes. Meine Entwicklung ging seit frühesten Jahren in anderer Richtung. Als Soldat wäre ich eine Katastrophe. Ich würde mir und euch Schande bereiten.

Meint ihr, Patrioten wie Mickiewicz oder Chopin hätten nur aus Feigheit nicht am Kampf teilgenommen? Oder nicht doch eher deshalb, weil sie sich nicht blamieren wollten? Und sie hatten wohl das Recht, sich gegen etwas zu wehren, das über ihre Kräfte ging.

Doch vielleicht sind diese Bekenntnisse überflüssig und peinlich. Vielleicht hätte der Hinweis genügt, daß ich bei Kriegsausbruch die Militärkategorie »C« hatte, und später, als ich mich in der Gesandtschaft in Buenos Aires einer Ärztekommission stellte, zur Kategorie »D« gerechnet wurde.

Schluß mit diesem Alphabet. Ich setze lieber den Punkt aufs »i«.

Ein echter und rechter Rittersmann ist er schon, der Straszewicz, das muß man ihm lassen. Ich schätze seine Tugenden, und ich schmälere seine Verdienste nicht, habe auch Verständnis für sein Drama als Schriftsteller – aber dieser Artikel riecht nach den Memoiren von Pasek. Straszewicz ruft zu Gericht über Miłosz und Gombrowicz. Was soll das heißen? Also wieder Sejm, Lärm und Spektakel statt ernsthafter Diskussion? Wieder gewichtige Briefe von Zaungästen, die Dampf ablassen wollen, an den »Hochverehrten Herrn Redakteur«, Proteste, Gegenproteste, Angriffe und Nadelstiche? Seid ihr dieses Unkengequakes, das da aus den unbeweglichen Wassern eures Tümpels steigt, noch nicht überdrüssig?

Nein. Mich könnt ihr nur beurteilen, wenn ihr meine Werke aufmerksamer lest – in der Ruhe und Stille des eigenen Gewissens.

SONNTAG

In tiefster Demut bekenne ich Wurm, daß mir gestern im Traum der GEIST erschienen ist und mir ein PROGRAMM ausgehändigt hat, das aus fünf Punkten besteht:

1. Der polnischen Literatur, die fürchterlich verflacht und vertrottelt ist, kränklich und ängstlich, die Selbstsicherheit zurückgeben. Entschiedenheit und Stolz, Höhenflug und Schwung.

2. Ihr im »Ich« ein starkes Fundament geben, das »Ich« zu ihrer Souveränität und Kraft machen, dieses »Ich« endlich ins Polnische einführen... aber seine Abhängigkeit von der Welt deutlich machen...

3. Sie auf modernste Bahnen bringen, und zwar nicht allmählich, sondern sprunghaft, geradewegs aus der Vergangenheit in

die Zukunft (denn *les extrêmes se touchent*). Sie in die schwierigste Problematik, die Komplikationen der schmerzlichsten Umbrüche einführen... aber sie Leichtigkeit und Geringschätzung lehren und die Fähigkeit, Distanz zu wahren...

Sie Verachtung für Ideen und Personenkult lehren.

4. Ihre Einstellung zur Form ändern.

5. Sie europäisieren – aber zugleich alle Möglichkeiten nutzen, sie Europa gegenüberzustellen.

Darunter standen die ironischen Worte: die Wurst hängt dem Hund zu hoch.

SONNABEND

Ich machte mich auf dorthin, wo der Sonnenglanz blendet. Zunächst eine dreitägige Autofahrt zu einem Städtchen, das zum Bersten besonnt war. Aber dort endeten die Wege. Die 70 Kilometer, die uns von der Estanzia trennten, legten wir fliegend im Aeroplan zurück.

Ländliches Tagebuch

SONNABEND

Wir landeten glatt auf einer Wiese unweit von Bäumen und schreckten die schafsdummen Kühe auf – in der Nähe sah ich Widder weiden – und stieg aus dem Aeroplan, ohne allerdings zu wissen, wo Süden und wo Norden sei, überhaupt weiß ich nicht recht, was Sache ist, denn ich schwitze, ja, ich schwitz es raus, und die dünne und glühende Luft tanzt mir vor den Augen... Ein Landhaus inmitten von Eukalyptusbäumen, von Papageiengeschrei zerrissen.

Mit ihrem Pfötchen kneift die Sonne mir die Augen zu, und währenddessen spaziere ich unter den Bäumen, doch Sergio sagt etwas und ein großer Vogel fliegt auf – ich schwitze – fliegt auf und ich schwitze – und höre, daß er sagt, ob man nicht auf Jagd gehen sollte. Aber ich schwitze. Ich schwitze und bin leicht nervös! Launisch. Außerdem habe ich es satt, daß dieser Bursche immer tut, was man von ihm erwartet, zum Essen setzt er sich an den Tisch, wenn es spät ist, gähnt er, und wenn wir aufs Land kommen, lädt er zu einer Jagdpartie. Ich bat ihn, nicht weiter durch Banalität zu langweilen und in Zukunft etwas überraschender zu sein. Er gab nichts zur Antwort. Die Fliegen summen.

SONNTAG

Ich erwachte ziemlich spät und versuchte, mich zurechtzufinden, aber das ist gar nicht so einfach, denn bei der grellen Sonne kriegt man kaum die Augen auf... ich sehe nur sandigen Boden unter den Füßen und, ja, Ameisen wohl. Ich versuchte den Blick zu heben und schielte nach rechts, da stand eine Kuh, aber als ich nach links schaute, stand dort auch eine Kuh. Ich ging so für mich hin, im Sonnengezitter, das durch die Blätter glitt, und wußte, vor mir ist ein Baum. Und Sergio, der mit mir ging, klettert auf den Baum. Ich fragte, ob er sich nicht etwas Originelleres ausdenken könnte? Statt zu antworten, kam er wieder angeklettert, aber diesmal wohl ohne Baum. Ich sage »wohl«, denn mit zugekniffenen Augen konnte ich das nicht genau erkennen, und außerdem zerfließe ich...

MONTAG

Ich denke über meine Arbeit nach, über meine Stellung in der Literatur, meine Verantwortung, meine Bestimmung und meine Berufung.

Doch links, nein rechts, summt eine Mücke, das Grün geht ins Blau über, die Papageien kaudern, und ich habe mich bisher nicht umsehen können, weil ich erstens keine Lust habe und zweitens zerfließe. Ich nehme an, ich bin von Palmen, Kakteen, Dickicht, Weideland, Sümpfen oder auch Mooren umgeben, doch Genaues weiß ich nicht; ich sah einen Pfad, ich ging diesen Pfad, der Pfad führte mich in ein teeduftendes Gebüsch, aber das war kein Tee, unter meiner Hutkrempe sah ich dann ganz in der Nähe Sergios Beine. Was hatte er hier verloren? Wollte er mich auf dem Spaziergang begleiten? In einem Anflug von Ärger fragte ich ihn, ob er denn ewig konventionell bleiben wolle, da heben sich plötzlich gleichsam seine Beine und beginnen, in einer Höhe von ca. 15

cm über der Erde zu schreiten. Das dauerte ein paar Minuten. Dann sanken sie wieder herab und marschierten auf der Erde... Ich benutze das Wort »gleichsam«, weil ich nicht glaube, daß so etwas möglich ist, außerdem schwitze ich, und der Hut, die grelle Sonne und das Gestrüpp schränken die Sicht ein. Maniok.

DIENSTAG

Nichts Neues. Wenn ich nicht irre, sehen mir Herden von Pferden zu, auch Kühe betrachten mich in ungeheuren Mengen.

Die Abende sind kühler, aber dennoch ist Kompott im Kopf und in den Beinen Schlottrigkeit. Sergio hat beim Abendessen statt der Zigarette die Gardine angezündet, und ich wollte schon schreien, aber wie sich herausstellte, hatte er sie nicht ganz angezündet, das heißt, nicht vollständig, eher halbherzig, was eine gewisse, übrigens auch halbherzige, Verwunderung bei seinen Eltern hervorrief, und ich sagte, seltsam nachsichtig gestimmt: »Na, na, Sergio, was fällt dir ein?«

MITTWOCH

Ich schmelze und zerfließe, aber es zerfließt auch alles, wo ist Norden, wo Süden, keine Ahnung, vielleicht sehe ich die Landschaft verkehrt herum, aber Landschaft ist ja gar nicht, nur kleine Fliegen, Stengel, Streifen, das Zittern der Atmosphäre, ein Summen, das im Sonnenglanz ertrinkt. Dagegen beunruhigt mich Sergio allmählich. Heute beim Frühstück hat er uns erneut leicht verblüfft, als er irgendwie so um die Ecke kam, daß er beim Eintritt ins Eßzimmer gleichsam noch einmal ins Eßzimmer kam, das heißt, sozusagen von innen, es war, als käme er von innen nach innen; dadurch konnte er dann später von innen nach innen und erst von innen nach außen gehen... Ich sage »gleichsam«, »sozusagen«, weil all das nur zu einem gewissen Grade zutraf, aber zweifelsohne entfernt sich der Junge immer mehr von der Schablone. Seine Eltern wiesen ihn zurecht, aber nur bis zu einem gewissen Grade, denn man weiß ja – schweißbedeckt – nicht, wo rechts und links ist, und alles verschwimmt...

DONNERSTAG

Wenn ich nicht schwitzen würde, müßte ich ernsthaft beunruhigt, ja alarmiert sein, denn es geschehen seltsame Dinge. Mitten am Mittag, bei größter Glut und größtem Flimmern, versuchte Sergio ein Pferd zu besteigen. Doch zum Erstaunen nicht nur seiner Eltern, sondern der ganzen Estanzia schwang er sich nicht ganz aufs Pferd und galoppierte nicht völlig, worauf er nur in gewissem Maße abstieg und einfach so, unzureichend auf sein Zimmer ging. Ich hatte ein längeres Gespräch mit seinen Eltern, die ihre Sorge, welche allerdings gleich ihnen in der Tropenhitze zerging, nicht verhehlten, und im Anschluß an dieses Gespräch wandte ich mich an Sergio mit der Bitte, in Zukunft weniger überraschend zu sein. Er antwortete, seit ich ihm die Augen für bisher ungeahnte Möglichkeiten geöffnet hätte, fühle er sich wie ein König und habe nicht vor, abzudanken. Das mißfiel mir in höchstem Grade, und ich wies ihn deutlich auf die Unangebrachtheit dieser Spielchen hin, worauf er erwiderte: »Gut, gut, ja natürlich, du hast wohl doch recht...« Dieses »wohl doch« deutete darauf hin, daß er weiter auf seiner Mittelbarkeit und Unvollständigkeit beharren, und daß er dennoch versuchen würde, diese merkwürdige Trübheit, dies undurchsichtige Verschwimmen von allem für seine Machenschaften zu nutzen, daß er trotz allem – weil wir ja nolens volens ein Auge zudrücken mußten – weiter, wenn auch unvollständig, Unfug treiben und sich weiter etwas herausnehmen würde, wenn auch nicht ganz...

Das Gespräch endete ohne positives Resultat, zumal wir gleichzeitig einen Pfad gingen, der in ein Gebüsch an einem Sumpf führte, und ich plötzlich merkte, daß ich mitten im Schilf stand, und neben mir, außer Sergios Beinen, die Beine von Chango und Cambo, zwei Knechten von der Estanzia. Dann geschah etwas Furchtbares. Und zwar blieben wir alle stehen (ich auch), und Sergios Hand drückte mir einen Stutzen in die Hand, während die andere drängend auf etwas Dreieckiges im grüngelb-bläulichen Halbdunkel wies, dort, im Schilf... Ich drückte ab.

Donnergetöse erschütterte das Ganze...

Etwas scharrte, sprang, verschwand.

Und nur das Summen der Moskitos. So brach ich zusammen mit ihnen in der Hitze auf und fand mich bald zu Haus. Ein Krokodil. Ein

Krokodil! Ein Krokodil, geschossen, aber ungenügend; nicht ganz getötet; getroffen, aber unzureichend... und jetzt durchbohrt es alles ringsum. Und dazu der Knall, dieser Knall, der auch durchbohrt hatte, schlimmer noch, besiegelt hatte, ja, besiegelt!!! Höllische Sonnenglut. Schweiß und Blendung, Betäubung, Breitwalzung, und das Krokodil, das unfertige Krokodil dort... Sergio sagte nichts, aber ich wußte, daß ihm das gerade recht kam... und wunderte mich gar nicht, als er unvollständig, aber nunmehr unverhohlen – auf einen Zweig flatterte und ein wenig zwitscherte. Warum auch nicht! Jetzt – bis zu einem gewissen Grade – jetzt, wie dem auch sei, darf er sich alles erlauben.

Ich bereite sozusagen meine Flucht vor. Ich packe gewissermaßen meine Koffer. Das Krokodil, das unfertige, unvollständige Krokodil! Sergios Eltern sind schon beinahe auf das mit vier Pferden bespannte Fuhrwerk gestiegen und entfernen sich fast... nahezu in Eile... Schwüle. Glut. Hitze.

XII

Sonnabend

Mit Karol Świeczewski auf einem Bummel durch San Isidro: Villen, Gärten. Doch – wir sehen es von einer Anhöhe – glänzt in der Ferne ein unbeweglicher Fluß *color de león*, und rechter Hand im Schatten von Eukalyptusbäumen leuchtet das weiße, hundertjährige Haus der Pueyrredons mit geschlossenen Fenstern, unbewohnt seit der Zeit, da Prilidiano es verließ. Zwischen diesem Haus und mir ist eine recht willkürliche Verbindung entstanden. Es begann damit, daß ich einmal, als ich dort vorbeiging, dachte: »Was wäre wohl, wenn dieses Haus mir vertraut würde, wenn es in mein Schicksal träte, und zwar aus keinem anderen Grunde als dem, daß es mir völlig fremd ist?« Und gleich darauf stützte folgender Gedanke: »Weshalb hat denn unter so vielen Häusern gerade dies einen solchen Wunsch in dir geweckt, weshalb gerade dies?« – stützte dieser Gedanke den vorherigen, und seitdem bin ich wirklich mit dem Haus Pueyrredons verbunden. So rufen jetzt dieses Licht, diese Büsche, diese Wände jedesmal größere Rührung – und Unruhe – in mir hervor, und immer, wenn ich hier bin, drohe ich unter einer unaussprechlichen Last zusammenzubrechen, und irgendwo im Grenzbereich, an den Rändern meines Wesens brechen Lärm, Geschrei und furchtbare Panik aus... Und es ist sehr charakteristisch für mich, ja, es paßt zu mir, daß keine dieser Empfindungen von Angst, Bedrückung, Trauer, Verzweiflung aus Fleisch und Blut ist – es sind sozusagen nur Gefühlskonturen – und daher gewiß nur noch schmerzlicher, gefüllt mit nichts, vollkommen rein. Und dieser tiefe Schmerz hindert mich nicht an der Unterhaltung mit Świeczewski.

Wir sprechen über Priester Maciaszek.

Aber jetzt sind wir am Haus der Pueyrredons vorbei, es liegt hinter mir, und daß ich es nicht sehe, verstärkt sein Dasein. Verfluchtes Haus, das in mich eingedrungen ist und umso mehr existiert, je weniger ich es sehe. Ja dort, hinter mir, dort ist es! Dort ist es! »Ist« übertrieben, bis zum Wahnwitz, ist und ist mit seinen Fenstern und neoklassischen Säulen, und je weiter ich mich entferne, ist es, statt zu zerfließen, nur immer stärker! Weshalb – gerade es? Doch nicht dies Haus sollte mich begleiten, mich verfolgen, andere sind meine Häuser, weshalb klammert sich dieses fremde, ungekannte, weiße Wesen in diesem Garten an mich und läßt nicht ab von mir? Doch ich spreche mit Świeczewski. Und weiß, daß ich nicht das sagen sollte! Nicht damit mich beschäftigen! Nicht hier mich befinden! Aber wo denn? Wo ist mein Platz? Was soll ich tun? Wo sein? Nicht das Vaterland ist mein Platz, noch das Haus meiner Eltern, weder der Gedanke noch das Wort, nein, die Wahrheit ist, daß ich kein anderes Haus habe als gerade dieses, ja, leider, mein einziges Haus ist dies unbewohnte, dies weiße Haus Pueyrredons!

Wir unterhalten uns weiter über Priester Maciaszek und entfernen uns von dem Haus der Pueyrredons. Aber er, Świeczewski, ist auch so, als wäre er nicht da, und zerreibt, abwesend, einen vertrockneten Grashalm zu Staub.

DIENSTAG
In Polen ist der Turm einer übertrieben aristokratischen Kultur zusammengestürzt, und dort wird in der jetzigen und folgenden Generation alles, bis auf die Fabrikschornsteine, zwergwüchsig sein – müssen demnach auch wir, die polnische Intelligenz im Exil, die Köpfe einziehen? Seltsam, aber wahr: Obwohl uns der Boden unter den Füßen weggezogen ist, obwohl wir eine im Aussterben begriffene Klasse sind, ein »Überbau« ohne »Basis«, obwohl es immer weniger Menschen geben wird, die uns verstehen, darf unser Denken nicht simplifiziert und primitiv werden, es muß unser Niveau halten – genau so, als hätte sich unsere Situation überhaupt nicht geändert. Einfach deshalb, weil das natürlich für uns ist und niemand dümmer tun sollte, als er ist. Wir müssen uns bis zum Ende verwirklichen, müssen uns aussprechen bis zum »Z«, denn nur wer zu rücksichtslosem Leben fähig ist, hat ein Recht auf Existenz.

MITTWOCH
Ich weiß genau, wie ich die polnische Kultur in Zukunft gern hätte. Die Frage ist nur, ob ich nicht ein Programm, das nur mir persönliches Bedürfnis ist, auf die ganze Nation ausdehne. Aber hier ist es: Die Schwäche des heutigen Polen beruht darauf, daß er zu eindeutig, auch – zu einseitig, ist; alle Anstrengung muß also darauf gerichtet sein, ihn um einen zweiten Schwerpunkt zu bereichern – ihn durch einen anderen, einen völlig – extrem – verschiedenen Polen zu ergänzen.

Ich habe andernorts über dieses unser *alter ego* geschrieben, das da unbedingt zu Wort kommen will. Die Geschichte hat uns gezwungen, nur ganz bestimmte Eigenheiten unserer Natur zu hegen, und was wir sind, sind wir in übertriebener Weise – sind überstilisiert. Und dies umso mehr, als wir jene anderen Möglichkeiten sehr wohl in uns spüren und sie mit Gewalt vernichten wollen. Wie sieht es zum Beispiel mit unserer Männlichkeit aus? Dem Polen genügt es (im Gegensatz zur lateinischen Rasse) nicht, daß er bis zu einem gewissen Grade Mann ist, er will mehr Mann sein, als er ist, man könnte sagen – er zwingt sich zum Mann, er ist ein Zerstörer der eigenen Weiblichkeit. Und wenn man bedenkt, daß die Geschichte uns immer zu einem soldatischen, kriegerischen Leben gezwungen hat, wird dieser psychische Zwang verständlich. So bewirkt diese Angst vor der Weiblichkeit, daß unsere Entschlüsse starr werden und auf uns zurückschlagen, daß sich in uns die Verklemmtheit von Menschen bemerkbar macht, die fürchten, ihren eigenen Ansprüchen nicht zu genügen; allzusehr »wollen« wir so und nicht anders »sein« und »sind« infolgedessen zu wenig.

Wenn wir uns die anderen Züge unseres Nationalcharakters ansehen (wie Vaterlandsliebe, Treue, Anstand, Ehrgefühl . . .), so sehen wir überall jene Übersteigerung, die daher rührt, daß der Typ Pole, den wir uns erarbeitet haben, jenen Typ verdrängen und vernichten muß, der wir sein könnten und der als Antinomie in uns existiert. Daraus folgt aber, daß der Pole genau um die Hälfte seiner selbst verarmt ist, wobei sogar die Hälfte, die zu Wort kommen darf, sich nicht auf natürliche Weise zeigen kann. Ich meine, heute ist der richtige Augenblick, diese unsere andere Persönlichkeit zu aktivieren – heute nicht nur, weil wir gegenüber der Welt unbedingt lockerer und flexibler werden müssen – sondern auch deshalb, weil diese Operation eine unerhörte geistige Freiheit erfordert, zu der wir, außerhalb der Heimat, in der Lage sind – vor allem aber deshalb, weil dies der einzige Eingriff ist, der uns wirklich mit neuer Lebenskraft erfüllen und uns neue Bereiche eröffnen kann.

Diesen anderen Polen entdecken wir, wenn wir uns gegen uns selbst wenden. Widerspenstigkeit sollte somit unsere Entwicklung prägen. Auf lange Jahre werden wir mit Vorliebe widerspenstig sein, werden gerade das in uns suchen müssen, was wir nicht wollen, wovor wir zurückschrecken. Literatur? Unsere Literatur sollte genau das Gegenteil von dem sein, was unseren Federn bisher entfahren ist, wir müssen nach neuen Wegen suchen, in Opposition zu Mickiewicz und jedwedem »König Geist«. Diese Literatur sollte den Polen nicht in seiner bisherigen Vorstellung von sich selbst bekräftigen, sondern ihn gerade aus diesem Käfig befreien und ihm das zeigen, was er bisher zu sein nicht wagte. Die Geschichte? Zu Zerstörern der eigenen Geschichte müssen wir werden und uns allein auf unsere Gegenwart stützen – denn die Geschichte ist gerade unsere Erblast, sie vermittelt uns ein künstliches Bild von uns selbst und zwingt uns, uns der historischen Deduktion anzugleichen, statt der eigenen Wirklichkeit zu leben. Das Schmerzlichste wird jedoch sein: den polnischen Stil, die polnische Schönheit in uns selbst in Angriff zu nehmen, aus unserer anderen Halbkugel, jenem zweiten Pol, eine neue Mythologie und neue Sitten zu formen – unsere Schönheit auf eine Weise zu erweitern und zu bereichern, daß der Pole sich in zwei widersprüchlichen Gestalten gefallen kann – als der, der er gegenwärtig ist, und als der, der den, der er ist, innerlich bekämpft.

Heute geht es keineswegs mehr darum, in dem Erbe, das Generationen uns hinterlassen haben, zu überdauern, es geht darum, dieses Erbe in uns zu überwinden. Kümmerlich eine polnische Kultur, die nur bindet und fesselt, schätzenswert und schöpferisch und lebendig aber eine, die bindet und befreit zugleich.

FREITAG

Gestern (Donnerstag) setzte der Kretin mir wieder zu und quälte mich intensiv den ganzen Tag. Vielleicht sollte ich lieber nichts davon schreiben... ich will aber kein doppeltes Spiel in diesem Tagebuch treiben. Es begann damit, daß ich um eins nach Acasusso zum Frühstück bei Herrn Alberto H., einem Industriellen und Ingenieur, fuhr. Auf den ersten Blick erschien mir seine Villa allzu renaissancehaft, aber ich ließ mir nichts anmerken und setzte mich an den ebenfalls renaissancehaften Tisch und begann Speisen zu essen, deren Renaissance immer unübersehbarer wurde, je mehr ich davon aß, wobei sich das Gespräch auch um die Renaissance drehte, bis schließlich Griechenland, Rom, die nackte Schönheit, der Ruf des Fleisches, Evoe, Pathos und Ethos (?) und auch irgend so eine Säule auf Kreta ganz unverhohlen und leidenschaftlich angehimmelt wurden. Als man auf Kreta kam, kam der Kretin raus, kam raus und ran (?), aber nicht renaissancehaft (?!), sondern ganz neoklassizistisch idiotenhaft (?) (Ich weiß, ich sollte besser nichts davon schreiben, es klingt so seltsam).

Um 4 Uhr ging ich, sehr erschöpft. Und dort waren Bäumchen, Blättchen und Häuschen – völlig durcheinander, vielleicht allzu geschniegelt und, wie mir scheint, ein bißchen blödsinnig. Aber egal. Ich steige aus der U-Bahn und geh ins Café *Rex*, da winken mir plötzlich aus dem Café *Paris* (auch seltsam, weshalb sich das eine Café ans andere ranmacht) bekannte Damen zu, die scheinbar am Tischchen saßen und Biskuits aßen, welche sie in Schlagsahne tunkten. Doch das erwies sich gleich als Täuschung, denn eigentlich saßen sie an einer emaillierten, auf vier gebogenen Stangen befestigten Platte, und das Essen bestand darin, daß sie sich durch eine Öffnung im Gesicht dies und jenes ins Innere steckten, wobei ihnen Ohren und Nasen abstanden und zudem unter dem Tisch, d. h. unter der Platte, die Absätze rauskamen. Wir schwatzen über dies und jenes, da sehe ich, daß es der einen wie der anderen absteht (?) und rauskommt (??), also entschuldigte ich mich schließlich, ich hätte keine Zeit, und ging.

Soziologisch.

Ich weiß wirklich nicht, ob ich diese Vertraulichkeiten fortsetzen soll, doch heißt mich mein publizistisches Pflichtgefühl, die Öffentlichkeit davon in Kenntnis zu setzen, daß Dinge geschehen, die wirklich schon arg idiotisch sind... zu idiotisch, als daß man sie veröffentlichen könnte, und darauf beruht, glaube ich, die ganze Spekulation – daß die übersteigerte Idiotie sich nicht mitteilen läßt; das ist zu blödsinnig, um ausgesprochen zu werden. Ich verließ das Café *Paris* und ging ins Café *Rex*. Da tritt ein mir unbekannter Herr auf mich zu, stellt sich als Zamszycki vor (ich kann mich auch verhört haben) und sagt, er hätte mich schon immer mal kennenlernen wollen. Sehr angenehm, sagte ich, da verbeugt er sich dankend und geht. Ich wollte den Kretin vor Wut verfluchen, da fiel mir auf, daß das gar kein Kretin war – schließlich wollte er mich kennenlernen, hatte mich kennengelernt und war folgerichtig gegangen. So überlegte ich: Kretin, oder kein Kretin? Da geht vor mir eine Straßenlaterne an, dann eine zweite, als die zweite brannte, ging die dritte an, dann die vierte, mit der vierten auch die fünfte. Kaum war die fünfte angegangen, leuchtet auch schon die sechste und siebte, die achte und neunte, aber gleichzeitig fährt ein Auto vorbei, zwei, fünf, eine Straßenbahn, zwei, zehn, Leute gehen vorbei, einer, zwei, zehn, fünfzehn, vor mir ein Haus, noch eins, drei, der erste Stock, der zweite, dritte, vierte, fünfte, sechste, siebte, am siebten ein Balkon, und auf dem Balkon – wer? Henryk und Frau! Sie winken mir.

Ich winke. Sehe aber, wenn auch undeutlich, daß sie da irgend etwas sagen – und gleichzeitig winken. Ich winke. Er spricht. Sie spricht. Aber was sagen sie? Sie winken. Autos, Straßenbahnen, Menschen, Bewegung, Masse, die Reklamelichter gehen an, greller Glanz überall, Gehupe, Geklingel, und sie sprechen dort im siebten Stock. Und winken wieder. Ich winke. Ich gucke: Sie winkt, er winkt. Also winke ich auch. Da sehe ich plötzlich, er winkt auch... aber, genauer gesagt, er winkte eigentlich nicht mehr, sondern winkte sozusagen rein. Was ist das, denke ich, was soll das heißen, da sehe ich plötzlich, daß er sich wieder reingewunken hat (mir fehlen ehrlich die Worte, das ist zu unverschämt, und dabei darf ich doch nichts verheimlichen) und in sich reingewunken hat, wie in eine Flasche. Ich winke. Da winkt sie plötzlich (doch nein, nein, ich kann mich doch nicht zum Kretin machen; aber wenn ich den Kretin zeigen will, muß ich mich zum Kretin machen), winkt sie plötzlich aus ihm raus, daß er geradezu ragt, und winkt ihn an (aber WAS winkt sie ihm an?!), woraufhin beide leicht winkend in Schwung kommen und piff... (Ha, das kann ich nun nicht sagen, das übersteigt meine Kräfte!)

MONTAG

Immer wieder einmal fische ich nebulöse Anspielungen auf meine Person aus verschiedenen Artikeln. Vielleicht irre ich mich? Aber wen anderen als mich kann Juliusz Sakowski im Auge haben, wenn er von »dogmatischen Bilderstürmern und Küstern zweifelhafter Einweihungen« spricht, auf wen anders als mich zielt Goetels Satz von den »Gesichtern, die der traditionellen polnischen Haltung von einigen Emigranten geschnitten werden, die den Anspruch erheben, Intellektuelle zu sein«? Und auch in Herrn Grubińskis griechisch-römischem, paris-athenischem, thukydideisch-gibbonschem Feuilleton *Skandal! Skandal!* gilt so mancher, ach so verstohlener, Seitenblick wohl mir.

Es sollte mich nicht wundern, wenn ich recht hätte; denn ich muß ihnen ja wirklich ein Dorn im Auge sein. Aber lachen muß ich über etwas anderes. Aus der Wahl der Epitheta, mit denen ich beschossen werde, geht nämlich hervor, daß niemand von diesen Leuten einen blassen Schimmer von mir hat. Das Adjektiv »blasiert« paßt überhaupt nicht auf mich, das Wort »Weltflüchtler« bedürfte viel genauerer Auslegung, »Intellektueller« trifft daneben, und auch »schöngeistiger Freidenker« taugt nichts. Solche Fehlschüsse rühren daher, daß man keines meiner Bücher gelesen hat, und wenn, dann dösköppig.

DONNERSTAG

Vernissage Zygmunt Grocholski in Galatea. Auf dem Tisch – Mappen mit Radierungen. An der Wand – große, farbgesättigte Tafeln. In stolzer Abstraktion versteinert, blicken diese Kompositionen von den Wänden auf das ungeordnete Menschengewimmel herab, auf die Masse der liederlichen Zweibeiner, die in wildem Durcheinander vorübertreiben. An den Wänden – Astronomie. Logik. Komposition. Im Saal – Wirrwarr. Gleichgewichtsstörung. Übermaß unorganisierter Konkretheit, die in alle Richtungen drängt. Mit dem holländischen Maler Gesinus kommentiere ich eine der Radierungen, auf der gewisse Massen von schrägen Linienspannungen gebändigt sind, wie ein am Zaum gehaltenes Pferd, das im Sprung erstarrt ist – da kommt mir plötzlich jemandes Rumpf unter die Hüfte. Ich sprang auf. Es war ein Fotograf, der mit seinem Kasten gebückt die bedeutenderen Gäste ins Visier nahm.

Aus dem Gleichgewicht gebracht, versuchte ich mich doch, so gut es ging, zu komponieren und lebte mich gerade mit Alicia de Landes in eine Fuge von Farben ein, die ihren eigenen Gesetzen gehorchte, da kommt es mir von hinten unverhofft wie Büffel und Nilpferd, barbarisch... Wer? Der Fotograf, zum Zerreißen gestreckt; er schoß eine Dublette *en face* und im Profil.

Wieder komponierte ich mich so schnell wie möglich, und als ich einige französische Bekannte entdeckt hatte, die mit Aldo Pellegrini, dem Autor des Vorworts zu der Mappe, die innere Logik einer dieser linearen Kompositionen erörterten, ging ich auf sie zu... und stolperte über wen? Den Fotografen! Ich drehte mich um, um ihm etwas Böses zu sagen, da... Vor mir plötzlich ein Gesicht. Aber unbekannt. Und bekannt. Bekannt? Unbekannt? Wem gehörte es? Das Gesicht starrt mich an, und auf einmal...

»Wen seh ich da! Was für ein Zufall! Nach all den Jahren!«

Ich sagte: »Tatsächlich. Ach, was für eine Begegnung!«... Aber Mattscheibe. Loch. Dunkelheit. Ich wußte es nicht. Erinnerte mich nicht. Eine Qual. Da springt der Fotograf herbei, stellt seinen Apparat auf, Knips, schon passiert, 20 Pesos, er drückt mir eine Quittung in die Hand. Ich bezahle die 20 Pesos, nehme die Quittung. Und wütend darüber, daß er mich nach so vielen Anstößen ausgerechnet in dem Augenblick fotografierte, als ich jenes unerinnerte Gesicht mit blödem Gesicht anstarrte, ging ich nach Hause, ich, Kind des Chaos, Sohn von Finsternis, Blödsinn und blindem Zufall!

Und zu Hause der irre Gedanke: Vielleicht war das Kowalski, der, den ich in Mendoza kennengelernt habe? Ja oder nein? ... Wenn ich ihn noch einmal sehen könnte – das Gesicht war mir in der Erinnerung schon verschwommen.

Da fiel mir plötzlich das Foto ein! Ich hatte ja schließlich das Gesicht auf dem Foto! Und die geheime Logik, von der sich jener Fotograf leiten ließ, erleuchtete mich auf einmal, als hätte ich auf einem Gemälde von Zygmunt das vollendetste Gleichgewicht zwischen Körpern und Richtungsspannungen ausgemacht! Ich eilte zu der auf der Quittung angegebenen Adresse.

Tücke des Schicksals! Perversion der Logik! Teuflische Komposition! Jawohl, es war eine Logik, doch sie führte zur endgültigen Blamage. Als ich das auf der Quittung angegebene Haus erreicht hatte, sagte man mir:

»Ach, Sie haben auch so eine Quittung? Da waren schon viele hier. Dieser Fotograf ist ein Betrüger, der auf der Quittung eine fiktive Adresse angegeben hat und nur so tat, als wenn er fotografiere...«

(Dazu hat er noch Rebinder den Mantel geklaut.)

MITTWOCH

Wieder einmal wirft mir eine Frau Egoismus vor. (Denn es sind meistens Frauen; aber dies ist die Feind-Frau, die mich bekämpft.) Sie schreibt: »Für mich sind Sie nicht exzentrisch, sondern egozentrisch. Das ist einfach eine Entwicklungsphase (*vide* Byron, Wilde, Gide) – einige wechseln aus ihr in die nächste Phase, die noch dramatischer sein kann – andere wechseln gar nicht, sie verharren in ihrem *ego*. Das ist auch eine Tragödie, aber eine private. Sie geht weder ins Pantheon ein, noch in die Geschichte.«

Leeres Gerede? Ehrlich gesagt – von einem Menschen zu verlangen, er solle sich nicht mit sich selbst beschäftigen, sich selbst nicht ernstnehmen, kurz, sich nicht für sich selbst halten – das kann nur ein Irrer. Diese Frau verlangt, ich solle vergessen, daß ich ich bin, dabei weiß sie doch genau, wenn ich eine Blinddarmentzündung habe, dann schreie ich, nicht sie.

Der kolossale Druck, dem wir heute von allen Seiten ausgesetzt sind – der Druck, unserer eigenen Existenz zu entsagen –, führt wie jede unrealisierbare Forderung nur zur Verzerrung und Verfälschung des Lebens. Wer so unaufrichtig zu sich selbst ist, daß er sagen kann: fremder Schmerz ist mir wichtiger als der eigene, der gerät sofort in jene »Leichtigkeit«, die die Mutter des Verbalismus, aller Gemeinplätze und aller allzu leichten Erhabenheit ist. Was mich betrifft – nein, niemals, nie und nimmer. Ich *bin*.

Ein Künstler zumal, der sich reinlegen läßt und dieser aggressiven Konvention nachgibt, ist verloren. Laßt euch nicht ins Bockshorn jagen. Das Wort »ich« ist so grundlegend und erstgeboren, so voller greifbarer und dadurch ehrlichster Wirklichkeit, so unfehlbar als Führer und gestreng als Prüfstein, daß wir eher vor ihm auf die Knie fallen sollten, als es zu verachten. Ich glaube, ich bin bei meiner Beschäftigung mit mir selbst einfach noch nicht fanatisch genug und habe es – aus Angst vor anderen Leuten – nicht verstanden, mich dieser Lebensaufgabe mit der nötigen Rücksichtslosigkeit zu widmen, die Sache weit genug zu treiben. Ich bin mein wichtigstes und wohl auch einziges Problem: der einzige von all meinen Helden, an dem mir wirklich etwas liegt.

Darangehen, mich selbst zu schaffen und Gombrowicz zu einer Gestalt zu machen – wie Hamlet, oder Don Quijote –?
– ! –

DONNERSTAG

Heute kamen bei N. einige argentinische Literaten beim Tee zusammen, und X. las uns aus heiterem Himmel seine Erzählung über einen jungen Arbeiter und seine Mutter vor, die in Stalin einen Christus sehen. Gelangweilt hörte ich mir diese erbauliche, sentimentale Geschichte an, die eher religiös als literarisch war. Danach entspann sich eine Diskussion, und Chamico unterstrich treffend die Konventionalismen und Banalitäten, von denen der Text nur so strotzte. Ich meldete mich nicht zu Wort. Folgendes hätte ich sagen können: daß keine bürgerliche Literatur die Bauern und Arbeiter jemals so entstellt hat; daß diese traurige Ehre den kommuninfizierten Schriftstellern zuteil wurde, weil sie das Proletariat vergöttern; dies könnte dramatisch enden, weil durch eine derartige Idealisierung die Parteiintellektuellen allmählich die Kontrolle über die Kraft verlieren, die sie ins Leben gerufen haben – auf lange Sicht kann es fatale Folgen haben, daß diese Intellektuellen sich beim Thema Proletariat konsequent verdummen.

In seiner Erwiderung auf Chamicos Einwände sprach X. von der Notwendigkeit der Vereinfachung... er behauptete, er wäre glücklich, wenn er die Psychologie auf ihre elementarste Form und seine literarische Sprache auf die 800 wichtigsten Wörter reduzieren könnte... und sagte, die Kunst müsse sich den kleinen Leuten anpassen, nein, er schreibe nicht für eine raffinierte, intellektuelle Kritik, sondern fürs Volk!

Dieses mystische, fanatische Gesicht dünkte mich Dunkelheit – und ich erinnerte mich, wie ich in der Kindheit, auf dem Lande, abends beim Lichtschein der Lampe oft gespürt hatte, daß in der Reglosigkeit und Stille unaufhörlich etwas geschah, etwas Dämonisches – genau so sah ich plötzlich sein Gesicht: als sei es dem Prozess ausgesetzt. Es ist etwas Dämonisches an der Tatsache, daß ein höherer, kultivierter Mensch sich für den einfachen Mann beschränkt. Und dennoch... schließlich gefällt mir das ganz gut... es gibt sogar kaum etwas, das mich so erstaunt wie dieser Akt der Gewalt, den das Niedere an dem Höheren begeht. Besaß dieser Mann nicht die Dynamik der Gewalt, und war er – beengt, erstickt – nicht geladen von Kraft, nicht umso gespannter?

Mir waren also diese Unterdrückungen, von denen X. sprach, gar nicht so fremd. Ich hätte sie sogar freudig begrüßt, wenn sie eine wirkliche Bindung an das Volk bedeutet hätten. Aber X. war nicht dem Volk ergeben. Sondern der Doktrin. Ihm tat die Theorie Gewalt an. Im Grunde genommen war er gegenüber den Arbeitern, die er als Lehrer und Leiter behandelte, immer ein »Höherer« geblieben. Die einfachen Leute existierten für ihn nicht – nur »das Proletariat«. Er reduzierte sich innerlich nicht deshalb, weil er sich fremder Niedrigkeit unterworfen hätte – sondern weil er das Programm erfüllte. Unerträglich, wie papieren diese Pimkos des Marxismus sind! X.s Formel sieht so aus: Ich, ein reifer Mensch, entsage meiner intellektuellen Überlegenheit, um freiwillig dem Proletariat zu dienen und zusammen mit ihm die rationale Welt der Zukunft zu erbauen. Oje, was für Papier!

Diese ihre Formeln haben uns dem Proletariat kein Fingerbreit genähert – das gigantische Problem der Verbindung von Höherem und Niederem ist seither nur noch tiefer in Lügen verstrickt.

Sonntag

Mit »Russo« – Aleksander Rússovich – fuhr ich zu der Quinta von Cecilia bei Mercedes.

Russo ist für mich die Verkörperung der argentinischen genialen Antigenialität. Ich bewundere das. Fehlerfreier Verstandesapparat. Ausgezeichnete Intelligenz. Schnelligkeit und Auffassungsgabe. Phantasie, Schwung, Poesie, Humor. Kultur. Freies Weltempfinden, ohne Komplexe...

Leichtigkeit. Leichtigkeit, weil er seine Trümpfe nicht ausspielen will – nicht kann? Ein Europäer würde das wie ein fruchtbares Feld bestellen. Würde sich darüberneigen, wie über ein Instrument. Er läßt es zu, daß seine Vorzüge im Naturzustand erblühen. Er, der hervorragend sein könnte, will – kann? – nicht hervorragen... Er will mit den Menschen nicht kämpfen. Diskretion. Will sich nicht aufzwingen.

Güte. Seine Güte entwaffnet ihn. Sein Verhältnis zu den Menschen ist nicht geschärft genug. Er ringt nicht mit ihnen –

stürzt sich nicht auf sie. Er ist nichts »in der Gesellschaft«. Der Mensch ist ihm nicht zu einem Hindernis geworden, das es zu überwinden gilt, er ist ein Sohn argentinischer Lässigkeit – denn hier lebt jeder für sich, hier schart man sich nicht zusammen, hier benutzt der Mensch (auf geistigem Gebiet) den Menschen nicht als Sprungstab, um in die Höhe zu gelangen, und der Mensch ist für den Menschen (geistig) kein Ausbeutungsobjekt. Ich bin im Vergleich zu ihm ein wildes Tier.

Argentinien. Nicht er allein ist hier so. Das ist ein noch »unbevölkertes«, ein undramatisches Land.

XIII

Donnerstag

Dedés Verlobter, dieser Portugiese, fragte einmal, woher ich soviel Verachtung für die Frauen habe, und sofort stimmten ihm alle zu.

Verachtung? Aber nicht doch! Eher Verehrung... Obwohl ich bisher nicht herausgefunden habe, was sie für mich in geistiger Hinsicht sind – Gegner oder Verbündete? Und das bedeutet, daß mir die Hälfte der Menschheit entgeht.

Diese Leichtfertigkeit, die Frauen zu übergehen! Sie schienen nicht zu existieren! Ringsum sehe ich eine Menge Menschen in Röcken, mit langen Haaren und hoher Stimme, und dennoch gebrauche ich das Wort »Mensch«, als zerfiele es nicht in Mann und Frau, und auch bei anderen Wörtern bemerke ich die Zweiteilung nicht, die das Geschlecht hineinbringt.

Wenn bei mir überhaupt von Verachtung die Rede sein könne, erwiderte ich dem Portugiesen, so nur aus künstlerischem Grunde... ja, wenn ich sie einmal verachte, dann deshalb, weil sie als Priesterinnen der Schönheit, als Künderinnen der Jugend miserabel, ja fatal sind. Hier wird meine Wut groß, denn damit ärgern mich diese schlechten Künstlerinnen nicht nur, sie erzürnen mich. Künstlerinnen, jawohl, denn der Charme ist ihre Berufung, die Ästhetik ihr Metier, sie werden geboren, um zu bezaubern, sie sind so etwas wie Kunst. Doch was für eine Stümperei! Was für ein Betrug! Arme Schönheit! Und arme Jugend! Ihr findet euch in der Frau, um zu vergehen, sie ist im Grunde eure eilige Vernichterin, siehe, dies Mädchen ist jung und schön nur zu dem Behufe, Mutter zu werden! Sollten Schönheit und Jugend nicht etwas Selbstloses und Zweckfreies sein, wunderbare Gabe, Krönung der Natur?... Doch in der Frau dient dieser Zauber der Befruchtung, er ist durchsetzt mit Schwangerschaft und Windeln, seine hehrste Verkörperung zieht ein Kind nach sich, und aus ist das Gedicht! Bezaubert von dem Mädchen und von sich mit ihm, berührt es der Junge kaum, da wird er schon Vater, und sie Mutter – das Mädchen ist also ein Geschöpf, das scheinbar Jugend praktiziert, in Wirklichkeit aber der Liquidierung von Jugend dient.

Wir Sterblichen, die wir uns nicht abfinden können mit dem Tod und damit, daß Jugend und Schönheit nur Fackeln seien, von Hand zu Hand gereicht, wir werden uns immer gegen diese brutale Perfidie der Natur auflehnen. Doch was fruchten hier Proteste. Wichtig ist, daß sich dieses mörderische Verhältnis der Frau zum eigenen mädchenhaften Reiz auf Schritt und Tritt zeigt, daher ihre Eigenschaft, daß sie Jugend und Schönheit nicht wirklich empfindet – jedenfalls weniger als der Mann. Seht euch dies Mädchen an! Wie romantisch... doch diese Romantik endet vor dem Altar mit so einem beleibten Rechtsanwalt, die Poesie muß legalisiert werden, die Liebe wird funktionieren mit Genehmigung der geistlichen und weltlichen Mächte. Ach, wie ästhetisch... aber kein Glatzkopf, kein Dickwanst und kein Schwindsüchtiger ist ihr zu abstoßend, sie liefert ihre Schönheit ohne weiteres der Häßlichkeit aus, und schon sehen wir sie triumphierend an der Seite eines Scheusals, oder schlimmer noch, an der Seite eines jener Männer, die die unscheinbare Ekelhaftigkeit in Person sind. Schönheit, die sich nicht ekelt! Schön, aber ohne Sinn für Schönheit. Und die Leichtigkeit, mit der sich weiblicher Geschmack und Intuition bei der Wahl des Mannes irren, macht den Eindruck unerklärlicher Blindheit und Dummheit – sie verliebt sich in einen Mann, weil er so vornehm, oder weil er so »subtil« ist, zweitrangige soziale, gesellschaftliche Werte sind ihr wichtiger als apollinische Formen von Körper und Geist, ja, sie liebt die Socke, nicht die Wade, den Schnurrbart, nicht das Gesicht, den Jackenschnitt, nicht den Brustkorb. Sie läßt sich betören von der schmutzigen Lyrik eines Trivialautors, bezaubern vom billigen Pathos eines Dummkopfs, verführen vom Schick eines Gecken, sie kann nicht hinter die Maske schauen, sie fällt herein, weil sie selbst hereinlegt. Und verliebt sich nur in Männer ihrer »Kreise«, hat ja kein Gespür für die natürliche Schönheit des Menschengeschlechts, allenfalls für jene sekundäre, die Produkt des Milieus ist – ach, diese Verehrerinnen von Majoren, Dienstmägde von Generälen, Anhängerinnen von Kaufleuten, Grafen, Doktoren. Frau! Du bist die Antipoesie in Person!

Doch sie versteht von der eigenen Poesie soviel wie von der männlichen – und darin ist sie ebenso unfähig, wenn nicht unfähiger. Wenn diese femininen Trivialautoren, diese Pinslerinnen der eigenen Schönheit, talentlose Bildhauerinnen ihrer Gestalt nur ein bißchen von den Gesetzen der Schönheit verstünden, sie würden niemals das mit sich anstellen, was sie tatsächlich tun. Die Gesetze, die ich meine, kennt jeder Künstler. Sie lauten:

1. Der Künstler soll sein Werk den Leuten nicht unter die Nase halten und schreien: »Das ist schön! Laßt euch davon bezaubern, denn das ist bezaubernd.« Die Schönheit im Kunstwerk sollte gleichsam ungewollt, als Randerscheinung eines anderen Strebens auftreten – diskret und unaufdringlich.

(Sie aber stellt ihre Schönheit, die sie vor dem Spiegel stundenlang perfektioniert hat, aufdringlich zur Schau. Sie weiß nicht, was Diskretion ist. Ihre Gefallsucht verrät sich auf

Schritt und Tritt – sie ist also nicht Königin, sondern Sklavin. Und statt als begehrenswerte Göttin zu erscheinen, macht sie den Eindruck fürchterlicher Plumpheit, erpicht auf unerreichbare Schönheit. Wenn ein Junge zum Vergnügen Ball spielt, ist er bisweilen schön; sie spielt Ball, um schön zu sein; also spielt sie schlecht, aber außerdem riecht diese Schönheit nach Schweiß, so angestrengt ist sie! Doch damit nicht genug – sie, die immer und überall irrsinnig schöntut, macht gleichzeitig ein Gesicht, als interessierte sie der Mann überhaupt nicht. Und sagt: »Ach, das tu ich nur wegen der Ästhetik!« Wer wird einer allzu offenen Lüge glauben?)

2. Schönheit kann nicht auf Betrug beruhen.

(Sie wünscht, daß wir ihre häßlichen Seiten vergessen. Sie will uns einreden, sie wäre keine Frau, d.h. Fleisch, das wie alles Fleisch niemals nur schön sein kann – es ist eine Mischung von Schönheit und Häßlichkeit, ewiges Spiel dieser beiden Elemente [und dadurch Schönheit einer anderen, höheren Art]. Niemand kann etwas daran ändern, daß bestimmte Körperfunktionen unsauber sind. Niemand wird auch den Geist je von der Unsauberkeit befreien. Doch sie will uns weismachen, sie wäre eine Blume. Sie stilisiert sich zu einer Gottheit, zur »Reinheit«, zum Unschuldsengel. Ist sie nicht komisch in diesem absurden Bemühen? Von vornherein zum Mißerfolg verurteilt? Was für eine Maskerade! Soll ich glauben, sie wäre ein Strauß Jasmin, nur weil sie sich parfümiert hat? Oder, wenn ich sie auf halbmeterhohen Absätzen sehe, sie wäre schlank? Ich sehe nur, daß die Absätze sie in ihrer Bewegungsfreiheit behindern. So hemmt die Schönheit sie, wird ihr zur Lähmung – diese schreckliche Gehemmtheit der Frau, die sich in jedem Schritt, in jedem Wort zeigt, dieser Alpdruck, daß sie niemals ungezwungen mit sich sein kann...

Und in diesem Weibchenwahn verliert sie jedes Gespür für ihre Wirkung, sie betrügt unverhohlen und meint, sie könnte uns mit ihrer feigen und verlogenen Konzeption des Körpers [und des Geistes] anstecken. Die Mode! Welch eine Scheußlichkeit! Was in Paris Eleganz genannt wird, all diese Linien, Silhouetten, Profile, ist das nicht geschmackloseste Mystifizierung, Überstilisierung des Körpers? Diese hat ihren vorstehenden Steiß mit einer Schärpe dekoriert und meint jetzt majestätisch zu sein; jene spielt Panther, und noch eine andere versucht, ihren welken Teint mit Hilfe eines komplizierten Hutes auf Große Melancholie zu stilisieren. Wer aber den Defekt [vergeblich] verbergen will, der liefert sich ihm aus. Der Defekt muß überwunden werden – überwunden durch wirklich Wertvolles im moralischen oder physischen Sinne. Die Monstren, die die Pariser Modejournale uns vorsetzen, jene Kreationen von Dior und Fath, die mit herausgestreckten Hüften, stromlinienförmig, mit abgespreiztem kleinen Finger in idiotischer »Distinktion« erstarrt sind – vom Standpunkt der Kunst gesehen, ist das doch der Gipfel der Geschmacklosigkeit, ekelerregender Kitsch, dümmlich naiv und affektiert, provozierender und ordinärer als alles, wozu ein betrunkener Droschkenkutscher fähig wäre.)

3. Schönheit sollte souverän sein.

(Magd, gewöhnliche Kuhmagd, sei gegrüßt – du Königin! Sag, warum ist dies tödliche Bangen nicht in dir, du könntest nicht *akzeptiert* werden? Du fürchtest keine Zurückweisung. Du weißt, nicht Schönheit macht dich begehrenswert, sondern das Geschlecht – der Mann, das weißt du, wird immer deine Weiblichkeit begehren, auch wenn sie keineswegs ästhetisch sein sollte. Also steht deine Schönheit nicht im Dienste des Geschlechts; sie fürchtet sich nicht, zittert nicht, müht sich nicht, sie ist ruhig, natürlich, siegesgewiß... Oh! Du Unaufdringliche, du Stille! Oh, du Vornehme!)

MITTWOCH

Todsünden sind es, die die Frau »von Welt« in diesem ihrem Heiligtum – in der Ästhetik – begeht, ausgerechnet dort, wo sie recht heimisch sein sollte. Zu denken, daß dies des Mannes Inspiration ist, daß sie uns Poesie vermitteln, wir uns mit Wein aus solchem Schlauch berauschen müssen! Unschlagbar ist die elementare Schönheit der Frau, mit der die Natur sie geschmückt hat – nichts ist großartiger, nichts erregender und betörender, als wenn ein Mann eine jüngere Gefährtin sich gewinnt, die ihm Dienerin und Herrin zugleich ist; nichts bezaubernder als die Tonart, die die Frau einbringt, jene zweite Stimme, geheimnisvolle Begleitung des männlichen Gesangs, andere Weise der Weltauffassung, uns unbegreifliche Interpretation... Weshalb ist dieser Zauber so scheußlich vulgär geworden? Doch man muß hier eine wichtige Unterscheidung treffen: scheußlich ist die heutige Fraulichkeit, nicht die Frau. Nicht die einzelne Frau ist scheußlich, sondern der Stil, der sich unter ihnen herausgebildet hat und dem eine jede erliegt. Wer aber produziert die Fraulichkeit? Der Mann? Gewiß, Initiator ist der Mann, aber im weiteren perfektionieren sie sich dann untereinander, und die Kunst der Verführung und Bezauberung wächst und entwickelt sich, wie alle Künste, mechanisch – schon wird diese Kunst automatisch, verliert das Gefühl für die Realität und das Gefühl für das Maß. Heutzutage ist die Frau mehr Frau, als sie sein sollte; ist geladen mit einer Fraulichkeit, die stärker ist als sie selbst; ist das Produkt einer gesellschaftlichen Konvention, Folge eines Spiels, das Mann und Frau in gewisser Weise aufeinander einstimmt – bis dieser endlos anwachsende Tanz schließlich tödlich wird.

Was soll ich damit anfangen? Wie mich verhalten? Die Richtung weist mir mein immer gleicher Kompaß. Distanz zur Form! Ähnlich wie ich auf eine »Entladung« des Mannes aus bin, muß ich nach der »Entladung« der Frau streben. Was heißt denn »Entladung« des Mannes? Ihn aus dem Joch jenes männlichen Stils befreien, der zur Bestärkung der Männlichkeit unter Männern gepflegt wird, erreichen, daß er diese Männlichkeit als etwas Künstliches und seine Anfälligkeit dafür als Schwäche empfindet, bewirken, daß er eine entspanntere Einstellung zum Mann in sich findet. Und genauso gilt es, die Frau aus der Frau herauszuholen. Und mein Ziel – eins meiner Ziele – ist hier, wie immer in meinem Schreiben, das Spiel zu verderben; denn nur wenn die Musik verstummt und die Paare entzweigehen, ist die Invasion von Wirklichkeit möglich, nur dann wird uns klar, daß das Spiel nicht Wirklichkeit ist, sondern Spiel. Ungeladene Gäste auf euren Ball führen; euch anders miteinander verbinden und dazu zwingen, daß ihr einander anders definiert: euch den Tanz verderben.

Vielleicht, ganz sicher sogar, ist meine Literatur radikaler und verrückter als ich selbst. Ich glaube nicht, daß das an mangelnder Beherrschung liegt – eher, daß gewisse Faszinationen bis zur letzten formalen Konsequenz getrieben werden und dann, in den Büchern, riesenhafte Ausmaße annehmen – in mir aber bleiben sie, was sie waren, nämlich nur eine unmerkliche Abweichung der Phantasie, irgendeine leichte »Neigung«. Deshalb habe ich es, konkreter gesprochen, nie fertiggebracht und werde es nie fertigbringen, gewöhnliche Liebe, gewöhnlichen Charme in der Kunst zu zeichnen, deshalb ist diese Liebe, ist dieser Charme bei mir erstickt, geknebelt, in die Unterwelt verbannt, deshalb bin ich in diesen Dingen nicht gewöhnlich, sondern dämonisch (groteske Dämonie!). Indem ich die bedrohlichen Konflikte verbotener Reize aufzeige und kompromittierende Lyrik ans Tageslicht zerre, will ich euch aus den Gleisen bringen – das ist der Stein, den ich auf die Schienen eures Zuges lege. Euch aus den Verhältnissen jagen, in denen ihr euch eingerichtet habt, damit ihr wieder Jugend und Schönheit erfahrt, aber auf andere Art...

Sonntag
Bei Stanisław Odyniec in Mar del Plata. Gestern spätabends am Strand vor dem Casino: das bekannte Rauschen und Plätschern. Die Brust der schwarzen Wasser, wachsend und zusammensinkend. Knisternd spritzt ein Schaumfächer bis hierher, zu meinen Füßen. Dort im Süden die Schattenrisse der Häuser

auf der Anhöhe, hier vor mir Mast und Fahne, und links ein zerbrochener Pfahl, auftauchend und ertrinkend... Es hat gedonnert. Frühling. Die Saison beginnt erst in zwei Monaten, jetzt ist hier niemand, menschenleer und still, die geschlossenen Hotelfenster stieren auf den Strand, über den ein Hund irrt, und der Wind bewegt Schnüre, stößt in letztjährige Konservendosen, spielt mit einem Stück Papier...

Die ungeheure Öde der von sechshunderttausend Menschen entleerten Stadt, der Tod dieser Straßen, Plätze, Betriebe, Häuser, Geschäfte, die geschlossen, blockiert, mundtot sind von menschlicher Abwesenheit an einem Ozean, der die Unberührbarkeit seines Daseins wiedergewonnen hat und nur mehr für sich ist; und still stürmt der Sand die Gestade... Was ist das? Was geschieht hier? Etwas geschieht, doch ich weiß nicht, was...

Was denn nur? Ich wandere den Strand an der Grenze dieser Gischt entlang und suche nach einem passenden Gefühl in mir, was nur, was sollst du auf dem Sand, den du da wieder unter den Füßen hast, empfinden, im Geruch von Meergetier und Salz, im ewig gleichen Wind? Ob man ein Gefühl von der Ewigkeit bekommen kann? Vom Sterben? Oder Gott darin entdecken kann? Die eigene Nichtigkeit oder Größe erfahren? Raum oder Zeit empfinden? Aber ich kann nicht ... irgend etwas hindert mich ... diese eine furchtbare Sache ... daß das alles schon bekannt ist, daß es oftmals, tausendmal schon gesagt... und sogar gedruckt worden ist!

Und ich muß originell sein!

So gehe ich weiter gesenkten Hauptes dicht am Rand des schäumenden Streifens, den Blick auf den Sand gerichtet, lauschend auf den ewigwährenden Prozeß, aber mein Herz ist nicht frei – ich muß ja originell sein, darf niemanden wiederholen, und das aufrichtigste Gefühl ist mir verboten, nur weil jemand anders es empfunden und ausgesprochen hat. Warte, überleg mal... dich sieht doch hier niemand, keine Menschenseele in diesen Fensterhöhlen, auf den Straßen nichts als

Asphalt, massenlos die Stadt – weshalb solltest du dir nicht einen gewöhnlichen Gedanken an die Ewigkeit erlauben, an Gott oder die Natur, weshalb mühst du dich und willst unbedingt etwas Neues, nie Gesehenes und Verblüffendes... selbst hier am Strand, auf dem ein Hund läuft? Seht nur: jetzt halte ich inne in salziger Frische und Stille, ich umfasse die ganze Einsamkeit mit dem Blick und zaudere... ob ich mich nicht einer jener bekannten und gewöhnlichen Wahrheiten auftun soll. Und lächle nun... und zwar deshalb (fiel mir ein), weil in einer Woche im Polnischen Klub von Buenos Aires eine Diskussion über meine Bücher stattfinden wird; und ich glaubte schon die verdrießlichen Bemerkungen zu hören: daß er sich krampfhaft um Originalität bemüht, sich jegliche Schlichtheit ausgetrieben hat und sich Gefühle ausdenkt, alles nur *pour épater*... Jetzt komme ich an ein Felsufer, wo es geräuschvoll wird, Wasser trifft von unten auf Klippen und Gestein und spritzt hervor – Jod in der Luft. Und wieder derselbe Ruf im ewig gleichen Wogen: sei gewöhnlich, sei wie alle, du darfst doch, niemand ist hier, jetzt ist der Augenblick zu empfinden, was hier seit Jahrhunderten empfunden ward...

Aber ich muß originell sein!

Also um nichts auf der Welt! Um keinen Preis! Was liegt daran, daß die Stadt menschenleer ist? Eine unechte Abwesenheit ist das, sie sind in mir und hinter mir her, sind mein Schweif und mein Federbusch, und ihr Schrei geht: sei außergewöhnlich, sei neu, denk dir etwas aus, empfinde Unbekanntes! Ich lächelte leicht beschämt und sah mich kaum merklich um, zog den Kopf ein und wandte dann, im Glanze meiner Schauspielkunst und bei heraufziehender Nacht, das Gesicht den Wassern zu. So stand ich da im ganzen Stolz meiner Unschlichtheit – als der, der zur Originalität gezwungen ist – als Werkzeug eines furchtbaren und unbegreiflichen kollektiven Geistes, der im Ringen mit der ewigen Identität des Ozeans nach unbekannten Lösungen strebt – immer hungernd nach Neuem – in stürmischer Ungeduld gelangweilt von dem, was er schon kennt – voll heißen Verlangens nach allem, was über ihn hinausgeht... Stand da und machte in mir das heutige Gefühl zugunsten des morgigen zunichte, indem ich die Zeit totschlug...

Darauf begab ich mich durch die Öde dieser Straßen nach Hause – aber so, als ruhten Blicke auf mir.

SONNABEND

Meine Wut auf die Frauen ist die gleiche, die mich ein affektiertes Gedicht, einen gefallsüchtigen Roman, jede Art von unfähiger Kunst angreifen läßt... So etwas ärgert mich... Diese Fraulichkeit ist schlechter Stil... Aber es kann schließlich nicht darum gehen, den uralten Geschlechterkampf wiederaufzunehmen, der unsere Großväter und -mütter einst erhitzte. Wenn ich mich darüber auslasse, so aus anderen – aktuellen – Gründen.

Die Frau ist der Schlüssel zum Mann. Dieser Schlüssel vermag sehr viel zu erschließen, gerade heute, in unserer Zeit. Und wem? Den Polen.

Eines der großen Probleme unserer Kultur ist, wie wir uns gegen Europa stellen sollen. Wir werden solange kein wirklich europäisches Volk sein, wie wir uns nicht von Europa abheben – denn Europäertum besteht nicht darin, mit Europa zu verschmelzen, sondern darin, sein – spezifischer und unersetzlicher – Bestandteil zu sein. Und auch: nur die Absetzung von Europa, das uns hervorgebracht hat, kann bewirken, daß wir schließlich zu eigenem Leben kommen.

Also: der europäischen Frau die polnische Frau gegenüberstellen; oder der Frau des Westens die osteuropäische Frau; es dahin bringen, daß sie zu einer anderen Art von Inspiration wird. Wenn ihr euch die Frau ändert, ändert ihr euren Geschmack insgesamt, sämtliche Neigungen, ihr erwirkt neue Sitten in Leben und Kunst. Gibt es diese Möglichkeit?

Wenn ich sie nicht sähe – wozu dann von Unerreichbarem faseln? Aber ich glaube, der Pole ist trotz der Stagnation seines

Denkens hier im Ausland, und ungeachtet des Terrors, der ihn dort in der Heimat erstickt, trotz der Leere, die ihn hier wie dort aufsaugt, fieberhaft auf der Suche nach sich selbst. Und das heißt, daß wir uns in einer Phase radikalen, grundlegenden, ja tollkühnen Denkens befinden und kein Entschluß uns zu extrem wäre.

Können wir uns die Frau ändern? Kann uns die Frau sich verändern?

Die Frau ist uns bisher (grob und etwas symbolisch gesprochen) von Paris aufgezwungen worden. Daher die beherrschende Rolle von Paris in unserer Phantasie, daher dieser satt- und widersam bekannte Gesang der sarmatischen Pariser, die berauscht sind vom Charme und der knisternden Elektrospannung ihrer Ville Lumière. Die elektro-erotische Magie von Paris, aber ... nur Mut, werdet zu Antiparisern, macht euch diese erotische Widerwärtigkeit ganz klar.

Lauscht einmal der Liebessprache der Franzosen, der aus dem Schlafzimmer. Bewegt? Belustigt? Rührt sie euch? Oder wärt ihr eher geneigt, sie zu erbrechen, als eine der Scheußlichkeiten dieser Welt, diese Liebe im Schlafrock, diese triumphierenden Unterhosen, bourgeoisen Späße in ekstatischer Brunst? Und nun hört euch ihre Liebessprache höherer Klasse an. Welche mögt ihr lieber? Die intellektuell-sinnliche Lüsternheit des schlauen Glatzkopfes, der seinen eigenen Sinnesrausch analysiert, oder die charmante Salonsprache, die doch auch nichts anderes ist als Frackgehüpf, Perückentanz, mäßig gepfefferte Damen- und Herrenkonfektion? Das Liebeslied der Franzosen ist häßlich, weil es eine Billigung der Häßlichkeit darstellt. Der Franzose hat sich mit der Häßlichkeit der Zivilisation abgefunden, ja, er hat sie liebgewonnen. Deshalb verkehrt der Franzose nicht mit der nackten, sondern mit der bekleideten Frau – und mit der ausgezogenen. Die französische Venus ist kein nacktes Mädchen, sondern eine anzügliche Madame und *fort distinguée*. Nicht der Körpergeruch erregt ihn, sondern das Parfüm. Er ist hingerissen von aller künstlichen Schönheit, wie Charme, Eleganz, Distinktion, Witz, Mode, *maquillage* – Schönheit, mit der sich biologische Dekadenz und fortgeschrittenes Alter maskieren – die französische Schönheit ist also um die Vierzig. Und wenn diese Schönheit die Welt erobert hat, so gerade weil sie Resignation ist – das ist was für ältere, begüterte Damen und bejahrte *causeurs* und *bonvivants*, da kann man sich auf seine alten Tage ausleben. Solche resignierte und realistische Schönheit singt: Wenn man nicht hat, was man liebt, so liebt man, was man hat!

So gewannen denn die französische Schönheit und der französische Frauentyp auch unsere slawischen Advokatengattinnen nebst unseren Advokaten für sich. Aber ihr Slawen! Sagt, hat denn da euer slawischer Sinn für Poesie nicht protestiert? Ihr seid doch insgeheim von einer anderen Mädchenfrau besessen. Seid doch in der Liebe Idealisten. Die Frau eurer Träume ist schlichter und reiner. Und ist nicht gerade dieser erotische Idealismus der Grund für eure Erfolglosigkeit in der Kultur, die eine Kunst der Ersatzbefriedigung ist und bleibt – kategorischer Geschmack macht sich hier nie bezahlt. Ihr habt euch nicht abfinden mögen mit der Realität, d.h. mit der Zivilisation, d.h. mit der Häßlichkeit, und während die Franzosen so gewitzt und schlau waren, sich die Französinnen, wie die Natur sie ihnen geschenkt hatte, zu parfümieren, schminken und aufzuputzen, ohne ihnen lange aufs Maul zu schauen, träumten wir... von einer unbefleckten Oleńka, einer schlichten Zosia, einer naiven Baśka... von der Iwonka (Germans) und Dzikuska (der Zarzycka)... Doch wenn wir auch so träumten – in der Realität unseres gesellschaftlichen, geselligen, erotischen Lebens, in unserer Mode und unseren Manieren obsiegte jene französische Schönheit. Weshalb war das Volk der Wokulskis nicht in der Lage, die Pariser Frau in sich zu bezwingen? Doch gerade deshalb, weil sie wirklichkeitsnäher war... unser »Typ« eignete sich zum Träumen... ihrer – zum Zusammenleben...

Heute dagegen, nach Krieg und Revolution, haben die Rollen gewechselt. Nun haben wir, glaube ich, die Wirklichkeit auf unserer Seite, gegen Paris. Unser Idealismus wurde vergewaltigt. Unser Traum zertreten. Zum Teufel ist er! In den langen Jahren der deutschen Okkupation habt ihr das nackte Sein mit bloßen Fingern gefaßt, fort ist die Polstermatratze, die euch isolierte – diese Antäus-Berührung sollte euch mit Kraft erfüllen. Und nach dem Krieg der Kommunismus, also weitere Negation des Idealismus; die Frau wurde vom Himmel auf die Erde geholt, jedenfalls aus einer höheren Sphäre in eine niedere, in die Sphäre des Proletariats. Und das gilt ebenso für die Frauen in der Heimat wie für diejenigen, die in der Emigration als Schneiderinnen, Kindermädchen, Verkäuferinnen arbeiten ...

Ich kenne mehr als eine von ihnen.

Was erhofft sich diese Ex-Dame in ihrer neuen Situation? Nicht eine Sekunde keine Dame zu sein, natürlich. Elegant anziehen will sie sich, auch wenn diese Eleganz notgedrungen ärmlich ist. Modisch möchte sie sein, auch wenn sie sich die neuesten Modelle nicht leisten kann. Ihre Hüte sind nach wie vor aus Paris, aber einem Paris aus dritter Hand. Immer noch schmachtet ihr *genre* nach dem Salon, auch wenn es nur ein deklassierter Salon sein kann. Ihr Geschmack, ihre Ästhetik, sie sind so heikel – noch aus jener Epoche. Du kannst dich stundenlang mit ihr unterhalten, ohne auf die Idee zu kommen, sie könnte anderes, Härteres durchgemacht haben.

Wärst du nur schöpferischer, Polin ... stütztest dich wenigstens im Wettstreit mit der Welt entschlossener auf die eigenen Vorzüge. Ich will dich nicht in Versuchung führen ... aber könntest du dich nicht innerlich gegen die Frau auflehnen, die du bist – da du sie doch gar nicht mehr bist? Mehr verlange ich nicht von dir – nur dies Fünkchen Aufsässigkeit, das deine eigene Wirklichkeit freisetzt. Sei eine Frau, die »nicht von dieser Welt« ist – nicht der Welt der westlichen Bourgeoisie. Von welcher Welt sollst du sein? Der proletarischen? Um Gottes willen, nein, das ist doch auch nicht dein Element. Versuche, jenseits von allem zu sein, oder besser zwischen dem einen und dem anderen, laß dir deinen Stil von der Situation diktieren.

Du mußt ja gar nicht wissen, was du willst. Du brauchst nur zu wissen, was du nicht willst. Der Rest kommt von allein. Wende dich gegen eine Schönheit, die dir unzugänglich ist – so wirst du zur Reform der Weiblichkeit beitragen.

Montag

Gestern im Polnischen Klub. Ich traf genau den Abschluß der Wiederkäuung meiner Seele, meiner Werke. Das mir geneigte Referat stammte von Karol Świeczewski, während Frau Jezierska das Gegen-Referat hielt... Danach eine Diskussion, gegen deren Ende ich auftauchte.

Thomas Mann, erfahrener Kenner dieser Materie, sagte, eine Kunst, die von Anfang an im Glanz der Anerkennung großgeworden ist, werde zweifellos anders sein als eine, die sich ihren Platz mühevoll und über viele Erniedrigungen und Niederlagen erobern muß. Wie würde meine künstlerische Arbeit aussehen, hätte sie vom ersten Augenblick an den Lorbeer getragen und müßte ich mich ihr nicht bis heute, nach all den Jahren, wie etwas Verbotenem, Peinlichem und Unschicklichem widmen? Und dennoch, als ich den Saal betrat, grüßten mich die meisten Anwesenden herzlich, und es kam mir vor, als hätte sich die Stimmung seit der Zeit, da Fragmente aus *Trans-Atlantik* in der *Kultura* erschienen waren, sehr geändert. Ich schreibe das gerade diesem Tagebuch zu. Auch teilte man mir mit, daß die meisten Redner in der Diskussion sich für mich ausgesprochen hätten.

Eingetaucht in die wogende Menge, fühlte ich mich fast wie die Seeleute des Odysseus: so viele lockende Sirenen in den freundlichen und zutraulichen Gesichtern, die mir da entgegenkamen! Es wäre wohl leicht gewesen, sich diesen Menschen an den Hals zu werfen und zu sagen: ich gehöre zu euch, habe immer zu euch gehört. Doch Vorsicht! Laß dich nicht von Sympathie bestechen! Laß dich nicht aufweichen von faden Sentiments und süßlichem Einvernehmen mit der Masse, in dem so viel polnische Literatur untergegangen ist. Sei immer fremd! Sei unwillig, mißtrauisch, nüchtern, hart und exotisch. Bleib aufrecht, Junge! Laß dich nicht zähmen, einverleiben von den Deinen! Dein Platz ist nicht bei ihnen, sondern jenseits von ihnen, wie das Springseil der Kinder bist du – man wirft es vor sich, um's zu überspringen.

Dienstag

Feuilletons. Aus den Feuilletons dringt das drohende Grollen angeketteter Löwen zu mir. Ich weiß nicht, ob jemand sie bändigt, oder ob sie selbst sich lieber noch vom Sprung zurückhalten und sich einstweilen mit fürchterlich mörderischen Anspielungen begnügen. Dieses und letztes Jahr giftet die Emigrationspresse im verborgenen reichlich gegen mich. So lese ich in einem Artikel von den »Grimassen, die der traditionellen polnischen Haltung von einigen Emigranten geschnitten werden, die den Anspruch erheben, Intellektuelle zu sein«. Wer ist damit gemeint? Oder das von den »dogmatischen Bilderstürmern und Küstern zweifelhafter Einweihungen«. Wer kann das sein? Weiter lese ich, ein gewisses supermodernes Drama sei ganz langweilig und unverständlich, oder der Roman von X. sei tausendmal besser als ein gewisser wirrer Roman von schlechtestem Geschmack, der innovatorisch sein will. Welches Drama, welcher Roman sind hier gemeint?

Ich wundere mich nicht über die Feuilletons. Ich an ihrer Stelle wäre auch ärgerlich. Alles funktionierte so schön in unserem Dornröschenreich der Emgiration, die Rollen waren gut verteilt, die Zunft beweihräucherte sich zur allgemeinen Zufriedenheit gegenseitig, da kommt plötzlich irgendwo aus Argentinien ein Typ her, der eigentlich gar nicht zum Verein gehört – und dieser Typ erklärt sich selbst zum Schriftsteller, bittet die Feuilletons nicht lange um Erlaubnis und veröffentlicht nicht nur einen Roman und ein Drama, die aus der Reihe tannzen und Gefühle verletzen, er besitzt sogar die

Frechheit, ein TAGEBUCH DES SCHRIFTSTELLERS herauszugeben. Ohne jede Genehmigung und bar jeder Anerkennung durch das Gremium! Und zudem ist auch noch jedes Wort dieses Tagebuchs gegen den Strich geschrieben. Ein Skandal! Bewundernswert, das Phlegma der Löwen. Ich dachte, sie würden mir das Hosenbein zerreißen, doch bislang zupft man mich nur feuilletonistisch durch den Zaun.

Wäre die polnische Literatur im Exil in ihrer bedeutenden (bedeutenden!) Mehrheit nicht eine reglose Pfütze, die einen veralteten Mond spiegelt, wäre sie nicht Geschwätz, Leerlauf und Gewurstel, kuhhaftes Wiederkäuen der Nahrung von gestern, brächtet ihr mehr zustande als entzückendes Feuilleton, das dem Leser auf zwei Pfötchen schöne Augen macht, dann befände ich mich schon lange offen und ehrlich im Krieg mit euch. Statt mich hinterrücks allerwertest anonym zu kneifen, würde man mich frontal angreifen, dann hätte ich es mit offener Polemik zu tun, die nicht danach fragt, wie sie den Gegner in den Augen der Öffentlichkeit durch Unterstellungen lächerlich machen und verleumden kann, sondern loyal nach seiner Wahrheit sucht und sie mit der ganzen Kraft innerer Überzeugung bekämpft. Diese Art Polemik geht aber über die Kräfte der Feuilletons. Die Feuilletons wollen mir nicht an die Wahrheit, sondern an den ... um ihn zu kneifen. Die Feuilletons können nicht mit mir polemisieren, denn ihre gerissene und dumme Berechnung heißt sie, mich zu verschweigen und mir keine Reklame zu machen. Die Feuilletons nehmen überhaupt alles persönlich, sie denken nur an dumme Taktik und ebenso dumme Strategie. Die Feuilletons müßten erst einmal darangehen, meine Literatur gründlicher kennenzulernen und über sie nachzudenken, aber das können sie nicht, sie können nur Grimassen, Witze, Fußtritte und andere Kunststückchen. Auf alle Fälle diskutieren die Feuilletons mich lieber nicht ernsthaft, weil sich dann herausstellen würde, daß ich kein Skandal bin, sondern nur ein rechtschaffener, wenn auch vielleicht mißglückter (niemand ist unfehlbar) Versuch, unser Denken zu erneuern und es unserer

Wirklichkeit anzupassen. Doch den Feuilletons ist es lieber, ich bin ein Skandal, das paßt ihrer Halbweltmentalität besser und gestattet ihnen, Gesichter zu schneiden.

Dieses Zerzwitschern unseres öffentlichen Lebens durch das Feuilleton wird böse enden. Alles wird uns zu Gehacktem und ewigem Getänzel vor dem Leser geraten. Unter diesen Bedingungen kann unmöglich etwas entstehen, das mehr wäre als Journalismus. Da dominiert gar nicht einmal mehr die pompöse Phrase von einst, sondern die Anekdote. Ein Haufen Touristen sind wir, die Witze reißen und Sprüche klopfen. Und auf der Leere unserer Gedankenlosigkeit, auf dem Haufen blasierter, feuilletonistischer Nichtigkeit hat sich unser ewig unverzagt LYRISCHES GEDICHT breitgemacht und heult zum Himmel wie ein nasser Hund.

FREITAG

Der kämpferische Essay *Gegen die Dichter* ist aus dem Ärger entstanden, den diese Dichter mit ihrem aufdringlichen und konventionellen »Dichtertum« in langen Warschauer und warschaufernen Jahren in mir weckten – ich hatte die Nase voll davon. Das ist in erster Linie eine Reaktion auf das Milieu und sein unseliges *genre*. Aber diese Wut hat mich gezwungen, das ganze Problem des Gedichteschreibens zu ventilieren.

Weshalb hat die Schlacht, die dieser Artikel in der Presse auslöste, nichts Bemerkenswertes erbracht?

Wollten meine Opponenten meine Äußerung richtig verstehen, so müßten sie sie vor dem Hintergrund der großen Revision der Werte sehen, die jetzt auf allen Gebieten im Gange ist. Worauf beruht sie? Auf der Sichtbarmachung der Kulissen unseres Theaters. Der Aufdeckung der Tatsache, daß die Erscheinungen nicht sind, was sie zu sein vorgeben. Wir revidieren Moral, Idealismus, Bewußtsein, Psyche, Geschichte... Ein Hunger nach Wirklichkeit ist wachgeworden, ein Wind des Zweifels aufgekommen und uns in die Maskerade gefahren...

Da sollte nur die Kunst tabu bleiben – bedarf nicht vor allem sie einer Revision – einer weiteren Revision – noch drastischeren Revision? Das ist doch ein Augiasstall! Nichts ist dümmer als gerade das: unser Verkehr mit der Kunst.

Ihr sagt, diese Institution – die gereimte Dichtung – funktioniere seit tausend Jahren, und wir alle verehrten das Gedicht? Das sollte ein Grund sein, diese Verehrung ein wenig zu überprüfen. Ihr zitiert berühmte Dichternamen? Ruhmvollere als sie sind zu Rauch geworden in den Flammen unseres wachsenden Mißtrauens.

Doch ich hatte vergebens darauf gewartet, meine Fragezeichen von den Teilnehmern der Polemik bereichert zu sehen – sie konnten sie nur verengen, zu solchen Argumenten etwa: Gombrowicz behauptet, Gedichte finden keinen Anklang, aber als ich Soldaten Gedichte vorlas, sah ich auf ihren Gesichtern etc. etc. Oder: einfache toskanische Hirten pflegten Tassos Octaven aus dem Gedächtnis zu zitieren. Mein Bestreben war es, den eigentlichen Sinn unserer Beziehungen zur Versdichtung zu entschlüsseln, hinter die Fassade zu schauen, zu prüfen, welche Empfindungen wir haben und, mehr noch, wie weit wir ihnen trauen können – und die kommen mir mit irgendwelchen Hirten und Soldaten.

Es ist dumm, daß eine so schwierige und tiefgründige Frage sich aufs Spielfeld journalistischer Polemik verirrt hat (meine Schuld). Ich habe sie aufgegriffen, um mich persönlich von einem Gebiet abzugrenzen, dem der Ruch der Mystifikation anhaftet. Die Revision der Versdichtung ist ohnehin nur möglich im Rahmen einer viel allgemeineren Revision, die unsere Einstellung zur Kunst umfaßt – und zur Reform überhaupt.

Dennoch glaube ich, daß mein antipoetischer Traktat eine redliche Erörterung verdient hat – mit fünf Minuten launigen Gekrakels ist's nicht getan; ihr habt es mit einem neuen Gedanken zu tun, der auf authentischer Empfindung beruht.

Freitag

Ein anderer Vorwurf in dieser Polemik ist mir aufgefallen, nämlich der von Łobodowski, der auf meinen »Geniekult« abzielt, soll heißen, ich kokettierte mit »Genialität« und neigte zum Größenwahn. Ich nehme an, aus dieser Ecke werde ich noch öfter mit Schmähungen überhäuft werden – ich, und gewiß auch mein Tagebuch.

Ich gebe zu... vom konventionellen, taktvolle Bescheidenheit gewohnten Standpunkt mag die Unanständigkeit, mit dem ich meinen nackten Appetit auf Ruhm, Innovation, ja sogar Genialität zeige, anstößig wirken. Aber keine Angst, ihr Schweifwedler; bescheiden tun kann ich so gut wie ihr; nur hilft mir das nicht mehr in meinem Verhältnis zum Leser – den ich mir realer wünsche, verankert im wahren Kräftespiel der Literatur.

Und die »Koketterie«, mit der ich unverhüllt meinen Ehrgeiz zeige, ist vielleicht bescheidener als die Artigkeit, mit der ihr den euren bemäntelt... Überhaupt solltet ihr, wenn ihr es mit einem Mann von klarem Verstand zu tun habt, der weiß was er tut und warum er es tut, eure faulen Popokneif-Tricks lassen.

Donnerstag

Aus meinem Brief an A.K.Jeleński:

»Ach, könnte ich mich nur sammeln, konzentrieren, vor allem von den Lesern ablenken! Dieses Tagebuch ist nur zu 30 Prozent, was es sein sollte, man müßte es in absolutere Sphären treiben, meine Problematik, dieser ganze Fragenkomplex und die Selbsterschaffung vor aller Öffentlichkeit verlangen mehr Radikalität, noch entschiedenere Abkehr von der normalen Schreibgewohnheit. Doch was soll ich tun, ich, der ich halbtot vom Broterwerb alle Monat wieder fast so etwas wie Feuilleton schreibe, dabei so direkt mit dem Leser verbunden und so abhängig von ihm? Ich bin zerpulvert... Müßte mich auch offener und hüllenloser zeigen – aber solche Dinge kann man nicht halbherzig tun. Ich tröste mich damit, daß es mir vielleicht langsam, schrittweise, eines Tages gelingen wird, mein Tagebuch ins rechte Fahrwasser zu bringen und diesem Prozeß des Knetens und Gestaltens meines öffentlichen Wesens die nötige Schärfe zu verleihen.«

(Das ist ein wenig in der Absicht geschrieben, ihn noch mehr in meine Angelegenheiten hineinzuziehen, mit dem Hintergedanken, daß dies Programm ihn interessieren wird und das der Ton ist, den er von mir erwartet. Ich muß mir Jeleński warmhalten; er versteht mich, er macht Karriere, seine Position in der polnischen und französischen Literatur festigt sich von allein. Aber mit Hintergedanken oder ohne, der obige Absatz enthält die Wahrheit.)

1955

XIV

Sonnabend
Von Tito erfuhr ich, daß Cesar Fernández Moreno unser Gespräch über Argentinien niedergeschrieben hat und beabsichtigt, es in einer Monatsschrift zu veröffentlichen. Ich rief an und bat ihn, mir das vor dem Druck zu zeigen.

Aber ihr wißt ja gar nichts davon, wie sich meine Kontakte mit der literarischen Welt Argentiniens gestaltet haben. Ja, erst jetzt wird mir klar, daß ich euch bis heute nicht in dieses Kapitel meiner Biographie eingeweiht habe. Ich zweifle nicht, daß ihr gern davon hören werdet. Habe ich euch schon so mit mir vertraut gemacht, daß euch nichts, was mich betrifft, gleichgültig läßt?

Bekanntlich erreichte ich Buenos Aires eine Woche vor Kriegsausbruch auf dem Schiff »Chrobry«.

Jeremi Stempowski, damals hiesiger Direktor des »Gal«, nahm sich meiner an, und er war es, der mich einem der bedeutendsten Schriftsteller, Manuel Gálvez, vorstellte. Gálvez war mit Choromański befreundet, der ein Jahr vor meiner Ankunft längere Zeit hier verbracht und sich zahlreiche Sympathien gewonnen hatte. Gálvez erwies mir die vorzüglichste Gastfreundschaft und half mir in vielen Dingen, doch seine Schwerhörigkeit stieß ihn ins Abseits, in die Einsamkeit – so überwies er mich an einen nicht weniger bekannten Dichter, Arturo Capdevilà, der gleichfalls ein *amigo de Choromański* war. »Ach«, sagte Frau Capdevilà, »wenn Sie genau so bezaubernd sind wie Choromański, werden Sie unsere Herzen im Fluge erobern.«

Leider kam es anders. Den Argentiniern habe ich nichts vorzuwerfen. Sie hätten eine viel stärkere Dosis Scharfblick anwenden müssen, als sie das hastige Getriebe großstädtischen

Menschenumgangs erfordert, um sich in meiner damaligen Verrücktheit zurechtzufinden – hätten eine Engelsgeduld besitzen müssen, um sich ihr anzupassen. Schuld war jene »Konstellation«, die an meinem gestürzten Himmel aufgezogen war ...

Als ich von Polen nach Argentinien fuhr, war ich völlig demoralisiert – noch nie (abgesehen vielleicht von der Zeit, die ich viele Jahre vorher in Paris verbracht hatte) war ich in einem Zustand derartiger Zerrüttung gewesen. Die Literatur? Ging mich nichts an, nach dem Erscheinen von *Ferdydurke* hatte ich beschlossen auszuruhen – und die Geburt dieses Buches war wirklich eine Erschütterung für mich gewesen – ich wußte, viel Zeit würde vergehen, bis ich neuen Stoff in mir würde mobilisieren können. Überdies war ich noch benommen von den Giften dieses Buches, von dem ich selbst im Herzen nicht wußte, ob es »jung« oder reif sein will? Kompromittierender Ausdruck meiner ewigen Faszination durch das junge und somit bezaubernde Niedere, oder ein Streben nach stolzer, doch tragischer und unattraktiver, reifer Überlegenheit? Und als ich auf der »Chrobry« die deutsche, französische und englische Küste an mir vorüberziehen sah, schienen all diese im Schrecken des ungeborenen Verbrechens, im stickigen Klima der Erwartung starren Länder Europas zu schreien: sei leichten Sinnes, du bedeutest nichts, richtest nichts aus, nur die Trunkenheit ist dir geblieben. So betrank ich mich auf meine Weise, das heißt, nicht unbedingt mit Alkohol – doch ich reiste betrunken, fast völlig umnachtet ...

Dann barsten Staatsgrenzen und Gesetzestafeln, blinde Gewalten kamen zum Ausbruch und ich – ach! – plötzlich in Argentinien, ganz allein, abgeschnitten, verschollen, verloren, anonym. Ich war ein wenig erregt, ein wenig erschrocken. Doch gleichzeitig hieß etwas mich den Schlag, der mich zerschmettert und aus meiner bisherigen Bahn gebracht hatte, mit leidenschaftlicher Rührung begrüßen. Krieg? Polens Vernichtung? Das Schicksal der Nächsten, der Familie? Mein eigenes Schicksal? Konnte mir das auf, wie soll ich sagen, auf normale Weise nahegehen, mir, der ich das alles schon vorher gewußt, schon lange erfahren hatte – ja, ich lüge nicht, wenn ich sage, daß mir die Katastrophe innerlich schon jahrelang vertraut gewesen war. Als das geschah, sagte ich mir etwas wie: »Ach, ist es soweit!« . . . und begriff, daß die Zeit gekommen war, die Fähigkeit der Trennung und des Aufbruchs, die ich in mir entwickelt hatte, zu nutzen. Es hatte sich ja nichts geändert, dieser Kosmos, dieses Leben, in dem ich gefangen war, waren schließlich nicht anders geworden, nur weil eine gewisse festgelegte Ordnung meines Daseins aufgehört hatte. Und doch überlief mich ein Schauder furchtbarer und fiebriger Erregung bei dem Gefühl, daß die Gewalt jenes namenlose und formlose Etwas freisetzte, dessen Existenz mir nicht fremd war, jenes Element, von dem ich nur wußte, daß es »niederer«, »jüngerer« ist – und nun wie eine Sturmflut in schwarzer, ungestümer Nacht losbrach. Ich weiß nicht, ob ich mich klar genug ausdrücke, wenn ich sage, daß ich von Anfang an verliebt war in die Katastrophe, die ich haßte, die doch auch mich ruinierte – meine Natur hieß mich sie begrüßen als eine Gelegenheit, mich mit dem Niederen in Dunkelheit zu verbinden.

Capdevilà – Dichter – Universitätsprofessor – Redakteur der großen Tageszeitung *La Prensa* – bewohnte mit seiner Familie eine schöne Villa in Palermo; aus diesem Haus kam mich die Atmosphäre des *Kurier Warszawski* und des Café *Lourse* an. Ich erinnere mich an den Tag, als ich das erste Mal zum Abendessen dort war. Wie sollte ich mich den Capdevilàs zeigen? Als tragischer Vertriebener aus einem vom Feind überrannten Land? Als ausländischer Literat, der »neue Werte« in der Kunst diskutiert und sich über sein Gastland informiert? Capdevilà erwartete, Frau Capdevilà erwartete, daß ich mich in einer dieser Gestalten repräsentieren würde und waren auch voll potentiellen Wohlwollens für den *amigo de Choromański* – gerieten aber bald in Verwirrung, als sie einen ganz jungen Burschen vor sich sahen, der doch gar kein so junger Bursche mehr war.

Was war passiert? Ja. Ich muß es wohl gestehen: Unter dem

Einfluß des Krieges, der Verstärkung der »niederen« Kräfte und der regressiven Kräfte, kam es in mir zu einer Eruption verspäteter Jugend. Vor der Niederlage suchte ich Zuflucht in der Jugend und schlug die Tür hinter mir zu. Schon immer hatte ich dazu geneigt, in der Jugend – meiner eigenen und fremder – Schutz vor den »Werten«, d.h. vor der Kultur zu suchen. Ich schrieb es schon in diesem Tagebuch: Die Jugend ist ein Wert an sich, das heißt eine Vernichterin aller anderen Werte, die sie nicht braucht, denn sie genügt sich selbst. Angesichts der Auslöschung all dessen, was ich bisher besessen hatte – Vaterland, Zuhause, gesellschaftliche, künstlerische Position –, suchte ich also in der Jugend Zuflucht, und dies umso bereitwilliger, als ich ja schließlich »verliebt« war. *Entre nous soit dit*, der Krieg hatte mich verjüngt... und dabei kamen mir zwei Umstände zu Hilfe. Ich sah jung aus, ich hatte ein frisches, erst gut zwanzigjähriges Gesicht. Alle Welt behandelte mich als grünen Jungen – für die überwiegende Mehrheit der wenigen Polen, die mich lasen, war ich doch ein unreifer Schnösel, eine völlig verrückte Figur – und für die Argentinier war ich jemand ganz Unbekanntes, irgend so ein Debütant aus der Provinz, der erst mal was zeigen und sich Anerkennung gewinnen mußte. Und selbst wenn ich mich diesen Menschen als Wert und als Bedeutung hätte aufzwingen wollen, wäre das kaum möglich gewesen, da ich ihre Sprache nicht beherrschte und wir uns in einem holprigen Französisch verständigten. Mein Aussehen also, meine Situation, mein völliges Ausgestoßensein aus der Kultur, wie auch die geheimen Schwingungen meiner Seele – all das drängte mich in jugendlichen Leichtsinn, in junge Selbstgenügsamkeit.

Die Capdevilàs hatten eine Tochter, Chinchina, zwanzig Jahre alt. Es kam dazu, daß er und seine Frau mich bald an Chinchina weiterreichten, die wiederum mich mit ihren Freundinnen bekanntmachte. Und stellt euch Gombrowicz 1940 vor, in jenem Jahr des Todes, leicht flirtend mit diesen Mädchen – die mir die Museen zeigten – mit denen ich Kuchen essen ging –

denen ich kurzweilige Vorträge über die europäische Liebe hielt... Der große Tisch im Eßzimmer der Capdevilàs, am Tisch zwölf junge Damen, und ich spreche über *l'amour européen* – welch eine Idylle! Und dennoch, auch wenn diese Szene in schändlichem Kontrast zu jenen Bildern der Verwüstung zu stehen scheint, sie war im Grunde nicht weit von ihnen entfernt, es war eher eine andere Form der gleichen Katastrophe, der Beginn eines Weges, der auch nach unten führte. So etwas wie eine völlige Bagatellisierung meines Wesens war eingetreten. Ich war leicht und leer geworden.

Und zur gleichen Zeit versank ich in Argentinien – das weit entfernt war von all dem dort, exotisch und freizügig, gleichmütig, ganz der eigenen Alltäglichkeit hingegeben. Wie lernte ich Roger Pla kennen? Wohl durch Fräulein Galignana Segura. Wichtig ist, daß er mich bei Antonio Berni, einem Maler, einführte; auch dort plauderte ich vor einem Kreis von Malern und Schriftstellern über Europa. Aber alles, was ich sagte, war sehr schlecht – ja, gerade als es für mich ungeheuer wichtig war, wenigstens einigermaßen Anerkennung zu finden, versagte mein Stil, und mein Ausdruck wurde so miserabel, daß es fast blamabel war. Worüber sprach ich? Über Europas Regression, darüber wie und warum Europa ein Bedürfnis nach Wildheit entwickelt hatte und wie diese krankhafte Neigung des europäischen Geistes für die Umwertung einer Kultur genutzt werden könnte, die sich zu sehr von ihren Fundamenten entfernt hatte. Aber wie ich das so sagte, war ich wohl selbst ein trauriges Exemplar und beschämende Illustration dieser Regression – es war, als wollten meine Worte mich Lügen strafen und gerade beweisen, daß ich dieser Problematik nicht gewachsen, nicht auf der Höhe dessen sei, was ich sagte. Und ich erinnere mich noch heute, wie Pla mir am Diagonal Norte wütend Vorwürfe wegen einiger dummer und naiver Sentimentalitäten meines Vortrags machte – insgeheim gab ich ihm recht, ich litt sogar mit ihm, wußte aber, daß das unvermeidlich gewesen war. Es gibt Zeiten, da kommt es in uns zu einer Persönlichkeitsspaltung, und die eine Hälfte unseres Wesens spielt der anderen Streiche, weil sie sich einen anderen Weg und ein anders Ziel gewählt hat. Dort bei Bernis lernte ich auch Cecilia Benedit de Debenedetti kennen, in deren Haus an der avenida Alvear allerlei Bohème verkehrte. Cecilia lebte in einer Art Umnachtung – verblüfft, entsetzt, betört vom Leben, rings umzingelt, wachte sie aus dem Traum nur auf, um in einen anderen, noch phantastischeren Traum zu geraten, sie kämpfte einen chaplinesken Kampf mit der Materie des Daseins... sie konnte es einfach nicht ertragen, daß sie existierte... dabei war sie eine Frau von vorzüglichen Eigenschaften, besten Tugenden und einer edlen und aristokratischen Seele. Aber da allein die Tatsache ihrer Existenz sie niederschmetterte und entsetzte, war es ihr eigentlich egal, mit wem sie sich umgab. Die Empfänge bei Cecilia? Etwas davon ist mir doch in Erinnerung geblieben, ein tanzender Joaquin Perez Fernández, Rivas Rooney stockbesoffen, irgendein blutjunges, sehr hübsches Mädchen, das sich wahnsinnig amüsierte... ja, ja, und diese Parties verschwimmen mir mit vielen anderen Parties an anderen Orten, und ich sehe mich, das Glas in der Hand, und höre meine eigene Stimme, von fern, zusammen mit Julietas Stimme:

Ich: »*Die zwei Mädchen da, in der Ecke? Kennst du sie?*«

Julieta: »*Das sind die Töchter der Dame, die sich mit La Fleur unterhält. Ich sag dir, was man sich von ihr erzählt: Sie nahm sich zwei junge Männer mit aufs Hotel und gab ihnen eine Spritze, um sie zu erregen... aber der eine hatte ein schwaches Herz und starb. Stell dir das mal vor! Ermittlungen, Polizei... aber sie hatte Beziehungen, die Sache wurde vertuscht, sie verreiste für ein Jahr nach Montevideo...*«

Ich durfte mir nicht anmerken lassen, wie wichtig diese Information für mich war, und sagte nur:

»*Ach, ja?*«

Bald jedoch verließ ich die Versammlung und begab mich in dunkelblauer, reglos argentinischer Nacht ins Retiro, das ihr schon aus *Trans-Atlantik* kennt: »Dort also fällt die Höhe zum Fluß ab, und die Stadt neigt sich zum Hafen, und der See stilles

Wehen ist wie singendes Flehen auf dem Platz mit den Bäumen... Dort waren viele junge Matrosen...« Wen es interessieren sollte, dem teile ich gern mit, daß ich niemals, mit Ausnahme sporadischer Abenteuer in sehr frühem Alter, homosexuell war. Ich werde vielleicht der Frau nicht ganz gerecht, was das Gefühl betrifft, denn ich habe so eine Empfindungshemmung in mir, als hätte ich Angst vor Gefühlen... aber trotzdem zieht mich die Frau, besonders eine bestimmte Art von Frau, an und fesselt mich. Ich suchte also im Retiro nicht nach erotischen Abenteuern, aber – benommen, außer mir, entgleist und enterbt, verzehrt von den blinden Leidenschaften, die meine einbrechende Welt, mein verunglückendes Schicksal in mir entfachten – was suchte ich? Jugend. Ich könnte sagen, ich suchte eigene und fremde Jugend zugleich. Fremde – weil diese Jugend in Matrosen- oder Soldatenuniform, die Jugend dieser stinknormalen Burschen vom Retiro mir unzugänglich war; die Gleichheit des Geschlechts, das Fehlen sexueller Anziehung machte jede Vereinigung und Besitznahme unmöglich. Und eigene Jugend – weil es zugleich auch meine war, die sich in einem wie mir verwirklichte, nicht in einer Frau, sondern in einem Mann, es war die gleiche Jugend, die mich verlassen hatte und jetzt in einem anderen blühte. Und für den Mann nun werden die Jugend, die Schönheit, der Charme einer Frau niemals so kategorisch im Ausdruck sein – die Frau ist doch immer etwas anderes, auch ermöglicht sie das, was uns biologisch gewissermaßen rettet: das Kind. Hier aber, im Retiro, sah ich sozusagen die Jugend an sich, unabhängig vom Sexus, und ich empfand das Blühen des Menschengeschlechts in der schärfsten, radikalsten und – da von Hoffnungslosigkeit gebrandmarkt – dämonischen Form. Und zudem – hinab, hinab, hinab! Das zog mich nach unten, in die niederste Sphäre, ins Reich der Erniedrigung, hier wurde die Jugend, die als solche schon erniedrigt war, noch ein zweites Mal als gemeine, als proletarische Jugend erniedrigt... Und ich, Ferdydurke, wiederholte den dritten Teil meines Buches, die Geschichte von Mjentus, der sich mit einem Bauernbengel »verbrüdern« wollte.

Ja, ja! Dorthinein drängte mich das Gewirk der Tendenzen, die mich bestimmten, als in meiner alten Heimat die Erniedrigung ihren Tiefstpunkt erreicht hatte und nur noch der Drang nach oben möglich war . . . das war die neue Heimat, durch die ich die alte langsam ersetzte. Wie oft geschah es, daß ich künstlerische oder gesellige Versammlungen verließ, um mich dort, im Retiro, am Leandro Alem, herumzutreiben, ein paar Bier zu trinken und in größter Ergriffenheit nach den Blitzen der Göttin, dem Geheimnis des zugleich aufblühenden und erniedrigten Lebens zu haschen. In meiner Erinnerung sind all die Tage meines normalen Daseins in Buenos Aires von Retironacht durchsetzt. Obwohl die für alles blinde und taube Obsession mich bald ganz zu erfassen begann, war mein Verstand nicht lahmgelegt – ich wußte, daß ich mich da gefährlichem Grenzland näherte, und das erste, was mir in den Kopf kam, war natürlich, daß sich unterbewußte homosexuelle Neigungen in mir Wege bahnten. Das hätte ich vielleicht sogar mit Genugtuung zur Kenntnis genommen, weil es mich wenigstens in irgendeiner Realität angesiedelt hätte – aber nein, zur gleichen Zeit knüpfte ich engere Beziehungen zu einer Frau, die an Intensität nichts zu wünschen übrig ließen. Überhaupt war ich damals ganz schön hinter den Mädchen her, manchmal auf ziemlich skandalöse Weise. Diese Vertraulichkeiten seien mir verziehen. Ich habe nicht die Absicht, euch in mein Liebesleben einzuführen, es geht hier nur darum, die Grenzen meines Erlebnisses abzustecken. Hatte ich anfangs in der Jugend nur Zuflucht vor mir unzugänglichen Werten gesucht, so erschien sie mir bald als der einzige, höchste und absolute Wert des Lebens, die einzige Schönheit. Doch dieser »Wert« besaß eine Eigenschaft, die sich der Teufel selbst ausgedacht haben mochte, daß er nämlich als Jugend auch immer unter Wert war – er war ganz eng mit Erniedrigung verbunden, war die Erniedrigung selbst.

Es war wohl im Jahre 42, daß ich mich mit dem Dichter Carlo Mastronardi befreundete – meine erste Geistesfreundschaft in Argentinien. Mastronardis nicht sehr zahlreiche Gedichte hatten ihm einen bedeutenden Platz in der argentinischen Kunst gesichert. Gut vierzig Jahre, feinsinnig, mit Brille, ironisch, sarkastisch, hermetisch, vielleicht ein wenig wie Lechoń, war dieser Dichter vom Entre Ríos von echt Pariser Europäertum gezierte Provinz – war Engelsgüte im Panzer des Sarkasmus – war Krustentier, um seine Überempfindlichkeit zu schützen. Er interessierte sich für dieses Exemplar des kultivierten Europäers, das damals in Argentinien selten war, und wir trafen uns oft zur Nachtzeit in einer Bar... für mich auch gastronomisch von Bedeutung, weil er ab und zu Ravioles oder Spaghetti spendierte. Allmählich enthüllte ich ihm meine literarische Vergangenheit, erzählte von *Ferdydurke* und anderen Dingen, und alles Slawische an mir, das sich von der französischen, spanischen, englischen Kunst, die er kannte, unterschied, interessierte ihn lebhaft. Er wiederum weihte mich in das Argentinien hinter den Kulissen ein, in ein schwieriges Land, das ihnen, den Intellektuellen, auf seltsame Weise unfaßbar, ja oft sogar erschreckend war. Ich aber spielte mit weniger offenen Karten, spielte ein verbotenes Spiel. Ich konnte nicht alles sagen. Konnte nicht die nachtumwehte Stelle in mir aufdecken, die ich »Retiro« nannte. Ich setzte Mastronardi die Arbeit meines entgleisten Hirns vor, das nach irgendwelchen »Lösungen« suchte, ohne die Quellen meiner Inspiration zu nennen – und er wußte nicht, woher diese Leidenschaft rührte, mit der ich alles »Alte« angriff, mit der ich forderte, daß in der Kultur (die sich auf das Supremat des Höheren, Älteren, Reiferen stützt) jene von unten kommende Strömung aufgedeckt werden müsse, die wiederum das Alter von der Jugend und das Höhere vom Niederen abhängig macht. »Der Erwachsene muß dem Jüngeren unterworfen werden«, forderte ich. Forderte, daß endlich unser Streben nach immerwährender Verjüngung legalisiert und die Jugend als eigener und authentischer Wert anerkannt werde, der unsere Einstellung zu anderen Werten ändert. Als Vernunftschluß mußte ich erscheinen lassen, was in Wirklichkeit meine Leidenschaft war, und verirrte mich so in ein Labyrinth von Gedankenkonstrukten, an denen mir überhaupt nichts lag... Aber wird so nicht der Gedanke geboren: als beliebiges Surrogat blinder Bestrebungen, Bedürfnisse, Leidenschaften, denen wir bei den Menschen zu keiner Anerkennung verhelfen können? Entlastender Faktor in diesem Dialog war die Kindheit, denn Mastronardi war fast so kindlich wie ich und verstand es zum Glück, sich mit mir zu amüsieren, so wie ich meinen Spaß mit ihm hatte. Die Kindheit, obgleich verwandt mit der Jugend, ist doch etwas unendlich weniger Drastisches; deshalb fällt es einem erwachsenen Menschen leichter, kindlich zu sein, als jugendlich; deshalb wurde ich fast immer kindlich angesichts des grünen Dämons, dem ich hilflos gegenüberstand. Doch inwieweit wollte ich nur kindlich sein, und inwieweit war ich es wirklich? Inwieweit wollte ich jung sein, und inwieweit war ich wirklich so etwas wie verspätete Jugend? Inwiefern war das meins, inwiefern war es nur etwas, in das ich verliebt war?

Mastronardi stand in enger Beziehung zur Gruppe von Victoria Ocampo, dem gewichtigsten literarischen Zentrum des Landes, das sich um die Monatsschrift *Sur* konzentrierte, die von ebendieser Victoria herausgegeben wurde – einer schon etwas ältlichen und aristokratischen Dame, die auf dicken Millionen saß und es durch enthusiastischen Starrsinn erreicht hatte, Freundin von Paul Valéry zu werden, Tagore und Keyserling bei sich zu empfangen, sich von Bernard Shaw zum Tee laden zu lassen und in Strawinsky einen Kumpel zu gewinnen. Wieweit diese majestätischen Intimitäten der Frau Ocampo von ihren Millionen, und wieweit sie von ihren persönlichen – unbestreitbaren – Vorzügen und Talenten gefördert waren – diese Frage will ich nicht mühsam erörtern. Der unaufdringliche Ruch dieser Millionen, das finanzielle Parfüm der Frau Ocampo, das vielleicht ein wenig stark in der Nase prickelte, schreckten mich davon ab, Bekanntschaft mit ihr zu schließen.

Man erzählte von ihr, ein französischer Schriftsteller bekannten Namens sei vor ihr auf die Knie gefallen und habe gerufen, er stehe nicht eher wieder auf, bis er einige Zigtausend für die Gründung einer literarischen *revue* bekommen hätte. Er bekam das Geld, denn – so die Ocampo – was sollte ich denn machen mit einem, der kniet und nicht aufstehen will? Ich mußte es ihm geben. Ich muß sagen, mir erschien die Einstellung dieses französischen Schriftstellers zu Frau Ocampo noch am gesündesten und ehrlichsten, doch war mir klar, daß ich, da in Paris nicht bekannt, monatelang hätte knien können, ohne etwas bei ihr rauszuholen. So hatte ich es mit der Pilgerfahrt zur Residenz in San Isidro nicht eilig. Auch Mastronardi zögerte, meine Person in diese Reunionen einzuführen, in der berechtigten Befürchtung, *el conde* (denn ich hatte mich ja, wie bereits erwähnt, zum Grafen erklärt) könnte sich wunderlich oder gar unzurechnungsfähig aufführen. Er beschloß, mich zunächst einmal der Schwester von Victoria, Silvina, Gattin des Adolfo Bioy Casares, vorzustellen. Eines Abends waren wir dort zum Essen.

Später lernte ich viele andere Schriftsteller kennen, einen recht großen Prozentsatz der argentinischen Literatur – doch ich verweile etwas länger bei diesen meinen ersten Schritten, denn die folgenden unterschieden sich kaum von ihnen. Silvina war *poetiza* und gab immer wieder einmal einen kleinen Band heraus... ihr Mann Adolfo schrieb ganz gute phantastische Romane... und dieses kultivierte Ehepaar verbrachte nun den ganzen Tag in Poesie, in Prosa, besuchte Ausstellungen und Konzerte, studierte die französischen Neuerscheinungen und vervollständigte seine Schallplattensammlung. Doch auf diesem Abendessen war auch Borges, der wohl begabteste argentinische Schriftsteller, mit einer an eigener Leidenserfahrung geschärften Intelligenz – und ich glaubte, zu Recht oder Unrecht, die Intelligenz sei mein Paß, sie könne meinen Simplizismen ein Aufenthaltsrecht in der zivilisierten Welt verschaffen. Doch abgesehen von den technischen Schwierigkeiten, von meinem widerspenstigen Spanisch sowie Borges' Sprachfehlern – er sprach schnell und schwer verständlich – abgesehen von meiner Ungeduld, meinem Stolz und meiner Wut, Folgen eines schmerzlichen Exotismus und Fremdheitswahns: welche Verständigungsmöglichkeiten gab es zwischen mir und diesem intellektuellen, ästhetisierenden, philosophierenden Argentinien? Mich faszinierten in diesem Land die unteren Sphären, hier aber war der Gipfel. Mich bezauberte die Dunkelheit des Retiro, sie – die Lichter von Paris. Für mich war jene uneingestandene, schweigende Jugend des Landes vibrierende Bestätigung meiner eigenen Gefühlszustände, dadurch riß mich das Land mit wie eine Melodie – oder die Vorahnung einer Melodie. Sie mochten keine Schönheit darin sehen. Und wenn es in Argentinien etwas gab, das zu vollem Ausdruck gelangt war und als Kunst, als Stil und Form imponieren konnte, so zeigte es sich für mich nur in frühen Entwicklungsstadien, im Jugendlichen, niemals im Erwachsenen. Doch was ist wichtig am Jugendlichen? Schließlich nicht sein Verstand noch seine Erfahrung, sein Wissen noch seine Technik, die immer schlechter, schwächer sind als bei einem bereits entwickelten und gefestigten Menschen, sondern gerade und ausschließlich seine Jugend – sie ist sein einziger Trumpf. Diese argentinische Elite aber sah keinen Trumpf darin, sie erinnerte eher an eine fügsame und fleißige Jugend, deren Ehrgeiz es war, von den Älteren so schnell wie möglich das Älterseinzu lernen. Ach, nicht mehr Jugend sein! Ach, eine reife Literatur besitzen! Ach, Frankreich und England gleichkommen! Ach, erwachsen werden, schnell erwachsen werden! Und überhaupt, wie konnten sie jung sein, da sie persönlich natürlich schon ein gewisses Alter hatten und ihre persönliche Situation im Widerspruch stand zu der allgemeinen Jugend des Landes, ihre Zugehörigkeit zur oberen Gesellschaftsklasse eine wirkliche Vereinigung mit den unteren Sphären ausschloß. So war etwa Borges jemand, der nur den eigenen Jahren Rechnung trug, völlig losgelöst von seinem Nährboden, ein reifer Mensch war das, ein Intellektueller, ein Künstler, der zufällig in Argentinien geboren war, obwohl er ebensogut, oder sogar besser auf dem Montparnasse hätte geboren sein können.

Und dennoch war die Atmosphäre des Landes derart, daß in ihr ein Borges von internationaler Raffinesse (denn wenn er Argentinier war, so auf europäische Art) nicht zur Geltung kommen konnte. Er war etwas Zusätzliches, etwas Angeklebtes, er war Ornament. Es wäre geradezu widersinnig gewesen, von ihm zu verlangen, er als Älterer hätte unmittelbar die Jugend zum Ausdruck bringen müssen, hätte als Höherer fähig sein sollen, das Niedere getreu wiederzugeben. Aber übel nahm ich ihnen, daß sie nicht fähig waren, eine eigene Einstellung zur Kultur zu finden, im Einklang mit ihrer Wirklichkeit und der Wirklichkeit Argentiniens. Auch wenn einige von ihnen in persönlicher Hinsicht reif waren, so lebten sie doch in einem Land, wo die Reife schwächer war als die Unreife, und hier in Argentinien waren Kunst, Religion, Philosophie nicht das gleiche wie in Europa. Statt sie also unverändert auf hiesigen Grund zu verpflanzen und dann über das rachitische Bäumchen zu jammern – wäre es nicht besser gewesen, etwas zu züchten, das besser zum eigenen Boden paßt?

Deshalb waren diese Fügsamkeit der argentinischen Kunst, ihre Korrektheit, ihre Musterschülermiene, ihre gute Kinderstube für mich ein Beweis der Impotenz gegenüber dem eigenen Schicksal. Ein schöpferischer Lapsus, ein Fehler, ja selbst Schludrigkeit wären mir lieber gewesen, wären sie dafür nur voller Energie gewesen, trunken von der Poesie, die das Land atmete und an der sie, die Nase in den Büchern, vorübergingen. Ich versuchte gelegentlich, dem einen oder anderen Argentinier zu sagen, was ich übrigens auch den Polen oft gesagt habe: »Laß einmal für einen Augenblick das Gedichteschreiben, das Bildermalen, die Gespräche über den Surrealismus und überleg, ob dich das nicht langweilt, ob das alles für dich so wichtig ist, denk darüber nach, ob du nicht authentischer, freier und schöpferischer wärst, wenn du deine Götter nicht mehr anbetest. Laß das einen Augenblick, um dir über deine Stellung in der Welt und der Kultur, über die Wahl deiner Mittel und ihren Zweck klarzuwerden.« Aber nein. Bei all ihrer Intelligenz verstanden sie gar nicht, was ich überhaupt wollte. Nichts konnte den Lauf der Kulturproduktion hemmen. Ausstellungen. Konzerte. Vorlesungen über Alfonsino Storni oder Leopoldo Lugones. Kommentare, Glossen, Studien. Romane und Novellen. Gedichtbändchen. Und überhaupt, ich war doch Pole, und sie wußten ja, daß die Polen im allgemeinen nicht *finos* und keineswegs auf der Höhe der Pariser Problematik sind. Also kamen sie zu dem Schluß, ich sei ein ziemlich wirrer Anarchist aus zweitem Aufguß, einer von denen, die aus mangelnder Bewußtseinstiefe den *élan vital* proklamieren und verachten, was sie nicht verstehen.

So endete das Abendessen bei Bioy Casares und Gattin... ergebnislos... wie alle Abendessen, die ich mit der Literatur Argentiniens einnahm. Und so verging die Zeit... die Nacht Europas verging und meine Nacht, aus der unter großen Wehen meine Mythologie erwuchs... und heute könnte ich eine Liste von Worten, Dingen, Personen, Orten vorlegen, die für mich einen Nachgeschmack schwerer, verschwiegener Heiligkeit besitzen – das war mein Schicksal, mein Heiligtum. Wenn ich euch in diese Kathedrale führte, ihr würdet euch wundern, wie unwichtig, bisweilen geradezu erbärmlich und verachtenswert, ja lächerlich in ihrer kleinen Gewöhnlichkeit die *sacra* waren, denen ich huldigte – aber Heiligkeit mißt sich ja nicht nach der Größe der Gottheit, sondern der Inbrunst der Seele, die sich selbst das Geringste zum Heiligtum wählt. »Was die Seele erwählt – wer kann es bekämpfen.« Ende 1943 hatte ich mich erkältet, und mir war eine leichte Temperatur geblieben, die nicht weichen wollte. Damals spielte ich immer Schach im Café Rex in der Corrientes, und Frydman, der Direktor des Schachsaals, ein großherziger und guter Freund, machte sich Sorgen über meinen Gesundheitszustand und brachte etwas Geld zusammen, um mich in die Berge von Córdoba zu schicken – was ich mir gern gefallen ließ – aber auch dort sank das Fieber nicht, bis schließlich, zack, das Thermometer zerbrach, das ich von Frydman geliehen hatte, ich kaufe ein neues und . . . das Fieber ist fort – so verdanke ich den mehrmonatigen Aufenthalt in La Falda der Tatsache, daß Frydmans Thermometer kaputt war und einige Striche zuviel anzeigte. Der Aufenthalt gewann Farbe dadurch, daß in dem benachbarten Valle Hermoso eine Bekannte von mir Quartier nahm (das war zwischen uns so abgekartet), eine Argentinierin, die ich durch Cleo, die Schwester der Tänzerin Rosita Contreras, kennengelernt hatte.

Bei meiner Ankunft in La Falda wußte ich nicht, daß mich furchtbare und lächerliche Erlebnisse erwarteten.

Es fing alles so gut an. Ich nahm Quartier im Hotel San Martin, frei von materiellen Sorgen, und lernte bald ein ergötzliches Zwillingspaar kennen (ich schrieb schon davon); mit ihnen und anderen jungen Leuten machte ich Ausflüge und gewann neue Freunde, in denen erwachendes Leben bebte wie ein Kolibri; das Lächeln verließ sie nie, jenes Lächeln, das eine der edelsten Erscheinungen ist, die ich kenne: es erscheint allem zum Trotz, der grenzenlosen Trauer, dem erdrückenden Heimweh und der Wehmut jener Jahre, die Jahre eines unstillbaren Verlangens waren. Ihr kennt diese unbeschwerten Ferien im Gebirge oder am Meer – Hut im Wind, Picknick auf den Klippen, durchnäßt im Regen – und meine Verständigung mit Lateinamerika als einer Auffrischung der großartigen Rassen Europas, so erstaunlich still und diskret in seiner unerhört höflichen Existenz, schien mir ungetrübt (zu der Zeit befanden sich mein Bruder und mein Neffe im Konzentrationslager, meine Mutter war mit meiner Schwester aus dem zerstörten Warschau geflohen und irrte in der Provinz umher, während am Rhein das grauenhafte Schmerzgebrüll der letzten Gegenoffensive ertönte; ich hatte das nicht vergessen, es verstärkte meine Stille). Man stelle sich nicht vor, ich hätte mich im Umgang mit diesen Jungen so benommen, als wäre ich einer von ihnen, keineswegs, davor bewahrte mich mein Gespür für das Lächerliche – ich benahm mich wie der Ältere, nahm sie nicht für voll, spöttelte und stichelte und spielte alle Trümpfe des Erwachsenen aus. Aber gerade das begeisterte sie und fachte ihre Jugendlichkeit an, während jenseits dieser Tyrannei ein geheimes Einverständnis zwischen uns entstand, darauf beruhend, daß wir uns gegenseitig brauchten. Eines Tages jedoch, als ich mich genauer im Spiegel betrachtete, entdeckte ich etwas Neues in meinem Gesicht: ein feines Netz von Fältchen, das auf der Stirn, unter den Augen und in den Mundwinkeln zutage kam, so wie nach der Wirkung von Chemikalien der unheilvolle Inhalt eines scheinbar harmlosen Briefes sichtbar wird. Verflucht mein Gesicht! Mein Gesicht verriet mich, Verrat, Verrat, Verrat!

War es die trockene Luft? Das kalkhaltige Wasser? Oder war einfach der unvermeidliche Moment gekommen, in dem die Jahre meinen jugendlichen Teint Lügen strafen mußten? Lächerlich gemacht, erniedrigt von der Qualität dieses Leidens, sagte mir ein Blick auf das Spiegelbild meines Gesichts, daß das das Ende war, Schluß, Aus, Punktum! Auf den Landstraßen, die aus La Falda herausführen, gibt es eine Grenze, an der die Lichter der Häuser und Hotels enden und die Dunkelheit eines Raums beginnt, der sich in Hügel bricht und von zwergenhaften Bäumchen bewachsen ist, ein zwergenhafter, gebrochener, gleichsam verkrüppelter und verdorbener Raum. Nach Conrad nannte ich diese Grenze die »Schattenlinie«, und wenn ich sie nachts auf dem Wege zum Valle Hermoso überschritt, wußte ich, daß ich den Tod betrat, oh, unmerklich war dieser Tod, langsam und sanft, wenn ihr wollt, aber es war das Sterben... ich wußte dann, daß ich Altern bin, ein lebender Tod, der Leben vortäuscht, der noch geht, spricht, der sich sogar amüsiert und genießt, der aber eigentlich nur noch als allmähliche Verwirklichung des Todes Lebenskraft besitzt. Wie der aus dem Paradies vertriebene Adam, so drang ich in die Dunkelheit ein, überschritt die Schattenlinie, des Lebens beraubt, das sich dort, hinter mir, in strahlender Gunst erging. Ja, die Täuschung mußte auffliegen, eines Tages mußte dieser widerrechtliche und verspätete Aufenthalt im erblühenden Leben enden, und nun war ich Altern, vergiftet war ich, abscheulich war ich, ich war – erwachsen! Und das erfüllte mich mit furchtbarem Entsetzen, denn ich verstand, daß ich nun endgültig vertrieben war aus dem Zauber und der Natur nicht gefallen konnte, ja, die Jugend fürchtet das Leben nur deshalb weniger, weil sie selbst anziehendes, verführendes, bezauberndes Leben ist und weiß, daß sie sympathisch ist und auf Wohlwollen rechnen kann... Das also war der Grund, weshalb es mich so zu allem zog, das blühte, aber jetzt, auf dieser plötzlich kalten Erde, unter einem unbarmherzigen Sternenzelt, war ich dem Druck des Daseins ausgesetzt, ich, der ich selbst verdorbenes Sein war und nichts für mich gewinnen konnte – unattraktiv!

Und hier zeigt sich, was für eine Befreiung das Geschlecht ist, dieses Auseinanderfallen in Mann und Frau... Wenn ich nämlich am Ende meines Leidensweges zu der besagten Villa kam, wo meine Freundin mich erwartete, änderte sich das Panorama meines Schicksals völlig, es war wie das Eindringen einer anderen, neuen Kraft, die meine ganze »Konstellation« auf den Kopf stellte. Einer fremden Kraft! Jugend erwartete mich dort, aber eine andere, in Menschengestalt zwar, aber einer anderen als meiner – und diese Arme, die identisch und exotisch zugleich waren, machten mich sofort zu jemand anderem, sie zwangen mich, in diesen Umarmungen der Fremdheit als ihre Ergänzung gerecht zu werden. Nicht Jugendlichkeit forderte das Weibliche von mir, sondern Männlichkeit, und ich wurde ganz Mann, erobernd, besitzergreifend, fremde Biologie annektierend. Das Monströse der Männlichkeit, die, ohne der eigenen Häßlichkeit zu achten und ohne gefallen zu wollen, ein Akt von Expansion und Gewalt und – vor allem – Herrschaft ist, diese Herrenart, die nur auf die eigene Befriedigung aus ist... verschaffte mir vielleicht vorübergehend Erleichterung... das war, als wäre ich von einem angsterfüllten, bedrohten Menschenwesen plötzlich zum Herrn, Besitzer, Souverän geworden... und sie, die Frau, mordete in mir den Jungen mit dem Mann. Doch das währte nicht lange.

Es währte, solange das Sein sich, kraft des Geschlechts, in zwei Pole teilte. Wenn ich früh im kühlen Morgengrauen nach Hause zurückkehrte, schloß sich alles um mich wieder zu einem Kreis, aus dem es kein Entrinnen gab – ich fühlte mich wie ein Betrüger, oder wie ein Betrogener – und wieder drang das Bewußtsein des Sterbens in mich ein. Ich war schon mit einem Minuszeichen versehen. Ich stand in Opposition zum Leben. Die Frau war nicht in der Lage, mich zu retten, die Frau konnte mich allenfalls als Mann erlösen, aber ich war doch daneben auch einfach ein lebendiges Wesen, und nur das. Und wieder kam das Verlangen nach »meiner« Jugend, das heißt, so einer wie ich, der Jugend, die sich jetzt in anderen, Jüngeren wiederholte... das war für mich der einzige Ort des Lebens, an dem es ein Blühen gab, mein Blühen, das absolut bezaubernde Etwas, das mir nun fehlte. Alles andere war Demütigung, war Kompensation. Das war der einzige Triumph, das einzige Glück in einer scheußlichen, abgerissenen, müden, verzweifelten und geschändeten Menschheit. Ich befand mich unter Scheusalen, ich – das Scheusal. Während ich den Blick über die im Tal zerstreuten Häuschen schweifen ließ, in denen so viele belanglose Jungen ihren banalen Schlaf schliefen, kam mir der Gedanke, daß meine Heimat jetzt bei ihnen sei.

Nach Buenos Aires kehrte ich in der Überzeugung zurück, daß mir nichts geblieben war... jedenfalls nichts, das nicht Surrogat wäre. Ich fuhr mit meinem demütigenden Geheimnis, das ich aus Scham niemandem anvertraute, denn es war doch »unmännlich«, und ich als Mann stand schließlich unter dem Einfluß der Männer – dröhnendes und hemdsärmeliges Gelächter hatte ich von diesen rauhen Rammlern allein dafür zu erwarten, daß ich aus ihrem eroberungslustigen Kodex ausgebrochen war. In Rosario füllte sich der Zug mit Zwanzigjährigen, das waren Matrosen, die zu ihrem Stützpunkt in Buenos Aires zurückkehrten.

Damit erst einmal genug, mir tut schon die Hand vom Schreiben weh. Aber das ist noch nicht das Ende meiner Erinnerungen aus jenen gar nicht fernen Jahren in Argentinien.

XV

Sonntag

Ich will den Rest meiner argentinischen Vergangenheit erzählen.

Ihr wißt nun, in welchem Gemütszustand ich von La Falda nach Buenos Aires kam.

Von der Literatur war ich damals Tausende von Meilen entfernt. Die Kunst? Das Schreiben? Nein, das war doch alles auf dem andern Kontinent geblieben, vernietet und vernagelt, fertig... und ich, Witoldo, stellte mich zwar bisweilen als *escritor polaco* vor, aber ich war doch nur mehr einer von jenen Verstoßenen, die die Pampa zahlreich beherbergt, einer von jenen, die sogar der Sehnsucht nach der Vergangenheit verwiesen sind. Ich hatte damit gebrochen... und wußte, daß die Literatur mir in einem Vieh- und Getreideland wie Argentinien weder gesellschaftliche Stellung, noch materiellen Wohlstand sichern konnte. Wozu also? Und doch, in der zweiten Hälfte des Jahres 1946 (denn die Zeit verging), als ich wieder einmal mit völlig leeren Taschen dastand und nicht wußte, wie ein bißchen Geld auftreiben, verfiel ich auf folgende Idee: Ich bat Cecilia Debenedetti, eine Übersetzung von *Ferdydurke* ins Spanische zu finanzieren und bedingte mir sechs Monate für diese Aufgabe aus. Cecilia sagte gern zu. So ging ich an die Arbeit, die folgendermaßen aussah: zunächst einmal übersetzte ich, so gut es ging, aus dem Polnischen, und trug dann das Manuskript ins Café *Rex*, wo meine argentinischen Freunde Satz für Satz mit mir durchgingen, nach passenden Worten suchten, mit der Syntax, mit Neubildungen, mit dem Geist der Sprache rangen. Eine schwere Arbeit, die ich ohne jede Begeisterung aufgenommen hatte, nur um die nächsten paar Monate zu überleben, und sie, die amerikanischen Helfer, gingen resigniert daran, je nun, es galt eben, einem Kriegsopfer eine *gauchada* zu erweisen. Aber als wir die ersten Seiten übersetzt hatten, gab *Ferdydurke*, ein Buch, das für mich bereits gestorben war und so uninteressant wie ein Gegenstand vor mir lag, plötzlich Lebenszeichen ... ich sah wachsendes Interesse in den Gesichtern der Übersetzer, ach, sieh doch, jetzt verbeißen sie sich regelrecht in den Text! Bald zog diese Übersetzung Leute an, auf manchen Sitzungen im *Rex* waren fast zwanzig Personen zugegen – doch Virgilio Piñera, ein ungemein begabter Kubaner, war der Mann, der sich diese Sache zu eigen gemacht und den ich zum Leiter eines »Komitees« von Schriftstellern für die Erstellung der Schlußredaktion ernannt hatte. Er vor allem, und später auch Humberto Rodriguez Tomeu – beide aus Kuba, beide Geisteseuropäer, in verbissenem, fanatischem Kampf mit dem Amerika ringsum und dem Amerika, das sie in sich trugen – sowie der argentinische Dichter Adolfo de Obieta trugen am meisten dazu bei, daß diese schwierige und nach dem späteren Urteil der Kritik ganz hervorragende Übersetzung abgeschlossen werden konnte.

Was mich betrifft, ich hatte *Ferdydurke* seit sieben Jahren nicht mehr gelesen, hatte es aus meinem Leben gestrichen. Jetzt las ich es erneut, Satz für Satz ... und seine Worte waren mir unwichtig. Die Nichtigkeit der Worte. Die Nichtigkeit der Ideen, Probleme, Stile, Haltungen, die Nichtigkeit der Kunst. Worte, Worte, Worte – das alles hatte doch nichts in mir bereinigt, die ganze Anstrengung hatte mich wahrscheinlich nur noch tiefer in mein Grün verstrickt. Wozu hatte ich diese Unreife bei den Hörnern nehmen müssen – damit sie mit mir durchging? In *Ferdydurke* kämpfen zwei Lieben, zwei Bestrebungen – der Drang nach Reife, und der Drang zur ewig verjüngenden Unreife – dies Buch zeigt, wie jemand, der in seine Unreife verliebt ist, um die eigene Reife kämpft. Aber klar war, daß es mir nicht gelungen war, diese Liebe zu überwinden, noch sie zu zivilisieren, und sie wütete – illegal, wild, geheim – nach wie vor in mir als etwas, das uneingestanden und verboten war.

Wozu also hatte ich das geschrieben? So lächerlich impotent, wie die Worte dem Leben gegenüberstehen!

Und dennoch! Der Text, für mich belanglos, zeigte außerhalb von mir – in der Außenwelt – Wirkung, und Sätze, die für mich tot waren, lebten in anderen wieder auf – wie sonst sollte ich mir erklären, daß das Buch plötzlich einigen dieser jungen Literaten ans Herz wuchs, persönlich teuer wurde... und zwar keineswegs nur als Kunst, sondern auch als Rebellion, als Neuordnung und Kampf. An ihnen konnte ich sehen, daß ich nervenreiche und heikle Stellen der Kultur berührt hatte, und sah zugleich, wie diese Begeisterung, die in jedem einzelnen von ihnen vielleicht nicht lange gedauert hätte, sich »zwischen ihnen« konsolidierte, kraft dessen, daß einer den anderen anfeuerte und im Enthusiasmus bekräftigte. Wenn dies aber mit so einer Handvoll Menschen geschah, wieso sollte es sich dann, wenn *Ferdydurke* erst erschienen wäre, nicht mit anderen wiederholen? Also konnte das Buch hier, im Ausland, mit dem gleichen Echo rechnen wie in Polen – oder einem viel größeren. Es war also universal. Es gehörte zu jenen bei uns sehr, sehr seltenen Büchern, die wirklich fremde, hochklassige Leser ansprechen. Und in Paris? Mir wurde wieder klar, daß die Weltkarriere von *Ferdydurke* etwas war, das nicht allein ins Reich der Träume gehört (das hatte ich schon lange gewußt, aber vergessen).

Und doch, meine Natur, gefesselt an das Niedere, sträubte sich gegen die bloße Möglichkeit einer Erhöhung, und dieser neuerliche Einbruch der Literatur in mein Leben konnte – davor hatte ich Angst – die endgültige Liquidierung des Retiro bedeuten. Ich will euch etwas Charakteristisches erzählen: Als *Ferdydurke* erschienen war, trug ich sie dorthin, »wo der von den Engländern erbaute Turm steht«, und zeigte sie dem Retiro – zum Abschied, zum Zeichen des wohl endgültigen Bruchs. Eitle Wehmut, leere Angst! Was für eine Illusion aber auch! Ich hatte die schläfrige Unbeweglichkeit Amerikas unterschätzt! Seine Säfte, die alles auflösen. *Ferdydurke* ging unter in dieser

Reglosigkeit, da halfen weder Presserezensionen noch die Bemühungen ihrer Anhänger, es war schließlich das Buch eines Ausländers, der – notabene – in Paris keinen Namen hatte, ja eben, der in Paris keinen Namen hatte... Ein Buch zudem, das weder derjenigen Gruppe der argentinischen Intelligenz paßte, die unter dem Zeichen von Marx und Proletariat eine politische Literatur forderte, noch derjenigen, die sich von den Kulturleckerbissen europäischer Küche nährte. Außerdem war es von mir mit einem Vorwort versehen, in dem ich mich ohne große Ehrerbietung über die argentinische und polnische Literatur äußerte. Mein Vorwort ließ ich mit dem Appell enden, man möge mich nicht mit Höflichkeitsfloskeln, wie sie in solchen Fällen üblich sind, in eine peinliche Lage bringen. Da die gesellschaftliche Rolle der Kunst bisher falsch verstanden wird und ihr daher nicht fähig seid, Künstler angemessen zu behandeln oder mit ihnen zu sprechen – schrieb ich –, sagt mir lieber nichts. Erspart euch und mir diese Schande. Wollt ihr mir zu verstehen geben, daß das Werk euch gefallen hat, so legt den Finger ans rechte Ohr; legt ihr ihn ans linke, so bedeutet das ein negatives Urteil, faßt ihr euch an die Nase – ein mittleres. So leicht, ja leichtfertig, führte ich *Ferdydurke* in die argentinische Welt ein – denn dieses zweite Debüt fand mich noch unnachgiebiger gegenüber dem Leser, seiner Gnade oder Ungnade.

Ich halte es für einen relativen Erfolg, daß unter diesen Umständen die Auflage in wenigen Jahren nahezu vergriffen war und mein Verleger bei diesem Geschäft nichts verlor und sogar mir ein bißchen was zahlte. Der argentinische Durchschnittsleser war auch keineswegs schlecht, im Gegenteil, er war aufnahmefähig und natürlich viel weniger vorbelastet und komplexgeladen als die Polen. Aber in einem Milieu, in dem niemand Vertrauen zu sich selbst oder zu anderen hatte (das ist das Schlimme an kulturell abhängigen Milieus), in dem es keine Menschen gab, die Werte aufzuzwingen vermochten, konnte *Ferdydurke* keine Autorität gewinnen – und schwierige Bücher, die Anstrengung erfordern, brauchen Autorität, einfach um die

Leute zum Lesen zu zwingen. Auf jeden Fall wurde ich wieder in die Literatur hineingezogen. Ich begann das Drama *Die Trauung* zu skizzieren, schon deutlich und, ich würde sagen, schamlos auf Genialität eingestellt, auf Höhenluft aus, etwas von der Größe des *Hamlet* oder des *Faust*, in dem nicht nur die Wehen der Epoche zum Ausdruck kämen, sondern auch das neue Gefühl für die Menschheit, die da geboren wurde... Wie leicht dünkten mich Größe und Genialität, leichter wohl als die Korrektheit, die ein durchschnittlich guter Text verlangt; und das lag nicht an irgendeiner Naivität von mir, sondern daran, daß mir Größe und Genialität samt allen anderen Werten von dem einzigen Dämon verheert worden waren, der für mich wirklich zählte – von der Jugend, dieser großen Wertzerstörerin. Ich empfand keinen Respekt vor ihnen, mir lag nicht viel an ihnen, daher ging ich zwanglos mit ihnen um. Es ist nicht schwer, über ein Brett in Höhe des zehnten Stockwerks zu wandeln, wenn man schwindelfrei ist – man geht hinüber, als läge es auf der Erde. (Aber daraus kann man der *Trauung* keinen Vorwurf machen – sie macht gerade aus dieser »Leichtigkeit« keinen Hehl.)

Es mag genügen, daß mit dem Ende jenes Ausbruchs in Europa, der verborgene Fermente zutage gefördert hatte, auch ich allmählich zivilisiert wurde. Während aber mein erstes literarisches Debüt in Polen ein Drängen von Innen nach Außen gewesen war, erfolgte dieses zweite in Argentinien unter dem Einfluß äußerer Kräfte – dort, damals, hatte ich aus innerem Bedürfnis geschrieben – hier, heute, fügte ich mich einem bereits bestehenden Sachverhalt, der mich zur Literatur verurteilte, ich setzte fort, was ich vor Jahren gewesen war. Ein feiner Unterschied, aber von ungeheurer und tragischer Bedeutung, verhieß er doch, daß ich eigentlich nicht mehr existierte und aus der Umlaufbahn geraten war – ich existierte nur noch als Konsequenz dessen, was ich selbst früher mit mir vollbracht hatte. Ich verlor dennoch die gute Laune nicht... und wahrte vor allem den Schein einer entwaffnenden Kindlichkeit. Die literarische Arbeit verstrickte mich bald wieder in die Dialektik meiner Wirklichkeit, und wieder tauchte die Frage auf: Was war in der Literatur, in der Kultur anzufangen mit meinen so kompromittierenden Verbindungen zur Jugend, zum Niederen, wieweit war das für die Öffentlichkeit geeignet? War das nur ein Komplex, eine Krankheit, Perversion, ein klinischer Fall – oder nicht doch etwas, das unter normalen Wesen gelitten war? Und die zweite Frage: War das ein Einrennen offener Türen oder das schwierige Vordringen in wilde, jungfräulich schamvolle Gebiete? Zusammenfassend: Ließ sich das in der Kunst verwerten?

Psychoanalyse! Diagnosen! Formeln! Wie würde ich dem Psychiater in die Hand beißen, dem es einfallen sollte, mir mein Innenleben auszuweiden – nicht daß der Künstler keine Komplexe haben sollte, aber er muß diesen Komplex in einen kulturellen Wert verwandeln. Nach Freud ist der Künstler ein Neurotiker, der sich selber heilt – und daraus folgt, daß niemand anders ihn heilen kann. Doch gerade zu dieser Zeit bekam ich, als wäre es eine Bosheit jener verborgenen Regie, derer nicht ich allein im Leben gewahr werde, das klinische Bild einer an meine Gefühle grenzenden Hysterie zu Gesicht, fast wie eine Warnung: Paß auf, du bist nur einen Schritt davon entfernt! Ich geriet nämlich durch Vermittlung gewisser Freunde von einem Ballett, das zu Gastauftritten nach Argentinien gekommen war, in Kreise eines extremen, rasenden Homosexualismus. »Extrem« sage ich, denn mit dem »normalen« Homosexualismus hatte ich seit jeher Berührung gehabt, die Welt der Künstler ist auf allen Breitengraden reich an solcher Liebe – hier aber sah ich sie in geradezu wahnwitziger Form. Dieses Thema berühre ich ungern. Es wird noch viel Zeit vergehen, bis man darüber sprechen und, mehr noch, schreiben kann. Es gibt kein Gebiet, das verlogener und von Leidenschaften getrübter wäre. Niemand will oder kann hier unbefangen sein. *De gustibus*... Die Wut sich vor Ekel windender »männlicher« – vermännlichter – Männer, die sich ihre Männlichkeit gegenseitig hochzüchten und steigern – die Bannflüche der Moral, die gesammelte Ironie, der

Sarkasmus und Zorn einer Kultur, die den Primat weiblichen Charmes hütet – all das bekommt der Ephebe zu spüren, der im düsteren Grenzland unserer offiziellen Existenz verstohlen ein Durchkommen sucht. Und auf den höheren Entwicklungsstufen wächst die Gehässigkeit. Tiefer, dort unten, nimmt man das nicht so tragisch und auch nicht so boshaft, und die gesündesten und normalsten Burschen aus dem Volk tun es bisweilen, wenn eine Frau fehlt – und wie sich herausstellt, verdirbt sie das gar nicht und hindert sie später nicht, eine völlig korrekte Ehe zu führen.

Die Gesellschaft aber, der ich jetzt begegnet war, bestand aus Männern, die heftiger in den Mann verliebt waren als irgendeine Frau, *putos* im Siedezustand waren das, die keinen Augenblick Ruhe fanden, ständig auf der Jagd, »von den Jungen zerrissen wie von Hunden«, so wie mein Gonzalo in *Trans-Atlantik*. Ich pflegte in dem Restaurant zu essen, wo sie ihr Hauptquartier aufgeschlagen hatten, und versank Abend für Abend in den Abgründen ihrer Tollheit, ihrer Andacht, ihrer liebeslüsternen und gequälten Konspiration, ihrer Schwarzen Magie. Es gab übrigens unter ihnen Leute von Format, mit hervorragenden Geistesgaben, die ich mit Entsetzen betrachtete, sah ich doch auf dem dunklen Wasser dieser irren Seen das Spiegelbild meiner eigenen Probleme. Wieder einmal fragte ich mich, ob ich nicht dennoch und trotz allem einer von ihnen war? Ob es nicht möglich, ja wahrscheinlich sei, daß ich genau so ein Irrer war wie sie, bei dem irgendeine innere Komplikation den körperlichen Trieb unterdrückte? Ich kannte bereits die Kraft der Skepsis, mit der sie auf alle »Ausflüchte« reagierten, auf alles, was ihrer Meinung nach bloß feige Schönfärberei einer brutalen Wahrheit war. Und dennoch – nein. Warum sollte denn meine Verliebtheit in das junge, noch unerschöpfte Leben, in diese Frische krankhaft sein? In das aufblühende Leben, das heißt das einzige, das den Namen Leben verdient, denn da gibt es keine Zwischenphasen: was nicht aufblüht, welkt. War es denn nicht Gegenstand heimlichen Neides und nicht minder verborgener

Bewunderung all derer, die wie ich zum langsamen Kaputtgehen verurteilt waren und nicht mehr die Gnade gewärtigten, daß ihre Lebenskraft mit jedem Tag zunimmt? War diese Grenze zwischen aufsteigendem und niedergehendem Leben nicht die wichtigste aller Grenzen? Der einzige Unterschied zwischen mir und »normalen« Männern bestand darin, daß ich den Glanz dieser Göttin – der Jugend – nicht nur im Mädchen verehrte, sondern auch im jungen Mann, daß ich sie im Jungen sogar perfekter verkörpert sah als im Mädchen... Ja, die Sünde, wenn es denn eine gab, bestand nur darin, daß ich mich erdreistete, Jugend unabhängig vom Geschlecht zu bewundern und sie der Herrschaft des Eros zu entreißen – daß ich so frech war, den jungen Mann aufs Piedestal zu stellen, das sie der jungen Frau bestimmt hatten. Hier zeigte sich nämlich, daß die Männer zur Verehrung der Jugend nur bereit sind, wenn sie ihnen zugänglich, wenn sie etwas ist, das sich in Besitz nehmen läßt... gegen eine Jugend in ihrer eigenen Gestalt aber, mit der sie sich nicht vereinigen konnten, empfanden sie unerklärliche Feindseligkeit.

Feindseligkeit? Paß auf (sagte ich mir), daß du nicht dumm sentimental wirst und anfängst zu spinnen... Ich konnte doch immer wieder beobachten, wie ein Älterer dem Jüngeren wohlgesonnen, ja zärtlich zu ihm war. Und trotzdem! Trotzdem! Es gab zugleich Tatsachen, die vom genauen Gegenteil zeugten: von Grausamkeit. Dieser biologische Adel, diese Blüte der Menschheit war fast immer schrecklich hungrig – durch die Restaurantfenster beobachtete er die Älteren, die sich sattessen und amüsieren konnten – getrieben im Dunkeln von unbefriedigten Instinkten, gequält von hungernder Schönheit – eine zertretene, verstoßene Blüte, eine gedemütigte Blüte. Die Blüte der heranwachsenden Jugend, gedrillt von Offizieren und von ebendiesen Offizieren in den Tod geschickt, diese Kriege, die vor allem Jungenkriege, minderjährige Kriege waren... ihre Erziehung zu blinder Disziplin, damit sie zu bluten verstehen, wenn es sein muß. Die ganze furchtbare Übermacht des Er-

WACHSENEN, gesellschaftlich, ökonomisch, intellektuell, die sich mit grausamer Rücksichtslosigkeit durchsetzte und ja von denen, die ihr erlagen, auch akzeptiert wurde. Es war also, als hätten der Hunger des Jungen, der Tod des Jungen, der Schmerz des Jungen ihrem Wesen nach weniger Gewicht als Tod, Schmerz und Hunger der REIFEN, als färbte die Bedeutungslosigkeit des Halbwüchsigen auf seine Leiden ab. Und gerade diese Bedeutungslosigkeit, diese »Zweitrangigkeit« des Halbwüchsigen war es, die die Jugend zu einer Sklavin für niedere Dienste machte, die der konsolidierten Menschheit nicht mehr anstanden. Mir wurde klar, daß das alles fast von allein geschah, einfach weil im Laufe der Jahre das Gewicht und die Bedeutung einer Person in der Gesellschaft wachsen; aber bestand nicht auch der Verdacht, daß der ERWACHSENE den JÜNGEREN quälte, um nicht vor ihm auf die Knie zu fallen? War der Stickdunst der Scham, der diese und ähnliche Fragen umgab, nicht Beweis genug, daß hier etwas verschwiegen wurde und nicht alles sich durch das normale Spiel der gesellschaftlichen Kräfte erklären ließ? Und war diese riesige Woge verbotener und schändlicher Liebe, die den Mann wirklich vor dem Jungen auf die Knie warf, nicht eine Rache der Natur für die Gewalt, die dem Heranwachsenden von dem Alternden angetan wurde?

Das Undurchsichtige, das Vieldeutige und sogar Beliebige, das diesen Fragen anhaftete, schmälerte in meinen Augen ihre Bedeutung nicht... als hätte ich von vornherein gewußt, daß etwas Wahres daran sein mußte. Doch das Problem wurde noch mißlicher, als ich mir darüber Gedanken machte, wieweit diese Opposition zwischen aufsteigendem und niedergehendem Leben in unserer Kultur widergespiegelt wird. Worum ging es mir? Wie hätte ich's denn gern gehabt? Es ging mir vor allem darum, daß diese fatale Grenze, die zwei nicht nur unterschiedliche, sondern gegensätzliche Lebensphasen scheidet, anerkannt und deutlich gemacht wird. Indessen deutete alles in der Kultur eher darauf hin, daß diese Grenze gern verwischt wird – die Erwachsenen benehmen sich so, als lebten sie weiterhin das gleiche Leben wie die Jugend, und kein anderes. Ich bestreite nicht, daß es Vitalität auch im Erwachsenen und sogar im Greis geben kann, aber es ist doch ihrem Wesen nach nicht mehr die gleiche, sie trotzt nur noch dem Sterben. Aber gerade diese schon sterbenden Menschen hatten das Übergewicht, sie verfügten über eine Kraft, die sie im Laufe ihres Lebens gesammelt hatten, sie schufen die Kultur und setzten sie mit Gewalt durch. Die Kultur war ein Werk der Älteren – ein Werk von Sterbenden.

Ich brauchte mich nur einen Moment lang geistig mit dem Retiro zu verbinden, schon klang mir die Sprache der Kultur falsch und leer in den Ohren. Wahrheiten. Losungen. Philosophien. Moralvorschriften. Religionen. Kodexe. Aber das alles stand doch gleichsam auf einem anderen Blatt, war gedacht, gesagt, geschrieben von Menschen, die zum Teil schon aus der Existenz eliminiert waren, keine Zukunft hatten... schweres Werk von Schwerfälligen, steifes Produkt der Steifheit... während dort, im Retiro, diese ganze Kultur in einer Art jungen Ungenügens, junger Dreivierteletwicklung, junger Dreiviertelreife verwässerte und »schlechter« wurde... »schlechter« deshalb, weil jemand, der sich noch entwickeln kann, immer schlechter ist als seine endgültige Verwirklichung. Das – wahrhaft dämonische – Geheimnis des Retiro war, daß dort nichts voll zum Ausdruck kommen konnte, alles unter dem Niveau bleiben mußte, sozusagen in der Anfangsphase, unfertig, ertrinkend im Niederen... und doch war gerade das lebendiges und bewundernswertes Leben, höchste uns zugängliche Verkörperung. Der Nietzscheanismus und seine Lebensbejahung? Aber Nietzsche hatte nicht das geringste Gespür für diese Dinge, etwas Lächerlicheres und Geschmackloseres als sein papierner Übermensch und seine junge Menschenbestie läßt sich kaum vorstellen, nein wirklich, nicht die Fülle, sondern gerade Mangel, schlechtere Qualität, Unterlegenheit, Unreife zeichnet aus, was noch jung, und somit lebendig ist. Damals wußte ich noch nicht, daß die Existentialismen, die erst nach dem

Kriege berühmt wurden, sich über ganz ähnliche Probleme den Kopf zerbrechen, die mit dem Wunsch zusammenhängen, das Leben unmittelbar, in Bewegung, zu begreifen. Ihr müßt meine Einsamkeit und meinen inneren Konflikt verstehen, der zu einem Riß in meinem gesamten künstlerischen Unternehmen wurde: Als Künstler war es meine Berufung, nach Vollkommenheit zu streben – mich zog aber die Unvollkommenheit an; Werte hatte ich zu schaffen, während mir gerade etwas wie Unterwert oder Dreiviertelwert wertvoll geworden war. Die Venus von Milo, Apollo, das Parthenon, die Sixtinische Kapelle und sämtliche Fugen von Bach gab ich hin für einen trivialen Witz aus einem mit Erniedrigung verbrüdertem Mund, aus erniedrigendem Mund...

Es ist an der Zeit, diese Bekenntnisse abzuschließen. Nichts von dem, über das ich hier schreibe, ist in mir »bewältigt« – alles ist bis heute Ferment geblieben. Ein andermal werde ich vielleicht erzählen, wie das erneute Eindringen meines anderen, fernen Vaterlandes, Polens, in mein Leben mich vom Retiro entfernte und mich teilweise anderen Dingen wiedergab. Wenn ich mit diesen argentinischen Erfahrungen heraus mußte, so deshalb, weil ich es wichtig finde, daß ein Mensch mit öffentlicher Stimme – ein Schriftsteller – den Hörer von Zeit zu Zeit hinter die Fassaden der Form führt, in den siedenden Schmelztiegel seiner privaten Geschichte. Lächerlich sei sie, und sogar demütigend? Nur Kinder und gutmütige Tanten (deren altjüngferliche Unschuld ein wichtiger Faktor unserer öffentlichen Meinung ist, leider) können sich einbilden, der Schriftsteller sei ein ruhig sublimierter, erhabener Geist, der von den Höhen seines »Talents« herab lehrt, was GUT und BÖSE sei. Nein, der Schriftsteller läßt sich nicht auf Gipfeln nieder, er erklimmt mühsam von unten die Höhen – und wer wollte ernsthaft verlangen, daß wir auf dem Papier alle gordischen Knoten der Existenz entwirren? Schwach ist der Mensch und beschränkt. Der Mensch kann nicht stärker sein, als er ist. Gestärkt werden kann der Mensch nur, wenn ein anderer ihm

Kraft verleiht. Aufgabe des Schriftstellers ist es also nicht, Probleme zu lösen, sondern nur, sie aufzuwerfen, damit sie allgemeine Aufmerksamkeit erregen und unter die Leute kommen – dort werden sie auf irgendeine Weise bereinigt, zivilisiert.

Und ich möchte zum Schluß hinzufügen, daß gerade dies Gefühl der Impotenz gegenüber dem Problem es war, was mich in den folgenden Jahren zum Rückzug aus der Theorie zu den Menschen, in das Konkretum menschlicher Personen bewegte. Aus den Nebeln des Retiro tauchten zwei deutliche und wichtige Aufgaben auf – sie entschieden darüber, ob ich mich in Zukunft offener aussprechen, oder ob ich mich mit mir würde verstecken müssen ... Die erste Aufgabe war natürlich: jenem untergeordneten Wort »Junge« Erstrangigkeit verleihen, allen offiziellen Altaren noch einen anbauen, auf dem der junge Gott des Schlechteren, Niederen, Bedeutungslosen in all seiner mit dem »Unten« verbundenen Macht stehen sollte. Das ist eine notwendige Erweiterung unseres Bewußtseins – diesen zweiten Pol des Werdens zumindest in der Kunst einführen, die Menschengestalt benennen, die uns mit dem Mangel verbrüdert, ihr die Ehrerbietung erzwingen! Aber hier wurde die zweite Aufgabe deutlich, denn es war unmöglich, dieses Thema auch nur zu streifen, ohne sich zuvor von der »Männlichkeit« befreit zu haben, und um darüber zu reden oder zu schreiben, mußte ich zunächst die Angst in mir vor einem Mangel in dieser Hinsicht, die Angst vor der Weiblichkeit überwinden. Ach! Ich kannte diese Männlichkeit, die sie, die Männer, sich untereinander fabrizierten, sie wiegelten sich auf zu ihr, zwangen sich gegenseitig zu ihr in panischer Angst vor der Frau in sich, ich kannte Männer, die ganz verspannt waren im Drang nach MANN, verkrampfte Männchen, die sich eine Schule der Männlichkeit lieferten. So ein Mann potenzierte seine Eigenschaften künstlich: er war übertrieben plump, brutal, stark und autoritär, er war der, der vergewaltigt, der mit Gewalt erobert – also fürchtete er Schönheit und Anmut, die Waffen der Schwäche, er vergaß sich in rüder Abscheulichkeit, wurde zügellos und trivial, oder aber stumpf und unbeholfen. Höchste Ausformung dieser »Schule« waren wohl jene Gelage von betrunkenen Offizieren der Zarengarde – bei denen man sich eine Schnur ans männliche Organ band, worauf einer den anderen unterm Tisch an der Schnur zog, und wer es als erster nicht mehr aushielt und schrie, mußte das Abendessen bezahlen. Ich sah, wie panische Männlichkeit solchen Männern nicht nur jedes Gespür für das Maß, sondern auch jegliche Intuition im Umgang mit der Welt nahm: wo Wendigkeit angebracht war, ging er wie toll drauflos, stieß mit dem ganzen Leib, brüllte wie am Spieß. Alles in ihm wurde maßlos: Tapferkeit, Heldentum, Strenge, Kraft und Tugend. Ganze Völker warfen sich in solchen Paroxysmen wie der Stier in den Degen des Toreros – aus wahnsinniger Angst, die Zuschauer könnten ihnen auch nur den geringsten Hang zum »ewig Weiblichen« nachsagen... So hatte ich keinen Zweifel, daß der potenzierte Stier auch mich attackieren würde, wenn er von meiner Seite einen Anschlag auf seine unschätzbaren Genitalien witterte.

Um das zu verhindern, mußte ich mir eine andere Position suchen – jenseits von Mann und Frau – die trotzdem nichts mit dem »dritten Geschlecht« zu tun hätte – eine transsexuelle und rein menschliche Position, von der aus ich diese stickigen und geschlechtsverseuchten Gefilde ventilieren konnte. Nicht vor allem Mann sein – Mensch sein, der erst in zweiter Linie Mann ist – sich nicht mit der Männlichkeit identifizieren, sie nicht wollen... Erst wenn ich auf diese Weise, entschlossen und unverhohlen, aus der Männlichkeit ausgebrochen wäre, würde ihr Urteil über mich zahnlos werden, und ich konnte dann viel über unsägliche Dinge sagen.

Doch diese Pläne blieben Pläne. Während meines weiteren Aufenthalts in Argentinien erdrückte mich der Zwang zur Erwerbsarbeit derart, daß von da an jede längerfristige und umfassendere Realisierung technisch unmöglich wurde. Ich konnte mich nicht konzentrieren. Die Bürokratie saugte mich auf und erstickte mich mit ihrem Papierkram und ihrer Absurdität –

während das wirkliche Leben sich von mir entfernte wie das Meer bei Ebbe. Mit letzter Kraft schrieb ich *Trans-Atlantik*, in dem ihr viel von den hier geschilderten Erfahrungen finden werdet, und war danach zur literarischen Sonn- und Feiertagsarbeit verurteilt, wie diesem Tagebuch hier – wo ich euch nichts bieten kann als ein flüchtiges, jämmerlich diskursives, fast journalistisches Resümee. Sei's drum! Aber das soll euch wenigstens eine Ahnung davon vermitteln, wie ich mich in Argentinien, meiner zweiten, vom Schicksal bestimmten Schmerzensheimat einlebte, von der ich mich heute nicht mehr ganz und für immer trennen könnte.

MONTAG

Nicht ohne Einfluß auf die Niederschrift dieser Erinnerungen war die Tatsache, daß die Polizei in Buenos Aires kürzlich eine große Razzia im hiesigen Corydonismus durchgeführt hat. Mehrere hundert Personen wurden verhaftet. Aber was kann die Polizei gegen die Krankheit ausrichten? Kann sie den Krebs verhaften? Dem Typhus einen Strafzettel schreiben?

Besser als die Symptome zu unterdrücken wäre es, den subtilen Krankheitserreger zu finden. Aber wer ist hier krank? Nur die Kranken? Oder auch die Gesunden? Ich teile nicht die beschränkte Ansicht, die hier nur »sexuelle Perversion« sieht. Perversion ja – aber sie hat ihren Keim darin, daß die Probleme von Alter und Schönheit in den »normalen« Menschen nicht offen und nicht ungezwungen genug sind. Das ist einer unserer schwerstwiegenden Sprach- und Machtlosigkeiten.

Fühlt ihr denn nicht, daß hier auch eure Gesundheit hysterisch wird? Ihr seid gehemmt, seid geknebelt – seid uneingestanden.

Ich also will sprechen. Aber von dem, was ich sage, gilt: nichts davon ist kategorisch. Alles hypothetisch... Alles abhängig – warum sollte ich das verhehlen? – von der Wirkung, die es hervorruft.

Davon ist meine ganze literarische Produktion geprägt. Ich versuche mich in verschiedenen Rollen. Nehme unterschiedliche Haltungen an. Verleihe meinen Erlebnissen die verschiedensten Bedeutungen – und wenn eine dieser Bedeutungen von den Menschen akzeptiert wird, fixiere ich mich darin.

Das ist das Jugendliche an mir. *Placet experiri,* wie Castorp zu sagen pflegte. Doch ich nehme an, es ist zugleich die einzige Möglichkeit, die Idee durchzusetzen, daß der Sinn eines Lebens und der Sinn von Handlungen bestimmt wird zwischen dem, der sie vollbracht hat, und den anderen. Nicht ich allein verleihe mir Sinn. Auch die anderen verleihen mir Sinn. Aus dem Konflikt dieser Interpretationen entsteht ein dritter Sinn, der mich bestimmt.

XVI

Montag

Sirenengeheul, Pfeifen, Raketen, knallende Sektkorken und der tosende Lärm einer Großstadt in großem Aufruhr. In dieser Minute beginnt das Jahr 1955. Ich gehe die Corrientes entlang, allein und verzweifelt.

Ich sehe vor mir nichts... keine Hoffnung. Alles geht mir in die Brüche, nichts will beginnen. Die Bilanz? Nach so vielen, doch immerhin angestrengten, doch immerhin arbeitsamen Jahren – wer bin ich? Ein kleiner Angestellter, der von sieben Stunden kläglicher Bürofron kaputt ist, in all seinen schriftstellerischen Vorhaben erstickt. Ich kann nichts schreiben außer diesem Tagebuch. Alles geht zum Teufel, weil ich täglich sieben Stunden lang Mord an der eigenen Zeit verübe. Soviel Mühe habe ich in die Literatur gesteckt, und heute garantiert sie mir nicht einmal ein Mindestmaß an materieller Unabhängigkeit, ja nicht einmal die geringste persönliche Würde. »Schriftsteller?« Ach wo! Auf dem Papier! Im Leben – eine Null, ein untergeordnetes Wesen. Strafte das Schicksal mich für meine Sünden, so würde ich nicht protestieren. Aber ich bin für meine Tugenden zerschmettert worden.

Wem soll ich die Schuld geben? Den Umständen? Den Leuten? Aber wie viele andere hat es schlimmer getroffen. Ich hatte insofern Pech, als man mich in Polen mit Füßen trat – und heute, da endlich der eine oder andere mich zu schätzen beginnt, gibt es keinen Platz für mich, ich bin so obdachlos, als lebte ich nicht auf dieser Erde, sondern hinge im interplanetaren Raum, als eigener Globus.

MITTWOCH

Ein Brief von einer Frau (er kam Anfang Dezember aus Kanada, das bedeutet, sie hat ihn nach der Lektüre des *Tagebuchs* in der Novembernummer der *Kultura* geschrieben):

»Lieber Witold Gombrowicz,

...schreibe ich nicht, denn ich bin böse auf Sie, und außerdem macht es mir Sorgen, daß Sie so sorglos und ungeniert ins ›Alter des Mißerfolgs‹ eintreten. Ohne mit der Wimper zu zukken. Sollen denn die anderen alles für Sie tun? Ich glaube, oder fürchte eher, die argentinische Pampa hat Sie schon zu fest im Griff und Sie vergessen immer mehr, daß man noch ein bißchen leben sollte, bevor man stirbt. Es sieht so aus, als stürben Sie in galoppierendem Tempo – obwohl dieses Sterben natürlich ein halbes Jahrhundert von dem wirklichen Sterben entfernt sein kann, nach dem Sie nicht einmal mehr Tagebuchfragmente, nicht einmal Erinnerungen an ein Abendessen oder ein Paar Schuhe schreiben werden.

Früher war das, was Sie schrieben, polemisch, kontrovers, es provozierte eine heftige, wenn auch negative, Reaktion. In letzter Zeit weckt das *Tagebuch* überhaupt keine Reaktion in mir außer Verwunderung, daß Sie das schreiben und die *Kultura* es druckt.

Und ich mache mir große Sorgen. Denn wenn Sie so fest entschlossen sind, kaputtzugehen, wer könnte das ändern? Ich habe den Eindruck, Sie sind ganz schön stur. Gibt es also einen Ausweg aus dieser Sackgasse?

Ist Ihnen klar, daß Sie sich in diesen *Fragmenten* seit längerer Zeit auf Belehrungen beschränken: wie die neue Kunst, Literatur, die neue Form sein sollten – bzw. wie nicht; und weshalb Sie diesen oder jenen für völlig oder halbwegs miserabel halten.

Aber Sie sind doch kein Kunstkritiker, kein Rezensent von Lyrik oder Literatur. Es heißt doch, Sie sind Schriftsteller und sollten Literatur machen; also müssen Sie schaffen und nicht kommentieren, was andere geschrieben haben (und nicht geschrieben haben, vor allem).

Und was haben Sie davon, wenn Sie wissen, wie die Problematik der Gegenwart aussieht, oder der Zeitgeist, oder die Stimmungslage? Der Künstler spürt die Tonart, in der er schaffen kann – und ob es die Tonart von heute oder die der nächsten hundert Jahre ist, interessiert ihn nicht; auch nicht, ob die anderen Schriftsteller den Ton treffen, oder ob sie atonal sind, oder ob sie überhaupt da sind.

Wenn es Ihnen gefällt, auf irgendeine moderne Art zu schaffen, ist es unwichtig, ob Sie Dalí näherstehen, oder Sartre – wenn Sie nur schaffen; leider sind jene *échantillons*, die wir in den *Fragmenten* finden, eher Mache als Kunst. Ihnen fehlt es an Inspiration, an Überzeugungskraft, an dem alten Schwung. Das ist vorwiegend Negation.

Ich bin überzeugt, Sie vergeuden sich, und nur irgendeine drastische Katapultierung kann diesen Prozeß unterbrechen.«

Sorgen macht sie sich? Und will mich katapultieren? Dies *Tagebuch* in der Novemberausgabe ist tatsächlich etwas leichtfertig geraten – ein paar lose Notizen und eine Feriengeschichte über ein Krokodil. Aber warum soll ich denn immer grobes Geschütz auffahren? Wenn ich nun mal Lust habe, mit dem Luftgewehr auf Spatzen zu schießen, oder auf ein Krokodil?

Der Brief ist in vieler Hinsicht bezeichnend; vor allem zeugt er von dem beengenden Druck, dem der Autor von seiten der Leser ständig ausgesetzt ist: »Schreiben Sie das nicht, schreiben

Sie nur dies... Seien Sie nur ernsthaft. Nur inspiriert. Seien Sie kein Kritiker. Denken Sie nicht, wozu wollen Sie denken?«... (Ich kenne diese polnische Schule des Nichtdenkens.) Eine Latte von Befehlen und Einschränkungen, die... woran erinnern? An die heutigen Devisen- und Handelsbeschränkungen.

Sie hätte es gern, daß ich nur (ihr) wichtige und kontroverse Dinge schreibe. Aber ich schreibe in diesem *Tagebuch* auch meine eigene Geschichte auf. Also nicht was ihr, oder euch – sondern was mir wichtig ist. Jeden dieser Monologe brauche ich, jeder gibt mir einen kleinen Anstoß. Langweilt euch meine Geschichte? Das würde nur zeigen, daß ihr es nicht versteht, eure eigene Geschichte aus ihr herauszulesen. Sie zum Beispiel ist empört, daß ich mein Abendessen und mein Paar Schuhe öffentlich bekanntgemacht habe. Mit Freudenschreien und Triumphgeheul, mit Pauken und Trompeten solltet ihr es begrüßen, daß dank mir eine Tatsache, die für die Allgemeinheit ohne Bedeutung, für mich aber, für mich allein bedeutungsvoll ist, *urbi et orbi* verkündet ward. Wenn man nur von allgemein bekannten Dingen schreiben dürfte, welche Literatur würde dann die Existenz einer privaten Suppe und eines privaten Paars Schuhe verlautbaren? Und die Literatur soll doch alles umfassen.

Was ist dieses Tagebuch anderes als gerade dies: privates Schreiben zum eigenen Gebrauch? Dieser andere Ausgangspunkt unterscheidet das Tagebuch von allen übrigen Gattungen – und wie bedeutungsvoll er ist! Einen doppelten Sinn und eine doppelte Wurzel hat die Literatur: Sie geht hervor aus reiner, künstlerischer Kontemplation, aus selbstlosem Kunstwollen; doch ist sie auch persönliche Auseinandersetzung des Autors mit den Menschen, sein Werkzeug im Kampf um das geistige Sein. Sie ist etwas, das in der Einsamkeit reift, ist Schaffen um des Schaffens willen; aber sie ist auch eine gesellige Angelegenheit, sie bedeutet, sich den Menschen aufzuzwingen, was sage ich, sich mit Hilfe der Menschen öffentlich zu erschaffen. Sie entsteht aus dem Bedürfnis nach Schönheit, Güte, Wahrheit; aber sie ist auch Ruhmsucht und Verlangen nach Bedeutung, Popularität, Triumph. Das Tagebuch des Schriftstellers, das diesen anderen, persönlichen Aspekt der Literatur zum Ausdruck bringt, ist die Ergänzung des reinen Kunstwerks. Und ein vollständiges Bild des Schaffens erhalten wir nur, wenn wir den Autor in diesen zwei Dimensionen sehen: als selbstlosen, objektiven Künstler, und als Menschen, der sich selbst unter Menschen erkämpft.

Aber verlangt in diesem Fall von dem Tagebuch nicht, daß es nur zu eurem Vergnügen geschrieben sei, wie ein billiger Roman oder ein Feuilleton – denn auch und vielleicht mehr noch ist es ein Ringen mit euch, eure »Gewöhnung« an den Autor, eure Sättigung mit einer Existenz, die euch braucht – die euch aber überflüssig vorkommen mag – und wenn ihr wollt, daß so ein privates Schreiben überhaupt existiert, müßt ihr ihm ein bißchen Spielraum lassen. Was mich betrifft, so tut ihr besser daran, euch nicht zu sehr in meine Arbeit einzumischen. Ich würde verrückt werden, wenn ich jedes Gutdünken – lobend wie säuerlich – berücksichtigen wollte. Achtet nur darauf, daß mein Tagebuch das nötige Minimum an Intelligenz und Vitalität enthält, so wie das Durchschnittsniveau des gedruckten Wortes es erfordert – aber laßt mir freie Hand bei dem, was darüber hinausgeht. In diesen Sack stecke ich vielerlei Dinge – eine Art Welt, an die ihr euch nur insoweit gewöhnen werdet, wie ich Oberhand über euch gewinne; einstweilen wird euch noch vieles davon überflüssig vorkommen, und ihr werdet sogar staunen, daß man so etwas überhaupt druckt.

Donnerstag

Sagen oder nicht? Vor einem Jahr ungefähr ist mir Folgendes passiert. Ich ging im Callao in einem Café auf die Toilette... An den Wänden verschiedene Zeichnungen und Graffiti. Aber niemals hätte sich die ohnmächtige Lust wie ein Giftstachel in mich gebohrt, wenn ich nicht zufällig einen Stift in meiner Tasche gespürt hätte. Einen Tintenstift.

Eingeschlossensein, Isolierung, die Sicherheit, daß niemand es sehen würde, eine Art Abgeschiedenheit... und das Geräusch des Wassers flüsternd: Tu es, tu es, tu es. Ich zog den Stift. Bespeichelte ihn. Schrieb auf die Wand, hoch, damit es schwerer auszuwischen war, schrieb auf spanisch etwas, ach, ganz Anspruchsloses, so etwas wie:

»Meine Damen und Herren, gehabt euch zu dieser Natur...«

Ich steckte den Stift weg. Öffnete die Tür. Durchmaß das ganze Café und mischte mich unter die Menge auf der Straße. Und die Aufschrift war dort geblieben.

Seither lebe ich mit dem Bewußtsein, daß dort meine Aufschrift ist.

Ich hatte Bedenken, dies zu veröffentlichen. Bedenken nicht aus Prestigegründen, sondern weil das geschriebene Wort nicht der Verbreitung gewisser... Manien dienen sollte... Und dennoch muß ich klar sagen: Nie und nimmer hätte ich mir träumen lassen, daß das so... elektrisierend sein kann... und kann mir kaum den Vorwurf ersparen, daß ich so viele Jahre in Unkenntnis eines ähnlich billigen und risikolosen Vergnügens vergeudet habe. Das hat etwas... etwas Seltsames und Berauschendes... das wahrscheinlich durch die furchtbare *Offenheit* der Aufschrift dort in Verbindung mit der absoluten *Verborgenheit* des Urhebers entsteht, der nicht aufzufinden ist. Und auch, daß es ganz und gar unter dem Niveau meines Schaffens ist...

FREITAG

Also habe ich mich doch durchgesetzt... Das ist schon so etwas wie Ruhm. Auf jeden Fall aber – Wertschätzung. Es hat den Eindruck, Gombrowicz, du hast auf heimischem Hof so etwas wie einen Triumph davongetragen und darfst dich jetzt am Anblick der fassungslosen Gesichter berauschen... die dich vor kurzem noch für einen Hanswurst hielten. Rache ist süß! Dies Weibsstück kann dir nicht mehr frech kommen. Jener Idiot mußte seine Meinung ändern. Ich wandle im Glorienschein. Aber diese Glorie... hm... nein, Dummheit läßt sich nicht unterkriegen! Sie ist unbesiegbar!

Gestern traf ich Frau X., der meine zahlreichen Triumphe zu Ohren gekommen waren. Sie grüßte mich, sah mich dann wie billigend an und sagte:

»Ja, ja... gratuliere... Jetzt sind Sie zu Verstand gekommen!«

Verfluchtes Weib! Willst du denn nicht wahrhaben, daß ich bei Verstand war, als du mich noch für einen Spinner hieltest. Meinst, erst meine Triumphe hätten mich zur Vernunft gebracht!

Sie sagte: »Sie haben ein leichtes Leben.« Ich sagte: »Wieso meinen Sie, ich hätte ein leichtes Leben?« Sie sagte: »Sie haben Talent! Sie können schreiben, was Ihnen gefällt und werden dafür anerkannt und genießen allerlei Erleichterungen im Leben.«

Ich sagte: »Aber wissen Sie denn nicht, wieviel Mühe das Schreiben kostet?« – Sie sagte: »Wenn man Talent hat, dann geht alles leicht.« – Ich sagte: »Aber ›Talent‹ ist doch ein leeres Wort; um zu schreiben, muß man jemand sein, muß hart an sich arbeiten, sogar mit sich kämpfen, das ist eine Frage der Entwicklung...« – Sie sagte: »Je, wozu wollen Sie arbeiten, wenn Sie Talent haben. Wenn ich Talent hätte, würde ich auch schreiben.«

»Sie schreiben? Heute schreiben alle. Ich habe auch einen Roman geschrieben.« – Ich: »Tatsächlich?« – Sie: »Ja, ich hatte sogar gute Rezensionen.« – Ich: »Gratuliere!« – Sie: »Ach, ich sage das nicht, um mich zu loben, ich will nur zeigen, daß heute alle schreiben. Das kann jeder.«

Sonnabend

Es wäre fatal, würde ich mich nach dem Vorbild vieler Polen an der Unabhängigkeit 1918-1939 ergötzen; würde ich es nicht wagen, ihr ganz unverfroren in die Augen zu sehen. Bitte meine Kälte nicht für billige Effekthascherei zu nehmen. Frei atmen durften wir, um mit einem Feind zu ringen, der uns härter zusetzt als die bisherigen Unterdrücker – mit uns selbst. Nach den Auseinandersetzungen mit Rußland und Deutschland erwartete uns der Kampf mit Polen. So ist es nicht verwunderlich, daß die Unabhängigkeit sich als schwerer und demütigender als die Unfreiheit erwies. Solange uns der Aufstand gegen die fremde Gewalt ganz in Anspruch nahm, schienen die Fragen: Wer sind wir? Was sollen wir mit uns anfangen? zu schlafen – die Unabhängigkeit weckte das Rätsel, das in uns schlummerte.

Mit dem Gewinn der Freiheit wurde uns das Dasein zum Problem. Um wirklich zum Sein zu gelangen, mußten wir erst uns verändern. Aber so ein Umbau ging über unsere Kräfte, unsere Freiheit war nur Schein, schon die Struktur der Nation war voller Verlogenheit und Gewalt, die uns bei unseren Vorhaben hemmten. Und aus Schwäche hüteten wir uns vor jeder Bewegung – hätte ja alles auseinanderfallen können. Das damalige Polen trugen wir wie den Panzer des Don Quijote auf der Brust: seine Haltbarkeit prüften wir auf alle Fälle lieber nicht.

Die Zeit der Unabhängigkeit war kein frohes Schaffen, sondern schmerzliches Gezerr in den Fäden der inneren Unfreiheit. Eine Zeit chiffrierter Existenz, Zeit der großen Maskerade. Wenn ich eine Literaturgeschichte dieser Jahre schreiben würde, würde ich nicht fragen, weshalb diese Schriftsteller hervorragend waren, sondern weshalb sie als hervorragende Schriftsteller nicht ganz hervorragend waren. Die Geschichte dieser Literatur muß man andersherum schreiben, das heißt als Geschichte dessen, was nicht vollbracht wurde. Es ist besser für uns, stolz zu sein und alles, was wirklich unter unserem Niveau war, entschlossen von uns zu weisen; nur diese Politik kann uns vor Demütigung bewahren. Wenn ich eine Literaturgeschichte schreiben würde... Aber ich kann es nicht, weil ich die meisten dieser faden Bücher nicht kenne; von der polnischen Prosa und Lyrik weiß ich dies und jenes, habe sie eher überflogen als gelesen, und meine Vorstellung von der polnischen Literatur ist eine Synthese vieler Eindrücke – dessen, was ich gelesen habe, was man sich erzählte, was in der Luft lag. Es ist ganz gleich. Man braucht nur einen Löffel von der Suppe zu kosten, um zu wissen, ob sie schmeckt – und warum sie eben nicht schmeckt... und ich äußere mich nicht als Forscher und Faktenhuber, sondern als einer von denen, die in diesem Restaurant zu speisen pflegten.

Vorweg ein allgemeiner Gedanke: Wie immer die Literatur in ihren Ausdrucksmitteln sei, realistisch, phantastisch, romantisch, sie muß immer engste Verbindung zur Wirklichkeit halten – denn selbst die Phantasie ist nur von Bedeutung, wenn sie uns tiefer in das Wesen der Dinge einführt, als nüchterner Alltagsverstand es verstünde. Entscheidend bei einer Untersuchung der Authentizität der Literatur oder des Geisteslebens einer Nation muß also die Frage sein, wie nah sie der Wirklichkeit sind.

Unter diesem Gesichtspunkt möchte ich den Zeitraum von 1918 bis 1939 erörtern.

Wenden wir uns zunächst dem Kreis derjenigen Autoren zu, von denen die Geister, derer die Unabhängigkeit harrte, geprägt waren.

Sienkiewicz. Über Sienkiewicz habe ich schon geschrieben. Sienkiewicz ist die selige Hoffnung, der wir uns vor dem Einschlafen hingeben... oder ein Traum... Also Fiktion? Lüge? Selbstbetrug? Geistige Zügellosigkeit?

Und doch ist er die wohl realste Tatsache unseres literarischen Lebens. Keiner von unseren Schriftstellern war auch nur halb so wirklich wie Sienkiewicz – ich meine damit, daß er wirklich gelesen wurde, und zwar mit Genuß gelesen. Und folglich: nicht die wirkliche und sogar falsche Welt, die er schuf, sondern der erzreale Einfluß, den er ausübte. War er eine Illusion, oder existierte er, und zwar mehr als andere? Bedenken wir, daß jede Fiktion, die die Welt irgendwie verändert, damit selbst wirklich wird. Sienkiewicz scherte sich einen Deubel um die absolute Wahrheit, er gehörte nicht zu jenen, deren Adlerblick Masken zerreißt, er hatte keinen Funken Einsamkeit in sich. Er war wesenhaft gesellig, fühlte sich angezogen von den Menschen und wollte gefallen, für ihn war die Vereinigung mit den Menschen wichtiger als die Vereinigung mit der Wahrheit, er war einer von denen, die der eigenen Existenz eine Bestätigung in fremdem Sein suchen.

Und weil seine Natur nicht nach Wahrheit, sondern nach dem Leser suchte, erwarb er sich ein unglaubliches Gespür für jede Art von Bedürfnis, dem er Befriedigung sein könnte. Daher diese geistige Formbarkeit, die vollkommene und völlig aufrichtige Anpassung an den Bedarf der Herde. Und weil er sich für die Menschen formte, wurde er geformt von den Menschen – die Folge war eine phantastische Einheitlichkeit des Stils, eine von Menschlichkeit und Glanz durchdrungene Form, die Fähigkeit zum Mythenschaffen, und waches Gespür für eine der größten und zugleich unmerklichsten Gefahren in der Kunst – die Gefahr zu langweilen. Sienkiewicz ist authentisch insofern, als Bedürfnisse (auch wenn es nur das Bedürfnis nach schönem Schein wäre) einen Wert schaffen.

Und nun das Paradox: So verstanden, ist dieser konservative Schriftsteller Vorläufer der revolutionären Gegenwart, dieser »gläubige« Schriftsteller steht, ohne es zu wissen, einer Philosophie nahe, die alle absoluten Werte verneint und einer Dialektik relativer, bedürfnisabhängiger Werte lebt, bei der der Mensch zum Maß aller Werte wird. Sienkiewiczs Glaube? Ich kann mir gut vorstellen, daß Gott für Sienkiewicz ein Mittel war, mit dem Volk zu verkehren. Wäre ein gottloser, bolschewistischer Sienkiewicz undenkbar? Ganz im Gegenteil: sollte die rote polnische Moderne irgendwann ihren großen Romancier hervorbringen, es wird exakt ein Sienkiewicz *à rebours* sein.

Er aber sah sich anders. Das alles war ihm nicht klar. Und

hätte er es sich klargemacht – er wäre als Sienkiewicz sofort erledigt gewesen. Denn Sienkiewicz ist nicht das Sein in der Welt, sondern nur in einer bestimmten Welt – einem Weltausschnitt, einem Weltderivat, das für die wirkliche Welt genommen wird und dessen Wurzeln in der Wirklichkeit man nicht zur Kenntnis nehmen will. Sienkiewicz war sein eigener Mechanismus nicht bewußt; das fehlt ihm, um ganz modern zu sein.

Was Żeromski betrifft... Er ist wohl tiefer und erhabener als Sienkiewicz. Aber er hat einen Makel, oder besser: diese Flöte, gemacht aus zwei verschiedenen Stoffen, sie hat keinen sauberen Klang.

Was ist hier eigentlich so unpassend verschmolzen und bewirkt diese Verstimmung in ihm? Żeromski ist ganz Geschlecht, Liebe, Instinkt, ist Produkt des Eros, das ist sein Reich, dort ist er zu Hause, dort am empfindsamsten, feinfühligsten, vielsagendsten. Doch der Liebhaber ward zum Staatsbürger, der Jäger geheimster Liebesschauder verwandelt sich in einen Lehrer, er, der einst bewußtloser Leidenschaft nachspürte, wird zum patriotischen Gesellschaftsveränderer, und wogende, bittere, schillernde Lyrik sorgt sich plötzlich rührend um Mutter Polen. Daraus entstanden die Glashäuser, eine abstoßende Mischung aus Regenbogen und Mietskaserne, passend zur Landschaft wie die Faust aufs Auge, als Metapher fatal.

Die Mischung von Geschlecht und Vaterland... warum hat sie nichts erbracht? Die Liebeslyrik ist nur dem Anschein nach individuell, dieser Gemütszustand ist die Folge einer Unterwerfung unter die Gattung: An dem Verliebten übt die Gattung Gewalt, und es gibt kaum einen Unterschied zwischen dem Soldaten, der fürs Vaterland fällt und dem Liebhaber, der sein Leben riskiert, um die Geliebte zu besitzen. Sie beide folgen einem Befehl, der wichtiger ist als alles Persönliche – der eine verteidigt die Herde, der andere verlängert ihre Existenz mit den Kindern einer Frau, zu der sein Instinkt ihn geführt.

Aber bei Żeromski atmet das Liebesempfinden Tragik und letzten Sinn. Wenn Żeromski seine Liebeselixiere braut, ist er nackt. Der Patriot Żeromski ist zwar Herz und Gewissen, aber er ist auch der Herr mit dem Stutzbart, Staatsbürger und »polnischer Schriftsteller«. Żeromski ist selbstlos, rücksichtslos und frei, wo er sich der Liebe widmet, aber sobald er von Polen spricht, befallen ihn tausenderlei Rücksichten – hier kann man nicht nur tragisch, man muß konstruktiv und positiv sein. Deshalb zieht sich Żeromskis Nacktheit das Vaterland an wie ein Hemd. Unappetitlicher Anblick.

Er, der nichts von einem Romancier, dafür alles von einem Lyriker hatte, begann gesellschaftskritische Romane zu schreiben – und die sind zumindest sonderbar. Nämlich beflügelt und platt zugleich, gemacht aus scharfsinniger Wahrnehmung, aus ergreifender Inspiration, und doch naiv und geradezu plump in allem, was als massiveres Element der Komposition in sie eingeht – die einzelnen Sätze sind hier wunderbar inspiriert, die Personen aber, die Fabel, die Ideen der Romanhandlung, Psychologie, Soziologie, der Dialog, die Darstellung des Milieus sind auf eine unbegreiflich naive Weise trivialisiert – als wäre ihm plötzlich die Rodziewiczówna zur Muse geworden – und dieses Żeromskitum, gespickt mit sozialem Engagement, mit Philanthropie, Volksakademien, edlem Märtyrertum und Sozialismus, das ist Papier... und das ist nicht mehr erste, sondern zweite Klasse. Er hatte eine schlechte Hand bei der Wahl des Themas. Ein hochrangiger Künstler, der ständig sein Thema verfehlte.

Mir werden diese Dinge klar, wenn ich mir die künstlerische Entwicklung Żeromskis vor Augen führe, die frühe Formung seines Stils. Das Schicksal hatte ihm die Nähe von Geschlecht und Liebe bestimmt, aber allmählich, mit zunehmender intellektueller Reife, begannen andere Dinge zu drängen, Polen, das Volk, die Ungerechtigkeit und Ausbeutung, und sein Gewissen meldete sich. Darüber wollte er schreiben! Aber wie? Kunst erfordert bekanntlich Kälte, je weniger der Künstler gefühlsmäßig mit dem Thema verbunden ist, desto treffender und stärker drückt er sich aus; er muß das, was er zu sehen hat, objektiv sehen, darf also nicht interessiert daran sein – der Künstler muß das Thema beherrschen, mehr noch, er muß Spaß daran finden. Was aber war er, Żeromski, vor diesen Problemen? Konnte er sich das zu eigen machen, es annektieren, unterwerfen und zwanglos darin heimisch werden? Mußte er dem nicht dienen, mußte er sich selbst und sein Werk nicht in den Dienst dieser übergeordneten Dinge stellen? Das Gewissen erlaubte ihm nicht, davon zu lassen. Aber das Gewissen ließ auch keine schöpferische und gebieterische Behandlung dieses Stoffes zu. So schwächten Ehrfurcht und Liebe ihm die Hand, er schreckte nunmehr vor der vollen Sinnlichkeit zurück und wurde bescheiden, gefügig, ernsthaft und verantwortungsvoll – nein, keinen Spaß, keine Lust mit der eigenen Mutter – und diese ehrwürdigen Inhalte fuhren ihm *in crudo* in Kunst und Persönlichkeit, unverdaut und undestilliert. Ihm war nicht in Fleisch und Blut übergegangen, was er so hoch schätzte, und dieser Liebhaber hat Polen nie besessen – zu groß war seine Ehrfurcht vor ihm.

Was Wyspiański angeht... Die Antithese zu Sienkiewicz, denn während jener sich dem Leser hingab, lebte dieser der Kunst, und, notabene, der hohen Kunst. Sienkiewicz war geradewegs darauf aus, die Seelen zu erobern, Wyspiański aber darauf, KÜNSTLER zu sein. Sienkiewicz suchte Menschen, Wyspiański dagegen – Kunst und Größe. So ist dies eine Welt der Abstraktion, in der Begriffe die Menschen ersetzen; es ist eine Welt der Kultur.

So langweilig, diese Dramen... Und wer verstünde etwas von ihrer Liturgie. Wyspiański ist einer unserer größten Schandflecken, niemals zuvor hat solche Leere uns Bewunderung entlocken können; wie wir in diesem Theater klatschten, huldigten und uns rühren ließen, das hatte überhaupt nichts mit uns gemein. Was war das Geheimnis dieses Triumphes? Auch

Wyspiański stillte Bedürfnisse, aber diese Bedürfnisse waren dem individuellen Leben völlig fremd, es waren Bedürfnisse der NATION. Die NATION verlangte nach einem Monument. Die NATION forderte große Kunst. Die Dramatik der Nation rief nach einem nationalen Drama. Die Nation brauchte jemanden, der ihre Größe auf große Weise zelebrierte. So trat Wyspiański vor die Nation und sprach: da habt ihr mich! Nichts Kleines dran, nur Größe, und obendrein mit griechischen Säulen. Er wurde akzeptiert.

Ein Dramaturg. Natürlich ist die dramatische Form immer auf Größe berechnet – sie ist ein Netz, dem alles Kleine entschlüpft. Sicher ist aber auch, daß die Kleinigkeit schöpferisch, das Detail konkret ist – nicht die Monumentalformen. Wyspiański, der zu säulengleich dastand, um sich nach irgendeinem Detail zu bücken, war ausschließlich auf den Verkehr mit den elementaren Kräften und Gewalten angewiesen: Fatum, Polen, Griechenland, Nike oder Strohpuppe. Diese Kunst ist nicht, wie Shakespeare oder Ibsen, Erhebung des gewöhnlichen Lebens auf die Höhen des Dramas (hört mir mit der *Hochzeit* auf), hier bewegt sich von Anfang an alles am Himmel von Schicksal und Geschichte. Wenn aber der Stoff selbst riesengroß wird, steht der Schöpfer klein und hilflos da. Wyspiański setzte eine pathetische Maschinerie in Bewegung, die ihn zermalmte – deshalb ist hier die Inszenierung so gewaltig und so gering dagegen das, was er den Polen an eigenem zu sagen hat. Den Polen und den Nichtpolen. Im Ausland scheiterte dieses Drama nicht deshalb, weil es polnisch war; sondern weil es vom Gesichtspunkt der ganzen Menschheit nichts Neues brachte.

Griechenland? Für die Griechen war das griechische Drama etwas Natürliches – es harmonierte mit ihrem jungen Weltempfinden. Für uns aber ist dieses Drama nur noch Autorität, wirkt nur noch kraft historischer Ehrwürde, ähnlich wie Griechenland selbst. Wyspiańskis Griechentum erschöpft sich in majestätischer Dekoration. Da ist nichts, was den Blick auffrischen oder reinigen würde – alles nur feierlich.

Woraus ersichtlich ist, daß dieser angebliche Realist Lichtjahre von der Wirklichkeit entfernt war. Wyspiański sieht die konkreten Erscheinungen nicht, so geblendet ist er von ihrer begrifflichen Synthese und Sublimation. Ein Drama von Begriffen. Der große Inszenator. Er lieferte prachtvolle Dekorationen. Tat alles, um der Vorstellung zu Pathos zu verhelfen. Und betrat die Bühne, um – ganz verschüchtert von der gewaltigen Dekoration – kein Wort hervorzubringen.

Nun zu Przybyszewski, der lastete auch auf der Generation. Przybyszewski war wohl der einzige, der eine Umwertung der Werte bei uns vollbringen oder wenigstens unser Leben mit einigen anregenden und in ihrer Extremität kategorischen Mythen hätte speisen können. Wichtig ist nicht, daß er Moderne und Bohème ins Land brachte – wichtiger ist, daß er unsere brave, reinliche, bürgerliche Kunstvorstellung stürzte und mit dem Begriff des künstlerischen Schaffens als eines dämonischen Prozesses in die polnische Idylle trat. Er als erster war in Polen absolute Kunst, gnadenlose Geistesentladung, die auf nichts Rücksicht nahm. Er war der erste, der wirklich das Wort bei uns ergriffen hat.

Aber was für eine Karikatur! Narr und Hampelmann! Wie er in Stümperei abglitt, wie da der Held zum melodramatischen Komödianten geriet, das ist schon ein recht peinlicher Anblick. Ein großes Talent, das sich seelenruhig ins Schmierentheater verirrt – ohne des eigenen Kitsches zu gewahren, ohne überhaupt zu merken, wie ihm geschieht. Wie erklärt man sich, daß diese Phantasie affektiert und geschmacklos wurde, grell und übersteigert, krank am sprichwörtlichen Przybyszewski-Stil? Die europäische Geistesrichtung, die ihn befruchtet hatte, grenzte zwar hart ans Lächerliche, ohne aber je ins Lächerliche abzugleiten – war Schopenhauer noch absolut stilsicher, so kamen Nietzsche und Wagner, kamen die deutschen Romantiker, der französische und skandinavische Satanismus emphatischem Kitsch manchmal sehr nahe. Und dennoch mußte erst ein Pole kommen, um aus diesem Samen den Baum offensichtlicher Lächerlichkeit und Schmiere wachsen zu lassen. Sollte uns wirklich alle Begabung zum Dämonischen fehlen?

Hier zeigt sich wieder die Hilflosigkeit des Polen gegenüber der Kultur. Für den Polen ist die Kultur nicht etwas, das auch er mitschüfe, sie kommt ihm von außen als etwas Höheres, Übermenschliches – und imponiert ihm. Was aber imponierte Przybyszewski? Die Nation? Die Kunst? Die Literatur? Gott? Przybyszewski hat viel von einem Provinzler, der Zutritt zur höchst aristokratischen Tafel Europas erhält, aber ihm imponierte weniger Europa als vielmehr Przybyszewski. Denn der Pole ist sehr beeindruckt von sich selbst in historischem Maßstab, nichts macht ihn so kleinlaut wie die eigene Größe. So wie Piłsudski erdrückt, ja entsetzt war von Piłsudski, wie Wyspiański sich nicht rühren konnte unter dem Gewicht Wyspiańskis, wie Norwid mit Norwid auf den Schultern ächzte, so betrachtete Przybyszewski Przybyszewski mit Angst und heiligem Schrecken. In allem, was er schreibt, ist zu hören: Ich bin Przybyszewski! Ich bin ein Dämon! Ich bin ein Offenbarer!

Diese Unfähigkeit, Alltäglichkeit und Gewöhnlichkeit mit Größe zu vereinbaren, oder mit Erhabenheit... Hätte er sich das Ohr, den Geschmack, das Auge des normalen Menschen bewahrt, ein einziger großer Lachkrampf hätte ihn vor den Pirouetten des Dämonismus gewarnt. Als Pole aber mußte er auf die Knie. Und kniete nieder vor sich selbst.

Kasprowicz. Vollkornbrot, edle Einfalt, güldener Sänger... Aber auch: perfider Bauer, untreuer Landmann, gekünstelte Natur, gesuchte Einfachheit. Kasprowicz, der vom Bauern weggegangen und zum Intellektuellen geworden war, wollte doch Bauer bleiben – als Intellektueller.

Das ist der Grund seines künstlerischen Versagens. Als ein Mischwesen, eine Kombination von Stadt und Land, war er zutiefst disharmonisch – stilisierte sich aber auf Harmonie. Wäre dieser Gesang ehrlich, so müßte er gebündelte Dissonanz sein, Metökenpoesie, Hymne eines seltsamen Wesens, das von widerstreitenden Elementen gezeugt ward – er aber zog sich lieber den Bauernrock über den Mantel.

Kasprowicz – höchste Errungenschaft der polnischen »Volksdichtung«, ein schweres Mißverständnis – was sich hier Volksdichtung nennt, ist Dichtung übers Volk. Das Volk wird erst dann zur dichterischen Inspiration, wenn wir es von der Stadt aus betrachten, durch die Brille der Kultur – der Bauer als Bauer war nie poetisch für den Bauern. Kann etwas gezwungener sein, als wenn Kasprowicz sich zum Bauern macht, um die Natur zu besingen – gerade der Bauer hat kein Gefühl für die Natur, er ist in ihr und bemerkt sie deshalb nicht, er plagt sich mit ihr ab, er lebt mit ihr, aber er betet sie nicht an. Die Sonnenauf- und untergänge laßt den Ausflüglern. In der Welt des Bauern ist alles normal, deshalb fällt nichts auf. Und wenn der Bauer etwas anbetet, so nicht das Land, sondern die Stadt. Gott erscheint ihm ihn der Maschine, nicht in der Pappel am Wegesrand. Billiges Parfüm aus dem Laden mag er lieber als Fliederduft.

Will ich denn Kasprowicz überhaupt verbieten, diesen ländlichen Gesang in sich zu aktivieren? Aber nicht doch, was heraus muß, muß heraus. Die Frage ist nur: als wer soll er singen? Als Bauer, oder als Kasprowicz?

Und er wäre wahrhaftiger gewesen, wenn er nicht so auf Stil bedacht gewesen wäre. Wenn er seine innere Zerrissenheit nicht mit Einfalt überspielt hätte – und wenn er uns in der Kunst, statt der Form, seinen Konflikt mit ihr gegeben hätte. Das hätte ihn und seine literarischen Nachfolger vielleicht vor affektierter Volkstümelei bewahrt. Ich hätte Kasprowicz von den Füßen bis zum Gürtel Bauernstiefel und Bauernhose angezogen, vom Gürtel an aber Jackett und gestärkten Hemdkragen. So hätte ich ihn auf die Bühne geschickt, und ihm gesagt: Sieh zu, wie du klarkommst.

Ich bestreite nicht, daß das trotzdem Künstler und Lehrer von

Format waren. Aber auch die Lehrer lehrten nicht die Wirklichkeit. Sienkiewicz brachte nicht die Wirklichkeit zum Ausdruck, weil er im Dienst der kollektiven Phantasie stand. Wyspiański, weil er in ästhetischen und historischen Abstraktionen aufging. Żeromski, weil er seine gesellschaftliche Mission nicht mit seinem Instinkt vereinbaren konnte. Przybyszewski berauschte sich am Satanischen. Und Kasprowicz ließ sich vom VOLK unterkriegen. Um zu Wirklichkeit »zu kommen«, muß der Schriftsteller das eine wie das andere zugleich sein: Ausdruck des kollektiven Geistes, aber auch der eigenen, individuellen Existenz; er muß vom Kollektiven kontrollierte Individualität, aber auch von Individualität kontrolliertes Kollektivum sein. Sie aber gingen restlos in der Masse auf bzw. in Abstraktionen wie Nation, Geschichte, Kunst, die ein Produkt der kollektiven Kultur sind. Und immer dienten sie etwas. Immer vor irgend etwas auf den Knien. (Der Positivismus? Das ist doch eigentlich nur was für die Nation, beinahe eine politische Doktrin – das war nicht der Positivismus eines Einzelnen. Da fällt mir auf, daß ich gar nichts zu Prus gesagt habe. Wie schade!)

In dieser unbequemen, knienden Haltung begrüßten wir die Unabhängigkeit. Was hätte ein befreiter Mensch zu tun gehabt? Aufstehen, sich recken, die Augen reiben, sich umsehen und sich, als wäre er neugeboren, überlegen: wer bin ich, wo bin ich, was ist meine Aufgabe?

Doch die Unabhängigkeit schenkte uns keineswegs die Freiheit wieder: weder die Gefühlsfreiheit, noch die Blickfreiheit. Die Nation war politisch frei, aber jeder von uns sah sich nun plötzlich gehemmter und innerlich geschwächter als je zuvor. Was war dieser von den Toten auferstandene Staat, wenn nicht ein Aufruf zu neuem Dienst und neuer demütiger Unterwerfung. Aber dieser Staat war ein Rekonvaleszent, der sich kaum auf den Beinen halten konnte. Daher mußte alles andere, es mochte noch so dringend und unaufschiebbar sein, dem einen Gebot weichen: Stärke den Staat!

Es hieß:

»Du sollst keinen Gedanken haben, der die Nation oder den Staat schwächen könnte.

Du sollst nur das bemerken, denken, fühlen, was die Kraft von Nation und Staat mehrt.«

Das aber bewirkte eine Zerrissenheit in uns, die meines Erachtens von zentraler Bedeutung für die gesamte Periode der Freiheit ist. Bedenkt doch nur – wir waren aufgerufen, auf die volle und authentische Existenz zu verzichten, nicht um irgendeiner anderen Authentizität und Kraft willen, sondern der Existenz einer halben Sache, die an Mangelerscheinungen litt und deshalb nichts erreichen konnte. Das Polen, das wir mit unserem eigenen, heißen individuellen Blut sättigen sollten, war ökonomisch und militärisch schwach, politisch war es zwischen zwei Konzeptionen von unheilvoller Macht eingezwängt, kulturell krankte es an Anachronismus – dieser Staat konnte keine vernünftige Politik, er konnte überhaupt gar nichts erreichen, mußte als zufälliges Flickwerk, als ein Kopf-in-den-Sand-Stecken überdauern. Am schlimmsten aber war, daß er weder ein großer, noch ein kleiner Staat war: groß genug, um zu historischer Aktivität berufen zu sein, zu klein, um dieser Berufung gerecht zu werden.

Das schuf eine Atmosphäre der Unwirklichkeit, des Pfusches, der Groteske, die die zwanzig Jahre vergiftete. Der Unwirklichkeit – denn wir wußten einfach nicht, *wodurch* wir mit dem Leben in Berührung kommen sollten. Und so ruinierten wir uns, um eine große Armee zu unterhalten, aber die Armee erwies sich als Hirngespinst. Wir beschränkten uns geistig und intellektuell, aber unser Staatsgedanke, unsere nationale Idee wurden davon nicht stärker. Und was den Pfusch angeht – im Würgegriff dieser doppelten, individuellen und kollektiven, Blutarmut mußten doch die besten Begabungen verkümmern, ebenso wie technische, finanzielle und gesellschaftliche Unternehmungen mißlangen. Und grotesk war das alles auch – denn die Groteske ist das Signum der Unfähigkeit, Markenzeichen des Plunders.

Ich erörtere hier nicht das gesamte polnische Leben – es geht mir nur um die Literatur. Mag sein, daß wir auf politischem und wirtschaftlichem Gebiet keine andere Wahl hatten und taten, was und wie wir's gerade konnten. Aber die Freiheit der Kunst ist hundertfach größer, und ich behaupte, selbst in dieser Situation wäre in Polen wirkliche Kunst möglich gewesen.

Ich behaupte noch mehr: Unter diesen Bedingungen wäre es die erste und wichtigste Aufgabe der Kunst gewesen, einen Wirklichkeitsverlust zu verhindern – durch das reduzierte Leben hätte sie zur wahren, vollen Existenz vordringen müssen – hätte ein Anker werden müssen, der uns mit dem Seinsgrund verbindet. Weshalb hat uns die Kunst in dieser Hinsicht so furchtbar enttäuscht?

Ach, aus einer kleinen Unachtsamkeit... Ich komme demnächst darauf zurück, werde erzählen, wie uns ein kleiner Irrtum bei der eingeschlagenen Richtung den Ausweg aus unserer Sackgasse verwehrt hat.

XVII

Sonntag

Ich nehme mir heute die Zeit, auf jene Jahre zurückzukommen – um sie zu vernichten. Meine jetzige katastrophale Situation erfordert das. Wenn ich innerlich zugäbe, daß sie gerade recht waren, blühend gesunde Gewächse auf gedeihlichem Grund – während ich jemand bin, der in der Wüste verendet, ein an fremden Ufern gestrandeter Krüppel, ohne Vaterland und so weiter... ein Flüchtling, verirrt und verloren... müßte ich mir dann nicht jede Bedeutung absprechen? Also: alle Trümpfe meiner Situation mobilisieren und zeigen, daß ich besser und wahrhaftiger leben kann. Ich werde jetzt mal etwas über die Dichtung (die Versdichtung) der Unabhängigkeitsperiode schreiben... und sehen, was davon als wahrhaftig bestehen kann... Diese Neugier – wieweit das, was mir aus der Feder kommt, Wahrheit sein kann...

Die Gedichte waren damals besser als die Prosa. Das ist leicht erklärt. Je formalistischer die Kunst, desto weniger abhängig ist sie vom äußeren Druck des Milieus, der Epoche. Am schwersten war es im unabhängigen Polen, sich ganz einfach zu unterhalten, schon weniger schwer – gewöhnliche Prosa zu schreiben, noch leichter – stilisierte Prosa, und das relativ einfachste war es noch, in Reimen zu dichten. Um sich im normalen Gespräch, in der täglichen Prosa einwandfrei auszudrücken, muß man ein Mensch sein, der zu sprechen versteht – einer, dem die äußeren Bedingungen die Rede nicht verdrehen. Gedichte aber, ich meine die »großartigen«, »herrlichen«, kann jemand schreiben, der in alle möglichen Fesseln geschlagen ist, wenn er nur die Form beherrscht.

Skamander und die Avantgarde... ja, ich erinnere mich. Der Skamander kam unter dem Banner von Auffrischung, Modernisierung, Europäisierung, er wollte die neue unabhängige Poesie schaffen – eine freie und selbstlos poetische, stolze Lyrik, die niemandem dienen sollte außer sich selbst. Gesunde Idee! Dieser Frischlufttrausch war an der Zeit! Weshalb hat der Berg eine Maus geboren? Weshalb hat sich das alles in Nichts verwandelt?...

Macht Nichts. Würden wir sämtliche Dichter des Skamander aus unserem Geistesleben entfernen (doch aufgepaßt! Ich gebrauche den Begriff »Geistesleben« hier im Ernst), so würde nichts geschehen... es würde überhaupt nichts ändern. Es gab sie, mußte sie aber nicht geben... Wir wären um einige Metaphern und Reime, auch um eine gewisse Menge Schönheit ärmer, auch um ein gewisses Arsenal poetischer Neuerungen, importiert oder hausgemacht – aber das ist auch schon alles. Keiner dieser Rasselyriker hat etwas Elektrisierendes geliefert – etwas wirklich Persönliches – irgendeine Lösung, eine Verarbeitung von Wirklichkeit zu bestimmter Gestalt, so ausdrucksvoll, wie ein Menschengesicht ausdrucksvoll sein kann. Sie waren gesichtslos. Sie hatten kein Verhältnis zur Wirklichkeit. Besaß jemand von ihnen sogenannte Überzeugungen, so unterschieden sie sich in nichts von dem verbreiteten politischen oder gesellschaftlichen Katechismus der Epoche: Słonimskis Sozialismus und Pazifismus, Iwaszkiewiczs Ästhetizismus, Lechońs Lechismus. Sie fanden ihren Glauben fertig vor – erklärten sich dem einen oder anderen Credo für zugehörig, niemand von ihnen hatte einen wirklich eigenen Kultus. Waren sie nicht Kinder ohne ihre Reime? Schält Valéry, Claudel, Rilke aus allen Strophen heraus, es bleibt doch die Persönlichkeit, die geistige Erscheinung, die Seele, ein einzelner und unwiederholbarer Jemand. Verbrennt die Reime des Skamander, und ihr bekommt ein paar sympathische Burschen zu Gesicht, die sich so einigermaßen durchs Leben schlagen.

Immerhin waren das doch Talente, und so fragen wir: woher diese Nichtigkeit? Kraft welcher Boshaftigkeit erwies sich die Kunst hier als verarmend, statt zu bereichern? Die Antwort fällt nicht schwer, wenn wir daran denken, daß ihnen keineswegs an einer Bereicherung der Form gelegen war, über die sie verfügten, sondern an ihrer Reinigung. Sie hatten ein von allerlei nichtpoetischen Ingredienzien verunreinigtes Gedicht vorgefunden und wollten es streng poetisch hinterlassen. Fromme Bekenner und Heger der Form waren sie und trugen ihre Majestät wie einen lastenden Purpurmantel – voll Hochachtung, bescheiden und schüchtern. Aber was kann ein Künstler, der die Form nicht anzutasten wagt und nicht notfalls brutal mit ihr umgeht, schon ausrichten? Wie eine Poesie, die erst reift, die noch nicht sanktioniert, noch halbedel ist, in den geheiligten Gesang integrieren? Wie soll der ungeheure, erwachende Inhalt in das enge Gefäß passen? Solch vernichtende Aufgaben überstiegen das furchtsame Bemühen der Skamandriten, die auf Vervollkommnung und Reinigung des Ausdrucks bedacht waren, bei weitem. Sie waren vor allem Dichter »per Eliminierung«, Dichter nur gegenüber den Dingen, die schon dichterisch waren; sie verwandelten nicht das Unpoetische in Poesie.

Aber das war ihnen gerade recht! Diese Musik ging ihnen in die Beine. Denn – wie anders hätten sie sich in der Literatur behaupten können? Intellektuell längst nicht auf der Höhe ihrer Zeit, ohne einen Begriff davon, was um sie herum aufkeimte. Ohne persönliches, geistiges Format... das brach doch eigentlich kollektiv in die polnische Kunst herein, und diese Leute waren, obwohl ganz verschieden in ihrem Gedicht, in Temperament und Denkungsart, doch so ununterscheidbar im tieferen Sinne, daß diese Dichtung bis heute eine Gruppendichtung ist. Aber hätte denn in Polen echte Dichtung, Dichtung mit Wirklichkeitsfühlung entstehen können, ohne daß der Blick die Wände des Hauses, das wir uns gebaut, durchdrungen hätte und geschaut, was sich dort... weiter entfernt... verbarg? Sie kannten ihre Stellung nur bis zu einem gewissen Grad, sie wußten um ihre Stellung in der Kunst, nicht aber um die Stellung der Kunst im Leben. Sie kannten ihren Ort in Polen, aber nicht Polens Ort in der Welt. Keiner von ihnen ist so hoch hinausgekommen, die Lage des eigenen Hauses zu schauen.

Aber sie waren intelligent genug einzugestehen, daß die polnische Wirklichkeit ziemlich aufgeblasen war. Das spürten sie mit der untrüglichen Intuition des Dichters, hatten aber keine Ahnung, wie sie mit dieser Tatsache fertig werden und was sie daraus schließen sollten; also beschlossen sie, sich nicht zu sehr um die Wirklichkeit zu scheren. So geschah es auch. Sie veröffentlichten ihre hübschen Bände und waren ihres wachsenden Ruhms zufrieden, ohne ihm ins Maul zu schauen. Sie waren froh, daß sie Leser hatten, aber wie da »gelesen« wurde, fragten sie lieber nicht. Sie stiegen in der Hierarchie der Dichter immer höher, ohne sich Gedanken über sie zu machen. Mit einem Wort, sie benahmen sich wie alle (von wenigen Ausnahmen abgesehen) Dichter dieser Welt, und Vorwürfe könnten wir ihnen nur machen, wenn wir davon ausgingen, daß ein Dichter nicht zu sehr wie ein Dichter sein sollte.

Diesen Skamandriten stellte sich die Avantgarde entgegen – meine Erinnerung an sie ist alptraumhaft, grausig... Wieviel

Bizarres unter diesem verrückten Himmel! Ich erinnere mich an seltsam schiefe Flugblätter, Schriften, ulkige Manifeste, halb revolutionäre, halb verunglückte Gedichte, gewaltige, aber auch gewaltig komische Theorien und Stapel unvermeidlicher Bände. Tadeusz Peiper (die aufblühende Metapher) und Stefan Kordian Gacki und Braun und Ważyk und Hunderte weiterer Adepten, die sich Poeme widmeten... all das war für mich Avantgarde. Diese Produktion sah mehr oder weniger so aus wie in allen zivilisierten Städten, auch jetzt, hier in Argentinien, treffe ich in den Cafés alte oder weniger alte Jungs, die sich an den Brüsten dieser ewigen Mutter festgesogen haben. In Polen war das nur schmutziger – die polnische Avantgarde war ungekämmt, schlampig, barfuß, ein Krüppel mit dem Kopf eines Rabbi und den bloßen Füßen eines Dorfbengels. Gottverlassene, tiefste Provinz war das, die in Verzweiflung ob der eigenen Provinzialität davon träumte, Paris und London gleichzukommen. Dieses Gremium von mißgestalteten, esoterischen und sophistischen Rabbinern sowie naiven, blonden Bauernlümmeln aus der Gegend von Kielce, Lublin oder Lwów zeichnete sich durch heilige Einfalt, hitzigen Fanatismus und konsequenten Starrsinn aus. Dichter. Dichter, die entschlossen waren, Dichter zu sein, die poetisches Feuer und poetischen Taumel in sich produzierten und in dieser ihrer Avantgarde steckten, zugekorkt wie in einer Flasche.

Nie habe ich mich je ernsthaft mit einem von ihnen unterhalten. Theoretisch gesehen, bestand eine gewisse Gemeinsamkeit zwischen uns, denn auch ich war »avantgardistisch«, wenn auch nach ganz anderer Façon; aber allein das »Poetische«, das sie an sich trugen, befahl mir eine sarkastische Miene und abstoßenden Witz an. Sie beunruhigten mich dennoch sehr. Gewiß brachten sie irgendeine Wirklichkeit ein, das waren nicht nur Hirngespinste, da steckte etwas dahinter, etwas Echtes... aber was? Was? Das Elend brachten sie ein. Dieser Luxus war von furchtbarer Armut durchsetzt. Wirklichkeit waren sie nicht in ihren Früchten, ihrem dünkelhaften Geschreibsel, sie waren es als Symptom – als Ausschlag am Leib des Kranken. Den meisten von ihnen fehlte selbst die minimale Geisteskraft, ohne die das Schreiben unmöglich wird: Müßiggänger, Dekadenzler, Tagträumer, Halbgebildete und Frühgeburten – die finsteren Geschöpfe der polnischen Ghettos, Bewohner der polnischen Hinterwelt. Aus der eigenen Armut flohen sie in ein stolzes Vorkämpfertum, das war eine Suche nach Erlösung...

Die auch kam. Sie selbst wagten nicht, sich einzugestehen, daß sie aus dem Elend geboren waren. Diese Wahrheit mußte von außen kommen, und eines Tages nahm sich die Volksrepublik Polen ihrer an und gab ihnen eine Rolle – seither zählen sie zur Amtsliteratur, sind zu einer Kunstbürokratie geworden. Weil sie nie je bei sich gewesen waren, nie die Wahrheit über sich und die eigene Existenz hatten ertragen können und eine Wirklichkeit aus Traum, Abstraktion, Theorie, Ästhetik zusammenkleisterten, hatten sie nicht viel zu verlieren und merkten wohl auch gar nicht, daß ihnen da Unvorhergesehenes passierte. Ich war nicht dabei, aber ich fürchte, der Bolschewismus traf einen großen Teil der polnischen Intelligenz in trunkenem Zustand an – das Haupt des Volkes war benebelt. Und viele, sehr viele wußten eigentlich gar nicht, wie ihnen geschah.

Die erzählende Prosa.

Wir erinnern uns dieser guten Ernte: Der Roman trug reiche Früchte. Und alle waren, folgt man den Rezensionen von damals, hervorragend. Aber einmal hatte ich so ein Gespräch mit der Nałkowska über ein bestimmtes Buch. Sie sagte: Da gibt es eine Menge trefflicher Beobachtungen, Aromen, das ist etwas für Feinschmecker, wissen Sie, so eine ganz eigene Herzlichkeit, etwas Spezifisches... aber man muß sich da hineinversetzen, muß genau hinsehen und danach suchen... Ich: Wenn Sie diese Streichholzschachtel nur lange genug ansehen, werden Sie Welten in ihr schauen. Wenn Sie in dem Buch Aromen suchen, so werden Sie gewiß welche finden, es heißt ja: Suchet, so werdet ihr finden. Der Kritiker aber sollte nicht schnüffeln und stöbern, er sollte mit verschränkten Armen dasitzen und warten, bis das Buch ihn findet. Talente soll man nicht mit dem Mikroskop suchen. Sie selbst müssen mit großem Geläut auf sich aufmerksam machen.

Weil aber in Zeiten, da das Gespür für die Wirklichkeit nachläßt, sich alles automatisiert, ging die polnische Kritik mechanisch auf die Jagd nach Werten – und gewiß, mit etwas gutem Willen läßt sich auch bei der Gojawiczyńska etwas wie Epos ausmachen; denn schließlich drückt auch Durchschnittlichkeit etwas aus. Um mit solcher Übersteigerung Schluß zu machen und das wahre Maß der Dinge wiederzufinden, gibt es nichts Gesünderes, als den Blick von den Werken zu wenden und sich die Autoren anzuschauen. Ist er groß, der Verfasser dieses großen Romans? Aber wenn er selbst nicht groß ist, wie kann dann sein Buch groß sein? Wenn wir uns die Menschen jener Prosa so betrachten, was sehen wir? Daß all diese Romane keine einzige Persönlichkeit hervorgebracht haben – niemand von ihnen hatte auch nur das Format eines Żeromski oder Sienkiewicz. Woher kam diese Zwergwüchsigkeit der Menschen im Unabhängigen Polen?

Zwei waren von außergewöhnlichem Zuschnitt: Kaden und Witkacy. Kaden hatte die Ader des Stilisten, eine brutale Aggressivität und die Gabe des gestaltenden Blicks – er verstand es, seiner Zeit so etwas wie die Kadensche Wahrheit zu entreißen. Witkiewicz, scharfsinnig und frech, von Zynismus inspiriert, degeneriert und verrückt genug, um aus der polnischen »Normalität« ins Grenzenlose zu gelangen, aber doch auch vernünftig und klar genug, den Wahn zu bändigen und mit der Wirklichkeit zu verbinden. Beide hatten die Chance, schöpferisch zu sein, weil das Schicksal sie aus ihrem »normalen« Polentum hinausgestoßen hatte. Und doch verfielen gerade sie der Manier und erlitten im Kampf um Ausdruck eine verheerende Niederlage, und ihre Niederlage wiederholte diejenigen der vorherigen Generation. Kaden vergeudete sich wie Żeromski, indem er der künstlerischen Souveränität freiwillig entsagte und bis über beide Ohren ins polnische Leben eintauchte – er, der Piłsudski-Anhänger, Sanator, »polnische Autor«, Kämpfer, Vater bzw. Sohn des Vaterlandes, Gewissen der Nation, Theaterdirektor, Redakteur, schon Meister, schon Lehrer und Führer. Kadens Prosa legte die Toga an und machte Miene, sie wurde Literaturkult, ehe sie noch Literatur geworden war. Witkiewicz verkam wie Przybyszewski, bezirzt vom eigenen Dämonismus, er konnte das Abnorme nicht mit dem Normalen verbinden und war daher seiner Exzentrizität wehrlos ausgeliefert. Alle Manier entsteht aus der Unfähigkeit, sich der Form zu widersetzen, ein bestimmter Verhaltensstil steckt uns an, wird zur schlechten Gewohnheit, ist stärker als wir, wie es so schön heißt – und kein Wunder, daß diese Schriftsteller, die so schwach in der Wirklichkeit verankert waren, die eher in der polnischen Unwirklichkeit oder auch »Dreiviertelwirklichkeit« steckten, der wuchernden Form nicht zu wehren vermochten. Bei Kaden war die Manier angestrengt und mühsam, wie er selbst. Für Witkiewicz wurde sie, wie für Przybyszewski, zum bequemen Mittel, sie enthob der Anstrengung; deshalb ist ihrer beider Form ebenso überhastet wie schludrig. Aber Witkacys Niederlage war intelligenter: der Dämonismus wurde ihm zum Spielzeug, dieser tragische Hanswurst starb zu eigenen Lebzeiten, wie Jarry, den Zahnstocher im Mund, mit seinen Theorien, der reinen Form, den Dramen, Porträts, seinem »Kaldaunengedöns« und seinen »Bauchentleerungen«, den pornographisch makabren Kollektionen. (Mein erster Besuch bei Witkacy: ich klingle, die Tür geht auf, im dunklen Vorzimmer wächst ein scheußlicher Zwerg – Witkacy hatte die Tür in der Hocke geöffnet und erhob sich langsam.)

Wieder kommt in diesen Charakterbildern die Ohnmacht gegenüber der Wirklichkeit zum Ausdruck. Auch auf den Schmutz ihrer Phantasie sollte man hinweisen: Witkiewiczs Kaldaunen und das Kadensche Geschmatze sind allein durch den Vorstoß der europäischen Kunst ins Reich des Häßlichen nicht zu erklären, sie sind vor allem Ausdruck unserer Impotenz gegenüber dem Dreck, der uns in der Bauernhütte, auf dem jüdischen Lumpenbett, in abtrittlosen ländlichen Herrenhäusern aufzufressen drohte. Die Polen dieser Generation sahen diesen Schmutz und all die bizarre Scheußlichkeit schon sehr deutlich, wußten aber nicht, was sie dagegen tun sollten, das war ein Geschwür an ihrem Leib, dessen Gift sie verseuchte.

So glitt denn die Prosa, die noch Biß hatte, ins Bizarre und Barocke ab – diejenige aber, die in den lesbaren und künstlerisch korrekten Romanen pulsierte, war ohne Dynamik und wand sich wie eine Heckenwinde getreulich ums polnische Leben. Vor allem die Frauen. *Testimonium paupertatis*: der Roman jener Zeit stützte sich vor allem auf die Frauen und war so wie sie. Von rundlicher Linie, weichlich und haltlos. Gewissenhaft, kleinlich, gutmütig, gefühlvoll. »Mit der Weisheit des Herzens neigte er sich über graues Menschenlos« oder »spann eifrig an einem Stoff, der viele Existenzen in einem Gemälde von Herzensgüte und heiligendem Mitleid vereinte« – diese ewig bescheidenen oder gar demütigen Autorinnen mit ihrer löblichen Selbstverleugnung, stets bereit, altruistisch in anderen oder im Sein überhaupt aufzugehen, Verkünderinnen von »Grundwahrheiten« wie LIEBE oder ERBARMEN, die sich am Ende der Saga dann einer Renate oder Anastasia im Laubeszittern oder im ewigen Singen der Bäume offenbaren... Niemand wird diesen Dąbrowskas, Nałkowskas, ja selbst der Gojawiczyńska Talent absprechen, aber konnte denn dieses ewig Weibische, das da vor Rührung im Kosmos zerfloß, das nationale Bewußtsein auf irgendeine Weise prägen?

Aber ist es ein Wunder, daß die Frauen nach Frauenart schrieben? Merkwürdiger, bedrohlicher ist, daß keines dieser Talente, die von Zeit zu Zeit in der Prosa auftauchten, sich am Leben halten konnte – sie starben alle dahin. Manch ein Buch ging wie Kanonendonner los. Wittlins *Salz der Erde*, das im Ausland Triumphe feierte. Choromańskis Feuerwerk *Eifersucht und Medizin*, mit Glockengeläut begrüßt: endlich der »große Romancier«! *Die Zimtläden* von Bruno Schulz, etwas von anderer Art, hochrangig. Kuncewiczowas *Ausländerin*, das war doch auch vielversprechend, war Vorahnung, Witterung von Unverhofftem... Woran lag es, daß diese Werke den Kritiker in Verlegenheit brachten? Daran, daß sich ihre wahre Qualität nicht bestimmen ließ. Dieses Werk war einfach meisterhaft in mancher Hinsicht, jenes nahezu genial in einem Fragment, die und die Seiten geradezu ausländisch, universal, von Weltformat, dieser Autor in bestimmten Zügen den Besten gleichrangig – eine Literatur war das, die immer wieder an wahre Größe grenzte, ohne daß aus solch vereinzelten Geniestreichen und fragmentarischen Errungenschaften ein großes Werk oder ein großer Schriftsteller hervorgegangen wären. So wurde deutlich, daß die Talentblitze nicht das Ergebnis einer konsequenten geistigen Entwicklung waren, sondern nur eine Randerscheinung – all das trug Anzeichen des Krampfs und des Zufalls, sie wußten selbst nicht, weshalb ihnen mal etwas Besseres gelungen war – blindes Huhn findet auch ein Korn. Eine Literatur der blinden Hühner war das.

Boy Żeleński, Antoni Słonimski. Die waren gelungen, endlich zwei aus der richtigen Welt – zwei, die Wirklichkeit geworden waren. Słonimskis Gedichte konnten mich nicht packen, für mich kam seine Poesie in der Prosa zum Durchbruch, in den Chroniken der *Wiadomości* – dort fand er seinen Spaß daran, nach allem und jedem mit sich zu schmeißen, meisterhafter Organisator eines Spektakels, dessen Held er selbst war, ein Dichter also. Ist es lächerlich, seinen Einfluß mit dem von Sienkiewicz oder Żeromski zu vergleichen? Ich behaupte, mit ihm ist eine ganze Generation großgeworden: man muß nicht unbedingt ein Gott sein, um Bekenner zu haben.

Doch was ich für wichtig und interessant halte: Boy und Słonimski, die einzig funktionierende Prosa im unabhängigen Polen, waren ein Runterziehen, herab von den Höhen auf den Boden des gesunden und nüchternen Menschenverstandes. Ihre Stärke war das Anstechen von Ballons – aber dazu braucht es nicht viel Kraft.

Boy – nicht viel Eigenes, sogar in seinen Originalwerken übertrug dieser Übersetzer Frankreich ins Polnische.

Die Kritik. Kann man das überhaupt als Kritik bezeichnen? Jede Tageszeitung hatte ihren Schullehrer zum Notenverteilen, doch warum gerade die und keine anderen die Schullehrer waren, blieb ein heiliges Geheimnis. Es *hatte den Anschein*, als gäbe es einen Orden von eingeweihten Kennern, die das Urteil fällen. Tatsächlich aber wußte niemand, am wenigsten die Kenner selbst, weshalb man gerade sie zum Urteil berufen hatte (sie merkten nicht, daß das ganz einfach von der Entscheidung des Zeitungsredakteurs abhing). Und entsetzt von einem Mechanismus, der sie – ganz zufällige Leute – zu Richtern über Werke erhob, denen sie nicht gewachsen waren, wurden sie mit ihrer im wahrsten Sinne des Wortes stirnlosen und halsbrecherischen Situation nicht fertig: Als Richter sprachen sie von oben herab, obwohl sie wirklich ganz unten standen.

Diese Kritik war ein bisweilen grotesk dämliches, bisweilen intelligentes Geplauder über die Kunst, aber bitte schön recht vornehm, mit Schnörkeln, Schlagsahne und Geschlenker ... etwas, das bis heute in uns lebt. Vor allem hüteten sie sich davor, die Nase aus der Literatur zu stecken und wagten nicht einmal davon zu träumen, Lyrik, Prosa und Kritik mit der Realität zu konfrontieren – sie wußten, das hätte eine Windhose ausgelöst, von der sie hinweggefegt worden wären.

In Wirklichkeit (was für ein gefährliches Wort!) geriet unsere Literatur dieser Zeit langsam zu literarischer Publizistik. Es *hatte den Anschein*, als sollten die literarischen Zeitschriften (*Wiadomości* und *Prosto z Mostu*) den Schriftstellern und ihrer Arbeit dienen; *tatsächlich* aber waren die Schriftsteller dazu da, das Wochenblatt, die einzige wahre Literatur jener Zeit, zu nähren. Ein unvermeidlicher Prozeß, der auf der ganzen Welt vor sich geht? Oder Folge einer Schwächung des polnischen »Ich«, jenes »Ich«, das die Grundlage des Schaffens ist? Wenn die Autoren ihrer selbst nicht sicher sind, wenn keiner real genug ist und niemand den Kern trifft, wenn die gesamte Entwicklungsrichtung die wichtigsten Dinge verfehlt und an ihnen vorbeigeht... wen kann es da wundern, daß der Redakteur auf die Bühne kommt, um zu dirigieren und zu organisieren? Diese Wochenschriften verliehen der Übermacht des Kollektiven über dem Individuellen im polnischen Leben Ausdruck, es war, wie so oft in unserer Geschichte, eine Unterordnung der Kunst unter die Gesellschaft.

Die Zeitschriften machten Jahrmarkt und Spektakel aus der Kunst. Wer ist »der Größte«? Für wen Reklame machen? Wen mit wem schlagen? Wen kränzen? Dichter und Schriftsteller galoppierten wie die Rennpferde, und die breiten Massen grölten sportlich: »Auf ihn! Auf ihn!« Oder national: »Das ist der polnische Prophet!« Oder »ideologisch«: »Zieht ihm eins über, dem Schädling!« Natürlich handelten die Literaturzeitschriften – die von dem abgeklärten, manchmal allzu abgeklärten Grydzewski geleiteten *Wiadomości* ebenso wie *Prosto z Mostu*, das der tumbe Stanisław Piasecki führte (gefallen ist er immerhin wacker, auf seinem Posten) – ganz nach ihrer Natur. Die Künstler aber waren schlecht gelaunt, fühlten sich gar ein wenig wie der Fisch in der Pfanne. Sie sahen, daß ihnen irgendwie nicht recht geschah und man sie auf ungeplante Weise benützte – aber, und das ist bezeichnend, keiner stellte sich dem Geschehen offenen Auges, im Gegenteil, man war weiterhin so diskret wie möglich bemüht, nichts zu merken.

MITTWOCH
Ja, das drückt ungefähr die Leere aus, die mich von jener fröhlichen Dichterschaft ankam – obwohl es im Vergleich zur Stille der heute geknebelten Münder doch ein tosendes Stimmengewirr war. Aber ich sagte schon: Ich werde die Höhe unseres

Fluges nicht an der Tiefe unseres Falls messen. Ich fühlte mich während jener Jahre in Polen wie etwas, das am Sein gehindert wurde, das sich aussprechen wollte und nicht konnte... Quälender Alp! Soviel ungestillter Lebenshunger um mich herum! Und dabei war das Menschenmaterial doch gut und keineswegs schlechter als irgendein anderes in Europa – sie sahen aus wie begabte Wesen, die im Pfusch festsitzen – gehemmt vom Unpersönlichen, Übergeordneten, Zwischenmenschlichen, Kollektiven – den Auswirkungen des Milieus. Ganze Gesellschaftsklassen wie aus einem sarkastischen Traum: Grundbesitzer, Bauern, das städtische Proletariat, Offiziere, Ghettos... und das polnische Denken, die polnische Mythologie, die polnische Psyche... das mißratene und erfolglose Polnische, allesdurchdringend wie ein feiner Dunst, dieses Erbe bestimmte uns... Von meinen Brüdern auf dem Lande kam ich immer höllisch zerrissen zurück; in der Stadt aber erwarteten mich die hilflos mit dem Schicksal ringenden Cafés und Menschen, wie ein Wald zwergwüchsiger Bäumen auf sandigem Boden.

Man hätte auf langsame Besserung, auf allmähliche Bildung und Ausbildung hoffen können... Aber warten? Ich konnte nicht einverstanden damit sein, daß mein Leben nur eine Vorstufe zum Leben sein sollte. Sollte ich nur Lückenbüßer sein in der Literatur, um das Aufkommen des souveränen polnischen Wortes in hundert, zweihundert Jahren zu ermöglichen? Dann hätte es sich gar nicht gelohnt, mit dem Schreiben anzufangen. Wenn die Kunst ihrem Schöpfer kein authentisches Sein im geistigen Bereich garantieren kann, ist sie nur eine ständige Schmach, demütigendes Zeugnis der Stümperei. Immer wieder sah ich, wie einer der »Kollegen« sich einen Glauben, eine ideologische oder ästhetische Einstellung zulegte, in der Hoffnung, dadurch endlich ein richtiger Schriftsteller zu werden – und das endete natürlich mit einer Serie von Grimassen, einer Heuchelpyramide, einer Unwirklichkeitsorgie.

Denn entweder ist man wer, oder man ist es nicht – künstlich fabrizieren kann man sich nicht. Im Unabhängigen Polen ersetzte diese künstliche Selbstproduktion von Existenz immer mehr das echte Dasein: diese Intellektuellen und Künstler waren darauf bedacht, jemand zu sein, mit dem Hintergedanken, ganz einfach zu sein. Nicht aus seelischem Bedürfnis an Gott zu glauben, sondern weil der Glaube stärkt. Nationalist nicht aus Veranlagung und Überzeugung sein, sondern weil es zum Leben nötig ist. Ideale hegen, nicht weil man sie im Blut hat, sondern weil das »organisiert«. Sie alle suchten fieberhaft nach einer Form, um nicht zu zerlaufen... und ich hätte wohl auch nichts dagegen gehabt, hätten sie nur den Mut besessen, sich dazu zu bekennen, hätten sie sich selbst nicht etwas vorgemacht.

Aber es war naiver Selbstbetrug. So brach ich denn schließlich ganz und gar mit den Menschen in Polen und dem, was sie da produzierten. Ich wurde verschlossen, wollte nur mein eigenes Leben leben, egal was für eins, wollte nur mit den eigenen Augen sehen – und glaubte, wenn es mir gelänge, kategorisch ich selbst zu sein, würde ich festen Grund unter die Füße bekommen. Doch bald wurde deutlich, daß dieser extreme Individualismus allein mich weder wirklicher noch schöpferischer machen konnte. Er löste nichts, am wenigsten die Zunge. Denn was war dieses »Ich«, auf das ich mich stützen wollte? War es nicht geprägt von der Vergangenheit und der Gegenwart – war ich nicht, so wie ich war, eine Konsequenz der polnischen Entwicklung? Nichts von dem, was ich tat, sagte, dachte und schrieb, befriedigte mich, und ihr kennt wahrscheinlich das Gefühl – wenn ihr merkt, daß ihr nie sagt, was ihr eigentlich wollt, wenn euer Text affektiert, dumm, verlogen klingt, wenn alle Deformationen eurer Erziehung, die Einflüsse, die euch gestaltet haben, die schlechten Gewohnheiten, die euch eingeimpft worden sind, wenn eure ganze Unreife angesichts der wichtigsten Fragen von Sein und Kultur euch die Form unmöglich machen. Ich fand keine Form, in der ich meine Wirklichkeit hätte aussprechen können. Ich konnte diese Wirklichkeit nicht einmal definieren, keinen eigenen Platz finden. Unter diesen

Umständen blieb mir nichts übrig – und das schrieb ich in *Ferdydurke* – als den Schriftsteller zu spielen (nach dem Vorbild der Kollegen).

Es gibt da nur eine Schwierigkeit, aber die ist unüberwindlich – von nichts kommt nichts. Ich selbst sein? Ja, aber wenn ich Unreife bin? . . .

Und dennoch schwebte mir eine Idee vor, an der ich nie gezweifelt habe: Wenn ich bin, dann besitze ich doch die Aussagekraft einer Tatsache, die Aussagekraft von etwas, das ist . . . allein dadurch, daß ich war, hatte ich das Recht auf eine Stimme, und diese Stimme war ernstzunehmen.

Da sah ich auf einmal die ganze Unzulänglichkeit der polnischen Äußerung in der Literatur mit anderen Augen. Ich sah sie so:

Diese Literatur spiegelte gewiß nicht die Wirklichkeit – und doch war sie Wirklichkeit, und sei es gerade in dieser ihrer Ohnmacht. Stellt euch einen Autor vor, der etwa darangeht, ein Drama zu schreiben. Wenn er die nötige Aufrichtigkeit, die geistige Unnachgiebigkeit nicht aufbringt, wird sein Werk nur ein Haufen fehlgeborener Worte sein. Aber dieses Drama, als literarisches Werk bedeutungslos und undramatisch, wird als Zeugnis der Niederlage dennoch ein wirkliches Drama sein. Und dieser Autor, der als Autor keine Beachtung verdient, wird doch Mitleid verdienen und vielleicht gar groß und dramatisch sein als ein Mensch, der keinen Ausdruck seiner selbst gefunden hat.

Die wahre Wirklichkeit Polens kam also nicht in den Büchern zum Ausdruck (die entsprangen ihr nicht, die standen neben ihr), sondern gerade in der Tatsache, daß die Bücher uns nicht zum Ausdruck brachten. Unser Dasein beruhte darauf, daß unser Dasein zu wenig kristallisiert war, unsere Form darauf, daß sie uns nicht richtig paßte. Was uns definierte, war gerade diese unsere Unzulänglichkeit. Und was war der Fehler der polnischen Schriftsteller? Daß sie unbedingt sein wollten, was sie nicht sein konnten – ausgeformte Menschen, während sie Menschen waren, die noch geformt wurden... In Poesie und Prosa wollten sie das Niveau der europäischen, besser auskristallisierten Völker erreichen, ohne zu merken, daß sie dadurch zur ewigen Zweitrangigkeit verurteilt waren – denn mit jener entwickelteren Form konnten sie nicht konkurrieren.

Daher wurde mir paradoxerweise klar, daß die einzige Möglichkeit für mich als Pole, zu einem vollwertigen Phänomen in der Kultur zu werden, darin bestand, diese meine Unreife nicht zu verbergen, sondern mich zu ihr zu bekennen; mit diesem Bekenntnis von ihr loszukommen; und den Tiger, der mich bisher fraß, zu einem Roß zu machen, auf dem ich vielleicht sogar weiter käme als jene »definierten« Menschen des Westens... Auf den ersten Blick sieht das als Programm und Kampfeslosung nicht gefährlich aus – noch so eine Laune des Intellekts, der nach Auswegen sucht... aber als ich mich (während ich *Ferdydurke* schrieb) mit seinen Konsequenzen näher beschäftigte, würde mir ihre vernichtend umstürzlerische Gewalt klar. Denn was hieß das? Es hieß ganz einfach alles auf den Kopf stellen, angefangen mit den Polen selbst. Aus dem stolzen, hochmütigen, selbstverliebten Polen ein Wesen machen, das seine Unzulänglichkeit und Behelfsmäßigkeit in aller Schärfe sieht – und diesen Scharfblick, diese rücksichtslose Aufdeckung der Schwäche zu einer Stärke machen. Nicht nur unsere Einstellung zur Geschichte und zur nationalen Kunst müßte umgekrempelt werden, unser ganzer Patriotismus würde, verwandelt, auf neuen Beinen stehen. Mehr noch, viel mehr, unsere gesamte Einstellung zur Welt müßte sich ändern, und unsere Aufgabe wäre es dann nicht mehr, irgendeine bestimmte polnische Form zu erarbeiten, sondern ein neues Verhältnis zur Form zu finden, Form als etwas, das von den Menschen ständig geschaffen wird und sie nie befriedigt. Und noch mehr: Man müßte zeigen, daß alle so sind wie wir, d.h. die ganze Unzulänglichkeit des zivilisierten Menschen angesichts einer Kultur zeigen, die ihm über den Kopf wächst.

Es ging dabei um nicht weniger als darum, den formbesitzenden Menschen (gleiches gilt auch für die Nation) zum formschaffenden Menschen zu machen – ein trockenes Rezept, aber es verändert plötzlich und unerwartet den ganzen polnischen Stil des In-der-Welt-Seins. Ich für meine Person ließ mich von dem wahnwitzigen Ausmaß dieses Revolutionsprojekts nicht schrecken. Auch heute frage ich nicht danach, ob es richtig sei, so etwas der polnischen Kultur vorzuschlagen, die arg gelichtet und an die Kandare genommen worden ist und in die gerade umgekehrte Richtung gezogen wird (denn in der totalitären Praxis wird das dialektische zum dogmatischen Denken). Programme machten mir keine Angst, nicht von Programmen war ich getrieben, sondern von innerer Notwendigkeit. Der Künstler braucht nicht logisch abzuwägen – er soll keine Syllogismen aneinanderreihen, sondern ein Bild der Welt geben, er appelliert nicht an den Verstand, sondern an die Intuition. Er beschreibt die Welt so, wie er sie empfindet, und erwartet, daß ein Leser, der sie auf die gleiche Weise empfunden hat, sagt: Ja, richtig, das ist die Wirklichkeit, und sie ist wirklicher als das, was ich bisher Wirklichkeit nannte – auch wenn vielleicht beide, Künstler und Empfänger, nicht logisch nachweisen könnten, warum das eigentlich wirklicher ist. Es genügte mir, daß mich aus dieser Richtung ein Hauch von authentischem Leben ankam. Ich drängte ganz einfach dorthin, weil mein Wort mit jedem Schritt stärker und meine Kunst wahrhaftiger wurde. Alles übrige interessierte mich nicht. Alles übrige wird – früher oder später – von selbst kommen.

MONTAG

Ich muß unbedingt Pla anrufen.
    Warum habe ich Pla noch nicht angerufen?
    Heute habe ich wieder vergessen, Pla anzurufen.
    Morgen werde ich Pla bestimmt vor eins anrufen.
    Pla ist nur zwischen 12 und 1 zu Hause. Morgen dran denken.

Ich habe angerufen, aber es war besetzt.

Ich habe angerufen, aber Pla war gerade weggegangen (vorher war das Telefon besetzt).

Ich habe angerufen, aber ein Kind nahm den Hörer ab, und ich konnte mich nicht verständigen.

Ich wollte anrufen, aber gerade in dem Augenblick rief mich Krystyna an.

Ich muß Pla anrufen.

Weshalb habe ich Pla noch nicht angerufen?

1956

XVIII

(Mar del Plata)

Montag

Buenos Aires streifte ich nur auf meinem Weg nach Süden. Und ich sollte auf die Estanzia von »Duś« Jankowski bei Necochea fahren. Aber Odyniec setzte mich in ein Auto und fuhr mich nach Mar del Plata. Nach acht Stunden Fahrt – die Stadt, und zur linken Seite plötzlich, von oben gesehen, er, der Ozean. Doch wir tauchen in die Straßen ein, und schließlich die *quinta*. Ich kenne das schon. Große, rauschende Bäume im Garten, Hunde und Kakteen. Ein Obsthain. Fast auf dem Land.

Dienstag

Der Spanier, mit dem wir gestern zu Abend aßen. Ein älterer Herr, ungeheuer zuvorkommend. Aber diese Höflichkeit ist wie ein Netz, das er auf die Menschen wirft, um sie zu fesseln und zu fangen. Er ist so höflich, daß man sich seiner nicht erwehren kann. Höflichkeit wie die Fangarme der Meduse – grausam und gefräßig.

Ich bin allein auf dem Hof. Odyniec ist weggefahren. Formoza (so genannt, weil sie auf dem Schiff *Formoza* geboren wurde), die Frau des Gärtners, kocht und macht sauber.

Mittwoch

Ich bin allein in diesem Jocaral (so heißt die *quinta*).

Ich stehe um 9 auf. Nach dem Frühstück schreibe ich bis 12. Mittagessen. Ich gehe an den Strand und komme um 7 zurück. Schreibe. Abendbrot. Schreibe. Danach lese ich *Le vicomte de*

Bragelonne von Dumas sowie Simone Weils *La pesanter et la grâce*. Und schlafe ein.

Die Saison hat gerade erst begonnen. Es ist ziemlich leer. Wind, Wind und Wind. Morgens dringt das Rauschen der Bäume, die die *quinta* umgeben, in mein Erwachen, und diese wechselhaften Winde, von Norden, Süden und Osten, wollen keine Ruhe geben, der Ozean funkelt grün, weiß und salzig spritzt er tosend auf das Felsufer, Gischt birst, auf dem Sand ein unaufhörlicher Andrang bedrohlich hoher und wallend aufgetürmter Wasser, nicht einen Augenblick Rast, und das Donnern und Rauschen so weittragend, daß es zur Stille wird. Stille. Dieses Toben ist Ruhe. Die reglose Linie des Horizonts. Das reglose Glänzen der endlosen Wasserfläche. Bewegung regungslos, Leidenschaft der Ewigkeit...

Ich trieb mich irgendwo herum, jenseits des Hafens, an den wilden Stränden hinter den Punta Mogotes, wo die Möwen in ganzen Scharen angestrengt gegen den Wind steuern und dann plötzlich in schwindelnde Höhen geworfen werden, um von dort in schräger und schöner Linie, einer Verbindung von Ohnmacht und Schwung, auf die Wasserfläche herabzugleiten. Ich schaue stundenlang zu, verblüfft und betört.

Als ich hierherfuhr, begleitete mich die Hoffnung, der Ozean würde mich von meiner inneren Unruhe reinigen, und das Gefühl der Bedrohung, das mich schon in Melo befallen hatte, würde weichen. Doch der Wind vermochte meine Angst nur zu betäuben. Abends kehre ich von der tosenden Küste in den verzweifelt rauschenden Garten zurück, schließe das leere Haus auf, mache Licht und esse das kalte Abendbrot, das Formoza bereitet hat, und dann... was? Ich sitze und »berste«, mein Drama, mein Schicksal, meine Bestimmung, die Unklarheit meiner Existenz kommen zum Ausbruch... all das umzingelt mich. Meine allmähliche Entfernung von der Natur, und auch von den Menschen, in den letzten Jahren – mein Älterwerden – macht diese Gemütszustände immer bedrohlicher. Das Leben des Menschen wird mit dem Alter zu einer stählernen Falle. Zu

Anfang Weichheit und Biegsamkeit, da gerät man leicht hinein – dann aber wird die weiche Hand des Lebens eisern; die erbarmungslose Kälte von Metall, furchtbare Grausamkeit der starr werdenden Arterie.

Ich hatte seit langem davon gewußt. Mir aber keine Sorgen gemacht... weil ich überzeugt war, daß mit meinem Schicksal auch ich mich ändern und nach Jahren jemand anderes sein würde, der der zunehmend bedrohlichen Situation ins Auge sehen könnte. Ich hatte mir keine Gefühle für diesen Zeitpunkt meiner Existenz erarbeitet, in der Annahme, sie würden von allein und zur rechten Zeit in mir entstehen. Aber bisher ist nichts da. Nur ich bin da, und dazu kaum verändert – nur mit dem Unterschied, daß mir keine Tür mehr offensteht.

Diesen Gedanken trage ich aus dem Haus ans Ufer, ich führe ihn über die sandigen Gestade, suche ihn in der Bewegung von Wind und Wasser zu verlieren – aber gerade hier erkenne ich das Fürchterliche, das in mir geschehen ist – denn wenn diese weiten Räume mich früher befreiten, so befangen sie mich heute, ja, selbst der Raum ist zum Gefängnis geworden, und ich gehe über den Strand wie jemand, der mit dem Rücken zur Wand steht. Dieses Bewußtsein – daß ich nun geworden bin. Ich bin nun. Witold Gombrowicz, diese zwei Worte, die ich in mir trug, schon vollendet. Ich bin. Ich bin nur zu sehr. Und auch wenn ich noch etwas tun könnte, was mich selbst überraschen würde, ich habe keine Lust – ich kann keine Lust haben, weil ich allzusehr bin. Inmitten dieser Unbestimmtheit, Veränderlichkeit, Flüchtigkeit, unter dem unfaßbaren Himmel bin ich, gemacht, vollbracht, fertig... ich bin und bin so sehr, daß es mich ausstößt aus der Natur.

DONNERSTAG

Ich ging hinter den Torreón, der vor dem Wind schützt, dort saß ich, dann ging ich auf den Playa Grande, dort lag ich, fast niemand da, großer Aufruhr des Meeres, Donnern, Brüllen, dumpfe Schläge. Auf dem Rückweg kam ich kaum gegen den atemberaubenden, durchdringenden, zausenden Wind an. So schön die Buchten, gewaltig die Felsklüfte, auf die man aus mehrstöckiger Höhe hinabsieht, bunte Häusergruppen auf den Hügeln, goldglänzend die sonnigen Strände.

Als ich im Dunkeln ins Jocaral zurückging, heulten die Bäume wie am Spieß. Ich habe mich ans Tagebuch gesetzt, ich will nicht, daß die Einsamkeit mich sinnlos umgeistert, ich brauche Menschen, brauche den Leser ... Nicht, um mich zu verständigen. Nur um ein Lebenszeichen zu geben. Ich bin nunmehr zu allen Lügen, Konventionen, Stilisierungen meines Tagebuchs bereit, wenn ich nur ein fernes Echo, eine schwache Spur meines gefangenen Ich durchbringe.

Ich erwähnte bereits, daß ich außer Dumas *La pesanteur et la grâce* von Simone Weil lese. Eine Pflichtlektüre. Ich muß für ein argentinisches Wochenblatt darüber schreiben. Aber diese Frau ist zu stark, als daß ich mich ihrer erwehren könnte, gerade jetzt in dieser inneren Aufgewühltheit, da ich ganz den Elementen ausgeliefert bin. Durch ihre wachsende Anwesenheit bei mir wächst die Gegenwart ihres Gottes. Ich sage »durch ihre Anwesenheit«, denn ein abstrakter Gott ist für mich ein böhmisches Dorf. Der logisch erschlossene Gott eines Aristoteles, hl. Thomas, Descartes oder Kant bleibt uns heute im Halse stecken – uns, den Enkeln Kierkegaards. Unsere Beziehung – die Beziehung meiner Generation – zur Abstraktion ist schwer gestört oder vielmehr verroht, wir begegnen ihr mit einem schier bäurischen Mißtrauen; und all diese metaphysische Dialektik kommt mir von den Höhen meines XX. Jahrhunderts genau so vor wie den einfältigen Landwirten der Vergangenheit, die bei »Kant« an Kanthaken dachten. Wieviel Anstrengung es kostet, gleiches zu erreichen, aber auf einer höheren Entwicklungsstufe!

Doch heute, da mein Leben, wie ich sagte, eisern geworden ist? Das Leben selbst, scheußlich wie es geworden ist, treibt mich der Metaphysik in die Arme. Der Wind, die Bäume, das Rauschen, das Haus, all das ist nicht mehr »natürlich«, weil ich selbst nicht mehr Natur bin, sondern etwas, das allmählich aus ihr ausgestoßen wird. Nicht ich selbst, sondern das, was mit mir geschieht, verlangt nach Gott, dieses Bedürfnis oder auch diese Notwendigkeit kommen nicht aus mir, sondern aus meiner Situation. Ich sehe Simone Weil an und frage nicht: Gibt es einen Gott? – ich betrachte sie nur aufmerksam und sage: Wie, durch welche magische Kunst hat diese Frau sich innerlich so einrichten können, daß sie dem, was mich vernichtet, die Stirn bietet? Den Gott, der in diesem Leben eingeschlossen ist, empfinde ich als eine rein menschliche Kraft, die mit keinem überirdischen Zentrum verbunden ist, als einen Gott, den sie sich aus eigener Kraft erschaffen hat. Eine Fiktion. Aber wenn sie das Sterben erleichtert...

Es hat mich immer gewundert, daß es Leben auf einer anderen Grundlage als der meinen geben kann. Nichts gewöhnlicher als meine Existenz, nichts banaler – vielleicht abscheulicher oder gemeiner (ich ekle mich weder vor mir noch vor meinem Leben). Ich kenne keine, absolut keine Größe. Ich bin ein kleinbürgerlicher Spaziergänger, der sich in die Alpen, oder sogar in den Himalaja verirrt hat. Ständig berührt meine Feder letzte Dinge, gewaltige Probleme, aber ich komme allenfalls spielerisch darauf... wie einen kleinen Jungen hat es mich zu ihnen verschlagen, beim leichtsinnigen Flanieren. Eine heroische Existenz, wie die von Simone Weil, kommt mir vor wie von einem anderen Stern. Das ist mein Gegenpol: Während ich nichts anderes bin als ständige Meidung des Lebens, nimmt sie es ganz auf sich, *elle s'engage*, sie ist die Antithese meiner Desertion. Simone Weil und ich, das ist der schärfste Kontrast, den man sich vorstellen kann, zwei Interpretationen, die sich ausschließen, zwei gegensätzliche Systeme. Und diese Frau treffe ich in einem leeren Haus, gerade jetzt, da es mir so schwer fällt, vor mir zu fliehen!

SONNABEND
Leiber, Leiber, Leiber... Heute an den vor dem Südsturm geschützten Stränden, wo die Sonne wärmt und brät, viele

Leiber. Die große Sinnlichkeit des Strandes, aber wie immer angegriffen, vereitelt... Rechts und links Schenkel, Brüste, Schultern, Hüften und Füße von Mädchen, von Frauen, aus der Verborgenheit geholt, und die biegsamen Harmonien der jungen Männer. Doch ein Leib erschlägt, ein Leib entkräftet den anderen. Diese Nacktheiten sind kein Phänomen mehr, sie zerfließen in ihrem Übermaß, zunichte gemacht von Sanden, Sonne und Wind, sie werden normal... und Impotenz überkam den Strand; Schönheit, Charme und Reiz – alles bedeutungslos, sind nicht erobernd, verletzen nicht und begeistern nicht. Flamme, die nicht wärmt. Leib, der nicht erregt, erloschener Leib. Diese Impotenz griff auch mich an, und ich ging nach Hause, ohne ein Fünkchen... Ohnmächtig.

Ach, mein Roman auf dem Tisch, und wieder werde ich mich mühen müssen, einer Szene etwas »Genialität« zu injizieren, die wie eine nasse Patrone ist, sie will nicht losgehen!

SONNTAG

Ich sah die Teekanne an und wußte, daß diese und andere Teekannen mit der Zeit immer furchtbarer für mich sein würden, so wie alles um mich herum. Ich habe genug Bewußtsein, um den Becher dieses Giftes bis auf den letzten Tropfen zu leeren, aber nicht genug Größe, mich über ihn zu erheben, mich erwartet ein Sterben in erdrückender Unterwelt, ohne den leisesten Schimmer Licht.

Mich von mir ablenken... aber wie, frage ich?

Es ist gar nicht, daß man zum Gottesglauben finden müßte, man muß sich in Gott verlieben. Die Weil ist nicht »gläubig«, sie ist verliebt. Ich habe Gott keine fünf Minuten im Leben gebraucht – seit meiner frühesten Kindheit war ich mir immer selbst genug. Wenn ich mich also jetzt »verlieben« würde (abgesehen davon, daß ich überhaupt nicht lieben kann), so geschähe das unter dem Druck dieses schweren Gewölbes, das sich auf mich senkt. Sich in jemanden verlieben, weil man es mit sich selbst nicht mehr aushält – ist das erzwungene Liebe?

Später, als ich im Zimmer auf und ab ging, dachte ich: Zwar bin ich organisch unfähig zu diesem Zustand der Liebe, in dem die Weil lebte, aber vielleicht fände sich irgendeine analoge, mir angemessene Lösung, die im Einklang mit meiner Natur stünde. Sollte es möglich sein, daß jemand sich nicht die Fähigkeit abtrotzen kann, fertigzuwerden mit dem, das seiner harrt? Auf eigene Weise einen höheren Sinn von Leben und Tod finden. Sich eine eigene Größe schaffen. Die Größe muß in mir verborgen sein, schließlich bin ich »endgültig« genug in allem, was ich bin – aber ich besitze keinen Schlüssel zu ihr. Dagegen hat diese Frau es geschafft, geistige Strömungen und Wirbel übermenschlicher Kraft in sich freizusetzen.

Größe? Größe? Größe, du willst mir nicht recht über die Lippen, dies Wort klingt dumm in meinem Munde. Meine Abneigung gegen das Große.

Gustave Thibon schreibt über die Weil: »Ich erinnere mich an eine junge Arbeiterin, in der sie die Berufung zu intellektuellem Leben entdeckt zu haben meinte, und die sie unermüdlich mit großartigen Vorträgen über die Upanischaden traktierte. Das arme Mädchen langweilte sich zu Tode, protestierte aber aus Höflichkeit und Schüchternheit nicht.«

So, so, »das arme Mädchen langweilte sich zu Tode«? Genau so sind die gewöhnlichen Sterblichen von Tiefe und Erhabenheit gelangweilt. Und »aus Höflichkeit und Schüchternheit protestierte es nicht«? Nur weil wir so höflich sind, ertragen auch wir die Heiligen und Helden, Religion und Philosophie. Und die Weil? Wie sieht sie dagegen aus? Fast eine Verrückte, eingeschlossen in ihrer hermetischen Sphäre, ohne zu wissen, wo sie lebt, worin sie lebt, ohne gemeinsamen Nenner mit den anderen. Abgehoben. Diese Größe hat verspielt beim geringsten Kontakt mit der Gewöhnlichkeit, sie verfällt sogleich auf lächerliche Weise, und was bekommen wir zu sehen? Eine aufdringliche und langweilige Hysterikerin – eine Egoistin, deren aufgequollene und aggressive Persönlichkeit keinen Blick für andere hat und auch nicht in der Lage ist, sich selbst mit anderen Augen zu sehen – ein gespanntes, geplagtes, halluzinierendes, manisches Knäuel, etwas, das in der Außenwelt zappelt wie ein Fisch auf dem Trockenen, denn dieser Geist ist nur im eigenen Saft in seinem Element. Und so einen metaphysischen Karpfen in hausgemachter Soße soll ich verdauen?

Ganz ruhig. Mich ärgert, daß ihre Größe nicht bei allen richtig funktioniert. Bei Thibon ist sie groß – mit dem Mädchen macht sie sich lächerlich. Und diese Fragmentarik kennzeichnet alle großen Menschen – großen, oder hervorragenden. Ich wollte eine Größe fordern, die jeden Menschen aushalten kann, in jedem Maßstab, auf jedem Niveau, die alle Daseinsarten umfaßte und oben wie unten unabweisbar wäre. Nur ein solcher Geist könnte mich bezwingen. Eine Notwendigkeit, die mir von dem Universalismus meiner Zeit eingeimpft worden ist, der alle Bewußtseinsformen, höhere wie niedere, ins Spiel einbeziehen will und sich mit der Aristokratie nicht mehr zufriedengibt.

Dienstag

Frühstück in der Hermitage mit A. und Frau, die ich zufällig getroffen hatte. Das Essen riecht – bitte um Verzeihung – nach Luxusklo, ich weiß eigentlich nicht warum, aber als ich über dem Rand dieser appetitlichen Leckerbissen schwebte, in der dichten Vornehmheit der Kellner, hätte ich schwören können, das sei ein Klo. Außerdem war ich schläfrig. Vielleicht deshalb.

So oft hat man mich beurteilt, mich und meine Werke – fast immer ohne Sinn. Aber ihr sagt: kleinlich. Ihr sagt: Feigling, Deserteur. Darin ist mehr verletzende Wahrheit, als ihr glaubt. Niemand ahnt auch nur das Unmaß meiner Desertion. Nicht umsonst hört *Ferdydurke* mit dem Satz auf: »Ich fliehe mit der Fresse in den Händen.«

Sollte ich demnach nicht auf der Höhe der Epoche sein, die Heroismus, Ernsthaftigkeit und Verantwortung auf ihre Fahnen geschrieben hat? (Die Weil dagegen ist vollkommenste Exponentin aller Moralsysteme des modernen Europa: der katholischen, marxistischen und existentialistischen Moral.)

Aber erlaubt einmal: es gibt keine Geisteshaltung, die nicht achtenswert wäre, wenn sie konsequent bis zum Äußersten getrieben wird. Es kann Kraft in der Schwäche geben, Entschlossenheit im Wankelmut, Konsequenz in der Inkonsequenz, und auch Größe in der Kleinheit. Verwegene Feigheit, Weichheit, die hart ist wie Stahl, und aggressive Flucht.

MITTWOCH

Unermüdlicher Wind.

Ich quäle mich, soweit ich zu nichtkörperlicher Qual fähig bin – es ist eher Hoffnungslosigkeit als Schmerz. Festhalten möchte ich: ich bin stolz darauf, daß mein Schmerz sich in Grenzen hält. Das bringt mich dem Durchschnitt näher, also der Norm, den solidesten Schichten des Lebens.

Was Gott betrifft. Von einem absoluten Gott in den Höhen, einem Gott alten Stils, kann man nur träumen. Dieser Gott ist für mich wirklich gestorben, den werde ich nicht wiederfinden in mir, da kann ich mich auf den Kopf stellen, dazu fehlt mir der entsprechende Stoff. Aber Gott als Hilfsmittel, als Weg und Brücke zum anderen Menschen, wäre denkbar.

Ein solcher Gottesbegriff läßt sich leicht begründen. Man braucht nur davon auszugehen, daß der Mensch im Rahmen seiner Gattung existieren muß, daß die Natur überhaupt, die Natur der Welt ihm vor allem als Natur der menschlichen Gattung gegeben ist, daß deshalb sein Verkehr mit den Menschen seinem Umgang mit der Welt vorausgeht. Der Mensch ist für den Menschen. Der Mensch ist angesichts des Menschen. Also konnte der Mythos des absoluten Gottes entstehen, weil er dem Menschen die Entdeckung des anderen Menschen erleichterte, die Annäherung an ihn und Vereinigung mit ihm.

Beispiel: die Weil. Will sie sich mit Gott vereinen, oder über Gott mit anderen Menschenwesen? Ist sie in Gott verliebt, oder über Gott in den Menschen? Kommt ihre Widerstandskraft gegen Tod, Schmerz und Verzweiflung aus ihrer Verbindung mit Gott, oder mit den Menschen? Ist das, was sie als Gnade bezeichnet, nicht einfach ein Zustand des Mit-Seins mit anderem (aber menschlichem) Leben? So wäre denn dieses absolute, ewige, unbewegliche »Du« nur eine Maske, unter der sich das irdische Menschengesicht verbirgt. Traurig, naiv, und doch so rührend ... dieser Sprung in den Himmel, um die zwei Meter vom eigenen Ich zu dem des anderen zu überbrücken?

Wenn also der Glaube nur ein Seelenzustand ist, der zur fremden, irdischen, menschlichen Existenz führt, dann muß dieser Zustand für mich auch dann noch erreichbar sein, wenn ich den Hilfsmythos vom Allmächtigen verworfen habe – und ich weiß wirklich nicht, weshalb ich das mit mir nicht fertigbringen sollte. Mir fehlt irgendein Schlüssel. Gott ist vielleicht so ein Schlüssel – aber es muß einen anderen Schlüssel geben, der im Einklang mit meiner Natur steht. Was mich betrifft, mein ganzes Leben, alle Erfahrungen, jede Intuition haben mich in diese Richtung getrieben – nicht zu Gott, sondern zu den Menschen. Erleichtern, normalisieren, sage ich einmal, könnte ich das Sterben nur, indem ich die Last meines individuellen Todes auf andere abwälze und mich überhaupt anderen unterwerfe.

Die Menschen sind für das einzelne Menschenwesen eine furchtbare Macht. Ich glaube an die Übergeordnetheit der kollektiven Existenz.

J. erzählte mir von seiner Hölle in einem deutschen Konzentrationslager, in Mauthausen. Das Klima dieses Lagers, das menschliche, weil von Menschen geschaffene Klima war derart, daß der Tod leicht wurde – und als er ins Gas ging (dem er dann durch Zufall entkam), bereute er, daß er seine morgendliche Schnitte Brot nicht mehr hatte essen können. Diese Abschwächung des Todes war nicht nur eine Folge der körperlichen Folter – der »Geist« war ein anderer geworden ... degradierend und entwertend.

Die Mittel unseres Verkehrs mit den Menschen sind bisher

minimal. Furchtbar die Einsamkeit der Tiere, die sich gerade eben verständigen können... Aber der Mensch? Wir sind noch nicht sehr weit vom Tier entfernt und haben keine Vorstellung davon, was das Eindringen des anderen Menschen in unser geschlossenes Ich bedeuten kann.

Sich selbst in der Zukunft vorauszuahnen... was für ein Wissen!

DONNERSTAG

Lefebvre über Kierkegaard:

»Er hat die Liebe, die Verlobte verloren. Er fleht Gott an, ihm all das zurückzugeben, und er wartet...«

»Was also begehrt Kierkegaard? Er begehrt die Wiederholung eines Lebens, das er nicht gelebt hat, die Wiedergewinnung der verlorenen Verlobten.«

»Er fordert die Wiederholung der Vergangenheit – damit ihm Regine zurückgegeben wird, so wie sie zur Zeit der Verlobung war...«

Wie ganz ähnlich die *Trauung*! Nur daß Henryk sich nicht an Gott wendet. Er stürzt seinen König-Vater (das einzige Glied, das ihn mit Gott und der absoluten Moral verbindet), dann erklärt er sich zum König und wird versuchen, die Vergangenheit mit Hilfe der Menschen zurückzugewinnen, aus ihnen und mit ihnen Wirklichkeit zu schaffen.

Göttliche Magie und menschliche Magie.

Lefebvre ist wie alle Marxisten, die über den Existentialismus schreiben, stellenweise – finde ich – scharfsinnig, aber dann hat man gleich wieder den Eindruck, er sei aus dem Fenster auf die Straße gefallen, völlig flach, ganz ordinär.

Wann hört dieses Wirbeln und Zerren auf, dieser Irrsinn des Laubes, diese Verzweiflung der Zweige, da die einen Bäume sich beruhigen, wenn die anderen zu heulen beginnen und das Rauschen von Ort zu Ort wandert, während ich eingeschlossen bin in diesem Haus, verschlossen in mir selbst... und jetzt in der Nacht fürchte ich wirklich, mir könnte »etwas« erscheinen... Etwas Anormales... denn meine Scheußlichkeit wächst, mein Verhältnis zur Natur ist gestört, gelockert, und diese Lockerung macht mich »allem« zugänglich. Ich meine nicht den Teufel, sondern »irgend etwas«... Ob das klar genug ist? Wenn der Tisch sich plötzlich verwandelte... nicht unbedingt in ein Teufelsding. Der Teufel ist nur eine Möglichkeit – jenseits der Natur herrscht grenzenloses Unmaß...

»Endgültigkeit« hat mich von allen Seiten umringt. Eine Umzingelung, voll Grauen und Gewalt. Aber – wie ich schon mit Befriedigung notierte – ich stille in mir alle Mächte. Ein Romantiker in meiner Lage ergäbe sich diesen Furien gern. Ein Existentialist würde seine Ängste steigern. Ein Gläubiger vor Gott auf die Knie fallen. Ein Marxist zu den Grundlagen des Marxismus vordringen... Ich glaube nicht, daß einer von diesen ernsthaften Menschen sich gegen den Ernst dieser Erfahrung wehren würde, ich dagegen tue alles, um zur durchschnittlichen Dimension, zum normalen, weniger ernsthaften Leben zurückzukommen... Ich will weder Abgründe noch Gipfel, mich verlangt nach Ebene...

Rückzug aus der »Endgültigkeit«...

Mit der Denkmethode, die diesen Rückzug bewerkstelligt, bin ich ganz gut vertraut. Ich sage mir: dein Sterben lebt, und zwar ganz schön intensiv. Du erlebst den Tod, um ihn auf höchst lebendige Weise zu beschreiben, willst ihn für den Rest deiner Existenz, für deine literarische Karriere nutzen. Du schaust in den Abgrund, um den anderen zu erzählen, was du gesehen hast. Suchst nach Größe, um dich einen Zoll über die Menschen zu erheben. Vor dir der Abgrund, hinter dir aber wimmelnde Menschenwelt...

Sollte das nur für mich gelten? Geschah denn nicht alles Forschen im Unbekannten durch die »größten Geister der Menschheit« zu dem Zweck, im normalen Alltagsleben ein großer Philosoph, Dichter oder Heiliger zu werden? Wie ist es zu erklären, daß ich das gar nicht ironisch sage, sondern darauf gerade all meine Hoffnungen stütze?

Eine Dialektik, die Größe zugunsten der Kleinheit ruiniert. Durchschnittlichkeit erreichen. Durchschnittlichkeit auf einer höheren Ebene – jede Extremität dabei kompromittieren, aber nachdem ich sie vorher ausgeschöpft habe – alles nach meinem Maß.

FREITAG

Der polnische Katholizismus.

Den Katholizismus, wie er sich historisch in Polen herausgebildet hat, verstehe ich als ein Abwälzen untragbarer Lasten auf jemand anderes – auf Gott. Das ist genau das Verhältnis des Kindes zum Vater. Das Kind ist unter der Obhut des Vaters. Es soll ihm gehorchen, ihn lieben und ehren. Seine Gebote einhalten. So kann das Kind Kind bleiben, weil jegliche »Endgültigkeit« dem Gott-Vater und seiner irdischen Botschaft, der Kirche, übertragen wird. Der Pole erhielt auf diese Weise eine grüne Welt – grün, weil unreif, aber grün auch, weil ihre Wiesen und Bäume blühen und nicht schwarz und metaphysisch sind. Im Schoße der Natur, in einer begrenzten Welt leben und Gott das schwarze Weltall überlassen.

Mich, der ich fürchterlich polnisch bin und fürchterlich gegen Polen rebelliere, hat die kindliche, abgeleitete, bereinigte und fromme polnische Welt immer geärgert. In ihr sah ich den Grund für die historische Unbeweglichkeit Polens. Für Polens Impotenz in der Kultur – denn Gott führte uns ja am Händchen. Diese artige polnische Kindlichkeit stellte ich der erwachsenen Selbständigkeit anderer Kulturen gegenüber. Dieses Volk ohne Philosophie, ohne bewußte Geschichte, intellektuell so weich und geistig so schüchtern, ein Volk, das nicht mehr zustande gebracht hat als »brave« und »ehrbare« Kunst, haltloses Volk der Folklore, der lyrischen Verseschmiede, Pianisten und Schauspieler, in dem sogar die Juden zergingen und ihren Biß verloren... Meine literarische Arbeit ist von der Idee geprägt, den polnischen Menschen aus aller sekundären Wirklichkeit herauszuholen und ihn unmittelbar mit dem Weltall in Berührung zu bringen – soll er sehen, wie er zurechtkommt. Ich möchte ihm seine Kindlichkeit verderben.

Jetzt aber, in diesem bedrängenden Rauschen, im Angesicht der eigenen Ohnmacht, diesem Nicht-bestehen-Können, sehe ich, daß ich in Widerspruch zu mir selbst geraten bin. Seine Kindlichkeit verderben? Und zu welchem Ende? Um einer Reife willen, die ich selbst nicht ertragen noch akzeptieren kann. Der polnische Gott (im Gegensatz zum Weilschen Gott) ist doch gerade ein großartiges System, um den Menschen in der mittleren Seinssphäre zu halten, ist jene Vermeidung der Endgültigkeit, nach der meine Unzulänglichkeit verlangt. Wie kann ich wollen, daß sie keine Kinder mehr seien, wenn ich selbst *per fas et nefas* Kind sein will?

Kind, ja, aber eines, dem keine Möglichkeit erwachsenen Ernstes fremd geblieben ist. Darin besteht der ganze Unterschied. Zunächst einmal alle Erleichterungen von mir weisen und mich in einem so bodenlosen Kosmos finden, wie ich nur ertragen kann, einem Kosmos von der maximalen Reichweite meines Bewußtseins, und erfahren, daß man der eigenen Einsamkeit ausgeliefert und auf die eigenen Kräfte angewiesen ist – dann erst, wenn das Abgründige, das du nicht hast bändigen können, dich aus dem Sattel wirft, sitz auf der Erde auf und entdecke Gräser und Sand erneut. Damit das Kindliche zulässig wird, muß man das Reife in den Ruin treiben. Ganz im Ernst, wenn ich das Wort »Kindheit« ausspreche, habe ich den Eindruck, das tiefste und noch schlummernde Wesen des Volkes auszusprechen, das mich hervorgebracht hat. Aber es ist nicht die Kindlichkeit des Kindes, sondern die schwierige Kindlichkeit des Erwachsenen.

Sonnabend

Heute ist Heiligabend. Übermorgen früh fahre ich weg.

Der Wind hatte nachgelassen, und ich bummelte nachmittags über die Strände – es war heiß geworden – doch abends ein Gewitter, gerundete Wolken wie riesige, schlaffe Kugeln, denen schnelle, zerfleddernde Wölkchen aus dem Bauch krochen. All das begann sich zu verengen, zu verdichten, zu lasten, zu nähern, zu erstarren, anzuspannen, ohne einen einzigen Blitz in der vom dunklen Gewitter verstärkten Dunkelheit des Abends.

Dann schrien die gequälten Bäume auf, als sie in die Gewalt des irrsinnig tobenden Sturmes gerieten, der in Krämpfen nach allen Seiten ausschlug, und endlich brach ein Platzregen los, spie im Halbkreis zackige Blitze und brüllte sehr. Das Haus zitterte, die Fensterläden klapperten. Ich wollte Licht machen – die Leitungen waren gerissen. Ein Wolkenbruch. Ich sitze im zuckend erhellten Dunkel. »Der Himmel verdüsterte sich, aber er leuchtete wie das Gespenst der satanischen Metropole« – phosphoreszierend ohne Unterlaß, dazu etwas wie Irrlichter im Gewölk und der rollende Donner, auch pausenlos. Ha, ha. Mir war gar nicht recht geheuer. Wie man zu sagen pflegt: Was für eine Nacht! *C'est à ne pas mettre un chien dehors.* Ich stand auf, wanderte durchs Zimmer und streckte plötzlich den Arm aus, ich weiß selbst nicht wozu – vielleicht weil ich in meiner Angst mich zugleich über meine Angst amüsierte. Es war eine grundlose Geste, und sie war dadurch irgendwie gefährlich – in diesem Augenblick, unter diesen Umständen.

Da hörte das Gewitter auf. Regen, Wind, Donner, Wetterleuchten – alles zu Ende. Stille.

Niemals hatte ich so etwas gesehen.

Ein Gewitter in vollem Gang zu stoppen, das ist seltsamer, als ein Pferd aus vollem Galopp zu parieren, diese Abruptheit – als hätte ihm jemand ein Bein gestellt. Man muß das verstehen: ein Gewitter, das sich nicht auf natürliche Weise erschöpft hat, sondern unterbrochen worden ist. Und in der Luft eine ungesunde, erstarrende Schwärze, etwas wie Krankheit, etwas Pathologisches. Ich war natürlich nicht so verrückt zu glauben, daß meine Bewegung das Gewitter aufgehalten hätte. Aber aus Neugier streckte ich im nunmehr völlig dunklen Zimmer erneut den Arm aus – und? – Sturm, Regen, Donner fingen wieder an.

Ein drittes Mal habe ich den Arm nicht wieder ausgestreckt. Ich bitte sehr um Verzeihung. Ein drittes Mal habe ich mich nicht dazu erdreistet – und mein Arm blieb bis heute »unausgestreckt«, befleckt von dieser Schande. Ich scherze nicht. Was für ein Armutszeugnis! Wie kompromittiert stehe ich da! Ich, der ich doch weder hysterisch noch blöd bin! Wie denn – ich soll es nach all den von Entwicklung, Fortschritt und Wissenschaft geprägten Jahrhunderten nicht gewagt haben, nachts den Arm auszustrecken – in der keineswegs gespielten, sondern ganz ernsten, soliden Befürchtung, ich könnte vielleicht das Gewitter dirigieren? Bin ich ein nüchterner, moderner Mensch? Ja. Bin ich aufgeklärt, gebildet, orientiert? Ja, ja. Sind mir die neuesten Errungenschaften der Philosophie und sämtliche Wahrheiten der Gegenwart bekannt? Ja, ja, ja. Bin ich frei von Vorurteilen? Ja, gewiß! Aber woher zum Teufel soll ich wissen – wie kann ich sicher sein, wer garantiert mir, daß mein Arm nicht mit magischer Geste Gewitter aufhalten und in Gang setzen kann?

Was ich von meiner Natur und der Natur der Welt weiß, ist doch schließlich unvollständig – es ist so, als wüßte ich gar nichts.

XIX

(La Cabaña)

DIENSTAG

Gestern früh bin ich mit dem Bus über Necochea zur Estanzia von Władysław Jankowski gefahren, die den Namen »La Cabaña« trägt.

Wenn dieses Tagebuch, das ich schon einige Jahre führe, nicht auf der Höhe ist – meiner, der meiner Kunst oder meiner Epoche –, sollte mir das niemand zum Vorwurf machen, denn das ist eine Arbeit, die mir durch die Umstände meines Exils aufgezwungen wurde und für die ich vielleicht ungeeignet bin.

Um sieben Uhr abends kam ich auf »La Cabaña« an.

»Duś« Jankowski und seine Töchter, Marisa und Andrea, das Ehepaar Stanisław Czapski (Bruder von Józef) mit Tochter Lena, sowie Andrzej Czapski mit Frau. Das Abendessen, bei dem ich den kichernden jungen Damen mit einer Hälfte Gesichter schnitt.

Ein geräumiges Zimmer in einem lauschigen Gästehaus im Garten – dort breitete ich meine Manuskripte aus und bereite mich auf die entscheidende Auseinandersetzung mit ihnen vor. Wer hat bestimmt, daß man nur schreiben soll, wenn man etwas zu sagen hat? Die Kunst besteht doch gerade darin, daß man nicht schreibt, was man zu sagen hat, sondern etwas völlig Unvorhergesehenes.

Sonnabend

Kein Ozean, kein Glitzern, kein Salz, kein Wind. Nach jenem Aufruhr dort, in Jocaral, herrscht hier Ruhe. Stille und Entspannung. Am wichtigsten ist, daß mich die Einsamkeit verlassen hat. Abends beim Lampenlicht eine familiäre Stimmung, wie ich sie seit sechzehn Jahren nicht erlebt habe. Ich ergehe mich in der Pampa, die hier pastellfarben riesig ist, wie immer, doch gebändigt von Eukalyptusalleen, Baumgruppen. In der Ferne ein Gebirgszug.

Was mich auf dem argentinischen Land immer erstaunt: es gibt keine Bauern, kein Hofgesinde. Auf einem weiten Raum, der in Polen viele, viele Arbeiter erfordern würde – herrscht hier Menschenleere. Ein Mann pflügt mit dem Traktor. Derselbe Mann mäht, drischt und füllt sogar das Korn in Säcke, indem er mit einer Mähmaschine, die zugleich Dreschmaschine ist, über das Feld fährt. Diese Felder, die große Anzahl von Vieh und Pferden werden insgesamt nur von einer Handvoll *peones* versorgt, die nie in Eile sind. Was für eine Erleichterung nach der brutalen Landwirtschaft dort, wo man dem Knecht ein Herr sein mußte.

Der Existentialismus.

Ich möchte meine Unruhe vom Mar del Plata irgendwie zu einem Abschluß bringen. Manche Dinge muß ich aufschreiben, damit sie bindender werden.

MONTAG

Der Existentialismus.

Ich weiß nicht, wie der Existentialismus in meinen Händen mehr werden könnte als ein Spiel – ein Todspielen, Ernstseinspielen, Kaputtseinspielen. Meine Ansicht zum Existentialismus notiere ich nicht deshalb, weil ich meine – dilettantischen – Ansichten besonders wertvoll fände, sondern weil ich mein Leben schätze. Wenn ich meine geistigen Abenteuer so gut es geht beschreibe (so, als beschriebe ich meine körperlichen Abenteuer), komme ich um zwei Zusammenbrüche, die in mir geschahen, nicht umhin: den des Existentialismus, und den des Marxismus. Den Bankrott der existentialistischen Theorie bemerkte ich erst kürzlich bei mir, als ich sie in meinem kleinen Philosophiekursus besprach... *contre cœur*, als etwas gleichsam schon Totes.

Ferdydurke schrieb ich in den Jahren 1936-1937, als von dieser Philosophie noch nichts zu hören war. Trotzdem ist *Ferdydurke* durch und durch existentialistisch. Ihr Kritiker, ich will euch bei der Feststellung helfen, warum *Ferdydurke* existentialistisch ist: weil der von den Menschen geschaffene Mensch, weil die gegenseitig sich formenden Menschen eben gerade Existenz sind, und nicht Essenz. *Ferdydurke* ist Existenz in der Leere, das heißt nichts als Existenz. Daher klingen in diesem Buch *fortissimo* fast alle existentialistischen Grundthemen an: das Werden, das Sich-Erschaffen, Freiheit, Angst, das Absurde, das Nichts... Nur mit dem Unterschied, daß hier zu den für den

Existentialismus typischen »Sphären« des menschlichen Lebens – dem banalen und authentischen Leben Heideggers, dem ästhetischen, ethischen und religiösen Leben Kierkegaards, oder den »Sphären« Jaspers – noch eine andere Sphäre hinzutritt, und zwar die »Sphäre der Unreife«. Diese Sphäre oder besser »Kategorie« ist der Beitrag meiner privaten Existenz zum Existentialismus. Sagen wir es gleich: damit weiche ich am weitesten vom klassischen Existentialismus ab. Für Kierkegaard, Heidegger, Sartre ist die Existenz umso authentischer, je tiefer das Bewußtsein ist, sie messen die Aufrichtigkeit und Echtheit des Lebens an der Bewußtseinsintensität. Ist aber unser Menschentum auf Bewußtsein gebaut? Entsteht nicht vielmehr das Bewußtsein, jenes angestrengte, äußerste Bewußtsein zwischen uns, nicht in uns – als Frucht der Anstrengung, der gegenseitigen Vervollkommnung und Bestätigung in ihr, als etwas, zu dem ein Philosoph den anderen zwingt? Ist also der Mensch in seiner privaten Wirklichkeit nicht kindlich, und nie je auf der Höhe seines Bewußtseins... das er aber zugleich als etwas Fremdes und Zwanghaftes und Unwesentliches empfindet? Sollte das zutreffen, so wird diese verborgene Kindheit, diese heimliche Degradation euch früher oder später eure Systeme sprengen.

Über *Ferdydurke* braucht man nicht viel Worte zu machen, das ist doch mehr Zirkus als Philosophie. Tatsache aber bleibt, daß ich schon vor dem Kriege wie eine Katze meine eigenen Wege im Existentialismus ging – weshalb also hat mir das, als ich später die Theorie kennenlernte, nichts genutzt? Und auch heute, da meine Existenz, die mit jedem Jahr scheußlicher wird und schon so mit Sterben vermischt ist, mich zur Ernsthaftigkeit ruft, zu ihr zwingt – weshalb kann ich nichts mit ihrer Ernsthaftigkeit anfangen?

Ich könnte diesen Professoren vielleicht die Darmverschlingung ihres Denkens, das kein Denken sein will, ihre Sprünge von der Logik in die Alogik, aus der Abstraktion ins Konkrete und vice versa, verzeihen. Ihr gedankenerbrechendes Denken, das wirklich »ist, was es nicht ist, und nicht ist, was es ist« – so tief reichen ihre zerreißenden Widersprüche. Ein selbstzerstörerisches Denken, das den Eindruck macht, als benützten wir die Hände dazu, uns die Hände abzuschneiden. Ihre Werke sind ein einziger Aufschrei verzweifelter Impotenz, kunstvollster Ausdruck des Versagens, hier wird es zur Methode, mit dem Kopf durch die Wand zu wollen, die einzige Methode, die noch geblieben ist. Aber das würde ich ihnen verzeihen, das paßt mir sogar. Auch über die rein fachlichen Vorwürfe, die ihnen die Kollegen machen, zum Beispiel in der Frage der Beziehung Subjekt–Objekt, ihrer Vorbelastung mit dem klassischen Idealismus oder ihrer unrechtmäßigen Verbindungen zu Husserl würde ich zur Tagesordnung übergehen. Denn ich habe mich daran gewöhnt, daß Philosophie scheitern muß und weiß, daß uns auf diesem Gebiet nur ein zerborstenes Denken zur Verfügung steht; der Reiter, der dieses Roß besteigt, muß von ihm fallen. Nein, ich bin nicht anspruchsvoll. Ich verlange keine absoluten Antworten auf absolute Fragen, ich in meiner Not gäbe mich auch mit einem dialektischen Rest von Wahrheit zufrieden, der den Hunger für einen Augenblick täuschte. Ja, könnte mich das nur vorübergehend befriedigen, so würde ich auch vor einer derartigen – erbrochenen – Nahrung nicht zurückschrecken.

Ich gäbe mich umso leichter zufrieden, als diese Philosophie, die schon an ihren Ausgangspunkten scheitert, dennoch – und das muß ich zugeben – ungeheuer fruchtbar und bereichernd wird, wo sie versucht, unser tiefstes Wissen vom Menschen zu systematisieren. Sieht man von dieser eigenartigen, im Abstrakten spekulierenden Scholastik ab (dem, was der Existentialismus haßt, und von dem er lebt), bleibt doch etwas sehr Wichtiges, etwas im konkreten, praktischen Sinne Wichtiges: eine bestimmte Struktur des Menschen, das Resultat einer möglichst tiefen, bis zum Äußersten getriebenen Konfrontation des Bewußtseins mit der Existenz. Die einzelnen Thesen der Existentialisten mögen sich als Professorengefasel erweisen, der existentiale Mensch aber, wie sie ihn sahen, wird eine große Errungenschaft des Bewußtseins bleiben. Gewiß, es ist ein abgründiges Modell. Wenn ich in diesem Abgrund versinke, so weiß ich, daß ich den Grund nie erreiche, aber es ist dennoch ein vertrauter Abgrund, der Abgrund meiner Natur. Und mag diese Metaphysik des Menschen und des Lebens zu nichts führen – sie ist doch eine zwingende Notwendigkeit unserer Entwicklung, etwas, ohne das wir ein gewisses Maximum von uns nicht erreicht hätten, ist jene höchste und tiefste Anstrengung, die unternommen werden mußte. Und wie viele unzusammenhängende Intuitionen, die so stark in der Luft liegen, die wir atmen, daß sie mich nahezu täglich heimsuchen, finde ich hier in ein System gewoben, organisiert zu einem furchtbar gebrechlichen, siechen Ganzen, aber immerhin doch einem Ganzen. Der Existentialismus, was immer man gegen ihn einwenden mag, gründet doch auf unserer wahrhaften Unruhe. Er entlockt uns den metaphysischen *dernier cri*. Er präzisiert die letzte Halbwahrheit von uns. So weit, daß der Mensch Heideggers oder Jaspers andere, veraltete Modelle ersetzen muß und unser Bild von uns, unser Selbstgefühl im Kosmos prägt. Der Existentialismus wird somit zu einer bedrohlichen und würdigen Kraft in der Reihe der großen Selbstbestimmungsakte, die das Antlitz der Menschheit immer wieder einmal modellieren. Die Frage ist nur – wie lange wird uns dies letzte Modell genügen? Denn unser Tempo hat sich beschleunigt, und die Definitionen werden immer schwereloser und verwehbarer...

Quälend unklar und gespannt ist mein Verhältnis zum Existentialismus. Er drängt sich in meine Existenz, aber ich will ihn nicht. Und nicht allein ich bin in dieser Lage. Seltsam. Eine Philosophie, die zur Authentizität aufruft, stürzt uns in gigantische Unaufrichtigkeit.

Dienstag

Wir haben uns Träume erzählt. Nichts in der Kunst, nicht einmal die beseelten Mysterien der Musik, kann sich mit dem

Traum messen. Die künstlerische Vollkommenheit des Traums! Wieviel lehrt dieser nächtliche Großmeister uns Tagesfabrikanten des schönen Scheins, uns Künstler! Im Traum ist auf schreckliche, unergründliche Weise alles bedeutungsschwanger, nichts gleichgültig, alles berührt uns tiefer, geht uns näher als selbst die wildeste Leidenschaft des Tages – das lehrt uns, daß der Künstler sich nicht auf den Tag beschränken darf, daß er zum Nachtleben der Menschheit vordringen und ihre Mythen und Symbole suchen muß. Und auch: Der Traum stört die Wirklichkeit des durchlebten Tages auf, er bringt Bruchstücke, wunderliche Fragmente aus ihr heraus und setzt sie ganz unsinnig zu einem willkürlichen Muster zusammen – für uns aber ist dieser Unsinn gerade der tiefste Sinn; fragen wir, in wessen Namen uns der gewöhnliche Sinn zerstört wurde, betrachten wir das Absurde wie eine Hieroglyphe und forschen wir nach ihrer Bedeutung; denn wir wissen, daß es sie gibt, daß sie existiert... Die Kunst kann und muß also die Wirklichkeit auch zerstören, sie in Elemente zerlegen und neue, absurde Welten aus ihnen aufbauen – solche Willkür hat ihr verborgenes Recht, die Zerstörung des Sinnes ist nicht sinnlos, sie führt uns ein in unseren inneren Sinn. Und der Traum macht deutlich, wie idiotisch die Forderung ist, die manche allzu klassizistischen Geister an die Kunst stellen: sie solle »klar« sein. Klarheit? Ihre Klarheit ist die Klarheit der Nacht, nicht die des Tages. Ihre Klarheit ist die der elektrischen Taschenlampe, die einen Gegenstand aus der Dunkelheit holt und alles andere in noch tiefere Finsternis taucht. Außerhalb ihres Lichtes sollte sie dunkel sein wie der Spruch der Pythia, mit verschleiertem Gesicht, unausgesprochen, schillernd vor Bedeutungsvielfalt, und umfassender als jede Bedeutung. Klassische Klarheit? Die Klarheit der Griechen? Wenn ihr das für klar haltet, so seid ihr blind. Geht und seht euch am hellichten Nachmittag die klassischste Venus mit offenen Augen an – ihr werdet schwärzeste Nacht zu Gesicht bekommen.

Duś hatte von Bischof Krasicki geträumt, der sich bei näherem Hinsehen allerdings als Witkacy erwies. Witkacy streckte den Mund heraus, verlängerte ihn zu einem Rüsselschnäuzchen und äußerte mit derart zischelndem Schnäuzchenflunsch den Wunsch, man möge ihm ein »sch«-schönes Gedicht, ein »sch« – Gedischt dischten. Duś wurde zapfig und geschtielt und reimte ein Poem zusammen, von dem ihm nach dem Erwachen einige Strophen ihm Gedächtnis geblieben waren.

Es tuschelten
im schilfgeschützten Schuppen von Schalom Schekel
Aaron Scheelweißchen und Rosa Schlarouge...

Scheelweißchen, Schlarouge... Wie das Märchenhafte in »Scheelweißchen« verstümmelt, verfremdet, zwiedeutig wird... um dann in »Schlarouge« ganz anderen Assoziationen Platz zu machen. Großartig, diese Namen, die mich noch lange verfolgten!

Ich entsann mich eines Gedichts, das Witkacy auf mich gereimt hat, und das ich für ungemein prophetisch halte (denn damals, noch vor *Ferdydurke*, wußte weder ich noch irgend jemand anders, daß die Unreife zu meinem *cheval de bataille* werden würde):

Aus der Familie Gombrowicz kam er, der Witold,
Und war, so schien es, nicht mehr als ein Witzbold,
Doch gärte er fremd und seltsam im stillen
Aus diesem Roß wird noch ein Rassefüllen!

Als ich das aufgesagt hatte, reimte Duś (denn wir besprachen mit Edith – Edith ist die Lehrerin der Mädchen, Philosophiestudentin von typisch amerikanischer Aufnahmefähigkeit – alle möglichen »transzendentalen« Fragen) ein Scherzgedicht:

Leg kurz die Pfeife weg
Nimm einen kräftigen Zug Irrwitz

Blas Ringe, gern auch mit Schlitz,
Und erzähl aus dem Steg ihnen
Reifes von Gott und der Welt.
Pack dann ihr Ich erneut,
Und schmauch eine Fabel,
Die das Hirn ihnen schwellt.

DONNERSTAG

Wie ist es zu erklären, daß der Existentialismus mich nicht verführen konnte?

Ich war womöglich nahe daran, eine Existenz zu wählen, die sie als »authentisch« bezeichnen – im Gegensatz zu dem leichtfertigen, vergänglichen Leben in den Tag hinein, das sie banal nennen. So stark ist von allen Seiten der Zwang zur Ernsthaftigkeit. Heute, in der heutigen rauhen Zeit, gibt es keinen Gedanken und kein Kunstwerk, das dir nicht mit großem Mund zuschrie: weiche nicht aus, spiel nicht, nimm die Herausforderung an, nimm Verantwortung auf dich, mach keine dummen Witze, flieh nicht! Gut. Auch ich würde mein Sein lieber nicht Lügen strafen. Also versuchte ich dieses authentische Leben in mir, das so ungeheuer loyal zur Existenz steht. Aber was wollt ihr? Es geht nicht. Es geht nicht, denn ich erkannte, daß diese Authentizität noch verlogener war als alle meine vorherigen Finten, Spielchen und Haken zusammen. Ich mit meinem künstlerischen Temperament verstehe nicht viel von der Theorie, aber was den Stil betrifft, habe ich einen ganz guten Riecher. Als ich das Leben mit maximalem Bewußtsein anging und versuchte, meine Existenz darauf zu gründen, stellte ich fest, daß etwas Dummes mit mir geschah. Es hat wirklich keinen Zweck. Geht nicht. Es ist ein Unding, allen Forderungen des Daseins ins Auge zu sehen und dann Hörnchen mit Kaffee zu vespern. Das Nichts zu fürchten und noch mehr Angst vor dem Zahnarzt zu haben. Ein Bewußtsein zu sein, das Hosen trägt und telefoniert. Als Verantwortung kleine Einkäufe in der Stadt zu erledigen. Die Last des bedeutungsschweren Seins zu tragen, der Welt Sinn zu verleihen und den Rest von 10 Pesos auszugeben. Was wollt ihr? Ich weiß, in ihrer Theorie vertragen sich diese Kontraste, ich habe mich langsam, schrittweise, von Descartes über den deutschen Idealismus an diese ihre Struktur gewöhnt, aber wenn ich sie sehe, packen mich Gelächter und Scham mit der gleichen Kraft wie in den ersten Tagen, als ich noch völlig naiv war. Und wenn ihr mich tausendmal »überzeugtet«, es bleibt doch immer eine elementare Lächerlichkeit dabei, die unerträglich ist!

Unerträglich gerade im Existentialismus. Solange die Philosophie abgehoben vom Leben spekulierte, solange es die reine Vernunft war, die da ihre Abstraktionen betrieb, war sie nicht in diesem Maße lächerlich, beleidigend, vergewaltigend. Das Denken war für sich, und das Leben für sich. Die kartesianischen oder kantischen Spekulationen konnte ich ertragen, weil sie reines Vernunftwerk waren. Ich aber spürte hinter dem Bewußtsein das Sein. Ich fühlte mich ungreifbar im Sein. Im Grunde betrachtete ich diese Systeme immer nur als Gebilde meines eigenen Vermögens, meines Denkvermögens nämlich. Das wiederum aber war nur eine meiner Funktionen, letztlich eine Expansion meiner Lebenskraft: ihm brauchte ich mich daher nicht zu unterwerfen. Aber jetzt? Aber der Existentialismus? Der Existentialismus will mich ganz, er spricht nicht mehr nur mein Erkenntnisvermögen an, er will mich in meiner tiefsten Existenz durchdringen, will mein Sein sein. Und da sträubt sich mein Leben und wird borstig. Die intellektuelle Polemik mit dem Existentialismus macht mir viel Spaß. Wie aber mit etwas polemisieren, das bis in dein Sein hineinreicht? Das ist dann nicht mehr nur Theorie, sondern ein Eroberungsakt ihrer Existenz in bezug auf deine Existenz; darauf antwortet man nicht mit Argumenten, sondern indem man anders lebt, als sie es wollen – und dies so kategorisch, daß dein Leben undurchlässig für sie wird.

Historisch gesehen, war es – wohl – unvermeidlich, daß der menschliche Geist sich in diesen existentialen Skandal, seine spezifische kraftlose Eroberungslust und geistreiche Dummheit verrennen mußte. Die Kulturgeschichte zeigt, daß die Dummheit die Zwillingsschwester der Vernunft ist, sie gedeiht am üppigsten nicht auf dem Boden jungfräulicher Ignoranz, sondern auf der im Schweiße von Doktoren und Professoren bestellten Scholle. Die großen Absurditäten werden nicht von jenen erdacht, deren Verstand sich um Alltagsprobleme dreht. So ist es kein Wunder, daß oft gerade die intensivsten Denker den größten Blödsinn produzieren – der Verstand ist eine Maschine, die sich dialektisch selbst reinigt, aber das heißt auch, daß der Schmutz zu ihm gehört. Unsere Rettung vor dieser schmutzigen Unvollkommenheit des Verstandes war es, daß sich niemand je groß um den Verstand scherte – angefangen mit den Philosophen selbst. Was mich betrifft, ich kann nicht glauben, daß Sokrates, Spinoza oder Kant wirklich und ausschließlich ernsthafte Menschen gewesen sein sollen. Ich behaupte, übergroßer Ernst setzt übertriebenen Unernst voraus. Woraus sind jene majestätischen Konzeptionen – auch, außerdem, ansonsten – hervorgegangen? War es Neugier? Zufall? Ehrgeiz? Habgier? Womöglich einfach Spaß an der Sache? Niemals werden wir die Unreinheiten dieser Genese erfahren, ihre verborgene, geheime Unreife, ihre Kindereien, ihre Scham, denn davon darf nicht einmal der Schaffende selbst wissen ... wir werden nicht erfahren, auf welchen Wegen das Kind Kant und der junge Kant zum Philosophen Kant geworden sind ... aber es wäre gut daran zu denken, daß die Kultur und das Wissen viel leichter sind, als man meint. Leichter, und zweideutiger. Trotzdem ist der Verstand schrecklich imperialistisch. Kaum merkt der Verstand, daß ihm irgend etwas zu entgleiten droht, so wirft er sich darauf, es zu verschlingen. Von Aristoteles bis Descartes benahm sich der Verstand im allgemeinen besonnen, weil er meinte, alles sei zu verstehen. Aber schon die *Kritik der reinen Vernunft*, und später Schopenhauer, Nietzsche, Kierkegaard und andere steckten erstmals Terrain ab, das dem Denken nicht zugänglich war, und entdeckten, daß das Leben dem Verstand spottete.

Das konnte der Verstand nicht ertragen, und seit der Zeit währt seine Qual, die im Existentialismus ihren tragikomischen Höhepunkt erreicht hat.

Denn da trifft der Verstand nun Auge in Auge auf den größten und ungreifbarsten Spötter – das Leben. Und er selbst hat diesen Feind entdeckt und konkretisiert, man könnte sagen, sie haben so lange nachgedacht, bis ihnen etwas einfiel, über das sich nicht mehr nachdenken ließ. Deshalb sind die Geschöpfe des so entarteten Verstandes peinlich – weil hier Größe kraft irgendeiner Boshaftigkeit und eklen Perversion in teuflischer Verrenkung zu großer Lächerlichkeit wird, Tiefe in tiefste Impotenz führt und Vortrefflichkeit zielsicher bei Blödsinn und Absurdität landet. Und entsetzt sehen wir, daß das immer unernster wird, je ernster es ist! Das ist uns in diesem Ausmaß mit anderen Philosophen nicht passiert. Sie wurden lächerlicher, je mehr sie aufs Gebiet des Lebens vordrangen, und so ist Nietzsche komischer als Kant, aber bei ihnen mußte man noch nicht lachen – denn dies Denken war abgehoben, zumindest in gewissem Maße noch abgehoben, es engagierte uns nicht. Erst als das theoretische Problem zum »Geheimnis« von Gabriel Marcel geworden war, war das Geheimnis so lächerlich, daß man sich den Bauch hielt.

Versuchen wir einmal, die Natur dieser Lächerlichkeit zu definieren. Es handelt sich hier nicht nur um jenen verzweifelten Kontrast zwischen der »gewöhnlichen Realität« und ihren letzten Dingen, einen Kontrast, der so massiv und vernichtend ist, daß keine Analysen ihn verdecken können. Unser Gelächter ist in diesem Falle nicht nur das Gelächter des »gesunden Menschenverstandes«, der mit beiden Beinen auf der Erde steht, nein, es ist fürchterlicher, weil krampfhafter, es ist unabhängig von uns. Wenn ihr Existentialisten mir von Bewußtsein, Angst und dem Nichts sprecht, kriege ich einen Lachanfall, nicht deshalb, weil ich euch nicht zustimmte, sondern weil ich euch zustimmen muß. So bin ich denn einverstanden – passiert ist nichts. Ich habe zugestimmt, aber geändert hat sich in mir absolut nichts. Das Bewußtsein, das ihr meinem Leben injiziert habt, ist mir ins Blut übergegangen, es ist augenblicklich zu Leben geworden, und jetzt schüttelt mich der uralte Triumph des ewig Naturhaften in zuckendem Gekicher. Weshalb ich lachen muß? Einfach deshalb, weil ich mich auch im Bewußtsein auslebe. Ich lache, weil ich die Angst genieße, mit dem Nichts spiele und meinen Spaß mit der Verantwortung treibe, und weil es den Tod nicht gibt.

Dienstag

Ich muß dennoch sagen, daß es sich heute wohl keine Kultur, Kunst oder Literatur erlauben kann, den Existentialismus zu übergehen. Wenn der polnische Katholizismus oder der polnische Marxismus sich dem mit dümmlicher Geringschätzung verschließen, werden sie Sackgasse, Hinterhof, Provinz.

Sonntag machten Duś und ich einen Besuch in der Nachbarschaft.

Die Dame des Hauses, Angielka (die Frau eines vermögenden Börsenmaklers aus Buenos Aires, der sich hier ein Stück Land gekauft und ein *chalet* gebaut hat), behandelte mich von Anfang an merkwürdig aggressiv, obwohl sie mich überhaupt nicht kannte. »Sie müssen ein Egozentriker sein, ich wittere den Egozentriker in Ihnen!«... Dann gibt sie mir den ganzen Abend etwas zu verstehen, das sich ungefähr so umschreiben ließe: »Du denkst wohl, du bist wer, aber ich weiß es besser! Ein Pseudointellektueller bist du, ein Pseudokünstler (wenn du was taugtest, wärst du berühmt!), also bist du ein Parasit, eine Drohne, ein Theoretiker, Nachtwandler, Anarchist, Strolch, und bildest dir bestimmt auch noch was ein! Arbeiten muß man! Für die Gesellschaft leben! Ich arbeite, ich opfere mich, ich lebe für die anderen, du aber bist ein Sybarit und Narziß!«

Zu den »Ichs«, mit denen sie meinen Egoismus vernichtet, denkt sie sich noch einige weitere »Ichs« hinzu: Ich bin Angielka! Ich bin vornehm! Schau, wie zwanglos und unverhohlen impertinent ich bin! Ich habe Charme! Ich bin attraktiv, amüsant, ästhetisch, und dazu moralisch! Ich bin nicht auf den Kopf gefallen! Ich lasse mir nicht von jedermann imponieren!

Einmal hat mir jemand, ich weiß nicht mehr wer, Sábato oder Mastronardi, erzählt, auf einem Empfang sei ein *estanciero* (ein ansonsten gutgezogener Mann) auf einen bekannten argentinischen Schriftsteller zugetreten und habe ihm gesagt: »Sie sind eine Witzfigur!« Gefragt, was an dem Werk dieses Autors derartigen Abscheu in ihm hervorrufe, gestand er, daß er nichts von ihm gelesen hatte und ihn *por las dudas*, für alle Fälle, abkanzeln wollte – damit er »sich nicht zuviel einbildet«.

Dieses Phänomen hat hier einen eigenen Namen. Es heißt »argentinische Defensive«. Die Defensive jener alles in allem sympathischen, wenn auch ein wenig affektierten Dame war nicht gefährlich, sie wollte eben gefallen und setzte dieses *genre* offensichtlich ein, weil sie es für charmant und vornehm hielt. Manchmal aber wird der Argentinier in der Defensive wirklich ausfallend – doch das ist selten in diesem höflichen Land.

MONTAG

Ich bin der Meinung, der Existentialismus läßt sich nicht ignorieren; an ihm führt keine Dialektik vorbei. Ein Künstler, ein Schriftsteller, der nie Berührung mit diesen Offenbarungen hatte, hat meines Erachtens überhaupt keinen Begriff von der Gegenwart (der Marxismus errettet ihn nicht). Und ich glaube, das Fehlen dieses – des existentialen – Erlebnisses wird die polnische Kultur, die heute restlos in Katholizismus und Marxismus aufgeht, wieder um fünfzig oder hundert Jahre gegenüber dem Westen zurückwerfen.

Den Existentialismus kann man nicht überspringen; man muß ihn überwinden. Aber überwinden läßt er sich nicht durch Diskussion, denn dazu eignet er sich nicht – er ist ja kein intellektuelles Problem. Den Existentialismus können wir nur überwinden, indem wir leidenschaftlich und kategorisch ein anderes

Leben, eine andere Wirklichkeit wählen. Indem wir diese andere Wirklichkeit wählen, werden wir sie selbst. Überhaupt gilt es in der kommenden Welt Abschied zu nehmen von den Methoden »objektiver« Diskussion, Überzeugung und Argumentation. Mit dem Intellekt werden wir unsere gordischen Knoten nicht lösen; durchhauen wollen wir sie, mit dem eigenen Leben.

Ich wehre mich gegen den theoretischen und systematischen Existentialismus der Philosophen, denn die Welt, die aus ihm folgt, widerspricht meinem Leben, sie eignet sich nicht für mein Leben. Für mich sind die Existentialisten falsche Menschen – dieses Gefühl ist stärker als mein Verstand. Beachtet bitte, daß ich nicht die gedanklichen oder intuitiven Wege in Frage stelle, auf denen sie zu dieser Doktrin gekommen sind. Ich lehne die Doktrin aufgrund ihrer Folgerungen ab, denen ich als Existenz nicht gerecht werden, die ich überhaupt nicht assimilieren kann. Ich sage also, das ist nichts für mich, und stoße es ab. Und sobald ich in leidenschaftlichem Entschluß diese ihre existentiale Nacht des einen Bewußtseins von mir gewiesen habe, bringe ich die gewöhnliche, konkrete Welt wieder zum Leben, in der ich atmen kann. Ich will gewiß nicht den Beweis führen, daß diese Welt die wahrste Wirklichkeit wäre – ich bejahe nur, entgegen jener Intuition, blindlings und trotzig die irdische Welt als die einzige, in der Leben möglich ist, die einzige, die im Einklang mit unserer Natur steht.

Wir müssen den Existentialismus zur Kenntnis nehmen, so wie wir Nietzsche oder Hegel zur Kenntnis genommen haben. Mehr noch, wir müssen uns das soweit wie möglich zunutze machen – jede mögliche Vertiefung und Bereicherung aus ihm ziehen. Aber glauben dürfen wir nicht daran... Gewiß, bedienen wir uns dieses Wissens, es ist doch das beste Wissen, das wir uns leisten können... aber grotesk steif, leichenhaft plump, ungeschickt und linkisch, wer daran glaubt! Bewahren wir uns dieses Bewußtsein im Hintergrund, als ein Hilfsmittel. Und selbst wenn der Existentialismus uns mit dem Glanz der höchsten Offenbarung blendet, wir müssen ihn verschmähen. Müssen ihn geringschätzen. Loyalität ist hier fehl am Platze.

MITTWOCH

Ein Brief vom J. Kempka aus München. Er zitiert Ausschnitte aus dem Vorwort Zbigniew Mitzners zur Neuausgabe von Uniłowskis *Zwanzig Jahre Leben* in Polen:

»Als Uniłowski literarisch erstmals hervortrat, wirkte den fortschrittlichen Tendenzen wieder ein Kult der radikalen Loslösung der Literatur vom Leben entgegen. Das war die Zeit, als Gombrowicz der polnischen Literatur ›einen Popo machen‹ wollte und mit seiner Literatur der Verkindischung und des Unbewußten leider großen Einfluß auf die Altersgenossen ausübte.«

»In seinem Roman, dessen Titel Programm ist (*Ferdydurke* bedeutet nämlich gar nichts) wollte er das menschliche Leben auf kindliche Reflexe reduzieren. Uniłowski suchte Entwicklung und Reifung eines Kindes in einer rauhen und bösen Welt zu zeigen. Ganz anders Gombrowicz: Er wollte die Fragen des Lebens, die gesellschaftlichen Probleme auf die Epoche der Kindheit, auf die Sphäre unbewußter Reflexe zurückführen... Uniłowski war ein Schriftsteller, der die Gombrowicz und seinen Anhängern entgegengesetzte Richtung ging«...

Ist Mitzner ganz einfach und unverhohlen dumm? Oder zwingt ihn das Regime zur Dummheit? Oder vielleicht ist Mitzner klug und will mich verdummen und mir einen Popo machen, um mich leichter unterzukriegen? Leute! Wenn euch so befohlen ward, schneidet mir die Kehle durch, aber nicht mit so einem stumpfen, so einem furchtbar stumpfen Messer!

Aus dem Schatzkästlein meiner Erinnerungen will ich ergänzen, daß Uniłowski vor Wonne die Sinne vergingen, als ich ihm *Ferdydurke* noch im Typoskript zu lesen gab. Er verhehlte nicht, daß dieses Werk befreiend auf ihn wirkte. Aus Dankbarkeit lud er mich ins *Adria* ein und zahlte mir einen ordentlichen Schwips.

Zur selben Zeit wie dieser Brief kam ein Ausschnitt aus *Dziś i Jutro*. Ein kolossaler Brocken von Artikel: Zygmunt Lichniak, »Seitenblick, aber ungeschielt«. Die Rede ist von der Exilliteratur, doch konzentriert sich das Feuer auf Miłosz und mich. Ich trete hier als »Anarchist« auf, der keinerlei Recht und Gesetz anerkennt.

So brav das alles – wie A.N. richtig feststellte, als er eine andere Publikation dieses Lichniak über mich in der *Kultura* besprach. So brav – füge ich hinzu – wie ein Esel. Nietzsche fragte: Kann ein Esel tragisch sein? Jawohl, wenn er unter seiner Last zusammenbricht.

Aber es hat etwas Niedriges, wie sie sich dem Schicksal fügen, so »brav«, so »gutherzig«, auf ganz eigenartige Weise »anständig«... Interessant. Man sollte meinen, dort würde unerbittlich gelebt. Dabei sind diese Seelen wie warme Knödel, die Bücher und Artikel atmen jene schlappe Teigigkeit, die vordem Kennzeichen der tiefsten Provinz war. Ihre Weichheit ist echt, nicht die Folge davon, daß man den schärferen Elementen die Stimme verwehrte. Es ist eben so, daß der Einzelne abschlafft, wenn alles nur kollektiv ist. Ich fürchte, so manch ein Baumeister des neuen Polen ist – in persönlicher Hinsicht, geistig und intellektuell – *purée*, Brei oder Kompott.

Außer den obigen Ausschnitten zwei Bulletins des Radiosenders *Kraj*, in Warschau erschienen, wo ebenfalls von mir die Rede ist. Die gleiche Herzlichkeit – mit Lügen vermischt, aber auch schlaff und beinahe harmlos vor lauter Beschränktheit. Man zitiert ein paar aus dem Zusammenhang gerissene Sätze, ändert den Sinn und kleckst einen Kommentar dazu. Sogar Vizepremier Cyrankiewicz hat doch meinem Tagebuch auf diese Weise ein paar unschuldige Sätze entnommen, sie vor dem Volke geschwenkt und dazu gerufen: »Eine Ungeheuerlichkeit!« Großer Gott, erlöse uns einst vom Blödsinn!

XX

(La Cabaña)

Mittwoch
Der »Roman« (meine Werke kann man schwerlich als »Romane« bezeichnen) kommt schlecht voran. Seine Sprache ist allzu steif, sie lähmt mich. Ich fürchte, alles, was ich bisher geschrieben habe – schon an die hundert Seiten – ist eine gräßliche Sauerei. Ich kann das nicht beurteilen, bei dem langen Umgang mit dem Text verliert man das Gespür dafür, aber mir schwant da was... etwas läßt mich auf der Hut sein... Muß ich also alles in den Papierkorb werfen, die ganze, monatelange Arbeit, und von vorn anfangen? Mein Gott! Und wenn ich nun kein »Talent« mehr habe und überhaupt nichts mehr... nichts, jedenfalls nicht auf dem Niveau meiner früheren Werke?

France: Talent ist nur große Geduld. Gide: Talent ist die Angst vor der Niederlage. Wenn Talent Geduld und Angst ist, dann habe ich genug Talent.

Ich habe mir ein hinreißendes, erregendes Thema ausgedacht, eine mit furchtbaren Offenbarungen geladene Wirklichkeit, und das Werk ist von vielen Ideen, zahlreichen Visionen und Intuitionen zum Sieden gebracht. Aber das muß man erst mal schreiben. Mir versagt die Sprache. Ich bin in eine zu ruhige, zu wenig verrückte Stilqualität geraten.

Die Mädchen:

Marisa, 15 Jahre, vornehm und romantisch, zu faul zum Lernen, dafür aber ständig ertrinkend in einem gleißenden Dunst von Schönheit, Liebe und Kunst... Ich erzähle ihr von mir mit der Lollobrigida, oder von mir mit Grace Kelly und lasse die

Erzählung auf Yachten, an Wasserfällen oder auf Berggipfeln spielen. Sie glaubt mir nicht so recht.

Andrea, 12 Jahre, ein sehr begabtes, aufgewecktes Teufelchen, eine Kicherliese, mit der ich gern zusammen kichere. Sie hat sich darauf spezialisiert, mir die Pfeife zu stehlen. Ich sage ihr, eines der Stallfenster sei »böse«, und man müsse aufpassen – das raubt ihr den Schlaf, mir auch.

Lena, 14 Jahre. Mit der habe ich einen kleinen Flirt begonnen; wir tauschen Blicke, die Verachtung, Entzücken, Wonne, Geringschätzung, Begierde, Zynismus, Kälte, Sarkasmus, Liebe, Wahnsinn, Ironie, Langeweile, Blasiertheit ausdrücken... Wenn niemand von den Älteren guckt, geben wir uns das durchs Mienenspiel zu verstehen. Im übrigen verachtet sie mich.

Blondinen. So schön! Wie zart und still sie aufblühen!... sie sind, und sind doch nicht... vorübergehend sind sie, selbstverliebt und voller Selbstverachtung, wichtig und bedeutungslos, ihr aufgehendes Sein ist Spaß und Ernst in einem... Und ich, der ich etwas älter bin, muß mich ihrer Verspieltheit fügen, sobald ich in ihre Nähe komme, und ich lüge und lüge, denn ihre Phantasie verlangt danach; schon bin ich tief in Lügen verstrickt. Erzähle ihnen von meinen Schlachten im letzten Krieg...

DONNERSTAG

Das zum einen. Zum anderen – Nachdenklichkeit, die ich notfalls als den Versuch bezeichnen könnte, eine Moral aus mir hervorzubringen, die Moral meiner Zeit. Katholizismus, Existentialismus, Marxismus... Ich denke darüber nach, während ich durch die Eukalyptusallee spaziere, ich denke, und das wundert mich – denn im allgemeinen vermeide ich es, zu denken... ich kann reinen Gewissens sagen, daß ich nur denke, wenn ich dazu gezwungen bin. Ich gucke lieber mit offenem Mund, statt zu denken.

Aber jetzt denke ich viel ruhiger als dort, in Mar del Plata, als ich wirklich Angst vorm Sterben hatte.

Bin ich ein Mensch ohne Sinn für Moral?

Nein – ganz sicher nicht. Ich bin eine eher großherzige, aber unsäglich schwache Natur (doch richte ich mich so ein, daß mir die Schwäche zur Stärke gereicht, und darin ist mir wohl Chopin Vorbild). Auf jeden Fall ist meine verbissene, dumpfe, fast krampfhafte Auflehnung gegen jegliche Gemeinheit echt. Ich habe mir bis heute die ungekünstelte moralische Reaktion des kleinen Jungen bewahrt, wie so vieles andere aus meiner Jugend.

Woher also kommt meine Abneigung gegen jede definierte, in ein System geschlossene Moral? Von der Liebe zur alten Ungekünsteltheit. Ich will die Moral ungezwungen, als Moral meiner Natur, ich will die Unverdorbenheit bewahren... und der konstruierte Mensch ist für mein Empfinden gerade dort, in der Moral, abstoßend fehl am Platze, er ist der Tod des moralischen Lebens. Doch was soll's? Die Welt um mich herum wird immer konstruierter, sie ähnelt immer weniger einer rauschenden Baumkrone, immer mehr einem Kachelbad. Abstoßende Sauberkeit, emaille- und metallglänzende Glätte, Logik und Kälte, Rohre und Hähne über der blitzblanken Wanne – wie jemand, in der *Kultura* war's wohl, zutreffend bemerkt hat – und ein Bad in dieser Wanne ist kein Bad in einem See. An diesem Ort sitze ich, eingeschlossen, und erbreche. Wenn an meinem Horizont ein moderner Moralist vom Typ Sartres auftaucht, habe ich den Eindruck, da stiege ein Taucher aus den Tiefen herauf – aber er hat vergessen, den Druckanzug auszuziehen. Die scheußliche Maske, berechnet für einen unmenschlichen Druck, hat sich ihm ans Gesicht geklebt.

SONNABEND

Die Ethik des Marxismus.

Ich bin auch der Meinung, daß der Kommunismus seine Wurzeln viel eher in einem verletzten Moralempfinden hat als in dem Wunsch nach mehr Wohlstand. Gerechtigkeit! – das ist sein Ruf. Sie können nicht ertragen, daß einer ein Schloß hat und der andere ein Lumpenbett. Sie können vor allem nicht ertragen, daß einer Entwicklungsmöglichkeiten hat, und der andere nicht – daß der eine sie auf Kosten des anderen hat. Das ist nicht Neid, sondern Forderung nach gutem Recht. Sie sind gar nicht so sicher, daß die Diktatur des Proletariats jedem ein Häuschen mit Garten verschafft. Aber das ist es gerade, sie wollen lieber ein allgemeines, gerechtes Lumpenbett und Elend für alle, als einen Wohlstand, der auf Unrecht gewachsen ist. Der echte Kommunismus ist die Qual eines Moralgefühls, dem das gesellschaftliche Unrecht auf unvergeßliche Weise bewußt geworden ist – dies Unrecht frißt ihm, wie dem Prometheus, die Leber auf.

Weshalb also schließe ich, der ich rechter Hand den Kapitalismus habe, dessen leisen Zynismus ich kenne, zu meiner Linken dagegen Revolution, Protest und Rebellion, geboren aus bestem menschlichen Gefühl – weshalb schließe ich mich nicht ihnen an? Mir liegt doch an meiner Kunst, und sie braucht edles, heißes Blut – Kunst und Rebellion, das ist fast dasselbe. Ich bin ein Revolutionär, weil ich Künstler bin und insoweit, als ich es bin – der ganze tausendjährige Prozeß, aus dem auch ich hervorgegangen bin, und den Namen kennzeichnen wie Rabelais oder Montaigne, Lautréamont oder Cervantes, war ständige Aufwieglung zur Rebellion, einmal als gedämpftes Flüstern, dann wieder als volltönender Schrei. Wie kommt es, daß ich – der ich doch auch unter dem Zeichen von Aufstand und Provokation in der Literatur debütiert habe und sehr gut weiß, daß Schreiben Leidenschaft sein muß – daß ausgerechnet ich mich nun auf der anderen Seite der Barrikade finde?

Welche Gründe konnten mich nur zu solchem Verrat an meiner Berufung bewegen? Sehen wir uns das näher an. Halte ich das Programm dieser Revolution etwa für utopisch und glaube nicht daran, daß sich die Unabänderlichkeit, die Ewigkeit des Unrechts antasten ließe? Wenn aber die Kunst diese Reform seit

Jahrhunderten nachgerade blindlings anstrebt, warum sollte ich mich dagegen sträuben – heute, da ich unendlich viel stärker als sie von dem Bewußtsein durchdrungen bin, daß die Menschheit in Bewegung ist, daß sie sich immer schneller bewegt, daß der Gang der Geschichte sich beschleunigt hat und wir in die Zukunft nicht mehr schreiten, sondern jagen. Niemals war das Wort »Unveränderlichkeit« weniger am Platze. Aber dann will ich dem Strom des aufgebrachten Proletariats vielleicht aus absoluten Gründen wehren, wie es Gott oder abstrakte Deduktionen sind? Nein, diesen Fels habe ich unter den Füßen verloren, die Absoluta haben sich mit der Materie vermischt, und in der dialektischen Bewegung ist das Denken unrein geworden, ist vom Sein abhängig geworden. Also sträube ich mich womöglich aus gewöhnlichem Mitleid, wenn ich das ungeheure Leid sehe, das sie angerichtet haben, die Berge von Leichen? Nein. Keine Spur. Wenn ich ein Kind bin, so doch eins, das durch die Schule von Schopenhauer und Nietzsche gegangen ist. Kaltherzig gesagt: der Schmerz von zehn Millionen Sklaven, oder eine Leichenhalle von hundert Millionen, was ist das schon? Wenn ihr alle gequälten Opfer der bisherigen Geschichte zum Leben erwecken würdet, sie würden endlos an euch vorüberziehen. Und weiß ich denn nicht allzugut, daß die Tragik ein Wesensmerkmal des Lebens ist?

In dem Augenblick, da ich dies schreibe, überschreitet ein kleiner Fisch in der Nähe der Galapagos-Inseln die Schwelle zur Hölle, weil ein anderer Fisch seinen Schwanz gefressen hat.

Wenn also das Leiden unvermeidlich ist, so gebe der Mensch seinem Leiden wenigstens menschlichen Sinn. Wie soll man der Revolution wehren, wenn sie uns Sinn verleiht, unseren eigenen Sinn?

MONTAG

Einst, vor zwanzig Jahren, war ich ein »Landadliger« und gehörte zur höchsten Gesellschaftsklasse. Heute? Heute bin ich materiell ruiniert und lebe vom Schreiben – ein von allen Abhängigkeiten befreiter Intellektueller, ein Künstler, der eher auf jener Seite Verständnis für seine Arbeit und ihre ökonomischen Zwänge finden könnte. Wenn ich zur anderen Seite überliefe, wieviel Unterstützung würde ich finden, wie gern würde man mir bei allem helfen – auch für meinen Ruhm wäre das ungemein nützlich. Ist es vielleicht eine Liebe zur Vergangenheit, die mich hält? Nein, ich bin doch auf Freiheit spezialisiert, und die Schule des Exils hat verstärkt, was von Geburt in mir war, die bittere Freude der Trennung von dem, das sich von mir trennte; nein, wenn jemand »vorurteilslos« ist, so bin ich es.

Sicher, geprägt bin ich von einer versunkenen Welt. Aber wer von euch Kommunisten ist kein Kind der Vergangenheit? Wenn Revolution heißt, das überkommene Bewußtsein zu überwinden, weshalb sollte ich das nicht fertigbringen, so wie ihr? Ich kenne doch die Dialektik, die dem Geist die Eigenständigkeit raubt.

Dienstag

Ich möchte das da oben ergänzen – ich muß hinzufügen, daß meine Sicht der Wirklichkeit tatsächlich nicht weit von der Sicht der Kommunisten entfernt ist. Meine Welt ist gottlos. In dieser Welt erschaffen die Menschen sich gegenseitig. Der Mensch wird in Abhängigkeit vom Menschen und in ständiger, schöpferischer Verbindung mit anderen gesehen, die ihn ganz durchdringt und ihm noch das »privateste« Gefühl diktiert. So ist es in *Ferdydurke* und in der *Trauung*.

Das ist noch nicht alles. Ich war immer bemüht, als Künstler jene »zwischenmenschliche Sphäre« hervorzuheben, die sich in der *Trauung* zum Beispiel zu einer schöpferischen, das Einzelbewußtsein übersteigenden Kraft auswächst – zu etwas Übergeordnetem, der einzigen uns zugänglichen Gottheit. Dazu kommt es, weil zwischen den Menschen das Element der Form geschaffen wird, das jeden einzelnen Menschen bestimmt. Ich bin wie eine Stimme im Orchester, muß mich auf seinen Klang einstimmen und meinen Platz in der Melodie finden; oder wie ein Tänzer, für den nicht so wichtig ist, was er tanzt, wie daß er sich mit den anderen im Tanz verbindet. Aus diesem Grunde ist weder mein Denken, noch mein Fühlen wirklich frei und mir gehörig; ich denke und fühle »für« die Menschen, um mich auf sie zu reimen; ich lasse mich entstellen um dieser höchsten Notwendigkeit willen: mich mit anderen in der FORM einzustimmen.

Diesen Gedanken habe ich, zum Beispiel, auf die Kunst angewandt und zu zeigen versucht (in der Skizze über die Malerei), daß es naiv ist zu glauben, unsere Begeisterung angesichts des Kunstwerks käme aus uns selbst: daß diese Begeisterung größtenteils nicht in den Menschen, sondern zwischen ihnen entsteht, und daß wir uns gleichsam gegenseitig zum Entzücken zwingen (auch wenn niemand »persönlich« entzückt ist).

Daraus folgt aber, daß es für mich kein wahrhaft authentisches, ganz und gar »eigenes« Denken und Fühlen gibt. Künstlichkeit selbst in den intimsten Reflexen – das ist der Urstoff eines menschlichen Wesens, das der »Zwischenmenschlichkeit« ausgesetzt ist. Aber weshalb ärgert mich dann die Verlogenheit und Unnatürlichkeit des Menschen, der sich dem Kommunismus ergeben hat? Was hindert mich anzuerkennen, daß das genau so sei, wie es sein soll?

Noch eines. Man hält mich im allgemeinen für einen aristokratischen Schriftsteller – dagegen habe ich nichts. Aber wer hätte die Abhängigkeit der höheren Sphäre von der niederen je brutaler empfunden als ich? Und wem, frage ich, wäre je klarer gewesen als mir, daß das Schöpferische, Schöne, Vitale, die ganze Leidenschaft und Poesie der Welt ihren Quell darin haben, daß der Höhere, Ältere und Reifere dem Niederen und Jüngeren unterworfen ist? All das ist ganz meins – soweit es meins sein kann – das ist eine Erfahrung, die mich heiß und innig mit der Revolution verbinden sollte. Warum hat sie das nicht getan?

Donnerstag

Lüge.

Dandy – der Gaul ist nach meinem Geschmack. Vielleicht etwas kurz im Nacken, ein bißchen nervös, aber wie er zum Sprung ansetzt, wie er die Stange nimmt und wie er aufsetzt, weich und diskret in der Drehung, auch beim Voltigieren (das mache ich nicht, aber Lena springt auf ihm). Frühmorgens breche ich mit Lena auf, sie auf der ruhigeren Tilly, ich auf Dandy, und wir galoppieren wie im Rausch über Weiden und Stoppelfelder, wo der Sprung unserer Pferde Zäune und Drahteinfriedungen verschlingt und der Hase in Panik unter den Hufen vorschießt. Hinter uns bisweilen Marisa und Andrea auf der Afrikanerin und Lord Perez, ohne uns einholen zu können... verzweifelt... von ferne gestikulierend! Gestern eine hitzige Diskussion mit Duś und Staś Wickenhagen über Traviata, eine kürzlich erworbene Vollblutstute, die leider einen manierierten Reflex hat, aber nicht ohne Stil ist. Ich versuche, sie mit dem »Trockett« zu lockern, erst an der Leine, dann aufgesessen, schließlich in ruhigem Trab, aber diese Kenner, und auch der darin weniger bewanderte Jacek Dębicki verheißen mir keinen Erfolg.

Lüge, Lüge... Zu Fuß bin ich so, zu Pferde anders. Die Pferde strafen die Moral Lügen, die Moral die Pferde, und ich – die Pferde, die Moral und die Mädchen. Plötzliche Entspannung. Leichtsinn. Wer bin ich? »Bin« ich überhaupt? Ab und zu »bin« ich mal der, oder jener...

Sonnabend

Ich gehe diese Allee, unter Eukalyptusbäumen. Wo ist Norden? Wo Süden? Dort, im Nordosten, wieviel Kilometer mögen es sein?... Mehr als zehntausend.

Was tue ich hier, allein auf dieser Pampa, mit dem Leichtsinn, der schon verfliegt?... und wieder dieser Vorgeschmack des einsamen Endes in einer erdrückenden Unterwelt. Gott wird mir, wie gesagt, keine Zuflucht im Alter sein – weniger noch die Transzendenta des Existentialismus, der sich nur noch an der eigenen Tragik berauschen kann. Aber wenn das vernachlässigte Wörtchen »Volk« in mir auflebte – mich einfach physisch nähern, ein Schiff besteigen, mich umarmen lassen und mitreißen von dieser ihrer Revolution... was würde mit mir geschehen? Würde der Sinn, der zwar irdisch und vergänglich, aber auch riesengroß ist durch die Masse menschlicher Existenz, die in seinem Joch steht, mich nicht widerstandsfähiger gegen mein Sterben machen? Mich von dieser historischen Energie durchdringen lassen. Mich verbinden. Weshalb zögerst du? Wovor habe ich Angst? Schreckst du vor dieser Vulgarisierung, dieser Erniedrigung zurück? Aber du weißt doch selbst, du hast es doch selbst gesagt, daß die höhere Welt ihre Abhängigkeit von der niederen eingestehen muß. Und das Ziel, das moralische Ziel des Lebens...

Ich sage das laut zu mir, um mich an diesen Gedanken zu gewöhnen – und weiß zugleich, daß es aussichtslos ist. Die Worte entschwinden in der Stille: sie allein bleibt, immer gegenwärtig, immer gleich.

Es ist aussichtslos. Versuchen wir diese gar nicht einmal intellektuelle, sondern eher spontane Unmöglichkeit zu erklären. Es ist aussichtslos, weil ich ich selbst sein will, jawohl, auch wenn ich weiß, daß nichts trügerischer ist als dieses unerreichbare »Ich«, so weiß ich doch auch, daß die ganze Würde und der Wert des Lebens darauf beruhen, ihm ständig nachzujagen und es unermüdlich zu verteidigen. Ein Katholik würde das den Kampf um die eigene Seele nennen, ein Existentialist den Willen zur Authentizität. Und der zentrale Punkt all dieser Moralsysteme, den Marxismus eingeschlossen, ist zweifellos gerade dieser: die Sorge um die Wahrung des eigenen »Ich«, der eigenen Seele. Wie sieht die Sache in der Praxis aus? Ich setze mich auf ein Schiff und steche in See. Aber schon unterwegs müßte ich eine Amputation an mir vornehmen, müßte die Hälfte von allem über Bord werfen, was ich als Wert ansah, ich müßte meinen Geschmack ändern, mir eine neue Empfindsamkeit und eine neue Unempfindsamkeit erarbeiten (scheußliche Operation), müßte mich nach meinem neuen Bekenntnis zurechtmodeln. In was für einem Zustand würde ich ankommen? Nicht als eigenhändig geknetete Kautschukpuppe?

Doch da kommt der Marxismus mit einer überaus scharfsinnigen und vorzüglichen Argumentation, die genau ins Schwarze trifft, nämlich in dieses »Ich«. Dein Ich – sagt er – ist von deinen Lebensbedingungen, vom Prozeß deiner Geschichte geprägt worden – du bist so, wie deine Ausbeuterklasse dich geschaffen und definiert hat, deren Bewußtsein ganz in der Tatsache dieser Ausbeutung befangen und deren ganze Einstellung zur Welt dadurch verfälscht ist, daß sie nicht zugeben kann und darf, wie sehr sie auf das Aussaugen fremden Blutes eingestellt ist. Bestärkst du dich in diesem Ich, so verhärtest du dich nur in deiner eigenen Deformierung. Was willst du verteidigen? Worauf beharren? Auf dem Ich, das dir gemacht wurde, und das deinem wahren Bewußtsein alle Freiheit raubt?

Ein hervorragendes Argument, das im Einklang mit meinem Verständnis vom Menschen steht – denn ich weiß mit Sicherheit und habe diese Sicherheit tausendmal künstlerisch zum Ausdruck zu bringen versucht, daß das Bewußtsein, die Seele, das Ich, eine Resultante unserer Situation sind – in der Welt, und unter den Menschen. Und das ist wohl der zentrale Gedanke des Kommunismus, der mir in zwei Punkte zerfällt, die beide ungemein überzeugend sind. *Primo*, daß der Mensch ein gesellschaftliches Wesen ist, daß also sein ganzes Verhältnis zur Welt von der Einstellung zu den Menschen bestimmt wird. *Secundo*, daß wir uns selbst nicht trauen dürfen; das einzige, was uns Persönlichkeit sichern kann, ist ein scharf ausgeprägtes Bewußtsein gerade für die Abhängigkeiten, die es prägen.

Aber jetzt – aufgepaßt! Schauen wir ihnen in die Karten! Sehen wir einmal nach, wie hier gespielt wird... und schon fliegt der unerhörte Schwindel auf, der diese ganze Dialektik zu einer Mausefalle macht. Denn das dialektische und befreiende Denken hört genau vor den Toren des Kommunismus auf: meine eigenen Wahrheiten darf ich in Zweifel ziehen, solange ich auf der Seite des Kapitalismus bin; diese Selbstkontrolle hat aber zu schweigen, wenn ich in den Reihen der Revolution stehe. Hier weicht die Dialektik dem Dogma, ganz plötzlich, durch irgendeine verblüffende Volte wird meine relative, bewegliche, unklare Welt zu einer genau definierten, präzisierten Welt, von der eigentlich alles bekannt ist. Eben noch war ich problematisch – aber so haben sie mich nur gemacht, damit ich leichter aus meiner Haut kann – jetzt, da ich mit ihnen bin, muß ich kategorisch werden. Springt diese unglaubliche Scheinheiligkeit jedes Kommunisten, selbst des ausgepichtesten Intellektuellen nicht ins Auge: solange es um die Destruktion der alten Wahrheit geht, fasziniert er uns durch die Freiheit des demaskierenden Geistes, durch die Forderung nach innerer Aufrichtigkeit; aber wenn wir uns von diesem Gesang betören und zu seiner eigenen Doktrin führen lassen, rums, schlägt die Tür zu – und wo sind wir? Im Kloster? In der Armee? Der Kirche? Einer Organisation? Vergeblich suchst du dann nach neuen Abhängigkeiten, die dein Bewußtsein deformieren. Dein Bewußtsein ist befreit, von nun an sei voll Zuversicht. Dein »Ich« ist zu einem garantierten, vertrauenswürdigen »Ich« geworden.

Ich möchte mir die Kritik nicht zu leicht machen. Ich sage gar nichts von dem Terror ihrer politischen Organisation, der gerade die Geistesfreiheit abtötet, die er im feindlichen Lager wecken will. Es geht mir nicht um ihre Theorie, nicht einmal um so charakteristische Paradoxa wie das, daß der dialektische Geschichtsprozeß aufhört, sobald die Revolution in der idealen Gesellschaftsordnung der Zukunft ihre höchste Verwirklichung erfahren hat. Ich habe weder ihr Denksystem, noch ihr politisches System im Visier, sondern das Gewissen dieser Kommunisten, die damit herumschwenken wie mit einer Fahne. Ich möchte diesen kaum merklichen, aber schweinischen Tonartwechsel dingfest machen, der stattfindet, wenn man auf ihr Terrain wechselt, diese plötzliche Verschlagenheit, diese peinliche Erfahrung im Gespräch mit ihm, daß das Licht unvermutet zur Finsternis wird – und du nicht mehr mit einem Aufgeklärten, sondern mit jemandem zu tun hast, der blind ist wie die schwärzeste Nacht. Freigeist? Ja, auf deinem Terrain. Auf seinem eigenen – ein Fanatiker. Ein Ungläubiger? Bei dir; bei sich selbst hegt er den fanatischen Glauben des Mönches. Ein Mystiker, der sich als Skeptiker verkleidet hat, ein Gläubiger, der den Unglauben als Instrument benutzt, wann immer das seinem Glauben nützlich ist. Du meintest, eine nach Wahrheit dürstende Menschenseele vor dir zu haben, da siehst du plötzlich den verschlagenen Blick des Politikers aufblitzen. Du glaubtest, es ginge um das Bewußtsein, um die Seele, um die Ethik, aber wie sich herausstellt, ist nichts wichtiger als der Sieg der Revolution. Und wir sehen, daß wir wieder einmal vor einer großen Mystifikation der Art stehen, wie sie Nietzsche, Marx und Freud demaskiert haben, indem sie hinter der Fassade unserer – christlichen, bürgerlichen, sublimierten – Moral das Spiel anderer, anonymer, brutaler Kräfte zeigten. Doch hier ist die Mystifikation perverser, weil sie gerade auf der Demaskierung beruht. Das ist eine der schwersten Enttäuschungen, die man im Bereich unserer heutigen Ethik erleben kann, zeigt sich da doch, daß selbst die Demaskierung der Kräfte zu einer Maske wird, hinter der sich der uralte Wille zur Macht verbirgt.

Daher diese stickige Unaufrichtigkeit bei ihnen. Nicht nur unter den kleineren Funktionären. Ihre besten Geister kranken an dieser widerwärtigen, halben Aufrichtigkeit: aufrichtig in bezug auf die andere Welt, gehemmt aber und bereit, sich jeder Redlichkeit zu entmannen, wenn es um das Gebäude der eigenen Chimäre geht. Ophelio, geh ins Kloster!

Aber auch dafür hätte ich Verständnis. Es ist doch schließlich eine Doktrin der Tat, eine Doktrin des Schaffens, keine Theorie über die Wirklichkeit, sondern eine, die Wirklichkeit verändert und Bewußtsein aus dem Sein ableitet. Sie müssen Energie gewinnen, deshalb beschränken sie ihr Bewußtsein. In diesem

Falle aber verlangt meine und deine und die allgemeine, verlangt überhaupt jede elementare Moral des Menschen, daß ihr das zugebt. Ihr müßt sagen: Wir sind verblendet, weil wir nicht sehen wollen. Solange ihr das nicht sagt – wie soll man mit jemandem reden, der sich selbst belügt? Sich so jemandem anschließen hieße den letzten Grund unter den – eigenen und anderen – Füßen verlieren und in den Abgrund stürzen.

SONNTAG

Tauwetter... Nehmen wir an, es führt – in Rußland und Polen – zu einem gewissen Surrogat von Freiheit und Wahrheit. Zu einer 45%igen Freiheit, einer 47%igen Wahrheit. Ja und?

Säße ich in dem Gefängnis dort ein, ich würde mich mit beiden Händen daran klammern. Ist es nicht eine Freude, unter dem scharfen Blick der Aufseher im Garten zu spazieren, wenn man bisher die Zelle nie verlassen durfte? Wer wollte bezweifeln, daß weniger Verlogenheit in der Praxis besser ist als mehr Verlogenheit? Aber abgesehen von diesem behelfsmäßigen Zipfel Freiheit, wie steht es mit der polnischen Form, dem polnischen Stil, der polnischen Entwicklung und der polnischen Selbsterschaffung?... Weil ich allen Ersatz hasse und immer, im Restaurant wie im Leben, protestieren werde, wenn man mir einen Kater für einen Hasen vorsetzt, kann ich auch in diesem Falle mit solchem Ersatz, Surrogat, solchem Kitsch und solcher Schminke nicht einverstanden sein. Zugestandene Freiheit, Erlaubnis zu relativer Freiheit – was ist das? Nicht Fisch noch Fleisch. Für die Authentizität des polnischen Lebens ist das schlimmer als Knebel hundertprozentig, unverhohlen. Das ist Metökendasein, unrein, schwach, halbtot, nie zu vollem Ausdruck gelangt...

Für die entsetzlichste Sache in der Geschichte unserer Kultur halte ich, daß wir uns immer, freiwillig oder gezwungen, geistig beschränkt haben. Unsere ganze Literatur, ganze Kunst ist Beweis dafür. Wenn man das polnische Bewußtsein die letzten

Jahre ins Loch gesteckt hat, so war das vielleicht für unsere Seele gar nicht mal schlecht. Unsere bisherige, unzulängliche Wortproduktion wurde gebremst und durch offene Lüge ersetzt – der Gefangene aber konnte mit sich selbst sprechen, und es waren dies wohl aufrichtige Gespräche. Das Leben zerfiel ihnen in äußere Verlogenheit und innere Wahrheit – eine schwere, aber nicht vergiftende Situation. Wer weiß, ob die Dummheit nicht irgendwo in der Tiefe den Verstand geschärft hat?

Ihren Geist in relative Freiheit zu lassen mit der Auflage, er müsse sich zweimal die Woche beim nächsten Kontrollamt melden, würde diese scharfe und heilsame Grenze, die bisher zwischen inhaftierter Wahrheit und auf freiem Fuß befindlicher Lüge verlief, nur verwischen. Sie kämen ins Gebiet von Halbwahrheit, Halbleben, beschnittenem Schaffen. Begeisterung für den Schein – was brächte das? Ich bestreite nicht, daß diese Chance, die Tür zur Freiheit in Zukunft aufzustoßen, politisch genutzt werden muß. Aber ich verstehe nichts von Politik... ich weiß nur, daß man Stil, Form und Ausdruck, in der Kunst wie im Leben, nicht durch Zugeständnisse erreicht; man kann sie nicht in vorsichtig bemessenen Mengen fabrizieren. *Aut Caesar*...

Ich bekomme bisweilen von dort zu hören, es sei jetzt meine Pflicht gegenüber dem Vaterland – zurückzukehren. Ich möchte mal wissen, wozu? Um allgemeines Mitleid zu erregen (denn wenn der Ingenieur oder Arbeiter in diesem System Anspruch auf Wertschätzung haben, so ist der Literat, ihr nasgeführter und nasführender »Schriftsteller«, eine widerwärtig groteske Figur, komische Mischung von Pauker und Pennäler – diesen zwei Aspekten des Didaktismus – in einer Person). Aber wenn ihr mir vorwerft, ich verschwendete mich ohne Nutzen fürs Vaterland in der Fremde, so werde ich sagen, welche bedeutende nationale Rolle ich mir bestimmt habe.

Um mich in ihrer Sprache auszudrücken – welcher Art »gesellschaftliches Bedürfnis« könnte bewirken, daß meine amerikanische Existenz nicht bedeutungslos sein wird, zumindest für bestimmte Menschen in Polen. Für welche? Nicht für diejenigen, denen Strampelhosen genügen. Aber sicher ist, daß sich in Polen außer dieser künstlichen, kindlichen, zweitrangigen, schüchternen Wirklichkeit auch anderes Wissen verbirgt, das scharfsinnig, hart und nüchtern ist und sich nicht selbst betrügen will, ein anderer, klügerer, auf grausamere Art reiferer Ton. Meine Aufgabe wäre es eben, zu diesem polnischen Klang vorzudringen und den tragischen, bewußten Polen zu erreichen. Nicht, um ihn mit weiteren Illusionen zu spicken oder ihm irgend etwas leichtzumachen. Sondern ich will die Kompromißlosigkeit dieser polnischen Forderung nach unbeschnittenem Bewußtsein und voller Existenz zum Ausdruck bringen. Ist es nicht paradox, daß ich, der mit diesem Bewußtsein in seinem philosophischen Aspekt so auf Kriegsfuß steht, dennoch – das ist stärker als ich – darauf beharren und es als Bedingung *sine qua non* unseres Menschentums fordern muß?

Und noch etwas. Es wäre wichtig, daß diese Tragik nicht zur Katastrophe wird. Ohne die nötige historische Vorbereitung, die ihr individuelles Leben unbesiegbar gemacht hätte, sind sie ins eiserne Getriebe des kollektiven Lebens geraten – so wissen viele von ihnen heute einfach nicht, wie sie – redlich, anständig, lebensfähig – ihre Identität bewahren, wie sie in ihr ausharren sollen, ohne sich zur Fahne zu melden und ohne im System, im Dogma, im Glauben Zuflucht zu suchen. Sie sind hilflos und gedemütigt. Ich behaupte nun, man muß einen Stil individuellen Lebens erarbeiten, und zwar so radikal, daß er dem Druck standhält.

Was könnte für die polnische Kultur – gleich in welcher Richtung sie sich entwickelt – wichtiger sein als die Schaffung dieses Stils, der auf unsere Reife berechnet ist? Dieser *modus vivendi* muß festgelegt werden, denn nur auf solchem Willen zum Bewußtsein kann in Zukunft polnische Authentizität aufbauen. Wenn man es in Polen für niederträchtig hält, ein Mensch mit Bewußtsein zu sein... wenn man sich die Impotenz einreden läßt... nun, dann erwartet uns eine lange Kindheit...

Das aber kann ich nicht lehren – ich bin kein Lehrer – ich kann nur ansteckend wirken durch meine Lebensweise – die in meinen Büchern, in meinem Tagebuch enthalten ist.

DIENSTAG

Polen, Tauwetter, Wende, Kommunismus, wie bin ich da hineingeraten, wieso gehe ich auf diese Einzelheiten meines Schicksals ein?

Und die Moral? Ich definiere mich gegen die Ethik des Katholizismus, des Existentialismus, oder des Marxismus – aber die Moral ist doch nur ein Fragment, nur eines der Gesichter... die von allen Seiten auf mich eindringen, von allen Seiten! Die Wirklichkeit ist unerschöpflich. Was soll ich mit mir machen? Was soll ich mit mir machen? Was soll ich mit mir machen? Diese Gewissensprüfung hat nichts in mir bereinigt, wieder bin ich nur und bin – in dieser argentinischen Pampa, auf dieser Estanzia.

Morgen Abreise nach Buenos Aires. Ich muß meine Siebensachen packen. Dann eine lange Schiffsreise auf dem Paraná, Richtung Norden.

DONNERSTAG

Geographie.

Wo bin ich?

Ich ging den Eukalyptusweg, ein letztes Mal vor der Abreise. Dort war ich, angesichts dieser Bäume, in der weiten Allee, auf diesem feinkörnigen Grund, unter lauter deutlich umrissenen Dingen: Bäumen, Blättern, Erdklümpchen, Stäbchen, Rinde.

Zugleich aber war ich in Südamerika – wo ist Norden, Westen, Süden, in welcher Richtung von mir liegt China, oder Alaska, wo ist der Pol?

Es dämmert – und das riesige Gewölbe der Pampa regnet Sterne, einen nach dem anderen, sie erscheinen in Schwärmen, nachtentlockt – und die greifbare Welt der Bäume, der Erde, der Blätter, diese einzig wohlgesinnte und glaubwürdige Welt, ist in einer Art Un... Unsehen, Unsein verschwommen, sie hat sich verwischt. Ich gehe trotzdem, wandere tiefer und tiefer, aber nicht mehr auf der Straße, sondern in einem Kosmos, der im astronomischen Raum schwebt. Kann die Erdkugel, die doch selbst im Raum hängt, festen Boden unter den Füßen bieten? Ich befand mich im bodenlosen Abgrund, im Schoße des Weltalls, und das Schlimmste war, daß das keine Sinnestäuschung, sondern die wahrste aller Wahrheiten war. Da könnte man schon den Verstand verlieren, wenn man nicht daran gewöhnt wäre...

Ich schreibe in dem Zug, der mich nach Buenos Aires bringt – in den Norden. Paraná, der ungeheure Strom, den ich befahren werde.

Ich bin ganz ruhig, sitze und schaue aus dem Fenster, betrachte die Frau, die mir gegenübersitzt und zierliche, sommersprossige Hände hat. Zugleich aber bin ich dort, im Schoß des Weltalls. Sämtliche Widersprüche geben sich in mir ein Stelldichein – Ruhe und Tollheit, Nüchternheit und Trunkenheit, Wahrheit und Lüge, Größe und Kleinheit – aber ich spüre, mir legt sich wieder die eiserne Hand um den Hals, die sich langsam, ja, ganz unmerklich... aber doch schließt.

Diarium vom Río Paraná

DIENSTAG

Um ein Uhr nachmittags legte der Dampfer vom Ufer ab, aber ich merkte das nicht... denn ich betrachtete die Schiffe hinten im Hafen, die allmählich zurückwichen... und mit ihnen begann alles zurückzuweichen, als säße es auf einer Achse, nach links, auch Buenos Aires wich zurück... Wir fahren.

6 Uhr nachmittags. Wir haben den Río de la Plata in seiner gesamten

Breite – ungefähr 70 km – durchquert und fast die grünen Ufer Uruguays erreicht. Dann nahmen wir Kurs auf Nordost und fahren jetzt ins Delta des Paraná. Rechter Hand grenzenlose Bläue und Weiße, das sind die Wasser des Uruguay. Wir befahren das Delta.

8 Uhr abends. Wir befahren das Delta des Paraná. Das Wasser ist metallen, der Himmel aufgewühlt, bös – über Uruguay haben die Wolken ihr Haar gelöst, sie reichen regnend bis zur Erde. Wehmut.

Das Wasser schwillt, es steigt, und vor uns hat eine Wolke den Horizont zugepfropft, der Fluß wächst mit dem Dunkel, die Wolke gebiert Massen von Dunkelheit, Dunkelheit dampft auf von den Ufern, die einige Kilometer entfernt sind. Wir fahren.

2 Uhr nachts. – Eben bin ich aufgewacht, und sofort hat mir ein leichtes, von kaum spürbarem Schwanken durchdrungenes Zittern klargemacht, wo ich bin. Ich war auf dem Schiff, in der Kajüte. Aber wo war das Schiff? Ich begriff, daß ich nicht wußte, was mit dem Schiff geschah, und das war, als wüßte ich nicht, wie mir geschah. Die Vibrationen kündeten davon, daß wir fuhren ... aber wohin fuhren, wie fuhren wir? ... So zog ich mich hastig an und ging aufs Deck. Regen – das geschah. Das Geräusch des Regens, unversehens seine Tropfen, die die Wangen peitschen, feuchte Planken, triefende Dächer, Geländer und Taue. Aber wir fuhren. Kein einziges Licht auf dem Schiff, dessen Dunkelheit ins Dunkle eindrang, aber diese zwei Dunkelheiten verbanden sich nicht miteinander, jede war für sich, und keine Spur vom Wasser, überhaupt war ringsum nichts zu sehen, als hätte jemand alles beschlagnahmt – und nur der Regen, der das Fahren in der zwiefachen Dunkelheit ausfüllte. Wir fuhren in Richtung Nordwest, und infolge der allumfassenden Nacht wurde unser Fahren mitsamt dem Regen zur einzigen, allerhöchsten Idee, zum Gipfelpunkt des Alldings.

Ich ging in die Kajüte zurück und zog mich aus. Während ich mich auszog, mich hinlegte und einschlief, fuhren wir.

MITTWOCH, 4 UHR NACHMITTAGS
Fedriger und blumiger Himmel, glitzernde Arabesken auf fließender Fläche, während dort in der Ferne sich Weiße ergießt, wie das Tor, das

ins Jenseits führt. Doch wir fahren. Wir haben das Kloster San Lorenzo hinter uns gelassen und fahren, rechts das Land von Entre-Ríos, linker Hand Santa Fe, und wir fahren.

Einer der Herren hat einen Feldstecher, durch den man ein unbekanntes Ufer und einen Strauch – oder einen Baum – oder ein Brett sehen kann, das auf einmal schwarz aus getrübten Wassern auftaucht. Heute trat ich wieder an ihn heran, da fragte er:

»Wollen Sie mal durchgucken?«

Aber ... Dasselbe hatte er gestern zu mir gesagt. Aber heute klang es anders. Es klang so ... als hätte er eigentlich etwas anderes sagen wollen, oder das, was er sagen wollte, nicht zu Ende gesprochen ... und es hinge nun schmerzlich in der Luft. Ich sah ihn an, aber er machte ein heiteres, ruhiges Gesicht. Wir fahren. In Begleitung von dunklerem, hellerem Grün (denn wir hatten uns dem Ufer genähert), lichtgeladene, irre angestiegene Wasser, die den Himmel zu überschwemmen schienen – wir aber fahren. Wir fuhren, während ich Frühstück aß, und als ich nach einer Partie Schach aufs Deck kam, sah ich: wir fahren. Gelbes Wasser, weißlicher Himmel.

Denselben Tag abends. – Hinter dem Zaun einer schwarzen Wolke sah eine riesengroße, sprühende, rote Fratze hervor und ergoß sich gleißend in horizontaler Flut, wodurch der Wasserspiegel sich neigte und die entferntesten Archipelage dort, jenseits der Landengen, in der Tiefe der Buchten, der Himmelfahrt teilhaftig wurden. Und die Sonne schlug auf die Stadt Paraná, die sich in der Höhe aufplusterte wie ein Truthahn, spreizte wie ein Pfau und zu einer Bastion der Buntheit, einer Festung der Farben wurde und aus sämtlichen Geschützen feuerte, speiend, bombardierend in solcher Stille und solcher lautlosen Festlichkeit. Und ein Chor von Lichtblitzen erhob sich aus den Wassern. Bald verließen wir diese Landschaft und fahren nun in einem Flußbett, das sich manchmal bis zu zehn Kilometern weitet, das Wasser ist üppig, fast übermäßig, wir aber fahren, fahren.

An der proa (dem Bug) traf ich den Priester, der mit mir Schach gespielt hatte.

»Wir fahren«, sagte ich. Er erwiderte:

»So ist es.«

Nacht von Mittwoch auf Donnerstag
Wieder stand ich nachts auf, weil ich es nicht ertragen konnte, daß das Schiff ohne mich fuhr, während ich nicht mit ihm war und nicht wußte, ob es fuhr, wie es fuhr... Der Himmel, sternenübersät. Das Schiff arbeitete sich nach oben, gegen den Strom, gegen den Wind, und hundert Meter entfernt sah ich die weiße Wand des Steilufers, das nach rückwärts entschwand, ständig und unaufhörlich, rückwärts, rückwärts.

Anderntags in der Früh
Kraftloser Raum, träger Fluß, die Luft steht, die Flagge hängt, wir aber durchpflügen rauschend die reglose Weiße – immer voran – und kommen in subtropische Zonen, also ist es wärmer, auch wenn die Sonne nicht scheint.

Dieser Industrielle aus San Nicolas sagte: »Mieses Wetter...«, aber das klang mir wieder nicht ganz geheuer... so als wollte er eigentlich etwas anderes, ja, etwas anderes... und den gleichen Eindruck hatte ich, als beim Frühstück der Arzt aus Asunción, ein politischer Verbannter, von den Frauen dort erzählte. Aber er redete gerade deshalb (dieser Gedanke läßt mich nicht los), um es nicht zu sagen... ja, um nicht zu sagen, was er tatsächlich zu sagen hatte. Ich sah ihn an, doch war nichts zu merken, ein heiteres Antlitz, Sattheit und Behagen, ohne eine Spur von Geheimnis. Als ich nach dem Frühstück auf Deck ging, wurde mir bewußt, daß wir während des Gesprächs, wie auch während des Frühstücks, gefahren waren. Und wir fuhren auch jetzt... Der Wind traf mich von der Seite. Wir durchfuhren eine Meerenge, die zwei Ozeane miteinander verbindet, grenzenloses Weiß kündete den Ozean vor uns an, der Ozean hinter uns war eine hinter sanddampfenden Bänken kaum zu erahnende Masse – und die Meerenge selbst eine Geographie von Buchten, Vorgebirgen, Inseln und Inselchen – und seltsamen, geheimnisvollen Verzweigungen, die in eine unbekannte Schräge führten. Dann gerieten wir plötzlich auf eine Gruppe von sieben Spiegelseen, den sieben Jochen mystischer Verzückung, ein jeder auf anderer Höhe, alle aber schwebend in den himmlischen Sphären. Doch nach einer halben Stunde fiel das alles und sank in den Fluß, der wieder aufgetaucht war, und auf dem wir fuhren und fuhren...

Denselben Tag, abends

Affen und Narren, Nattern und Springquellen! Papageien und Firlefanz von pfiffigen, veilchenblauen Figuren! Fontänen und verpaperltes, erhitztes Spektakel, auf Hahnenschärpen gespießt, das Wasser wird Gezwitscher, das ist mal Zoologie, das ist Ornithologie! ... in der wir dennoch fahren, wir fahren und pflügen das Wasser auf, rauschend.

Zwei Frauen – jene Bibliothekarin mit der Halskette aus Geldmünzen und die Ingenieursgattin – unterhielten sich an der Reling. Ich konnte nichts Näheres verstehen, und es war sicher banales Frauengeplauder, banal, ja, aber wer weiß, ob es nicht allzu banal war – und wenn ich »allzu« sage, bin ich mir der beunruhigenden Idee bewußt, die in diesem Wörtchen steckt ... doch war daran gar nichts »allzu«, alles war, wie es sein sollte ... *und während sie sich unterhielten, fuhren sie, und ich fuhr auch.*

Am Morgen des anderen Tages

Bleich, rauschend, stehend der Fluß – wir fahren.

In der Nacht ist etwas passiert – oder, genauer gesagt, etwas ist geplatzt – oder womöglich gebrochen ... Eigentlich weiß ich nicht, was passiert ist, und um ehrlich zu sein, ist sogar gar nichts passiert – aber gerade daß »nichts passiert ist«, ist bedeutsamer und wohl auch schrecklicher, als wenn etwas passiert wäre. Das Ereignis: Ich versuchte einzuschlafen und fiel in tiefen Schlaf (denn ich hatte in letzter Zeit wenig geschlafen), wachte aber mit einem Mal in der furchtbaren, erdrückenden Sorge auf, daß etwas geschah ... über das ich keine Gewalt hatte ... etwas außerhalb meiner Reichweite. Ich sprang vom Bett auf und rannte hinaus, und dort, auf dem Deck, gespannte Drahtseile, Vibrationen und die Spannung des in Nacht und Schweigen, in der Reglosigkeit und Unsichtbarkeit der Welt vorandrängenden Ganzen, diese Bewegung, das einzige, was lebendig war. Wir fuhren. Und plötzlich (wie ich schon sagte) zersprang etwas, das Siegel des Schweigens brach, und ein Schrei ... ein einmaliger, weithallender Schrei ... ertönte ... Ein Schrei, den es nicht gab! Ich wußte ganz genau, daß niemand geschrien, und wußte doch, daß es einen Schrei gegeben hatte ... Aber da es keinen

Schrei gegeben hatte, betrachtete ich mein Entsetzen als ungeschehen, kehrte in die Kajüte zurück und schlief sogar ein. Als ich um halb zehn erwachte, sah ich, daß wir auf einem Fluß fuhren, der silbern war wie ein Fischbauch.

Was also war geschehen? Nichts. Das ist das ganze Geheimnis. Und es geschieht weiterhin nichts, der beste Detektiv würde kein Indiz finden, keinen einzigen Anhaltspunkt. Wir essen reichlich und mit Appetit. Unsere Gespräche sind sorglos. Alle sind zufrieden. Der paraguayische Arzt hebt ein Päckchen »Particulares« auf, das dem Brünetten mit den buschigen Brauen herausgefallen ist, und der Brünette winkt ab zum Zeichen, daß keine Zigaretten mehr in dem Päckchen sind; und dabei läuft ein Kind vorbei, das eine kleine Lokomotive zieht, und zugleich ruft ein estanciero *seiner Frau etwas zu, die sich gerade ein Tuch um den Hals gebunden hat, während dort auf der Treppe ein Paar fotografiert wird, das auf Hochzeitsreise ist. Was war daran besonders? Welches Schiff hätte normaler sein können? Welches Deck banaler? Aber gerade deshalb, ja, gerade deshalb sind wir völlig wehrlos... gegen das, was uns bedroht... wir können nichts unternehmen, denn es gibt nicht den geringsten Grund zur leisesten Sorge, alles ist völlig in Ordnung... ja, alles ist in Ordnung... bis unter dem unwiderstehlich gewordenen Druck die Saite reißt, reißt, reißt!...*

Denselben Tag am Abend

Anonymes, riesiges Wasser. Wir fahren.

Der Arzt machte sich über mich lustig, als ich eine Partie Schach gegen den Pfuscher verloren hatte, den er mir als Goldberg, den Meister von Santa Fe, vorgestellt hatte. Er sagte:

»Sie haben vor Angst verloren.«

Ich sagte: »Ich kann ihm einen Turm geben und werde trotzdem gewinnen.«

Doch meine und seine Worte sind wie die Stille vor dem Schrei. Wir fahren zu... Wir haben Kurs auf... und ich sehe jetzt deutlich, daß die Gesichter, Gespräche, Gesten geladen sind... Sie sind gelähmt. Erstarrt im unerbittlichen Hinführen von etwas zu... Eine unberechen-

bare Spannung verbirgt sich in der geringsten Bewegung. Wir fahren. Doch dieser Wahn, diese Verzweiflung, dies Entsetzen sind unerreichbar, weil es sie nicht gibt – und weil es sie nicht gibt, sind sie da, sind so da, daß es unmöglich ist, sich ihrer zu erwehren. Wir fahren. Wir fahren auf dem Wasser, wie von einem anderen Planeten, und überall dampft Nacht auf, der Gesichtskreis verengt sich – wir in ihm. Aber wir fahren, und in uns wächst unaufhörlich... was?... Was?... Was?... Wir fahren.

AM ANDEREN MORGEN

Was wir auch tun, was wir auch sagen, womit wir uns beschäftigen – wir fahren und fahren. Während ich dies schreibe, fahren wir auch. Die Gesichter sind furchtbar, weil sie lächeln. Die Bewegungen entsetzlich, so ruhig und voller Behagen.

Wir fahren. Der Dampfer vibriert, die Maschine arbeitet, rauschende Wasserfluten an der Bordwand, Spritzer und Strudel, wir aber fahren, wir geraten immer tiefer in... und nähern uns... Alle Worte sind zwecklos, denn während ich dies sage, fahren wir!

AM ANDEREN MORGEN

Wir fahren. Die ganze Nacht sind wir gefahren und fahren auch jetzt!

AM ANDEREN MORGEN

Wir fahren. Völlige Hilflosigkeit angesichts des Pathos, Unfähigkeit, dieser Gewalt habhaft zu werden, die sich durch ständige Anspannung und Intensivierung in uns vollzieht. Unsere ach so gewöhnliche Gewöhnlichkeit explodiert uns wie eine Bombe, wie ein Donner – aber jenseits von uns. Die Explosion ist unerreichbar für uns, die wir in Gewöhnlichkeit gebannt sind. Eben gerade traf ich den Paraguayer am Bug und sagte, ja wirklich, ich sagte, ha, ich sagte!
»Guten Tag!«
Er aber antwortete, ha, er antwortete, wirklich, er antwortete, ach du lieber Gott, er antwortete (und fuhr dabei unaufhörlich):
»Schönes Wetter, nicht?«

Goya

MONTAG
Dann segelte ich lange und verschlafen zurück – von Norden nach Süden – und stieg gestern um 8 Uhr abends vom Schiff auf ein Motorboot, das mich in den Hafen brachte... Goya, ein kleines Städtchen, dreißigtausend Einwohner, in der Provinz Corrientes.

Einer jener Namen, die Interesse wecken mögen, wenn wir sie auf der Landkarte finden... weil sie so uninteressant sind und niemand dort hinfährt... was also kann das sein... Goya? Der Finger fällt auf so einen Namen – ein Dorf in Island, ein Städtchen in Argentinien... und man gerät in Versuchung, dorthin aufzubrechen...

MITTWOCH
Goya, plattes Städtchen.

Ein Hund. Ein Krämer vor seinem Laden. Ein Lastwagen, rot. Ohne Kommentar. Für Randbemerkungen ungeeignet. Hier ist es so, wie es ist.

DONNERSTAG
Das Haus, in dem ich wohne, ist geräumig. Es ist der alte und ehrwürdige Sitz eines hiesigen *estanciero* (denn diese *estancieros* haben meist zwei Häuser: eins auf der Estanzia, das andere in Goya). Der Garten voller Mastodonten: Kakteen.

Hier bin ich. Warum hier? Hätte mir vor Jahren in Małoszyce jemand gesagt, daß ich in Goya sein würde... Wenn ich in Goya bin, könnte ich genausogut auch irgendwo anders sein – und schon lasten auf mir trostlos alle Orte der Welt und wollen, daß ich dort sei.

Ich gehe an einem bläulichen Abend über die plaza Sarmiento. Für sie bin ich ein exotischer Ausländer. Und durch sie werde ich mir schließlich selbst fremd: So führe ich mich in Goya spazieren wie einen Unbekannten, stelle ihn an die Straßenecke, setze ihn im Café auf einen Stuhl und lasse ihn einige belanglose Worte mit einem zufälligen Gesprächspartner wechseln, lauschend auf meine Stimme.

MONTAG

Ich ging in den Club Social und trank Kaffee.
   Ich unterhielt mich mit Genaro.
   Mit Molo fuhr ich im Jeep zum Flugplatz.
   Ich schrieb am Roman.
   Ging auf den Platz, am Fluß.
   Ein Mädchen auf dem Fahrrad verlor ein Päckchen; ich hob es ihr auf.
   Ein Schmetterling.
   Vier Apfelsinen, auf einer Bank gegessen.
   Sergio ist ins Kino gegangen.
   Ein Affe auf der Mauer, und ein Papagei.
   All das geschah wie auf dem Grunde – einer tiefen Stille – auf dem Grunde meines Aufenthalts hier in Goya, am Rande, an einem Ort des Globus, der aus unbekannten Gründen zu dem meinen geworden ist... Goya, weshalb habe ich nie von dir geträumt, weshalb habe ich damals, früher, nie geahnt, daß du mir bestimmt warst, du auf meinem Wege lagst? Eine Antwort gibt es nicht. Häuser. Eine kleine Straße, von scharfen Schatten zerhackt. Da liegt ein Hund. Ein Fahrrad, an die Mauer gelehnt.

Rosario

MONTAG

Rosario. Um 3 Uhr früh legten wir im Hafen an, mit siebenstündiger Verspätung, weil der Wasserstand im Fluß zu niedrig war. Ich wollte die Dzianottas nicht wecken und spazierte bis 7 Uhr durch die Stadt. Handel. Bilanz, Budget, Saldo, Investitionen, Kredit, Inventar, Konto, Netto, Brutto, nur das, das allein, die ganze Stadt steht im Zeichen der Buchhaltung. Seicht, dies Amerika, das fette.

Rena und ihr Mann, und auch der kleine Jacek Dzianotta, der vor Freude sprüht, jener Freude, mit der wir einzig über das Sein triumphieren, die allein uns zum Ruhme gereicht. Aber warum stecken dieser Stolz und diese Ehre in einem zwölfjährigen Kind, so daß man sich zu ihnen bücken muß? Alle Entwicklung ist der Weg zu schändlicher Verbitterung. Es liegt ein großer Hohn darin, daß unser höchstes Wappen, unser stolzestes Banner die Strampelhosen sind.

Buenos Aires

DONNERSTAG

Nach vier Monaten Reisen und Aufenthalt in der Ferne wieder hier. Auf dem Schreibtisch viele Briefe. Es ist 1 Uhr nachts. Ich habe die Briefe gelesen. Gleich, wenn ich den Punkt nach diesem Satz gesetzt habe, werde ich aufstehen, mich räkeln, mich ans Auspacken machen und in den Flur gehen, um das Notizbuch zu holen, das ich beim Telefon liegengelassen habe.

XXI

Mittwoch

Seit ich wieder in Buenos Aires bin, habe ich meine Lebensweise geändert. Ich stehe um ungefähr 11 Uhr auf, verschiebe aber das Rasieren auf später – es ist so langweilig. Frühstück, bestehend aus Tee, Brötchen, Butter und zwei Eiern, an geraden Wochentagen weichgekocht, an ungeraden hart. Nach dem Frühstück gehe ich an die Arbeit und schreibe, solange die Lust aufzuhören den Widerwillen gegen das Rasieren nicht überwiegt. Ist diese Wende eingetreten, rasiere ich mich mit Vergnügen. Die Rasur veranlaßt zum Ausgehen, also besuche ich das Café *Querandí*, Ecke Moreno und Peru, auf einen Kaffee mit Hörnchen und die Lektüre von *La Razón*.

Ich kehre nach Hause zurück, um noch zu arbeiten, doch diese Stunden widme ich der Brotarbeit für die hiesige Presse, oder ich schwinge mich auf meine Remington und erledige Korrespondenz. Dabei schmauche ich meine Dunhill, oder meine BBB Ultonia. Ich rauche »Hermes para pipa«. Nach 8 Uhr gehe ich zum Abendessen ins Restaurant Sorrento, und danach wechselt das Programm je nach den Umständen. Spätnachts lese ich Bücher, die leider nicht immer so sind, wie ich sie gern hätte.

Ich habe mir im Ausverkauf sehr preisgünstig sechs Sommerhemden gekauft.

Montag

Jeleński... wer ist das? Er tauchte an meinem Horizont auf, weit weg, in Paris, und kämpft um mich... Schon lange nicht, vielleicht noch nie habe ich eine so entschiedene und zugleich selbstlose Bestätigung erfahren in dem, was ich bin und in dem, was ich schreibe. Da reichen Aufnahmefähigkeit, Auffassungsgabe allein nicht hin, so eine Resonanz gibt es nur zwischen verwandten Naturen. Er zankt mit der polnischen Emigration um mich. Nutzt alle Trümpfe seiner Pariser Situation und seines wachsenden persönlichen Prestiges in der intellektuellen *beau-monde*, um mich zu fördern. Läuft mit meinen Texten zu den Verlegern. Hat mir schon einige, keineswegs zweitklassige Anhänger gesichert. Anerkennung, Zustimmung, sogar Bewunderung ... das könnte ich ja noch verstehen (*homo sum*) ... aber diese Betriebsamkeit? Daß die Bewunderung es nicht beim Bewundern bewenden läßt?

Ich finde es nicht merkwürdig, daß er meine Leichtigkeit mit solcher Leichtigkeit aufnimmt und sich aneignet ... er ist ganz Leichtigkeit, staut sich nicht wie ein Fluß vor dem Hindernis, fließt hurtig im geheimen Einverständnis mit seinem Bett, zerschmettert nicht, sickert, dringt durch, formt sich nach den Hürden ... er tanzt geradezu mit den Schwierigkeiten. Und ich bin nun auch ein wenig Tänzer, und diese Perversion (»leicht« an das heranzugehen, was »schwierig« ist) ist sehr kennzeichnend für mich, ich glaube, sie ist eine der Grundlagen meiner literarischen Begabung. Mich wundert nur, daß Jeleński auch zu meiner Schwierigkeit vorgedrungen ist, zu meiner Schärfe; unsere Beziehungen erschöpfen sich gewiß nicht im Tanz, er versteht mich wie nur sehr wenige gerade darin, worin ich am schmerzlichsten bin. Mein einziger Kontakt mit ihm sind Briefe, ich habe ihn nie gesehen, und sogar diese Briefe sind meist hastig, sachlich – und trotzdem weiß ich genau, daß unsere Beziehung nichts von sentimentaler Geisteszärtlichkeit hat, es ist eine strenge, scharfe, gespannte Beziehung, und ganz im Grunde von tödlichem Ernst.

Oft denke ich bei Jeleński (der angeblich ein glatter Salonlöwe ist) an die proletarische Schlichtheit des Soldaten ... das heißt ich habe den Eindruck, seine Leichtigkeit sei die Leichtigkeit angesichts von Kampf und Tod, und wir beide seien wie Soldaten im Schützengraben, leichtsinnig und tragisch zugleich.

DONNERSTAG

Ein Haufen Zeitungen aus Polen, die mir Giedroyć geschickt hat. *Nowa Kultura, Życie Literackie, Przegląd Kulturalny, Po Prostu* ... Ich blättere. Neue Leute. Unbekannte Namen: Lapter, Bartelski, Toeplitz, Bratny – was sind das für Personen? Rezensionen von Büchern, die ich nicht kenne, Anspielungen auf Ereignisse, von denen ich nie gehört habe, unverständliche Epigramme, Reibereien und Streitigkeiten, in denen ich mich nicht zurechtfinde – als hätte ich mich nachts an ein großes Zeltlager herangeschlichen und lauschte auf die Stimmen und Geräusche. Was ist das für ein Lärm? In Polen war ich einst ein Fremder, weil meine Literatur exotisch war und abgelehnt wurde – heute irre ich wieder vor den Toren umher.

Ich durchblättere diese Zeitschriften und würde gern wissen, was dort *wirklich* mit ihnen geschieht. Kein Zweifel, was sie schreiben, ist provisorisch: Ich konnte keinen einzigen Text, keinen einzigen Autor herausfischen, von dem man sagen könnte, daß hier wirkliche, entschlossene, bewußte, nicht opportunistische, auf lange Sicht geplante Geistesarbeit beginnt. Aber wichtig ist nicht, was sie schreiben. Ich würde ihnen gern ins Hirn sehen: was denken sie? Verstehen, was mit ihnen passiert ist. Läßt sich das Wort so ersticken, daß man ihm überhaupt nichts ansieht?

Auf diesen wenig interessanten Spalten zahlreiche Abrechnungen aus Anlaß des zehnten Jahrestages der Polnischen Volksrepublik, Bilanzen wie zu jeder anderen Produktion – sie zählen ihre Gedichtbände zusammen und analysieren die Produktivität der Prosafabrik. Wenn ich als Außenstehender ihnen unbesehen, blindlings fast, eine Bilanz dieser zehn Jahre zöge? Indem ich nicht auf ihre Worte höre – sondern auf ihre Stimme?

Freitag

Halten wir zunächst fest, daß sie zwei ungeheure Erfahrungen gemacht haben: den Krieg und die Revolution. Und sagen wir, daß sie heute insoweit jemand sein, etwas vorstellen, etwas schaffen können, wie diese Erfahrungen ihnen ins Blut übergegangen sind. Denn sie sind nicht mehr die Menschen von 1939 – sie sind 1956er Modelle. Wenn sie jene Wirklichkeit eingebüßt haben, ohne sich die neue richtig anzueignen, wenn sie weder das eine noch das andere intensiv genug sind, was sind sie dann? Nichts.

Ich habe nun eben den Eindruck, sie haben ihr Leben nicht erlebt.

Ihr Nichterleben des Krieges. – Jemand in diesen Zeitungen zitiert Adolf Rudnicki – er soll gesagt haben, die polnische Nachkriegsliteratur habe das Kriegsthema nicht richtig ausgeschöpft, und aus diesem Höllengrund sei nicht alles herausgeholt worden, was über den Menschen zu sagen wäre. Richtig, viel ist nicht herausgeholt worden. Aber läßt sich die Hölle ausbeuten?

Diese Autoren, darunter auch und vor allem Rudnicki, nahmen sich die gequälten Leiber vor in der Meinung, das himmelschreiende Leiden müßte ihnen irgendeine Wahrheit, eine Moral, wenigstens etwas Neues über unsere Grenzen zeigen können. Viel Fruchtbares und Schöpferisches fanden sie nicht. Sie entdeckten, wie Borowski, daß wir bodenlos niederträchtig sind. Aber wenn wir alle niederträchtig sind, so ist es keiner – dieser Begriff kann uns nur dann ein Brandmal sein, wenn man mit seiner Hilfe einen Menschen vom anderen abhebt. Sie fanden heraus, daß die Kultur, dies schöngeistige Produkt der Ästheten und Intellektuellen, nur Schaum ist – meine Hochachtung, eine vorsintflutliche Enthüllung, und ziemlich kindisch dazu. Mit der Beschreibung dieser Unmenschlichkeit beschworen sie in moralisierendem Ton die Humanität (Andrzejewski) – aber solche Pfaffenpredigten ändern weder bei dem etwas, der sie hält, noch bei den Zuhörern. Peinlich der Kontrast zwischen dem Berg blutigen Fleisches und dem banalen Kommentar dazu, der trotz aller Ausrufezeichen nichts anderes sagt als die *pia desideria*, die schon in den Worten des Hl. Vaters enthalten sind: nicht böse sei der Mensch, sondern gut. Proust hat in seinem Gebäck, seinem Dienstmädchen und seinen Grafen mehr entdeckt als sie in den jahrelang rauchenden Krematorien. So wundert es nicht, daß dieser beißende Rauch ihnen schließlich als Weihrauch für die neue Diktatur diente, sie beweihräucherten damit ihre Befreiung im neuen, stalinistischen Regime (und vergaßen den Rauch von Kolyma). Die Hölle wurde gezähmt und für die konstruktive politische Arbeit nutzbar gemacht.

Ich bin keineswegs der Meinung, daß ihre künstlerische Impotenz gegenüber dem Krieg eine Schande wäre; ganz im Gegenteil, das war vorauszusehen. Wie kommt es, daß ein Soldat an die Front geht, Greuel erlebt und selbst zum Greuel wird, um dann so ins Zivilleben zurückzukehren, als wäre nichts passiert... genau so, wie er vor der Einberufung war? Manche Erfahrung ist überdosiert. Die nimmt der Organismus nicht an. Deshalb hätte ich, wenn ich in jenen Nachkriegstagen der Genosse Vorsitzender ihres Schriftstellerverbandes gewesen wäre, zu außerordentlicher Vorsicht bei der Behandlung dämonischer, maßloser Riesenthemen geraten – zumindest aber zu außerordentlicher List. Wenn Proust aus den Grafen mehr herausgeholt hat, so deshalb, weil er sich unter den Grafen bewegen und zwanglos fühlen konnte, und weil ihm sein Gebäck nicht über den Kopf wuchs – diese vier Millionen ermordeten Juden dagegen, das ist ein Himalaja! Ich würde diese typisch polnische Naivität verbieten, die da meint, nur auf den Gipfeln gäbe es etwas zu entdecken. Auf den Gipfeln gibt es nichts als Schnee, Eis und Felsen – fündig wird man eher im eigenen Garten. Näherst du dich, die Feder in der Hand, dem Gebirge millionenfacher Qual, dann ergreifen dich Angst, Hochachtung, Grauen, die Feder zittert, und nichts als ein Stöhnen kommt dir über die Lippen. Aber aus Gestöhn wird keine Literatur gemacht. Auch nicht aus Leere à la Borowski. Oder aus »Gewissen« à la Priester Andrzejewski.

Gewiß, das betrifft nicht nur die Literatur. Auch der polnische Durchschnittsintellektuelle war unfähig, das Kriegserlebnis bis auf den Grund auszukosten. Aber unter diesen Bedingungen wäre die einzig redliche Einstellung, nicht krampfhaft erleben zu wollen, was sich nicht erleben läßt, sondern gerade zu fragen, weshalb so ein Erlebnis uns verschlossen bleibt. Denn der Pole hat den Krieg überhaupt nicht erfahren. Er hat nur erfahren, daß der Krieg nicht – gänzlich und erschöpfend, meine ich – zu erfahren ist, und daß mit dem Frieden gleich auch die andere, die normale Dimension zurückkehrt. So gestellt, hätte das Problem zumindest den Vorteil, daß es sie in Friedenszeiten nicht gedanklich, moralisch und gefühlsmäßig wehrlos gemacht hätte – diese Leute hätten leichter das Gleichgewicht wiedergefunden, wenn sie das Fassungsvermögen ihrer Natur gekannt hätten.

Aber ihr Verhältnis zum Krieg wurde entstellt. Man faßte das auf ganz konventionelle Art: ein »großes« Erlebnis, also große Erschütterung zeigen und eine große Lehre daraus ziehen. Wer sie nicht zieht, ist gemein. Weil niemand sie ziehen konnte, kamen sich alle gemein vor, und weil sie sich gemein vorkamen, wurden sie leichtfertig. Und man hätte ihnen doch sagen können: wisse, der Krieg ist kein bißchen schrecklicher als das, was in deinem Garten geschieht, am hellichten Tage. Wenn du weißt, was überhaupt auf der Welt und im Leben vorgeht, wieso entsetzt dich das da? Und wenn du es nicht weißt, wieso bestehst du darauf, dies Wissen gerade vom Krieg zu besitzen?

Man verstehe obige Bemerkungen nicht zynisch – hier will einzig festgestellt sein, daß es Erscheinungen gibt, die man nicht auf dem kürzesten Wege erreicht; eine Annäherung an sie kann nur über die ganze Welt, über die menschliche Natur in ihren grundlegendsten Aspekten geschehen.

Ihr Nichterleben der Revolution. – Was also ist ihnen vom Krieg bewußt geworden – was wurde formuliert? Ein paar lose Gedanken über die »Greuel«, und ein wenig hinkendes, moralinsaures Pathos.

In Wirklichkeit fand das Kriegsende sie haltlos, bestürzt und leer. Zu allerlei kollektiven Aktionen waren sie noch fähig, sie nahmen an Organisationen teil, aber nur deshalb, weil sie jeden Strohhalm packten, um sich zu halten, um weiterzukommen, sie waren vom Instinkt des Lebenskampfes geschüttelt – aber sie waren wie betäubt. Und in diese innere Leere fiel der Marxismus. Der Marxismus, kann ich mir vorstellen, kam auf sie, bevor sie noch ganz zu sich, das heißt zu ihrem Vorkriegs-Ich, gekommen waren. Ich glaube also, daß sie die Revolution nicht erlebt haben, denn sie konnten sie mit gar nichts erleben. Hätte der Marxismus sich in Polen aus eigener Macht verbreitet, allmählich, unter Überwindung von Widerständen... aber er wurde dem Land auferlegt, so wie man einen Käfig über betäubte Vögel stülpt, wie man einem Nackten Kleider anzieht.

Sobald sie einmal im Käfig waren, wurde jede polnische Diskussion mit der Revolution unmöglich. Das gilt auch für den Dialog, den die Seele des Einzelnen insgeheim mit dem Marxismus führt – denn der Pole war diesem Druck völlig unvorbereitet und wehrlos ausgesetzt. Unsere Kultur war nur dem Anschein nach individualistisch. Wann war denn Individualismus für den Polen je etwas anderes als hemdsärmlige Selbstgefälligkeit, sind wir je auf die Idee gekommen, ihn als die Tugend und schwierige Pflicht der Treue gegenüber uns selbst zu verstehen? Wie hätten sich Seelen, die im Geiste von Mickiewicz, Sienkiewicz und Żeromski erzogen waren, Marx widersetzen sollen? Als sie gefesselt waren, war es zu spät für die Entwicklung eines bewußten polnischen Individualismus – ohne intellektuelle Waffen, ohne feste moralische Überzeugung, allein auf sich gestellt, wehrten sie eher kraftlos ab, als daß sie kämpften; lehnten ab, nahmen nicht zur Kenntnis. Die paradoxe Folge ist, daß in den bürgerlichen Ländern des Westens, in Frankreich oder Italien der Marxismus unendlich viel tiefer erlebt wird. Während er in Polen nur ein Gesellschaftssystem ist, in dem man lebt – statt es zu erleben. Polen – eines der unmarxistischsten Länder der Welt.

Mittwoch

Um auf diese Zeitungen aus Polen zurückzukommen, die hier auf dem Regal liegen – ich bin also der Meinung, daß man dort, in Polen, gerade so eben »ist«... man ist nur bis zu einem gewissen Grade... eine schwächliche, anfängliche Existenz.

Um keine leeren Behauptungen aufzustellen. Hier einige charakteristische Symptome ihres Nichtganzseins in der neuen Wirklichkeit.

Wie haben sie – ich meine die Intelligenz – das Volk erlebt? Dieser Proletarier stand doch auf einmal im Rampenlicht, und das in der Hauptrolle; da hätte der Intellektuelle, schon allein aus Angst, diese Anwesenheit stärker empfinden müssen...

Natürlich ist in ihren Zeitungen der Proletarier genau wie auf dem Plakat, kraftvoll und strahlend. Wenn vor dem Krieg unsere »höheren Kreise«, die doch von dem in Polen abgrundtiefen und wilden Niederen so bedroht waren, in dieser Sache nichts als philanthropischen, gesellschaftsutopischen und żeromskihaft sozialromantischen Papierkram zustande gebracht haben, so ist heute die Einstellung der Intelligenz zum Volk unterwürfig und zu offiziellen Phrasen plattgebügelt. Verständlich. Logisch. Aber... inoffiziell? Ich suche in ihrer Dichtung, ihrer Metapher, in der Sprache, der Art oder eher dem Ton, wie sie denken, nach einem Echo dessen, daß sie das Niedere als schaffende Kraft vielleicht intensiv erlebt haben – wenn es in ihnen stäke, müßte es doch irgendwie zum Ausdruck kommen. Aber keine Spur. Als wäre ihnen die Phantasie eingeschlafen.

Ihr fehlendes Gespür für das Volk – und sei es nur für seine Schönheit und Poesie (das ist ja erlaubt). Einfach ungeheuerlich, geradezu ärgerlich! Die Revolution hat ihr Verhältnis zum Proletariat verfälscht und verflacht, hat es auf »konstruktive Zusammenarbeit« reduziert, als handelte es sich hier in Wirklichkeit nicht um ein tragisches, aber schöpferisches Ringen der Gewalten. Was sollte der Intellektuelle, ginge es nach der Revolution, mit dem Arbeiter, mit dem Bauern anfangen? Gemeinsam Fabriken bauen? Ihn aufklären? Eine gemeinsame Parteifront errichten? Aber die technische Zusammenarbeit bedeutet nicht persönlichen Kontakt – bei jeder persönlichen Berührung kommt es sogleich zu Mißverständnissen, da kommen Abneigung, Mißtrauen, Abscheu und Furcht zum Ausbruch, der Streit beginnt, denn diese zwei Bewußtseinsebenen – die höhere und niedere – sind einander fremd und feind, nur durch Kampf und Gewalt kann sich das Höhere mit dem Niederen treffen und mit ihm verbinden. Nun war meines Erachtens der Kontakt der polnischen Intelligenz mit der niederen Schicht niemals so unpersönlich – so ausschließlich technisch – und damit leblos, d.h. geistig unschöpferisch, wie heute. Ich denke dabei nicht, das sage ich noch einmal, an ihr amtliches Denken, an das, was sie unter Diktat schreiben. Ich behaupte, sie kommen nicht einmal im stillen und geheimen auf solche Gedanken. Wer von diesen hehr Gelangweilten wird sich von der Schönheit dieses Sphärenringens bezaubern lassen? Daß es großartig ist, wenn das höhere Bewußtsein das niedere wie ein Raubvogel anfällt? Und vielleicht großartiger noch, wenn das Niedere am Höheren Gewalt übt? Ich habe meinen Abscheu vor der gereimten Versdichtung einmal überwunden und ihre Gedichte gelesen – in konstruktiver Langeweile bin ich da ertrunken: kein einziger Akzent, der mich aufs Feld dieser Spannungen geführt hätte.

Halten wir also fest: in Volkspolen nimmt niemand wirklich – *persönlich* – das Volk wahr. Sie haben sich am Proletariat übergefressen. Und jedes Gespür dafür verloren.

Freitag

Heute im Café setzte sich ein ekelhafter Typ zu mir und erzählte, er wolle ein zwölfjähriges Mädchen besitzen, und sie wäre auch bereit ... und er fluchte auf die Behörden, den Staat, die Gesellschaftsordnung, Gerichte, Priester, Zivilisation und Kultur. Er fluchte leise, wehmütig, melancholisch, bohrte sich mit einem schmutzigen Finger im Ohr und starrte an die Decke.

Abendessen mit Rodriguez Feo im Crillon. Auch Virgilio und Humberto waren da. Rodriguez Feo ist Redakteur von *El Ciclón*, einer ganz guten literarischen Monatsschrift, die in Havanna erscheint. Er ist zu Besuch gekommen. Alles Kubaner. Merkwürdiges Völkchen! Intelligent und bewandert, aber nicht aus Lehm gemacht, sondern aus Wasser. Bewegliche, schillernde, flüchtige Flüssigkeit.

Auf dem Heimweg dachte ich an Polen und meine Schriftstellerkollegen dort. Manchmal glaube ich, ich sollte nicht so hochmütig über sie denken. Und dennoch, diese Gewißheit, daß ich in stärkerem Maße *bin* als sie ... verbietet mir alle Zugeständnisse. Nicht Talent, Verstand oder moralische Werte entscheiden über unsere Hierarchie, sondern vor allem dies: das stärkere, wirklichere Sein.

Ich bin allein. Und »bin« deshalb mehr.

SONNTAG

Wütend macht mich bei der Lektüre ihrer Presse, daß sie auch in der Kunst so tranig sind. Obwohl die Revolution ihr Dasein in den Grundfesten erschüttert hat, ist in diesen literarischen Zeitschriften alles beim alten geblieben. Erstaunlich. Die Welt ist zusammengebrochen, aber die kleine, heile Welt – die der Künstler – ist heil geblieben. Ich sehe den billigen Parnaß der Vorkriegszeit, so wie er war – nur die Farbe hat gewechselt. Tiefschürfende Abhandlungen »Über das Wesen der Poesie«, oder über die Malerei, Wettbewerbe, Preise, Rezensionen ... und der eine ist der »führende Romancier«, ein anderer ein »hervorragender Lyriker«.

Ärgerlich, wenn du nach einem Erdbeben ausgerechnet das größte Gerümpel und windigste Zeug in deinem Haus unangetastet findest. Was hätte man von der Revolution erwarten können (wenn sie zum Erlebnis geworden wäre?). Einen Kurzschluß mit der Wirklichkeit zumindest, der sie gezwungen hätte, dieser Meduse wenigstens flüchtig ins grausame Auge zu schauen.

Tatsache ist – Tatsache, unerbittliche Macht also, der man sich beugen muß –, daß Gedichte nicht gelesen werden. Daß so gut wie niemand in der Lage ist, ein gutes Bild von einem schlechten zu unterscheiden. Daß diese Pferderennen, pardon, diese Wettläufe atemloser Pianisten oder anderer um den ersten Platz wetteifernder Virtuosen ebensoviel mit Kunst gemein haben wie jedes Pferderennen. Daß Museen etwas Stinktotes sind, von dem man Kopfschmerzen bekommt. Ich verzichte heute bewußt darauf, auf die Wurzeln dieser Absurditäten einzugehen, ich zähle sie nur auf. Hätte man nicht erwarten sollen, daß die Fiktionen und lächerlichen Dummheiten der Kunst von der Revolution an die Wand gedrückt würden, und daß man die Ästhetik auf Fakten, statt auf Illusionen, Konventionen oder Traditionen aufbauen würde?

Wie soll man sich etwa damit abfinden, daß Wyspiański zu unserem Nationaldramatiker und Nationaldichter erklärt wird, wenn die Nation nicht mal hundert Leute aufzubieten hat, die sein Werk einigermaßen kennen? Wie kann man behaupten, daß Słowacki und Mickiewicz in Entzücken versetzen, wenn sie eben nicht in Entzücken versetzen? Weshalb sagt ihr, Kasprowicz lebe unter uns, wenn ihr ihn doch nur aus Bibliothekskatalogen kennt? Man sollte meinen, wo die gesellschaftliche Bedeutung der Kunst in den Vordergrund tritt, müßten solche Fragen gestellt werden. Aber sie gelten weiterhin als unanständig. Würde man in Polen meinen Artikel *Gegen die Dichter* aus der *Kultura* veröffentlichen, so wäre das ein revolutionärer Artikel *par excellence* – aber diese Revolution hätte doch eure Revolution schon längst durchführen müssen. Brutal hätte man die Kunst angehen müssen, hätte ihre Mythen zerstören, diese unmöglich veraltete Sprache der Weihpriester und Glossisten revidieren und sie als das festhalten müssen, was sie ist – dann wäre man wirklich ein Stück weitergekommen. Wie man das anfangen solle, fragt ihr verwirrt? Nichts leichter als das! Laßt die verlogenen Behauptungen, daß »die Kunst verzückt« und sagt wahrheitsgemäß, daß die Kunst zwar ab und zu entzückt, daß man sich aber vor allem gegenseitig zum Verzücken zwingt. Zwingt? Wie das? Weshalb? Wozu? Ich habe andernorts darüber geschrieben – aber beachtet bitte, daß schon allein diese Fragestellung den Bann gekünstelter Bewunderung, fiktiver Werte und anachronistischer Liturgie bricht.

Hat die Revolution kein Klima für einen derartigen Realismus geschaffen? Steht er nicht im Einklang mit dem Marxismus – ich meine nicht die hirnverbrannte marxistische Kunsttheorie, sondern eben gerade seinen Geist – dies ist doch eine Auffassung, wie sie dialektischer nicht sein kann: Sie zeigt euch die Kunsterfahrung als etwas, das »zwischen« den Menschen entsteht. Und für den Polen wäre dieser Realismus ein großer Fortschritt, er würde uns zu einem eigenen Kunstverständnis verhelfen, uns vom Westen abheben und zu einer Ästhetik führen, die nicht nur dem Leben, sondern unserer Natur angemessener wäre.

Statt dessen – Pustekuchen. Nichts erreicht. Man forderte, daß die Kunst »für die Massen« sein solle, was soviel heißt, daß sie seicht sein soll. Man forderte eine Kunst für die Massen, ohne die Einstellung der Massen zur Kunst zu ändern. »Entzückend« – das war sie nach wie vor. Man bürokratisierte den Künstler, aber sein Priestergehabe und die ganze Kirche sowie alle Andächtigkeit drumherum ließ man unangetastet. Nicht nur das! Man legte noch ein beachtliches Stück Absurdität zu. In den westlichen Gesellschaften meint ein halbwegs gebildeter Bourgeois, er könnte tatsächlich eine Fuge von Bach oder ein Gemälde von Raffael verdauen. Die Volksdemokratie aber denkt, daß auch Bäuerlein und Arbeiter, deren Seele ja »für alles Schöne offen« ist, sich in eine Sonate von Chopin einfühlen könnten – so führt man sie denn ins Konzert, und auf dieser Kultursitzung wird »erlebt«... wie alles dort erlebt wird, keinen Deut intensiver. Was für ein Schmierentheater!

Und wieder: Ich weiß, ich verstehe, daß da zu Thronzeiten Ždanovs nichts zu machen war. Aber ich sehe bis heute nicht das geringste Indiz dafür, daß dort auch nur die Möglichkeit einer derartigen Revision im Keim läge.

Montag

Giedroyć schickt einen neuen Stapel Zeitschriften – die sind von den letzten Monaten, März, April.

Nach der Rede des Genossen Chruschtschow und den Enthüllungen des XX. Parteitags. Eine neue Etappe, Kurswechsel. Man ist stolz und beglückt.

Aber wieder sehen diese Artikel, Gedichte, Leserbriefe, Kommentare so aus, als wären sie von ein und derselben Hand geschrieben. Die Abweichungen sind unbedeutend. Ein einziges Thema herrscht ungeteilt: XX. Parteitag und Neuer Kurs.

Auffällig ist vor allem, daß sie immer Sklaven eines einzigen Themas sind. Dort kommt das Thema nicht spontan auf, wird nicht auf eigene Faust gefunden, geschaffen, entdeckt – es wird immer gestellt.

Trotzdem rührend zu sehen, wie sie sich über die Ration Leben freuen, die man ihnen zugeteilt hat.

Was aber die wenigen Menschen in Polen betrifft, die wirklich leben wollen – und vielleicht etwas schaffen wollen, das nicht nur lokale, sondern allgemeine, weltweite Bedeutung hat... die werden für den Jubel und den Freudentanz der reglementierten Freiheit nur ein bitteres Lächeln übrig haben.

Dienstag

Ich habe mir durchgelesen, was ich oben über das Proletariat und die Kunst geschrieben habe. Wie wenig überzeugend wird das für diejenigen sein, die mich nicht verstehen, denen mein Sinn entgeht. Derer ist Legion. Möge denn ihr Gehör fein genug sein zu erkennen, daß dies keine vergänglichen Launen sind – sondern eher die Weisung eines schwierigen Weges, schwierig, weil dieser Weg nicht himmelhoch hinaus will, sondern auf der Erde bleibt.

Ich komme auf meinen Ausgangspunkt zurück: Sie haben ihr Leben nicht erlebt. Jawohl, deshalb behandle ich sie so herablassend, arrogant, geringschätzig – ich kann einfach nicht anerkennen, daß das Leute auf meinem Niveau wären. Wenn man nun bedenkt, daß ich nicht mal ein Zehntel dessen abbekommen habe, was sie durchgemacht haben, daß ich mich, während sie ihr Blut ließen, in den Cafés von Buenos Aires herumtrieb, ist so ein Gefühl nicht ganz in Ordnung, das gebe ich zu. Demut und Bewunderung wären da wohl angebrachter. Und doch ist diese kalte Verachtung in mir so stark, daß ich sie in diesem Tagebuch, wo ich nicht zu sehr lügen möchte, nicht verhehlen kann.

Wie kann ich es wagen, sie zu verachten? Und sie dazu so unbarmherzig zu verachten, daß selbst der Schmerz und das Unglück dieser Menschen, die mir doch nahestehen, an Bedeutung verlieren? Ich kann mir das nur dadurch erklären, daß ich ihr Sein weniger stark empfinde... nein, nicht wegen der Entfernung oder der langjährigen Trennung. Sie sind niemand mehr für mich. Sie sind nicht mehr, was sie waren, und haben sich noch in keiner neuen Existenz deutlich genug konkretisiert. Sie sind undeutlich. Verwaschen. Unfertig. Embryonal.

Kommunismus? Antikommunismus? Nein, das lassen wir erst einmal beiseite. Es geht nicht darum, daß ihr Kommunisten sein sollt, oder Anti... sondern darum, daß ihr einfach »seid«. Zu sein – das ist die doch wirklich minimale Forderung, die ich an die polnische Intelligenz, das polnische Bewußtsein stelle. Ihr werdet euch in den kommenden Jahren ganz schön anstrengen müssen, um von der Halbexistenz zur Existenz zu gelangen, und ob es euch gelingt, ist noch nicht sicher. Einstweilen wird euer Leben, ebenso wie euer Tod nicht voll zählen, Freunde. Und dieses Recht auf Leben und Tod wird sich jeder von euch selbst erringen müssen.

Noch ein paar lockere Bemerkungen zu dieser Zeitungslektüre.

Ihre Vorstellungskraft. Sie ist reiner als vor dem Krieg. Sie haben sich seltsam gereinigt. Ihre Phantasie ist nicht mehr genußsüchtig, sie ist auf Anstrengung und Kampf gerichtet. Sie ist tiefer mit der Energie verbunden. Und die heilsame Strömung primitiver Vorstellungskraft, der sie heute näherstehen, hat sie von vielen Verzerrungen und hysterischen Verschrobenheiten befreit.

Vor dem Krieg lebten in Polen viele Menschen ein abgeschwächtes Leben – der Landadel, die Bourgeoisie. Dafür lebten sie sich in der Phantasie aus, die jedoch disziplinlos und damit schmutzig war... Tagträumer. Anders heute in Polen. Das hat nicht der Marxismus bewirkt, sondern die Armut.

Reinlicher ist die Phantasie, aber auch dürftiger. Ihre Dürftigkeit ist wiederum keine Folge des Gesellschaftssystems, der Verbote und Direktiven dort, sie hängt mit der allgemeinen Verelendung zusammen. Wenn die Verbote fallen, wird das Volk mit verödeter Phantasie dastehen und die Hand in die leere Tasche stecken.

Ihre Moral. Sie nehmen den Mund voll Moral. Ständig. Wer wollte da noch an ihre Moral glauben?

Meines Erachtens steht ihre Moral in umgekehrtem Verhältnis zu ihrer großen Klappe. Die Moral des öffentlichen Lebens ist dort ständig an der Tagesordnung? Na, auf diesem Gebiet sind sie, glaube ich, ganz schöne Zyniker. In ihren privaten, familiären etc. Beziehungen dagegen, wo eine gewisse Diskretion möglich ist, sind sie sicherlich brave Leute.

Ihre Schönheit. Welche Schönheit wünschen sie sich? Was für einen Federbusch? Welchen Zierat? Was für eine Poesie, welchen Klang suchen sie, um ihr allzu graues Sein damit zu schmücken? Eine schwierige Frage. Ihre offizielle Schönheit ist die des Kampfes um die neue Ordnung – aber diese Schönheit wurde dort rationalisiert und zu sehr mit Tugend identifiziert, sie verlor ihre Lebenskraft. Schöne Tugenden haben sie genug, so wie die katholische Kirche. Wo aber sind ihre schönen Sünden?

Wenn ihre Phantasie nicht bis zur Unkenntlichkeit geschrumpft ist, kann man annehmen, daß dort neben der offiziellen Dichtung insgeheim eine andere, private geschaffen wird, eine Dichtung der Anarchie.

Ihre Bescheidenheit. Diese Literaten sind ungemein bescheiden. Ihre Bescheidenheit ist *savoir vivre*. Sie beruht darauf, den Hochmut zu verbergen. Sie ist nur Vorsichtsmaßnahme – um ja niemanden zu reizen.

In der Literatur ist solche Bescheidenheit völlig fehl am Platze. Dünkel, Hoffart und Ehrgeiz sind mit dem Schreiben untrennbar verbunden, sind sein Motor. Man muß sie offenlegen. Dann kann man sie zivilisieren.

Sienkiewicz

Ich lese Sienkiewicz. Eine anstrengende Lektüre. Das ist ja ziemlicher Mist, sagen wir, und lesen weiter. Was für ein Kitsch, entfährt es uns – und wir können uns nicht losreißen. Unerträgliche Operette, schreien wir – und lesen hingerissen weiter.

Ein gewaltiges Genie! – und nie hat es wohl je einen so erstklassigen zweitrangigen Schriftsteller gegeben. Ein Homer der zweiten Garnitur, ein Dumas père der Spitzenqualität. Auch wird man in der Literaturgeschichte schwerlich einen ähnlichen Fall von nationaler Bezauberung, von derart magischem Einfluß auf die Massenphantasie finden. Sienkiewicz, dieser Zauberer, dieser Verführer, hat uns Kmicic samt Wołodyjowski und Herrn Großfeldherrn in die Köpfe gesetzt und sie dann zugekorkt. Von da mochte nichts anderes mehr dem Polen wirklich gefallen, nichts, was gegen Sienkiewicz oder anders als Sienkiewicz war. Diese Verspundung unserer Phantasie bewirkte, daß wir unser Jahrhundert wie auf einem anderen Planeten erlebten und kaum etwas vom modernen Denken zu uns drang. Übertreibe ich? Wenn die Literaturgeschichte den Einfluß der Kunst auf die Menschen zum Kriterium machen wollte, müßte Sienkiewicz (dieser Dämon, diese Katastrophe unseres Geistes, dieser Schädling) fünfmal soviel Platz einnehmen wie Mickiewicz. Wer hat denn schon aus freien Stücken Mickiewicz gelesen, wer kennt Słowacki? Krasiński, Przybyszewski, Wyspiański... war das mehr als eine verordnete, eine Zwangsliteratur? Sienkiewicz aber ist der Wein, an dem wir uns wirklich berauschten, dort schlugen unsere Herzen... und mit wem man auch sprach, mit einem Arzt, einem Arbeiter, einem Professor, einem Grundbesitzer, einem Beamten, immer traf man auf Sienkiewicz, Sienkiewicz als das letzte, tiefste Geheimnis des polnischen Geschmacks, der polnische »Traum von der Schönheit«. Oft war das ein maskierter – oder uneingestandener, schamhaft verborgener – Sienkiewicz, manchmal sogar ein vergessener – immer aber war es Sienkiewicz. Warum wurden nach Sienkiewicz noch Bücher geschrieben und veröffentlicht, die keine Bücher von Sienkiewicz mehr waren?

Um unsere geheime (weil kompromittierende) Liebschaft mit Sienkiewicz zu verstehen, müssen wir auf eine heikle Sache eingehen, nämlich das Problem der »Produktion von Schönheit«. Schön zu sein, anziehend, reizvoll – das ist nicht nur der Traum der Frau, und je schwächer und bedrohter ein Volk ist, desto stärker empfindet es wohl das Bedürfnis nach einer Schönheit, die ein Aufruf an die Welt wäre: schau her, tu mir nichts, liebe mich! Aber die Schönheit brauchen wir auch dazu, uns in uns selbst und das, was unser ist, zu verlieben – und im Namen dieser Liebe der Welt standzuhalten. So wünschen die Völker von ihren Künstlern, daß sie ihre Schönheit zum Ausdruck bringen, und daher gibt es in der Kunst eine französische, eine englische, polnische oder russische Schönheit. Hat je einer die Entwicklung der polnischen Schönheit durch die Jahrhunderte verfolgt? Es gibt wohl kein wichtigeres Thema, denn die Schönheit bestimmt nicht nur deinen Geschmack, sondern deine ganze Einstellung zur Welt; gewisse Dinge werden inakzeptabel für dich, nicht weil du sie verurteiltest, sondern weil sie dir »nicht stehen«, weil sie »nicht zu deinem Typ passen«, weil du mit ihnen nicht jene Schönheit realisieren könntest, nach der dich verlangt, auf die hin du dich stilisierst. So mag eine Frau, die sich auf Kind oder auf Flatterliese stilisiert, das Denken nicht, sie will es nicht und liebt es nicht; ein Ulan dagegen muß den Wodka lieben, auch wenn er ihn nicht mag, und ein Halbwüchsiger muß Zigaretten lieben.

Sienkiewiczs *salon de beauté* ist das Ergebnis eines langen Prozesses, und wir werden, wie gesagt, seine verblüffenden Erfolge kaum begreifen, solange wir die polnischen Abenteuer mit der Schönheit in den letzten Jahrhunderten nicht eingehend betrachten. Nehmt unsere Literatur des XVI. und XVII. Jahrhunderts zur Hand, und ihr werdet euch überzeugen, daß sie Schönheit fast immer mit Tugend gleichsetzte. Es gab dort keinen Platz für eine Schönheit, die ganz aus dem Leben genommen wäre, im Gegenteil, das Leben war hier von der Moral gezügelt, und ästhetischer Kanon in der Kunst konnte nur ein braver, frommer und ehrbarer Jüngling sein. Gerade das gefällt uns heute nicht – es langweilt uns – erscheint uns leblos und unattraktiv. Denn Tugend an sich ist uninteressant, von vornherein bekannt; die Tugend bringt die Sache zu Ende, sie ist der Tod; die Sünde ist das Leben. Und Lebenskraft kann die Tugend nur als Überwindung der Sünde gewinnen, die außerdem auch originell ist, uns von anderen unterscheidet und abhebt. Die menschliche Natur zeigt sich in der Sünde, in vitaler Expansion, und wer diese Zeit der Vitalität nicht durchlebt hat, wer von Kind auf nur tugendhaft war, weiß bestimmt nicht viel von sich. Für die damalige Literatur aber war der lästerliche Gedanke, es könne SCHÖNHEIT ohne TUGEND geben, ganz undenkbar.

Was unvermeidlich zu einer Erstarrung der Form führen mußte. Der Typ des Polen, den Literatur und Kunst vorschlugen, mußte zu einer abstrakten Formel werden, weil er zu wenig sündengesättigt, zu wenig mit dem Leben verbunden war – ist es heute nicht das gleiche mit der offiziellen, bolschewistischen Schönheit des jungen, strahlenden Arbeiters, der – ein Lächeln auf den Lippen, den Hammer in der Faust – den Blick in die lichte Zukunft richtet? Auch dort langweilt das Übermaß an Tugend. Und daher dies unerhörte Abenteuer, das das XVII. Jahrhundert für uns war, die nachgerade geniale Krise der polnischen Schönheit, die uns Auge in Auge unserer Häßlichkeit, unserer Ausschweifung gegenüberstellte... ein Jahrhundert sklerotischer, greisenhafter Versprödung und stumpfer Zügellosigkeit zugleich, als der Bruch zwischen Form und Instinkt zu einem Abgrund auseinanderklaffte... dem tiefsten wohl, den unser idyllischer Geist je geschaut hat. Niemals zuvor, noch je danach waren wir der Hölle näher, und alles Nachdenken über Polen und die Polen ist wenig wert, wenn es die Periode der sächsischen Narretei achtlos übergeht. Doch was war eigentlich geschehen? Der Pole fühlte sich plötzlich als Polenkarikatur. Die Jesuitenschulen hatten auch keine vitalere Schönheit zu bieten, und so glitten wir, verzweifelt am qualvollen Gefühl der eigenen Scheußlichkeit und Lächerlichkeit, in Sklerose und Farce ab.

Keine Frage, unsere gewaltige Idiotie in dieser Zeit kam unter anderem von dem ungestillten Verlangen nach Schönheit. Das damalige Polen war einfach ein Volk, das unfähig zur Schönheit war. Aus jenem Kontertanz fetter Krautjunker sprach die Verzweiflung darob, daß die Quellen vitaler Anmut verschüttet waren, es war das Drama von Menschenwesen, die zur Ersatzbefriedigung durch Zeremoniell, Ämter und Würden, zur Entladung im feierlichen Ritual gezwungen sind, während Freßsucht, Lüsternheit und Dünkel keine Grenzen mehr kennen. Wie unersetzlich schade, daß die sächsische Groteske nicht bis zur letzten Konsequenz getrieben wurde! Denn diese Selbstquälerei in Häßlichkeit und Dummheit hätte uns wahrscheinlich zu höheren Formen von Schönheit und Verstand geführt – dieser qualvolle Konflikt mit einer Form, die uns feind geworden war, hätte unser Gespür für die Form ausgezeichnet schärfen können – und wer weiß, auf diese Weise hätten wir vielleicht ein besseres Verständnis für jenen unheilbaren Mißklang gewonnen, der zwischen dem Menschen und seiner Form, seinem »Stil« besteht – dieser Gedanke hätte es uns schließlich erlaubt, die Existenz der FORM als solcher wahrzunehmen, hätte bewirkt, daß unsere größte Sorge weniger der »polnische Stil« als vielmehr unser Verhältnis als Menschen zu diesem Stil geworden wäre. Ja, wir hätten vielleicht bedeutende Entdeckungen gemacht, wären auf fruchtbare, neue Ideen gekommen ... wäre nicht Mickiewicz gewesen. Leider! Mickiewicz linderte unsere Schmerzen, er lehrte uns eine neue Schönheit, die für lange Jahre verpflichtend wurde und uns wieder zufrieden mit uns sein ließ.

Wenn das noch ganze Arbeit gewesen wäre! ... Aber wahre Schönheit erreicht man nicht, indem man das Häßliche verschweigt. Ihr könnt nicht viel mit eurem Körper anstellen, wenn ihr euch vor Scham niemals nackt auszieht. Und Tugend heißt nicht, die Sünden zu verbergen, sondern sie zu überwinden, wahre Tugend fürchtet die Sünde nicht, sie sucht sie sogar – denn in ihr hat sie ihre Daseinsberechtigung. Die Kunst vermag die Schönheit eines Menschen oder eines Volkes gewaltig zu stärken, wenn wir ihr nur volle Handlungsfreiheit lassen. Aber Mickiewicz, ebenso barmherziger wie schamhafter, frommer wie ängstlicher Dichterprophet, zog lieber niemanden nackt aus, und seine allumfassende Güte scheute davor zurück, der Wahrheit ins Auge zu sehen. Er war der höchste Ausdruck jener polnischen Ästhetik, die nicht gern im Schmutz »herumwühlt« und niemanden verletzen will. Mickiewiczs größte Schwäche aber bestand darin, daß er ein Nationaldichter war und somit mit der Nation identifiziert wurde und die Nation zum Ausdruck brachte; daher war er unfähig, diese Nation von außen als etwas »in der Welt Existierendes« zu sehen. Ohne festen Punkt in der äußeren Welt oder im eigenen, individuellen Ich, vermochte er die Nation nicht aus den Angeln zu heben und vollbrachte – unter diesen Umständen – das, wozu er in der Lage war: er verhalf uns zu der Schönheit, die damals in unserem nationalen Interesse lag. Weil wir die Unabhängigkeit verloren hatten und schwach waren, zierte er unsere Schwäche mit dem Federbusch der Romantik, er machte Polen zum Christus der Völker, stellte unsere christliche Tugend dem Unrecht der Teilungsmächte gegenüber und besang die Schönheit unserer Landschaften.

So war uns wieder die Tugend zum Fundament der Schönheit geworden – und die Polen unterzogen sich dieser kosmetischen Operation bereitwillig, ohne zu merken, daß sie auf Kosten des Lebens ging. Mickiewicz, der Nationaldichter einer besiegten Nation, einer Nation von reduzierter Lebenskraft, fürchtete im Grunde das Leben, er gehörte nicht zu jenen Künstlern, die mit dem roten Tuch hantieren, die provozieren und das Leben bis zur Weißglut erhitzen, um es erst dann in die Zucht von Ästhetik und Moral zu nehmen. Nein – er zählte eher zu den Lehrern und Erziehern, die der Versuchung lieber aus dem Wege gehen, und während die Kunst des Westens ein ständiges Schüren von Erregung, ein unaufhörliches Expandieren war, ist Mickiewiczs Kunst eher ein vorsichtiges Bremsen, ein Meiden »böser Gedanken« und erregender Aussichten. Wie hätte wohl unsere Entwicklung ausgesehen, wenn damals an unserem Himmel ein anderer Stern, neben dem von Mickiewicz, erschienen wäre: ein gleich bedeutender und großartiger Mann, der sich nicht dem Dienst an der Nation ergeben hätte, sondern in stolzer Verachtung all unseres Elends, all der Zwänge der Unfreiheit versucht hätte, als freier, geistig unabhängiger Mensch zu Schönheit zu kommen. Doch uns ist kein derartiger Stern – wie etwa Goethe es war – zur rechten Zeit erschienen, und heute ist es wohl zu spät dafür... denn die Probleme haben ihren Zeitplan, und gegenwärtig liegt uns anderes am Herzen.

Um sich klarzumachen, welches Schönheitsempfinden in einer Epoche vorherrscht, betrachte man vor allem die Einstellung der Gesellschaft zur Jugend. Es ist bezeichnend, daß in der Dichtung des Verfassers der *Ode an die Jugend* die Schönheit des Jünglings noch immer der »reifen« Schönheit untergeordnet ist – man könnte sagen, das ist immer noch eine Literatur der »Väter«, nicht der Jüngling ist es, der Mickiewicz bezaubert – es ist der »Mann« oder der Jüngling, der Anlagen zum Manne hat. Übrigens finden wir in der ganzen polnischen Kunst trotz ihres romantischen Charakters keine Spur von jener Jugendekstase, die die griechische Kunst, die Malerei der Renaissance, oder Romeo und Julia so stark prägt... nein, hier ist die Jugend immer unterdrückt, sind dem Roß der Jugend die Zügel angelegt... Wie sah aber dann die Situation des polnischen Jünglings in der Epoche von Mickiewicz aus? Er, der in der Kunst keine Anerkennung für seine zwanzig Jahre, für seinen naturgegebenen Charme fand, konnte schön nur sein als romantischer Sohn der Niederlage, als Pole also, oder als jemand, dessen Schönheit – die Schönheit von Tugend und Verdienst – erst ab dreißig richtig anfängt. Aber auch diese Schönheit, die die Tugend, Gott oder die Nation zum Quell hatte, erwies sich als außerordentlich eng angesichts der Vielzahl verschiedener Schönheiten, die sich im Westen allmählich zeigten – denn dort nahm man wahr, daß es auch eine Schönheit von Niedertracht und Gemeinheit gibt, die heidnische Schönheit der Sünde, Goethes Schönheit, den grausigen Glanz von Shakespeares oder Balzacs Welten und Schönheiten, die ihren Ausdruck bei Baudelaire, Wilde, Ruskin, Poe oder Dostojewski finden sollten – aber nichts von diesem westlichen Drang nach Bereicherung der Skala menschlicher Schönheit fand Eingang in die Seele des Jünglings, dem nur eine Rolle bestimmt war, und der nur als »tugendhafter Sohn Polens« funktionieren konnte. Wenn er sich also von Instinkt und Temperament hinreißen ließ und in den Dschungel jener verbotenen Reize wagte, so tat er das immer auf eigene Faust, ohne Führer, angewiesen auf das eigene unerfahrene, unklare Gespür.

Zurück zu Sienkiewicz.

Das Dilemma Tugend–Vitalität blieb ungelöst und gärte unterschwellig – und deshalb umso schmerzhafter – in der ganzen Literatur der Zeit nach Mickiewicz weiter. Nirgends kommt es so übersteigert zum Ausdruck wie bei Kraszewski, und Untersuchungen zu diesem Autor würden viel Licht auf unsere Psyche werfen. Wir waren zu einer verengten Ästhetik gezwungen und mußten in ihrem Rahmen das eigene Bildnis malen. Die neue Generation stieß sich immer mehr daran, daß diese »Schönheit mit Bürgersinn« dem Temperament kaum Auslauf ließ, und war bestrebt, die Tugend mit Reiz und Anmut zu versöhnen, einen Polentyp zu schaffen, der nicht nur für den Rosenkranz, sondern auch für den Polkatanz etwas übrig hätte.

Man könnte sagen, wir suchten die Gelegenheit zur Sünde, aber gelähmt von der jahrhundertealten Tradition, suchten wir nur die abgemilderte Sünde, eine Sünde, die weder gemein, noch niederträchtig, noch häßlich, noch furchtbar wäre... ja, wir hatten eher das Bedürfnis nach einem kleinen, sympathischen Fehltritt, der keinen Abscheu hervorruft. Sienkiewicz spürte dieses verborgene Bedürfnis ausgezeichnet und bahnte sich so den Weg zum Erfolg. Den von Mickiewicz überkommenen Typus des Polen, der trotz allem Format hatte, machte er leichter, zugänglicher und reizvoller, er pfefferte die Tugend mit ein wenig Sünde, süßte die Sünde mit Sittsamkeit, so daß ihm ein nicht zu starker, aber doch anregender süßlicher Likör gelang, wie ihn besonders Frauen mögen.

Die sympathische Sünde, die ehrbare Sünde, die entzückende Sünde, die »reine« Sünde – das ist die Spezialität dieser Küche. Nicht der Römer Skrzetuski, sondern der Sünder Kmicic ist Sienkiewiczs typischer Held. Den Kmicics und Vinicius ist die Sünde erlaubt, vorausgesetzt, sie kommt aus reinem Herzen und einem Überfluß an Lebenskraft. Sienkiewicz vollbrachte jene Emanzipation der Sünde, auf die die polnische Entwicklung seit langem unvermeidlich hinauslief... doch auf was für einem Niveau! Der Unterschied zwischen wirklichem Schönheitsstreben und Koketterie besteht darin, daß wir im ersten Fall uns selbst gefallen wollen, während wir im zweiten damit zufrieden sind, andere zu bezaubern. Aber die Polen hatten schon jahrelang eigennützige Schönheit praktiziert, immer im Namen anderer und höherer Zwecke; was Wunder also, daß Mickiewicz, der trotz allem doch sehr selbstlos und kraftvoll war, allmählich zu einem Sienkiewicz wurde – dem nunmehr unverhohlenen Verlangen, um jeden Preis zu gefallen. Der wollte zunächst einmal dem Leser gefallen. Dann wollte er, daß ein Pole dem anderen, und daß die Nation allen Polen gefalle. Drittens wollte er, daß die Nation anderen Völkern gefalle.

In diesem Netz unersättlicher Verführungskunst geht natürlich der Wert verloren, entscheidend wird der äußere Effekt –

und die Leichtigkeit, mit der Sienkiewicz den Anschein von Wert erweckt, ist erstaunlich und dabei sehr charakteristisch. Wenn sein Theater voller titanischer, macht- und glanzvoller Gestalten ist, die man sonst nirgendwo trifft – wie der Herr Großfeldherr und der Wojewode von Wilna –, so gerade deshalb, weil das nur Theater ist, nichts als Komödiantentum. Die Kunstfertigkeit, mit der dieser Küchenmeister uns eine Suppe aus eitel Glanz und Gloria zubereitet, kennzeichnet gerade den Mittelmäßigen, der mit den Werten spielt. Das Drama wirklicher Größe ist, daß sie sich um keinen Preis erniedrigen will, daß sie bis zum Ende um ihr Niveau kämpft, weil sie sich nicht aufgeben will und kann – deshalb ist authentische Größe immer schöpferisch, das heißt, sie prägt die anderen nach ihrem Bilde. Sienkiewicz dagegen stellt sich lustvoll ganz in den Dienst der Durchschnittsphantasie, er läßt den Geist fahren, ohne aufs Talent zu verzichten und kommt so zu einer höllisch sinnlichen Kunst, die sich auf die Befriedigung unausgelebter Massenneigungen stützt und sich zum Lieferanten süßer Träume macht... so daß das entzückte Mittelmaß aufjauchzt: was für ein Genie! Und wirklich, diese Kunst ist in einer gewissen, speziellen Bedeutung genial, genial eben deshalb, weil sie aus Gefallsucht und Verführungswillen entsteht – daher die großartige Erzählkunst – die intuitive Meidung von allem, was anstrengen, langweilen, nicht gefallen könnte – diese satten, saftigen Farben, diese Melodie... Ein ungewöhnliches, aber etwas peinliches Genie, ein Genie jener verschämten Träume, denen wir uns vor dem Einschlafen hingeben, ein Genie, dessen man sich im Ausland besser nicht rühmt. Und deshalb ist Sienkiewicz bis heute, trotz all seinem Ruhm, nie volle Gerechtigkeit widerfahren. Die polnische Intelligenz genoß ihn als Bettlektüre, offiziell aber stellte sie lieber andere Namen heraus, von Künstlern, die unendlich viel weniger Talent besaßen, aber einen seriöseren Eindruck machten, wie Żeromski oder Wyspiański...

Denn er ist das Genie der »leichten Schönheit«. Mit erschreckendem Erfolg verflacht er alles, was er berührt, da kommt es zu einer eigenartigen Versöhnung von Leben und Geist, alle Antinomien, in der ernsten Literatur blutig ausgetragen, werden hier gemildert, und das Ergebnis sind Romane, die Backfische ohne Erröten lesen können. Weshalb nehmen empfindsame Jungfern, die bei Dostojewski ohnmächtig werden, das Unmaß an Grausamkeit und Folter, das in der *Trilogie* oder in *Quo Vadis* stecken, protestlos hin? Weil man weiß, daß Sienkiewiczs Torturen »zum Vergnügen« beschrieben sind, hier wird sogar der körperliche Schmerz zum Bonbon. Seine Welt ist gefährlich, gewaltig, großartig, sie besitzt alle Vorzüge der wirklichen Welt, aber sie trägt das Etikett »Zum Spaß«; dadurch hat sie auch den Vorzug noch, daß sie niemanden entsetzt.

Doch das Vergnügen allein wäre noch nichts Schlimmes, denn wo steht geschrieben, daß wir nicht spielen, kokettieren, träumen dürfen... wenn dieses Geschäker mit den Werten nicht den Anschein eines Kultes der Werte erwecken wollte. Eine Katze darf jeder verkaufen, nur nicht im Sack. Wenn wir Sienkiewicz fragen würden: weshalb schönen Sie die Geschichte? Weshalb simplifizieren Sie die Gestalten? Weshalb füttern Sie die Polen mit einer Flut naiver Illusionen? Weshalb schläfern Sie das Gewissen ein, stumpfen das Denken ab und hemmen den Fortschritt? – so finden wir die Antwort fertig in den letzten Worten der *Trilogie*: zur Stärkung der Herzen. So ist ihm denn die Nation letzte Rechtfertigung. Aber außer der Nation auch Gott. Denn das soll, nach dem Verständnis von Sienkiewicz und seinen Verehrern, gerade eine *par excellence* moralische Literatur sein, die fest auf der katholischen Weltanschauung ruht, eine »reine« Literatur. Daraus ist ersichtlich, daß Sienkiewiczs Ausgangspunkte mit unserer jahrhundertealten Tradition im Einklang stehen: Alles, was geschrieben wird, wird im Namen der NATION und GOTTES, GOTTES und der NATION geschrieben.

Man erkennt leicht, daß diese zwei Begriffe – die Nation und Gott – nicht ohne weiteres vereinbar sind, jedenfalls lassen sie sich nicht einfach so nebeneinanderstellen. Gott ist die absolute Moral, die Nation ist eine Menschengruppe mit bestimmten Zielen, die um ihr Dasein kämpft... Wir müssen uns also entscheiden, ob unser höchstes Kriterium unser Moralgefühl ist, oder ob es die Interessen unserer Gruppe sind. Nun ist sicher, daß sowohl bei Mickiewicz als auch bei Sienkiewicz Gott der Nation untergeordnet wurde, und daß die Tugend ihnen vor allem eine Waffe im Kampf um das kollektive Überleben war. Diese Schwäche unserer individuellen Moral, diese unsere unausrottbare Herdenmentalität mußten uns im Laufe der Zeit zu einem immer deutlicheren Laizismus drängen, und tatsächlich, Sienkiewiczs Tugenden sind nur noch unverhohlener Vorwand für die Schönheit, er ist wie die Frau, die Keuschheit in Gedanken und Taten nicht Gott zu Gefallen pflegt, sondern weil der Instinkt ihr flüstert, daß es den Männern so gefällt. So ist Sienkiewicz nur scheinbar ein katholischer Schriftsteller, und seine hübsche Tugend ist Lichtjahre von der wahren, leidenden, reizlosen katholischen Tugend entfernt, die jede allzu leichte Anmut kategorisch zurückweist – seine Tugend verträgt sich nicht nur ausgezeichnet mit dem Leib, sie ziert ihn sogar gleich einem Lächeln. Deshalb könnte man Sienkiewiczs Literatur als Geringschätzung der absoluten Werte im Namen des Lebens definieren, als das Angebot eines »leichtgemachten Lebens«.

Nirgends trifft der vorzügliche Ausspruch Gides, daß »die Hölle der Literatur mit edlen Absichten gepflastert« ist, besser als hier... und die dämonischen Folgen der edlen und – daran ist nicht zu zweifeln – aufrichtigen Absichten Sienkiewiczs ließen nicht lange auf sich warten. Seine »Schönheit« wurde zum idealen Schlafanzug für alle, die ihre häßliche Nacktheit nicht sehen wollten. Die Schicht des Landadels, der auf seinen Gutshöfen genau dieses leichtgemachte Leben lebte und in seiner überwiegenden Mehrheit eine hoffnungslose Bande von widerlichen Faulpelzen war, hatte endlich ihren idealen Stil gefunden und war nun vollauf mit sich zufrieden. Wollüstig sogen sich mit diesem Stil auch die Aristokratie, die Bourgeoisie, der Klerus, das Militär und überhaupt alle Kräfte voll, die sich vor ernsthaften Konfrontationen drücken wollten. Und der Patriotismus, unser polnischer Patriotismus, der in seinen Anfängen so leichtfüßig und behend daherkam und so blutige und riesige Folgen zeugte, berauschte sich bis zur Besinnungslosigkeit an Sienkiewiczs Polen. Alle möglichen Gräfinnen, Ingenieurs- und Anwaltsgattinnen, feine Damen aus Stadt und Land hatten nun endlich die »polnische Frau« gefunden, mit der sich ihr vom Gatten finanzierter und von den Dienstmädchen blankgeputzter Idealismus identifizieren konnte, und von nun an waren diese Hüterinnen und Wächterinnen, diese Mägde, diese *Oleńkas* und *Baśkas* undurchlässig und abgeschirmt gegen alle äußere Wirklichkeit – denn Wissen schadete ihrer »Keuschheit«, ihre Schönheit beruhte ja gerade auf Undurchlässigkeit. Aber was schlimmer war, das ganze Volk wurde unempfindlich für die äußere Realität, so wie das Träumern geschieht, die sich ihre schönen Träume nicht verderben lassen wollen. Vielleicht nicht deshalb, weil sich die Masse dieser Polen für den hartnäckigen Entdeckertrieb des Westens, der mit immer neuem Marxismus, Freudianismus oder Surrealismus zum Ausbruch kam, nicht interessiert hätte; aber sie hatten so etwas wie Angst vor der Wirklichkeit, denn im Innersten wußten sie, daß ihr von Sienkiewicz gezeugtes Selbstbild wie der Panzer des Don Quijote war: man setzt ihn besser keinen Hieben aus. Und außerdem *mochten* sie das nicht, sie fanden keinen Gefallen daran, ihre ritterliche Ulanenseele hatte anderes liebgewonnen. O Macht der Kunst! Da bestimmt ein Stil die emotionalen Möglichkeiten eines Volkes, macht es taub und blind für alles andere und prägt seinen geheimsten Geschmack so sehr, daß ihm 90% der Welt ungenießbar werden. Natürlich, das ist nicht allein Sienkiewiczs Werk. Er hatte, wie wir sahen, seine Vorläufer, er hatte auch Nachfolger, nämlich die ganze Sienkiewiczsche Schule in Kunst und Literatur.

Die obige, aus der Vogelperspektive gemachte Darstellung der Abenteuer unseres Volkes mit der Schönheit hat wohl gezeigt, daß es bis heute keine wirkliche, authentische polnische Schönheit gibt. Weder Schönheit, noch Form, noch Stil. Bilden wir uns doch nur nicht ein, die Literatur und Kunst, die wir heute haben, wären wirklich Stil. Denn Stil, Form und Schönheit können nur das Werk von geistig freien Menschen sein, die mit aller Kompromißlosigkeit nach ihnen streben, verwegen und leidenschaftlich genug, um alle nebensächlichen Rücksichten abzustreifen und uns so nackt zu zeigen, wie wir noch nie waren. Erst dann werden sich die Polen mit der Wirklichkeit abfinden und mit der nötigen Freiheit zu sich kommen. Niemals wollen wir uns eine polnische Schönheit noch Tugend erarbeiten, ehe wir nicht den Mut haben, die polnischen Sünden und die polnische Häßlichkeit aufzudecken.

Doch unterschätzen wir Sienkiewicz nicht. Von uns selbst hängt es ab, ob er ein Werkzeug der Wahrheit wird oder der Lüge, und sein so verschämtes Werk kann uns radikaler zur Selbstentblößung verhelfen als irgendein anderes. Die demaskierende, bloßstellende Kraft von Sienkiewicz beruht gerade darauf, daß er den Weg des geringsten Widerstandes geht, daß er ganz Vergnügen und unverbindliche Befriedigung im billigen Traum ist. Wenn wir aufhören, den Lehrer und Meister in ihm zu sehen, wenn wir begreifen, daß er unser intimer Träumer, unser verschämter Märchenerzähler ist, dann werden seine Bücher die Dimension spontaner Kunst annehmen, deren Analyse uns ins Dunkel unserer Persönlichkeit führt. Würden wir Sienkiewiczs Werk so verstehen, als Entladung der Instinkte, Wünsche und geheimen Hoffnungen, dann könnten wir ihm eine Wahrheit über uns entnehmen, vor der uns vielleicht die Haare zu Berge stünden. Wie niemand sonst führt er in jene Winkel unserer Seele, wo die polnische Lebensflucht, die polnische Wahrheitsangst zu Hause ist. Unsere »Oberflächlichkeit«, unsere »Leichtfertigkeit«, unsere im Grunde unverantwortliche, kindische Einstellung zum Leben und zur Kultur, unser

Zweifel an der vollen Realität des Daseins (der wohl daher rührt, daß wir, die wir nicht ganz Europa sind, auch nicht ganz zu Asien gehören) zeigen sich hier umso ungestümer, je mehr sie sich schämen. Wenn das polnische Denken der Moderne nicht genug Scharfsinn aufbringt, wird es voller Entsetzen über diese Entdeckung versuchen, uns um jeden Preis dem Westen (oder dem Osten) gleichzumachen, es wird diese »Laster« verdammen und unsere Natur ummodeln – und Folge wird eine weitere Groteske sein. Aber wenn wir klug genug sind, einfach die Konsequenzen aus uns zu ziehen, werden wir bestimmt ungeahnte und ungenutzte Möglichkeiten in uns entdecken und uns eine Schönheit zulegen, die sich völlig von der bisherigen unterscheidet.

Man sollte zwar meinen, daß unter den gegenwärtigen Umständen, da wir geknebelt und von Primitivismus und allseitigem Elend bedrängt sind, jedes Wort vom modernen polnischen Denken und von einer polnischen Entwicklung nur leeres Gerede sei. Und dennoch! Das Dasein ist ein seltsam Ding. Hinter den Kulissen der vordergründigen Ereignisse geschieht eine unablässige, langfristig angelegte Geistesarbeit. Keinen Augenblick lang wurde das Leben in uns gebremst, es kann nur gegenwärtig nicht ans Tageslicht gelangen. Dort im Heimatland würgen die polnischen Massen mehr denn je am Maulkorb einer künstlichen Ästhetik, die ihnen im Namen der (proletarischen) TUGEND aufgezwungen wurde. Mehr noch – nie zuvor war unsere Zerrissenheit zwischen Ost und West stärker ausgeprägt, und diese zwei Welten, die sich vor unseren Augen gegenseitig vernichten und kompromittieren, erzeugen eine Leere in uns, die wir nur mit eigenem Inhalt füllen können. Früher oder später erscheint uns der wahre Teufel – erst dann werden wir wissen, zu welchem Gott wir beten sollen.

ZWEITES BUCH

1957 – 1961

1957

I

Nicht in allem hat man mich verstanden (ich spreche von den Artikeln, die in Polen über *Ferdydurke* geschrieben werden), bzw. man sucht sich das bei mir heraus, was »aktuell« ist und der gegenwärtigen Geschichte, der gegenwärtigen Situation entspricht. Ich mache mir da keine Hoffnungen: So eine fragmentarische – egoistische, würde ich sagen – Lesart, immer unter dem Gesichtspunkt des aktuellen Bedarfs, ist unvermeidlich. Vor dem Krieg galt *Ferdydurke* als das Gestammel eines Irren, weil es in einer Zeit des frohen Schaffens und großmächtigen Aufbruchs allzusehr die Schau verdarb. Heute, da das Volk Fresse und Popo empfindlich zu spüren bekommen hat, wird *Ferdydurke* zur Satire und zum unverblümt kritischen Werk erhoben, zu einer Art Voltaire! Jetzt heißt es, das sei ein verständiges (ja sogar klares und präzises!) Buch, das Werk eines nüchternen Rationalisten, der mit Vorbedacht urteilt und straft, ein geradezu klassisches und aufs feinste abgewogenes Werk!

Vom Irren zum Rationalisten – ist das keine Künstlerkarriere? Aber dieser Ferdydurken-Rationalismus läßt die Kritiker immer mal wieder im Stich, und die Artikel enden gewöhnlich mit der verlegenen Feststellung, Gombrowicz »habe seine Ideen wohl nicht ganz durchdacht«, denn das Werk paßt ihnen nicht restlos in die »Konzeption«, die sie sich fleißig deduziert haben. Aber vielleicht paßt es nur deshalb nicht hinein, weil die Konzeption zu eng ist? Ich will versuchen, meine ärgsten Mißverständnisse mit ihnen aufzuzeigen.

Ferdydurke ist deshalb schwer zu deuten, weil es eine ganz besondere Sicht des Menschen beinhaltet. Wie sehen sie diesen meinen Menschen? Und wie sehe ich ihn?

Sie sagen – ganz richtig –, daß in *Ferdydurke* der Mensch von den Menschen geschaffen werde. Aber sie verstehen das vor allem als die Abhängigkeit des Menschen von der gesellschaftlichen Gruppe, die ihm Sitte, Gewohnheiten, Stil aufzwingt ... Und bei diesem Punkt entschlüpft ihnen wohl auch einmal die Bemerkung, das sei eine recht banale Wahrheit, ein Gemeinplatz, mit dem offene Türen eingerannt werden.

Sie übersehen aber eines. Nämlich daß dieser Bearbeitungsprozeß des Menschen durch die Menschen in *Ferdydurke* unendlich viel weiter gefaßt ist. Ich leugne nicht, daß es eine Abhängigkeit des Einzelnen vom Milieu gibt – aber viel wichtiger, künstlerisch viel fruchtbarer, psychologisch viel abgründiger, philosophisch viel beunruhigender ist für mich, daß der Mensch auch vom einzelnen Menschen, von der anderen Person geschaffen wird. Bei der zufälligen Begegnung. In jedem Augenblick. Kraft dessen, daß ich immer »für den anderen« bin, auf den Blick des anderen ausgelegt, und nur für den anderen und durch den anderen auf eine bestimmte Weise existieren kann, als Form durch den anderen bin. Es geht mir also nicht darum, daß mir das Milieu die Konvention auferlegt, oder mit Marx zu sprechen, daß der Mensch das Produkt seiner sozialen Klasse ist, sondern darum, das Zusammentreffen von Mensch und Mensch in all seiner Zufälligkeit, Unmittelbarkeit und Wildheit anschaulich zu machen und zu zeigen, wie aus diesen zufälligen Verbindungen Form entsteht – und oft eine ganz unvorhergesehene, absurde. Denn ich für mich brauche keine Form, sie ist mir nur vonnöten, damit dieser andere mich sehen, empfinden, erfahren kann. Seht ihr denn nicht, daß so eine Form etwas viel mächtigeres ist als gewöhnliche soziale Konvention? Eine elementare Gewalt, die nicht zu beherrschen ist? Solange ihr *Ferdydurke* als Kampf mit der Konvention versteht, wird sie in aller Ruhe die ausgetretenen Pfade traben; aber wenn ihr einmal begreift, daß hier der Mensch sich mit dem anderen Menschen im Sinne wildester Zügellosigkeit erschafft, wird sie aufwiehern, einen Satz machen, als hätte sie die Sporen bekommen, und euch ins Reich des UNBERECHENBAREN tragen. *Ferdydurke* ist viel mehr Form im Sinne einer elementaren Gewalt, als Form im Sinne sozialer Konvention.

Sie sagen weiter, daß ich in *Ferdydurke* (und in anderen Werken) das Falsche und Verlogene bekämpfe... Sicher. Aber ist das nicht wieder eine Vereinfachung meines Menschen und meiner Intention?

Mein Mensch wird doch von außen geschaffen, er ist also dem Wesen nach nicht authentisch – er ist nie er selbst, denn er ist definiert durch die Form, die zwischen den Menschen entsteht. Sein »Ich« ist ihm daher in dieser »Zwischenmenschlichkeit« bestimmt. Der ewige Schauspieler, aber Schauspieler von Natur, denn das Künstliche ist ihm angeboren, es kennzeichnet sein Menschentum – Menschsein heißt Schauspieler sein – Menschsein heißt den Menschen spielen – Menschsein heißt, sich wie ein Mensch »benehmen«, ohne es in tiefster Tiefe zu sein – Menschsein heißt Menschentum rezitieren. Wie also soll man unter diesen Umständen den Kampf gegen die Fresse, die Miene in *Ferdydurke* verstehen? Doch wohl nicht so, als sollte der Mensch seine Maske ablegen – denn er hat ja darunter kein Gesicht – man kann nur verlangen, daß er sich seine Künstlichkeit bewußtmache und sie eingestehe. Wenn ich zur Unaufrichtigkeit verdammt bin, besteht die einzige mir zugängliche Aufrichtigkeit darin zuzugeben, daß mir die Aufrichtigkeit unzugänglich ist. Wenn ich niemals ganz ich selbst sein kann, bleibt mir, um meine Persönlichkeit vor der Vernichtung zu bewahren, nur dieser Wille zur Authentizität, dieses allem trotzende, hartnäckige »ich will ich selbst sein«, das nichts weiter ist als eine tragische und hoffnungslose Auflehnung gegen die Deformation. Ich kann nicht ich selbst sein und will doch, muß doch ich selbst sein – das ist eine jener Antinomien, die sich nicht bereinigen lassen... und erwartet von mir keine Heilmittel für unheilbare Krankheiten. *Ferdydurke* diagnostiziert allein diese innere Zerrissenheit des Menschen – nicht mehr.

Und die Degradierung?

Weshalb haben sie die Degradierung, die in meinen Werken so stark ist, die dieser meiner Form erst ihr besonderes Aroma verleiht, fast völlig übergangen?

Sie konzentrierten sich auf dieses Problem der Deformation und vergaßen, daß *Ferdydurke* auch ein Buch über die Unreife ist... Der Mensch kann sich nicht nur deshalb nicht nach außen zeigen, weil die anderen ihn entstellen – er kann sich vor allem deshalb nicht ausdrücken, weil sich nur aussprechen läßt, was zuvor geordnet, gereift ist, während der ganze Rest, also gerade unsere Unreife – Schweigen ist. Deshalb wird die Form immer kompromittierend für uns sein – die Form erniedrigt uns. Und man erkennt leicht, wie zum Beispiel unser ganzes kulturelles Erbe, das dank dieser Verhehlung der Unreife entstanden ist, als ein Werk von Menschen, die noch nicht auf der Höhe sind, die nur nach außen so weise, ernsthaft, tief, verantwortungsvoll sind (und die Kehrseite der Medaille verschweigen, sie nicht zeigen können) – wie all diese unsere Künste, Philosophien und Ethiken uns kompromittieren, weil wir ihnen nicht gewachsen sind und sie uns, die wir unreifer sind, in eine Art zweite Kindischheit stoßen. Wir werden unserer Kultur im Innern nicht gerecht – das ist eine Tatsache, die bisher nicht gebührend berücksichtigt wurde, und die den Ton unseres »Kulturlebens« bestimmt. Im Innern sind wir ewige Rotznasen.

Doch geschieht die Degradierung des Menschen durch die Form auch auf anderen Wegen.

Wenn meine Form mit anderen erarbeitet wird, so können dies Menschen sein, die höher oder tiefer als ich sind. Wenn ich sie mit Menschenwesen mache, die auf einer niedrigeren Entwicklungsstufe stehen, erziele ich eine Form, die niedriger und unreifer ist, als mir eigentlich gebührte. Ich empfehle der Aufmerksamkeit der Herren Kritiker alle Stellen meiner Kunst, wo der Niedere, Jüngere den Höheren nach seiner Art erschafft, denn dort steckt die intensivste Poesie, zu der ich imstande bin.

Doch vergessen wir nicht, daß der Mensch die Reife nicht mag – seine Jugend ist ihm lieber. Deshalb enthält auch meine

Ferdydurke diese beiden Bestrebungen – sie zeigt, wie ich in diesem Tagebuch schon betont habe, »wie jemand, der in seine Unreife verliebt ist, um die eigene Reife kämpft«. Hier wirkt demnach die Form erneut herabsetzend.

Und schließlich – wird ein Mensch, der ständig unterhalb seines Wertes, ewig kompromittiert ist (so weit, daß Menschsein heißt »schlechter« sein, schlechter als das, was er produziert), nicht nach einer ihm gemäßen Sphäre suchen, um seine Psyche auszuleben – d.h. in der Sphäre des Kitsches? Das hat Bruno Schulz in seiner Studie über *Ferdydurke*, die im Vorkriegs-Skamander gedruckt wurde, deutlich gesehen. Er nennt dies eine »Zone subkultureller, unausgeformter und rudimentärer Inhalte«. »Unsere Unreife«, schreibt er weiter, »(und vielleicht im Grunde unsere Lebenskraft) ist durch tausend Knoten, tausend Atavismen mit jener zweiten Garnitur der Form, mit jener Kultur zweiter Klasse verknüpft. Während wir unter der Hülle erwachsener und offizieller Formen höheren, verfeinerten Werken huldigen, findet unser tatsächliches Leben heimlich und ohne höhere Sanktionen in dieser schmutzigen Sphäre statt, und die in ihr gespeicherten emotionalen Energien sind hundertfach mächtiger als jene, die der dünnen Schicht des Offiziellen zur Verfügung stehen.«

Ich füge von mir aus hinzu: Wer diese »Degradierung« in *Ferdydurke*, der *Trauung*, in anderen Werken von mir nicht sieht und nicht heraushspürt, der ist zu dem Wichtigsten in mir nicht vorgedrungen.

Man begreift mich im allgemeinen als einen weiteren Kampf gegen die Gesellschaft, als Gesellschaftskritik. Sehen wir einmal, ob mein Mensch diesen Begriff nicht sprengt.

Hier in Kürze die Eigenschaften meines Menschen:

1) Ein im tiefsten, allgemeinsten Sinne von der Form geschaffener Mensch.

2) Der Mensch als Schöpfer der Form, ihr unermüdlicher Produzent.

3) Der von der Form degradierte Mensch (der immer »nicht ganz« ist – nicht ganz ausgeformt, nicht ganz gereift).
4) Der in die Unreife verliebte Mensch.
5) Der vom Niederen und von der Jugend geschaffene Mensch.
6) Der dem »Zwischenmenschlichen« als übergeordneter, schöpferischer Kraft, als einzig uns zugänglicher Göttlichkeit unterworfene Mensch.
7) Der Mensch »für« den Menschen, der keine höhere Instanz kennt.
8) Der von den Menschen dynamisierte, von ihnen erhöhte und gesteigerte Mensch.

Diese Eigenarten meines Menschen fallen mir im Augenblick ein. Wollt ihr das alles reduzieren auf die Rebellion gegen soziale Daseinsformen?

Abgesehen davon kommen sie manchmal auf ziemlich merkwürdige Ideen. Sie verlangen, jedenfalls manche von ihnen, daß ich ihnen diese Welt »löse« – ihre tragischen Widersprüche bereinige und sie in eine konstruktive »Pocket-Welt« verwandle. Das ist reichlich kindisch. Ich werde die gordischen Knoten des Lebens bestimmt nicht aufdröseln. Meine Moral? Aber sie besteht doch vor allem darin, daß ich im Namen meiner Menschlichkeit Protest äußere – sie beruht auf jener Ironie, jenem Sarkasmus, die Ausdruck meines Widerstandes sind. Und zweitens auf dem Glauben, daß alles, was uns dabei hilft, unserer wahren Natur und unserer Situation in der Welt auf die Spur zu kommen, ein Triumph von uns über die Natur ist.

Ich glaube, keine ernstzunehmende Literatur kann versuchen, die Daseinsfragen zu beantworten. Eine ernste Literatur wirft sie auf. Die Probleme der Existenz sind nicht von einem einzigen Menschen zu lösen – sie finden ihre Lösung, wenn überhaupt, in der Menschheit.

Die ernste Literatur ist nicht dazu da, das Leben zu erleichtern, sondern es zu erschweren.

Ich habe mit der Kleinlichkeit des Lesers zu kämpfen. Das heißt, der zaghaften Lektüre meiner Texte. Man könnte meinen, sie hätten Angst, den ganzen Inhalt herauszulesen, gewiß nicht deshalb, weil er sie erschreckte, sondern weil sie nicht an vollwertige Inhalte gewöhnt sind. Sie sind krampfhaft bemüht, mich zu einer konventionellen Literatur zu machen, wie gehabt; und sagen dabei doch selbst, daß mein Schreiben die Konvention sprengt.

Ich behaupte dies nicht von allen Rezensionen, die erschienen sind. Es kommt auch vor, daß ein Kritiker sich einmal Schwung und Mut gestattet, um sich gleich darauf eiligst hinter abgedroschenen Redensarten zu verschanzen.

Trans-Atlantik? Was wird mit *Trans-Atlantik*, das jeden Moment in Polen erscheinen soll? Alles, was ich schreibe, ist gleichermaßen grundsätzlich und universal. Selbst wenn ich es wollte, ich könnte meine Thematik niemals reduzieren, sie bleibt immer der Mensch und die Welt. Aber *Trans-Atlantik* betrifft auch Polen, und dieses Wörtchen »Polen« genügt, um sämtliche lokalen Komplexe in ihnen zu wecken.

SONNTAG

Wenn ich diese Artikel lese, vergesse ich manchmal, daß ich doch schließlich Künstler bin. Mich dünkt so langsam, ich wäre der Autor eines mehrbändigen philosophischen Werkes... Ständig ist dort von meinen »Konzeptionen« die Rede, fast nie von meiner Kunst.

Nein, nicht fehlende Intelligenz ist es, was ich den meisten Kommentaren vorwerfen würde. Gerade ist mir Janusz Kowalewskis in der Emigrationspresse erschienenes, dümmliches Feuilleton über das *Tagebuch* in die Hände gekommen, und mir wurde klar, daß dieses Niveau heute in Polen selbst undenkbar wäre. Und wenn ich diese Kritiken mit denen aus der Vorkriegszeit über *Ferdydurke* vergleiche, sehe ich, daß die Atmosphäre sich doch geändert hat... die Atmosphäre der Zeit. Ich werfe ihnen, wie gesagt, Zaghaftigkeit vor, eine gewisse begriffliche Enge, aber das rührt wohl daher, daß sie mehr für die Massen schreiben als die aristokratischen Kritiker des Westens. Dagegen scheint mir diese Kritik irgendwie nicht richtig zu funktionieren, ihre Einstellung und Ausrichtung falsch zu sein. Spaltenweise beflissene Analysen, die weder erschöpfend sein können, noch klar, weil sie zu kurz sind, und den Leser langweilen müssen, weil sie zu lang sind ... wozu ist das gut? Wem soll das nützen? Und oft so ganz ohne jede Kunstfertigkeit! Das Grau des polnischen Daseins schlägt mir aus diesem angestrengten, mühevollen, redlichen Denken entgegen, das verstehen, sich klarwerden, anderen erklären will, aber doch nie mitreißend ist – da fehlt es an Schwung, Charme, Glanz, Poesie und Spaß. Diese Kritik ist wie der Finger, der auf eine klingende Saite gelegt wird – sie tötet die Vibration. In ihrer Einstellung zur Kunst steckt irgendein Fehler – daran kann das künstlerische Temperament der Nation auf lange Sicht Schaden nehmen.

Das hängt wohl mit der polnischen »Schönheitskrise« zusammen.

Im allgemeinen ist diese Kritik ganz *comme il faut*, sie hat gute Manieren – viel anspruchsloser und sachlicher, weniger aggressiv und plump vertraulich, als früher ... Mit Ausnahme von Herrn Kisiel im *Tygodnik Powszechny*. Daß er mich als »Typ« tituliert und nicht einmal den Titel meines Romans *Trans-Atlantik* richtig zu schreiben geruht, kann ich verschmerzen, aber dieser Artikel ist nichts als seichter Blödsinn, der in einer Brühe aus Nonchalance und jener unseligen Journalistendreistigkeit schwimmt, die Feuilletonisten euphorisch stimmt, wenn es darum geht, sinnlos daherzuplappern. So verkündet er, *Ferdydurke*, und auch mein *Tagebuch*, seien »nichts anderes als ständige Variationen zum Thema ›Polen und ich‹«. Und er wirft mir »messianistische und polonozentrische Illusionen« vor. Ich habe schon so manche Ungereimtheit über mich gelesen, aber etwas, das derart von A bis Z irrig ist, so feist aufs Auge, so »konkret fingiert«, wie meine argentinischen Freunde von der Gruppe *Concreto Invención* sagen... ha, dafür, Herr Kisiel, kann ich mich nur revanchieren, indem ich Ihnen, allerwertester Typ, den Orden des Vereins der typenmäßigen Plaudertypen Blabla e.V. an die Brust hänge!

DONNERSTAG

Im Speisewagen, fünf Uhr nachmittags, wir nähern uns Tandil, das von hier aus an Salzburg erinnert – ein schlanker Kirchturm, von Bergen umgeben. Fluten von Frühlingsglanz ergießen sich im Raum, die Luft zittert vor Sonne, Farbe auf Farbe ersteht von den Wiesen, bis hin zum allerhöchsten Schwelgen am Rande des Himmels. Man gerät ins Träumen. Es ist warm... Der Zug hat auf freiem Feld angehalten. Ich sehe aus dem Fenster, vor mir Gras, die Schienen, ein Stück Papier.

Qualvoll! Tausendmal habe ich das schon gesehen. Tausendmal blieb der Zug stehen, und ich sah: Schienen, ein Stück Papier. Ans Papier gefesselt, lasse ich kein Auge von ihm und warte, bis der Zug losfährt, und das Papier – sich entfernt, zurückgelassen. Tausendmal habe ich das schon getan. Ich, das Papier und die Schienen. Die Schienen, ich und das Papier. Das Papier, die Schienen und ich.

SONNTAG

Sandauer in Polen verteidigt sich, umzingelt... Ich schaue mir das aus Amerika mit an. Bin in meinen Gefühlen etwas verunsichert, denn Adolf Rudnicki stand mir einst, vor dem Krieg, ziemlich nahe – wir debütierten zur gleichen Zeit, das verband uns. Aber andererseits die Distanz, die Distanz der Jahre und die Distanz der Kilometer – wie frostig sie alles macht! Ich blicke von hier aus wie durch ein Fernglas nach Polen und kann ihr Dasein nur in ganz allgemeinen Umrissen erkennen. Das lädt zur Rücksichtslosigkeit ein.

Auf solche Distanz hat nur Bestand, was nicht klein ist. Weshalb ist dann der lokale Zank darum, ob der Kritiker Sandauer den Schriftsteller Rudnicki auf eine Weise verrissen hat, die den Verehrern dieses Adolf allzu grausam vorkam – weshalb ist dieses literarische Gewitter in ungeschmälerter Größe über den Atlantik zu mir gelangt, während ihre berühmtesten Bücher auf diese Entfernung sonst kaum noch wahrzunehmen sind? Ich habe eben Sandauers Erwiderung »Dreimal... ›Nein‹!« im *Życie Literackie* gelesen. Ich will nicht im einzelnen auf den Streit eingehen, ich weiß nicht, wie recht Sandauer in bezug auf Rudnicki hat, ob er sehr, ein bißchen Recht oder gar Unrecht hat, aber der Ton dieser Antwort hat mich elektrisiert – ein Ton, den ich in ihrer literarischen Presse zum ersten Mal finde, ein *kategorischer* Ton. Sollte in Polen endlich ein wirkliches Gespräch über die Kunst begonnen haben? Dieser vortreffliche Artikel ist wie das Zertrümmern eines Fensters in einem seit Jahren ungelüfteten Zimmer. Das ist der Faustschlag auf die Fiktion. Auf die konventionalisierte Literatur. Auf das konventionalisierte Leben.

Das laß ich mir gefallen! Schließlich bin ich der Meinung, daß es die Hauptaufgabe des polnischen Daseins nach dem Kriege ist, zur Wirklichkeit vorzudringen. Lange Jahre lebten sie in einem völlig künstlichen System, eingesperrt wie in einer Glaskugel. Doch ist die Schwächung des Systems beileibe nicht gleichbedeutend mit der Wiederherstellung des realen Kräfte- und Wertespieles – denn (wie Sandauer richtig sagt) die Verbindungen aus jener Zeit, die Verbindungen der Menschen und Gruppen, die ein Interesse daran haben, in ihren Positionen zu bleiben, sind ja erhalten geblieben, und diese »Verbindlichkeit« setzt die Lähmung und Mystifikation fort. Sollten es nur Ehrgeiz und Interesse sein, die dieses System zementieren? Und die Güte? Die Ehrbarkeit? Sentimentalitäten und Sympathien? Daß nur niemand auf den Zeh getreten wird? Wer weiß, vielleicht ist es gerade die Weichheit, die dem System die Härte und Unerschütterlichkeit einer Mauer, das Gewicht eines Felsens verleiht?

Deshalb ist Kritik vonnöten – und zwar vernichtende. Um die Verbindlichkeit zu sprengen, die Menschen aus ihren Stellen zu werfen und dazu zu zwingen, daß sie werden, was sie wirklich sind. Sandauer ist ein Kritiker, der die unerhörte, kapitale, entscheidende Rolle der Kritik im heutigen Ringen des literarischen Lebens genau verstanden hat. Er hat ihre reinigende und lebenspendende Kraft begriffen.

Ein blasser Mond sein, der mit geliehenem Licht leuchtet, etwas Abgeleitetes, Konventionelles, Fades, mies Provinzielles und Aufgeblasenes sein – oder sich aufs offene Meer wagen und sich in ungespielter Konfrontation mit der Welt das Recht auf ein ungeschmälertes Sein erobern? Das ist das Dilemma der polnischen Kunst, die nach schwerer Krankheit, belastet von der Tradition des Nichtvordringens, noch sehr angeschlagen ist... Für mich, aus dem Westen gesehen, ist die Sache sonnenklar. Das dümmste was wir tun konnten, war die Scham weiter zu hegen, die jede Entblößung verhindert. Polen und die Polen – das muß nackt ausgezogen werden, wenigstens in der Kunst. Sandauer wurde vorgeworfen, daß er in Paris mit übertriebener Offenheit, allzu aufrichtig über die Literatur in Polen gesprochen habe. Wie wollt ihr denn, daß ein ehrlicher Mann zur Welt spreche? Unaufrichtig?

DIENSTAG

Als Ergänzung zur Polemik mit den Kritikern:

Erstens. – Sie sollen sich aus dem Kopf schlagen, daß ich ein Gegner der »Zwischenmenschlichkeit« sei (der Formen, die zwischen den Menschen entstehen). Ich muß dagegen aufbegehren, weil es mich deformiert – und weiß doch zugleich, daß es unvermeidlich ist. Das muß so sein.

Zum Beispiel. Die Tatsache, daß, wie ich sage, »die Menschen sich gegenseitig zur Bewunderung von Kunst zwingen« (obwohl niemand sich unmittelbar so für sie begeistert), nimmt der Kunst in meinen Augen keineswegs an Wert. Nur wirkt sie eben anders, als wir meinen.

Zweitens. – Es gibt zwei Ordnungen: Die menschliche und die unmenschliche. Die Welt ist für unser unerfüllbares Bedürfnis nach Sinn, nach Gerechtigkeit und Liebe eine Absurdität, ein Scheusal. Das liegt auf der Hand. Zweifellos.

Macht keinen billigen Dämonen aus mir. Ich werde für die menschliche Ordnung eintreten (und sogar für Gott, obwohl ich nicht glaube), solange ich lebe. Und selbst dann noch, wenn ich sterbe.

II

SONNABEND

Die Geschichte meines Werdens ist die meiner ständigen Anpassung an meine literarischen Werke – sie entstanden auf unvorhersehbare Weise, gingen gleichsam nicht aus mir hervor und überraschten mich immer wieder... Bis zu einem gewissen Grade sind meine Bücher aus meinem Leben hervorgegangen – aber noch viel mehr hat sich mir mein Leben aus ihnen und mit ihnen gemacht und gestaltet. Wie war das mit *Trans-Atlantik*? Einmal, als ich nachts zu Fuß von Caballito nach Hause ging, vertrieb ich mir die Zeit damit, Erinnerungen aus den ersten Tagen in Buenos Aires zu einer Art *Grand Guignol* zusammenzusetzen und kam mir zugleich, allein kraft der Vergangenheit, anachronistisch vor, antik drapiert, in irgendeinen, geradezu uralten Greisenirrsinn verwickelt – und das amüsierte mich so sehr, daß ich gleich daranging, etwas zu schreiben, das meine ururalten Erinnerungen aus jener Zeit sein sollten. Wie ärgerlich ist diese Anfangsphase, da man die erste Gestalt des Werks aus sich hervorzwingen muß, noch so unbeholfen, ganz ohne den Reichtum all der kleinen Inspirationen, die einem erst später unter die Feder kommen. Nur Starrsinn vermag diese scheußlichen Nebel des Anfangs zu durchdringen. Aber natürlich – und wie immer – entwischte mir das begonnene Werk und begann, sich selbst zu schreiben: Was ich als Chronik meiner ersten Taten nach der Ausschiffung gedacht hatte, verwandelte sich leichterhand, weiß Gott wie, wahrscheinlich aufgrund meiner tausend Zugeständnisse an die Form, in eine bizarre Erzählung über die Polen, mit einem *Puto*, einem Duell, einem *Kulig* sogar... Nach gut einem Jahr sah ich, daß ich der Autor von *Trans-Atlantik* war. Aber was war das, dieses *Trans-Atlantik*? Eine aus den Fingern gesogene Ungereimtheit, eine aus zehntausend Erregungen gewobene Kaprice, ein phantastisches Werk. Polen? Polen war mir unversehens unter meine wahnsinnige Gänsefeder geraten, nur weil ich über die Polen schrieb – und vielleicht deshalb, weil ich es als Anachronismus empfand und es daher in mein kleines Theater, zu dieser altmodischen Dekoration paßte.

Ja. Aber nun sollte das Werk unter die – polnischen – Leute, und dieser polnische Leser fängt an, auf das verwehbare, imaginäre trans-atlantische Polentum einzuschlagen wie auf eine Trommel – bis dieses schließlich den kriegerischen Klang einer Trommel bekommt.

Und so ging es weiter:

Ich sehe mich nach einem Verleger um. Irgendwas mußte schließlich mit dem Text passieren. Mir fällt die Adresse von Paweł Zdziechowski, Paris, in die Hände. Über ihn Kontakt mit Giedroyć. Fragmente von *Trans-Atlantik* sollen in der *Kultura* erscheinen. (Das kümmert mich wenig, ich bin immer noch eine Randfigur der Emigration. Fast ein Ausländer.)

Aber mich erreichen Briefe von Bekannten, Schriftstellern, denen ich das Manuskript zugeschickt habe. »Um Himmelswillen, ist Ihnen klar, was Sie da geschrieben haben?!« Oder: »Das Ganze ist für die ›Landsleute im Ausland‹ völlig unertragbar. Viel zu grausam. Solche Dinge muß man schreiben, wenn man kann, aber die Veröffentlichung muß man – leider – aufschieben, bis die Modelle ausgestorben sind, die Dekoration zerbröckelt ist und die Zeiten sich geändert haben... Man kann es auch gleich veröffentlichen, aber dann wehe! Wehe dem Autor!«

Was ist das? Ich verstehe allmählich – es wird einen Skandal geben. Wie seinerzeit mit *Ferdydurke*. Aber gefährlicher, weil ich in der Welt verloren bin, allein, ohne Unterstützung. Ich dringe in Wittlin, mir bei der schweren Geburt beizustehen.

Ich schreibe ein Vorwort zu den Fragmenten, die die *Kultura* abdrucken soll: »Ich nehme an, daß das Buch, das ihr in Händen habt, euch auf den ersten Blick ziemlich erschreckend vorkommt – ist doch da ein weltlicher, ja sogar ketzerischer Geist in eure Frömmigkeit eingebrochen« ... Das Vorwort ist in gewisser Weise eine neue Provokation, denn ich denke nicht daran, um jemandes Gunst zu buhlen – mit Geringschätzung will ich die Geringschätzung erwidern, deren ich von meinen »Landsleuten« nicht wenig erfahren habe, und die mir noch immer droht. Aber zugleich versuche ich, meinen lästerlichen Spott zu entschärfen und zu erklären – und das hebt nicht nur das polnische Problem in *Trans-Atlantik* noch mehr hervor, es drängt zugleich auch mich immer mehr in die Ernsthaftigkeit.

Die Fragmente erscheinen in der *Kultura*. Gleich darauf gießt Wittlin das durchsichtige Öl seiner Prosa auf die hochgehenden Wogen. Ein beredter, mutiger und ruhiger Artikel, für mich Gold wert (aber auch er verdeutlicht und akzentuiert in seinem Bemühen, zu verteidigen, nur dasselbe polnische Problem, während die übrigen Aspekte des Werkes immer mehr verblassen).

Polemik. W.A. Zbyszewski hat mich in den *Wiadomości* mit seiner Journalistenfeder bekrittelt, auf seine übliche Art, seicht und mit gespielter Dreistigkeit. Antworten? Beim Redigieren einer kurzen Erwiderung auf den Zbyszewski-Senf gerät mir zum erstenmal eine völlig klare Formulierung meiner These: Unser gegenwärtiges Polentum überwinden. Die These fällt ins Leere. Niemand zuckt mit der Wimper. Einzig und allein Mieroszewski, wachsam wie immer, kommentiert in der *Kultura*: »Verrückte Ideen gehen den polnischen Schriftstellern durch den Kopf. Unerhörte Ansichten sind das.«

Ich antworte Straszewicz. Hier drängt sich mir erstmals ein

gewisser – souverän individualistischer – Ton auf, mit dem ich auch weiterhin operieren werde. Ihr müßt bedenken, daß ich damals noch keine erprobte Stimme für solche Polemiken und Artikel besaß. Mir stand nur der »künstlerische« Stil zur Verfügung, der aus meinen Büchern.

Trans-Atlantik erscheint in Buchform, mit einem Vorwort von Wittlin und mir. Große Empörung. Briefe. Reaktionen contra und pro. Nun ist meine Rolle klar definiert. Mein zweites Debüt in der vaterländischen Literatur, nach zwölf Jahren, steht unter dem Zeichen des Aufbegehrens gegen das Vaterland.

Ich skizziere diese Chronologie, weil aus ihr ersichtlich wird, wie sehr eine Nation – angenommen, die Emigration sei eine Nation – sich Werk und Schriftsteller formt. Schriftsteller und Werk sind etwas Schillerndes und Ungreifbares – erst der Leser verleiht ihnen Beständigkeit in einem bestimmten dominanten Sinn. Als ich an den Bau meines schiefen Transatlantik-Dampfers ging, dachte ich nicht im Traum daran, daß ich heimische Ufer mit ihm erreichen würde, als Rebell und Korsar. Und hätte man mein lästerliches, fast im Halbschlaf produziertes Gestammel nicht ans Tageslicht gezerrt und vor aller Welt geschwenkt, so wäre es nie zu meiner Flagge geworden, und ich hätte nie entdeckt, daß mein Schiff eine Kriegsfregatte ist, die für ein neues Polentum zu kämpfen hat. Ich – wer ist damit gemeint? Ich – das Kind. Denn weder ein verantwortungsvoller Denker noch ein erprobter Politiker waren Kapitän des Schiffs, sondern ein Kind, das leicht beunruhigt mitansehen mußte, wie es auf einem spielerisch begonnenen Ding auf den hohen Ernst hinaussegelt.

Aber nun zwang mich dieser Sturm im Wasserglas dazu, nach objektiven und ernsthaften Gründen zu suchen, mich im Ernst zu fundieren – und damals wurde mir allmählich klar, daß ich im Besitz einer dynamischen Idee bin, die unser nationales Selbstgefühl umwandeln und ihm zu neuer Vitalität verhelfen könnte. Die Idee an sich war gewiß nichts, was den Intellektuellen von heute – gerade nach Hegel – verblüffen könnte; es war nicht die Entdeckung von Amerika, sondern eher eine natürliche Konsequenz unseres heutigen Denkens, das sich so für Bewegung und Werden begeistert und die statische, definierte Welt aufgibt. Als Instrument aber, das das polnische Vaterlandsbewußtsein umpflügen, uns gründlich den Geist auffrischen würde, als grundlegende Wende, eine jener schöpferischen Antithesen der Entwicklung, als neuer Ausgangspunkt... ja, das war brauchbar. Nein, nein, nichts Neues, nicht einmal für den ungebildetsten Polen – diesen Gedanken hegten insgeheim viele, er machte sich immer wieder bemerkbar, wie der Hecht im Teich, unausgesprochen war er von vielen zu hören – aber ihn zur Losung, zur Aufgabe und zum Programm machen? Ihn zu unserem obersten nationalen Gedanken erheben?

Worum ging es? Ich stellte mir das so vor. Ich gehe zum Polen und sage zu ihm: »Das ganze Leben bist du vor Ihm auf die Knie gefallen. Versuch jetzt, genau das Gegenteil zu tun. Erhebe dich. Denk daran, daß nicht nur du Ihm dienen sollst – auch Polen soll dir, deiner Entwicklung dienen. So laß ab von der übertriebenen Liebe und Verehrung, die dich nur fesseln. Versuche, dich von der Nation zu befreien.« Darauf würde dieser Pole mir wütend antworten: »Bist du verrückt geworden! Was taugte ich noch, wenn ich das täte?« Und ich: »Du mußt entscheiden (denn darum kommst du nicht mehr herum), was der höchste Wert für dich ist: Polen oder du selbst? Wir müssen endlich wissen, was dein letzter Seinsgrund ist. Wähle, was dir mehr bedeutet: daß du ein Mensch in der Welt bist, oder ein Pole? Wenn du dem Menschentum den Vorrang gibst, mußt du anerkennen, daß Polen dir nur insofern nützt, als es jenes fördert – daß es jedoch überwunden werden muß, wenn es dich hindert oder entstellt. So entscheide denn selbst!« Er aber würde leidenschaftlich entgegnen: »Das ist nicht wahr, und diese Sophistik verfängt bei mir nicht, denn ich als Pole kann nur in meiner

Nation wahrhaft Mensch sein. Kann der Hund nur allein Tier sein? Nein, der Hund ist ein Tier, aber als Hund, als konkreter Hund, Bulldogge oder Wachtelhund. Und die Gans? Oder das Pferd? Laß mir meine Konkretheit, denn gerade sie ist mein Leben!« Dann nehme ich ihn sanft am Arm und sage: »Glaubst du wirklich, du könntest das Konkrete, d.h. Wirklichkeit erringen, wenn du deine eigenen Gefühle nie ganz aussprichst? Gestehe, daß POLEN dich beschränkt, dich hemmt...« Er: »Schweig! Ich kann das nicht hören!« Ich aber: »Du willst wahrhaft existieren und hast Angst vor den eigenen Gedanken?«...

Ein unsterblicher Dialog, die klassische Aufwiegelung zur Rebellion... Es wäre mir vielleicht gar kein Vergnügen, diese Entnationalisierung in Angriff zu nehmen... Ich habe ja schon gesagt: Ich bin kein Verehrer des Kosmopolitismus – weder des wissenschaftlichen, trockenen, theoretischen und abstrakten mit seinem hirnlastigen Schema ideal universaler Systeme – noch jenes Weltbürgertums, das sentimentaler Anarchie entspringt und nichts ist als der rührselige Traum unklarer Köpfe von vollständiger »Freiheit«. Ich traute weder dem einen noch dem anderen. Dagegen zog mich mein Begriff des Menschen als eines Wesens, das sich im Zusammenhang mit anderen, konkreten Menschen erschafft, zu jeder Art von eng geknüpftem Umgang. Dabei hatte ich aber schon jetzt, in dieser Phase meiner Dialektik, keineswegs das Gefühl, das Polentum anzugreifen, im Gegenteil, mir schien, daß ich es weckte und belebte. Wie war das möglich? Schließlich wollte ich sie doch aus diesem ihrem Polentum befreien? Gewiß... aber dieser Aufruf besaß wahrhaftig eine seltsame Eigenschaft, dank der der Pole umso mehr Pole wurde, je weniger er Polen ergeben war. Sophistik? Versuchen wir, das klarer zu formulieren.

Der Pole ist von Natur aus Pole. Deshalb wird er, je mehr er er selbst ist, umso mehr Pole sein. Wenn Polen ihn am freien Denken und Fühlen hindert, heißt das, daß es ihn nicht ganz er selbst sein läßt – und ihm somit auch verwehrt, uneingeschränkt Pole zu sein...

Klingt das immer noch sophistisch? Dann schauen wir uns einmal nach historischen Beispielen um. Die Deutschen unter Hitler trieben die nationale Vergötterung bis zur Weißglut, und dabei war doch so ein Deutscher geradezu ein Kunstprodukt, dem die ganze Tradition Goethes, ja sogar seine gewöhnliche deutsche Menschlichkeit geraubt waren. Deutschland wurde dadurch mächtiger – der einzelne Deutsche wurde schwächer, weil er einen Teil seiner individuellen Kraft und Festigkeit der Nation abtreten mußte, und mehr noch, er verlor als Deutscher an Typizität und Echtheit. Nehmen wir weiter Frankreich. Ist etwa ein Franzose, der für nichts Augen hat als für Frankreich, mehr Franzose? Oder weniger Franzose? Aber wirklich Franzose sein heißt doch gerade dies: etwas anderes außer Frankreich sehen können.

Ein einfaches Gesetz. Die Kraft der Gemeinschaft entsteht dadurch, daß jeder Abstriche von sich selbst macht... so kommt die Macht von Armee, Staat oder Kirche zustande. Die Macht der Nation. Aber das geschieht auf Kosten des Einzelnen.

Und wenn nun die Nation geographisch und historisch so gelegen ist, daß sie nicht mächtig werden kann? Was dann? Der spontane und natürliche Pole, der in jedem von uns steckt, leidet großen Schaden, weil wir auf völlige Aufrichtigkeit und Geistesfreiheit zugunsten einer Gemeinschaftskraft verzichtet haben – die wir nie errangen, denn sie ist unerreichbar. Und das heißt? Wir brennen aus, und all unsere Glut erzeugt nichts als Rauch.

Mein Wunsch nach der »Überwindung Polens« war demnach gleichbedeutend mit dem Verlangen, unser individuelles Polentum zu stärken. Ich wollte ganz einfach, daß der Pole nicht mehr ausschließlich Produkt des Gemeinschaftslebens – und »für« dieses Gemeinschaftsleben sei. Ich wollte ihn vervollständigen. Wollte seine zweite Achse – die Achse des individuellen Lebens – legalisieren und ihn zwischen diesen beiden Achsen aufspannen. Wollte ihn zwischen Polen und seiner eigenen Existenz haben – dialektischer und antinomischer, seiner inneren Widersprüche klarer bewußt und auch imstande, sie für seine Entwicklung zu nutzen.

Ich wollte erreichen, daß der Pole mit Stolz sagen kann: Ich gehöre zu einer zweitrangigen Nation. Mit Stolz. Denn wie ihr leicht sehen werdet, erniedrigt ein solcher Satz nicht minder, als daß er erhebt. Er degradiert mich als Angehörigen der Gemeinschaft und hebt mich persönlich doch zugleich über sie hinaus: Seht, ich lasse mich nicht blenden; ich weiß sehr wohl, wo in der Welt ich stehe; ich bin mir im klaren über meine Situation; also bin ich ein vollwertiger Mensch. (Nebenbei gesagt, könntet ihr Polen erst dann vorbehaltlos liebgewinnen – weil es euch euren Wert nicht mehr rauben könnte.)

Ich ging in dieser Forderung weiter, als das bisher üblich war – nicht einmal die Franzosen, Engländer oder Amerikaner, in dieser Hinsicht viel ungezwungener als wir, haben die Sache jemals so radikal formuliert. Gerade weil sie es nicht brauchten! Sie gehörten mächtigen und führenden Nationen an – Nationen, die ihnen ihr persönliches Leben nicht nur nicht ruinierten, sondern es sogar bereicherten – sie konnten sich ausleben in der Nation. Bei uns sahen die Dinge anders aus, wir konnten uns nicht von unserer kulturellen Vergangenheit, unserem kollektiven Niveau, unserer erschütterungsreichen Geschichte und unserem nationalen Elend beschränken lassen. Nein, ich wollte keineswegs, daß wir unseren Patriotismus nur eben leicht aufs englische oder französische Maß herunterschraubten. Ich schlug den Polen eine radikalere – und bisher beispiellose – Einstellung zur Nation vor, die uns sofort von der Völkermasse abgehoben und uns zu einem Volk von eigenem und einzigartigem Stil machen würde. »Wahnwitz!« werdet ihr sagen. »Und ein Hirngespinst!« – »Ja?« frage ich. »Und wozu sind wir die hitzigsten Patrioten auf der Welt? Steckt nicht gerade deshalb Stoff für die kältesten Antipatrioten in uns? In uns ist die Vaterlandsliebe bis zur Weißglut entfacht, wir sind furchtbar von ihr abhängig – deshalb sollten auch wir und niemand anders die heilsame Antithese, die schöpferische Opposition, den Schritt nach vorn hervorbringen.«

Darin hielt ich mich nicht für einen Träumer – im Gegenteil, ich blieb dem Realismus treu, der mir seit langem zur zweiten Natur geworden ist. Für mich war sonnenklar, daß die Polen – erschöpft und verzweifelt an der Geschichte ihres Vaterlandes – im Grunde ihres Herzens mit einem zwiespältigen Gefühl lebten. Sie vergötterten POLEN? Gewiß, aber sie verfluchten es auch. Sie liebten es? Ja, aber sie haßten es auch. Es war ihnen Heiligtum und Fluch, Stärke und Schwäche, Ruhm und Erniedrigung – aber im polnischen Stil, einem Stil, der von der Gemeinschaft geformt und aufgezwungen war, ließ sich nur die eine Seite der Medaille ausdrücken. Unsere Literatur zum Beispiel, der es an wirklichem Individualismus immer fehlte, brachte nur eine Affirmation der Nation zustande. Jenes andere Gefühl, das unwillige, feindliche, gleichgültige oder gar verächtliche, blieb unausgesprochen und irrte herrenlos umher wie eine Sünde, wie die Anarchie... Mein ganzer Eingriff bestand also darin, einen Grundsatz zu schaffen, der es erlaubte, jenen anderen Empfindungspol zu aktivieren, zum anderen Aspekt der polnischen Seele vorzudringen, die Häresie zu sanktionieren.

Ich hatte gewichtige Argumente. Natürlich war eine so grundlegende Wende in unseren Beziehungen zur Nation nur im Namen der individuellen Würde, der individuellen Entwicklung zu erreichen. Aber diese Position war ungeheuer stark und zeitgemäß, bei den Emigranten, in Polen und auf der ganzen Welt – denn es wird immer dringlicher, das, was man einst Seele nannte, gegen die deformierenden und unmenschlichen kollektiven Kräfte zu verteidigen.

Etwas anderes ließ mir keine Ruhe. Ich haßte, wie gesagt, die Nation, weil ich sie nicht ertragen konnte; und ertragen konnte ich sie aus Feigheit nicht. Was waren aber dann meine Ratschläge und Belehrungen wert – wenn sie aus meiner grundsätzlichen Unfähigkeit herrührten, mit dem Leben fertig zu werden? Wie konnte ich als Dekadenzler den Gesunden den Weg weisen?

Aber dieses fürchterliche Problem, das nicht nur mich quält, ist schon oft durchdacht worden. Man weiß doch, daß Fortschritt und Entwicklung nicht das Werk von durchschnittlich gesunden Menschen sind, denen kaum je etwas ins Bewußtsein dringt... sondern daß sie gerade von verkrüppelten Wesen erarbeitet werden, denen die brave »Normalität« verwehrt ist. Der Kranke begreift das tiefste Wesen der Gesundheit besser – weil er sie nicht besitzt, weil er sich nach ihr sehnt. Wem das innere Gleichgewicht fehlt, der vermag gerade dadurch zu einem Experten für den Ausgleich zu werden, und der Rat eines Behinderten kann auch blühender Lebenskraft nützen. Diejenigen, die sich aufgrund persönlicher Makel nicht der Herde anschließen können und am Rande umherirren, sehen den Weg der Herde deutlicher und kennen den Wald in der Umgebung besser.

Ich war also der Ansicht und bin es bis heute, daß die beschämende Entstehungsgeschichte meiner Idee nicht schaden sollte – der Gedanke, der in der Hölle meiner von Kindheit gemilderten Unzulänglichkeit geboren ward, konnte objektiv wichtig werden. Und gesund. Vorausgesetzt, ich verhehle niemandem (am wenigsten mir selbst), woraus und wie er geboren war.

Es geht vor allem darum, die Katze nicht im Sack zu verkaufen. Blatt vom Mund und Karten auf den Tisch – hier habt ihr mich so, wie ich bin, ich preise meine Ware nicht an – wenn meine Existenz der euren zu etwas nütze sein kann, so benutzt sie nur.

Ein solcher Wandel in unserer Einstellung zu Polen hätte umfangreiche und schwerwiegende Folgen – er würde einige erfrischend neue und elektrisierende Sichtweisen eröffnen, die unserer Entwicklung zu langfristiger Dynamik verhelfen könnten.

Zum Beispiel die Revision der polnischen Geschichte. Ich verlange gar nicht, die historische Schule zu liquidieren, die unsere Geschichte unter dem Gesichtspunkt der Existenz Polens betrachtet und alles für gut hält, was dieser Existenz förderlich ist, alles was sie behindert, dagegen für schlecht. Aber diese Schule müßte durch eine andere ergänzt werden, in der die Geschichte unter dem Gesichtspunkt der Entwicklung des Menschen in Polen betrachtet würde – und dann würde sich vielleicht herausstellen, daß diese zwei Entwicklungen, die des Staates und die des Individuums, nicht immer Hand in Hand gingen und daß die für die Nation erfolgreichsten Zeiten womöglich für den Einzelnen gar nicht so glücklich waren. Auf jeden Fall würde klarwerden, daß diese beiden Entwicklungen nicht identisch sind. Aber das wäre nicht das Wichtigste.

Am wichtigsten wäre, daß wir uns nun endlich, mit einem Bein zumindest, aus der Geschichte ziehen könnten... einen Stützpunkt gewinnen, wir, die wir so schrecklich tief in sie verstrickt sind. Wenn wir nämlich nicht mehr gezwungen sind, das Polnische zu lieben und zu vergöttern, brauchen wir auch unsere Geschichte nicht mehr zu lieben. Wenn wir uns nicht dafür schätzen, was wir sind, sondern dafür, daß wir fähig sind, uns selbst und unsere gegenwärtige Gestalt zu überwinden, dann könnten wir die Geschichte als Feind betrachten. Ich bin das Ergebnis meiner Geschichte. Aber dieses Ergebnis befriedigt mich keineswegs. Ich weiß und ich spüre, daß ich Besseres verdient habe und will auf meinen Anspruch nicht verzichten. Ich gründe meinen Wert gerade darauf, daß mich mein Ich als historisches Produkt nicht zufriedenstellt. Das heißt aber, daß meine Geschichte zur Geschichte meiner Entstellung wird und ich mich gegen sie wende – so gewinne ich Freiheit gegenüber der Geschichte.

Laßt mich einmal tagträumen. Das wäre eine riesige geistige Errungenschaft – als wären wir der reißenden Strömung entkommen und spürten festen Grund unter den Füßen. Ganz zu schweigen davon, daß dieser neue Ton in der polnischen Historiographie, ein kühler, vielleicht unwilliger, vielleicht sarkastischer oder verächtlicher Ton, uns weite Bereiche unserer Vergangenheit erschließen könnte, die bisher blockiert waren – und wir zum ersten Mal in der Lage wären, *sachlich* über die großen Schöpfer unserer nationalen Persönlichkeit zu sprechen. Das ist ungemein wichtig. Es hieße nicht mehr und nicht weniger, als daß wir unser Leben von neuem beginnen und nicht mehr nur Ausfluß der Vergangenheit sein wollen. Aber das erlaubte uns zugleich auch, uns der aktuellen Geschichte, die sich gegenwärtig an uns vollzieht, zu widersetzen. Mit einem Satz wären wir aus Vergangenheit wie Gegenwart heraus und könnten beide beurteilen – im Namen unseres ganz gewöhnlichen Menschentums, unserer menschlichen Notwendigkeiten und unseres Universalismus. Vergessen wir nicht, daß wir uns der heutigen Geschichte nur widersetzen können, wenn wir uns gegen die Geschichte als solche wehren – *tertium non datur*. Aber vergeßt auch nicht, daß ich in dieser Angelegenheit weder radikal noch trocken theoretisch sein will und die reiche Vielfalt des Lebens nicht aus den Augen verliere – es ist nicht mein Ziel, jene bejahende Liebe zu beseitigen, sondern nur, unsere Möglichkeiten zu erweitern, indem ich, wie gesagt, den anderen Pol unserer Antinomie aktiviere, die Kehrseite der polnischen Medaille aufdecke.

Soviel zur Geschichte. Aber es war mein Traum, daß wir auch die Kunst mal kritischer ins Auge fassen ... sollen wir denn auf alle Ewigkeit dazu verdammt sein, die eigenen Kunstgebilde und die von ihnen geprägte Form zu verehren? Dieser Verehrungszwang ist provinziell, und er bewirkt, daß die Proportionen zwischen uns und der Welt (also der Wirklichkeit) gestört werden; auch steckt er voller Komplexe und zeugt Dummheit, Lüge, Affektiertheit ... aber mehr noch, und das ist das Wichtigste – wir sind unfähig zur entschlossenen Verachtung des Kitsches, weil er unser ist, und das macht uns wehrlos gegenüber dem Kitsch, wir müssen uns unserem Ausdruck sogar dann anpassen, wenn er uns gar nicht ausdrücken kann. Ich habe in diesem

Tagebuch schon versucht, die polnische Literatur nicht als nationales Ruhmesblatt, sondern als (oftmals) nationalen Reinfall zu erörtern, und das ist meines Erachtens ganz gut, dieser Ton ist empfehlenswert, nur so läßt sich vermeiden, daß unsere Literatur uns auf ihre Dimension reduziert, nur so können wir uns als etwas verwirklichen, das besser ist als sie.

Das sind nur zwei Beispiele für die weitreichenden praktischen Konsequenzen der Idee. Gewiß – bei uns hat es so manchen »Selbstkritiker« gegeben, und wir haben oft mit unseren »nationalen Fehlern« abgerechnet. Aber das war doch immer nur eine sporadische Kritik, die dem Polentum krampfhaft angehängt wurde, während es im tiefsten Grunde das Polentum als absoluten Wert nur bekräftigte. Was ich meine, wäre bewußter, kategorischer, grundsätzlicher – von dieser Position aus könnten wir nach der Weltbürgerschaft greifen.

Sich mit Hilfe der Kunst verständigen zu wollen, ist eine vergnügliche Illusion. Ein mit Poesie gemischtes Prosawerk ist keine mathematische Formel – und es ist in jedem Kopf anders. Viel hängt vom Kopf ab, so viel. Kürzlich las ich in der polnischen Landespresse über *Trans-Atlantik*: »Gombrowiczs Intention ist hier außergewöhnlich treffend und berechtigt: die *Sanacja* im Zerrspiegel von Groteske und Parodie zu zeigen und die bissige Satire auf die Spitze zu treiben...«

Nachdem er meine Intentionen dermaßen dingfest gemacht hat, bedauert der Autor, daß sich im folgenden alles zerfasert. Ecce ein Kopf! – eine Wassermelone vom Acker ihrer Vergesellschaftung dort... Aber ich bin sicher, er wird Nachahmer finden. Denn heute wird nicht die reine Kunst, sondern eine Gebrauchskunst gefordert, die in der Tretmühle front, fleißig wie ein blinder Gaul. Und manch einem geht *Trans-Atlantik* schon auf den ersten Seiten, nach dem Gespräch mit dem Minister aus dem Leim: »Ach, so eine pfiffige Satire auf die Minister, auf die Bürokratie, alles richtig gut, und dann auf einmal nur noch irgendwelche Phantasien, Komplexe...«

Trans-Atlantik zerfasert nicht. Diese Konstruktion, dieses allmähliche Eindringen in immer größere Tiefen der Phantasie, das Anwachsen einer eigenen, autonomen Wirklichkeit, gerade daß das Werk nichts weiter als es selbst ist – das ist mir gelungen. Es ist keine Satire. Es ist keine »nationale Gewissensabrechnung«. Keine Philosophie. Keine Historiosophie. Was ist es dann? Eine Erzählung, die ich erzählt habe. In der unter anderem Polen vorkommt. Aber nicht Polen ist das Thema, das Thema bin wie immer ich, ich selbst; es sind meine Abenteuer, nicht die Abenteuer Polens. Nur bin ich eben Pole.

Es ist insoweit Satire, als mein polnisches Dasein auf dieser Erde Satire ist.

Es ist nicht aus langen Überlegungen über die polnische Sache entstanden – über mich selbst habe ich geschrieben – über mich in Buenos Aires – Polen kam mir erst später in den Sinn – und jetzt hole ich diese Gedanken aus dem Rumpf meines gottlosen Schiffes wie explosives Schmuggelgut, das ich mitführte, ohne es zu wissen.

Wie dem auch sei, ich bin auf diesem Schiff nach Polen zurückgekehrt. Die Zeit meiner Verbannung ist vorbei.

Ich bin zurückgekehrt, aber ich bin kein Wilder mehr. Denn einst, zu Zeiten meiner Jugend in der Heimat, stand ich Polen ganz wild gegenüber, hilflos, ohne Stil, unfähig sogar, über es zu sprechen – Polen war mir nur eine Qual. Und später, in Amerika, fand ich mich losgelöst, jenseits von ihm. Heute sieht es anders aus: Ich komme mit bestimmten Forderungen zurück, ich weiß, was ich von der Nation zu verlangen habe und was ich ihr dafür geben kann. Ich bin eingebürgert.

1958

III

DIENSTAG

Neujahr, das sich mit Erdumdrehungsgeschwindigkeit aus Osten näherte, hat mich eingeholt und in La Cabaña, bei Duś, überwältigt, als ich mit einem Glas Champagner auf dem Sofa saß. Duś saß in einem Sessel neben der Lampe. Marisa am Radio. Andrea auf der Lehne des anderen Sessels. Sonst niemand.

Vor Duś umgeworfene Schachfiguren.

Ein dramatischer Augenblick. Was wird geschehen? Was wird die eingedrungene Zukunft gebären? »Wollte ich nur keine bösen Träume haben...« Vielleicht geht es ohne Katastrophe ab. Die Ankunft des neuen Jahres ist ein Ungestüm, ein schreckliches Ungestüm der Zeit, der Menschheit, der Welt, alles drängt wie verrückt in die Zukunft, und dieser astronomische Wettlauf ist so ungeheuer, daß einem der Atem stockt. Auch ich jagte mit den anderen, mein Schicksal wälzte sich mit Getöse von einem Jahr ins andere, und in dieser Minute, in dieser Sekunde ist etwas geschehen, obwohl nichts geschehen ist. Das Jahr hat begonnen.

Meine wachsende Empfindlichkeit für den Kalender. Daten. Jahrestage. Zeiträume. Wie eifrig widme ich mich jetzt der Datenbuchhaltung. Ja, ja... warum habe ich nicht jeden meiner Tage, seit ich schreiben konnte, notiert? Ich hätte heute viele Bände mit diesen Notizen und wüßte, was ich vor siebenundzwanzig Jahren um diese Zeit getan habe. Wozu? Das Leben rinnt durch die Daten, wie Wasser durch die Finger. Aber es wäre wenigstens etwas geblieben... irgendeine Spur...

Meine ausgehende Geschichte bereitet mir so langsam ein geradezu sinnliches Vergnügen. Ich versinke in ihr wie in einem unheimlichen Fluß, der nach *Klärung* strebt. Allmählich vervollständigt sich alles. Schließt sich alles. So langsam kann ich mich entziffern, wenn auch mühevoll und wie durch eine beschlagene Brille. Wie seltsam: Am Ende, am Ende sehe ich das eigene Gesicht aus der ZEIT auftauchen. Und bekomme einen Vorgeschmack von der unwiderruflichen Endlichkeit. Pathos.

MITTWOCH

Ich spaziere auf einer Eukalyptusallee, da tritt plötzlich eine Kuh hinter einem Baum hervor.

Ich blieb stehen, und wir sahen uns in die Augen.

Ihre Kuhigkeit verblüffte meine Menschlichkeit so sehr – so spannungsgeladen war dieser Moment, da unsere Blicke sich trafen – daß ich *als Mensch*, d.h. in meiner Gattung als Mensch, aus der Fassung geriet. Ein seltsames Gefühl, das ich wohl zum ersten Mal erfuhr – diese Scham des Menschen vor dem Tier. Ich ließ es zu, daß sie mich ansah und mich betrachtete – das machte uns gleich – infolgedessen wurde auch ich zum Tier – aber einem merkwürdigen, ich würde sogar sagen, unzulässigen. Ich nahm den unterbrochenen Spaziergang wieder auf und ging weiter, aber mir war nicht recht geheuer... in der Natur, die mich von allen Seiten umgab und mich gleichsam... betrachtete.

DONNERSTAG

Heute nach dem Frühstück eine Diskussion – Frau Verena, Duś, Jacek und ich – entzündet an meiner These, daß der Mensch auf dem Pferd ein Unding, ein lächerlicher und unästhetischer Anblick sei. In dieser Pferde-Hochburg schlug solche These ein wie ein lästerlicher Donnerschlag.

Ich erklärte, das Tier sei nicht dazu geboren, ein anderes Tier zu tragen. Ein Mensch auf einem Pferd sei ebenso abstrus wie eine Ratte auf einem Hahn, ein Huhn auf einem Kamel, ein Affe auf der Kuh, ein Hund auf dem Büffel. Der Mensch auf dem Pferd sei ein Skandal, eine Verletzung der natürlichen Ordnung, brutale Künstlichkeit, Dissonanz und Häßlichkeit. Sie verwiesen auf die Werke von Bildhauern, die den berittenen Menschen verherrlichen. Ich lachte ihnen ins Gesicht. Skulpturen! Die Kunst huldigte immer der Konvention – beinahe so wie die Mode! Über alles entscheidet die Gewohnheit. Seit Jahrhunderten betrachten wir Reiterstandbilder, ebenso wie Menschen zu Pferde, aber wenn wir uns mal die Augen waschen und ganz neu hinsehen würden, würden wir angewidert das Gesicht verziehen – denn der Rücken der Pferde ist kein Platz für den Menschen, ebensowenig wie der Rücken der Kühe.

Wir diskutierten auf dem morgendlichen Rundgang, während auf der Weide sechzig Vollblutstuten uns ihre weichen, warmen Augen zuwandten. Und ich attackierte das Reiten. Eine Wonne? Ein angenehmes und schönes Vergnügen? Ha, ha, ha! Auf dem Vieh zu hüpfen, mit gespreizten Beinen auf und ab zu fliegen, mit dem Hintern auf diesen unvermeidlichen Rücken zu prallen, dies ungeschlachte, dämliche Biest unter sich zu haben, auf das man so schwer raufkommt, von dem man nur mit Mühe wieder absteigen kann und das so gut wie unlenkbar ist? Mit der Geschwindigkeit eines Fahrrads »dahinjagen«? Oder ein und denselben Hürdensprung zum hunderttausendsten Mal wiederholen – auf einem Tier, das sich doch überhaupt nicht zum Springen eignet? Sich abmühen mit dieser verzweifelten Pferdeplumpheit, die sich nie ganz überwinden läßt? Diese angeblichen Vergnügen sind doch der reinste Atavismus! Früher einmal war das Pferd wirklich zu etwas nütze, es verschaffte dem Menschen eine höhere Position, mit dem Pferd beherrschte man andere, das Pferd war der Reichtum, die Kraft und der Stolz des Reiters. Aus dieser vorsintflutlichen Zeit sind euch der Kult des Reitens und die Hochachtung des Vierbeiners geblieben, der sich längst überlebt hat. Ihr imitiert nur die Begeisterung eurer Großväter und polstert euch den Sessel zur Ehrung des Mythos!

Die Ruchlosigkeit meiner Lästerung hallte furchtbar wider von den Rändern des Horizonts. Blaß sah mich der Herr und Diener von sechzig Rassestuten an.

DONNERSTAG

Kühe.

Wenn ich an einer Herde Kühe vorbeigehe, wenden sie mir ihre Köpfe zu und lassen kein Auge von mir, bis ich vorüber bin. Genauso wie bei den Rússovichs in Corrientes. Aber damals kümmerte mich das nicht, während mir heute, wegen der »Kuh, die mich gesehen hat«, diese Blicke sehend vorkommen. Gräser und Kräuter! Bäume und Felder! O grüne Natur der Welt! Ich tauche ein in diesen Raum, als stieße ich von einem Ufer ab, und die komplexe Gegenwart von Milliarden Existenzen erfaßt mich. O lebendige, pulsierende Materie! Wunderbare Sonnenuntergänge, heute breiteten sich zwei milchkaffeebraune Inseln mit Bergen und Türmen aus glänzenden Stalaktiten aus, alles in einer Krone aus Rubinen. Dann flossen diese Inseln zusammen und schufen eine Bucht von mystischem Azur, so himmlisch rein, daß ich um ein Haar an Gott geglaubt hätte – und dann kam es nah am Horizont zu einer dunklen, ausschießenden Verdichtung – und unter lauter braunen Ausbauchungen, die am Himmelsgewölbe wüteten, blieb nur ein strahlend heller Punkt, das schlagende Herz des Glanzes. Hosianna! Ich schreibe nicht sehr gern darüber, so viele Sonnenuntergänge sind in der Literatur schon gemalt worden, besonders in unserer.

Es geht mir um etwas anderes. Die Kuh. Wie soll ich mich gegenüber der Kuh verhalten?

Die Natur? Wie mich verhalten im Angesicht der Natur?

Ich gehe diesen Weg, ergriffen von der Pampa – und spüre, daß ich in dieser ganzen Natur ein Ausländer bin, ich in meiner Menschenhaut... fremd. Beunruhigend anders. Ein andersartiges Geschöpf. Und ich sehe, daß die polnischen Naturbeschreibungen, ebenso wie alle anderen, mir in dieser plötzlichen Opposition zwischen meinem Menschsein und der Natur überhaupt nichts nützen. Einer Opposition, die nach einer Lösung verlangt.

Die polnischen Naturbeschreibungen. Wieviel Kunstfertigkeit wurde dareingesetzt, und wie jämmerlich ist das Resultat! Wie lange riechen wir schon an Blüten, schwelgen in Sonnenuntergängen, tauchen das Gesicht ins frische Laub, atmen den frühen Morgen und singen eine Hymne zu Ehren des Schöpfers, der all diese Wunder erdacht hat? Über dieses knechtische Kriechen und dies gehorsam-erhabene Blütenriechen haben wir uns nur von der härtesten Wahrheit des Menschen entfernt – daß der Mensch unnatürlich und antinatürlich ist.

Wenn das Volk, dem ich angehöre, irgendwann einmal gespürt hat, daß es sich in seinem Wesen doch vom Pferd unterscheidet, dann nur deshalb, weil die kirchliche Lehre ihm von einer unsterblichen Menschenseele predigte. Wer aber hat diese Seele geschaffen? Gott. Und das Pferd hat wer geschaffen? Gott. So gehen denn Pferd und Mensch in der Harmonie ein und desselben Uranfangs ineinander auf. Der Kontrast zwischen ihnen ist heilbar.

Ich erreiche das Ende der Eukalyptusallee. Es wird dunkel. Frage: Stehe ich, als Gottloser, deshalb der Natur näher oder ferner? Antwort: Ich stehe ihr ferner. Und sogar diese Opposition zwischen mir und der Natur wird, ohne Ihn, irreparabel – da gibt es keine Berufung an irgendeine höhere Instanz.

Aber selbst wenn ich an Gott glaubte, wäre diese katholische Einstellung zur Natur für mich unmöglich, sie widerspräche ganz meiner Weltanschauung und meinem Empfinden – und zwar des Schmerzes wegen. Der Katholizismus schätzt alle Geschöpfe außer dem Menschen gering. Eine olympischere Gleichgültigkeit gegenüber »ihrem« – der Tiere und Pflanzen – Schmerz läßt sich kaum vorstellen. Der menschliche Schmerz hat seinen freien Willen, er ist Strafe für die Sünde, und das jenseitige Leben wird ja die Ungerechtigkeiten des diesseitigen genauestens ausgleichen. Das Pferd aber? Der Wurm? Sie wurden vergessen. Dies Leiden kennt keine Gerechtigkeit – es ist eine nackte Tatsache, von ihr geht das Absolute der Verzweiflung aus. Von der komplizierten Dialektik der geweihten Doktoren will ich nicht reden. Es geht mir um den Durchschnittskatholiken, der im Glanze einer Gerechtigkeit wandelt, die ihm alles zuteilt, was ihm gebührt, taub für den grenzenlosen Abgrund jenes Schmerzes – der nicht gerechtfertigt ist. Sollen sie nur leiden! Das kümmert ihn nicht. Sie haben ja keine Seele. Sollen sie also leiden – sinnlos. Ja, man findet schwerlich eine Lehre, die sich weniger um die Welt jenseits des Menschen kümmert, es ist eine hochfahrend menschliche, grausam aristokratische Doktrin – kein Wunder, daß sie diesen Zustand seliger Unwissenheit und heiliger Unschuld gegenüber der Natur in uns bewirkte, der in unseren idyllischen Schilderungen von Morgenröten und Sonnenuntergängen zum Ausdruck kommt.

FREITAG

Zu diesen Unterschichten, zur Konfrontation mit Pferd, Käfer und Pflanze treibt mich mein Drang, »mit dem Niederen anzuknüpfen«. Wenn ich bemüht bin, das höhere vom niederen Bewußtsein in der Menschenwelt abhängig zu machen – Reife mit Unreife zu verbinden – sollte ich dann die Leiter der Gattungen nicht noch tiefer hinabsteigen? Die ganze, nach unten führende Skala erfassen?

Aber – eine unbestimmte Unlust... Ich gebe zu – das langweilt mich. Ich will nicht daran denken. Und ich mag es nicht, es ist mir fast unerträglich, in Gedanken über das Menschenreich hinauszugehen. Vielleicht, weil jene uns umgebenden Reiche allzu unermeßlich sind? Die Unlust, aus dem Haus zu gehen?

Die Natur verstehen, sie betrachten, erforschen – das ist eine Sache. Aber wenn ich versuche, mich ihr als etwas zu nähern, das mir durch die Gemeinsamkeit des uns umfassenden Lebens gleichgestellt ist, wenn ich mit Tieren und Pflanzen »auf du«

sein will – dann ergreift mich eine unwillige Trägheit, ich verliere den Schwung, kehre so schnell wie möglich in mein Menschenhaus zurück und schließe die Tür ab.

Notieren wir das ruhig, wer weiß, ob es nicht eine der wesentlichsten Eigenschaften meines Menschseins ist: Etwas in mir sträubt sich, jenes niedere Leben zu erfassen und wahrzunehmen, und Überdruß und Müdigkeit halten mich bald davon ab.

Freitag

Heute »war ich ein Fliegentötender«, d.h. ich schlug ganz einfach Fliegen mit einer Fliegenklappe aus Draht tot.

In meinem Zimmer sammeln sich aus unerfindlichen Gründen (denn in den Fenstern sind Netze) die Fliegen. Fast täglich liquidiere ich sie auf diese Weise. Heute habe ich ungefähr 40 erschlagen. Natürlich töte ich nicht alle mit einem Schlag – manche fallen arg zerfetzt zu Boden, und ich entdecke immer wieder mal so eine Fliege, die mit dem Sterben allein ist. Dann gebe ich ihr sofort den Rest. Aber es kommt vor, daß sie in eine Dielenritze flüchtet, dann ist sie mit ihrem Schmerz unerreichbar für mich.

Als Jugendlicher habe ich Tiere gequält. Ich weiß noch, wie ich in Małoszyce mit den Bauernjungen spielte. Wir peitschten Frösche aus. Heute fürchte ich – das ist das richtige Wort – das Leiden einer Fliege. Und diese Angst erschreckt mich wiederum, so als sei sie Ausdruck einer furchtbaren Lebensschwäche, es macht mir wirklich Angst, daß ich den Schmerz einer Fliege nicht ertragen kann. Überhaupt hat sich mit den Jahren eine Entwicklung in mir vollzogen, deren tragischen und bedrohlichen Charakter ich nicht verhehlen will, im Gegenteil, ich will ihn so deutlich wie möglich hervorheben. Und ich behaupte, daß sie nicht nur mir, sondern meiner ganzen Generation eignet.

Ich notiere ihre einzelnen Punkte:

1. *Die Entwertung des Todes.* – Der Tod verliert immer mehr an Bedeutung für mich – der menschliche wie der tierische. Es fällt mir immer schwerer, Menschen zu verstehen, für die der Verlust des Lebens die höchste Strafe ist. Unverständlich ist mir die Rache, die sich in einem unvermittelt tötenden Schuß in den Hinterkopf auslebt – als würde der Betreffende noch etwas spüren. Der Tod ist mir so gut wie gleichgültig geworden (ich meine nicht meinen eigenen).

2. *Die Inthronisierung des Schmerzes.* – Der Schmerz wird mir zum Ausgangspunkt der Existenz, zur Grunderfahrung, von der alles ausgeht und auf die alles zurückzuführen ist. Die Existentialisten mit ihrem »Leben zum Tod« befriedigen mich nicht, ich würde das Leben nur dem Schmerz gegenüberstellen.

3. *Der Schmerz als Schmerz, der Schmerz an sich.* – Das ist das Wichtigste. Das ist erst der wahrhaft bedrohliche und furchtbare und ungeheure Wandel in der Empfindung. Er beruht darauf, daß es immer unwichtiger wird, *wer leidet* . . . Ich meine, es gibt in dieser Hinsicht derzeit zwei Anschauungen. Für die Menschen der älteren Schule ist der Schmerz eines Familienmitgliedes der schrecklichste, nach ihrem eigenen: Der Schmerz des Würdenträgers ist wichtiger als der Schmerz des Bauern; der Schmerz des Bauern wichtiger als der Schmerz des jungen Burschen; der Schmerz des Burschen wichtiger als der Schmerz eines Hundes. Man bewegt sich in einer engen Welt des Schmerzes. Für die Menschen der neuen Schule aber ist Schmerz Schmerz, egal wo er sich zeigt, bei einer Fliege nicht minder schrecklich als beim Menschen; wir haben ein Gespür für das reine Leiden entwickelt, unsere Hölle ist universal geworden. Mich halten z.B. manche für gefühllos, weil ich nur schwer verbergen kann, daß der Schmerz meiner Nächsten keineswegs ein Schmerz ist, der mir besonders nahegeht. Und meine ganze Natur ist darauf eingestellt, jenes andere Leiden – das niedere – zu entdecken.

Diese gottesfürchtigen Familien – kommt mir da die Erinnerung aus alter Zeit – beim Vesper im Gutshof, ehrbar plaudernd und unschuldig... und auf dem Tisch Leim, und auf dem Leim Fliegen in Situationen, schrecklicher als die der Verdammten auf den Gemälden des Mittelalters. Das störte niemanden, denn in dem Satz »Der Schmerz der Fliege« lag der Akzent auf der »Fliege«, nicht auf dem »Schmerz«. Heute braucht man ein Zimmer nur mit Insektenspray vollzusprühen, damit Schwärme winziger Existenzen sich winden – und es kümmert niemanden.

Ja. Aber wie ist diese meine Entdeckung des allgemeinen Leidens mit dem zu vereinbaren, was ich gestern notiert habe – mit dieser Unlust zur Anerkennung der nichtmenschlichen, niederen Welt? Das ist eine der seltsamsten Zwiespältigkeiten in mir. Mich entsetzt die niedere Qual, und mein ganzes Wesen ist auf ihre Aufdeckung aus. Und dennoch übermannen mich eisige Langeweile, Schläfrigkeit fast, wenn ich mich in der Existenz mit diesen Geschöpfen gleichsetzen will und versuche, ihnen die volle Daseinsberechtigung zuzuerkennen. Eine ermüdende, verschlafene Idee – vielleicht deshalb, weil sie über meine Kräfte geht? Wohin also hat mich die Evolution geführt, die ich oben in drei Punkten skizziert habe – mich und viele meinesgleichen? Wir sind verworrener – und unsicherer angesichts der Natur, als die Menschen früher, die darin, das muß man zugeben, mehr Stil besaßen als wir.

MONTAG

Ein neuer Vers von Duś, der ihn heute früh heimgesucht hat – im Schlaf oder im Halbschlaf:

In kristall'ner Rede der Weise den Mund verzog
und sprach zum Narren: dein Kopf ist ein Trog.
Darauf der Narr, mit einem Schweinelachen:
Ich dachte, ich meine, was sag ich für Sachen!

Eines jener mißlungenen Halbschlafgedichte. Fängt an wie

ein Epigramm, bis dann in der letzten Zeile die Entspannung erfolgt, Gestammel hereinbricht, Hauptsache, der Reim bleibt und der Anschein eines Sinns wird gewahrt. Dieser Vers ist wie ein pathetischer Säufer, der ganz verständlich beginnt und dann im Blödsinn ertrinkt, wobei er vor sich und den anderen so tut, als wäre die Pointe wirklich unvergleichlich! Aber daß der Dummkopf mit einem »Schweinelachen« antwortet, echt dumm, mit ferkliger Plumpheit, säuischer Unflätigkeit, mit der großherrlichen Beliebigkeit des Idioten – ist das nicht eine wirklich bemerkenswerte Pointe? Dies Ferkel suhlt sich in Dummheit – das gibt ihm recht.

Das ist die Poesie des Kitsches, die Lust am Schund. Ich hatte immer eine Neigung zu solch schmutzigem Schwelgen, und wer weiß, vielleicht habe ich mein Schicksal verfehlt, als ich von diesem schlüpfrigen Weg abkam. (In der *Trauung* und auch in meiner Erzählung *Die Begebenheiten auf der Brigg Banbury* gibt es auch eine Menge solchen Suffs, aber man müßte die Dosis noch erhöhen.)

Alles, was mit Traum zu tun hat, begeistert und erregt mich.

MITTWOCH

Post. Ein Ausschnitt aus der heimischen Presse – ich erfahre von einer Sendung »Über Witold Gombrowiczs Bücher« im Warschauer Radio. Und von einer Rede Artur Sandauers, der unter anderem gesagt hat: »Heute kann man kaum noch verstehen, wie ein Schriftsteller, auf den die polnische Nation stolz sein kann, dessen ›nichtrealistische‹ Bücher mit ihrer Wahrheit sämtliche – Gott erbarm – ›realistischen‹ Meisterwerke übertreffen, von unseren Kulturbeamten zu langjährigem Exil verurteilt werden konnte.«

Meine Souveränität, meine Selbständigkeit oder gar leichtfertige Unverschämtheit, daß ich auf alles pfeife, überall provoziere und mich allein auf mich verlasse – das alles war die Folge meiner gesellschaftlichen und geographischen Situation. Ich war gezwungen, auf niemanden Rücksicht zu nehmen, weil niemand auf mich Rücksicht nahm – ich reifte in fast völliger Isolierung heran – ich glaube, es gibt nicht viele Schriftsteller, die eine solche Menschenleere durchstanden haben. Vernachlässigt und kaum beachtet im Vorkriegspolen – dann vom Krieg erdrückt – dann vom kommunistischen Regime auf den Index gesetzt – und hier, in Argentinien, mußte ich sogar auf das literarische Café verzichten, auf das Grüppchen befreundeter Künstler, dessen warme Mitte in den Städten Europas jedem Bohemien oder Avantgardisten offensteht. Ich bekam Mut, weil ich absolut nichts zu verlieren hatte: weder Ehre noch Verdienst noch Freunde. Ich mußte mich selbst erst finden und in mir Halt suchen, weil ich mich auf niemand anderen stützen konnte. Meine Form ist meine Einsamkeit.

Je nun... und dann auf einmal... »der Stolz der Nation«. Ist das die Möglichkeit? Hat er da nicht ein bißchen übertrieben – im Eifer des Gefechts? Aber ich weiß, meine Renaissance in Polen könnte stürmisch verlaufen. Die polnischen Verlage haben sich auf meine Bücher gestürzt. Und etwas hat sich geändert im Ton der privaten Briefe und der Presseartikel dort, ich spüre die Spannung um mich wachsen, diese Woge kann mich nach oben tragen. Ist das die Möglichkeit?

Aber das würde doch die Anschrift auf dem langen Brief meines Schreibens völlig ändern. Ich schrieb für Feinde und werde schreiben für...

Die Nation?

(Ich gehe die Eukalyptusallee und bin – wie sich herausstellt – empört! »Chimangos« – kleine Habichte – kreischen und fliegen mir dicht über den Kopf.)

Wenn diese Arme mich nun hoch hinaustragen?

Eine atemberaubende Wendung. Wenn sie mich nur nicht aus dem Sattel wirft...

Was fange ich an dort oben, mit all dem, was mir in der Erniedrigung gewachsen ist? Wie soll ich stilistisch wechseln von der Erniedrigung zur Erhabenheit?

Sandauer...

Zum Glück (leider!) ist es mehr als zweifelhaft, ob die Nation Sandauer so gefügig zustimmen wird. Ich weiß, daß ich mir die Menschen in Polen noch lange werde erobern müssen – einen nach dem anderen...

Aber wenn ich schließlich doch zum »Stolz der Nation« würde?

Qualvoll, dieses Rätsel...

Wenn du von derart aufregenden *piropos* überschüttet wirst, so möge dein diesbezüglich ungestillter Hunger der hochtrabenden Attribute gedenken, mit denen man deine schreibenden Kollegen versehen hat – das wird dir guttun. Kein Grund zur Aufregung. Und dennoch... ich bin mir nun mal sicher, daß meine Triumphe echter sind als die der Tuwims oder – sagen wir – Lechońs. Und zwar insofern, als meine Kunst weniger konventionell ist... und schwieriger... und origineller... und mehr gegen den Strom geschrieben. Wenn *Ferdydurke* siegt, so siegt sie mehr...

... Das macht mich lächerlich. Die Lust daran, diese Aufregung – sie machen mich lächerlich und beleidigen mich. Stolz. Unnachgiebigkeit. Kälte. Mißtrauen. Hartnäckigkeit. »Sich nicht in die Nation hineinziehen lassen.«

Meine Literatur muß bleiben, was sie ist. Nämlich das, was in der Politik keinen Platz hat und ihr nicht dienen will. Ich betreibe nur eine Politik: meine eigene. Ich bin ein eigener Staat. Jetzt, da sie mit offenen Armen auf mich zugehen, ist vielleicht der Augenblick des Kampfes gekommen. Das ist ein Angriff ihrerseits – ein Versuch der Unterwerfung – und ich muß mich verteidigen!

(Ich bin empört! Ich weiß, daß ich empört bin. Ich weiß, daß ich weiß, daß ich empört bin. Weil ich weiß, daß ich empört bin, winke ich nur ab [es sieht ja keiner] – ich, der »Stolz der Nation«! Was für eine Kraft ist in solchen Fällen mein kindischer Charakter!)

Freitag

Die Eukalyptusallee bis zum Ende, in der Dämmerung schon, unter dem Zeichen von zwei beunruhigenden Gedanken. 1) Daß die Natur für uns immer weniger Natur im alten Sinne dieses Wortes ist (als sie noch Harmonie und Ruhe bedeutete). 2) Daß der Mensch immer weniger Mensch im alten Sinne dieses Wortes ist (als er sich noch als harmonischer Teil der Natur fühlte).

Die Dämmerstunde ist unglaublich... dies unmerkliche und unaufhaltsame Schwinden der Gestalt... Dem ein Augenblick ungeheurer Deutlichkeit vorausgeht, so als sträubte sich die Gestalt und wollte nicht weichen – und diese Deutlichkeit von allem ist tragisch, verbissen, ja selbstvergessen. Nach diesem Augenblick, in dem der Gegenstand am meisten er selbst ist, konkret, einsam und ganz auf sich selbst zurückgeworfen, ohne das Spiel von Licht und Schatten, in das er bisher gebettet war, kommt es zu einer unfaßbaren, wachsenden Schwächung, einem Verdunsten der Materie, Linien und Flecken zerfließen und bewirken ein qualvolles Verschmieren, die Kontur leistet keinen Widerstand, die Umrisse werden im Sterben schwierig und unbegreiflich, es ist ein allgemeiner Rückzug, ein Weichen und Absinken in die wachsende Verworrenheit... Kurz vor dem Eintritt der Dunkelheit gewinnt die Gestalt noch einmal an Stärke, aber nicht mehr kraft dessen, was wir sehen, sondern dessen, was wir von ihr wissen – dieser Schrei, mit dem sie da ihre Gegenwart proklamiert, ist nur mehr theoretisch... Und dann vermengt sich alles, Schwärze ergießt sich aus den Löchern, wuchert im leeren Raum, und die Materie wird zu Dunkelheit. Nichts. Nacht.

Im Finstern kehrte ich nach Hause zurück. Kräftig und steif ging ich meines Wegs, ertrunken im Nichtsehen, in der unerschütterlichen Gewißheit, ein Dämon zu sein, ein Anti-Pferd, ein Anti-Baum, die Anti-Natur, ein Wesen von einem anderen Ort, ein Ankömmling, ein Ausländer, ein Fremder. Eine Erscheinung nicht von dieser Welt. Von einer anderen. Der Menschenwelt.

Ich ging nach Haus und hatte keine Ahnung, daß irgendwo in meiner Nähe schon ein entsetzlicher, an die Kehle packender, in die Enge treibender Hund lauerte... Damit fürs erste genug.

IV

Montag

Mit der Natur, oder gegen die Natur sein? Dieser Gedanke – daß der Mensch nicht im Einklang mit der Natur steht, daß er etwas Nichtnatürliches und ihr Widersprechendes ist, wird schon bald kein elitärer Gedanke mehr sein. Er wird sich sogar unter den Bauern verbreiten. Wird die gesamte Menschengattung durchdringen, von oben bis unten. Was dann? Wenn sich die letzten Reserven an »Natürlichkeit« erschöpfen, die von unten stammten?

Dienstag

Gestern abend kam ein Nachbar, Tadeusz Czerwiński, und fing schon in der Tür an zu erzählen, aber wir hörten nicht richtig hin, erst allmählich zeichnete sich da etwas ab... Duś' Windhunde waren (wie wir endlich verstanden) auf Garaños Feld gerannt und hatten ein Schwein angefallen. Garaño, der mit der Doppelbüchse aus dem Haus gestürzt kam, erschoß einen Windhund und verletzte einen anderen – der Rest entkam. Ich gebe nur den Kern des Berichts wieder, der so reich verzweigt war wie ein Baum.

Duś rannte mit der Laterne auf die Veranda, und bei seinem Anblick erhoben sich die fahlgelben Windhunde wie immer und umringten ihn. Ihre demütige Liebe ist rührend. Aber es waren nur fünf – Step und eins der Jungen von Saeta fehlten.

Die dreizehnjährige Andrea brach in Tränen aus. Duś' Trauer aber erhob sich wie der Gesang der Isolde und übertönte alles – für Step hätte er selbst sein Lieblingspferd gegeben. Er machte ein fassungsloses Gesicht – und dies Gesicht war auf seltsame Weise geschwächt, wie das eines kleinen Kindes – geschwächt vielleicht von der Belanglosigkeit dieser Verzweiflung, für die er von uns keine volle Anerkennung verlangen konnte... es war doch nur ein Hund.

Er nahm einen Revolver aus der Schublade – bestieg ein Pferd – der Galopp entführte ihn in die Nacht – wir warteten, beunruhigt und ratlos angesichts des Zorns, der da, vom Pferd dahingerissen, in den Weiten verschwunden war. Würde er Garaño für den erschossenen Hund töten? Nun, so schlimm ging es nicht aus. Als Duś Garaños Estanzia erreicht hatte und dessen Hunde sah, wollte er auf sie schießen – der *estanciero* stürzte aus dem Haus und bat um Verzeihung, erklärte, daß er das Mutterschwein habe schützen müssen, die Hunde hätten es sonst zu Tode gebissen. Da verging dem armen Duś der Zorn, und es blieb allein die Trauer um den ewig treuen Hund. »Warum haben Sie mir das angetan?« fragte er. »Ich war Ihnen doch immer ein guter Nachbar.« Und ritt davon. In der Nacht ging er auf auf die Suche nach dem Leichnam. Und fand ihn. Es stellte sich heraus, daß Step noch lebte. Tief ins Gebüsch hatte er sich verkrochen, um zu verenden. Man brachte ihn auf so einem merkwürdigen Schlitten, mit dem man hier über den Boden fährt wie auf Schnee.

Duś, Jacek Dębicki, Fräulein Jeanne und ich gingen in den Stall – dort lag keuchend der Hund, von Krämpfen geschüttelt. Guter Rat war teuer: sollte man ihm die Qual ersparen? Er litt furchtbare Qualen – und war allein darin, uns verschlossen, unzugänglich, einsam.

Eine Szene, die mich beunruhigte: die Nacht, dieser Stall, und wir, fast im Finstern, über dem höllisch wütenden Schmerz. Es lag in unserer Hand, ihn sofort zu beenden... Ein Schuß hätte genügt. Sollten wir schießen? Wir, vier menschliche Wesen aus der höheren, der »anderen Welt«, vier Dämonen der Anti-Natur, vier Anti-Hunde. Das einzige, was uns mit diesem Geschöpf verband, war das Verständnis für den Schmerz – dieser Geschmack war uns vertraut.

Sollten wir ihm die Leiden ersparen? Abstimmung. Aber das muß im einzelnen besprochen werden.

Der erste Anti-Hund. Fräulein Jeanne. Hübsch, 20 Jahre alt, Eltern Multimillionäre, von Paris nach Rom verschlagen, von Rom nach London, in die Staaten, per Schiff und per Flugzeug, erstklassige Schulen, Luxusinstitute, die sie ständig wechselte und von denen sie nichts mitgebracht hatte als fünf Sprachen, die sie beherrschte wie ihre eigene. In welcher Sprache dachte sie? Luxuriös – und Kommunistin vor lauter Luxus – also aus Überfluß, aus Übersättigung... Nüchtern, energisch, tatkräftig – modern, Atheistin. Als ich sie vor diesem Hund sah, wurde mir klar, daß ja die kommunistische Gerechtigkeit, genauso wie die katholische, die Tiere ausschließt. Auch für diese Doktrin beschränkt sich die Menschlichkeit auf den Menschen. Sie verbietet die Ausbeutung des Menschen durch den Menschen – erlaubt aber die Ausbeutung des Tieres. Was, am Rande bemerkt, nicht recht verständlich ist. Es ist nicht in Ordnung. Denn während die Religion die Tiere als seelenlos vernachlässigt, kennt der Materialismus keinen grundsätzlichen Unterschied zwischen dieser leidenden Materie und der Menschenmaterie... Wie also würde sich Fräulein Jeanne angesichts des leidenden Hundes verhalten – war ihre ausgeklügelte Moral da sprachlos? Was würde sie beginnen?

Sie machte sich zur Frau! Seltsam... ehe man sich versah, hatte sie abgelegt... nicht nur den Kommunismus, sondern auch das Menschentum. Sie war zur Frau geworden – hatte Zuflucht im Geschlecht gesucht... was für ein plötzlicher Einbruch von Sexualität in die Sphäre des Schmerzes, als könnte der Sexus helfen gegen den Schmerz... Frau war sie geworden, also Liebe, also Gnade, also Barmherzigkeit. Zärtlich wie eine Mutter beugte sie sich über den Hund. Sollte sie dem Leiden als Frau weniger ratlos gegenüberstehen denn als Mensch?

Oder hatte sie sich ins Geschlecht versenkt, um der eigenen Menschennatur ein Schnippchen zu schlagen?

Doch da sie nun zur Frau geworden war, schien der Tod ihr schlimmer als der Schmerz. Grausam lieb gewann sie diesen Hund – und verlangte sein Leben selbst um den Preis seines Schmerzes. »Nein, nein«, sagte sie, zitternd. »Tötet ihn nicht!«

Der zweite Anti-Hund aus der höheren, menschlichen Sphäre. Jacek Dębicki. Ein Katholik von heißem Glauben. Aber sein Katholizismus taugte hier ebenso wenig wie der Kommunismus von Fräulein Jeanne. Gott hat hier auch nichts zu melden. Es gibt für den Hund keine Erlösung. Daher mein Eindruck, daß er sich durch seine Zuwendung zu dem Hund von Gott abwandte – er war jetzt »angesichts« des Tieres, d.h. nicht »im Angesicht« Gottes. Ein völlig anderes Register seiner Existenz. Er war »mit dem Hund«, so als verzichtete er auf eine unsterbliche Seele, setzte sich gleich, identifizierte sich mit ihm in seiner Qual. Und in ihm wuchs ein schier tierisches Grauen angesichts des Leidens – rebellisch und blasphemisch. Und doch, was mußte ich sehen? Ich sah (denn ich sah es geradezu, obwohl ich es eher »wußte«), daß er in diesem anderen Register keine Spur von seiner menschlich-katholischen Würde einbüßte und ihm das Grauen hier zum Mitleid geriet... legalisiert... zivilisiert... gut erzogen... ach, richtig, ich hatte vergessen, daß Gott, der selbst kein Erbarmen mit den Tieren kennt, dem Menschen erlaubt, sich des Tieres zu erbarmen – er durfte das also, er hatte schließlich das *approbatur* der Kirche! Aber die Menschlichkeit, die er in sich entdeckt hatte, war keine brüderliche Vereinigung mit dem Tiere, sondern eben gerade Menschlichkeit und somit Empfindung des Hundeschmerzes von oben, aus der Distanz jener Seele – und enthielt deshalb wiederum ein Element von Geringschätzung und Grausamkeit. Sein Entschluß würde wohl von drei Gesichtspunkten bestimmt sein: vor allem einem tierischen, geradezu unbändigen, spontanen Mitgefühl; zweitens von der schon menschlicheren und durchgeistigteren Kalkulation, daß das seelenlose Leben eines Hundes ohne großes Gewicht sei; drittens (ein noch geistigerer Gedanke), daß man die Situation, die für die Seele und für Gott doch recht peinlich war, so schnell wie möglich beenden müsse.

»Tötet ihn«, sagte er. »Er kommt nicht mehr hoch.«

Der dritte Anti-Hund. Ich. Für mich gibt es keine höhere Instanz. Nicht einmal den Hund gibt es. Nur ein Stück gequälter Materie habe ich vor mir. Eine unerträgliche Sache. Das halte ich nicht aus. Ertappt mit dieser Qual in diesem Stall, verlange ich, daß dem sofort ein Ende gesetzt wird. Töten! Töten! Die Schmerzensmaschine abstellen! Es soll nicht sein! Wir können nichts anderes tun als dies! Aber das eine können wir!

Der vierte Anti-Hund. Duś, Agronom, Gutsbesitzer, Jägersmann, Sportler, Pferdenarr und Windhundzüchter. Zwischen ihm und uns – ein einziger Mißklang, er – aus einer anderen Welt. Er fürchtet nicht den Schmerz »an sich«, wie ich. Er richtet sich nach keiner allgemeinen Gerechtigkeit, wie dieser Katholik und jene Kommunistin. Abstraktionen lehnt er ab, er faßt sie nicht, will sie nicht. Er existiert inmitten von Wesen aus Fleisch und Blut, er ist ein Wesen unter anderen, ein Leib unter anderen Leibern. Im tiefsten Innern weiß er nicht, was Gleichheit sei. Er ist Herr. Diesen Hund hat er liebgewonnen, also würde er bedenkenlos vierzig Millionen Ameisen und zehntausend Wale zu fürchterlichen Qualen verdammen... wenn das nur dem Hund Erleichterung verschaffte. Für das vertraute Geschöpf, das er kennt, ist er zu allen Opfern bereit – aber er will nicht alles wissen, will sich nicht mit allem einlassen, will im engen Kreis seiner Empfindungen bleiben. Was außerhalb seines Gesichtskreises liegt, das will er lieber nicht sehen. Den Hund aber hat er mit der Liebe des Herrn liebgewonnen – hat ihn liebgewonnen, weil der Hund ihn verehrte – er liebt an ihm diese hündische Verehrung. Also der Egoismus des Herrn und Herrschers, das aristokratische Empfinden, das von rücksichtsloser Menschenüberlegenheit herrührt, die ganze Natur ist für ihn da, ihm soll sie dienen, er, der sich das geringere Sein sämtlich unterordnet, entscheidet über Gunst oder Ungunst. Und er schien mir am stärksten »Anti« von uns allen zu sein – in diesem düsteren Stall, über dem Hund, als absoluter König der Schöpfung, der da spricht: Es ist alles für mich.

Aber das war der Natur vielleicht am ehesten gemäß. Und wäre der Hund mit Verstand begabt gewesen, er hätte ihn verstanden, nicht uns.

Zärtlich wie eine sorgende Mutter sagte er: »Warten wir ab. Vielleicht verendet er nicht.«

Raubgierige Liebe, die das Leiden verlängert, um den Hund zu retten – für sich selbst.

Diese Szene, die anmutete wie aus einem Drama, wäre nicht so unerträglich und gespannt gewesen – ohne das Röcheln des Hundes und seine Augen, die uns jagten.

Donnerstag

Necochea. Am Ozean.

Ich gehe den ungeheuren Strand entlang, der hart und braun geworden ist von der Flut, die ihn täglich überspült. Hinter den Felsen verschwinden die Häuser Necocheas.

Leere und Sand, das Wogen – dieses ertrinkende, einschläfernde Tosen. Raum – Entfernungen – Endlosigkeit. Vor mir, bis nach Australien, nur dies umgepflügte, mähnenleuchtende Wasser, im Süden die Falkland- und Orkneyinseln – und der Pol. Und hinter mir das *interior*: der Río Negro, die Pampa... Meer und Raum tosen in Augen und Ohren, stiften Verwirrung. Und ich gehe und entferne mich unaufhaltsam von Necochea – bis schließlich sogar die Erinnerung an sie verschwindet und nur diese unaufhörliche, ewige Entfernung bleibt, wie ein Geheimnis, das ich mit mir forttrage.

Ich habe im Hotel Shangri-La Quartier bezogen.

Sonntag

Ich schlenderte zum Hotel Quequen, an der anderen Hafenseite, aber dort war niemand vom argentinischen *high life* mehr – von all den Anchorens, Santa Marins usw., die ich über Duś und Henryk Sobański kennengelernt hatte.

Sie sind abgereist, weil der Januar zu Ende ist. Ihre Vorväter waren Jahr für Jahr jeden Januar in diesem Hotel zusammengekommen (das damals noch ein erstklassiges Hotel war), und deshalb geben auch sie sich jetzt ein Stelldichein in Quequen (das nur mehr eine anachronistische Bruchbude ohne Komfort ist). Im Januar knistert diese *boliche* vor millionenschweren Namen.

Die hiesige Aristokratie bzw. die sog. Oligarchie besteht aus einem Dutzend Familien, deren Stammbaum mit einem abrupt reichgewordenen Urgroßvater beginnt. Steinreich. Das Geld hat einen so gewaltigen Einfluß auf die Menschen, daß diese paar Generationen Reichtum genügen, den Unterschied zwischen ihnen und, sagen wir, den Radziwiłłs, fast verschwinden zu lassen. Sie sehen gut aus und kleiden sich nicht schlecht, ihre Manieren sind – wenn sie unter sich sind – korrekt, getragen von aristokratischer Ruhe. Aber nur in ihrem Kreis. Leider bin ich derjenige, der sie – wenn es zu so einer Konfrontation kommt – aus Fassung und Sphäre bringt. Intellektueller? Künstler? Atheist womöglich? Anarchist? Das ist ihnen peinlich, das geniert sie und schreckt ihre provinzielle Ehrbarkeit auf . . . sie fürchten Taktlosigkeit!

Montag

Ich traf ihn am Strand. Großartig war er! Grüßte mich konziliant. Fragte gutmütig nach meinem Befinden. Wies mit majestätischem Finger auf einen Kiosk, an dem es *langostinos* gab. Lächelte so erhaben wie ein Souverän. Mit der Höflichkeit der Könige ließ er mir den Vortritt auf dem Brett, das zu den Kabinen führte.

Alles nur deshalb, weil er nicht die Hosen anhatte. Sondern einen Badeslip.

Mittwoch

... à la Grubiński. Denn Herr Sakowski, wenngleich weniger hellenisch-lateinisch und renaissancehaft mit Schlagsahne, ist eigentlich Grubiński – nur nicht so mörderisch meisterhaft. Ihre trefflichste Weisheit läßt sich folgendermaßen ausdrücken: »Alles schon mal dagewesen.« »Nichts ist banaler als Originalität.« »Alles, was ich nicht gewohnt bin, ist leeres Gerede, Pose, Phrase.«

Typisches Eunuchen-Credo! Was für eine Ironie des Schicksals, daß die *Wiadomości*, die in ihrer Sturm-und-Drang-Zeit jede Woche einen Grubiński bei lebendigem Leibe fraßen, heute gleich zwei Grubińskis im Stall haben. Aber schade ist es doch, daß Grydzewski nicht einen weniger papiernen Geist dazu bestimmt hat, das *Tagebuch* zu besprechen, das immerhin ein Stück Leben enthält, meines Lebens. Sakowski habe ich nichts vorzuwerfen – das *Tagebuch* würde eine seiner (minder wichtigen) Bestimmungen verfehlen, wenn es Mentalitäten dieses Typs nicht provozierte, und seine Reaktion in diesem Fall ist so natürlich wie die eines Katers, dem man auf den Schwanz tritt. Ich gebe ja zu – ich habe ihm furchtbar Unrecht getan. Wie ein Barbar bin ich ins Boudoir seiner duftigen Seele eingedrungen und habe ihm das Lieblingsregal mit den Gedichtbändchen zertrümmert, habe Tuwim mit Füßen getreten, Lechoń in den Schmutz gezogen, die teuersten Heiligtümer und die süßesten Petitfours entweiht, sogar Boy-Żeleński! Die ganze Kapelle in Trümmern! Ach du Schreck! Daher diese Aversion, die dem im Stil des »parleh frangseh« geschriebenen, wackeren Feuilleton anzumerken ist.

Und der unentwegte Alte, Kajetan Morawski, macht sich in denselben *Wiadomości* große Sorgen, ob ich auch kein »Futurist« sei. Mein Gott, das ist doch *Kurier Warszawski*, redivivus!

Als wär's damit nicht genug, fällt auch noch Macius – Janusz Kowalewski – rauflustig und unbeugsam, streitsüchtiger Zappelphilipp, über mich her. Aber das in einer anderen Zeitung.

DIENSTAG

Gestern ist mir passiert... So etwas wie die Fortsetzung des Hundes auf der Estanzia... Wenn ich sagen würde, daß in einem gewissen Sinne, in gewisser Hinsicht nichts an Scheußlichkeit dem Dilemma gleichkommt, das ich durchlebte... daß ich dorthin kam, wo sich übergeben muß, was noch Mensch ist... Ich könnte das sagen. Ich kann mich auch damit quälen – oder es lassen – das hängt eigentlich von mir ab.

Ich lag in der Sonne, listig verborgen in der Gebirgskette, die von dem Sand gebildet wird, den der Wind am Rand des Strandes aufweht. Sandberge sind das, Dünen, reich an Pässen, Abhängen, Tälern, ein rundliches und leichtrinnendes Labyrinth, hier und dort von Gesträuch bewachsen, das zittert unter dem unaufhörlichen Drang des Windes. Ich lag im Schutz einer vornehm kubischen, erhabenen, großen *Jungfrau* – aber schon zehn Zentimeter vor meiner Nase begann der Sturm, der unaufhörlich die sonnenverbrannte Sahara peitschte. Irgendwelche Käfer – ich weiß nicht, wie ich sie nennen soll – durcheilten diese Wüste eifrig mit unbekanntem Ziel. Und einer von ihnen, in Reichweite meiner Hand, lag auf dem Rücken. Der Wind hatte ihn umgeworfen. Die Sonne knallte ihm auf den Bauch, bestimmt äußerst unangenehm für ihn, wenn man bedenkt, daß dieser Bauch es gewöhnt war, immer im Schatten zu sein – lag da und ruderte mit den Beinchen, und es war klar, daß ihm nichts blieb, als so monoton und verzweifelt mit den Beinchen zu rudern – und nach all den Stunden, die er da liegen mochte, ermattete er schon, lag im Sterben.

Ich, der Riese, der ich durch meine ungeheure Größe unzugänglich, gar nicht vorhanden für ihn war – ich sah mir dieses Gewedel mit an... und befreite ihn mit einer Handbewegung aus seiner qualvollen Lage. Da zog er weiter, der vor einer Sekunde noch dem Tode geweiht war.

Kaum hatte ich das getan, so sah ich etwas weiter einen identischen Käfer in gleicher Lage. Auch er ruderte mit den Beinchen. Ich hatte keine Lust, mich zu rühren... Aber – warum hast du jenen gerettet, und diesen nicht?... Warum den anderen... und dieser?... Einen hast du beglückt, der andere soll sich quälen? Ich nahm einen Stock, streckte den Arm aus – und erlöste ihn.

Kaum hatte ich das getan, so sah ich etwas weiter einen gleichen Käfer in identischer Lage. Er zappelte mit den Beinchen. Und die Sonne brannte ihm auf den Bauch.

Sollte ich meine Siesta in einen Rettungswagen für sterbende Käfer verwandeln? Aber ich war schon zu heimisch in diesen Käfern, in ihrem sonderbar hilflosen Gerudere... und ihr werdet verstehen, daß ich diese Rettung, da ich sie einmal begonnen hatte, nicht an beliebiger Stelle unterbrechen durfte. Es wäre zu grausam für den dritten Käfer gewesen – gerade an der Schwelle zu seinem Unglück einzuhalten... allzu furchtbar und irgendwie unmöglich, nicht zu machen... Ja, wenn zwischen ihm und denen, die ich erlöst hatte, irgendeine *Grenze* gewesen wäre, irgend etwas, das mich zum Aufhören ermächtigt hätte – aber es gab eben nichts, nur weitere 10 cm Sand, immer der gleiche sandige Raum, zwar »etwas weiter«, aber nur »etwas«. Und er ruderte ebenso mit den Beinchen! Doch als ich mich umsah, entdeckte ich »etwas« weiter noch vier solcher Käfer, die sich rührten und von der Sonne gebraten wurden – es half nichts, ich erhob mich in all meiner Riesengröße und rettete sie sämtlich. Sie zogen davon.

Da fiel mir der glänzend-heiß-sandige Abhang der nächsten Düne in die Augen, und darauf fünf oder sechs zappelnde Punkte: Käfer. Ich eilte ihnen zu Hilfe. Erlöste sie. Und hatte mich schon so an ihrer Qual verbrannt, war schon so in ihr aufgegangen, daß ich, als ich in der Nähe neue Käfer auf den Ebenen, Gebirgspässen und in Hohlwegen sah, diesen Ausschlag gepeinigter Pünktchen, wie verrückt auf diesem Sand zu Gange war, nur helfen, helfen, helfen! Aber ich wußte, das konnte nicht ewig so gehen – war doch nicht nur dieser Strand, sondern die ganze Küste mit ihnen übersät, so weit das Auge reichte; so war es nur eine Frage der Zeit, bis ich sagen würde

»genug«, und es zu dem ersten nicht geretteten Käfer käme. Welcher? Welcher? Welcher? Immer wieder sagte ich mir »dieser« – und rettete ihn doch, weil ich mich nicht zu dieser schrecklichen, schier niederträchtigen Willkür durchringen mochte – denn warum dieser, warum ausgerechnet dieser? Bis es in mir schließlich zum Bruch kam, plötzlich, glatt, ich brach das Mitleid ab, blieb stehen, dachte ganz unbeteiligt »na ja, es reicht«, machte kehrt und ging zurück. Der Käfer aber, jener Käfer, *bei dem ich aufgehört hatte*, blieb dort mit rudernden Beinchen zurück (was mich eigentlich nicht mehr kümmerte, so als wäre mir nun der ganze Spaß zuwider – aber ich wußte, daß mir diese Gleichgültigkeit von den Umständen aufgezwungen war, und trug sie in mir wie einen Fremdkörper).

DONNERSTAG
Die Konditorei auf der *rambla* (der Mole), wo man sich zu dieser Abendstunde dem Tanz und ausgelassener Samba hingibt, ein Lokal von diskreter Eleganz, wirft ihre Lichter und den spiegelnden Sonnenglanz auf die Reglosigkeit der raunenden Wasser... bis zum Pol, bis hin nach Australien. *Sumampa*. Solche exotischen Namen lauern hinter meinem Rücken in der Tiefe des Festlands, im *interior*, wo die Sprache der Indios, die vor gar nicht langer Zeit ermordet wurden, noch sehr lebendig ist.

Kellner. Die tanzselige Jugend. *Refrescos* und *helados*.

... Wenn ich sagen würde, daß das mit diesen Käfern, daß das... kompromittierend war? Und »niederträchtig«? Und vor allem »ganz gemein hilflos«. So kann ich das definieren. Es hängt von mir ab. Ich kann mich jetzt, beim Tanzvergnügen, der Schmach hingeben, aber ich kann mir auch noch eine Portion Eis bestellen und das als dummen Zwischenfall mit Ungeziefer abtun.

Ja, meine Schrecken und mein Grauen verwalte ich selbst. Was *soll* schrecklich für mich sein? Erst muß ich dem Teufel winken – dann erscheint er mir. Ich winke vielleicht zu oft...

und, wichtiger noch, ich betreibe eine bestimmte Art der Angst, von der ich weiß, daß sie eher der Zukunft angehört – Ängste sind das, die noch keimen, die erst die jetzt heranreifende Generation plagen werden.

Die Menge! Die Menge! Der Gerechtigkeit mußte ich entsagen, der Moral, der Menschlichkeit – weil ich die Menge nicht bewältigen konnte. Es waren zu viele. Verzeihung! Aber das heißt doch gerade soviel, als daß die Moral unmöglich ist. Nicht mehr und nicht weniger. Denn die Moral muß alle gleich behandeln, sonst wird sie ungerecht und somit unmoralisch. Aber diese Menge, die ungeheure Größe dieser Menge konzentrierte sich in dem einen, einzigen Insekt, das ich nicht erlöst – bei dem ich aufgehört hatte. Weshalb ausgerechnet dieses und kein anderes? Weshalb mußte dies eine Insekt dafür bezahlen, daß es Millionen von ihm gab?

Mein Erbarmen, das sich ausgerechnet in diesem Augenblick erschöpfte – bei diesem einen Käfer, obwohl er doch genau so war wie alle anderen. Warum? Etwas Unerträgliches, schwer zu Schluckendes ist an dieser plötzlich konkretisierten Unendlichkeit – warum ausgerechnet dieser? – warum dieser?... Und wie ich so darüber nachdenke, wird mir ganz seltsam. Ich habe den Eindruck, als verfügte ich nur über eine beschränkte... und fragmentarische... und willkürliche... und ungerechte Moral... eine Moral, die (hoffentlich versteht man das) ihrer Natur nach nicht stetig ist, sondern *körnig*.

SONNABEND

Die Malerei... Mag sein. Vielleicht übertreibe ich mit dieser Phobie.

Ich will nicht bestreiten, daß ein Gemälde, selbst wenn es ein getreues Abbild der Natur ist, trotzdem etwas Fesselndes und Anziehendes besitzt. Was ist das? Gewiß – eine gemalte Landschaft sagt uns etwas anderes als dieselbe Landschaft in der Natur, sie übt eine andere geistige Wirkung auf uns aus. Jedoch nicht deshalb, weil das Gemälde schöner wäre als die Natur, nein, das Gemälde wird immer eine stümperhafte Schönheit sein, eine von unbeholfener Menschenhand verpfuschte Schönheit. Aber vielleicht besteht gerade darin seine geheimnisvolle Anziehungskraft. Das Bild vermittelt uns eine empfundene, von jemandem, d.h. dem Maler, schon gesehene Schönheit. Das Bild sagt uns nicht nur: »Diese Landschaft ist schön«, sondern auch: »Ich habe das gesehen und war entzückt, deshalb habe ich es gemalt.«

Wenn wir bedenken, daß die Kontemplation eines Gegenstandes, was immer es sei (eine Landschaft, ein Apfel, ein Haus, ein Mensch) uns mit verzweifelter Einsamkeit erfüllt – du stehst dann doch allein dem *Ding* gegenüber, und das Ding erdrückt dich – vielleicht findet sich in dieser unserer Angst vor dem Ding an sich eine Erklärung für das paradoxe Phänomen, daß uns ein unvollkommener gemalter Baumstumpf näher ist als der natürliche Baumstumpf in all seiner Perfektion. Der gemalte Baumstumpf ist ein Baumstumpf, der den Menschen passiert hat.

SONNTAG
Heute beim Tee bei Atilio wurde wieder über die Malerei diskutiert (worüber auch sonst?). Aber der Haken ist, daß man über Malerei nicht diskutieren kann. So erinnern diese Gespräche an Dialoge von Stummen – man schnalzt mit der Zunge, fuchtelt mit den Händen, bleckt die Zähne... »Was, du verstehst diesen Farbtupfer nicht?«... »Das hat so was... was... was Gewisses, na du weißt schon...« »Hübsch, hübsch, hm... Teufel noch mal!«... »Wirklich genial, Ehrenwort!«

Wozu reden sie, wenn sie sich nur aufs Malen verstehen? Übrigens ist auch die Sprache von ganz hervorragenden kunstgeschichtlichen Werken nicht viel reicher entwickelt. Und dies stumme Geschwätz läuft nun in der Menschheit ab... läuft ab...

Ich mag sie nicht, diese...
Der Österreicher, den ich bei Pocha Oddone getroffen habe. Architekt. Er fordert geplante Städte, rational ästhetische, funktionale Innenräume usw. Ich sagte, daß die Menschheit größere Sorgen hat als die Ästhetik. Ich sagte auch, daß eine übermäßige Verfeinerung des Schönheitsempfindens uns in ganz schöne Schwierigkeiten stürzen kann. Dem durchschnittlichen Kleinbürger klarzumachen, daß sein Spiegelschrank, seine Kommode und seine Gardinen kitschig sind, hieße ihm das Leben für immer vermiesen. Uns in unserer Armut stünde eher eine vielseitigere Begabung an – die Fähigkeit, in allem Schönheit zu entdecken, sogar im Kitsch.

Das verstand er nicht. Oberschlau. Europäer. Belehrend. Gebildet. Modern. Architekt.

V

Mittwoch

Das Wetter fährt in ein schmutziges Unwetter, Wolken, noch nicht schlüssig, ob sie gießen sollen, kommen geradewegs aus dem Himmel gekrochen, die Sonne schießt bisweilen hervor und läßt den Strand aufleuchten, auf dem Goldglanz, Himmelblau und Weiß im Tanze liegen. Am Strande Spiel und Spaß und Tollerei – aber bitter, bitter schwer erkauft dadurch, daß sie sich ausziehen mußten! Unerhörter Zynismus! Ihr Spaß hier ist ein Akt verzweifelter Schamlosigkeit, jawohl, sie haben den Mut gefunden... haben sich ausgezogen... haben Schuhe, Socken, Strumpfhosen, Slips, Hosen, Krawatten, Hemden, Blusen und Jacken abgelegt... und heißassa!... die Natur auf ihrer Seite, tollen sie herum, die Nackedeis! Aber es sind keine nackten Nackedeis, sondern ausgezogene! Unverschämt! Ja, ja, es tollt die Frau des Apothekers dort, seht nur, mit dem Füßchen scharrt sie im Sand, ihre Ferse, entblößt, steht hervor und ragt heraus – und der Chef der Verkaufsabteilung, er tollt, er tritt nach einem Ballon, er keucht und juchzt! Ha, das ist eine Lust! Und splitternackt! Aber nicht einfach nackt, sondern ausgezogen! Auch der Chef, ausgezogen! Die Frau Apotheker ohne Schlüpfer! Und die Zehen passen so wild zu den Fingern! Und der ganze Strand brüllt in wütender Provokation körperlicher Scheußlichkeit. Gott, laß mich die Menschengestalt auskotzen! Ein Hund ist aufgetaucht. Ein Hund ging vorüber – makellos – hundselegant – distinguiert...

Ich betrachtete das von einem Hügel aus, mit mir war Atilio, kultivierter Kenner der Künste Mexikos. Er sagte: »Ein entzückendes Bild. Hat was von Turner, nicht wahr?«

In der Tat – ein entzückendes Bild, nur eben aus Scheußlichkeit gemacht.

DONNERSTAG

Piñera behauptet, daß in Havanna jeder Schöngeist, der etwas auf sich hält, seine eigene »Antiquität« besitzen müsse – eine Uhr aus der Epoche Ludwig XIV., ein Medaillon – von dem er sich nie trennt und dem er all den Enthusiasmus zueignet, den er für die Kathedralen, Museen, überhaupt für sämtliches europäisches Gerümpel hätte, wenn das Schicksal ihm mal eine Pilgerfahrt nach Europa erlaubte. Wie sich herausstellt, hat Atilio, der Mexikaner ist, auch eine eigene Antiquität. Gestern holte er aus einem wunderbaren Lederetui einen Silberbecher hervor und zeigte ihn mir andachtsvoll.

»Ein echtes Stück!«

Mag ja sein... Es war ziemlich groß und rasend renaissancehaft, voller Reliefszenen, millimetergenau ausgefeilt – ein unheimliches Dickicht von Figuren und Ornamenten – um das zu entwirren, um in die sicher langjährige Arbeit des Künstlers einzudringen, hätte man dem Becher viele Stunden methodischer Analyse widmen müssen. Ich zweifle, ob sich irgendeiner seiner bisherigen Besitzer dazu aufgerafft hat – wahrscheinlich hatte nie jemand den Becher mit den Augen richtig »begriffen«. Ich selbst begnügte mich mit der obenhin gemachten Feststellung, es sei gewiß gute Arbeit... und dann fiel mir das alte Porzellan meiner Mutter ein, das reihenweise auf Regalen prunkte und ebenfalls reich war an Finessen, die nie jemand entdeckt hatte. Es genügte, daß das Porzellan echt war...

Atilio streichelte den Becher wollüstig (womit er diese uralte Leistung gleichsam in Besitz nahm), umfaßte ihn dann mit synthetischem Blick (haargenau dem gleichen, den auch wir auf unser Porzellan zu werfen pflegten) und steckte ihn wieder ins Etui. Und nahm einen Stapel Alben aus dem Koffer. »Diese Alben nehme ich immer mit«, sagte er. »Ich könnte ohne das nicht leben!« Es handelte sich um die Kathedrale von Chartres, Picasso, Michelangelo, etruskische Vasen, Fresken von Giotto und griechische Tempel. »Ach«, rief Atilio, während er blätterte. »Ach, schauen Sie doch nur, hier... hier... was? Nicht wahr?!« Ich schaute und er schaute, aber das war eher so, als badeten wir im Meer... überfallen von der Brandung der wuchernden Formen, versunken darin und verloren. Die Kathedrale von Chartres erdrückte mich wie eine Wand aus Wasser. Wie viele Monate, Jahre bräuchte es, bis man sich in einer Kathedrale auskennte, die von unten bis oben, bis zu den Gewölbebögen ausgearbeitetes, gequältes, leidenschaftsgesättigtes, menschgewordenes Gestein ist – als hätten sich ganze Arbeiterscharen wie Meereswogen auf den Stein geworfen. Wie kann ein Betrachter die Arbeit so vieler Künstler aufnehmen? Aber Giotto, Picasso und Michelangelo lauerten schon auf uns, kaum hatten wir die Abbildungen der Kathedrale verlassen. »Ha!« rief Atilio ungebärdig, »ha! Großartig!« – Wir ertranken. Wir ertranken darin wie in einem allzu reich sortierten Laden und erhaschten wie Kinder, die Schmetterlinge fangen, immer wieder eine Linie, einen Farbtupfer, nichts als blasse Zeugnisse dessen, was uns entging.

Wir sahen nicht viel... wir machten eher Inventur... wie ein Geizhalz, der seine Goldstücke durch die Finger wandern läßt, sättigten wir uns allein an diesem Reichtum, schier blindlings... und voller Vertrauen, daß es doch jemanden geben müsse, der das mit dem Blick begriffen hat. Hier ein Fresko von Giotto. Ich habe nicht viel Zeit dafür, aber ich bin gewiß, vertrauensvoll gewiß, daß jemand anders es aufmerksam betrachtet, es erschaut hat... Doch da schreckte mich ein fataler Gedanke: wenn es diesen anderen nun nicht gab? Und wenn jeder diese Last des Sehens auf den anderen abwälzt und wir uns diesen Genuß von Hand zu Hand reichen, ihn ins Nichts abdrängen? Atilio zuckte die Schultern:

»Tss! Das sagen Sie mir?! Ich habe mein halbes Leben in die Kunst gesteckt...«

Das war gelogen. Wahrscheinlich hatte er nie etwas anderes getan, als nachlässig in Kunstalben zu blättern. Er blätterte nur... warf hier und dort einen Blick hin... pickte wie ein Huhn... Aber wie beweisen, daß er log?

Freitag

Señora Mercedes H. de A. ist extra nach Buenos Aires gekommen, um Atilios Pokal zu sehen (Atilio kehrt nicht nach Buenos Aires zurück, er fährt nach Chile) – diese Dame ist mager, hermetisch und stimmlos, sie nahm den Becher zur Hand, betrachtete ihn, stellte ihn dann ab und seufzte »Ach! Ich hätte es mir nie verziehen, wenn ich Sie aus Argentinien hätte abreisen lassen, ohne diesen Pokal gesehen zu haben!« Nach kurzer Pause flüsterte sie noch: »Sagen Sie mir doch auch, was Sie von Pettoruti halten, von seiner Farbgebung in letzter Zeit?« Atilio verzog das Gesicht: »Vor fünf Jahren gefiel er mir besser.« – »Da sind wir einer Meinung!« rief sie fast unhörbar und freute sich. Stieg ins Auto. Und fuhr davon.

Dies Mädchen, Blondine, Polin, junge Malerin, die ich vor Jahren kennengelernt hatte, als sie via Paris aus Polen hier auftauchte war – an sie mußte ich denken, als ich den gewaltigen Wagen mit Frau Mercedes davonfahren sah. Sie hatte kein Auto. Sie verbrachte einige Monate in Argentinien. Lief von Ausstellung zu Ausstellung. Von Maler zu Maler. Arbeitsam. Ja, sie wollte keinen Augenblick verlieren. Konzentriert. Im heissen Wunsch, ihren malerischen Besitzstand zu mehren. Wie ein Spürhund hinter den »Werten« her. Sie sprach von nichts anderem. Kopierte, skizzierte, notierte, steckte bis über den Kopf in den Problemen der bildenden Kunst und bildete sich ständig, ohne Unterlaß, aufrichtig, bescheiden und arbeitsam. Es gab nichts Ärgerlicheres als ihren Fleiß, der unersättlich war und fromm. Und ach so artig.

Mercedes allerdings... Was ist besser: diese schweißüberströmte proletarische Gier mit ihrer verbissenen »Autodidaktik«, oder die plutokratisch-aristokratische Geste der reichen Dame, die 400 Kilometer zurücklegt, um einen Becher zu sehen, dem sie dann kaum einen flüchtigen Blick schenkt – aber wozu hätte sie ihn anschauen sollen, es genügte doch wohl, daß sie, Mercedes, ihn besuchen gekommen war! Wie quälend ist es, daß die bildenden Künste, so sehr dem Material verhaftet, zugleich auch Kirche und Salon, Kunst und Geschmeide repräsentieren... Im Hotel fand ich das Tagebuch von Jorge Rohde, Sekretär an der argentinischen Botschaft in Paris und Literat, mit dem Titel *Fünf Jahre Paris*. »Cuantas expresiones del arte, hijas del supremo buen gusto!« (Wie viele Kunstwerke, die vornehmstem Geschmack entsprungen sind!) Dieser entzückte Ausruf kam ihm über die seligen Lippen, als er die Gobelins, Bronzen von Clodion, Silber von Roettier, Gemälde von Fragonard und andere Wunderdinge bei Monsieur de Comondo, einem nobilitierten französischen Juden sah, in seiner Pariser Residenz, die dem Petit-Trianon nachempfunden ist. Herr Rohde ist ein Bewunderer von Kunstwerken sowie von *duquesas*, aber mehr von *duquesas*. »Loli Larivière – die Entzückende – nahm mich mit in den Salon der Fürstin de La Rochefoucauld...« (Loli Larivière – la encantadora – me lleva al salón de la duquesa de La Rochefoucauld...) Ich habe schon an die 50 Seiten studiert und frage mich allmählich ernsthaft, ob unser Hang zum alten Fragonard und zur alten de La Rochefoucauld nicht derselben Quelle entspringt – es wäre dies das berauschende Wörtchen »Aristokratie«.

Sonnabend

Neulich auf einem Bankett zur Ehren von Raquel Forner (einer manierierten und, wie ich finde, schlechten argentinischen Malerin) sowie ihres Ehemannes, des Bildhauers Bigatti (sie hatten nämlich irgendeinen Preis ergattert und sollten in die Staaten fahren), sah ich sie alle versammelt, die Maler, redselig, in kleckrigem Diskurs begriffen, hoch ging's da her. Ich beobachtete das unauffällig, von einem anderen Tisch im Restaurant. »Zum Staunen«, wie es im Volksmund heißt – wirklich seltsam zu sehen, wie ein erniedrigender Mechanismus unter solchen Umständen zum erhöhenden Mechanismus wird. Denn im Grunde hatte keiner dieser Maler viel für seine hier anwesenden Kumpel übrig – je nun, der argentinische Pinsel reicht an den Pariser nicht heran – und dennoch wuchsen sie hier, auf dem Bankett, wo sie sich alle zusammen gegenseitig die Ehre erwiesen, zu einem wahren Recken; auf einem Haufen versammelt, gerieten sie zum Preislied auf sich selbst; und die Tafel kündete laut von ihrem Ruhm, diese Tafel wirkte bedeutsam, ja imponierend durch die Menge der Personen, die an dieser Selbsterhöhung teilnahmen.

Etwas anderes ist, daß das nicht lange dauerte. Schon bald sank ihnen der Pfauenschweif, und ihr Kunstverfertigergeist gewann die Oberhand. Das Gespräch konzentrierte sich auf Ausstellungen, Preise, den Verkauf der Bilder – sie waren wie Unternehmer, die sich um ihre kleine Fabrik kümmern, betriebsam und ein wenig verbittert, voller Ärger auf die Gesellschaft, die sich nicht auskennt und nicht kaufen will... Sie sind überwiegend Anarchisten, manchmal auch Kommunisten, aber in Wirklichkeit sind sie auf Leben und Tod mit der Bourgeoisie verbunden. Nur der Bourgeois kann sich leisten, was sie entzückt – schöne Wohnungen, Renaissancebecher, wertvolle

Antiquitäten, erlesenen Geschmack – all das ist Verneinung der proletarischen, also der Massenproduktion. Und was man auch sagen will, ihre unschätzbaren Gegenstände sind dazu da, daß sie jemand in Besitz nimmt, materiell in Besitz nimmt, daß sie jemandes Eigentum werden – Besitz bedeutet soviel in dieser Kunst – und das geht nicht ohne privates Kapital.

SONNTAG
Gespräch mit Frau Kropka Czerwińska über England.

Jetzt liege ich am Strand unter lauter Leibern und schreibe auf dem Bauch. Ich frage mich ... ich frage mich, ob meine Auflehnung gegen die bildende Kunst nicht mit meinen Porträts begonnen hat ... Ich habe einige Male Malern posiert – immer in großer Unruhe, denn dieser fremde Blick, der da über meine Gestalt glitt, und daß ich diesen aufmerksamen, gespannten Augen zum Fraß vorgeworfen war, die mich sozusagen allzu genau musterten ... und er dort an der Staffelei machte mit mir, was er wollte. Eine höchst anormale Situation, die sehr vielversprechend war ... in schöpferisch-künstlerischer Hinsicht ... Aber schon beim Malen hatte ich den Eindruck, daß der Maler mir nur scheinbar überlegen war – ganz einfach deshalb, weil er nicht fähig war, meine Gestalt in seine Gewalt zu bekommen, und die technischen Schwierigkeiten, die ihm die Wiedergabe meiner Nase, meiner Ohren und Wangen auf der Leinwand bereitete, machten ihn eher zum angestrengten Handwerker als zum Herren und Herrscher meines Leibes. Und während die Arbeit voranschritt, wurde jene Kombination von Linien und Flächen, das Abbild der Gestalt, immer komplizierter – je mehr er mich auf der Leinwand hatte, desto ungebärdiger setzte ich ihm dort zu und desto schwerer fiel es ihm, etwas an diesem Entwurf zu ändern, etwas mit mir »zu machen«, mich umzugestalten. Ich nehme an, wenn ein Fels oder ein Baum etwas empfinden könnten, so würden sie gerade diesen ironischen Triumph über den Maler verspüren, der sie mit dem Pinsel angeht: ein Gefühl triumphierender Ohnmacht, das daher rührt, daß der Maler sich der Gestalt unterwerfen muß, um sie zu fassen – und sobald er sie gepackt und auf die Leinwand gebracht hat, ist er ihr nicht mehr gewachsen, denn nun thront das »Ding« selbst im Bild und fesselt durch seine unerbittliche Dinglichkeit. Mir schien also, daß die demütigende Stofflichkeit der ganzen Sache, diese Wiedergabe von Nase, Ohren, Augen und Haaren in Öl, diese freudlose, der Natur willfährige Sinnlichkeit dem Maler jede Möglichkeit nahm, schöpferisch zu sein – zumindest aber, daß der marginale schöpferische Bereich immer enger und unbedeutender wird, je konkreter ich auf der Leinwand erscheine. Bis endlich das Porträt fertig war. Und mir gezeigt wurde. Welch eine Enttäuschung!

Was war passiert?! Er hatte mich in ein Ding verwandelt! Hatte mich genauso gemalt, als wäre ich der Stein da gewesen, ha, erst jetzt wurde mir klar, daß er Menschen genauso malt wie andere Gegenstände. Und was lag daran, daß er mich durch seinen Blick geseiht hatte? . . . Er hatte mich so gemalt, als handelte es sich nicht um mich, sondern um meinen Schuh!

Dienstag

Ich traf diese Bande ungeschlachter – sinnlich bärtiger oder wenigstens behaarter – Nackedeis in der Nähe von Quequen; sie halfen den Fischern die Netze aus dem Wasser ziehen. Da warf es mich förmlich zurück. Ich kann sie nicht ausstehen, diese bebrillte Bohème mit Bart, diese aufgeknöpfte Städterfleischlichkeit, ihre mit Raffinesse kombinierte »Künstlereinfalt« . . . Doch trat ich näher, grüßte und sagte (wie immer, wenn sie mir über den Weg laufen):

»Ich glaube nicht an die Malerei (no credo en la pintura)!«

Sie brachen darauf in Lachen aus.

Ich antwortete: »Stellen wir uns vor, einer von euch malte diesen Fischer hier. Was meint ihr? Kann ich die Kunstfertigkeit des Gemäldes beurteilen, wenn ich kein Gespür für Farbe und Form habe und mein Geschmack nicht ausreichend entwickelt ist? Wenn ich, mit einem Wort, kein Entdeckerauge, keinen Malerblick habe?«

Sie: »Ja sicher! Dann wirst du nichts in dem Bild finden.«

Ich: »Nicht wahr? Aber wenn ich das kann, wozu brauche ich dann ein Bild?«

Sie: »Wie meinst du das?«

Ich: »Genau so! Wenn ich selbst einen Blick habe, dann sehe ich mir lieber das lebende Gesicht eines Fischers an. Statt eines Bildes werde ich Hunderte haben, denn dies Gesicht ist immer wieder anders, je nach dem Blickwinkel, je nach der Beleuchtung. Wenn ich dazu fähig bin, den malerischen Wert eines lebendigen Gesichts wahrzunehmen, was soll ich dann mit dem reglosen Gesicht eures Gemäldes? Und wenn ich nicht dazu fähig bin, dann wird mir auch das Gemälde nichts Interessantes sagen.

Soll ich lassen von diesem blendenden Wirbel aus Gestalt, Licht und Farbe, der die Welt ist, um eures toten Reiches willen, in dem nichts sich bewegt! Merkt ihr noch nicht, auf welchem Wege ich euch kriegen will?... Ich will ganz einfach sagen, daß euer Pinsel nicht in der Lage ist, den plastischen Aspekt der Welt wiederzugeben. Denn die Welt ist Form in Bewegung. Selbst wenn die Gestalt reglos ist, so ändern sich das Licht und die Luft. Aber ihr verurteilt die Natur auf der Leinwand zur Paralyse, ihr raubt der Gestalt das Leben: ihre Bewegung.«

Sie: »Was? Was? Die Malerei bringt die Bewegung nicht zum Ausdruck? Absurd! Die Bewegung im Bild ist, auch wenn sie aufgehalten, wenn sie reglos geworden ist, doch nichts als Bewegung – ist gerade deshalb mehr Bewegung!«

Ich: »Ha, ha, ha, ha, ha, ha, ha!«

Lüge! Ach, wie ich diese typischen Lügen der Kunst liebe, die einem immer gern einreden, ihre Schwächen seien ihre Stärke!

Ja, unter uns... Es hört ja niemand... So unter vier Augen... Gesteht es, wenn ihr diese göttliche, belebende Bewegung auf eure Palette bannen könntet, so wärt ihr im siebten Himmel!

Warum verhehlen, daß der Pinsel ein unbeholfenes Instrument ist? ... Das ist, als wolltet ihr den lichtgleißenden Kosmos mit einer Zahnbürste angehen.

Keine andere Kunst ist so arm an Ausdrucksmitteln – außer vielleicht die Bildhauerei. Die Malerei ist ein einziger großer Verzicht auf das, was sich nicht malen läßt. Sie ist ein Schrei: Ich wollte viel mehr, aber ich kann nicht! Ein quälender Schrei.

Wollt ihr eine kurze Geschichte eures Bankrotts hören?

Früher waren die Maler bestrebt, die Natur möglichst getreu wiederzugeben. Aber wozu etwas wiedergeben, was schon da ist? Und außerdem, heißt das nicht, sich auf ewig zur Pfuscherei zu verdammen? Die Natur malt besser. Kein Tizian wird das Gesicht dieses Fischers vollkommener malen – hier sind Fehler ausgeschlossen, denn jeder Schatten, jeder Tupfer ist so, wie die Physik sie diktiert.

Weil man also der Natur nicht gerecht werden konnte, suchte man Rettung beim »Geist«. Immer mehr menschlicher Geist wurde ins Bild gesteckt. Da aber kam die Sinnlichkeit der Malerei zum Vorschein. Was tun mit dem Geist, wenn man fast ausschließlich mit Materie umging? Ihn als erhebenden Inhalt ins Bild pumpen – als Anekdote? ... Aber das wäre doch ein aufgepfropfter und geradezu komischer Geist!

Damals wurde immer deutlicher, daß der Maler nicht die äußere Natur und nicht den Geist ausdrücken sollte, sondern seine Sicht der Natur ... und somit sich selbst, ohne jedoch die Grenzen der ihm eigenen physischen Sphäre zu überschreiten ... sich selbst mit strikt malerischen Mitteln ausdrücken, in Farbe und Gestalt ... So begann man, das Objekt zu deformieren. Aber wie sollte man sich mit in einer Malerei zum Ausdruck bringen, die bewegungslos war? Ist die Existenz doch Bewegung, vollzieht sich in der Zeit. Wie kann ich mich selbst, also meine Existenz vermitteln, wenn ich nur Kombinationen regloser Gestalten zur Verfügung habe? Leben ist Bewegung.

Wenn ich keine Bewegung zeigen kann, kann ich kein Leben zeigen. Beachtet, daß ich hier von wirklicher Bewegung spreche, nicht von der Suggestion einer Bewegung, die der Maler z.B. bei der Skizzierung eines springenden Pferdes vermittelt. Vergleicht in dieser Hinsicht einmal Farbe und Linie mit dem Wort. Das Wort entwickelt sich in der Zeit, das ist wie ein Ameisenzug, jede bringt etwas Neues, Unerwartetes; wer sich im Wort ausdrückt, wird alle Augenblicke neugeboren, kaum ist ein Satz zu Ende, ergänzt ihn schon der nächste und erzählt ihn fort, und so kommt in der Bewegung der Worte das unaufhörliche Spiel meines Daseins zum Ausdruck – wenn ich mich mit Worten ausdrücke, bin ich wie der Baum im Wind, rauschend und zitternd. Der Maler aber ist mit einem Satz restlos ausgeworfen, ganz auf der Fläche, reglos auf der Leinwand – wie ein Klumpen. Das Ganze des Bildes erfassen wir mit einem Blick. Und was macht es, daß wir im Bild ein gewisses Spiel der Elemente bemerken, wenn dieses Spiel sich nicht entwickelt, nicht läuft? Zweifellos kann uns die Malerei die Sicht des Malers vermitteln, sein geistiges Abenteuer mit der Welt, aber nur im Schnitt eines einzigen Augenblicks – um mich gut in seine Persönlichkeit versetzen zu können, müßte ich Tausende solcher Visionen haben, erst sie alle zusammen wären in der Lage, mich in seine innere Bewegung, sein Leben, seine Zeit einzuführen.

Was für eine Verdrehung zu behaupten, van Gogh oder Cézanne hätten ihre Individualität auf der Leinwand zum Ausdruck gebracht! Einen Apfel ein wenig anders zu malen, als er in der Natur aussieht – und mit diesen Äpfeln gegen das leichtfüßige Werden der Poesie, der Musik bestehen zu wollen... Der Mensch in einem Apfel! In einem reglosen Apfel! Wenn man mir als Schriftsteller und Poeten sagen würde, ich sollte mich mit Hilfe eines Apfels zum Ausdruck bringen, so würde ich mich hinsetzen und über diese Demütigung in Tränen ausbrechen. Doch was soll's – wenn wir von der Kunst und ihren Meistern sprechen, überkommt uns eine gewisse Nachsicht... und Sympathie oder gar Verehrung bewirken, daß wir bei den vielen kleinen und weniger kleinen Ungenauigkeiten gern ein Auge zudrücken, um nur kein Spielverderber zu sein... so sind wir bereit zu schwören, diese Äpfel oder Sonnenblumen hätten uns Cézanne oder van Gogh nahegebracht, und vergessen dabei, daß es, wenn sie uns denn nah vertraut geworden sind, ihre Biographien waren, die die ungeheure Lücke gefüllt haben, die Sonnenblumen und Äpfel gelassen hatten. Ohne das Wort, das uns von ihrem Leben erzählte, hätten wir nicht viel mit ihren Selbstporträts anfangen können.

So litt denn die Malerei, obgleich sie schon deformierte, weiterhin chronischen Mangel – die Märtyrer des Pinsels (dieses plumpen Instruments!) spürten, daß sie sich im großen Maßstab nicht aussprechen konnten, indem sie die Gestalten der Natur nachahmten, selbst wenn sie sehr weitgehend umgestaltet wurden. Was tun? Wie sich befreien von dem DING, von diesem DING, an dem sie hingen, wie der Hund an der Kette? Sollte es nicht möglich sein – das DING zu zerschlagen, es in seine Bestandteile zu zerlegen und daraus eine eigene Sprache zu schaffen – eine abgehobene Sprache? So nahm die abstrakte Malerei ihren Anfang. Was half es, wenn auch sie sich nicht rührt, oder genauer, erstarrte Bewegung ist. In der Musik ist die reine Form erreichbar, denn die Musik ist immer im Werden, auf das Pianissimo der Geigen folgt das Donnern der Schlaginstrumente, hier erneuert sich die Form mit jedem Augenblick – das abstrakte Bild aber ist wie ein einziger Akkord... als würde ein Musiker zum Konzert laden und nur einen einzigen Akkord darbieten. Die Abstraktion hat dem Bild den Lebensersatz genommen, den es als Nachahmung der Natur besaß – ohne ihm dafür eine andere Vitalität zu verleihen.

Zum Teufel mit eurer Malerei! Ich habe genug davon. Schluß mit dieser fixen Idee!

Sie: Mensch! Du hast kein Gespür dafür! Keine Ahnung! Kein Verständnis! Du begreifst das nicht!

Ich: Seht mal diese drei Streichhölzer, die ich auf den Sand lege.

Stellt euch vor, in einer Gruppe von Menschen entsteht ein erbitterter Wettstreit darum, wie man diese drei Streichhölzer so anordnen kann, daß sie in künstlerischer Hinsicht zu einer möglichst großen Offenbarung werden. Wenn ich, zum Beispiel, ein Dreieck aus ihnen mache, so wird das interessanter sein, als wenn ich sie nebeneinander lege. Aber es sind noch interessantere Formen denkbar.

Stellen wir uns vor, die ungeheure Anstrengung vieler erfahrener »Streichholzkünstler« geht darin ein; manche sind mehr, andere weniger einfallsreich; es entstehen Hierarchien; Schulen und Stile bilden sich heraus; Kennertum entwickelt sich... Warum sollte denn das absurd sein, frage ich? Schließlich bringt der Mensch sogar mit diesen drei Streichhölzern etwas zum Ausdruck – von sich, von der Welt. Schließlich können wir, wenn wir unsere ganze Aufmerksamkeit auf diese drei Streichhölzer konzentrieren, das Mysterium des Kosmos in ihnen entdecken – sind sie doch ein Teil von ihm, und in einem Wassertropfen spiegelt sich bekanntlich die Welt – sie sind ja nicht mehr und nicht weniger als das Ding in all seiner Majestät – ihr Verhalten ist schließlich Ausdruck der Naturgesetze – und wenn wir diese Streichhölzer nur konzentriert genug betrachten, begehen wir einen feierlichen Akt, wir konfrontieren das *Bewußtsein* mit der *Materie*.

Das alles unter der Voraussetzung, daß wir sie nur *innig* genug betrachten. Die Frage ist aber – lohnt es, lohnt es, lohnt es? Wir könnten doch genausogut und vielleicht mit besserem Ergebnis statt der Streichhölzer Bäume, Tiere oder irgend etwas anderes für diese Mysterienweihe benutzen.

Und ich leugne es nicht: Wenn wir einen Cézanne mit dieser Intensität betrachten, dann wird Cézanne zu einer Offenbarung. Die Frage ist nur – lohnt es, lohnt es, lohnt es? Warum solche Offenbarungen nicht woanders suchen?

Ich glaube, ihr irrt euch schwer, wenn ihr meint, Gemälde seien an sich schon eine Offenbarung und lenkten deshalb den Blick der Menschheit auf sich. Meiner Meinung nach ist es umgekehrt. Die Gemälde sind zur Offenbarung geworden, weil die Menschheit begann, in ihnen nach dem Mysterium zu suchen – da klang ihre unerhörte Armseligkeit plötzlich nach Tiefe und Reichtum.

Aber weshalb begann die Menschheit, die Gemälde so eingehend zu betrachten?

Dafür sucht den Grund in den Mechanismen menschlichen Zusammenlebens, in ihrer historischen Entwicklung. Ein Gemälde ist doch trotz allem eine hübsche Sache – nicht wahr? Es dient zur Zierde. So entstand ein Markt für Bilder, ähnlich wie für den Schmuck. Nun zahlte man dafür, denn wenn – um mit Pascal zu reden – ein Tizian an meiner Wand hängt, heißt das, ich bin wer und zähle etwas, weil ich reich bin. So entfachte dies hübsche Ding – das Gemälde – den Besitzinstinkt von Königen, Fürsten und Bischöfen, bis hin zur Bourgeoisie, und der Bedarf schuf eine ganze Skala von Werten. Und dafür gab es viele komplizierte Ursachen, man denke nur daran, daß die Menschheit, wie der einzelne Mensch, ihre Launen und Manien hat... Wer zum Beispiel hätte voraussehen können, daß bestimmte Steinarten, wie der Brillant oder der Rubin (deren künstlerischer Effekt gleich Null ist) ein so starkes Verlangen bei den Menschen wecken? Und die Briefmarken?

Natürlich ist das Gemälde keine Briefmarke. Es ist immerhin eine, wenn auch in ihren Ausdrucksmitteln stark eingeschränkte, Kunst. Kombiniert die künstlerische Ladung des Gemäldes mit diesen Kräften, die kaum etwas mit Kunst zu tun haben, und ihr werdet verstehen, weshalb es in unserem Gefühl so hoch steht, beinahe auf der Höhe eines Heiligtums.

Die Frage ist nur – soll man es auf dieser Höhe halten?

Ihr geht heute folgendermaßen vor: *Zunächst einmal* zwingt euch jener komplizierte Herdenmechanismus, der sich historisch herausbildet, vor dem Gemälde auf die Knie – und *erst dann* versucht ihr, euch mit einer raffinierten Argumentation weiszumachen, ihr wäret deshalb in Begeisterung geraten, weil das Werk begeisternd sei.

Lohnen diese verworrenen Spielchen mit der eigenen Empfindung?
Laßt diese Begeisterung – das geht einfacher.

(Alles, was ich ihnen an den Kopf geworfen habe, war ziemlich zufällig. Nicht erschöpfend. Man könnte sie von einer anderen Seite kriegen – von zig Seiten – Achillesfersen haben sie dutzendweise.

Es ist nicht mein Ziel, eine ganze Garnitur von guten Gründen darzulegen – sondern zu rebellieren. Protestieren will ich! Ich bin sicher, andere werden mir folgen. O Schicksal – laß mich noch ein paar Jahre in der Opposition ausharren – sie sollte ihre Anhänger finden.

Den Enthusiasmus auf seinen eingefahrenen Bahnen zum Entgleisen bringen!

Übrigens ist mein Krieg gegen die Malerei wie der gegen die Versdichtung vor allem ein Krieg gegen das Milieu – der Maler, der Poeten – gegen die Gruppe, die Profession... Nirgends bestätigt sich das Gesetz, daß die Produktionsbedingungen den Geist bestimmen, deutlicher als hier – nichts illustriert die marxistische These besser als diese furchtbare Mystifikation der Kunst, die die Marxisten selbst nicht anzutasten wagten. Die Maler und Poeten, ihre Zeloten und Hilfspriester sind ein typischer Fall von angepaßtem Bewußtsein – sie glauben nicht nur, sie wollen auch glauben. Ich mache ihnen zum Vorwurf, daß ihnen der Glaube zu leicht fällt, ja, sie glauben zu überstürzt – Besessene, die für ihre künstliche Leidenschaft einen künstlichen, historisch gewachsenen Sachverhalt nutzen. Und niemand will zur Besinnung kommen. Jeder tut sein Bestes, um in der eigenen Manie zu versinken. Auch mich wollen sie darin ersäufen. Aber ich werd mich schon wehren!)

Sonnabend

Ich habe ihnen die Streichhölzer gezeigt. Schade, daß ich ihnen nicht auch die Zigarette gezeigt habe.

Verschafft uns die Zigarette nicht großen Genuß? Beinahe so wie das Essen? Doch wer würde sich erdreisten, das Brot mit einer Zigarette zu vergleichen? Nach dem Brot haben wir ein wirkliches Bedürfnis, während die Zigarette zum Wert erst wurde, nachdem ein künstliches, durch Gewohnheit geschaffenes Bedürfnis entstanden war – die Sucht.

Seid also nicht so stolz darauf, daß die heutige Menschheit den aromatischen Rauch, der von Kunstausstellungen aufsteigt, wohlig inhaliert. Ich bezweifle das angeborene Verlangen des Menschen nach Schönheit nicht. Aber ich frage, ob in gewissen Kunstarten (wie dem Gedicht oder der Malerei) der Produzent sich den Empfänger nicht zu sehr modelt.

Dieser Druck, mit dem die Gemälde den Leuten aufgezwungen werden – das gibt doch zu denken!

Freitag

Aus meinem Brief an Artur Sandauer – im Zusammenhang mit Kisiels Feuilleton im *Tygodnik Powszechny*, das den Titel trägt »Sandauer und Gombrowicz, oder die Verschwörung der Abwesenden«:

»Als ich den Absatz Ihrer Skizze las, den er zitiert und angreift, dachte ich, hier wird am deutlichsten, welche Schwierigkeiten er hat, uns zu lesen, sowohl Sie wie mich, wie sehr er uns mißversteht. Diese Ihre Skizze kenne ich gar nicht, abgesehen von dem von Kisiel gedruckten Absatz – ich habe keine Ahnung, was Sie geschrieben haben, und dennoch gestatten Sie mir, lieber Artur Sandauer, zu sagen, wie meines Erachtens Ihre Worte zu interpretieren sind.

Hier zunächst dieselben, wie Kisiel sie zitiert:

›Es entsteht etwas, das in der polnischen Literatur ein völliges Novum ist: Selbstironie, Selbstentblößung. Indem er sich lustig macht und die ganze bisherige polnische Problematik verspottet, befreit Gombrowicz sich von jener Aufgeblasenheit, jener Erhabenheit, die unsere Kultur lange Jahre bestimmten, und damit scheint er die Perspektive für die Schaffung einer Kultur zu eröffnen, die authentischer und nationaler sein wird...‹

Gerade das ärgerte Herrn Kisiel – und er führt in seinem Artikel triumphierend aus, dieses Ihr ›Novum‹ sei eigentlich *nihil novi*; unsere Literatur sei, angefangen von den großen Propheten, voll von solcher ›Selbstironie und Selbstentblößung‹ gewesen. ›Das ist eine der grundlegendsten Traditionen und Konventionen dieser Literatur seit hundertfünfzig Jahren‹, schreibt er.

Aber er schrieb so, weil er Ihre Terminologie nicht richtig verstanden hat. Herr Kisiel meint, daß z.B. Wyspiański in der *Hochzeit* Selbstentblößung betreibe und sich der Selbstironie hingebe. Davon kann natürlich keine Rede sein. Die *Hochzeit* mag eine Kompromittierung der polnischen Nation sein, doch er selbst, Wyspiański, ist dabei der höchste Richter, er schleudert die Blitze und stimmt den Klagegesang an. Deshalb ist die *Hochzeit* keine Selbstentblößung Wyspiańskis, ebensowenig wie all das Hohngelächter, die Flüche und Donnerschläge, die, angefangen mit Słowacki, über Norwid, Bobrzyński oder Brzozowski bis hin zu Nowaczyński, auf die Nation herniedergingen, etwas mit Selbstentblößung gemein haben.

Haben Sie mit dem Begriff ›Selbstentblößung‹ nicht gemeint, daß ich in *Ferdydurke* eine tatsächlich recht überraschende Haltung einnahm, indem ich meine eigene Unreife proklamierte und den anderen Autoren vorwarf, sie verhehlten ihre Unreife? War das nicht ein gewisses ›Novum‹ in unserer Literatur? Und womöglich auch der Weltliteratur? Und hier kann man nun von ›Selbstentblößung‹ sprechen, vorausgesetzt natürlich, dies Bekenntnis der Unreife ist nicht nur eine polemische Finte, ein humoristischer Gag. Wenn Wyspiański und ich uns in einer Konditorei beim Kaffee treffen könnten, würde sich folgender Dialog zwischen uns entspinnen. Er: ›Mich schmerzen die Untugenden der polnischen Nation, denn ich bin reifer als die polnische Nation.‹ Ich: ›Mich jammert die polnische Nation keineswegs; mich jammert lediglich meine eigene Unreife, die polnische Nation kümmert mich nur als einer der Faktoren, die meine Unreife gestalten; so raufe ich mich mit der Nation, wie ich mit jedem anderem Phänomen raufe, das mir die Reife erschwert oder unmöglich macht. Was jedoch nicht heißt, daß ich reifer wäre als meine Landsleute, nein, ich bin mir nur meiner Unreife deutlicher bewußt, und das erlaubt mir, *Distanz* zu gewinnen. Aber ich gestehe andererseits, daß die Unreife mich entzückt und bezaubert und mit Lust erfüllt. Denn ich bin reife *Unreife* und unreife *Reife* zugleich‹ ...

Sehen wir zunächst von dem letzten Satz ab, der für Außenstehende zu schwierig sein mag ... Aber aus dem Gesagten geht doch hervor, daß meine ›Kritik‹ der Nation nichts mit der traditionellen Kritik in unserer Literatur gemein hat; daß sie sich auf ein anderes Selbstgefühl, eine andere Vision, eine andere Theorie gründet. Und daß es überhaupt keine Kritik ist, sondern nur der Kampf um mein psychisches Sein und der Kampf um die Form, die dieses Sein bestimmt – wo ich als Einzelner mit meiner Umgebung ringe, nicht im Namen eines höheren, objektiven Rechts, sondern im Namen *meines* Rechts.

Und wenn Sie weiter schreiben, daß ich ›die ganze bisherige polnische Problematik‹ verspotte – wie hat man das zu verstehen? Doch wohl nicht so, wie Kisiel es tat, als verhöhnte ich das Unbeholfene an ihr, sondern so, daß ich sie als Ganzes im Guten wie im Schlechten verdamme, weil sie das ›Thema verfehlt‹, weil sie sich um die Existenz und Entwicklung der Nation sorgt, nicht aber um die Existenz und Entwicklung der Menschen, die die Nation ausmachen. Daß sie die kollektive Problematik ist, während ich bei der individuellen Problematik bleibe. Daß sie außerdem eine überspannte und überdimensionierte Problematik ist, das Werk einer künstlichen Reife, der Tatsache, daß der eine für den anderen und angesichts des anderen zu einem größeren Patrioten wird, als er ist – und das steht in keinem Verhältnis zu unserem authentischen Seelenleben. Und hier wäre es gut, wenn Herr Kisiel endlich verstehen würde, daß meine so revolutionären und unerhörten Thesen dieser einfachen Wahrheit entspringen: Der Einzelne ist fundamentaler als die Nation. Er ist der Nation voraus.

Wie aber, Herr Artur, soll man Ihre Worte davon interpretieren, daß sich hier anscheinend die ›Perspektive für die Schaffung einer Kultur‹ eröffnet, ›die authentischer und nationaler‹ sein wird? Nicht in dem Sinne, daß (was Kisiel nicht begriff) der Pole mehr Grund als der Franzose oder Engländer dazu hat, sich nicht mit seiner nationalen Form zu identifizieren; und daß gerade diese vergrößerte Distanz zur Form uns zu einem durchaus originalen Beitrag zur europäischen Kultur verhelfen könnte? Stellt euch diesen Schock vor – wenn das stolze ›ich bin Franzose‹ des Franzosen und das ›ich bin Engländer‹ des Engländers auf das ganz überraschende polnische ›ich bin nicht ganz Pole, ich stehe über dem Polen‹ träfe...

Habe ich Sie da richtig interpretiert? Ich sage es noch einmal, ich kenne diesen Ihren Vortrag nicht, ich weiß nicht, aus welchem Zusammenhang diese Worte genommen sind und ob Sie sie nicht womöglich in einem engeren Sinne gebraucht haben – aber ich habe ihnen absichtlich die weiteste, tiefste Bedeutung verliehen, um zu zeigen, daß man diese paar Zeilen lesen kann, wie es das Herz begehrt: so seicht wie Herr Kisiel, oder tiefer. Man kann Ihre zwei Sätze in unserer unsterblichen Banalität untergehen lassen, kann sie mit allen Gemeinplätzen, Slogans, Schemata, Geistesverirrungen und Manierismen des polnischen Nationalgedankens beladen, aber man kann auch unverbrauchteren Sinn in ihnen suchen. Nur muß man im zweiten Falle eine Ahnung von den Ideen haben, die das Knochengerüst im lebendigen Leib meiner Bücher sind... von dieser Form und dieser Unreife... Aber kann man diese fürchterliche Geistesanstrengung von Herrn Kisiel verlangen, der als Sarmate kein Philosoph ist, und dessen höchste philosophische Errungenschaften in solchen Maximen zum Ausdruck kommen: ›Arme Menschen, die Egozentriker‹. Kann ein Egozentriker Prophet sein? Ja, aber ein falscher. So wie für einen anderen Connaisseur, mit dem ich hier in der Emigration vorliebnehmen muß, Herrn Sakowski von den Londoner *Wiadomości*, mein *Tagebuch* von Absurditäten wimmelt, die er, Sakowski, überhaupt nicht begreifen kann und die er glaubt, der Pose eines Exzentrikers oder dümmlichem Originalitätsbedürfnis zuschreiben zu müssen, so ist meine Behandlung Polens für Herrn Kisiel ein aufgewärmtes Kotelett von vorgestern – was bei einem Autor, dem Herr Kisiel ansonsten eine gute Dosis Neuerertum zugesteht, immerhin zu denken gibt. Zu derart merkwürdigen Schlüssen kommen diese Herren, weil ihr Kennertum sie blindgemacht hat für das, was jedem durchschnittlich intelligenten Leser auffällt – daß meine Anschauungen eine organische Einheit bilden, daß meine Einstellung zur Kunst, zur Nation oder zu ähnlichen Fragen nur die Verästelung eines Baumes sind, dessen Wurzeln in mein Formverständnis hinabreichen. Ja – aber die Polen gehen nicht gern auf die Wurzeln zurück, Herr Sakowski oder Herr Kisiel sind eher ›gesellige‹ Wesen, denen es fernliegt, sich und andere durch allzu radikales Nachdenken zu langweilen. Wozu gibt es übrigens auch die katholische Kirche? Sie ist es, die Herrn Kisiel, ein weiteres Mal in der Geschichte, von solch unsympathischem, grundlegendem Denken entbindet.«

Noch ein Wort. Ein Lächeln kam mir auf die Lippen, als ich bei der Lektüre von Herrn Kisiel auf folgenden Passus stieß:

»Was bei Gombrowicz universal und schöpferisch ist, sichert ihm einen Platz in der Literaturgeschichte, unabhängig von den Anachronismen im Rückblick von dreißig Jahren. Als Führer des Geisteslebens heute in Polen ist Gombrowicz jedoch nicht geeignet: Seine Urteile über dieses Leben sind ebenso apodiktisch wie naiv und überholt. Sandauer sucht ihn auf den Führerthron zu heben, und ein paar junge Leute gehen darauf ein.«

Nanu? Sollte Kisiel hier etwa die Katze aus dem Sack gelassen haben?

Da kann er beruhigt sein... Kein Grund zur Sorge.

Ich behaupte zwar, daß ich von hier, von Amerika aus, Polen viel besser sehe als Herr Kisiel, der in ihm befangen ist und in ihm steckt wie die Kartoffel im Sack... dessen Dialektik aus der Mottenkiste stammt, der in Phrasen der polnischen Literatur denkt und der unausgeglichen ist, auf provinzielle Weise unausgeglichen, er windet sich im polnischen Minderwertigkeitskomplex, um gleich darauf mit dem polnischen »Und trotzdem«-Größenwahn alle zu überragen (»der Konflikt der zwei Konzepte, der Millionen Menschen in Europa lebhaft interessiert und die allgemeine Aufmerksamkeit auf Polen lenkt«). Ja, gewiß sehe ich das besser von hier, von draußen, und ich denke nüchterner, unbefangener darüber. Aber – nur keine Angst – mir liegt nicht daran, »Führer« zu werden. Ich ein Führer? Ich habe doch nicht einmal den Anspruch, ein »polnischer Schriftsteller« zu sein. Gombrowicz will ich sein, nichts weiter.

VI

MITTWOCH, TANDIL

Vor einigen Tagen kam ich in Tandil an und stieg im Hotel Continental ab. Tandil, ein Städtchen mit 70000 Einwohnern, inmitten mäßig hoher, felsgespickter Berge gelegen, wie eine Festung – und ich bin hierhergekommen, weil Frühling ist und ich die Mikroben der asiatischen Grippe restlos ausrotten will.

Gestern habe ich mir für wenig Geld eine wunderschöne kleine Wohnung gemietet, ein wenig vor der Stadt, am Fuße eines Berges, dort wo ein großes gemauertes Tor steht und der Park an einen Bergwald aus Nadel- und Eukalyptusbäumen anschließt. Aus dem Fenster, das der blendenden Morgensonne weit geöffnet ist, sehe ich Tandil im Talgrund, wie auf dem Präsentierteller – das Haus geht unter in den sanften Kaskaden der Palmen, Apfelsinenbäume, Kiefern, Eukalypten und Glyzinien, aller möglichen kurzgeschorenen Sträucher und den seltsamsten Kakteen, die sich wogend zur Stadt hinab ergießen, während hinten die hohe Wand der dunklen Kiefern fast senkrecht den Gipfel erklimmt, auf dem das Zuckerbäcker-Schloß steht. All das unglaublich frühlingshaft und blühend, licht- und blütentrunken. Und die Berge, die die Stadt umgeben – knochentrocken, kahl und felsig, ragend mit riesigem Gestein, das an Sockel gemahnt, an vorgeschichtliche Festungen, Plattformen und Ruinen. Ein Amphitheater.

Vor mir Tandil – dreihundert Meter entfernt, zum Greifen nah. Keinesfalls ein Kurort mit Hotels und Touristen, sondern eine ganz normale Provinzstadt. Ich putze mir die Zähne, atme die Blütendüfte mit geweiteter Brust und überlege, wie ich in diese Stadt eindringen könnte, vor der man mich gewarnt hat. »Du wirst dich zu Tode langweilen in Tandil.«

Ein herrliches Frühstück aß ich in der kleinen Konditorei, die über Gärten schwebt – ach, nichts Besonderes, Kaffee und zwei Eier, aber ins Blühen getaucht! – worauf ich in die Stadt ging, und die Quadrate, die Rechtecke der weißen Häuser, blendend, mit flachen Dächern, abrupte Brüche, trocknende Wäsche, an der Wand ein Motorrad, und der ungebärdig grünende Platz, groß und flach. Den geht man entlang in der heißen Sonne und im kühlen Frühlingswind. Menschen. Gesichter. Es war ein und dasselbe Gesicht, das da etwas erledigte, etwas besorgen mußte, ohne Hast, in ehrbarer Ruhe... »Du wirst dich zu Tode langweilen in Tandil.«

An einem Hausblock entdeckte ich das Schild: »Nueva Era, Tageszeitung«. Ich trat ein. Stellte mich dem Redakteur vor, aber ich war nicht zum Reden aufgelegt, war verträumt und äußerte mich deshalb etwas unglücklich. Ich sagte, ich sei *un escritor extranjero* und fragte, ob es in Tandil jemanden von Intelligenz gebe, den es kennenzulernen lohne.

»Was?« erwiderte der Redakteur beleidigt. »An Intelligenz fehlt es uns nicht. Das kulturelle Leben ist reich entwickelt, es gibt allein an die siebzig Maler. Und Schriftsteller? Nun, wir haben schließlich Cortes, der zählt schon etwas, er publiziert in den Zeitungen der Hauptstadt...«

Wir riefen ihn an, und ich verabredete mich für morgen. Den Rest des Tages verbrachte ich bummelnd in Tandil. Ecke. An der Ecke steht der beleibte Besitzer von irgendwas mit Hut, daneben zwei Soldaten, etwas weiter eine Frau im siebten Monat sowie ein Wagen mit Delikatessen, deren Verkäufer, von einer Zeitung bedeckt, selig auf der Bank schlummert. Und der Lautsprecher singt: »In deinem schwarzen Auge bin ich ganz gefangen«... Und ich summe dazu: »Du wirst dich zu Tode langweilen in Tandil.« Ein braungebrannter Herr in langen Stiefeln, mit Mütze.

DONNERSTAG
Tandil macht von hier oben den Eindruck, als wäre es von Vorgeschichte belagert – von zertrümmertem Steingebirg. In Sonnenlicht, Bäumen und Blumen nahm ich ein herrliches Frühstück zu mir.

Aber ich fühle mich unsicher, fremd, dies unbekannte Leben setzt mir zu... Ich gehe ins *Centro Popular*, wo ich mit Cortes verabredet bin. Das ist eine recht große Bibliothek, 20 000 Bände – hinten ein kleines Zimmer, in dem irgendeine Kultursitzung stattfand – doch als ich ankam, waren die Beratungen abgeschlossen, und Cortes stellte mich den Versammelten vor. Nach fünfminütigem Gespräch ist mir schon klar: Cortes, idealistischer Kommunist, Träumer, ehrbar, voll guten Willens, wohlwollend und leutselig – dies fünfzehnjährige Mädchen ist kein Mädchen, sondern die gut zwanzigjährige Ehefrau des jungen Mannes dort, eines gleichfalls von Marx sublimierten Idealisten – die Sekretärin dagegen ist katholisch, und kämpferischer Katholik ist auch der dritte Herr, der aussieht wie Rembrandt. Der Glaube eint sie.

Von mir haben sie nie gehört. Kein Wunder – Provinz. Aber das macht mich vorsichtig. Ich weiß schon, welche Taktik ich in solchen Fällen anwenden muß – und mache nicht den Fehler, mich vorzustellen, im Gegenteil, ich tue so, als wäre ich ihnen ausgezeichnet bekannt, und lasse sie nur im Ton, in der Form Europa spüren – diese Art zu reden muß pikant sein, lässig, ungezwungen, mit einem gewissen intellektuellen Schick. Paris. Das saß. Sie sagen: »Ach, Sie waren in Paris!« Ich, ganz lässig: »Na ja, eine Stadt wie Tandil, Häuser, Straßen, ein Café an der Ecke, alle Städte sind gleich...« Das gefiel ihnen – daß ich nicht mit Paris großtat, sondern Paris herabsetzte, ließ sie einen Pariser in mir sehen; und ich sehe, daß Cortes schon beinahe erobert und die Frauen interessiert sind, wenn auch noch mißtrauisch. Und dennoch... So etwas wie Unaufmerksamkeit bei ihnen... eine Art Zerstreutheit – als wären sie von etwas anderem eingenommen – und ich verstehe plötzlich, daß selbst Camus und Sartre, wenn sie hier nach Tandil kämen, machtlos wären gegen dieses hartnäckige Denken an etwas anderes, etwas Lokales, Tandilisches. Doch was war das? Auf einmal kommt Leben in sie. Einer fällt dem anderen ins Wort. Aber wovon sprechen sie? Von ihren Angelegenheiten, daß fast niemand zur letzten Lesung gekommen ist, daß man die Leute mit Gewalt herschleppen muß, daß Fulano zwar kommt, aber sofort einschläft, daß die Frau Doktor beleidigt ist... Sie tun so, als sagten sie all das zu mir, aber eigentlich reden sie doch unter sich, sie seufzen und klagen, meiner Zustimmung als der eines Literaten übrigens gewiß, denn ich als Schriftsteller teile doch gewiß und uneingeschränkt das bittere Leid ihrer »Arbeit am Volke« und »des sozial vergossenen Schweißes«, dieses ganzen Tandilschen Żeromski-Heldentums. Brrr... »Du wirst dich zu Tode langweilen in Tandil.« Plötzlich steigt mir Tandil zu Kopfe, dieser ranzige, ungesäuerte, grobleinene Inhalt eines bescheidenen, beschränkten Lebens, hinter dem sie her sind wie hinter einer Kuh, langweilig und auf ewig – konkretisiert in ihr auf alle Zeiten!

»Laßt die Leute leben!« sagte ich.

»Aber...«

»Woher habt ihr das bloß, daß alle intelligent und aufgeklärt sein müssen?«

»Na hören Sie!...«
»Laßt doch die Flegel in Ruhe!«
Die Worte »Flegel« (*bruto*) und schlimmer noch, »Pöbel« (*vulgo*) waren gefallen – sie machten mich zum Aristokraten. Das war so, als hätte ich den Krieg erklärt. Ich hatte die Maske der feinen Manieren abgeworfen.
Jetzt wurden sie vorsichtig.
»Sie leugnen die Notwendigkeit der allgemeinen Aufklärung?«
»Natürlich.«
»Aber...«
»Schluß mit dem Belehren!«
Das war zuviel. Cortes nahm einen Füllfederhalter zur Hand, besah sich die Stahlfeder im Licht, blies darauf. »Wir verstehen uns nicht«, sagte er, gleichsam bekümmert. Und ein junger Mann im Schatten murrte unwillig, bissig:
»Sie sind wohl Faschist, was?«

FREITAG

Ich hatte wirklich zuviel gesagt. Das war nicht nötig gewesen. Aber ich fühle mich doch besser... diese Aggressivität hat mich gestärkt.
Und wenn sie mich nun zum Faschisten erklären?... Das hat gerade noch gefehlt! Ich muß mit Cortes sprechen – beschwichtigen.

SONNABEND

Was geschieht?
Meine Seele nimmt oft auf trübe, dumpfe Weise Gestalt an... aus ganz banalen Anlässen. Dieser Zusammenstoß mit ihnen in der Bücherei, das war doch nichts Besonderes, und dennoch wirkte es wie ein Katalysator. Jetzt sind die Rollen deutlicher geteilt. Ich bin Aristokrat. Habe mich als Aristokrat zu erkennen gegeben. Bin Aristokrat in Tandil... das schon allein dadurch Verkörperung der gemeinen Provinzialität ist.

Man muß aber bedenken, daß das nur ein einzelner Zug ist... ein einzelner Zug eines Theaters vor dem Hintergrund von Millionen anderer Ereignisse, die mir den Tag ausfüllen, Ereignisse, die ich ja nicht alle aufzählen kann, Ereignisse, in denen jener Einzelzug des Dramas sich auflöst wie Zucker im Tee – so sehr, daß seine Gestalt sich verliert und nur der Geschmack bleibt.

Ich schreibe dies nach einem neuerlichen Gespräch mit Cortes, das, statt zu beschwichtigen, nur alles verschärft hat. Ich war gereizt. Mich ärgerte die Engelhaftigkeit des kommunistischen Priesters.

Ich werde nicht das ganze Gespräch skizzieren. Ich sagte, daß die Idee der Gleichheit der Struktur der Gattung Mensch völlig widerspricht. Das Großartigste an der Menschheit, was ihre Genialität im Vergleich zu anderen Gattungen ausmacht, ist gerade die Tatsache, daß kein Mensch dem anderen gleicht – während eine Ameise ist wie die andere. Die zwei großen Lügen der Neuzeit: die Lüge der Kirche, daß alle die gleiche Seele hätten; die Lüge der Demokratie, daß alle das gleiche Recht auf Entwicklung hätten. Meinen Sie, diese Ideen wären ein Triumph des Geistes? Aber nicht doch, sie stammen vom Fleisch, diese Ansicht beruht im Grunde darauf, daß wir alle den gleichen Leib haben.

Ich leugne nicht (sagte ich weiter), der optische Eindruck sagt uns zweifellos: Wir alle sind in etwa gleich groß und besitzen die gleichen Organe... Aber die Eintönigkeit dieses Bildes wird vom Geist gestört, dieser spezifischen Eigenart unserer Gattung, und er ist es, der bewirkt, daß unsere Gattung in ihrem Schoße so differenziert, so abgründig und schwindelerregend wird, daß zwischen dem einen Menschen und dem anderen Unterschiede entstehen, die hundertfach größer sind als in der ganzen Tierwelt. Zwischen Pascal oder Napoleon und einem Bauernjungen klafft ein größerer Abgrund als zwischen Pferd und Regenwurm. Ja, der Bauernjunge unterscheidet sich von einem Pferd weniger als von Valéry oder dem hl. Anselm. Ein Analphabet und ein Professor sind nur scheinbar die gleichen Menschen. Der Direktor ist etwas anderes als ein Arbeiter. Wissen Sie denn nicht selbst sehr gut – so intuitiv, ganz untheoretisch –, daß unsere Mythen von Gleichheit, Solidarität und Brüderlichkeit nicht mit unserer wahren Situation im Einklang stehen?

Ich würde überhaupt, muß ich sagen, bezweifeln, ob man unter diesen Umständen von einer »menschlichen Gattung« sprechen kann – ist das nicht ein allzu physischer Begriff?

Cortes sah mich an mit dem Blick des verletzten Intellektuellen. Ich wußte, was er dachte: Faschismus! und hatte doch meine wütende Lust daran, diese Deklaration der Ungleichheit zu verkünden, denn mir geriet die Intelligenz zur Schärfe, zu heißem Blut.

Dienstag

Tilos – pinos – platanos – naranjos – palmeras – glicinas – mimbres – alamos – cipres – Frühstück auf der Veranda der Konditorei in solchem Bukett, und in der Ferne die Amphitheater und uralten Bastionen, große Trümmerhalden und sonnengleißende Zirkusarenen.

Ich bummle und schlendere durch Tandil. Ihre monotone Betriebsamkeit – der nervtötende Stumpfsinn dieser Tätigkeiten – ameisenhafte Vorsorglichkeit, Pferdegeduld, Schwerfälligkeit von Kühen, während ich... während ich... Ich komme an niemanden heran, denn sie gehen ganz in dem Ihren auf, und ihre Einsamkeit ist unermeßlich, jeder ist hinter dem Eigenen her, das ist eine Tiereinsamkeit, eine Pferde-, Frosch- und Fischeinsamkeit! Sie sind bestimmt durch ihre Tätigkeiten, durch nichts anderes. Die ganze Stadt ist einzig Geschäftigkeit. Was tun?! *A la recherche du temps perdu* – das fand ich in der Bibliothek, nahm diesen Proust mit nach Hause und lese; ich lese, um in einem mir gemäßeren Element unterzutauchen, um mit meinem Bruder, mit Proust zu sein!

Mittwoch

Ist es wirklich jemand aus der Familie? Ja – wir beide sind aus derselben, vornehmen Familie. Um den Hals sollte ich ihm fallen. Ein Werk, subtil und scharf wie eine Klinge, vibrierend, hart und fein – welch ein herrlicher Gegensatz zum grobschlächtigen, schwerfälligen, massiven Tandiler Dasein. Wir sind beide Aristokraten – beide distinguiert! Doch nein! Zum Teufel mit ihm, er ärgert mich, ekelt mich, zu sehr sehe ich mich in ihm karikiert!

Er hat mich immer geärgert. Nie mochte ich mich mit dem Glorienschein abfinden, der ihm angehängt wurde. Dieses Ungeheuer ... ganz verzärtelt in solch stickiger Luft, ewig in den Federbetten, aufgewärmt und klebrig, ausgezehrt und eingemummt, in Mixturen ertränkt, verdammt zu jeglichem Schmutz des Leibes, eingemauert in einem korkgetäfelten Zimmer ... meine gesunde, polnische Dorfgemeinheit ekelt vor dieser französischen Dekadenz. Bewundern, ja vergöttern könnte man die von oben inspirierte Energie, die ausgerechnet dieses in Falten des mütterlichen Rocks gehüllte, verhätschelte, auf Bett, Bücher und Bilder, Konversation, Salon und Snobismus beschränkte Leben dazu brachte, ein hartes und grausames Werk zu zeugen, das zum verborgensten Nerv der Wirklichkeit vordringt. Man mag in diesem Wandel von der Weichheit zur Härte, der Verzärtelung zur Unerbittlichkeit ein segensreiches Geheimnis der Aristokratie sehen. Und man könnte sogar die Behauptung wagen, daß sich hier Krankheit in Gesundheit verwandelt. Was ja auch im Wesen der Kunst liegt. In der Kunst ist es nicht so, daß der Gesunde ein gesundes Werk schüfe und der Starke ein starkes, sondern im Gegenteil, der Kranke und Schwache hat ein besseres Gespür für das eigentliche Wesen von Gesundheit und Kraft ...

Edle Gesundheit.
Niemand weiß
wie du schmeckst
bis du dahin bist!

Es wäre demnach nicht verwunderlich, wenn er, der Kranke, den Geschmack der Gesundheit besser kennte; wenn er, eingesperrt in den vier Wänden seines Zimmers, die weitesten Horizonte erreichte und die Künstlichkeit ihn zu großartiger Authentizität führte.

Je nun... Wie schade! Diese Kompensation ist in ihm nicht ganz gelungen. Sie ist wie ein nicht durchgebratenes Beefsteak – ich entdecke auf diesen Seiten ganze Stücke von seinem Fleisch, seinem halb rohen, unglückseligen, kranken Fleisch...

Die Mängel seiner Bücher sind riesig und unzählig – eine Fundgrube der Defekte. Seine grundlegende Abrechnung mit der Zeit, gestützt auf einen übertriebenen, naiven Glauben an die Macht der Kunst – das ist nichts als der allzu professionelle Mystizismus des Schöngeistes und Künstlers. Seine psychologischen Analysen könnten sich ins Unendliche hinziehen, denn sie sind nur ein Flickwerk von Beobachtungen – sie zeigen nichts Neues – ihnen fehlt das fundamental Weltoffenbarende, sie stammen nicht aus dem einen, durchdringenden Blick, sind getragen von keiner Vision, sind nur die pingelige Arbeit einer ganz uninspirierten Intelligenz. Seine üppigen Sätze grenzen immer wieder ans Manieristische, es ist kaum festzustellen, an welcher Stelle ihre reiche Pracht zu künstlich bemühter Kompliziertheit entartet. Die Gattung seiner Metaphern verrät ihre Schwäche: Es ist meist keine Metapher, die eine sekundäre Erscheinung auf eine elementarere Gestalt zurückführte, sondern umgekehrt – Proust wird immer dazu neigen, die große, grundlegende Welt in seine abgeleitete Wirklichkeit, in die Sprache seiner »Sphäre« zu übersetzen, die Natur mit einem Bild, nicht das Bild mit der Natur zu erklären. Das hat etwas Perverses – es ist vorsätzliche Unloyalität gegenüber dem Leben. Und was die Welt angeht, die er in seinem Roman zum Dasein ruft: nichts Beschränkteres – seine Menschen sind alle nach einer Façon, es ist eine Familie, in der dieselben Erbeigenschaften in verschiedenen Variationen auftreten – Charlus, Nordpois, Madame de

Guermantes sind aus dem gleichen Stoff gemacht, sagen eigentlich dasselbe. Die Monotonie der Fabel kennzeichnet ein gedankenarmes Werk von schütterer Phantasie, das dafür durch die Beflissenheit seines Detailkultes imponiert. Doch nichts demaskiert Prousts »Unausgegorenheit« mehr als seine Intelligenz – die trefflich sein kann – aber so oft auch ganz unvermittelt in hilflose Naivität abgleitet – Reste der unbewältigten Naivität, der Verzärtelung, die nicht zu Wissen verarbeitet, sondern Weichheit geblieben ist.

Wofür bewundern wir ihn? Wir bewundern ihn vor allem dafür, daß er so dreist war, empfindsam zu sein und nicht zögerte, sich als den zu zeigen, der er war – ein bißchen Frack, ein bißchen Schlafrock, mit dem Arzneifläschchen, einer Spur homoerotisch-hysterischer Schminke, mit Neurosen, Phobien, Schwächen und Snobismen, dem ganzen Elend des zartbesaiteten Franzosen. Wir bewundern, weil wir hinter diesem vergällten, sonderlichen Proust sein nacktes Menschsein entdecken, die Wahrheit seiner Leiden und die Kraft seiner Wahrhaftigkeit. Doch leider! Sehen wir noch genauer hin, so entdecken wir hinter der Nacktheit wieder Proust im Schlafrock, im Frack oder im Nachthemd mit all den Accessoires – Bettstatt, Mixturen, Nippsachen. Da wird Blindekuh gespielt. Man weiß nicht, was hier endgültig ist: Nacktheit oder Kleid, Salon oder Leben, Siechtum oder Gesundheit, Hysterie oder Kraft. Deshalb ist Proust ein bißchen von allem, Tiefe und Platitüde, Originalität und Banalität, Scharfsinn und Gutgläubigkeit... zynisch und naiv, erlesen und unappetitlich, geschickt und plump, amüsant und langweilig, leichtfüßig und schwergewichtig...

Schwer! Mich erdrückt dieser Cousin. Ich gehöre doch zur Familie – ich, der Feingeist... komme aus den gleichen Kreisen. Nur – ohne Paris. Paris hat mir gefehlt. Und an meine zarte, von Pariser Creme nicht geschützte Haut macht sich nun das rauhe Tandil heran!

DONNERSTAG
Cortes empfahl mir einen jungen Dichter, der Juan Angel Magariños heisst und der Sohn des Besitzers des Hotels Residencial ist. Ich bat ihn, heute noch andere Poeten ins Café mitzubringen.

Um 5 Uhr fanden sie sich ein, drei nette Jungen, die nie im Leben von mir gehört hatten und fragten, wie ich nach Argentinien geraten sei. Der vierte, zierlich, sechzehnjährig, lächelte, als er meinen Namen hörte, und sagte: »Ferdydurke!«

Er wird »Dipi« genannt. Demnach habe ich schon zwei Leser in Tandil (zwei – der andere ist der Sohn des Museumsdirektors, Ferreira, 18 Jahre).

Sie alle schreiben. – Ich habe also, was ich wollte: Leser, einen Künstlertisch im Kaffeehaus, und Kollegen. Nur schade, daß keiner der Kollegen über zwanzig ist!

FREITAG
Auch mit Cox bin ich befreundet, einem mageren, langen Burschen, 17 Jahre, der etwas von einem großstädtischen Hotelboy hat – Vertraulichkeit und Vertrautheit mit allem, einen Mangel an Respekt, wie er mir noch nie begegnet ist, fürchterliche Gewandtheit, als wäre er direkt aus New York nach Tandil gekommen (dabei ist er noch nicht einmal in Buenos Aires gewesen). Dem imponiert nichts – völlig fehlendes Gespür für jede Art von Rangordnung, und ein Zynismus, der darauf beruht, den höflichen Schein zu wahren. Das ist die Schläue der niederen Sphäre – die Schläue des Straßenjungen, Zeitungsverkäufers, Liftboys, Botenjungen, für die die »höhere Sphäre« nur insoweit von Wert ist, als man daran verdienen kann. Churchill und Picasso, Rockefeller, Stalin und Einstein sind für sie dicke Fische, die sie bis zum letzten Trinkgeld ausnehmen, wenn sie sie in der Hotelhalle erwischen... und diese Einstellung des Jungen zur *Geschichte* beruhigt mich und verschafft mir sogar Erleichterung, gewährt eine Gleichheit, die wahrer ist als jene aus großen Tönen und Theorien. Ich erhole mich.

SONNABEND

Beschränktes Leben. Lokales Leben. Man lebt dem, was der Tag bringt. Niemand schaut sich um, jeder sieht nur vor seine Füße, auf den Pfad, den er geht. Arbeit. Familie. Erledigungen. Irgendwie überleben... Konkrete Existenz.

Das quält und zieht doch auch an... das ist die Beschränkung, nach der ich mich so sehne! Ich habe den Kosmos satt. Ich bemerke eine Krise des »Universalismus« an mir. Ich glaube, daran kranken heute viele. Die Diagnose: von Jahrhundert zu Jahrhundert haben wir unsere Horizonte erweitert; schließlich erfaßte unser Blick den ganzen Planeten; wir fordern Moral »für alle«, Rechte »für alle«, alles »für alle« – da stellt sich plötzlich heraus, daß dies über unsere Kräfte geht! Eine Katastrophe! Helle Verzweiflung! Bankrott! Ich habe doch auch die Käfer schon mit Menschen verglichen im Verlangen nach allseitiger Gerechtigkeit, der einzig möglichen! Aber die Ohrfeige, die meinem Geist von dem ersten nicht geretteten Käfer versetzt wurde, stürzt mich in die Impotenz... und nun geht es zu Ende in mir mit Pan-Gleichheit, Allgerechtigkeit, All-Liebe und überhaupt mit jeglicher Allgemeinheit – nicht, daß ich etwas dagegen hätte – aber ich bin dem nicht gewachsen – bin schließlich kein Atlas, der die ganze Welt auf seinen Schultern trüge!

Ich, der ich kürzlich noch den Katholiken und Kommunisten für ihren aristokratischen Egoismus gegenüber den Tieren grollte. Und hier, bei Cortes, spreche ich auf einmal sogar den Menschen die Gleichheit ab! Wie doch eins in mir dem anderen widerspricht!

Werde ich demnach zur »Reaktion«? Auf den ganzen bisherigen Prozeß, der zum Universalismus strebte? Ich bin so dialektisch, bin so sehr auf das Erlebnis dieser Inhalte vorbereitet, mit denen das Zeitalter mich gespickt hat, auf den Bankrott von Sozialismus, Demokratie, Wissenschaftsgläubigkeit, daß ich der unvermeidlichen Reaktion geradezu ungeduldig harre, ich bin sie beinahe selbst!

Sich einengen! Beschränken! Dem leben, was meins ist! Konkret und privat will ich sein! Hab genug von Ideen, die mir die Sorge um China nahelegen – ich habe China nie gesehen, ich kenne es nicht, war niemals dort! Schluß mit den Geboten, einen Bruder in Menschen zu sehen, die nicht meine Brüder sind! Will mich in meinen Kreisen einschließen und nur erfassen, was meine Augen noch sehen. Nieder mit dieser verfluchten »Allgemeinheit«, die mich fesselt schlimmer als das engste Verlies, hinaus in die Freiheit des Beschränkten!

Diesen meinen Wunsch notiere ich heute, in Tandil.

VII

MITTWOCH

In Tandil bin ich der Beste! Niemand reicht mir das Wasser! Ihrer sind siebzigtausend – siebzigtausend, die gemeiner sind... Ich trage mein Haupt wie eine Leuchte...

DONNERSTAG

Ich wachse in Polen. Ich wachse auch anderswo. Dort in der Heimat erblicken ausgerechnet jetzt die *Trauung* und *Trans-Atlantik* das Tageslicht – und ein Band meiner sämtlichen Erzählungen, mit dem Titel *Bakakay* (nach der Bacacay-Straße in Buenos Aires, in der ich gewohnt habe). Die französische Übersetzung von *Ferdydurke* ist so gut wie abgeschlossen. Verhandlungen über die französische und spanische Ausgabe des *Tagebuchs*. *Yvonne* soll in Krakau und in Warschau gespielt werden. Briefwechsel wegen der Aufführung der *Trauung*. Eine Lawine von Artikeln und Hinweisen in der polnischen Presse. Ha, jetzt ist es losgegangen, nun wird einer den anderen aufwiegeln – der Prozeß meiner Aufbauschung ins Riesenhafte ist für lange Jahre gesichert! Schön! Schön! Sch...! Sch...!

Tandil!

Freitag
Ein ganz entzückendes Frühstück nahm ich zu mir... »Du wirst dich zu Tode langweilen in Tandil«... Dermaßen verzweifelt, besuchte ich einen Vortrag von Filefotto über Beethovens Symphonien. Filefotto, Kartoffelnase im Semmelgesicht, sagte mit nachsichtig ironischem Lächeln: »Manche sind der Ansicht, die Taubheit des Meisters habe sein Talent bewirkt. Unsinn, meine Damen und Herren, das ist absurd! Die Taubheit war nicht die Ursache des Talents. Sein Talent ist aufgrund der Französischen Revolution entstanden, sie hat ihm die Augen für die soziale Ungleichheit geöffnet!«

Ich sehe Beethoven in den Brötchenhänden Filefottos, ich sehe, wie er ihn als Stock benutzt, um die Ungleichheit zu zerschlagen. Oh, Beethoven in Filefottos Händen!

Und doch ist in den tieferen Schichten meines Wesens so etwas wie Befriedigung, wie befreiende Freude bei dem Gedanken, daß der Niedere sich des Höheren bedienen kann.

Sonnabend
Gestern, als ich schrieb, ging die Tür auf und Ada kam herein, klein, klitzeklein, zerbrechlich – zu mikroskopischen Maßen geschrumpft vor blassem Entsetzen. Sie ist operiert worden. Ist völlig fertig. Ich habe ihr in Buenos Aires zugeredet, zur »Nachkur« herzukommen, sobald sie sich bewegen könne. Und nun ist sie hier. Henryk, ihr Mann, kommt in ein paar Tagen, und Ada ergibt sich einstweilen dem Grauen. »Wie komme ich nur dazu, hier zu sein? Was tue ich hier?!« Wir gingen auf einen Kaffee in die Konditorei. »Mein Gott, was ist das für eine Konditorei?« »Ada, komm zu dir...« »Ich kann nicht. Weshalb bin ich hier?« »Es wäre gut, wenn du etwas zur Besinnung kämest...« »Ich kann nicht, ich bin ja noch gar nicht hier. Was ist das für ein Kaffee?« »Der Kaffee ist genau so wie überall sonst«... »Ach was genau so... Was ist das für ein Pferd?« »Ein Pferd, ein ganz normales Pferd, das siehst du doch.« »Dieses Pferd ist nicht normal, *denn ich bin hier noch nicht zu Hause!*«

Mittwoch

Ich hatte nichts Besonderes vor, und mir fiel ein, daß N.N. (der Marktbesitzer) mich zum Abendessen eingeladen hatte; so ging ich hin... um das Glück zu versuchen, man kann ja nie wissen... Aber bei meinem Anblick ging man in Gefechtsbereitschaft, die Wachen wurden verdoppelt, die Geschütze aufgefahren!

Ich hatte den Eindruck, eine Festung zu stürmen. Der Herr des Hauses in der Brustwehr gekünstelter Herzlichkeit. Die Dame des Hauses und ihre Tante Raquel, eine alte Jungfer, auf der Schanze felsenfest katholischer Prinzipien, die Waffe schußbereit für den Fall, daß ich irgendeine Blasphemie äußern sollte (mit diesen Intellektuellen weiß man ja nie!). Das Fräulein gepanzert mit förmlichem Lächeln, Salat reichend. Der Sohn, Ingenieur, im weichen Hemd, mollig und adrett, mit Schnurrbart, Fingerring und Taschenuhr, so richtig gemütlich – ein Meisterwerk der Selbstgenügsamkeit.

Freitag

Ja... Die Bourgeoisie ist mißtrauisch. Und das Proletariat? Ich verstehe es nicht! Ich kann es nicht verstehen! Ach, mindestens eine halbe Stunde mühte ich mich, einen Arbeiter zu »verstehen«, der an der Straßenecke stand und zur gegenüberliegenden Seite gaffte. Was und wie denkt er? Was für Gedanken mag er spinnen, und wie? Es geht nicht. Da gibt es eine verfluchte Lücke – irgendein Loch in ihm, durch das man nicht durchkommt. Weshalb kann ich mich so gut, ohne jede Schwierigkeit in die Kinder, in die proletarische Jugend hineinfühlen – während der erwachsene Bursche, oder der Arbeiter, durch eine seltsame Leere, ein furchtbares Vakuum blockiert sind?...

Sonntag

Schau sie dir an, die *familias*, wie sie den Platz beim Sonntagsspaziergang umrunden. Ihr Kreisen! Kaum zu glauben, daß sie so kreisen können! Das erinnert an die elementare Bewegung der Planeten und wirft um Millionen Jahren zurück, in die Sphäre der Urexistenz. Der Raum selbst scheint im Einsteinschen Sinne gekrümmt zu sein, denn sie kommen, so sehr sie sich vorwärts bemühen, doch immer zurück. Wie schlaff, diese Prozession! Ehrbare, ruhige, bürgerliche Gesichter, in denen italienische oder spanische Augen leuchten, und Zähne, die aus freundlichen Mündern schauen – so spaziert dies anständige Kleinbürgertum mit Frau und Kind ...

Soldaten!

Eine vom rhythmischen Knallen beschlagener Stiefel erzitternde Kolonne marschiert von der Rodriguez-Straße her. Drängt auf den Platz, als wär's ein Angriff. Ein Kataklysmus. Der Spaziergang bricht ab, alle rennen hin, um zu bewundern! Es ist, als wäre plötzlich Leben in den Platz gekommen ... aber welch eine Schmach! Ha, ha, ha – es sei mir gestattet, zu lachen – ha, ha, ha, ha! Beine sind da eingedrungen, die an die Kandare genommen wurden, und sklavische Körper, die in eine Uniform gesteckt, in befohlener Bewegung zusammengeschweißt worden sind. Ha, ha, ha, ha, meine Herren Humanisten, Demokraten, Sozialisten! Die ganze Gesellschaftsordnung, alle Systeme, Ämter, Recht, Staat und Regierung und Institutionen, alles stützt sich doch auf diese Sklaven, die gestern noch Kinder waren, die hart angepackt und gezwungen wurden, blinden Gehorsam zu schwören (unsagbare Heuchelei dieses freiwillig-erzwungenen Eids!), um dann auf das Töten und Getötetwerden vorbereitet zu werden. Der General befiehlt dem Major. Der Major befiehlt dem Oberleutnant. Dann ergreifen die harten Hände vereidigter und dressierter Bauernjungen den Karabiner und schlagen los.

Aber gewiß doch, alle Systeme, sozialistische wie kapitalistische, gründen auf der Sklaverei, und zudem auf junger Sklaverei – meine Herren Rationalisten, Humanisten, ha, ha, ha, Demokraten!

DIENSTAG

Vieles von dem, was mir in Tandil passiert, ist unklar... dunkel... wie das, was ich mit Ricardo erlebt habe. Ich lernte ihn in einem Café kennen, ein ruhiger Herr in mittleren Jahren. Er sagte: »Gombrowicz? Ah, Ihre Bücher kenne ich nicht, aber ich habe von Ihnen gelesen. Mallea (ein argentinischer Schriftsteller) hat Sie im *Leoplan* (einer Wochenschrift) erwähnt.«

»Tatsächlich. Aber das ist fünfzehn Jahre her.«

»Ja, ja. So ungefähr.«

»Aber das war doch nur ein Satz – soweit ich mich erinnern kann – er hat mich nur in einem Satz berührt...«

»Genau. Ein Satz. Ihr Name ist mir im Gedächtnis geblieben.«

»Aber das ist doch unmöglich, daß Sie sich nach fünfzehn Jahren an eine so belanglose Anmerkung erinnern können, und dazu über einen Autor, den Sie nicht gelesen haben!«

»Neeein... Warum nicht? Ich hab's irgendwie behalten...«

?????????? Finsternis. Bahnhof. Ich verstehe gar nichts. Frage auch nicht weiter, denn ich weiß, daß ich nichts erfahren werde. Schwäche überkommt mich.

MITTWOCH

Vieles von dem, was mir in Tandil passiert, ist so... unklar, als redeten ich und mein Gesprächspartner aneinander vorbei. Ein Dunst des Unausgesprochenen zwischen mir und ihnen. Die Rätsel mehren sich. Ich bin hier hundertfacher Ausländer und trage Fremde in mir. Mißverständnisse häufen sich. Meine Kontakte mit ihnen sind vorsichtig und förmlich. Ich habe meine Gewandtheit eingebüßt – ich weiß, daß ich unbeholfen bin – und verstecke mich fast mit mir. Auch sie verstecken sich mit sich.

So wächst der Vorhang, der Rauch... Befangenheit nimmt zu... Eine doppelte Finsternis geht auf, bestehend aus ihrer Scham und der meinen. Scham – wenn sie erfahren, daß ich

Schriftsteller bin, ziehen sie sich zusammen, wie eine Schnekke, die ins Gehäuse kriecht. Scham – ich schäme mich, denn ich stehe einsam gegen Tausende.

Halbdunkel, Schleier, Finsternis, Rauch, Schüchternheit – wie in der Kirche, wie vor einem Altar, der immer geheimnisvoller wird...

Donnerstag
Wo wir im alltäglichsten Sinne gewöhnlich sind, sind wir am heiligsten. Heiligkeit? Nur wenn ich dies Wort in etwas Trivialem anbringe, das ihm gerade widerspricht, schäme ich mich seiner nicht.

Freitag
Ich bin nicht der erste, der göttliches Wesen sucht in dem, das er nicht ertragen kann... darum, weil ich es nicht ertragen kann...

Auf einem der Hügel, am Ausgang der avenida España, erhebt sich ein riesiges Kreuz, das die Stadt beherrscht – welche dadurch zu einer Art Antifrömmigkeit wird, die in spöttisch-schamloser Unbestimmtheit herumlümmelt und lungert, sich selbstzufrieden ins Fäustchen lacht... etwas wie Parodie und Kitsch... Ein niedriges, hemmungslos kicherndes Mysterium – das doch (auf seine Weise) nicht weniger heilig ist als jenes hohe.

Sonnabend
Die pfeilgeraden Stämme des Eukalyptuswaldes, der dem Geröll des Berghangs entwächst, sind wie aus Stein – auch der Berg, der Wald, das Laub, alles wie versteinert, eine feierlich steinerne Stille ruht über dieser schlanken und reinen, trocknen und durchsichtigen Stille, die von Sonnenflecken erhellt ist. Cortes und ich bewegen uns den Pfad entlang. Skulpturengruppen in Marmor bilden die Geschichte von Golgatha nach, die ganze Anhöhe ist Golgatha gewidmet und wird *Calvario* genannt. Christus, wie er unter der Last des Kreuzes fällt – Chri-

stus gegeißelt – Christus und Veronica... das ganze Wäldchen ist voll von solch gemartertem Fleisch. Einem der Christi ist von der Hand eines Cortes-Adepten auf die Stirn geschrieben: »Viva Marx!« Cortes hat natürlich nicht viel für die Gestalten der Leiden des Herrn übrig – er, der Materialist – und spricht mir leidenschaftlich von einer anderen Heiligkeit, und zwar der des kommunistischen Kampfes mit der Welt um die Welt; der Mensch habe keine andere Wahl, als sich die Welt zu unterwerfen und sie »menschlich zu machen«... wenn er nicht auf ewig ihr komischer und widerwärtiger Hanswurst, ihre scheußliche Flechte bleiben wolle... Ja, sagt er, Sie haben recht, der Mensch ist Anti-Natur, er hat seine eigene, besondere Natur, er steht von Natur aus in Opposition – deshalb können wir den Kampf mit der Welt nicht vermeiden, entweder setzen wir unsere, menschliche, Ordnung in ihr durch, oder uns bleibt auf ewig nur die ganze Pathologie und Absurdität des Seins. Selbst wenn das ein aussichtsloses Ringen sein sollte, nur in ihm können wir unser Menschentum mit seiner Würde und Schönheit verwirklichen – alles andere bringt nur Erniedrigung... Dieses Credo steigt in die Höhe und erreicht den Gipfel, wo ein riesiger Christus am Kreuz prangt; ich von hier unten sehe durch den Pfeilregen der Eukalypten die Arme und Beine, die ans Holz genagelt sind; nebenbei notiere ich, daß dieser Gott und dieser Atheist genau dasselbe sagen...

Schon haben wir das Kreuz fast erreicht. Ich sehe mit halbem Auge zu dem Leib hin, der an der Leber gemartert wird, wie Prometheus (darauf beruht gerade die Folter des Kreuzes, auf den fürchterlichen Leberschmerzen). Widerwillig mache ich mir die ganze *Unnachgiebigkeit* des Kreuzholzes bewußt, das *nicht imstande* ist, dem sich windenden Leib auch nur einen Millimeter nachzugeben, und kein Entsetzen spüren kann angesichts der Qual, selbst wenn sie die äußerste Grenze überschreitet und etwas *Unmögliches* wird – dieses Geplänkel zwischen der absoluten Teilnahmslosigkeit des marternden Holzes und dem grenzenlosen Drang des Leibes erhellt mir blitzartig die Furchtbarkeit unserer Lage – die Welt zerbricht mir in Kreuz und Leib. Derweil redet hier, neben mir, ein atheistischer Apostel, Cortes, unaufhörlich von der Notwendigkeit eines anderen Erlösungskampfes. »Das Proletariat!« Ich betrachte unauffällig Cortes' Leib, mager, mickrig, nervös, mit Brille, garstig und triefäugig, mit einer sicherlich schmerzenden Leber, von Häßlichkeit geplagt, so unangenehm, so gemein abstoßend – und ich sehe, daß auch er gekreuzigt ist.

So werde ich von diesen zwei Torturen, deren eine göttlich und die andere gottlos ist, gleichsam von zwei Seiten beschossen. Beide aber schreien: Die Welt bekämpfen, die Welt erlösen – wieder also will der Mensch um jeden Preis *alles*, findet sich in seiner Empörung nicht zurecht in der Welt, und die universale, kosmische, allumfassende *Idee* bricht machtvoll aus ... Vor mir, unten, das Städtchen, aus dem Autogehupe und der Lärm des zeitlichen, beschränkten und kurzsichtigen Lebens herdringen. Ach, diesem erhabenen Ort entfliehen dorthin, hinab! Ich bekomme keine Luft mehr hier, auf der Höhe, zwischen Cortes und dem Kreuz. Tragisch, daß Cortes mich hierhergeführt hat, um mir mit anderem, d.h. gottlosem Munde die gleiche absolute, extreme, allgemeine Religion, diese Mathematik der Allgerechtigkeit, diese Allreinheit zu rezitieren!

Da sehe ich auf dem linken Fuß des Christus geschrieben: »Delia y Quique, verano 1957«.

Die Irruption dieser Aufschrift in ... nein, sagen wir lieber, das Eindringen dieser frischen, gewöhnlichen und ungequälten Leiber ... der Hauch, die Woge durchschnittlich zufriedenen Menschenlebens ... das wundersame Wehen heiliger Naivität im Dasein ... Finsternis. Dunst. Schleier. Rauch. Was für eine Religion ist das?

S<small>ONNTAG</small>
Die Religion, deren Weihrauch mich durch Delia und Quique ankam, als ich mich in Golgatha befand, zwischen Christus und Cortes?

Ich sagte zu Cortes: »Warum vergöttert ihr Atheisten Ideen? Warum vergöttert ihr nicht Menschen?«

Die Göttlichkeit eines Generals springt doch ins Auge. Ist sein Finger nicht genau so wie der Finger seines gemeinsten Soldaten? Und dennoch schickt ein Wink dieses Fingers Zehntausende von Menschen in den Tod – die gehen und sterben, ohne auch nur nach dem Sinn ihres Opfers zu fragen. Was hätte der Mensch dem allerhöchsten Gott Wertvolleres zu opfern, als sein Leben? Wenn ein Mensch auf Befehl des anderen stirbt, so heißt dies, daß der Mensch dem Menschen ein Gott sein kann. Wer bereit ist, sein Leben auf Befehl des Führers hinzugeben – was zögert der noch, vor ihm auf die Knie zu fallen?

Und die Göttlichkeit des Präsidenten? Die Göttlichkeit der Direktoren und Professoren? Und die Göttlichkeit des Besitzers oder des Künstlers? Dienst – Unfreiheit – demütige Untergebung – Aufgehen im anderen Menschen – völlige Hingabe an den Höchsten – das bestimmt die Menschheit bis ins Gedärm. Ha, ihr Atheisten und Demokraten hättet die Menschen gern gleichmäßig nebeneinander aufgereiht, wie die Pflanzen im Beet, und der Idee untergeordnet. Aber diesem horizontalen Bild der Menschheit kommt ein anderes, vertikales in die Quere... und diese zwei Bilder zerstören sich gegenseitig, sie unterliegen keinem gemeinsamen Gesetz, kennen keine einheitliche Theorie. Aber ist das ein Grund, die Vertikale aus dem Bewußtsein der Menschheit zu verdammen und sich ausschließlich mit der Horizontale zu begnügen? Wahrlich, ich verstehe euch nicht, ihr Atheisten. Ihr seid nicht bei Vernunft... Weshalb verschließt ihr die Augen vor dieser Frömmigkeit, wenn sie sehr gut ohne Gott auskommt und das Fehlen eines Gottes sogar ihre *conditio sine qua non* ist? Ich sehe wirklich keinen Grund, weshalb die zeitgenössische metaphysische Unruhe ihren Ausdruck nicht in einer Vergötterung des Menschen finden sollte, da Gott uns nun fehlt.

Damit das geschehe, müßt ihr nur eine gewisse Eigenschaft der Menschheit beachten, die darin besteht, daß sie sich unaufhörlich gestalten muß. Sie ist wie eine Woge, die aus Milliarden chaotischer Teilchen besteht und doch immer wieder eine bestimmte Gestalt annehmen muß. Sogar in einer kleinen Gruppe von Menschen, die sich ungezwungen unterhalten, bemerkt ihr doch die Notwendigkeit, sich auf diese oder jene Form einzustimmen, die zufällig und unabhängig von ihrem Willen entsteht, allein kraft der gegenseitigen Anpassung... das ist so, als wiesen wir alle zusammen jedem einzelnen seinen Platz, seine »Stimme« im Orchester zu. »Die Menschen« – das ist etwas, was sich ständig organisieren muß – aber diese Organisation, diese kollektive Gestalt wird als Resultante von Tausenden von Impulsen geschaffen, ist also unvorhersehbar und läßt sich nicht beherrschen von denen, die sie bilden. Wie Töne sind wir, aus denen die Melodie entsteht – wie Worte, die sich zum Satz fügen – aber wir haben keine Gewalt darüber, was wir aussprechen, dieser unser Ausdruck kommt über uns wie der Blitz, wie eine schöpferische Kraft, die aus uns erwächst und doch ungezügelt ist. Dort aber, wo Gestalt und Form entstehen, muß es Höheres und Niederes geben – daher rührt bei den Menschen die Erhöhung des einen auf Kosten des anderen, des einen über den anderen – und dieser Drang nach oben, der den einen, und sei es noch so absurd und ungerecht, exponiert, ist doch unabdingbar für die Form, er sorgt auch für das Werden der höheren Sphäre in der Menschheit, teilt sie in Etagen, und aus dem Schoße des Pöbels erhebt sich ein würdigeres Reich, das den Niederen furchtbare Last und wunderbarer Höhenflug in einem ist. Warum wollt ihr dieser *zufälligen* Erzeugung einer, wenn nicht Götterwelt, so doch Halbgötterwelt aus uns heraus keine Verehrung zollen? Wer verbietet euch, darin eine Göttlichkeit zu sehen, die aus den Menschen selbst entsteht und nicht vom Himmel herniedersteigt? Besitzt denn dieses Phänomen, das einer zwischenmenschlichen Kraft entstammt, die schöpferisch ist und höher steht als jeder Einzelne von uns, nicht göttliche Züge? Seht ihr nicht, daß uns hier Erhabenheit auf eine Art erwächst, die ganz unbeherrschbar ist? Weshalb, ihr Atheisten, widmet sich euer Verstand so leidenschaftlich der Abstraktion, der Theorie, der Idee und dem Rationalen und merkt gar nicht, daß hier vor seiner Nase, ganz konkret, die Menschheit wie in einem Feuerwerk immer neue Götter und immer neue Offenbarungen gebiert? Haltet ihr das vielleicht für ungerecht – unmoralisch – oder für geistig unbegründet? Aber ihr vergeßt, daß das keine Übergeordnete Kraft, keine Schaffende Kraft mehr wäre, wenn es nach dem Maß eures Geistes wäre.

Oh, wenn es mir, mir persönlich, endlich gelänge, Reißaus zu nehmen, der Idee zu entwischen – für immer ein Heim zu finden in dieser anderen, menschengemachten Kirche! Könnte ich mich doch zur Anerkennung *einer solchen Göttlichkeit* verstehen – ich müßte mich dann nicht weiter um Absolutes kümmern, bräuchte nur über mir, nicht hoch, kaum einen Meter über meinem Kopf, dieses Spiel der schaffenden Kräfte zu spüren, die als einzig erreichbarer Olymp von uns gezeugt wurden – und das zu vergöttern. In der *Trauung* ist diese Art von Frömmigkeit, und in der Einleitung zu diesem Werk habe ich ganz im Ernst geschrieben: Hier vergöttert Menschengeist den Geist des Zwischenmenschlichen. Und dennoch! Nie war ich fähig, mich zu beugen – immer kam es zwischen mir und dem zwischenmenschlichen Gott zur Groteske, nicht zum Gebet... Schade! – ganz ehrlich. Schade! Denn nur Er – so ein menschengeborener Halbgott, »höher« als ich, aber nur einen Fingerbreit, sozusagen nur die erste Weihe, mit einem Wort, ein Gott nach dem Maß meiner Beschränktheit – könnte mich von dem verfluchten Universalismus befreien, mit dem ich nicht fertig werde, und mich der erlösenden Konkretheit wiedergeben. Ach, meine Grenzen finden! Mich beschränken! Einen beschränkten Gott besitzen!

Bitter ist mir, dies zu schreiben... denn ich glaube nicht, daß in mir dieser Sprung in die Beschränktheit jemals erfolgen wird. Ich schreibe das also nicht ganz im Ernst, so ein bißchen rhetorisch... aber ich spüre doch um mich die Anwesenheit von Menschennaturen, die anders sind als meine, ich spüre diese Andersartigkeit, die mich da umgibt und mir unerreichbare Lösungen birgt ... ihr also vertraue ich das an, soll sie damit machen, was sie will.

Dienstag

Wieder hab ich ihn gesehen! Ihn! Den Grobian! Ich sah ihn, als ich ein entzückendes Frühstück in der Zuckerbäckerei aß, die über den Gärten schwebt. Heiliges Proletariat! Er (ein Obsthändler, er kam mit seinem Wagen) war vor allem untersetzt und gesäßig – aber er war auch fingrig und pausbackig – und feist, stämmig und stierisch, ausgeschnarcht mit der Frau in den Federn, und wie vom Abort. »Vom Abort« sage ich, denn das Gesäß war bei ihm stärker als das Maul; er ruhte sozusagen ganz auf dem Hintern. Ein unglaublich starker Drang zur Rüpelei prägte das Ganze, lustvoll war er dabei, ausgelassen, verstockt und verstopft, und machte die ganze Welt zur Flegelei! Und liebte sich!

Was sollte ich mit ihm anfangen? Ich nippte am Kaffee, im Beisein Bianciottis, dem ich nichts sagte ... Was tun? Wenn das Niedere nur immer jung wäre! Immer jung! Die Jugend ist ihre Rettung, ihr natürliches und heiligendes Element ... nein, das bezaubernde Niedere ist für mich kein Problem ... aber Auge in Auge so einem Kerl, keinem jungen Burschen, gegenüberzustehen – und ihn in seiner doppelten Häßlichkeit als bejahrter Rüpel ertragen zu müssen.

Doppelt? Vierfach ist sie – denn ich, der ich ihn betrachte, bin mit all meinen bourgeoisen Empfindlichkeiten nur der Refrain jener Scheußlichkeit dort, ich passe zu ihr wie ein Negativ, wir sind zwei Affen, die einer aus dem anderen folgen ... Zwei bejahrte Affen! Brrr ... Wißt ihr, was die scheußlichste aller Begegnungen ist? Einen Löwen in der Wüste zu treffen? Einen Tiger im Urwald? Einen Geist? Den Teufel? Aber das sind doch Idyllen! Bitterer, hundertfach bitterer ist, wenn ein blasser Intellektueller einem vierschrötigen Rüpel begegnet – vorausgesetzt, das geschieht ohne Jugend! Diese Begegnung erfolgt in gegenseitiger erwachsen-menschlicher Abscheu, die du mit dem Löwen, der dich frißt, niemals erfährst; sie ist umstrahlt von körperlichem Verblühen; und du mußt diesen Menschen ertragen, zusammen mit dir, in der abgeschmackten Soße dieser Idiosynkrasie, im Fluch dieser Karikatur!

Mich plagt und quält dieser erwachsene Rüpel... ich komm nicht los von ihm! Seine wandelnde Sauerei!

DONNERSTAG

Hitler, Hitler, Hitler... Wie kommt Hitler hierher? Im Strudel meines Lebens, in diesem Wirrwarr der Ereignisse fällt mir schon lange eine bestimmte Logik im Anwachsen der Handlungsfäden auf. Sobald irgendein Gedanke zu dominieren beginnt, mehren sich auf einmal die Tatsachen, die ihn von außen her verstärken; das sieht so aus, als begänne die äußere Wirklichkeit mit der inneren zusammenzuarbeiten. Kürzlich habe ich notiert, daß man mich – ach, es ist doch nicht wahr! – als Faschisten bezeichnet hat. Nun fielen mir, als ich mich zufällig in eine unbekannte Gegend von Tandil verirrte, ins *barrio* Rivadavía, folgende mit Kreide geschmierte Worte auf den Felswänden ins Auge:

»LOOR Y GLORIA A LOS MARTIRES DE NURENBERG« (Ruhm den Märtyrern von Nürnberg)

Ein Nazi in Tandil? Und so verbohrt? Nach all den Jahren? Dieser Fanatismus, wo? – in Tandil – weshalb hier?... Das ist wohl wieder eine der Tandiler Verdunkelungen, Verfinsterungen, die bestimmt nur ein dummer Witz sind... die ich lieber gar nicht erst entwirre... aber (bedenkt man das andere, den »Faschismus«, mit dem man mir aufwartete), das sah aus, als prostete dieser Trinker mir zu... eine Anspielung? Ich weiß schon lange, daß so manches auf mich anspielt, so manches mir zutrinkt...

Und zu alledem kommt dieser Hitler über mich, als mir der Rüpel eklig wurde – als ich den Rüpel erbrach, vom Rüpel erbrochen.

FREITAG

Hitler liegt in Staub und Asche, und obendrein (aus Angst, er könnte auferstehen) wird er *post mortem* zum satanischen Mittelmaß, zum größenwahnsinnigen, brüllenden Feldwebel, zur Höllenbrut zurechtgestutzt. Ihr habt ihm die Legende verpfuscht. Und zwar aus Angst. Aber auch Angst kann Huldigung sein. Ich wäre eher dafür, Hitler *post mortem* nicht zu fürchten – er ist auf der Angst der anderen großgeworden, möge er nicht auch auf eurer noch gedeihen.

Was an diesem Helden frappiert (warum sollte ich ihn nicht als Helden bezeichnen?), ist die unheimliche Verwegenheit beim Griff nach dem Äußersten, dem Letzten, dem Maximum. Er glaubte, daß der gewinnt, der weniger Angst hat – daß das Geheimnis der Macht darin besteht, einen Schritt weiterzugehen, jenen einen Schritt, den die anderen nicht mehr nachvollziehen können – daß der, der durch Mut erschreckt, nicht zu ertragen und deshalb schlagend ist – und in diesem Sinne behandelte er Menschen und Völker. Seine Taktik beruhte darauf, in Grausamkeit, Zynismus, Lüge, Hinterlist und Verwegenheit einen Schritt weiterzugehen, jenen einen Schritt, der fassungslos macht, der aus der Norm schlägt, den phantastischen, unmöglichen, inakzeptablen Schritt... dort ausharren, wo die anderen entsetzt schreien: passe! Er stürzte das deutsche Volk in die Grausamkeit, und in Grausamkeit stürzte er Europa – ihn verlangte nach grausamstem Leben als letztem Prüfstein der Lebensfähigkeit.

Er wäre kein Held gewesen, wenn er kein Feigling gewesen wäre. Den höchsten Zwang hat er sich selbst angetan, indem er sich selbst in *Macht* verwandelte – sich Schwäche unmöglich machte – sich den Rückzug abschnitt. Sein höchster Verzicht war der Verzicht auf andere Seinsmöglichkeiten. Interessant die Frage: Wie ist er zum Gott des deutschen Volkes avanciert? Es ist anzunehmen, daß er sich zunächst nur mit einigen wenigen Deutschen »verband« – »sich verband« in dem Sinne, daß er sich ihnen als Führer schmackhaft machte – und das bewirkte seine persönliche Größe, denn in diesem Maßstab, im Kreise einiger weniger Menschen spielen persönliche Vorzüge noch eine Rolle. In dieser ersten Phase des Prozesses, als die Verbindung noch locker war, mußte Hitler ständig zu Argumenten greifen, mußte überzeugen, überreden, mit der Idee auftrumpfen – denn er hatte Leute vor sich, die sich ihm freiwillig untergaben. Doch das alles war noch sehr menschlich und sehr normal; auch gab es noch immer, für Hitler wie für seine Gefolgsleute, die Möglichkeit des Rückzugs; jeder von ihnen konnte Schluß machen, etwas anderes wählen, sich mit anderen und auf andere Art zusammenschließen. Aber hier zeichnete sich allmählich die Wirkung eines fast unmerklichen Faktors ab, nämlich der Menge – der langsam wachsenden Zahl der Menschen. Wie die Menge wuchs, nahm die Gruppe langsam andere Dimensionen an, die dem einzelnen Menschen schon beinah verschlossen waren. Allzu schwer, allzu massiv, begann sie nun ihr eigenes Leben zu leben. Mag sein, daß jedes Mitglied dem Führer nur halbwegs traute, aber multipliziert mit der Menge, wurde dieses »halbwegs« zu einem bedrohlichen Glaubenspotential. Und in einem bestimmten Moment spürte jeder von ihnen, nicht ohne leichte Beunruhigung, daß er nicht wußte, was die anderen dort (die hinter ihm, die er nicht kannte) tun würden, wenn es ihm den Kopf käme, zu passen und Reißaus zu nehmen. Sobald ihm das klar war, gab es kein Zurück mehr...

Doch das konnte Hitler nicht genügen. Er war jetzt, verstärkt von der Menge der Menschen, großgeworden – aber er war sich seiner Leute und seiner selbst keineswegs sicher. Es gab keine Garantie, daß seine private Natur, sein gewöhnliches Menschentum sich nicht plötzlich bemerkbar machen würden – er hatte die Gewalt über sein eigenes Schicksal noch nicht völlig verloren, konnte zur eigenen Größe noch »nein« sagen. Hier wurde es also notwendig, das Ganze in eine höhere Sphäre zu transponieren, die dem individuellen Ich nicht mehr zugänglich wäre. Um das zu vollbringen, mußte Hitler, statt mit der eigenen, mit der Energie tätig werden, die ihm die Masse verliehen hatte – mit einer Kraft also, die seine eigene Kraft überstieg. So geschah es. Mit Hilfe seiner Gefolgsleute und Bekenner, unter Ausnutzung der Spannungen, die zwischen ihm und ihnen entstanden, holt er die maximale Verwegenheit aus ihnen heraus, um selbst noch verwegener zu werden und noch größere Verwegenheit zu provozieren; so versetzt Hitler seine ganze Gruppe in einen Siedezustand, macht sie, als Verband, furchtbarer, so daß sie das Fassungsvermögen jedes Einzelnen übersteigt. Jeder, der Führer eingeschlossen, ist entsetzt. Die Gruppe erreicht eine übernatürliche Dimension. Die Menschen, die sie bilden, verlieren die Herrschaft über sich. Jetzt kann niemand mehr zurück, denn man ist nicht mehr im »Menschlichen«, man ist bereits im »Zwischenmenschlichen«, oder im »Übermenschlichen«.

Beachten wir, daß all das sehr viel Ähnlichkeit mit dem Theater hat . . . mit dem Spiel . . . Hitler spielte einen Mutigeren, als er war, um andere zur Vereinigung in diesem Spiel zu zwingen – das Spiel aber rief Wirklichkeit hervor und erzeugte Tatsachen. Die Massen des Volkes durchschauen dieses Spiel natürlich nicht, sie beurteilen Hitler nach seinen Taten – und siehe, da weicht ein Volk von vielen Millionen angstvoll zurück vor dem vernichtenden Willen des Führers. Der Führer wird groß. Eine seltsame Größe ist das. Eine ganz verblüffende Potenzierung zu unglaublichen Ausmaßen: ein Wort, eine Tat, ein Lächeln, ein Zornesausbruch gehen über normales Menschenmaß hinaus und ertönen wie Donnergrollen, zertreten andere Wesen, die schließlich nicht anders, die im Grunde doch auch nicht unbedeutender sind . . . Aber das Seltsamste an dieser Potenzierung ist, daß sie von außen erfolgt – Hitler wächst alles unter der Hand, aber er selbst ist der geblieben, der er war, mit all seinen Schwächen, wie immer; ein Zwerg, der sich als Goliath offenbart; ein Mensch wie alle anderen, der *nach außen* Gott ist; eine weiche Menschenhand, deren Berührung einem Keulenhieb gleicht. Und Hitler ist jetzt in den Klauen dieses Großen Hitlers – nicht weil er keine gewöhnlichen, privaten Gefühle und Gedanken mehr hegte, sondern weil sie zu klein und zu schwach sind, machtlos gegen den Riesen, der ihn von außen durchdringt.

Beachten wir zudem, daß die Idee überflüssig wird, sobald der Prozeß in die Sphäre des Übermenschlichen eingetreten ist. Die Idee war nötig am Anfang, als es zu überzeugen, die Anhänger zu einen galt – jetzt wird sie kaum noch gebraucht, denn der Mensch als solcher hat nicht viel zu sagen in dieser neuen, übermenschlichen Dimension. Die Menschen sind aufeinander gewachsen. Druck ist erzeugt worden. Gestalt entstanden, mit eigenem Seinsgrund und eigener Logik. Die Idee ist nur noch zum Schein, sie ist die Fassade, hinter der sich die Behexung des Menschen durch den Menschen vollzieht – zuerst kommt der Zauber, dann die Frage nach dem Sinn...

SONNABEND

Adieu, Tandil! Ich fahre. Schon ist der Koffer gepackt.

K Wen werden meine Tandiler Erlebnisse, so wie ich sie hier beschrieben habe, überzeugen? Das hat gar keine Aussicht auf Erfolg. Wozu das veröffentlichen? Ich weiß nicht, ob ich gut daran tue... Vermutlich werden sie sagen: er ist ja doch ein Faschist! Auf jeden Fall werden sie sich ihr Teil über meine antidemokratische und reaktionäre Einstellung denken.

Aber wie könnte ich etwas unveröffentlicht lassen, was ich für typisch und repräsentativ an mir halte?

Ich schmeiße meine Krise des demokratischen Denkens und universalen Empfindens aufs Papier, denn eins müßt ihr wissen: die Lust auf eine beschränkte Welt und einen beschränkten Gott befällt nicht mich allein – wenn nicht heute, so in zehn Jahren. Prophezeiung: Demokratie, Allgemeinheit und Gleichheit werden nicht imstande sein, euch zufriedenzustellen. Immer stärker wird das Verlangen nach Zwiefältigkeit in euch werden – nach einer doppelten Welt – einem doppelten Denken – einer doppelten Mythologie – in Zukunft werden wir zwei verschiedenen Systemen gleichzeitig huldigen, und die magische Welt wird ihren Platz neben der rationalen finden.

VIII

Sonntag

Krankheit
Bin krank
Keine Lust ...

Montag

Ich werfe mich aufs Bett – ruhe aus – meistens mit den *Federskizzen* von Andrzej Bobkowski. Zwei dicke Bände. Tagebuch. Untertitel: »Frankreich 1940-44«.

Ich widme mich leidenschaftlich der Lektüre von Tagebüchern, mich zieht die Höhle fremden Lebens an, sei sie auch ausgeschmückt oder gar erlogen – gleichviel, das ist Bouillon vom Geschmack der Wirklichkeit, und mir gefällt zu wissen, daß z.B. Bobkowski am 3. Mai 1942 seiner Frau im Wäldchen von Vincennes das Radfahren beigebracht hat. Und ich? Was habe ich an diesem Tag getan? Ihr werdet sehen, oder wahrscheinlich doch nicht: In 200 oder 1 000 Jahren wird eine neue Wissenschaft entstehen, die die Zusammenhänge in der Zeit der einzelnen Menschen erforscht, und dann wird man erkennen, daß das, was dem einen widerfährt, nicht ohne Verbindung ist zu dem, was einem anderen zur gleichen Zeit passiert... Diese Synchronisierung der Existenzen wird uns Perspektiven eröffnen... Doch genug davon... Bobkowskis Aufzeichnungen behandeln zwei meiner Interessen, Frankreich und Polen – das ist der Hauptgrund, aus dem ich sie studiere. Brühwarm und leidenschaftlich niedergeschrieben, obwohl es, vermute ich, nicht ohne eine gewisse Retusche ex post abging. Die Unmittelbarkeit dieser Kritik bewirkt, daß die Kritik sofort eine Kritik dieser Kritik hervorruft... usw. – (der Sinn dieses Satzes wird gleich klarer werden).

Vaterländer... Wie faßt man sie an? Ein geradezu verbotenes Thema. Wenn man über das Vaterland schreibt, sträubt sich der Stil. Wie soll man etwa über Polen schreiben, ohne in jenes klassische »denn wir Polen« zu verfallen, ohne sich als Europäer zu gebärden, gute Miene zum bösen Spiel zu machen, ohne sich zu demütigen oder zu preisen – ohne Theater, ohne Übertreibung, ohne zu beißen, zu treten, zu zerren... wie den Finger auf die eigene Wunde legen, ohne vor Schmerz die wildesten Grimassen zu schneiden? Wie sich diese Achillesferse kitzeln, ohne zum Hanswurst zu werden? In Bobkowskis Buch entdecke ich im Zeitraum von 1940-1944 die gleichen ausschlüpfenden Gefühle, die auch mich überkamen, als mir *Trans-Atlantik* erste Form annahm – auch er murrt, lästert, rebelliert... Aber in mir ist dieser antipolnische Prozeß, vielleicht aufgrund der geographischen Entfernung, vielleicht auch aufgrund der geistigen Distanz (ein künstlerisches Werk ist kein Tagebuch), eingefroren, über Polen habe ich immer kühl geschrieben als eines der Hindernisse, die mir das Leben erschwerten, für mich war und ist Polen nur eines meiner zahlreichen Probleme, die Zweitrangigkeit dieses Themas war mir immer klar. Bobkowski, der Jüngere, ist in seinem spontan geschriebenen Tagebuch nicht so kalt wie ich – er stößt Polen von sich, verletzt sich dabei aber die Hände bis aufs Blut. »Ich will mich befreien!« schreit er. »Ich werde nicht verbrennen auf diesem Altar, ich will leben auf eigene Faust...« Aber gerade der Schrei zeugt in seiner Leidenschaft davon, daß die Nabelschnur nicht durchschnitten ward – seine Negation wäre besser mit leiser, ja gewöhnlicher Stimme vorgetragen, in einem teilnahmslosen Tonfall, der dem Thema die zentrale Bedeutung nimmt. Die *Federskizzen* wären stilistisch stärker, wenn der handgreifliche Kampf gegen den polnischen Mythos aus ihnen entfernt würde.

Eine unglaubliche Verwirrung herrscht in unseren Köpfen, was diesen »Universalismus« angeht, der uns zur Mode geworden ist. Ein Beispiel – Herr Kisiel. Für viele von uns ist Universalismus gleichbedeutend damit, nicht über Polen und fast nicht polnisch zu schreiben. Zum Beispiel – Herr Michał K. Pawlikowski. In seiner Rezension des Buches *Kontra* von Józef Mackiewicz lesen wir:

»Ich würde nicht zögern, Józef Mackiewicz als den ›unpolnischsten‹ aller polnischen Schriftsteller zu bezeichnen. In der Tat: Ein Streifen des ehemaligen Litauen gibt Szene und Klima des *Weges ins Nirgendwo* ab, und das sog. ›Polentum‹ prägt – abgesehen von der Sprache – nicht den Ton des Romans. Die Fabel des *Karrieristen* wäre in jedem Land denkbar. *Kontra* schließlich ist ein Werk, nach dessen Lektüre der uninformierte Leser nicht darauf käme, daß es von einem Polen geschrieben ist.«

Worauf Herr Pawlikowski das Urteil fällt, ich sei ein »sehr polnischer« Schriftsteller, Mackiewicz aber aufgrund seiner oben genannten Eigenschaften ein »allgemeinmenschlicher«.

Aber weshalb denn, Herr Pawlikowski? Was hat die Allgemeinmenschlichkeit eines Schriftstellers mit seiner Thematik zu tun?

Mackiewicz ist – ganz klar – ein vom Kern her ganz und gar ostpolnischer Künstler... aber das beeinträchtigt natürlich seine »Allgemeinmenschlichkeit« nicht im geringsten. Denn das eine hat mit dem anderen nichts zu tun.

Die universalsten französischen oder italienischen Schriftsteller waren zugleich die französischsten und italienischsten – denn die Kunst ist (wie man schon lange weiß) die Erhebung der privaten, besonderen, lokalen, sogar hinterwäldlerischen Konkretheit zu den Höhen des Alls... zur kosmischen Dimension...

Die weltberühmtesten, weltgewandtesten Melodien von Chopin sind zugleich die polnischsten – denn Kunst ist (es ist schon fast lächerlich, davon zu predigen), das Typische, Allgemeine und Ewige im Konkreten, Individuellen, Vergänglichen aufzuzeigen.

Und es ist wirklich lächerlich, wenn Jacek Bocheński (im Sinne Kisiels) davon faselt, ich hätte in *Trans-Atlantik* »eine ungesunde Liebesaffäre und einen prinzipiellen Wahn« mit meinem polnischen Erbe. Mit welchem sollte ich sie haben? Mit dem chinesischen?

Doch zurück zu Bobkowski. Man könnte einiges dazu sagen, wie in seinem Tagebuch ein neuer Stil des Befreiten Polen erarbeitet wird... und nicht ohne qualvolles Ringen... denn Bobkowski, von lebhafter Intelligenz und zudem begabt, sieht entsetzt, daß er, der sich mit Händen und Füßen von Polen loszureißen sucht, in eine neue Schablone gerät, diesmal eine antinationale... und sucht nun wiederum nach einem Antidotum gegen diese Konvention des Polentums *à rebours*... und diese neue Form bedarf wieder der Korrektur. In einem Kunstwerk wäre das vielleicht schockierend. Im Tagebuch? Da wollen wir das Leben unvermittelt und den Autor im Siedezustand, noch unvollendet. Und werfen wir einen Blick auf das Datum. Wer wäre 1940-44 nicht in hellem Aufruhr gewesen?

Aber nicht Polen ist das Interessanteste in seinem Tagebuch, sondern Frankreich.

Frankreich, das im Laufe der Jahrhunderte zu einem internationalen Komplex geworden ist. Das schreit geradezu nach Psychoanalyse. Frankreichfanatiker – ganze Völker, von Frankreich bezaubert – Mythos Frankreich, märchenhaftes Paris! In Amerika begegnet mir auf Schritt und Tritt dies hingerissene:

ah, Paris, ah, Paris! Aber auch auf unserem Hinterhof steht dieser Altar, sehen wir Gebete, Hupfer, Tänze, Luftsprünge und Verrenkungen – ganz zu schweigen von jener wonnigen Frankomanie aus zweiter Hand, dieser von allen möglichen Herrn Sakowskis kultivierten, unermüdlichen Imitation, die auch nur ein unermüdlicher Kniefall vor dem Mythos ist. Nein, nicht nur die ehemaligen Mitglieder des Außenministeriums sind kulturell dermaßen epatiert, die Frömmigkeit erfaßt die ganze gesellschaftliche Oberschicht, auch Bobkowski, der in Paris lebende polnische Intellektuelle, ist gegen diesen Zauber nicht gefeit. Aber das »historische« Gewicht seiner Bekenntnisse beruht darauf, daß sich hier bereits der Wille zur Vernichtung des Mythos zeigt – wie er auf Polen einschlägt, so stürzt er sich wütend auf Frankreich, und der junge, stürmische Arm versetzt dem eigenen Traum so manchen Hieb. Da führen wir das Gespräch mit Frankreich schon von einer anderen Position aus, und obwohl der Autor noch nicht zu völliger Souveränität findet, wird der Ton doch unvergleichlich härter und sachlicher, ein schwer definierbarer Akzent setzt sich da durch, der verrät, daß die Liebesaffäre endgültig vorbei ist und nur mehr abgerechnet wird. Dieser Ton und dieser Akzent sind für mich umso wertvoller, als ich sie in Notizen finde, die vom Alltag und von gewöhnlichen Begebenheiten handeln.

Sonntag
Nach der Rückkehr aus Tandil fand ich auf dem Schreibtisch den Roman *Die Verschwörung*, den mir der Autor, Stefan Kisielewski (»Kisiel«) mit einer versöhnlichen Widmung aus Polen geschickt hat:

»Herrn W. G., dem ›Typen‹, der so tat, als hätte er mein Feuilleton über ihn nicht verstanden, von einem enthusiastisch-kritischen Leser – Kisiel, Krakau. 18. XII. 57«.

Ich schrieb zur Antwort:
»Geehrter Herr,
verzeihen Sie, daß ich mich bisher für die *Verschwörung* nebst

Widmung nicht bedankt habe, aber ich war beinahe ein halbes Jahr nicht in Buenos Aires.

Schön – die Widmung ist nett – aber warum schreiben Sie in der Zeitung so dummes Zeug über mich? ›Dummes Zeug‹ sage ich, nicht um Sie zu beleidigen, sondern weil das unter Ihrem Niveau ist. Ihr erstes Feuilleton enthielt Unsinnigkeiten, die ich mir nur durch Ihre Unkenntnis des Themas erklären konnte – Sie hatten wohl *Ferdydurke* vergessen und kannten das *Tagebuch* nur aus irgendeinem Fragment in der *Kultura*. Der zweite Artikel zeugt von größerer Belesenheit, aber dennoch bleiben Sie hartnäckig bei Ihrer These, die so kindisch simplifiziert und meiner Person, Gattung und Wirklichkeit gar nicht angemessen ist.

Sie meinen, ich könnte Avantgarde und Anachronismus, Intelligenz und Dummheit, Innovation und Konvention zugleich sein – könnte recht scharfsinnige Bücher schreiben und mich zugleich so einem banalen Zeug widmen, wie Sie es mir zuschreiben? Nein, das gibt es nicht. Sie haben meine Abrechnung mit dem Polentum ganz seicht aufgefaßt, als handelte es sich um Journalismus, nicht um Kunst. Sie haben ihre Genese, ihre Verbindungen mit der Gesamtheit meiner Kunst und meiner Weltanschauung nicht begriffen.

Mich stört das nicht – es ist mir nur recht, je mehr Sie mich einengen und zusammenstauchen, desto heftiger werde ich explodieren, und meine Polemik mit Ihnen wird eine Polemik mit den Seichtheiten und Untiefen des zeitgenössischen polnischen Denkens (katholische Richtung) sein. Aber ich wundere mich, daß Sie als Koryphäe in dieser Rolle auftreten. Das ist nichts für Sie. Sie haben etwas Besseres verdient. Ich schreibe das in aller Freundlichkeit, denn ›persönlich‹ sind wir doch wohl keine Feinde. Bitte seien Sie mir nicht böse wegen dieses Briefes...«

K Ein höchst mißlungener Brief. Abgesehen davon, daß der Satzbau oft unklar und ungeschickt ist. Schlimmer sind die

Reinfälle geistiger Natur. Weshalb habe ich etwas geschrieben, was zum Achselzucken und zu der unwilligen Bemerkung: »Jetzt ist er übergeschnappt!« berechtigt? Aber das bin ich nicht. Ich habe nur, als ich dies schrieb, aus unerfindlichen Gründen nicht darauf geachtet, keinen Anlaß zum Achselzucken und zu der unwilligen Bemerkung: »Jetzt ist er übergeschnappt!« zu geben. Für einen Augenblick verließ mich das Gespür für diese Gefahr – vor der ich mich sonst so hüte!

Freitag

Tyrmand! Ein Talent! Das ist die Warschauer barfüßige Dirne in den Augen des Rotzbengels, die fette Warschauer Köchin in den Augen des Pennälers, die betrunkene Hu... in den Augen des Straßenjungen! Schmutz und Tand – aber heißbegehrt, begeisternd! Was für einen Sex-Appeal hat diese 300prozentige Warschauer Saga, es ist derselbe, der einst in den Hauseingängen in der Hoża- oder der Żelazna-Straße lauerte – aber damals lauerte er nur – jetzt ist er zum Ausbruch gekommen!

Kriminalroman, Hintertreppenroman? Aber gewiß, und schlimmer noch: Roman von schmutzigen Hintertreppen, Roman aus Ruinen und Abgründen. Und doch ist das glanzvoll und sprühend, hat Klang und Sang... Der romantische Mond geht auf über der Ruine der Stadt, und die Fressenschläge, die man aus Spelunken, Winkeln und Löchern hört, bekommen – wieder einmal! – Poesie. Tyrmand ist die vollendete Fortsetzung unserer romantischen Dichtung, er hat ihren Federbusch übernommen, er schreibt sie weiter, aber jetzt im Stil der neuen: der proletarischen Geschichte. Das ist gesenkt auf das Niveau des Gassenjungen, Zuhälters, Betrügers usw., der Geist aber ist der gleiche geblieben. Und auch der Leib. Der polnische sündige Leib ist das, mit all seinen Pickeln!

Die Geschichte natürlich von A bis Z erlogen – zum Vergnügen des Lesers und zum Vergnügen des Autors. Aber wie wahr und wie polnisch ist diese Lüge in ihrer Sichtweise, ihrer Phantasie, ihrem Sentiment und Temperament! Wißt ihr, was das ist, dies Buch? Das ist einfach Wodka! Der gleiche alte Wodka, der auch vor dem Krieg das Leben in Polen einigermaßen erträglich machte... nur daß man ihn vor dem Krieg aus dem Gläschen genoß, während man heute aus der Literflasche gurgelt. Aber er macht diese benebelte »Fantasie« aus, ohne die die erdrückende Pleite und das totale Elend gar nicht mehr zu schlucken wären.

Wie ich im Tyrmand blätterte, war es, als wandelte ich die Vorkriegsstraßen entlang, die Krucza oder Hoża oder vielleicht die Żelazna, auf den Spuren unserer windelweich geschlagenen Geschichte. Und ich wußte schon damals, daß Tyrmand unausbleiblich war! Daß er aufgehen mußte wie der Mond, romantisch, und zum Ausbruch kommen! Gerade das! Gerade diese Rowdymondigkeit aus Ruinen und Spelunken, geprügelt und versoffen! Da fällt mir ein Absatz aus einem Brief von X. ein, den ich kürzlich bekam (aus den Staaten): »Mein Gott, dieses Polen ist der düstere Traum eines Irren! Diese Finsternis, Stickigkeit, Ungewißheit und Langweile...« Und weiter: »Ich muß wirklich lachen über dies neue Polen, mein Gott, es ist doch so, am besten paßte tatsächlich die Sachsenepoche auf uns, sie hat die tiefsten Spuren bei uns hinterlassen. Das Volk ist ungebildet, nationaldemokratisch, rauflustig, rüpelhaft, faul, frech und unreif, ›naßforsch‹ und ›scheißlieb‹, und diesem Gebilde wurde der Kreml-Kommunismus aufgepfropft! Wie müssen denen jetzt erst die benommenen Köpfe rauchen!«

Sonntag

Zum Sieg von Arturo Frondizi, der Präsident von Argentinien geworden ist, habe ich nicht viel zu sagen, aber ich möchte doch notieren, daß mich der Akt der Wahlen immer von neuem erstaunt. Dieser Tag, an dem die Stimme des Analphabeten ebenso viel wiegt wie die Stimme des Professors, die Stimme des Dummkopfs soviel wie die des Weisen, des Aufwärters soviel wie die des Potentaten, die Stimme des Banditen soviel wie die des rechtschaffenen Mannes, ist für mich der verrückteste aller Tage. Ich begreife nicht, wie dieser wundersame Akt etwas in der Praxis so Wichtiges wie die Regierung des Landes auf mehrere Jahre bestimmen kann. Auf was für eine märchenhaften Lüge stützt sich die Macht! Wie kann diese fünfattributive Phantastik den Grund für das gesellschaftliche Dasein abgeben?

MONTAG

Ich habe M. im Krankenhaus besucht – er liegt seit vielen Monaten im Sterben, immer gründlicher, aber die Ärzte sagen, er hat noch ein paar gute Wochen Sterben vor sich. Er lag reglos, den Kopf auf dem Kissen, stückweise aufgefressen vom Tod, jeden Tag ein bißchen gestorbener. Litt er, und litt er sehr?

Im Raum waren auch einige Lebende – Assistenten, würde ich sagen, denn sie assistierten... mit besorgten und ratlosen Gesichtern, abgegrenzt von diesem Dulder durch die Überzeugung, daß doch nichts helfe und man abwarten müsse, bis er alle viere von sich streckt. »Man lebt allein und stirbt allein« – ein Gedanke von Pascal. Nicht ganz. Man lebt doch in Gemeinschaft, einer hilft dem anderen, und erst wenn der Tod anklopft, sieht der Mensch, daß er allein ist... allein mit sich... wie jene kraftlosen Tiere, die die Herde in der Winternacht zurückläßt. Warum ist der Tod des Menschen immer noch wie der tierische Tod? Warum sind unsere Agonien so einsam und so primitiv? Warum habt ihr es nicht geschafft, den Tod zu zivilisieren?

Zu denken, daß diese furchtbare Sache, der Todeskampf, so wild unter uns grassiert wie seit den ersten Tagen der Schöpfung. In Jahrtausenden hat man daran nichts geändert, hat dieses wilde Tabu nicht angetastet. Wir haben Fernsehen und benutzen elektrische Heizdecken, aber wir sterben wie die Wilden. Gelegentlich kürzt die verschämte Spritze des Arztes die Leiden insgeheim mit erhöhten Morphingaben ab. Ein verzagter Eingriff, zu wenig angesichts der ungeheuren Allgegenwart des Sterbens. Ich fordere Sterbehäuser, in der jedem die modernsten Mittel für einen leichten Tod zur Verfügung ständen. Wo man problemlos sterben könnte, ohne sich vor den Zug zu werfen oder an die Klinke zu hängen. Wo der erschöpfte, kaputte, verbrauchte Mensch sich in die Obhut des Spezialisten begeben könnte, damit ihm ein Tod ohne Qual und ohne Schande gewährleistet wird.

Warum nicht – frage ich – warum nicht? Wer verbietet euch, den Tod zu zivilisieren? Die Religionen? Ach, diese Religion ... die heute den Selbstmord geißelt, gestern nicht minder lautstark schmerzverhütende Mittel verbat ... vorgestern den Sklavenhandel gestattete, Kopernikus und Galileus verfolgte ... diese Kirche, die mit Donnergrollen verdammt, um sich dann still und leis und diskret zurückzuziehen ... wer sagt euch, daß die heutige Verurteilung des Selbstmörders in einigen Jahren nicht weich wird und im Sande verläuft? Aber bis dahin sollen wir sterben wie die Hunde, röchelnd und zuckend – geduldig sollen wir warten und diesen langwierigen Weg mit Millionen furchtbarer Tode säen, von denen es in den Nekrologen heißt »nach langem, schwerem Leiden«? Nein, die Rechnung für diese »Interpretationen« der hl. Texte ist schon zu hoch und zu blutig, und die Kirche sollte sich lieber lossagen von einer Scholastik, die das Leben willkürlich gängeln will. Gut, wenn die gläubigen Katholiken einen schweren Tod wollen – das ist ihre Sache. Aber warum besitzt ihr Atheisten oder Menschen, die der Kirche nur locker verbunden seid, nicht das bißchen Mut, euch den Tod zu organisieren? Was schreckt euch? Ihr habt alles getan, um ohne Schwierigkeiten von Ort zu Ort zu ziehen, wenn ihr die Wohnung wechselt, aber wenn es um den Umzug ins Jenseits geht, wollt ihr alles beim alten lassen und vorsintflutlich verrecken?

Wie finster, eure Unbeholfenheit! Zu denken, daß jeder von euch ausgezeichnet weiß: niemandem von den Seinen wird das Sterben abgenommen, es sei denn, er hat das außergewöhnliche

Glück, plötzlich und unerwartet zu sterben; jeder wird langsam und allmählich zerstört, bis eines Tages sein Angesicht nicht mehr wiederzuerkennen ist – und ihr wißt das, ihr wißt um dieses unvermeidliche Schicksal und rührt doch keinen Finger, um euch Leiden zu ersparen. Was fürchtet ihr? Daß allzu viele ausreißen werden, wenn ihr die Pforte zu weit öffnet? Laßt die, die den Tod wollen, sterben. Zwingt niemanden durch die Unbequemlichkeit des Todes zum Leben – das ist gemein.

Die Erpressung, die in der künstlichen Erschwerung des Todes liegt, ist eine Schweinerei, die an die wertvollste Freiheit des Menschen rührt. Denn meine höchste Freiheit besteht darin, daß ich mir in jeder Sekunde die Hamletfrage »sein oder nichtsein?« stellen – und sie nach Belieben beantworten kann. Dies Leben, zu dem ich verurteilt bin, kann mich mit Füßen treten und schänden mit der Grausamkeit einer wilden Bestie, aber ein großartiges und souveränes Mittel besitze ich – ich kann mir selbst das Leben nehmen. Wenn ich will, brauche ich nicht zu leben. Ich habe mich nicht auf die Welt geladen, aber es steht mir wenigstens frei zu gehen ... und das ist die Grundlage meiner Freiheit. Und auch meiner Würde (denn würdig zu leben heißt, freiwillig zu leben). Doch das fundamentale Menschenrecht auf den Tod, das eigentlich in der Verfassung stehen müßte, ist langsam und unmerklich aufgehoben worden – auf jeden Fall habt ihr es möglichst schwer gemacht... und möglichst furchtbar... damit es schwerer und furchtbarer ist, als es beim heutigen Stand der Technik sein müßte. Darin kommt nicht nur eure blinde Lebensbejahung zum Ausdruck, die schon geradezu tierisch ist – sondern vor allem eure unheimliche Dickfelligkeit, wenn es um einen Schmerz geht, den ihr *noch* nicht erfahrt, eine Agonie, die *noch* nicht die eure ist – diese leichtfertige Dummheit, mit der das Sterben abgetan wird, solange es *noch* das Sterben der anderen ist. All eure Bedenken und Bedächteleien – dogmatische, nationalistische, lebenspraktische – diese ganze Theorie, diese ganze Praxis sind gespreizt wie ein Pfauenschweif ... fern vom Tod. So fern wie möglich.

Freitag

Meine Quellen sprudeln in einem Garten, an dessen Pforte ein Engel mit Flammenschwert steht. Ich kann dort nicht hinein. Niemals werde ich dorthin gelangen und bin dazu verdammt, diesen Ort, an dem der Zauber meiner tiefsten Wahrheit leuchtet, ewig nur zu umkreisen.

Es ist mir verwehrt, weil... diese Quellen sich in Scham ergießen, gleich Fontänen! Und dennoch dieser innere Ruf: Komm den Quellen deiner Scham so nah, wie möglich! Allen Verstand, alles Bewußtsein, alle Disziplin und alle Elemente von Form und Stil, alle Technik, zu der ich fähig bin, muß ich aufbieten, um eine Annäherung an die geheimnisvolle Pforte jenes Gartens zu erreichen, hinter der meine Scham blüht. Was ist dann meine Reife anderes als ein Hilfsmittel, etwas Sekundäres?

Ewig dasselbe! Sich großartig in Schale werfen, um die nächste Hafenkneipe zu besuchen! Weisheit, Reife und Tugend einsetzen, um an etwas *ganz Entgegengesetztes* heranzukommen!

Sonntag

Balzac kann ich nicht ausstehen. Ihn und seine Werke. Da ist alles, wie ich's nicht mag, nicht will, nicht ertragen kann! Allzu widersprüchlich in sich selbst, und irgendwie ganz dumm, ekelhaft widersprüchlich! Weise – und so ein Gimpel! Künstler – aber wieviel schlechtester Geschmack vom Geschmacklosesten der Epochen steckt in ihm. Ein Dickwanst – aber Eroberer, Don Juan, lüsterner Weiberheld. Ein bedeutender Mann – aber diese spießbürgerliche Vulgarität, diese Chuzpe des Emporkömmlings! Realist – und mies romantischer Träumer... Aber mich sollten diese Antinomien eigentlich nicht stören, ich weiß doch um ihre Rolle im Leben, in der Kunst... ja, nur wird bei Balzac sogar die Antinomie ungehobelt, widerwärtig, lüstern, fett und schlimmer als flegelhaft.

Ich hasse seine *Menschliche Komödie*. Wie leicht läßt sich die beste Suppe verderben, wenn man einen Löffel altes Fett oder ein bißchen Zahnpasta zugibt. Ein Tropfen böser, affektierter, melodramatischer Balzac genügt, um diese Bände und die ganze Persönlichkeit ungenießbar zu machen. Ein Genie, heißt es, da müsse man nachsichtig sein. Die Frauen, die mit seiner genialen Fettleibigkeit ins Bett gingen, wissen ein Lied von dieser Nachsicht zu singen, denn um mit dem Genius zu schlafen, mußten sie so manchen Ekel überwinden. Aber ich bin nicht sicher, ob diese Rechnung aufgeht, und ob sie im Einklang mit der Natur steht. Im Bereich der persönlichen Beziehungen – und solche pflegen wir mit den Künstlern – hat eine Kleinigkeit bisweilen größere Bedeutung als Monolithen denkmalwürdiger Verdienste. Es ist leichter, jemanden zu hassen, weil er in der Nase bohrt, als ihn für das Komponieren von Symphonien liebzugewinnen. Denn die Kleinigkeit ist charakteristisch und bestimmt die Person in ihrer alltäglichen Dimension.

MONTAG
Am 4. Februar d.J. (1958) habe ich *Pornographie* abgeschlossen. So nenne ich das einstweilen. Ich kann nicht garantieren, daß der Titel bleibt. Mit der Herausgabe habe ich es nicht eilig. In letzter Zeit sind zu viele meiner Bücher erschienen.

Einer der hartnäckigsten Bedürfnisse beim Schreiben dieser stellenweise ziemlich pornographischen *Pornographie*: Die Welt durch die Jugend zu seihen, sie in die Sprache der Jugend, also die Sprache der Attraktion zu übersetzen... Sie mit Jugend zu erweichen... Mit Jugend anzurichten – damit sie sich vergewaltigen läßt...

Die Intuition, die mir das diktierte, enthält wohl die Überzeugung, daß der *Mann* der Welt hilflos gegenübersteht... weil er nur Kraft ist, nicht Anmut... damit er die Wirklichkeit besitzen kann, muß sie zuerst durch ein Wesen geseiht werden, das gefallen kann... ein niederes, schwaches Wesen. Zur Wahl stehen hier – die Frau oder die Jugend. Aber die Frau lehne ich wegen des Kindes ab, mit anderen Worten, weil ihre Funktion zu speziell ist. Bleibt die Jugend. Und nun entstehen die drastischen Formeln: Reife *für* die Jugend, Jugend *für* die Reife.

Was ist das denn? Was habe ich geschrieben? Es wird noch lange unklar bleiben, ob der Akzent, den ich auf den *Geist der Jugend* und seine *Belange* gelegt habe, etwas taugt... und wieviel?

IX

Sonntag, Santiago del Estero

Gestern spät am Abend erreichte ich Santiago nach vielen Stunden des Rüttelns und Rasens – zunächst durch die grünen Tiefebenen des Paraná, dann quer durch die ganze Provinz Santa Fe, bis schließlich (nach vielen, vielen durch eilig fliehende Masten markierten Kilometern, als der Zug irgendwo in der Nähe des für mich so geheimnisvollen Sees Mar Quiquita im nördlichen Córdoba vorbeiraste) ein wüstes, von zwerghaften Bäumen bewachsenes Gebiet anbrach – jener große, weiße Fleck auf der Landkarte, der Zehntausende von Quadratkilometern umfaßt und besagt, daß hier zwischen vereinzelten Ansiedlungen keine Menschenseele lebt. Der Zug eilt dahin. Aus dem Abteilfenster, das wegen des alles durchdringenden Sandes hermetisch abgedichtet ist, sieht man nichts als mickrige, auf Sand gewachsene Bäumchen und mageres Gras. Die Nacht bricht herein, wenn ich bisweilen den Lichtschein auf dem Fenster mit der Hand abschirme, sehe ich die immer gleichen Bäume schemenhaft vorüberhuschen.

Und schließlich – Santiago.

Eine der ältesten Städte in Argentinien. Begründet von Francisco Aguirre, angeblich am 23. Dezember 1553. Die Anfänge der hiesigen Geschichte sind mythisch, fern versunken und phantastisch, ja wahnwitzig – fast wie ein Traum. In die weichen Indiostämme, die dieses Land bewohnten – sie nannten sich Huries, Lules Vilelas, Guaycurues, Sanavirones – drang am Anfang des XVI. Jahrhunderts der spanische Eroberer ein, dessen Kopf heiß war von Legenden, geblendet durch den Traum von Gold und Edelsteinen. Besessene und Schänder, Verbrecher und Helden mit dem unglaublichen Mut, in dieses unbekannte Land einzutauchen, das der Phantasie keine Grenzen setzte. Vierzehn Soldaten, berauscht durch die Mär von den kostbaren Stätten, trennten sich im Fort Sancti Spiritu von der Expedition des Sebastiano Caboto, gerieten erstmals in die Nähe von Santiago und entdeckten die Nachbarprovinz Tucumán, die heute »Garten von Argentinien« genannt wird. Den mythischen Schatz, den »Schatz der Cäsaren«, suchte auch Diego de Rojas im Jahre 1542; und nach ihm Francisco de Mendoza auf dem Marsch zu den Märchenstädten, die heißen sollten *Trapalanda*, *Yungulo* und *Lefal*; und nach ihm Hauptmann Nicolas de Hérédia, Hauptmann Francisco de Villagra und wohl noch zehn andere. Doch diese relativ junge Vergangenheit ist hier Vorgeschichte, undurchsichtige Vorhaben sind das, die sich auflösen in einer verworrenen, vagen oder unbekannten Geographie, in einem Gewimmel von Nomadenstämmen, in dem riesigen, verschlingenden und unbestimmten Raum, durch den die Phantasie jener Eroberer galoppierte, dunkel, verbissen, unbeirrbar... und losgerissen von Spanien, das jenseits dieses ungeheuren Wassers lag wie auf einem anderen Planeten, ganz allein nur mit dem Pferd, das hier zu einem unbekannten und furchtbaren Geschöpf wurde.

Das Hotel Savoy, in dem ich ein häßliches, fensterloses Zimmer mit Tür auf den Korridor bekam – tagsüber muß man das Licht brennen lassen. Ich wusch mich in dem »privaten Bad«, das von den Einrichtungen eines Bades nur Wasserhahn und Dusche aufweist. Das Abendessen war völlig zufriedenstellend, ausgezeichnetes Hühnerfrikassee und eine Karaffe roten, schweren Wein.

MONTAG

Ich möchte noch hinzufügen, daß mir gestern, bevor ich schlafen ging, etwas passiert ist... aber es war so nebelhaft... Ich weiß nicht recht, wie ich das verstehen soll, ich bin erschüttert.

Nach dem Abendessen, das ich im Hotel einnahm, trat ich auf den Platz hinaus. Ich setzte mich auf eine Bank, die zwischen Bäumen und Sträuchern verborgen war, mit großen Palmfächern über dem Kopf – ein wenig benommen von der Leichtheit der Gewänder der heißen Sternennacht, von ihrem Gelächter, ihren nackten Schultern, während ich noch im feuchten Winter von Buenos Aires steckte und in meiner dicken Winterjacke schwitzte. So ein abrupter Wechsel – dort war es rauh und kühl gewesen – hier aber sinnlich und wie leichtfertig... als wäre ich plötzlich in den Süden eingetaucht (hier heißt es »Norden«, weil es auf der südlichen Halbkugel ist).

Der Platz drehte sich wie ein Karussell mit der sonnabendlichen, heiteren Menge, aus der riesengroße Augen und rabenschwarze Haare in mich drangen... sprühendes Lächeln... tänzerische Leichtigkeit der Gliedmaßen... die Stimmen fröhlich, unbefangen und ehrlich... Was war das? Was? Der Platz zeigt glänzend die Zähne der fernen, fernen Jugend... denn ich bin nicht hier, sondern woanders... meine Entfernung (denn immer noch sehe ich die Massen in der Corrientes und höre das Hupen der Autos) machte sie entfernt, obwohl sie vor meinen Augen waren. Nur ich war noch nicht hier. Ich sah hin, als hätte ich kein Recht dazu – als beobachtete ich sie heimlich...

Stille klingt mir in den Ohren. Die unheimliche Stille des entfernten Ortes – und alle Laute sind stumm, wie in einem alten Film: Man hört nichts. Der Laut ist erstarrt, kurz bevor er Wirklichkeit wurde...

In dieser Stille steigert sich die Parade auf dem Platz zu einer Offenbarung fleischlicher Pracht, einem betörenden Spiel von Augen und Mündern, Armen und Beinen – die vorüberziehende Schlange brilliert mit Schönheiten, wie ich sie bisher in

Argentinien nicht gesehen habe, und ich frage mich erstaunt: Woher kommt das hier, in Santiago?

Und ich entdecke zugleich, daß es das nicht gibt, der Geschmack der Abwesenheit ist erdrückend, ich bin wie starr in einer Art Nichtsein, hoffnungslos verloren in der Nichterfüllung...

SONNTAG

Schönheit! Dort blühst du, wo man dich sät! Und bist so, wie man dich sät! (Glaubt nicht an die Schönheit Santiagos. Das ist nicht wahr. Das hab ich mir nur ausgedacht!)

MONTAG

Die Sonne ist blendend und farbig, als fiele sie durch eine Glasmalerei, man könnte meinen, sie sei es, die die Gegenstände mit Farbe sättigt. Lichtglanz und Schatten. Schamlose Bläue des Himmels. Die Bäume beschwert von goldenen und riesig großen *pomedos*, rot blühend... gelb... Man geht im Hemd.

Auf der Straße, die auf einer Seite schwarz war von Schatten und auf der anderen blendend weiß, ging ich zu Fräulein Canal Feihoo. Das ist die Schwester des Schriftstellers, der in Buenos Aires lebt. Eine ältere Person, erfüllt von dem Mißtrauen – das sehe ich auf den ersten Blick – mit dem solche Hausfrauen Restaurantgerichten begegnen, bei denen man nicht weiß, »wie sie zubereitet sind«, und Weltenbummlern, bei denen man auch nicht weiß, »wie sie zubereitet sind«. Doch meine Bitte, mich mit den hiesigen Literaten bekannt zu machen, nahm sie sehr höflich auf. »Cómo no!« sagte sie rasch und adrett. »Es sind mehrere, sie geben sogar eine Zeitschrift heraus, ich rufe gleich an... Mein Bruder trifft sich immer mit ihnen, wenn er hier ist.«

Auf dem Rückweg versuchte ich, meine Eindrücke von der gestrigen Nacht unter Kontrolle zu bekommen. Sie waren überspannt! Das war mir nur so vorgekommen... Gewiß, man kann hier jenen »Liebreiz« finden, der in Argentinien so verbreitet ist, es gibt viel von ihm, vielleicht sogar mehr als anderswo... und es gibt so eine indianische Eigenart, ein Kolorit, das ich bisher nicht kannte... aber daß das nun sensationell sein sollte... Nein, es ist überhaupt keine Sensation! Im übrigen nahm mich auch das ewige Problem, mit der neuen Stadt anzuknüpfen und mir Gesellschaft zu suchen, völlig in Anspruch und riß mich aus der Ekstase.

Dienstag

Nachmittags ein Rendezvous mit Santucho (einem der Literaten und Redakteur der Zeitschrift *Dimensión*) im Café *Ideal*.

Orient liegt in der Luft. Alle Augenblicke halten dir händelsüchtige Knirpse Lotterielose unter die Nase. Dann tut ein Greis mit siebzigtausend Falten dasselbe – schiebt dir die Lose unter die Nase, als wär er ein Kind. Eine Alte, wunderlich vertrocknet zu indianischem Muster, kommt herein und drückt dir die Lose unter die Nase. Ein Bengel faßt dich am Bein und will dir die Stiefel putzen, während ein anderer mit grandios gesträubter Indiomähne dir eine Zeitung anbietet. Eine weiche, heißblütige, eilende Pracht-Mädchen-Odalisken-Huri führt einen Blinden am Arm zwischen den Tischen hindurch, und jemand tippt dir von hinten auf die Schulter: ein Bettler mit dreieckigem kleinen Gesicht. Wenn eine Ziege, ein Maultier, ein Esel das Café betreten hätten, es hätte mich nicht gewundert.

Kellner gibt es nicht. Man muß sich selbst bedienen.

Es ergab sich eine etwas demütigende Situation, die ich – dennoch – kaum mit Schweigen übergehen kann.

Ich saß mit Santucho, der stämmig ist, mit hartnäckigem, olivfarbigem Gesicht, rückwärts gespannt, in der Vergangenheit verwurzelt – und unermüdlich vom indianischen Wesen dieser Gegend predigte. Wer sind wir? Wir wissen es nicht. Wir kennen uns nicht. Wir sind keine Europäer. Das europäische Denken, der europäische Geist sind etwas Fremdes, das uns überfällt wie einst die Spanier – unser Unglück ist, daß wir die

Kultur eurer »westlichen Welt« besitzen, die uns regelrecht eingefärbt hat, und heute müssen wir das Denken Europas, die Sprache Europas benutzen, weil uns die eigenen indianisch-amerikanischen, verschollenen Bedeutungen fehlen. Unfruchtbar sind wir, denn sogar über uns müssen wir auf europäische Art denken! . . . Ich hörte mir diese etwas fragwürdigen Darlegungen an, sah aber zu einem zwei Tische weiter sitzenden *chango* mit einem jungen Mädchen hin – sie tranken, er Wermut, sie Limonade. Sie saßen mit dem Rücken zu mir, und ich konnte ihr Aussehen nur aus gewissen Indizien erraten, wie dem Gefüge und reglosen Spiel ihrer Glieder, jener schwer zu beschreibenden Ungezwungenheit behender Leiber. Und ich weiß nicht warum (ob das nun ein ferner Reflex meiner *Pornographie* war, des kürzlich abgeschlossenen Romans, oder die Folge meiner Erregung in dieser Stadt hier), jedenfalls kam es mir so vor, als müßten diese unsichtbaren Gesichter schön sein, geradezu wunderschön, und gewiß auch filmisch elegant, künstlerisch . . . plötzlich war es, als läge dort, zwischen ihnen, die höchste Intensität der hiesigen, Santiagoer Schönheit . . . und das schien umso wahrscheinlicher, als die Kontur dieses Paares, so wie ich sie von meinem Platz sah, tatsächlich ebenso amüsiert wie luxuriös wirkte.

Schließlich hielt ich es nicht mehr aus. Ich entschuldigte mich bei Santucho (der sich gerade über den europäischen Imperialismus ausließ) und ging, angeblich um einen Schluck Wasser zu trinken, in Wahrheit aber, um dem Geheimnis, das mich quälte, in die Augen zu sehen, um ihnen ins Gesicht zu schauen – und war sicher, daß mir dies Geheimnis wie ein Traumbild vom Olymp erscheinen würde – in seiner blendenden Eleganz – und göttlich leicht, wie ein Fohlen! Diese Enttäuschung! Der *chango* fummelte sich mit einem Zahnstocher in den Zähnen, er sagte irgendwas zu seinem Mädchen dort, das ihm die Wermutnüsse wegfutterte, weiter nichts – nichts – gar nichts – und das so sehr, daß ich schier ins Taumeln geriet, schwer getroffen in meiner Vergötterung!

Mittwoch

Eine Fülle von Kindern und Hunden!

Nirgends habe ich so eine Menge Hunde gesehen – und so sanfte! Hier bellen die Hunde nur zum Scherz.

Schwarzstrubbelige und hüpfende Kinder... nirgendwo habe ich solche »Bilderbuchkinder« gesehen... entzückend! Vor mir zwei Jungen – sie gehen engumarmt und erzählen sich Geheimnisse! Aber *wie*! Ein Bengel zeigt einer augenaufreißenden Kinderschar etwas mit dem Finger. Ein anderer singt feierlich zu einem Stock, auf den er ein Bonbonpapier aufgespießt hat.

Gestern im Park gesehen: Ein vierjähriger Knirps forderte ein Mädchen zum Boxkampf heraus, das vom Boxen nichts verstand, ihn aber, weil es kräftiger und größer war, nach Herzenslust verdrosch. Und eine Schar von zwei- und dreijährigen Wichten in langen Hemdchen faßte sich an den Händchen, sprang immer wieder in die Höhe und rief ihr zu Ehren: »Nona! No-na! No-na!«

Donnerstag

Seltsame Wiederholung der Szene vorgestern mit Santucho im Café, obwohl in anderer Variante.

Im Restaurant des Plaza-Hotels. Ich sitze am Tisch von Dr. P.M., einem Rechtsanwalt, in Santiago Repräsentant der Weisheiten, die er aus seiner Bibliothek bezieht; und mit uns seine *barra*, ein Grüppchen von Kaffeehauskollegen, ein Arzt, ein paar Kaufleute... Ich widme mich in bester Absicht dem Gespräch über Politik, da... oh!... schon hat's mich erwischt... dort hinten sitzt ein märchenhaftes Pärchen... und sie versinken ineinander, wie ein See im andern versinken würde! Wieder die *belleza*! Aber ich muß die Diskussion an meinem Tisch in Gang halten, ein Süppchen aus den Gemeinplätzen südamerikanischer Nationalisten, gepfeffert mit dem Haß gegen die Staaten und einer panischen Angst vor den »Versuchungen des

Imperialismus«, ja leider, ich muß diesem Typ etwas erwidern, obwohl ich Augen und Ohren nur für die Schönheit habe, die ganz in der Nähe geschieht – ich Sklave, zu Tode verliebt, leidenschaftlich wie ein Künstler... Und frage mich wieder, wie es möglich ist, daß in diesen Restaurants solche Wunder Seite an Seite neben... nun, neben diesem schwatzhaften Argentinien sitzen... »Wir haben immer Moral in den internationalen Beziehungen gefordert«... »Der Imperialismus der Yankees versucht im Einverständnis mit dem britischen...« »Wir sind keine Kolonie mehr!«... Das alles verkündet (nicht erst seit heute!) mein Opponent, ich aber verstehe nicht, verstehe nicht, verstehe nicht... »Weshalb geben die Vereinigten Staaten Europa Kredite, nicht uns?...«

»Die Geschichte Argentiniens beweist, daß uns die Würde über alles ging!...«

Ach, wollte jemand diesem sonst so sympatischen Völkchen nur die Phrasen ausweiden! Diese Bourgeoisie, die hier am Abend Wein trinkt und tagsüber *mate*, ist so weinerlich! Wenn ich ihnen sagen würde, daß sie im Vergleich zu anderen Völkern auf ihrer prächtigen Estanzia, die so groß ist wie halb Europa, wie Gott in Frankreich leben, und hinzufügen würde, daß ihnen nicht nur kein Unrecht geschieht, sondern daß Argentinien der *estanciero* unter den Völkern ist, ein »Oligarch«, der sich stolz auf seinen großartigen Ländereien breitmacht... Sie wären zu Tode beleidigt! Lieber nicht... Also sag ich's ihnen rundheraus! Doch was soll's?

Dort, an jenem Tisch, dort ist das Argentinien, das mich bezaubert – still und doch mit dem Klang großer Kunst – nein, nicht dies geschwätzige hier, dies tranige, politisierte. Warum sitze ich nicht dort, bei ihnen? Dort ist mein Platz! Bei diesem Mädchen, das ist wie ein Strauß von schwarzweißem Geflimmer, bei diesem Jüngling wie Rudolf Valentino!... Belleza!

Doch... was geschieht? Nichts. Nichts, und das so sehr, daß ich bis heute nicht weiß, wie und was eigentlich von ihnen zu mir gedrungen war... ein Wortfetzen vielleicht... ein Tonfall... ein Augenblitz... Jedenfalls war ich plötzlich informiert.

Diese ganze *belleza* war genau so wie alles andere! Wie der Tisch, der Stuhl, der Kellner, der Teller, die Tischdecke, wie unsere Diskussion, sie unterschied sich überhaupt nicht – war genau so – aus derselben Welt – demselben Stoff.

DONNERSTAG

Schönheit? In Santiago? Verdammt, nicht die Bohne!

DONNERSTAG

Was kann dir passieren, wenn der Zug dich in ein ferne Stadt trägt... ein unbekanntes, farbenfrohes Nebenstädtchen...?

Was kann dir passieren in einem Städtchen, das keinen Widerstand leistet... das zu gutmütig ist... zu schüchtern... zu naiv?

Was kann dir passieren dort, wo sich dir nichts widersetzt und nichts in der Lage ist, dir Grenze zu sein?

SONNABEND

Ich notiere zunächst die Fakten.

Ich saß auf einer Bank im Park, und neben mir ein *chango*, wahrscheinlich von der Escuela Industrial – und sein älterer Gefährte. »Wenn du zu 'ner N... gehst«, erklärte der *chango* seinem Gefährten, »mußt du mindestens einen Fünfziger blechen. Den hab ich also mindestens auch verdient!«

Wie soll ich das verstehen? Ich konnte mich schon davon überzeugen, daß in Santiago alles auf zwei Weisen verstanden werden kann – als extreme Unschuld oder als extreme Ausschweifung – und es würde mich nicht wundern, wenn die eben gehörten Worte harmlos wären wie ein normaler Pennälerwitz. Aber auch Perverses ist nicht ausgeschlossen. Man muß sogar mit der teuflischen Perversion rechnen, daß diese Worte zwar den Sinn hatten, den ich in ihnen vermutete, aber dennoch unschuldig waren... dann bestünde der schlimmste Skandal gerade in dieser ungetrübten Unschuld. Dieser *chango*, ein Fünfzehnjähriger, kam sichtlich aus »guter Familie«, sein Blick strotzte vor Gesundheit, Freundlichkeit und Frohsinn, er sagte das nicht schlüpfrig, sondern mit der ganzen Überzeugung von jemand, der sein gutes Recht vertritt. Und er lächelte ja auch... dies Lächeln von hier, das gewiß nicht übertrieben strahlt, aber bestrickend ist...

Ein schlankes, farbreges, lächelndes, lebhaftes Gesicht...

Lasse ich mich nicht vom Anschein einer gar nicht existierenden Verderbnis täuschen? Es ist alles so schwer zu sagen... hier wird alles zum Dickicht, in dem ich mich verliere...

Dieses Mädchen, das kaum den Kinderschuhen entwachsen ist und mit dem Soldaten vom 18. Infanterieregiment geht?

Ein anderer *changito*, der sich innerhalb von fünf Minuten mit mir befreundet hatte, erzählte mir, wie vor kurzem sein Vater gestorben war – und wenn er das erzählte, um mich (wie es schien) zu zerstreuen und zu amüsieren, dann spräche das doch dafür, daß er ein braver und leutseliger Bursche war... es zeugte aber auch davon, daß er ein Scheusal war...

Ein Scheusal?

Durchsichtiges, farbiges, gleißendes Sonnenlicht überall, in den Flecken des Laubes, in den Lichtströmen und Lichtkaskaden zwischen Mauern und Baumkronen. Wie gut ist dieses Santiago. Gutmütig. Mit einem ruhigen Lächeln. Acht Kinder und drei Hunde um eine Palme herum. Die jungen Damen erledigen Einkäufe. Bäume, violett oder rot in Blüte stehend, ragen hinter niedrigem Gemäuer hervor, und auf der Straße fährt eine *motoneta*. Diese gutmütigen Blicke der Indioaugen. Unmengen von Fahrrädern. Die Sonne geht unter. Die Straßen schließen mit ferner Landschaft aus dunklem Grün.

Auf der Bank sitzt eine *niña*, bildschön die Taille, die Fessel, das glatte, glänzende Wogen des Haars... aber außerdem ist sie auf schöne und seltsame Weise länglich... woher hat sie das, von welcher Rassenmischung... und der Geliebte liegt auf der Bank, den Kopf auf ihren Knien, schaut in den Himmel; er trägt eine weiße Windjacke, sein Gesicht ist wie aus Dreiecken gemacht, jung schön. Sündenlos. Und selbst wenn sie sich auf dieser Bank dem Verbrechen hingäben, es geschähe doch gleichsam in einer anderen Dimension. Ein Ton, zu hoch, zu spannungsgeladen, als daß ich ihn hören könnte? Stille.

SONNTAG

Diese unhörbare Raserei, diese unschuldige Sünde, diese schwarzen Augen, so langsam... es zieht mich zur Raserei, ich gehe ihr entgegen – ich in meinem Alter! Eine Katastrophe! Aber was anderes als mein Alter wäre wohl der Grund, daß es mich zur Raserei zieht... die Erwartung, daß sie mich wiederbeleben werde als den, der ich war, in all meiner schöpferischen Sinnlichkeit!

Mit offenen Armen würde ich die Sünde empfangen, die mir doch Eingebung war, und die mir Eingebung sein wird – denn die Kunst ist von der Sünde!

Nur... es gibt eben keine Sünde... Wieviel gäbe ich dafür, wenn ich dieses Städtchen auf frischer Tat ertappen könnte! Nichts. Sonne. Hunde.

Verflucht ihr Leib...

MONTAG

Verflucht ihr leichter Leib!

Ist das ein Erbe der Nacktheit der Stämme, die den Rücken so leicht unter der Peitsche beugten? Als ich mich im Gespräch mit Santucho beklagte, daß hier der Leib »kein Feuer« hat und sich überhaupt nicht hervortun, nicht emporschwingen will, erwiderte mir der:

»Das ist die Rache des Indianers.«

»Was für eine Rache?«

»Hören Sie. Sie sehen doch, wieviel Indioblut in uns allen

steckt. Jene Stämme der Huries und Lules, die hier ansässig sind, wurden von den Spaniern zu Dienern, zu Sklaven erniedrigt... Der Indianer mußte sich gegen die Übermacht des Herren wehren – sich dieser Überlegenheit nicht zu ergeben, das war sein einziger Gedanke. Wie wehrte er sich? Indem er die Überlegenheit verhöhnte, über das Herrentum lachte – er entwickelte die Fähigkeit, alles zu verspotten, was emporkommen oder herrschen wollte – er verlangte Gleichheit, Durchschnittlichkeit. Wo immer er Schwung und Elan sah, vermutete er gleich den Hang zum Dominieren... Und was dabei herausgekommen ist, sehen Sie. Heute ist hier alles so NORMAL.«

Aber da irrt der stämmige, trotzige Kazike aus Santiago. Hier geschieht alles ohne Sünde, aber auch ohne Spott, Hohn, Boshaftigkeit und Ironie. Die Scherze sind honorig, schon der Tonfall der Sprache verrät Güte. Nur eben... Es bleibt das Geheimnis Südamerikas, daß Umgänglichkeit, Güte, Gewöhnlichkeit aggressiv und sogar gefährlich werden können! Ich bin schon so weit, daß mir, wenn mich einmal diese Gutmütigkeit mit ihrem Lächeln von der Seite ankommt oder ich auf solche riesengroßen, sanften Sklavenaugen treffe, unbehaglich wird – als wäre ich einer maskierten Drohung begegnet.

DIENSTAG

Esel... Ziegen... Ich fühle mich oft an Italien erinnert, oder an die Südpyrenäen – überhaupt an den Süden.

Daher der Gedanke, daß in meiner Auseinandersetzung mit diesem Südamerika mehr Angst vor dem nordischen Menschen ist als alles andere. Dieser Schock – die Begegnung des Nordens mit dem Süden, die mir in Europa so oft aufgefallen ist. Wenn die Metaphysik des Nordens mir nichts, dir nichts zum fleischlichen Konkretum des Südens herunterkommt.

Nein, es ist nicht wahr... und es ist an der Zeit, die ungeheure Sinnlichkeit des Nordens ans Licht zu bringen. Ich zum Beispiel... bin ich etwa Metaphysik... lehne ich den Leib ab?

Oh! Ich bin tödlich verliebt in den Leib! Der Leib ist für mich nahezu entscheidend. Kein Geist kann körperliche Häßlichkeit wettmachen, und ein körperlich unattraktiver Mensch wird für mich immer zur Rasse der Scheusale gehören, selbst wenn es Sokrates wär!... Ach, wie sehr bedarf ich dieser Weihung durch den Leib! Die Menschheit zerfällt für mich in einen körperlich anziehenden und einen abstoßenden Teil, und die Grenze ist so deutlich, daß ich immer wieder nur staunen kann. Und obwohl ich sogar jemand Häßliches lieben könnte (Sokrates), so wäre ich doch niemals fähig, *Liebe zu machen* – das heißt, mich selbst in den Zauberkreis einzubringen – ohne ein Paar göttlich fleischlicher Arme, die anziehen... umarmen...

Wollt ihr von mir, dem nordischen Menschen, noch ein Bekenntnis? Meine Metaphysik ist dazu da, zum Leib abzugleiten... immerfort... fast ohne Unterlaß... sie ist wie eine Lawine, die eine natürliche Neigung nach unten besitzt... Der Geist? Ich sage euch, mein höchster Stolz als Künstler ist nicht das Wandeln im Reiche des Geistes, sondern gerade die Tatsache, daß ich trotz allem mit dem Leib nicht gebrochen habe; und sinnlich zu sein rühme ich mich mehr als dessen, mich auf den Geist zu verstehen; und meine Leidenschaft, meine Sündigkeit und Dunkelheit sind mir wertvoller als mein Licht. Noch mehr? Soll ich euch noch so einiges gestehen? So sage ich denn, daß die größte künstlerische Errungenschaft meines Lebens nicht die paar Bücher sind, die ich geschrieben habe, sondern einzig und ganz einfach die Tatsache, daß ich es weiter mit der »unehelichen Liebe« halte. Ach! Denn Künstler sein heißt doch, tödlich verliebt zu sein, unheilbar, leidenschaftlich, aber auch wild und ohne Ehegelöbnis...

»Und das Wort ward Fleisch«... Wer faßt die ganze Drastik, die darin liegt?

Dienstag

Ist der Leib des Indianers mehr Leib? Ist ihr sklavischer Leib mehr Leib? Steht das Sklaventum der unehelichen Liebe näher?

Fragen, die du im Vogelgezwitscher ertränkst, Santiago.

Donnerstag

Weshalb bin ich nach Santiago gekommen?

Vielleicht, um wegen des schlechten Zustands meiner Bronchien den feuchten Winter in Buenos Aires zu meiden?

Vielleicht doch...

»*Witold Gombrowicz war nach Santiago del Estero gekommen, um dem feuchten Winter in Buenos Aires zu entgehen. Es zeigte sich jedoch schon bald, daß die Gesundheit nur Vorwand und der eigentliche Zweck der Reise ein anderer war. Bedrängt vom nahenden Alter, suchte Gombrowicz verzweifelt Rettung – und er wußte, wenn es ihm in den nächsten paar Jahren nicht gelänge, mit der Jugend anzubändeln, würde nichts ihn mehr retten können. So wurde es eine Frage von Leben und Tod, eine neue, bisher unbekannte Verbindung zu jener Frische des aufblühenden Lebens zu finden... eine verrückte Idee, diktiert von einer halsbrecherischen Situation, die keinen anderen Ausweg zuließ. Und im ersten Augenblick schien es unserem Reisenden, als könnte vielleicht der phantastischste Traum in Erfüllung gehen, so anschmiegsam und gefällig... so leicht war Santiago... Aber diese Leichtigkeit sollte bald die Zähne zeigen... weiße übrigens!*«

X

Freitag, Santiago

(»*Witold Gombrowicz wurde nach seiner Ankunft in Santiago von einer Woge verspäteter Erotik übermannt, der gleichen vielleicht, wie vor Jahren... jetzt aber verstärkt von den Ausdünstungen einer Stadt indianischen Bluts, leichter Schönheit und heißer Sonne. Und diese Woge, die umso skandalöser war, je später sie kam, riß ihn wieder hinein in die Strudel von Blamage und Scham! Doch seine Meisterschaft in derartigen Situationen (die seine Spezialität geworden waren – muß doch der Künstler immer hart an der Grenze zu Scham und Blamage tätig sein) leuchtete noch einmal auf... denn statt sich dem Rausch passiv zu ergeben wie der erstbeste Trunkenbold, nahm er ihn an der Hand: ging daran, ihn zu gestalten – und verwandelte die Trunkenheit in ein Drama. Das aber geschah mit Hilfe der Erklärung, daß er, Gombrowicz, er, Doktor Faust, nach Santiago gekommen war, um eine große Entdeckung zu machen, daß er beschlossen hatte, endlich einen Weg zu finden, wie das fortgeschrittene Alter mit der Jugend anknüpfen könnte, wie die verblühende Generation am Ende aus der Jugend noch einmal werdende Bedeutung schöpfen, noch einmal vom Beginn kosten dürfe... und wer weiß, liebe Freunde, ob es nicht in unserer Macht liegt, jenen geheimnisvollen Schlüssel zu finden, der unser Sterben im Hinscheiden noch den Geschmack des neuen Lebens schmecken, sich mit der Geburt vereinen läßt! Denkt nur – man sieht doch auf den ersten Blick: wenn es eine Erlösung gibt, sie kann nur darin liegen!*

Eine – scheint es – etwas verlogene Erklärung... denn, unter uns gesagt, war er weder zu diesem Zweck nach Santiago gekommen, noch konnte diese faustische Prahlerei seiner aller Illusionen bitter beraubten Nüchternheit auch nur fünf Minuten lang wirklich einleuchten. Und dennoch hißte er diese Lüge ohne Zögern und entfaltete sie zu seinen Häupten wie ein Banner – wobei er sich auf folgende Überlegung stützte: Vor allem ist diese Lüge durch ihre naive und entwaffnende Offensichtlichkeit keine Lüge mehr, sodann enthält sie trotz ihrer Verlogenheit etwas so Wahrhaftiges und Naturhaftes, daß dieser Mystifikation schwerer zu wehren sein dürfte als vielen unbezweifelbaren Wahrheiten. Deshalb ging er mit dem Schrei ›Auf die Jugend! Zur Jugend! Ran an sie, genießen, die Schranke des Alters zerbrechen!‹ noch einmal zum blindwütigen und alternden Angriff über!«)

Sonnabend

... nackter Rücken unter der Peitsche, krauser, schwarzer, eingezogener Kopf, den Blick zur Seite, während die Ohren den Pfiff der Peitsche erhaschen ... Dies ist das Gift, das mich in Santiago vergiftet. Das haben sie im Blut! Im Blick. Im Lächeln.

Die Speere, Schwerter, Sporen, Bleche und Federbüsche der weißen, bärtigen Eroberer, wie sie vor dreihundert und vierhundert Jahren in die nackte Wehrlosigkeit jener Huries, Lules, Vilelas eindrangen ... Und vor hundert Jahren? General Paz beschreibt in seinen Erinnerungen, daß in den vierziger Jahren des vergangenen Jahrhunderts ein Gouverneur befahl, täglich zwei Indios mit dem Messer abzuschlachten ... ausgesucht aus einem Haufen von Gefangenen, die im Verlies verkamen ... dann zum Schlachten herausgeführt wurden ... deren Augen, schreibt der General, ich oft sah ... Sadismus und Masochismus liegen hier noch heute in der farbenfrohen Luft, tanzen auf den Straßen – dieses Gas vergiftet mich. Das ist das Perverse in Santiago!

Gebt der allergewöhnlichsten Stadt ein wenig Sklave hinzu, und ... Aber vielleicht irre ich mich.

Sonntag

Tandil! Ach – Tandil! Diese Obsession! Santiago ist wie Tandil – der gleiche viereckige Platz, die Straßen ganz ähnlich – und die gleiche Konditorei, die gleiche Kirche, die gleiche Bank, nur anders gelegen. Wo in Tandil die Banco de la Provincia war, ist hier das Hotel Palace. Ich gehe, fast ohne zu gucken, zur Bank und stoße mit der Nase aufs Hotel – als wäre ich in einem Tandil, das kein Tandil ist, sondern etwas bösartig Verworrenes, eine Falle ...

O Tandil, mit deinem kühlen Wind vom Ozean, deinen steinernen Amphitheatern! ...

(*»Tandil wird für den Autor der ›Pornographie‹ zu einer Obsession –*

und zur Flucht vor den zudringlichen, verlockenden Drohungen Santiagos.«)

Meine minderjährigen Freunde aus Tandil! Gestern kam ein Brief von Dipi, und man glaubt gar nicht, wie er mich atmen läßt... in Santiago!... Ich zitiere ihn, um euch eine gewisse Tonart meines Umgangs mit ihnen zu zeigen – eine Tonart unter anderen... und was er da schreibt, daß Guillé (auch »Quilombo« genannt) *te adora* (bewundert), bedeutet mir viel. Dieser Dipi (alias »Asno«) ist sechzehn Jahre – Autor eines unveröffentlichten Romans, eines Theaterstücks (das vom Theater in La Plata gespielt wird) sowie mehrerer Erzählungen.

»Tattergreis!
Ich war in La Plata und habe mit dem Regisseur meines Stükkes gesprochen. Ich habe Dir nie von ihm erzählt – eine Farce, wie man sagt, dramaturgisch gut konstruiert. Als Literatur ist sie meines Erachtens zu einfach, zu glatt. Als Theaterstück mag sie amüsant sein, aber ich merke jetzt, daß sie *fragwürdig* ist... die Aufführung würde mir schmeicheln, aber ich bin nicht glücklich darüber.

K Ich habe hier Bekanntschaft mit einer Jungmann geschlossen, die mich in sich verliebt gemacht hat. Ich denke daran, sie bei der nächsten Reise nach La Plata zu vergewaltigen, aber vermutlich wird sie mich vergewaltigen – ziemlich fleischig, aber nicht ungeschlacht, mit hellbrauner Behaarung, fettrosa Lippen und so sinnlich, daß es mir heiß den Rücken hinunterläuft. Aber ich will dich nicht erregen, altes Miststück.

Dein epileptisch-elliptischer Brief hat uns allen die Hälse zu Korkenziehern verdreht. Quilombo schwor Rache.
Guillé ist in einem Schaffensrausch, inspiriert von *Ferdydurke*. Wenn ihm ein Geniestreich glückt, umso besser! Aber ich

fürchte, Du machst ihn zu einem Gombrowicz. Du weißt, Quilombo ist sehr heißblütig, und er vergöttert Dich. Er ist restlos von Deinem – ha, ha! – ›Genie‹ eingenommen. Erschrick nicht über die Anführungsstriche, ich gebe zu, Du hast Genie; aber Du kennst meinen Zynismus, meine Neigung zum Zweifel, zur Negation, zum Spott... Auch über Dich lache ich (und kann mir vorstellen, wie Du über mich kicherst) – aber das ist, als verspottete ich mich selbst. Weißt Du noch, wie wir uns plötzlich verstanden, als Du einen schwachen Augenblick hattest, damals, als Du wegen Guillés Verhaftung ganz bedrückt herumliefst? Jetzt mach keine Ausflüchte und nimm nur nichts zurück! Was Guillé betrifft, er bewegt sich polnisch, denkt polnisch, er spricht schon beinah polnisch. Er ist tatsächlich sehr ›künstlerisch‹ – vielleicht mehr noch, als Du sagst. Er will die Zeit in eine ›vor-witoldische‹ und eine ›nach-witoldische‹ Epoche einteilen, na, das ist wohl übertrieben, aber ich gebe zu, diese witoldische Epoche hat mir viel gebracht. Deine nüchterne, spontane, heftige und ein bißchen verlogene (reg Dich nicht auf!) Kritik hat mich viel gelehrt.

Schreib mal, ich will wissen, was mit Dir ist, bin brutal neugierig. Aber ich werde auch vernünftiger – bei all meiner Kinderei, auf die ich noch nicht zu verzichten gedenke – deshalb möchte ich wissen, was mit Deinem verreckenden Stück Leben los ist. Ja, ich frage aus Vernunft, auch wenn Dir das seltsam vorkommt... aber die Sache ist die, daß die Vernunft mich der Konvention unterwirft und mich zu der Frage zwingt, wie es Dir geht... denn eigentlich, verstehst Du, interessiert mich das nicht übermäßig, denn ich schätze Dich, verehre Dich aber nicht, diese Vergötterung à la Guillé liegt mir fern. Ich sehe, dieser Absatz ist konfus geraten, das liegt an der Erschöpfung. Lieben Dich immer noch so viele Frauen? Du könntest mir eine abtreten, ich leide Frauenmangel, trotz Fuja, Puja und Tuja.

Traurig, daß ein GROSSER SCHRIFTSTELLER ›holla‹ schreibt statt ›olla‹. Eine Schande ist das, wirklich peinlich, und Du solltest die Konsequenz ziehen und DEN MUND HALTEN – ge-

kringelt haben wir uns vor Lachen, ich und zig Leute, die diesen Brief gelesen haben. Tschau! Dein
Esel.«

Dieser Esel heißt Jorge Di Paola. »Esel« habe ich ihn in einem Anfall von Sarkasmus getauft, und seitdem ist er für seine Freunde, zu ihrem großen Vergnügen, nur noch der *asno*.

Ich weiß nicht, ob ich gut daran tat, diesen Brief anzuführen. (*»Weshalb hat er ihn zitiert? Nur um sich damit zu brüsten, daß er in Tandil beliebt war? Aber da ist auch die raffiniertere Intention, sich hervorzutun, herauszuheben, die man so formulieren könnte: Kuckuck! Seht ihr jetzt, ihr Älteren, wieviel enger meine Beziehungen zur Jugend sind, als zu euch? Und wieviel mehr mir so ein Brief bedeutet, in dem schließlich nichts Außergewöhnliches steht, als die erlesensten Episteln von euch...*

So sehen wir Gombrowicz wiederum als den, der um nichts auf der Welt seinen Platz in der Gesellschaft einnehmen will, sondern sich ständig mit anderen Elementen, Milieus und Entwicklungsphasen verschwört.«)

MITTWOCH

Diesen Brief habe ich viele Male gelesen. Und ich zweifle, ob man verstehen wird, daß ich in ihm, und einigen anderen aus Tandil, Zuflucht und Geborgenheit vor Santiago finde. »Du weißt, Quilombo vergöttert Dich.« Diese Worte klangen mir wie das Präludium der Hoffnung, da zeigte sich die Jugend in einer anderen Rolle, die nicht so grausam war... freundlich gar... So ist also, sagte ich mir, »Vergötterung« zwischen mir und ihnen nicht unmöglich?

Quilombo, alias Guillé, auch Colimba genannt (das bedeutet im Volksmund Wehrdienst, aber auch Rekrut). Daß ich und dieser Colimba uns näherkamen, war die Folge unscheinbarer, aber dennoch zutiefst und rührend künstlerischer Umstände. Erstens – die Schwäche. Als ich ihn in Tandil kennenlernte, im Café *Rex*, war ich durch eine beginnende Angina geschwächt, und meine Empfindsamkeit war schmerzlich gespannt, zitternd. Zweitens – das Stottern. Er stotterte nämlich... ich wußte am Anfang nicht, was ihn so sympathisch machte, erst am nächsten Tag wurde mir klar, daß er sich wegen des Stotterns um eine sehr sorgfältige Sprechweise bemühen mußte, und das machte ihn – in Verbindung mit dem spanischen Gesicht, das lebhaft war wie ein Film mit tausend Abenteuern – besonders umgänglich.

Der Ausbruch der Angina mit Fieber, das bis auf 40 Grad stieg, warf mich ins Bett. Ich wohnte allein in einem kleinen Haus in der Nähe von Calvario, außerhalb der Stadt, und die Tage meiner Rekonvaleszenz dort waren wohl die hoffnungslosesten meines Lebens. Es gab keine Rettung. Ich wußte, es gab keine Rettung. Regnerische und windige Tage waren das, aus dem Fenster sah man den wolkenzerrissenen Berggipfel, oder gipfelzerrissene Wolken. Ein Tag war besonders furchtbar – er brach an, nachdem es die ganze Nacht gegossen hatte, ein ganz unkenntlicher Tag, so sehr war er in Wasser, Kälte, Nebel, Winde und weiße, feuchte Dunkelheit verwandelt – ich sah aus dem Fenster immer nur einen Baum, von dem es troff, umnebelt, verwaschen, undeutlich und immer gleich triefend und trostlos... An diesem Tag hatte meine neurasthenische Verzweiflung eine solche Intensität erreicht, daß ich mich, hätte ich eine problemlose Todesart gefunden, vielleicht sogar liquidiert hätte. Ich wußte, daß ich die Krankheit hinter mir hatte – wußte aber auch, daß meine Gesundheit furchtbarer ist als die Krankheit – ich war in einem Zustand, in dem die Gesundheit nicht minder scheußlich, ja sogar scheußlicher ist, weil sie eine Existenz bestärkt, die schon von Tod verseucht und verdorben ist.

Da trommelt es gegen die Tür – und Colimba betritt die Küche – triefend naß! Er hatte sich durch die himmelstürzenden Wasser und, schlimmer noch, durch die straßenscheuernden Wasser gekämpft, war durch spritzenden und zähen Morast gedrungen und endlich hierher gelangt, gegen Wind, Regen und bittere Kälte – eben gesellig! »Witoldo, che, cómo estás?!« Sein

Gesicht, so reich an Abenteuern wie ein Film, akrobatisch von Dramatik zu Witz wechselnd, von Gejammer zu Freude, Poesie zu Gaunerei, Rührung zu Boshaftigkeit, dieses Gesicht erfüllte sogleich den ganzen Raum, und niemals habe ich stärker empfunden, daß *das Potential fremder Freude nicht unzugänglich ist, daß man zu der Freude des anderen finden kann, wenn sie jung ist.* Daß Jugend etwas ist, was sich besitzen läßt (ach, macht keine dummen Witze bei diesem Thema!). Als hätte irgendeine WELLENMECHANIK mein Befinden ergänzt und erweitert, fühlte ich mich nicht nur als Individuum, das zum Untergang verdammt war, sondern als Welle... als Strom im Spannungsfeld zwischen aufgehendem und niedergehendem Leben. Bisweilen durchzuckt meine Hoffnungslosigkeit ein Funke der Überzeugung, einer ganz greifbaren Gewißheit, daß *die Erlösung nicht unmöglich ist.* Genau das empfand ich, als Guillé das Essen bereitete und die mitgebrachte Flasche öffnete.

Auch wenn er kein Wort davon sagte... und ich auch nicht... wußte ich, daß er mich aus inniger Anteilnahme, ja aus Begeisterung für mich besuchte... Weil er bezaubert war! Hingerissen! Mehr noch, ich wußte, wenn er mir seine knappe Freizeit widmete, so ging das auf Kosten eines Mädchens, das er noch keinesfalls satt hatte... Wie lachhaft war das also: Ich, ein Herr in gewissem Alter, war für diesen Jungen anziehender als ein schönes Mädchen, und mein Zauber war stärker als die Liebe! Was an mir konnte mit den Reizen eines jungen Mädchens mithalten?

Die scheußliche und hohnlachende Komik dieses Vergleichs war der Grund dafür, daß ich lieber nur mit einem Winkel meines Hirns daran dachte – aber auch dabei wurde mir klar, daß gerade diese Scheußlichkeit mir größtes Vergnügen bereitete. Denn wenn ein Älterer den Jüngeren so sieht, kann er meist nur schwer begreifen, daß dieser einen eigenen Geschmack und eigene Bedürfnisse hat – ganz unabhängig von dem, was für den Älteren das Wichtigste und Charakteristischste an ihm ist. So mag dieser bejahrten Person scheinen, daß dem Jungen nur ein

Junger, dem Hübschen nur ein Hübscher gefallen kann... und nun stellt sich plötzlich heraus, daß es die Jugend gerade zum Alter zieht... oder irgendeiner gewissen Art von Häßlichkeit... daß sie, mit einem Wort, an etwas Gefallen gefunden hat, das ganz unvermutet und sogar unvereinbar mit ihrem Wesen ist (so wie der Ältere). Im ersten Augenblick verletzt und kränkt uns das, als wäre es Verrat, ja mehr noch, Verleidung und Entstellung des Ideals – aber schon bald überkommt uns eine wilde Freude, und wir begreifen, daß demnach nicht alles verloren ist! Wir lehnen das angewidert ab und akzeptieren es doch zugleich freudig wie ein Wunder, wie eine Gnade.

Um einen bestimmten, scheußlich schweinischen Aspekt dieser Freude richtig zu ermessen, muß man sich vergegenwärtigen, daß ich im Verhältnis zu Guillé ein bißchen war wie eine alte Frau, die froh ist, daß der Hunger des Jünglings seinen Ekel überwiegt... denn seine Einstellung zu mir war schließlich ebenso von Zuneigung wie von Abscheu bestimmt... Um aber andererseits die ganze, großartige Generosität dieser Einrichtung der Natur zu begreifen, bedenke man, daß niemand über die eigene Attraktivität bestimmt, daß diese ausschließlich vom Gaumen des anderen abhängt. Wenn ich also attraktiv für ihn war, dann war ich es und basta... ich war für ihn attraktiv, weil ich Technik, Stil, Niveau, Horizont, Qualität besaß, von denen er in seinen Jahren nicht einmal träumen konnte, weil ich Bücher geschrieben hatte, die für ihn eine Erleuchtung waren, weil ich ihn mit jedem Akzent, jeder Miene, jedem Scherz und jeder Finesse auf eine bisher unerhörte und nie gesehene Höhe brachte. Was lag daran, daß ich um meine Armseligkeit wußte? *Ihn* bezauberte ich! Noch ein Beispiel aus dem körperlichen Bereich, um die höllische Schlüpfrigkeit dieses Gedankengangs anschaulich zu machen: Stellt euch vor, ihr hättet irgendeinen körperlichen Defekt, z.B. Eselsohren. Gut, aber wenn diese Ohren eine Prinzessin entzücken und sie sich wegen der Ohren in euch verliebt? Was dann? Wenn ihr euch die Ohren abschneidet, die euch nicht gefallen, dann gefallt ihr jemandem, der euch gefällt, nicht mehr – was tun? Ist es nicht wichtiger, daß ihr dem gefällt, der euch gefällt, als euch selbst?

Und wenn er wirklich eine Möglichkeit der Erlösung – für mich – barg... bestand sie dann nicht gerade darin?

Ich hatte verstanden: Er war fasziniert von meiner »Existenz«, während mich an ihm das Leben *in crudo* entzückte. Ich vergötterte an ihm die Frische und Natürlichkeit, er an mir – das, was ich aus mir gemacht hatte, den, der ich auf meinem Entwicklungsweg geworden war; und je näher ich dem Tode war, desto hingerissener war er, denn desto mehr bekam er von dieser meiner, sich bereits vollendenden Existenz zu Gesicht. Also wäre eine Verständigung zwischen uns möglich, wenn man das heiße, ungeduldige Verlangen der Jugend nach Existenz gegen den Lebenshunger tauschen könnte, der dem Altern eignet... Existenz gegen Leben tauschen?... Warte, da ist was dran, vielleicht kannst du von dieser Seite etwas ausrichten, überleg mal, laß diesen Gedanken nicht entwischen...

Donnerstag

(*»So war ihm nun endlich die erlösende Idee gekommen – der Tausch der Existenz [d. h. des gestalteten Lebens, so wie man es gemacht hat] gegen jenes passiv natürliche Leben im anfänglichen, jungen Zustand.*

Dieser Gedanke bewegte ihn tief. Wäre es übertrieben, sein ganzes Schaffen als eine Suche nach dem Elixier der Jugend zu begreifen? Schon in ›Ferdydurke‹ [als er noch nicht 30 war] fand er seine verbotene Lust daran, daß der Mensch vom Menschen geschaffen werden kann... vom jüngeren, nicht wahr? Das ist schon ein Weg zur Verjüngung. In der ›Trauung‹ spielt er nach Herzenslust jene spezifische Großherzigkeit aus, die dem Jüngeren befiehlt, sich dem Älteren hinzugeben... für ihn zu sterben. In ›Pornographie‹ erregt er sich daran, daß die Jugend für das Alter ist – und umgekehrt.

Bedarf doch keine der Welten der Jugend so sehr wie die Gombrowiczsche Welt... und man könnte sagen, sie sei eine Welt, die ›unter Berücksichtigung der Jugend‹ gebaut ist. Und wenn er bisher Rettung in der

Gewalt suchte, die vom Älteren ausgeübt wird [›Trauung‹], oder schließlich in der Gleichrangigkeit dieser beiden Gewalten [›Pornographie‹], so sehen wir ihn jetzt, in Santiago, von dem aus Tandil gebürtigen Gedanken besessen, daß man einen Tausch von Leben und Existenz organisieren könnte, was ganz einfach heißt, daß es zwei verschiedene Arten menschlichen Daseins gibt, die sich gegenseitig begehren...«)

Donnerstag

Ja... aber diese unsere Annäherung war, wie gesagt, in erster Linie eine Sache des Zufalls... nebensächlicher Faktoren... Wäre nicht das Stottern gewesen, und dieser Kampf durchs Regenwetter... hätte er mich nicht krank angetroffen...

Hinzu kam die Magie des Namens »Guillé« – diese Koseform gefiel mir, sie eignete sich zur pathetischen Apostrophe, ich liebte es, dramatisch auszurufen: »Guillé!«

Das verlieh unseren Unterhaltungen Glanz und Eleganz. Und einmal versprach ich mich und machte aus »Colimba« »Quilombo«. Im Spanischen heißt das »Bordell«. Aber es klingt nicht so ordinär, man kann es scherzhaft gebrauchen, es hat auch eine übertragene Bedeutung: Unordnung, Wirrwarr, Irrenhaus. Als Eigenname gebraucht, ist es höchst amüsant und von widerborstiger Poesie: »Che, Quilombo, cómo estás?« pflegte ich mit raffinierter Höflichkeit zu sagen, und das schuf Distanz zwischen uns – in der es uns leichter fiel, einander näherzukommen.

Ich konnte ihm nicht näherkommen ohne Form, außerhalb des formellen Rahmens. Und er (der auch Künstler war; er zeichnete leidenschaftlich gern; aber in seinem Alter kann man nicht wissen, ob das Talent ist oder Rudiment) verlangte gleichfalls Form von mir.

Wie hat mich dieser Absatz aus seinem Brief, aus Tandil, gerührt:

»Glaub mir... Jedesmal, wenn ich an den Sommer denke... an das Haus, die Mädchen... Deine düstere Angina, als

Dich ein gewisser himmlischer ›Quilombo‹ pflegte... wird mir ganz traurig in der Erinnerung.«

»Und später Dein Umzug auf den Parkberg und meine, wie Du sagtest, ›eingebildete‹ Angina... und Genesung... die Gespräche mit Dir... Spaziergänge in der Sonne... meine Zeichnungen. Das war ein Sommer, den ich nie vergessen werde. Nie!«

Ich schrieb ihm zurück: »Ach, unvergeßlicher Quilombo! Du hast es geschafft, diesen kleinen Ereignissen die Erhabenheit von Mythos und Legende zu verleihen...«

DIENSTAG

Mein Diskurs »Die Problematik der Gegenwart« ist gestern über die Bühne gegangen. Ich habe diesen lockeren Vortrag aus Langeweile gehalten, und um mit den Intellektuellen von Santiago in Kontakt zu kommen – daß das dämonisch enden würde, konnte ich nicht voraussehen.

Ich versuchte, eine Charakteristik des zeitgenössischen Denkens zu liefern und sagte zum Beispiel, daß es »reduziert« sei, daß es sich langsam mit der »doppelten Interpretation« befreunde, daß wir es als etwas empfänden, »das nicht nur nach außen, sondern auch nach innen wirkt und den Denkenden selbst erschafft«; ich berief mich auf die Wissenschaft, auf die Quanten, auf Heisenberg und die Wellenmechanik, auf Husserl und Marcel – mein Gott, ich sprach, wie man immer spricht, wie sogar die ganz Großen sprechen, d.h. ich tat so, als wäre ich in diesem Gebiet ganz zu Hause, als wäre das für mich ein Butterbrot, während doch die erstbeste indiskrete Prüfungsfrage mich aufs Kreuz gelegt hätte. Aber ich bin eben das Mystifizieren schon so gewohnt! Und ich weiß ja, daß auch die ganz Großen diese Art der Mystifikation nicht verschmähen! Also brachte ich meine Rolle, und sie gelang mir sogar recht gut. Auf einmal sehe ich, irgendwo weiter hinten, hinter der ersten Zuhörerreihe, eine Hand auf einem Knie ruhen...

Eine andere Hand in der Nähe gehörte zu einer anderen Person, stützte sich auf die Stuhllehne oder umfaßte sie mit den Fingern... und es war plötzlich, als packten mich diese zwei Hände, so daß ich geradezu erschrak, ja, mich verschluckte... und wieder vernahm ich den Ruf des Leibes. Aber ich sah genauer hin: die Hände gehörten zu Studenten, die aus Tucumán gekommen waren, und das beruhigte mich sofort, Tandil ging mir durch den Sinn, ich wußte, es gab keinen Grund zu Befürchtungen, das waren wohlwollende, freundliche Hände – wieder warf ich einen Blick über den Saal, alle Hände waren freundschaftlich – und, wie soll ich sagen, so körperlich sie waren, sie standen doch im Dienste des GEISTES, es waren Hände der Intelligenz... Dieses Dickicht vergeistigter Hände vollbrachte ein Wunder an mir. Wohl das erste Mal im Leben fiel diese Portion Komödiantentum, Aufschneiderei, Effekthascherei, die sich an meinem Geist festgesaugt hatte, von mir ab. Plötzlich überwogen der Ernst und die Bedeutung meines Tuns als Lehrer all meine Unredlichkeiten. Ich begriff den Sinn meiner Aufgabe: etwas viel Wichtigeres als eine professorale Vorlesung, als »Kulturarbeit«, als künstlerische, literarische Show, ich kämpfte hier um mich selbst in dem Bemühen, sie aus dem Leib zu lösen und in Existenz zu verwandeln, mein Schicksal hing davon ab, wieweit ich sie unterwerfen und zum Geist zwingen konnte, denn nur das konnte mich retten! Und ich begann mit einer Leidenschaft zu sprechen, der ich selbst ungläubig zuhörte, so aufrichtig war sie...

Danach eine Diskussion – aber ihre schüchternen und bewegten Stimmen gaben nur das Sprungbrett ab für meine – metaphysische – Stimme. Ich war so stark, daß ich erstmals im Leben begriff, was für eine Kraft ich wäre, wenn ich so an mich glauben könnte, wie Heilige und Propheten geglaubt haben. Schließlich erhob sich ein junger Mann und äußerte vor den Versammelten seine Dankbarkeit; auch andere traten auf mich zu. Es war klar, daß mir dieser Dank nicht für Intelligenz zuteil wurde, sondern für etwas Wichtigeres – für die Bekämpfung des Leibes, der Fleischlichkeit, Körperlichkeit... Ich bat um ein Glas Wasser. Man stürzte sofort hinaus, um meine Bitte zu erfüllen. Kurz darauf trat ein *chango* mit einer Karaffe auf einem Tablett ein. Ich verstummte entsetzt. Dieser *chango*...

Nein, dieser Analphabetenleib war doch so ehrlich... er war doch die Ehrlichkeit selbst... ach, dieser normale, ruhige, zwanglos lebende, leichtfüßig regsame, stille Leib war Anständigkeit, Moral... und dies so sehr, so vollendet, daß im Vergleich dazu jene »geistige« Versammlung irgendwie zu hoch geriet, wie ein angestrengtes Piepsen... Ich weiß nicht... Die heilige Einfalt des Brustkorbs – oder womöglich die rührende Aufrichtigkeit des Halses – und die Hände, die nur unbeholfen kritzeln konnten, rauh, aber wahrhaftig von der körperlichen Arbeit... Da hauchte mein Geist den Geist aus. Völlige Pleite. Ich schmeckte Schminke auf den Lippen.

Der Indio indes (denn er besaß viel von diesem Blut) schenkte mir mit der sorgfältigen Bewegung des Sklaven Wasser ein, mit seinen dienstberufenen und stolzlosen, auch bedeutungslosen Händen. Die Explosion dieser stillen Hände war umso schrecklicher, je stiller sie waren – denn dieser *chango* war, wie jeder Diener, eine *quantité négligeable*, er war »Luft« – aber gerade deshalb, aufgrund seiner Bedeutungslosigkeit, wurde er zu einer Erscheinung der anderen Art, wurde erdrückend in seiner Nebensächlichkeit! Seine Unwichtigkeit, an den Rand gedrängt, gewann dort am Rande Wichtigkeit! Ich verabschiedete mich und ging. Ich wollte dieses tête-à-tête mit dem *chango* nicht ausdehnen. Auf der Straße war es schon dunkel, der farbenfrohe Sonnenuntergang von Santiago war erloschen, und die unbarmherzige Kälte des Winters, die gleich nach dem Verschwinden der Sonne eintrat, zwang mich, den Mantel anzuziehen. Ich wechselte noch ein paar freundliche Worte mit den Personen, die mich begleitet hatten, als der *chango*... wenige Schritte von mir vorüberging.

War es derselbe *chango*? War das er? Sie waren sich alle ähnlich... so daß man gut und gern einen durch den anderen, fast identischen hätte ersetzen können... deshalb neigte ich zu der Annahme, es sei ein anderer, ein Bruder, Kollege, Gefährte... aber war das nicht gleichgültig? Er ging langsam in Richtung Fluß, Río Dulce. Ich folgte ihm. Ich folgte ihm deshalb, weil es absurd und unvorstellbar war, daß ich, Gombrowicz, hinter irgendeinem *chango* hergehen sollte, nur deshalb, weil er dem *chango* ähnelte, der mir Wasser eingeschenkt hatte. Doch da kam wieder seine vollkommene Unwichtigkeit wie ein Donnerschlag zum Ausbruch, am Rande von allem, das als wichtig gelten konnte. Und ich ging ihm nach, als wäre es meine heiligste Pflicht!

Ich ging beunruhigt... Denn von jenen Spaziergängen ins Retiro und auf dem Leandro Alem (von denen ich früher schrieb) hatte ich schon recht lange gelassen – und jetzt in Santiago trat unerwartet wieder diese Situation ein, die tiefste, wichtigste und schmerzlichste all meiner Situationen: Ich einem jungen Burschen aus dem Volk auf den Fersen. Doch diesmal zeigte diese Situation eine neue Eigenart, es ging nämlich nicht um Schönheit und Jugend, sondern um Moral – ich folgte verführt dieser *anderen* Aufrichtigkeit, Redlichkeit, Unverdorbenheit, Reinheit, die meine Vergeistigung untergraben und zerstört hatte. Ich ging diesen seinen einfachen Schultern nach, dem unverhohlenen Nacken, den ruhigen Händen! Und verflogen war mein kürzlicher Triumph, pff, weg!... Aber wie ich meinen erneuten Marsch in die Niederlage so verzweifelt begrüßte, beschloß ich mit zusammengebissenen Zähnen, es jetzt zur Entscheidung zu treiben... egal wie sie ausfallen würde ... So konnte das nicht weitergehen! Damit mußte Schluß sein. Und ich war mir sicher, ich weiß nicht warum, vielleicht wegen der Intensität, mit der sich der Körper mir aufgedrängt hatte, daß ich auch zu einer geistigen Lösung kommen würde, wenn es mir gelänge, die physische Gestalt des Ereignisses zu lösen, wenn ich eine körperliche Lösung für die Situation fände. Einstweilen ging ich dem *chango* im Dämmerlicht hinterher, eingedenk dessen, daß mein Gang hinter ihm her vor allem die

Formulierung der Situation war: Er und ich, ich auf seinen Fersen, ich mit ihm als ein Problem, das zu lösen war...

Und wirklich, das Problem wuchs ins Riesengroße... mit jener eigenartigen Macht, mit der bedeutungslose Dinge bisweilen anschwellen. Schon tönte er mir in den Ohren, hämmerte in den Schläfen, dieser mein unerwarteter Marsch! Theoretisch wußte ich, weshalb der Körper vor mir so redlich war, im Gegensatz zu der Gewundenheit, die uns Intellektuelle auszeichnet. Die Durchsichtigkeit des Leibes! Die Aufrichtigkeit des Leibes! Denn der Leib schuf ein einfaches, klares Spiel von Bedürfnissen und Werten, für diesen *chango* war von Wert, was seine körperlichen Bedürfnisse befriedigte, die normalen Bedürfnisse eines gesunden Leibes, also war er eigentlich das willenlose Spielfeld von Naturkräften, war nichts weiter als Natur – und deshalb leuchtete er rein, unverfälscht und durchsichtig vor mir im Dunkeln. Moralisch wie ein Hund, wie ein Pferd! Moralisch wie die gemeine Gesundheit! Und ich! Und meinesgleichen? Oh, wir hatten mit der Logik des Leibes gebrochen und waren das Produkt komplizierter Faktoren, die nicht mehr in der Natur an sich, sondern nur in der spezifischen Menschennatur lagen, wir, ein Geschöpf der Menschheit, Produkt jener »zweiten Natur«, welche die Menschennatur ist. Perversion, Raffinesse, Komplikation waren wir, Geist waren wir, oh, wir Unglücklichen... aber ich konnte mich schließlich nicht mit dieser Situation abfinden, daß ich da gleichsam hinter ihm her war, ich, hingerissen... das wäre gleichbedeutend mit einer Pleite gewesen... so riß ich mich mit Gewalt los und bog in die erste Seitenstraße nach rechts ein. Ich hatte die Verbindung zerrissen und ging nun allein... Und sagte mir, erschüttert: »Zum Teufel! Vergiß nicht, wer du bist! Er ist nur Leib, er bedeutet nichts, einer von vielen, Lumpenpack! Du dagegen – unwiederholbar, einzigartig, original, unersetzlich!«

Und doch besaß die Tatsache, daß ich körperlich weder so redlich noch so durchsichtig war wie er, immerhin Gewicht genug, daß mich diese Lobeshymne zu eigenen Ehren keineswegs überzeugen konnte. Sie war mit Bitterkeit gewürzt, und ringsum lag ein Gestank von Fäulnis in der Luft. Ich spürte auf dieser leeren Straße, daß ich etwas ermorden mußte, da half nichts, wie ich so ging, war ich schon zum Mord entschlossen. Ich mußte ihn ins Reich der Tiere hinabstoßen und allein bleiben, in meinem Menschsein, es war absurd, eine doppelte Menschheit, seine und meine, weiter zu tolerieren, entweder mußte ich zum Scheusal werden oder er zum Tier – einen anderen Ausweg gab es nicht... Klar war auch etwas anderes – ich hätte nicht von ihm gehen und ihm gestatten dürfen, allein zu sein, insgeheim. So beschloß ich, ihn einzuholen und mit ihm abzurechnen. War er nicht schon zu weit? Nein, es war fast sicher, daß er, nachdem er den Park erreicht hatte, nach rechts abgebogen war, er ging also eine Straße, die parallel zur meinen verlief – ich aber spielte mit dem Gedanken, ihn einzuholen und ihm wieder nachzugehen... Nein, niemals! Ebenso unbefriedigend war es, ihn, hinter einer Ecke lauernd, von der Seite anzufallen... so entschied ich beschleunigten Schritts, ihn zu überholen und ihm aus der nächsten Seitenstraße entgegenzugehen, Auge in Auge... Und das fand ich hinreißend! Weder von hinten noch von der Seite, sondern ihm entgegen, Auge in Auge!

Nicht hinter ihm her.
Nicht von der Seite.
Sondern ihm entgegen, Auge in Auge!
Das war die körperliche Formel für den Sieg. Das machte den Angriff möglich. Und ich brauchte den Krieg mit ihm, denn er machte ihn zu meinem Feind, versetzte ihn ins Außen. – Beinahe im Laufschritt brach ich auf, und schon allein dieser Lauf, der ihm galt, veränderte die Situation zu meinen Gunsten. Ich bog scharf um die Ecke. Verlangsamte den Schritt. Jetzt ging ich auf einer spärlich beleuchteten Straße, deren eine Seite von den hohen, schwarzen, stillen Bäumen des Parks begrenzt wurde – und er kam heran, in ziemlicher Entfernung, aufgelöst in den flackernden Lichtern der Laternen. Er näherte sich, und meine Feindseligkeit warf ihn wie einen Ausschlag aus mir her-

aus, dort war er, vor mir. Umbringen. Ich wollte ihn wirklich umbringen. Und ich brachte ihn mir um, indem ich ihn umbringen wollte. In der Gewißheit, daß ich ohne diesen Mord *niemals würde moralisch sein können.* Meine Moral wurde aggressiv und mörderisch. Schnell schmolz die Entfernung zwischen uns, ich hatte natürlich nicht vor, ihn »draußen« zu töten, nur in mir selbst wollte ich diesen Mord an ihm verüben und war mir sicher, daß ich nach dieser Tat an Gott glauben würde – oder zumindest auf Gottes Seite wäre... Es war dies einer jener Augenblicke in meinem Leben, da ich ganz deutlich verstand, daß die Moral wild ist... wild... Da plötzlich... Als wir auf gleicher Höhe waren, grüßte er mich lächelnd:

»Que tal?«

Ich kannte ihn! Das war einer von den Schuhputzern, die sich auf dem Platz umhertrieben – er hatte mir mehr als einmal die Schuhe geputzt. Ein Bekannter! Darauf war ich nicht gefaßt! Der ganze mörderische Zusammenstoß zunichte... ich nickte ihm zu, rief zurück »adonde vas?«, wir waren schon aneinander vorbei, und von aller leidenschaftlichen Wut war nichts geblieben als Gewöhnlichkeit – nur Gewöhnlichkeit – wie der höchste Ton, der das ganze Ereignis überthronte!

(*»Also wieder eine katastrophale Niederlage. Wieder war verfluchte Gewöhnlichkeit hereingebrochen, als er das Drama schon organisiert hatte – und wieder einmal war ihm alles zwischen den Fingern zerronnen, als wollte ›die andere Seite‹ einfach in gar keinem Drama mitspielen... und unser Faust war in zähem Alltag steckengeblieben. Man hatte ihn hereingelegt! Hatte ihm das Drama geraubt, das Drama, das ihm die einzige Zierde in diesem Kampf mit den Jüngeren gewesen war...*

Aber dieser gescheiterte Zusammenstoß wird ihm wohl bis an sein Ende die wachsende Überzeugung hinterlassen, daß die Tugend Krallen hat und morden kann, daß die moralische und geistige Welt dem allgemeinen Gesetz der Grausamkeit untersteht. Trotz all seiner Bemühungen wird die Kluft zwischen Geist und Leib immer kleiner, sie durchdringen sich, verkoppeln sich, diese Welten...

Dies ist es, was er aus dem sonnigen Santiago mitnahm.«)

1959

XI

MONTAG
HÜNDCHEN NASS ODER NUR FEUCHT, WIE MAN WILL.

MITTWOCH
Jeder Rechtsanwalt, auch »Maître« genannt, schwelgt im Bewußtsein der eigenen »hohen Kultur« (denn »das Recht bildet«, nicht wahr?), und jeder hergelaufene Wasserleitungsingenieur hält sich für einen mordsmäßigen Wissenschaftler, nachgerade einen Heisenberg. Überflüssig zu sagen, daß sie in Wirklichkeit kaum eine Ahnung von anschaulichem Denken haben.

Gestern. Wie ärgerlich! Zwei Stunden lang mußte ich die Altklugheit dieser beiden Sorten diplomierter Halbintellektueller ertragen. Eine unglaubliche Dummheit. Der Rechtsanwalt mit dieser seiner Advokatenmanier, der man ebenso wie seiner Weltanschauung, seinem Stil und seiner Form die unselige Universität anmerkte, so wie ein Anzug nach Mottenpulver riecht... Mutters Ingeniör verkündete die Überlegenheit der exakten Wissenschaft, denn solche philosophischen oder künstlerischen Romane, wissen Sie, das ist doch nichts für den disziplinierten Geist, und »haben Sie von den Quanten gehört?«. Fürchterliches Niveau. Und jeder von ihnen mit einer besseren Hälfte versehen, ohne deren Weibchenekstase und Anhimmlung seines Intellekts ihm etwas fehlte. Traurig, daß die Universitäten Jahr für Jahr Esel produzieren, von denen jeder über kurz oder lang seine verläßliche Eselin findet.

Was tun, damit die Hochschulen nicht solchen Schund fabrizieren und das Klima in der zivilisierten Welt so schrecklich verderben? Immer mehr solcher jungen Kretins aus dieser Universitätsfabrik sehe ich, chemisch von aller natürlichen Intelligenz gereinigt. Auch in Südamerika wird die Luft schon schlecht von einem Studentenvolk, das nur weiß, was ihm in den Kopf gesetzt wird und das derart mit Wissen farciert jedes Gespür für solche Unwägbarkeiten wie Charakter, Verstand, Poesie, Anmut verloren hat. Die ordinäre Häßlichkeit dieser intellektuellen Arbeiter, Spezialisten für Medizin, Recht, Technik usw. macht sich sogar hier, in Argentinien, schon bemerkbar. Unempfindsam für die Kunst, ohne Lebenserfahrung, in Abstraktionen groß geworden, sind sie eingebildet und schwerfällig. Ich liebe es, diese unästhetischen Dummköpfe zur Weißglut zu bringen oder sie in einem Chaos von eiligst erdachten Namen und Theorien zu ertränken – daß sie mich nur nicht einmal verprügeln! Lustig, daß diese gemeinen Naturen ausschließlich auf Wissenschaft eingestellt sind – alles andere, das ganze übrige Geistesleben des Menschengeschlechts, ist für sie nur Betrug – deshalb stehen sie ständig Todesängste aus, sie könnten reingelegt werden.

So ist es mir eine Lust, ihr bäurisches Mißtrauen gegen den »Literaten«, diesen Hochstapler *par excellence*, anzustacheln, und ich ziehe ab und zu ein Gesicht, lasse ein Wörtchen fallen, das unbestreitbar fragwürdig, ja geradezu närrisch ist. Ihre einfältige Hochachtung für die Ernsthaftigkeit ist so groß, daß sie dann ganz dumm aus der Wäsche schauen. Oder ich mache sie mit Aristokratie und Stammbäumen an, ein unfehlbarer Trick, wenn es darum geht, Stiesel völlig versteinern zu lassen.

Und dennoch... die Aristokratie... Und dennoch... die Aristokratie... O Aristokratie, bist du vielleicht doch mehr als ein böser Scherz? Götze des gemeinen Volkes ist der *Nutzen*, Götze der Aristokratie dagegen die *Annehmlichkeit*. Nützlich und unangenehm zu sein, das ist das Entwicklungsziel jedes Roboters und Spezialisten. So nützlich zu sein, daß man unangenehm sein darf – ihr Traum. Während der Traum des Aristokraten gerade umgekehrt ist: so angenehm zu sein, daß man unnütz sein darf. Was mich angeht, ich stelle das als einen Grundsatz meiner Menschenkenntnis fest und notiere: wer den Wunsch hat, zu gefallen, wird leichter zum Menschsein kommen als wer nur ein nützlicher Diener sein will.

DONNERSTAG
WEISSES, LECKERES, GUT GENÄHRTES HÜNDCHEN.

FREITAG
Meinen Schülern sage ich: Denkt daran, ich bin keiner von euren ehrbaren Professoren mit Patent und Garantie.

Bei mir weiß man nie. Ich kann jeden Augenblick Blödsinn reden, oder lügen – überhaupt, den Affen machen. Da gibt es keine Sicherheit. Ich bin ein Lump – ich hab gern meinen Spaß – und ich pfeife – pfeife – pfeife . . . auf euch und meine Lehre.

SONNABEND
TAUSCHE SCHWARZEN, BISSIGEN HUND GEGEN ZWEI ALTE.

SONNABEND
Ich ging einen Pfad über eine Lichtung im Wäldchen von Santiago, das Gebiet scheint künftiges Baugelände zu sein, schütterer Graswuchs mit weißen sandigen Blessen, uninteressant – ich wanderte langsam, in Gedanken, den Blick vor mich auf den Boden gerichtet, die Sonne war schon untergegangen – kam vorbei an einer Schutthalde aus weggeworfenen Ziegelsteinen und den Überresten von Maschinen und Kisten – als der Pfad unter meinen Füßen plötzlich etwas in die Höhe ging, nicht viel, ein bißchen nur, infolge eines kleinen Bodenwulstes – und schon fiel er wieder ab. Das genügte. Ich hatte das Gefühl, daß die Erde mich von unten wogend bedrängte, ich spürte ihr Wogen, ihre unerwartete, geheimnisvolle Spannkraft. Halt! Was denn?!

Hatte der Pfad sich belebt? War Leben in die Erde gefahren? Halt, Moment mal, mein Gott, ist es möglich, daß die Dinge lebendig werden... aber dann *hättest du doch unausweichlich zu einem toten Gegenstand werden müssen*! Nicht doch! Nicht doch! Drei Steinchen auf dem Pfad fesselten meinen Blick, einer neben dem anderen... könnte man sich nicht eine andere Interpretation des Kosmos denken, nach der ihre Leblosigkeit Leben gewänne und mein Leben zum Tod würde? Nein, fort damit, das ist zu weit hergeholt, zu phantastisch, aber – hör mal – wenn es neben der normalen Welt und der leblosen Welt noch eine dritte Welt gäbe – ein drittes Prinzip – och, von dem wir uns bisher nicht träumen ließen, und das dem Gegenstand Aktivität verleihen, das Objekt zum Subjekt machen würde? Diese drei Steinchen als *aktiv* begreifen... Wäre das möglich – tätige Kraftlosigkeit? Halt! Halt! Was für ein Unsinn!...

Alles deshalb, weil du so ein aufgeweckter Bursche bist. Deshalb gibt es keine Idiotie, die du nicht verdauen könntest... Intelligenz und Vorstellungskraft liefern dich dem Blödsinn aus, weil dir nichts phantastisch genug ist... und da stehst du nun auf diesem Pfad, wie verführt von einer dummen Idee, die in tausend Jahren – in tausend Jahren, ach, du Sohn von Jahrtausenden – vielleicht etwas Wahrheitsverwandtes sein mag.

MONTAG

HUND, NASS UND FETT.

Bezeichnende Äußerung eines hochstehenden Amtsträgers. Der Genosse Minister für Kultur und Kunst sagte im Radio (1958): »Die jetzige Situation hat etwas Anormales. Nehmen wir nur das erstbeste Beispiel: Ein Buch von Gombrowicz ist ein literarischer Leckerbissen, der bei uns von sämtlichen Zeitschriften rezensiert wird, und zwar nicht einmal, sondern mehrfach, während die Bücher für den Massenkonsumenten überhaupt nicht besprochen werden.«

Und gleich darauf, in demselben Gespräch über die Kulturpolitik im Polnischen Radio kommt der Genosse Minister auf dies Thema zurück, das ihm keine Ruhe läßt:

»Es hat sehr viel mit Kulturpolitik zu tun, daß bei dem geringen Platz in der Presse Gombrowicz z.B. 25mal rezensiert wird, Wanda Melcer z.B. dagegen – kein einziges Mal.«

Ich verstehe. Das ist zu einer fixen Idee geworden. Und es bedeutet sehr strenge Diät. Aus mit der Idylle.

Was für ein Theater! Wie schade, daß meine Kollegen im Westen diesen Ringelreihen mit dem eigenen Volk nicht kennen – ein ewiges Auf und Ab. Zehn Jahre lang ist man ein Nichts, zwei Jahre lang – bedeutend, woraufhin man dann kraft Kulturverfügung zum Autor von »literarischen Leckerbissen« wird, die ansonsten gar nicht übel sind.

Dieses »ansonsten« beunruhigt mich am meisten. Es wäre mir vielleicht lieber, man würde mich hemmungslos und radikal totschweigen, wie es noch kürzlich geschah, mich auf dem Scheiterhaufen verbrennen oder im Klo ertränken. Die Kunst fürchtet wie der Glaube nur eines: Lauheit. Aber sie machen's auf die kulturelle Art. Planmäßig. Ja doch, ein bißchen Lob ist angebracht, damit es nicht nach Terror aussieht... aber nicht übertreiben. Dieses »bißchen« tötet wie Gift in kleinen Dosen, langsam geschlürft.

MITTWOCH

BEI DER HITZE VERBEISSEN SICH'S DIE HUNDE.

DONNERSTAG

Wenn ich so meine zahlreichen Schrecknisse überdenke, komme ich zu dem Schluß, daß meine schwache Abwehrkraft, oder schlichtweg meine Feigheit – wenn ich z.B. einen Fahrstuhl betreten oder in eine Straßenbahn steigen soll – von der Eigenart (oder auch Manier) meiner Vorstellungskraft herrührt, das Leiden vorwiegend in irgendeinem untergeordneten, kleineren

Aspekt zu sehen. Für mich ist »ich ersticke« nicht der Moment, in dem die Lungen reißen, sondern in dem ich gar keine Luft mehr bekomme. Einen Beinbruch kann ich mir als Rückenschmerzen vorstellen, wo man sich überhaupt nicht mehr rühren kann, und den Krieg als den Geschmack des Tees von vorgestern, ein Geschwür am Finger und Finsternis. Eine solche Vision nagt am Mut, wie die Larven am Holz.

Was hat Angst mit Unschuld gemein? Und doch ist das höchste Entsetzen für mich etwas so Reines wie... die größte Unschuld.

Gelber, angebissener Hund, sonst ganz neu.

Donnerstag

Neujahr 1959 in Tandil. Von hier aus, aus der wunderschönen Villa der Mauros, wo ich wie ein König hause, verwöhnt von ihrer Gastfreundschaft, betrachtete ich die leuchtenden Raketenschüsse über dem Städtchen, das im Tal verborgen lag. Und hinter mir hatte ich die dunkle Wand des Nadelberges, der sich aufbäumte wie ein Pferd, so steil – und stumm. Zur Linken und Rechten öffneten sich große, nächtliche Fernen, verloren zwischen den Hügeln. Wir tranken Champagner.

Donnerstag

Wie wenig habe ich geschrieben letztes Jahr! Ein bißchen *Tagebuch*. Ein bißchen an dieser *Operette*, von der ich jetzt wieder abgelassen habe. Je nun! Krankheit! Ich bin gesundheitlich noch immer nicht ganz auf der Höhe, obwohl Żellner es inzwischen geschafft hat, mich auf die Beine zu bringen.

Was habe ich zu tun? Zählen wir das einmal auf – es mag interessant sein – nämlich für diejenigen, die sich für mich interessieren... (Störung der Perspektive infolge des wachsenden Ruhms: Meinen einstigen klaren Blick dafür, was an meinem Schreiben langweilig und was interessant ist, habe ich verloren, denn heute kann etwas Langweiliges allein deshalb von Interesse sein, weil es mich betrifft; so eine Konfusion bewirkt mein wachsendes »Ich«...)

Zählen wir also auf:

Dieses Fragment des *Tagebuchs* abschließen.

Den zweiten Akt der *Operette* beenden, dabei den Faden der »Lottermutter« einführen und mehr Gewicht auf die Rollen von Firulet und Charme legen.

Die französische Übersetzung des *Tagebuchs* durchsehen. Brief an Suzanne Arlet.

Korrespondenz: Janusz, Kot, Alicia Giangrande, Giedroyć, *Preuves*, Koszella etc. Alice de Barcza.

Die Notizen über Heidegger durchsehen für den vierten Vortrag im Klub »Amigos del Arte«.

Telegramm an Świeczewskis.

Die Texte fürs Radio vorbereiten.

Briefwechsel mit den Verlegern.

Französische Übersetzung der *Yvonne* (den toten Punkt überwinden). Ich habe keine Ahnung – ist das langweilig oder interessant, diese Aufzählung?

FREITAG

»Er weiß es nicht! So verderblich wirkt das Gewicht dieses wachsenden ›Ich‹ – und dieses zunehmende ›Ich‹ beeinträchtigt seine Einstellung zur Welt immer mehr. Außer der körperlichen Krankheit, die er erwähnte, um sich dafür zu rechtfertigen, daß er so wenig geschrieben hat, gibt es auch diese andere Schwäche, die wohl noch unangenehmer ist: Er weiß eigentlich gar nicht, was er mit diesem Gombrowicz anfangen soll, den er da seit einiger Zeit in ausländischen Zeitungen sieht, schon international, europäisch, schon (beinahe) von Weltgeltung. Eine Schwäche, die umso demütigender ist, als es sich hier doch um ein typisches Gombrowicz-Problem handelt – was wäre als Thema und Fragestellung cha-

rakteristischer für ihn als dieses Wachstum einer vom Ruhm aufgeblähten Persönlichkeit? Aber das macht ihn nur noch hilfloser – weil es verpflichtet – und er kann doch mit einer so persönlichen, so stark erlebten Sache nicht ausgetretene Bahnen gehen, er muß hier eine eigene Lösung finden und auf die Frage ›wie soll ich groß sein?‹ eine ganz persönliche Antwort finden. Na, aber klar! Er wird doch nicht von den bekannten, ja abgegriffenen ›Lösungen der Größe‹ Gebrauch machen, z.B die affektierte Virtuosität eines Anatole France ist nichts für ihn ... aber die bäurisch einfältige, listig leidenschaftliche Größe eines Dostojewski taugt auch nichts... ist ihm auch ganz fremd. Und Goethes Olymp? Erasmus, oder Leonardo? Tolstoj von der Jasnaja Poljana? Das ›metaphysische‹ Dandytum eines Jarry oder Lautréamont? Tizian oder Poe? Kierkegaard oder Claudel? Nichts da, keine dieser Masken, keine dieser Purpurmäntel... es gilt, etwas Eigenes zu finden... das Problem ist nur, daß die Größe, diese alte Hu..., zu den verläßlichsten Ködern der Kunst gehört, sie ist also schon tausendfach gebraucht, und in ganz verschiedenen Spielarten. Man kennt die Größe pathetisch und demütig, närrisch und zynisch, innig und brutal – christlich – heidnisch – lyrisch ebenso wie trocken – auch mathematisch... Jede dieser alten Odalisken hat doch den Tanz auf ihre Weise getanzt.

Von all diesen Stilen, mit denen sich so viele Meister in der Größe versuchten, stand ihm vielleicht der am nächsten, den Thomas Mann sich im Laufe seiner langjährigen Karriere erarbeitet hatte. Denn Mann war es – im Geiste seiner Epoche – gelungen, Größe und Krankheit, Genie und Dekadenz, Erhabenheit und Erniedrigung, Ehre und Beschämung enger als jeder andere zu verbinden, er unternahm diese wahnwitzige Verknüpfung der Widersprüche mit vertrauenerweckender Aufrichtigkeit... und er behandelte diese peinliche Widersprüchlichkeit nicht als etwas Abstoßendes und Verdammenswertes, sondern gerade als etwas Leidenschaftliches und Betörendes, ja Liebenswertes, so daß der große Künstler, wie Mann ihn spielt, widerwärtig und lächerlich, aber auch großartig und anziehend ist... wie ein Liebhaber. Diese Mannsche ›Gerechtigkeit‹ bei der Verteilung von Licht und Schatten, die tiefe Intelligenz der Problemstellung gefielen Gombrowicz über alles, und er berief sich in Gesprächen gern und oft auf diesen Autor und seine trefflich gezeichnete Erzählung Tonio Kröger, *die er, Gombrowicz, schon früh als Geschichte des eigenen Schicksals und seiner Berufung gelesen hatte. Im Laufe der Jahre wurde ihm jedoch immer klarer, daß diese Aufrichtigkeit, Ehrlichkeit und Offenheit Manns auch nur wieder Koketterie waren, nur ein neuer Versuch in der Kulturgeschichte, den eigenen Anspruch auf Ruhm – unter dem Anschein von Redlichkeit, ja Demut – durchzusetzen. In der Tat, dieser Enthüller von Schmutz und Erbärmlichkeit zerstörte und enthüllte, wie sich herausstellte, nur zu dem Zweck, um sich selbst ein solideres, standfesteres, in Wirklichkeit und Bewußtsein besser fundiertes Denkmal zu schaffen. Und wie das Mannsche Werk wuchs, ließ sich hinter jener demaskierenden Zerstörungswut des Revolutionärs eine schwerfällige Rhetorik vernehmen, die sich gern würdig gab, mit Virtuosität schöntat, majestätisch und im Purpur, wie ein Kardinal. Au Mann, du alte Kokotte – so ein eitler Pfau bist du?!*

Was also sollte Gombrowicz tun? Konnte er Mann überwinden, indem er sich auf ihn stützte – und so zu einem neuen Mann werden, einem Mann auf höherer Stufe? Eine Generation moderner? Mit einem Wort, sollte Gombrowicz in bezug auf Mann die gleiche Rolle spielen, die Mann im Verhältnis zu seinen Vorgängern gespielt hatte? Seine Größe dialektisch ruinieren, um sich eine neue zu stiften, auf höherer Bewußtseinsebene? Unser Meisteranwärter besaß in dieser Hinsicht sehr wohl einige Trümpfe, die einen glänzenden Erfolg garantierten, er konnte sich auf eine neue Aufrichtigkeit, ja neue Schamlosigkeit stützen, ausgehend von seinen Parolen, die von einer ewigen Kluft zwischen dem Menschen und seiner Form kündeten und es infolgedessen gestatteten, diese drastischen Fragen mit einer bisher wohl einmaligen Freiheit anzugehen. So könnte er etwa in seinem Tagebuch *den Prozeß der eigenen Mauserung, seines Eintritts in die Geschichte, die Verwandlung von einem unbekannten Autor in eine Persönlichkeit schildern, als ginge es gar nicht um ihn, als handelte es sich bei diesem Triumph nur darum, sich eine neue und nicht sehr bequeme ›Form‹ aufzwingen zu lassen – die ›ihm gemacht‹ wurde, die ihn sogar ›entstellt‹. Groß werden. Wie ist das? Was empfindet man dabei? Wie wird man dabei gespalten, und welche der so entstandenen Personen ist wahrhaftiger? Er könnte zeigen (Mann verheerend), daß Größe immer unauthentisch ist, das heißt, daß der Mensch sich in dieser höheren Dimension nicht verwirklichen kann, selbst wenn er aufgrund seiner Fähigkeiten Ruhm und Bewunderung wahrlich verdiente. Indem er all die Belanglosigkeiten seiner Riesenwerdung mit unerhörter Schamlosigkeit auftischte, langweilte, quälte, keine Ruhe ließe mit diesem seinem wuchernden Wachstum, könnte er seine Bekenntnisse zu einem literarischen Skandal erster Klasse machen, sich selbst zu einem unheimlichen Hanswurst der Größe. Das stünde ja eigentlich auch völlig im Einklang mit seiner Philosophie der Form und würde ihm vermutlich eine recht originelle Position in der Kulturgeschichte des XX. Jahrhunderts sichern.*

Gewiß – eine interessante und dankbare Aufgabe! Denn das hieß keineswegs, daß er der Größe asketisch entsagen mußte – im Gegenteil, es gestattete ihm, sich ihr mit aller Gier hinzugeben, in ihr zu schwelgen, sich an ihr zu berauschen und großzutun mit ihr – denn sobald er sich einmal nicht mehr mit seiner Größe identifizierte, sondern sie als etwas behandelte, das ihm zugestoßen war, verlor sie ihren intimen und schamhaften Charakter. Auch Eigenwerbung wurde dann zulässig, sie ließ sich ja gar nicht vermeiden, wenn man über diese Dinge sprach, und das war letztlich auch vergnüglich und sogar angenehm. Gombrowicz war nicht so naiv, die ungewöhnlichen künstlerischen Vorteile zu übersehen, die ein derart ungezwungener, öffentlicher Umgang mit der Größe brachte – denn der Leser liebt den Glanz, er mag Erzählungen von Königen, Fürsten oder großen Künstlern, Schuster und kleine Angestellte interessieren ihn wenig, in seinen Träumen ist er Aristokrat, und wie gesagt, die Größe, diese alte Hu...ri, ist ein sehr wirksames Lockmittel, sie ist der Sex-Appeal älterer Herren, die den Lorbeerkranz um die Schläfen tragen.

KALTER HUND ZUM FRÜHLING. *So konnte Gombrowicz die Mannsche Problematik tatsächlich veredeln – indem er die Größe einerseits noch mehr kompromittierte, sich ihr aber andererseits noch viel schamloser und ohne das ›virtuose Imponiergehabe‹ hingab, das Mann zur Schwäche wurde. Irgend etwas aber stand im Wege ... was nur? Vor allem erwies sich in der Praxis (d.h. als unser Autor im* Tagebuch *daranging, dieses Programm zu realisieren, indem er zunächst kleine und zurückhaltende Andeutungen über seinen Ruhm machte), daß man sehr schwer gegen die Konvention ankommt, die dem Schreibenden jedes ›Eigenlob‹ verbietet und besagt, daß solche Informationen ›langweilig‹ sind – viel schwerer noch, als bei dem bekannt genüßlichen Gombrowicz-geplauder über sich selbst (das auch heftigen Widerstand provozierte). Weshalb reagierte man gar so ablehnend? Es sollte doch genau umgekehrt sein. Ruhm, Erfolg, Wohlergehen, wachsendes Prestige – das ist doch ein Leckerbissen, der Durchschnittsleser schwärmt für solche Glanzlichter in Romanen, die von A bis Z erfunden sind, wie müßte es dann erst bei einem richtigen Tagebuch sein, das ein reales Menschenschicksal betrifft, autobiographisch ist? Dennoch waren Wut, Abneigung, Langeweile, ja sogar ungespielte Scham nicht zu überhören... ganz so, als wollte der Leser wirklich ›nichts davon hören‹.*

Seltsamer noch ist, daß die Abneigung des Lesers ihre Bestätigung in einem inneren Widerwillen des Autors fand – einem Widerwillen, der sich ebensowenig begründen ließ – denn wozu verfügte Gombrowicz über soviel geistige Freiheit? Und doch war da ein Widerstreben... eine Art Unzufriedenheit mit sich selbst, die manchmal an Gewissensbisse gemahnte, dann wieder an Bedauern... Bitterkeit, und Überdruß, und sogar Schmerz, die rieten ›laß das, misch dich da nicht ein – soll es sein, wie es wolle‹... Was war geschehen? Woher diese Schwierigkeit? Dieser Protest rührte nicht von intellektueller Kritik her, das war ein sehr viel spontanerer Reflex... es war, als zerstörte er durch die Zerstörung seiner Größe zugleich einen eigenen Traum von sich aus Jugendzeiten, und liquidierte damit dieses geliebte ›Jugendprojekt‹, das seine eigene Zukunft betraf, endgültig. Da stand also etwas im Wege, das persönlicher, lyrischer, intimer war, etwas das – aufgepaßt! – mit Jugend zu tun hatte, und das fast so schamhaft war wie die Liebe. Die Angelegenheit wurde drastisch und schmerzlich... Es war nicht nur ein intellektuelles Problem, es hatte etwas von Religion, vielleicht von Liebe... Liebe? Jugend? War es möglich, daß Mann, obwohl er so von Freuds Ideen durchdrungen war und Freud näherstand als Schopenhauer, diesen Greisenkomplex, der da Größe heißt, nicht richtig interpretiert hatte? Und wenn ja... was war da ungesagt geblieben?

Gut, dachte Gombrowicz, gut... Der Meister besitzt bei Mann eine Anziehungskraft auf den Schüler. Der Schüler ›liebt‹ den Meister.

Wenn in der frühen Entwicklungsphase das Gewöhnliche anziehend und faszinierend ist, so werden Ungewöhnlichkeit und Format zum Reiz einer späteren Phase ... Aber wenn es so ist, wenn Größe anziehend ist, weshalb zeigt sie sich dann als Kraft – und nicht als Schwäche? Schließlich sind doch – und das ist eine Wahrheit, die man nicht vergessen darf – nur Schwäche und Mangelhaftigkeit bezaubernd – niemals Kraft und Fülle. Und Freud und Mann verstanden es zwar, all die biologische Armseligkeit ans Tageslicht zu zerren, die mit der Größe einhergeht, jene Perversionen und Krankheiten des großen Mannes, aber was die Größe ausmacht, was Genie, Talent, olympischer Funke, Flamme von Sinai ist, das erscheint bei ihnen dennoch gewaltig und prangt im prächtigen Glanz von Fülle und Blüte ...

Aber das ist nicht wahr (dachte er weiter). Mangelhaftigkeit ist nichts, was mit Größe und Erhabenheit einhergeht, es ist einfach ihr quid, ihre Substanz. Größe – sprechen wir es endlich aus – ist Mangelhaftigkeit!

Der Wahnsinnige! Hatte er wieder sein Steckenpferd bestiegen! Sein Gesicht, übers Papier geneigt, verriet nun dramatische Spannung, er suchte etwas, etwas vielleicht allzu Ungreifbares ... und vielleicht lag seine Wahrheit in der ewigen Jagd, nicht im Erreichen ... Ach, wie durchsichtig und klar sah er das alles in der Theorie: was war denn der sogenannte große Mensch anderes als das Produkt einer unaufhörlichen Anstrengung, einer künstlichen Aufbauschung der Reife und emsigen Verheblung der eigenen Fehler, der eifrigen Anpassung an andere Größen, die denselben Betrug begangen hatten – und war nicht die Größe ein ›zwischenmenschliches‹ Gebilde, wie alle Kultur? Aber dann mußte, wer in der Sphäre des Gemeinschaftslebens emporgehoben wurde, persönlich immer niedriger stehen ... und genau hier wurden Größe, Bedeutsamkeit, Würde und Meisterschaft mangelhaft und unreif ... insgeheim verwandt mit allem Jungen ... Also war Meisterschaft ewige Pfuscherei! Ewige Schwäche und ewiger Zauber! Ja! Aber weshalb konnte dann er, Gombrowicz, in der Praxis kein Äquivalent für diese Theorie finden, weshalb wurde dieser Gedanke unerträglich, sobald er versuchte, ihn auf den Seiten des Tagebuchs *mit Leben zu erfüllen?*

Immer klarer sah unser Anwärter auf den Großmeister, daß seine Formeln den Lebenssinn dieser Dinge nicht erschöpften... einen ›leeren Sinn‹, einen ›verkehrten Sinn‹ vielleicht, oder einen, der ›sich selbst widersprach‹... Großer Gott, wer findet dem ach so flüchtigen Gedanken, dem unfaßbaren das Wort!... Und es wurde immer deutlicher, daß man bei einer Vorstellung, an der man selbst teilnimmt, nicht zu sehr hinter die Kulissen schauen lassen darf – hier war das Spiel zu mitreißend, die Koketterie allzu wesentlich, wichtig... fundamental... verschlingend...

Er war auf der Suche. Der Suche nach irgendeiner ›Lösung‹. Doch sah er einstweilen davon ab, diese schwierigen Aufgaben im Tagebuch *frontal anzugehen und ein neues, eigenes* genre *der Größe zu erfinden. Er hatte beschlossen zu warten... Und dabei mal zu sehen, wie das schließlich mit seiner Größe sein würde, welche Art ihm letztlich bestimmt wäre: die schwierige aristokratische Größe, die der Menge unverständlich bleibt und auf den kargen Kreis Eingeweihter angewiesen ist, oder die eher populäre?... Das einzige, wozu er sich bisher durchgerungen hatte, war die Einführung einer ›zweiten Stimme‹ im* Tagebuch *– der Stimme des Kommentators und Biographen – was ihm gestattete, über sich selbst als ›Gombrowicz‹ zu sprechen, als spräche er mit fremder Stimme. Das war, wie er fand, eine wichtige Neuerung, die die ungemein kalte Künstlichkeit dieser Bekenntnisse verstärkte und zugleich größere Aufrichtigkeit und Leidenschaft zuließ. Und das war etwas Neues, das er aus keinem der ihm bekannten Tagebücher kannte.*

In der Tat, eine interessante Innovation. Und vielleicht von größerer Bedeutung, als es den Anschein hat. Gombrowicz war schon lange aufgefallen, daß der große Stil nicht nur groß ist, sondern dich auch ständig mit dem Ellbogen anstößt und flüstert: ›Achtung, paß auf, ich bin groß.‹ Der große Stil hat seinen eigenen Zeremonienmeister, auch seinen Vortragenden und Kommentator. So war diese Stimmenteilung schon durch die Struktur des Stils begründet und besaß ihr festes Fundament in der Realität. Aber abgesehen davon – was für eine Bereicherung, über sich selbst in der ersten Person und zugleich in der dritten Person sprechen zu können! Wer per ›ich‹ von sich spricht, der muß doch notgedrungen so viel verschweigen, so sehr verfälschen – und wer sich per ›er‹

abhandelte und sich von außen zu beschreiben suchte, würde auch nur mit einem Teil der Wahrheit operieren. Also könnte dieser ständige Wechsel zwischen ›ich‹ und ›Gombrowicz‹ (in dem Maße, wie diese Praxis allmählich vervollkommnet und vertieft wird) zu interessanten Ergebnissen führen.

Und man konnte sich auf diese Weise loben und demaskieren zugleich!«

MONTAG
Ein Fußballspiel im Stadion River Plate. An die 30000 Zuschauer. Die Sonne scheint hübsch warm. Plötzlich taucht über den Tribünen, wo man ungeduldig plaudernd auf den Beginn des Kampfes wartet, ein kleiner Ballon auf... Ein Ballon? Alle sehen, daß es kein Ballon ist, sondern ein Präservativ, von jemands unanständigem Atem ins Riesenhafte aufgeblasen. Ein Präservativballon, getragen von den Luftströmungen, die vom erhitzten Publikum aufsteigen, schwebt über den Köpfen, und wenn er sinken will, stoßen ihn unmerklich die Hände von Spaßvögeln wieder hoch... und die vieltausendköpfige Menge starrt auf diesen fliegenden Skandal, der so schrecklich unübersehbar ist, so verletzend! Schweigen. Mucksmäuschenstill. Ekstase. Bis ihn irgendein empörter *padre de familia* mit dem Taschenmesser ansticht. Da ist er geplatzt.

Pfeifkonzert! Gebrüll! Eine unglaubliche Wut bricht überall aus – nah und fern – und der entsetzte »Familienvater« sucht durch den nächsten Ausgang eiligst das Weite. Das erzählte mir Flor de Quilombo (a) Florquilo (a) Quiloflor (a) Coliflor (a) Floren-coli (a) Coli-en-flor.

XII

Dienstag
Der durchschnittlich gebildete Argentinier weiß, daß es um sein künstlerisches Schaffen nicht gut steht. Wir besitzen keine große Literatur. Warum? Weshalb gedeihen Genies bei uns so schlecht? Woher die Blutarmut in Musik, Philosophie, Bildhauerei, der Mangel an Ideen, an Menschen? Warum? Warum? Langeweile und Schläfrigkeit – weshalb? Weshalb? Unfruchtbar und tatenlos – weshalb? Weshalb?... Und nun häufen sich die Rezepte: wir leben von dem Europa entlehnten Licht. Das ist die Ursache. Wir müssen mit Europa brechen, müssen den Indianer von vor vierhundert Jahren in uns wiederfinden... dort sprudelt unsere Quelle! Aber einem Nationalismus anderer Richtung wird schon bei dem Gedanken übel – was, den Indio? Niemals! Unsere Schwäche rührt daher, daß wir uns von Mutter Spanien und von der katholischen Kirche abgewandt haben, die uns einst an ihrer Brust genährt... Doch da wird der links-progressive Atheismus hitzig, Spanien, Klerus, pfui, Obskurantismus, Oligarchie, lerne von Marx, dann wirst du schöpferisch sein!... während im Zentrum von Buenos Aires ein junger *fino*, der gerade vom Tee bei Victoria Ocampo kommt, die Pariser *revue* und ein reichbebildertes chinesisches Gedicht unter dem Arm trägt.

Pillen gegen die Impotenz – das ist lächerlich, und es ist etwas verwunderlich, daß diese Diskussion seit Jahrzehnten feierlich geführt wird und sogar zur Hauptkontroverse unter lateinamerikanischen Intellektuellen geworden ist. Sie ist Thema unzähliger Vorträge und Artikel. Glaube an den Allerhöchsten und die Katholische Isabella – so wirst du schöpferisch sein! Führe die Diktatur des Proletariats und den Kult des Indios ein – du wirst sehen, wie gut dir das tut! Doch dieses Wehklagen ist nicht sehr ernst gemeint, sie brauchen Genies ungefähr so, wie sie eine Fußballmannschaft brauchen – um gegen das Ausland zu gewinnen. Gerade das Verlangen, vor der Welt zu glänzen und die anderen einzuholen, ist verderblich für ihren Geist. Hauptsorge dieser Künstler ist es nicht, ihren Zorn auszusprechen und eine eigene Welt zu erbauen, sondern einen Roman »auf europäischem Niveau« zu schreiben – daß nur Argentinien, daß Südamerika endlich sein repräsentatives Werk bekommt. Sie behandeln die Kunst wie einen internationalen Sportwettkampf und grübeln stundenlang darüber, aus welchen Gründen die argentinische Mannschaft so selten ein Tor schießt.

Weshalb schießen sie selten ein Tor? Ist nicht das Wörtchen »wir« daran schuld (das mir so fragwürdig scheint, und das ich dem einzelnen Menschen gern verbieten würde)? Solange der Argentinier in der ersten Person Singular spricht, ist er menschlich, flexibel, real ... und überragt in mancher Hinsicht den Europäer. Weniger Ballast – weniger belastet durch das historische Erbe, durch Tradition, Sitte und demnach größere Bewegungsfreiheit und mehr Wahlmöglichkeiten, der geschichtliche Rückstand ist leichter aufzuholen. Und dieses Übergewicht wäre erdrückend, wenn das südamerikanische Leben nicht leicht wäre, nicht entwöhnte von Anstrengung und Mut, Risiko und Widerstand, von kategorischen Entscheidungen, von Drama und Kampf und Radikalität, dieser *par excellence* »schaffenden« Sphäre. Ein weiches Leben macht weich (wozu denn hart sein?) ... alles geht aus dem Leim ... Aber trotz dieser fehlenden Spannung ist der Argentinier, solange er sich in der ersten Person äußert, gar nicht dumm, ist weltoffen und nüchtern – und ich habe ihn allmählich lieben und schätzen gelernt. Er hat oft Charme, Eleganz und Stil.

Aber der Haken ist der, daß dieses »ich« nur auf unteren Ebenen ihres Lebens hier funktioniert. Sie verstehen es nicht, es auf eine höhere Etage zu heben – d.h. in den Bereich von

Kultur, Kunst, Religion, Ethik, Philosophie – hier gehen sie zum »wir« über. Und dieses »wir« ist doch ein Mißbrauch! Der Einzelne ist doch dazu da, »ich« zu sagen! Dieses undurchsichtige, abstrakte und willkürliche »wir« raubt ihnen so die Konkretheit, also Lebensnähe, es ruiniert ihre Spontaneität, wirft sie schier um, hüllt sie in Nebel. Dann beginnt der Argentinier etwa zu erklären, daß »wir« eine Geschichte brauchen, weil »wir« ohne eine Geschichte nicht mit anderen, historischeren Nationen mithalten können – und er geht daran, sich mit Gewalt eine Geschichte zu fabrizieren, indem er an jeder Straßenecke Denkmäler für die unzähligen Nationalhelden errichtet, jede Woche einen anderen Jahrestag feiert, mehr oder weniger pompöse Reden hält und versucht, sich eine eigene Vergangenheit einzureden. Die Fabrikation von Geschichte ist in ganz Südamerika ein Unternehmen, das kolossale Mengen (verlorener) Zeit in Anspruch nimmt. Wenn er Schriftsteller ist, wird der Argentinier darüber zu meditieren beginnen, was das eigentlich sei – Argentinien – um daraus dann zu folgern, was für ein Argentinier er sein solle – und wie seine Werke sein müssen, damit sie eigen, national, kontinental, kreolisch genug sind. Nicht unbedingt wird sich aus diesen Analysen dann ein Roman entspinnen, der an die Gaucho-Literatur anknüpft, es kann genausogut ein höchst raffiniertes Werk entstehen – aber auch nach Programm geschrieben. Mit einem Wort, dieser deduzierte Argentinier wird eine deduzierte Literatur, Poesie, Musik, eine deduzierte Weltanschauung, deduzierte moralische Prinzipien, ein deduziertes Versmaß schaffen ... damit das alles glatt in sein deduziertes Argentinien paßt.

Aber was ist das eigentlich für ein Argentinien – was ist das für ein »wir«? Man weiß es nicht. Wenn der Engländer oder der Franzose »wir« sagt, mag das noch etwas besagen, dort weiß man seit Jahrhunderten so in etwa, was Frankreich oder England sei. Aber Argentinien? Eine Mischung von Rassen und Überlieferungen, mit kurzer Geschichte, unausgeformtem Charakter, noch ungefestigten Institutionen, Idealen, Grundsätzen, Reaktionen, ein großartiges Land, gewiß, reich an Zukunft, aber noch unfertig. Argentinien, sind das vorwiegend die Einheimischen, die von alters her hier leben? Oder vor allem die Einwanderer, die umgestalten, aufbauen? Argentinien, ist das vielleicht gerade Kombination, Cocktail, Melange, Ferment? Argentinien, ist das Unbestimmtheit? Unter diesen Umständen muß der ganze Fragebogen des Argentiniers – »wer sind wir?«, »welches ist unsere Wahrheit?«, »was sollen wir erstreben?« – mit einem Fiasko enden. Denn die Antwort liegt nicht in intellektuellen Analysen, sondern im Handeln – solidem Handeln auf der Basis der ersten Person Singular.

Willst du wissen, wer du bist? Frag nicht. Handle. Das Handeln wird dich bestimmen und festlegen. Aus deinen Taten wirst du es erfahren. Handeln aber mußt du als »ich«, als Einzelner, denn nur deiner eigenen Bedürfnisse, Neigungen, Leidenschaften und Zwänge kannst du dir sicher sein. Nur ein solches Handeln ist spontan, ist wirkliche Gewinnung des Selbst aus dem Chaos, ist Selbsterschaffung. Alles andere – was ist das mehr als Rezitation, Ausfüllung von Schemata, Kitsch?

Um einige Paradoxa, die nüchternsten Realismus atmen, bin ich nicht verlegen. Zum Beispiel: der authentische Argentinier wird geboren werden, wenn sie vergessen, daß sie Argentinier sind – und besonders, daß sie Argentinier sein wollen; eine argentinische Literatur wird entstehen, wenn die Schriftsteller Argentinien vergessen... Amerika vergessen! Wenn sie sich von Europa lösen, wenn Europa kein Problem mehr für sie ist, wenn sie es aus den Augen verlieren; ihr wahres Wesen werden sie schauen, wenn sie nicht mehr danach suchen.

Unsinniger Gedanke, man könnte sich einen Nationalcharakter nach Programm erschaffen – er muß auf unvorhersehbare Weise wachsen. Ähnlich wie die Persönlichkeit auf der Ebene des Individuums. Jemand sein, das heißt unaufhörlich erfahren, wer man ist, nicht – es von vornherein zu wissen. Das Schöpferische läßt sich nicht ableiten aus dem, was bereits existiert, es ist nicht Konsequenz und Folge...

MITTWOCH
Anwendbar wäre jedoch auch eine andere Methode, die genau umgekehrt ist und dem näherstellt, was sie zur Zeit betreiben. Sie müßte darin bestehen, all diese Übelstände (Impotenz, mangelnde Originalität, Abhängigkeit von anderen Kulturen) in aller Offenheit zu besprechen, sie als Thema zu begreifen, so Distanz zu gewinnen und davon loszukommen. Es heißt ja, daß man sich von seiner Schüchternheit befreien könne, indem man über sie spricht, dann wird sie zum Problem – und ist nicht mehr »meine«. Das ist eine Methode, die ich gut kenne und oft empfohlen habe.

Gewiß. Aber auch das dürfte nicht kollektiv vorgetragen werden, sondern in der ersten Person. »Ich«. »Mein Problem«. »Meine Lösung«. Und dabei fragt kein Argentinier je: Weshalb bin *ich* nicht schöpferisch? Ihre Frage lautet: Weshalb sind *wir* am Schaffen verhindert? In diesem »wir« zerfließt alles.

DONNERSTAG
Die schreckliche Invasion von Schablonen, Theorien, Abstraktionen und anders erarbeiteten fertigen Formen ist die Folge davon, daß ihr Ich sich kaum auf den Beinen halten kann. Eine Invasion, die umso grotesker ist, als ihnen Abstraktion eigentlich gar nicht liegt. Schmerzlich zu sehen, daß sie immer theoretisieren müssen und es gar nicht können.

Die Künstler dieses Landes (und des ganzen Kontinents!) können keinen Schritt ohne Stock tun – ob das nun der Marxismus ist, oder Paris, altindianische Ausgrabungen oder Toynbee – das Dandytum taugt da ebenso gut wie der Anarchismus oder zum Beispiel der Monarchismus (auch solche sind mir untergekommen). Sie leben von Elaboraten. Und da in dem bequem gemachten, weichen Leben hier das Wort leicht aufquillt, laufen all diese Ismen schließlich auf leeres Wortgeklingel hinaus. Das Wort! Ihre Literatur ist verbales Schöngetue. Um Künstler zu sein, braucht man sich nur schön auszudrücken. Der originellste und eigenständigste Schriftsteller Argentiniens, Borges, schreibt ein ausgezeichnetes und elegantes Spanisch, er ist ein Stilist im literarischen Sinne (nicht im Sinne der geistigen Realisierung), am liebsten betreibt er eine Literatur über Literatur, schreibt er über Bücher – und wenn er sich bisweilen der reinen Vorstellung hingibt, so führt sie ihn so weit wie möglich vom Leben fort, ins Reich einer vielverschlungenen Metaphysik, faszinierender Bilderrätsel und einer aus Metaphern gebauten Scholastik.

Gerade diejenigen, die ein besonders empfindsames und schmerzliches Gespür für die Impotenz besitzen – wie etwa der Kubaner Piñera –, sind sich oft der Niederlage zu sehr bewußt, als daß sie noch kämpfen könnten. Piñera fühlt sich machtlos, er huldigt dem Großen Absurden, das ihn zermalmt – die Verehrung des Absurden ist in seiner Kunst ein Protest gegen die Sinnlosigkeit der Welt, ja, sogar lästerliche Rache des in seiner Moral verletzten Menschen. »Wenn der Sinn, der moralische Sinn der Welt nicht zu erringen ist, dann spiel ich eben verrückt« – so ungefähr sieht Piñeras Rache, sieht seine Rebellion aus. Aber weshalb verzweifelt er, wie viele andere Amerikaner, an der eigenen Kraft? Nun, es geht ihm eben wieder um die Welt, nicht um sein eigenes Leben. Angesichts der Welt, der Menschheit, der Nation ist man machtlos, das ist einfach zu groß – aber mit dem eigenen Leben kann man trotz allem einiges anstellen, da wird man als Mensch wieder mächtig, wenn auch in begrenztem Rahmen.

Manche von ihnen – den hiesigen Schriftstellern – besitzen einen gut funktionierenden Verstand und treffliche Ausdruckskraft und schaffen nur deshalb nichts, weil sie in einer überkommenen, überalterten Problematik feststecken. Das ist gerade bei den scheinbar modernen Geistern der Fall. Sie suchen ihren Sieg im immer gleichen Spielchen. Dabei müßte man eigentlich dem Schachbrett einen Tritt versetzen und das Spiel umwerfen. Neue Aufgaben stellen – das ist die beste Art, alte zu erledigen.

Niveau! Ach, diese Qual! Nivau! Ach wie das lähmt! Man verausgabt sich völlig damit, irgendeine Banalität hochzuschrauben und Gemeinplätze kompliziert zu machen, wie immer, wenn man nicht viel zu sagen hat. Diese Literatur auf den verschiedenen sozialen Ebenen ist immer zu einem großen Teil Mystifikation. Jeder möchte eine Etage höher schreiben. Die Provinz tut was sie kann, um es der Hauptstadt mit einem möglichst künstlichen Stil gleichzutun. Am schlimmsten ist es, wenn die Größen, die von ganz oben aus der Hauptstadt, es mal darauf absehen, zu zeigen wer sie sind – dann wird die Blähung und Gewundenheit der wirren Sätze unerträglich, und man versteht überhaupt nicht mehr, worum es ihnen eigentlich geht.

Ein leichtgemachtes Leben. Provinzleben. Hier macht sich jeder, hat er nur ein paar Preise eingeheimst, mühelos zum »Meister«. Aber »maestro« heißt ebenso »Meister« wie »Lehrer«. Da hier niemand für sich, aber alle für die Nation (oder für die Leser) schreiben wollen, ist der südamerikanische Autor natürlich oft auch Lehrer, Meister unter Kleingeistern, Führer und Aufklärer (es ist überhaupt unheimlich, wie sehr die ganze Kultur hier vom Pennälergeist bestimmt ist... man hat geradezu den Eindruck, es seien die Fräulein Lehrerinnen gewesen, die dieses Volk geprägt haben). Bei ein wenig gutem Willen macht der »maestro« die nächste Metamorphose durch: zum Propheten, zum Weisen, manchmal auch Märtyrer oder Helden Amerikas. Seltsam, daß man in einem so angenehm bescheidenen Volk auf den höheren Ebenen dieses geradezu kindische Imponiergehabe findet.

SONNABEND
Um auf die polnischen Fragen zurückzukommen... Ich amüsiere mich lieber mit meinen Feinden, als sie zu vernichten. Ich war immer bemüht, meinen Spaß mit meinen Feinden zu haben, auch wenn sie mir sehr hart zusetzten.

Heute wundert mich die Empfindlichkeit dieser Nilpferde –

jetzt, da ich oben bin und ihnen von Zeit zu Zeit aus Spaß an die Pelle kann. Wie dünnhäutig sie sind! Es kommt nämlich vor, daß so ein Trottel, der das Kräfteverhältnis, um es so zu sagen, noch nicht richtig begriffen hat, mich aus reiner Gewohnheit mit ein paar netten Beinamen bedenkt – sagen wir, Poseur, Hanswurst, Null, Hochstapler – aber wenn ich's ihm mit gleicher Münze heimzahle, stimmt er ein großes Geschrei an. Er darf schreiben, daß ich ein Hampelmann bin, aber ich nicht, daß er stumpfsinnig ist. Wenn er mich von den Höhen seiner aufgeblasenen Hohlköpfigkeit majestätisch abkanzelt, ist das in Ordnung; aber ich muß stille sitzen! Keinen Pieps darf ich tun, er ist schließlich »Kritiker«. Und ich bin kein Kritiker, ich bin ein Autor, dem »Polemik nicht ansteht«, ach nein, das wäre doch taktlos!

Und wenn ich dann einmal zum Scherz den Herrn Kritiker kritisiere, ohne ein Blatt vor den Mund zu nehmen, gibt's ein Höllentheater, zu Hilfe, ach, dieser Gombrowicz, so ein brutaler Bösewicht, wie kann er es wagen, dieser größenwahnsinnige Laffe!

Größenwahnsinnig? Laffe? So hört denn, ihr Nilpferde: Ich beschwere mich nicht, daß eure Professoren- oder Feuilletonistendummheit meine schriftstellerische Arbeit, die, wie sich heute herausstellt, doch etwas taugt, ständig diffamiert hat. Ihr habt getan, was ihr konntet, um mir das Leben zu vermiesen, und zum Teil ist euch das gelungen. Ohne eure Geistlosigkeit, Seichtheit und Beschränktheit hätte ich in Argentinien vielleicht nicht jahrelang am Hungertuch genagt, auch andere Demütigungen wären mir erspart geblieben. Ihr habt euch zwischen mich und die Welt gestellt – ein Haufen unfehlbarer Pauker und Publizisten – habt Werte und Proportionen entstellt, verdreht und gefälscht. Na schön, in Ordnung, das sei euch verziehen! Und ich erwarte nicht, daß einer von euch heute so etwas wie ein leises »Entschuldigung« hervorbrummelt, ich weiß nur zu gut, was man von Witzbolden wie euch erwarten kann.

Wie aber verzeihen, daß ihr es geschafft habt, mich in meinem Endsieg über euch zu besiegen? Ja. Freut euch. In eurer Niederlage wart ihr die Sieger. Habt ihr doch erreicht, daß mein Erfolg zu spät kam... um zehn, zwanzig Jahre... denn ich bin dem Tode schon zu nahe, er verleiht sogar meinem Triumph etwas von einem Scheitern... ich bin nicht mehr so hitzig, wißt ihr, mich an der Revanche zu freuen. Triumph? Größenwahnsinnig – Laffe? Ihr habt mir doch sogar das genommen – weder an meiner Erhöhung noch an eurer Niederlage kann ich mich weiden – wie soll ich das verzeihen?

MONTAG

Ich liebe und schätze Argentinien... ja, aber welches Argentinien? Ich mag und schätze Argentinien nicht... ja, aber welches Argentinien?

Ich bin ein Freund des natürlichen, unverdorbenen, bodenständigen, volkstümlichen Argentinien. Ich stehe im Krieg mit dem höheren, schon präparierten – schlecht präparierten! – Argentinien.

Kürzlich sagte mir ein Argentinier: »Sie sind allergisch, was uns betrifft.« Aber ein anderer, Jorge Abalos, schrieb mir neulich aus Santiago: »Sie suchen in diesem Lande nach wirklichem Wert (*lo legítimo*), denn Sie lieben dieses Land.« (Ein Land lieben? Ich?)

MITTWOCH

Haut die Regierung! Immer sind alle in der Opposition, und immer ist die Regierung schuld. Nach dem Sturz Peróns erbrach Idylle sich auf die Straßen – Freude und Rührung, flaggengeschmückt. Doch das dauerte eine Woche. Nach einer Woche gab es 20 oppositionelle Zeitungen mit riesigen Schlagzeilen: VERRATS-REGIERUNG, NEUE TYRANNEI, EHRE ODER TOD, SCHLUSS MIT DER SCHMACH. Nach drei Monaten hatte der arme

General Aramburu, der Präsident, kaum mehr 10% Anhänger (erst als er zurückgetreten war, hieß es, das sei doch ein anständiger Mann gewesen).

Als dann Frondizi mit überwältigender Mehrheit gewählt wurde, herrschte wieder eitel Freude – und nach ein paar Monaten erneut: »Verräter«, »käufliche Seele«, »Tyrann«... Das waren noch die zartfühlendsten Komplimente...

Die Schreihälsigkeit der Oppositionspresse ist bewundernswert.

Die Ursachen dieser betrüblichen Erscheinungen habt ihr wohl in dem leichtgemachten Leben zu suchen, in den riesigen, schwach besiedelten Räumen, wo man sich vieles ungestraft erlauben kann, denn »irgendwie wird es schon hingehen«. Wenn das private Leben des Amerikaners noch von einer gewissen Konsequenz ist und er z.B. weiß, daß es ihm reinregnet, wenn er das Dach nicht repariert, ist das gesellschaftliche, politische, das höhere und weitere Leben so eine Art Wilder Westen – da darf man krakeelen, bummeln, ausgelassen sein, denn es gibt keine Logik, es gibt auch keine Verantwortung, dem Land wird schon nichts passieren, es ist ja so groß... Deshalb stehen hier Demagogie, Phrasendrescherei, politischer Somnambulismus, Illusionen, Theorien, Phobien, Manien, Megalomanien, Launen und besonders die ganz normale *viveza* (die Schlauen sind wir!) in schönster Blüte. Man kann den Menschen hier jahrzehntelang von billigsten Phrasen beschönigten Blödsinn erzählen, ohne je vom Leben kompromittiert zu werden, denn die kollektive Wirklichkeit ist hier gelockert – und so ein Großmaul wird auf seine alten Tage noch mit einem Heiligenschein herumlaufen.

Das leichtgemachte Leben bringt Gutmütigkeit, Sentimentalität, Naivität, Unbeholfenheit und Empfindlichkeit hervor – all diese Weichheiten, in denen man allmählich versinkt. Aber die von Weichheiten bedrohte Gesellschaft spürt unbewußt die Gefahr, sie will sich schützen – daher die berühmte *viveza*, diese Pfiffigkeit, die sie lebenstüchtiger machen, ihnen wieder zur

Wirklichkeit verhelfen und sie vor beschämender Leichtgläubigkeit und Naivität bewahren soll.

Über die Psychologie des Südamerikaners sind Bände geschrieben worden, oft metaphysisch, fast immer allzu »tief« – Menschen- und Völkerkunde sind nicht immer Tiefseefische – manchmal auch verbrämt mit hausgemachtem, sattem Mystizismus (z.B. daß sich im »Schweigen« des Argentiniers irgendeine unentdeckte Wahrheit verberge). Gut, es soll, wo nötig, nur recht abgründig sein, aber wozu auf ebenem Weg nach dem Abgrund suchen? Neunzig Prozent von Argentinien und Südamerika lassen sich durch die Art Leben erklären, das sie führen, ein Leben, das – ungeachtet ihrer Klagen – im Vergleich zu anderen Kontinenten im allgemeinen leicht ist.

SONNABEND
So verlieren sie sich in der kollektiven Wirklichkeit, wird sie ihnen phantastisch und unbegreiflich.

Ich spreche in Tandil mit dem Besitzer einer prächtigen Villa, Leiter eines großen Unternehmens, einem erfahrenen Mann. Ich frage: Was meinen Sie, wie viele sind in Córdoba bei der Revolution des 16. September getötet worden? Er denkt eine Weile nach: fünfundzwanzigtausend.

In der Stadt Córdoba fand die einzige Schlacht dieser Revolution statt, an der zwei Infanterieregimenter, eine Artillerieschule und zwei weitere militärische Formationen teilnahmen. Die Schlacht bestand in gegenseitigem Beschuß aus vorwiegend leichten Geschützen und dauerte zwei Tage. Die Zahl der Gefallenen wurde nicht bekanntgegeben, aber wenn es dreihundert waren, wäre das schon viel... Und der will mir erzählen: fünfundzwanzigtausend! Fünfundzwanzigtausend? Erschreckend, diese Gedankenlosigkeit – hat er sich jemals überlegt, was das heißt: fünfundzwanzigtausend Leichen?

Als ich in Goya (Corrientes) sagte, daß am 16. Juni 55 bei der Bombardierung der Casa Rosada in Buenos Aires zweihundert

Menschen ums Leben gekommen sind, sah man mich an wie einen Irren. Man war überzeugt, es seien nicht weniger als fünfzehntausend gewesen! Fünfzehntausend! Ich riskierte die Behauptung, daß ihre ganze Revolution von '55 zum Glück nicht mehr als einige Hundert Menschenleben gekostet hat, in den meisten Fällen wahrscheinlich verursacht durch Autounfälle (weil sehr viele sich aus dem Staube machten und von anderen verfolgt wurden). Das nahmen sie mir sehr übel.

In Santiago versicherte mir ein Jurastudent von der Universität in Tucumán allen Ernstes, für die Südamerikaner sei Freud ganz unbrauchbar. »Das ist europäisches Wissen, aber hier ist Amerika.«

In Tandil antwortete ein Student aus Bahía Blanca, ein Kommunist, auf meine Frage, ob er nie einen Augenblick des Zweifels erlebt habe: »Ja, einmal.« Ich horchte auf und war überzeugt, er würde die Konzentrationslager, die Niederschlagung der Ungarn oder die Demaskierung Stalins erwähnen. Aber er meinte Kandinsky, der wegen seiner abstrakten Malerei exkommuniziert oder einfach abgetan wurde. Das war alles, was er nicht in Ordnung fand ... nicht ganz in Ordnung.

Dummheit? Nein – sie sind nicht dumm. Es ist nur, daß die Welt jenseits der Konkretheit von Familie, Haus, Freunden, Verdienst für sie beliebig wird. Sie leistet keinen Widerstand. Sie straft Irrtümer nicht, also werden Irrtümer harmlos. Fünfundzwanzigtausend oder dreihundert, das ist doch schließlich fast das gleiche. In solchen Gesprächen sind sie Genießer und sagen lieber, was sich angenehm ausspricht als was wahr ist.

Doch einmal kommt der Augenblick, da die WIRKLICHKEIT die Zähne zeigt. So ist in Argentinien nach zehn Jahren Verschwendung, Lohnerhöhungen, des Ausbaus einer geradezu irrwitzigen Bürokratie und der Ausgabe von Papiergeld eine in der Geschichte des Landes wohl einmalige Krise ausgebrochen – die Kassen sind leer. Wie schwer es ihnen fällt, das zu verstehen! Die Mehrheit ist bis heute überzeugt, die Regierung wolle absichtlich nicht, daß die Bevölkerung im Wohlstand lebt. Die politische Unerfahrenheit dieses Volkes ist für mich unübersehbar, sie sind farbenblind, sie können nicht unterscheiden, was in der Politik vorrangig und wichtig, und was zweitrangig und bedeutungslos ist.

Und dabei sind sie von Geburt großartige Realisten...

MONTAG

Einige Monate nach meiner Ankunft in Argentinien im Jahre 1939 wollte ein Grüppchen unbedeutender Literaten, mit denen ich mich angefreundet hatte, mich zu einem Vortrag im Teatro del Pueblo überreden. Ich hatte damals noch überhaupt keine Ahnung von Argentinien und fragte, was das für ein Theater sei. »Erste Klasse«, hieß es darauf, »zu diesen Vorträgen kommt die feinste Elite, die Crème!« So beschloß ich, einen hochintellektuellen Vortrag zusammenzubrauen, schrieb ihn französisch, um ihn ins Spanische übersetzen zu lassen, und gab ihm den Titel: »Der kulturelle Rückschritt in einem Europa, wie man es weniger kennt«.

Polen erwähnte ich absichtlich mit keinem Wort, denn das war eine tragische Zeit, kurz nach den Tagen des September... ich weiß noch, daß ich in dem Vortrag die Frage erörtern wollte, wie die Woge des Barbarentums, die Mittel- und Osteuropa überschwemmt hatte, dafür zu nutzen wäre, die Grundlagen unserer Kultur zu überdenken.

Diese meine Anfänge in Argentinien kommen mir heute vor wie Finsternis, in deren Schoß sich ein tragikomisches *quidpro quo* verbarg. Wie lief es ab? Ich komme ins – proppenvolle – Theater, verlese mit fürchterlichem Akzent meinen Aufsatz – Beifallsrufe – ich kehre ganz zufrieden in die Loge zurück, die mir reserviert war, und treffe dort eine argentinische Bekannte, ein Mädchen aus Ballettkreisen, dekolletiert und mit Ketten aus Münzen behängt. Sie war gekommen, mich zu bestaunen. Ich nehme schon den Mantel vom Haken, um mit ihr hinauszugehen, da sehe ich, wie ein Typ das Podium betritt und krakeelt, daß es eine Freude ist. Ich verstehe kein Wort, höre nur immer »Polonia«. Bravorufe, allgemeine Erregung. Darauf kommt ein zweiter Typ auf die Tribüne und zieht händefuchtelnd eine Rede ab, daß das Publikum grölt. Ich begreife nichts, freue mich nur sehr, daß mein Diskurs, der mir, als ich ihn vortrug, lästig war wie eine Fliege im Sommer, so ein Spektakel zur Folge hat. Da plötzlich – seh' ich recht? – steht unser Minister auf und verläßt mit den übrigen Botschaftsangehörigen den Saal. Oh, da ist was schiefgelaufen!... Neue Reden, erhitzte Atmosphäre, Geschrei und Gebrüll, jemand ruft mir zu: »Weshalb reagieren Sie nicht? Man greift Polen an!...« Na das war ein Theater! Wie sollte ich reagieren, wenn ich kein Sterbenswörtchen verstand?

Tags darauf der Skandal. Wie sich herausstellte, hatten die Kommunisten meinen Vortrag benutzt, um Polen zu attackieren. Klar war nun auch, daß die leicht kommuninfizierte »geistige Elite« so cremig und erlesen nun auch nicht war, weshalb der Angriff auf das »faschistische Polen« ziemlich geschmacklos erfolgte und Dummheiten geäußert wurden wie die, daß es in Polen überhaupt keine Literatur gebe und der einzige polnische Schriftsteller Bruno Jasieński sei. Ich lief entsetzt zur Botschaft – man empfing mich frostig, argwöhnte Sabotage, ja Verrat. Vergebens wies ich darauf hin, daß Theaterdirektor Barletta mir zu sagen versäumt hatte, daß den Vorträgen gewöhnlich eine Diskussion folgte (ich habe keinen Grund zu der Annahme, daß er mir das vorsätzlich verschwiegen hätte; ich hielt ihn ja auch nicht für einen Kommunisten, denn er gab sich – und gibt sich bis heute – als redlicher, aufgeklärter und fortschrittlicher Bürger, unparteilich und gerecht, Imperialistenfeind und Freund des Volkes; erst als sich Herr Barletta während der ungarischen Revolution durch seine Unparteilichkeit, Gerechtigkeit und seinen edlen Antiimperialismus bewogen fühlte, kategorisch für die russischen Panzer einzutreten, war mein Vertrauen endgültig verflogen).

Zu allem Übel auch noch die Ballettänzerin – ihr Rouge,

Puder, Dekolleté und ihre Münzen machten das Maß meines Unglücks voll. – So ein Zynismus! hieß es. In diesem Augenblick! Wenn ich mich recht erinnere, fiel sogar die polnische Presse in den Staaten über mich her... aber ich hätte diesen irrwitzigen Trubel von Verdächtungen, Anschuldigungen und Verdammungen ausgestanden, wäre nicht Pyzik gewesen! Pyzik, der Vorsitzende des Verbandes der Polen in Argentinien, der in seinem Artikel etwas geschrieben hatte, von dem mir schwarz vor Augen wurde... Und zwar erhob er den Vorwurf, *ich sei in meinem Vortrag mit keinem Wort auf das polnische Schulwesen eingegangen*... Was????? Das Schulwesen????? Was für ein Schulwesen? Weshalb Schulwesen? Ha! das hätte gerade noch gefehlt – Schulwesen!

XIII

Montag

Mehrere Seiten lang war ich ganz hingerissen, daß das so ein intelligenter Bursche ist, ja bravo, mich so gut gelesen hat, bis in die letzten Winkel meines Werkes vorgedrungen ist, ach, ein Kritiker, der *liest*, das ist doch eine Seltenheit! (Ich spreche von Andrzej Falkiewiczs Studie »Die Problematik der *Trauung* von Gombrowicz« – in Polen erschienen.) Doch je tiefer ich in diesen Wald eindrang, desto weniger sah ich vor lauter Bäumen – und am Schluß des Essays von Falkiewicz hatte ich mich verloren... ich, von dem die Rede ist, ich, der sich doch auskennen sollte auf diesem Gebiet... Und die anderen erst?

Mißlich... besonders, da man das in diesem Fall nicht auf die Unfähigkeit des Kritikers schieben kann, der sehr scharfsichtig, redlich und ungewöhnlich subtil ist... Woher also dieses Mißverständnis? Wenn es noch das einzige wäre! Aber wie oft ist mir ähnliches mit den Kritikern passiert – und ich meine, das liegt weniger an der Unfähigkeit der Kritiker als vielmehr an einer Fehlhaltung der Kritik selbst, besonders jener schwierigen Kritik, die sich mit der heute entstehenden, also der Literatur von morgen, der »zeitgenössischen« Literatur befaßt. Ich meine sogar, die Situation ist gefährlich, man muß unbedingt die Methode ändern, oder die Einstellung, oder was weiß ich – und es wird nicht mehr ohne ein gewisses, bisher nicht praktiziertes *novum* gehen, nämlich die Zusammenarbeit zwischen Kritikern und besprochenen Autoren... vielleicht bringt das die Karre aus dem Dreck?

Denn bisher ist es so, daß der Autor, auch wenn er lebt, den Toten spielen muß. Ich war einmal zugegen, wie Kott heftig darüber diskutierte – ich glaube, mit Breiter –, was X. in seinem letzten Werk »habe sagen wollen«. Sie bewarfen sich mit Zitaten. Ich schlug vor, ihn selbst am Telefon zu fragen und gab ihnen sogar die Nummer. Sie verstummten und sprachen dann über etwas anderes – als man nur noch anzurufen brauchte, interessierte sie das Problem nicht mehr.

Um auf Falkiewicz zurückzukommen – wenn er, wie ich meine, die *Trauung* nicht in allem richtig verstanden hat, woran liegt diese Diskrepanz? Nicht vielleicht daran, daß er auf der Stelle alles begreifen wollte und vor Ungeduld viel zu tiefschürfend war? Den Kritikern der modernen, der schwierigsten Kunst ist zu raten, daß sie nicht gleich so tief sein mögen – sollen sie anfangs ruhig seicht sein und erst allmählich und ganz behutsam eintauchen, auf der Suche nach dem Grund. Sagen will ich: jedes literarische Werk spielt sich auf verschiedenen, näheren und weiteren Ebenen ab, zunächst einmal muß die Geschichte »rühren, amüsieren, zum Lachen bringen«, sodann nimmt sie verschiedene »tiefere Bedeutungen« an, und erst in ihrem letzten Sinn wird sie (so sie es vermag) abgründig, schwindelerregend und manchmal irrwitzig. Als Grundsatz ist festzuhalten und zu befolgen, daß man über die tieferen Aspekte der modernen Kunst erst sprechen kann, wenn man diese vergänglichen, leichteren, die sie mit der Kunst von früher verbinden, beherrscht.

Falkiewicz hat vermutlich allzu hastig hinter die Kulissen geschaut, ohne sich erst richtig anzusehen, was auf der Bühne geschieht. Er hat unrecht, wenn er sagt, die Fabel der *Trauung* sei »unklar und inkonsequent« – ganz im Gegenteil. Was ist seltsam daran, daß der Traum (als Entladung der Tagessorgen) Henryk den Niedergang und die Demütigung der Eltern, der Verlobten, des Elternhauses vor Augen führt? Ist es so seltsam, daß in diesem Wirtshaustraum Säufer auftauchen, und daß diese Säufer dem Vater zusetzen, als er ihnen verbietet, sich an Mania heranzumachen? Ist es nicht logisch und folgt ganz aus der Situation, daß der Vater, wahnsinnig vor Angst, sich zum »Unberührbaren König« ausruft, um der Berührung des Säufers zu entgehen? Und daß Henryk in seinem Traum fühlt, daß es von ihm selbst abhängt, ob dieses Wunder sich halten kann oder zur Farce wird – kennen wir dieses Gefühl nicht aus so manchem Traum? Ist es daher nicht verständlich, daß er am Anfang des zweiten Aktes so zwischen Klugheit und Dummheit hin- und hergerissen ist? Und sein erneuter Kampf mit dem Säufer, der noch einmal mit seinem Furcht- und Pfahlfinger hereinkommt, um den König, und dann auch Mania, »anzufingern«? Aber wie der Säufer sieht, daß er Henryk im offenen Kampf nicht überwinden kann, ändert er die Taktik und schlägt vor, sich mal »vernünftig unter vier Augen« zu unterhalten – infolgedessen gerät die Szene zu einem höfischen Diplomatenempfang (habt ihr im Traum nie solche Szenenwechsel erlebt?). Weiter, ist es nicht die Kulmination des schon im ersten Akt begonnenen psychischen Prozesses, daß die wachsenden Zweifel Henryks an der Königlichkeit dieses Königs in einer immer trüberen Atmosphäre des Suffs schließlich zum Staatsstreich führen? Und als dann der Säufer es mit seinen neuen Methoden erreicht, daß der König eifersüchtig auf Władzio wird – ist dann sein Bestreben, die Trauung zu vereiteln und sich an Mania »heranzumachen«, nicht konsequent?

Die Trauung, die Henryk sich im dritten Akt erteilen will, ist, wie Falkiewicz richtig schreibt, die Konsequenz des Gedankens, daß nicht Gott den Menschen, sondern der Mensch Gott erschaffen hat. Diese Trauung in der »Menschenkirche«, die an die Stelle der früheren in der »Kirche Gottes« getreten ist, ist die wichtigste Metapher des Dramas. Wenn es keinen Gott gibt, dann entstehen die Werte aus, oder eher unter, den Menschen. Aber die Herrschaft unseres Helden über die Menschen muß Wirklichkeit werden – deshalb braucht Henryk den Tod Władzios, deshalb läßt er die Eltern und den Säufer befreien, um sich im letzten Kampf mit ihnen zu messen. Und scheitert daran...

Ist diese Handlung dem Text so schwer zu entnehmen? Gewiß, auch ich bin da nicht schuldlos. In der Einleitung (»Die Idee des Dramas«) schrieb ich: »Hier wird ständig alles ›geschaffen‹, Henryk erschafft den Traum und der Traum Henryk, die Handlung erschafft sich unaufhörlich allein, die Menschen erschaffen sich gegenseitig, und das Ganze drängt voran zu unbekannten Lösungen.«

Wie man doch aufpassen muß! Jetzt weiß ich, daß diese ungenaue Formulierung in die Irre führen kann. Wenn ich vom Geschaffenwerden und insbesondere davon schrieb, daß die Handlung sich selbst erschafft, meinte ich damit, daß oft eine Szene der anderen lose, gleichsam zufällig entwächst, daß das Drama als Verkörperung der inneren geistigen Arbeit Henryks ein Netz von Assoziationen ist, das bisweilen absurd wird, bisweilen aus der Form ausbricht – aber ich vergaß hinzuzufügen, daß die scheinbaren Willkürlichkeiten dem Rumpf der Geschichte aufsitzen, die das Drama erzählt und die insgesamt der Logik nicht entbehrt. Darüber habe ich nichts gesagt, weil ich es für ganz offensichtlich hielt.

Falkiewicz hat diese Eigenheit erfaßt, aber er hat sie nicht konsequent verfolgt – betört von meiner undurchsichtigen Information über das »Geschaffenwerden«, hat er das Drama als nahezu ungehemmten Assoziationsausbruch begriffen und sucht daher sogar für das, was sich durch den normalen Handlungsverlauf erklären ließe, eine Begründung in den Waghalsigkeiten der neuesten Philosophie, Soziologie oder Psychologie.

Er denkt nach über den existentiellen und antiexistentiellen Sinn meines Lachens, er sucht den letzten Widerspruch zwischen Problematik und Form, analysiert meine Verbindungen zur »Logik des Traumes« und übersieht bisweilen die dicksten Fäden in der Handlung dieses Stückes. Daher die Moral für die avantgardistische Kritik: Aufgepaßt! Stoßt nur mit äußerster Vorsicht und Schritt für Schritt zu den tieferen Schichten des Werkes vor – und laßt dabei nie die Verbindung zwischen Oberfläche und Tiefe aus den Augen. Begreift das Werk zunächst in seiner leichtesten Gestalt, der »fürs Publikum«, erst dann schaut hinter die Kulissen. Metaphysik, gut und schön, aber anzufangen ist bei der Physik. Faßt das Werk in seiner Beziehung zur Vergangenheit, zur klassischeren Literatur auf, denn letztlich erwächst selbst die kühnste Neuerung aus alten Formen, an die der Leser gewohnt ist. Und macht es euch zum Grundsatz, daß so manches, was seine Begründung in der Physik des Werkes findet, ohne Metaphysik auskommen kann. Ich habe am eigenen Leibe oft erfahren, daß man Himmel und Erde in Bewegung setzte, um ein Komma zu erklären, das ganz einfach aus der Konstruktion des Satzes folgte...

Dienstag

Noch kurz einige Worte zur avantgardistischen Kritik, aber nunmehr eher zu ihrem journalistischen Aspekt, und ohne Bezug zu Falkiewicz... Man muß vereinfachen! Muß es dem Leser leichter machen, ihm entgegenkommen! Ihr habt euch zu sehr von ihm abgewandt, eure Rezensionen sind aufgebläht und unverdaulich. Das ist eben so ein Stilproblem, eins von den wirklichen – die weh tun und sogar lächerlich machen können, aber dennoch hochmütig übersehen werden, weil sie allzu praktischer Natur, nicht *à la hauteur* sind... Wenn ich auf diesem Gebiet – des Avantgardekritikers – tätig wäre, ich würde mir ein Bein ausreißen, um hier etwas zu ändern und zu bessern, um irgendwie aus der Situation herauszukommen.

Wer ist denn der Avantgardekritiker, der in der Zeitung schreibt? Intellektueller? Künstler? Lehrer? Journalist? Wenn er Journalist ist, so ist er dies gewiß zu wenig, er hat keinen Draht zum Leser. Wenn er Lehrer ist, dann ist sein Wissen allzu eingepaukt, summarisch, überhastet, unklar. Als Künstler besitzt er zu wenig Charme, ist zu schwerfällig, kann nicht tanzen... In der Rolle des Intellektuellen gemahnt er an Gulasch, Bigos, olle Kamellen, Kraut und Rüben. Doch oft ist er auch ein Geck mit schmuddliger Unterwäsche und dreckigen Fingernägeln – das ist alles so ein Wischiwaschi... unsauber gedacht und einfach hingesaut... nicht selten affiger Kitsch, der einschüchtern will (die Leser, auch die Redakteure). Snobismus? Gewiß doch, auch Snobismus. Es ist leider so, dieses Metier riecht nach Snobismus und Aufschneiderei. Seht euch ihre Sätze an: sie trumpfen mit einer Terminologie *dernier cri* auf, während ihre Syntax, die Zeichensetzung und Grammatik unter aller Sau sind. Prächtige Krawatte, aber Schmutzrand am Kragen.

Die Frage ist, was man hier besser machen, wie man die Sache anpacken könnte. Ich meine, es ist höchste Zeit für eine Reform. Wenn die Kritik, besonders die avantgardistische, fiktiv, aufgeblasen und verlogen ist, so liegt das daran, daß sie im Abstrakten schwebt, fern von jedem konkreten Leib aus Fleisch und Blut – diese Kritiker schwelgen in Kunst, Kultur, Philosophie und anderen derartigen Gemeinplätzen – ja klar, so ist die Realität schnell retuschiert, und es lebt sich gänzlich ungeniert! Das Problem ist, mit der Abstraktion zu brechen und wieder Kontakt zum verlorenen Konkretum zu finden – so daß der Kritiker sich wieder als Mensch fühlt, der über den Menschen und für die Menschen schreibt, die verlorene *Umgänglichkeit* wiederfindet und festen Boden gewinnt, um dann in manch anderer, dringlicher Frage umzudenken.

Die Pseudowissenschaftlichkeit der heutigen Kritik ist inzwischen schon unerträglich. Daran ist die Schule schuld, das Gymnasium und die Universität – wieviel Schaden haben die

Universitäten angerichtet mit ihrer These, man könnte sich wissenschaftlich mit der Kunst auseinandersetzen. Was für katastrophale Folgen hat die Methode gezeitigt, das Werk an sich zu betrachten, losgelöst vom Autor – und dieser Abstraktion folgten weitere, die das Werk noch weiter von der Person lösten, es als eigenständiges »Objekt« auffaßten, es »objektiv« analysieren wollten und alles zum Gegenstand einer falschen, hinkenden Pseudomathematik ästhetischer oder soziologischer Prägung machten; damit waren jeglicher Pedanterie und analytischem Gefasel Tür und Tor geöffnet, und schiere Willkür kam im Gewande der exakten Wissenschaften daher. Ich fordere keineswegs, das Werk ganz naiv durch die Biographie des Autors zu erklären und seine Kunst mit seinen Erlebnissen zu verknüpfen – es geht mir vielmehr um den Grundsatz, der in dem Aphorismus »der Stil ist der Mensch« zum Ausdruck kommt: demnach ist Chopins Stil die Organisation der Chopinschen Seele, und Rabelais' Stil ist die Realisierung von Rabelais' Persönlichkeit. Chopins Amouren mit George Sand interessieren mich wenig – aber hinter Chopins Musik suche ich Chopin selbst, aus dem Werk will ich den Schöpfer verstehen lernen, muß hinter dem Märchen, das mir Poe erzählt, den finden, der erzählt: das ist – versteht doch – die einzige Wirklichkeit, das einzig Konkrete. Ich muß also vom Werk auf den Schöpfer schließen; aber dessen Persönlichkeit erleichtert mir den Zugang, eröffnet mir das Werk, indem es nun untrennbar mit jemandem verbunden ist... mit jemandes konkreter Existenz.

Was ist denn so ein Werk? »Kunstwerk«, »Kulturerscheinung«, »Funktion gesellschaftlicher Prozesse«, »Quell ästhetischer Gemütsbewegung« – oder ist es nicht doch vor allem jemandes Werk und geht in jemandes Leben ein, als eigene geistige Leistung. Wer wollte in Frage stellen, daß der *Hamlet* nicht nur Shakespeares Traum ist, sondern auch Hamlet, das heißt eine zwar erdachte, aber dennoch so authentische Gestalt, daß sie gleichsam lebendiger ist als Shakespeare selbst... und außerdem ist doch der *Hamlet* reich an Entdeckungen und

Schönheiten, die ihm eine Existenz auch unabhängig von der Shakespeareschen sichern. Trotz allem ist es aber so, daß Shakespeare sich den Hamlet ausgedacht hat (auch wenn dieser Shakespeare für uns vielleicht viel unfaßbarer ist als Hamlet), und erst in Verbindung mit seinem Schöpfer, in seinem Schöpfer festgemacht, ist so ein dänischer Prinz hundertprozentig real. Erinnert ihr euch an Descartes? Wenn ich an den Zentauren denke, kann ich mir keineswegs sicher sein, daß der Zentaur existiert – nur dessen kann ich gewiß sein, daß meine Idee des Zentaur existiert... Obwohl Hamlet, der Dänenprinz, eine Phantasievorstellung ist, so ist doch sicher, daß es diese Vorstellung Shakespeares von Hamlet gab, und dies ist die konkrete Tatsache, derer wir so dringend bedürfen. Wenn ihr einmal anfangt, über »Kunst« zu debattieren, dürft ihr sagen, was euch grad in den Sinn kommt – Abstraktionen sind geduldig. Wenn ihr aber hinter den Büchern Personen entdeckt, wenn eure Kultur sich mit Tolstojs, Schillers, Balzacs, Ibsens bevölkert, wenn der Stil zu jemandes persönlichem Stil wird, wenn ihr die Form mit jemandes Erlebnis verknüpft, dann wird sich so mancher Schleier vor euerm Blick lüften. Nein, ich vergesse nicht, daß die Form, die Kunst »zwischen« den Menschen entsteht und nicht aus dem Menschen stammt, es liegt mir fern, dem Schaffenden in dieser Hinsicht Ausschließlichkeit zuzuerkennen, aber wenn das Wort der modernen Kritik wieder markig, mitteilsam und wirksam werden soll in der Menschenwelt, müssen wir hinter dem Werk den Menschen, den Schöpfer sehen, zumindest als sogenannten Bezugspunkt. Nein, nicht um Himmels willen um zu fragen »was wollte er damit sagen?« (das würde die Kritik darauf beschränken, die intellektuellen, also abstrakten Intentionen des Autors zu erkunden, und außerdem ist diese Fragestellung in der Kunst ganz unsinnig). Sondern damit das Buch für uns seine Wurzeln in irgendeiner – irgend jemandes – Wirklichkeit, in jemandes Erleben hat.

Wenn er es auf diese Weise nun mit der Persönlichkeit des Autors zu tun bekommt, sollte da der Kritiker nicht auch seine eigene Person vorführen? Analysen, gewiß, Synthesen, ja gut, Zergliederungen und Parallelen, muß wohl sein, aber doch bitte organisch und blutvoll, mit dem persönlichen Atem des Kritikers, ganz er, ganz mit seiner Stimme gesagt. Kritiker! Schreibt so, daß man nachher weiß, ob es ein Blonder oder ein Brünetter geschrieben hat!

(Dies widme ich Polen. Einst vor dem Krieg, als ich mir ihre Gespräche dort anhörte – wo Wissenschaft, Gesellschaft und alles vergöttert wurde, was irgendwie sozial oder rational war, während man Person und Persönliches wütend bekämpfte und man die Kunst haßte, ja schlimmer noch: sie nicht mochte wegen ihres vertraulichen Flüsterns, das sich jeglicher Kontrolle entzieht – als ich mir diese moralinsauren Künstler, Konstruktkünstler, Theoriekünstler und Gedichtsmathematiker so anhörte – schon damals sah ich eine kunstunbeholfene Epoche schmerzlicher Verirrungen heraufziehen.)

DONNERSTAG

Frühstück im Hafen. Es kam zu einer Häufung von Szenen, die ein und dieselbe Idee ausdrückten. Am Nebentisch diskutierten Arbeiter über Politik, einer tat klug, schwatzte und tönte in einem fort, die anderen schwatzten ebenso klugscheißerisch – und zur gleichen Zeit suchte weiter hinten an der Theke der resignierte Besitzer einem Kellner etwas auszureden, der, ein älterer und verschlagener Mann, Schlawiner und Großmaul dazu, erregt auf ihn eindrang und sich am eigenen albernen Geschwätz berauschte, sich mit dem eigenen Gestammel betäubte – und etwas weiter machten Gepäckträger grölend Witze über den gewissen Körperteil... Welche Idee kam darin zum Ausdruck? Eine fürchterliche Idee! Eine, die einem gut und gern alle Hoffnung nehmen kann...

Uns Intellektuellen schwebt der heilsame Gedanke vor, *die da unten seien nicht überdreht...* Wir ja, wir leiden an sämtlichen Krankheiten, Manien, Wahnideen, aber dort unten ist denn doch Gesundheit... das Fundament, auf das die Menschheit sich stützt, ist immerhin in Ordnung... Aber was müssen wir sehen? Das Volk ist noch kränker, noch überdrehter als wir! Die Bauern Tollköpfe. Die Arbeiter reinste Pathologie! Hört ihr denn, was sie sagen? – dunkle und irre Dialoge sind das, stupid nicht vom gesunden Stumpfsinn des Analphabeten, sondern vom Lallen des Geisteskranken, der nach dem Krankenhaus verlangt, dem Arzt... Können sie gesund sein, diese ewigen Flüche und Schlüpfrigkeiten – und nichts, nur das – diese besoffene, wahnsinnige Mechanik ihres Zusammenlebens? Shakespeare hat recht daran getan, die einfachen Leute als »exotische« Menschen darzustellen, das heißt eben als solche, die nicht viel Menschenähnliches haben.

Montag

An den Redakteur der *Wiadomości*.

Erst jetzt hatte ich Gelegenheit, in Nr. 16 der Wiadomości *vom 19. April d. J. ein Fragment aus Lechońs Tagebuch kennenzulernen, in dem von mir und meinem* Trans-Atlantik *die Rede ist. »Gombrowicz... ist auch ein Verrückter, das weiß ich genau, ich kenne ihn... Transatlantik ist eine sehr schmutzige Geschichte... Ganz amüsant, aber doch von üblem Ruch...«*

Ich erlaube mir daher, folgenden Ausschnitt aus einem Brief Lechońs zu zitieren, den ich im Mai 1956, d.h. einen Monat vor seinem Tode, erhielt:

»Ich erwidere mit Ihren Worten ›Ihre Seele ist mir seltsam bekannt‹, und sähe es gern, wenn sie ein für allemal Vertrauen zu mir faßte. Wenn mir irgendein Werk gefällt, wiegt das mehr als alle Meinungsunterschiede, ja sogar schriftstellerischen Eifersüchteleien. An Ihre Arbeiten, an Ferdydurke, *an* Trans-Atlantik *denke ich mit ungemeinem Vergnügen, ich halte sie für ausgezeichnete Werke...«*

Und weiter:

»Ich möchte Ihnen also sagen, daß ich, was ich von Ihnen halte, ganz offen und, wie ich meine, mit der nötigen Ehrerbietung in einem Inter-

view der Wiadomości *gesagt habe, das ist wohl schon ein paar Jahre her, und das sei bis auf weiteres meine bescheidene ›Roma locuta‹.«*
??????
1) Bedenkt man, daß das erwähnte Fragment des Lechońschen Tagebuchs aus dem Jahre 1953 stammt und der Brief aus dem Jahr 1956, so müßte man annehmen, daß Lechoń seine Meinung geändert hat...
2) Andernfalls müßten wir davon ausgehen, daß diese Abschnitte des Briefes von A bis Z geheuchelt sind. Aber zu welchem Zweck? Eine solche Vermutung würde mich schmerzen, denn ich schätze Lechoń.

Ich führe den Text dieses Briefes an, weil der vorwitzige Bleistift des *Wiadomości*-Redakteurs sich – natürlich – auch hier nicht hat bezwingen können. Und zwar wurde der Anfang folgendermaßen geändert:

»In seinen *Seiten aus dem Tagebuch* schreibt Lechoń unter dem Datum des 1. März 1953 (*Wiadomości* Nr. 681) im Zusammenhang mit meinem *Trans-Atlantik*: ›Gombrowicz... ist auch ein Verrückter‹...« etc.

Großer Gott! Ich will mich gar nicht beklagen – man hat mir den geänderten Text zum Korrekturlesen zu geschickt, und ich habe um des lieben Friedens willen nicht protestiert – aber ist es nicht ein bißchen ärgerlich, daß in dieser Zeitung nicht einmal ein kurzer Leserbrief von Korrekturen und Änderungen verschont wird? Und daß da so in Briefen gewütet wird, die schließlich keine Artikel sind, ist das nicht sogar etwas taktlos und unhöflich, besonders bei Personen, die das Schreibpapier nicht zum ersten Mal zur Hand nehmen? Wäre diese Korrektur noch im Namen der hl. Grammatik erfolgt! Aber es geht schlicht darum, daß ich schrieb »erst jetzt hatte ich Gelegenheit...«, woraus die breiten Lesermassen schließen könnten, daß ich diese Zeitschrift selten zur Hand nehme. Je nun, das ist wirklich der Fall, und davon, daß der Altissimo mich besudelt hat, erfuhr ich erst einige Monate später und ganz zufällig (bei Świeczewskis, als ich den Mantel anzog). Gewiß, die Tatsache, daß das aus London abgefeuerte Geschoß mich dermaßen verspätet erreichte, spricht nicht gerade für die Zerstörungskraft der alten Feldhaubitze, aber haben denn in den *Wiadomości* wirklich nur Briefe, die verkünden: »Ich kann die neue Nummer kaum noch erwarten usw. usw.« eine Chance, unkorrigiert zu erscheinen? Oder sind vielleicht auch die nachgebessert?

Daß dies ein gezielter Schuß war, daß man da auf mich gefeuert hat, um mich zu erschießen oder mindestens zu verletzen – dies ist gewiß. Der Schuß fiel kurz nach einem drolligen Scharmützel, das ich mit einem gewissen, in der *World Biography* (New York 1948) figurierenden Polonisten hatte. Aber sie haben wirklich Pech. Denn die heroische Attacke des Verfassers der *Waldesstille* gab mir die Möglichkeit, mich selbst bis zum Exzeß zu rühmen, so wie ich mich noch nie im Leben gerühmt habe – und nun fügt es sich so fatal, daß die niederschmetternde Meinung des Altissimo sich wie durch Schwarze Magie in eine höchst lobenswerte und schmeichelhafte Meinung des Altissimo verwandelt hat. Und alle Gläubigen, die dieser kleinen Kapelle anhingen, stellte ich vor ein furchtbares Dilemma – *aut, aut*: entweder ist der Altissimo Poeta von diesem unflätigen *Trans-Atlantik* begeistert, oder der Altissimo Poeta ist ein Heuchler und Pharisäer, wie er im Buche steht. Sei's drum. Spaß beiseite. Geht das mit rechten Dingen zu? Wie konnte Lechoń diesen Satz von der Abscheu zum Entzücken in so kurzer Zeit machen (das Interview, das er in seinem Brief erwähnt, datiert von 1954, und zu der Zeit äußert er sich schon sehr freundlich über mich)? Das ist ein Rätsel, das für Erforscher des literarischen Lebens interessant sein kann.

Aber vielleicht ist das Rätsel nur deshalb so rätselhaft, weil wir die Lösung – ähnlich wie dies berühmte Dokument in Poe's Novelle – vor unserer Nase haben und nicht in verborgenen Schubladen danach suchen müssen. Weshalb hat er seine Meinung geändert? Weil er nie eine hatte. Weshalb hatte er keine? Weil er mich nie gelesen hat. Ich habe mich oft gefragt, warum unbeleckte Studenten den Gehalt meiner Werke ganz gut bewältigen, während die Berufsliteraten nur Blödsinn reden. Der

Student liest, das ist es – der Literat blättert, überfliegt, beschnuppert... Ich fürchte sehr, Lechoń hat mich genau so gelesen, wie ich seine Gedichte zu lesen pflegte... aber war das nicht auch der Grund dafür, daß unsere Meinungen keinen Graben zwischen uns aufgeworfen haben?... Im übrigen waren seine Notizen privater Art, er hatte sie nicht für den Druck bestimmt. Aber es gibt Schlimmeres. Vor ein paar Jahren rügte mich ein bekannter Publizist in einer polnischen Zeitung, daß mein *Tagebuch* furchtbar provinziell sei... eigentlich nur ›ständige Variationen zum Thema: Polen und ich‹... Ich rieb mir die Augen – war der Mann denn noch nüchtern, von Polen handeln doch kaum 10% des Tagebuchs – bis ich darauf kam, daß er ein paar Fragmente in der *Kultura* gelesen hatte, die gerade von Polen handelten, um sich anhand dieses abgenagten Knochens ein Bild vom ganzen Tier zu machen.

K Nein, auf Lechoń bin ich überhaupt nicht spitz. Zu Lechoń habe ich persönlich ein ausgezeichnetes Verhältnis, und wenn ich ihm hier dieses »Altissimo« aufs Auge gedrückt habe, dann nur, um die Bronzekompanie der *Wiadomości* auf die Schippe zu nehmen, deren Traum es noch immer ist, Feldherrnstäbe in der polnischen Literatur zu vergeben. Lechoń kann ich nicht böse sein, er ist großzügig und elegant mit mir umgegangen, ungeachtet dessen, daß ich ihm so manches Mal hart zugesetzt habe. Kurz vor seinem Tode, als ich hörte, daß er mich in einer für mich recht wichtigen Angelegenheit unterstützt habe, schlug ich ihm in durchaus freundschaftlichem Ton die Anknüpfung engerer Beziehungen vor, machte ihm nicht wenige und durchaus ernstgemeinte Komplimente zu seinem Tagebuch und fragte bei der Gelegenheit ironisch, ob es wahr sei, was ich über Staś Baliński erfahren hatte, daß es einen Passus enthielte, der mich heftig besudele. Seiner Antwort sind die oben zitierten Sätze entnommen.

Noch ein paar Worte zu Lechoń. Er war ein Dichter ohne schöpferische Kraft und Originalität, der in seiner Anfangszeit unglaublich hochgejubelt wurde – um dann ein Leben lang die »große Hoffnung« zu bleiben. Eine unangenehme Situation, die seine angeborene schöpferische Impotenz noch verstärkte. Schlimmer noch, dieser Poet, der sich im Turm des Klassizismus verbarrikadiert hatte (auch eine Folge übermäßiger Aufblähung und Unfruchtbarkeit, der Klassizismus ist die »Virtuosität« von Künstlern, die nichts zu sagen haben), hatte jedes Gespür für den heutigen Menschen und seine Problematik verloren (von der er notabene wenig wußte, die Wege des menschlichen Denkens seit Hegel waren diesem polnischen Kopf so gut wie unbekannt). Sein unlauteres Leben, der unverdient hohe Rang, die unaufrichtige Haltung waren nicht dazu angetan, ihn in direkte Berührung mit der Epoche, mit der Geschichte zu bringen. Er mogelte sich so durch. Machte gute Miene zum bösen Spiel. Eines Tages war er dann ganz aus dem Spiel. Seine ganze Taktik bestand darin, in längeren Zeitabständen ein »schönes« Gedicht in die Welt zu setzen, damit man nicht zu laut davon rede, daß er ausgebrannt war, und sein Prestige in den besseren Kreisen zu pflegen, wobei ihm seine Kultur, seine Intelligenz und sein Witz sehr zustatten kamen. »Für die Schublade« schrieb er auch jenes Tagebuch, das zwar durch literarische Qualität und natürliche Intelligenz glänzte, aber eine beschämend krankhafte, geradezu komplexhafte Verengung des intellektuellen Horizontes zeigte – es war, als wollte dieser Mensch nicht wissen, wollte nicht sehen – ein melancholisches Tagebuch, traurige Inkarnation des Geistes der Warschauer Bourgeoisie und der Kaffeehäuser von damals ... Auf diese Weise versuchte Lechoń Leben vorzutäuschen, er wollte diese tote Welt seiner ersten Jugend restaurieren, jene Zeit, die ihm am günstigsten gesonnen war ... Halt! Was denn, sollte ich Lechoń hassen? Weshalb mache ich ihn fertig? Fertigmachen? Nein! Nichts dergleichen! Nicht im Traum! Ich schätze Lechoń! Ich schätze Lechoń umso mehr, je mehr Gründe ich finde, ihn herabzusetzen, ich schätze ihn wider die Vernunft, schätze ihn, weil er doch immerhin und trotz allem jemand war – er war eine Figur – dieses Profil hat sich uns, ohne daß wir wüßten wie und weshalb, ins Gedächtnis gegraben, diese Geste und dieser Ton, diese Silhouette werden noch sein, wenn von den Werken niemand mehr spricht... Er persönlich hat sich verwirklicht. Mit keinem einzigen Gedicht, mit keinem Gedanken hat dieser Mann die polnische Entwicklung geprägt, aber er hat dennoch etwas geschaffen... sich selbst... Jan Lechoń hat er geschaffen. Und mich fasziniert an ihm wohl dieses Spiel mit der eigenen Bedeutungslosigkeit, diese Selbstverwirklichung im Leeren, die Tatsache, daß er, der nicht ein Zehntel der dichterischen Verdienste eines Tuwim besaß, sich in unserer literarischen Welt doch mit nahezu gleicher Intensität bemerkbar machte... Auf jeden Fall war er eine Gestalt.

Eine Gestalt gleichwohl, die dafür, was die *Wiadomości* mit ihr anstellen, ungeeignet ist – Lechoń als großer Weiser der Emigration, das war eine schlechte Idee, für diesen Thron war er allenfalls durch seine übelsten Schwächen prädestiniert, durch den Passéismus, die klassisch polnische Romantik und alles was er, leider, vom *Kurier Warszawski* an sich hatte. Außerdem war allzu spürbar, daß die Reklame der *Wiadomości* mehr vom Größenwahn der Redaktion diktiert war als von Anerkennung für Lechońs vermeintliche Größe – diese Kampagne war von der Überzeugung getragen, man könne »den Lesern« alles einreden – der üble Geruch dieser Überzeugung mischte sich auf fatale Weise mit Weihrauch und tut dies noch heute. Außer dem Grüppchen der *Wiadomości* griff niemand diese These auf, in Polen selbst hatte Lechoń nach seinem Tod eine mäßige Presse, sogar in dem ihm wohlgesonnenen Lager, und so gedieh der große Weise nie über einen Londoner Lokalpropheten hinaus. Und traurig ist, daß hier aus einem Mann, der ein »hervorragender Lechoń« war (mit wirklich unerträglichen Phrasen), ein »hervorragender Poet« gemacht wurde – diese Propaganda bekam dem armen Kerl so gut wie Zabłocki die Seife.

Dienstag

Noch ein kurzes Wort zu den *Wiadomości*. Wahrlich, ich selbst bin erstaunt und erschrocken, aber diesmal muß ich Herrn Zbyszewski recht geben: Aufregend, antreibend und inspirierend war diese Zeitschrift einmal, und Grydzewski hat sich sehr verdient gemacht. Doch heute?

Wisse denn, mein lieber Damon:
Das Paradies ist hier nur noch – Rumtopf
Und dort, wo ein Jupiter saß auf dem Thron,
Da prunkt heute nur noch ein ...

Mach dir selbst den Reim darauf, hochverehrter Fürst! Wie ist es dazu gekommen? Wie konnte Grydzewski sich selbst untreu werden, woher dieser hundertprozentige Verrat? Darüber muß man einmal sprechen, und ohne Schikane: heute sind die *Wiadomości* Kapelle, Museum, Verein für gegenseitige Bewunderung, Katalog, Album getrockneter Souvenirs, Friedhof, Wappenbuch, Briefmarkensammler- oder Billardspieler-Ecke, Anekdote, Plausch, Korrektur, Snobismus, Feuilletonismus – zunächst und vor allem aber sind sie ein vom Tode erweckter und, wie sich herausstellt, unsterblicher *Kurier Warszawski*. Ja leider! Dieser Triumph der Familie Lewenthal übers Grab hinaus mutet wirklich boshaft an – wer hätte das gedacht! Dieses Londoner Wochenblatt ist beste alte, unzerstörbare Bourgeoisie aus der Krakowskie-Przedmieście-Straße. Aber zudem ist es tatsächlich eine unsäglich Nationale Institution: Hier hat der Setzer über den Schriftsteller triumphiert, der Leser über den Autor, der Redakteur über den Künstler, Komma und Semikolon über das Talent, Form, Markenzeichen und Stempel über die Individualität, der Formalismus über die Kunst, Organisation und Bürokratie über Schwung, Dramatik, Poesie und Leben. In den paar Jahren, die sie existieren, haben die *Wiadomości* es geschafft, fast alle schöpferischen Elemente der Exilliteratur vor den Kopf zu stoßen. Miłosz wurde mit einer lautstarken

Unintelligenz traktiert, die des seligen Rabski würdig gewesen wäre, man goß ihm einen Kübel Spülicht über den Kopf und erklärte ihn zum »Verräter« – was diesen Schriftsteller nicht hinderte, der Weltöffentlichkeit mehr über den roten Terror in Polen zu sagen als sämtliche Ausgaben der *Wiadomości* zusammen. Wer von den besseren Autoren arbeitete heute mit dieser Zeitschrift zusammen? Aber das Blatt wurde nicht nur von Talenten geschnitten, es wurde, was schlimmer ist, auch abgeschnitten vom aktuellen polnischen Geistesleben. Wenn im Emigrantenmilieu irgendwo diskutiert, gearbeitet, gekämpft wird, wenn dort überhaupt nur irgend etwas geschieht, dann hundert Meilen von den *Wiadomości* und solchen Wettbewerben wie »Wen haben wir in die Literatur-Akademie gewählt« entfernt. Es sei dahingestellt, ob ich immer recht hatte und es immer geschickt angestellt habe, aber ich habe als Schriftsteller im Exil eine Unmenge von Problemen angesprochen, die für uns erstrangige Bedeutung besitzen – in den *Wiadomości* erschien über einen Zeitraum von zehn Jahren kein einziger ernsthafter Kommentar, keine einzige ordentliche Polemik dazu, nichts außer banalen, gar nicht einmal so negativen, aber seichten, geschwätzigen, dümmlich nonchalanten und oft boshaften »Rezensionen«. Man darf natürlich nicht vergessen, daß in der Emigration der Tand unser täglich Brot ist, und was die Kritiker angeht, so ist unter Blinden der Einäugige König – wenn Grydzewski nicht so eine Aversion gegen alles moderne polnische Denken hätte, wenn er da nicht so allergisch wäre, sähen die Beziehungen der *Wiadomości* zu den Schriftstellern besser aus, und die Mitarbeiter der Zeitschrift würden allmählich zu einem höheren Niveau finden. So wie es jetzt ist, ist es ein Jammer, aber wirklich! In Polen interessiert sich niemand für die *Wiadomości*, größeren politischen Einfluß besitzt das Blatt überhaupt nicht, und mit der zeitgenössischen schöpferischen Leistung des Volkes, oder der Emigration, hat es nichts, aber auch gar nichts gemein. Das einzige, was ihm geblieben ist, sind die Leser, die immer noch überzeugt sind, fürchterlich kultiviert zu sein, wenn sie dieses olympische Organ abonnieren und an Wettbewerben und Abstimmungen teilnehmen, die ein beschämendes Zeugnis völliger Desorientierung, künstlerischen Eintopfs und geistigen Bigos sind und dafür sprechen, daß sich in den armen Köpfen der Schäfchen von Herrn Grydzewski seit dem Jahre 1939 absolut nichts geändert hat.

(... ich hätte einen anderen Zeitpunkt wählen sollen... wirklich, ich gebe ihnen die Waffe in die Hand, das sieht doch ganz so aus, als stürzte sich mein hochgezüchtetes und solipsistisches »ich« auf sie, um mich wegen Lechoń zu rächen...)

1960

XIV

Sonnabend

Gegen neun weckte mich ein Klingeln – frech – an der Tür ein Kleiner mit großem Hut – der fragte leise, kaum hörbar nach dem Immobilienmakler Delgado. »Nein, der wohnt hier nicht!« Ich schlug die Tür zu. Schluß. Aus. Ende.

Und schlief nicht mehr ein, sondern legte eine Platte mit dem Quartett Nr. 14 auf – von Beethoven. Bach? Nein, nicht Bach... Bach mag ich eigentlich nicht... sie, die moderne Musik; werden noch einmal merken, wenn sie genau durch ihre Brille gucken, daß Bach kein guter Wegweiser war und sie ins Fiasko geführt hat. Ihr verehrt ihn, weil ihr nur zu Mathematik, Kosmos und Reinheit fähig seid – oh, euer blasses, astronomisches Gesicht, wie das schmerzt und quält! In den Himmel geht ihr ein und verliert dabei die Erde – ihr Eunuchen! Vor lauter Liebe zur Abstraktion habt ihr vergessen, daß der Gesang dazu diente, das Weibchen zu bezaubern, und werdet auf ewig in der Musik *an sich* schmoren, der ihr euch hingabt, weil ihr sonst nichts hattet. Schluß. Punktum. Was Beethoven angeht, ich habe seine Symphonien auch satt, sein Orchester besitzt keinen Zauber über mich, bestrickt mich nicht – aber die Quartette der letzten Periode, wo der Ton schwierig ist, diese Grenzklänge, die die Grenze auch schon einmal überschreiten... Oh, vierzehntes Quartett!

Wenn ich dir mit solcher Rührung lausche, so ist es wohl, weil du dich so üppig und sinnlich an der Form berauschest, aber auch die Gewalt zeigst, die dieser Form angetan wird im Namen... im Namen des Geistes, hatte ich sagen wollen, sage aber: des Schöpfers. Denn wenn, o Gipfel und Krone der Quartette, deine vier Instrumente, im Sangesrausch innig verschlungen, gern und immer nach betörenden Harmonien greifen, sich winden in lüsternen Modulationen, so fährt es doch ebenso häufig mit harter und unbarmherziger Hand in diese Wonne hinein, vergewaltigt euch, zwingt euch zu grellen Schärfen, jähen Sprüngen und unerbittlich knappem Ausdruck, der ins Metaphysische strebt, asketisch, gespannt zwischen höchsten und niedrigsten Registern, horchend nach einer fernen, höheren Erfüllung. Plötzlich Stille. Die Platte ist zu Ende. Punkt, aus.

Ich muß einen Kaffee trinken gehen.

10 Uhr (im Café Querandí)
Ich habe Kaffee getrunken, Hörnchen gegessen. Und noch etwas. Als der Kellner herantrat, mich nach meinem Wunsch zu fragen, hing ihm die Hand herab, still, eingerollt, verborgen – und unbeschäftigt –, so daß ich, um überhaupt an etwas zu denken, an einen Strauch dachte, den ich einmal auf irgendeinem Bahnhof aus dem Zugfenster gesehen hatte. Diese Hand sank mir in die Stille, die sich auftat zwischen uns... Punkt. Ende. Schon trat jemand ein, man setzte sich lärmend am Nebentisch – zwei Männer – und bat um die Würfel.

Ich zog Briefe aus der Tasche.

»Ein seltsamer Fall von großer Intelligenz, die sich auf ein Gebiet richtet, von dem sie intuitiv abgeschnitten ist...«

»*Sandauer est arrivé ici il y a une dizaine de jours...*«

»Auf der Durchreise durch Kielce fand ich Fräulein Rena wieder...«

»Richter hat mir Abschriften seiner Briefe gesandt, in denen er all die Wunderlichkeiten und Probleme dieser Prosa ausklamüsert...«

10.45 Uhr (zu Hause)
Die Hand des Kellners war verschwunden, es gab sie nicht mehr. Bis plötzlich ein Gedanke von Nietzsche ihr wieder eine Dosis Sein injizierte – majestätisches Sein.

Neske, der deutsche Verleger Heideggers, hat mir kürzlich dessen *Essais et conférences* zugeschickt, erschienen bei Gallimard. Das Buch lag neben der Langspielplatte mit dem Quartett und fiel mir ins Auge. In seiner Zarathustra-Vorlesung bespricht Heidegger nun den Gedanken, den Nietzsche seinen »abgründigsten« Gedanken genannt hat – den von der ewigen Wiederkehr, der »vom Rachegeist befreit«, die Zeit überwindet, die geht und die Zeit, die heraufzieht, und dem Werden den Charakter eines Seins verleiht. *Imprimer au devenir le caractère de l'être... telle est la plus haute volonté de puissance.*

Ich laß mich nicht von ihnen an der Nase herumführen – ich kenne diese Kinderei, dies Geschäker mit der Unendlichkeit, weiß nur zu gut, wieviel Leichtsinn und Verantwortungslosigkeit es braucht, voll Stolz in die Sphäre jener undenkbaren Gedanken und unerträglichen Härten vorzudringen, ich kenne diese Genialität! Und dieser Heidegger in seiner Nietzsche-Vorlesung, über solchen Abgründen schwebend – Clowns! Den Abgrund zu verschmähen und maßlose Gedanken nicht zu verdauen – das ist schon lange meine Maxime... Ich mach mir einen Witz aus der Metaphysik...

... die mich auffrißt (NV).

Interessant, daß ich Mensch und MENSCH zu gleicher Zeit sein kann, völlig ungeniert. Während ich so überlege, ob ich meine Unterwäsche zum Waschen zusammenpacken soll, bin ich zugleich wie ein Bogen, der sich von dort, von den Uranfängen, bis hin zu den letzten Erfüllungen in dem erstreckt, was vor mir liegt. Keinen Augenblick verliere ich den Faden des ganz Alltäglichen und bin doch das GEHEIMNIS des Seins und sein Stolz, seine Krankheit und seine Qual. Die Bitterkeit des Menschseins. Die Raserei des Menschseins. Die Entfesselung des Menschseins. Stille des Menschseins. Die stille Hand des Kellners dort, im *Querandí* – still und eingerollt. Was tut sie dort nur – während ich hier bin?

11.30 Uhr
Wäre ich nicht auf die Hand des Kellners zurückgekommen, sie hätte sich leicht in Nichts aufgelöst... Jetzt aber wird sie mir keine Ruhe mehr lassen, denn ich bin auf sie zurückgekommen.

12 Uhr (beim Botschafter)
Einer jener durchsichtigen Tage von erfrischender Hitze, die Frühling und frühen Sommer auf anmutige Weise verquicken. Der Park ist ergrünt vom Schlößchen bis zum Fluß, der wie fast immer reglos und gleißend daliegt. Das Frühstück wurde im Pavillon gereicht, an der frischen Luft. Pasteten – danach kleine, kunstvolle Beefsteaks auf Toast, à la Chateaubriand, glaube ich, mit Artischocken – und märchenhaftes Cremekonfekt auf kaltem Obst – dazu mehrere Weine, fünf Lakaien...

Andante scherzo quasi allegretto. Sonnenglanz auf dem Spitzensaum des Farnkrauts. Das Gespräch raunt und glitzert. Und der plenipotente Botschafter, Amphitryon, entrollt spielerisch die Schlange der Konversation, kommt auf spanische Stiere, Aztekenskulpturen, auf das Theater in Paris und das argentinische *asado* in bunter Reihenfolge zu sprechen. Die Unterleiber der schwanenhälsigen Sträucher perlen, während wir – die Gäste, die Lakaien – uns wie ein gedämpftes Konzert in makellosem Gesang ergehen. Der französische Botschafter fand einige höfliche Worte für den Schriftsteller, der ihm hier die Ehre gab, und über beider Botschafter (d.h. seiner und meiner) Lippen huschte ein dezentes Lächeln. Liköre werden gereicht.

Eine Diplomatenhand auf der Sessellehne, mit leicht gekrümmten Fingern, aber doch nicht diese Hand, sondern jene, die dort zurückgelassen ward – als *Bezugspunkt* – ein fernes Blinken in der Nacht, ein Leuchtturm! Ade, Festland! Ich bin auf offener See, schäumende Gischt, Wind, Sturm, aufgewühlte Wasser... und offene See, offenes Rauschen und offene Raserei!

(Zufrieden darüber, daß ich kein weißes Hemd angezogen

hatte, sondern mein cremefarbenes von Smart – denn wir speisten im Garten – sowie darüber, daß ich keine übermäßig dekorative Krawatte trug, nur eine braune, uni, eher unschön.)

17 Uhr (im Auto des Botschaftsattachés)
Sie hat den Köder geschluckt... Was, schon Olivos?... Dieser Alte, seine Farbe... Karl der Große hat mehr mit mir gemein als Bolesław Chrobry... Sie werden sich so langsam daran gewöhnen müssen, daß die Revolution bald Vergangenheit ist... Ich war lange nicht bei... beim Zahnarzt... Soll ich nach Tandil fahren?... Wie leicht es ist, die Welt aus den Angeln zu heben... Anrufen...

18 Uhr (zu Hause)
Wieder bin ich auf offener See!
Sie plapperte und plapperte gnadenlos. Bis ihre Freundinnen riefen: Schneid dir die Zunge ab! Nun, und das nahm sie sich plötzlich zu Herzen!
Griff zur Schere, ritsche ratsche, seht nur, ihr bösen Freundinnen: schon ist die Zunge auf der Erde und der Mund voll Blut.
In der Bar an der Ecke. Ein siebzehnjähriger Arbeiter spricht am Telefon mit seinem Mädchen...
... Krankenhaus. Das rechte Bein zerschmettert. Das linke übel zugerichtet, Gangränegefahr...?? Pech! Reiner Zufall... denn gerade als er telefonierte, ging der Peronist Moya, militanter Terrorist, an der Bar vorbei, eine Bombe unter dem Arm. Der Bombenzünder setzte sich unerwartet in Gang. Entsetzt schleuderte Moya die Bombe fort, in die Bar und...
Beine ab. Zunge ab. Das lese ich in der Zeitung.
Ich war allein, saß mit der Zeitung auf der Couch, vor mir in der Mitte des Zimmers zwei kleine Tische, mit Papier überhäuft, die Stuhllehne, der Schreibmaschinendeckel, dort hin-

ten der Schrank. Ich war auf hoher, hoher, hoher See. Was kann man tun? Mitleid? Ich werde *hier* Mitleid haben – während sie *dort*... Liebe? Ich werde *hier* lieben – während sie *dort*... Wenn unsere Orte sich nicht verfehlten... Heftiger Wind, dunkle Wassermassen, hochgeworfen und übereinanderstürzend im unbändigen Aufruhr, versinkend ineinander, aufgewühlte Weite, ein Raum unstillbarer Bewegung, kein Festland, kein Leuchtturm, und nur dort, dort, dort, im *Querandí*, die Hand dort, die auserwählte... wozu ist sie nutze?

Ich habe große Angst vor dem Teufel. Seltsames Geständnis aus dem Mund eines Ungläubigen. Von der Vorstellung des Teufels komme ich nicht los... Dies Umherirren des Furchtbaren in meiner unmittelbaren Nähe... Was helfen Polizei, Gesetze, alle Schutzmaßnahmen und Sicherheitsvorrichtungen, wenn das UNGEHEUER ungehindert unter uns wandelt und nichts uns vor ihm bewahren kann, nichts, rein gar nichts, keine Schranke zwischen ihm und uns. Frei, nur allzu frei waltet sein Arm unter uns! Was trennt das Wohlbehagen des Spaziergängers von der Unterwelt, die von den Schreien der Gequälten widerhallt – was? absolut nichts, nur Raum, leerer Raum... Diese Erde, auf der wir schreiten, ist so von Schmerz bedeckt, bis zu den Knien waten wir in Schmerz – und es ist der Schmerz von heute, von gestern, von vorgestern, der von vor Jahrtausenden – man bilde sich nur nicht ein, der Schmerz würde sich in der Zeit verlaufen, der Schrei eines Kindes vor dreißig Jahrhunderten ist kein bißchen weniger Schrei als der, der vor drei Tagen gellte. Es ist der Schmerz aller Generationen und aller lebendigen Wesen – nicht nur des Menschen. Und schließlich... aber wer sagt euch denn, daß der Tod, indem er euch von dieser Welt erlöst, irgendeine Linderung bringt? »Und wenn es ›dort‹ nur Spinnen gibt?« Und wenn es dort einen Schmerz gibt, der all unsere Vorstellungen übersteigt? Dir ist nicht bang vor diesem Augenblick, du wiegst dich in der trügerischen Gewißheit, hinter dieser Wand könne dir nichts begegnen, was ganz und gar unmenschlich wäre – woher diese Gewißheit? Was berechtigt dich zu ihr? Verbirgt sich im Schoß dieser, sogar unserer Welt nicht irgendein satanisches Prinzip, das dem Menschen unzugänglich, menschlichem Verstand und Gefühl verschlossen ist? Was garantiert uns also, daß das Jenseits menschlicher sei? Vielleicht ist es die Unmenschlichkeit selbst, totale Negation unserer Natur? Aber das können wir nicht wahrhaben, denn der Mensch – soviel ist gewiß – ist von Natur aus unfähig, das Böse zu begreifen.

Punkt. Ich würde gern glauben, daß dort, im *Querandí*, nichts ist, was über die allergewöhnlichste Gewöhnlichkeit hinausginge, und habe ja auch überhaupt keinen Grund zu einer derartigen Annahme... aber die Gegenwart des Bösen macht meine Existenz so riskant... so beunruhigend... so empfänglich für alles Teufelswerk... daß es mir wirklich schwerfiele, mich in irgendeiner Sicherheit zu wiegen, gerade weil das Fehlen von Anhaltspunkten in diesem Fall genau so schwer wiegt wie eine Fülle von Informationen.

18.30 UHR

Lächerlich, dieser Léon Bloy! Eines Tages notiert er in seinem Tagebuch, daß er morgens von einem furchtbaren Schrei geweckt wurde, der gleichsam aus dem Unendlichen zu ihm drang. Er zweifelte nicht, daß dies der Schrei einer verdammten Seele gewesen sei, fiel auf die Knie und betete inbrünstig.

Am folgenden Tag schreibt er: »Ach, ich weiß nun, was das für eine Seele war. In den Zeitungen steht, daß gestern Alfred Jarry gestorben ist, auf die Minute genau um die Zeit, als mich dieser Schrei erreichte...«

Und zum Kontrast nun – die Lächerlichkeit Alfred Jarrys! Um sich am Herrgott zu rächen, bat er um einen Zahnstocher und fummelte sich sterbend in den Zähnen.

Er ist mir lieber als Bloy, dem Gott vor allem eine großartige, »absolute« Überlegenheit über die anderen Sterblichen verlieh. Bloy hat sich im Allmächtigen so richtig ausgelebt.

Der Geist des Mittelalters, die Seele des Mittelalters? Zur Zeit Karls des Großen war die Rolle der Intellektuellen der heutigen genau entgegengesetzt. Damals war der Intellektuelle dem Einfluß des kollektiven Denkens unterworfen (der Kirche), während der einfache Mann auf eigene Faust dachte – empirisch, undogmatisch – in praktischen, lebensnahen Dingen... Heute ist es gerade umgekehrt... Nichts ist mehr in der Lage, die Entfesselung der Intellektuellen... (der Kommunismus, wenn er will)... Ich muß zu J. gehen.

Wäre ich doch nur eine Sekunde lang der Ganzheit gewachsen. Immer nur Fragmenten leben, Bruchstücken? Sich immer auf ein Ding konzentrieren, damit alle anderen entkommen? Was geht mich dieser Léon Bloy an? Obwohl...

20 Uhr (Ecke Las Heras)

Ich hatte J. besuchen wollen, ihn aber nicht angetroffen.

Ich stand auf der steinernen Straßeninsel. Abend, einbrechende Nacht, Lichter werden geboren und flimmern – zunehmender Trubel, an meiner Seite schossen Autos hervor, kaum sah ich mich um, bogen zwei Trolleybusse brüllend um die Ecke, näherte sich eine Schnur bimmelnder Straßenbahnen, ein Lastwagen brach in meinem Rücken hervor, durchzuckt vom Pfiff jagender Taxis, drehte ich mich um – was für ein Wahnwitz! – noch mehr, schneller, und aus dem Brüllen, Kreischen, Hupen und Rauschen entsteht ein hoher, durchdringender Ton, gefüllt von einer Unzahl stechender Lichter.

Das Rasen entgleitet in die Ferne – es gab Momente eines derart entfesselten Jagens, daß alles heulte und ich auf meiner Insel schwankte, wie unterspült... Ich mag Bach nicht und mag ihn. Ich bin ein »großer Nichtkenner« der Malerei. Er redete Blödsinn... Wie spät? Wie dumm, daß ich diesen Brief aus Frankreich wegen der Übersetzung verloren habe, als ich M. zum Verlassen des Tisches aufforderte... das war gut so... nur schade daß... Wie ein Dammbruch! Ich habe kein Glück mit... Diese Rechnung dort... Chlor – o Gott, erlöse mich von dem Strom, der mich außen umfließt, und dem schlimmeren Strom, der in meiner Mitten dahinjagt – von dem inneren Strudel – von meiner Zerstreutheit in tausend Momente! Von meinem Nebelschleier. Meiner undurchsichtigen Wolke! Von der Panik, die ich bin. Aber die Hand habe ich in der Tasche – sie ist ruhig.

Und die Hände dieser Menschen, die in den Fahrzeugen dahinjagen? Ruhig. Sie ruhen... auf den Knien... Und jene Hand aus dem *Querandí*? Was stellt sie wohl an? Und was wäre, wenn ich vor ihr – so eben mal niederkniete? Vor einer Hand auf die Knie fallen? Auf dieser Insel... hier... Nun. Ja... Aber wozu? Nein, das tue ich nicht. Natürlich nicht, ich wußte von Anfang an, daß ich es nicht tue.

20.15 Uhr (in der Strassenbahn)

Ich würde das als ein suchendes Umherirren in den Randbereichen bezeichnen... Ein ewiges Sich-Mühen an den Grenzen, um etwas... Der Versuch, etwas aufzubauen... Der (mißglückte, wie immer, wie alle) Versuch, dort in der Ferne irgendeinen Altar zu errichten, aus irgend etwas, an irgendeinem Ort... Ach, so ein Sich-Festhalten an irgend etwas! Der Hand des Kellners aus dem Café *Querandí*!

20.30 Uhr (im Restaurant Sorrento)

Der Kellner kommt, ich wähle Schnecken *à la marinera* und eine Karaffe Weißwein, und seine linke Hand ist unbeschäftigt, genau so wie die dort im *Querandí*, und doch interessiert mich diese seine Hand überhaupt nicht – sie ist wichtig nur insofern, als sie nicht jene dort ist... Ich dachte darüber nach, so zum Spaß... und es amüsierte mich, daß die dort mich so fest gepackt hatte... und auch, daß ihr Griff durch diesen Spaß noch fester wurde.

Links und rechts die Bourgeoisie. Frauen stecken sich Leichenfleisch in die Maulöffnung und rühren die Schnute – es rutscht ihnen in Speiseröhre und Verdauungskanal – ein Gesicht, als würden sie sich opfern – schon machen sie wieder die Öffnung auf, um etwas hineinzustecken ... Die Männer operieren mit Messer und Gabel – u.a. die Waden in den Hosenbeinen nähren sich unter Ausnutzung der Tätigkeit der Verdauungsorgane ... und wäre es wirklich so verschroben, die Arbeit der hier versammelten Personen als das Ernähren von Waden aufzufassen! ...? ... Doch der Apparat ihrer Bewegungen ist bis ins kleinste Detail festgelegt, diese Verrichtungen sind in Jahrhunderten eingeschliffen – der Griff nach der Zitrone, das Bestreichen von Brotstücken, das Sprechen in den Schluckpausen, das Einschenken oder Reichen mit seitwärtigem Gespräch, schrägem Lächeln – eine Einheitlichkeit der Bewegungen, fast wie in den Brandenburgischen Konzerten – hier kann man die Menschheit sehen, wie sie sich unermüdlich wiederholt. Der Saal gefüllt mit Gefresse, das sich in unzähligen Varianten zeigt, wie eine Walzerfigur, die vom Tänzer aufgenommen wird – und das Gesicht dieses Saales, auf seine uralte Funktion konzentriert, war das Gesicht eines Denkers.

Ja, aber – mein Gott! – hier ist das Sorrento!
Dies ist nicht das *Quarandí*!

20.40 Uhr (im Restaurant Sorrento)
Weshalb spiele ich den Empörten?

Was macht es, daß dies nicht das *Querandí* ist?

Und was klammere ich mich an diese Hand, wie ein Ertrinkender an den Strohhalm – ich sinke doch nicht?

Ich gestehe, diese Hand ist für mich völlig bedeutungslos. Den Kellner kenne ich nicht persönlich. Eine Hand, wie so viele andere ...

21 Uhr (auf der Corrientes-Strasse)
Ich vergöttere ein Ding, das ich selbst für mich erhöht habe. Ich knie vor einem Ding, das kein Recht hat zu fordern, daß ich vor ihm knien solle – somit stammt mein Knien allein aus mir.

Meine Empörung ist die Aufwallung jenes Meeres dort – der nicht enden wollenden Fläche, der durch nichts erfaßten Bewegung – aber mein Geheimnis ist, daß ich auf zweifache Weise in der Wirklichkeit stehe. Denn ich gehe doch die Corrientes in Buenos Aires entlang, habe eben im Restaurant Sorrento zu Abend gegessen. Aber zugleich bin ich dort, auf hoher, hoher, hoher und stürmischer See! Hin und her geworfen in ungebärdigen Weiten... Ich bin auf der Corrientes und bin zugleich in den schwärzesten, interstellaren Abgründen – allein im Raum! Ich habe recht gut zu Abend gegessen und bin in die Unendlichkeit geworfen, einem Schrei gleich...

Pah! Ich habe die Hand im *Querandí* einfach deshalb gewählt, um mit irgend etwas anzufangen. Mich in bezug auf etwas zu fühlen... als Bezugspunkt... Ich habe sie gerade aus dem Grund gewählt, weil sie keine Bedeutung besitzt... alle Richtungen, Orte und Dinge sind gleich gut in meiner Unermeßlichkeit, wo es nichts gibt als werdende Bewegung. Ich habe sie ausgewählt aus Milliarden von Dingen, die mich umgeben, aber ich hätte auch etwas anderes nehmen können... Nur möchte ich jetzt nicht, daß sie etwas mit mir macht! Mit mir macht – oder mich macht... Bin ich nicht mehr allein? Bin ich nun allein mit der Hand des Kellners, die ich mir erwählt habe... sind wir zu zweit?

21.10 Uhr (Corrientes-Strasse)
Nur eben schnell, um zu zeigen, wie raubgierig so eine (beiläufige) Hand zupacken kann (beiläufig). Mehr zum Spaß...

21.15 (Corrientes)
Gombrowicz war der Ansicht, daß er ein Recht auf metaphysischen Sturm, kosmische Katastrophe und transzendentalen Schauder habe. Vorausgesetzt jedoch, er würde der Alltäglichkeit nicht untreu.

Er glaubte das Recht auf eine Fahrt auf hoher See zu haben, vorausgesetzt, sein Fuß würde nicht einen Augenblick das Festland, hier, in Buenos Aires, verlassen.

21.20 Uhr (in der Bar Ecke Lavalle und San Martín)
Diskussion mit Gómez über Raskolnikov (denn einer von ihnen, Goma oder Asno, las gerade die *Dämonen*).

Meine Ansicht – in *Schuld und Sühne* gibt es kein Gewissensdrama im klassischen, individualistischen Sinne dieses Wortes. Das legte ich ihnen dar.

»Am Anfang des Romans«, sagt Gómez, »verübt Raskolnikov ein Verbrechen. Am Ende des Romans meldet er sich freiwillig bei der Polizei und gesteht das Verbrechen. Was ist das, wenn nicht das Gewissen?«

Ich: »Nicht so einfach, *niños*! Seht mal genau hin...

Raskolnikov hat keine Gewissensbisse. Im letzten Kapitel wird ausdrücklich gesagt, daß er sich nur deshalb Vorwürfe machte, weil es ihm nicht ›gelungen‹ war – das hielt er für sein einziges Vergehen, und im Gefühl dieser und nur dieser Schuld neigte er das Haupt vor dem ›Absurden‹ des Urteils, das ihn ereilt.

Da es das Gewissen nicht war – welche Kraft hat ihn dann so bestrickt, daß er sich der Polizei ergab? Welche? Das System. Ein System von geradezu spiegelhaften Reflexionen.

Raskolnikov ist nicht allein – er steht in einer bestimmten Gruppe von Personen, Sonja... der Untersuchungsrichter... seine Schwester und Mutter... der Freund und andere... so ist diese kleine Welt aufgebaut. Sein eigenes Gewissen schweigt – aber Raskolnikov argwöhnt, daß die Gewissen der anderen nicht schweigen werden, und daß diese Menschen, wenn sie etwas erführen, ihn als Verbrecher verdammen würden. Sich selbst ist er ein Nebel, und ein Nebel darf alles. Aber er weiß, daß die anderen ihn deutlicher und, obwohl oberflächlicher, schärfer sehen, und daß sie schon zu einem Urteil über ihn fähig wären. Wäre er also – für sie – so etwas wie ein Verbrecher? Von diesem Verdacht aus beginnt sich das Schuldgefühl in ihm zu kristallisieren, schon sieht er sich selbst ein wenig mit den Augen der anderen, sieht sich ein bißchen als Verbrecher – und dieses Bild von sich vermittelt er gedanklich wiederum den anderen – und erhält von dort ein noch deutlicheres Mördergesicht und Verdammungsurteil zurück. Doch dieses Gewissen ist nichts seines, und das spürt er. Es ist ein besonderes Gewissen, das unter den Menschen entsteht und sich verstärkt, in diesem System von Spiegelungen – wo ein Mensch sich im anderen betrachtet. Allmählich, je mehr sich sein Befinden nach dem Verbrechen verschlimmert, macht Raskolnikov sie zunehmend zu seinen Richtern – und seine Schuld zeichnet sich ihm immer deutlicher und eindrücklicher ab. Aber ich sage noch einmal, das ist nicht das Urteil seines Gewissens – es ist aus der Reflexion gewachsenes Urteil, ein Spiegelurteil.

Ich persönlich neige zu der Annahme, daß Raskolnikovs Gewissen sich nur in einem äußert: daß er sich diesem künstlichen, zwischenmenschlichen Spiegelgewissen unterwirft, als wäre es sein rechtmäßiges Gewissen. Darin liegt die ganze Moral: Denn der einen Menschen getötet hat, erfüllt nun das Gebot, das aus menschlicher Gemeinschaft erwächst. Und fragt nicht, ob es gerecht sei.«

0.10 Uhr (auf dem Heimweg)
Ich hätte es ihnen sagen können. Das mit der Hand. Aber ich habe es nicht getan.

0.20 Uhr

Ja, ja...

Gott im Himmel, was man nicht alles so sagt! Man redet, wie einem der Schnabel gewachsen ist. Der Mechanismus des Sprechens... erstaunlich! Wann und wie plane ich die Sätze, die ich ausspreche? Woher weiß ich, was ich sagen will, wenn ich beim hurtigen Gang meiner Rede keinen Gedanken darauf verschwende? Weiß ich, wenn ich einen Satz beginne, schon, wie ich ihn beenden werde? Wie finden sie zueinander, runden sich ab... die Wörter... die Gedanken?

Ja...

Doch sag lieber, warum du ihnen in deinem Wortschwall nichts von der Hand gesagt hast, der aus dem *Querandí*?

Ich hätte es sagen können. Doch ich tat es nicht.

Dadurch ist sie noch geheimer geworden.

Und auch jene *Reflexion*... dieser *Reflex*... das gespiegelte, zurückgeworfene Gewissen... das ist doch ganz so, als streckte man die Hand aus, nach draußen, hinaus über... wie in einem Reflex...

0.30 Uhr

Wie sich ihm das Gewissen aufgebaut hat! (Raskolnikov).

Wie sich mir diese Hand aufbaut!

Sie ist gleichsam ein Parasit. Jetzt schmarotzt sie an dem, was ich über Dostojewski sagte – und gibt keine Ruhe, ehe sie nicht alles aus meinen Worten ausgesaugt hat... alles, was sie braucht...

Wozu?

Ein Polyp! Saugt, beutet aus, um zu bauen, dort zu bauen, dort jenseits meiner Grenze... Unermüdlich!

Ich muß diese Notizen abschließen und gleich morgen abschicken, damit sie am sechsten in Paris sind.

Der sechste – der sechste – es ist noch nicht der sechste, er kommt noch, aber gar nicht mehr lang.... Wie sie!

Wieder!

0.50 UHR (ZU HAUSE)
Wo kann sie jetzt gerade sein? Noch im *Querandí?* Vielleicht ruht sie schon in irgendeiner Wohnung, auf irgendeinem Kissen, und schläft?

Eitle Hoffnungen. Ausgeschlossen, daß ich nun, da sie schläft, schnell mit ihr schlußmachen könnte... Je tiefer sie schläft, desto heller wacht sie. Je weniger sie ist, desto mehr ist sie.

Halten wir fest: Sie schien so ruhig, als ich sie das erste Mal sah, im *Querandí* ... aber sie wird immer eroberungslustiger... und ich weiß selbst nicht mehr, was sie aufhalten könnte, dort, an den Grenzen... wo ich zu Ende gehe.

XV

DIENSTAG
1939-1959.

Ein bißchen Geschichte gefällig? Polnische Geschichte? Ich verfolge sie wenig, suche sie kaum (sie ist es, die bei mir hereinschaut) – betrachte sie von fern, wie eine Gebirgskette. Soll ich von ihr sprechen? Aber Geschichte, das ist doch gerade der Blick aus der Ferne, nichts anderes!

Wie haben sich schließlich die Rollen verteilt? Wer hat verspielt, wer triumphiert – Polen oder die Emigration? Wo hat sich Polen letztlich ein Zuhause gefunden – im Heimatland oder »in den Herzen der Auswanderer«?

Gesteht es: die Emigration ist ein einziger großer »Blindgänger«, in der Ausgabe von 1939 ist sie mißglückt. Am Dynamit war etwas faul – es erfüllt seine historische Mission nicht. Frage: Was ist der Unterschied zwischen der Emigration und einer

Sardinenbüchse? Antwort: Der Emigration bekommt die hermetische Isolation schlecht.

Dabei wart ihr (klar, wer hier mit »ihr« gemeint ist) nur um eines besorgt. Um aseptische Sauberkeit, nur keine Bazille hereinlassen! Die Vergangenheit bewahren! Die Vergangenheit unbefleckt bewahren! So seid ihr zu Denkmalspflegern geworden. Und euer größtes Heiligtum seid ihr selbst, wie ihr euch auf der Landstraße nach Zaleszczyki aus jenen glückseligen zwei Jahrzehnten exportiert habt. Ich werde nicht viel Worte über Altbekanntes verlieren. Konservieren! Aufbewahren! Denkmal sein, in Bronze verwandeln, was dort entfliehen, sich entfernen will! Der Vergangenheit leben! Provisorisch leben, um in Zukunft die Vergangenheit wieder zum Leben erwecken zu können. Nicht zulassen, daß der Panzer dieser Treue den geringsten Riß zeige.

Das Dasein ist wie ein Fluß – wenn der auf Hindernisse trifft, sucht er sich gleich andere Wege und fließt hindurch, wo es nur geht, eröffnet sich neue Ausgänge, oft in Richtungen, die er sich nie hätte träumen lassen! Unsere Emigration hat nicht viel mit einem Fluß gemein. Sie staut sich vor der Mauer, verharrt in der Erwartung, daß sie einstürzen werde, und steht so bis heute, guckt und wartet. Mit Massagen wollt ihr den Mangel an natürlicher Bewegung wettmachen. Und im Laufe von zwanzig Jahren habt ihr nichts Unvorhersehbares fertiggebracht, habt die Geschichte durch nichts überrascht. Diese Fügsamkeit zeugt von guter Kinderstube, aber sie ist nicht geeignet, die Nemesis für sich zu gewinnen, die hat mehr für ganze Kerle übrig ... Na ja, lassen wir das!

Hübsch artig! Was seid ihr gut erzogen, meine Herren!

Mittwoch

Was haben die zwanzig Jahre gedruckten Wortes im Exil gebracht? Künstler? Werke? Ideen?

Ab und zu bin ich bei stinklangweiligen argentinischen Literaten, wo das Gespräch so beginnt: *Que nuevos valores surgen entre Vds.?* (Welche neuen Talente zeigen sich bei euch?) Auf so eine Frage könnte ich stundenlang antworten. In der Prosa haben wir schließlich Józef Mackiewicz, Czesław Straszewicz, aber auch Nowakowski und Bobkowski, in der Lyrik Baliński – all das ist eigentlich in der Emigration entstanden – und so viele furiose Publizisten, so viele andere Künstler, die man nicht übergehen sollte... Und wäre es gerecht, die vielen wertvollen Werke zu vergessen, mit denen Autoren, die schon vor dem Krieg bekannt waren, ihr Œuvre bereichert haben? Wahrlich! »Tausendfältig Blüten treibt die Exilliteratur...« usw. usw. Gewiß, gewiß. Nur... in historischer Sicht?...

Da nun die Rede von der Geschichte ist – vor welcher historischen Aufgabe stehen die polnische Kunst, das polnische Geistesleben?

Nichts Kompliziertes. Ganz einfach: leben, leben um jeden Preis. Nicht sterben! Geben wir zu, das ist ein ganz elementares Programm, ebenso wie all die zusätzlichen Punkte, als da wären: kein Denkmal sein; keine Heulsuse sein; kein Totengräber sein; nicht rezitieren; sich nicht wiederholen; nicht übertreiben; sich nicht verzetteln; nicht großtönen und posaunen; keine Witzchen machen. Vor allem aber – Revision! Revision unseres gesamten Besitzstandes und zudem Revision unserer selbst. Denn wenn rings um uns alles sich wandelt – wie sollten dann wir in gleichsam ungetrübter Identität mit dem verharren, das uns hervorgebracht hat, und das doch keinen Platz mehr in der Gegenwart findet?

FREITAG

In einer Hinsicht, das muß man zugeben, haben sie Intensität bewiesen. Beim Sichverschanzen und Verbarrikadieren im Antikommunismus, beim Kampf gegen das rote Polen.

Etwas wenigstens haben sie erreicht. Nur... auf welchem Niveau spielt sich das ab? Es sollte doch, zum Teufel, einen

Unterschied geben zwischen dem politischen (und propagandistischen) Antikommunismus und dem Antikommunismus des Dichters und Denkers. Die Abrechnung der Exilliteratur mit diesem Feind hätte nicht unbedingt auf »Haltet den Dieb«-Geschrei, auf Gespött, Tränen, dumme Gesichter und Flüche beschränkt bleiben müssen. Außer dieser leichten Art, die sich sämtliche bekannten Tricks zu eigen macht, hätte doch auch Platz sein müssen für eine intellektuelle und überhaupt geistige Anstrengung, die dem gewaltigsten Schlag, den wir seit Polens Anbeginn erhalten haben – einem der gewagtesten Abenteuer, das die Menschheit je erfahren hat –, so halbwegs angemessen gewesen wäre.

Doch dafür hätten sie sich selbst Gewalt antun müssen, auf ziemlich unangenehme Weise – anders ging es nicht. Hätten zunächst einmal den Kommunismus wohlwollend, ja freundlich behandeln müssen... sich als richtige »Genossen« fühlen müssen. Und der zweite Teil dieser Selbstbefleckung wäre, wenn überhaupt möglich, noch naturwidriger gewesen, denn sie hätten ihre eigenen Personen mitsamt allem, was sie geformt hat, d.h. der ganzen bisherigen Geschichte als der Geschichte ihrer Nation feindselig angehen müssen. Kleinigkeit! Sich mit dem Kreml verbrüdern und die teuersten Schätze des eigenen Herzens verstoßen – das ist es, was von euch verlangt wird!

Und doch, wie anders wollt ihr *den Feind treffen*? Ohne zunächst mit schrankenloser Sympathie auf seine Argumente einzugehen, ohne euch diesem Ideal ganz ernsthaft anzunähern? Ihn selbst müßte man in seinem Gift und seinem Schmutz (die untrennbar sind von seinen Tugenden) verstehen lernen – erst dann könnten eure Hiebe ihm etwas anhaben. Aber übersteigt das eure Kräfte? Dann bleibt noch die kühle Objektivität, eine Gerechtigkeit, die das Verbrechen auf beiden Seiten der Barrikade sieht und die eigenen Sünden mit einer Strenge verurteilt, die sie zur Abrechnung mit der Sünde der anderen berechtigt.

So muß jede Kritik des Kommunismus mit einer Gewissensprüfung einhergehen, die vor der Wahrheit nicht zurückschreckt. Wer von euch hätte das vollbracht? Nur Miłosz besaß diese Kälte – er und Mieroszewski, der kühle Nüchternheit in die Politik brachte. Aber sonst? In eurer zwanzigjährigen Lyrik und Prosa sucht man lange nach so einem Kampf, der den Gegner redlich auf seinem eigenen Gebiet stellt – stellt und attackiert. Die Literatur der Emigration hat es anders gehalten... konsequent... und leider genau so, wie zu erwarten war. Was sollst du tun, wenn man dich aus deinem Haus wirft? 1) Jammern. 2) Zurückdenken. 3) Fluchen. 4) Deine Unschuld verkünden. Genau dieses Programm wurde realisiert, und deshalb besaß unsere Polemik mit dem Kommunismus weder Größe, noch Klasse, noch schöpferische Kraft.

Der Löwenanteil dieser Literatur unter Führung des Propheten – aber gewiß doch! – Lechoń und des Redakteurs Grydzewski dient diesem Zweck. Was sonst so geschrieben wird, soll nur beweisen, daß man auch noch Schriftsteller ist – und zwar genau so einer wie früher. Eben bloß der *status quo ante*!

Ich präzisiere absichtlich nicht, wen ich mit »ihr« meine. Alle bis auf wenige Ausnahmen. Wer sich betroffen fühlt, wird schon den Hals aufreißen.

SONNABEND
Anmerken möchte ich noch, daß sie zwei von der Geschichte gestellte, kapitale Aufgaben nicht bewältigt haben. Sich mit dem theoretischen Marxismus vertraut zu machen und sich dem Existentialismus zu nähern.

Man könnte meinen, das eine habe mit dem anderen nicht viel zu tun – und doch geben erst diese beiden Konzeptionen zusammen ein wirkliches Bild der Epoche. Nur... Zu Marx, ebenso wie zu Kierkegaard, braucht man Hegel. Und Hegel ist nicht zu knacken ohne die *Kritik der reinen Vernunft*. Die wiederum hat gewisse Verbindungen zu Hume, zu Berkeley; im weiteren wären dann zumindest Aristoteles und ein wenig Platon nötig, aber auch Descartes, der Vater des neuzeitlichen

Denkens, ist hier nützlich, und zwar auch als Prolegomena der Phänomenologie, ohne die (Husserl) man weder *L'être et le néant* noch *Sein und Zeit* lesen kann. Ich will hier nicht mit Titeln und Namen schrecken. Ich stilisiere mich nicht zum Philosophen, ich bin Dichter und habe eine angeborene Abneigung gegen abstraktes Denken. Aber diese Namen und Titel bezeichnen den Horizont eines Philosophiestudenten im vierten Semester – und wie viele von unseren Denkern, frage ich, würden so ein Examen bestehen? Woran bin ich also? An völliger Unkenntnis des zeitgenössischen Welt- und Menschenbildes, der intellektuellen Entwicklung der Menschheit im Verlaufe von zweitausend Jahren, an verworrenen Vorstellungen von den entscheidendsten Momenten menschlichen Bewußtseins – dagegen soll ich kämpfen? Allem, was ihr schreibt, merkt man doch gerade das Fehlen dieser ganz allgemeinen Orientierung in der Geistesgeschichte an, ihr kennt alle Buchstaben des Alphabets außer A, B und C.

Aber es geht hier nicht nur um den Intellekt – hineinhören muß man sich, einfühlen, muß eindringen in das Neue der werdenden Welt, in ihren Geschmack, Stil, Rhythmus und ihre Leidenschaft... Das haben diese Künstler nie gewagt. Die emotionale Kluft zwischen diesem Häufchen konsequenter, zugeknöpfter Konservativer und der Modernität (ich weiß, dieses Wort ist ein rotes Tuch und ich riskiere den Vorwurf des Snobismus!) ist so unüberwindlich groß wie der Kölner Dom.

Der Katholizismus! Der Katholizismus, da hilft eben nichts! Er, der schon alles weiß und für alles andere nur ein Gähnen übrig hat... diese Scheuklappen auf den polnischen Augen, die jeden Seitenblick verwehren... Ich wiederhole, ich bin kein Feind des Katholizismus, ich bin nur ein Gegner der Funktion, die er nicht erst seit heute in unserer Kultur erfüllt. Aber euer Liberalismus, Wissenschaftsglaube, Sozialismus usw. wissen auch wenig von dem, was ich als Befindlichkeit der Moderne bezeichnen würde. Ihr wißt ganz einfach nicht, worum es geht und was die Glocke geschlagen hat. Nach zwanzig Jahren direkten Kontakts mit dem Westen wißt ihr davon weniger, als man heute in Polen weiß!

Angenommen, ich irre mich, und der Existentialismus taugt nicht viel, der Marxismus ist schon überholt... Gut. Aber wie wollt ihr sie verschmähen, wenn ihr sie nicht kennt, nur eine blasse Ahnung von ihnen habt?

Montag
Der Kult des Schöpferischen kam bei den Polen nie zur Blüte. Ein ewig befruchtetes, fast nie befruchtendes Volk, das so wenig zur universalen Kultur beigetragen hat, besaß kein Gespür für das Schaffen, verstand es nicht. Das Schöpferische ist bei uns eher etwas Unappetitliches. In der Kunst schätzt man gute Arbeit aus zweiter Hand.

Daher die tragikomische Situation, als all diese Lechońs an die Wand gedrückt wurden: Jetzt mußt du dich zu irgend etwas Eigenem zwingen, mußt einen Sprung, eine Eingebung, eine Idee wagen, etwas Überraschendes und Unerhörtes, um der Historie die Initiative zu entreißen! Ihre Antwort bestand darin, daß sie sämtliche bisherigen Werke samt den neuen rezitierten, die ihnen aufs Haar glichen. All das in schöner Sprache, vorbildlicher Syntax, kultiviert, würdig und mit Kommas.

Ich verlange ja gar nicht, daß jedes Mitglied des Schriftsteller-Verbandes in London zu einem speienden Vulkan werde. Aber zwei, drei könnten es wohl sein. Auch wenn es nur erste Ansätze wären...

Ich glaube fast, euer Unglück ist, daß ihr so tadellos leidet und so hehre Absichten hegt. Und außerdem – ihr seid ja so sympathische Kerle.

Mittwoch
»In der Emigration«, sagte Wittlin in seinem aufschlußreichen Vortrag auf dem Kongreß der P.E.N.-Clubs in Exile, *Glanz und*

Elend des Exils, »kommt es fast immer zu einer Verwirrung der Begriffe und Kriterien, es entstehen unglaubliche Hierarchien, weil es an echten Maßstäben für den Wert der schriftstellerischen Arbeit fehlt. Über diesen Wert entscheiden vor allem die emotionalen Beweggründe, abgestandenen Mythen und veralteten Regeln nationaler Ästhetik, von denen sich die früheren Emigrationen bei der Beurteilung ihrer ›Propheten‹ leiten ließen. Unter dieser Konfusion litt besonders die polnische Emigration während des letzten Krieges.«

Wie wahr. Und je weniger Leben, desto schlechter steht es um diese natürliche Auslese. Die *Wiadomości* sind zum Idealbild des farblosen Zugrundegehens in der Emigration geworden, schwerlich wird man einen sorgfältiger aufgeputzten, gebügelten, gekämmten, glattgeleckten Friedhof finden, und so *comme il faut*. Die *Wiadomości* samt der Truppe der Londoner Schöngeister, Snobs, Anglikaner, Europäer, Diplomaten, Polonisten, Ästheten und Connaisseurs. Furchtbar der Gedanke, was passiert wäre, wenn nicht durch ein glückliches Wunder der Dialektik die *Kultura* als Antithese am Horizont aufgetaucht wäre. Überlegt nur einmal, wie wir ohne diese Pariser Monatsschrift dastünden. Mieroszewski wäre natürlich zu den *Wiadomości* nicht zugelassen worden, er hätte als Feuilletonist in kleineren Zeitungen sein Dasein gefristet, und er, der nüchternste und offenste Kopf (dem in der Geschichte des polnischen politischen Denkens einer der ersten Plätze gebührt), hätte unsere luftdicht versiegelten »Konzeptionen« nicht entkorken, kein elektrisierendes Leben in sie bringen können. Ganz zu schweigen von Miłosz, dessen *casus* kraß und unübersehbar ist. Aber Jeleński! Ich weiß nicht, wie das war, aber ich glaube, ohne die *Kultura* wäre Jeleński nicht zum einzigen polnischen Publizisten geworden, der in Europa wirklich etwas zählt, und hätte nicht zur wirklichen französischen Elite vorstoßen können. Jeleńskis aufgeweckter Behendigkeit, unter den Polen am besten mit der modernen europäischen Literatur vertraut, wäre aufgrund jener »emotionalen Beweggründe, abgestandenen Mythen und veralteten Regeln der nationalen Ästhetik«, von denen Wittlin spricht, gewiß der Zutritt zum Olymp des Grydzewski verwehrt gewesen, er hätte einfach keinen Ort gefunden, seine literarische Karriere zu beginnen. Und – um keine weiteren Namen zu zitieren – so viele andere Neuheiten, die die *Kultura* auf gesellschaftlichem, politischem, künstlerischem Gebiet eingeführt hat – wo wäre das alles geblieben? Und schließlich, nicht weniger wichtig, wie sähe unser Kontakt mit der Heimat aus – die *Wiadomości* und ihre Gruppe sind doch eine chinesische Mauer – erinnert ihr euch an den Beschluß des Schriftstellerverbandes in London, der jede Publikation in Polen verbat, diesen Monumentalbeschluß, dieses Denkmal der Unfähigkeit?

MITTWOCH

Weshalb halte ich es seit kurzem nicht mehr mit der für mich charakteristischen Diskretion und bin auch einmal ein bißchen genant, ja provozierend? Ich tue das nicht zum Vergnügen. Es braucht eine Polarisierung, eine Scheidelinie. Schon allzulange mischt sich, was lebendig ist, mit Leichenhalle. Das Leben muß sich endlich als Leben fühlen, muß ein Gespür für seine Rücksichtslosigkeit, für seine Schärfe und seinen Schwung bekommen und anfangen, sich Weg zu bahnen.

FREITAG

Noch ein Zitat von Wittlin:

»Der Exilschriftsteller lebt in einer verengten Gemeinschaft, in der nicht leicht schaffen und, schwerer noch, revolutionäre Werke veröffentlichen ist. So eine verengte Gemeinschaft schenkt am ehesten dem Gehör, was sie schon lange kennt . . . Und so hat es der Schriftsteller im Exil schwer, der Emigration seinen Geschmack und seine Neuheit aufzuzwingen.

Wehe ihm, er unterliegt. Denn wenn schon in einer normalen Gesellschaft jeder Künstler von seinem ärgsten Feind, der Lust zu gefallen, bedroht ist, so ist diese Gefahr in der verengten, gettoisierten Gemeinschaft noch hundertfach größer...«

Na bitte! Man soll also nicht zu schön tun, das wäre ungesund in einer »verengten gettoisierten Gemeinschaft«. Sehr angebracht ist borstige Aufrichtigkeit, mag sie denen noch so sehr gegen den Strich gehen, die sich unter Ausnutzung der Tatsache, »daß so eine verengte Gemeinschaft am ehesten dem Gehör schenkt, was sie schon lange kennt«, seit zwei Jahrzehnten an ihren Pfründen gütlich tun.

Eine Scheidelinie! Eine Linie zwischen der Bewegung und dem Vortäuschen von Bewegung.

SONNABEND

Wie schade, daß wir keinen Sandauer haben! Den mit seinem Stempel »Ohne Vorzugstarif« könnten wir gut brauchen. Polen hat es immerhin zu einem Sandauer gebracht – das allein zeigt schon, wie weit man dort dem seichten Stillstand der Emigration voraus ist.

Wie denn? Voraus? Sie, die Gefesselten, uns, die mit Vollgas in Freiheit leben? Unmöglich! Skandalös! Und dennoch! Offensichtlich ist das Gefängnis nicht der schlechteste Ort für den Geist, der in der Abgeschlossenheit Spannkraft gewinnt. Während man sich in der Grenzenlosigkeit der Freiheit leicht auflöst – wie ein Stück Zucker, das vom Schiff in den Ozean fällt.

In einem gewissen Sinne leiden Polen und die Emigration an derselben Krankheit. Wie die Emigration an einer Künstlichkeit kränkelt, die Folge ihrer Isolierung von der Nation ist, so hat man auch dort in Polen mit einer Künstlichkeit zu ringen, die, in höherer Dosis noch, von einer ebenso unersättlichen wie papiernen Theorie erzwungen wird. In der Emigration lebt man in einem Freiraum, ohne sich am Leben bewähren zu müssen, erneuern zu können. Auch in der Heimat ist alles von Fiktion infiziert, aber deshalb, weil man von der Welt, vom freien Spiel der Werte isoliert wurde, weil Polen zu einem geschlossenen System mit eigenen Gesetzen gemacht wurde. Unter solchen Bedingungen ist es leicht, ein Kriterium in der Kunst zu finden: alles dort bei ihnen oder hier bei uns, was Wirklichkeit will, was nach Leben und Wahrheit ruft, nicht der relativen, lokalen, sondern der universalen und letztgültigen, ist schätzenswert, ja unschätzbar; alles, was in seinem Wesen konjunkturell ist und auf Verlogenheit ruht wie auf einem Thron, ist elend, seicht, gewitzt, mittelmäßig.

Vor mir auf dem Tisch Sandauers Buch *Ohne Vorzugstarif*, mit seinem Generalangriff auf das literarische Schaffen in Polen. »Generalangriff« sage ich, obwohl sich der blutige Sandauer darauf beschränkt, Adolf Rudnicki, Jerzy Andrzejewski, Jan Kott und zum Nachtisch noch diverse andere durch den Fleischwolf zu drehen. Aber im Grunde ist dieses Buch von der ersten bis zur letzten Seite, ob da nun Bruno Schulz gerühmt oder Kott verdammt wird, ein einziger Fußtritt für das Spiel – das abgekartete Spiel in der polnischen Literatur.

K Ein farbiges und charakteristisches Werk! Zum Anfassen deutlich wird ihr Drama... provinziell... das Drama des Lokalismus, wo »Lokalgrößen« geboren werden, »fast« solche wie in der großen Welt, wo alles »fast« auf der Höhe ist, wo es eigentlich nur um dieses bißchen, um dieses »fast« geht. Diese Provinz schlachtet Sandauer mit kühlem, ruhigen, vernünftigen, disziplinierten Chirurgenmesser ab, ein höchst intellektuelles Morden ist das fürwahr, geradezu objektiv!

Hat er Rudnicki nicht zu grausam verrissen? Ist Andrzejewski wirklich gar so furchtbar? Aber es geht ja nicht um sie, sondern um den Schund an sich, um die fragwürdige Reputation dieser Literatur. Ich neige nicht (wie Sandauer) dazu, ihre miese Qualität ausschließlich mit der Periode von Tyrannei und Terror zu begründen. Erstens ist das schon ziemlich lange her, und zweitens ist die Kunst als die Metapher *par excellence* ganz schön widerstandsfähig gegen solche Inquisitionen. Drittens hätte es doch wohl genügt, wenn die Kunst in Polen, ohne politisch zu werden, wenigstens eine wirklich tiefe und authentische Persönlichkeit hervorgebracht hätte – das steckt an, zwingt zur Leistung, hebt das Niveau. Ihre Armseligkeit ist weniger Folge ihrer Situation, als der Tatsache, daß sie der Situation nicht ins Auge sehen mochten. Aber wie hätten sie der Situation ins Auge sehen können, wenn sie so tief in sie verstrickt waren? Versuchten sie doch – bei all ihrer Angst um die geistigen und künstlerischen Werte, die sie repräsentierten – irgendwie mit der Situation zurechtzukommen, die ihnen, *entre nous soit dit*, gar nicht so ungelegen kam, denn sie beseitigte die Konkurrenz und führte einen Vorzugstarif ein. Es gibt nur ein Rezept, gut zu schreiben: durch die Konvention zur Wirklichkeit vordringen; durch die abgesprochene Wirklichkeit zur letztgültigen gelangen. Sie aber? So verstrickt in ihre Geschichte, so tief darin steckend, bis über beide Ohren, sie, die Akteure dieses Schauspiels – wie sollten sie Distanz gewinnen? Sogar die Feinde, wie Hłasko, stecken im Kommunismus, leben doch – in künstlerischer Hinsicht – von ihm ... und Sandauer hat recht daran getan, seinem Buch eine kurze Durchleuchtung der Karriere dieses talentierten Autors beizufügen, der so rührend hilflos ist, unfähig, seine Probleme intellektuell zu bewältigen, desorientiert, primitiv und einzig in der Lage, ein paar naive Themen abzuhandeln. Hłasko: interessant, aber nur als Produkt des Kommunismus – auch ein Sohn des Schunds, und sein Bestandteil.

Wenn dem so ist, weshalb sagte ich dann, daß sie der Emigration dennoch voraus sind?

Weil sie – im Gegensatz zu uns hier – am Schund leiden. Der Ton Sandauers – diese kühle Verbissenheit des Demaskierers – ist nicht Zufall, sondern Notwendigkeit, und sie muß viele, viele Leser in Polen haben (manchmal hat ein Buch keine hohe Auflage, aber sein Ton wird von Mund zu Mund weitergereicht, als »Volkes Kunde«). Ich hätte an diesem Kritiker einiges auszusetzen, er ist mir zu zerebral, sein trockenes, ungeschmeidiges Intellektualisieren finde ich oft nachteilig – aber man muß zugeben, daß niemand von ihnen den Finger gezielter auf die schwärende Wunde gelegt hat. Er hat ausgesprochen, was nicht mehr ungesagt bleiben konnte, er brachte die Aufrichtigkeit, Rücksichtslosigkeit und Strenge auf, ohne die die polnische Kultur heute nicht auskommt und von denen ihre Zukunft abhängt. Wichtig ist nicht dieses oder jenes Einzelurteil, sondern die Tatsache, daß in diesem Buch zum ersten Mal seit dem Krieg wieder die Stimme des Literaten zu hören ist, die Polen wieder zu einem Teil Europas macht (was nicht heißt: des europäischen Kapitalismus).

SONNTAG
»Für Gombrowicz war Sandauer in Polen, was Jeleński auf europäischem Terrain war. Jeleński und Sandauer – die beiden forcierten seinen Aufstieg mit einem unermüdlichen Fleiß, den er bewunderte (denn ihm war es fast unbegreiflich, wie man sich für die Werke eines anderen aktiver engagieren konnte als in Form unverbindlicher Anerkennung). Er konnte auch die Augen nicht davor verschließen, daß auf den Seiten von ›Ohne Vorzugstarif‹ viel die Rede von Ferdydurke war, und daß sie Sandauer zu einem Sprungbrett für die Attacke auf das literarische Schaffen in Polen geworden war – entre nous soit dit, was hätte Gombrowicz gegen ein Buch haben können, das alle ringsum in Grund und Boden stampfte, um den absoluten Vorrang seines Werkes zu postulieren?

Etwas dagegen? Gewiß nicht. Na und? Sollte er sich deshalb jeden Urteils über Sandauer enthalten? Er war der Meinung, daß man diese belastenden Umstände nur zu nennen brauchte, um wieder rein dazustehen. Einmal eingestanden, verlor dieser Komplex sein Gift.

Im übrigen sah er immer deutlicher, daß seine Verständigung mit Sandauer keineswegs vollkommen war, sie umfaßte nur einen Teil seiner Werke und seiner Person. Von Sandauer konnte man nicht die unheimli-

che Aufnahmefähigkeit und flugs begreifende Sensibilität eines Jeleński erwarten – Sandauer gehörte zur Gattung der Käfer, die einsam ihres Weges wandern, Mastodont, Krustentier, Mönch, Hippopotamus, Kauz, Inquisitor, Kaktus, Märtyrer, Apparat, Krokodil, Soziologe und Rächer. Dieser Einzelgänger nahm sich von ihm – von Gombrowicz – nur das, was ihm gerade paßte, und wer weiß, auf lange Sicht mußte man sogar mit der Möglichkeit rechnen, daß dieser Verbündete zum Feind würde... ein solcher Gang der Ereignisse war, obgleich wenig wahrscheinlich, doch nicht auszuschließen...«

DIENSTAG
Für mich ist klar, daß – allem Elend zum Trotz – die Oberschicht in Polen heute die Elite der Emigration an Intelligenz und Bildung übertrifft.

K Vielleicht täusche ich mich – weil sie dort viel mehr sind und mehr Lärm machen? Ich kann nur sagen, daß meine persönliche Erfahrung diesen Eindruck völlig bestätigt: die Auflagen meiner schwierigen Bücher in Höhe von mehreren Zehntausend waren in Polen innerhalb von Wochen vergriffen; die Pressekommentare zeigten im Vergleich zu den Simplizismen, die sich die Mehrheit der Exilorgane leisteten, häufig unübertroffene Finesse. Aus dem geknebelten Polen wehte mich Offenheit an, ein viel weiterer Horizont!

Während die Emigration die meisten Chancen vertan hat, die ihr durch die große Freiheit im Westen und durch den Kontakt mit seinen Reichtümern geboten wurden, haben die Menschen in der Heimat ihre Vorzüge zumindest teilweise zu nutzen verstanden. Was für Vorzüge das sind? In erster Linie ein innerer, verborgener, fast konspirativer Reifeprozeß, den man in einer

Atmosphäre der Erstickung, Gewalt, aller möglichen Schikanen und Schwierigkeiten wohl findet – und erst recht bei Katastrophen, Gefährdungen, Traumen und Niederlagen. Das alles hat sie hart gemacht, während die Weichheit und Monotonie der Emigration (deren einziger Kampf der ums Geld ist) sie zur idealen Bourgeoisie werden ließen. Die bürokratische Glätte des offiziellen Tons in Polen ist nur die obere Schicht über einer furchtbaren Dissonanz – die so dynamisch wie schmerzlich ist. Enttäuschung – eine Serie von Enttäuschungen – das ist wahrscheinlich die beste höhere Schule, die sie absolvieren konnten.

Bedenken wir auch die Erneuerung, die jede Revolution mit sich bringt, selbst wenn sie mißrät. Der gesellschaftliche Umbau ging nicht ohne Änderungen in der intellektuellen und geistigen Perspektive ab. Das neue, materialistische Evangelium war so etwas wie ein heftiger Stoß, der die Enge der katholischen Tradition, die in Polen so hemmend geworden war, aufrüttelte. Erst heute wird das Erbe des alten Jesuitenkonvikts liquidiert. So kompromittierte der Marxismus die Kirche, wurde aber zugleich selbst kompromittiert, weil er sich nicht weniger eng und dogmatisch zeigte. Anderseits wurde auch die Nation mit einem Fragezeichen versehen (ich spreche von der Oberklasse), weil sie ihre Schwäche offenbarte und weil in der neuen politischen Konstellation Polens das Nationale immer weniger Bedeutung hat. Man sollte also meinen, daß auf den Leichen von Glauben, Nation und Marxismus, auf den Leichen von Dogma, Philosophie und Ideologie einzig und allein Wissenschaft und Technik ihr Reich proklamieren würden. Aber Technik und Wissenschaft kommen in Polen gerade erst in Gang, irgend etwas regt sich da wohl schneckenhaft – zu unbeholfen, um auch nur Surrogat eines tieferen Lebensinhalts zu werden. Die Kompromittierung ist allgegenwärtig, sie hat alle Gebiete erfaßt und sämtliche Götter gestürzt – daher ihre Enttäuschung, daher ihre Weisheit.

Diese Weisheit aber ist eigenartig ... sie kann sich nicht zeigen. Aus politischen Gründen? Nicht nur. Diese Menschen sind wie Kinder, die aus einem Haufen alter, durcheinandergewürfelter Klötze von vielen früheren Geburtstagen ein neues Gebäude errichten wollen – es will ihnen nicht recht gelingen, und da entsteht dann ein häßlich Ding, Bogengänge eines Schlosses, die Fassade eines Schweizer Hauses, Fabrikschornstein und Kirchenfenster. Polen ist voller Gerümpel, und sein Geistesleben besteht darin, daß man sich mit Phrasen bewirft – Phrasen aus der Vorkriegszeit und Phrasen, die man ihnen nach dem Krieg in den Mund gelegt hat. Wenn man sich diese gelehrten Diskussionen so anhört, spürt man die fatale Bildung, mehr noch, die fatale Erziehung, und vor allem das Fehlen eines Stiles, der den oft großartigen Talenten zur Durchsetzung verhelfen würde – da ist alles Rumpelkammer, Chaos, Unfähigkeit und Schmutz. Soviel, soviel Schmutz! Soviel Müll! Trotzdem habe ich den Eindruck, daß dieses unterirdische Drängen ihrer unruhigen, tragischen, brutalen, desillusionierten Intelligenz unendlich viel kraftvoller ist als vor dem Krieg, und eines Tages wird sie wohl ans Tageslicht kommen.

XVI

DIENSTAG

Die Kunst ist aristokratisch bis auf die Knochen, wie ein Prinz von königlichem Blut. Sie ist Verneinung der Gleichheit und Vergötterung der Größe. Sie ist eine Sache von Talent oder gar Genie, also von Überordnung, Außergewöhnlichem, Einmaligem, ist zudem strenge Hierarchisierung der Werte, Grausamkeit gegenüber dem Gemeinen, Auswahl und Vervollkommnung des Seltenen, Unersetzlichen, sie ist schließlich Pflege von Persönlichkeit, Originalität, Individualität. So darf es nicht verwundern, daß die großzügig finanzierte Kunst in den Volksdemokratien ein Berg ist, der eine Maus gebiert. Das kostet schwere Millionen, und »produziert« wird nichts als Geschwätz.

Geschwätz. Wenn ich manchmal so in Richtung Polen lausche, höre ich es – das Geschwätz. Sie sind so furchtbar geschwätzig. Ihre Bücher sind wie literarisches Feuilleton, und ihr Feuilleton wie Kaffeehaus – alles trieft von Geschwätz, birst vor Geschwätz. Ich kenne kein einziges Werk von ihnen, von dem man sagen könnte, es wurde im Schweigen geboren. Ich kenne auch keinen einzigen Autor (außer zweien vielleicht), von dem man sagen könnte, daß er nicht auf dem Bürgersteig schreibt, oder in dem Café, das an diesem Bürgersteig liegt. Sogar die Werke von Leuten, die früher recht abgesondert waren, zeigen heute jene spezifische Mitteilsamkeit, die für Menschen ohne eigenes Zuhause charakteristisch ist (ohne geistiges Zuhause: ich spreche nicht von Küche und Bad). Hört man auf dieses Kaffeehausrauschen, das sie produzieren, so stellt man fest, daß alle Stimmen von mehr oder weniger gleicher Intensität sind; sie haben die gleiche »Farbe«, wie der Musiker sagt. Stimmen und Instrumentalgruppen haben sich aufeinander abgestimmt – so daß man Trompete und Flöte kaum mehr unterscheiden kann und der Kontrabaß mit der Oboe verschwimmt. Alles zusammen klingt wie ein Orchester, Pardon, Kaffeehaus – ja, kein Zweifel, die zeitgenössische Literatur in Polen ist nicht nur ein großes Geschwätz, sondern auch ein großes »Lokal« mit Gebäck, schwarzem Kaffee und Schlagsahne.

Heute würde ich ihnen ein Gesicht schneiden und »Ätsch, ätsch« rufen – denn früher, vor dem Krieg, war ich für die polnische heroische Linke ein bedauernswerter Kaffeehausliterat... heute nun haben die Rollen gewechselt. Es ist ganz unübersehbar, daß sie ihre Wahrheiten bei einem halben Schwarzen (he, sagt man noch so, Kollegen?) gefunden haben, daß ihre Gedichte teetrunken sind, ihre Essays wie Mohnstriezel und ihre Romane wie »Florentiner« (he, kennt ihr dieses Wort noch?) schmecken. Nicht daß sie süßlich wären. Die Sache ist interessanter. Bekanntlich fühlt sich der Mensch unterschiedlich, je nachdem ob er sich – zum Beispiel – im dunklen Wald, in einem gestutzten französischen Garten oder im vierzigsten

Stock eines amerikanischen Hochhauses befindet. Für einen Kenner wie mich (denn ich bin ein versierter Lokalbesucher) kann kein Zweifel daran sein, daß ihr Selbstgefühl das Selbstgefühl des Kaffeehaus-Stammgastes ist. Sie haben, wie soll ich sagen, dieses gewisse Etwas... die Grenze ihrer Persönlichkeit reicht gerade mal bis »zum Nebentisch«. Vergeblich suchte man bei ihnen nach heiliger Wildnis, offenen Weiten. Sie haben nicht die Spur der dramatischen Verbissenheit von Einzelgängern wie Kant oder Proust. Ihnen fehlt die metaphysische Unruhe, die aus gespannter Stille erwächst. Die Religion, die sich im brennenden Dornbusch offenbart. Die Methode, Hygiene und Disziplin der wissenschaftlichen Laboratorien. Keiner von ihnen reicht weit – jeder endet dort, wo der Nachbar beginnt – sie sind beschränkt durch sich selbst, durch ihre Gedränge. Natürlich wissen sie das alles gut und tun, was sie können, um nicht Kaffeehaus zu sein; aber ihre geistigen Verkrampfungen verfolgen nur den Zweck, nicht Kaffeehaus zu sein, und sind deshalb wieder Kaffeehaus, nur *à rebours*. Teufelskreis.

Schon vor dem Krieg konnte es beunruhigen, daß die Literatur es sich in der *Ziemiańska*, dem *Ips*, *Zodiak* u. ä. allzu gemütlich machte. Das Kaffeehaus ist gefährlich, denn es bildet eine eigene, kleine Welt; das Kaffeehaus ist, selbst wenn es in Paris liegt, immer lokal, immer Provinz. Sandauers Verdienst wird es bleiben, daß er den erschreckend hohen Anteil von Kaffeehaus und somit Provinz im Werk eines bekannten polnischen Autors aufgedeckt hat – ich meine, man sollte diesen Schriftsteller für ein derart typisches und repräsentatives Schaffen eher rühmen. Es gibt nur ein Heilmittel. Sofortige Reise ins Ausland, egal wohin (wenn nur die Grenze überschritten wird). Das kommt nun wegen gewisser Schwierigkeiten, die die Behörden mit den Pässen machen, nicht in Frage – doch vergessen wir nicht, der Literat kann sich auf einem Buch davonmachen, wie die Hexe auf dem Besen. Habt ihr begriffen, wozu ich euch rate? Um etwas zu schaffen, muß der polnische Künstler wegfahren, geistig wegfahren, ohne sich eigentlich von der Stelle zu rühren –

und in die Berge muß er. Die polnische Tiefebene mag überaus rührend sein, für den Künstler ist nichts so gut wie Gebirgsklima, scharfes, rauhes Klima, und dazu mit solchen Bodenunebenheiten, daß immer einer den anderen von unten oder von oben betrachtet – klar? Macht euch auf (geistig, meine ich – bleibt sitzen) in das gesegnete Gelände, das unter dem Fuß schwillt, wächst, sich dehnt und in die Höhe trägt. Mit anderen Worten: Wollt ihr Kunst betreiben, so müßt ihr euch auf die Kunst stützen, müßt auf die Suche nach der höchsten Kunst Europas gehen, müßt eure eigene Künstlernatur in ihrer Natur finden und euch mit ihr verbinden...

Ich hätte mich dieser Suggestionen enthalten, wenn der Kommunismus in puncto Kunst und Literatur nicht eine derart fortgeschrittene Sklerose zeigte... auch wenn er nicht immer sklerotisch ist – gerade in diesen »Kulturdingen« leidet der Kommunismus doch an einer unheilbaren Starre und Verkalkung der Arterien. Andernorts ist er innovativ – hier dagegen schwerfällig, blind und dumm. Wenn die Kommunisten die Kunst weniger brutal und stupid angehen wollten, müßten sie begreifen, daß sich ihr Wesen nicht verändern läßt – sie ist eben – solche Stauden gibt's – hochstämmig. Kaum ein Vertreter der Menschheit ist so unnachgiebig wie der Künstler. Am vernünftigsten wäre es also, die Künstler in Ruhe zu lassen und ihnen zu gestatten, weiterhin Aristokratie zu sein, wie es ihrer Berufung entspricht. Eine solche Aristokratie ist im Marxschen System denkbar und akzeptabel. Aber die Kommunisten zogen es vor, die Kunst »einzuebnen«, indem sie ihr Antlitz mit Füßen traten. Nun ja, bei derart »kultivierten« Verhältnissen bleibt nur eins – geistig so schnell wie möglich auszureisen – aber natürlich gilt mein Rat nur den zwei oder drei authentischen Prinzen von Gottes Gnaden, die dreißigtausend übrigen Demokraten, die sich mit der Feder mühen, sollen tun wozu sie Lust haben, das ist ohne größere Bedeutung.

DIENSTAG

All die (fürchterlichen) Reinfälle der Kommunisten im Umgang mit der Kunst rühren daher, daß sie ihre Daseinsberechtigung nicht begriffen haben.

Die Stärke der Kunst, ihre Unnachgiebigkeit, ihre immer wieder auflebende Dauerhaftigkeit haben ihren Grund darin, daß sich in der Kunst das Individuum ausspricht. Der Mensch. Der einzelne Mensch. Die Wissenschaft ist eine kollektive Angelegenheit, denn Verstand und Wissen sind nicht Privatbesitz; die verstandesmäßigen, abstrakten Wahrheiten werden von Generation zu Generation weitergegeben, und der Gelehrte ist wie ein Baumeister, der einen weiteren Ziegel auf das Gebäude legt, das seine Vorgänger errichtet haben. Die philosophischen, begrifflichen Wahrheiten sind nicht minder abstrakt und nicht minder kommunistisch – sie sind daher Gemeingut (solange der Philosoph nicht, was häufig geschieht, zum Künstler wird).

Betretet ihr dagegen das Gebiet der Kunst – dann Vorsicht, Kommunisten! Denn das ist Privatbesitz, der privateste, den sich der Mensch je zugelegt hat. Die Kunst ist so persönlich, daß jeder Künstler sie eigentlich von vorn beginnt – und jeder schafft sie in sich, für sich – sie ist Entladung von Existenz, von Schicksal, einer besonderen Welt. In ihrem Einfluß, ihren Wirkungsmechanismen ist sie gesellschaftlich, in ihrem Werden und ihrem Geist – individuell, persönlich, konkrekt, einzig.

Was geschähe, Kommunisten, wenn ihr die Kunst liquidieren würdet? Nichts, sagt ihr? Der Fortschritt der Menschheit würde nicht behindert, es käme zu keiner Leere, keiner Stille, die lauten Stimmen von WISSENSCHAFT, PHILOSOPHIE, PARTEI, RELIGION vielleicht würden weiterhin ertönen, ertönen, jeder Tag würde neue Erfindungen mit sich bringen. Gewiß... Doch seid ihr vorbereitet auf den einen, furchtbaren Verzicht? Von da an wüßte man nicht mehr, was der Mensch denkt und fühlt. Der einzelne Mensch.

Das wäre unerträglich. Aber weshalb sollte der Kommunismus sich nicht dazu durchringen, der Kunst einen besonderen

Platz zuzugestehen und ihre Bedürfnisse zu respektieren? So ein Reservat brauchten sie, so ein Privateigentum und so eine Aristokratie könnten sie (den anderen, aber auch sich selbst) gestatten. Warum tun sie das nicht? Ich weiß nicht. Ist es gegen das Schema?

MITTWOCH
Der Botschaftsrat Elsterschwantzki aus *Trans-Atlantik* erinnert nach Meinung der Person, die mir das erzählte, ein wenig an eine komische Persönlichkeit, den Botschaftsrat Korczyński. Dieser Korczyński war so um das Jahr 1947 Sekretär der Botschaft, die unter Leitung von Minister Szumowski aus Warschau in Buenos Aires eintraf. Eine sekretärshafte, bürokratisch anmutende Diplomatenfigur, dazu galizisch – bester Stoff für jede Posse. Übrigens reizte in dieser Botschaft nicht nur er zum Lachen.

DONNERSTAG
Ach, Polonist also! Als ich die Erwiderung auf Herrn Grabowski schrieb, dachte ich, das sei nur ein Feuilletonist, aber mir schwante schon damals etwas von einem Polonisten. Und meine Ahnung hat mich wohl nicht getäuscht, denn seine Replik brachte die stolze Kunde, daß er Professorensohn sei (Filius eines Literaturhistorikers), sowie den unschätzbaren, köstlichen, typischen Passus, in dem es heißt, daß er das Kunstwerk methodisch beurteile, nach drei Aspekten (ich weiß nicht mehr, wie das ging, hab's aber ganz begeistert gelesen).

Alicja Lisiecka, die sich in der *Nowa Kultura* (»Das Jubiläum der Kritik«) über Sandauer ausläßt, hat leider auch etwas von einer Polonistin. Ein bißchen altklug ist das, professoral, und dabei wie die Faust aufs Auge. (P.S. Seltsam. Im *Życie Literackie* vom Januar ein anderer Artikel, auch über Sandauer, auch paukerhaft und polonistisch, aber nicht von Lisiecka, sondern von

Lisicka, und nicht Alicja, sondern Teresa. Was ist das für eine Sankt Dr. Prof. in zwei Personen? Ob die sich zweiteilt wie die Amöben?)

FREITAG

Byron und Debussy. Beneidenswert, diese Revolutionäre zu ihrer Zeit. Sie hatten wenigstens noch etwas umzustürzen, hatten einen klar gezeichneten, erhabenen Feind, auf den sie einschlagen konnten. In unserer Zeit ist schon alles Revolution, nichts erregt mehr Anstoß. Der Skandal hat sich erschöpft.

Aber Byrons Briefe enthalten heute mehr Sprengstoff als *Childe Harold*, der *Korsar*, als das, was als Revolution gedacht war. Und Debussy? Spüren wir seine konservative Beharrlichkeit, den spezifischen Klassizismus nicht mindestens genau so deutlich in den Partituren wie seinen »Modernismus«?

SONNTAG

»Guitarra« ist zur »colimba« eingezogen worden. »Guitarra« ist, wie der Name schon sagt, ein Gitarrist, den ich in Tandil kennengelernt hatte, als er Bach und eine *Suite en re*, wohl von Visée, vortrug. Und »colimba« ist der Wehrdienst. Wenn ich ihn später traf, las ich ihm das ganze Grauen dieser Tortur aus den Augen, die in Argentinien beim Heer ein gutes Jahr, bei der Marine zwei Jahre dauert.

Sind die Kasernen mit der Demokratie vereinbar? Mit einer Verfassung, die die Freiheit und Würde des Einzelnen garantiert? Mit den Menschenrechtserklärungen? Ein zwanzigjähriger Junge, der nichts verbrochen hat, wird in dieses Konzentrationslager gesteckt, das schlimmer ist als ein Gefängnis (denn im Gefängnis gibt es keinen Feldwebel, der dich an die Kandare nimmt; das Gefängnis zielt nicht, wie die Kaserne, darauf ab, deinen Charakter zu brechen; das Gefängnis ist Isolierung, nicht aber Verfolgung von früh bis spät). Ein oder zwei der schönsten Jahre müssen sie dem Feldwebel opfern. Es ist noch gut, wenn sie da ohne größeren Schaden wieder herauskommen (Entschädigungen werden nicht gezahlt). Das Unausweichliche dieses Schlages verdirbt ihnen die Jugend schon lange vor dem fatalen Datum.

Wie soll man sich erklären, daß das Unrecht, das irgendeinem einzelnen Dreyfus oder einem anderen Pechvogel geschieht, zur Gewissensfrage wird und fast einen Bürgerkrieg hervorruft, während uns die Tatsache, daß jährlich Millionen junger Männer ihrer elementaren Rechte (und manchmal auch ihres Lebens) beraubt werden, so glatt die humanitären Kehlen runtergeht? Weshalb protestiert da niemand, weder die Eltern, noch sie selbst, noch irgendeins von jenen wachen Gewissen der Menschheit, die immer gern in Klagegeschrei ausbrechen?

Wenn ihr wissen wollt, wer schuld daran ist, so seht euch um... ja, richtig... das Alter (diese verborgene Triebkraft des sozialen Lebens). Zwanzig Jahre! In der »Colimba« realisieren sich die zwei Gewalten, die der Gesellschaft zugrunde liegen: die Gewalt des Gebildeten am weniger Gebildeten, und die Gewalt des Älteren am Jüngeren. Hier schindet der Offizier, der mehr weiß, halbe Analphabeten, hier nimmt der Ältere die Jüngeren an die Kandare. Wir leben ein abgemildertes Leben, in einer Atmosphäre der Ehrerbietung, aber irgendwo muß es ein Plätzchen geben, wo sich der Überlegene mit dem Unterlegenen, der Ältere mit dem Jüngeren treffen können, einfach so... ohne falsche Scham.

Flor, Marlon, Goma und andere, die es schon hinter sich haben, erzählten gestern Anekdoten von der »colimba«, haarsträubend!

Was würde geschehen, wenn man ein Gesetz erließe, nach dem jeder ein Jahr ins Gefängnis muß, wenn er, sagen wir, vierzig wird? Der allgemeine Protest würde augenblicklich zur Revolution führen? Und die »colimba«? Nun, man ist seit eh und je daran gewöhnt. Und überhaupt, dieses Alter... Das Alter der vollen körperlichen Leistungskraft, dabei aber noch kindlich, erleichternd, ermöglichend ... viele Leben konzentriert in der Hand eines Offiziers, wie in der Hand eines Halbgottes!

DIENSTAG

Heute erwachte ich in dem köstlichen Bewußsein, daß ich nicht weiß, was ein Literaturpreis ist, keine offiziellen Ehrungen und keine Liebkosungen von Publikum und Kritik kenne, ich gehöre nicht »dazu«, bin mit Gewalt in die Literatur gekommen – spöttisch und arrogant. Ich bin ein *self-made man* der Literatur! Manche jammern, sie hätten es am Anfang schwer gehabt. Ich aber habe dreimal debütiert (einmal vor dem Krieg, einmal in Argentinien, einmal auf polnisch in der Emigration), und bei keinem dieser Debüts blieben mir Demütigungen erspart.

Dem Allmächtigen sei Dank, daß er mich, da meine Situation als Schriftsteller sich gerade besserte, aus Polen herausgeholt und mich auf den amerikanischen Kontinent versetzt hat, in eine fremde Sprache, in die Einsamkeit, die Frische der Anonymität, in ein Land, das bekannter ist für seine Kühe als für seine Kunst. Das Eis der Teilnahmslosigkeit hält den Stolz so frisch!

Dank sei Dir, Allmächtiger, auch für das *Tagebuch*. Einer der dramatischsten Momente meiner Geschichte war vor etwa zehn Jahren, als die ersten Fragmente des *Tagebuchs* das Licht der Welt erblickten. Oh, wie zitterte ich da! Ich hatte die groteske Sprache meiner bisherigen Werke abgeworfen, wie man einen Panzer ablegt – so wehrlos fühlte ich mich im *Tagebuch*, so sehr fürchtete ich, ich könnte in dieser einfachen Redeweise farblos ausfallen! War dies nicht mein viertes Debüt, mein gefährlichstes? Aber dann! Welch eine Sicherheit, als sich zeigte, daß ich mich notfalls selbst kommentieren kann – das hatte ich gebraucht, mein eigener Kritiker, Kommentator, Richter und Regisseur zu sein, diesen Hirnen dort die richterliche Gewalt zu rauben ... zu jener Zeit begab sich meine Unabhängigkeit!

Viel verdanke ich einigen Männern der Feder, die mich unterstützten, angefangen von dem heute berühmten Bruno

Schulz. Aber erst als ich mich im *Tagebuch* freigeschrieben hatte, merkte ich, daß auch ich die Feder in der Hand habe – ein wunderbares Gefühl, das mir weder *Ferdydurke* noch die anderen künstlerischen Werke vermittelt haben, die schrieben sich von selbst... gleichsam jenseits von mir... Von diesem Moment an war mir die Feder zu Diensten... Das war, als begleitete ich meine Kunst bis dorthin, wo sie in fremde Existenzen versinkt und mir feind wird.

DIENSTAG

»*Gombrowicz war der Ansicht, daß außerordentlich bösartige Umstände ihn dazu zwangen, sein persönliches Drama im* Tagebuch *zu inszenieren (obwohl das seinen Grund vielleicht auch im Geist seines Werkes hatte, wo die Idee der Regie, die Gestalt des Regisseurs sehr häufig vorkommen) – daß ihm also darob niemand Vorwürfe machen dürfe. Er schrieb doch unter geradezu würgenden Umständen – in der Heimat geknebelt, durch die Exotik der polnischen Sprache von der weiten Welt abgeschnitten, nach Luft ringend in der Enge der Emigration. So kamen seine unglückseligen Werke auf die Welt – die ja doch schwierig sind, so schwierig, daß sie sogar im Herzen von Paris schwer um Anerkennung zu ringen hätten.*

Ein Maß für die unglaubliche Verflachung der polnischen Hirne, mit denen er in dieser erstickenden Emigration zu tun hatte, möge sein, daß sogar dieses soviel leichtere Tagebuch *oft nicht verstanden wurde. Man versah ihn mit dem Etikett ›Exotik‹ – und basta! Die meisten dieser Leser und Kritiker der Emigration – Polonisten, Poeten, Schriftsteller, Intellektuelle – kamen gar nicht darauf, daß man auf verschiedene Weise von sich sprechen kann, daß sein Ich im* Tagebuch *nicht das Ich eines trivialen Egoisten oder eines naiven Narziß ist, sondern das eines Mannes, der wohl weiß... daß das, wenn überhaupt, ein methodischer, disziplinierter Egoismus ist, der gerade von hoher und kühler Objektivität zeugt. Sie sahen nur Schablone. Und schrien weiterhin: ›Egoist! Arrogant! Taktlos! Ärgerlich, boshaft, unsympathisch!‹*

Es ist wahr, Gombrowicz stichelte oft mit Absicht. ›Ich ärgere sie, damit sie sich auf mich stürzt‹, soll er einmal gesagt haben; denn er behauptete, die DUMMHEIT *sei eine ganz famose Bestie – sie kann nicht beißen, wenn man sie am Schwanz zieht.«*

XVII

FREITAG

Die Beethovensche Form und ihr Drama in der Geschichte.

Schon einige Jahre hatte ich der Musik ferngestanden. War entwöhnt. Gewiß, Beethoven hatte ich in der Jugend, wie alle, mit Genuß verschlungen – aber später, was wollt ihr, wurmte er mein Ohr, und es kam der Augenblick, da seine »Phrase« mir schon beinahe »gedroschen« vorkam. Und all diese staunenerregenden Dinge – der Beethovensche »Gedanke« und seine Ekstase, die Dämonie und die Lyrik und die eigentliche Zeichnung des Themas, die Harmonien, Modulationen, Umbildungen, all das hatte ich längst verinnerlicht... vom Konzertpodium erreichte mich nur ein ferner Widerhall.

Vor ein paar Monaten aber hörte ich zufällig das f-moll-Quartett, das elfte – und ob ich an diesem Tag besonders begierig auf Musik war, oder ob mich einfach der polyphone Reichtum des Quartetts als einer wie immer unerschöpflichen Streichergruppe bezauberte... gleich am nächsten Tag kaufte ich mir die Platten mit seinen Quartetten... und ertrank. Es-dur, e-moll, C-dur, cis-moll, F-dur, c-moll, a-moll, B-dur, F-dur, A-dur, G-dur – Quartette! Sechzehn Quartette! Es ist etwas anderes, ob man sich einem von ihnen von Zeit zu Zeit beiläufig nähert, oder ob man das große Gebäude betritt, in seine Tiefen dringt, von Saal zu Saal wandert, in Säulengängen umherirrt, die Gewölbe mustert, Architektur erkundet, Inschriften und Fresken entdeckt... den Finger auf den Lippen. Form! Form! Nicht ihn suche ich hier, nicht er erfüllt das Gebäude, sondern seine Form, die im Zuge dieser ihrer schrittweisen Selbstkomposition Abenteuer erlebt, Wandlungen, Bereicherungen – ähnlich den menschlich-unmenschlichen Geschöpfen aus uralten Märchen. Wie durch einen Nebel, irrend und den Finger auf den Lippen, gerate ich vom »Adagio molto e mesto« des 7ten zum »Molto adagio – Andante« des 15ten, oder ich überlege forschend, wie und weshalb die Haydensche Sonne der Jugendzeit so seltsam kehrtmacht an der Schwelle zum Tode, im letzten Rondo und im Andante F-dur? Wie und weshalb? Unklare Fragen – unbestimmte Antworten – verschwommen im Geräusch der Musik, wie im Rauschen eines Flusses – hier ist nicht das Reich der deutlichen Kontur – und viel mehr als fragen, als antworten kann man nicht, immer auf der Suche, den Finger auf den Lippen, immer umherirrend.

Sicher, ohne den subtilen Gesang der vier Streicher, ohne jene polyphone Raffinesse des Quartetts, welche jede Musik, die in die Fänge dieser vier Instrumente gerät, ungemein verfeinert, wäre ich nicht so unvermutet beethovenkrank geworden. Aber er interessierte mich auch als Problem... Ich dachte mir: Diese Musik ist wohl eine unserer größten Blamagen auf dem Gebiet der Musik gewesen... ihre Geschichte ist die Geschichte einer fürchterlichen Schweinerei, die uns zugestoßen ist... ihre Geschichte die Geschichte unserer Niederlage... und dieser alte, leichte Beethoven ist heute, in der Zeit Schönbergs, eine der am schwersten zu knackenden Nüsse.

Aber in der Kunst ist eben nichts so schwer wie die Leichtigkeit. Je höher sie sich entwickelt, desto schwieriger wird sie, die Leichtigkeit widerspricht also ihrer Tendenz, die Leichtigkeit bleibt hintenan, die Leichtigkeit stirbt, leichter Hand abgetan – es widerspricht also der natürlichen Evolution der Kunst, die Leichtigkeit am Leben zu erhalten.

Und noch eines, bevor ich zu Beethoven komme: Bekanntlich ist die Musik fast ausschließlich Form, reine Form, die sich von selbst, mit ihrer eigenen Logik entwickelt, von Generation zu Generation. Der Komponist findet, abhängig von seiner Zeit, eine fertige musikalische Sprache vor, in der er sich ausdrücken muß.

Betrachten wir nun die musikalische Form der Epoche Mozart–Beethoven. Wälder, Haine, Bäche und Quellen, blühende Wiesen und rauschende Ährenfelder – Frische, Üppigkeit, Jugend, wunderbar fruchtbarer Boden – Naturmusik war das, Gott zum Gefallen, deren aufgehende Kräfte man noch hemmen mußte. Dieser Reichtum des Gesangs! Diese Flut der Harmonien! In jenen gesegneten Zeiten, Musiker, war die FORM den Menschen wohlgesonnen. Und Beethoven, der Glückspilz, kam ausgerechnet gegen Ende dieser Epoche auf die Welt, als die Natürlichkeit schon zur Neige ging und die Kunstfertigkeit immer mehr Elan entwickelte. Das nenn' ich einen glücklichen Moment, Musiker! Die Verbindung von Natur und Kunst, so bezaubernd wie die Transformationen seiner Sonatenform, raffiniert schon und diszipliniert, aber noch unmittelbar, frisch... Solche Idyllen zwischen Kunst und Natur erlebt die Menschheit selten, und hat sie sie einmal erfahren, so vergißt sie sie lange nicht...

Doch die Form wäre nicht unser Fluch, hätte sie dieser Liaison lang zugeschaut. Sie begann also, ihrer unheilvollen Bestimmung nachzukommen. Der jungfräuliche Boden der Mozarts und Haydns trocknete langsam aus. Schon Chopin, schon Wagner begriffen entsetzt, daß sie nicht das gleiche Land bestellen konnten, etwas Widerwärtiges – Sättigung – stand da im Wege wie der Engel mit dem Flammenschwert, also suchten sie andere Felder, die bisher brachgelegen hatten – doch die waren schon schlechter. Der unglückliche Wagner mußte sich die gewaltige musikalische Erfindungsgabe intellektuell komplizieren, um nur ja nicht auf den Spuren jener Meister zu wandeln – was für ein Armutszeugnis, Musiker! Und Chopin fand, indem er seine Innovation – die neuartige Behandlung des Pianos – maximal ausbeutete, sein eigenes Beet, aus dem er die Nase nicht heraussteckte, froh darob, wenigstens so ein Gut zu besitzen. Die Musik gerät diesen Menschen auf abrupte Weise enger, beschränkter, konzentrierter, schwieriger, das ist nicht mehr Beethovens Abendspaziergang, sondern schwere Feldarbeit,

Brunnengraben, Bodenbewässerung. Was soll man erst von Debussy, Strawinsky und all den anderen, späteren, sagen, die von ihr, der Form, noch weiter hinausgeworfen wurden, dorthin wo harte Scholle, Fels und Brache liegen – Arbeit im Schweiße des Angesichts, trostloses Ackern um blutiger, karger Früchte willen, nicht wahr, ihr Musiker? Mochten sie sich noch, wie Debussy, täuschen, sie könnten sich aus der Tyrannei der klassischen Regeln in die Freiheit retten – die Wahrheit ist, daß diese wenigen, mühsam erkämpften Freiheiten mit einem wachsenden Druck der Form einhergingen, die nunmehr unmenschlich und grausam war und gegen uns als Menschen wirkte. Pflegte nicht gerade der bedauernswerte Debussy zu sagen, daß die Musik esoterisch und nur Auserwählten zugänglich sein solle? Nur Spezialisten?

Ja, ein krasses Beispiel, eins der krassesten der ganzen Kulturgeschichte dafür, daß »die Form deformiert«, indem sie sich gegen den Menschen wendet. Die Musikgeschichte der letzten hundert Jahre ist die geradezu klinische Geschichte eines Erstickungsprozesses. Ich bestreite es nicht – diesem langsamen Ersticken des weichen Leibes im harten und immer härteren Panzer der Form fehlt es nicht an erhabenen und entdeckungsreichen Momenten – hat doch auch der Wanderer, der, vom Hunger aus den heimatlichen Gefilden vertrieben, in wüste und wilde Gegenden vordringt, so manches aufwühlende Erlebnis, macht so manche überraschende Entdeckung – dem vertriebenen Geist, dem rastlosen Geist erschließt sich in solchen Grenzsituationen neuer und strenger Sinn, nach dem er am heimischen Herd vergeblich gesucht hätte. Ich schätze also diese Bereicherungen nicht gering, und selbst so ein berühmter Schönberg, der mit freudlos verbissenem Gesicht, im Gefühl der tragischen Pflicht und des tragischen Schicksals zur völligen Erfüllung seiner dämonischen Bestimmung drängt, weckt in mir nicht weniger Mitleid als Respekt. Doch wie fern bist du, Tortur, den glückseligen Tagen der Huldvollen Form! Die ärgste Blamage dieser Märtyrer aber wird es bleiben, daß sie nicht das eigentlich Wesentliche ihres Lebens ausdrücken. Wenn sich die FORM gegen dich wendet, so durchlebst du furchtbare und qualvolle Zustände. Die Wonne, die du schaffen willst, plagt dich, mehr noch – sie ist dir ein Schimpf. Deinen Lungen fehlt die Luft, die man Frohsinn nennt. Alles wird mühsam, und du bist wie ein Springer, der die Latte immer höher legt, um immer höher zu springen. Geheimnisvolle Mächte zwingen dich, Gefallen an dem zu finden, was du nicht magst, und deine Schande ist, daß du mit aller Kraft stützen und stärken mußt, was dich umbringt.

SONNABEND
Das künstlerische Scheitern Tschaikowskys beweist, daß es in der Kunst kein Zurück und kein Hinab gibt – Umkehr und Erniedrigung sind verboten. Der unerträgliche Geruch, der seinem Werk anhängt, ein Gemisch von Belanglosigkeit, von Aus, Vorbei, Begraben und heute künstlich Aufgebauscht, das Fadenscheinige dieser unzeitgemäßen Melodiosität! Und was soll man erst von Schostakowitsch sagen? Folklore, Melodie, Anekdote – nein, es gibt kein Zurück! Man darf es sich nicht leichtmachen! Darf sich nicht herablassen! Hinan, hinan steige ohne Unterlaß, wirf keinen Blick zurück, solltest du dir auch den Hals brechen, sollte es dort oben auf dem Gipfel nur Steine geben.
Beethoven ist also heute unerreichbar. Das Wertvollste an diesem Gesang ist gerade, daß er für immer unwiederholbar bleibt.

SONNABEND
Der tragische Exodus der zeitgenössischen Komponisten liegt nicht nur an der allmählichen Auszehrung des musikalischen Bodens – alles in unserer Kultur, all ihre Mechanismen sind darauf angelegt, derart zum Extrem, in die Höhe zu treiben ...

Mich interessierten zum Beispiel Nietzsches und Ortegas Urteil über Beethoven, denn ich halte sie für unfrei. Es sind zwanghafte Urteile, die sich, gleichsam gegen den Willen des Sprechenden, »von selbst sagen«. Das ist fast so wie im totalitären Staat: alles muß die herrschende Tendenz unterstützen.

Nietzsche (in der *Fröhlichen Wissenschaft*):

Er sagt zunächst, daß Vulgarität in die deutsche Musik gekommen sei – die des Bürgertums, der Revolution, die keine »noblesse« erträgt, am wenigsten in ihrer Ausprägung als *esprit* und *élégance*. »Will man sich den Menschen zu *dieser* Musik denken, nun, so denke man sich eben Beethoven, wie er neben Goethe, etwa bei jener Begegnung in Teplitz, erscheint: als die Halbbarbarei neben der Kultur, als Volk neben Adel, als der gutartige Mensch neben dem guten und mehr noch als ›guten‹ Menschen, als der Phantast neben dem Künstler, als der Trostbedürftige neben dem Getrösteten, als der Übertreiber und Verdächtiger neben dem Billigen, als der Grillenfänger und Selbstquäler, als der Närrisch-Verzückte, der Selig-Unglückliche, der Treuherzig-Maßlose, als der Anmaßliche und Plumpe – und, alles in allem, als der ›ungebändigte Mensch‹: so empfand und bezeichnete ihn Goethe selber, Goethe der Ausnahme-Deutsche, zu dem eine ebenbürtige Musik noch nicht gefunden ist!«

Interessant. Das ist doch einerseits aristokratisch, tief, raffiniert, andererseits ist es eine geradezu himmelschreiende Verdrehung, schier ordinäre Simplifizierung. Der Musik Beethovens Beethovens Nase anzuhängen – ihn so sehr zu vermenschlichen, daß sie geradezu Gestalt und Gestik einer Person gewinnt? Nun könnte jemand sagen: Hör mal, hast du nicht selbst oft behauptet, daß man den Schaffenden außerhalb des Werkes suchen soll? Gewiß, aber doch nicht so plump! Ich meine, der Künstler soll für den Kritiker lediglich »Bezugspunkt« sein, nur wer nicht weiß, wie sehr in der Kunst »die Zunge der Stimme hohnspricht, und die Stimme den Gedanken«, kann das Werk zu eng mit dem Schaffenden in Verbindung bringen.

Und in der Musik ist solche Naivität erst recht undenkbar, erreicht doch hier die Form ihren höchsten Objektivierungsgrad. Dieser Nietzsche! Die Transformation des Themas in der Symphonie abhängig zu machen vom Ausdruck der Augen oder der Art, wie sich jemand verbeugt! Jemanden »ungebändigt« zu schelten, der fähig ist, eine Fuge zu bändigen! Jemandem Selbstkontrolle und Stil abzusprechen, dessen Beruf es ist, rauschhaftes Entzücken in Gestalt von edler Kühle zu gießen! Sich Beethoven vorzustellen, ganz in Anspruch genommen von rein musikalischen Aufgaben wie der Gestaltung des Themas unter Ausschöpfung all seiner Möglichkeiten, der Führung durch die Tonarten, Organisierung der Harmonien, der ganzen Arbeit des Komponisten, die letztlich darauf beruht, aus einem musikalischen Keim einige neue Formelemente herzuleiten, die dann »Leben gewinnen« und sich eigene Wege bahnen... sich vorzustellen, daß dieser Beethoven, wandelnd im Reich der Klänge, bei seiner Arbeit auch noch eine »Seele« im gewöhnlichen Sinne des Wortes gewesen sein sollte!

Und weshalb setzt Nietzsche der Musik die nicht unbedingt wohlgeratene Nase ihres Schöpfers auf, statt umgekehrt diese mit der Musik zu versehen? Sollen die Variationen in der zweiunddreißigsten Sonate wirklich barbarisch sein, nur weil sie ein im Vergleich zu Goethe so unangenehmer Rohling komponiert hat? Einfacher ist doch wohl anzuerkennen, daß ein Barbar, der solche Variationen komponiert hat, keiner war. Ein Plejeber Verfasser der Fuge aus dem cis-moll-Quartett? Ein gutartiger Philister mit dem Adagio aus der Hammerklavier-Sonate im Sinn? Ein Phantast, der die Architektur der fünften Symphonie aus dem Nichts meißelt? Ein Simpel mit den Ideen des »Adagio molto e mesto«?

Wieso zeigt sich Nietzsche so schwach, sobald es um Beethoven geht?

Doch sehen wir uns noch an, was Ortega y Gasset, dieser – moderne – *porte-parole* der jüngsten Generation sagt.

»Zwischen Bach und Beethoven existiert dieselbe Distanz

wie zwischen einer Musik der ›Ideen‹ und einer Musik der ›Gefühle‹.«

»Beethoven nimmt zum Ausgangspunkt die reale Situation, in die das Leben ihn bringt – die Abwesenheit der Geliebten oder die Abwesenheit Napoleons, einen Frühlingstag auf dem Lande usw. – diese Situation setzt in ihm Ströme von traurigem oder stürmischem Gefühl frei...« »Hätte man Bach ein solches Vorgehen empfohlen, er hätte das für eine Unverschämtheit gehalten...«

Und weiter:

»Die Musiker der Romantik, einschließlich Beethovens, widmen sich dem Ausdruck jener ordinären Gefühle, die der gutartige Bourgeois zu haben pflegt.«

Und er erklärt, es gebe gemeine, niedere und ausgesuchtere, höhere Gefühle – und Beethoven sei nun eben der Sänger dieses Niederen, Debussy dagegen, ein »authentischer Künstler«, hätte solche alltäglichen Durchschnittsgefühle, sollte er sie denn je gehabt haben, beschämt in sich erstickt – hätte nur subtilen, aus höherer Geistessphäre stammenden künstlerischen Empfindungen zum Ausdruck verholfen. Deshalb – schließt Ortega – komponiert ein Musiker wie Beethoven die »Pastorale«, ein Musiker wie Debussy dagegen den »Nachmittag eines Fauns«.

Man braucht nur zu wiederholen, was ich eben über Nietzsche sagte: Wieso zeigt sich Ortega so schwach, sobald es um Beethoven geht?

Also sind die »Abwesenheit der Geliebten oder die Abwesenheit Napoleons« Ausgangspunkte für die Beethovenschen Werke? Haben somit die »gemeinen« Gefühle in der Kunst kein Recht auf Größe? Ist es nicht wirklich sonderbar, ja ärgerlich, daß man in dieser Art über Beethoven spricht? Warum spricht man nur über ihn so? Und wie kommt man dazu, seine Musik so zu hören? Warum gerade ihn? Warum ist Ortega, wenn er Strawinsky hört, ein Ortega von Niveau, sensibel, offen und gescheit, während Ortega, wenn er Beethoven hört, auf das Niveau eines normalen Ingenieurs, eines romantischen Advokaten oder sentimentalen Frisörs abrutscht und nach der Geliebten, nach Napoleon, nach der Vorsehung oder dem Waldbächlein Ausschau hält? Weshalb, frage ich, hört er Beethoven nicht genau so wie Bach?

Weshalb? Doch fügen wir noch hinzu, daß dies nicht die privaten Verirrungen der zwei Weisen sind. Die stumpfsinnige, stumpfsinnig bösartige, stumpfsinnig seichte Einstellung zu diesem Künstler ist allgemein kennzeichnend für unsere Epoche. Diese Kommentatoren! Sogar Wagner plapperte, was ihm gerade in den Sinn kam. Im letzten Akkord des Andante aus dem dreizehnten Quartett wollen diese Esel »das Lachen von Bettina Brentano« sehen. Den zwei Tartarins der Musik, Romain Rolland und Herriot, erscheinen Schlachten, Sylphen, Gnome oder auch »felsenschleudernde Riesen«. Und ein besonders fieses Schicksal war dem großartigen Quartett a-moll, op. 132, bestimmt. Man nannte es das »Rekonvaleszenz-Quartett«. Es hieß, das erste Allegro sei die Krankheit; das Scherzo – die beginnende Rückkehr der Kräfte; das Adagio molto, das Andante – die Dankeshymne des Genesenen; das Schlußallegro – Gesundheit und Freude. Dieses unschätzbare Quartett, unter seinem düsteren, verzweifelten Himmel, dessen erstes Allegro mich persönlich abgrundtief erschüttert – nämlich dort, wo nach der Modulation in F-dur das zweite Thema anklingt –, im Schlafrock zu sehen, in Pantoffeln, die Mütze auf dem Kopf und Pillen im Bauch!

Doch zu solchen Absurditäten, Irrtümern oder Dummheiten, oder Brutalitäten kommt es nicht nur auf den höheren Ebenen der musikalischen Welt. Die Einstellung des durchschnittlichen Hörers, des einfachen Konzertbesuchers zu Beethoven ist gleichsam eine kränkelnde. Anfangs – ungetrübte, freudige Liebe, es gibt in der Welt der Klänge keinen Gott über ihm, kein anderer Stil vermag so zu ergreifen... So erlebt der junge Student sein Idyll mit der Form, delektiert sich am schieren Genuß. Aber das währt nicht lange... Das Ohr gewöhnt sich, es kommt zur Übersättigung – leider, ach leider! – das Glanzvolle wurde zu vertraut, man wird seiner überdrüssig.

Und mit dieser melancholischen Langeweile der Erschöpfung macht sich ein Druck bemerkbar – woher? er liegt in der Luft – die drängende, allesdurchdringende Suggestion, daß von allen Künstlern gerade dieser – »schlechter Geschmack« sei, zu einfach sei ... Boshaft die Leichtigkeit, die so zur Schwierigkeit entartet. Bach, Chopin, sogar Schubert, Mozart – aber gewiß doch! Nur Beethoven nicht! Und von da an wird unserem Studenten die Musik zu einer steilen Treppe, die nach oben führt, er ist bedrängt von Schwierigkeit, als hätte er abgelassen vom wonnigen Genuß und eine andere Sphäre betreten, eine rauhe, harte, trockene, bittere Sphäre. Bis sich endlich das höchste Geheimnis auftut, der tragische Moloch, der Tyrann: Bach!

Montag

Bach ist langweilig! Objektiv. Abstrakt. Monoton. Mathematisch. Subtil. Kosmisch. Kubisch. Langweilig ist Bach! – So klingt die fürchterlichste Häresie, mit der man heute in musikalischen Kreisen gut und gern den Ehrverlust riskiert.

Doch seht euch einmal die Priester des Bachschen Götzendienstes an, schaut ihnen in die Augen: Verhärtung, Erstarrung in der Abstraktion, eine Strenge, gemahnend an jene alte, die den Göttern die Leiber kleiner Kinder zum Opfer warf.

Nun sei endlich die Frage beantwortet: warum will man Beethoven vernichten, warum ist jeder Unsinn erlaubt, wenn er nur gegen Beethoven geht, warum flocht man ein Netz aus naiven Lobhudeleien und naiven Vorwürfen, um ihn zu ersticken? Etwa deshalb, weil Beethoven nicht gefällt? Ganz im Gegenteil: deshalb, weil das die einzige Musik ist, die der Menschheit wirklich gelungen ist, die wirklich zu bezaubern vermag ...

Er bezaubert – darum müssen wir ihn uns vermiesen.

Paradox wird das nur jemand finden, der sich des Grauens

der Lage nicht bewußt ist – daß wir uns in der Gewalt der FORM befinden, die nach eigenen Gesetzen lebt, unabhängig von uns und unserem Geschmack. Diese Form – in diesem Fall die musikalische – muß sich entwickeln; muß also all ihre bisherigen Errungenschaften vernichten; und besonders jene, die den Menschen so bezauberten, in die die Menschheit verliebt war, jene, die... bestrickten... Und deshalb hievt man Bach aufs Piedestal – denn er gefällt nicht, oder nicht so sehr – und das schafft Entwicklungsmöglichkeit, hier liegt die Form dem Menschen nicht gut an, hier ist noch was zu machen zwischen Mensch und Form. Die neuere Musik, gestützt auf Bach, ist noch lebensfähig, kann voranschreiten. Und deshalb dominiert in den sechs Quartetten Bartóks, obwohl sie der letzten, kammermusikalischen Phase Beethovens so stark verbunden sind, trotz allem Bach. Und Schönberg?

Aber wie traurig das ist! Nicht beneidenswert, unser Schicksal.

Verdammt dazu, uns unsere reinsten Wonnen zu verekeln und andere, widerwärtige auszudenken, die uns quälen, die wir nicht ertragen – und zudem noch gezwungen, uns für sie zu begeistern, als wäre das unsere wahre Liebe – künstlich in dieser Selbstvergewaltigung, künstlich und vergiftet mit unserer quälenden, ekelhaften, widerwärtigen Kunst, die wir nicht erbrechen dürfen!

DIENSTAG

Wie man die Quartette hören kann. – Ich versuche manchmal, sie mit einem bestimmten Alter, sogar einem bestimmten Geschlecht in Verbindung zu bringen. Versuche, mir vorzustellen, das cis-moll sei von einem zehnjährigen Jungen komponiert worden, oder von einer Frau. Ich versuche auch, das vierte zu hören, als wäre es nach dem dreizehnten geschrieben. Um ein persönliches Verhältnis zu jedem der Instrumente zu finden, stelle ich mir vor, ich wäre der erste Geiger, Quilomboflor spielte die Bratsche, Gomozo das Cello und Beduino die zweite Geige. Es ist auch großartig, ein Quartett so hören, als wäre es ein einziges Instrument – dann weiß man die Weite der Tonskala, den klanglichen Reichtum erst zu schätzen. Ich denke mir Namen für sie aus: das achte zum Beispiel habe ich das »Himbeer-Quartett« genannt (wegen der Tonart im ersten Allegro), und das vierzehnte das »Nietzsche-Quartett« (es ist so abgründig). Nichts ist kindisch genug, als daß es mir nicht zur Steigerung der Empfindung dienen könnte.

FREITAG

Dem *Heimatlichen Europa* (da stimme ich Mieroszewski zu) fehlt, was Aristoteles das *quid* nennt – fehlt das Vordringen zum Kern und die Antwort auf die Frage »wovon ist die Rede«; und auch »was hat es damit auf sich?«. So bin ich einmal mit dem Schiff auf dem Paraná gefahren: Frühe Morgendämmerung, nicht Nacht noch Tag, nur Nebel und die allumfassende Bewegung des Wassers, rauschend, bisweilen zeichnete sich in diesem Strudel ein Gegenstand ab – ein Brett, ein Ast – doch was half es, auch er verschwand in einem allgemeinen Drängen, das schier die Besinnung rauben wollte.

Miłosz, der bis über den Kopf im Leben und in der Geschichte steht, wird sagen, es gebe keine größere Lüge als die Definition, und die einzige Wahrheit sei die, die man nicht erfaßt. Gewiß. Nur... bei der Lektüre von Miłosz ist Vorsicht geboten, denn er hat – behaupte ich – ein persönliches Interesse daran, die Konturen zu verwischen.

Er gehört für mich zu den Autoren, denen das Werk vom eigenen Leben diktiert wird. Das ist nicht immer so. Wäre mein Leben anders verlaufen, wer weiß, ob meine Bücher sehr viel anders geworden wären. Aber Miłosz! Abgesehen von den Gedichten, hängt seine ganze Literatur mit seiner persönlichen literarischen Situation bzw. mit seiner persönlichen Geschichte und der Geschichte seiner Zeit zusammen. Allmählich kam es dazu, daß er zu einem fast offiziellen Berichterstatter über den Osten wurde, wenigstens was Polen betrifft – seine ganze bisherige Prosa ist diesem Thema gewidmet. Nicht *l'art pour l'art* ist das, sondern *l'art pour l'Ouest*. Und daraus folgt einiges. Unter anderem, daß Miłosz, wenn er etwas auf sich hält, in seinen Informationen nicht seichter sein darf als die Franzosen oder Engländer – nein, tiefgründiger muß er sein. Und auch, daß Miłosz seinem Thema, wenn er es ergiebig halten will, nicht die Größe, nicht das Grausige rauben darf...

Hier zeichnen sich schon gewisse Gefahren ab... Fügen wir ihnen noch eine hinzu, die der Natur des Ostens entspringt. Der Osten nämlich schillerte immer zwischen den Extremen, dort gilt das Prinzip: *tertium non datur*. Wenn wir das nicht für schrecklich tiefgründig halten, wird es furchtbar seicht. Wenn es keine unglaubliche Weisheit ist, dann schreckliche Dummheit. Wenn nicht erhaben, dann flach. Doch denken wir auch an eine typisch polnische Gefahr, die polnische Zwischenlage, die unser Land ein bißchen zur Karikatur von Ost wie West macht. Der polnische Osten ist ein Osten, der bei Berührung mit dem Westen stirbt (und *vice versa*), deshalb ist hier »irgend etwas nicht in Ordnung«. Stellen wir uns also Miłoszs Schwierigkeiten vor, wenn er da etwa über seinen »Tiger« schreiben will. Ist dieser Tiger wirklich ein Tiger, oder ist es ein Kater, der miauend über steile Dächer schlendert? Das ist die heikle Frage. Birgt er tatsächlich ein Rätsel, oder ist es nur noch so ein Saufbold aus Polens großer Kneipe »Zum Verreckten Hund und Kater« (»Zum Verreckten Westen und Osten«)?

Miłoszs Schwierigkeiten werden noch verstärkt dadurch, daß er selbst so halbwegs aus dieser Kneipe stammt. Einer der für mich interessantesten, subtilsten, ja rührendsten Aspekte seiner Prosa ist gerade diese seine persönliche Verbindung zum polnischen Schund – man spürt, daß er bei all seinem Europäertum doch auch einer von ihnen ist... Als ich kürzlich Wajdas vortreffliche Regie in dem Film »Asche und Diamant« bewundern konnte, dachte ich über Miłosz und seine polnische Heimat nach. Wie schwer ist es doch, dieses *Heimatliche Europa* zu referieren, wenn man sein Sohn ist und trotz allem auf seiner Woge schwimmt, von seinem Rauschen erfaßt ist, seinen Nebeln...

Aber der Trumpf des *Heimatlichen Europa* und Gewähr für seine Modernität soll gerade sein, daß hier kein Pole über Polen und den Osten schreibt, sondern ein Mensch über den Polen in sich und über »sein« Europa. Dieses Programm ist beinahe Husserl und beinahe Descartes. Ja, nur waren das Philosophen, der Abstraktion nicht abhold, während der Künstler und Existentialist Miłosz die Abstraktion scheut wie das Feuer, er weiß – sie tötet die Kunst. Also meidet er Formeln, will um keinen Preis dem Fluß entsteigen, um ihn vom Ufer aus zu betrachten, taucht unter in seinem Chaos, läßt sich immer wieder persönlich auf die eigene Beschreibung ein und ist dann kein Mensch mehr, sondern wieder der konkrete Miłosz... Und hier beginnt nun der Seiltanz dieses gewissenhaften Schriftstellers: »Habe ich mich nicht zu sehr herabgelassen?« »War ich nicht zu erhaben?« »Habe ich sie nicht zu sehr erniedrigt?« »Habe ich sie nicht zu sehr gepriesen?« Von Woge zu Woge, vom Gipfel ins Tal, vom Tal auf den Gipfel – ein dialektisches Wiegenlied. Rauschen. Fluß. Geschichte.

XVIII

Freitag

Roby aus Santiago ist gekommen. Der jüngste der zehn Gebrüder S. In diesem Santiago del Estero (1000 km nördlich von B.A.) habe ich vor zwei Jahren einige Monate verbracht – habe mir damals die Macken, Reizbarkeiten und Hemmungen dieser eingefleischten, im eigenen Saft schmorenden Provinz angesehen. Die Buchhandlung des sogenannten »Cacique« aus der zahlreichen Familie S. war Sammelpunkt für die geistigen Unruhen des Städtchens, das ruhig war wie eine Kuh, süß wie eine Pflaume mit weltumstürzenden und welterschaffenden Ambitionen (die Rede ist von den fünfzehn Leuten, die sich im Café *Aguila* zu treffen pflegten). Santiago verachtet die Hauptstadt, Buenos Aires! Santiago ist der Meinung, nur dort, in Santiago, sei das authentische (*legitima*) Argentinien, Amerika noch erhalten – alles andere, der Rest, im Süden, sei nur ein Sammelsurium von Metöken, *gringos*, Immigranten, Europäern – Schmutz und Dreck.

Die Familie S. ist ein typisches Exemplar der pflanzlichen Vegetation von Santiago, die durch einen unbegreiflichen Winkelzug Überschwang und Leidenschaft entwickelt. Diese Brüder sind alle von unerschütterlicher Ehrbarkeit, es fehlt ihnen auch nicht an spezifischer Pflaumensüße – sie sind ein bißchen wie eine in der Sonne reifende Frucht. Dabei werden sie von gewaltigen Leidenschaften tellurischen Charakters erschüttert, die irgendwo aus der Tiefe kommen, und ihre Schläfrigkeit erlebt einen galoppierenden Reform- und Schaffenswahn. Jeder bekennt sich fanatisch zu einer anderen politischen Richtung, so daß die Familie die hierzulande häufigen Revolutionen nicht zu fürchten braucht – welche es gerade sein mag, sie wird immer ein Triumph für einen der Brüder sein, den Kommunisten oder Nationalisten, Liberalen, Klerikern, Peronisten... (Das hat mir alles einmal Beduino erzählt.) Als ich in Santiago war, besaßen zwei dieser Brüder ihre eigenen Presseorgane, die sie auf eigene Kosten in einigen Dutzend Exemplaren herausgaben: Der eine publizierte die intellektuelle Monatsschrift *Dimensión*, der andere ein Blatt, dessen Aufgabe der Kampf gegen den dortigen Gouverneur war.

Roby... Kurz vor seinem Besuch in Buenos Aires überrascht mich – wir hatten uns nie geschrieben – ein Brief von ihm aus Tucumán, in dem er mich bittet, ihm *Ferdydurke* in der spanischen Ausgabe zu schicken:

»Witold: etwas von dem, was Du in der Einleitung zur *Trauung* schreibst, hat mich interessiert... diese Ideen – Unreife,

Form – die mir ganz nach der Grundlage Deines Werkes aussehen und mit dem Problem des Schöpferischen zusammenhängen.«

»Klar, ich hatte nicht die Geduld, mehr als 20 Seiten der *Trauung* zu lesen...«

Im weiteren bittet er um *Ferdydurke* und schreibt: »Ich habe mit Negro (seinem Bruder, dem Buchhändler) gesprochen und sehe, daß Du weiterhin an Deinem europäischen Chauvinismus klebst; das Schlimmste ist, daß Du durch diese Beschränktheit das Problem des Schaffens, das ungemein interessant ist, nicht weiter vertiefen kannst. Du begreifst nicht, daß das Wichtigste ›gegenwärtig‹ die Lage der Entwicklungsländer ist. Und daß Du aus dem Wissen darum grundlegende Elemente schöpfen könntest, ganz gleich für welchen Zweck.«

Mit diesen Rotzlümmeln duze ich mich und lasse mir von ihnen alles ins Gesicht sagen. Ich habe auch Verständnis dafür, daß sie auf alle Fälle lieber als erste angreifen – unser Verhältnis ist von trauter Idylle weit entfernt. Aber dieser Brief war mir denn doch ein bißchen zu arrogant – was bildete der sich eigentlich ein? Ich antwortete telegrafisch:

ROBY S. TUCUMÁN – ENTWICKLUNGSINDIO SCHWATZ KEIN DUMMES ZEUG KANN FERDYDURKE NICHT SCHICKEN VERBOT VON WASHINGTON FÜR EINGEBORENE NICHT ERLAUBT ZWECKS VERHINDERUNG DER ENTWICKLUNG IN EWIGER ZWEITRANGIGKEIT HALTEN – TOLDOGOM.

Das Telegramm wurde in einen Umschlag gesteckt und als Brief abgeschickt – das sind hier eigentlich Brieftelegramme. Kurz darauf kam die Antwort, die mir Nachsicht bewies: »Liebster Witold, habe Deinen netten Brief bekommen, ich sehe, Du machst Fortschritte, nur wozu diese krampfhafte Originalität« etc. etc. Es lohnt vielleicht gar nicht, diese Neckereien festzuhalten – aber das Leben, das authentische Leben ist eben nicht besonders geistreich, und ich will es hier nicht in seinen Höhepunkten zeigen, sondern gerade im Durchschnitt des Alltäglichen. Und vergessen wir nicht, daß auch in Banalitäten manchmal Löwe, Tiger oder Schlange verborgen sind.

Roby kam also nach Buenos Aires und erschien in dem *barcito*, in dem ich fast jeden Abend amtiere: ein Bursche »mit Farbe«, rabenschwarze Mähne, oliven-ziegelbraune Haut, die Lippen tomatenrot, blendendes Gebiß. Leicht krumm und ein bißchen geduckt nach Indioart, kräftig, gesund, mit dem Blick des verschlagenen Träumers, sanft und hartnäckig – zu wieviel Prozent Indio? Und was noch wichtig ist: der geborene Soldat, wie geschaffen für Karabiner, Schützengraben und Pferd. Ich war gespannt, ob sich in den zwei Jahren, die wir uns nicht gesehen hatten, etwas in diesem Studenten bewegt hatte? – Verändert hatte?

Denn in Santiago rührt sich überhaupt nichts. Abend für Abend werden dort im Café *Aguila* die gleichen gewagten »interkontinentalen« Ideen geäußert – Europa ist am Ende, die Zeit Lateinamerikas ist gekommen, wir müssen wir selbst sein, nicht die Europäer nachahmen, wir werden uns finden, wenn wir an unsere indianische Tradition anknüpfen, schöpferisch müssen wir sein usw. Ja, ja, Santiago, das Café *Aguila*, Coca-Cola und diese gewagten Gedanken, die Tag für Tag mit der Monotonie eines Trinkers wiederholt wurden, der ein Bein vorgesetzt hat und nicht weiß, was er mit dem anderen anfangen soll, Santiago – diese Kuh, die täglich ihren Höhenflug wiederkäut, dieser nächtliche Alp, in dem man mit schwindelerregender Geschwindigkeit dahinrast, ohne vom Fleck zu kommen.

Und doch hielt ich es für beinahe unmöglich, daß Roby in seinem Alter vor einem, und sei es nur teilweisen, Stimmbruch bewahrt geblieben sein könnte, und ging mit ihm und Goma um ein Uhr morgens in eine andere Bar, um dort in engerem Kreise zu diskutieren. Er war hellbegeistert, hätte gern die ganze Nacht verplaudert, offensichtlich war ihm das »geniale, verrückte Studentengeplauder«, wie Żeromski in seinem Tagebuch schreibt, ins Blut übergangen. Sie erinnern mich überhaupt manchmal an Żeromski und seine Kameraden aus den 1890er Jahren: flammende Begeisterung, Fortschrittsglaube, Idealismus, Glaube an das Volk, Romantik, Sozialismus, Vaterland.

Die Eindrücke von diesem Gespräch? Ich ging ärgerlich und beunruhigt – gelangweilt und amüsiert – gereizt und resigniert – und wie ein begossener Pudel, als hätte man mich reingelegt.

Dieser Dummkopf hatte nichts dazugelernt, seit ich ihn in Santiago zurückgelassen hatte. Er begann die gleiche Diskussion wie vor zwei Jahren, als wäre es gestern. Haargenau die gleiche – ich sah nur, daß er in seiner Dummheit heimischer geworden war und deshalb arroganter und apodiktischer auftrat. Und wieder mußte ich mir anhören: Europa ist am Ende! Die Zeit Amerikas ist gekommen! Wir müssen eine eigene amerikanische Kultur schaffen. Dazu müssen wir schöpferisch sein – aber wie erreicht man das? Wir werden schöpferisch werden, wenn wir ein Programm haben, das die schöpferischen Kräfte in uns freisetzt usw. usw. Die abstrakte Malerei ist Verrat, sie ist europäisch. Maler und Schriftsteller sollten amerikanische Themen pflegen. Die Kunst muß sich mit dem Volk verbinden, mit der Folklore... Wir müssen unsere ausschließliche, amerikanische Problematik entdecken usw.

Ich kenne das auswendig. Ihre »Schaffenskraft« erschöpft sich ganz in solchen Deklamationen. Es ist zum Heulen – ich kenne Dutzende von Leuten, die mir das aufgesagt haben, und habe nie etwas gehört, was sich nicht in diesem Seufzer zusammenfassen ließe: »Wir sind unschöpferisch, wir müssen etwas tun, um Originalität und Persönlichkeit zu gewinnen... man muß etwas tun...« Wie lächerlich diese Wehklagen sind, merken sie nicht. Diese Kinder, sie wissen nicht, daß man nicht auf Bestellung schöpferisch wird. Sie sehen nicht, wie grotesk dieser Hammelchor ist, der da übers weite und breite Südamerika hin blökt: Originalität, Persönlichkeit! Sie sehen nur, daß Europa schaffend ist, also wollen sie es auch sein – sie haben nur nicht kapiert, daß auch dieser Wunsch nach Originalität nur eine Nachahmung Europas ist. Sie begreifen noch nicht, wie sehr diese Rhetorik, hinter der sie sich verschanzen, sie kompromittiert. Sie haben kein Gespür dafür, wie albern der Wunsch ist, nur deshalb »ein eigenes Leben« zu leben, um mit Europa zu konkurrieren – nicht aus wirklichem Bedürfnis, sondern um besser zu sein! Sie sind blind für die Naivität ihrer Forderung, daß »wir erst herausfinden und definieren müssen, wer wir sind, um zu wissen, was wir schaffen sollen« (ist es nicht umgekehrt – der Mensch, die Nation, der Kontinent erfahren erst in schöpferischer Arbeit, wer sie sind, ihr Werk geht ihnen voraus). Mit einem Wort – Neid, Minderwertigkeitskomplex, Seichtheit, Schwäche, Geistesverwirrung.

Schund. Kein Gedanke daran, daß ich ihn überzeugen könnte.

»Du bist ein *europeo*. Du kannst uns nicht verstehen.«

Oder: »Du begreifst nicht, daß das Bewußtsein für unseren historischen Augenblick uns in unserer Selbstwerdung und in unserer unbewußten Mythologie bestimmt« (denn natürlich muß das alles fürchterlich toynbeeistisch, spenglerianisch, freudianisch, marxistisch, phänomenologisch sein, gestützt auf Jung, Heidegger, Sartre und Sorel)! Schrecklich! Seine Passion schmückt sich mit jedem Fetzen Papier, den er gelesen hat. Er ist so vollgestopft mit »Gedanken«, daß er Geschmack, Gehör, Geruch, Auge und Tastsinn verloren hat, schlimmer noch – sich selbst nicht mehr spürt.

Kairo, China, Bombay, Turkestan, aber auch die Pariser Vororte, die Arbeiterviertel von London – all das »denkt«, alles Niedere der ganzen Welt ist derart »gedankenversunken«. Wie kommt es, daß Europa – nicht das geographische – das geistige – bisher dem Ansturm dieser gierigen Fermente standhält, die nur ein Ziel kennen: den Olymp zu erklimmen, oder ihn zu zerstören? Und das hat etwas Schäbiges, daß überlegener Geist und Intellekt, die Frucht langer Entwicklung, nicht mit Gehorsam, Achtung und Respekt rechnen können, sondern zum Objekt der Begierde werden und durch ihre Position, ihre Ehren unersättlichen Neid wecken. Schäbig ist diese schmutzige Arbeit, die redliche Leistung (zu der sie nicht fähig sind) durch ein Gemisch von Leidenschaft und Unaufrichtigkeit ersetzt.

Schund. Die unerhörte Naivität, sagen wir das noch, für die dieses »Schaffen neuer Kulturen« – ein Kinderspiel ist.

Dieser Roby hat mich in die Vergangenheit gestoßen. In die Hitlerzeit. Ich erinnere mich: die gleiche Ohnmacht, als dieser Österreicher (im Zug, in dem wir von Wien nach Tarvisio fuhren) sich zur Erbauung von Brochwicz-Kozłowski am Zusammenbruch des dekadenten Europas und dem nahenden Triumph des neuen Geistes berauschte. Das war im Jahre 1938. Die gleiche Machtlosigkeit angesichts der anderen Sprache, »ihrer« Sprache. Dieses Erstaunen, daß der Schund gar so stark und angriffslustig sein kann. Und der hartnäckige Verdacht, daß die Qualität der Losungen, Wahrheiten, Ideologien, Programme, daß ihr Sinn und ihre Wahrhaftigkeit hier nicht die geringste Rolle spielen, weil das alles zu etwas anderem dient, zum einzig Wichtigen – zur Sammlung von Menschen, zur Erzeugung von Masse, Massenkraft, schaffender Kraft. Ach! Nichts zu sein als man selbst, einzig das eigene Ich zu sein – wie schön ist das! Klar und unzweideutig. Kräftig auf den eigenen Beinen zu stehen. Dann weißt du, was das ist – deine Wirklichkeit. Stehst fern allem Gestammel, Gebrüll, Taumel und Betrug, Terror und großen Worten... Ich habe in der Vorkriegszeit und während des Krieges den Sieg der kollektiven Kraft und danach ihren Niedergang, ihre Erschlaffung erlebt, als das unsterbliche Ich wiederauferstand. Allmählich waren jene Ängste in mir abgeflaut – und nun plötzlich dieser Roby, von dem mich der alte höllische Brandgeruch wieder ankommt.

Das ist keine angenehme Entdeckung. Du hast den Eindruck, da ringsum bahnt sich wieder die teuflische Verschwörung an, um dich zu packen und den blinden Gewalten Geschichte und Gemeinschaft auszuliefern. Worte, Begriffe, alles gewinnt dann eine andere Bedeutung, Moral, Wissenschaft, Vernunft, Logik, alles, alles wird zum Werkzeug einer anderen, übergeordneten Idee, alles ist maskiert, alles will dich nur gewinnen, in Besitz nehmen. Was das für eine Idee ist? Vergeblich suchst du nach ihr, sie existiert nicht, nur die GEMEINSCHAFT selbst existiert, sonst nichts, Menschenansammlung, Masse, Geschöpf der Masse und Ausdruck der Masse. Ich saß beim Bier diesem Studenten gegenüber, der einnehmend jung war, so wehrlos und dabei doch so gefährlich. Ich betrachtete seinen Kopf und seine Hand. Sein Kopf! Seine Hand!

Eine Hand, die im Namen der Kinderei zu töten bereit war. Verlängerung des von ihm erträumten Blödsinns war ein blutiges Bajonett... Ein seltsames Wesen – mit benebeltem, albernem Hirn und schrecklicher Hand. Mir kam ein nicht sehr deutlicher und nicht durchdachter Gedanke, den ich hier dennoch festhalten möchte... Er ging ungefähr so: Sein Kopf steckt voller Hirngespinste, ist also bedauernswert; aber seine Hand besitzt die Gabe, aus diesen Hirngespinsten Wirklichkeit zu machen, sie vermag Tatsachen zu schaffen. Irrealität demnach vom Kopf her, Realität von der Hand... *und Ernsthaftigkeit von der einen Seite*...

Vielleicht sollte ich dankbar dafür sein, daß er meine alten Befürchtungen wieder wachgerufen hat. Die Selbstgefälligkeit des Intellektuellen und Künstlers, der ich mit dem Alter zunehmend anheimfalle. Gar nicht gut! Denk immer daran: die nicht mit Tinte schreiben, schreiben mit Blut.

MONTAG

Sie wissen nicht, daß ich gewissermaßen Spezialist bin für ihr Hauptproblem – die Unreife, und daß meine ganze Literatur darin heimisch ist. Paradox, daß in Südamerika Borges, der abstrakt und exotisch ist und nichts mit ihren Sorgen zu tun hat, so prominent ist, während ich nur ein Häuflein Leser besitze. Ein Paradox, das verständlich wird, wenn man bedenkt, daß sie mit Borges in Europa auftrumpfen können. Mit mir nicht, ich bin Pole, bin kein *valor nacional*.

Ich finde es richtig, daß sie nicht gefügige Schüler fremder Kulturen sein wollen. Ich bin auch damit einverstanden, daß sie eine eigene Wirklichkeit besitzen und nur etwas in der Welt werden können, wenn sie sich auf sie stützen... Aber ich meine, sie machen einen dramatischen Fehler...

Denn statt »ich« sagen sie »wir«. Wir Amerikaner. Wir Argentinier. Und der einzelne Mensch treibt nun eben Mißbrauch, wenn er »wir« sagt, niemand hat ihn dazu ermächtigt, er darf nur im eigenen Namen sprechen. Und wer zu seiner »eigenen Wirklichkeit« vordringen und in ihr Halt finden will, der sollte den Plural erst recht meiden wie das Feuer. Nur meiner »eigenen Wirklichkeit« kann ich mir sicher sein. Was ist das – Amerika, die Amerikaner? Begriff, Verallgemeinerung, Abstraktion. Was ist das – »die amerikanische Wirklichkeit«? Etwas, das jeder verstehen kann, wie er will.

Der Unterschied zwischen ihnen und mir läuft darauf hinaus, daß sie *zunächst einmal* die amerikanische Wirklichkeit entdecken und Amerika aus der europäischen Abhängigkeit lösen wollen, damit dann ein neuer Typ von – reifem – Amerikaner heranwachsen kann. Dies neue, entdeckte und definierte Amerika soll seine eigenen Menschen schaffen. Ich dagegen finde, man muß mit dem Menschen, dem einzelnen Menschen beginnen, und sage noch mehr: die Entwicklung Amerikas kann nur das Werk von Menschen sein, die Amerika in sich überwunden haben.

Dein Amerika sei unterentwickelt und unreif, sagst du? Gut. Aber dann wäre deine erste Aufgabe, dich von seinem hemmenden Einfluß zu befreien. Als Mensch bist du genau so gut wie ein Engländer oder Franzose. Als Kubaner oder Paraguayaner bist du schlechter. Also fühle dich als Mensch, stell dich über dieses unterentwickelte Amerika, laß dich nicht fesseln von diesem Milieu und der amerikanischen Denkweise.

Nur... es ist eben gerade ihre Unreife, die sie zu dem Wörtchen »wir« zwingt. Sie sind in der Herdenphase, das ist jetzt die Phase Südamerikas, und da kommen sie nicht heraus. »Ich« ist für sie zu eigenständig, zu frei. Sie sind »wir«. Sind Amerika. Und wie sollen sie Amerika weiterbringen, wenn sie selbst Amerika sind? Sie sind zusammen mit ihm in der Geschichte festgefahren. Amen.

Vieles davon würde auch auf Polen und die Polen passen.

DIENSTAG
Auf dem Schiff »General Artigas« unterwegs nach Montevideo. Nacht. Gewitter. Ein Priester liest Zeitung. Ein Kind weint. Gespräch der Kellner in der Ecke. Das Schiff knarrt.

Die Melodie aus der vierten Symphonie von Brahms, die mich verfolgt, seit ich Buenos verließ. Brahms und Beethovens Themen gehen mir im Kopf herum. Seltsam wirkt Beethoven vor dem Hintergrund dieser ständigen Brahmsschen Gefährdung, das Werk könnte nicht organisch genug sein – Brahms' Thematik, behutsam und berechnend, ist durchdrungen von der Sorge um die Einheitlichkeit der Komposition, man sieht diesem Architekten die Angst an, sein ganzes Gebäude könnte zusammenstürzen. Beethoven aber belud das Werk mit den Gesängen, die ihm der Geist eingab – in der sicheren Gewißheit, daß, was vom Geist gezeugt ward, nicht totgeboren sein kann. Und dieses Eindringen des Beethovenschen Themas ins Werk, wie von außen her, um dann sogleich Wurzeln in ihm zu schlagen, scheint mir etwas Besonderes, etwas besonders Gewagtes, Zupackendes, wenn ich daran denke, wie Brahms langsam und behutsam aus sich selbst wächst und niemals, um es einmal so zu sagen, die Nase in andere Dinge steckt.

Wie der Wind die Planen auf dem Deck flattern macht! Erschöpfung. Weshalb kommt mir jetzt eine bezaubernde Melodie in den Sinn, das zweite Thema aus dem Allegro des Konzerts Nr. 3? Bezaubernd.

Warum – möchte ich gern wissen – übergeht man in musikalischen Analysen, im gelehrten Kommentar die Schönheit und den Zauber solcher Melodien? Keine Frage, wenn wir gerade erst dabei sind, uns in ein Werk hineinzuhören, dann sind diese melodischen Orchester- und Klaviereinsätze, was sie sein sollten: dominierender, wichtigster, mitreißendster Effekt. Erst wenn uns das Werk vertraut wird, geht ihr Zauber zur Neige, und andere, schwierigere Werte fesseln unsere Aufmerksamkeit. Aus diesem Grunde verschweigen die Kenner ihre ersten Eindrücke. Aber ist es recht, daß das Werk von einem ermatteten Ohr beurteilt wird, das zum heiligen ersten Entzücken nicht mehr fähig ist?

Die Lichter flackern. Die Stirnwand des Salons geht auf und ab, auf und ab. Das Schiff steht dem Wind offen, es pfeift in allen Ecken. In *Pornographie* war ich bemüht, zu solchen Melodien zurückzukehren... melodischen, mitreißenden... anziehenden Melodien...

Nicht nur in *Pornographie*. Aber in *Pornographie* war ich mutig, habe auf den Humor verzichtet, der isoliert.

Der Kellner bringt schwarzen Kaffee. Etwas klopft an die Wand, als wollte es mir an den Kopf. Wie unverschämt von mir – zu derart mitreißend-melodischen Themen Zuflucht zu nehmen! Und das heute, wo die moderne Musik die Melodie fürchtet, wo der Komponist, bevor er sie einsetzt, erst ihre Attraktivität verschneiden, sie austrocknen muß. Nicht anders in der Literatur – der Schriftsteller, der auf der Höhe der Zeit ist und etwas auf sich hält, meidet das Lockende, ist lieber schwierig und abschreckend, als zu verführen. Und ich? Ich halte es genau umgekehrt, stecke sämtliche leckeren Bissen, sämtliche lockenden Reize in den Text, farciere ihn mit Kitzeln und Ködern, ich will kein trockenes, kaltlassendes Schreiben... ich suche die mitreißendsten Melodien... um womöglich etwas noch »Packenderes« zu schaffen...

Die Sirene. Ich gehe aufs Deck. Jämmerlich stöhnt das Schiff, wälzt sich, vom Wasser gequält, schwer in dem Aufruhr, der unter dem Gewölbe des Vollmonds ringsum vorgischtet. Mein Gott! Dieser Schmerz! Diese Verzweiflung! In diesem meinem schweren, schmerzlichen Drang zur Verjüngung, zur Auffrischung meiner Kunst bin ich nicht einmal, ach, gestehen wir es ... nicht einmal vor Junge mit Mädchen zurückgeschreckt! O Schmach! Wer in der heutigen Literatur ist mutiger? Diesen Mut habe ich aufgebracht! Es brüllt das Fließen: der Ozean. Aber, aber ... gestehen wir auch dies im donnernden Fahrwasser, das weiß ist vor Wut und seine Verzweiflung unter stillem Mond entlädt ... ich Verfluchter vermochte mich ihrer Nacktheit nur in einem Gewande zu nähern, das raffinierter ist als alles, was modernste Avantgarde, trockenster Intellekt aufbringen können! In Klammern habe ich sie gesetzt!

In Klammern habe ich sie gesetzt, nur so konnte ich ungehemmt singen!

Mittwoch, Montevideo

Spaziergang in einem sauberen Städtchen mit seltsamen Balkons und heiteren Menschen. Montevideo. Hier herrscht noch die alte Anständigkeit, die in vielen anderen Gegenden Südamerikas entweiht worden ist.

Freundliche Gesichter, wohlhabende Kleidung, der Strand 20 Busminuten entfernt, das ist ein Leben! Wenn ich nun für immer hierher zöge?

Die Avenidas laufen auf das Fließen zu: den Ozean.

Die Welt ist zweistimmig geschrieben. Die Jugend ergänzt die Fülle durch Unvollständigkeit – das ist ihre geniale Aufgabe. Und davon ist in *Pornographie* die Rede.

Ich halte es für eine meiner wichtigsten ästhetischen und geistigen Aufgaben, eine Einstellung zur Jugend zu finden, die härter und dramatischer ist als die gegenwärtig verbreitete. Sie in die Reife stoßen! (d.h. ihre Verbindungen zur Reife aufzeigen.)

Donnerstag

Ruhe? Unruhe! Ein wenig beunruhigt mich das völlige Fehlen des »metaphysischen Schauders« in der uruguayischen Hauptstadt, wo nie jemand von einem Hund gebissen wurde.

Pornographie. Da werden zwei ältere Herren hinabgezogen... zum Leib, zu den Sinnen, ins Unmündige... Als ich das schrieb, war mir nicht ganz geheuer. Aber ich brauchte die »Physik«, brauchte sie unbedingt, als Gegengewicht zur Metaphysik. Und umgekehrt – die Metaphysik verlangte nach dem Leib. Ich glaube nicht an eine unerotische Philosophie. Ich habe kein Vertrauen zu einem Denken, das sich freimacht vom Geschlecht...

Natürlich läßt sich die Hegelsche LOGIK schwerlich ohne Rückzug vom Geschlecht vorstellen. Aber das reine Bewußtsein muß wiederum ganz in den Körper getaucht werden, ins Geschlecht, in den Eros, der Künstler muß den Philosophen in Reiz und Anmut versenken. Das Bewußtsein diktiert uns die Überzeugung, daß es endgültig sei, und ohne diese Gewißheit könnte es nicht arbeiten – aber die Ergebnisse seiner Tätigkeit, begriffen von einer anderen Position, von einem anderen Geist, können dem Leben wieder zugute kommen, hier kann der Geist der Kunst dem Geist des Denkers nützlich werden. Und selbst wenn zwischen ihnen ein unheilbarer Gegensatz bestünde – sind wir denn nicht die wandelnde Gegensätzlichkeit, müssen nicht leben in der Zwiespältigkeit, die wir sind?

Das eigentümlich Absolute des Geschlechts, das erotische Absolute. Die zwiespältige Welt des Geschlechtstriebs, die gerade dank ihrer Zwiespältigkeit selbstgenügsam, absolut wird! Welches andere Absolute wäre nötig dort, wo der Blick des Begehrenden im Blick der Begehrenden versinkt?

Sonne. Frühstück mit Minister Mazurkiewicz und dem langjährigen Honorarkonsul in Montevideo, Józef Makowski, der den Gastgeber spielt. Wir tauschen sentimentale Erinnerungen an Straszewicz und andere Freunde.

FREITAG

Scheußliches Regenwetter, durchdringender Zug. Wir sitzen im *Tip-Top*, Dipa und ich, nippen am Kaffee und starren auf die schmutzigen Wogen unter dem Nieselregen. Ich werfe einen Blick in die Zeitung. Ach, abends soll beim Schriftstellerverband eine Lesung des aus Argentinien angereisten Dickman stattfinden, unter Leitung der mir aus alten Zeiten bekannten uruguayischen Dichterin Paulina Medeiros. Wir gehen hin – ich nicht so sehr Dickmans wegen, sondern um Paulina zu treffen.

Es sollte ein dramatisches Ende nehmen (alle meine Begegnungen mit den *escritores* dieses Kontinents enden dramatisch).

Wir erscheinen mitten in der Lesung. Dickman erzählt von den fünfundzwanzig Jahren seiner schriftstellerischen Arbeit. Uruguayische Literaten – kein einziges interessanteres Gesicht – überhaupt lagen Artigkeit, Floskelhaftigkeit und Langeweile in der Luft. Ich spüre, daß der Anblick des Schriftstellerkollegiums – wie immer – anregend auf mich wirkt. Ich bin allergisch gegen Autoren auf einem Haufen, als Gruppe betrachtet; wenn ich die »Kollegen« so einen neben dem anderen sehe, wird mir ganz schwach. Aber ich weiß nicht, ob ich mich klar ausdrücke, das Wort *escritor* hat in Südamerika wohl einen dümmeren Klang als anderenorts, dieses Fach schwimmt hier in einer speziellen, pompös fiktiven, hochtrabend herzlichen, ranzig süßlichen Soße. Und das Lächerliche, das von den *escritores* ausgeht, bringt mich zum Lachen. Beifall. Er ist zu Ende.

Paulina Medeiros erhebt sich und verkündet, daß der Verband heute durch glücklichen Zufall noch einen ausländischen Schriftsteller zu Gast hat, Gombrowicz, den wir herzlich begrüßen usw. – Und jetzt möchte Herr Gombrowicz vielleicht zu uns sprechen?... Erwartungsvolles Schweigen. Ich gebe zu, mein Verhalten war nicht ganz in Ordnung. Statt ein paar höfliche Worte zu äußern, ich sei erfreut usw., sage ich zu Paulina: »Na gut, Paulina, aber was habe ich denn eigentlich geschrieben? Die Titel, bitte.«

Eine mörderische Frage, in Amerika kennt mich so gut wie niemand. Bestürzung. Paulina rot und stotternd, völlig aus der Fassung. Dickman eilt ihr zu Hilfe: »Ich weiß, Gombrowicz hat einen Roman in Buenos Aires veröffentlicht, eine Übersetzung aus dem Rumänischen, nein, Polnischen, Fitmurza... nein, Fidafurza...« Ich sitze da, eisig sadistisch, sage kein Wort, man ruckt verlegen auf den Stühlen, beginnt aufzustehen, schließlich bringt der Vorsitzende oder Sekretär ein großes Buch, in das Dickman einen passenden Aphorismus einträgt, ich setze meine Unterschrift hin – und reiche das Buch Dipi weiter, damit auch er unterschreibt. Was erneut Unruhe im geschätzten Kreis hervorruft, denn Dipi ist im wehrpflichtigen Alter und sieht noch nicht nach einem Literaten aus. Er unterschreibt schwungvoll – diese Unterschrift ist wohl die majestätischste im ganzen Buch – und ich erkläre, daß er seit seinem vierzehnten Lebensjahr Romane schreibt und schon vier davon zu seinem Œuvre zählt.

SONNABEND
Geradewegs von jener unseligen Visite beim Schriftstellerverband – ich meine meinen Aufenthalt in Montevideo – fuhren wir, Paulina Medeiros, Dickman, Dipi und ich, zu einer »peña« der Poeten. Die fand in einem couragiert häßlichen kleinen Restaurant statt, dessen Wandmalereien das phantasielose *menu* beflügeln sollten. Große Tafel, daran ungefähr fünfzig Personen. Paulina erklärt flüsternd: ein Bankett, das die Poeten zu Ehren von Professor R. geben, es werde uns einen Eindruck vom poetischen Klima der Hauptstadt vermitteln. Wer das denn sei, Professor R.? – Oh! – eine verdiente Persönlichkeit – berühmter Kritiker – Universitätsprofessor – Autor – väterlicher Freund und Schutzpatron der Poeten – er hat gerade einen Preis für eine Essay-Sammlung erhalten, deshalb das Festmahl.

Niemals hätte ich geglaubt... nein, ich kenne Amerika noch immer nicht, kenne es nicht in seiner Verworrenheit, seinen Niveauverirrungen, seiner Unausgeglichenheit... Was ich da sah, so fürchterlich provinziell, wäre auf keinem argentinischen Kuhdorf möglich gewesen; aber es war, wie ich zu meinem Entzücken feststellte, auch eine leibhaftige Szene aus dem Pickwick-Club.

Ergötzliche Unschuld dominierte. Neben dem Engel Professor R., dem lächelnd und grüßend Bezaubernden, nahm ein weiterer Engel Platz, ein rüstiger und heiß poetischer sowie dichterischer Greis – der leitete die Sitzung, strahlte Wärme aus, machte Stimmung. Reden. Dann erhebt sich ein Poet und haspelt ein Gedicht zu Ehren von Professor R. ab. Beifall.

Gleich darauf steht eine *poetiza* auf und haspelt ein Gedicht her, zu Ehren des Professors. Beifall.

Worauf ein anderer Poet aufsteht und ein Gedicht zu Ehren des Professors herhaspelt. Lobeskundgebungen. Beifall. Erst da wurde mir eine seltsame, unheimliche Sache bewußt, gar nicht mehr à la Dickens, sondern à la Chesterton: *So wie diese fünfzig da versammelt waren, waren sie alle Poeten, und ein jeder würde sein Gedicht zu Ehren von Professor R. herhaspeln* (der diskret und taktvoll zu verstehen gab, daß es weniger um ihn ginge als vielmehr um das Eigentliche: die Poesie).

So rief ich denn den Kellner und ließ mir zwei Flaschen Wein kommen, eine weiß, die andere rot, und begann aus beiden zu picheln! Währenddessen rezitierten die Poeten, R. strahlte, Engelhaftigkeit nebst allen in solchen Fällen sonst praktizierten Tugenden lag in der Luft – Bescheidenheit, Diskretion, aber auch Großmut, mit Gefühl, mit Herz, alles war, wie es sich unser Tantchen in ihren süßesten Träumen erträumt: »schön« und »rein«. Als der Poet geendet hatte, wurde ihm die Hand gedrückt, Bravorufe. Aber als am Schluß ein fettes Stück Brechweib, das gar nicht abwarten konnte, bis es an die Reihe käme, aufsprang und händefuchtelnd, brüstewogend neugereimten Edelsinn, bündelweise, von sich gab, da konnte ich, nunmehr Roten und Weißen in mir, nicht mehr an mich halten und lachte prustend Dipi in den Nacken, der gleichfalls losgrölte, nur daß er – da er niemand vor sich hatte, ihm in den

Nacken zu prusten – der ganzen Versammlung unverhohlen ins Gesicht prustete und brüllte!

Entrüstung. Blicke. Doch nun erhebt sich der ehrwürdige Laureat und haspelt: dessen sei er nicht würdig, obwohl eigentlich doch, aber nein, er sei nicht würdig, allenfalls in gewissem... Rührung. Beifall. Der Engel-Vorsitzende-Dichter dankt und feuert an... Die Atmosphäre wird so erhaben und süßlich, daß Dipi und ich durch die nächste Tür Reißaus nehmen, feuchtfröhlich torkelnd, sternhagelvoll, stockbesoffen!

Wieder habe ich den polnischen Namen im Ausland kompromittiert? Aber das kommt mir gerade recht, »das lieb' ich«, wie Mickiewicz zu sagen pflegte! Und darum geht es nicht. Mich interessiert hier etwas anderes. Wie wäre dieses Ereignis von ihnen, den Uruguayern, geschildert worden?

»Der affektierte, neunmalkluge, arrogante europäische Literat rümpft geringschätzig die Nase über die Unverdorbenheit der uruguayischen Poesie, die naiv sein mag, aber doch aus dem Herzen kommt!«

Dabei ist es genau umgekehrt. Unverdorbenheit und Ehrlichkeit war dort ich, sie dagegen – wozu lange drumherum reden – eine Bande von ganz Gewieften, die eine künstliche Atmosphäre gegenseitiger Anhimmelung produzierten.

So ein *quidproquo*: Der junge Poet aus der Provinz ist gar nicht so unbeleckt... der alte Zyniker und Nassauer dagegen kämpft naiv und reinen Herzens um die Reinheit der Poesie.

Sonnabend

Gerüchte gehen um! Tags darauf hörte Dipi beim Abendessen im *Tip-Top*, wie man sich am Nebentisch über den »Skandal im Schriftstellerverband« und die »Provokation auf dem Dichterbankett« unterhielt... und jemand schlug vor, an Ernesto Sábato zu schreiben und anzufragen, ob sein enthusiastisches, an Julio Bayce gerichtetes Empfehlungsschreiben für mich nicht vielleicht gefälscht sei!

Cocktail im Carrasco. Diese Komfort-Bourgeoisie mit *aire acondicionado*, elektrischer Heizung, zwei Badezimmern für die Bediensteten und Blick aufs Meer kann ich schwer ertragen.

Der David des Michelangelo, der dem Platz vor dem Magistrat sein glanzvolles Gepräge verleiht. Die plötzliche Invasion von Renaissance, ergreifend – ein gleichsam stenographisches Gespür für die zahllosen Genüsse, die der Stil überhaupt und dieser Stil insbesondere, der nach Jahrhunderten so glücklich wiederentdeckt wurde, bergen! Gespräch mit Asnito (Dipa) über Renaissance – Barock – Cézanne – konkrete Kunst. Mich verblüfft die angeborene Leichtigkeit, mit der dieser junge Schlammbeißer sich in den komplizierten Trübfluten der Heutzeit bewegt.

Ein Brief von einem Literaten.

»Vor einigen Tagen habe ich die Lektüre von *Pornographie* abgeschlossen. Die Annonce in der *Kultura*, die gewiß mit Ihnen abgestimmt war, spricht von einem metaphysischen Sinn dieses Buches... Bisher habe ich immer geglaubt, ich hätte ein Auge für die verborgenen Bedeutungen unter der Oberfläche Ihrer Werke, aber in *Pornographie* ist es mir zum ersten Mal nicht gelungen, einen solchen geheimen Sinn ausfindig zu machen. Ich erlaube mir deshalb, einfach Sie um Hilfe zu bitten, um einen Hinweis, worin der metaphysische Faden von *Pornographie* zu suchen sei.«

Aber gern! Dieser Brief kommt mir gerade recht. So kann ich noch einmal darauf hinweisen, wer ich bin und wie ich mich in der geistig-künstlerischen Landschaft einordnen lasse.

Meine Antwort:

»Mit der Formulierung jener Annonce in der *Kultura* hatte ich nichts zu tun, aber ich will gern sagen, welche Verbindungen *Pornographie* meiner Ansicht nach zur Metaphysik aufweist.

Sagen wir einmal so: Der Mensch strebt bekanntlich zum Absoluten, zur Fülle. Zur absoluten Wahrheit, zu Gott, zur vollständigen Reife usw. Alles umfassen, den Entwicklungsprozeß ganz realisieren – so lautet dieser Imperativ.

In *Pornographie* zeigt sich nun (nach meiner alten Gewohnheit, denn schon *Ferdydurke* ist davon stark durchdrungen) ein anderes, wohl verborgeneres und weniger legales Ziel des Menschen, sein Bedürfnis nach NICHTFÜLLE... UNVOLLSTÄNDIGKEIT... MINDERWERTIGKEIT... JUGEND...

Eine Schlüsselszene des Werkes ist die in der Kirche, wo der Gottesdienst, und mit ihm Gott: das Absolute, unter dem Druck von Friedrichs Bewußtsein zerbrechen. Aus der Dunkelheit und Leere des Kosmos tritt da eine neue, irdische, sinnliche, minderjährige Gottheit ans Licht, bestehend aus zwei nicht-ganz-entwickelten Wesen, die eine geschlossene Welt bilden – weil sie einander anziehen.

Eine andere Schlüsselszene sind die Beratungen, die der Ermordung Siemians vorausgehen – denn die ERWACHSENEN sind nicht fähig, einen Mord zu begehen, weil sie zu genau wissen, was das ist, wie schwer es wiegt, sie können es nur mit den Händen der Minderjährigen vollbringen. Dieser Mord muß also in die Sphäre der Leichtfertigkeit, der Verantwortungslosigkeit hinabgestoßen werden – erst dort wird er möglich.

Ich schreibe ja nicht erst seit heute darüber, diese Ideen bestimmen mein ganzes Schaffen. Auch im *Tagebuch* ist die Rede davon, z.B. ›Die Jugend erschien mir als höchster und absoluter Wert des Lebens‹... Aber dieser *Wert* besaß eine Eigenschaft, die sich der Teufel selbst ausgedacht haben mochte – als Jugend war sie unter Wert.

Die letzten Worte (›unter Wert‹) erklären, weshalb ich trotz des stark ausgeprägten Konflikts zwischen Leben und Bewußtsein in mir nie bei einem der heute gängigen Existentialismen gelandet bin. Authentizität und Nichtauthentizität des Lebens bedeuten mir gleichviel – meine Antinomie ist die von Wert einerseits und NICHTGANZWERT... UNZULÄNGLICHKEIT... UNENTWICKELTHEIT andererseits... Das ist, glaube ich, das

Wichtigste, Persönlichste und Eigenste an mir. Für mich ist der Unernst ebenso Bedürfnis des Menschen wie der Ernst. Wenn der Philosoph sagt, ›der Mensch will Gott sein‹, so würde ich hinzufügen: ›Der Mensch will jung sein.‹

Und ich halte die verschiedenen Lebensalter des Menschen für ein Werkzeug dieser Dialektik von FÜLLE und NICHTFÜLLE, WERT und NICHTGANZWERT. Deshalb gestehe ich auch dem Eingangsalter – der Jugend – eine so außergewöhnliche und dramatische Rolle zu. Und deshalb ist meine Welt degradiert: Das ist so, als würden Sie den Geist beim Genick packen und ihn in die Leichtfertigkeit, in die Minderwertigkeit tauchen...

Natürlich bin ich in *Pornographie* nicht so sehr auf philosophische Thesen bedacht, ich will vielmehr die künstlerischen und psychologischen Möglichkeiten des Themas ausschöpfen. Ich suche die gewissen ›Schönheiten‹, die diesem Konflikt entsprechen. Ob *Pornographie* metaphysisch sei? Metaphysik heißt ›jenseits des Physischen‹, ›jenseits des Körperlichen‹, und es war meine Absicht, über den Körper zu gewissen Antinomien des Geistes vorzudringen.

Dieses Werk ist, glaube ich, sehr schwierig, obwohl es den Anschein eines ›gewöhnlichen‹ und dazu noch ziemlich unanständigen Romans macht... Ich warte ungeduldig auf französische, deutsche und italienische Ausgaben – sie sind in Vorbereitung – und hoffe, auf fremdem Boden mehr solcher Leser zu finden, die wie Sie nach ihrem Sinn suchen.«

SONNTAG

Malvín, die weiteren Strände hinter Carrasco, ozeanische Offenbarung, plötzliches Salz, das Grün der Wogen, Wundern, Staunen, Wehmut – wie der riesige Strom sich verliert, hinter mir, wie er umkommt in der plätschernden, salzigen, grünen Unendlichkeit, deren Wispern nichts sagt.

Bin ich vielleicht enger mit der Nation verbunden, als mir scheint? Wieder dieser Verdacht. Ist *Pornographie* womöglich der Versuch, die polnische Erotik *zu erneuern?*

Die Suche nach einer Erotik, die unserem Schicksal angemessener wäre – auch unserer Geschichte der letzten Jahre, die eine Geschichte von Notzüchtigungen, Sklaverei, Demütigung und Rangeleien war, und darum auch ein Niedersteigen in die dunklen Grenzbereiche von Bewußtsein und Leib? Und vielleicht ist *Pornographie* die moderne, erotische Nationaldichtung der Polen?

Ziemlich unerwartet und sonderbar, diese Idee – beim Schreiben habe ich keine Sekunde daran gedacht. Erst jetzt. Ich schreibe weder für die Nation, noch als die Nation, noch aus der Nation. Ich schreibe mich, aus mir. Aber ist mein Dickicht nicht insgeheim mit dem Dickicht der Nation verwachsen?

Ich Amerikaner, ich Argentinier, die Gestade des Atlantischen Ozeans beschreitend. Ich bin noch Pole... ja... aber nur noch von der Jugend, der Kindheit her, den furchtbaren Gewalten, die mich damals prägten, schon schwanger mit dem, was kommen sollte... Dort, hinter Malvin, die stolzen Bodenerhebungen, hervorgezaubert von der untergehenden Sonne, edelster Philosophie gleich, und großartigster Poesie. Hinab! Hinab! Herabsetzung! Ich bin meine eigene Herabsetzung! Wie unerbittlich muß der Mensch sich von den Gipfeln stoßen – seinen Edelsinn verderben – seine Wahrheit vergewaltigen – seine Würde erniedrigen – damit der individuelle Geist noch einmal Unfreiheit zu spüren bekommt, sich der Herde, der Gattung unterwirft...

1961

XIX

Montag
Ein ganz eigenartiges Buch, niemals habe ich so etwas gelesen, auf sonderbare Weise anregend. *Panorama des idées contemporaines* von Gaetan Picon. In der polnischen Übersetzung heißt es *Panorama myśli współczesnej*, erschienen bei »Libella« in Paris.

Schon lange bin ich nicht so begeistert eingetaucht wie in diese siebenhundert Seiten, die vollgestopft sind mit den neusten Weisheiten der letzten Jahrzehnte. Philosophie und Gesellschaftswissenschaften, Kunst und Religion, Physik und Mathematik, Geschichte und Psychologie, aber auch Geschichtsphilosophie und politische Probleme, auch der zeitgenössische Humanismus... der Band erfaßt die Hauptzweige der Wissenschaft, bietet aber keine trockenen Zusammenfassungen, sondern nur Ausschnitte aus den repräsentativsten Werken. Es ist eine Art Anthologie, wo zum Beispiel die Geschichtsphilosophie in ausgewählten Texten von Dilthey, Lenin, Trotzkij, Jaurès, Berdjajev, Spengler, Toynbee, Croce, Aron und Jaspers referiert wird, die Quantentheorie und damit zusammenhängende Probleme von Broglie, Bohr, Einstein. Eine erschöpfende Darstellung sucht man hier vergeblich – aber was für eine Einführung in den Stil der heutigen Wissenschaft, in ihren Ton, ihr Temperament, ihren »Charakter« (denn ich habe manchmal den Eindruck, die Wissenschaft sei eine Person), ihre Sitten! Das ist, als lauschte man einer Versammlung, auf der ein Weiser nach dem anderen das Wort ergreift; was für eine Gelegenheit, ein Gespür für die Ausdrucksweisen zu bekommen...

Mittwoch

Buenos Aires. Interview mit mir im *Clarín* – gemacht hat es Pat Leroy (Zdzisław Bau). Der *Clarín* ist die meistgelesene Zeitung in Argentinien, das Interview geht über zwei Seiten, mit einem großen Foto von mir und einer Zeichnung von Quilomboflora – das wird Aufsehen erregen. Ich habe u.a. gesagt: »Da ich kein prämiierter Shorton-Stier bin, darf ich in Buenos Aires wohl kaum auf Ruhm hoffen.«

Donnerstag

Und wenn die Kassandra dem Sokrates mit folgender Prophezeiung im Traum erschienen wäre: »*O Sterbliche! O Menschengeschlecht! Es wäre euch besser, ihr würdet die ferne Zukunft nicht mehr erleben, die beflissen sein wird, akkurat, angestrengt, glatt, seicht, armselig... Wollten die Frauen nur das Gebären lassen – alles wird euch schief geboren werden, Größe euch Kleinheit gebären, Stärke – Schwäche, und eure Dummheit wird verstandsgezeugt sein. Ach wollten die Frauen ihre Säuglinge totschlagen!... denn Funktionäre werdet ihr zu Führern und Helden haben, und die Biedermänner werden euch Titanen sein. Schönheit, Leidenschaft und Lust aber werdet ihr entbehren... eine kalte, müde, schroffe Zeit harrt eurer. Und all das wird eure WEISHEIT an euch bewirken, die sich lösen wird von euch und wird unbegreiflich werden, und raublustig. Und nicht einmal weinen werdet ihr können, denn euer Unglück wird nicht bei euch sein!*«

Ist dies eine Lästerung des Allerhöchsten Gottes? Unseres Schöpfers von heute? (Die Rede ist natürlich von der Wissenschaft.) Wer wollte sich erdreisten! Auch ich liege der jüngsten aller Schöpferkräfte zu Füßen – auch ich bin ein Wurm vor ihr, Hosianna, diese Prophezeiung besingt ja gerade den Triumph der allmächtigen Minerva über ihren Feind, den Menschen. Sehen wir uns diese Menschen der Zukunft, die wissenschaftlichen Menschen an – auch heute haben wir genug davon, es wimmelt zunehmend von ihnen. Eins ist widerwärtig an so einem Wissenschaftler: Seine lächelnde Ohnmacht, stillvergnügte Ratlosigkeit. Er ähnelt einem Rohr, das die Nahrung hindurchläßt, ohne sie zu verdauen; niemals wird sein Wissen zu etwas Persönlichem von ihm; er ist von Kopf bis Fuß nur Werkzeug, nur Instrument. Unterhält man sich mit so einem Professor, so ist er wie ein Fisch auf dem Trockenen, jeder von ihnen wird ganz krank, wenn man ihn aus seinem Spezialgebiet herausholt – beschämend ist das, zum Rotwerden! Bescheiden? Ich an ihrer Stelle wäre auch bescheiden, man muß es doch sein, wenn nichts, was man erreicht, einem in Fleisch und Blut übergeht. Verfluchte blinde Hühner, die auch mal ein Korn finden! Blinde Maurer, die seit Jahrtausenden einen Ziegel auf den anderen legen, ohne zu wissen, was sie da bauen! Fleißig Schaffende sind sie. Mit-Arbeiter. Wenn der eine A gesagt hat, sagt der andere B, und der dritte C, und so bildet sich die herrschende MEINUNG, jeder ist Funktion eines jeden, jeder bedient sich eines jeden, alle sind immer Diener – ausgesaugt vom Vampir des Intellekts, hinabgestoßen vom GEDANKEN, der in der Höhe schwebt, immer unerreichbarer.

Noch in meiner Jugend hat man über den Professor gelacht, den abstrakten Großvater, der immer seinen Hut verliert. Heute lacht niemand mehr, wir machen uns klein, ziehen uns ein, uns ist nicht recht geheuer, wenn wir sehen, wie uns das herzige Spezialistengremium auf den Pelz rückt – unsere Gene verändert – sich in unsere Träume mischt – den Kosmos umwandelt – mit der Nadel in die Nervenzentren vordringt, all die inneren, vertraulichen Organe betastet, die eigentlich unberührbar sind! Diese Anfänge der Unverschämtheit, diese niederträchtige Ungeniertheit, diese Sauerei, die da allmählich mit uns geschieht, erschrickt uns noch nicht genug – aber nicht mehr lange, und wir werden heulend sehen müssen, wie diese Freundin und Wohltäterin, die WISSENSCHAFT, zunehmend entfesselt, uns wie ein Stier auf die Hörner nimmt und zum unberechenbarsten aller Elemente wird, mit denen wir bisher zu tun hatten. Das wachsende Licht wird Dunkelheit werden, und wir werden uns in einer neuen Nacht finden, der tiefsten von allen bisher.

Die Professoren lieben ihre Ehefrauen. Sie sind gute Väter. Folgsam und vergebungheischend sind sie dem heimischen Herd verbunden, denn sie wissen gut, daß sie nirgendwo bei sich zu Hause sind. Sie sprechen keine Sprache. Der Wissenschaftler verrät die gewöhnliche menschliche Sprache um der wissenschaftlichen willen, aber auch die beherrscht er nicht – die Sprache beherrscht ihn. Die Formulierungen formulieren sich von selbst, das ist ein geschlossener Bezirk von Schwarzer Magie. Solange die mechanistische Interpretation der Erscheinungen sich noch halten konnte, war das halb so schlimm – heute aber, da der Mechanismus nicht mehr befriedigen kann und wir nach dem »Ganzen« streben, das sich nicht in Teile zerlegen läßt, da das wissenschaftliche Denken von Funktionalismus, Finalismus und ihren verschiedenen Entsprechungen fasziniert ist, sind die Aussagen einer derartigen Biologie oder Psychologie sphinxartig, halsbrecherisch, und mit der Physik oder Mathematik – oder der Philosophie – steht es nicht besser.

Die oben erwähnte Anthologie von Picon führt den wissenschaftlichen Stil in verschiedenen Mustern, in tausend Varianten sehr schön vor, da sieht man, wie ihnen diese Sprache gerät, was sie mit ihnen anstellt. Ganz deutlich wird die zunehmende Verkrampfung des Ausdrucks, der verrückt ist vom Verlangen, das Unfaßbare in Worte zu fassen. Das ist nur mehr Zirkus. Und wie anders könnte die Sprache einer rationalisierten, intersubjektiven (»zwischenmenschlichen«) Weisheit sein, die von Generation zu Generation anwächst und sich ganz gegen die Natur des individuellen Geistes richtet, um ihr Gewalt anzutun? Der Zwang, das Unsagbare zu sagen, wird in den letzten Entwicklungsphasen der Wissenschaft so übermächtig, daß ihre Aussagen geradezu philosophisch geraten. Es war gewiß eine Qual, die von Picon ausgewählten Texte zu übersetzen, hier muß der Übersetzer mit den Worten häßliche Dinge anstellen, anders geht es gar nicht.

Scheußlich fremd, die Gelehrsamkeit... wie ein Fremdkörper im Geist ist sie, ewig störend. So ein Denken trägt man wie eine Last, im Schweiße des Angesichts – nicht selten wirkt die Wissenschaft wie ein Gift, und je schwächer der Geist, desto weniger Gegengifte findet er, desto leichter unterliegt er. Seht euch die Masse der Studenten an. Weshalb fehlt es ihnen zum Beispiel so sehr an Frohsinn? Ist ihre Erschöpfung nur eine Folge von Überarbeitung? Oder sind ihre Reaktionen vergiftet von der Sucht nach vermeintlicher Präzision, übertriebener Objektivität, hat das ihr Urteil unsicher und ängstlich gemacht? Man sehe nur, wie der Kult der Logik das Verständnis für die Persönlichkeit zerstört, wie Prinzipien die angeborene Selbst- und Seinsgewißheit ersetzen, wie tödlich Theorien für Schönheit und Anmut sind... so entsteht dann der Typ des modernen Studenten (»Kollege, bestehen Sie die Prüfung?«), eines gutherzigen, redlich nutzvollen, doch blassen Wesens... so blaß wie der Mond, der kein eigenes Licht noch Wärme besitzt und jenes furchtbare, unbegreifliche Licht nur widerspiegelt. Ein Wesen, das noch leben mag, dessen Leben aber schon geschwächt ist – und gleichsam der Verunstaltung preisgegeben.

Der Anfang einer Pygmäenrasse mit geschwollenen Köpfen, in weißen Kitteln?

Freitag

Unserer harrt die Entartung, und darauf sollten wir uns schon heute gefaßt machen. Ich bestreite es nicht, die Wissenschaft wird uns eines Tages vielleicht das Paradies eröffnen. Einstweilen aber droht uns eine Reihe von Operationen, fast chirurgischen Eingriffen, die uns verunstalten (so wie bei Patienten, an denen man von zwölf notwendigen Schönheitsoperationen erst einmal drei ausführt).

Der Wandel der Lebensbedingungen und unserer psychophysischen Struktur durch die Technik wird uns noch aus unseren Halterungen reißen und uns erheblich beunruhigen.

FREITAG

Wissenschaft macht dumm.
Wissenschaft macht klein.
Wissenschaft macht häßlich.
Wissenschaft verunstaltet.

Wird der Szientismus die Kunst verdrängen? Och, ich habe wirklich keine Angst vor dem Verlust von Verehrern!

Ich befürchte nicht, daß »die künftigen Generationen keine Romane mehr lesen werden« u.ä. Es ist wohl ein völliges Mißverständnis, die ernste Kunst in den Kategorien von Produktion, Markt, Lesern, Nachfrage und Angebot begreifen zu wollen – was tut das zur Sache? Kunst ist nicht die Fabrikation von Lesefutter für den Leser, sondern geistiger Verkehr, etwas so Spannungsvolles und von der Wissenschaft so Verschiedenes, ja ihr Widersprechendes, daß es hier keine gegenseitige Konkurrenz geben kann. Wenn in der Zukunft ein großer, überlegener, würdiger, befruchtender, erleuchtender Geist geboren wird (so muß man über die Künstler sprechen, dies ist die Sprache, nach der die Kunst verlangt), wenn der Einzige und Unwiederholbare geboren wird, ein Bach, ein Rembrandt, so wird er manche Menschen *für sich einnehmen*, wird sie *bezaubern* und *verführen* ...

Solange es höhere und niedere Menschen gibt, solange wird der höhere Mensch, der sich in der Kunst zum Ausdruck bringt, anziehend sein ... und nichts wird sein Dasein schwächen können.

Ihr redet davon, daß Ingenieure, Techniker und sonstige Funktionäre unempfänglich für die Kunst werden? Wann war denn je ein Dialog zwischen Künstler und Rädchen im Getriebe möglich? Aber dennoch sehe ich immer wieder, wie sehr es diejenigen, die im Räderwerk noch Mensch genug geblieben sind, um zu spüren, daß es ihnen die Knochen bricht, nach dem Glanz des Künstlerischen verlangt.

Setzt sich ein Student der exakten Wissenschaften an meinen Kaffeehaus-Tisch, um mir mitleidig zuzusehen (wie ich »leeres

Stroh dresche«), verächtlich zu sein (weil das »Bauernfängerei« ist), zu gähnen (weil »sich das nicht experimentell überprüfen läßt«), dann versuche ich keineswegs, ihn zu überzeugen. Ich warte einfach, bis Übersättigung und Überdruß ihn ereilen. Gewiß doch, in der Wissenschaft gibt es viel weniger Betrug, Windbeutelei und all den »persönlichen Dreck«, nach dem die Kunst stinkt – diese Ehrsüchtigkeit, Effekthascherei, Affektiertheit, Phrasendrescherei –, aber wahr ist auch, daß die Wissenschaft dies nur gewährleisten kann, weil sie auf begrenztem Gebiet operiert – und diese keimfreie »Gewißheit« wird von einem bestimmten Zeitpunkt an unerträglich und erniedrigend für jede Natur, die halbwegs Format besitzt.

Die Durchschnittsintelligenz mag diese Scheuklappen an den Augen, die ihr den gleichmäßigen Trab erleichtern; eine behendere und lebhaftere Intelligenz aber wird nach Ungewißheit dürsten, nach Risiko, nach dem Spiel eher trügerischer und unfaßbarer Kräfte, in dem noch Leben ist... wo Schwung, Stolz, Witz, Beichte, Entzücken, Spaß und Kampf ihre Chance haben.

Es kommt der Augenblick, da die Theorie zum persönlichen Feind wird; dann begehrt man den Menschen, begehrt ihn, gleich wie er sei, undurchsichtig, verlogen, unüberprüfbar... nur wieder Menschliches vor sich sehen, wieder Menschheit berühren.

Sonntag
Nervenaufreibend, über eine Entfernung von zigtausend Kilometern Bücher zu publizieren!

Ferdydurke ist in Deutschland erschienen, ohne einen Kommentar, der auch nur flüchtig erläuterte, »um was es eigentlich geht« – das war der Grund, daß mancher Kritiker und Leser nicht wußten, was sie eigentlich mit dem Buch anfangen sollten. Ich schrieb also sofort an den englischen Verleger, er sollte der Einleitung so eine kurze Erläuterung hinzufügen.

Aber nichts da! Die englische *Ferdydurke* ist ebenfalls ohne diese paar Sätze erschienen, die sie so dringend braucht.

Soll sie erscheinen, wie sie will, ich gebe alles in Gottes Hand und sehe nicht hin!

DIENSTAG

Wann gehen wir zur Offensive über?

Werden wir – die Künstler – den Menschen der Wissenschaft endlich im Namen eines glanzvolleren Menschentums attackieren können? Attackieren – aus welcher Position? Mit welchen Mitteln? Sind wir überhaupt zum Angriff fähig? In den letzten Jahrzehnten hat die Kunst sich schäbig benommen – hat sich imponieren lassen, fast auf den Knien gelegen, dem Gegner gierig alles aus der Hand gerissen; ihr fehlte der Stolz, ja sogar der normale Selbsterhaltungstrieb. Die Folgen?

Die Malerei überfahren von Abstraktion und anderen Formkonzeptionen – alles von Wissenschaft inspiriert – immer weniger Individualität, Größe, Talent in dieser Kunst, immer »demokratischer« und »objektiver« alles, was da geschaffen wird.

Die Musik korrumpiert von Theorie und Technik, daher Persönlichkeitsverfall und so heftiges Schrumpfen der Komponisten, daß man bald nicht mehr weiß, wie man diese Zwerge nennen soll.

Und die schöne Literatur, um deren Schönheit es von Jahr zu Jahr schlechter bestellt ist, die bös und brutal geworden ist, geradezu wutentbrannt – oder kotzend – oder steif und trocken – analytisch, soziologisch, phänomenologisch, verschwitzt, langweilig, verfehlt.

Was soll man da träumen von dem Angriff so einer Kunst, die sich nicht einmal zu verteidigen weiß und schon halb unterworfen ist? Theorien hätten das nicht vermocht, wenn der Künstler nicht persönlich – wieder dieses Schlüsselwort – in die Knie gegangen wäre und seine Eigenart hätte verkümmern lassen.

Das Individuum ist eine so harte Nuß, an der bricht sich jede Theorie die Zähne aus. Deshalb ist eure Niederlage durch nichts zu entschuldigen, ihr Tölpel!

DONNERSTAG
Ein Brief von Maria Dąbrowska – so charakteristisch, daß ich versucht bin, ihn im *Tagebuch* zu besprechen.

Habe mich entschlossen, das Vorwort zur französischen Ausgabe der *Pornographie* selbst zu schreiben.

Quequen.

Santiago Achaval, Juan Santamarina, Paco Virasoro und Pepe Uriburu – die reiche Jugend der Oligarchie. Wieviel Brüder und Schwestern haben sie? Paco am wenigsten – nur sechs. Insgesamt haben diese vier gut vierzig Geschwister.

Niaki Zuberbühler hat 80 Cousins ersten Grades. Diese Landreform vollzieht sich im Bett.

Die falsche Gelehrsamkeit der Literaten liegt auch an ihrer Entartung durch die Wissenschaft. Wie leicht ist es, sich mit ein paar Enzyklopädien zu bewaffnen und mit Zitaten um sich zu werfen, jeder tut das, vom Feuilletonisten bis zum Nobelpreisträger! Und das war ja immer so. Nur leben wir in einer Ära der Demaskierung – weshalb wagt es niemand, das Elend der Zitate ans Licht zu bringen?

Tabu! Nur das nicht! Denn dann würde sich zeigen, daß die unnachgiebigsten Wahrheitssucher, die strengsten Zerstörer falscher Hüllen längst nicht so gebildet sind, wie sie tun. Was für ein Mangel an Würde! ...

SONNABEND
Ich sehe voraus, daß die Kunst schon in den nächsten Jahren die Wissenschaft abschütteln und sich gegen sie wird wenden müssen – dieses Gefecht ist auf lange Sicht unvermeidbar. Es wird ein offener Kampf sein, in dem jede Seite sich ihrer guten Gründe wohl bewußt ist.

Einstweilen ist da noch viel Camouflage, List und Verrat,

selbst die fünfte Kolonne fehlt nicht. So eine fünfte Kolonne auf dem Gebiet der Kunst sind der Existentialismus und die Phänomenologie.

Man hätte meinen sollen, der Existentialismus käme der Kunst zum Entsatz – aber diese wunderliche Kurtisane, die alles mit jedem betrügt, kann nur den kompromittieren, der sich mit ihr einläßt. Dieser nicht Fisch noch Fleisch kann überhaupt keinen Anspruch auf Form erheben – was also sollte er mit Kunst zu tun haben?

Und er ist doch so verlockend! So vielverheißend! Ist getragen vom angestrengten und, sollte man meinen, unbestechlichen Streben nach dem Konkreten, nach der Persönlichkeit... Leider kann die Anti-Abstraktheit sich im philosophischen Denken, wo ja ein begriffliches Schema gleich welcher Art unabdingbar ist, nicht halten. Und so wird der Existentialismus zu einer Falle: er ist nur der antirationalistische Speck, der Leichtgläubige in eine neue Begriffsfalle locken soll.

Jede geistige Haltung schafft sich ihren eigenen Stil. Der Existentialismus aber, gezeugt aus lauter Widersprüchen und unfähig, sie à la Hegel zu versöhnen (denn hier versagt alle Dialektik), hat gar keinen Stil bzw. einen ganz fürchterlichen, verworren präzisen, abstrakt konkreten, subjektiv objektiven Stil, haltloses Geschwätz. Wenn man diesen Denkern so zusieht, könnte man schwören, sie wollten im Sitzen tanzen – so pedantisch und verwehbar ist das alles.

Da ist mir die Phänomenologie schon lieber; sie ist in formaler Hinsicht reiner. Man könnte sich sogar Hoffnung machen, daß sie ein Abführmittel für all den Schmutz des Szientismus sei, ja bitte, ist das nicht die Rückkehr zum natürlichen, unmittelbaren, unbefleckt jungfräulichen Denken? Die Wissenschaft in Klammern setzen! Das brauchen wir!

Eitle Hoffnung! Böse List! Widerwärtig ist ihr die Wissenschaft, so wie der Tochter die leibliche Mutter – ihr, die kartesianisch ist, gezeugt aus wissenschaftlichem Geist, leidenschaftslos, kalt wie Eis – was hilft uns ihre Leichenkühle?

MONTAG

Bondy, der Redakteur der *Preuves*, ist in Buenos Aires eingetroffen, nachdem die gesamte Presse zuvor großes Aufsehen davon gemacht hatte. Bei diesen Artikeln war ich sicher, er würde auf dem Flughafen von einem Haufen Würdenträger, allen voran dem französischen Botschafter, begrüßt werden und mindestens so begehrt sein wie Barrault; ich beschloß also, diskret vorzugehen und mich erst am nächsten Tag im Hotel zu melden, das bei einem Gast dieses Ranges nur das Plaza oder das Alvear sein konnte.

Indes erfuhr ich, als ich diesen Tag nach Hause kam, von Frau Schultze, ein Herr habe nach mir gefragt und Namen und Adresse hinterlassen. Ich lese: François Bondy, Hotel City. Ich gehe ins City, ein paar Blöcke von mir entfernt. Herzliche Begrüßung. Ich erkläre, weshalb ich nicht früher aufgetaucht bin, hätte ihm keine Zeit rauben wollen.

»Aber nicht doch, ich war zum Frühstück bei Victoria Ocampo, aber jetzt bin ich frei. Laß uns reden.«

Wir gehen in ein Café, reden, reden. Abend. Ich sondiere noch einmal behutsam, ob er nicht zum Essen in die Botschaft, die Literatur-Akademie oder den Jockey-Club ginge... Nein, ehrlich gesagt hatte er nichts Besonderes vor. Ich war an diesem Tag zum Abendessen bei Zosia Chądzyńska eingeladen – und nahm ihn kurzerhand mit. Zosia, Dame von Welt, ließ sich nichts anmerken, als ich ihn überraschend hinter mir vortreten ließ und sagte: Bondy! Sie begrüßte ihn völlig unbefangen. Bei ihr war der Architekt Zamecznik, gerade aus Polen gekommen, ich lud telefonisch die Lubomirskis dazu, wir organisierten ein kleines Abendessen (höchst bescheiden, wie immer bei Zosia; dafür schäumt das Französisch wie Champagner...), aber etwas Unausgesprochenes lag in der Luft.

Beim Abschied zwinkern mir die Damen zu: »Gib's zu, wen hast du da angebracht? Wer ist das? Ein Dichter? Italiener, oder was? Wo hast du den aufgetrieben?«

Sie hatten gedacht, ich nähme sie auf den Arm! Dieser bedeutende Redakteur, den man sich schwer ohne vier Telefone und drei Sekretärinnen vorstellen kann, hat sehr viel von einem Dichter! So viel, daß uns Dichtern manchmal der Verdacht kommt, diese Indolenz, diese kindlich verlorene Miene, dieser verzehrende Blick, die seltsame Begabung aufzutauchen (statt normal einzutreten), seien dazu da, uns anzulocken und kaltblütig für seine Ziele zu gebrauchen. Aber ich tröste mich damit, daß die Politiker umgekehrt zu der Befürchtung neigen, Bondys kühles Organisationstalent sollte sie an der Nase herumführen, damit sie sich in den Netzen der Poesie fangen. Bondy zählt wahrscheinlich zu den Menschen (ich kenne ihn wenig), deren Stärke in der Abwesenheit liegt: immer ist er nicht ganz dabei, ist zumindest mit einem Bein woanders, seine Weisheit ist die des Freiers, der auf zwei Hochzeiten tanzt.

DIENSTAG

Wie gegen die Wissenschaft mobilmachen? Aus welchen Stellungen angreifen? Einen Stützpunkt finden, um die Geringschätzigkeit, die Möglichkeit von Geringschätzigkeit aus den Angeln zu heben ... und diese furchtbare Aussicht auf eine in uns wachsende Kluft zwischen *homo sapiens* und ... und ... und was? Und dem, das in der kommenden Kunst sich zeigen wird.

XX

FREITAG

Im *Fragata*.

Ich fragte in meiner Runde: »Was soll ein – normaler – Mensch tun, wenn er einem Gelehrten (Menschen) begegnet? Und der Wissenschaftler ihn mit seinem konzentrierten Wissen auf die Pelle rückt – der *Besserwisser*? Wie kann sich der normale Mensch da verteidigen?«

Sie wußten es nicht. Also klärte ich sie auf, das geeignetste Gegenargument sei ein Schlag – Faustschlag oder Fußtritt – mitten in die Person des Spezialisten. Und fügte hinzu, das heiße in meiner Terminologie »Festmachen an der Person« oder »Zurückführen auf die Person«... Auf jeden Fall bringt ihn das aus der Theorie...

Und ich fragte, ob du als Künstler einem Professor so einen Knuff oder Tritt versetzen könntest? Eine unziemliche Frage? Ja, aber sie ist dringlich.

Seid ihr womöglich der Ansicht, Wissenschaft und Kunst sollten gemeinsam voranstürmen, sich die Fackel von Hand zu Hand reichen, wie beim Marathonlauf? Überlaßt solche Läufe den Sportlern. Die Zukunft verspricht unredlich, ja gnadenlos zu werden. Eine Zusammenarbeit von Kunst und Wissenschaft im Namen des Fortschritts wäre rührend, aber der Dichter sollte wissen, daß der Professor ihn in dieser innigen Umarmung erdrücken würde. Die Wissenschaft ist eine Bestie. Glaubt nicht an die Menschlichkeit der Wissenschaft, nicht der Mensch reitet die Wissenschaft – sie nimmt sich ihn zum Steckenpferd! Wollt ihr wissen, wie die wissenschaftliche »Menschennatur« des zukünftigen Menschen aussehen wird, so schaut euch manche Ärzte an. Ihre »Güte« – ihre »Menschlichkeit«? Ja, aber was für eine? Ein bißchen seltsam, was? Scheinbar gütig, und doch nicht gütig, menschlich und doch unmenschlich... das ist mir ein Schutzengel, schroff und kalt wie der Teufel, ein Technikengel. Ihm verdirbt das Spital nicht den Appetit. Höllische Kälte und *unglaubliche Teilnahmslosigkeit*...

Unglaublich – das betone ich, denn alle Veränderungen unserer Natur unter dem Einfluß der Wissenschaft tragen das Zeichen das Phantastischen, so als gingen sie über die normale Entwicklung hinaus. Uns steht die unheimliche Menschheit bevor. Der Verstand wird Eingriffe an uns vornehmen, die sich heute nicht voraussehen lassen. Er muß immerfort voran, seine Syllogismen tun niemals einen Schritt zurück – sie kommen nie wieder auf den Ausgangspunkt zurück.

Vielleicht meint irgendein Blauäugiger unter euch, die Wissenschaft reiße uns nur von unserer Menschennatur los, um auf sie zurückzukommen... und die verstandesbedingten Entartungen würden eines Tages zum natürlichen Menschen zurückführen... zum edleren, gesünderen, machtvolleren Menschen... am Ende dieses Leidensweges würden wir zu uns selbst finden!

Nein! Niemals werden wir irgendetwas wiederfinden! Niemals zu irgendetwas zurückkehren! Wenn wir uns dem Verstand ausliefern, müssen wir für alle Ewigkeit Abschied von uns nehmen – er kehrt nie um! Der Mensch der Zukunft, das Geschöpf der Wissenschaft, wird auf radikale Weise anders sein, unbegreiflich, losgelöst von uns. Und deshalb ist die wissenschaftliche Entwicklung der Tod... Man stirbt als der, der man ist... um einem Fremden zu weichen. Der Mensch, an der Hand der Wissenschaft, gibt sich auf – in seiner gegenwärtigen Gestalt – ein für allemal. Versteht ihr nicht? Ich will einfach sagen, daß es in Zukunft – für sie – gar nicht lächerlich oder ekelhaft sein wird, wenn der Mensch der Zukunft etwa einen zweiten Kopf hat, der ihm aus dem Hintern wächst.

Und die Kunst? Was sagt sie dazu, die so verliebt ist in die jetzige Menschengestalt, so eng geschmiegt an unsere Person? Nichts ist doch persönlicher, privater, eigener, einzigartiger – die Brandenburgischen Konzerte, das Porträt von Karl V., *Les Fleurs du Mal*, wenn sie Allgemeingut geworden sind, so nur deshalb, weil sie das Gepräge des einzigen und unwiederholbaren Schöpfers tragen, wie einen Stempel, der besagt – das gehört zu mir, das ist mein Werk, das bin ich!

Wenn also nichts so sehr an der Persönlichkeit festmacht wie ein Faustschlag oder Fußtritt – wann wirst du der Gefügigkeit entsagen, Kunst, und feste dreinschlagen?

MONTAG
Ich bin kein Grobian. Mich gelüstet nicht nach einer Straßen-

schlägerei. Nicht einmal im demagogischen Eifer brülle, schrecke, übertreibe ich, Kraft habe ich immer – ganz ungelogen – in der Mäßigung gesucht.

Ich sehe sehr wohl, daß die Wissenschaft (so unmenschlich sie sei) unsere Hoffnung ist, daß sie (so entstellend sie wirkt) uns von tausenderlei Mißbildungen befreit, daß sie bei all ihrer Grausamkeit doch auch eine sorgende Mutter ist. Daß dieser unser Fluch uns auch zum Segen gereicht.

Ich will die Kunst zum Treten bringen – rums! –, aber nicht damit der Professor sich getreten, sondern damit der Künstler sich als Tretender fühlt. Nicht die Wissenschaft vernichten will ich, sondern der Kunst wieder zu eigenem Leben, ungeschmälerter Eigenart verhelfen. Soll der Pudel, der da auf zwei Pfötchen schöntut, endlich zubeißen! Höre ich so ein »modernes« Konzert, sehe eine Ausstellung oder lese die Bücher von heute, dann wird mir richtig schwach von ihrer Schwäche, als hätte ich es mit Kapitulation und Mystifizierung zugleich zu tun! Du weißt einfach nicht, wer da zu dir spricht: ein Dichter – oder ein »gebildeter, kultivierter, orientierter und informierter« Mensch? Dieser Schöpfer, dessen Stimme vor nicht langer Zeit noch göttlich klang, schafft heute, als arbeitete er in der Fabrik. Und er schafft wie ein Schüler. Und wie ein Fachmann. Und Gelehrter. Schluß mit dem Skandal!

DIENSTAG

In den Bauch! Oder in die Zähne!

MITTWOCH

In die Fres...

DONNERSTAG

Rrrrrums! Und gib's ihm!

FREITAG

Mal halblang, du rhetorischer Rowdy!

Und dennoch, Künstler, was habt ihr anderes zu tun?

Gestern in der Bar. Mit einem Soziologen, oder Psychoanalytiker.

Ich saß ihm gegenüber wie dem Schalter des Bürokraten – dort, hinter dem Schalter, wurde buchgeführt, summiert, katalogisiert, dort vollzog sich der ganze Prozeß, der mir unzugänglich war und mich dennoch bestimmte. Ich fühlte mich wie unter den Händen eines Chirurgen, oder in der Hand eines Despoten. Ich brachte meine selbstgestrickten Gründe gegen ihn vor – aber wie wehrlos ist meine einzelne Ratio gegen die seine, die dreißigtausend Geister im Laufe von tausend Jahren ertüftelt haben, gegen diesen Berg aus untergeordneten, funktionalen Köpfen!

Nec Hercules contra plures!

Aber als ich ihn gegen den Fußknöchel trat, schrie er auf! Oh, der Schrei eines Gelehrten – wie das befreit!

SONNABEND

In die Schnauze ihm!

SONNTAG

Trotzdem, Künstler, ganz im Ernst – man muß zuschlagen. Vielleicht nicht gerade mit der Faust, zumal es unter ihnen kräftige Burschen gibt.

Aber es wäre wirklich gut, wenn sie eure Feindseligkeit spürten. Dann werden sie verstehen, daß nicht alle sie nach der Nützlichkeit ihrer Funktion oder der von ihnen gelieferten Ware einschätzen. Es gab einen Funktionär, der war ach so selbstzufrieden, seine Funktion als Brötchenlieferant war gesellschaftlich nützlich, alle schätzten ihn; da glaubte er, sich eine etwas krumme Haltung, flache Schnauze, langweiligen Blick, allgemeine Vagheit und Farblosigkeit erlauben zu dürfen, nebst Verwaschenheit und einer guten Dosis Bruchstückhaftigkeit.

Ich mußte ihn also ordentlich verletzen, ein ums andere Mal, bis aufs Blut, damit er merkte, daß es wichtiger ist, *wer man ist, als was man tut.*

Die Wissenschaft soll ruhig nach dem Nutzen jagen. Die Kunst aber pflege der menschlichen Gestalt!

Dienstag

Daß der Kommunismus in seiner Theorie wissenschaftlich ist – daß diese zwei Welten, Wissenschaft und Kommunismus, eng verwandt sind – daß demnach auch die Wissenschaft eine Tendenz zum Kommunismus hat – aber gewiß doch, sonnenklar! Kürzlich erläuterte ich Professor Teran in Quequen, daß die allgemeine Vorliebe der studentischen Jugend für Rot kein Erfolg der Agitatoren sei, sondern auf ihrer wissenschaftlichen Kultur beruhe. Sie bekennen die Wissenschaft, beten sie an; der Kommunismus erscheint ihnen im Glorienschein des Szientismus.

Die – authentische – Verwandtschaft mit dem übermächtigen Geist der Wissenschaft ist der Trumpf der Revolution im Kampf um die Welt. Sollten sie ihr Ziel erreichen, so auf der wissenschaftlichen Woge, die alles überschwemmt. Merkwürdig ist nur das Verhalten der Kunst im kalten Krieg – hat sie etwa nicht gemerkt, daß ihr Platz auf der anderen Seite der Barrikade ist? Das muß wirklich erstaunen – sie hat doch soviel Antikommunismus im Blut – ich ertappe mich oft dabei, daß ich, auch wenn ich meinen bisweilen ausgeprägten Sympathien für so manches, was hinter dem Eisernen Vorhang passiert, nachgeben würde, als Künstler Antikommunist sein muß, mit anderen Worten – Kommunist könnte ich nur sein, wenn ich auf die Portion meiner Menschennatur verzichte, die in der Kunst zum Ausdruck kommt.

Und in der Tat! Wenn die Kunst »etwas höchst Persönliches«, wenn sie das »privateste Eigentum ist, das man sich denken kann«, wenn die Kunst Persönlichkeit, wenn sie Ich ist ... Versucht einmal, ihr Bekenner der Kombinate und Kolchosen, Chopin auszureden, daß seine h-moll-Sonate die seine ist. Oder ihm zu sagen, er sei nicht die h-moll-Sonate, und sei dies nicht auf radikalste, unbändigste Weise. Oh, wenn ich mir das vorstelle: den tanzwütigen Narren einer verführerischen, verliebten, rauschhaften Kunst, den es nach Überlegenheit und jeglichem Luxus dürstet, der sich von nichts zügeln, fassen, bestimmen läßt – diese unbegreifliche und arrogante leichtfüßige Seele unter der Aufsicht eures Reglements, wie sie gefügig und nützlich die ihm aufgetragenen Funktionen erfüllt. Wie erheiternd, diese Vorstellung: der Rausch und das Feuer der Kunst vor dem Hintergrund einer soliden, ausgeklügelten Moral und der ganzen »Vergesellschaftung« dort.

Marx hat übersehen, daß die Kunst sein unerbittlicher Feind ist und es immer bleiben wird, unter allen Umständen, unabhängig davon, mit welchem Produktionssystem sie aufgepäppelt wird. Hat er zu wenig von der Kunst verstanden? Und wie alle, die sie nicht richtig kennen, ihren elementar wilden, explosiven Charakter unterschätzt? Er meinte wohl, sie sei zivilisiert, normal, positiv – oder könnte so sein. Er begriff nicht, daß sie Entladung ist, Explosion. Und daß in ihr gerade das herauskommt, was der Marxismus nicht zu fassen vermag. Der rechtschaffenen Gefügigkeit der heiligen Doktoren und Hilfspriester der roten Kirche ist die Liaison des Kommunismus mit der Kunst zu danken, die bis heute andauert und grotesk jämmerliche Früchte trägt.

Doch andererseits – haben die Mittel, die für die Pflege der »künstlerischen Produktion« aufgewandt wurden, und das kulturvolle Zartgefühl, das man den Künstlern entgegengebracht hat, sich nicht reichlich bezahlt gemacht? Ob diese Ehe glücklich war oder nicht, man hat jedenfalls jahrzehntelang den Anschein einer gemeinsamen Front gewahrt. Der Kunst wurde gesagt: Du mußt mit uns gehen. Im Namen des Fortschritts! Der

Moral! Des Humanismus! Der Gerechtigkeit! An Gründen fehlte es nicht. Sie wurde mit Gründen zugeschüttet.

Und der Künstler von heute, der seinen Instinkt verloren hat, ist für Vernunftgründe besonders aufgeschlossen. Dies, seit er, verstört von der Wissenschaft, sein Temperament kleinlaut im Intellekt aufgehen ließ und die Blüten mit der Seele beriecht statt mit der Nase. Was will man verlangen von naiven und ehrbaren Pedanten, die »an sich arbeiten«, sich vervollkommnen, analysieren, ihre Moral konstruieren und zittern angesichts ihrer Verantwortung, leiden für die gesamte Menschheit, von diesen Forschern, Lehrern, Führern, Richtern, Inspektoren, Geistesingenieuren, Märtyrern schließlich, Heilige mögen es bisweilen sogar sein – aber Tänzer, Sänger sind es nicht... Laborgebraute Kunst. Was will man verlangen von diesen Eiern, die da in der Pfanne brutzeln, woher sollte so ein Omelett die geringste Widerstandskraft haben?

Ich meine nicht den politischen Kampf... Fort mit der Politik, Kunst! Sei einfach du selbst. Bewahre deine Natur, nichts weiter.

DONNERSTAG

»Wie soll man dir glauben, wenn du die Kunst zum Paladin der Persönlichkeit machst? Und sagst, sie sei die ›ureigene Äußerung des Menschen‹, sei das Ich? Wie oft hast du beklagt, daß der Mensch sich nirgends vollständig zum Ausdruck bringen kann? Es sind doch deine Worte, daß ›Mensch sein heißt, niemals man selbst sein‹ – weil die Form, in der wir uns äußern, zwischen uns und den anderen Menschen entsteht, uns aufgezwungen wird... Du hast sogar behauptet, wir würden von den anderen, von außen ›geschaffen‹... Und die Kunst? Und der Künstler? Wie kannst du sagen, ›Chopin ist die h-moll-Sonate‹, wenn du so oft erklärt hast, das Werk schaffe sich zum großen Teil selbst, nach seiner eigenen Logik, seinen organischen Notwendigkeiten? Wie kannst du den Wissenschaftlern vorwerfen, daß die Wissenschaft sie entstelle, wenn nach deiner Meinung die Kunst ihre Leute ebenso entstellt, weil sie von allein, unabhängig vom Künstler, wächst und ihm die Form aufzwingt?...«

»Erlaube mal. Ich bestreite nicht, daß die Kunst ›menschenunabhängig‹, oder genauer ›zwischenmenschlich‹ ist. Aber der Künstler unterscheidet sich darin vom Wissenschaftler, daß er er selbst sein will... Und habe ich in diesem Tagebuch nicht geschrieben, daß dieses ›ich will ich sein‹ das ganze Geheimnis der Persönlichkeit ist, daß dieser Wille, dieses Verlangen unser Verhältnis zur Deformierung bestimmt und bewirkt, daß die Deformierung wehtut. Auch wenn mich äußere Kräfte formen und kneten wie eine Wachsfigur, ich werde doch ich selbst bleiben, solange ich daran leide und dagegen protestiere. Im Protest gegen die Verunstaltung liegt unsere authentische Gestalt.«

»Und du behauptest, den Menschen der Wissenschaft ist dieser Protest fremd?«

»Aber gewiß doch! Sie – die so objektiv sind – gehen immer gern in ihrer sachlichen Wahrheit auf... nein, sie sind nicht berufen, den Zwiespalt zwischen Mensch und Form zu empfinden! Wenn sie sich damit befassen, dann wissenschaftlich – also ohne zu leiden – und somit ohne zu erleben...«

»Du meinst also, diesen Schmerz, dieses Erleben kann nur der Künstler aufgreifen?«

»O nein! Dieses Leiden ist allgemein, es betrifft jeden; aber intensiver wohl jene, die sich der Sache des Ausdrucks besonders leidenschaftlich widmen...«

Und bedenke nur, daß die Invasion der Wissenschaft der Kunst eine großartige Karriere verheißt.

Einst werden wir in ihr unseren Freund und Schützer sehen. Ja, sie wird sogar zum einzigen Garanten unserer Identität werden.

Tatsächlich! Denke nur! Wenn du eines Morgens aufwachst und feststellst, daß dir aufgrund bio-physiologischer Methoden in der Nacht ein zweiter Kopf, am Hintern, gewachsen ist, wenn du bei diesem Anblick entsetzt den Kopf verlierst und nicht mehr weißt, welcher Kopf dein eigentlicher sei – was bleibt dir noch als ein Schrei des Grauens, des Aufstands, des Protestes und der Verzweiflung... ein Schrei, um dich dagegen zu wehren!

Dieser Schrei von dir wird seinen Dichter finden... und bezeugen, daß du immer noch der bist, der du gestern warst.

Ich persönlich erwarte von der künftigen – wissenschaftlichen – Welt eine Bestätigung dessen, was *Ferdydurke* über die Distanz zur Form und über die Nichtidentifizierung mit der Form sagt. Die Kunst von morgen wird unter diesem Zeichen aufgehen, als eine Kunst deformierter Menschen...

Sie werden sich ihre Form (auch ihre körperliche Gestalt) bewußt schaffen. Ohne sich mit ihr zu identifizieren.

SONNABEND

Ich möchte wetten, daß Skrjabin unabhängig von Liszt auf den (alterierten) Quartakkord im Prometheus gekommen ist. Und dann – wie spürt man dem weiteren Schicksal dieses Akkordes bei Debussy, Mahler, Dukas, Richard Strauss nach?

Was den Quart-Sext-Akkord betrifft, so frage ich, ob die Quinte, die ihm zugrundeliegt, gefühlsmäßig wirklich »lebt« – ob das nicht eine in den Kadenzen der klassischen Konzerte wurzelnde Konvention ist (vielleicht eher kodales Thema)?

Hm, hm...

SONNTAG

Unerwarteter Besuch von Siegrist, der gegenwärtig in New York sitzt, nachdem er die letzten zwei Jahre in Yale und Cambridge verbracht hat. Er kam mit J.C. Gómez. Schien mir erkaltet, in diesem großartigen Mann ist die Flamme erloschen, die ihn zu Zeiten La Troyas noch wärmte. Nach seiner alten Gewohnheit fing er gleich an, Figuren auf ein Papier zu zeichnen, das ich ihm gastfreundlich zugeschoben hatte.

Beide behaupten (aber das ist vor allem Siegrists Meinung), daß das nachlassende Tempo der neuesten Physik nicht so sehr einer Erschöpfung der geistigen Möglichkeiten auf den befruchtenden Hauptgebieten zuzuschreiben ist, Widersprüchen des Typs Kontinuität–Nichtkontinuität, Makro–Mikrokosmos, Wellen- und Korpuskel-Interpretation, Gravitationsfeld und elektromagnetisches Feld usw., als vielmehr der Tatsache, daß die Physik einem gewissen Interpretationssystem zum Opfer gefallen ist, das sich im intellektuellen Umgang der Gelehrten, in der Diskussion herausgebildet hat. Sie meinen etwa die Polemiken Bohr–Einstein, Heisenberg–Bohr, alle zum Thema Compton-Effekt erwähnten Ansichten, den Verkehr solcher Geister wie Broglie, Planck, Schrödinger, diesen ganzen »Dialog«, der ihrer Meinung nach der Problematik unmerklich, allmählich, aber zu früh und zu willkürlich Richtung und Schwerpunkt verlieh und dazu zwang, auf einer bestimmten Linie weiterzudenken. Das ergab sich von ganz allein durch die Notwendigkeit der Präzisierung. »Die traurigen Folgen allzu großer Geschwätzigkeit«, stellte Gómez fest. »Sie haben eine Winzigkeit zu viel gesagt...«

Als ich mir den Hinweis auf die peinliche Genauigkeit der meisten dieser Gelehrten erlaubte, sobald es um die Kontrolle ihres Interpretationssystems und die Definition seiner Rolle sowie seiner Erkenntnisgrenzen geht, als ich Einstein als Beispiel anführte, merkte ich, daß Siegrist etwas auf dem Papier notierte. Es war das in Großbuchstaben geschriebene Wort »Mach«.

Und er fügte hinzu:

»Die Aktien fallen.«

Montag

Habe einen leckeren Fisch gegessen.

MONTAG

Das Rätsel des »Lichts« bei Mozart. Wie recht hat Gide, wenn er sagt, daß in seiner Musik das Drama, von Intelligenz, von Geist durchleuchtet, kein Drama mehr ist. Herrliche Pracht wie im ersten Allegro der Jupitersymphonie krönt diesen inneren Prozeß: der Glanz obsiegt und herrscht ungeteilt. Aber ich sehe in ihm, ebenso wie in Leonardo da Vinci, ein Element der Perversion, so etwas wie eine widerrechtliche Meidung des Lebens – Leonardos Lächeln (besonders auf seinen Zeichnungen) und Mozarts Lächeln haben diesen Zug, es ist als verlangten sie verbotene Lust, wollten sich vergnügen und freuen selbst am Unerlaubten, selbst an dem, was schmerzt... zartes und schelmisches Spiel, listige, hell intelligente Sinnlichkeit... dabei ist doch schon diese Verbindung – »intelligente Sinnlichkeit« – sündig... Ist die auf- und absteigende Tonleiter im *Don Giovanni* kein seltsamer Scherz, der sich einen Spaß aus der Hölle macht? Mozarts hohe Register muten mich manchmal wie etwas Unerlaubtes, gleichsam Sündhaftes an.

Das Gegenstück zu Mozart wäre Chopin – denn hier zeugt die Affirmation von Schwäche und Zartheit, unglaublich entschieden und hartnäckig durchgehalten, schließlich Kraft und die Fähigkeit, dem Leben in die Augen zu sehen. Er beharrt so sehr »auf dem Seinen«, will so sehr sein, der er ist, daß ihm das zu wirklicher Existenz verhilft – und ihn als Phänomen unerschütterlich, unbezwingbar macht. Auf diese Weise, durch die Selbstbestätigung, verwandelt sich Chopins verzweifelte, verlorene, leidensfähige Romantik, die den Mächten der Welt ausgeliefert ist wie der Strohhalm dem Wind, in gestrenge Klassik, in Disziplin, Beherrschung des Stoffes, Wille zum Herrschen. Wie ergreifend, wie erhaben ist sein Heroismus, wenn man ihn von dieser Seite sieht, und wie deklamatorisch, wie rhetorisch und schäbig, wenn man ihn unter dem »patriotischen« Aspekt betrachtet. »Was das Schwächste in mir ist, daran halte ich mich am festesten« – scheint sein Werk zu rufen.

MITTWOCH

Schnitzel. Ananas. Ein grauer Tag.
Come clean, »Gombrowicz«! There are at least nine of you and you have written a masterpiece unaware... Ich würde mir diesen Satz gern von jemandem übersetzen lassen, ich spüre einen Aufruf in ihm, aber was könnte das sein?... Wer ruft mich? Und weshalb kann ich kein Englisch? Heute sterbe ich eintönig. Wer ruft mich da?

FREITAG

Der Briefwechsel mit Adam Czerniawski, und indirekt mit Czaykowski, wegen der englischen Ausgabe der *Ferdydurke*, sowie die Lektüre der Diskussion über die *Wiadomości* und die *Kultura* in den *Kontinenten* ließen mich überlegen, ob ich im *Tagebuch* nicht eingehender über diese Gruppe junger Exilschriftsteller schreiben sollte, die ihren polnischen Kampf auf dem Londoner Brachland so verbissen kämpften. Das würde mich ja nicht viel kosten, und ihnen könnte es helfen...

Kaum war mir diese Idee gekommen, schreckte ich vor ihr zurück. Mein Abscheu gegen den kollegialen Aspekt der Literatur litt es nicht. Ei, Gruppen! Verbände! Debüts! »Schriftsteller«, »junge Autoren«, »alte Autoren«, »die junge Generation«, »vielverheißende Talente«!... Wenn mir jemand in der Literatur auffällt und ich anfange, ihn zu lesen, dann ist er für mich kein »Autor« mehr, er wird zu einem Pasek oder einem Chesterton *tout court*. Ich sehe in der Kunst nichts als Namen.

Wenn zwischen einem dieser jungen Autoren und mir ein Funke geistiger Verwandtschaft aufblitzte, wäre er für mich sofort... nichts weiter als er selbst... nicht mehr Schriftsteller, weder junger Autor noch Debütant in der Fremde. Aber dieser Funke blitzt nicht so leicht. Eher schon im Kontakt mit jungen Leuten aus Polen, nicht hier mit diesen Viertelengländern, die im Halsband der erworbenen, englischen Kultur fast ersticken. Was englisch an ihnen ist, schüchtert das Polnische ein. Was polnisch an ihnen ist, läßt das Englische nicht Wurzeln schlagen. Ungemein schwierig ist ihre Aufgabe, fast halsbrecherisch – diese zwei Pole so zu verbinden, daß sie elektrisierend wirken, daß sie die Zunge lösen! (Das fiele ihnen leichter, wenn sie auf englisch schrieben, wie Conrad, wie Pietrkiewicz, dann würde ihnen abgründigste polnische Exotik zu Kopfe steigen.)

Seltsam, dieser Strauch, der da im Garten unseres Exils aufgeht – und auf so kargem Boden. Wenn ich ein Gärtner wäre, ich würde ihn sorglich früh und spät begießen, denn das Seltsame gewinnt bisweilen Wert. Nur bin ich kein Gärtner.

FREITAG

Was sagte Śmieja in dieser Diskussion über mich, um mein *Tagebuch* zu verteidigen? »Seine Brutalität, seine Egozentrik und seine Arroganz gegenüber den Geringen des schreibenden Fachs mögen mißfallen...«

Nicht doch! Da liest er mich falsch! Bei mir gibt es keine »Geringen des Fachs«. Das ist wieder die kollektive Sichtweise. Zwar mache ich mir manchmal das Vergnügen und trumpfe mit meiner Charge auf, aber nur bei Leuten, die mit ihren Epauletten prunken. Ich habe mich nie duelliert, ohne vorher alle Chargen und Epauletten abzulegen, ich habe überhaupt im Leben kein einziges Wort anders geschrieben als im Adamskostüm.

SONNABEND

Man wirft mir wohl auch einmal vor, ich mystifiziere. Kürzlich griff mich eine Frau im *Polnischen Haus* an: »Sie spielen Theater! Bei Ihnen weiß man nie, ob Sie es ernst meinen oder ob Sie nur paradox sein, nur bluffen wollen!«

»Der Gimpel«, erwiderte ich, »fürchtet nichts mehr, als daß man ihn zum Narren hält. Diese Furcht verläßt ihn nie: wenn sie mich nun reinlegen? Aber Gimpel, was hilft es dir zu wissen, ob ich's ›ehrlich‹ oder ›unaufrichtig‹ meine? Was tut das zur Richtigkeit der Gedanken, die ich ausspreche? Ich kann ganz ›ehrlich‹ die größte Dummheit sagen und ›unaufrichtig‹ die reinste Wahrheit verkünden. Du mußt lernen, Gedanken unabhängig davon zu beurteilen, wer sie ausspricht, und wie.«

Ja, dem Schriftsteller ist das Mystifizieren sogar geraten. Soll er ein wenig Wässerchen um sich trüben, daß niemand wisse, was für einer er ist – ein Hanswurst? Spötter? Weiser? Betrüger? Entdecker? Prahlhans? Führer? Vielleicht ist er alles in einem? Schluß mit dem seligen Schlummer im Schoße gegenseitigen Vertrauens! Geist, sei wachsam!

Sei wachsam!

Und gehab dich wohl, Gimpel!

XXI

Mittwoch

Ein Morgen, der ins Freie lockt, Frühlingstaumel, schrägfallender Staubtanz, Sonnenfluten – oooch, aaach, freudig ziehe ich mir die Hose an, spazierengehen, spazieren, ausspannen, an die frische Luft – aber da, die Klingel, Irmgard geht öffnen, und dann tritt Simon ein.

Daher: »Hallo, du hier, so früh? Setz dich, *compañero*!« Worauf er antwortete: »Wie geht's?« und sich setzte – setzte – und sich wohl zu leicht setzte, oder zu schnell, oder war es, daß er sich auf den nächstbesten Stuhl setzte – jedenfalls schreckte er mich sofort durch fürchterliche Geistesabwesenheit.

Wieder sagte ich etwas – er zu mir – aber dieses Gespräch war und war doch nicht – und was ihn betrifft, so machte er den Eindruck, als hätte er »sich zu Hause vergessen«. Er war irgendwie... aber eben gerade so, als wenn er nicht wäre. Was weiß denn ich, schließlich... Ich lächle und rede weiter irgend etwas, da zittert ihm plötzlich die Oberlippe, aber irgendwie gar nicht gut, nicht gut, nicht gut.

Sein Blick.
Und er erklärte.
Ein Bottich.
Ein Bottich mit siedendem Wasser.
Sein Töchterchen.
Der Bottich mit siedendem Wasser ergießt sich auf das Töch...
Nun ja... Und daß »das schon viele Stunden im Krankenhaus dauert und noch immer kein Ende nimmt«, und daß er »gar nicht weiß, wohin« und »völlig aus dem Häuschen ist«, da ist er eben gekommen. Und entschuldigt sich, daß er mich so früh gestört hat. »Aber das macht gar nichts! Klar, natürlich!...« Ich verstummte dennoch, auch er verstummte, und wir saßen da, sozusagen Nase in Nase. Auge in Auge. Hand in Hand. Fuß in Fuß. Knie an Knie. Tête-à-tête. Bis mir diese dumme Identität hier in meinem Zimmer lästig wurde und ich dachte, was soll das, daß er mich nachmacht und ich ihn, Auge in Auge – da durchfuhr mich die Verbrühung des Kindes siedendheiß, ich pfiff durch die Zähne – und mir wurde klar, daß wir bei aller Ähnlichkeit hier nichts zusammen ausbrüten würden, es war überhaupt besser, nicht zu sitzen, sondern rauszugehen, raus, raus, raus hier, nur weg, egal wie, Abgang, Entfernung wurde dringend, brannte auf den Nägeln!... Und ich sagte: »Machen wir einen kleinen Spaziergang?« Er erhob sich sofort ohne Schwierigkeiten, und wir traten ins Freie; zuerst ich; und nach mir er mit seinem Töchterchen da.
Laues Lüftchen.
Wir waren hinausgegangen, und das kam gerade recht. So gingen wir denn. Ich ging sofort nach rechts, obwohl ich auch nach links hätte gehen können – Straßen, Häuser, Bürgersteige, Verkehr, Lärm, Geklingel, Hupkonzerte, schau mal, da springt jemand auf die Straßenbahn, jemand bückt sich, jemand beißt in ein Stück Schokolade, jemand kauft etwas bei einem Marktweib – uns wurde gleich leichter und besser beim Anblick dieses Gewimmels mit Armen, mit Beinen und Ohren, so wie wir,

aber fremd, gleichsam unschuldig... Und diese Gnade!...
denn während wir diese böse, brennendheiße Sache in uns hatten, rief man sich dort an der Ecke von weitem etwas zu! Rief sich von weitem etwas zu!

Ich suchte die belebtesten Straßen aus, um mich in der Menge zu verlieren – und rechnete mir aus, daß das ein Wettlauf mit der Zeit war, die Tochter konnte nicht endlos sterben, das mußte irgendwie ein Ende haben, und Simon würde seines Weges gehen. Ich hatte keine Ahnung, wie es in ihm aussah, Feuerbrunst oder Eiseskälte – er ging neben mir her. Hübsch warm die Sonne. Den Obsthändler an der Ecke sah ich, er wog Äpfel ab, und es gefiel mir irgendwie, daß er von nichts wußte, wiegt ein Kilo Äpfel ab, spricht mit der Kundin... ich fand solchen Gefallen an seiner Unwissenheit, daß ich mir dachte, ich kaufe auch Äpfel und ruhe wenigstens einen Augenblick mit diesem Mann aus, hole Atem, dort irgendwo bei ihm, fern... »Ein Kilo?« sagte der Obsthändler. »Wird gemacht. Kaufen alle, sind süß wie Birnen.«

Darauf sagte ich, wie aus heiterem Himmel: »Diesem Herrn ist ein Unglück zugestoßen, er hat ein vierjähriges Töchterchen, aber ein sterbendes.«

Ich biß mir auf die Zunge... wozu?! Schon war's heraus! Egal. Er wog die Äpfel ab. Ich wurde demütig in diesem Schweigen, und Leere überkam mich, wie ein Gummi, das alles ausradiert. »Was Sie nicht sagen«, erwiderte der Obsthändler. »So ein Unglück!«

Als ich das hörte, ballte sich etwas in mir, verdichtete sich, sprang über, heulte auf und überschritt innerhalb einer Sekunde die Grenze... Ich schrie:

»Nehmen Sie die Äpfel zurück, nehmen Sie!«

Blitzschlag. Ich lief los, blindlings, wie besessen! Mir nach Simon mit dem Töchterchen, wie besessen! Und wieder waren wir allein mit uns, er und ich, ich und er, aber nun war das Geheimnis schon ausposaunt, der Krieg erklärt, Trommeln und Trompeten, der Marsch hatte begonnen!

Und in diesem Augenblick, denkt nur, bellt ein Hund (ich sah ihn nicht, ich hörte nur das Bellen).
Straßenbahnen! Busse! Passantenschwärme! Die Straße ausgebreitet wie ein Teppich, ich gehe, er hinter mir, er mit seinem Töchterchen! Wir gehen in meinem Schrei, jenem Schrei zum Obstverkäufer, der ausposaunt hatte, verraten und offenbart... und es half kaum mehr, daß wir in die Menge tauchten, mein Schrei ging mit uns, und einher mit ihm ging Entsetzlichkeit... und mit ihr ging etwas wie ein Tier, wie kommt nur das Tier her? Tier? Ich meine das Bellen des Hundes. Na, ein Hund ist kein Tiger... jedenfalls hatte sich das Bellen vorhin zu meinem Schrei gesellt, mein Schrei, das wurde mir nun klar, war zusammen mit diesem Gebell erklungen und dadurch gleichsam etwas tierisch geraten, was weiß ich, das Tier war jedenfalls da, hatte sich eingestellt, Hund oder nicht. Tier. Wir gehen. Er geht, ich gehe. Wie aus dem Füllhorn Häuser, Fenster, Straßen, Straßenecken, Schilder, Schaufenster und Menschengewimmel, in das wir immer hastiger eintauchen, um uns zu verlieren... was tun? wohin gehen wir? was soll ich anfangen?... aber wir gehen die Florida, wo das Gedränge am dichtesten ist, zwängen uns durch, drängeln, reiben uns. Bis wir stehenblieben, weil ein vorüberfahrender Omnibus uns bremste; und Simon wurde von einem älteren Herrn sehr höflich angesprochen:
»Entschuldigung... Wie komme ich zur Corrientes?«
Simon sah ihn an und antwortete nichts.
Da wandte sich der Herr etwas verwirrt mit seiner Frage an mich. Auch ich sah ihn an – und antwortete nicht. NEIN. Ich gebe zu, nichts Spektakuläres, er dachte sicher, wir wären Ausländer, die kein Spanisch konnten... und dennoch, macht euch das klar, das war ein NEIN, ein Stoß ins Nichts... schlagartig. Das war eine ABSAGE, eine Absage, dunkel, schwarz und öd im hellen Sonnenlicht. Und wir zogen wie wild weiter, voran, und zur gleichen Zeit erreichte uns der Schrei eines Papageis, woher nur, vielleicht aus einem vorbeifahrenden Taxi, die-

ser Schrei erneuerte in Verbindung mit meinem Schrei vorhin das kürzliche Gebell des Hundes... und wieder machte sich das TIER bemerkbar und drang uns plötzlich in unsere verweigerte Antwort hinein! Nichts. Ich wußte noch immer nicht, was in ihm, in Simon, vorging, obwohl ich genau so einer war wie er, und ganz allein mit ihm! Er wußte auch nicht von mir. Aber schon waren wir verbunden durch unseren Schrei und unsere verweigerte Antwort, schon herausgehoben und gebrandmarkt – wie Verbrecher beschleunigten wir den Schritt, um in der Menge zu verschwinden, da will mir plötzlich scheinen, vor mir sei das Ende – ein Ende, sage ich, von dem mir ganz anders wurde...

Und zwar ging hier die Florida zu Ende. Vor uns ein Platz – die Plaza San Martín – wie auf dem Präsentierteller.

Die Florida zurück? Aber nicht doch... wir waren hastig gegangen, wie mit einem Ziel, und das hätte die Falschheit unserer Bewegung verraten!

Den Platz betreten? Nur waren dort fast keine Menschen. Wir auf diesem Platz? Zu zweit und ganz allein mit uns?

Doch zum Nachdenken war's zu spät. Schon gehen wir mitten über den Platz – kühl, still, frisch und ein Windhauch aus der Ferne. Die plötzliche Weite hätte uns fast umgehauen. Dieser Platz lag hoch, er thronte wie ein Balkon über Fluß und Hafen, und dort in der Ferne, in bläuenden Vereinigungen von Wasser, Nebel und weißlichem Himmel, zogen die Rauchfahnen von gleitenden oder still im Fluß ragenden Schiffen; und diese Reglosigkeit der Schiffe auf dem reglosen Fluß in Verbindung mit dem steinernen, scharf gezeichneten Skelett des Hafens, den Gebäudefirsten atmete – von hier, von oben gesehen – Erstarrung und Einhalt. Wir verlangsamten den Schritt. Still. Einsam. Ruhe. Uns versagte der Trab in solcher Zähflüssigkeit – und wir blieben stehen. Der Spaziergang war mit einem Mal alle.

Was?

Allein mit uns. Aber ich hatte keine Ahnung, was da in ihm

vorging – nichts vielleicht, oder doch etwas – ich hatte keine Ahnung. Da standen wir, er etwas seitlich von mir, und standen, während dort, in der Entfernung, eine Art reglose Ballung geschah, wo zwischen der gläsernen Wasserfläche und dem wäßrigen Himmel Dampf, Nebel, Schwaden und Rauch sich verspannen, in der Stille der unmerklich schwimmenden Schiffe, in der toten Silhouette der Hafenbefestigungen. Stille, Stille, aber da raschelt plötzlich ein Stück Papier zu unseren Füßen, vom Wind gerührt. Und ich sah verstohlen zu meinem Gefährten hin – der hielt das Papier mit der Schuhspitze fest und starrte zu Boden. Wieder raschelte das Papier. Ich starrte unverwandt auf das Papier, er starrte auf das Papier.

Wieder raschelte das Papier. Da sah er mich mit gerunzelter Stirn an, so gespannt und so durchdringend, daß es schien, als sei er kurz davor, mir in höchster Eile etwas ganz Dringendes, Wichtiges, Entscheidendes mitzuteilen... doch sagte er nichts, das Papier raschelte wieder, er hielt es mit dem Fuß fest und sah mich an, während es dort in der Ferne währte, waberte, wuchs... was wird, wenn das Papier wieder raschelt? dachte ich.

Allein mit uns. Ich sah ihn lieber nicht an und begann so, ohne hinzusehen, zu überlegen, ob mir nichts drohte... ob er mich nicht...?

Mir liegt daran, diesen Gedanken zu begründen, er war keineswegs so phantastisch, ich möchte nicht, daß man mich der Unvernunft zeiht... Halten wir das fest: Ein Mensch, der so unter Spannung stand, konnte explodieren, nicht wahr, er konnte explodieren? Doch mich beunruhigte weniger der Ausbruch selbst als vielmehr die Natur des Ausbruchs. Denn, machen wir uns das klar, ich wußte nicht, was in ihm vorging, und da mochte... nun, da mochte viel mehr vorgehen, als man nach unseren Sitten erwarten konnte, und es lag sogar die Frage nahe, ob dieser Gefolterte noch mit beiden Beinen auf unserer, der Menschenerde, stand... überhaupt war die ganze Geschichte unsagbar riskant und schlüpfrig, jawohl, schlüpfrig... aber ich hätte mir vielleicht nicht solche Sorgen gemacht, wäre nicht das Papier gewesen, das ihm unter dem Fuß flatterte, als wäre es lebendig, wie ein Tier, wißt ihr, ganz so wie ein vertierter Schrei, wodurch das Tier wieder ins Spiel kam, aber diesmal, wie soll ich sagen, niedrig, ganz unten, denn nicht mehr von einem Hund, einem Papagei, sondern von einem Papier, einem toten Gegenstand, und dort unten meldeten sich TIER und Kind, Kindtier... Und ich grübelte und grübelte, weshalb uns das Kind zum Tier geriet, aber es half nichts, das mußte man ertragen – nur wuchs dadurch nicht gerade mein Vertrauen zu dem »Menschen«, der hier in der Öde stand, neben mir, dem die Vertierung des sterbenden Kindes widerfahren war, und der das in sich trug... An den Teufel glaube ich nicht. Simon war die Gutmütigkeit selbst, er konnte keiner Fliege etwas zuleide tun. Nur... diesmal...

Ringsum kein Erbarmen. Nicht die Spur.

Was also konnte er... wenn das Papier wieder aufraschen sollte? (Es hing mit dem Papier zusammen.) Aber der laue Wind legte sich. Ich zog es vor, ihm nicht ins Gesicht zu sehen. Am schlimmsten war, daß ich die Gattung, die Art dieses Tieres nicht einmal annähernd kannte, aber schon die Tatsache, daß es von einem mit Hund und Papagei und Papier verbundenen Kind stammte, war nicht gerade vertrauenerweckend. Dort an den Enden wuchsen Rauch und trübe Schwaden. Kind? Tier? Welches? Auf jeden Fall hätte ich nicht mit ihm auf den Spaziergang gehen sollen, das war wirklich unbedacht gewesen, aber nun galt es, irgendwie unterzutauchen, wegzukommen – solange es noch nicht zu spät war – was sollte das auch mit uns hier, auf diesem hohen Platz, allein, allein mit uns, ohne eine andere Menschenseele... nichts wie weg. Aber wie? Schnell, schnell, jeden Augenblick kann das Papier wieder aufraschen... es war wirklich zum Lachen, obwohl er mir so ähnlich war, mir aufs Haar, auf Nase, Ohren und Füße glich, wußte ich überhaupt nicht, womit ich bei ihm rechnen mußte!

Wenn ich ganz plötzlich wegginge, so rechnete ich mir aus,

würde ein Augenblick vergehen, bevor er sich in Bewegung setzte – dann könnte ich die Treppe erreichen und schnell nach unten rennen. Nur... wie sollte ich weggehen, so plötzlich?... Ich verstummte innerlich – und unter dem Einfluß dieses meines Schweigens kam ich wieder auf jenes Schweigen dort, das Schweigen, mit dem wir dem Herrn begegnet waren, der nach der Corrientes gefragt hatte; dieses Schweigen von damals kam mir zusammen mit jener Taubheit, Blindheit wieder, und in dieser Taubheit, Blindheit trennte ich mich von ihm, ging plötzlich fort!

Schon bin ich auf der Treppe. Laufe hinunter. Diese Flucht war wie eine Herausforderung! Denn ich floh wie vor einem bösen Geist. Und er blieb dort hinter mir, wie ein böser Geist! Auf einmal war höllisch Böses zwischen uns. Ich hoffte, den Bahnhof zu erreichen und mich dort zu verlieren – ich jage, laufe hinein, tauche unter in seinem Gewimmel und stehe schließlich in der Schlange an der Kasse, egal welcher Kasse, nur stehenbleiben. »Wohin?« fragte der Schalterbeamte. »Nach Tigre«, nenne ich die erste Station, die mir einfällt, denn es ist doch alles egal, Hauptsache, in den Zug und weg von hier. Aber hinter mir höre ich:

»Nach Tigre.« Und es war seine Stimme.

Da bin ich aber ganz schön erschrocken!

Obwohl, was war daran so unerhört – wir waren zu zweit spazierengegangen, zu zweit kaufen wir eine Fahrkarte für den Vorstadtzug... fein, aber ich war eben weggelaufen... und er hatte auch laufen müssen, um mich einzuholen, und dieser Lauf nach mir war Verfolgung gewesen... Jedenfalls hing er nun wieder an mir. Und diesmal gab es kein Weglaufen mehr, die Möglichkeit des Weglaufens hatte sich erschöpft. Also gingen wir, Arm in Arm, mit unseren Fahrkarten, um in der großen Halle aus Glas und Eisen auf den Zug zu warten, blieben stehen über der glänzenden Linie der Schienen, wo sich langsam die Passagiere sammelten – wir warteten auf den Zug.

Der nicht kam. Wir warteten. Er sagte nichts. Ich wußte

nicht, was in ihm war, wie er jetzt war, wo er sich jetzt aufhielt, nichts wußte ich von diesem Gesicht, das auf die Schienen starrte, Zero! – und zugleich wuchs, wie immer mehr Menschen kamen, unsere Vertrautheit, unsere Bekanntschaft, die uns zwang, nebeneinander zu stehen und ein Paar aus uns machte. Wer war dieses Geschöpf neben mir und was war das, seine Vertierung des Kindes, die ihm zugestoßen war – und die er mit sich trug? Mein Menschenverstand ist schließlich ganz gesund und verließ mich bei all diesen Angstvorstellungen keinen Augenblick, wohl zehnmal wandte ich mich wutentbrannt gegen meine Phantasien und Chimären... aber... trotzdem... aber... wenn die Fassade der Normalität einmal zu Bruch gegangen ist, wird unsere Lage im Kosmos, was sie wirklich ist, nämlich bodenlos unbegreiflich und somit Hort *sämtlicher* Möglichkeiten. Doch auch das hätte mir wohl kaum Sorgen gemacht – wäre da nicht ein drastisches Detail, ein ekles Ungeziefer, das sich im dunklen Schoß des Seins verbirgt – wäre nicht der SCHMERZ – ja, fügte die CHIMÄRE nicht Schmerz zu!

Der Schmerz! Nur das war wichtig – der grausame Lauerblick des SCHMERZES in diesem schwarzen Brunnen – schmerzt, Schmerz! – dieser erbarmungslose Finger verwandelte alles, was er berührte, in Wirklichkeit – sogar die Phantasie wurde zur Wahrheit, wenn sie mit diesem wirklichen Ding, dem Schmerz, zusammenkam. Mir wäre alles schnurz gewesen, hätte es nicht weh getan; aber ich wußte doch jetzt vom Schmerz des Kindes im Krankenhaus, dem furchtbaren Schmerz, der hier, direkt neben mir, in diesem Mann schmerzte – und diese Entsetzlichkeit war keine Illusion, das tat doch weh! – und ich war ganz, ganz nah dabei... und das schielte womöglich schon zu mir hin, dieses... Tier des gebrannten Kindes... Ich tat, was ich konnte, um das vor mir zu verbergen, oder mich davor, aber der wildgewordene Gedanke an die Vertierung des Kindes, dieser böse Gedanke ließ sich nicht aufhalten... Tier? Was für ein Tier? Das Hundegebell, der Papagei, das raschelnde Papier, ach, aus ganz banalen Dingen stickte ich meine tauben, stummen, blinden Arabesken, und sie wären so harmlos gewesen, wenn es nicht schmerzte, schmerzte, der Schmerz, Schmerz, schmerzte – des Kindes, das meine Träume wachhielt!

Unterdessen kamen immer mehr Menschen, Sonntagsausflügler mit Taschen, und ihre Gewöhnlichkeit linderte trotz allem unsere Ungewöhnlichkeit ein wenig – bis dann der Zug in das Riesending der eisern-gläsernen Halle mit Tauben am Dach rollte – und wir mit den anderen einstiegen, er und ich – und im überfüllten Waggon steckenblieben. Der Zug fährt an. Gleich darauf ist er draußen im Sonnenlicht und frißt im rhythmischen Schaukeln die Schienen, die ihm von den Seiten in den Weg laufen. Wir fuhren – fliehender Raum, entspannend – und ich war schon daran zu überlegen, was ich eigentlich in diesem Tigre sollte, da plötzlich – Tigre? Tigre! Weshalb nach Tigre?

Weshalb nach Tigre, warum, wozu? ... Und weshalb nicht zu einer anderen Station? Hier in der Klemme konnte ich durch die von Kinnen, Nacken, Krägen und Hälsen gebildeten Lücken so gut wie nichts erkennen, fühlte mich nur nach Tigre gefahren ... weshalb nach Tigre? ... und ich wußte, daß es im ganzen Zug keine einzige Person gab, die so gefahren wäre wie ich mit ihm fuhr, mit solcher Grundlosigkeit, so ganz blindlings (und taub) nach Tigre ... und mit so einem Gepäck, wie wir es hatten. Ich sah ihnen wirklich erstaunt in ihre Gesichter, die so analog waren, kaum zu glauben, daß sie noch so aussahen wie wir – und diese Tatsache wurde zum Sprungbrett für den wahnwitzigen Sprung, daß wir nach Tigre, grundlos, vom Zug entführt. Tigre? Was erwartete uns in Tigre? Der Zug hielt an, fuhr wieder los. Ich spürte etwas ... in der Nähe ... irgendwelche Schliche, etwas wie das vage Bestreben, Gewalt zu gewinnen ... über mich ... Gelüste ... auf mich ...

Klar war das nicht. Schwerblütig, dunkel, still. Er stand neben mir, eingeklemmt. Es handelte sich nicht um eine deutliche, eroberungslustige Regung – nichts von der Art, ich ertappte ihn eher bei unscheinbaren, gleichsam einleitenden

Handlungen – einer Handbewegung, etwas wie Von-einem-Fuß-auf-den-anderen-Treten, einer schüchternen, unterdrückten Bewegung des Ellbogens – das mochte natürlich sein in dieser unbequemen Stellung, aber mir war doch etwas, als rührte nicht er sich, sondern etwas sich in ihm... dieses Etwas, das ich entsetzlich fürchtete, das tiergewordene Kind, dieses Kind von ihm, das wie das raschelnde Papier eigene Bewegung gewonnen hatte, nahm ihn in Besitz. Wieder spürte ich diese Bewegung in ihm, so ein bißchen wie die Regung der Leibesfrucht in der Mutter, und ich empfand böse Gegenwart, mit Krallen und Zähnen, verbissen böse. Und fuhr erneut zusammen, denn der Schrei des Kindes dort, im Krankenhaus, war doch real – also hatte meine Phantasie Biß!

Und da fiel es mir wie Schuppen von den Augen: Tigre – Tiger! Das war mir nie bewußt gewesen. Wir jagten also zum Tiger... und ich hätte Tränen darüber gelacht, wäre nicht das wahrmachende Kind im Krankenhaus gewesen!

Simon rührte sich erneut – oder es rührte sich in ihm – und ich ergriff die Flucht – doch konnte ich mich in dieser Enge allenfalls krampfhaft von ihm wenden – und wie ich so mit ganzem Leib vor ihm zurückzuckte, stieß ich in einen anderen Leib – einen weichen. Ein Dickwanst. Riesengroß, warm, dessen Gesicht ich nicht sah, dem ich vor Entsetzen in seine verschwitzte, ratlose, schamvolle Weichheit kam, in seine vermutlich stille, gedemütigte, brave Beleibtheit mit stellenweise elastischen Wölbungen, aber gastlich, bei aller Schwüle. Oh, was für ein stiller Winkel... in dem ich's mir langsam gemütlich, häuslich machte... rege waren seine Schweiße in der Wärme des Hemdes, der heutige und der von gestern, vermischt mit Vanillegeruch, in der Tasche hatte er ein Notizbuch, auf das Futter war ein Etikett mit dem Firmennamen S<small>MART</small> genäht, das Hemd an einer Stelle geflickt. Hier war es still und gut, hundert Meilen entfernt von dem dringenden... Problem... dort, überhaupt war das dort hier undenkbar, das war etwas ganz anderes, ein anderes Land, Rast und Ruhe... am anderen

Ende der Welt. Endlich! Ich ruhte aus. Wonnig war mir. Und plötzlich erhalte ich unten von unten einen furchtbaren Stoß.

»Unten von unten« sage ich, denn es war weder einfach »von unten«, noch einfach »unten«, sondern sozusagen zwiespältig und zweifach – versteht ihr? – und es war überhaupt kein Stoß, sondern eher ein Griff, und diesen An-Griff »erhielt« ich nicht, er entstand eher wie drohend an meinem Randbereich... und auf einmal begriff ich, daß man ein vorübergehendes Nachlassen meiner Wachsamkeit ausgenutzt hatte, um mich schier zu beißen! Ich erstarrte. Vor Angst. Den Kopf hatte ich bei ihm zwischen Brust und Jacke. Beten ging nicht. Wegrennen auch nicht. Schreien konnte ich nicht. Nein, schreien konnte ich nicht, aber ein grauenhafter Schrei brach allerorten ein und erfaßte alles, kam herunter zum durchdringenden Tier, völlig herunter! Und reglos, den Kopf hineingeschmiegt, harrte ich des Sprunges.

Doch da...

Etwas... etwas... etwas! Was? Hm... Plötzlich... so als kitzelte mich jemand im Nacken. Unsinn. Vielleicht hatte jemand ein Taschentuch gezogen und mich damit im Nacken berührt? Nein. Jemand kitzelte mich. Deutlich, mit den Fingern im Nacken...

Ich überlegte. Was konnte das sein? Wer?

Der Dickwanst? Zu welchem Zweck? Alle möglichen Lösungen – Verrückter, Schwuli, Scherzbold – zog ich in Betracht.

Simon? War er toll geworden? Selbst wenn er toll geworden wäre, er hätte meinen Nacken nicht von seinem Ort aus erreichen können.

Jemand, der in der Nähe stand? Vielleicht wollte sich ein Bekannter so auf drollige Weise zu erkennen geben? Wenig wahrscheinlich, weil ich den Kopf in den Dicken gedrückt hatte.

Und währenddessen tänzelten mir jemandes Finger zart im Nacken.

Ich überlegte – wer? was? Ich dachte nach. Dachte nach.

Grübelte und grübelte, was das wohl für ein Scherz sei – aber ich machte mir keine falschen Hoffnungen, denn mir war klar, daß der fehlende Zusammenhang zwischen dem Kitzeln und dem T<small>IER</small> gerade die Garantie für ihre höllische Kombination, ihre Verschwörung, ihre geheime Verständigung war – und ich wartete, bis sich das K<small>ITZELN</small> endgültig mit ihm, dem T<small>IER</small> verbrüdert hätte, um wie mit dem Messer auf den unbekannten, noch unfaßbaren, noch ungeschrienen Schrei einzustoßen.

K   D<small>IENSTAG</small>

Am Rande dieser Erzählung will ich notieren:

Die Literatur ist nicht die Entdeckung Gottes, sondern die Entdeckung des Satans. Wie hilflos ist die Literatur – und die Kunst überhaupt – angesichts Gottes! Angesichts der Tugend! Sie hat nichts, aber auch nichts zu diesem Thema zu sagen – sie, die so sinnlich ist, so ganz im »Verkörpern« aufgeht.

Gott bewegt sich nicht. Die Tugend auch nicht (wozu auch, wenn sie die Vollkommenheit erreicht hat, also den Ruhestand?). Nur die Sünde schafft jene Bewegung, die die Kunst atmet.

Die Literatur will immer neue Teufel entdecken, und das ist ihre historische Aufgabe. Entwicklung beruht auf der gegenseitigen Verständigung der Dämonen. Vergleichen wir die Teufel Shakespeares mit dem Teufel Dostojewskis; den Teufel Dürers mit Goyas Teufel; Mozarts Teufel mit Schönbergs Teufel; Baudelaires Teufel mit Lautréamonts Teufel.

Dieser mein Satan hier ist Geschöpf aus Zufällen und Abfällen (kunstvoll drücke ich mich aus), etwa dem Bellen eines Hundes, einem Papagei, einer fehlenden Antwort, einem Stück Papier, Tigre… Die böse, doch nicht bestimmbare Kraft kleidet sich auf diesem Marsch in das, was sie auf ihrem Wege gerade findet: sie ist also ein eingebildeter Teufel.

Doch der Schmerz macht die Einbildung so bedrohlich wie eine Tatsache. Der Schmerz! Höchste und letzte Tatsache, Fundament sämtlicher Wirklichkeit.

Ein furchtbarer Gedanke bedrückt mich: ich glaube sicher zu sein, daß die Menschheit noch nicht vollständig zu ihrem Schmerz vorgedrungen ist. Zwar haben sich die Grenzen unseres Fühlens erweitert und lang her ist die Zeit, als die alten Römer zum Vergnügen Sklaven ins Aquarium warfen, damit sie von den Fischen gefressen wurden. Fremder Schmerz ist für uns kein possierliches Zucken mehr, wir haben inzwischen zu zittern gelernt, wenn jemand schreit. Aber – bedrohlicher Gedanke – bis zu unserer vollen Anteilnahme daran ist noch ein weiter Weg, und – noch bedrohlicherer Gedanke – in den Geschmack unseres eigenen Schmerzes haben wir uns noch nicht genug verbissen.

Die dämonische Rolle einer Kunst, die sich auf solches Terrain vorwagt. Wohin wird uns das noch führen? Zu welchem Golgatha?

Ist mein musikalischer Rausch der letzten Monate ohne Einfluß auf die Komposition dieser Geschichte geblieben? Dieses ihr Vorandrängen, dieser Druck in Richtung »irgendeiner« Verwirklichung, stammt das nicht aus der Musik? Wenn ich mir die Zügel schießen ließe, würde ich diesem Marsch durch die Stadt noch deutlichere Rhythmen verleihen... aber für die Prosa ist Musik das reinste Teufelszeug.

Zwei Konzerte von Schönberg – das Violin- und das Klavierkonzert – sowie das fünfte Quartett von Bach durchwirkten mein Schreiben (vom Plattenspieler).

Es läßt sich nicht leugnen, ich bin ein enger Verwandter der Komponisten, die Lust und Geistesnahrung weniger in der Form selbst als im Prozeß ihrer Schaffung, ihres »Genusses« (wie ein Reiter ohne Pferd), ihrer Zerschlagung und Konstruktion, im Ringen mit ihr und im Sich-Wälzen mit ihr suchen... Was mich am meisten inspiriert? Über die Tonart hinauszugehen – für mein Ohr ist die Assoziation dieser Klänge, die sich gegenseitig entgleiten, so etwas wie im Geiste die Assoziation von Dingen, die sich nicht verbinden lassen.

Aber Bartóks Herumirren um die Tonart entspricht mir eher als die Zwölftonmusik.

Das Finale meiner Erzählung sieht nach einem Scherz aus (das Kitzeln) – dabei ist kein bißchen Scherz dabei, es handelt sich nur um die erschreckende Möglichkeit einer neuen teuflichen Kombination (des Kitzelns mit dem Schmerz des Kindes), ist eine neue *Modulation* des Teuflischen.

Mayewskis Satan, so furchtbar er ist (gestern las ich diese Erzählungen), ist aus gewöhnlichem und zeitlosem Menschenelend gemacht, er ist elementar wie Hunger, Durst, Nacktheit, Unfreiheit. Während ich, ganz anders, auf der Suche nach dem aktuellen Dämon bin, der diese Saison »getragen wird«, der modisch ist, *dernier cri*.

Eins jedoch scheint allen Menschen heute gemeinsam zu sein, Mayewski ebenso wie mir: unser Teufel hat immer weniger mit dem Problem der Moral zu tun, er ist unabhängig von Sünde und Tugend. Er ist kein »artikulierter« Satan. Er ist aus Dunkelheit. Aus dem Absurden. Ist weder Versuchung noch Strafe, sondern einzig und allein aus Schmerz. Ist unverschuldet.

Man wird auf dieses Problem der moralischen Verantwortung zurückkommen müssen. Ich fürchte, die wichtigste Entdeckung, die uns in dieser Hinsicht erwartet, ist, daß wir VÖLLIG UNSCHULDIG sind. Und was dann? Verschwindet das Gefühl für die Sünde? Wird sich der Mensch nur noch als Opfer vorkommen?

DRITTES BUCH
1961–1966

1961

I

FREITAG

Vor mir Bruno Schulz in französischer Übersetzung, der mir schon vor einigen Wochen von der *Arleta* (der Dichterin Suzanne Arlet) angekündigt worden war. Ein Band Erzählungen, erschienen bei Julliard unter dem Titel *Traité des Mannequins* (in der Mehrzahl Novellen aus den *Zimtläden*).

Vorworte. Zunächst Maurice Nadeau: »... ihm ist ein Platz unter den großen Schriftstellern unserer Epoche zu sichern.« Dann eine vorzügliche Studie von Sandauer, der sich offenbar bei Schulz bestens auskennt, behutsam und doch scharfsichtig.

Bruno.

Ich hatte schon lange von dieser Ausgabe gewußt, die sich im Schweiße ihres Angesichts anbahnte; und als ich sie sah, überlief mich doch ein Zittern. Was wird es werden? »Fehlschlag« oder Welterfolg? Seine Verwandtschaft mit Kafka kann ihm den Weg ebensogut bahnen wie verbauen. Wenn sie sagen, einer von vielen Vettern, ist er verloren. Wenn sie aber einen Blick haben für den sonderbaren Glanz, das ganz eigene Licht, das er ausstrahlt wie ein phosphoreszierendes Insekt, dann steht ihm die von Kafka und seinem Stamm empfänglich gemachte Vorstellungskraft schoßweit offen... und die Ekstase der Gourmets wird ihn nach oben tragen. Und wenn die schwelgerische Poesie dieser Prosa nicht ermüdet, dann wird sie eine Erleuchtung sein... Aber zu diesem Zeitpunkt, im Juli, läßt sich nichts sagen, es steht in den Sternen, welches Schicksal das ungewöhnliche Werk in Paris haben wird.

Zum Teufel mit Paris! Wie quälend ist das doch – Paris! Ohne Paris müßte ich auch dieses *souvenir* an den »toten Freund« nicht schreiben, diese Stilübung bliebe mir erspart!

Sonnabend

Von Freundschaft kann man schwerlich sprechen – zu der Zeit, als wir Freunde wurden, waren wir beide noch ungeboren. 1934, 35. Auf der Ujazdowskie-Allee. Wir gehen spazieren. Unterhalten uns. Er und ich in der Służewska. Er, Witkacy und ich. Nałkowska, er und ich. In diesem Film »auf dem Bildschirm der Erinnerung« sehe ich ihn fast wie einen Fremden, aber ich sehe auch mich so – das sind nicht wir, das ist nur die Einleitung zu uns, die Ouvertüre, der Prolog.

Ich will gleich mit meiner frechen und geschmacklosen Unanständigkeit herausrücken: *Bruno verehrte mich, aber ich ihn nicht.*

Das erste Mal suchte er mich in der Służewska auf, da waren die *Zimtläden* schon erschienen – ich konnte damals auf die *Memoiren aus der Epoche des Reifens* zurückblicken. Zierlich, unheimlich, geisterhaft, konzentriert, gespannt, glühend fast – und so begannen unsere Gespräche, vor allem auf Spaziergängen.

Natürlich, wir brauchten uns. Wir befanden uns in einem Vakuum, unsere literarische Situation war von Leere gelöchert, unsere Bewunderer etwas Gespenstisches von der Art *apparent rari nantes in gurgite vasto*, wir geisterten als Schnörkel, Zierde, Chimäre, als Greif durch die polnische Literatur.

Bruno hatte nach der Lektüre meines ersten Buches einen Gefährten in mir entdeckt. Er kam, um in mir Bestätigung zu finden, um von mir jenes Außen zu bekommen, ohne das sein Innenleben zum Monolog verdammt gewesen wäre – und mir wollte er denselben Dienst erweisen. Er kam als Freund, ja (das betone ich nachdrücklich) als Geistesverwandter, der mir den Geist entwickeln und erheben wollte.

Hier kam es zum »Knacks« oder zur »Verrenkung«, um in der Sprache unserer Werke zu sprechen... seine ausgestreckte Hand verfehlte die meine. Ich erwiderte seine Gefühle nicht, gab ihm furchtbar wenig, so gut wie nichts, unsere Verbindung geriet zum Fiasko... aber vielleicht kam uns das – insgeheim – ganz zupaß? Vielleicht brauchten wir beide eher das Fiasko als die glückliche Symbiose?

Heute darf ich deutlich sein, denn er ist tot.

Gestattet also, daß ich noch einmal mit Wonne sage: wie er mich durch sich entwickelte, mich verstärkte. Ich habe in meinem traurigen literarischen Leben so manche Schweinerei erfahren, aber ich habe auch Menschen getroffen, die mich aus heiterem Himmel mit der Freigebigkeit eines Padischah beschenkten – niemand aber war freigebiger als Bruno. Niemals, weder vorher noch nachher, habe ich in so ungetrübter Freude über jede meiner künstlerischen Taten geschwelgt. Niemand gab mir so innige Bestätigung, freute sich so an mir, nahm jeden Gedanken von mir mit Samthandschuhen auf – ich wüßte nicht, daß dieser engelhafte Bruno während der ganzen Zeit unserer Bekanntschaft irgendwie einmal boshaft zu mir gewesen wäre, er labte mich wirklich mit Honig... Es genügt, wenn ich euch erzähle, wie das mit *Ferdydurke* war. Ich gab sie ihm zu lesen, noch unvollendet, im Typoskript, und nach einer Woche reichte er sie mir zurück, mit erloschenem Gesicht.

»Du solltest lieber zu der Phantastik der *Memoiren aus der Epoche des Reifens* zurückkehren, die Gattung liegt dir mehr«, sagte er mit unüberhörbar großem Bedauern.

Aber dann, als er *Ferdydurke* in Buchform gelesen hatte, entflammte er zu einem Feuer, in dem ich, der Kühle, fast verglühte. Und er kam nach Warschau und hielt im Schriftsteller-Verband einen Vortrag über *Ferdydurke* (später im *Skamander* abgedruckt), der wie ein Fanal wirkte und sämtliche Mandarine von damals gegen ihn aufbrachte.

Meint ihr, ich weiß das nicht? Wieviel taktvoller wäre es, wenn ich mich in diesem *souvenir* an den »toten Freund« nicht in den Vordergrund, vor ihn drängte. Bescheidenheit!... Ich beeile mich darauf hinzuweisen, daß mir die Bedeutung dieser Regel sowohl bei den Umgangsformen wie in moralischer Hinsicht bekannt ist. Aber sagte nicht Fürst Ypsilanti, daß Fisch mit dem Messer essen darf, wer weiß, daß man Fisch nicht mit dem Messer ißt? Dies zu den feinen Manieren. Und was die tiefere Moral angeht, so muß ich ganz ehrlich sagen, daß ich aus moralischen Gründen nicht anders schreiben kann, denn wenn ich diese Umstände verschweigen wollte, würde ich die Situation, die zwischen uns entstanden war, völlig entstellen – und diese Sünde ist dem Schriftsteller nicht zu verzeihen, seine Maxime muß es sein, der Wirklichkeit möglichst nah zu kommen. Also vielleicht überhaupt nicht über Schulz mit mir und über mich mit Schulz schreiben – doch wäre diese Absage ratsam? Mit schlüpfrigen Themen kann man gutsituierte Tanten schrecken, nicht aber die Literatur. Verschweigen? Aber dieses Mißbehagen, diese Art Überdruß an mir selbst, die mich überkommen, wenn ich sogar hier angesichts des »toten Freundes« ich selbst sein muß... aber das Mißbehagen muß ich in Kauf nehmen!

Wie reagierte ich auf Schulzens Großherzigkeit? Ich mochte ihn... ja. Ich plauderte viel und freundlich mit ihm, pflichtete ihm oft bei, in den Augen der Leute waren wir ein Paar. Der Schein trog! Ich war von Natur aus unfähig, ihm anders als mißtrauisch zu begegnen, ich traute weder ihm noch seiner Kunst. Hatte ich je eine seiner Erzählungen richtig, von Anfang bis Ende, gelesen? Nein – sie langweilten mich. Alles, was ich ihm sagen konnte, mußte also vorsichtig formuliert sein, damit er nichts von der Leere ahnte, die auch in mir auf ihn lauerte. Wie weit mochte er das durchschaut haben?

Ich werfe mir keineswegs den Mangel an Gefühl vor, mit dem ich sein Gefühl erwiderte. Im Gegenteil – ich halte es für achtenswert, daß ich mich nicht bestechen ließ, ich mag es sehr, die Hitzigkeit anderer sogar mit Eiseskälte zu erwidern, der Künstler sollte nicht Funktion fremder Temperaturen sein. Nur eben... einmal schrieb ich einen kleinen Artikel über ihn für den *Kurier Poranny*, und damals, das weiß ich noch, hatte ich große Angst, man könnte sagen, ich lobte ihn, weil er mich lobt... aus dieser Angst entstand ein Artikel nicht direkt über Schulz, sondern darüber, wie man ihn lesen sollte. Ich war also bisweilen furchtbar kleinlich ihm gegenüber, und das wäre vielleicht sogar gemein gewesen, wäre die Gemeinheit meines Geizes nicht ähnlich wie der Großmut seiner Freigebigkeit gleichsam schwerelos gewesen. Unaufrichtig. Zum Schein. Unwirklich. In Tugend und Sünde waren wir unschuldig, wir Embryonen!

SONNTAG

Freunde? Kollegen? Wie oft wurde ich zusammen mit ihm in allen möglichen literarischen Bestandsaufnahmen als »polnische experimentelle Prosa« verzeichnet. Und dennoch – wenn es in der polnischen Kunst jemanden gab, der in völligem Gegensatz zu mir stand, so war er es.

Ich kann mir heute nicht mehr in Erinnerung rufen, ob das in dem Dialog, den wir bei jedem seiner Besuche in Warschau führten, jemals ausdrücklich zur Sprache kam. Aber einmal, in der Ujazdowskie-Allee, vor dem Chopin-Denkmal, sagte er, daß, obwohl unsere Gattungen »durch ihre Ironie, ihre sarkastische Weltflucht, das Blindekuhspiel« verwandt seien, doch »mein Platz auf der Landkarte hundert Meilen von deinem entfernt ist, und mehr noch, deine Stimme muß, um zu mir zu dringen, von etwas Drittem reflektiert werden, wir haben keinen direkten Draht zueinander«.

Ich meine, es verhielt sich so: Bruno war ein Mensch, der sich selbst verleugnete. Ich ein Mensch, der sich selbst suchte. Er wollte die Vernichtung. Ich die Verwirklichung. Er war der geborene Sklave. Ich der geborene Herr. Er wollte Erniedrigung. Ich wollte »darüber«stehen, »überlegen« sein. Er war von jüdischer Rasse. Ich stammte aus einer polnischen Adelsfamilie.

Und er war Masochist – unaufhörlich, unbezähmbar, und das war ihm ewig anzumerken. Nein, er eignete sich nicht zum Herrschen! Ein Gnom, winzig, riesenköpfig, war er gleichsam so verängstigt, daß er nicht den Mut zu existieren fand, er war aus dem Leben geworfen, mogelte sich verstohlen, am Rande durch. Bruno sprach sich selbst das Recht auf die Existenz ab und suchte die eigene Vernichtung – nicht daß er an Selbstmord gedacht hätte, nur »strebte« er dem ganzen Wesen nach zum Nichtsein (gerade das verlieh ihm diese Heideggersche Sensibilität für das Sein). Ich glaube, dieses Streben hatte nichts von einem Schuldgefühl à la Kafka, es war eher der Instinkt, der das kranke Tier beiseite gehen, sich zurückziehen läßt. Er war entbehrlich. Er war überflüssig. Möglich, daß sein Masochismus noch andere Gesichter hatte – ich weiß es nicht – gewiß aber war er auch eine Huldigung an die Seinskräfte, die ihn zertraten.

Ein Mensch, der aus dem Leben geworfen ist ... was kann er tun? Nur im GEISTE findet er Zuflucht – und das wird Gott sein, wenn er gläubig ist, es wird die Moral sein, wenn er als Ungläubiger moralisch ist, und die Kunst, wenn er das Schöne verehrt ... Bruno war nicht eigentlich ungläubig, er interessierte sich nur nicht für Gott, und obwohl all seine Taten von einem hohen moralischen Empfinden geprägt waren, war ihm die Moral als Doktrin, als bewußte Handlungsmaxime ganz fremd. Also nur die Kunst ... Und tatsächlich sah ich ihn immer ihr ergeben, ergriffen von ihr, so andächtig und innig, wie ich es bei anderen nie gesehen habe – ihn, den Fanatiker der Kunst, ihren Sklaven. In dieses Kloster war er eingetreten, dieser Zucht unterwarf er sich und erfüllte um der Vollkommenheit willen fügsam die strengsten Gebote.

Nur blieb ihm die Vergeistigung unerreichbar ...

Soweit ich Schulz, der keinesfalls einfach war, kannte, sind seine masochistischen Neigungen, die Sandauer zu Recht hervorhebt, der Schlüssel zu der geistigen Katastrophe, die er an seinem letzten Zufluchtsort, der Kunst, erlitten hat. Ja, die typisch masochistische Dialektik von Schmerz und Lust (die auch für die Kunst charakteristisch ist), und mehr noch der Wunsch nach Selbstzerstörung erklären hier manches. Was geschieht, wenn ein Mönch, der sich inbrünstig vor einem Heiligenbild geißelt, plötzlich merkt, daß die Rute kein Folterwerkzeug mehr ist, sondern eines der Lust? Denkt man diese Situation konsequent weiter, stößt man auf ein makabres Paradox: Um Erlösung zu finden, denkt sich der Sünder immer neue Torturen aus, aber je größer der Schmerz, desto größer die Freude, desto lustvoller die Sünde!

Doch abgesehen vom Schmerz. Sprechen wir von der Selbstzerstörung. Dieser heilige Künstler – es gibt solche – hätte aus seinen großartigen künstlerischen Leistungen bestimmt soviel Stolz und Würde, soviel Mut schöpfen können, daß die biologische Gebrechlichkeit weniger wichtig geworden wäre. Er konnte auf diesem anderen Daseinspol Fuß fassen, da das Leben ihn verstoßen hatte. Wer sich erniedrigt, wird erhöht werden – er hätte sich also emporschwingen können. Doch was half das, wenn ihn Erniedrigung und Demut nichts kosteten, bei ihm waren sie ohne moralische Bedeutung, ja, ihm bereitete geradezu alles Vergnügen, was ihn degradierte, hinabstieß. Der Kunst näherte er sich wie einem See, um in ihm zu ertrinken. Wenn er vor dem Geist auf die Knie fiel, empfand er sinnliche Lust. Er wollte nur Diener sein, nicht mehr. Er wollte Nichtsein.

Solche Sorgen hat, wem die Peitsche schmeckt!

Und wenn er die Kunst als »Verrat« oder »Finte« bezeichnete, so wegen dieser Perversion.

Montag

So einen perfiden Künstler hatte ich zum Freund. Wenn er sich lustvoll erniedrigte und sinnlich kniete, wie sollte dann die Kunst auch nur einen Augenblick zum Werkzeug seiner Persönlichkeit werden, zu etwas, dessen er sich für seine geistigen, oder einfach persönlichen Ziele bedienen konnte? Hermes – sagt Sandauer. Nein, ich finde, er hatte nicht viel von Hermes, er war gar kein guter Mittler zwischen Geist und Materie. Zwar bewirkte seine perverse Einstellung zum Sein (die Heideggersche Frage: »warum gibt es Etwas, und nicht Nichts?« könnte das Motto für sein Werk abgeben) schließlich, daß die Materie für ihn den Geist durchschimmern ließ und der Geist körperlich wurde, aber dieser Vermittlungsprozeß schmeckt bei Schulz nach dem Verlangen, das Sein »zu schwächen«: Die Materie ist bei ihm korrumpiert, krank, boshaft verschlagen oder sichtverstellend, und die geistige Welt gerät zu einer schlechthin sinnlichen Phantasmagorie von Glanz und Farbe, auch sein geistiger Grund bleibt nicht unkorrumpiert. Das Sein durch Halbsein, durch Scheinsein zu ersetzen – das war Brunos heimlicher Traum. Er wollte sowohl die Materie wie den Geist schwächen. Ich sprach mit ihm bei so mancher Gelegenheit über moralische oder soziale Fragen, aber hinter allem, was er sagte, lauerte die Passivität eines Verlorenen. Als Künstler ging er restlos in der Materie des Werkes auf, in seinem Spiel, seinen inneren Kombinationen; wenn er eine Erzählung schrieb, gab es für ihn kein anderes Gesetz als das immanente Gesetz der sich entwickelnden Gestalt. Falscher Asket, sinnlicher Heiliger, lüsterner Mönch, nihilistischer Verwirklicher. Er wußte das.

Während er sich der Kunst derart unterwarf, wollte ich »darüber« stehen. Das ist der wichtigste Gegensatz zwischen uns.

Ich war, wie es damals hieß, adliger, gutsherrlicher Herkunft, und das ist eine fast ebenso große und kaum weniger tragische Belastung als die, ein Jahrtausend jüdischer Ächtung hinter sich zu spüren. Das erste Werk, das ich im Alter von achtzehn Jahren schrieb, war die Geschichte meiner Familie, bearbeitet aufgrund unserer Papiere, die gut vierhundert Jahre wohlhabenden Lebens in Żmudź umfaßten. Der Grundbesitzer – ganz gleich, ob polnischer Adliger oder amerikanischer Farmer – wird der Kultur immer mißtrauisch gegenüberstehen, sein Abstand von den großen Zentren macht ihn immun für zwischenmenschliche Spannungen und Produkte. Und er wird eine Herrennatur haben. Wird fordern, daß die Kultur für ihn da sei – nicht er für die Kultur – alles was nach demütigem Dienst, nach Hingabe, Aufopferung aussieht, wird ihm verdächtig sein. Wem von den polnischen Herren, die einst Gemälde aus Italien einführten, wäre es je eingefallen, sich vor dem Meisterwerk an seiner Wand zu erniedrigen? Nein. Man behandelte sie nach Herrenart – die Werke wie die Meister.

Und ich, obgleich Verräter und Verspötter der eigenen »Sphäre«, stammte ja doch aus ihr – und ich habe wohl schon gesagt, daß viele meiner Wurzeln in der Epoche wildester Adelseuphorie zu suchen sind, im achtzehnten Jahrhundert. Ich bin ganz sächsische Epoche. So war der kunstergebene Bruno für mich schon aus diesem Grunde inakzeptabel. Doch damit nicht genug. Ich, der ich mit einem Bein in der ehrbaren Welt des Grundadels, mit dem anderen in Intellekt und Avantgarde-Literatur steckte, hing zwischen den Welten. Und dazwischen zu sein, ist ein recht gutes Mittel, um nach oben zu kommen – gemäß der Devise *divide et impera* kannst du bewirken, daß beide Welten übereinander herfallen, so daß du ihnen entwischst und sich »über sie« aufschwingst.

Ich hatte die Gewohnheit, mit meinen Verwandten vom Lande Künstler zu sein (um sie zu ärgern), bei den Künstlern aber war ich ein Grundbesitzer, der sich gewaschen hat (um sie in Rage zu bringen).

Allzu fanatische Künstler haben mich immer geärgert. Ich kann Dichter, die allzusehr Dichter sind, und Maler, die allzusehr Maler sind, nicht leiden. Ich verlange vom Menschen überhaupt, daß er sich niemals irgend etwas völlig hingibt. Ich fordere, daß er immer ein bißchen über dem steht, was er tut. Und Bruno war eben mehr Künstler als alle *poètes maudits*, und dies aus dem paradoxen Grund, daß er die Kunst keineswegs vergötterte. Wenn man vergöttert, ist man jemand, er aber wollte sich verlieren, wollte untergehen in der Kunst.

Ich dagegen wollte sein – ich sein – ich, weder Künstler, noch Idee, noch irgendein Werk von mir – nur ich. Über der Kunst stehen, über Werk, Stil und Idee.

Dienstag

Er mochte es, wenn ich ihn angriff. Ja, ich glaube sogar, er war sich einer wirklich kauzigen Tatsache wohl bewußt – nämlich daß ich, der ihn so lange kannte, mir nicht einmal die Mühe machte, sein Buch ordentlich durchzulesen. Er war taktvoll und fragte mich nicht zu sehr nach seinen Werken, weil er wußte, daß ich dabei schlecht wegkommen würde. (Wußte er vielleicht – wie ich –, daß Kunst, die Höhe hat, so gut wie nicht gelesen wird, daß sie oft anders wirkt, allein durch ihre Gegenwart in der Kultur?) Mein ganzes damaliges (und heutiges) Wissen über ihn bezog ich aus einer bruchstückhaften Lektüre (die mich bezauberte), kombiniert mit Bruchstücken, die mir von vielen Gesprächen in Erinnerung waren. Schmeckte ihm womöglich an mir, daß ich geringschätzig war? Und stellte er mich so hoch, weil ich geringschätzig war?

Auch gab mir zu denken, daß er mich so gut und reibungslos in dem verstand, was mich von der Kunst entfernte und mich mit der Gewöhnlichkeit des Lebens verband. Darin bin ich kultivierten, gebildeten Leuten meist am schwersten begreiflich. »Wie kommt das, daß du als schwieriger, raffinierter Autor Kafka langweilig findest, nichts für die Malerei übrig hast und begeistert Groschenromane liest?« – solche Fragen bekam ich häufig zu hören. Für Bruno war diese Art Lümmelei von mir kein Problem (vielleicht einfach deshalb, weil seine vorzügliche Intelligenz einen weiteren Begriff von mir hatte).

Frustration. Knacks. Wer weiß... vielleicht entsprach ihm das nicht nur deshalb, weil er grundsätzlich ein Feind der Verwirklichung war. Vielleicht bedeutet die Tatsache, daß seine Bewunderungsfähigkeit auf meine Unfähigkeit zu bewundern traf, für uns beide eine Bereicherung unserer künstlerischen Möglichkeiten?

Mittwoch
Wer uns in jenen fernen Jahren bei unseren Gesprächen belauscht hätte, hätte uns vielleicht für Verschwörer gehalten. Was war das für eine Konspiration? Bruno sagte mir etwas von einem »illegalen Kodex«, ich ihm von einer »Sprengung der Situation« und »Kompromittierung der Form«, er mir von ei-

nem »Nebengleis der Wirklichkeit«, ich ihm von »befreiender Kakophonie«. Auch von »Subkultur« war die Rede, von »Dreiviertelschönheit«, vom »Schund« (den Schulz »Ersatz« nannte) usw. Was war das für ein Laboratorium?

In der Tat, wir waren Verschwörer. Wir experimentierten selbstvergessen mit einem sehr explosiven Material, das da FORM heißt. Aber es war nicht Form im gewöhnlichen Sinne – hier ging es um das »Schaffen von Form«, um ihre »Produktion« und um »Selbstwerdung durch Formschaffen«. Das ist schwer in ein paar Worten erklärt, wen es interessiert, der werfe einen Blick in unsere Bücher. Bemerken möchte ich nur, daß wir, obwohl jeder von uns anders vorging (denn während ich durch die Provozierung der Form und ihre dissonanten Explosionen zu mir selbst, zum Menschen an sich vorstoßen wollte, widmete er sich dieser Alchemie gratis, völlig gratis, mit der Selbstlosigkeit eines randständigen Wesens), dennoch etwas gemeinsam hatten. Wir beide standen der FORM ganz allein gegenüber. Dieser Mönch ohne Gott... und ich mit meinem stolzen Menschentum, das wirklich »an sich« war, auf nichts gestützt, eine Art kategorischer Imperativ, der in der Leere rief: Sei du selbst!

Diese Spielerei mit der Form also verband uns. Und hier kommt mir nun ein Verdacht – war es für Experimentatoren wie uns, für Menschen in der Probephase nicht ein großes Glück, daß unsere Beziehung nicht klappte? Was wäre denn geschehen, wenn ich seine Bewunderung mit Bewunderung erwidert hätte – wären wir uns dann, einer vor dem anderen, nicht zu gemacht vorgekommen... zu ernstgemeint?... Wenn er meine Bewunderung gespürt, wenn ich bewundernd seiner Bewunderung Wert verliehen hätte – wären wir dadurch nicht zu schwerfällig geworden zum Experimentieren... mit uns selbst? O ja, er und ich suchten nach Bewunderung, nach Bestätigung... denn Leere quält... Aber wäre denn so eine Harmonie in unserem Stil gewesen? Viel eher paßte doch gerade der mißratene Ausgang zu uns, bei dem seine ausgestreckte

Hand die meine verfehlte – diese typisch Schulzsche, aber auch mir nicht fremde Situation gestattete uns wenigstens, die seltsame Freiheit noch ungeborener Wesen zu wahren, die eigenartige Unschuld von Embryonen – und das verlieh uns Leichtigkeit gegenüber der Form.

Und was die Bewunderung angeht – und die Nichtbewunderung –, was konnte uns persönlich das ausmachen, da wir beide *nicht authentisch* waren?

DONNERSTAG

Der dritte Musketier sei noch erwähnt. Witkacy. Der im Federbusch des metaphysischen Dandytums, der ewig den Verrückten spielte. Ich mochte ihn nicht. Er ärgerte mich, und seine Experimente mit der Form, die gewiß am gewagtesten waren, konnten mich nicht überzeugen – allzu intellektuell, ohne je mehr zu sein als Grimasse... Ich war der Meinung, daß er zu wenig Talent hatte. Und seine Tricks, so ähnlich wie die, mit denen heute Dalí Aufsehen erregt, waren für meinen Geschmack allzu klassizistisch in ihrem Surrealismus.

Witkacy zeigte sich, wie König Lear, immer mit einem Gefolge von Höflingen und armen Narren, die sich überwiegend aus allerlei Literatenkrüppeln rekrutierten (wie die meisten Diktatoren ertrug er nur zweitrangige Wesen um sich). So mancher von diesen gefügigen Hilfspriestern, der Schulz oder mich mit dem Meister sah, zählte uns zum Hof von Witkacy, denn eine andere Interpretation wollte diesen Dienerseelen nicht in den Kopf – so entstand das Gerücht, Schulz und ich kämen aus der Schule von Witkacy. Davon kann keine Rede sein. Bruno hat, soviel ich weiß, auch nicht viel von ihm angenommen und beurteilte ihn ohne Enthusiasmus; und in seinen Werken sehe ich keine Spuren von Witkacy.

Aber dennoch waren wir ein Dreigespann, und zwar ein ziemlich charakteristisches. Witkiewicz: bewußte Affirmation des Wahns der »reinen Form« aus Rache, und auch, damit sich die tragische Vorsehung erfüllt, der verzweifelte Verrückte. Schulz: Selbstverlorenheit in der Form, der ertränkte Verrückte. Ich: Das Verlangen, durch die Form zu meinem Ich und zur Wirklichkeit vorzustoßen, der verrückte Rebell.

Sonnabend

Ich überfliege die Seiten, die ich über Schulz geschrieben habe. War er nun genau so? War ich so? O wahrhaftige Wahrheit, wer wollte deiner habhaft werden?!

Was die Dankbarkeit angeht... ich mag dieses Gefühl nicht... nicht daß ich eine undankbare Natur wäre, nur, sie ist so sperrig, läßt sich schlecht zum Ausdruck bringen, ist daher gefährlich. Wie viele Namen müßte ich, wie Shakespeare sagt, »in das Buch schreiben, das ich täglich verlese!«. Die Notiz in der *Kultura*, daß ich endlich den ersten Preis in meinem Leben erwischt habe (großer Gott!), bezeichnet Wittlin und Sandauer als diejenigen, die meinem Leichnam neues Leben eingehaucht haben. Doch sollte Jeleński der Verfasser dieser Notiz sein, so hat er vergessen hinzuzufügen, daß alle fremdsprachigen Ausgaben meiner Werke den Stempel »Dank Jeleński« tragen müßten.

Es gibt Zeiten, da sehe ich mich von einem Wald von Feinden umgeben. Und dann wieder tauchen Wohltäter auf, wohin ich nur schaue. Litka zum Beispiel verdanke ich den Walter Tiel. Und Tiel verdanke ich eine Übersetzung der *Ferdydurke* aus dem Polnischen ins Deutsche, die von der deutschen Presse überschwenglich aufgenommen wurde – und ich verdanke es seiner glühenden, selbstlosen, detailverliebten Anstrengung, daß gegenwärtig schon fast alle meine Werke, vorfristig, dem Deutschen erschlossen sind und erscheinen können. Wie habe ich es Litka vergolten, daß sie mir diesen Schatz gefunden hat, daß sie es wagte, ihn mir aufzuzwingen? Ich schrieb: »Ich gebe zu, das war ein Treffer, aber Du weißt ja, der Mensch denkt, Gott lenkt.«

Sonntag

Korrespondenz. Mit Bedauern muß ich Frau Gerda Hagenau aus Wien die Genehmigung für den Abdruck meines Textes in einer italienischen Anthologie der polnischen Literatur verweigern, die sie für den Verlag Feltrinelli vorbereitet.

Ich tue dies, weil im Vorwort dieser Dame zu einer deutschsprachigen Anthologie polnischer Erzählungen, *Polnisch erzählt*, die kürzlich erschien, die Exilliteratur deutlich vernachlässigt wird, während auf ihre Kosten die inlandspolnischen Autoren hervorgehoben werden. Ignoranz? Politik? Ich weiß es nicht. Jedenfalls meine ich, daß die Exilschriftsteller nicht an Veranstaltungen teilnehmen sollten, die trübes Wasser auf eine gewisse Mühle sind – und dies zu allem Übel unter dem Anschein der »Objektivität«.

Dienstag

Beduino und ich an der Haltestelle, wir warten auf den Bus 208. Ich sage zu ihm: »Alter! Weißt du was, wir werden im Bus ein bißchen angeben, damit's nicht so langweilig ist! Renommieren! Unterhalte dich mit mir, als wäre ich Orchesterdirektor und du ein Musiker, frag mich nach Toscanini...«

Beduino ist Feuer und Flamme. Wir steigen ein. Er hält sich in gebührendem Abstand und beginnt laut: »Für meinen Geschmack, also ich würde die Kontrabässe verstärken, beachte auch das Fugato, Maestro...«

Man wird hellhörig. Ich sage: »Hm, hm...«

Er: »Und auf das Blech bei diesem Übergang von F nach D... Wann hast du dieses Konzert? Ich werde am vierzehnten spielen... A propos, wann zeigst du mir diesen Brief von Toscanini?«

Ich (laut): »Junge, ich muß mich doch wundern... Toscanini habe ich nie gekannt, Orchesterdirektor bin ich nicht und verstehe wirklich nicht, wieso du dich hier vor den Leuten als Musiker aufspielen willst. Ah, pfui, sich mit fremden Federn zu schmücken! Peinlich so was!«

Alle sehen Beduino streng an. Der durchbohrt mich mit mörderischem Blick, hochrot im Gesicht.

MITTWOCH

In der Presse ist jetzt Hochsaison für die Mittler zwischen meiner Verderbtheit und dem allgemeinen Anstand. Vor kurzem noch war ich nichts als ein Hanswurst und ein Schwein, heute – da es nun doch eine Resonanz im Ausland gibt – gehen allerlei Erklärer daran, meine Werke (Machwerke?) »objektiv« zu deuten, wenn auch mit säuerlicher Miene: »Ich werde weder loben noch tadeln, soll der Leser seine Schlüsse selbst ziehen.« Pfui! Nach solcher hoffnungslos schlaffen, »objektiven« Prosa sucht man nach Feinden, sie wie die reinste, frostige Gebirgsluft zu atmen.

Eine andere Sache: Ich entdecke mich in jedem jungen Autor, der um sich kämpft.

Ich sage das, weil Czaykowski in den *Kontinenten* fordert, ich alter Mann sollte ihre Arbeiten lesen – diese Kinder, die noch nicht im Traum daran denken, jemals dreißig zu werden! Ist ihm klar, was er da sagt? Lesen! Weiß er denn nicht, daß das Schreiben, selbst das von Meisterwerken, nur Profession ist – die Kunst dagegen, die wahre Kunst, zu erreichen, daß ein Buch durchgelesen wird? Ich habe erst auf meine alten Tage erleben dürfen, daß zehn, fünfzehn Personen mich hie und da gelesen haben (und auch dessen bin ich nicht so sicher!). Lesen?! Ha, ha, das habe ich auch gefordert, als ich in ihrem Alter war!

DONNERSTAG

Der Anglist Grabowski zählt zur Abwechslung wieder einmal die Kataloge auf, in denen er steht – im nunmehr dritten Brief, diesmal an die Redaktion der *Kontinente* – aus Protest dagegen, daß die gute Frau Danilewiczowa, zerstreut wie sie ist, ihn in ihrem Vortrag über die Exilliteratur vergaß. Und hier nun die Meinung dieser katalogisierten Kritikerautorität über Kajetan Morawski: »Morawski kann schreiben, aber er ist kein Schriftsteller!« Im Lichte dieses Urteils ist mir endlich auch Grabowskis konsequenter Gedanke klargeworden: Schriftsteller ist, wer nicht schreiben kann und im Katalog steht.

Doch ganz abgesehen davon, die gängehöhlende, selbstkritiklose Egozentrik unseres Anglisten in Verbindung mit seinem bohrenden Leserbrief-Egoismus ist aus sozialer und nationaler Sicht wohl kaum ein lobenswertes Phänomen. Was wäre wohl, wenn wir alle anfingen, in Leserbriefen das Lob und die Verdienste unserer Hochwohlgeborenen Näbel zu verkünden? Traurig, daß es so wenige gibt, die es verstehen, anderen zu leben, nicht sich selbst. Das ist so einfach, Grabowski, es braucht nur ein bißchen guten Willen!

1962

II

Mittwoch, Hurlingham
Gestern um fünf Uhr nachmittags traf ich hier ein, dreißig, vierzig Seiten ganz gut begonnenen *Kosmos* im Koffer. Die Fahrt war kein Erfolg. Ich habe in letzter Zeit kein Glück mit dem Verreisen. In dem Zug, der am Bahnhof Onze schon wartete, gab es keine Sitzplätze – ich ließ ihn abfahren und wartete auf den nächsten – wartete im Stehen, denn die Bänke waren besetzt – und sah beim Warten besorgt, wie sich die Menschen dicht, immer dichter sammelten... Nach einer halben Stunde fährt der Zug ein, gähnend leer, wie frisch aus der Fabrik, die Menge wird rege, drängelt, wallt hinein; ich bleibe im Gedränge stecken, von Sitzplatz keine Rede, ich stehe nicht einmal, stecke nur. Der Zug fährt an.

Diese Fresse da, zehn Zentimeter weiter? Die tränenden, rötlichen Augen? Die Härchen an diesem Ohr? Ich will nicht! Weg damit, ich werde nicht in die Schrunden dieser Haut eindringen! Mit welchem Recht ist mir das so nah, daß ich es fast atmen muß und zugleich die warmen Rinnsale an Ohr und Hals spüre? Wir lehnen unsere blinden Blicke aneinander, von ganz nah... jeder schmiegt und rollt sich ein, verschließt sich, faßt sich kurz, beschränkt Augen, Ohren, Mund auf ein Minimum, bemüht sich, möglichst wenig zu sein. Abstoßende fette, sehnige, schlaffe Eigenschaften werfen mich empor, mir ist, als spränge ich geradewegs in den Himmel – ich will nicht! Eine Beleidigung! Ich bin beleidigt! Der Zug rast, vorbei an Vorstadthäuschen. Ein Bahnhof. Man stößt, man drängt hinein. Weiter geht's.

Zuviel.

Ein Witz. Gelächter. Jemand sagt: »Fidel!« Dialog. Ohne

daß man wüßte, wer mit wem, macht sich über uns langsam Diskussion breit, das Übliche, das sie schon auswendig können: Imperialismus, Kuba, weshalb die Regierung dies, weshalb die Regierung das und daß man endlich aufräumen muß. Gegensätzliche Ansichten. Meinungsvielfalt. Indessen drängen an der nächsten Station noch einmal an die zwanzig Leute herein, die Stimmen werden immer dumpfer, als wir uns Morón nähern, fordert einer die Agrarreform, ein anderer die Verstaatlichung der Industrie, ein dritter die Abschaffung der sozialen Ausbeutung, aber diese Redseligkeit röchelt mit der Scheußlichkeit zerdrückter Brustkörbe. Erhabene Gedanken schossen in die Höhe – vielleicht unter dem Druck verklebter Hintern? Und noch einmal Halt, und noch einmal Geplätte, die Diskussion gerät ins Röcheln, verstummt aber nicht.

Weshalb sind sie blind für die wichtigste Tatsache – daß während der Diskussion immer mehr Menschen dazukommen? Welche satanisch grundlose Unlust verhindert, daß ihnen die Menge klar wird? Sagt doch, was nützen euch die gerechteste Gesellschaftsordnung, die beste Güterteilung, wenn sich indessen die Nachbarin zwölffach vermehrt, der Idiot im Parterre seiner Alten sechse macht und im ersten Stock aus zweien acht werden? Ganz abgesehen von den Negern, Asiaten, Malaien, Arabern, Türken und Chinesen. Den Indern. Was sind eure Volksreden anderes als das Geplapper eines Idioten, der nicht um die Dynamik seiner Genitalien weiß?

Was anderes als das Gegacker einer Henne, die auf dem Ei sitzt – dieser schrecklichsten aller Bomben?

I<small>N</small> M<small>ORÓN</small>

Der Zug kommt langsam im Bahnhof von Morón zu stehen, und ich, der Mangel entronnen, entferne mich in die Weite. Betrete den Platz. Bei jedem Besuch hier statte ich diesem Platz einen Pilgergang ab, um einen Blick auf meine Vergangenheit des Jahres neunzehnhundertdreiundvierzig zu werfen.

Aber es gibt weder mehr die *piccería*, in der ich heiß diskutierte, noch das Café, wo ich mit dem Meister von Morón eine ganze Schachpartie beim Bugi-bugi-Tanz spielte (wir tanzten beide – und näherten uns tanzend dem Schachbrett, um einen Zug zu machen).

Spurlos entschwunden. Und der da sucht, ist auch nicht der alte, ist auch entschwunden. Polen, Vaterland! In der Tasche habe ich einen Brief von Höllerer, der nach Berlin einlädt, und vielleicht mache ich mich bei Gelegenheit zu dir auf, Polen, um einmal zu sehen – nur, frage ich, wer soll sich da was ansehen? Jemand-nicht-der-Alte, etwas, das nicht mehr ist, was es einst war? Vom festen Grund das fließende Wasser betrachten – das geht. Aber wozu soll der eine treibende Strom den anderen treibenden Strom betrachten? Doppelt ist das Fließen, zwiespältig das Rauschen, die Bewegung...

Morón, früher so weiträumig, ist heute aufgestaut, stickig, städtisch. Die Menge! Ich gehe zur Bushaltestelle, stelle mich hinten an, aus der Eckbar süßlicher Gestank, hinter mir und vor mir Personen, Steiße und Nasen, Blutarmut und Flechte, ein Krämer sagt zum anderen, zu drei Komma hundertfünfundsiebzig Prozent, ein Weib zum anderen, fünf Komma dreißig, teurer geworden, und das Taschenradio: »Kauft Perlain, das wäscht rein.« Ein Junge schnipst sich eins. Sonne. Übel. Hier stehen wir Schlange, und dort auf dem Bürgersteig gegenüber gehen und gehen sie, ziehen vorüber, vorbei, latschen und latschen unaufhörlich, woher soviel davon, ich bin doch schon zwanzig Kilometer vom Zentrum von Buenos Aires entfernt! Und dennoch ziehen sie vorüber, vorbei, kommen unaufhörlich hinter der Ecke hervor und gehen vorüber, kommen hervor und gehen vorüber und kommen hervor und gehen vorüber und kommen hervor, bis ich kotzte. Ich kotzte, und der vor mir stand, sah mich nur an, was war auch schon! Gedränge.

Ich kotzte wieder und – womöglich übertreibe ich – kotzte noch einmal. Doch was half das wieder und das noch einmal, wenn sie dort wieder vorübergingen und noch immer vorübergingen und es allein in Buenos Aires an die fünf Millionen gibt, die fünfmal am Tag auf den Abort gehen, also ingesamt fünfundzwanzig Millionen in vierundzwanzig Stunden, ich kotzte, der Bus kam und wir stiegen ein, einer nach dem anderen, und hinter dem anderen der nächste und der siebte hinter dem sechsten, der Fahrer gähnte, kassierte das Geld, gab Fahrkarten aus, wir zahlten einer nach dem anderen, es geht los, wir fahren, Radio, warm und stickig, vor mir zerfließt einer überquellenden Dame mit goldener Halskette die geschmolzene Butter und ein Greis plaudert vor sich hin, man drängt, drängt hinein und drängt hinaus, drängelt, ich wollte wohl kotzen ...

Wozu? Millionen! Millionen! Millionen! Wie viele mochten in diesem Augenblick in Buenos Aires kotzen, wie viele? Insgesamt vielleicht hundert, hundertfünfzig? Also wozu noch einen Kotzer dazugeben? So ein Reichtum aber auch! Ich war Millionär, mir multiplizierte sich alles mit Tausend, mit Million. Der Bus hält. Hier soll ich aussteigen. Steige aus. Stehe mit dem Köfferchen auf der Straße ... wer kennt das nicht? Lang ist die Landstraße, Autos rasen vorbei, ich entferne mich von hier auf sandigem Weg, lauer Wind, Bäume, Abgelegenheit, Stille.

Langeweile der Natur, dumm die Zähne bleckend wie ein Hund, und eine Kuh wiederkäut mein Schicksal. Gerasterte Weiten.

QUINTA

Große Bäume, flaggengleich ausgebreitet, unten ein weißer Bungalow und schwarzzerzauste Hunde, umspringend.

Mit Alicia und ihrem Mann; ich spaziere im Garten, wir plaudern, einfach so, um nicht zu schweigen.

Giangrande, Ex-Kapitän der italienischen Marine, Alicias Ehemann, ist ganz damit beschäftigt, den Zaun abzudichten, damit die Welpen nicht auf die Straße laufen, und wirft nur ab und zu etwas ein.

Man kommt irgendwohin, trinkt Tee, unterhält sich, dann

wird der Koffer geöffnet, werden die Sachen im Gästezimmer verteilt... ist das nicht eine Grundsituation in meinem Leben? Das Lauschen auf die neuen Geräusche, das Atmen der fremden Luft, Eindringen in ein fremdes System von Lauten, Gerüchen, Lichtern. Als ich mit ihnen sprach, befielen diese Einzelheiten mich wie Ungeziefer und machten mich geradezu abwesend.

Die Lampen leuchteten, die Hunde lagen auf dem Teppich.

Sie hatten diese *quinta* vor kurzem gekauft, um aus der Stadt herauszukommen. Buenos Aires liegt zwanzig Kilometer von hier – und nachts sieht man seinen blassen Widerschein am Himmel, tagsüber ist die Luft in dieser Richtung schmutziger. Aber zwischen ihnen und Buenos unzählige Siedlungen, kleine Städtchen, die fast ineinander übergehen, eigentlich kennen die Häuser, die Häuschen kein Ende, Wege, Landstraßen, Gärten, Fabriken, Betriebe, Wohnsiedlungen, Plantagen, Drahtzäune, Bahnhöfe, Terrains, Gemüse, Kanalisation, Geschäfte, Schuppen, Kioske und Buden... mal dichter, mal dünner gesät, und es bräuchte einen vielstündigen Marsch nach Westen, um auf wirklich freies Feld zu kommen.

Zum Glück bieten die Bäume der *quinta* und ihre Sträucher Schutz.

IN DER NACHT

Mein Zimmer ist niedrig und länglich, mit einem großen, vergitterten Fenster. Wie immer, wenn ich irgendwo hinkomme, breitete ich meine Papiere auf dem Schreibtisch aus – den Anfang von *Kosmos* – und sah mich um, um herauszufinden, wo ich sei. Es war schon kurz vor zwölf, sie waren schlafen gegangen, auch ich schickte mich zum Schlafen an. Schließlich war ich hierhergekommen, um in der Stille auszuruhen und nach dem Rummel der letzten Tage, als ich in einen bisweilen panischen Wirbel geraten war, »zu mir selbst zu finden« (wie Ernesto sagt). Noch dröhnten mir die zentralen Avenidas mit ihren

Staus röhrender Automobile in den Ohren, die Gegenwart des Ungeheuers am Horizont ließ keine Ruhe, seltsam, es setzte mir jetzt vielleicht heftiger zu, denn als ich in ihm steckte.

Zudem beunruhigte mich, daß ich auch hier Erschöpfung vorfand – eine spezifische Erschöpfung – die *quinta* atmete Erholung, und ihr Grün, ihre Sonne waren schiere Labsal, aber gerade das ließ an die Erschöpfung denken, die hier Rast suchte.

Ich dachte daran, was für ein angestrengtes Verhältnis der Besitzer dieser Oase, Giangrade, zu ihr hatte; frühmorgens um sechs brach er mit dem Auto zu der fernen Fabrik auf, deren Direktor er war, und zählte dann stundenlang in Chaos und Lärm die Minuten, bis er wieder in die Stille zurückkäme – abends aber hatte er auch keine Ruhe, weil er jede Minute der Ruhe nutzen mußte – die Erholung wurde zur Arbeit, weil er wieder die Minuten zählte, diesmal die, die ihn von der Fabrik trennten. In diesen »freien Augenblicken« war er Bildhauer. Durch die Bäume sah man seine steinernen, zu Linien und Blöcken erstarrten Torsi ... die er mit ständigem Blick auf die Uhr meißelte.

Ich saß auf dem Bett und dachte an diese Blöcke, und wie ich die Gegenstände meines (Gast-, Neben-)Zimmers besah, fielen mir Alicias abstrakte Gemälde ein, die die Halle zierten. Wenn nicht die *quinta*, die Kunst jedenfalls war Ruhe. Aber war sie das? Hatte die Unruhe sie nicht sogar an diesem letzten Zufluchtsort ereilt, und zwar nicht aus äußeren Ursachen, sondern allein durch die Art ihrer künstlerischen Arbeit? Ihre Hingabe an die Kunst in dieser *quinta* – ihrem Lieblingsprojekt – schien mir nahezu gescheitert, wenn ich mit ihnen sprach; keine Freude war in dem, was sie sagten, eher Bitterkeit, Enttäuschung, jawohl, Anzeichen solcher Ernüchterung finde ich jetzt allerorten in der Malerwelt. Der Maler ächzt unter der Masse der Maler. Zu viele. Alle malen. Weshalb hat die Kunst ihre Schwierigkeit eingebüßt, weshalb triumphiert in unserer Zeit die Mäßigkeit und ist das Malen leicht geworden, so daß es jeder, Backfisch, Studenten, Kinder, Rentner, kann, jeder – man hat es fertiggebracht, alle Hürden der Technik und der Form, die den Zutritt zum Altar verwehrten, zu mißachten, und heute kann jeder Kunstmaler sein – und was mehr ist, diese Bilder sind »gar nicht mal schlecht«.

»Sind gar nicht mal schlecht.« Diese ihre Worte hatten etwas von der untröstlichen Verwunderung des grundlos Geohrfeigten. Ich erfaßte mein längliches Zimmer mit einem Blick und dachte, daß diese vom steinernen Schweigen der Blöcke und der Metaphysik abstrakter Gemälde erfüllte Oase keineswegs eine Oase war und fragte mich, ob ich gut daran getan hatte, vor dem Monstrum, dessen weißlicher Glanz am Horizont loderte, hierher zu fliehen.

Am anderen Morgen

Ich begleite Alicia, die mit einer Einkaufstasche zum Lebensmittelladen geht – gleich hinter der *quinta* beginnt eine lausige Wiese, darauf kleine, unfertige Proletarierhäuser, die dumm herumstehen, als hätte sie dort jemand abgesetzt, kunterbunt, ohne Zusammenhang miteinander oder mit dem Boden. Steine und Weiber. Schutt und Gören. Ziegel, Schubkarre, Männer. Hunde und Müll. Das Radio dudelt zum Gestank, die Sonne scheint hübsch warm, hie und da beäugt man uns...

Im Südosten kündet der Schmutz des Himmels von Buenos Aires. Ob ich jetzt weinen könnte? O ja, ich bin barmherzig genug, um mich hier auf den erstbesten Stein zu setzen und bittere Tränen über mein Menschenschicksal und das all meiner Brüder zu vergießen – aber wenn mein Blick auf die Streifen dieses Gesindels fiele, die über die Wiese zu uns drängen, vorstoßen, wenn ich sähe, wie Sie sich wieder nähern, wieder vordringen, dann würden Haß und Ekel das Weinen ersticken.

»Er kommt zu dir, Macbeth, der grüne, rauschende Wald!...«

Auf mich kam kein Wald zu, sondern Dreck, in Fortpflanzung begriffen.

Nachmittags

Sie erzählte von der Konsternation einiger ihrer Freunde, die kürzlich von einer längeren Reise in einige Provinzen des *interior* zurückgekehrt waren. In jedem Städtchen könne man leicht ein paar Dutzend Maler finden, sagen sie. »Niemand will arbeiten, alle wollen Künstler sein.« Was Hände hat, kleckst die Leinwand voll! Und – leider, leider! – »diese Bilder sind gar nicht mal schlecht!«.

Wenn sie noch schlecht wären!

Sie sind gar nicht mal schlecht! In der bildenden Kunst sind eine Sichtweise und Darstellungsart entstanden, die es einer ganz mäßigen Person ermöglichen, ein ganz gutes Werk zu schaffen. Das ist doch die Gelegenheit! Wenn es in Kleinstädten ein paar Dutzend Maler gibt, wie viele werden es in Buenos sein? Zwanzigtausend? Und in Paris?

Davon erzählten sie – sie und Giangrande – und von anderen Dingen – Preisen, Ausstellungen, Händlern, Kritikern, Connaisseuren, Reklame, Schöngeistern, Spezialisten, Szientisten, gewieften Hunden – und sie klagten nicht einmal, sie informierten nur, wie jemand, der sich damit abgefunden hat, daß eine unbekannte Circe alles in eine Schweinerei verwandelt.

Wie tief gesunken war die stolze Kunst der Tizians! Mit böser Genugtuung sah ich den Niedergang dieser unreinen Kunst, die immer lüstern mit Besitztrieb, Handel, Kennertum, Sammlerleidenschaft verkuppelt war, mehr wohl damit als mit ästhetischem Genuß. Befriedigt nahm ich zur Kenntnis, daß sie kaum ein anderes Schicksal hatte als die Perlen und Edelsteine, sobald man sie in Massen produzieren konnte: sie wurde gemein, krepierte an der Nachfrage!

Ha, ha, ha!

Tue ich gut daran, den Bildern und Statuen ins Gesicht zu lachen?

Ich?

Am nächsten Tag nach einem Spaziergang

Es gibt hier Straßen, gemacht aus den Efeuwänden der Gärtchen und Gärten – in ihrer Tiefe sind Villen verborgen. Ich beschreite den Sand und Boden dieser Straßen in der ewigen Ungewißheit, ob mir nicht jemand zusieht, der Blick kann aus jeder Richtung kommen, das Dickicht ist bevölkert. Am Ende der Straße hängt der Himmel schwarzbäuchig in den Weiten – eine Qual! Dieser Trubel und dies Treiben dort, am Horizont, dieses Krachen und Tosen, dies Gewimmel von Bewegungen und Worten, Wirrwarr von Ereignissen, Kombinationen und Komplikationen, unaufhörlicher Wirbel... diese Mühle, dies Labyrinth lasten auf mir!

Still und warm. Leer. Gegenüber, in der Ferne der Straße, taucht ein Kind auf, ein Junge mit einem Fahrrad. Ein Kind kommt auf dich zu, Macbeth... Die Annäherung geschieht langsam und ich, dessen Gesicht noch vorgestern belagert war von fremden Gesichtern, breche hier, beinahe, jetzt gleich, zusammen – und kann dies unser Näherkommen »fast« nicht ertragen, bis ich »fast« stehenbleibe, mich »fast« zur Seite wende, damit es nicht so harsch ausfällt. »Fast«? Es geht darum (das fällt mir schon recht lange auf), daß mir in meinem Verhältnis zu den Menschen eine gewisse Theorie... keine Ruhe läßt: ich *weiß*, daß mich das Näherkommen von jemand an einem menschenleeren Ort in meinem Wesen gewaltig treffen *sollte*... und bin nun bemüht, eine entsprechende Reaktion in mir zu wekken. Ich weiß, ich ahne, daß es nicht gleichgültig ist und sein sollte, »wie« und »woher« und »warum« dieser andere »näher kommt« oder »auftaucht«, und wie wir zueinander »stehen«; ich weiß, daß das grundsätzlicher sein muß, als sich mit Worten sagen läßt; und daß es »einleitend« sein, also anderen Empfindungen von mir »vorausgehen«, so etwas wie der Hintergrund sein muß.

Ich versuche, mich der Theorie anzupassen, so als deklamierte ich eine Rolle.

Und das verleiht meinen Taten etwas Halbherziges... Die

quälende Verworrenheit am Horizont, die schweren und schmutzigen Himmelseuter, die drohend über der tobenden, siedenden Wirrsal dieses unbegreiflichen, millionenfachen Alps hängen.

Sonnabend

Ätsch, ätsch, Dienstmädchen Helena ist plemplem! Also Heidi heida und put, put, put! Kikeriki!

Dies die Orchestrierung... und nun zum eigentlichen Schema.

Ich hatte sofort nach meiner Ankunft gemerkt, daß mit ihr nicht alles stimmte. Höflich, zuvorkommend, aber wenn sie die Suppe reicht, hat man den Eindruck, sie könnte im selben Augenblick etwas anderes tun, zum Beispiel losträllern. Sie ist wie ein Seiltänzer, der über dem Abgrund von »etwas anderem« und »irgend etwas« nach dem Gleichgewicht ringt.

Und nun belehrt mich Alice, daß sie Paranoia im Schädel habe!

Die Diagnose, die keinem Zweifel unterliegt, hat der Psychiater gestellt, zu dem sie sie geschickt hat. »Sie hat so Anfälle«, sagt Alicia, »und macht mir dann Szenen, aber das geht vorbei. Schlimmer ist, daß sie, wie der Arzt sagt, gefährlich ist: sie kann aus heiterem Himmel einen wirklichen Anfall kriegen und nach dem Messer greifen...«

»Und habt ihr keine Angst, mit ihr zusammenzusein – Cio (Giangrande) ist doch so oft außer Haus, und Sie allein...«

»Was sollen wir tun? Sie entlassen? Wer wird denn eine Verrückte anstellen? Und ihr Töchterchen? Was wird mit dem Kind? Sie ins Krankenhaus geben? Sie ist nicht verrückt genug, und es ist unmenschlich, jemanden wie sie ins Irrenhaus zu sperren... Und diese Häuser sind überfüllt, das ist die reinste Hölle...«

Kuckuck, kuckuck, sie hat 'ne Meise, ich trat auf die Straße, auf der in besagter Richtung die bedeutungsschwere Verdunklung am Himmel zu sehen ist... Kehrte in das mit Bäumen,

Dickicht, Umzäunung, Grün, Fenstergittern, Statuen und Gemälden bewehrte Haus zurück, das doch schon vergiftet war... wo die Paranoia sich bei den Kochtöpfen zu schaffen machte... Es war ruhig, Alicia schlief, aus der Küche kamen Geräusche, die Hunde schliefen, ich war überrascht, wie bestürzt, ich spürte, ich mußte mich zu etwas aufraffen, wußte aber nicht, zu was... Ich kannte vor allen Dingen mein Gewicht nicht. War ich schwer? Oder leicht?...

SONNTAG

Demokrit... Wieviel? Sagen wir: Demokrit, 400 000.
Der heilige Franz von Assisi, 50 000 000.
Kościuszko, 500 000 000.
Brahms, 1 000 000 000.
Gombrowicz, 2 500 000 000.

Die Ziffern hinter dem Namen sollen den »Menschenhorizont« des Betreffenden bezeichnen, das heißt, was für eine Vorstellung er ungefähr von der Anzahl der Menschen zu seiner Zeit hatte – wie er sich selbst empfand, als »einer von vielen«. Von wie vielen? Ich habe die Ziffern aufs Geratewohl hingeschrieben... behaupte aber, daß es angebracht wäre, die Namen mit Ziffern zu versehen, damit nicht nur der Name, sondern auch die »Stellung unter den Menschen« bekannt sei.

Das ist die »Zahl« des einzelnen Menschen, seine »Vielzahl«. Bin ich verständlich? Niemals bisher, sage ich, hat der Mensch seine Menge als Problem erkannt. Er war nicht richtig durchdrungen von der Vielzahl. Ich bin ein Mensch – gewiß. Aber einer von vielen. Von wie vielen? Wenn ich einer von zwei Milliarden bin, so ist das nicht das gleiche, als wenn ich einer von zweihunderttausend wäre.

In uns lebt Adams einsames Selbstgefühl. Unsere Philosophie ist eine Adamsphilosophie. Die Kunst eine Adamskunst. Zwei Dinge machen mich stutzig, wenn ich überlege, wie der Mensch sich bisher in der Kunst ausgedrückt hat: daß dieser

Ausdruck ihm nicht in zwei Phasen zerfallen ist, den Phasen seines Lebens entsprechend – der aufstrebenden (Jugend) und der niedergehenden; und daß er kaum von Menge gesättigt ist.

Ihr werdet sagen: in wie vielen Romanen, Filmen, Gedichten, sogar in Symphonien und auf Gemälden taucht das menschliche Element, die Masse auf. Epik! Ja, das kommt vor in der Kunst, auch der Soziologie und Psychologe ist es nicht unbekannt, aber das ist Beschreibung, ist Außensicht – man beschreibt die Menschenherde wie jede andere Herde. Es genügt mir nicht, daß Homer oder Zola die Masse besingen, sie beschreiben; noch daß Marx sie analysiert; ich würde gern an ihrer Stimme schon erkennen, daß der eine einer von Tausenden, der andere einer von Millionen war. Würde sie gern zutiefst von Menge durchdrungen sehen.

All das schreibe ich wegen des Dienstmädchens Helena. Es wird dunkel, ich habe die Lampe auf meinem Schreibtisch angezündet und atme die feuchte Luft, die vom Garten herweht (den ganzen Morgen hat es geregnet). Was tut wohl Helena? In der Küche? Ja, in der Küche. Und das dort am Horizont? Ja, es ist bestimmt da, leuchtet... Und die Häuschen auf der gräudigen Wiese, die immer näher rückten? Ja. Und die Gemälde und Statuen? Ja, an den Wänden, im Garten... Sieh nur, wie viele Kompositionselemente du in der Hand hältst, sie schreien förmlich danach, zu einer künstlerischen Situation abgerundet zu werden – aber weshalb kann ich mich nicht komponieren? Abgeschlafft bin ich – impotent am Schreibtisch – schlapp – kaputte Trompete – zerbrochene Flöte, bringe keinen Ton aus mir heraus. Mir fehlt die Richtung, ich weiß nicht, in welcher Richtung ich sprechen soll, ich kann nicht, denn ich habe keine Richtung, die der Stimme vorausginge.

Sage dir noch einmal: Mehr als das fremde Unglück quält dich, daß du nichts mit dir anzufangen weißt angesichts des fremden Unglücks. Die Paranoia in ihrem Dreckschädel – ihrem finsteren Hirn – das könnte ich vielleicht ertragen, wenn ich wüßte, ob ich den Ausdruck »Dreckschädel« benutzen darf.

Wer ist sie? Und wie soll ich wissen, wer ich bin, wenn ich nicht weiß, wer sie ist? Ein Weibsstück mehr in der Unmenge Weiber auf der Erdkugel, eine Kuh mehr? O einzige Eva! All meine Liebe und all meine – wie soll ich sagen? – meine Erhabenheit bemühe ich, Adam, hier am Schreibtisch, damit du mir zur Eva wirst, aber mir kommt da etwas in die Quere... zu Milliarden Teufeln! Milliarden Kühen! Milliarden Weibsstücken!... und wenn mir die Menge bewußt wird, verfalle ich in viele seltsame Zustände, von denen Ekel und Abscheu keineswegs die wichtigsten sind. Und die olympische Gleichgültigkeit, die aus der Austauschbarkeit aller Weiber und aller Paranoien herrührt? Dazu auch noch die Langeweile...

Ich sprach mir laut vor »mich langweilt das Leiden in solchen Mengen« und lauschte auf den Sinn dieser Worte, einen seltsamen, schier unerhörten Sinn, der dennoch so sehr meiner (menschlich) war.

Und ob ihr es glaubt oder nicht, ich muß lachen über meine Seele, diesen Geist, der einer von vielen ist. Wenn ich mich des Dienstmädchens Helena nicht erbarme, wird sich jemand anders des Dienstmädchens Helena erbarmen. Auch das Erbarmen hat sich vermehrt – allein in Buenos Aires gibt es an die hunderttausend mordsmäßig vergeistigte Geister. Lächerlich finde ich...

Ich sage mir laut »lächerlich finde ich das Erbarmen in solchen Mengen« und lausche auf den spezifischen, so ungemein menschlichen Sinn.

Ich stehe auf. Trete ins Freie. Von der Straße sieht man den weißlichen, elektrischen Nebel, der bei einbrechender Nacht am Horizont aufsteigt, beinahe unfaßbar und quälend doch, verworren, wie aus Unwirklichkeit... eine furchtbare Tatsache, die mich erdrückt... mich zertritt...

Montag

Nur, ob es diese seine Ängste und Zerrissenheit... wirklich gab. – »Irgendeine Theorie«, schreibt Gombrowicz, »drängt sich mir in meinem Verhältnis zu den Menschen auf...« Ob demnach dies Problem der Menge nicht auch ein erdachtes Problem war, hergeleitet aus einer Theorie, die ihn annehmen ließ, daß die Menge uns in unserem Menschsein berührt?

Gombrowicz war klar, daß er vor allem einmal prüfen mußte, inwieweit das real war. Aber... lohnte es sich, das nachzuprüfen? Wozu die Mühe?

Schließlich werden das, wenn er es nicht prüft, andere für ihn tun, wie viele hunderttausend Hirne gab es nicht, die darüber grübeln mochten!

Und das ist der Grund, weshalb er, statt sich eine schlaflose Nacht zu machen, zu Bett ging.

III

DIENSTAG, BUENOS AIRES

Ich fuhr nachts von Hurlingham nach Hause, im Auto, die Fahrt wollte kein Ende nehmen, schwellende und blendende Lichter, jagende, emporschießende Massen, die seitlich hervorgleitenden Verdichtungen von Häusern und Lampen, anstürmend, und die Funktürme, und die Größe der einsamen Gebäude, und die donnernden Züge – wir waren gefangen in einem Netz verzweifelter, wahnwitziger Bewegung. Ich saß ganz still in der behaglichen Höhle des Autos. Plötzlich werden wir langsamer, biegen von der Straße ab und halten an – was war los? – Ingenieur Orlow, der uns fuhr, sagte mit kaum hörbarer Stimme, er müsse einen Augenblick ausruhen... er konnte uns gerade noch um Verzeihung bitten, schon schlief er über dem Lenkrad ein. Bestürzung.

Nach einigen Minuten wacht er auf, und wir fahren weiter,

nur langsamer. »Bitte machen Sie sich keine Sorgen... Es ist nichts... Ich brauche einen Kaffee.« Wir hielten vor einer Eckbar, der Quintessenz des Schlafes: der *moso* döste, einige Besucher dösten vor ihren Kaffees und *grapas*, leere Tische schliefen, Stühle, Fenster, Wände, dem Raum selbst schwankte der Kopf vor Schläfrigkeit – und draußen jagten die Autos vorbei, eins nach dem anderen – diese Mischung aus Schwung und Schläfrigkeit... verschlafener Schwung, rasender Schlaf?

Ankunft zu Hause

Auch meine Wohnung war schlafgeladen – um mein Zimmer zu erreichen, mußte ich an fünf Türen vorbei, hinter denen Schlaf nistete, zuerst der von Roberto (Argentinier, Student) und Herrn Kluge (Kaufmann), dann von Don Eugenio, einem Russen, der im Hafen arbeitet, Basilio, einem Rumänen, und Arana, einem argentinischen Beamten. Schlafen sie, oder schlafen sie nicht. Vorsichtig gilt es sich in diesem Dickicht zu bewegen, die Nachtruhe zu achten, von der ich nichts weiß... nichts kenne ich hier, niemanden, meine Gespräche mit ihnen beschränken sich auf *qué tal?* und *tiempo loco*, der Alte, der bis vor kurzem im Zimmer von Arana gewohnt hat, fragte mich eines Tages, ob ich nicht sein Messingbett kaufen wolle, und eine Woche später war er tot.

Unsere Diskretion ist makellos, es ist ganz undenkbar, daß jemand sich beim anderen ausweint, aufheult oder aufstöhnt, nur nachts erhebt sich bisweilen des Gepenst eines schmerzlichen Seufzers und kreist über der Betriebsamkeit der vielen Atem. Jeder konsumiert sein Leben wie ein Beefsteak, auf dem eigenen Teller, am eigenen Tisch. Ist es leichtsinnig von mir, nachts die Tür nicht abzuschließen und zu riskieren, daß ein Verbrechen aus dem Schoß dieses Schicksalsknäuels geboren wird? Nein. Die widerliche Diskretion, die aus dem Gefühl herrührt, daß man für den anderen etwas Ekelhaftes, Langweiliges und Anstößiges ist, diese Schamhaftigkeit, die jede Annäherung verbietet, schützt mich besser als das beste Sicherheitsschloß. Ich kann ruhig schlafen. Sie werden nicht töten. Wagen sich ja nicht in meine Nähe.

AM ANDERN MORGEN
Mein Gott, welche Art der Unendlichkeit schlägst du uns vor? Ich würde sie als »innere« definieren, die in unserem eigenen Schoß ruht.

Wahrlich, es ist seltsam, daß wir nie ans Ende unserer Art kommen, daß ich niemals alle Menschen kennenlernen werde (davon bin ich weit entfernt!), niemals werde sagen können: nun ist Schluß, jetzt habe ich alle gesehen, mehr gibt es nicht.

Auf immer neue Varianten des Menschen zu stoßen – auf ein Menschsein, das in jedem anders ist – und zu wissen, daß es von diesen Varianten unendlich viele gibt – und daß wir geladen sind mit der Unendlichkeit anderer, möglicher Kombinationen – und daß es keinen wie immer gearteten Menschen gibt, der in der nächsten oder ferneren Zukunft unmöglich wäre... aber das ist doch ein innerer Abgrund! Das entfesselt die Phantasie! Das stößt sämtliche Normen um, psychologische, moralische und sonstige, man meint förmlich gesprengt zu werden, aber nicht vom Geist, sondern vom Komplott kopulierender, variantenschaffender Leiber.

DONNERSTAG
Die letzten Besorgungen vor der Abreise – morgen – mit Gómez nach Uruguay. Ich ziehe den Koffer hervor.

FREITAG
Flugzeug. Himmelsblau. Höhe 1500 – ein Witz! Irgend jemand erlaubt sich einen Witz mit mir.

Aber es ist wirklich amüsant (und ich kann das Lachen kaum

unterdrücken), daß außer mir 49 andere, von der gleichen Art, im Raum schweben. Wir segeln *en masse*. Die Menge hier in der Luft ist anders als zu ebener Erde, und das steigt mir zu Kopfe. Neben mir mein Reisegefährte, J. C. Gómez.

Unten entfernt sich die Fünfmillionenflechte mit einer Geschwindigkeit von 500 (in der Stunde).

SONNABEND, PIRIÁPOLIS

210 Kilometer, 50 Passagiere. 210 haben wir in 25 Minuten zurückgelegt, die fünfzig dauerten fast 180, also drei Stunden (Durchsuchung der Koffer, Kontrolle der Papiere), daraus folgt, daß die Anzahl der Passagiere 155mal schwieriger zu bewältigen war als die Anzahl der Kilometer. Gómez stimmt dieser Rechnung zu und ergänzt sie durch Überlegungen zum Thema »das Phänomen der Ziffer und die Ziffern des Phänomens« – das war, als wir das Zollamt in der uruguayischen Hauptstadt schon verließen – und mir kam es vor, als habe er auch vorher geredet, während des ganzen Fluges, nur die Propeller seien zu laut gewesen.

Wir gehen zu dem Bus, der uns nach Piriápolis fahren soll, ich stoße ihn in die Seite, denn vor uns ist ein Bündel, aus dem es läuft, ja, einem vor uns läuft's aus dem Bündel, und zwar Schnaps, das roch man, Schnaps! Ich geriet fast ins Taumeln, nach dieser Höhe war ich noch nicht ganz sicher auf den Beinen, und dieser Schnaps, der hier direkt nach dem Zoll aus dem Bündel lief (ob da Schnaps drin war?), war mehr Schnaps, war also ein sogenannter »Doppelter«... und diese Betörung raubte meinem Freund die Besinnung, so daß er aus dem anfahrenden Bus springen mußte, weil ihm sein Handkoffer abhanden gekommen war, was zur Folge hatte, daß meine Ankunft in Piriápolis einsam war (um vier Uhr nachmittags).

Ich richtete mich in meinem Zimmer ein, in der Villa Los Angeles, und erwartete Gómez' Ankunft mit dem nächsten Bus.

Das Haus tief im Fichtenwald, still und stumm, erstarrt in gotischer Aussicht auf Bäume und Menschenleere, wo Girlanden von männlicher und weiblicher Unterwäsche sowie Bettzeug für mich nach dem kürzlichen Kampf so etwas wie – ich weiß, das mag unklar klingen – die *Abschwächung der menschlichen Menge* war, ihr *Surrogat* oder gar ihre *Dekadenz*... es war ein blasses Gespenst der Menge, etwas wie ein Mond... und wie Krankheit... Ich atmete tief. Ruhe. Stille. Wann kommt Gómez? Ach, und dieses Bündel, aus dem die geschmuggelte, verbotene Flüssigkeit ausgelaufen war, die Tropfen, die illegal in der Sonne glänzten...

Anderntags, Piriápolis
Oh, wie trunken macht der Müßiggang!

Sonntag
Der rastlose Alkohol boxt mich von ganz nah in die Seite.

Am nächsten Tag
Die Landschaft geht mir aus den Fugen, daß es kracht. Eine Flasche, aber nicht die von dort, eine andere zusammen mit drei weiteren, im Schrank in dem Eckzimmer mit der Veranda, die auf die Straße hinausgeht.

Dienstag
Das Geräusch der allesbeherrschenden Stille... aber einschläfernd?

MITTWOCH

Ein Witzbold sein?

Ach nein... das schickt sich nicht für mich! Das erwartet nicht von mir! Ich bin kein Witzereißer...

Doch was soll's, wenn der WITZ dir von allen Seiten auflauert, wenn du von WITZ umzingelt bist?

DONNERSTAG, VOR DEM SCHLAFEN

Ich inhaliere pfeilförmig ragende, grünbraune Unbewohntheit mit Mond – dieses Haus ist raffiniert, nämlich auf unserer, meiner und Gómez' Seite ohne eine Menschenseele, ohne menschliches Eindringen, auf der anderen Seite gefüllt wie eine Pastetenwurst, in jeder Bude zwei Personen – aber davon merkt man nichts, kein Geräusch dringt hierher... und sie haben andere, für uns unsichtbare Pfade durch den Wald...

Heute eine morgendliche Diskussion mit Gómez über die zeitgenössischen Formen der Affirmation und unsere Einstellung zu ihr (das heißt der Negation der Negation, sagte er); eine zweite, am Nachmittag, über die Grenzen des Hermetismus, und eine am Abend über Pi als Symbol, das für jede Art des Nichttreffens stehen könnte, auch für jenes, das letztes Geheimnis aller Kunst ist. Er mag das. Er selbst sagt von sich: Schwätzer. Gestern erzählte er, wie die Schulkameraden immer *cierra la canilla*! (dreh den Hahn zu!) zu ihm sagten, und wenn das nicht half, hielten sie ihm eine Schüssel oder ein anderes Gefäß unter den Mund.

Wir speisen auf der Veranda und disputieren. Das Essen bringt uns ein achtjähriges Mädchen, einzige Vertreterin derer dort auf der anderen Seite des Hauses, und was für eine Genugtuung, daß die dort sich uns in geschwächter Gestalt zeigen, auf weniger als zehn Jahre reduziert. Wir wissen, wer auf jeder Seite dort haust, haben Diputado und seine Señora, Helman und Ricard sowie den verrückten Andalusen kennengelernt, auch den *escribano* mit Familie, wir wissen etwas von dem Gedränge in den Buden dort, aber auf dieser Seite herrscht waldige Weite und nur jene Wäsche auf den Leinen, Hemden verschiedener Größe, Unterhosen, Handtücher...

Das bewegt sich, gekost vom lauen Wind... Ehrlich gesagt, bin ich von dieser herabgestuften Gegenwart, dieser Art von geradezu hohnlachender Visitenkarte nicht eben begeistert...

Generationen, die noch kommen werden, werden verfluchen diesen Dauphinsscherz!

Shakespeare! Nur daß in diesem Fall der Scherz noch ungeboren ist. Mag sein, daß ich in den ersten Anzeichen der Umstände unseres Aufenthalts die lose Tatsache eines Witzes ausmachen will – eine unkristallisierte Tatsache – die aus Ritzen sickert, aber tölpisch... plump... Ob das nun witzig ist oder ob wir darin witzig wirken, sei dahingestellt (wenn ich blau wäre, würde ich hinzufügen »dahingestellt wie die Kiefernstämme dort«).

(Ich hatte keine Ahnung von diesem seinem Laster und wußte nicht, daß derartiges in ihm rumorte.)

Chissotti. Nüsse.

Freitag

Oh, geniale und weitherzige Eigenschaft der Literatur: diese Freiheit, Fäden zu spinnen, so als wählte man den Pfad im Wald, ohne zu wissen, wohin er führt – noch was unser harrt...

Freitag

Gegen acht erfolgt die Wende: um diese Zeit nämlich tauche ich aus der Einsamkeit auf und betrete die »Stadt«, die aus zwei parallelen Straßen, dreißig Hotels und zwanzig Geschäften besteht, aber immerhin eine Stadt, mit Asphalt und Neonleuchten.

Ich gehe, im Restaurant des Hotels Rivadavia zu Abend zu

essen. Mein gelehrter Freund erscheint. Der Saal ist voll, aber es ist geschwächte, umnachtete Menge...
Wir setzen uns...
Noch bevor der *moso* die Appetithappen und die Karaffe gebracht hat, beginnt der Dialog über die Ungenialität Prousts, die Naivitäten der Perversion, oder über »trockene« und »klebrige« Tragik. Wir werden warm, unsere Augen blitzen, wir heben die Hand, sagen *permiso*, um das Wort zu erhalten und versteigen uns in solche Labyrinthe, daß man wahrhaftig (sagte ich) nicht mehr weiß, was man ißt. Noch, was man trinkt. Und ein krasser Kontrast entsteht zwischen unserem Tisch und den übrigen, an denen man in Ausdünstungen von Langeweile faselt. Mütter rügen Kinder. Väter mummeln wohl auch was Pferdehaftes, mit Zeitung, oder ohne. Verlobter sagt Verlobter etwas Dummes. Klar, daß sie uns anstaunen wie ein Weltwunder... würden gern etwas verstehen...
Gómez hebt ein Glas Curaçao an die Lippen. Er gesteht mir lächelnd, daß er bisher in ganz Piriápolis niemand getroffen hat, mit dem man reden kann... wir sind die einzigen...
Auf dem Heimweg hatten wir eine recht energische Diskussion zum Thema »ex«, diesem zudringlichen Begriff (*ex-istir*), der ganz verschiedene Gebiete heimsucht, und seine Verbindung mit der Zeitlichkeit. Er berief sich auf Siegrist und seine Ansichten zur wahnhaften Natur der Physik. Ich wiederum erinnerte ihn an Siegrists Seufzer: »Die Aktien fallen!«
Das Schweigen der Sterne.

Sonntag

Unsere Ausflüge auf immer höhere Gipfel, Streifzüge in blickberaubendem Dickicht, das Erklimmen einer Felswand, Hängen über schwindelerregenden Schlünden, bis sich plötzlich Weiten öffnen, die nicht für uns gemacht sind, unfaßbar, verschwimmend in nebliger Ferne.
Ausflüge – tappend in einem Wildwuchs, der hineinführt in

Blendung, Verwirrung, Schwindel – Abgründe erklimmen und sich auf abenteuerlicher Kletterei mit bloßen Fingern in die Steilwand krallen, auf daß sich Weiten öffnen, die nicht für uns gemacht sind, vom Nebel eingeschläfert. Wir nehmen Lebensmittel und Getränke für drei Tage mit.

Intellektuelle Ausflüge, versteht sich.

SONNTAG (SPÄTNACHTS)

Ich hab Schuppen vor den Augen.

Die Argamante gerieten mir zu allerliebsten Grima
Die Komik verrenkt zur zum zuck nummer
Die Sprache das Biest kippt von der dialaktischen Achse
Fabelblind, aber lind pfuu!
Witzz? Geschmeidig schmieden.

Wech, wech mit dem Witzz. Nein. Nein. Will nicht. Wech. Was läßt der mir keine Ruh!

Flasche näßt doch Höschen trocknet.

Wech mit dem Witz Was Will der dieser Witz itz... Was nervt der mich wie Ungeziefer... Verdammt dies... Witz... Wech.

.. ..

Das gesammelte Gestammel meiner Sonntagsnacht!

AM ANDERN TAG NACHMITTAGS
(ICH SCHREIBE DAS AUF MEINEM ZIMMER)

Heute könnte ich notieren »Ich fühle mich schlecht«, und das wäre vielleicht der Witz, den ich am meisten fürchte.

Eben war Helman hier. Angeblich war er gekommen, um mit Gómez (den er nicht antraf) kleinere Rechnungen zu begleichen. Jedenfalls war es der erste Besuch »von der anderen Seite«, und ich bin mir keineswegs sicher, ob sein Verhalten ganz ohne spöttische Absicht war... Boshafte?

Ein Witz? Ach, wenn sich dieser Dunst von Witz, der hier

ungreifbar wabert, nur endlich auskristallisieren wollte... Endlich die Bestie erspähen, die verschlafen durch die Bäume schleicht, hinter dem Haus, auf der Linie der Berge, der Linie des Ozeans... Wohlan, Ungeheuer, zeige dich! Worum geht's? Was willst du von mir? Komm heraus!

Leere.

Beim Frühstück ein längerer Meinungsaustausch, der sich recht zufällig an der vierfachen Wurzel des zureichenden Grundes entzündete, gleich darauf aber zum »Prinzip der Körperlichkeit« überging, so wie es die Renaissance einführte, und das heute allmählich zum »Prinzip der Kompromittierung« entartet und in Zukunft (wie ich behauptete) zum »Prinzip der Leidenschaft« werden könnte. Eine Frau mit zwei Kindern blieb auf der Straße stehen, um etwas von unseren heftigen Worten mitzubekommen – bekam nichts und zog weiter.

Dienstag

Die Lust am Müßiggang... Das ist es vielleicht, was uns hier zusetzt... angesichts der müßigen Berge, des gläsernen Meeres, der mählich ziehenden Ameisen und (warum sollte ich es verhehlen) dessen, was an den Leinen hängt... schlapp runterhängt...

Lustvolles Nichtstun... Lockerung...

Wie angenehm – nicht genau wissen – nicht sprechen, sprechen lassen – auf die eigenen Worte lauschen...

Aaaaach!

Schlaf.

Denselben Tag in der Nacht

Schweig! Schweig!

Er hat mir wohl zugeblinzelt... Wer? Der Witz!

Ganz ruhig!

Ich meine, er sei mir in der Dämmerung erschienen, als ich auf der Veranda saß und auf die... warum sollte ich es nicht sagen?... die Unterwäsche starrte, die zu dieser Stunde wie eine vergiftete, verdorbene Flagge wirkte, leichenhaft blaß und mondig. Es war IHRE Flagge, von dort, von der *anderen Seite*, ha, sie waren das, sie selbst, ich sah sie der Reihe nach auf der Leine hängen: Diputado und Señora, Helman und Ricardo, Andaluz, die kleine Celia und die Familie des Notars... sah sie, aber in Gestalt von Unterhosen und Hemden, als verderbten und höhnischen Reflex ihres wahren Daseins *auf der anderen Seite*.

Und hier trat nun der WITZ hervor, grinsend...

Denn – so begriff ich – die *andere Seite* war eine Falle! Ein Scherz! Denn die *andere Seite* war – für sie – auf unserer Seite!

Also war das kein Reflex... das waren sie, an diesen Leinen, in natürlicher Gestalt!

Ganz schön gerissen!

Ein Witz, oder nur die Möglichkeit eines Witzes? Ich möchte darüber nicht mit Gómez sprechen. Hab schon zu viel mit Gómez gesprochen. Werde nicht mehr mit Gómez sprechen. Genug geschwatzt mit Gómez. Ich will hier nur für alle Fälle notieren, daß ich persönlich mich auf keinen Witz einlasse...

Nein.

Ich weiß, wenn ich den Witz mit einem Witz erwidere, bin ich verloren. Sogar in diesem Augenblick muß ich den Ernst meines Daseins wahren.

Du Witzbold! Wenn ich komisch sein soll, dann nur von außen, nicht im Innern – möge diese Komik sein wie eine heraufziehende Wolke, wie wachsender Nebel, Rascheln im Gebüsch, wie eine Einflüsterung am Horizont, möge das von außen heimlich einsickern, durchnässen, von allen Seiten, auf allen Wegen zu meinem Zentrum vordringen: ich werde ausharren ungerührt, wie Tell mit dem Apfel... meines Ernstes... auf dem Kopf...

Sapienti sat!

Mittwoch, den 3.

Damit genug. Ich verließ Piriápolis am 31. Januar über Colonia und war am selben Tag um halb zwölf nachts in Buenos Aires.

Gómez war schon vorher gefahren, telegraphisch gerufen von jemandem aus der Universitätswelt.

Ich werde also nie erfahren, was uns da in Piriápolis eigentlich zugestoßen ist.

Ankunft zu Hause

Die Wohnung war schlafgeladen, als ich mich um Mitternacht, noch unfest im Kopf vom Getaumel des Schiffs auf den Wassern des La Plata, in mein Zimmer stahl, mit dem Koffer. Roberto, Herr Kluge, Don Eugenio, Basilio und Arana schliefen – Gespenster von Seufzern und Gestöhn kreisten über der Betriebsamkeit ihrer Atem. Was ist die Menge im Schlaf? Eine schlafende Menge? Schläfst du, Menge? Oder schläfst du etwa nie, Menge?

Nein – unsere Vielzahl schläft nicht ein mit uns, wie könnte wohl der Schlaf ein Geschöpf übermannen, das aus der Summierung geboren ist... es kreist unermüdlich... Ich fragte mich gleichwohl, als ich schon im Zimmer auf dem Bett saß, ob es eine beruhigende Tatsache sei, daß der Schlafenden viele waren (fünf), oder eine beunruhigende? Ist der Schlaf eines Menschen gefährlicher als der Schlaf von mehreren, einigen Dutzend oder gar Hunderten? Eine Frage, hm, die prätentiös sein mag... aber doch nicht ohne Biß ist. Die Menge – gestattet mir diese Bemerkung – verhält sich in bezug auf den Menschen erstaunlich, denn sie vervielfacht und teilt zugleich. Wer wollte bezweifeln, daß die Aktion von fünf Menschen, die an einem Seil ziehen, fünfmal so wirkungsvoll sein wird wie die eines Menschen? Aber schon mit dem Tod steht es umgekehrt. Versucht einmal, tausend Menschen auf einen Schlag zu töten, und ihr werdet sehen, daß der Tod jedes von ihnen tausendmal weniger bedeutet, als wenn er allein gestorben wäre.

Es war also ein beruhigender Gedanke – daß sie schliefen, träumten, zu fünft – und ich konnte ruhig meinen Kopf auf das Kissen legen und mich als Nummer sechs in ihren schweren, gierigen, irregehenden Atem einschalten. Was konnte mir drohen von Nacht und Schlaf, wenn die gute MENGE über mir wachte, mich in ihr auflöste. Wie eine gute Fee! Wie ein Schutzengel! Gute Nacht! Gute Nacht! Es ist Zeit, diese Bekenntnisse abzuschließen... sie waren nicht immer ganz klar? Ein wenig wirr? Haltlos gar, ausgelassen, diffus, fahrig... fahrlässig... zerfahren? Freunde! Was wollt ihr? Selbst wenn hier ein wenig intellektuelle Ausschweifung vorläge, die MENGE wird sie in sich aufgehen lassen, wie sie uns unsere Sünden und Tugenden... zerläßt, amen.

IV

FREITAG

Noch das gleiche und immer das gleiche!

Ich war mit Quiloflor bei einem Boxkampf, wum, wum, da wird geprügelt, das Publikum grölt, der Punktrichter tanzt. Ganz klar, ein Wettkampf, und dennoch sah es mir fast nach einem Begräbnis aus.

Mit den Świeczewskis im Konzert von Georges Pretré. Aber wenn mir jemand gesagt hätte, das sei ein Strand an einem heißen Tag, so ein Vorstadtstrand, ich hätte kaum entschieden widersprochen. Oder vielleicht ein Omnibus?

Ausstellung von Eichler. Ausstellung von Grocholski. Ja, aber was haben sie bloß, daß sie so nach *five o'clock* riechen?

Five o'clock. Eher ein Begräbnis, weil auf dem Friedhof, und außerdem nieselte es, Regenschirme, die Krägen der Herbstmäntel, Reden, Hüte. Begräbnis? Zu einem gewissen Grade. Denn warum eigentlich keine Hochzeit?... Eine Straßenbahn?

Abendessen im Plaza, Tischchen, Lakaien, Lüster, Bonbons, Bonmots, die Frage war nur: Begräbnis – Strand – Hochzeit – Boxkampf – Straßenbahn?

Ich kenne dich, Kraft, die du auf den gemeinsamen Nenner bringst. Ich kenne dich, *basso ostinato* im tiefsten Register des Daseins, höre deinen unerbittlichen Schritt. Ich sehe dich, verwischende, auflösende MENGE, sehe dich aufblühen aus dem Bauch des Weibes!

DIENSTAG

Ein paarmal traf ich mich mit Stanisław Wisłocki, dem Direktor der Warschauer Philharmonie, der zu Gastauftritten hier war. Fast ausschließlich über die Musik gesprochen. Als Aufmerksamkeit – sehr nett von ihm – das d-moll-Konzert von Brahms in einer polnischen Aufnahme, mit dem Philharmonieorchester unter seiner Leitung und mit Małcużyński.

Die Virtuosen halten sich noch so einigermaßen, denn ihr Kontakt mit der Musik ist fragmentarisch, er geschieht über die Werke, die sie »in den Fingern haben« und die so zahlreich nun auch nicht und meist nicht neuesten Datums sind. Der Pianist oder Geiger steht, auch wenn er den künstlerischen Ernst eines Backhaus besitzt, dem Handwerk nahe, und das bewahrt ihn vor zu großer Geistesvergiftung. Dort aber, wo die Musik schöpferisch wird und sich in ganzer Größe offenbart, dort herrscht blankes Entsetzen. Der Komponist von heute hat es mit einem feindseligen, geradezu wütenden, aufgestauten Element zu tun, wie ein Vogel ist er, der sich mit letzter Kraft über dem Hochwasser hält. Stau und Überflutung. Die Dirigenten, die dieses Element kanalisieren sollen, sind nicht weniger benommen. Auch die polnischen Dirigenten und Komponisten strahlen Panik aus – ich spreche von denen, die ich in Argentinien getroffen habe (Skrowaczewski, Panufnik, jetzt Wisłocki).

Solange es um professionelle Dinge und um die Rivalität im großen, internationalen Wettkampf geht, wer besser, und wer schlechter ist, ob Polen gegen die Konkurrenz bestehen kann usw. usw. – solange ist es halb so schlimm. Drängt man aber den Musiker an die Wand, das heißt an die Musik, die reine Musik, die Musik an sich, dann fängt er an, den Schädel gegen Beton zu hämmern. Und seiner Stimme hört man die Hilflosigkeit des Mannes an, der ruhig mit dem Strom geschwommen ist, bis der Fluß sich plötzlich an Unterwasserriffs staute und er nicht weiß, was tun mit der aufgewühlten, in alle Richtungen sich ergießenden, unaufhörlich sich bewegenden und doch reglosen Masse...

Es wird immer deutlicher, daß die Musiker die Musik »nicht mehr ertragen« (ebensowenig wie die Maler die Malerei).

In gesellschaftlicher Hinsicht ist ihre Situation ja ohnehin zu keiner Zeit so ganz normal und redlich gewesen. Bedenkt man, daß jemand mit recht geübtem Gehör sich sogar ein Werk von klassisch durchsichtiger Struktur wie die Sonate fünfmal anhören muß, bevor er sich einigermaßen darin zurechtfindet, dann muß man den Verkehr des Publikums mit der Musik in den Konzertsälen zu einem erdrückenden Prozentsatz als Humbug und Schwindel bezeichnen. Wie oft habe ich mich, wenn ich aus einem etwas schwierigeren Konzert kam, gefragt, was die hitzigen Applaudeure begriffen haben mochten, wo doch ich, hierin wohl flinker in Geist und Gehör, kaum mehr als Kraut und Rüben aus dem Saal heraustrug. Diese Konzerte, die da seit Jahrhunderten erfolgreich absolviert werden, sind demnach ein Zeugnis dafür, daß die majestätische gesellschaftliche Rolle der Musik nicht viel zu tun hat... mit Zuhören.

Doch diese, sagen wir, arglose Erbsünde der Musik, so harmlos sie zu Händels und Haydns Zeit noch war, schwillt heute an wie ein ungeheures Geschwür, prall von Gift. Diese Mühle, die Tausenden von Orchestern, Heerscharen von Zuhörern, Legionen von Virtuosen, die wie Boliden von einem Kontinent zum anderen fliegen, die Akademien, Festivals, Wettbewerbe, Armeen von Technikern, Theoretikern, Ingenieuren, Kreativen, Kritikern, die Stapel von Büchern... und dieses ganze Theater vollzieht sich wie hinter Glas, unzugänglich, unerlebt, ohne Realität unter den Menschen? Ein Skandal! Lächerlich! Schimpf und Schande! Frau! Wenn du wüßtest, welche Scheußlichkeiten du schaffst durch die Vermehrung – du wärest vorsichtiger im Bett!

Wollte sich aber jemand mit dem Gedanken trösten, dieser von der Vielzahl verursachte Skandal beschränkte sich auf die gesellschaftliche Rolle der Musik, so sei er belehrt. Nein, das »einer von vielen«, diese Schandschrift auf der Stirn des zeitgenössischen Menschen, betrifft uns selbst auf den höchsten Gipfeln, wo es, wie man meinen sollte, kein Gedränge gibt. Du hast dich nicht darauf beschränkt, Zuhörer in die Welt zu setzen, Frau. Schöpfer hast du gezeugt! Zu Bachs Zeiten gab es weniger Organisten als heute Bachs – und mit mehr Ehrgeiz als Johann Sebastian selig! Mit Wisłocki sprach ich auch über einen talentierten Argentinier, Ginastero. »Oh, ein ausgezeichneter Musiker, ich nehme seine Suite mit nach Warschau.« – »Welchen Rang würden Sie ihm in der Weltliste zugestehen?« – »Ich finde, man kann ihn ohne weiteres zu den ersten hundert Komponisten zählen.«

Wollte sich aber jemand der Illusion hingeben, die unermüdliche Fruchtbarkeit, mit der die Frau den Menschen der Vielzahl zum Fraß wirft, ließe sein Werk unangetastet – will sagen, das wahrhaft große Werk könnte sich in seiner Majestät gegen die Masse der Konsumenten und Kreativen behaupten – er wisse denn, daß er sich irrt. Ganz offensichtlich ist auch das Werk der Schwangerschaft nicht wohlgesonnen – Musikstücke sind heutzutage ungefällig, geradezu boshaft – im Halse bleiben sie stecken, drücken und würgen. Andere sind widerspenstig wie wilde Esel, schlagen aus und beißen. Bach war allein, aber der Katalog seiner Werke umfaßt Hunderte von Titeln, mühelos schuf er im höchsten Stil. Heute gibt es mehr Komponisten als Werke von Bach, aber sie alle zusammen haben wohl nicht einmal zehn Partituren geschaffen, die ihren soliden Halt im Geiste besitzen. Das Werk von heute will nicht geboren sein (gleichsam aus Rache an der Frau), die Idee bedarf immer größerer Anstrengung, man braucht Jahre, um Kompositionen bescheidenen Umfangs »zu vervollkommnen«, wenn jemand es zu seinem *opus* zwanzig gebracht hat, atmet er auf, als hätte er einen himmelhohen Gipfel erklommen. Es ist aber bemerkenswert, daß die Bösartigkeit des musikalischen Kunstwerks derjenigen des malerischen entgegengesetzt ist: in der Malerei ist es gerade die Leichtigkeit des Gebärens, die zu einem gigantischen Abortus führt und alles disqualifiziert. Ein beliebter Maler (wer nennt die Namen...) malte, nachdem er morgens in Buenos Aires eingetroffen war, innerhalb eines Tages über zwanzig Bilder, um einen Ausstellungssaal zu füllen, der für den nächsten Tag bestellt war... Und er verdiente einen Haufen Geld am Verkauf dieser Bilder.

Wie ist das also mit dieser Zeugungskraft? Macht die Fruchtbarkeit der Frauen den Geist unfruchtbar? Um auf die Frage zurückzukommen: besteht irgendeine Beziehung zwischen Vielzahl und Persönlichkeit, eine mörderische?

Ich nehme es Wisłocki übel, daß er sich nicht betrunken hat. Ich hätte mehr Konsequenz von ihm erwartet (man hatte mir von einem Kreis hervorragender Musiker erzählt, die sich jede Woche zu Gesprächen über die Musik versammeln, um schon nach einer halben Stunde ihre Hoffnungslosigkeit und ihre Niederlage mit irrem Blick im Wodka zu ertränken, die Stirnen bleich und schweißbedeckt). Aber Wisłocki trank nicht viel und bewahrte den Humor – das war nicht fair von ihm.

Ich notiere am Rande, um es nicht zu vergessen: Willst du einen Musiker aus dem Gleichgewicht bringen und so verblüffen, daß er völlig aus dem Häuschen ist – greife Bach an! Es sieht so aus, als sei ihnen das eine geblieben: Bach. Natürlich muß man zunächst beweisen, daß man kein Ignorant ist – und erst dann ganz unversehens attackieren!

Mittwoch (wie mich diese Wochentage schon langweilen!)
Das Gefühl, Unrecht zu dulden und übel gekränkt zu werden,

dominiert auch hier, wie in der Malerei, diese Leute wissen nicht, wie ihnen geschieht – gerade deshalb, weil das nicht in ihnen, sondern mit ihnen geschieht. Ganz einfach: Von der Menge geplagt, ist die Form uns toll geworden.

Wisłocki erinnerte mich an Skrowaczewski, das heißt an die Situation, als er mich vor ein oder zwei Jahren zum Abendessen eingeladen hatte. Wir sind auf der Corrientes, gehen von Restaurant zu Restaurant, Fülle, Überfülle, die Straße schwillt, Vomitus aus den Kinos... Das Gespräch (über die Musik) ist ein Schrei aus großer Entfernung, als hingen wir an den Hörern einer Fernsprechleitung.

Die Menge ist das Reich der Mathematik. Und die Mathematik ist eine Wissenschaft... Dieser arme X., ein junger Kerl, der sein Gefühl heraussingen wollte, voller Enthusiasmus: er macht sich ans Studieren, mutig, fleißig, opferbereit, die Sprache der Töne will er erlernen... doch sieht er bald, daß da etwas Ungutes geschieht, die in der Musik verborgene Mathematik, an sich schon ziemlich geistvergiftend, wird gewissermaßen verstärkt und verdoppelt durch die Invasion einer anderen Mathematik, jener nämlich, die mit der Menge zusammenhängt... der Menge der Werke, Konzerte, Formeln, Theorien, Stile, Schulen, Instrumente... und der Menschen... Verfluchter Weiberbauch! Was sollte er tun! Langsam, unmerklich fast, wurde er vom Künstler zum Toningenieur, zum wissenschaftlichen Kunstproduzenten.

Donnerstag

Wenn ich auf die Krise der Kunst eingehe, so nicht etwa weil ich Künstler bin und sie überschätzte – vielmehr ist sie Ausdruck einer Krise menschlicher Form überhaupt...

Georges Girrèferest-Prést kam aus Paris geflogen. Gestern mit ihm im *Fragata*... Kaffee. Cognac.

Er erzählte, was er gehört hatte... eine Nachlese von Klatsch und veralteten Gerüchten aus der unmittelbaren Nachkriegszeit... schwer zu überprüfen, weiß der Himmel, wie das alles war ... aber es wirft doch ein seltsames Schlaglicht auf die Geschichte des Sartreschen Denkens ...

Interessant, wie sehr Sartres Abenteuer an das erinnert, was mir und Skrowaczewski zugestoßen war: Menge, Gewimmel, Gewühl (nicht das erste Mal sehe ich solche Zusammenhänge zwischen einzelnen Anekdoten). Sartre war also, damals noch ein junger Mann, um 7 Uhr abends, beim größten Verkehr, die Avenue de l'Opera entlangspaziert. Das war (wie er später Freunden anvertraute) besonders scheußlich – wenn wir den Menschen auf kurze Distanz erfahren, als schier physische Bedrohung, und er durch die Masse zugleich entmenschlicht ist, nur die tausendfache Wiederholung des Menschen, Kopie, Exemplar, Affe fast; wenn er uns also infolge der Menge unglaublich nah und furchtbar fern zugleich ist. Da sich der junge, damals noch Nichtverfasser von *Das Sein und das Nichts* nun derartig im bedrückenden Gedränge der Nichtmensch-Menschen fand, rief er aus tiefster Seele die Einsamkeit an. Oh! Sich absondern! Isolieren! Losreißen! Fliehen! Aber man trat ihm auf die Füße ...

Er floh schließlich – so Gifferèst weiter – zu sich selbst! In die Einmaligkeit des eigenen Bewußtseins und das Konkretum der eigenen Existenz. Es war eine Art doppelter Mauer, mit der er sich von den anderen hermetisch abschloß. Er hatte die Tür seines Ich zugeworfen! (Aus Prèsts Schilderung folgte demnach, daß die zweigleisige Einsamkeit des Sartreschen Denkens ihren Anfang im Gedränge nahm!)

Damit nicht genug. Diese radikale Idee von Einsamkeit erfreute sich (immer noch Gifflè-Prèsts Version) in seinem Ich nicht lange der Einsamkeit. Etwas Unanständiges geschah, auf das Sartre später nicht gern zu sprechen kam – kaum hatte nämlich die Idee der Einsamkeit Einkehr in ihm gehalten, stellte er gleichsam im Augenwinkel fest, daß sie gewiß Widerhall in Tausenden von der Menge bedrohten Seelen finden würde, noch immer schien die Menge in der von ihr hergeleiteten Idee zu stecken und antinomisch mit ihr verbunden zu sein. Und eben dies Empfinden, daß sein Gedanke der Einsamkeit von vielen übernommen werden konnte, ließ ihn mehr Aufmerksamkeit darauf verwenden. Vergeblich wehrte er sich gegen diese Verquickung von Philosophie und Vielzahl und suchte sich schwarz auf weiß zu beweisen, daß weder das Bewußtsein noch das Konkretum ein Recht hätten, auf solcher Hefe zu gedeihen. Sie gediehen trotz allem. Sie wuchsen. Da ging er schließlich systematisch an die Arbeit und begann, gestützt auf viele Philosophen der Vergangenheit, sein System zu entwikkeln, das in dieser ursprünglichen Phase einfach nur besagte: ich bin ich, nicht Peter und nicht Paul, nur ich allein, in endgültiger Weise und für die anderen undurchlässig wie eine Büchse Sardinen. Und außerdem, diese anderen gibt es nicht!

Doch damit nicht genug. Sartre erschrak auf einmal über diesen seinen Gedanken: – Was? Ich bin allein! Ich habe entdeckt, daß niemand Zutritt zu mir hat! Habe die klassische Philosophie verworfen, weil sie in ihrer abstrakten Logik allzu gesellig, allzu kommunikativ war, habe mich in mir selbst verschlossen, ich – der undurchdringliche, einzige in meinem Bewußtsein! Ich habe den Anderen vernichtet! Habe alle anderen Menschen vernichtet!

Zugegeben, eine Idee von Einsamkeit, die auf der Menge gewachsen ist, hat schon etwas Erschreckendes – so ein Monstrum bewegt sich nicht aus eigener Kraft fort. Zu allem Unheil (immer noch Giffelèr Pretéts Version) war auch diese Angst nicht allein. Sie wurde sofort potenziert durch die Menge all derer, denen sie sich mitteilen konnte – und der Brand des Bäumchens entflammte in unserem Philosophen zu einem ganzen Waldbrand. Vergeblich suchte Sartre sich selbst zu überzeugen: Ich als Einziger kann schließlich nicht einer von Vielen sein!... Es half nichts. Und da er diesem Gedanken nicht gerecht werden kann, beschließt er, das Getane wiedergutzumachen. – Vernichtet habe ich den Anderen? So muß ich ihn von neuem entdecken, muß meine Verbindung mit ihm anerkennen und wiederherstellen!

So geht er ans Werk. Holt den Anderen ans Licht... ha, ich bin nicht mehr allein, ich spüre seinen Blick auf mir, Sieg! Sieg?

Ach wo! Die Sache kompliziert sich. Nun wird es wirklich unangenehm.

»Aber was war geschehen?« fragte ich Prevèst. Und er erwiderte: »Dieser Andere, verstehen Sie, der da ermittelt und hervorgeholt worden war, hatte nichts mehr mit einem konkreten Menschen gemein. Das war kein Peter und kein Paul, es war der Andere als solcher. Das Objekt, dem ich den Charakter eines Subjekts zuerkannt, dessen Freiheit ich anerkannt habe. Nicht so schlimm, meinen Sie? Aber bedenken Sie, daß unser Philosoph sich jetzt im Angesicht der ganzen Fülle fand – aller möglichen Menschen – des Menschen an sich. Er, der vor der Pariser Menschenmenge erschrocken war, sah sich nun allen Mengen, allen Individuen gegenüber, immer und überall.«

»Ich lernte ihn gerade zu dieser Zeit kennen«, fuhr Giffèleré fort und nahm einen Schluck Likör. »Es war nach dem Erscheinen von *Das Sein und das Nichts*. Er war bedrückt von dieser ungeheuren Konfrontation: er – alle. Aber trotz dieses schrecklichen Panoramas ließ er sich nicht unterkriegen und proklamierte mit unbeugsamer Konsequenz seine Losungen: Verantwortlichkeit für alle, Verbundenheit mit allen. Und er hätte vielleicht ausgeharrt, selbst mit der Menschheit auf den Schultern... hätte sich dieser Fülle, die alle umfaßte, nicht wieder die Menge zugesellt und so die Fülle auf nunmehr wirklich unanständige Art überfüllt... die Menge der Exemplare seiner Bücher... die Menge der Auflagen... die Menge der Leser... die Menge der Kommentare... die Menge der Gedanken, die seinem Gedanken entsprungen, und die Menge der Gedanken, die wiederum diesen Gedanken entsprungen waren... und die Menge der ganz verschiedenen Varianten dieser Varianten... Eine Menge, die dadurch unerträglich war, daß sie überfüllte, weil sie überzählig war... Das waren Alle plus die Menge.

Damals sah ich (immer noch Prêsts Worte), wie er mit dem Finger auf eine beschlagene Scheibe schrieb:

Nec Hercules contra Plures.

Und er war dem Selbstmord nah. Denn wie konnte er zurück, wohin fliehen, wenn Millionen lesen und immer neue Auflagen das Licht der Welt erblicken? Ach, nicht Alle waren es, die ihn entsetzten, sondern daß diese Alle so zahlreich waren! Also der Tod? Er schickt sich zum Selbstmord an. Aber nach kurzer Überlegung sieht er davon ab. Denn was war schon Schlimmes. Gewiß, furchtbar war sein Bankrott, grausam seine Niederlage. Aber die Niederlage löst sich auf in Millionen. Von der Menge verursacht, verläuft sie sich infolge ebendieser Menge im Sande, in Wirrwarr und Durcheinander, wo niemand nichts Genaues weiß, niemand recht versteht, man über Kraut und Rüben plappert und eigentlich irgendwie gar nichts ist...

Nec Hercules contra Plures.«

Sonnabend (im Café Ecke Maipu und Lavalle; Regen)
Die Menge habe ich satt...

Blättere in einer Ausgabe der *Wiadomości* mit einem Bericht über die Beratungen der Jury, wem der Preis für das beste Buch von 1961 zuerkannt werden soll. Was für ein Festschmaus bei dieser Gelegenheit! Ein Menü zum Fingerlecken:
vol-au-vent
brochet farci à la juive
paupiettes de veau hongroise
soufflé grand succès.

Ich sehe sie vor mir – diese rührende Imitation einer Akademie und Imitation von Literatur – diesen süßen Traum von der Ehre, mit Reden, Komplimenten, Anekdoten, Schmeicheleien, wo einer den anderen aufbläst, und alles natürlich parleh frangseh, mit Pariser Pepp und gallischer Kultur besten Geschmacks. Da meint man wahrhaftig

Wojski sei's, der noch spielt... Doch war es nur das Echo!

Was schadet es, daß sich ein Dutzend älterer Herren versammelt hat, um sich gegenseitig ein wenig Vergnügen, ja Lust zu bereiten? Abwegig wäre das nur als erotische Veranstaltung, aber davon kann ja keine Rede sein. Und warum sollten sie sich nicht gegenseitig stützen, da die Mehrzahl von ihnen (abgesehen von rühmlichen Ausnahmen) sich nur mühsam mit eigener Kraft auf den Beinen hält? Gemeinsam sind wir wacker. Wer wollte ihnen vorwerfen, daß sie sich ihr bitteres Schicksal mit Pralinen versüßen – zumal diese Reden, Ansichten und Meinungen (von Ausnahmen abgesehen) eine hochanständige Geistesohnmacht beweisen, höflich und ruhig, freundlich, hübsch veraltet, maßvoll rückständig, mit einem Wort – harmlos. Soll man ihnen dieses bißchen *vol-au-vent* und das *brochet farci* rauben, das im Munde zergeht?

Und doch kann ich mich einer Indiskretion nur schwer enthalten. Was war das für ein Skandal, der da unerwartet beim Dessert geschah, auf besagtem rauschenden *soufflé grand succès*?

Ist es wahr, was man sagt – eine ganz unglaubliche Sache – daß, als dieses himmlische *soufflé* gereicht wurde, jemand ... jemand, der nicht zugegen ... der nicht geladen war ... jemand, der nicht auf diesem Bankett, ja, der überhaupt ausgeschlossen und verboten war, jemand, »von dem man nicht spricht« und an den man »nicht einmal denken will«, jemand, der verhaßt ist, verdrängt ins finsterste Verlies des Unterbewußten ...

... daß dieser Jemand sich anschlich und allen gerade den *grand succès* aus ihrem *soufflé* nippte? Horrendum! Nur das *soufflé* blieb ihnen auf dem Teller, der *grand succès* war ihnen vor der Nase weggefressen worden!

(*Jan Rostworowski und Józef Wittlin gewidmet.*)

DIENSTAG (ich lese Miłoszs Studie über Brzozowski: *Mensch unter Skorpionen*)

»Weshalb haben so viele mit voller Hand aus Brzozowskis

Erbe geschöpft und schöpfen weiterhin daraus, aber gleichsam verstohlen, ohne es öffentlich zuzugeben?« fragt Miłosz.

Ich auch? Nein, ich habe ein reines Gewissen. Bis zum heutigen Tage bin ich nie auf Brzozowski gestoßen, es hat sich so gefügt, daß mir weder von ihm noch über ihn je etwas in die Hände fiel... So verfehlt man sich bisweilen. Brzozowski ist einer der polnischen Autoren, die mir perfekt unbekannt sind. Und dabei muß ich, wenn Miłosz von seiner »Obsession« spricht, »von Polen loszukommen«, oder davon: »Brzozowski pflegte zu sagen, er schäme sich tief für die polnische Literatur, daß sie Sienkiewicz hervorgebracht hat« – an meine eigenen Obsessionen und Schamgefühle denken. Nur sind sie so verschieden und rühren von so unterschiedlichen Positionen her, wie wir unterschiedliche Naturen sind.

Bei der Lektüre von Miłoszs Arbeit sehe ich sogar, daß ich mich in einem so scharfen und grundsätzlichen Widerspruch zu diesem Philosophen befinde wie wohl kein anderer gebildete Pole heutzutage.

Zum Beispiel:

»Die Hauptsünde der polnischen Intelligenz besteht nach Brzozowskis Ansicht darin«, sagte Miłosz, »daß sie das Denken durch Geselligkeit ersetzt.« Man habe sich nie ernsthaft für die geistigen Errungenschaften des Westens interessiert. Niemand habe den Gedanken ernstgenommen... Niemand diese große und blutige intellektuelle Leistung nachgelebt... Die Theorien dienten nur als Konversationsgegenstand.

Miłosz zitiert seine Worte: »Mit welch herrschaftlicher Ruhe, mit welch selbstherrlicher Geringschätzung wurde hier Ideen und Menschen auf die Schulter geklopft. Der patiencenlegende Weise oder der sich zwischen zwei Partien, zwei Jahrmarktsbuden langweilende nationale Märtyrer hatten nur ein nachsichtiges Lächeln dafür übrig, wenn ihr Sohn mit glühenden Wangen von Darwins oder Buckles Werken aufsah.«

Wie kraß der Kontrast zwischen Brzozowski und mir ist, möge in der Feststellung zum Ausdruck kommen, daß ich in diesem Fall auf seiten des Vaters bin, nicht auf der des Sohnes. Jawohl! Ich bin für das Mißtrauen des alten Adels, ich halte Theorien für »lebensfremd« und unterstütze alles, was das Denken weniger mitnehmend macht. Und Miłosz möge einen Augenblick innehalten, bevor er mich als Mitglied für Grydzewskis Akademie vorschlägt, denn wie sich gleich herausstellen wird, entbehrt mein stehendes Wasser nicht einer gewissen Tiefendynamik.

Ich werde zunächst versuchen, unseren historischen Moment im Unterschied zu Brzozowskis Zeit zu bestimmen. Brzozowski lebte in einer Zeit, da der triumphierende Intellekt auf allen Gebieten gewaltig in der Offensive war – damals schien es, die Dummheit könnte durch hartnäckige Anstrengung des Verstands ausgerottet werden. Ich glaube, dieses Vordringen des Intellekts verstärkte sich in den folgenden Jahren und erreichte seinen Höhepunkt wohl unmittelbar nach dem zweiten Krieg – als einerseits der Marxismus, andererseits der Existentialismus sich über Europa ergossen wie siedendes Kochwasser (von anderen eroberungslustigen Ideen zu schweigen). Das hatte zur Folge, daß der Horizont der geistig tätigen Menschen sich unglaublich erweiterte.

Jedoch... diese unselige Dialektik der Geschichte... heute geht diese Zeit, glaube ich, zu Ende, und es naht die Epoche der Großen Enttäuschung. Wir müssen feststellen, daß die alte Dummheit zwar verschwunden, an ihre Stelle jedoch eine neue getreten ist – die eben gerade vom Intellekt erzeugt wird, als sein Unterprodukt, eine intellektuelle Dummheit, leider...

Miłosz wird mir darin zustimmen, daß jener adlige Gutsbesitzer Brzozowskis weniger anfällig für die Dummheit war als die Menschen von heute. Die Weltanschauung von damals stützte sich auf Autorität, vor allem die der Kirche; der Krautjunker fuhr sonntags zur Messe und widmete sich wochentags harmlosen Grübeleien der Art, ob er lieber Hafer oder Klee säen sollte. Selbst Personen von regerem Geistesleben ließen die Finger von der Philosophie, die Philosophie geschah irgendwo am Rande, als etwas, das wichtig sein mochte, aber doch sehr abgelegen war. Heute dagegen muß jeder von uns die Welt und das Leben auf eigene Faust durchdenken, denn mit den Autoritäten ist es aus. Fügen wir hinzu, daß die Intelligenz von einer ungewöhnlichen Naivität geprägt ist, in ihr ist eine seltsame Jugendlichkeit lebendig, nicht von ungefähr ist sie eine der spätesten Errungenschaften der Menschheit, wohl die jüngste... diese mutigen Intellektuellen befahlen nun nicht nur: denk selbst, mit deinem eigenen Kopf, glaub niemandem, was du nicht selbst überprüft hast – als wäre das zuwenig, forderten sie auch noch, »den Gedanken zu leben«. Kleinigkeit! Nicht nur denken soll ich, ich soll auch mein Denken ernstnehmen und es tränken mit dem eigenen Blut! Die furchtbaren Folgen ließen nicht lang auf sich warten. Bald wimmelte es von fundamentalen Denkern, die an die Grundfesten rührten und neue Welten errichten wollten. Philosophie wurde Pflicht. Aber schließlich ist es nicht leicht, zu jenem tiefsten und höchsten Denken, für das die großen Namen stehen, vorzudringen: deshalb stecken wir heute in einem greulichen Morast von Halbverdautem, einer Art generellen Denkschwäche, im zähen Sumpf gar seichten Tiefsinns.

Aber was heute mit dem Intellekt und den Intellektuellen geschieht, mein lieber Miłosz, ist einfach ein Skandal – und eine Mystifikation, die ihresgleichen in der Geschichte sucht. Dieser Intellekt hat solange »entmystifiziert«, bis er schließlich selbst zum Werkzeug scheußlicher Verlogenheit wurde. Schon lange sind nicht mehr Wissen und Wahrheit die dringlichste Sorge des Intellektuellen – wichtig ist ihm einfach, daß niemand erfährt, daß er etwas nicht weiß. Schier berstend vor Gedanken, die ihm fremd geblieben sind, setzt der Intellektuelle alles daran, nicht ertappt zu werden. Welches sind seine Vorsichtsmaßnahmen? Listig formulieren, so daß man ihn nicht beim Wort nehmen kann. Niemals die Nase in Dinge stecken, die man nicht halbwegs beherrscht. Begriffskürzel verwenden, so als wären sie allen bestens bekannt, um sich nur mit der eigenen

Ignoranz nicht zu verraten. So tun, als wüßte man Bescheid. Es ist zu einer eigenen Kunst geworden, unverdaute Gedanken so geschickt ins Gefecht zu werfen, als wäre überhaupt nichts dabei. Nehmen wir von den Tausenden von Beispielen, die sich hier aufdrängen, nur eines: zu den heftigsten intellektuellen Diskussionen nach dem Krieg zählte die Polemik um Sartres Forderung, der Intellektuelle müsse sich »engagieren«, müsse »Standpunkt beziehen«. In der Praxis mußte jeder Literat irgendwie dazu Stellung nehmen, *pro* oder *contra*. Um aber Sartres Forderungen aus den *Situationen* wirklich zu begreifen, hätte man zuerst seinen Freiheitsbegriff verstehen müssen; dazu wiederum hätte man die siebenhundert Seiten von *Das Sein und das Nichts* (ein langweiliger Schinken) studieren und, da dieses Buch Ontologie im phänomenologischen Sinne ist, Husserl kennen müssen, ganz zu schweigen von Hegel, von Kant... Wer von denen, die Sartres Thesen erörtert haben, hätte sich darin wohl vor die Prüfungskommission gewagt, frage ich?

Und alle Bestandteile dieser Maskerade müssen sich (bedenkt man die unermüdliche Betriebsamkeit des Frauenschoßes) mit jedem gehetzten Tag vermehren und potenzieren. Ach, die »Geselligkeit«, die Brzozowski verdammte, hat einen unerwarteten Aspekt bekommen... Wir haben diese endgültigen und tiefsten Wahrheiten, die mit dem eigenen Blut getränkt sein wollen, inzwischen so satt, daß wir nur noch darum besorgt sind, das müde Gähnen zu verbergen, das uns unser hehres Beginnen entlockt.

Miłosz ist auf seiten Brzozowskis, Miłosz will, daß die polnische Intelligenz den Westen einholt. Er ist darin Vertreter jenes Aufbruchs zum »Europäischen« und zur »Modernität«, der im Polen der Nachkriegszeit erfolgte. Ich aber, Himmelherrgott, Krautjunker vom alten Schlag, hebe den Arm und sage: »Immer langsam! Nicht dort entlang! Was zum Teufel soll euch das? Erstens holt ihr sie nicht ein, denn die Formen und der Stil des Denkens bilden sich nur langsam heraus. Zweitens lohnt es nicht, das alles verdreht euch nur den Kopf. Drittens solltet ihr

Folgendes bedenken: heute sind die Trümpfe auf eurer Seite; so langsam gewinnt ihr die Oberhand; was euch bisher zur Schande gereichte, kann in Europa heute Ausgangspunkt für ein heilsames Umdenken sein.«

Heute hat die polnische »Lauigkeit« Chancen, glaube ich; sie braucht sich nicht zu schämen. Gern würde ich Polens Stimme in Europa zum Intellekt sagen hören: es reicht, ich verstehe nicht, kann nicht, will nicht. Nur soviel, nicht mehr. Es ginge nicht darum, einen Ausweg zu finden, sondern die Situation zu bestimmen... die erst später ihre Leute und ihre Lösungsvorschläge fände. Es liegt mir fern, dies unseren stolzen »Klassikern« zuzutrauen, die hochmütig die Nase über alle »Neuerungen« rümpfen, fromm alle »Snobismen« exorzieren und sich an der eigenen »Meisterschaft« delektieren – genauso wenig wie unseren Modegecken, Feinschmeckern, Sybariten, Witzbolden und Geschichtenerzählern – oder den Kraftkerls, dieser famosen Zunft fürs »Praktische«. Nein, mir paßt keine dieser Formen des intellektuellen Zweifels. Das müßte aufrichtiger kommen. Europäischer. Intelligenter.

V

6.X.62 (die Woche hat sieben Tage; ich habe diese Tage satt) Wer von ihnen ist der Hölle am nächsten? Tuwim? Wenn ihm etwas fehlte, dann dies – mit seinen Gedichten, die in Glanz und Helligkeit schwelgen, sich sattsam berauschen an Farbe und Augenblick, bekam er nie ein Gespür für die Hölle. Lechoń? Auf den ersten Blick ein rechter Verdammter in seiner irdischen Gestalt, und wenn die Himmel seiner Poesie einen Begriff von seinen persönlichen Höllen gegeben hätten... aber sie taten es nun mal eben nicht. Wierzyński? Ach, »er fuhr zur Hölle, sie lag auf seinem Weg!« Iwaszkiewicz, Słonimski, Baliński – gewiß, gewiß, von Wert, aber nicht abgründig. Also wer? Wittlin? Wittlin, der heilige Biedermann, er sollte von allen am ehesten nach Höllenart sein?

Höllisch, oder dämonisch – aber »höllisch« ist mir lieber, es klingt satter. Wie denn, Wittlin, diese Engelsunschuld mit Schlafmütze, eine geradezu Dickenssche Figur, jammernd und wehleidig, brav bis auf die Knochen? ... Aber ja, Wittlin. Und sollte ich einmal eine Studie über Wittlin schreiben, so würde ich klipp und klar beweisen, daß er so, wie er ist, nur dazu da ist, um nicht seine eigene Umkehrung, seine Perversion zu sein. Wenn Wittlin heilig ist, so nur, um nicht teuflisch zu sein. Wenn Wittlin die Odyssee übersetzt, dann nicht, weil die Odyssee ihm zusagte, sondern nur, um nicht zu ihrem Zerstörer zu werden. Wittlin widmet sich dem Klassizismus, aber nur deshalb, weil Wittlin Anarchie und Verzweiflung ist. Ruhig? Ausgeglichen? Vernünftig? Freundschaftlich? Pädagoge? Magister? Nur damit ihm sein explosiver Sprengsatz nicht unter der Hand hochgeht. Und sein Glaube zählt zu denen, die ewig hinter Gott herjagen, so wie die Pferdchen auf dem Karussell sich jagen, ewig im Kreise.

Irre ich mich? In diesem Tagebuch, in meinen privaten Aufzeichnungen darf ich mich irren.

Wittlin ist, meine ich, kleinbürgerliche Dämonie. Kann ein Kleinbürger dämonisch sein? Betrachten wir folgende Biographie: ein Junge, der nach den ehrbaren Grundsätzen des vorigen Jahrhunderts erzogen wird, in einer Atmosphäre von christlicher Kultur, Kunst und Moral, gebettet in Nachsicht und Milde, erlebt zunächst den ersten europäischen Krieg, erlebt ihn aktiv, als Freiwilliger der Legionen und später Soldat der österreichischen Infanterie (trotz allem besaß dieser erste Krieg noch nicht die Züge des Weltuntergangs, und dem Bürger mochte es scheinen, er öffnete die Tore zu einem edleren, gelinderen Leben). Unser junger Mann wird sodann Lehrer, Erzieher, Schriftsteller, Mitarbeiter von Zeitschriften, Theaterdirektor, Homerübersetzer, Autor der *Hymnen*, Autor des *Salzes der Erde* – internationaler Ruhm, Übersetzungen in viele

Sprachen... Eine ganz schöne Karriere! Aber diese Karriere, begonnen im Geiste des Bürgertums und dessen Affirmation, geht zunehmend mit Zersetzung einher, irgendwo unten, unterschwellig. Der Wittlin von heute ist noch immer derselbe Wittlin, er hat sich keinen Deut geändert... nur mit dem Unterschied, daß er heute im Leeren hängt, weil die Geschichte ihm den Boden unter den Füßen weggezogen hat. Ein Kleinbürger ist er, dem das Bürgertum unter den Füßen weggezogen wurde. Darin besteht seine Dämonie.

Wollte man Sienkiewicz in die heutige Zeit versetzen, er würde kaum die Ruhe verlieren. Sienkiewicz war eine gesunde Natur, gesunde Naturen geben nicht so leicht auf. Wittlin aber, der Bürgersohn, kam bürgerlich verzärtelt auf die Welt, und diese Verzärtelung machte ihn krankheitsanfällig... und Krankheit ist eigentlich das einzig Brutale, was dem Bürger in seinem daunenweichen Dasein zustoßen kann. Man muß hinzufügen, daß Wittlin nicht nur kränklich war und ist, sondern auch eine ausgeprägte Erlebensfähigkeit für Krankheiten besitzt. Schade, daß mir das witzige Gedicht nicht mehr einfällt, das Hemar auf diese seine stinkbürgerliche Hypochondrie gemacht hat. Es beginnt damit, daß Hemar ihn zu einem Besäufnis einlädt. Darauf Wittlin:

Ich kann nicht, sagt er zwar rosig, doch schwach.
Habe Grippe und etliches zur Korrektur.

Und Hemars Schluß:

Ist Korrektur ein Leiden und Grippe Pflicht,
bin ich gegen dich, König der Neurotiker, ein Wicht!

Nichts anderes als die Krankheit, ein spezifischer Faktor, der uns der ungeschminkten Wirklichkeit verbindet und uns aus ihr zugleich ins Reich des Unbekannten erlöst, war es natürlich, die Wittlin seine Leistungen in Prosa und Dichtung ermöglicht hat. Dank der Krankheit wurde er zum Künstler. Aber diese Fähigkeit, sich in die eigenen Leiden hineinzuleben, ließ ihn auch eindringen in die Krankheit der Epoche, die Krankheit der Geschichte bis hin zu jenem Extrem, wo sie Ordnung und Werte radikal vernichtet. Durch seine eigene Krankheit und durch Hitler und, nicht zu vergessen, durch sein jüdisches Erbe – stieß er bis zur tiefsten Finsternis vor.

Und hing über dem Abgrund, dieser brave, bescheidene Mann – was für ein Anblick! Wenn Malraux, Camus, Schulz, Miłosz, Witkacy oder Faulkner über dem Abgrund hängen, so ist eigentlich alles in Ordnung, denn das sind geborene Galgenvögel. Wenn aber ein ehrbarer Mann, wenn Wittlin dem Nichts ins Auge sieht, so ist dieser Anblick wohl geeignet, Schwindel, ja Ohnmachtsanfälle zu erregen.

Und nun ein Rätsel, eines von jenen, die »leicht aufzugeben und schwer zu lösen« sind. Wenn Wittlin über dem Abgrund schwebt, woran hängt dann der Faden, der ihn noch hält? An Gott, werdet ihr sagen, denn Wittlin ist bekanntlich eine religiöse Natur. Aber ich habe schon meine Zweifel daran geäußert. Ich habe – ganz intuitiv – kein Vertrauen in die Wirksamkeit des Wittlinschen Gottes, meiner Meinung nach zählt er zu den Menschen, die die Stirn an die Scheibe lehnen, und schon sind sie hoffnungslos verloren. Ach! »Nicht für alle Wohlgerüche Arabiens wollte ich in seiner Haut stecken!« Da bleiben nur zwei Empfindungen: die eine, daß man in einer ausweglosen Falle ist, wie ein gefangenes Tier; die andere, daß man sich in völliger Leere befindet, in einer wändelosen und dadurch ebenso ausweglosen Weite. Wittlin, dieser furchtsame Mensch... furchtsam aber auch mit jener Art von Furcht, die uns das NICHTS offenbart... So frage ich denn: wenn ihm alles unter den Füßen weggeglitten ist und wenn ihn oben nichts hält, weshalb ist er dann, statt in die Tiefe zu stürzen, weiterhin Wittlin und erfreut uns mit seiner klassischen, ausgeglichenen Literatur, der die pädagogische Ader nicht abgeht?

Nihilistischer Pädagoge? Positiver Bankrotteur? Besinnliche

Katastrophe? Ehrbare Hölle? Wie hat dieser Kleinbürger es fertiggebracht, als Kleinbürger zu überleben, obwohl gerade das Bürgertum in ihm völlig vernichtet ist? Ich habe einst den Skamandriten und anderen Literaten im Exil vorgeworfen, sie hätten sich zu wenig geändert... und Wittlin? Der hat im Vergleich zu ihnen nicht mit der Wimper gezuckt! Ein Monolith! Nur ist eben jemand, der vor dem Nichts steht, in einer anderen Lage als jemand, der viel verlor. In welchem Sinne, in welcher Richtung kann sich einer ändern, dem Sinn und Richtung sich verflüchtigt haben? Was bleibt ihm noch als dies eine: sich zu wiederholen? Das ist der Grund, aus dem Menschen in anscheinend völlig aussichtsloser Lage bis zum letzten Moment funktionieren, »als wäre nichts geschehen«. Der Kapitän des sinkenden Schiffes weiß, daß ihn im nächsten Augenblick die Wogen verschlingen werden – ihn und seine Ehre, Verantwortung und Pflicht – daß es all das eigentlich nicht mehr gibt, daß ihm das Wasser schon bis zu den Waden steht... wozu rezitiert er dann bis zum letzten Augenblick seine Kapitänsrolle, statt etwa zu tanzen und zu singen? Ganz einfach deshalb, weil der Mensch, wenn er gar keinen Halt mehr hat, sich immer noch an sich selbst festhalten kann; das Identitätsprinzip »ich bin ich« ist nicht nur ein fundamentaler Satz der Logik, es ist auch letzte Ratio des Menschseins; und wenn alles verschwindet, bleibt doch das, daß ich jemand war, so war und nicht anders; und wir erkennen die Loyalität gegenüber uns selbst als das letzte Gesetz, dem wir noch gehorchen können...

Wittlin trat vor Jahren als Geschöpf des damaligen Bürgergeistes in die Literatur: Wittlin war der Autor von Büchern, das Bürgertum war der Autor von Wittlin. Ich schätze den bürgerlichen Geist keineswegs gering, er hat Gewaltiges in der Kultur vollbracht, ich will nur sagen, daß der schöpferische Wittlin von damals selbst ein Geschöpf seines Milieus und seiner Epoche war.

Heute? Heute ist Wittlin kein Geschöpf des Bürgertums mehr, nur jemand, der Bürgertum in sich produziert. Wittlin ist heute sein eigener Schöpfer, er erhält sich aus eigener Kraft im Nichts. Äußerlich hat sich nichts verändert, die letzten Texte Wittlins sind durch eine hartnäckige Einheitlichkeit von Ton, Stil und Vision mit den früheren verbunden, und nichts schiene uns unglaubwürdiger, als daß er auch nur einen Deut von sich abgewichen sei. Geändert hat sich nur, daß Wittlin den Wittlin nunmehr selbst produzieren muß.

Doch kosten wir von der Wittlinschen Güte, zum Beispiel. Kosten von ihr zunächst als einem Naturstoff, der ihm entströmt wie der Saft dem Zuckerrohr. Und kosten dann von ihr in der späteren Verkörperung, da sie »antinatürlich« ist, einsam, rein menschlich, selbstgezeugt, selbstenthaltend, mit festem Grund allein in sich selbst. Das ist denn doch ein anderer Geschmack...

Ich habe diese Geschichte skizziert, um zu zeigen, daß der von der Geschichte vernichtete Mensch bisweilen zum Schöpfer von Geschichte werden kann... seiner eigenen. Was ich am schönsten finde an diesem Drama, sind seine großartigen Kontraste: dieser Höllenverdammte, der in der Hölle die ewig gleiche Güte spinnt... die gleiche Empfindsamkeit... Heiterkeit... Glauben... Vernunft... Ehrbarkeit... Ganz so wie diese kleinen Spinnen, die gutherzig am eigenen Faden baumeln! »Einen bösen Löwen wirst du besteigen, ohne daß dir ein Leid geschieht, und wirst auf einem Riesendrachen reiten!«

10. X., Dienstag

Madariaga, Silone, Weidlé, Dos Passos, Spender, Butor, Robbe-Grillet usw. – sie alle in Buenos Aires, eingeladen vom hiesigen PEN-Club. Die Sitzungen dauerten etwa fünf Tage, ein endloses Palaver über Literatur, Schriftsteller, Kultur, Geist usw., wie üblich. Vergeblich wartete man darauf, daß endlich etwas passieren würde, niemandem fiel auch nur ein Tropfen von der Nase. Zwar hatte man bisweilen den Eindruck, die Sitzung setzte zum Sprung an, müßte sich jeden Moment aufbäumen, aber dann löste sich doch alles in Wohlgefasel auf.

Ich weiß das vom Hörensagen, ich selbst war nicht dabei – warum? Der argentinische PEN-Club hatte mich nicht eingeladen – aaa, warum, warum?!!! Pa! Warum? Weil er nicht »lieb, ehrfürchtig und sittsam«, weil er »nicht willig« ist, weil er »Witze macht und sich den Teufel schert!«. Und weshalb? Pa, pa! Wer an den Mitgliedswahlen der Akademie der *Wiadomości* teilgenommen hat, kommt leicht darauf: ich habe mich kratzig gezeigt. Besonders mit einigen meiner Bemerkungen über die argentinische Literatur, die kürzlich in den *Cuadernos* erschienen sind. Zugegeben, wenn man mich eingeladen hätte, wäre ich auch nicht gekommen. Ich bin nicht so dumm, mit dem Taxi oder der Straßenbahn zu solchen Kongressen zu fahren – hätte man mir, wie den anderen Herren, die Reise mit dem Transatlantik-Dampfer hin und zurück und ein Viersterne-Hotel bezahlt, das wäre was anderes gewesen. Aber da ich in Buenos Aires drei Ecken vom Kongreßsaal wohne, kann ich schwerlich verlangen, mit dem Überseedampfer gebracht zu werden, und es wäre doch, einmal abgesehen von allem anderen, zu seltsam, wenn ich vom Schiff durchs Fenster im ersten Stock geradewegs in den Sitzungssaal käme.

Aber vielleicht... vielleicht geht es dir nicht um den Transatlantik-Dampfer, sondern um die Würde?

Würde? Weiß nicht. Bin nicht sicher. Will mich da nicht festlegen.

Letztes Jahr hatte mich die Universität Berlin zu einem ganz ähnlichen Kongreß eingeladen, nur mit etwas anderem Programm. Jeder der Geladenen hatte nämlich ein Stück aus einem seiner Werke in der Muttersprache vorlesen sollen, und der im Saal anwesende Dolmetscher sollte das simultan übersetzen. Fünf Minuten liest der Autor – fünf Minuten übersetzt der Dolmetscher – wieder fünf Minuten der Autor und wieder der Dolmetscher... Als ich erfuhr, daß ich zehntausend Kilometer fliegen sollte, um den Deutschen ein Stück *Pornographie* auf polnisch vorzulesen, war ich platt. Und flog nicht. Vielleicht eher wegen der ungeheuren, tiefen Wasser, aber ein bißchen wohl auch aus Scham... geistiger... aber auch körperlicher Scham... denn man kann es ja wohl kaum als geistigen Verkehr bezeichnen, wenn man den Deutschen etwas auf polnisch vorliest. Und wenn nicht geistig, dann... hm... hm... körperlich... In meinem Alter! Hab mich geschämt und bin nicht geflogen.

Auch in den letzten Tagen habe ich mich bitter schämen müssen, wenn ich meine Kollegen in einer Situation sah... Och, das nehme ich ihnen übel: daß sie diese Situation weder von sich zu weisen noch zu bewältigen vermochten! Weise hatte ich in ihnen gesehen... und von einem Weisen darf man wohl verlangen, daß er sich geschickter verhält als der Durchschnitt... und deshalb ist es ein schmerzlicher Anblick, diese Weisen so tief in der Dummheit stecken zu sehen.

Dieses Gerede davon, daß der Schriftsteller zum Kampf gegen die Lüge berufen sei, daß er demaskieren müsse – wo sie doch sehr wohl wissen, daß sie sich mit ihrem Gefasel nur für die spendierte Reise erkenntlich zeigen. Und sie wissen, daß alle wissen, daß sie das wissen! Eine Kurtisane sagte mir einmal: »Jeder verkauft irgendwas. Ich verkaufe Fleisch.« Aber die hält wenigstens keine Referate über die AUTHENTIZITÄT als FUNDAMENT der ENTWICKLUNGSPERSPEKTIVEN der KULTUR.

DONNERSTAG

Einer nach dem anderen kamen sie gefahren, geschwommen, geflogen, und die Zeitungen taten es kund. Als ich erfuhr, daß Weidlé eingetroffen war, rief ich ihn an, im Hotel. Persönlich kannte ich ihn nicht, aber er hatte mir vor ein paar Jahren, nach der Lektüre von *Ferdydurke* geschrieben.

Wie sich herausstellte, hatte er mich nicht vergessen (und das hätte passieren können, ich weiß nie, worauf ich in diesen Kreisen »von Welt« gefaßt sein muß) und bat um meinen sofortigen Besuch. Ich rasierte mich also, zog meinen kaffeefarbenen Anzug an, den von Cervantes, band die grüne Krawatte um, ein

Geschenk von Ada, und ging in dieses Hotel ganz in der Nähe.

Ein frühlingshafter Tag, die Abendsonne ergoß sich auf die Perustraße und entlockte Schildern und Schaufenstern verspielten Glanz. Ich als kaum Bekannter, in Argentinien fast Anonymus, näherte mich hier Weidlé, der in der intellektuellen Welt seit langem seine solide Position hatte. Die witzelnde Vielfalt der übermütigen Sonnenreflexe wunderte mich kaum.

Das Hotel. Die Halle. Elektrische Beleuchtung. Vorhänge. Er trat aus dem Lift und hielt etwas in der Hand: *Pornographie*, französische Ausgabe. Und sagte artig, er habe sie eigens aus Paris mitgenommen in der Hoffnung, mich kennenzulernen und von mir eine Widmung zu erhalten.

Was mich freute. Ich atmete auf. Aber im selben Augenblick Wut darüber, aufgeatmet zu haben. Und ich wußte, daß er das wußte (unter uns Intellektuellen weiß man alles).

Freitag

Was weiter? Kaum hatten wir uns gesetzt, kam ein Reporter von *La Nación* zu ihm gesprungen. Nebst einem Fotografen. Der Fotograf nahm ihn aufs Korn. Die Halle war voll von internationalen literarischen Größen und Fotografen. Ich schlug vor, in irgendein gemütliches Café zu gehen, um in Ruhe zu plaudern.

Wir traten hinaus. Auf der Straße springt ein kleines Männlein auf mich zu – längst Vergangnes kommt mich da an. Und das Männlein sagt zu mir: »Erkennen Sie mich nicht? Aita.« Ich begrüßte ihn mit überschwenglicher Höflichkeit, denn das war der Vorsitzende des hiesigen PEN-Clubs, Antonio Aita, den ich seit 23 Jahren nicht mehr gesehen hatte.

Aita lief auf Hochtouren. Denn hier war er Gastgeber, er leitete: Programme, Hotels, Empfänge... Später stellte mir Weidlé im Gespräch einige Fragen, in denen ich meinen Sarkasmus entladen konnte. Wie das käme, daß ich nicht eingeladen sei? Dieser Aita... wer das sei, was er geschrieben habe?

(Nichts.) Wie ich hier so lebe? Ich entlud dennoch nichts, mich hinderte der Überdruß... eine Art Apathie gegenüber London, Paris... ich antwortete höflich und »natürlich«, lust- und glanzlos. Es glänzte überhaupt nichts mehr, die Sonne war untergangen.

Er begleitete mich in die Venezuela, wo ich wohne, und als er mein *Tagebuch* in der deutschen Ausgabe sah, sagte er, das interessiere ihn, er könne sehr gut Deutsch. Ich zögerte nicht, ihm ein Exemplar zu geben, mir liegt an ihm, auch ich betreibe meine Politik.

Sonnabend

Ich sehe sie mir in der Halle an, als ich Weidlé besuche. Sie – Europa. Ich habe kein Bedürfnis, sie kennenzulernen; wozu soll ein Unbekannter kennenlernen? Aber ich betrachte sie als einer von ihnen, der nicht mit ihnen ist – das ist kompliziert – ich schaue mit dem Blick des Ausgeschlossenen und Verkannten. Rom. Paris. New York.

Sie sitzen in den Sesseln – stehen – die Presse hat sie in Beschlag genommen. Wie könnte es anders sein? Die Hyäne des Journalismus mußte diese Literatur anfallen, die ihr so wehrlos ausgeliefert ist wie ein Lamm.

Immer wieder sehe ich jemanden sich äußern... langsam, mit konzentriertem Blick, die Stirn gespannt, vor einer Person mit Notizblock, während der Fotograf – knips! Am nächsten Tag lese ich in der Zeitung die Früchte solcher Bekenntnisse: Kraut mit Rüben, Wischiwaschi. Könnte es anders sein? Schon während er dem Sprechenden zuhört, weiß der Journalist, daß er die weitreichenden Gedanken aufs Geratewohl zu einem Zeitungsbrei verarbeiten muß, binnen einer halben Stunde, damit es morgen erscheinen kann; und während er zum Zuhörer spricht, weiß der Sprechende, daß sein schwieriger, subtiler, raffinierter Gedanke, den er gerade mal so, »aus dem Stand«, formuliert, damit er dem abgehetzten Reporter eben noch klar wird, zu Wischiwaschi gemacht wird, zu Eintopf und Marmelade. So versuchen sie vergebens, ihren Gedanken wenigstens teilweise Gewicht zu verleihen, mit Finger, Stimme, Braue und Auge. Vergebens, das wissen sie (unter Intellektuellen weiß man immer alles). Und sprechen dennoch mit konzentriertem Blick, erhobenem Finger...

Ein gefundenes Fressen für die Zeitungen!

Gefunden, aber schwer verdaulich. Zwar ist die Zeitung glücklich, daß sie nach Belieben mit ihnen umspringen kann. Und fetzt ganze Seiten über sie hin – Reportagen, Kongreßberichte, Anekdoten. Aber zugleich fragen die Redakteure sich fingernägelbeißend, verzweifelt: wozu? Ja, wozu? Wozu, wenn diese verwässerte Bouillon vom Fleisch der Gedanken nicht gelesen, sondern nur überflogen wird – das liest man angeblich, in Wirklichkeit liest man es nicht. Also wozu? Ach, frag nicht »wozu«, frag »warum« – wenn Mechanismen in Gang kommen, verliert sich das »Wozu« und bleibt nur das »Warum«. Warum? Mechanismus. Konvention.

Träume ich? Mir will scheinen, das Mikrophon, das die Presse so eilfertig reicht, verstärkt zwar die Stimme der Literatur, zieht sie aber hinein in eine Affäre von geradezu wilder Unanständigkeit, sinnlich feist statt vom Geist!... und mir fällt ein, was Delia über den allseits geehrten Kritiker Guillermo de Torre erzählt hat, der taub ist und ein spezielles Hörgerät im Ohr trägt. – »Ich saß neben ihm im Theater... Plötzlich hörte ich – etwas Erstaunliches – scheußliche Geräusche, wie aus dem Jenseits, menschlich und doch nicht menschlich, Gestammelhaftes... Gärendes... Und ich war entsetzt, weil ich annahm, dieser lichte Geist äußerte sich in einem Anfall von Unzucht plötzlich nicht mehr auf artikulierte Weise, sondern knurrte mich an... Bis ich begriff: Guillermo war eingeschlafen, das Hörgerät war ihm aus dem Ohr gefallen, ruhte auf seinem Magen und verstärkte das Knurren, das von dort kam.«

Sonntag

Das Auftauchen dieses Europa in Buenos Aires war für Gombrowicz natürlich ein gefundenes Fressen. Er, der unermüdliche Regisseur, ging sofort daran, ein kleines Drama zu inszenieren: er, die Provinz, gegenüber der Welt.

Sollte das aber heißen, daß er sich bisher in seinem Sattel der Internationalität unsicher gefühlt hätte? Daß er sich angesichts Europas »verloren« hätte, er, dem dieses Parkett schon vertraut und der doch noch immer vom Lampenfieber geschüttelt war? Diese Betonung der eigenen Provinzialität – war das nicht in einem gewissen Grade doch ernstgemeint?

Wenn dem so ist – welch eine Hölle! Welch eine Qual!

Montag

Ich quäle mich.

Nichts ist kompromittierender für einen Künstler als ein anderer Künstler.

Wahrlich, ein Künstler sollte auf die andere Straßenseite wechseln, wenn ihm ein Künstler entgegenkommt.

Künstler ist man für den Nichtkünstler, für den Dreiviertel-Künstler – den Leser. Wenn aber ein Künstler einem anderen Künstler begegnet, werden beide zu... Fachkollegen. Mitgliedern des PEN-Clubs.

Diese Leute hat man aus allen Himmelsrichtungen hierhergeholt, hat Cassou gezwungen, Artigkeiten mit Silone auszutauschen, Weidlé sättigt Madariaga mit einem Lächeln, Butor verneigt sich vor Dos Passos, und das muß man wirklich hören: Hocherfreut... Sehr angenehm... Gratuliere... Natürlich, ist mir ein Vergnügen... Sie berühren sich unter größter Vorsicht, so als fürchteten sie, sich zu beschmutzen; man hält sich an alle Manieren, die auf Diplomatentees gelten, wie ein Kreis alter Gräfinnen in der Botschaft. Und trotzdem zerstören, entwerten, disqualifizieren sie einander!

Der junge Butor erhob sich aus dem Sessel, als er mich sah: »Vous êtes connu en France.«

Ich durchbohrte ihn mit einem jener Blicke, hinter denen man mich vergeblich sucht: »Mais vous? Est-ce que vous me connaissez?«

Er sagte nichts. Hatte mich nie gelesen. Genauso wenig wie ich ihn.

MONTAG
Publizisten, Kritiker, Theoretiker, Kunstgelehrte wie Madariaga oder Weidlé kommen noch mit einem blauen Auge davon – sie haben die Tradition des Humanismus, des Magistertums hinter sich, ihnen kann die Tribüne weniger anhaben. Die »reine« Kunst dagegen – die Lyriker und Romanautoren – sie sind hoffnungslos verloren, sehen aus wie rohe Fleischbrocken, die zum Fraß geworfen werden, und wie ein abgenagter Knochen...

K Stephen Spender ist ein ausgezeichneter englischer Dichter und zugleich Redakteur einer englischen *revue* – was also hat das zu bedeuten? Die britische Botschaft schickt mir einen Boten mit einem Brief, in dem Spender, der meine Adresse nicht kennt, darum bittet, ihn aufzusuchen; er wolle sich einmal mit mir unterhalten, und zwar als Redakteur. Aber als ich mich in dem Hotel meldete, wurden wir beide zu Dichtern, unsere Scham ließ unsere Worte an der Kante des Unausgesprochenen zerbersten, und unsere Abwesenheit wurde stärker als unsere Anwesenheit.

Fort mit dir, Scherz, auf daß ich von der Qual erzählen kann!

Ob sie leiden? Ob diese Touristen des Geistes insgeheim doch von Protest geplagt sind? Wie weit ist es mit ihnen, frage ich; ob sie restlos verdorben sind? Och, wie erniedrigend ist die provinzielle Unschuld meiner Fragen für mich – und je mehr ich mich schäme, desto unschuldiger werde ich! Ich saß im Sessel und betrachtete Dos Passos' Hand, die ohnmächtig und greisenhaft auf der Lehne eines anderen Sessels ruhte. Meine Empfindlichkeit für Hände ist ja bekannt. Ich betrachte also seine schöpferische Autorenhand und sehe sie wie auf dem Servierteller, garniert mit Salat, Pilzen und Oliven. Ärmel und Manschette machen sich wie ein riesiger Löffel daran, die Finger erinnern an eine Gabel, und ich gucke und denke, wie der sich da selbst aufißt! Und dieser feindselig kulinarische und höhnisch gastronomische Gedanke dient mir als Panzer gegen ihn ... aber, was nun schon wieder? ... Dort an der Seite, auf dem Sessel dort, Madariaga – daneben Silone – weiter hinten drei Damen, mit denen Robbe-Grillet – Cassou im vierten Sessel – Butor in der Ecke, schreibt einen Brief ... Und ich in meinem Sessel, ich, der ich Madariaga nicht kenne, der Silone kennenlernen sollte, denn wenn herauskommt, daß ich weder Madariaga noch Silone kenne ... und sollte ich Weidlé nicht darum bitten, mich mit Robbe-Grillet bekannt zu machen?

Eine Qual! Die reinste Qual! Hündisch winselt mein Stolz! Panik und Erbrechen, daß mich hier befällt und durchdringt, was ich tausendmal verachtet habe – ich, der Einzelgänger, der ich seit dreiundzwanzig Jahren so erhaben bei lebendigem Leibe in Argentinien begraben bin. Oh – oh – mit seinem ganzen Leben zu beweisen, daß man auf alle Ehren pfeift, sich einen Witz aus dieser *mondanité* zu machen, unkäuflich und unzugänglich zu sein ... um dann plötzlich, in einer Runde von fünf Sesseln, aufgeregt zu sein wie der letzte Kleinstädter und es unter den Augen der Welt als Muß zu empfinden, daß ich hier akzeptiert, daß ich einer von ihnen werde! In einer Art innerer Erstarrung suchte ich das banale Literatensein in mir zu wahren, das allein von der Aufnahme in dieses Gremium abhängig gemacht war ... und was geschieht, wenn sich herumspricht, daß ich nicht aufgenommen bin? Leugnen, dieses Gefühl, ausspucken? Doch der Druck der zuvorkommenden, reglosen Fünfsesselkonstellation machte mich zu einem von ihnen – erbittert darüber, daß ich keiner von ihnen war! Und nun war ich, der sie für diese exklusive Hotelversammlung eben noch mit beißenden Hohn bedacht hatte, selbst wehrlos in das System ihrer Sessel integriert!

Eine der Portieren vor den Fenstern der Halle hatte sich verzogen... und durch die Spalte sah ich die Straße, den Bürgersteig, die Häuser, alles gewöhnlich und im Tageslicht, wie im Bilderbuch. Was für einen Satz tat ich durch diese Spalte – und suchte krampfhaft Halt bei den vorüberflimmernden Gesichtern der Passanten, suchte jedes zu fassen, bis es verschwunden wäre, und griff nach dem nächsten, so als könnte dieser wechselnde Reigen von Gesichtern mich den fünf Sesseln in der Stille des Hotels, dem diskreten Funkeln des Kronleuchters entreißen... Aber die Gesichter gingen vorüber, nachdenklich, plaudernd, lachend, zerstreut, sie gingen vorüber und verschwanden, und ich saß hier im sechsten Sessel, in Zuvorkommenheit und Stille. Und? Und? Und?

DIENSTAG

Abstrakte Kritik, wirklichkeitsfremde Spitzfindigkeiten scheute er wie das Feuer. »Zunächst muß ich das Problem schlucken«, pflegte er zu sagen, »erst wenn es mir schwer im Magen liegt, versuche ich damit fertig zu werden.« Eine vertrauenerweckende Methode! Wer wollte ihm nicht glauben, wenn er ihn seine größten Komplexe ans Tageslicht zerren sieht... Und dennoch, wer wollte ihm glauben! Sieht man doch sofort, daß diese Herzensergüsse ihm allzu leicht fallen, daß sie allzu ungezwungen und verschlagen sind – und wieder einmal, zum wievielten Male? plagen uns Zweifel: Aufrichtigkeit oder Gaukelei?

Er, dieser Proteus, offenes und krasses Gegenstück zu den Monolithen, er – der Spieler! Wollten wir ihm Vorhaltungen machen, so würde er wieder mit seinen Sprüchen kommen: daß die Persönlichkeit wie ein Gewand ist, das wir der eigenen Nacktheit anlegen, wenn wir jemandem begegnen sollen; daß einsam niemand eine Persönlichkeit ist; daß wir mehrere, verschiedene Persönlichkeiten auf einmal sein können und deshalb eine gewisse Leichtigkeit beim Umgang mit ihnen angebracht ist. Wer weiß jedoch, ob so eine Antwort nicht zu philosophisch wäre und ob die Wurzeln dieses Proteuscharakters nicht eher in dem zu suchen sind, was ihn von der Philosophie radikal unterscheidet – in seiner Künstlernatur. In einer Paraphrase seiner eigenen Worte könnte man sagen, »der Künstler ist Form in Bewegung«. Im Gegensatz zum Philosophen, Moralisten, Denker oder Theologen ist der Künstler unaufhörliches Spiel, es ist nicht so, daß der Künstler die Welt von einem einzigen Standpunkt auffaßte – in ihm selbst kommt es ständig zu Verschiebungen, und einzig die eigene Bewegung vermag sich der Weltbewegung entgegenzustellen.

Daher wird die Leichtigkeit nicht selten zur Tiefe – für den Künstler. Leichtigkeit – das ist wohl das Tiefste, was der Künstler dem Philosophen zu sagen hat. Und sind nicht hier die Gründe dafür zu suchen, daß Epochen metaphysischer und moralischer Unruhe, in denen man um ein definiertes Menschenbild bemüht war (der Mensch als Gottesgeschöpf; als Produkt der Gesellschaft; als Freiheit schließlich), immer schwerfällig und bedrückend und am wenigsten künstlerisch sind? Wieviel an künstlerischer Regsamkeit hat unser Leben seit 1930 eingebüßt, seitdem das Bedürfnis nach Verantwortung wieder zunimmt!

Schauen wir unserem hurtigen Possenreißer weiter zu – mit was für Scherzen und Luftsprüngen wird er uns wohl noch aufwarten?

VI

Piriápolis

Meine Notizen vom Kongreß des PEN-Clubs... zuviel Scherz, zuwenig Rebellion; ich kann nicht behaupten, daß ich zufrieden wäre, sollte ich etwa von ihrer Impotenz angesteckt sein und das Thema nicht in den Griff bekommen haben?

Nicht deutlich genug geworden ist die Dekadenz des Literaten – daß die Literatur von Jahr zu Jahr herunterkommt, vielleicht nicht so sehr, was die Werke, aber was ihre Leute angeht.

Zwar ... wenn es in einer Generation nicht mehr als fünf, sechs authentische Komponisten auf der Welt gibt, kann man schwerlich verlangen, daß es viel mehr authentische Schriftsteller geben soll. Der Rest, sagen wir mal, die paar Dutzend Herren erster Klasse, die ihrer Aufgabe geistig nicht gewachsen sind, obwohl sie bekannt sind, gewiß, anerkannt, berühmt sogar und alle Aussicht haben, nach dem Tod Denkmäler, Plätze und Straßen zu bekommen? ... nein, sie sind nicht mehr Literatur von guter Rasse. Beachten wir, wie bedrohlich diese Feststellung klingt. Mit der Butter der Kunst ist es so: wenn sie nicht absolut extra und erstklassig ist, riecht sie schon nach Margarine.

Die Elite der Weltliteratur wird mit jedem Jahr zahlreicher; aber auch mit jedem Jahr fragwürdiger. Das kommt, weil die Technik der Nachahmung von Größe sich, wie alle Technik, weiterentwickelt. Bedeutend, sogar groß zu sein, ist ja zu einem gewissen Grad auch eine Frage der Technik – und der intelligente zweitklassige Autor weiß heute schon ganz gut, wie und worin er sich ändern muß, um in die erste Klasse zu kommen. Zum Beispiel: besser, ich bin nicht allzu geistig, sondern nur sinnlich-geistig; innere Antinomien darf man hervorkehren; angezeigt ist neblige Unbestimmtheit; gut auch die brutale Direktheit eines Rimbaud, aber auch manche Tricks der Yankees von heute sind nicht zu verachten; für alle Fälle behält man besser auch gewisse Rezepte für die »objektive« Größe im Auge, die in letzter Zeit in Frankreich lanciert werden. Es wäre dumm, diese technischen Maßnahmen in Bausch und Bogen zu verdammen ... nein, weshalb sollte jemand, der ein Fünkchen göttlicher Eingebung besitzt, nicht bewußt etwas aus sich machen und dabei auf die Erfahrungen anderer zurückgreifen? Beginnt denn das wahre Genie nicht fast immer mit der Nachahmung von Genie? Und manchmal geht ein derart imitiertes Genie ins Blut über, es wird Fleisch.

Also nichts gegen die Methode an sich. Dennoch steht wohl gerade deswegen die europäische Elite von Jahr zu Jahr unsicherer auf den Beinen. Das sind überwiegend hochgespielte Leute, zu sehr »gemacht«, ihre Berühmtheit ist ein Kunstprodukt ohne jede Spontaneität. Neunzig Prozent – nur neunzig? – der heutigen französischen Literatur sind Leute, die sich einen gewissen Stil, eine Klasse und ein Niveau angeeignet haben, die Kollektivbesitz sind und in der intellektuellen, künstlerischen Luft Frankreichs liegen. Ihr persönliches Verdienst besteht oft genug nur darin, daß sie einen von der Stange gekauften Anzug so zu tragen verstehen, als wäre er maßgeschneidert... aber zwischen dem Frankreich Pascals und dem Frankreich Mauriacs ist ein Unterschied wie zwischen der nackten Maja und der angezogenen Maja. Vergleicht die Einzigartigkeit der Menschen aus der Epoche Verlaines mit dem heutigen Kreis, wo fast alle ersetzbar sind. Gleiches gilt für andere Literaturen. Es gab eine Zeit in Europa, da man Nietzsche, Rimbaud, Dostojewski, Tolstoj und Ibsen zum Frühstück hätte einladen können – Menschen, die sich so unähnlich waren, als käme jeder von einem anderen Planeten –, aber diese Gästeliste hätte wohl jedes Frühstück gesprengt. Heute könnte man ohne weiteres ein allgemeines Bankett für die gesamte europäische Elite veranstalten, es würde reibungslos und funkenlos verlaufen.

Auf derart ausgedünntem Grunde gedeiht die schändliche Rolle des Impresario... des individuellen Geistes entschlagen, gerät die Literatur in die Hände von ungeistigen, sozialen Faktoren. Preise. Wettbewerbe. Akademien. Gewerkschaften. Verleger. Presse. Politik. Kultur. Botschaften. Kongresse. Man muß schließlich organisieren und den Laden zum Funktionieren zwingen – Funktion und Organisation sind nunmehr der Egel, der das ohnehin anämische Blut aussaugt. Das wäre meines Erachtens gar nicht mal so katastrophal, wenn der Druck allein von außen käme; der Mann der Kunst weiß, daß er kein soziales Wesen ist, er wehrt sich instinktiv gegen die Versuchungen der Uneingeweihten. Man weiß: die Gesellschaft wird immer das von uns fordern, was wir nicht leisten können. Schlimmer ist, daß die Literatur zunehmend an Lebenskraft verliert, also anfälliger wird und keine Gegengifte mehr produzieren kann, man könnte sogar meinen, in ihr vollziehe sich eine Art umgekehrte Selektion, die selbstmörderische Folgen hat. Nicht nur deshalb, weil der Schlechtere im Rahmen dieser Bürokratie allmählich über den Besseren herrscht, ihn antreibt (je besser der Künstler, desto weniger Zeit hat er zum »Verwalten«), sondern auch deshalb, weil selbst in den Besten das unreine Element über stolze Seelenunnachgiebigkeit obsiegt. Es fehlt an Mut. Die Härte versagt. Allmählich schwindet die Bereitschaft zur klaren, harten, reinigenden Entscheidung, zur erlösenden Radikalität, die Welt wird unklar. Sie sind nicht direkt vom Geist, sind nicht natürlich im Geist, und weil auch sie selbst sich diesen Geist ein wenig zurechtgemacht haben, ist ihnen der Gedanke, die Literatur könnte Funktion, Fabrikation, Produktion werden, gar nicht so fremd – sie tragen jenen Mangel an Persönlichkeit, der sie von außen bedrängt, in sich.

Gefügigkeit! Wie sollten eingeladene, ausgezeichnete, preisgekrönte, gefeierte, betörte, lächerlich gemachte Geister wohl rebellieren und sich auf die Hinterbeine stellen können, wie den Stoff finden, der explosiv genug wäre, ihre Situation auseinanderzusetzen? Finden wir uns damit ab: Genius und Talent haben immer weniger vom Dynamit, fremd geworden ist ihnen die selige Unschuld der Waldblumen, Gebirgsblumen. Weil in der Gesellschaft alles funktional ist, wird der gesellschaftliche Bedarf nach Geist durch eine bestimmte Produktion von Höherem, von Größe befriedigt, und es entsteht eine neue Funktionärsart: der Geistesfunktionär.

Habe ich Kraft und Verstand genug? Gehöre doch auch ich zu jenen, die sich die Technik der Selbstformung im Stil der großen Kunst angeeignet haben, ich gestehe, daß ich auf diesem Gebiet subtile Geheimnisse weiß, sogar solche, deren Ergebnisse an wahre Größe grenzen. Bin ich gesund genug, ich, der ich krank bin wie sie, kränker vielleicht?

Meine Wahrheit und meine Kraft beruhen darauf, daß ich

mir ständig das Spiel verderbe. Ich bin ein Spielverderber für mich und andere. Ich bekämpfe das Falsche nicht in mir, ich beschränke mich darauf, es aufzuzeigen, sobald es erscheint: ich fahre mir in die Parade, zwinge mich zu anderen Taktiken, verändere mir die Situation. Und das möchte ich auch von meinen verehrten Kollegen fordern: daß sie sich unaufhörlich in die Parade fahren, sich die Situation verderben, dieses Spinngewebe zerreißen, bis endlich die zutiefst persönlichen Energien freigesetzt sind.

Aber... ist doch schade... Sich die Situation zu verderben...

Sartre, in dem die Pathologie der Epoche sich konzentriert, ist ein krasses Beispiel auch für diese Krise – die Krise der Größe oder Souveränität oder Würde derjenigen, die in der funktionalen Literatur etwas bedeuten. Seltsam und peinlich zu sehen, wie er immer wieder von den Gipfeln ins Flachland abrutscht, man könnte meinen, er hätte zwei Stimmen, eine, kategorisch, vom Geist, die andere – wie aus heiterem Himmel – des Paukers und Moralisten. Es gelingt ihm nicht, den Bereich der grundsätzlichen Wahrheit mit dem Bereich des Alltäglichen, des praktischen Lebens zu vereinbaren, da klingt es bei ihm irgendwie piepsig, unangenehm, trivialisierend. Wozu führt die stolze Radikalität der Behauptung, die Literatur sei Freiheit? Dazu, daß er, wie der Pauker in der Schule, dem Schriftsteller seine soziale Rolle vorschreibt: hier sollst du stehen, nicht dort, auf seiten der Linken, nicht der Rechten! Das Kapitel in den *Situations*, in dem er nach der vernichtenden Kritik zu positiven Hinweisen und Belehrungen über die Rolle des Schriftstellers in der Gesellschaft übergeht, atmet alle Schwächen der Predigt, ob priesterlich oder marxistisch... und man glaubt zu sehen, wie seine Einsamkeit da leidet und sich schämt.

Einmal ganz abgesehen von dieser merkwürdigen Simplifizierung in seinem Gedankengang: daß jemand, der nicht auf seiten der Linken steht, schon deshalb ein Feind des Proletariats sei. Ich kann doch schließlich konservativ sein und dabei der aufrichtigste Kommunist – das ist nur eine Frage der Wahl der Mittel, die zum Ziel führen, d.h. zur Beseitigung der Ausbeutung des Menschen durch den Menschen – ich kann der Meinung sein, daß die Revolution zuviel kostet, daß sie zuviel zerstört und nur das Leid und die Unfreiheit der Massen vergrößert, und daß die Befreiung des Proletariats nur durch eine langsame und behutsame, möglichst bewahrende Evolution erfolgen kann; und ich kann sogar der Ansicht sein, daß es letztlich schädlich für die Entwicklung der Menschheit und somit auch für die der Arbeiter ist, sich zu sehr auf dieses eine Problem zu konzentrieren.

Aber, frage ich, wer von den früheren Philosophen hätte die Sartresche Kakophonie der Niveaus, Tonlagen, Begriffe in sich ertragen? Fremd war ihnen, die natürlicher, weniger »gemacht« waren, das Verlangen des heutigen Intellektuellen, der aus Mangel an Selbstvertrauen mit dem brutalen Ton und Jargon der niederen Sphäre renommiert, nach Selbstzerstörung und Selbstentblößung. Die Heldin eines Romans von Thomas Mann ruft, nachdem sie mit einem Liftboy ins Bett gegangen ist, ganz entzückt: »Was, ich, Madame Soundso, Dichterin, Dame von Welt, mit einem nackten Liftboy im Bett?!« Diese Anekdote scheint mir auf Sartre zu passen, nicht so sehr wegen der darin enthaltenen Dialektik von »Basis« und »Überbau«, vielmehr des Lifts wegen. Denn auch in unserer Epoche gerät manch allzu Gewissenhafter in Panik darob, daß er nicht von eigenem Sinn und Gehalt, sondern von einem Mechanismus nach oben getragen wird, und drückt den Knopf der besagten Maschine, um alsbald hinabzufahren.

Piriápolis, am Strand
Weibsbäckige Walküre, wurstig mit allessprengendem Hintern, wuchernd auf Schenkeln und Waden, riesig hingereckt nach allen Seiten – Hilfe! – auf den Strand gepackt wie ein Kuhidioten-Druck, wie ein blöder Keil, Hilfe, die Nähte platzen, es kracht,

da erbricht es schon fleischig!... Wo ist der Metzger, der damit fertig würde?

Ältere Frauen, fett.

Ältere Frauen, mager.

Sieh diese Schinken im Vorübergehn... oder diese Gerippe... schau nur, siehst du? In dieser eklig faulen, schamlos euterschweren Mastigkeit hat sich nur eins von früher bewahrt, gleich einer fernen Erinnerung: der Fuß so zart... nicht dünn, nicht dick und... schau... ähnelt er nicht dem Füßchen deiner Verlobten? Begreifst du nun? Weißt du nun, was für ein Potential an fleischlichem Zynismus und was für eine Gleichgültigkeit gegenüber dem Häßlichen sich in deinem reizenden Schatz verbergen? Hübsche Mädchen, charmante Ehefrauen, sagt euern Müttern, sie sollen zu Hause sitzen, statt euch so zu kompromittieren!

Zwei Konzeptionen Wittlins. Wittlin hat, wie sich herausstellt, eine völlig andere Konzeption von Wittlin als ich. Er schreibt mir weiter: »Wie ich nun wirklich bin, das wissen weder Sie noch ich. Ich persönlich muß gestehen, daß ich kaum Zeit habe, mich damit zu befassen.«

Aus dem Brief ist aber ersichtlich, daß er nicht sehr glücklich war über meine These, er sei ein Produkt und ein Vertreter der kleinbürgerlichen Kultur. Er schreibt, er stamme aus einer seit alters her auf dem Lande ansässigen Familie, sei auf dem Lande aufgewachsen, trage die Stadt nicht im Herzen, und sein Leben, schwer und reich an Kämpfen, sowohl im Krieg mit der Waffe in der Hand, als auch danach, mit der Feder, sei »ein krasses Gegenstück zu bürgerlicher Verzärtelung«.

Zugegeben, es war ein Fehler von mir, ihn in der Stadt anzusiedeln, er ist ein Kind vom Land. Aber es lag mir fern, jemanden des »Kleinbürgertums« *sensu stricto* zu zeihen, von dem ich schreibe, er habe in der ganzen Exilliteratur am meisten mit der Hölle zu tun. Nach meiner Auffassung ist er ein intensives Wesen deshalb, weil er extreme Gegensätze in sich vereint (mit der

Durchsichtigkeit eines Gebirgsbaches), weil er ein »ehrbarer Mann« ist, der mit der Katastrophe umgeht und mit dem Abgrund vertraut ist.

K Mein lieber Wittlin! Leicht hätte ich Ihre Skizze so unscharf zeichnen können, daß sie in jeder Hinsicht *comme il faut* gewesen wäre, so als Freundschaftsdienst, verstehen Sie... aber diese Beleidigung, dieses Unrecht wollte ich Ihnen nicht antun. Ich habe den Wittlin beschrieben, der in mir lebendig ist... und wundere mich wirklich, daß Sie nicht gemerkt haben, daß Sie auf dramatische Weise in mir lebendig sind.

Der Beginn meiner Freundschaft mit Wladimir Weidlé könnte auch als Illustration dienen für die Ohnmacht, die Hemmungen, die uns Literaten in der Zeit einer säkularisierten, vergesellschafteten Literatur überkommen. Unsere Gespräche verliefen bei aller Freundlichkeit sehr holprig, wir spürten die Last der Inszenierung, er zeigte sich mir im Glorienschein seiner Funktion auf diesem PEN-Club-Kongreß, Reden haltend, von der Presse umlagert, aller Orts geladen – ich kam mir deshalb ihm gegenüber vor wie jemand, der aus dem Schatten tritt, ein »Angehender«.

Das änderte sich erst, als er das Schiff bestiegen hatte und abgefahren war. Keine Frage, in der heutigen Atmosphäre des literarischen Lebens sind Abschied und Vereinzelung die glücklichsten Augenblicke.

Nach einigen Monaten... ein Brief von ihm, dem ich erstaunt entnehme, daß dieser Weidlé, feierliche Säule des Kongresses, makellos in Manieren und Kleidung, ein Verschwörer war, der mit mir konspirierte... ein verborgener Feind der Literatur, der das »Kunstfabrikat« ebenso haßte wie ich, ein Stürmer und Zerstörer der »Kunst« im Namen des »Menschseins«... meine Rebellion war also trotz allem zu ihm gedrungen, und er schrieb mir nun wie ein Aufwiegler dem anderen... Nur... nur... dieser Brief war zugleich von A bis Z der Brief eines Literaten an einen Literaten, er definierte *fachmännisch*, auf literarische Art, was ein *geistiges* Bedürfnis war – adrette Sorgfalt, höflicher Respekt, gekämmt war das und glatt – dieser Brief war wie ein Anarchist, aber mit Zylinder, mit Bombe, aber in Glacéhandschuhen, er fuhr bei mir vor in einer eleganten Limousine, wie ein Bankpräsident... Ein Brief, der auf mich wirkte, wie auf Beethoven Goethes Verbeugung vor dem Herzog von Weimar...

Gebt dem Kaiser, was des Kaisers ist...

Borges nahm nicht an dem PEN-Club-Kongreß teil, aber unser tragisches Schicksal ersparte ihm andere Lächerlichkeiten nicht.

Bestieg er doch den Aeroplan und machte sich mit seiner Mutter, Doña Leonor, nach Europa auf zum goldenen Vlies, sprich Nobelpreis. Kein anderer Grund als dieser bewegte den über Sechzigjährigen, fast völlig Blinden und sein altes Mütterchen, das nicht mehr und nicht weniger als siebenundachtzig Lenze zählt, zum Flug mit der Düsenmaschine. Madrid, Paris, Genf, London – Lesungen, Banketts, Festlichkeiten – daß nur auch die Presse schreibt, daß nur alle Hebel in Bewegung gesetzt werden. Das übrige ist, glaube ich, Victoria Ocampos Verdienst (»ich habe mehr Millionen in die Literatur gesteckt, als Bernard Shaw aus ihr herausgeholt hat«).

Angeblich hatte irgendein Abgeordneter des argentinischen Parlaments den Antrag einbringen wollen, die Abgeordnetenkammer sollte auf einer Festsitzung die Schwedische Akademie für Literatur darum bitten, Borges den Preis zu verleihen (so scharf sind sie auf diesen Nobelpreis, den sie noch nie bekommen haben). Zum Glück konnte er rechtzeitig davon abgebracht werden.

Borges bestieg dennoch den Aeroplan. Noch einer, der zum Handlungsreisenden geworden ist. Noch einer, der die Nationalmannschaft im großen, internationalen Fußballturnier verstärkt... Wenn er sich nur nicht mehr als Ball fühlt denn als Torwart!

Der Anblick dieses pathetischen blinden Einzelgängers mit seiner fast neunzigjährigen Mutter, eingespannt in die Mechanik des Flugbetriebs... Das Schlimmste ist, daß das irgendwie zu ihm paßt... Und ich bin sicher, er bekommt den Nobelpreis. Leider, leider... ja, seine ganze Existenz scheint auf dieses Ziel angelegt zu sein. Wenn überhaupt jemand, dann Borges! Das ist eine Literatur für Literaten, gleichsam speziell für Jurymitglieder geschrieben, er ist der richtige Kandidat: abstrakt, scholastisch, metaphysisch, unoriginell genug, um sich einen ausgetretenen Weg zu suchen, originell genug in dieser Unoriginalität, um zur neuen, ja kreativen Variante von etwas Bekanntem und Anerkanntem zu werden. Und ein Viersterne-Koch! Eine Küche für Feinschmecker!

K Führte der sicherste Weg zum Nobelpreis früher über die Bauernsaga, gerade episch genug, um keine Vorbehalte zu provozieren, und ohne großes Risiko des Mißerfolgs, so ist heute am wirkungsvollsten ein *genre à la Kafka*, wie gesagt, natürlich in seiner neuen und schöpferischen Variante – dieses Feld ist bestellt, da weiß man, wie man lesen, wie man verstehen, kommentieren muß, da kann nichts schiefgehen, und außerdem ist alles erhaben und tief.

Ich hege auch nicht den geringsten Zweifel, daß Borges' Lesungen über »das Wesen der Metapher« und andere dieses Schlages gebührend gefeiert werden. Das wird haargenau die Erwartungen treffen: kaltes Feuerwerk, eine sprühende, intelligent hochsubtilisierte Intelligenz, Pirouetten eines rhetorischen, toten Denkens, das nicht fähig ist, irgendeine vitale Idee zu fassen, eines Denkens, das ja auch gar nicht am »wahren« Denken interessiert, das bewußt fiktiv ist und sich so am Rande seine Arabesken, Glossen und Exgesen zurechtlegt, eines konsequent ornamentischen Denkens. Ja, aber welches *métier*! Literarisch makellos! Dieser Küchenmeister! Was kann den reinblütigen Literaten wohl mehr entzücken als so ein blutleerer, literarischer, verbaler Literat, der nicht sieht, nichts sieht außer diesen seinen Hirnspielereien?

Der paßt nun wirklich genau, wie diese Chips, die man in den Automaten wirft, damit alles sich dreht und tanzt im Takt... Wenn die Größe von Literatur sich daran mißt, wie unliterarisch sie ist, wie gut sie sich selbst überwinden und zur Wirklichkeit vordringen kann, dann muß man sagen, daß Borges sich durch solche Größe in seiner fleißigen Betriebsamkeit nicht stören läßt. Aber ach, nicht Borges ist es, der mich ärgert, unter vier Augen könnte ich mit ihm und seinem Werk schon einig werden... wütend machen mich die Borgisten, diese Armeen von Ästheten, Ziseleuren, Connaisseuren, Eingeweihten, Uhrmachern, Metaphysikern, Klugscheißern und Feinschmeckern... Dieser reine Künstler hat die unangenehme Begabung, um sich herum gerade das Miserabelste, das Eunuchenhafte mobil zu machen!

1963

VII

18. V. 63, BERLIN

Ich schreibe diese Worte in Berlin.

Wie ist das gekommen? Den Januar und Februar, die heissesten Monate des argentinischen Sommers, war ich nach Uruguay gefahren, um mich in den Wäldern am Ozean zu vergraben mit meinem *Kosmos*, der schon fast abgeschlossen war, aber immer noch Ärger machte, weil das Finale nicht deutlich werden wollte; mir schien, man müsse dieses Finale in eine andere Dimension versetzen – aber welche? – die Lösungen, die mir einfielen, befriedigten mich nicht. Der Wald, die Monotonie von Wogen und Sand, die lächelnde, gebadete Leichtigkeit der Uruguayer waren meiner Arbeit in diesem Jahr gesonnen, ich kehrte von der Küste bebend vor Ungeduld zurück, mich weiter mit dem Text zu beißen, und voller Vertrauen darauf, daß die wachsende Form die Schwierigkeiten allein bewältigen würde. Es kam der Tag der Rückkehr nach Buenos Aires. Eine halbe Stunde vor der Abfahrt – der Briefträger. Ein Brief aus Paris... in dem ich inoffiziell gefragt wurde, ob ich eine Einladung der Ford Foundation zu einem Jahresaufenthalt in Berlin annehmen würde.

Schon manches Mal hatte ich erlebt, wie blindmachender Nebel über die wichtigsten Momente des Lebens herzieht. Geburten lieben die Nacht, und wenn abgrundtiefe Schicksalsbewegungen, die Vorboten einer großen Änderung, schon nicht nachts geschehen können, dann bildet sich um sie herum wie mit Absicht eine seltsam verwischende, zerstreuende Verworrenheit... Diese Einladung nach Berlin löste ein Problem, das mir schon lange und bitter im Magen gelegen hatte – den Bruch mit Argentinien, die Rückkehr nach Europa –, und ich spürte sofort, daß die Würfel gefallen waren. Aber schon war die erste verwirrend verwischende Komplikation da: der Brief war vor über einem Monat aufgegeben worden, bei der Post in die Irre gegangen, enthielt aber die Bitte um umgehende Antwort (denn so eine Einladung ist ein Glücksfall, nach dem sich viele die Finger lecken). Weshalb war der Brief fehlgegangen? Weshalb hatte man keinen zweiten Brief geschickt? Sollte also – großer Gott! – nichts daraus werden und ich in Argentinien bleiben müssen?

Anderntags komme ich in Buenos Aires an und finde auf dem Schreibtisch ein Telegramm, das auf unverzügliche Antwort drängt. Aber das Telegramm ist zwei Wochen alt, infolge einer ungewöhnlichen Mischung von Achtlosigkeit und Pech war mir von meinem ganzen Posteingang gerade dieses eine Telegramm nicht nachgesandt worden. Ich telegraphierte, daß ich annehme – hatte aber fast keinen Zweifel mehr, daß nun alles vorbei und zum Teufel wäre und ich, mein Gott, in Argentinien bleiben würde!

Dennoch kam um mich herum langsam etwas in Bewegung ... in jenen Tagen der Ungewißheit erfuhren bestimmte, besondere Aspekte meiner argentinischen Wirklichkeit eine plötzliche Belebung, es sah so aus, als beschleunigte sich diese Wirklichkeit in der Vorahnung ihres baldigen Endes, als würde sie in all ihrer Besonderheit intensiver ... das zeigte sich gerade bei den Jugendlichen, die für meine Situation wohl am charakteristischsten sind ... Sie schienen ausgerechnet in jenen Tagen zu merken, daß ihnen so etwas wie ich nicht alle Tage über den Weg läuft: ein bereits »gemachter« Schriftsteller mit bekanntem Namen, der sich dennoch nicht mit Leuten über achtundzwanzig abgab, ein Künstler mit einer spezifischen Ästhetik oder einem besonderen Stolz, die ihn Personen, die in der Kultur zu Wirklichkeit gelangt waren, verächtlich und gelangweilt zurückweisen und zu den Jungen streben ließ, zu jenen *à l'heure de promesse*, denen aus der Eingangsklasse, dem literarischen Vorzimmer ... das war doch ein ganz außergewöhnlicher, beispielloser Fall! Was lag näher, als mit diesem Altjungen wie mit einem Sturmbock auf die literarische *beau monde* Argentiniens loszugehen, Türen einzutreten, Hierarchien in die Luft zu jagen, Skandal zu machen – und so eilten diese *blousons noirs* der Kunst, diese *iracundos* (eine ihrer Gruppen nannte sich »Maufados«, eine andere »Elefantes«) voll kriegerischen Elans zu mir, man überlegte auf die Schnelle, wie man in die wichtigsten Zeitungen kommen könnte, Miguel Grinberg, der Führer der Maufados, bereitete in aller Eile eine mir gewidmete Ausgabe seiner kämpferischen *revista* vor – Mobilmachung, Bewegung, Hochspannung! Ich sah mir das verwundert mit an... es machte doch wirklich den Eindruck, als wüßten sie schon von meinem nahen Ende... und konnten es doch nicht wissen... Verwundert, doch nicht ohne Vergnügen – denn es freut meine angeborene Widerborstigkeit, daß ich trotz des ganzen *Grand Guignol*, der mir in den Augen von Literaten, die etwas auf sich halten, jede Ernsthaftigkeit raubte, dennoch – ätsch! – jemand Wichtiges und von Wert bin. Und der *Grand Guignol*, der meine Situation prägte, nahm in jenen Endtagen auf wirklich unheimliche Weise zu, immer neue Exzentritäten kamen zum Ausbruch, immer häufiger konnte man in der Presse lesen, ich sei ein verkanntes Genie, das in Europa Triumphe feiert, und Zdzisław Bau, der die Klatschspalte im *Clarín* redigierte, machte für mich Reklame, indem er absurde Notizen darüber brachte, wie »Gombro« die Tänzerinnen in modischen Kurorten verführe. Ob man in den europäischen Salons der Madame Ocampo von diesem Spektakel gehört hatte, und was mochten die ehrbaren *escritores* davon halten, wenn überhaupt etwas davon zu ihrem Olymp gedrungen war? Fühlten sie sich nicht wie Macbeth, als er von Schloß Dunsinan auf den näherkommenden grünen Wald hinabsah?... in dessen Grün Farce, Wildheit, Anarchie und Hohn verborgen waren, aber unausgegoren, ungar, unter allem Niveau, schier aus dem Souterrain. An Berlin dachte ich nicht mehr. Alles versprach einen satten Spaß ganz nach meinem Geschmack, so einen, der aus der Fassung bringt und irre von den Socken haut.

Und dann ein Brief von der Ford Foundation, offiziell, daß sie mich einladen.

Am zweiundzwanzigsten August 1939 hatte mein Fuß argentinischen Boden betreten – wie oft habe ich mich seither gefragt: wie viele Jahre? – bis mir am neunzehnten März 1963 das nahende Ende erschien. Durchbohrt von dieser Offenbarung, erstarb ich sogleich – ja, alles Blut entwich aus mir in Minutenschnelle. Schon abwesend. Schon zu Ende. Schon reisefertig. Zertrennt war jenes geheimnisvolle Etwas, das mich und meinen Ort verbunden hatte.

Dieses Ende verlangte danach, begriffen und bewußt erlebt zu werden – ich aber war schon mitgerissen von einem verwischenden und zerstreuenden Wirbel, Dokumente, Geld, Koffer, Besorgungen, alles auflösen, nicht einmal zwei Wochen hatte ich Zeit für diese Dinge, war von früh bis spät mit dem Taxi unterwegs, um zu besorgen und zu erledigen. Freunde erledigte ich mit Hilfe einer schon abwesenden Liebenswürdigkeit, brachte Gefühle und Wehmut über die Bühne, Hauptsache, es ging schnell, Frühstück mit X., Abendessen mit Y., schneller, ich schaff' es nicht, diese Pakete abzuholen... Und in diesen Endaugenblicken nun begannen unverhofft Blüten und Früchte heftig zu reifen, Freundschaften sprangen auf wie Knospen, die jahrelang im Halbschlaf geschlummert hatten, ich bekam Tränen zu Gesicht... aber ich hatte keine Zeit mehr und es war, als hätten diese Gefühle mit ihrer Wirklichwerdung bis zu dem Augenblick gezögert, in dem ich unwirklich geworden war. Alles im letzten Augenblick, und eigentlich alles *ex post*. Ich will eine amüsante Geschichte erzählen: ich gehe eines Morgens um halb acht aus dem Haus, um ein Dutzend dringender Angelegenheiten zu erledigen, da steht auf der Treppe ein Mädchen, eine achtzehnjährige Schönheit, die Freundin eines meiner Studenten, der sie »Valise« nennt, weil man – wie er sagt – mit ihr geht wie mit einem Koffer. »Valise« schluchzt, die Tränen kullern, sie gesteht mir ihre Liebe, nicht nur ich – sagt sie – alle meine Freundinnen waren auch in dich verliebt, Witold, oder sind es noch, keine ist verschont geblieben! So erfuhr ich eine Woche vor meiner Abreise von so vielen Mädchenlieben – ach, amüsant, aber so amüsant nun auch wieder nicht, dieser lachhafte Abschiedstriumph ließ es mir kalt den Rücken hinunterrieseln: waren also auch diese Mädchen bereit, mit mir in meinem Drama zusammenzuarbeiten? Wie oft hatte mich die unerhört heftige Reaktion der Jugend auf mein mit ihr zusammenhängendes Leid schon erstaunt und entsetzt; das kommt mir vor wie eine schmerzlich ratlose Freigebigkeit, wie eine in Freundschaft ausgestreckte Hand, die nicht mehr weit genug reicht . . .

Noch andere Blüten und Früchte gediehen mir während jener Sterbezeit in dem Garten, der von meinem langjährigen Drama bestellt war – ja, es war ein heftiges, rasches Reifen, während ich, der Asket, ganz in Besorgungen aufging. Alles war schon in Bewegung, das unheimliche Drängen der über meiner Abreise rasend gewordenen Zeit glich den fünf Minuten vor Neujahr, Bewegung, Drang, nichts ließ sich mehr fassen, alles flog mir aus den Händen und entschwand, wie aus dem Fenster eines fahrenden Zuges gesehen. Nie war ich einsamer gewesen – und unaufmerksamer.

Ich versuchte trotz allem – manchmal fieberhaft – diesem meinem Exodus Gestalt zu verleihen. Es entstand eine gewisse Analogie zwischen diesen letzten Tagen und den ersten, damals 1939, eine rein formale Analogie, bei der ich in meinem Chaos dennoch Halt suchte. So fand ich doch ein wenig Zeit, um eine Wallfahrt zu den Orten zu machen, die damals meine gewesen waren; zum Beispiel suchte ich das Hochhaus in der Corrientes 1258 auf, das »El Palomar« genannt wird, in dem allerlei armes Volk hauste und ich wohl die schwerste Zeit verbracht hatte, Ende 1940, krank, ohne einen Pfennig Geld – ich stieg in den vierten Stock, sah die Tür meiner Bude, die vertrauten Flechten, den abgeblätterten Putz an den Wänden, ich berührte die Klinke, das Treppengeländer, mir klang die alte, aufdringliche Melodie des Tanzlokals von unten in den Ohren, ich erkannte den alten Geruch wieder . . . und einen Moment lang erwartete ich, den Blick starr ins Unsichtbare gerichtet, daß dieser Akt der Wiederkehr der Gegenwart Sinn und Gestalt verleihen würde. Nein. Nichts. Leere. Ich ging noch zu einem anderen Haus, in der Tacuari 242, wo ich im Dezember 1939 gewohnt hatte, aber diese Visite mißglückte. Ich trete ein, will in den Fahrstuhl steigen, um in den dritten Stock zu fahren, wo meine Vergangenheit war, da kommt der Portier.

»Zu wem wollen Sie?«

»Ich?... zu Herrn López. Wohnt hier Herr López?«

»Hier wohnt kein López. Und wieso steigen Sie in den Fahrstuhl, statt beim Portier zu fragen?«

»Ich dachte... Im dritten Stock...«

»Und woher wissen Sie das, wenn Sie überhaupt nicht sicher sind, ob er hier wohnt? Was wollen Sie eigentlich? Zu wem? Wer hat Ihnen die Adresse gegeben?«

Ich suchte das Weite.

Der achte April. Im Hafen. Das Café im Hafen, in unmittelbarer Nähe des weißen Riesen, der mich mitnehmen sollte – ein Tisch vor dem Café, Freunde, Bekannte, Grüße, Umarmungen, na, halt dich wacker, denk an uns, grüß schön... und von alledem war nur eins nicht tot, ein einziger Blick von mir, der mir aus unbekannten Gründen ewig bleiben wird, ich blickte nämlich zufällig auf das Wasser des Hafens, eine Sekunde lang sah ich die steinerne Ummauerung, die Laterne auf dem Kai, daneben ein Schild an einem Pfahl, etwas weiter die schwankenden Schaluppen und Boote, das grüne Ufergras... So endete Argentinien für mich: mit einem achtlosen, überflüssigen Blick in zufälliger Richtung, eine Laterne, ein Schild, Wasser, ausgerechnet das saugte sich für immer in mir fest.

Schon bin ich auf dem Schiff. Schon legt das Schiff ab. Die Küste entfernt sich, und die Stadt taucht auf, die Hochhäuser schieben sich übereinander, die Perspektiven verschwimmen, Verworrenheit kommt in die Geographie – Hieroglyphen, Rätsel, Irrtümer – noch meine ich den »Engländerturm« vom Retiro, nicht dort wo er sein sollte, zu sehen, da, das Postgebäude, aber das Panorama ist bereits unbegreiflich und schläfrig in seiner Verworrenheit, gleichsam lustlos oder auch verpönt, irreführend, schier boshaft, die Stadt verschließt sich vor mir, ich weiß nur noch so wenig! . . . Ich fasse in die Tasche. Was denn? Wo sind die zweihundertfünfzig Dollar, die ich mit auf die Reise genommen habe, ich taste mich ab, stürze in die Kajüte, suche, im Mantel vielleicht, im Paß, nein, weg, zum Teufel! . . . Ich werde den Atlantik mit den paar Peseten überqueren müssen, die mir geblieben sind, im Gegenwert von ungefähr drei Dollar! Dort aber, draußen, entflieht die Stadt, sammle dich, laß dir diesen Abschied nicht rauben, ich rase zurück aufs Deck: da war nur noch Schräge, Ballungen nicht näher bestimmter Materie am Rand der Wasserebene, ein hie und da von deutlicherer Kontur durchwebter Nebel, mein Blick verstand nichts mehr, ein Plasma mit irgendeiner inneren Geometrie, aber zu schwierig . . . und diese unaufhörlich wachsende und bedrückende Schwierigkeit war begleitet vom Rauschen des Wassers, das der Bug des Schiffes zerschnitt. Und zugleich drangen mir die zweihundertfünfzig Dollar in die vierundzwanzig Jahre meines Lebens in Argentinien, der Augenblick entzweite sich in vierundzwanzig und zweihundertfünfzig, o Mathematik, du fädenreiche und verrückte! Zwiefach bestohlen, ging ich mich ein wenig auf dem Schiff umsehen.

Das Abendessen und die Nacht, verdient durch meine große Erschöpfung. Am nächsten Morgen trat ich aufs Deck, Rauschen, Aufruhr, das Blau des Himmels, der tiefgepflügte Ozean, ungestümes Aufblühen der Gischt in einer Weite, die verzehrt war vom fortwährenden Wahnwitz stürmischer Bewegung, der Bug der »Federico« zielt himmelwärts und stürzt in Abgründe, Spritzgüsse salziger Tropfen, man kann unmöglich stehenbleiben, ohne sich irgendwo festzuhalten . . . dort links, vielleicht fünfzehn Kilometer entfernt liegen die Küsten Uruguays, und sind das nicht bekannte Berge, die, die Piriápolis umgeben? . . . Ja, ja, und schon sieht man die weißen Klötze der vielstöckigen Hotels in Punta del Este, und ich schwöre, von dort drang ein gleißendes Blitzen zu mir, so wie es die Sonne auf Autofensterscheiben macht – blendend und weitreichend ist solcher Glanz. Dieses gleißende Licht aus Punta del Este, von irgendeinem Auto an irgendeiner Straßenecke, war das letzte menschliche Wort, das aus dem mir bekannten Amerika zu mir gesprochen wurde, wie ein Schrei, der in der ungeheuren Wirrsal des Meeres zu mir drang, unter einem Himmel, der – verflucht schien er! – den Aufruhr von allem verstärkte. Leb wohl, Amerika!

Was für ein Amerika? Der Sturm, mit dem der Atlantik uns willkommen hieß, war gar nicht so alltäglich (der Steward sagte mir später, so einen hätte er schon lang nicht mehr erlebt), allesverheerend war der Ozean, der Wind atemverschlagend, und ich wußte, daß in dieser wahnwitzigen Wüstenei bereits Europa emporwuchs, von uns aufs Korn genommen – ja, es zog schon herauf, und ich wußte nicht, was ich hinter mir ließ. Was für ein Amerika? Was für ein Argentinien? Och, was war das eigentlich, diese vierundzwanzig Jahre, womit fuhr ich nach Europa? Von allen Begegnungen, die mir bevorstanden, war eine am heikelsten... einem weißen Schiff mußte ich begegnen... das vom polnischen Gdynia nach Buenos unterwegs war... dem ich somit in etwa einer Woche unausweichlich auf hohem Ozean begegnen mußte... das war die »Chrobry«. Die »Chrobry« des Jahres 1939, im August, ich war darauf und Straszewicz und Rembieliński, der Senator, und Minister Mazurkiewicz, eine vergnügte Runde... ja, ich wußte, daß ich jenem Gombrowicz auf seiner Fahrt nach Amerika begegnen mußte, ich, der Gombrowicz, der heute Amerika verließ. Diese furchtbare Neugier, die damals in mir brannte, in bezug auf mein Schicksal, ich fühlte mich damals in meinem Schicksal wie in einem dunklen Zimmer, wo man nicht weiß, woran man sich gleich die Nase stoßen wird, wieviel hätte ich für den geringsten Lichtschein auf meine Zukunft gegeben – und heute schwimme ich dem Gombrowicz von damals entgegen wie die Lösung und Erklärung, ich bin die Antwort. Aber werde ich als Antwort den Anforderungen genügen? Werde ich dem anderen überhaupt etwas sagen können, wenn er die »Federico« aus der nebligen Einöde der Wasser auftauchen sieht, mit ihrem gelben, gewaltigen Schornstein, werde ich nicht *verschweigen* müssen?...

Das wäre traurig. Wenn er mich neugierig fragte: »Womit kehrst du zurück? Wer bist du heute?...« und ich ihm antwortete mit der verlegenen Geste leerer Hände, mit einem Schulterzucken und vielleicht einem Gähnen der Art: »Aaach, ich weiß nicht, laß mich in Ruhe!« Schwanken, Wind, Rauschen, turmhohes Aufwallen und Verquirlen, das am Horizont mit einem reglosen Himmel zusammenströmt, dessen Reglosigkeit ein ewiges Fließen ist, und linker Hand schimmert fern die amerikanische Küste, wie das Tor zur Erinnerung... werde ich zu keiner anderen Antwort fähig sein? Argentinien! Argentinien! Was für ein Argentinien? Was war das – Argentinien? Und ich... was ist das heute, dieses Ich?

Trunken vom allseitigen Entweichen des Decks unter den Füßen, festgeklammert an der Reling, ins Taumeln gestoßen, in Trubel, blöde vom Wind – ringsum grüne Gesichter, trübe Blicke, gekrümmte Gestalten – ich reiße mich los von der Bordwand und gehe, ein Wunder an Gleichgewicht... plötzlich sehe ich, da liegt etwas auf der Decksplanke, etwas Kleines. Ein menschliches Auge. Es war leer hier, nur an der Treppe zum Oberdeck kaute ein Matrose Gummi.

Ich fragte ihn:

»Wem gehört dies Auge?«

Er zuckte die Schultern.

»Ich weiß nicht, Sir.«

»Ist es jemandem herausgefallen, oder ist es herausgenommen worden?«

»Ich hab nichts gesehen, Sir. Es liegt seit heute morgen hier. Ich hätte es aufgehoben und in eine Schachtel getan, aber ich darf nicht von der Treppe weg.«

Schon wollte ich meinen unterbrochenen Marsch zur Kajüte

wieder aufnehmen, da erschien ein Offizier an der Lukentreppe.

»Hier auf dem Deck liegt ein menschliches Auge.«

Das interessierte ihn lebhaft. »Blutiger Hurendreck, verdammter. Wo?«

»Meinen Sie, es ist jemandem herausgefallen, oder wurde es herausgenommen?«

Der Wind entführte die Worte, man mußte schreien, aber auch der Schrei floh aus dem Mund in die Weite, es war hoffnungslos, allzu schlingernd, ich ging weiter, auch ertönte der Gong zum Frühstück. Im Speisesaal Leere, ein allgemeiner Erbrecher hat die Tische menschenlos gemacht, alles in allem sechs Unentwegte sind wir, die wir stieren Blicks dem tanzenden Fußboden und der unglaublichen Akrobatik der Kellner zusehen. Meine Deutschen (denn leider hat man mich mit einem deutschen Ehepaar zusammengesetzt, das so gut Spanisch spricht wie ich Deutsch) sind nicht erschienen. Ich bestelle eine Flasche Chianti, und wieder dringen die zweihundertfünfzig in mich ein wie eine Nadel – womit soll ich die Rechnung bezahlen, die ich unterschreibe? Nach dem Frühstück schicke ich ein Funktelegramm an Freunde in Paris, sie sollen mir zweihundert Dollar auf das Schiff überweisen. Ich reise komfortabel, habe eine eigene Kajüte, die Küche ist, wie einst auf der »Chrobry«, ausgezeichnet, eine Lust zu leben... zu leben? Ist denn diese Fahrt nicht gerade eine Fahrt in den Tod?... Ab einem gewissen Alter sollte man sich überhaupt nicht vom Fleck rühren, der Raum hängt allzu eng mit der Zeit zusammen, die Erregung des Raums wird zu einer Provokation der Zeit, dieser ganze Ozean ist mehr aus Zeit gemacht denn aus maßlosen Weiten, es ist jener endlose Raum, der da heißt: Tod. Aber egal.

Wenn ich mein argentinisches Leben über die vierundzwanzig Jahre so bedachte, fiel mir ohne weiteres eine gewisse, ziemlich deutliche Architektur auf, bemerkenswerte Symmetrien. Zum Beispiel: es waren drei Perioden, jede acht Jahre lang, die erste – Armut, Bohème, Sorglosigkeit, Müßiggang, die zweite –

siebeneinhalb Jahre in der Bank, Angestelltendasein, die dritte
– eine bescheidene, aber unabhängige Existenz, wachsendes
literarisches Ansehen. Ich konnte diese Vergangenheit auch
durch die Ermittlung bestimmter Handlungsfäden fassen: Gesundheit, Finanzen, Literatur... oder sie in einem anderen
Sinne ordnen, zum Beispiel in bezug auf die Probleme, die
»Themen« meines Daseins, die sich mit der Zeit langsam änderten. Wie aber die Suppe des Lebens fassen mit der löchrigen
Kelle dieser Statistiken und Diagramme? Nun denn, einer meiner Koffer in der Kajüte enthielt eine Aktentasche, und diese
Tasche wieder enthielt mehrere vergilbte Bögen mit der Chronologie meiner Ereignisse, Monat für Monat – schauen wir zum
Beispiel mal, was vor genau zehn Jahren, im April 1953, mit mir
geschah: »Die letzten Tage in Salsipuedes. Ich schreibe den
Sienkiewicz. Ocampo und Spaziergänge nach Rio Ceballos,
nächtliche Rückkehren. Lese das *Verführte Denken* und Dostojewski. Am 12. Rückfahrt nach Buenos Aires mit der Bahn.
Bank, Langeweile. Die Zawadzka, scheußlich, Brief von Giedroyć, daß das Buch sich nicht verkauft, aber er will noch etwas
herausgeben. Bei Grocholskis und Grodzickis. Das *Bankett* in
den *Wiadomości*...« etc. etc. Ich könnte also meinem Gedächtnis auf die Sprünge helfen und die Vergangenheit Monat für
Monat abgehen – doch was wäre damit erreicht? Was tun, frage
ich, mit dieser Litanei der Aufzählungen, wie diese Fakten aufnehmen, wenn jeder in ein Gewimmel kleinerer Ereignisse zerfällt, die letztlich zu Dunst zerstäuben, es war eine Umzinglung
von vielen Milliarden, ein Sichauflösen in einer Stetigkeit, die
nicht zu fassen war, so etwas wie ein Summen eher... wie kann
man da überhaupt von Tatsachen sprechen? Und doch quälte
mich jetzt, da ich alles hinter mir hatte und nach Europa fuhr,
die geradezu diktatorische Notwendigkeit, dieser Vergangenheit Herr zu werden, sie zu fassen, hier, in der tosenden Wirrsal
des Meeres, der Unruhe der Wasser, der uferlosen und unansprechbaren Weite, in der alles zerging, allein mit meiner Abreise auf dem Atlantik – sollte ich denn wirklich nicht mehr sein als

das Gestammel des Chaos, so wie diese Wogen? Eins war mir klargeworden: dies war keine Frage des Intellekts, nicht einmal des Bewußtseins, es war einzig eine Sache der Leidenschaft.

Leidenschaftlich sein, Dichter sein für dieses Land... Wenn Argentinien mich so eingenommen hatte, daß ich (und daran zweifelte ich nicht mehr) für immer und heftig in es verliebt war (und in meinem Alter redet man solche Worte nicht in den Wind des Ozeans), so durfte ja nicht verschwiegen werden, daß ich beim besten Willen nicht hätte sagen können, was mich verführt hatte auf dieser langweiligen Pampa, in gewöhnlichen Bürgerstädten. Die Jugend dieses Landes? Seine »Niederkeit« (ach, wie oft war mir in Argentinien der Gedanke, einer meiner Hauptgedanken und so erregend, gekommen, daß »Schönheit Niederkeit« ist)? Aber auch wenn diese und ähnliche Phänomene, unterstützt von einem freundlichen und unschuldigen Blick, einem bezauberndenLächeln in etwas kinohafter Szenerie voller Farben, Hitze, Ausdünstungen, Palmen vielleicht, oder *ombú*, bekanntlich eine nicht geringe Rolle bei meiner Verführung gespielt haben, war Argentinien doch etwas tausendmal Reicheres. Alt? Ja. Dreieckig? Auch. Auch quadratisch, himmelblau, aber auch säuerlich in Spirale, bitter, gewiß, aber auch innerlich und ein bißchen wie Schuhglanz, maulwurfshaft wie ein Pfahl, oder ein Tor, es hatte auch etwas von einer Schildkröte, abgemüht, verschmutzt, geschwollen wie eine Baumhöhle, oder ein Trog, schimpansengleich, zerfressen, pervers, sophistisch, affig, mit Sandwiches liiert, wie eine Plombe im Zahn... ach, ich schreibe, was mir in die Feder kommt, es ist doch egal, alles paßt auf Argentinien. *Nec Hercules*... Zwanzig Millionen Leben in allen möglichen Kombinationen, das ist viel, zuviel für das Einzelleben eines Menschen. Konnte ich wissen, was mich an dieser Masse von verwobenen Leben gepackt hatte? Vielleicht die Tatsache, daß ich mich ohne Geld dort fand? Daß ich meine polnischen Privilegien verloren hatte? Daß diese amerikanische Latinität meinen polnischen Charakter irgendwie ergänzte – oder vielleicht die südliche Sonne, das

Laisser-faire der Form – oder womöglich ihre spezifische Brutalität, der Dreck, die Niedertracht... ich weiß nicht... Und mehr noch, es entsprach nicht der Wahrheit, daß ich verliebt in Argentinien gewesen wäre. Genau gesagt, *wollte* ich nur in Argentinien verliebt sein.

Te quiero. Statt zu sagen »ich liebe dich«, sagt der Argentinier »ich will dich«. So meditierte ich (noch immer auf dem Ozean, hin- und hergeworfen von dem Schiff, das auf den Wogen hin- und hergeworfen wurde), daß die Liebe eine Willensanstrengung ist, ein Feuer das wir in uns entzünden, weil wir es so wollen, weil wir verliebt sein wollen, weil man es nicht aushält, nicht verliebt zu sein (die Holprigkeit meines Ausdrucks entspricht hier der gewissen Peinlichkeit, die der Situation selbst anhaftet)... Nein, nicht daß ich Argentinien liebte, ich wollte mich nur verliebt haben in dies Land und war offenbar dringend darauf angewiesen, mich Europa nicht anders zu nähern als im Zustand einer rauschhaften Liebe zu Argentinien, zu Amerika. Ich wollte mich Europa wohl einfach am Lebensende nicht ohne die Schönheit zeigen, welche die Liebe verleiht – und bangte womöglich, die Trennung von dem Ort, den ich mit mir gesättigt hatte, der Umzug an fremde, von mir nicht angewärmte Orte könnte mich verarmen, abkühlen und töten – ich wollte also leidenschaftlich sein in Europa, voller Leidenschaft für Argentinien – und zitterte besonders vor dieser einen Begegnung, die mich erwartete (auf hohem Ozean, in der Dämmerung, im Morgengrauen vielleicht, in salzig-weiten und verhüllenden Nebeln) und wollte zu diesem *rendez-vous* auf keinen Fall mit völlig leeren Händen erscheinen. Das Schiff drängte voran. Das Wasser hob es empor, stieß es in die Tiefe. Der Wind wehte. Ich war ein wenig hilflos, verlegen, ich wollte doch Argentinien und meine vierundzwanzig Jahre dort lieben, aber ich wußte nicht, wie...

Liebe ist Würde. So schien es mir in meinen Jahren, je schrecklicher der biologische Verfall, desto dringender bedarf man der Leidenschaft eines verzehrenden Feuers, lieber verbrennen als langsam und leichenhaft abzukühlen, die Leidenschaft – jetzt war mir das klar – ist für das Alter wichtiger als für die Jugend. Die Nacht bricht herein. Schon ist tiefste Nacht. Linker Hand, gerade eben zu sehen, irgendwo dort das verschwindende Blinken der Leuchttürme, schon an der brasilianischen Küste, hier auf dem Deck – ich, vorwärts eilend, unaufhörlich, in unbegreiflichem Marsch mich entfernend ... es war eine Wüste. Die Unendlichkeit brodelnder, tosender, gischtender Leere, nicht zu unterscheiden, nicht zu fassen, geschaffen aus Strudeln und Schlünden, hier genauso wie dort und noch weiter und so weit es geht, vergebens strenge ich den Blick an, bis es schmerzt, nichts zu sehen, hinter der Wand der Nacht strömte alles ohne Unterlaß vorbei, versinkend und auflösend, ich wußte, hinter der Dunkelheit dort unten war nur Gestaltlosigkeit und Bewegung, vor mir nur unwesentlicher Raum, über mir aber ein von zahllosen Schwärmen bestirnter Himmel, unterschiedslos, unfaßbar... Und dennoch hielt ich gespannt Ausschau. Nichts. Ja, hatte ich denn überhaupt ein Recht zu sehen, ich, der ich auch Chaos war in diesem Chaos, undenklich, verloren, aufgewühlt von Leidenschaften, Schmerzen, um die ich nicht wußte, wie kann man nur: nach über zwanzig Jahren nichts sein als vorüberflutendes Wasser, leerer Raum, finstere Nacht, unermeßlicher Himmel... dunkles Element sein, sich selber völlig unbegreifbar. Oh, Argentinien! Was für ein Argentinien? Nichts. Mattscheibe. Nicht einmal wollen konnte ich, jede Möglichkeit eines Wollens war durch den Überfluß allentwaffnender Haltlosigkeit ausgeschlossen, die Liebe ergoß sich in Nichtliebe, alles floß in eins zusammen, ich muß gehen, ausschlafen, es ist schon spät, das Menschenauge, wie kam ich auf dies menschliche Auge auf dem Deck? ... War mir das nur so vorgekommen, keine Ahnung, na, ist ja auch egal, Auge oder nicht, was soll's schon, du Kleinkrämer, willst du eine Erscheinung nach dem Paß fragen, so ein Pedant... was kannst du schon wissen, schlaf lieber.

VIII

Meine Aufzeichnungen von dieser Reise? Bitte.

MITTWOCH, DEN 10. APRIL

Der Sturm ist vorüber. Das Meer liegt heiter. Eine Dame tritt an mich heran: »Señor Gombrowicz?« Eine Bekannte, wie sich herausstellt, Ernesta Sábato, Argentinierin vom Außenministerium. Sie macht mich mit ihrer Freundin bekannt, einer Millionärin, die schon das fünfundzwanzigste Mal nach Europa tourt. Ich erfahre von ihnen, daß sich der neue Chargé d'affaires der argentinischen Gesandtschaft in Warschau auf dem Schiff befindet.

Der Chargé d'affaires lädt zu einem Drink.

Gespräch über die dramatischen Situationen, die sich daraus ergeben, daß für die polnischen Behörden ein Pole, der in Argentinien wohnt und die argentinische Staatsbürgerschaft annimmt, weiterhin Pole bleibt.

Cognac.

Die Begegnung mit der Multimillionärin und dem Chargé d'affaires erfüllt mit Zuversicht in bezug auf die 250.

Kaffee.

Korrespondenz. Schach mit dem Flugzeugführer.

Noch immer schimmern linker Hand, dort wo der Blick endet, die gebirgigen Küsten Brasiliens.

DONNERSTAG, DEN 11.

Gestern Santos.

Heute Rio de Janeiro.

Zum Teufel mit den Landschaften! Landschaften sind irre blöd! Da ist mir sogar ein kleiner Diebstahl lieber. So einfach für eine Stunde vom Schiff gehen, sich an eine unbekannte Straßenecke stellen und stehlen ... und sei es nur dies Stolpern des Krämers, dem ein Bündel Bananen aus den Händen fällt, das von einem Kind kassiert wird ... dieses Etwas stehlen, auf das man kein Recht hat, etwas das »dort, in Santos« geschieht, packen, mitnehmen!

Die langweilige Euphorie der Neger.

Sonnabend
Alles verwühlt, verwässert, Farben und Glanz, still, warm und viel wärmer, dösiges Glitzern in Streifen und Dünsten, sonnengesträubte Wolken, springende Fische, Phantasien und Sonnenreigen, hinter uns die gluckernde Schärpe, der schäumende Schwanz, sie amüsieren sich, Unterhaltung und Spiele, Liegestühle und faules Liegen, der Fotoapparat im Schuh, schmerzendes Gleißen, das Schwimmbecken wird geöffnet, man springt, kommt prustend raus, springt, plaudert, Konversation, der Industrielle ha, ha, ha (laut), sie zieht den Notizblock, der dort kratzt sich, ja, bitte sehr, *buon giorno*, ist wohl beleidigt, weggegangen, vielleicht auch nicht, piepegal, wem gehört das, Messing glänzt, gut gesprungen, wie spät, ach nein, wie war das damals mit dem ... wer hat denn schließlich ... das Rebhuhn, weshalb konnte er nicht, oh, Gänsefalte am Rücken, was wäre wenn ... eine Lokomotive ... Lokomotive ... zum Beispiel ...

»Zum Beispiel« – ein treffliches Wort, praktisch und bequem, Adaś Mauersberger hat mir schon einmal gesagt, in Konstancin auf der Veranda war's wohl, daß solche Wörter wie »zum Beispiel« oder »eigentlich« sehr komfortabel sind ... man kann mit ihrer Hilfe alles sagen, sogar Dinge, die offensichtlich nicht der Wahrheit entsprechen, man kann sagen »eigentlich schmeckt Butterbrot wie Schokolade«. Weiteschaffend-willenraubendes Himmelswüten, soll ich's nicht einfach lassen, nicht berühren, entfließen lassen und adieu ... Argentinien, Argentinien, Argentinien!

Argentinien! Schläfrig, blinzelnd, ermüdet suche ich in mir

erneut nach diesem Land – mit aller Kraft! – Argentinien! Ich würde nur gern wissen, weshalb mich in Argentinien niemals diese Leidenschaft für Argentinien gepackt hat? Interessant. Weshalb überkommt mich das jetzt, da ich ihm fern bin?

Mein Gott, ich, der ich Polen niemals auch nur einen Augenblick geliebt habe... stehe nun kopf, um Argentinien zu lieben!

Interessant auch, daß dir dieses Wort »Liebe« bisher verpönt war. Und jetzt hast du solche schamlosen Liebesanfälle. Ach, ach, ach (das fällt mir schwer zu schreiben und zu redigieren – wie immer, wenn ich mich um größere Aufrichtigkeit bemühe, wächst auch das Risiko des Angriffs, des Komödiantentums, und dann wird Stilisierung unvermeidlich)... Und sicher – dachte ich – sicher ist das alles nur eine Sache der Entfernung: Polen nicht zu lieben, weil man ihm zu nah ist, Argentinien zu lieben, weil es mir immer etwas ferner war, es zu lieben gerade jetzt, da ich mich entferne, losreiße... und sicher kann man deshalb im Alter mutiger nach Liebe, ja sogar nach Schönheit verlangen... weil sie schon in einer Entfernung sind, die mehr Freiheit läßt... und auf Distanz vielleicht *konkreter* sind. Ja, auch seine Vergangenheit kann man aus der Ferne lieben, denn ich entferne mich nicht nur in der Zeit, sondern auch im Raum... entführt, einem unaufhörlichen Prozeß der Entfernung, des Losreißens ausgesetzt und in solcher Entfernung verzehrt von Liebesleidenschaft zu dem, was sich von mir entfernt. Argentinien – eine Vergangenheit, oder ein Land?

MONTAG
Das Segeltuch flattert – das Kielwasser schäumt – das Heck gluckert – es rauscht die Fahrt – viele Liegestühle – aaach, gedämpftes Stimmengewirr, schläfriges Spiel, aaach, die Kante glänzt, das Messing schimmert, Taue und Stangen scharf gezeichnet als seidiges Schattennetz, Salz und Weite, Haltlosigkeit im Himmelsblau und jemand sagt *traigalo aquí*, jemand dreht sich auf die andere Seite, Luft.

Ich suchte mir Ausfallpunkte, um mich von ihnen wie ein Tiger auf Argentinien zu stürzen, es in die Gewalt zu bekommen. Ein Junge war da, zehn Jahre vielleicht, Daniel, ein Uruguayer, der ins Schwimmbecken sprang... ein Junge von solcher körperlicher Leichtigkeit, daß diese Leichtigkeit sogar für Amerika schon zu leicht war. Makellos die weiche, dunkle Haut, unter der kindlich federnde Muskeln spielten – die Gewandtheit und Geräuschlosigkeit dieses Körpers, als wäre jede Bewegung geölt, Augen, Mund, wundervoll, kindlich lächelnd, der schwarze Schopf wellig und weich, sprühende Lebendigkeit – und eine unglaubliche Zutraulichkeit, unglaublich freundlich zu allen – eine Offenheit jedoch, die in ihren Höhepunkten gleichbedeutend wurde mit einer Art wilder Teilnahmslosigkeit oder gar schierer Wildheit, sah man doch, daß es ihm ganz egal war, wem er sich näherte... Diesen Jungen nun zog es vor allem zu Kindern, er haschte nach ihnen, fing sie und hob sie hoch, scherzte, ein leichtes, gelöstes Spiel, von dem die Kinderschar, die ihm hüpfend und rufend nachlief, in Ekstase geriet... ein Spiel jedoch, das dann immer plötzlich zu grausam teilnahmsloser, dabei nicht weniger zutraulicher Beliebigkeit wurde... Da hatte ich Argentinien!... Ja, das war Argentinien!... und schon meinte ich es zu haben, in diesem spanisch-amerikanischen Kind, warum nicht?... Nicht weit daneben aber räkelte sich auf einem Liegestuhl eine *beauté* mit herabgezogenen Mundwinkeln, Bitterkeit und Mißbehagen hingen ihr wie Negerschmuck von diesen Lippen, Mißbehagen und Abscheu, dürre Hoffnungslosigkeit – und ich sagte mir sofort »das ist Argentinien«, und hatte das Gefühl, dieses Land, das sich entfernte und schon weit weg war, formte sich mir nach diesen Lippen, sowohl in seiner Vergangenheit als auch der Gegenwart, in seinen Städten, Flüssen, Bergen, Straßen, Cafés... Und was immer mir in Argentinien passiert war, es konnte ebensogut nach diesem Kind wie nach der Schlaffheit des verbitterten Mundes sein... aber dann sah ich das Futter einer Jacke und dachte, daß sich Argentinien auch mit diesem

Futter »begreifen, erfassen, in die Gewalt bekommen« ließe. Getränke. Jemand fotografiert. Ein Obstkern. Die Seite. Das Segeltuch knattert, das schäumende Heck gluckert, alle wenden plötzlich den Kopf nach links, ein Krachen, Schuß, Scheibenschießen, und in diesem einmaligen Wenden der Köpfe lag auch irgendwie Argentinien. Das Segel schwirrt. Wir fahren. Ein Taschenmesser. Sie hat gerufen. Ohrring und Tod. Ständig geschah irgend etwas, unaufhörlich, wie auf der Kinoleinwand, es ließ keinen Augenblick nach und hinderte mich dadurch am erobernden Sprung, o ja, ich könnte der Vergangenheit sehr wohl habhaft werden, wenn nur die Gegenwart einmal aufhörte!

Segeltuch und Schornstein. Ellbogen. Matrose. Dienstmann. Ach, jedes Gefühl für die unwiederkehrlich sich Entfernende war vereitelt aufgrund des Ansturms der Tatsachen... Tatsachen und Tatsachen... es war eine Plejade von Tatsachen, es wimmelte von Tatsachen, Ereignisschwärme, sie überkamen mich in meinem Sichentfernen wie die Heuschrecken, ich konnte mich einfach nicht losreißen von den Tatsachen, und dabei führte ihre wütende Fülle zu einer Art rabiater Entwertung, nichts gelangte ernsthaft zum Dasein, denn ein anderes folgte ihm schon auf dem Fuß, nie war ich je derart von Tatsachen verschlungen worden, das Segel flattert, das Kielwasser schäumt, Spiele und Vergnügen, Faden und Absatz. Dummheit. Blödi. Rausnehmen. Ist erloschen. Sprung. Silhouette. Lärm. Flasche. Beten. Wiege. Schale... und im Rauschen, im Glänzen, im Vorandrängen, im Sichentfernen, im Heranfließen und Fortfließen. Och, wie mich die Gegenwart aussaugte, wie sie mich schwächte! Wir passierten die nördlichen Küsten Brasiliens, die »Federico« driftete mit einer durchschnittlichen Geschwindigkeit von achtzehn Knoten unter günstigem Beidewind. Ich blickte auf das entschwindende Festland Amerikas. Adieu, Amerika! Mit einbrechendem Abend machte sich die erwähnte Entwertung der Tatsachen, der ausgeschwärmten, im Rauschen ertränkten, aufgewiegten, zusammenströmenden und verwischenden Tatsachen immer stärker bemerkbar, aber dessen war ich mir nicht so ganz sicher, war ich doch selbst im Rauschen und im Wiegen, verschlungen von entfernender Bewegung... aber nehmen wir nur mal so ein Ereignis, wenn ich richtig gesehen habe, soweit ich feststellen konnte, sogar ganz schön unverschämt, da passierte es zum Beispiel, nach elf (und zwar nicht nachts, sondern am andern Morgen, am hellichten Tage), passierte es, sagen wir mal, daß einer der Matrosen, ein gewisser Dick Harties, aus Achtlosigkeit das Ende eines dünnen Taus verschluckte, das vom Besanmast herabhing.

Ich glaube (aber das kann ich nicht mit Sicherheit sagen, viele andere Tatsachen lenkten meine Aufmerksamkeit ab), ich glaube, infolge der peristaltischen Tätigkeit des Verdauungstrakts begann er das Tau heftig einzuziehen und fuhr, ehe er sich versah, an ihm bis nach oben, wie eine Bergwerkslore, mit weit geöffnetem, entsetzten Maul. Die peristaltische Natur des Darms erwies sich als so stark, daß es unmöglich war, ihn herabzuziehen, vergeblich hängten sich ihm je zwei Matrosen an die Beine. Man muß dazusagen, daß sich während dieser Zeit das Schiff unaufhörlich vorwärtsbewegte, ich entfernte mich... kurz und gut, es begann eine Debatte, und nach langen Beratungen kam der Erste Offizier, mit Namen Smith, auf die Idee, Brechmittel anzuwenden – aber da war nun wieder die Frage, wie man das Mittel in die vom Tau vollständig gefüllte Speiseröhre einführen sollte. Endlich, nach noch längeren Beratungen als vorher (während derer Schwärme von Ereignissen heran- und vorüberflogen, in einem Rauschen, im Absterben begriffen, so durchgeschaukelt), wollte man sich damit begnügen, durch Augen und Nase auf die Vorstellungskraft einzuwirken.

Und es passierte Folgendes (die Szene ist mir in Erinnerung geblieben, soweit eine Szene, die sich unaufhörlich entfernt, in Erinnerung bleiben kann). Auf Befehl des Offiziers kletterte einer der Matrosen auf den Mast und hielt dem Patienten auf einem Teller eine Handvoll abgeschnittener Rattenschwänze vor. Der Unglückliche stierte sie mit großen Augen an – als man jedoch noch eine kleine Gabel zu den Schwänzen legte, mußte er plötzlich an italienische Makkaroni denken, aus den Kindertagen noch, und fuhr erbrechend so geschwind auf das Deck herab, daß er sich fast die Beine gebrochen hätte. Ich gebe zu, ich habe mir diese Szene lieber nicht genauer angesehen, eine Szene, die in ihrer Kraßheit geschwächt und sterbend war, so ähnlich wie längst vergessene Öldrucke von irgendwoher, aus einer Truhe, vom Dachboden, deutlich, gewiß, aber schon so wie verrußtes Glas, wie spurlos verschollen.

Dienstag

Wir haben uns vom amerikanischen Kontinent getrennt. Der Transatlantikdampfer, auf hohem Ozean, kreuzt den Äquator und nimmt Europa aufs Korn.

Neugier? Aufregung? Erwartung? Eben nicht. Die Freunde, die mich dort erwarteten und die ich nie im Leben gesehen hatte, Jeleński, Giedroyć, Nadeau? Nein. Paris nach fünfunddreißig Jahren? Nein. Ich will nicht kennenlernen. Bin abgeschlossen und rekapituliert.

Ich treibe mich rum... und alles, woran ich denke, ist im selben Augenblick schon ein wenig weiter. Mein Gedanke liegt hinter mir, nicht vor mir.

Ein Telegramm von Kot Jeleński – daß sie mir zweihundert Dollar schicken werden. Bisher ist das Geld nicht da. Vielleicht in Las Palmas?

Langeweile. Kein einziges interessantes Gesicht. Schach. Ich habe den Wettkampf gewonnen, eine Medaille erhalten und bin Schachmeister des Schiffs.

Den Tod durch Rückwärtsbewegung erreichen? (Ich traue solchen »Gedanken« nicht.)

MITTWOCH

Architektur.

Eine Kathedrale, gebaut ohne Unterlaß... Ich baue an diesem Gebäude und baue... und bekomme es nie richtig zu sehen. Bisweilen, in ganz besonderen Momenten... als könnte ich durch Nebel hindurch sekundenlang etwas ausmachen... die Verbindung der Gewölbe, der Bögen, eine gewisse Symmetrie... Nur Schein?

Im Jahre 1931... woher hätte ich damals wissen sollen, daß Argentinien mein Schicksal sein würde? Dieses Wort war nie vorauszuahnen.

Und dennoch habe ich damals die Erzählung *Die Begebenheiten auf der Brigg Banbury* geschrieben. Ich fahre in dieser Erzählung nach Südamerika. Die Matrosen singen:
Unter Argentiniens Himmelsblau
lockt manches Mädchen, manche Frau...

Seltsam, zufällig ist diese kleine Novelle gerade vor einigen Monaten ins Französische übersetzt worden und jetzt vielleicht schon in Paris in den *Preuves* erschienen. Dorthin fahre ich.

Täuschung! Wahn! Illusorische Verbindungen! Keine Ordnung, keine Architektur, Finsternis in meinem Leben, in der kein einziges echtes Element von Gestalt auszumachen ist – und doch überfallen mich heute ganze Absätze dieser Erzählung, werden geboren in meiner Erinnerung, blaß, verzweifelt, wie Gespenster. »Wie ein böser, von der Kette gelassener Hund bleckte die Phantasie ihre Zähne und knurrte dumpf, versteckt in den Winkeln.« »Ich habe einen schwachen Geist. Ich habe einen schwachen Geist. Dadurch verschwimmt der Unterschied zwischen den Dingen...« »Das Deck stand völlig leer. Das Meer tobte ergreifend, die Brise blies mit doppelter Kraft, auf düsteren Wassern schimmerte wütend der Rumpf eines Wals, unermüdlich in seiner Bewegung ringsum.«

Ich möchte noch erwähnen, daß die »Begegnung« heute in aller Früh stattgefunden hat, nordöstlich der Kanarischen Inseln. »Begegnung« setze ich in Anführungszeichen, dieses Wort ist nicht vollgültig...

Ich hatte in der Nacht nicht geschlafen, war, noch bevor der Tag sich ankündigte, aufs Deck gegangen und hatte durch die Dunkelheit lange auf etwas gestarrt, auf das man immer starren kann, das Wasser, ich hatte die Lichter einiger Schiffe gesehen, die den Ozean in Richtung Afrika durchpflügten... endlich, ich will nicht sagen, lichtete sich die Nacht, sie verkam vielmehr, fiel zusammen, verlor sich von selbst im Wasser, und dann tauchten hie und da weiße Verdichtungen auf, die wie Watte aus der immer teilnahmsloseren Strenge des ersten Morgengrauens hervorkrochen, so daß das Meer bald wimmelte von diesen weißen Eisbergen aus Nebel, zwischen denen ich sah, was man immer gern unverwandt betrachtet – das Wasser, weiß bekämmte Wogen. Da tauchte er auf aus weißen Hüllen und ebenso weiß, mit großem Schornstein, den ich sofort erkannte, in einer Entfernung von 3 – 4 Kilometern. Bald verschwand er in einer Nebelschwade, schob sich wieder heraus, ich sah zwar nicht hin, ich starrte eher aufs Wasser... wohl wissend, daß das nicht geschah, es das nicht gab, sah ich lieber nicht hin, aber mein Nichthinsehen bestärkte gleichsam seine Gegenwart. Interessant, daß Nichthinsehen eine Art Sehen sein kann. Ich wollte auch lieber nicht daran denken und es nicht fühlen, vergebens. Aber interessant, daß Nichtdenken und Nichtfühlen eine Art Fühlen und Denken sein können. Indessen schwamm die Erscheinung vorüber – schwamm nicht vorüber in einer Phantasmagorie wildzerfetzter Schwaden in schier opernhaftem Pathos, und etwas wie vertane Bruderschaft, wie ein getöteter Bruder, ein toter Bruder, ein stummer, ein für immer verlorener und erkalteter Bruder... etwas dieser Art zeigte sich und kam zur Macht in wilder und gänzlich wortloser Verzweiflung, inmitten weißer Schwaden.

Endlich dachte ich an mich auf jenem Deck – und daß ich jenem Ich dort wahrscheinlich genauso gespenstisch vorkommen mußte, wie es mir.

Danach meinte ich mich zu erinnern, daß ich vor Jahren, als ich auf der »Chrobry« nach Argentinien fuhr, tatsächlich eines Nachts in der Nähe der Kanarischen Inseln nicht hatte schlafen können und im Morgengrauen auf Deck gegangen war, um aufs Meer zu schauen ... und etwas gesucht hatte ... Diese Erinnerung beschlagnahmte ich mir sofort, denn mir wurde klar, daß ich sie mir jetzt aus, wie wir sagten, architektonischen Erwägungen fabrizierte. Was für eine Manie: du betrachtest eine Glaskugel, starrst in ein Glas Wasser, und sogar dort siehst du etwas aus dem Nichts sichtbar werden, Gestalt ...

FREITAG, DEN 20. APRIL

Europa in Sicht! Paris!

Am Vortag von Paris, da ich den Glanz, die Härte und Schärfe eines Rasiermessers besitzen sollte, bin ich verwaschen, zerstreut, zerfahren ...

In Paris war ich seit 1928 nicht mehr gewesen. Fünfunddreißig Jahre. Damals hatte ich mich als unbedeutender Student in Paris herumgetrieben. Heute kommt Witold Gombrowicz nach Paris, und das bedeutet: Empfänge, Interviews, Gespräche, Verhandlungen ... und man muß sich schließlich Wirkung sichern, ich fahre als Eroberer nach Paris. Schon so mancher ist in diesen Kampf verstrickt, man verlangt Wirkung von mir. Und ich bin krank! Brennende Lippen, trüber Blick, Fieber ...

In solcher Abgespanntheit quält mich etwas, dessen Unausweichlichkeit mir klar ist – daß ich in Paris ein Feind von Paris werde sein müssen. Da hilft nichts! Wenn ich ihnen nicht im Halse steckenbleibe, werden sie mich zu leicht schlucken – ich komme zu keinem Dasein, wenn sie mich nicht als Feind empfinden. Nein, nur keine Skrupel, was die Redlichkeit einer solchen, kühl berechneten Einstellung *ad hoc* betrifft, Redlichkeit ist Quatsch, wie kann von Redlichkeit die Rede sein, wenn man so unwissend über sich ist, wenn man nichts im Gedächtnis behalten, keine Vergangenheit hat, wenn man nichts ist als unaufhörlich entfließende Gegenwart... Moralische Skrupel, in einem Nebel wie dem meinen?

So eine Ironie des Schicksals aber auch: daß ich in meiner Verlorenheit, meinem Entfließen nun wieder gezwungen bin, mich selbst aus dem Nebel zu meißeln, der ich bin – und Nebel und Undurchsichtigkeit in mir zur Faust zu schmieden!

SONNTAG, BARCELONA

Ich habe heute, am 22., europäischen Boden betreten; mir ist seit langem klar, daß die zwei Zweien meine Zahl sind, auch argentinischen Boden habe ich erstmals am 22. (August) betreten. Sei gegrüßt, Magie! Analogie der Ziffern, beredte Daten... armer Kerl, vielleicht bekommst du dich damit zu fassen, wenn du schon nichts anderes weißt.

Ich kam zu dem Platz, auf dem das Kolumbus-Denkmal steht und warf einen Blick auf die Stadt, in der ich mich nach Berlin vielleicht auf Dauer niederlassen werde (mich entsetzt jedes Wort dieses Satzes: »kam« und »zu« und »Platz« und so weiter).

Es entsetzt mich unsagbar und erfüllt mich mit Verzweiflung, daß ich mich an diesen Orten herumtrage wie etwas, das mir noch unbekannter ist als alle unbekannten Orte. Kein Tier, kein Lurch, kein Krustentier, kein phantastisches Monstrum, keine Galaktik sind mir so unzugänglich und fremd wie ich selbst (banaler Gedanke?).

Jahrelang mühst du dich, jemand zu sein – und was bist du geworden? Ein Fluß von Ereignissen in der Gegenwart, ein stürmischer Strom von Tatsachen, die heute geschehen, dieser kalte Augenblick, den du erlebst und der an nichts anzuknüpfen vermag. Abgrund und Chaos – nur das ist dein. Nicht einmal Abschied nehmen kannst du.

Zweihundert Dollar. Weder in Las Palmas noch in Barcelona sind sie aufgetaucht... Also? Wie soll ich die Trinkgelder und Rechnungen bezahlen? Die Millionärin!

Montag

Cannes, in der Nacht, Festbeleuchtung, märchenhaft. Kaum war ich mit den Koffern an Land, lief ein Fräulein von der Agentur auf mich zu und händigte mir zweihundert Dollar aus (zum Glück hatte mir die Millionärin auf dem Schiff etwas Geld geliehen).

Die Nacht im Hotel. Anderntags (Regen) jage ich mit dem »Mistral« nach Paris, Berge, Meer, Seen, das Rhonetal, der Zug dröhnt und rast, Speisewagen.

Paris um ein Uhr nachts, die Hotels überfüllt, endlich bringt mich der Taxifahrer in einem kleinen Hotel in der Nähe der Oper unter, im Hôtel de l'Opéra.

Ich öffne das Fenster. Schaue mit idiotischem Blick vom vierten Stock in die kleine Straße hinunter, rue du Helder, atme tief die Luft ein, die ich vor fünfunddreißig Jahren geatmet habe, öffne den Koffer, nehme etwas aus dem Koffer, beginne mich auszuziehen. Die Situation ist absolut seelenlos, völlig keimfrei, total still, sie ist »-los« in jeder Hinsicht. Ich lege mich hin und lösche das Licht.

Mittwoch

Zuerst rufe ich Kot Jeleński an. Ganz überrascht (weil er mich erst in einigen Tagen erwartet hat), begrüßt er mich überschwenglich. Doch ich: »Bitte, Kot, nur kein Theater, wir tun so, als kennten wir uns schon lange und hätten uns gestern getroffen.« Er kam ins Hotel, wir gingen in das Café an der Ecke, wo er mir zunächst von allerlei Projekten im Zusammenhang mit meiner Ankunft erzählte... dann gerieten wir ins Plaudern...

So lernte ich Jeleński kennen, der meinen argentinischen Käfig gesprengt und mir so eine Brücke nach Paris geschlagen hatte. Und? Nichts. Still und stumm. Ich kehrte ins Hotel zurück.

Was war das? Die Möglichkeit, Paris hassen zu lernen – diese Möglichkeit, die ich ganz einfach als Erfordernis des Daseinskampfes begriffen hatte – war schon erwacht und suchte nach Nahrung. Es brauchte nur ein paar der Passanten, die ich sah, als ich mit Kot im Café saß, der Akzent und Geruch des Französischen, Bewegung, Geste, Ausdruck und Kleidung... schon kommen lang gehegte Antipathien in mir zum Ausbruch. Werde ich schon zu einem Feind von Paris? Werde ich ein Feind von Paris sein? Ich kannte die verborgenen Quellen meiner Parisophobie nicht erst seit heute, ich wußte, daß diese Stadt mich an meiner empfindlichsten Stelle berührt, beim Alter, beim Problem des Alters, und gewiß, wenn ich mit Paris ein Hühnchen zu rupfen hatte, so deshalb, weil es eine Stadt »über vierzig« war. Ach, wenn ich »über vierzig« sage, meine ich nicht die Altertümlichkeit dieser tausendjährigen Mauern – ich will nur sagen, daß dies eine Stadt für Leute ist, die in die Fünfzig kommen. Strände sind ein Ort der Jugend. In Paris spüre ich die Vierzig, sogar die Fünfzig in der Luft, diese beiden Zahlen liegen über den Boulevards, Plätzen und Grünflächen.

Gleichwohl, wenn mich jetzt dieses Empfinden so heftig überkam, dann nicht wegen seines gedanklichen Gehalts, sondern weil es vergiftet war von Poesie. Die Poesie war es, die mich zu derart gewaltsamem Widerwillen zwang. An meiner Zimmerwand hing ein Öldruck, der jenen Augenblick aus dem Gewölbe der Sixtinischen Kapelle darstellte, da Gott in Gestalt eines gewaltigen Greises über Adam kommt, um ihm Leben einzuhauchen. Ich betrachtete diesen Adam, der wohl zwanzig sein mochte, und Gott, der über sechzig war – und fragte mich, wer mir lieber war, Gott oder Adam? Lieber zwanzig oder sechzig? Und diese Frage schien mir ungeheuer wichtig, ja entscheidend – denn es ist nicht egal, welches Ideal vom Menschen und von der Menschheit in dir schlummert, welche Art Schönheit du von der menschlichen Gattung verlangst, wie du ihn haben möchtest, diesen Menschen. Der Mensch – ja – aber in welchem Alter? Den einen und einzigen Menschen gibt es ja nicht. Welcher Mensch ist für dich der eigentliche Mensch?... der schönste... der geglückteste, körperlich und geistig? Vielleicht siehst du im Kind den Gipfelpunkt menschlicher Schönheit? Oder im Greis? Oder meinst du, daß alles über dreißig, oder unter dreißig, schon »schlechter« ist? Versunken in den Anblick Gottes und Adams, sinnierte ich darüber, daß die großartigsten Werke von Geist, Verstand und Technik allein aus dem Grunde unbefriedigend sein können, daß sie Ausdruck eines Menschenalters sind, das wir weder liebenswert noch entzückend finden – dann wirst du sie gleichsam wider besseres Wissen ablehnen, im Namen einer leidenschaftlicheren Ratio, die mit der menschlichen Schönheit zusammenhängt. So beging ich das Sakrileg, Gott auf diesem Gemälde von Michelangelo zu verwerfen und mich für Adam auszusprechen.

Und das tat ich, um eine Waffe gegen Paris zu schmieden – denn als Schriftsteller mußte ich mich schließlich gegen Paris absetzen. Seltsam ist es, und traurig, daß die Schönheit in mir so *praktisch* sein kann...

Am selben Tage, abends

Gouvernanten? Gouvernanten? Mlle Jeannette, später Mlle Zwieck, die Schweizerin... die uns Kindern Französisch und Manieren beibrachten... einst, dort, in Małoszyce. In die frische und rauhe Landschaft des polnischen Dorfes versetzt wie Papageien. Meine Abneigung gegen die französische Sprache... haben nicht sie mir das eingeimpft? Und Paris? Ist das heute für mich nicht eine einzige, gigantische französische Gouvernante? Leicht und luftig tanzen Mlle Jeannette und Mlle Zwieck um den Eiffelturm, auf dem Opernplatz... sind sie es, die über den Trottoirs schweben?

Fort, fort mit euch, Nymphengespött, das ihr meinen Angriff auf Paris kompromittiert!

IX

Maisons-Laffitte. Ein sonniger Nachmittag. Zum ersten Mal betrete ich das Haus der *Kultura*. Bekomme Giedroyć zu Gesicht. Giedroyć bekommt mich zu Gesicht.

Er: »Freut mich, Sie zu sehen...« Ich: »Jerzy – mein Gott, Junge, du wirst doch jemanden, mit dem du brieflich seit Jahren auf du und du bist, nicht siezen! – Er: »Hm... hm... ach ja... gut, ich freue mich wirklich, daß du gekommen bist.« Ich: »Was für ein Häuschen! Wirklich hübsch!« Er: »Recht geräumig und bequem, gute Arbeitsbedingungen.« Ich: »Jerzy, Ehrenwort, ich bin schon so was wie ein Mickiewicz, ungelogen, den Leuten bricht die Stimme, wenn sie mit mir telefonieren.« Er: »Hm... ich mag Mickiewicz nicht besonders...«

Belustigt lauscht Józef Czapski dem Dialog unserer unterschiedlichen Temperamente.

Ich amüsiere mich, amüsiere mich aber – den Blick stier auf einem Sonnenstrahl auf dem Fußboden – keineswegs. Mir ist peinlich. Tödliche Stille (bei mir ein Zeichen für Distanz). Das ist so, als wäre ich eigentlich noch dort und dennoch schon hier und betrachtete etwas, das zu betrachten ich kein Recht habe... Ich entdecke einen kleinen Kratzer am Tischbein. Hast du also den Ozean überquert, um das zu sehen... und versenkst beschämt, verzweifelt den Blick darin...

Mit Tadeusz Breza frühstücken.

Mit Paweł Zdziechowski.

Furchtbare, rattenhafte Begegnungen... kommen wir doch aus unserer langjährigen Nichtbegegnung wie Ratten aus ihrem Loch... und sind bemüht, uns nicht zu genau zu beäugen, wie Fledermäuse, wie Lurche, die das Tageslicht scheuen, und die Gestalt.

Im Café de la Paix mit Jadwiga Kukułczanka und Jorge Lavelli, dem Regisseur der *Trauung*. Stille.

Ich hatte nicht viel Zeit zum Spazierengehen – alte und neue Freunde, französische Schriftsteller, Verlagsangelegenheiten, Übersetzer... –, aber bei jedem Kontakt mit der Pariser Straße suchte ich nach Häßlichkeit... und fand sie. Diese geschärfte Aufmerksamkeit für das Schieche war gleichsam ein Liebesbeweis für die Verlassene (Argentinien) – aber nicht nur daran, mich mit Liebe zu schmücken, lag mir, ich vergaß auch nie, daß ich Paris hart zusetzen mußte...

Ich fischte körperliche Mängel aus der Menge, da, schau, eine schwache Brust, ein anämischer Hals, ein Buckel, die Verkrümmung dieses Rumpfes, die Tragödie dieser Glieder... und weil ich so genau auf die Leiber sah, hatte ich keinen Blick mehr für die Paläste, Kirchen, Plätze, Aussichten, Bögen, Brücken, Kuppeln... Besonders hartnäckig verfolgte ich einen gewissen Fehler, eine Art Uneleganz, die ihnen um Nase oder Mund tanzte, nicht allen, aber vielen, einen sehr französischen Fehler. Aber das wäre noch verzeihlich. Die Pariser Masse ist keineswegs übler als die Masse vieler anderer Städte, die Pariser Häßlichkeit sitzt tiefer, sie sitzt gerade in ihrer Einstellung zum Häßlichen, diese intelligente Stadt ist eine Stadt bewußter Häßlichkeit. In der Avenue de l'Opéra, auf der rue Rivoli... ach, wie sie sich kannten, zu viele Spiegel, zu viele Frisöre, Schneider und Modistinnen, Kosmetiker, ach, wie sie den Becher des Schiechen in jedem Augenblick bis zum letzten Tropfen leerten! Ich sah die Qual welkender Damen, die Bitterkeit ausgezehrter Poetenjünglinge, die beflissene Stilisierung spitzbärtiger Herren, die feiste Resignation von Schmerbäuchen, sah bizarrste Versuche, sich mit Hilfe eines Hutes oder gar eines Schirms ins Ästhetische zu sublimieren, der verbissene Kampf gegen die Häßlichkeit wurde auf Schritt und Tritt gekämpft und immer gleich verloren (ich fand das großartig, ich wollte mir doch Argentinien verschönern). Ich sah ständigen Widerwillen im Gesicht der *Messieurs-Dames*, so als röchen sie etwas Unangenehmes, und Paris hatte für mich etwas vom Négligé, von jener Tageszeit, da wir Morgentoilette machen, der Zeit der Cremes, Puder, Kölnisch Wasser, Schlafröcke und Pyjamas. Aber das wäre noch erträglich gewesen. Nur verbarg sich hinter dieser Häßlichkeit eine andere, viel unangenehmere, die auf *Fröhlichkeit* beruhte. Das war nun wirklich unausstehlich! Trauer und Verzweiflung hätte ich ihnen verziehen, aber daß ihre Häßlichkeit dabei noch fröhlich war... daß sie Humor, *esprit* und *blague* besaß, das fand ich unerhört!

Dort, an der Ecke, der ältliche Knacker, der einem jungen Mädchen beim Einsteigen in den Bus amüsiert auf die Schenkel guckt – *tout Paris* gluckst über diesen genießerischen Filou.

Entsetzt sehe ich den aufgedunsenen Küchenmeister in der Tür des Restaurants, der einer Madame, die geradezu labyrinthisch verworren ist in ihrer körperlichen Sophistik, mit rosarotem Mündchen gepfefferte *bon mots* ins Ohr seicht.

Sie wollten also das Leben doch genießen...

Solche Szenen ließen mich kalt, und ich hatte überhaupt keine Lust, ihnen voller Anerkennung – *voilà Paris* – zu begegnen! Susanna und die alten Männer – *voilà Paris*! Ich (nicht ich allein und nicht als erster in dieser Stadt) empfand tiefe Abscheu beim Anblick der gierigen Häßlichkeit. Eine Sinnlichkeit, die sich nackt nicht mehr ausleben konnte, hatte sich auf Schminke und Korsett geworfen – auf Eleganz – Toilette und Manieren – Kunst und Konversation – Witz und Chanson – diese »Geselligkeit«, dank deren die mannigfaltigsten Mängel im gemeinsamen Tanz zum großartigen Ballrausch avancierten – dieser *esprit*, der es erlaubte, sich charmant zu kneifen – und diese furchtbare »Fröhlichkeit«, die man sich im Laufe von Jahrhunderten fleißig herangezogen hat, um trotz allem miteinander verkehren zu können... eine Häßlichkeit, die sich ihrer selbst so bewußt und doch so selig vertanzt ist! In dieser abstoßenden Ästhetik lag zudem eine fatale Naivität, gestützt auf die Illusion, man könnte seine Jahre maskieren und sich mit seinen Amüsements in eine höhere

Etage begeben, um sie dort in anderer Dimension zu realisieren.

Paris, dachte ich, Paris, alter Tenor, welke Ballerina, greiser Schwerenöter, welches ist deine Todsünde gegen die SCHÖNHEIT? Besteht sie nicht darin, daß du sie aufißt? *Mais permettez-moi donc, cher Monsieur*! Ein *Monsieur*, der in die Jahre kommt, ist kein *beau garçon* mehr, also großzügige, selig selbstlose Verschönerung der Welt, Schönheit als Geschenk... aber sollte sein Verkehr mit der Schönheit damit zu Ende sein? Keineswegs! Das Leben ist weiterhin zauberhaft! So kann er etwa in eines von Tausenden Restaurants gehen und *Veau à la Crevette Sauce Moustache* oder *Sautée Velay Mignonne Asperges* bestellen... er kann sogar darum bitten, daß ihm *Fricassée de Jeunes Filles en Fleur* gereicht werde, oder *un Beau Garçon rôti à la bordelaise*, zweifelsohne schmackhafte und leichte Gerichte!

Eine kulinarische Metapher, die besagen soll, daß man, um Schönheit zu konsumieren, zunächst ganz mit ihr brechen muß; nicht nur muß sie von außen zu dir kommen, wie auf dem Serviertablett, du mußt dich auch innerlich so arrangieren, daß deine eigene Häßlichkeit dir nicht den Genuß verdirbt; und das ist eine so erbärmliche Operation, daß ich zweifle, ob irgend jemand auf einer höheren Entwicklungsstufe sie an sich selbst vornehmen könnte, sie bedarf des Aufgehens im Kollektiven, in der Geselligkeit, der Mitwirkung der anderen, man muß zunächst ein System des Zusammenlebens schaffen, eine Kultur, in der Schönheitssurrogate wie *belles manières, élégance, distinction, esprit, bon goût* etc. etc. die schäbig gewordene Nacktheit ersetzen können. Und dann darfst du, den Swannschen Zylinder auf dem Kopf, ungeniert Gourmet sein! Die große, wahre Schönheit des Menschengeschlechts, eine Schönheit, die jung ist und nackt, wurde von den ZYLINDERHÜTEN in die Statuen verbannt, die still zwischen den Bäumen von Paris stehen, und die ZYLINDERHÜTE betrachten diese Statuen mit Kennerblick, als wären sie das Objekt ihrer berechtigten Begierde. Ist also der Verzicht auf Schönheit lobenswert, wenn er zur reinen Kontemplation führt, so wird er ekelhaft, wenn er unter dem Zeichen von Gier und Wollust steht. Wenn etwas für mich schlechterdings unästhetisch ist – dachte ich, während ich diese *avenues* durchschritt – dann der feuchtlippige Gourmet... Paris!

Diese Stadt, die göttliche Speisen im ältlichen Mund zergehen läßt! Wie ich so gesenkten Hauptes, still und erloschen, durch Paris wanderte, dachte ich: es fehlte nur noch, daß sie sich eines Nachts zu den nackten Statuen schleichen, sie nach der neuesten Mode einkleiden und parfümieren... Diana in einer Toilette von Dior, ja, das paßte ganz zu ihrer *mondanité*, zu ihrer Produktion von appetitlichem Schönheitsersatz. Und die wahre Schönheit, sagte ich mir wieder, sie ist doch nackt! Und der Mensch kann sich dieser Nacktheit nur in seiner eigenen Nacktheit loyal zeigen – wenn nicht durch die, die dir heute eigen ist, so durch die, die du einst besaßest – und wenn du nie eine Nacktheit besaßest, so durch jene, die dein hätte sein können, weil jedenfalls sie deinem Alter angemessen war.

Aber der Schneider kleidete Paris in Nacktheit.

Wenn sie *une belle femme* erblicken, werden sie wahnsinnig galant, die Ekstase der ZYLINDERHÜTE kennt keine Grenzen, so einer verliebt sich und unterzieht seine Gefühle einer subtilen Analyse... aber ausziehen tut er sich nie. Die Rollen sind geteilt, die Nacktheit ist nur auf einer Seite... ich weiß nicht, ob es wahr ist, was man mir erzählt hat: daß sie Handschuhe anziehen, bevor sie zärtlich werden, und sich selbst, während sie *la belle* fieberhaft entkleiden, eiligst zuknöpfen.

Ich ging in eine kleine Straße, die rue Belloy, zwischen Avenue Kléber und Place des Etats Unis, um das Haus zu sehen, in dem ich vor fünfunddreißig Jahren gewohnt hatte.

Auf dem Rückweg von Alan Kosko (den ich zu Hause nicht angetroffen hatte), spazierte ich über den Boul'Miche, um Erinnerungen aufzufrischen.

Wirklich erstaunlich, wie hartnäckig sich diese antiparisische Reaktion seit fünfunddreißig Jahren in mir hält – damals hatte ich die gleichen Empfindungen.

Stille.

Interviews. Guy Le Clegh machte ein Interview für den *Figaro* mit mir.

Abendessen mit Mathieu Galey, der mich danach, spät in der Nacht, durch die alten Stadtviertel fuhr. Er will unser Gespräch für *Arts* festhalten.

Achte auf deine Worte! Es ist schließlich für die Pariser Presse, das ist wichtig! Soll ich manche Formulierungen nicht besser selbst schriftlich redigieren? Zumindest darum bitten, daß man mir die Interviews vor dem Druck zeigt? Aaaach, nein... Egal... Stille.

Ein Anruf von Mayaud: morgen Interview für den *Express*. Le Clegh brachte mich mit Rawicz zusammen, dem Autor von *Le sang du ciel*, der in *Le Monde* über mich schreiben wird. *Publicité*. Der Tod. Die gleiche Stille, aus Distanz geboren, umspann mich einst in Santiago.

Ich unterhalte mich, bin alert, bemühe mich um Witz und »Natürlichkeit«. Empfang bei Bondy. Frühstück bei Frau Julliard.

Kot nimmt mich mit zur Comtesse Ruby d'Aschott, deren Schwester (wenn ich nicht irre) eine Princesse de la Rochefoucauld ist. Kleinigkeit!

Er behauptet, heute seien die Künstler und Intellektuellen die Aristokratie von Paris. Während früher der Literat versucht habe, es dem Fürsten nachzutun, imitiert heute der Fürst den Autor. Dennoch ist mein Verhältnis zu Kot inzwischen völlig aufgetaut, und so richtig warm wurden wir miteinander, als wir auf eine gemeinsame Ururgroßmutter gestoßen waren.

Und Hector Bianchotti führte mich in den Louvre. Gedränge an den Wänden, dummes Aushängen dieser Bilder, eins neben dem anderen. Der Schluckauf dieser Häufung. Kakophonie. Kneipe. Leonardo prügelt sich mit Tizian. Ein allgegenwärtiges Schielen herrscht hier, denn schaust du auf das eine, fällt dir schon das andere seitlich ins Auge... Das Gehen von einem zum anderen, Stehenbleiben, Betrachten, Weggehen, Herantreten, Stehenbleiben, Betrachten. Das Licht, die Farbe und die Gestalt, an denen du dich eben, auf der Straße, noch gefreut hast, kitzeln dir hier, wo sie sich in der Brechung so vieler Varianten kreuzen, den Schlund wie die Flamingofeder nach dem Festgelage im alten Rom.

Bis du schließlich das Allerheiligste betrittst, in dem sie thront, die Gioconda! Sei gegrüßt, Circe!... nicht minder arbeitsam und fleißig als damals, als ich dich schaute, verwandelst du die Menschen, zwar nicht in Schweine, aber in Dummköpfe! Mir fiel Schopenhauers Entsetzen bei dem Gedanken an den ewigen Mechanismus ein, kraft dessen irgendwelche Schildkröten Jahr für Jahr, seit Jahrtausenden, aus dem Meer auf eine Insel kommen, um Eier zu legen – und Jahr für Jahr, nachdem sie ihre Eier gelegt haben, von Wildhunden gefressen werden. Seit fünf Jahrhunderten versammelt sich vor diesem Gemälde Tag für Tag eine Menschenmenge, um sich eine idiotische Maulsperre zu holen, dieses berühmte Antlitz verblödet ihnen die Visage... knips! Ein Amerikaner mit Fotoapparat. Andere lächeln nachsichtig, in seliger Unwissenheit, daß ihre kulturelle Nachsichtigkeit nicht weniger dumm ist.

Überhaupt wallt schiere Dummheit durch die Säle des Louvre. Einer der dümmsten Orte der Welt. Die langen Säle...

Vierzigtausend Maler in dieser Stadt, wie vierzigtausend Köche! All das werkelt in Schönheit. Und da sie diese mit feinfühligen Fingern auf der Leinwand fabrizieren, dürfen sie, so möchte es scheinen, das Häßliche in sich pflegen, manchmal stilisieren sie sich zu Scheusalen, die das Schöne allein in den Fingerspitzen haben. Man betritt diese Malerei wie eine Perversion großen Maßstabs, wie eine gigantische Maskerade, wo ein künstlich Schaffender in Begleitung von Händlern, Snobs, Salons, Akademien, Reichtum, Luxus, Kritiken, Kommentaren gekünstelt für einen künstlichen Betrachter produziert, wo sowohl der Markt, als auch Angebot und Nachfrage ein abgehobenes, auf Fiktion gestütztes System bilden... und was Wunder, daß Paris seine Hauptstadt ist?

Das Modell, das sich für den Maler auszieht, ist das Gegenstück zu der Frau, die sich anzieht für Dior oder Fath. Beide hören sogleich auf nackt zu sein. Die Nacktheit der einen wird zum Vorwand für das Kleid. Die Nacktheit der anderen versikkert im Gemälde. Die eine wird »elegant«. Die andere gerät zur »Kunst«.

Seit ich in Paris bin, geschieht Seltsames in mir, was Sartre betrifft.

Ich hatte ihn, in Buenos Aires, schon lange bewundert. Allein mit seinen Büchern, da ich das ganze Übergewicht des Lesers über ihn besaß, ihn mit einem höhnischen Verziehen der Lippen erledigen konnte, mußte ich ihn dennoch fürchten, so wie man jemand Stärkeres fürchtet. In Paris aber wurde er für mich zu einem Eiffelturm, der das ganze Panorama überragt.

Es begann damit, daß ich – aus Neugierde – einmal untersuchen wollte, wieweit Frankreichs Intellekt sich Sartres Existentialismus angeeignet hat... ich brachte also das Gespräch auf Sartre und sondierte Literaten und Nichtliteraten diskret in bezug darauf, wie gut sie *L'être et le néant* kannten. Diese Sondierungen lieferten seltsame Ergebnisse. Vor allem stellte sich heraus (und das überraschte mich kaum), daß diese Ideen zwar in den französischen Hirnen spukten, aber in larvalem Zustand, zufällig aufgepickt, vor allem aus seinen Romanen und Theaterstücken, ein ganz unklares, bruchstückhaftes Sammelsurium, in dem vor allem vom »Absurden«, von »Freiheit«, von »Verantwortung« die Rede war; aber es war klar, daß *L'être et le néant* in Frankreich ein fast unbekanntes Werk ist. Gewiß, seine Gedanken grassierten in den Köpfen, lose jedoch und wie verstümmelt, zerhackt, in Stücke gerissen, gleichsam verwildert, furchtbar und unheimlich, so daß sie die bisherige gedankliche Ordnung zerrütteten und unterminierten... Viel interessanter waren die weiteren Ergebnisse. Ich war frappiert von der Abneigung, mit der man über ihn sprach, ja, vielleicht nicht Abneigung, sondern nur so etwas wie beiläufige Mordlust. Sartre? Nun ja, natürlich, nur daß er sich »so wiederholt«. Sartre? Aber gewiß, nur, das ist doch von gestern... Die Romane? Dramen? »Das ist eigentlich eine Illustrierung seiner Theorie«. Die Philosophie? »Nur die Theorie zu seinen Stücken«. Sartre? Selbstverständlich, aber es reicht nun bald, wozu schreibt er soviel, außerdem ist er schmutzig, kein Dichter, und die Politik immer, und eigentlich ist er schon ausgebrannt, wissen Sie, Sartre ist eigentlich an sämtlichen Fronten erledigt.

Das machte mich stutzig... Unsere Bewunderung für die Künstler hat viel von tantenhafter Güte, man lobt den Kleinen eben, damit er sich nicht grämt – der Künstler hat es einfach geschafft, sich in unsere Gunst einzukaufen, hat unsere Sympathien so sehr gewonnen, daß wir glücklich sind, ihn bewundern zu dürfen – und es käme uns zu teuer, ihn nicht zu bewundern. Ganz deutlich wird das an der Einstellung der Franzosen zu Proust, den sie sogar im Sarg noch mit Pralinen füttern – er hat sie erobert. Und Sartre ist heute, soweit ich weiß, der einzige berühmte Künstler, der persönlich verhaßt ist. Was ist dieser argentinische Borges, dies leckere Literatensüppchen, gegen den Sartreschen Berg von Offenbarungen? Aber Borges hätscheln sie, auf Sartre dreschen sie ein... nur wegen der Politik? Das wäre eine unverzeihliche Kleinlichkeit! Kleinlichkeit? Sollte also dieser Animosität nicht Politik, sondern ganz einfach nur Kleinlichkeit zugrundeliegen? Wird Sartre gehaßt, weil er zu groß ist?

Der Gang meiner Gedanken in Paris war zufällig, chaotisch, aber auch bestimmt von eigenartiger Radikalität... infolge des zufälligen Vergleichs von Sartre mit Proust zerfiel mir ganz Frankreich in Sartre und Proust. Als ich (der geborene Anti-Pilger!) mich eines Tages zu einem frommen Gang vor die Fenster der Sartreschen Wohnung auf diesem Platz neben den Deux Magots aufmachte, war ich mir sicher, daß sie sich gegen

Sartre für Proust entschieden hatten. Ja, sie hatten das Restaurant *Du côté de chez Swann* gewählt, in dem raffinierte Delikatessen gereicht wurden, zubereitet von einem Küchenmeister, der selbst Gourmet war und es verstand, zum Genuß zu verführen. Man hat mir einmal erzählt, daß die Köche der Spitzenklasse den Truthahn gern langsam töten, mit einer dünnen Nadel, weil sein Fleisch dann schmackhafter wird – also, um auf Proust zurückzukommen, ich will ihm Tragik, Strenge, ja Grausamkeit nicht absprechen, aber all das ist wie jene Truthahnquälerei trotzdem zum Essen, es birgt gastronomische Intentionen, geht noch immer einher mit Servierschüssel, Gemüse und Soße...
Du côté de chez Sartre dagegen war in Frankreich das kategorischste Denken seit Descartes, wütend dynamisch, es zerschlug ihnen ihre Feinschmäckerei... Halt! Was ist das? Zwei, drei Jungen, zwei Mädchen, ein heiteres Grüppchen, sprühend vor Witz, Frankreich charmant und jung, und zur Nacktheit taugend, fährt mir in meine Versonnenheit, sie gehen über den Platz, verschwinden hinter der Straßenecke – in diesem Augenblick tat mir Sartre gleichsam weh, ich fühlte, daß er sie ruiniert... aber als sie mir aus den Augen verschwunden waren, als ich wieder die *Messieurs-Dames* im gastronomischen Alter vor mir sah, begriff ich, daß es für sie keine andere Erlösung gibt als Sartre. Er war die befreiende Energie, die sie einzig aus ihrer Häßlichkeit reißen konnte – mehr noch, die französische Häßlichkeit, seit Jahrhunderten gewachsen in traulichen Wohnungen, hinter zarten Gardinen, umgeben von Nippsachen, diese Häßlichkeit hatte, weil sie sich selbst nicht mehr ertragen konnte, Sartre hervorgebracht, den grausamen Messias... er allein vermochte ihnen die Restaurants, Salons, Zylinder, Galerien, Kabaretts, Feuilletons, Theater, Teppiche, Seidenschals zu zertrümmern, den Louvre in Schutt und Asche zu legen, die Champs-Elysées, die Denkmäler und die Place de la Concorde bei Sonnenuntergang. Und den Bois de Boulogne! Ich fand es nicht anstößig, sondern im Gegenteil achtenswert, daß diese Philosophie in einem unschönen, aber mit leidenschaftlicher,

künstlerischer Empfindsamkeit begabten Franzosen entstanden war, wer hätte mit mehr Recht als er fordern können, daß man sich hinter das Objekt, hinter den Leib, sogar hinter das »Ich« zurückzieht, in die Sphäre des *pour soi*, wo man für sich ist? Das Nichts in den Menschen bringen – das reinigt doch schließlich auch von der Häßlichkeit!

Sartre, nicht Proust! Prousts Ohnmacht im Vergleich zu Sartres schöpferischer Spannung! Wie konnten sie das übersehen! Die Hälfte seines Gedankengangs in *L'être et le néant* ist für mich unannehmbar, widerspricht meiner reinsten Lebenserfahrung, und ich bin überzeugt, daß sich sein *cogito* nicht in diesem Absolutismus behaupten kann, trotz seiner Einzigartigkeit verlangt es nach einem ergänzenden Prinzip, das ebenso fundamental, aber antinom wäre – es ist doch deutlich, daß dieser Gedanke in seiner konkreten Anwendung an furchtbarer Einseitigkeit krankt, das sieht so aus, als hätte man dem zwiegesichtigen Gott ein Antlitz geraubt: es ist nur die halbe Wahrheit. Und als Moralist, Psychologe, Ästhet und Politiker erfüllte Sartre längst nicht meine Erwartungen. (Muß ich wohl sagen, ihr Ignoranten, daß ich nicht alles von ihm gelesen habe, daß es in *L'être et le néant* Kapitel gibt, die ich nur überflogen habe?) Sicher ist, daß er und nur er verschlossene Türen aufzustoßen vermag. Was an Proust, an der gesamten französischen Literatur Fortsetzung ist, die auf ihr Ende zugeht, das gewinnt bei Sartre den Charakter eines Beginns, ist Start. Und ist das Bewußtsein bei Proust immer noch unersättlich (aber was für ein Verfall im Vergleich zu Montaigne!), so gewinnt es bei Sartre den Stolz einer schöpferischen Kraft wieder.

Ich Pole... ich Argentinier... Slawe und Südamerikaner... Literat, verloren in Paris und voll Verlangen nach einem Stachel, mich bemerkbar zu machen... ich wehmütiger Liebhaber einer längst entflohenen Vergangenheit... suchte den Bund mit Sartre, gegen Paris. Und mich reizte der Spaß, ihnen jemand, den sie schon katalogisiert hatten, plötzlich aufs Podest zu heben und zu preisen!

Ich attackiere Paris nicht von anderer Seite, beschränke mich bei meinen Auseinandersetzungen mit ihm auf die Schönheit; vielleicht deshalb, weil ich doch immerhin Künstler bin; oder noch befangen bin in jener verlassenen Schönheit jenseits des Ozeans; oder auch deshalb, weil die Schönheit ein *empfindliches* Argument ist.

Aber was für einen Kult der Nacktheit meine ich, wenn ich sage, daß Paris seine Nacktheit eingebüßt hat? Könnte ich das vielleicht präzisieren?

Ich fordere nicht von ihnen, den Körper, Natur und Natürlichkeit einfältig zu bewundern, ich verlange von ihnen keine Nudistenhymnen.

Aber ich möchte vom Menschen verlangen, daß die Idee der Schönheit des Menschengeschlechts in ihm lebendig ist (auch wenn er selbst ein Scheusal sei) – das soll er nie vergessen: »Ich gehöre einer Rasse an, die mich begeistert.« »Ich verehre die Schönheit der Welt in der Schönheit des Menschen.«

Deshalb ist es wichtig, sehr wichtig sogar, daß wir im Innern niemals mit jener Zeit des Menschenlebens brechen, in der die Schönheit greifbar nahe ist – der Jugend. Denn wie die Schönheit auch sei, die wir in späteren Jahren gewinnen, immer wird sie unvollkommene Schönheit sein, fehlt ihr doch die Jugend. Und darum ist die junge Schönheit eine nackte Schönheit, die einzige, die sich nicht zu schämen braucht.

Und wer immer mit der Jugend vereint ist, wird nie an Kleidern Gefallen finden. Das ist das Fundament meiner Ästhetik. Diese Abneigung gegen die Kleidung meine ich. Deshalb kann ich mich nicht mit Paris abfinden, das die Kleidung vergöttert.

Etwas anderes: Ich habe den Preis der *Wiadomości* für mein *Tagebuch* bekommen.

Ich sage ganz ehrlich, das hat mir viel Vergnügen, sogar Spaß gemacht. Und ehrlich gesagt (nichts geht über die Ehrlichkeit!), noch mehr gefreut hat mich die Beschreibung der Qualen und

Krämpfe der hochverehrten Jury, die in selbiger Zeitschrift abgedruckt ist. Das war alles ganz fein. Den besten Eindruck in dieser Diskussion hat Herr Zygmunt Nowakowski auf mich gemacht, ein ehrbarer, redlicher, nicht kleinlicher Mann – am liebsten würde ich ihm die Hand drücken, nur wird er nicht wollen. Herr General Kukiel hat gleichfalls offen, kurz und bündig gesprochen – bravo! Herr Grubiński war ein Musterbeispiel für Vorsicht und Zurückhaltung, und Herr Stanisław Baliński tat alles, um zu verhindern, daß ich den Preis bekomme, aber statt das mit Klasse zu tun, kungelte und intrigierte er und zeigte dabei ziemlich miese Verstellungskunst und kleinliche Perfidie – dieser Poet sagt mir immer weniger zu, das ist doch eher Taschenformat.

Denjenigen, die in dieser Runde für mich kämpften, bin ich zu Dank verpflichtet. Herr Sakowski hielt eine noble Rede, ehrlich so zu 75% (das ist schon was). Was die Ehrlichkeit betrifft: die Versammlung konnte sich bedauerlicherweise nicht dazu durchringen, eine ultra-offensichtliche Wahrheit auszusprechen, nämlich daß mir der Preis unter Druck zuerkannt wurde, ganz einfach deshalb, weil man jemanden, der von Paris und anderen Metropolen hochgeschätzt wird, nicht länger unter Verschluß halten konnte, ohne einen Skandal zu riskieren (das gilt natürlich nicht für die wenigen Mitglieder, die seit langem versuchten, mich unter Gefährdung des eigenen Ansehens durchzudrücken). Wozu denn so tun, als hätte man die Vorzüge meiner Feder nach sorgfältiger Abwägung entdeckt, da es doch die Franzosen und andere Nationen waren (ganz zu schweigen von verachteten »Jubelgombros« wie Jeleński, Sandauer und Mieroszewski), die die Hochverehrte Jury auf diese Vorzüge hingewiesen haben? Wahrheit schändet nicht! Aufrichtigkeit! Da fühlt man sich gleich ganz anders! Mich wunderte besonders, daß der Dichter Baliński zu verstehen gab, er hätte meine Werke schon vor dem Krieg geschätzt. Ah, pfui, was für ein Snobismus! Baliński will sich in solchen heiligen Geheimnissen ausgekannt haben?!

Ich füge nicht minder aufrichtig hinzu, daß die verehrten Jurymitglieder allzu ehrerbietig miteinander umgehen. Von den Lobreden an meine Adresse war ich sehr erbaut, habe aber doch mit den Ohren geschlackert, als ich bei Gelegenheit erfuhr, daß Herr Zygmunt Nowakowski ein »großer Schriftsteller« sei, daß die Jury aus »zehn seriösen und gediegenen Kennern« bestehe, daß Kukiels Buch »großartig« und Mackiewiczs Buch »Dostojewski mit einem Hauch von Tolstoj« sei, daß Herr Z. Nowakowski »unbeugsam«, die Herren Kukiel und Nowakowski »hervorragend« seien etc. etc. Meine Herren, ich bitte Sie, wenn ich im Tagebuch mich selbst lobe, weiß man wenigstens, wer wen; aber das Eigenlob auf mehrere Stimmen zu verteilen und zu diesem Zweck ein kollektives Organ von polyphoner Struktur zu schaffen, das ist übertrieben raffiniert, es ist glatte Schiebung. Jungs, nehmt mir diese Moralpredigt nicht übel – wie du mir, so ich dir.

Seltsam geht es zu auf dieser Welt. Den Preis bekam ich ausgerechnet in dem Augenblick, als ich die *Wiadomości* recht heftig angegriffen und dieser Zeitschrift vorgeworfen hatte, daß sie mich genauso bösartig verschweigt wie die rote Presse in Polen. Mein Angriff war heftig, aber – wie immer – aufrichtig. Zugegeben, die *Wiadomości* haben in den letzten Jahren, selten genug, Notizen oder Rezensionen über mich gebracht, damit es nicht so aussähe, als behandelten sie mich schlechter als andere Autoren. Aber eine Exilzeitschrift ist ja kein Beamtenschalter, an dem schlangestehende Interessenten abgefertigt werden. So eine Zeitschrift ist dazu da, die freie polnische Kunst zu unterstützen – ihren Einfluß zu mehren – die Erfolge der Künstler in der Welt zu verkünden – und dies umso mehr, je mehr sie in Polen unterdrückt sind. Ohne die *Kultura* wüßte heute in der Emigration kaum jemand, daß ich mich doch ganz schön um den polnischen Namen verdient gemacht habe.

Sei's drum. Ich freue mich, daß die *Wiadomości* mich in den letzten Ausgaben etwas wohlwollender behandeln und muß gestehen, daß Redakteur Grydzewski gar keine üble Selbstbeherrschung bewiesen hat, mit englischem Phlegma einen günstigen Artikel und andere, gleichfalls sympathische Notizen über mich zu veröffentlichen, obwohl ich ihm so unverblümt meine Meinung gesagt hatte. Meine zukünftigen Beziehungen zu dieser Zeitschrift mögen sich gut oder schlechter entwickeln, sogar völlig korrekt – das hängt ausschließlich von ihr ab – ich jedenfalls werde bemüht sein, nichts unter den Tisch zu kehren. Aufrichtigkeit! Klarheit! Ehrlichkeit! Socken auf den Tisch! Das ist die Grundlage eines gesunden Umgangs miteinander!

X

In Paris fühlte ich, noch immer blind in Argentinien vernarrt, mich als Jüngerer (ein Beweis für Argentiniens bezaubernde Jugendlichkeit und meine, als Liebhaber). Jünger fühlte ich mich auch als Pole, ich, der Botschafter der jüngeren Kulturen. Das alles verstärkte also meine Diatribe gegen das Alter von Paris, es trieb mich zum Nackten. Dabei war ich selbst doch schon in den Jahren. Und ich tat schließlich, ich als Schriftsteller, was ich konnte, um älter als sie zu sein, als die Pariser, listiger, erfahrener, mich auf keinen Fall naiv zu zeigen... ich zog ihnen ein Resümee dieser Jugend nach Pariser Art, das heißt auf alt gemacht, mit der größten Reife, zu der ich fähig bin.

Und so wußte ich schließlich selbst nicht mehr, wie ich war: jung oder alt? In dieser Kakophonie widerfuhr mir so manche Dissonanz...

Ich fragte sie, wer X sei, den ich nur vom Hörensagen kannte. Ein bedeutender Schriftsteller, lautete die Antwort. Gewiß, sagte ich, ein Schriftsteller, aber wer ist er? Er komme vom Surrealismus, wurde mir erklärt, und widme sich seit neuestem einem spezifischen Objektivismus. Objektivismus, sprach ich, sehr gut, aber wer ist er? Er gehört zur Melpomene-Gruppe, bekam ich zu hören. Ich habe nichts gegen Melpomene, sagte ich, aber wer ist er? Man erwiderte, charakteristisch für seine Art sei die Verbindung von *argot* mit einer ins Phantastische gehenden Metaphysik. Diese Verbindung geht in Ordnung, sagte ich, aber wer ist er? Darauf antworteten sie, daß er vor vier Jahren den *Prix St. Eustache* bekommen habe.

Das war in einem kleinen, aber wundervollen kulinarischen Refugium über der Seine, ich speiste gerade *mouton* mit einem herrlich ländlichen Beigeschmack. Mir wurde meine Taktlosigkeit klar: was geht's dich an, wer dein Koch ist, schließlich ißt du nicht den Koch, sondern seine Gerichte. Und taktlos war das, unter uns gesagt, nicht nur gegenüber den Köchen, sondern auch den Schneidern, denn die Frage, »wer man ist«, ist ihrer Natur nach entblößend (und außerdem anti-phänomenologisch). Ein französischer Schriftsteller wird ja nicht nackt paradieren, tausend Mäntel liegen hier in der Luft, man streckt die Hand aus, greift den Umhang, der am besten gefällt, und schon ist man *romancier*, *historien d'art*, Katholik oder *pathaphysicien* . . . Es wimmelt hier von Techniken, Richtungen, Lösungen, Ebenen, Plattformen, die Pariser Luft ist belebend und leicht wie ein Möbelwagen. Diese Literatur kennt praktisch keinen Rohstoff, sie nährt sich von Kunstprodukten, die sie weiterverarbeitet. Ich bin weder Schriftsteller noch Angehöriger von irgendwas, schrie ich, kein Metaphysiker und kein Essayist, ich bin ich – frei, ungebunden, lebendig . . . Ach so, erwiderten sie, du bist Existentialist.

Aber meine Nacktheit von dort, jenseits des Ozeans, aus der Pampa, diese Nacktheit, die ich für meine Liebe zu Argentinien brauchte (trotz meines Alters!), sie zwang mich, entblößend mit ihnen zu sein. Es wurde unanständig. Wie genierten sich diese Asse unter meinem leidenschaftlich naiven Blick, der ihnen durch die Kleidung nahe wollte . . . tödliche Diskretion, diskrete Melancholie, taktvolles Abschalten erntete meine Forderung von dort, vom Rande der Welt, aus der Heimat der Indios. Von Kopf bis Fuß bekleidet, eingemummelt, obwohl es Mai war, mit Gesichtern, die ihnen der Frisör gestylt hatte... und jeder besaß eine kleine, ganz nackte Statuette in der Tasche, sie mit Kennerblick zu mustern. Da herrschen Bescheidenheit und Umsicht. Man drängt sich nicht auf. Jeder tut das Seine. Man produziert und funktioniert. Kultur und Zivilisation. In den Kleidern gefangen, können sie sich kaum bewegen, ähnlich wie Insekten, die mit Klebrigem beschmiert sind. Als ich daranging, meine Hose auszuziehen, entstand Panik, man floh durch Fenster und Türen. Ich blieb allein. Niemand war mehr im Restaurant, sogar die Köche waren entschwunden... erst da merkte ich, was denn, um Himmels willen, was tue ich, was ist mit mir... und stand da, verkrümmt, ein Hosenbein an, das andere in der Hand...

Da kommt Kot von der Straße herein und fragt erstaunt, da er mich so stehen sieht: »Was ist, bist du verrückt geworden?« »Mir ist peinlich und kalt«, antworte ich, »daß alle geflohen sind, kaum daß ich anfing, mich zu entblößen.« Und er: »Du bist wohl nicht ganz dicht, wen wirst du hier verschrecken mit deiner Nacktheit, auf der ganzen Welt findest du nicht so einen Striptease wie hier... warte, das waren Angsthasen, ich bringe dir Löwen, da kannst du auf dem Tisch tanzen, ohne daß sie mit der Wimper zucken!« Wir wetteten also, wetteten nach polnischer, adliger Art (denn mit Kot fühlte ich nicht nach argentinischer, sondern nach polnischer Art, wir hatten doch diese gemeinsame Großmutter), nicht so, wie man heute wettet, sondern etwa Ende des vorigen Jahrhunderts. Nun gut! Er lud die Richtigen ein, ganz brutal entblößende Intellekte, und ich kannte nichts, bis der Nachtisch kam, da mache ich Anstalten, die Hosen runterzulassen. Sie entschuldigten sich höflich und rückten aus, es wäre Zeit für sie. Da sagten Leonor Fini und Kot zu mir: »Wie denn, es kann nicht sein, daß sie erschrocken wären, es sind doch Hirne, ganz darauf spezialisiert!« Mir war elend und schwer zumute, der Kummer wollte mich zerfressen, wenig hätte gefehlt, und ich wäre bitterlich in Tränen ausgebrochen, sagte aber: »Wißt ihr, die Sache ist die, daß sie sich sogar im Entkleiden anziehen und Nacktheit bei ihnen nur ein Paar Unterhosen mehr ist. Als ich jedoch so mir nichts, dir nichts die Hose runterließ, da wurde ihnen übel, und hauptsächlich deshalb, weil ich es nicht nach Proust tat, auch nicht à la Jean-Jacques Rousseau oder Montaigne, oder im Sinne der existentialen Psychoanalyse, sondern einfach so, um sie auszuziehen.«

Interview mit Marc Pierret für den *France Observateur*.
In einem der Interviews habe ich gesagt, sie seien wie die Pawlowschen Hunde.
Hätte ich das bloß nicht gesagt! Denn seither war ihre Künstlichkeit wie ein gekünstelter Hund, und das Heulen der manierierten Hunde erklang nachts in den stillen Straßen.

Wenn der erwachsene Mensch sich vom Jüngling losreißt, kann nichts mehr ihn davor bewahren, immer künstlicher zu werden.
Ihr Umgang – mit allem – geschieht durch ein System vereinbarter Zeichen, wie durchs Telefon, jede Unmittelbarkeit ist streng verboten. Bedingter Reflex – das ist das ganze Geheimnis! Wenn man will, daß dem Pawlowschen Hund das Wasser im Munde zusammenläuft, braucht man ihm kein Fleisch zu zeigen, man muß tuten. Wenn man will, daß sie begeistert sind, muß man ein Gedicht von Cocteau zitieren, oder einen Cézanne zeigen – dann sind sie entzückt, das assoziieren sie mit Schönheit, sie produzieren Speichel, will sagen, kriegen Beifall in die Hände.
In dieser magischen Welt voller Zeichen, Symbole, Parolen, Riten, Zeremonien und Gesten habe ich wahrlich seltsame Abenteuer erlebt.
Ich hatte, bevor ich nach Paris kam, sehr wohl gewußt, daß es hier mit dem Sprechen immer schwerer ist, das sieht man ja an

ihren Büchern, die zunehmend sprachlos werden... aber daß es schon so weit war, hatte ich nicht geahnt! Zwei, drei Tage nach diesem Frühstück mit Breza ging ich mit einigen Schriftstellern zu Abend essen... und leckte mir im Geiste schon die Lippen, denn das waren Köpfe von Rang! Die Produktion der einleitenden bedingten Reflexe, das heißt Begrüßungen, Höflichkeiten und Komplimente, verlief reibungslos, und solange sich die Konversation im Rahmen dieses Reflexes hielt, ging alles wie geschmiert, man erzählte einen Witz, ich lachte, und sie lachten. Aber schließlich wollte ich, von den Hunden gepeinigt, halberstickt von den Versuchshunden, die mir im wahrsten Sinne des Wortes an die Kehle wollten, in der Speiseröhre kläfften, heulten in der furchtbaren Qual ihres unaufhörlichen *quidproquo*, da wollte ich doch mal etwas sagen... Großer Gott, ist das so eine furchtbare Sünde von mir, daß ich ganz einfach einen sogenannten Gedanken ausgesprochen habe... über die Kunst, oder über das Leben... wie ich es im Café Fragata, in Buenos Aires, mehr als einmal getan habe. Sie verstummten. Sie aßen nur noch und schwiegen, der Rest des Symposiums war Essen und Schweigen. Ich war platt, was denn, dachte ich, sind sie etwa beleidigt... doch anderntags war ich zum Frühstück bei Wladimir Weidlé und erzählte ihm, was und wie, beim Käse, und er darauf, man spreche doch in Paris nicht mehr... man spreche in Paris nur, um nichts zu sagen... als Beispiel führte er an, daß beim alljährlichen Bankett der Jury des *Prix Goncourt* in einem kleinen, gar nicht so üblen Restaurant ausschließlich über die Speisen gesprochen wird, um nichts über die Kunst zu sagen...

Sicher, wenn der Mann den Jüngling in sich zugrunde richtet, woher nimmt er das bißchen Leichtigkeit, wo ist die Kraft, die ihn davor bewahren könnte, unaufhörlich an Gewicht zuzunehmen? So ist es auch mit ihnen: ihnen ist Unsäglichkeit in den Ausdruck gefahren, sie wollen sogar etwas sagen, können aber nicht, zu schwierig, zu tief, zu hoch, zu subtil... und jeder huldigt dieser seiner Schwierigkeit durch Schweigen. Butor traf ich auf dem Empfang bei dieser Comtesse. Ich freue mich, sagte ich, wenn wir zusammen in Berlin sind, können wir mal so richtig diskutieren, zum Beispiel über den *nouveau roman français*. Statt etwas zu erwidern, lachte der Führer der Avantgarde aus vollem Halse – ein förmliches und distanzschaffendes Lächeln, völlig hermetisch, das Lachen einer Dose Ölsardinen in der Sahara... Barmherziger Gott!

Der Genius von Paris ist weiterhin fieberhaft aktiv, Werke und Ideen wirft der Schoß der verwegensten aller Städte, die heute wie vor Jahrhunderten an einsamer Spitze dahinstürmt, ans Licht der Welt... und doch ist es, möchte ich sagen, zwischen der Stadt und ihren Bürgern zu einer schmerzlichen Verkehrtheit gekommen, dieser Genius gerät ihnen irgendwie zum Antigenie, es sieht ganz so aus, als seien sie erschrocken über die eigene Verwegenheit, eingeschüchtert von ihrem Mut, gefügig gemacht von ihrer Aufsässigkeit, ganz gemein vor lauter Überdurchschnittlichkeit... und so sind sie um diesen ihren GEIST herum wie die Knechte um die Kuh, versorgen ihn, melken und verkaufen die Milch. Paris ein Palast, gewiß, aber auf mich wirkten sie wie die Palastdiener...

... Palastdiener. In Paris, der Stadt der Hunde, denen der Speichel im Munde zusammenläuft, wenn man tutet, hatte ich verkehrte und perverse Abenteuer. Eines Nachts war ich, guten Wein im Kopf, auf dem Heimweg von einem appetitlichen *bistro*, da sehe ich die angelehnte Pforte eines von wundervollstem Barock beflügelten Palastes... denke mir, da gehe ich rein... und ging hinein... und fand Säle, Statuen, Plafonds, Wappen und Goldverzierungen. Da trat ein kleiner Mann ein, ordentlich gekleidet, und so bescheiden, daß ich dachte: gewiß der Majordomus oder ein Kammerdiener. Und bitte ihn daher, mir die Säle zu zeigen, er ruft seine Frau, seine Söhne, zuerst kommt ein Sohn, dann gleich ein zweiter, dann ein dritter, sie zeigen mir höflich alles, wischen hier und dort ein wenig Staub, pusten, berühren mit dem Finger Skulpturen, Gemälde, fahren darüber, streifen etwas ab... erst als ich beim Abschied in die

Tasche griff, sagt er ach nein, Herzog bin ich, meine Frau hier Herzogin, dieser Sohn Markgraf, der dort Graf, der wiederum Vizegraf. Ich verabschiedete mich von ihnen in einer Stille, die ein wenig so war wie Wasser in einem Faß.

Ich trat auf die Straße, wanderte lange durch verschiedene Straßen und gelangte endlich zwischen Statuen dorthin, wo die Tuilerien liegen – im Lichte der Nacht umringte mich die viel sich biegende und weiche Nacktheit der Statuen, bogengleich schmiegsam, wendig, gertenschlank... nur eben aus Stein, völlig kalt versteinert, ein Paradox, muß ich zugeben, reglose Bewegung, totes Leben, harte Weiche, kalte Wärme, und so lebt das alles tot bei Nacht im Mondenschein... Was ist das für ein Zauber, denke ich mir, was für ein Paradox... da wächst und ersteift mir das Paradox und wächst sich selbst über den Kopf... und ich denke mir, steh hier lieber nicht zu lange herum in diesem Paradox, zwischen den Statuen, geh weg... Und ich begann fortzugehen, erst langsam, dann immer schneller, aber es waren viele Statuen, ein Wald aus Stein... ich schlage Haken, wechsle die Wege... und bleibe plötzlich wie angewurzelt stehen. Hunde vor mir! Ich sehe hin: Aktäon war es, aus Marmor, der soeben Diana nackt geschaut hatte und nun floh... und die eigenen Hunde ihm nach, mit gebleckten Zähnen, gleich fallen sie ihn an mit scharfem Gebiß, gleich, gleich beißen sie ihn tot!...

Doch wie grauenhaft! Die Todsünde dieses von Hunden gejagten, fliehenden Draufgängers, sie rührte sich gar nicht!... Und verharrte so, ständig, in alle Ewigkeit, wie ein eisig erstarrter Bach. Und im Angesicht der Sünde dieses starr Erstorbenen heulte mir Pawlow auf, bis weit an die Ränder von Paris... und stumm hörte ich Pawlow heulen in regloser Nacht! Und ging nach Hause.

Immer mehr kommen ihnen die bildenden Künste ins Gehege der Literatur – das sieht man an der Kritik, wo ein von Kunstausstellung und Galerie geprägtes *genre* immer ungehemmter Anwendung auf das literarische Werk findet. In der bildenden Kunst dominieren Epochen, Stile und Richtungen die Individualität des Künstlers (die sich im Wort viel freier ausdrücken kann als im Bild) – dies Übergewicht des Kollektiven und Abstrakten macht sich auch in der Literaturkritik bemerkbar. Die bildende Kunst ist dem Ding näher als dem Menschen, Maler und Bildhauer produzieren Gegenstände – also wird auch das literarische Werk wie ein Gegenstand behandelt. Diese Kritiker bekommen immer stärker den Katalog zu spüren, vor allem ums Katalogisieren geht es, ums Zurechnen zu einer Gruppe, einer Richtung, die Kritik wird zunehmend objektiv, hat immer mehr von Theorie, der Kritiker ist immer weniger Künstler und immer mehr Forscher, Kenner, Gelehrter und Informant.

Der Kritiker von Gemälden oder Skulpturen muß über sie schreiben als über etwas grundsätzlich Fremdes und Äußeres, und zwar deshalb, weil malerische Qualitäten sich nicht in Worte fassen lassen, Worte und Pinsel sind zweierlei. Literaturkritik dagegen ist Worte über Worte, Literatur über Literatur. Was folgt daraus? Daß der Literaturkritiker ein Sprachkünstler und Mitschaffender sein muß, Literatur läßt sich nicht »beschreiben«, so wie man – leider – Bilder beschreibt, man muß sich selbst einbringen, das kann keine Kritik von außen, keine Kritik eines Dinges sein.

Aber seit sie die Jugend mit ihrer heiligen Neigung, anzuziehen und zu umarmen, in sich erstickt haben, wird die Welt ihnen immer äußerlicher. Das heißt, objektiver. Der *nouveau roman français* ist auch ein trauriger Verzicht auf das Menschsein zugunsten der Welt, das hat keine Poesie...

Oder besser, diese Poesie ist zu einseitig. Es ist eine Poesie, der gerade fehlt, was die Poesie der Jugend ausmacht: der Charme, der anzieht und fesselt, sie kann und will nicht gefallen... die Leichtheit, Mühelosigkeit, Ursprünglichkeit, das was nicht absondert und präzisiert, sondern vereinigt und verwischt... Und diese junge Poesie ist erreichbar, wenn der Schriftsteller weiß, daß er – auch – für die Jugend schreibt. Daß alle Literatur auch Literatur für die Jugend ist. Daß der Erwachsene – auch – für den jungen Menschen da ist.

Schönheit, Poesie, ausschließlich unter Fünfzig-, Vierzigjährigen erzeugt... hm, und? Was weiß ich. Besser, in uns spielten alle Entwicklungsphasen auf einmal – das wäre eine Musik! Wie will man Schönes schaffen in Trennung von jenem Lebensalter, in dem der Mensch schön ist?

Sonst werden ihre Werke alle möglichen Vorzüge haben, außer dem einen: anziehend zu sein. Sie werden das Geheimnis der Attraktivität verlieren. Es wird eine vorzügliche abstoßende Literatur sein.

Die französische Literatur, oder die Literatur überhaupt? Ich verwechsle dauernd Paris mit der Welt.

Mit Geneviève Serreau und Maurice Nadeau. Ein kleines Souper. *Truffes à la Soubise* und *Crème Languedoc Monsieur le Duc*. Ich rede, sie hören zu. Hm... das gefällt mir nicht... als ich von Buenos Aires in die Provinz kam, nach Santiago del Estero, schwieg ich, und die dortigen Schriftsteller sprachen... immer redet der, der sich hervortun will, der aus der Provinz.

Genet! Genet! Stellt euch vor, wie peinlich, dieser Päderast ist hinter mir her, läuft mir dauernd nach, ich gehe mit Bekannten, da steht er an der Ecke, irgendwo an einer Straßenlaterne, scheint zu winken... gibt mir Zeichen! Ganz so, als wären wir aus der gleichen Branche! Blamabel! Und zudem – Erpressungsgefahr! Bevor ich das Hotel verlasse, gucke ich aus dem Fenster... er ist nicht da... kaum komme ich raus... da steht er! Seine eingezogenen Schultern schielen zu mir hin!

Genet habe ich erst in Paris kennengelernt. In Argentinien hatte ich keine Ahnung von Genet, das stelle ich mit Nachdruck fest, mir liegt viel daran, daß man wisse, daß meine *Pornogra-*

phie, wie immer sie sei, genuin ist und nicht irgendeiner Liebschaft mit Genet entsprang. Ich hatte etwa eine Woche Pariser Pflaster getreten, da lieh mir jemand seine *Les Pompes Funèbres*.

Ich schlug sie auf. Der erste Eindruck? Das ist Krieg, das sind die Jahre 1939-45, darin ist bester Extrakt von jenem furchtbaren Geschmack, ich habe niemals ein Buch gelesen, das mehr »Kriegsbuch« gewesen wäre. Der zweite Eindruck? Mensch, der hat ja Häßlichkeit und Schönheit zu einem Engel verschmolzen, bei ihm haben beide denselben Blick, das ist frech, das ist heroisch! Der dritte Eindruck? Geniales Frankreich, da hast du wieder einen Einbrecher hervorgebracht, der verschlossene Türen mit dem Dietrich öffnet – erstaunt und erschrocken bin ich über dich! Der vierte? Poesie! Der fünfte? Eine gute Nase hat er dafür gehabt, der Bandit, wo der feuerfeste Tresor mit den unerhörten und verbotenen Reichtümern steht! Der sechste? Oh, wie... schwierig ist das... und unvermeidlich, traumgleich, Golgatha, aus Schicksal geboren, mit der Vorsehung verbunden...

Der siebte? Ich hatte den Eindruck, ich hätte Genet hervorgerufen, hätte ihn ausgedacht, so wie ich die Szenen meiner Bücher ausgedacht habe... Und wenn er mich übertroffen hat, so als Geschöpf meiner eigenen Phantasie.

Aber mir war nicht ganz geheuer... diese Bruderseele war, hm, kompromittierend... Doch nicht nur das. Diese Hand, die mich da unter der Straßenlaterne auf unerlaubte Weise zu berühren versuchte, sie war so kalt!

Trotzdem brachte ich es nicht fertig, andere Werke von ihm auch nur zu durchblättern, auch *Les Pompes Funèbres* habe ich nicht sehr genau gelesen. Was wollt ihr, Anrufe, Verabredungen, ein Strudel, und überhaupt, es kam eben nicht dazu... Ich hab's nicht genau gelesen. Aber ich kaufte mir Sartres Studie über Genet, *Saint Genet, comédien et martyr*, 578 Seiten stark, und ließ mich in freien Minuten von Genet zu Sartre, von Sartre zu Genet schaukeln. Aber auch Sartre las ich nicht genau, obwohl ich finde, daß diese existentiale Psychoanalyse, was Anzahl und Qualität der Entdeckungen betrifft, elf oder zwölf Prousts aufwiegt. Was soll's, es kam eben nicht dazu. Und ihr wißt ja auch, daß Bücher nicht genau gelesen werden. Ich las eben so wie alle...

Bei dieser Lektüre fragte ich mich: was ist an diesem Genet und an Sartres Interpretation von Genet, daß ich mich gegen beide, gegen Genet selbst und gegen Sartres Genet, wehren muß? Was schreckt mich ab an ihnen?

Dieser Dichter hat mich doch erschüttert. Und was Sartre angeht, so sah ich mit schierem Vergnügen, wie Genet, der Päderast, bei ihm seinen andersartigen, »anormalen« Charakter verliert, um sich mit den »Normalen« in einem tieferen Menschsein zu verbinden; jemand wie alle anderen, der nur Päderast »geworden«, Verbrecher »geworden« war, so wie andere Sportler oder Kaufleute »werden«. Die Menschlichkeit, mit der Sartre Genets Unmenschlichkeit behandelt, diese Entwaffnung der Dämonie in einer Studie, die das Dämonische in Ekstase versetzt, hielt ich für eine ganz schöne Intelligenzleistung. Und konnte mich doch des Eindrucks nicht erwehren, daß Sartre Genet aufgesessen war. Gut, Genet hat sich, laut Sartre, in einem Akt freier Wahl gegen die eigene Freiheit gewandt und sich als »Übeltäter«, als »Päderast« und »Böser« gewählt – ein Akt, der die Freiheit ebenso bekräftigt wie zunichtemacht – damit beginnt ein dialektischer Prozeß, in dem, was gegen die eigene Freiheit gerichtet war, das Sein überhaupt ruiniert, das Sein gerät zur Phantasmagorie, die inneren Widersprüche eines BÖSEN, das Negation »ist«, machen selbst dem BÖSEN das Sein unmöglich... so gewinnt Genet durch das Nichts die Freiheit zurück, der er entsagte, und mit ihr auch die Welt. Und doch hängt diese Schlußfolgerung, obwohl sie keinen Augenblick den Boden unter den Füßen verliert, irgendwie in der Leere... warum?

Und warum erregt Genet mit seiner Erklärung, er habe das BÖSE gewählt und wolle das BÖSE, so viel Argwohn in mir wie ein Dieb, der dem Untersuchungsrichter was erzählen will? Irgendjemand hat sich hier reinlegen lassen. Sartre von Genet? Genet von sich selbst? Hinter der drohenden Pforte, die angeblich zur Hölle führt, lauerte eine Überraschung, nein, nicht die Hölle war dort, sondern etwas anderes. Was? Leichtigkeit. Hört nur, wie leicht, wie einfach und normal das alles kam: dieser Junge, Genet, begann zu stehlen, weil er doch Geld brauchte; und Päderast wurde er, indem er auf die Stimme seines Leibes hörte; und das kam ganz normal, glatt, allmählich, im Laufe der Zeit, in Millionen unmerklichen Daseinsaugenblicken, nicht einmal von Minute zu Minute, sondern von Sekunde zu Sekunde; also glatt; also wie von selbst; in Leichtfertigkeit; Verantwortungslosigkeit; in der Wirrsal des Lebens; mit ebenso leichten Freunden. Das ABSOLUTE BÖSE dagegen hängte er erst an seine Existenz an, als er in späteren Jahren zu schreiben begann und es für die Literatur brauchte. Da erst verkündete er, er hätte das BÖSE gewählt; ohne dazuzusagen, daß er es *ex post* gewählt hatte. Und Sartres Studie war keine Interpretation einer Existenz, sondern die Interpretation einer Interpretation... er nahm sich Genets Leben vor, als dieses von Genet in seiner Kunst schon mythologisiert worden war.

Mit welcher *Leichtigkeit* mir dieser Höllentempel zerfiel; und zu *Leichtigkeit* zerfiel!

Jemand anderem hätte das wohl Sorgen gemacht: wie denn, so einfach läßt sich das alles erklären? Ich aber wußte, daß das kein Zufall war, und daß diese beiden, Genet und Sartre, wenn überhaupt, dann über die Leichtigkeit stolpern könnten – als wäre sie das schwerste aller Hindernisse.

Was stieß mich also ab an diesem Poeten, der wie ich versuchte, die junge Schönheit zur höchsten Schönheit zu machen? Und den Zwanzigjährigen aufs Piedestal zu hieven?

Aber er hat sie ja nicht begriffen, die Jugend, in ihrem tiefsten Wesen, das entwaffnend ist – Entlastung – Ungenügen, und daher etwas, das nie zu vollem Dasein gelangen kann – etwas Mittelbares somit, das erleichtert und enthebt. Für sie war Jugend Verbrechen – Grausamkeit – Sünde – Heiligkeit –

Tortur... mit dem Messer ging dieser Mönch, Sünder, Heilige, Verbrecher und Henker an sie heran, um sie furchtbar zu machen und zum Extrem zu treiben!

Wie charakteristisch, daß in Paris, der Hauptstadt der Welt, der verwegenste Versuch, die Jugend zu vergöttern, darauf hinauslief, daß sie in die Hölle – in die Sünde – und somit die Moral gestoßen wurde, in die Kultur. Genet ließ es keinen Augenblick lang zu, daß sie ihm ganze Jahrhunderte französischer Moral lockerte, er steigerte sie im Gegenteil zu höchster Spannung und Starre, machte die biegsame Haselgerte zum mörderischen Stahl. Und solche, vom reifen Alter präparierte Jugend ging Sartre mit noch reiferer Analyse an... Paris! Wirst du, werden Sartre und Genet, und ich, und wir alle, denn niemals Einhalt finden auf dem Wege, der, immer steiniger, zur MEISTERSCHAFT führt? Nie je einen Blick zurück? Argentinien? Ist die Vergangenheit unerreichbar? Ich schreibe noch ein paar Worte, um das traurige Pathos der letzten Sätze zu verwischen. Habe mich mit Winczakiewicz getroffen. Im Radio gesprochen. Bin Antonia Berni auf dem Quai de la Tournelle begegnet.

1964

XI

Vor einem Jahr, am sechzehnten Mai, landete ich auf dem Flughafen Tegel in Berlin.

Professor von Bomhard, der Vertreter der Fordstiftung, verstaute mich mitsamt den Koffern in einem schönen, schwarzen Auto und fuhr mich durch die Stadt. Ich – ein Koffer mehr. Der ausgeladen wurde vor einem Gebäude, irgendwo im Park, Fahrstuhl, Korridor, ein großes Zimmer mit riesigem Fenster, eine Treppe nach oben, wo ein zweites Zimmer war, ein Balkon, ein Bett, ein Schrank, Auspacken, ein Tisch.

Ich trat auf den Balkon: die rechteckigen Klötze fünfzehnstöckiger Hochhäuser im Grünen, eine Gartenstadt. Ich schwelgte in solchen Weiten nach dem mickrigen Hotelzimmer in Paris.

Ingeborg Bachmann, Dichterin aus Österreich, gleichfalls von Ford eingeladen und wohnhaft in selbiger Akademie der Künste, war die erste, mit der ich mich befreundete. Wir spazierten, beide leicht verwundert oder verblüfft von dieser Insel (im kommunistischen Ozean), oder vielleicht etwas anderem, wir sahen sehr wenig, so gut wie nichts, ich weiß noch, wie mich die Menschenleere in Berlin gewundert hat, wenn in der Ferne jemand auftauchte, riefen wir »sieh an, Mensch am Horizont!«. An fremden, entlegenen Orten befällt einen so eine Sehschwierigkeit, Wahrnehmungsstörung... vor allem an ungewöhnlichen, exotischen Orten... ich erinnere mich, wie mir einmal auf dem Oberlauf des Paraná der Vollmond direkt unter die Nase kam, in einer Entfernung von wenigen Schritten, ich dachte ich träume, aber nein, der leuchtende Kürbis war ganz, ganz nah, und es war der Mond, da mochte ich mir noch so angestrengt weismachen, daß es nicht so sei, es war trotzdem so... das ist eben diese Wahrnehmungsschwierigkeit, die uns übrigens allerorten begleitet, im eigenen Haus, im Zimmer, doch am zudringlichsten wird sie, wenn eine oder mehrere Anomalien dem Ort einen verschlüsselten Charakter verleihen. Weshalb kam Berlin mir in diesen ersten Tagen fast leer vor? Ich wohnte in einem Viertel mit viel Grün, aber man kutschierte mich auch durch die Straßen der Innenstadt. Verstehe ich nicht. Eine Fata Morgana. Nach einer Woche sah ich, daß es doch eine ganze Menge Leute in Berlin gibt.

Nach dem Pariser Durcheinander – himmlische Ruhe, segensreiche Stille. Sommerfrische. Ich spaziere in der Maisonne durch den Tiergarten und blinzle. Keine dringlichen Termine, außer einigen Besuchen – dann fuhr Prof. Höllerer Frau Bachmann und mich zum Wannsee, wo wir gefilmt wurden. Ein paar Interviews. Sommerfrische. Und Erstarren dessen, was hinter mir lag, Argentinien, die Reise, Paris, alles eingeschläfert...

Dann aber (als ich im Tiergarten spazierenging) drangen gewisse Gerüche zu mir, eine Mischung aus Kräutern, Wasser, Steinen, Rinde, ich kann es nicht genau sagen... ja, Polen, das war bereits polnisch, wie in Małoszyce, Bodzechów, Kindheit, ja, ja, das gleiche, es war ja auch nicht mehr weit, einen Steinwurf, dieselbe Natur... die ich vor einem Vierteljahrhundert verlassen hatte. Tod. Der Kreis hatte sich geschlossen, ich war zurückgekehrt zu diesen Gerüchen, das bedeutete Tod. Den Tod. Ich war meinem Tod schon unter so manchen Umständen begegnet, aber diese Begegnungen bargen immer ein gewisses Verfehlen, das noch Aussicht aufs Leben ließ, im Tiergarten dagegen erfuhr ich den Tod direkt – und seither weicht er mir nicht von der Seite. Ich hätte Amerika nicht verlassen dürfen. Weshalb war mir nicht klar gewesen, daß Europa für mich der Tod sein muß? Für einen Menschen wie mich, für jemanden in meiner Lage muß doch jede Annäherung an Kindheit und Jugend tödlich sein – und wenn ich mich später auch oft »wunderte«, daß etwas so Hinfälliges wie ein Geruch mir das Leben so plötzlich radikal fertigmachen konnte, so setzte sich mir der Tod von da an alle Augenblick auf die Schulter, wie ein Vogel, während des ganzen Aufenthalts in Berlin.

Und zugleich gewann die – abgeschlossene – argentinische Periode mythischen Glanz. Wie ich so durch den Tiergarten ging, rief ich mir den unheimlichen Augenblick in Erinnerung, da ich, Pole aus dem Jahre 1939, mich in Argentinien fand, allein, allein auf einem Festland, das verloren war in Ozeanen, das wie ein Fischschwanz zum Südpol reichte, ach, die Einsamkeit Argentiniens auf der Landkarte, seine Verlorenheit in den Wassern, sein Herabgestoßensein ins Niedere, Versinken in den Entfernungen... Allein, verloren, abgeschnitten, fremd, unbekannt, versunken. Noch dröhnten mir die Trommelfelle vom fieberhaften Kreischen der europäischen Lautsprecher, hallte noch das Kriegsgebrüll der Zeitungen nach, da tauchte ich schon ein in die unverständliche Sprache, in ein Leben, das jenem so fern war. Wirklich ein unheimlicher Moment. Waldesgleiche Stille, daß man sogar das Summen einer Fliege hörte, nach dem Lärm der letzten Jahre eine überaus seltsame Musik – und in der ausfüllenden, überfüllenden Stille bekam ich allmählich zwei außergewöhnliche, einzigartige, ganz besondere Worte zu hören: Witold Gombrowicz. Witold Gombrowicz. Ich war zufällig nach Argentinien gefahren, für zwei Wochen nur, wäre in diesen zwei Wochen nicht durch eine Fügung des Schicksals der Krieg ausgebrochen, ich wäre nach Polen zurückgekehrt – doch ich verhehle nicht: als es kein Zurück mehr gab, als Argentinien über mir zusammengeschlagen war, da war mir, als hätte ich endlich mich selbst gehört.

Vierundzwanzig Jahre derart von der Geschichte befreit. Buenos Aires – ein Sechsmillionencamp, ein Nomadenlager, Einwanderer aus allen Ecken der Welt, Italiener, Spanier, Polen, Deutsche, Japaner, Ungarn, durcheinandergewürfelt, provisorisch, in den Tag hinein... Und die echten Argentinier sagten freiweg *qué porquería de país* (»Schweineland«), und ihre Ungezwungenheit klang aufregend nach all den erstickenden

Nationalismen. Es war eine Lust, in jenen ersten Jahren, nichts von Argentinien zu wissen, weder Parteien, Programme noch Führer zu kennen, die Zeitungen nicht zu verstehen, zu leben wie ein Tourist. Wenn solcher Tourismus mich nicht unfruchtbar gemacht hat, so deshalb, weil ich als Mann der Feder es zum Glück gewohnt war, mich der Form zu bedienen und darangehen konnte, meine Person in dieser Lage, von der neuen Position aus zu gestalten ... ob mir aber Argentinien nicht von der Vorsehung bestimmt war, da ich doch als Kind in Polen schon alles tat, um nicht im Takt an Tribünen vorbeizumarschieren?

Der Segen der ungeheuren Wasser, die mich, in Ewigkeit aufgewühlt, von der europäischen Geschichte trennten! Und nun auf einmal ... die Rückkehr, der Wechsel nach Europa, und das an ihren von der Geschichte am ärgsten befleckten Punkt, ihren schmerzlichsten Ort. Ich ahnte jetzt, ich wußte, daß das alles nicht glattgehen würde, überhaupt war meine ganze Europareise vom ersten Augenblick an etwas viel Gefährlicheres geworden, als ich, da ich in Buenos Aires die Koffer schloß, hatte wissen können. Etwas ganz Verzweifeltes mischte sich zu dieser Reise. Aber wer hätte ahnen können, daß der Tod mich im Tiergarten überraschen würde? Leere Phrasen? Gewiß, leere Phrasen, aber solche, die nicht lockerlassen ... haben sie sich einmal festgebissen ...

Ich hatte noch an Paris zu kauen, dachte an Sartre.

Wer erregt wohl mehr Anstoß – Sartre oder der Pangloß von Voltaire? Es ist fast so, als hätte der Rauch der Ruinen und Krematorien sich in angemessene Höhe verzogen und das Wort »Freiheit« in die Luft gezeichnet.

Doch abgesehen von Krieg und KZ – eine solche Freiheitsproklamation wäre immer und überall provokativ. Uns einzureden, wir seien frei, uns Opfern, Märtyrern, Unfreien, die wir bis über die Ohren in Krankheiten, Lastern, Begierden stecken, ständig in der Tretmühle, voller Angst und Mühe, gehetzt und eingeschüchtert? Scheußlichster Sklaverei sind wir ausgesetzt von früh bis spät... und er redet von »Freiheit«! Es verstärkt die blutige Ironie, daß ein Gedanke, der unserer täglichen Erfahrung ganz widerspricht, in seinen unterschiedlichen Konsequenzen durchaus sinnvoll und fruchtbar ist.

Aber kann eine Philosophie, deren Ausgangspunkt das Bewußtsein ist, viel mit dem Dasein gemein haben? Das Bewußtsein als solches ist doch dem Leben gleichgültig. Das Leben kennt nur die Kategorien von Leid und Vergnügen. Nur in den Möglichkeiten Schmerz oder Lust existiert die Welt für uns. Solange es kein Bewußtsein von Schmerz oder Lust ist, ist das Bewußtsein für uns ohne Belang. Ich habe mir die Existenz dieses Baumes bewußt gemacht – ja und? Er wärmt mich nicht, er macht mich nicht frieren. Bewußtgewordenes Sein ist kein Sein – solange meine Sinne es nicht empfinden. Wichtig ist nicht das bewußtgemachte, sondern das empfundene Sein. Das Bewußtsein muß also ein Bewußtsein der Empfindungsfähigkeit sein, nicht unmittelbares Bewußtsein des Seins.

Das Leid aber (und also auch das Vergnügen) steht seinem Wesen nach im Widerspruch zum Begriff der Freiheit. Zu sagen, daß wir uns eine gewisse, grundsätzliche Möglichkeit von Freiheit angesichts des Leidens bewahren (die an der Sinnhaftigkeit unseres Wertsystems hinge; und sei es auch nur die Freiheit »in der Situation«), hieße diesem Wort überhaupt jeden Sinn zu rauben. Das Leiden ist etwas, das ich nicht will, das ich »erleiden« muß, entscheidend ist hier der Zwang, also der Mangel an Freiheit. Es gibt wohl kaum einen größeren Gegensatz als den zwischen Leiden und Freiheit.

Wenn ich annehme, daß Ausgangspunkt des Existentialismus nur die Empfindsamkeit sein kann, schließe ich damit jede existentialistische Philosophie als einer Philosophie der Freiheit aus.

Ich schreibe über Sartre, um mich von Berlin abzulenken. Aber klar – ich schreibe nie »über Berlin«, »über Paris«, sondern nur über mich... in Berlin und in Paris... ich leide es nicht, daß mein Schreiben vom Thema abweicht. Aber seit ich aus Buenos Aires in die weite Welt aufgebrochen bin, fällt es mir immer schwerer, mich auf mich selbst zu konzentrieren, ich, ein Argentinier, korrumpiert vom Süden, ganz durchdrungen von der Sonne und dem Himmel dort, spaziere nun unter Himmeln, deren Gestalten und Licht tief in mir versunken waren... ich dringe ins Gebüsch ein, oder ins Moos, sinnend, erregt, wie ein schnüffelnder Hund... hart ist der Himmel des Nordens mit seinen schnellziehenden Wolken. Raum. Zeit. Nichts über dem Kopf als jagende Unendlichkeit. Ich habe einmal geschrieben, daß ich, als ich nach Argentinien gekommen war, so etwas wie eine zweite Jugend erlebt habe, nun, diese zweite Jugend hat jene erste, polnische, in mir erschlagen... all jenes dort, Bodzechów, Małoszyce, die Schuljahre in Warschau, das literarische Debüt, die Cafés, alles fertiggemacht in mir, fortgefallen. Und? Was nun? Sollte ich außer dem unfaßbaren Himmel auch diese verlassene Unmasse in mir wiederauffinden, versinken, aufgehen auch in ihr?

Indessen nahm Berlin für mich erste Konturen an, als eine gar nicht so leichte Stadt...

Ich hatte natürlich keine Illusionen, was mein Deutsch anging – aber daß das so bissig sein sollte! Diese Bissigkeit bekam ich zu spüren, als ein gewisser Würdenträger mich zum Abendessen eingeladen hatte. Man hatte Personen dazugeladen, die Englisch sprachen, während Spanisch und Französisch die beiden Sprachen sind, deren ich mich fließend bediene. Man sprach mich in regelmäßigen Abständen sehr höflich an, doch verlief sich alles in einem Mienenspiel. Da griff sich einer der Anwesenden die deutsche *Ferdydurke* aus dem Regal und begann einige Abschnitte zu lesen.

Sehr nett von ihm. Nur... ich höre mich sprechen, es sind meine Worte... aber ich verstehe nichts... Ich sehe, daß ich spreche und man mich versteht, aber ich verstehe nichts... seltsame Zerrissenheit, als wäre ich nur das körperliche Komplement des anderen, geschriebenen Gombrowicz – und ich spürte, daß meine Existenz hier unvollkommen und... und...

eher körperlich sein mußte. Was mich erschreckte. Aber nicht darum geht es, nicht darum. Sollte ich nach Polen fahren? Eine Frage, die mir schon auf dem Schiff keine Ruhe gelassen hatte. In Paris redete man mir zu, fahr, was kann's schaden, wirst sehen, wieviele Freunde du hast... Und ich brauchte nur ans Fenster zu treten, schon drängte der nördliche, dunkle und wolkenbrodelnde Himmel heran, verdammt, schon bedrängte mich meine Vorgeschichte von allen Seiten, von den Farben, der Art zu gehen, in den Bus zu steigen, von den Mützen, dem deutschen Lächeln, das so nah ans polnische Lächeln grenzt. Fahren? Nicht fahren? Nicht nach Polen würde ich fahren, sondern zu mir selbst, so wie ich gewesen war... und davor hatte ich ein wenig Angst. Es machte nichts, daß dort alles auf den Kopf gestellt und nicht wiederzuerkennen war – ich würde mich schon finden. Und das ging über meine Kraft, zu sehr war mir die ganze argentinische Zeit aus den Händen geglitten, als das Schiff sich von Buenos Aires entfernte, ich war allzu verloren... Da könnt ihr alle schön schreien, ihr Schmierer: »Das ist das Schicksal des Emigranten und Eigenbrötlers!« Blödsinn. Das ist das Schicksal jedes Menschen in gewissem Alter, dem das Leben in zwei Hälften zerfallen ist. In den morschen Brunnen schauen, in dem ich mein zehnjähriges, sechzehnjähriges, zwanzigjähriges Gesicht schauen würde, und auf den Friedhof gehen, das Grab aufgraben, in dem ich liege... und nebenbei auch noch die Familie, die Freunde begrüßen, Meinungen austauschen, an geselligen Versammlungen teilnehmen?

In solche Gedanken versunken, vertieft in solche Ängste (denn seit ich Argentinien verlassen hatte, verfolgte Angst mich), und mit diesem Tod, dem ich im Tiergarten begegnet war, begann ich mein Leben in Berlin. Nach zweiwöchigem Aufenthalt in der Akademie der Künste wurde ich in eine komfortable Wohnung am Hohenzollerndamm verlegt. Ich packte aus, richtete mich ein. In dieser Zeit lernte ich fast alle wichtigen Schriftsteller und Redakteure kennen (in Berlin verkehrte die Crème der deutschen Literatur), ohne mich leider immer mit ihnen verständigen zu können. Günter Grass, Peter Weiss, Uwe Johnson, meine Berufskollegen, sprachen schlecht Französisch. Überhaupt kam mir Europa nach einem Vierteljahrhundert wie der Turm zu Babel vor. Es kam vor, daß auf einem Essen, an dem zehn Personen teilnahmen, sechs Sprachen gesprochen wurden. Die Flugzeuge warfen Menschen hier- und dorthin, ich kannte Leute, die drei Wohnungen besaßen, jede in einer anderen Stadt – Rom, Berlin, Zürich, zum Beispiel – jede für zehn Tage im Monat. Dieses neue, moderne Europa war auch unfaßbar, zu gehetzt, zu galoppierend, ich hielt es in den Händen wie eine Bombe, wußte nicht was anfangen damit. Aber nicht darum geht es, nicht darum. Westberlin, durch die berühmte Mauer vom Osten der Stadt getrennt, zählt etwas über zwei Millionen Einwohner und nimmt eine ziemlich riesige Fläche ein, überall stößt man erfreut auf Parks, Seen und Wälder, manche Bezirke stecken so im Grün, daß man nicht weiß, ist das ein Wohnviertel oder ein Wald. Eine Kurstadt, die komfortabelste Stadt, die ich kenne, gleichmäßig und ohne Staus gleiten die Autos dahin, die Menschen gehen gleichmäßigen Schritts, ohne Hast, und Enge und Gedränge sind so gut wie unbekannt. Ungewöhnliche IDYLLE liegt in der Luft: Liebevoll führen ältere Herren ihre gepflegten Hunde aus, eine adrette Dame gießt ihre Blumentöpfe im Fenster, artig halten an der Ampel die Autos, ein Arbeiter lädt lächelnd Pakete aus, jemand beißt auf der Veranda eines Cafés herzhaft in einen Kuchen, ein prächtig geratenes Mädel betrachtet das Schaufenster... ARTIGKEIT. In den Fahrstühlen grüßen sich Unbekannte und tauschen Höflichkeiten aus. Fragst du einen Passanten nach der Straße, so macht er einen Umweg und führt dich persönlich hin. In den Gesprächen hört man einen vertrauenerweckenden Ton, als wären Lüge, Ironie, Boshaftigkeit für immer verbannt von hier. Enorme KORREKTHEIT zeigt sich an Krägen, Krawatten, Fingern, Fingernägeln, Schuhen, im Vorfahren der Taxis, der Abfertigung der Kunden, der Geste des Postbeamten, der die richtigen Marken heraussucht, um sie selbst auf deinen

Brief zu kleben. Eine tiefe MORAL im Blick, aber auch im ganzen Körper, von Kopf bis Fuß. GUTMÜTIGKEIT, RUHE, FREUNDLICHKEIT durchdringen die Stadt, deren Lebensstandard wohl höher liegt als in den Staaten. Nicht selten blickt dir SCHÖNHEIT in die Augen, kraftvoll und nordisch. In dieser Stadt, einem neuralgischen Punkt in der Welt, einer Insel, mit Mauer dazu, ist so gut wie keine Polizei zu sehen, man kann kilometerweit gehen, ohne einer Uniform zu begegnen... in diesem grünen Kurort, diesem idyllischen Berlin... Aber nicht darum geht es, nicht darum. Ich aß in einem Gartenrestaurant am Fehrbelliner Platz zu Abend: lauschig, Bäume, Schirme. Spatzen, von keinem Deutschen je erschreckt, hüpften mir auf den Tisch und pickten nach Kräften vom Teller. Zwei Springbrunnen, schreiend bunt in immer neuem Kolor, wie zwei Blumensträuße im Rund der Tische, inmitten des Geplauders der Gäste, des Gerennes der Kellner. Und immer wieder einmal kam Rot an die Reihe, dann mußte ich im unschuldigen Berlin an Blut denken, und Blut sprudelte aus gnadenloser Erde! Aber nicht darum geht es, nicht darum. Berlin... nein, das ist nicht einfach, vielleicht wäre es einfacher – oh, Hamlet! –, wenn ich keine bösen Träume hätte. Gut sechs Monate danach, als ich in der Bartningallee wohnte und in einem Restaurant am Hansaplatz frühstückte, erlebte ich folgendes Abenteuer. Mir gegenüber, einige Tische weiter, pflegte ein schon älterer Deutscher zu sitzen, mit zitternden Händen, gewiß ein Rentner, mit einem Krug Bier, geistig vielleicht nicht mehr ganz auf der Höhe, aber rührend kontaktfreudig – er grüßte die Kellner, mich und andere Gäste mit großer Herzlichkeit, nutzte enthusiastisch die geringste Gelegenheit, etwas zu sagen oder auch nur abzuwinken, seine Einsamkeit mußte groß sein... (ob sie *von dort* gebürtig sei, fragte ich ahistorischer Geist). Mich sprach er besonders gern an: »Schön heute, was?...« (längeres Schweigen)... »was für ein Schnee!«... (Viertelstunde Pause)... »Zigarre gefällig?«... Einmal gingen wir zusammen hinaus, es war Sonntag, da sagte er, wissen Sie, sonntags gehen hier Ausflugsbusse ab, wollen wir nicht mal fahren?... Ich lehnte dankend ab. Er sah mich an, verstummte, schließlich sagte er etwas, seine Hände zitterten, er sagte etwas auf deutsch, wovon ich nicht einmal Fetzen verstand, nur schäbige Reste: »Nicht fahren... fahren... nicht ankommen... viel Abwechslung, was sein könnte... geht nicht, gibt nichts, nichts gibt's, nichts, was wollen Sie?... ganz unmöglich... das kann nicht sein... schade, schade... nichts... nein... aber sehen Sie, mein Herr, das ist vielleicht trotzdem, und gegenüber...« Er schloß entschieden: »Nichts!« Und stand so da, irgendwie widerredend, starrsinnig, hartnäckig, unbeugsam und unfaßbar, kategorisch, resigniert, verzweifelt, labil, weich, hart, dramatisch, ehrbar, etwas lag ihm auf der Zunge... Klage... Protest... Negation, Leere vielleicht, oder nichts... und ich stand da und konnte nichts begreifen, fassen, erraten, ich stand über diesen Worten wie über einem Haufen umgekippter Bauklötzer... oder über einem gähnend verneinenden Loch... Und dabei ging es doch nicht darum, nicht darum! Um was also? Seit ich Argentinien verlassen hatte, hatte ich den Faden verloren – und hier, in Berlin, kreuzten sich zu viele Fäden – Häuser waren da, Straßen, Bäume, Rasen, Asphalt, ich stand in alledem, er redete was, ich weiß nicht, wieder hat der Tod mich leicht gestreift, meiner oder ihrer, muß nach Hause, Lächeln, Verbeugung...

XII

Lady Macbeth. Sie waschen sich in einem fort die Hände... (am Anfang).

Wasserhähne. Bäder. Hygienisches Waschen... trotzdem.

Die Länge der Beine und eine gewisse Ausgeblichenheit in den Augen, und der Nacken und die Hautfarbe... egoistisch... (Aber die Schweden z. B.? Norwegen, Holland?)

Kellner. Ballett. Felsenfest. Sie quälen sich nie. Ohne Fehl. Höflichkeit. (Der Deutsche als Schauspieler.)

Mögen sie Maske und Spiel? (Von dieser Seite geht es auch, es geht überhaupt alles, leider.)

Vereinzelung. Sie arbeiten zusammen, verkehren also nur fragmentarisch, im Rahmen ihrer Funktion. Ihre Einsamkeit geht auf in der Verarbeitung der Welt, der Befriedigung ihrer Bedürfnisse. Sie heiraten früh. Um die Frau *einzusetzen*, zur Arbeit anzuspannen...

Norden, Norden... Wieviel haben sie von sich selbst, und wieviel einfach vom Norden (Engländer? Schweden? Dänen?). Die Antwort: die nordischen Züge erfahren eine Potenzierung und Verwandlung in ihrer Masse, die unerhört geschlossen ist. Und werden endlich zu Flügeln. Mitreißenden Flügeln! (So geht es auch. Wenn ein Mensch über zig Millionen nachdenkt... geht alles...)

Der Deutsche, angewiesen auf den Deutschen.

Der Deutsche auf den Deutschen angewiesen, das heißt in der einfachsten Version: wem soll er trauen, wenn nicht seinem Ingenieur, General oder Denker? Deutsche Arbeit war schon immer solider. Die Deutschen sind ein Volk, wo der Arbeiter Vertrauen zur Elite hat und die Elite sich auf den Arbeiter verlassen kann...

Sicher, sie haben zwei riesige Kriege verloren, aber sie hielten die ganze Welt in Schach, und bevor sie zerschmettert wurden, führten ihre Führer sie von Sieg zu Sieg. Trotz allem sind sie das Siegen gewöhnt: in der Fabrik, im Krieg, bei allen zu lösenden Problemen ... Hitler, das war vor allem auch eine Frage des Vertrauens.

Weil sie nicht glauben mochten, daß das gar so simpel sei, mußten sie es für genial halten...

Eine Parallele: der Pole, von Niederlagen geprägt, der Deutsche – von Siegen.

Sie sind nicht begabter, sie fürchten nur den Pfusch mehr, der ihnen fremd ist... (das Gesicht des Elektrotechnikers, der die Leitungen im Fahrstuhl reparierte, konzentriert, schmerzlich, fast märtyrerhaft).

Etc., etc. Man könnte sich an willkürliche, zufällige Vergleiche halten und sehen, was das bringt... Z.B. Augen und Augenhöhlen, die Arbeit als Variante des Apparats, die Reduzierung aufs Essen, das Verhältnis Ruhe – Bewegung, oder z.B., was ständig *hinter ihnen* ist, wenn sie gehen... (viel ließe sich sagen; und der unbestreitbare Vorteil wäre, daß mich das vor den ewig gleichen, schematischen Auffassungen bewahren würde, in denen sie stecken wie im Käfig...).

Sich nicht informieren.
Nicht lesen, weder Bücher noch Zeitungen.
Nicht die Mauer besichtigen.
Sich für nichts übermäßig interessieren.
Im Café sitzen und auf die Straße gucken...
(Notizen in einem Café am Kurfürstendamm, während ich auf Susanne Fels wartete.)

Nein, ich schreibe nicht über Berlin, ich schreibe über mich – diesmal in Berlin – ich habe kein Recht, über irgend etwas anderes zu schreiben. Verfehle dein Thema nicht!

Ich habe andere Künstler kennengelernt, die ebenso wie ich von der Fordstiftung eingeladen waren. Habe mir einige elegante Anzüge zugelegt. Die Kapitel meines *Tagebuchs* abgeschlossen, die die Reise von Argentinien und den Aufenthalt in Paris behandeln. Ich war von Einladungen überhäuft: Konzerte, Ausstellungen, Colloquien.

Doch es scheint, daß JENES aus der Zeit vor einem Vierteljahrhundert es war, das mir, dem sonst recht ahistorischen Ankömmling von jenseits des Ozeans, den Schlaf am ärgsten raubte... oder mich schläfrig machte... Denn die Idylle ging einher mit einer gewissen Scheußlichkeit, bei der man sich fragen konnte, ob sie von heute oder von gestern war – schließlich stammt doch alles Heute vom Gestern. Die Berliner Hunde zum Beispiel sind durch die Bank höchst *korrekt*, und dennoch mag ich irgendwo in der Ferne Hunde streifen gesehen haben, die zu schieren Scheusalen geworden waren. Manchmal im Gespräch fiel ein Wort, das nicht minder scheußlich war und ebenso zwischen Heute und Gestern hing – habe ich es zum Beispiel geträumt (denn dieses Durcheinander der Zeiten stößt in den Schlaf), daß jemand mir sagte: »Wissen Sie, hier in der Nähe ist ein Krankenhaus, da werden verkrüppelte Menschen, die zu furchtbar aussehen, als daß man sie auch nur den nächsten Angehörigen zeigen könnte, ihr Leben lang eingesperrt. Der Familie wird gesagt, sie seien gefallen.« Es heißt: »dort, hinter der Mauer, war Hitlers Bunker« (war oder ist? Er ist doch noch immer da, auch wenn es nur der ehemalige Bunker ist). Man sagt: »Ach, der Krieg, das waren harte Zeiten!« Oder: »Seit dem Krieg bin ich allein, mein Mann und mein Sohn sind gefallen!« Man fuhr mich zu einem Gefängnis und zeigte mir einen normalen, hellen Raum mit eisernen Ringen an der Decke, an denen diejenigen gehängt wurden, die gegen Hitler kämpften – oder nicht gehängt, sondern erdrosselt (denn ich verstand nicht recht, manchmal hörte ich sogar schlecht, wie das im Gebirge vorkommt, an großen Flüssen, an Orten, wo die Natur ins Phantastische entwuchert). Und wieder: das »war«, oder »ist noch«... wenn auch unvollständig, von Zeit zerfressen. Mußte ich doch auf den Straßen dieser Stadt, die so anständig war, so tief moralisch, nicht nur scheußlichen Hunden, sondern auch Menschenscheusalen begegnen, wer hätte sagen können, ob der rechte Fuß dieses Herrn in gewissem Alter nicht damals irgend jemands Kehle bis zum Erfolg gewürgt hat. Bei der Überwindung der Vergangenheit sind sie so stark, du glaubst es manchmal nicht...

K Einmal saß ich in französisch-englischer Gesellschaft im Café *Zuntz*, und uns fiel ein Tisch auf, an dem etwa zehn Damen, schon über die Fünfzig, vermutlich einen Geburtstag feierten.

Ihre Reinlichkeit. Die perfekte Disziplin jedes Härchens, jeder Spitze. Die unerhörte Korrektheit, mit der sie Kuchen konsumierten. Ihre Artigkeit, die gute Laune, Freundlichkeit, Umgänglichkeit, Güte, ihre ungespielte, natürliche Würde... gut, in Ordnung, aber als die Russen in Berlin einmarschierten, standen sie doch in der Blüte der Jugend... So ist das an diesem Ort...

In dieser Stadt verbindet sich das Winseln, das Heulen eines idiotischen Hundes, eines makabren Hundes mit einem imponierenden Willen zur Normalität.

Ort des Verbrechens, Ort der Tugend? Ich, eine Person aus Argentinien, eher ahistorisch und nicht damit vertraut, hatte ständig den Eindruck, als wüsche sich Berlin, wie Lady Macbeth, unermüdlich die Hände... Und unter solchen Umständen gewann die ins Leben tretende Generation, diese riesige, erneuernde, reinigende Woge, die gewissermaßen von vorn begann und die Vergangenheit überspülte, entscheidende Bedeutung – doch immer entglitt mir diese deutsche Jugend, denn die gebrochenen Dialoge, ein bißchen deutsch, ein bißchen französisch, ließen keine wirkliche Annäherung zu. Von allen Begegnungen mit ihr ist mir die Silvesterfeier 1964 im Atelier eines jungen Malers, an der ich durch Vermittlung meines griechischen Freundes Christos Joachimides teilnahm, am lebhaftesten in Erinnerung. Als ich das halbdunkle Etagenatelier betrat und die nordische Jugend sah, die sich auf Sofas breitmachte, in den Ecken stand, wurde mir sofort klar, daß sie an die eigenen Hände gefesselt waren, die Hände waren das Stärkste, sie erfüllten den Raum, sich lockernd oder verdichtend, kräftig, groß und sauber, mit exakt geschnittenen Fingernägeln, zivilisiert. Und die Köpfe begleiteten die Hände, wie Wolken die Erde begleiten (das war kein neuer Eindruck, schon einmal war mir Roby Santucho, in Argentinien, derart zu den eigenen Händen geschubst, gestoßen worden).

Verbrecherhände? Aber nein, sie sind doch neu, unschuldig... Neu und nicht dieselben, und trotzdem, doch die gleichen... Wo ist der Unterschied? Nicht die gleichen Augen, Haare, Münder, nicht das gleiche Lachen? Ein goldblauer Blonder reichte mir freundschaftlich ein Glas Whisky, aber diese Hand wurde mir *von dort* gereicht, die Augen betrachteten mich *von dort*... Jemand anders legte mir die Hand auf die Schulter, und das war brüderlich, aber die Brüderlichkeit, auch sie von dort, war der Tod... ich weiß nicht, kameradschaftlich, oder feindlich... Und im selben Augenblick zuckte ein wunderhübsches Mädchen lustig die Schultern, um die Liebe ging es, die Liebe, ja, aber auch *Jenes* war Liebe gewesen, ein Wald, ein Wald von eroberungslustig ausgestreckten Händen, liebevoll, Heil, schaffende Hände! Dummheit! Fort damit! Hirngespinste! Wie europäisch sie sind (so ein Europa habe ich in Paris nicht gesehen), ruhig und ungezwungen, keine Spur von Chauvinismus oder Nationalismus, weite, weltoffene Horizonte, ja, das war die modernste Jugend, die ich je gesehen hatte. Sie verdrängten die Vergangenheit nicht einmal, man sah im Halbdunkel, daß *Jenes* nicht mehr ihre Sache war, sie waren etwas Anderes und Neues. Sich lösen! »Komm, gehen wir, was soll dir ihr Achilles!« Eine von niemand geborene, elternlose Jugend ohne Vergangenheit, im Vakuum – nur daß sie immer an die eigenen Hände gefesselt waren – die allerdings nicht mehr töteten, sondern mit Diagrammen und Rechnungen, mit Fabrikation und Produktion beschäftigt waren. Und reich waren sie... bizarre Jacken, schöne Uhren... ihre Autos standen vor der Tür...

Der Luxus von hochzivilisierten Jungen also, im Herzen Europas... und dennoch explodierten mir ständig tötende Assoziationen im Hirn. Um irgendeine Lücke in meinem deutschen Geschnatter zu füllen, zitierte ich Goethes »Hier liegt der Hund begraben« und kam gleich auf den begrabenen Hund, nein, nicht Hund, sondern einen Gleichaltrigen, einen so wie sie, der schließlich hier irgendwo liegen konnte, in der Nähe, am Kanal, unter den Häusern, wo der junge Tod dicht gesät gewesen sein mußte im letzten Kampf. Dieses Skelett steckte irgendwo in der Nähe... Und zugleich fiel mein Blick auf die Wand, und ich sah dort, hoch, fast an der Decke, einen Haken, einsam und tragisch in die nackte Wand geschlagen, nichts schrecklicher als dieser Haken, dort, eingeschlagen, ein Haken, in der Wand, hoch, eingeschlagen, in die nackte Wand. Konnte die luxuriöse und europäische Jugend, losgelöst und eigenständig wie sie war, ahnen, was mir durch den Kopf ging? Ich wußte, daß sie mit mir nicht »Deutsche« sein wollten, ähnlich wie ich mit ihnen nicht »Pole« sein wollte – und wer weiß, vielleicht wollten sie überhaupt keine Deutschen mehr sein, in die Welt geworfen, von Anfang an beginnend, nach weitesten Horizonten verlangend. Und der Haken steckte dennoch in der Wand! Whisky. Wein. Sandwiches, Kuchen, Obst. Plaudereien und Flirts. Man redete immer von *etwas anderem*, Brecht, Grass, Studium, Reisen, Lessing.

Als es auf zwölf Uhr zuging, wurde ich neugierig... was werden sie mit der ZEIT anfangen? Was werden sie tun mit dem Neuen Jahr? Was mit dem Moment machen, in dem VERGANGENHEIT und ZUKUNFT hereinbrechen? Nun? Die Stunde schlug, die Champagnerkorken flogen, und mit Lächeln, Glückwünschen und Umarmungen verwischten sie sich den Augenblick der Gefahr. Fährst du nach Griechenland? Habt ihr die Benrath-Ausstellung gesehen? Piers Read ist in England. Du wirst sehen, nächstes Jahr bin ich schon *Frau*. Dieses Neujahr in Berlin war tadellos ruhig, bürgerlich, eigentlich ZEITLOS und GESCHICHTSLOS.

Sie waren also Privatpersonen. Und ich, der ich immer bemüht war, im Leben Privatperson zu sein, konnte das nur gutheißen. Weltbürger. Europäer. Nur dieser Haken in der Wand, eingeschlagen, eingeschlagen... nur jenes brüderliche Totengerippe, der Tod in der Nähe... und nur die Hände, dies unfaßbare Übergewicht der Hände... Ich nahm noch einen Whisky! Dort, damals, auf den liebestoll-tödlichen Paraden, hatte man die Hände aus dieser Jugend hervorgeholt, hatte sie an die Stirn gebracht, ach, ein Wald von Händen, vorauseilend, vorwärtsführend ... sie waren gegangen mit ihren Händen ... hier dagegen, heute, waren die Hände ruhig, unbeschäftigt, privat, und dennoch, und trotzdem, wieder sah ich sie gefesselt an die Hände, hinabgestoßen in die Hände.

Die deutschen Hände in Berlin ... schon seit langem betrachtete ich sie verstohlen ... diese Hände beunruhigen, weil sie wirksamer sind, ernstgemeinter, würde ich sagen, alle deutsche Arbeit verwirklicht sich besser ... Aber die völlige Leere, die tödliche Stille dieser Hände wurden mir erst klar, als ich ihrer auf diesem Empfang ansichtig geworden war, bei diesen verwaisten jungen Leuten, in dieser aus Schutt gebauten Stadt, ohne Charakter, einer Insel ... provisorisch ... Niemand von ihnen hatte etwas, woran er sich festhalten konnte. Die große Tradition des Goethe-Deutschland war zu sehr kompromittiert von dem, was ihr gefolgt war. Die Losungen eines neuen Europa waren nicht vital genug. Und sie fürchteten ja – jetzt – auch Losungen, Programme, Ideologien, sogar die Moral, jene peinlich genaue deutsche Moral, die solch teuflischen Unfug gezeitigt hatte. Was denn also? Die Arbeit. Ich wußte, jeder von ihnen hatte etwas zu tun, etwas Konkretes, Examen, Büro, Werkstatt, Malerei vielleicht oder Literatur, Produktion, Fabrikation, Technik, sie produzierten und veränderten produzierend, und das verlieh ihnen einstweilen Sinn, bestimmte ihre Funktion und Rolle ... in der Leere und Stille der Hände ... in diesem unwirklichen Berlin. Für mich war diese deutsche Jugend ein Faustschlag in die äußere Welt mit dem Ziel herauszufinden, wer man sei – als Verarbeitung des Außen, um auf diese Weise schließlich zum Bewußtsein des eigenen Ich zu gelangen. Doch wie oft haben die Deutschen die Welt schon wie mit dem Sturmbock gerammt, um an dieses Geheimnis zu gelangen. Ich wiederhole: das Bedrückende beim Umgang mit ihnen ist das

Bewußtsein, daß hier Ernst gemacht wird: hier war ein Volk, das keineswegs sekundär ist, sondern in der ersten Reihe marschiert, sich also eigentlich blindlings vorwärts bewegt, nicht nachahmend, sondern schaffend, jungfräulich, weil es sich vorwagt auf jungfräuliches Gebiet. Hier weiß man nicht, was man sein wird, noch was man sein oder nicht sein könnte. Och, ihre Exotik, ihre Hermetik (gerade und vor allem, wenn sie gesellschaftlich verkehren), ihr eigener Sinn, der sich nicht ausdrücken läßt, diese Beherrschtheit, die wahnwitzig ist, diese Menschenart, die Vorstufe zu einer künftigen, unbekannten Menschenart, ihre »Funktionalität«, dank deren fünf ganz gewöhnliche Deutsche zu einer unberechenbaren Ganzheit werden... das ist nicht so einfach... Halt! Halt! Träume sind Schäume! Die Hände dieser Jugend waren doch tadellos ruhig, privat, was wollten sie schon? Auto, Frau und Kinder, Karriere... dafür arbeiteten sie... sie wollten ihr Leben möglichst anständig leben, das war alles. Der Haken? Die Leiche in der Nähe? Der Wald von Händen? Das alles war nur mein Kommentar dazu.

Und tatsächlich, woran sollte ich mich halten: nie hatte ich eine Jugend gesehen, die humaner und universaler, demokratischer und ehrbarer gewesen wäre, dabei von aufrichtiger Unschuld... und ruhiger... Nur eben... mit Händen!

Seltsam und schön: diese ruhigen Köpfe, bedächtigen Augen, die Pünktlichkeit, Ruhe, gute Laune... und gleichzeitig rast das alles in die Zukunft, galoppiert. Der Deutsche ist ein Sklave der Deutschen. Der Deutsche ist beherrscht von den Deutschen. Der Deutsche wird potenziert, geschoben, angetrieben, beflügelt von den Deutschen. Aber das geschieht in aller Ruhe.

Im Halbschatten sah ich, wie sie zueinander waren, seitlich oder frontal, wie sie deutsche Verdichtungen bildeten, und wußte, daß sie »untereinander« eher gnadenlos sind... oder nur wehrlos...

Produktion! Technik! Wissenschaft! Wenn Hitler zum Fluch der damaligen Generation geworden war, wie leicht konnte dann die Wissenschaft zur Katastrophe der deutschen Jugend geraten. Eine Wissenschaft, die sie in Abstraktion und Technik vereint, ist imstande, alles aus ihnen zu machen...

Waren denn diese Jungen imstande, ihr Drama zu entdecken und zu begreifen – wenn es nicht in ihren Terminkalender paßte?

Stellen wir uns vor, ich fragte einen von ihnen, ob er Konfitüre mag? Er würde bejahen. Aber wenn er verneinen würde, es wäre das gleiche... Denn seine Bedürfnisse, Vorlieben und Geschmäcker sind eine Folge seiner Abhängigkeit von den anderen Deutschen, Konsequenz der Figur, die sie alle zusammen zur gegebenen Zeit bilden. Sie ändern sich den Geschmack untereinander...

Als ich im Morgengrauen auf die frostige Straße trat, erlosch Neujahr in Berlin, die Stimmung war noch aufgekratzt, menschenvoll fuhren die Autos nach Hause. Ruhe zog herauf, und Schlaf... in einer Stadt, die voll war von Portemonnaies, Uhren, Ringen, erstklassigen Pullovern... mit abgestoßener Vergangenheit und Zukunft.

Aber schon war klar, daß morgen die Stadt wieder an die Arbeit gehen würde, auf höheren Touren, mit einem Tempo, das sich jeden Tag ein bißchen steigerte; und diese Arbeit war solide, normal, ganz unbefangen, und sie erbrachte immer bessere Resultate... eine gesunde Arbeit... Bequeme Straßen mit regelmäßigen Baumreihen, feste Häuser, behäbig und ruhig... Berlin wirkt wie jemand, der geradewegs und sicher voranschreitet, nur daß man nicht weiß, *wohin*. – Was *machen* sie sich? – fragte ich mich, und das Wort »machen« klang mir zugleich wie »etwas machen« (produzieren) und »sich etwas machen«. Ei, Neuling aus der Pampa, sind diese Urteile nicht zu hastig und unüberlegt? Dir schien doch, seit du in Cannes gelandet warst, ganz Europa wie verblendet vor Arbeit... ich habe niemanden getroffen, der nicht Funktion wäre, Rädchen im Getriebe, alle Leben standen in gegenseitiger Abhängigkeit, und die Genialität – triumphierend, toll – war aus dem Menschen gefahren, um fortan unfaßbar in den Menschenmassen zu vibrieren, den unentwegten. Goethe? Statt Goethe – die Mastodonten der Fabriken, nicht minder schöpferisch. Höchstens Berlin, das im Leeren hing, angewiesen auf die eigenen Schwingungen, war in dieser Richtung einen Schritt weitergegangen...

Während meines ganzen Aufenthalts in Berlin war mir kein einziger Goethe, Hegel oder Beethoven untergekommen, nichts, das auch nur im entferntesten an sie erinnert hätte. Gewiß fehlt es nicht an glänzenden technischen Talenten, aber die Genialität – jene geistige – entfleucht aus den Menschen ins Produkt, in die Maschine, das surrende Spiel der Treibriemen, dort sind sie genial... außerhalb ihrer selbst...

Ihre Gesundheit! Ihre Ausgeglichenheit! Ihr Wohlstand! Ach, wie oft mußte ich geradezu darüber lachen, was für ein Witz, was für ein historischer Schelmenstreich, daß ausgerechnet hier, im Zentrum der Katastrophen, die Leute das bequemste Leben haben und am besten verdienen. Wie komisch, daß sie sich unter all den Brand- und Sprengbomben nach oben gearbeitet haben – als wäre nichts passiert, rotbäckig und außerdem mit Necessaires, mit Badezimmern... Empörend! Wo bleibt die Gerechtigkeit... der elementare Anstand!

Aber man täte gut daran zu begreifen und immer daran zu denken, daß dieses asketische und religiöse (selbst wenn es keinen Gott mehr geben sollte) Volk in zwei Bedeutungen, zwei Wirklichkeiten zerfällt. Die Handkoffer, Necessaires, elektrischen Rasierapparate – gewiß, das alles verwöhnt und hätschelt sie – es treibt sie aber auch an und reißt sie mit. Wohin? Wozu? Eine Frage, die weder leicht noch banal ist. Jedenfalls vergißt man besser nicht, daß Luxus für sie ein Opfer, kleinbürgerliche

Ruhe – verbissene Anspannung ist, und daß, wenn sie an einem sonnig-verschneiten Mittag sanftmütig vor ihren Schaufenstern stehenbleiben und überlegen, was sie sich noch gönnen könnten, daß gerade dann auf ihren Bergen, in ihren Wüsten Spannungen aufkommen, Lawinen geboren werden und in Wehen, mühevoll, kreißend und drängend, unter dem Tosen sämtlicher Getriebe ein neuer Schritt getan wird – ins UNBEKANNTE.

Ich möchte so politikfern wie möglich schreiben...

Das mag dumm sein, denn schließlich hat die ungestüme wirtschaftliche Wiedergeburt der Bundesrepublik Folgen für ganz Westeuropa gehabt und ist etc. etc. etc. Weiß man ja. Und Schnee fällt, hüllendes Weiß, das ich schon fast vergessen hatte, die Stille des Weiß, die Weichheit des umwebenden Weiß, seine Schläfrigkeit, eigensinnig, langsam fallend, verwischend... Schlaf. Schlaf. Statt hier den wachsamen Beobachter zu spielen, erzähle ich lieber meine Träume, ich bin schläfrig, meine Nüchternheit ist eine Art Schlaf, manchmal ist es, als wachte ich auf, dann spreche ich sachlicher, aber schon fällt mir eine einschläfernde Schneeflocke auf die Stirn, dann die zweite... Ich bin eingeschlafen, seit ich Argentinien verlassen habe – und bin bis heute nicht aufgewacht. Schnee. Schlaf. Wenn das schon meine Beobachtungen sein sollen... so möchte ich, daß sie ganz locker werden vom Schlaf.

XIII

Max Hölzer, der Dichter, mit mir, bei *Zuntz*, an einem Tisch, draußen munteres Weiß und die schläfrigen Neonlichter des Kurfürstendamms, er klagt, ba, ba, sagte er, zum Teufel, wo ist unser Genie hin, zum Teufel, soviele Leute hatten wir in Philosophie und Kunst, die überhaupt nie etwas wahrzunehmen geruhten außer den größten, den grundsätzlichen Fragen des Seins, und wo ist, frage ich, heute die Rasse dieser *grands sei-*

gneurs, unsere Literatur kaut immer noch am Krieg und an Hitler und an der Politik, ewig die Abrechnung zwischen Demokratie und Diktatur, darin erschöpft sich heute unsere ganze Genialität...

Dämmerung und Autos, Weiß und Autos. Hölzer ist ein verbitterter Nachfahr Goethes und sagt Hitler, ja, Hitler, Hitler verstellt uns noch immer die Sicht, das ist die Verengung, die Beschränkung, das rote Tuch, gegen das der deutsche Stier anrennt... Da stimme ich Hölzer zu, ich finde, die Genialität, die in den – ehemaligen – Spitzenleistungen dieser Denkmalsherren, dieser *grands seigneurs* des germanischen Geistes mit ihrem unerreichten Schwung immer noch gegenwärtig ist, erregt heute Anstoß, sie ärgert, demütigt... Göttlicher Funke, ja, ja, aber wie genial sein, wenn man soviel um die Ohren hat, Telefon, Radio, Presse, Dienstleistung und Produktion, tagein tagaus Produktion, da stecken sie drin wie die Fliegen im Spinnennetz... Und sind Opfer einer Art unermüdlicher Umzingelungsaktion... im bombardierten, provisorischen Berlin mit seiner Mauer, wo Vergangenheit und Zukunft in Schutt und Asche liegen... auf dieser Insel, dieser Ex-Hauptstadt... Dieser liquidierte Ort verlangt nach irgendeinem *novum* großen Maßstabs, nach etwas ähnlich Großem wie dem deutschen Idealismus, der deutschen Musik, aber außer Telefonanrufen, außer Betriebsamkeit, Autos, Büro und Arbeit ist nichts, nur dieses Spinnennetz, das wächst und alles erfaßt. Manchmal wurde ich um sieben Uhr früh von einer Kanonade geweckt, sah aus meinem fünfzehnten Stock, wie auf der roten Seite Flakgeschosse in den Wolken explodierten, sah die Mauer und amerikanische Hubschrauber, englische Soldaten, plötzlich wuchs die Spannung, wenn wieder so ein Draufgänger erschossen worden war, der das leere Land zwischen Mauer und westlichen Posten blindlings hatte durchqueren wollen. Also doch GESCHICHTE? Eben nicht, nicht das ist bedrohlich in Berlin, sondern der ruhige Lauf der täglichen Verrichtungen, dämonisch ist hier das Normale, das Detail.

Aber was war mit dieser Genialität? Ich fragte nach Heidegger.

Die Antwort lautete ...

»Sein Einfluß ist gering, beschränkt sich auf Professoren, man hat ihm seine Vorkriegsverbindungen zu den Nazis bis heute nicht verziehen.«

Also doch Politik.

Viele Bewegungen, viele Tätigkeiten belauerten uns in diesem Café – das wie alle anderen war, nur mit dem Unterschied, daß deutsche Bewegung und deutsche Tätigkeit wie aus Eisen sind. Jemand aß Schinken. Die Kellnerinnen. Einige Herren traten ein, vermehrte Bewegung, man stellte Tische zusammen.

»Und die ... Was sind das für welche?«

»Spezialisten.«

»Für was?«

»Weiß ich nicht.«

»Gut, aber was macht dieser Leichnam, dies junge Totengerippe, das bei ihnen sitzt ...«

»Leichnam?«

»Ja doch, er bestellt gerade einen Gin Soda.«

Hölzer war sich nicht ganz sicher, fragte anstandshalber »was für ein Leichnam«, stimmte mir aber schließlich doch bis zu einem gewissen Grade zu. »Selbst wenn dort bei ihnen irgendeine Leiche säße«, explizierte er beflissen, »so müssen Sie bedenken, daß die als Spezialisten nun auch nicht so zugegen sind, man könnte sogar sagen, sie sind abwesend, schließlich existiert der Spezialist recht eigentlich nur in seinem Spezialgebiet, und ihre Abwesenheit mildert daher gewissermaßen die Anwesenheit der Leiche, die sozusagen bei ihnen und doch nicht bei ihnen ist.« Er sagte das langsam und mit einer gewissen Zurückhaltung oder einem Zögern, ich sah mich im Saal um und mußte mir eingestehen, daß hier alle eigentlich waren ... und nicht waren ... denn so wie sie hier vor ihrem Kaffee saßen, steckten sie doch woanders, jeder in seinem Fachgebiet, seinem Büro. Doch besaß diese Unvollständigkeit des Seins (einem günstigen Boden für Wahn, Fata Morgana, Perversion und sonstigen Mißbrauch), mit der ich in Polen, in Argentinien so oft zu tun gehabt hatte, den ganzen Ernst deutscher Technik und deutscher Arbeit, Träume sind Schäume, mag sein, daß sie gar nicht so wirklich waren, aber sie waren *verwirklichend*... wirklich somit in ihrer Wirkung, unwirklich in ihrem Dasein? was weiß ich. Und vielleicht geht es gar nicht darum?...

»Oho«, sprach Hölzer, »da ist auch Höllerer, er sucht uns...«

»Sind Sie sicher«, fragte ich, »daß Höllerer tatsächlich hereingekommen ist und uns sucht?...«

»Natürlich«, erwiderte er leicht verärgert, »Sie sehen doch, und außerdem wissen Sie sehr gut, daß er uns zu einer Lesung in der Universität abholen will.«

Tatsächlich... Höllerer war gekommen, Professor Höllerer, Spezialist, Kunsttheoretiker, Hauptorganisator des kulturellen Lebens, Redakteur der bedeutenden Quartalsschrift *Akzente* und noch einer anderen, spezielleren Publikation, die, soweit ich wußte, ganz spezifischen Experimenten über die unbewußten Mechanismen der verbalen Äußerung gewidmet war! Es ist immer unziemlich, wenn ein Autor real existierende Personen in einen Text einführt, der wie dieser halbwirklich ist – selbst wenn er sie heiß und innig lobt – ganz einfach deshalb, weil der Autor, einem Gott gleich, nach Herzenslust mit ihnen umspringen kann, während sie, ohne die Möglichkeit des Protestes, zu seinen Geschöpfen werden. Ich hoffe jedoch, daß meine Berliner Freunde, Hölzer, Höllerer und andere, mir diese Unziemlichkeit (im vorliegenden Fall noch eklatanter, da ich Gast der Stadt und Gast der Fordstiftung war) verzeihen werden, im Sinne der Maxime, daß Fisch mit dem Messer essen darf, wer weiß, daß man Fisch nicht mit dem Messer ißt. Nun, jedenfalls setzte uns Höllerer, nachdem er einen Drink mit uns genommen hatte, tatsächlich ins Auto und fuhr uns zur Lesung in einer Gegend, die ich noch nicht kannte, ein Garten, darin Gebäude und Bäume, alles komfortabel, die Autos der Studenten belegten den freien Raum des Parks, wir kamen in einen großen Saal, nahmen Platz auf dem Podium, Höllerer als Vorsitzender, Hölzer, Herr Berlevi, Fräulein Ingrid Weikert, Klaus Völker: vor uns Stuhlreihen, darauf Studenten, aufmerksam, ruhig ihre Köpfe, Beifall. »Worum geht es?« fragte ich, da mir das Wort *Lesung* fremd war.

»Nichts Besonderes. Sie werden ein paar Auszüge aus Ihren Büchern lesen, auf deutsch.«

»Aber meine Aussprache...«

»Das macht nichts.«

»Aber ich werde nichts verstehen... und sie auch nicht...«

»Ganz egal. Sie sind ein ausländischer Autor in Berlin, das ist eine Geste der Höflichkeit von uns, außerdem angezeigt im Hinblick auf den internationalen Kulturverkehr, ganz zu schweigen von der Bereicherung und Belebung des Studienprogramms. Danach wird Hölzer aus seinen Gedichten lesen, und es wird eine Diskussion geben.«

Ich überlegte blitzschnell, in was für eine Situation ich hier mit Höllerer geraten war. Er zählte zu den Menschen, die Vertrauen erwecken, als Professor war er sicher ein hervorragender Professor und als Organisator ein ausgezeichneter Organisator, daran zweifelte ich nicht, deutsche Tüchtigkeit lag in seinem Blick, seinen Bewegungen, seinen Worten... ich wußte, daß ich in wendigen, geschickten, erfahrenen Händen war. Doch besaß Höllerer auch noch die Eigenschaft, daß er ebenso Professor wie Student war, er hatte, das sah man, die fröhliche Seele des Burschenschaftlers, und kam man an ein Haus, in dem Höllerer auf irgendeiner Gesellschaft zugegen war, so konnte man sein Lachen schon von weitem aus dem Fenster hören, laut und studentisch. Dieses befreiende Lachen erwartete ich auch jetzt – klar, wie konnte er meine Situation ernst nehmen, hier, vor diesen Studenten, angesichts dieser *Lesung*, gewiß wußte er sehr gut um die Nichtigkeit dieses Unterfangens... Aber kraft der typisch deutschen Rollenteilung verlor er gegenüber seinen Studenten den Studenten in sich und nahm auf dem Podium Platz, bereit, die Sitzung zu eröffnen. Versteht meine Lage bitte. Ich war am Ende... vielleicht weniger meiner Kräfte, als der Wirklichkeit... Seit ich Argentinien verlassen hatte, saugte mich Europa ein, wie ein Vakuum einsaugt. Verloren in Ländern, Städten, Menschenmassen, war ich wie ein Wanderer, der ganz eingenommen ist von einer Gebirgsaussicht. Als ich dann die Inselstadt erreicht hatte, die Chimärenstadt, ließen mich die polnischen Düfte im Tiergarten den eigenen Tod wittern. Innerlich geschwächt von diesem Tod, mußte ich mit dem verborgenen Tod einer Stadt fertigwerden, die Tod geschenkt und Tod geerntet hatte. Und so erschwert war mein ganzes Leben hier, wenn ich bei *Zuntz* gegen meine Sprachschwierigkeiten ankämpfte, um etwas von mir zu geben, wenn ich an vielsprachigen und internationalen Empfängen, Abendessen teilnahm, wenn ich versuchte, die bizarren Nebel, die Dünste dieses seltsames Landes zu durchdringen, dieses Theaters, das wie ein Berg in Wolken gehüllt war, ein Land mit ewig unergründlicher Wahrheit, nie entschlüsselter Hieroglyphe. Und wie aus Trotz schienen die Wirklichkeit Berlins, die Wirklichkeit jeder Szene, jeder Situation immer handfester, immer solider zu werden – och, diese ihre Fähigkeit zur Verwirklichung, gestützt auf das Nichts! Nehmen wir zum Beispiel die Szene, die jetzt stattfand: da half nichts, die *Lesung* findet ganz solide statt, alles, angefangen von Fenstern und Türklinken bis hin zu den Köpfen der Studenten, zeugte von guter Arbeit, ach, die Köpfe der Studenten, aufmerksam, bedächtig, ruhig, ach, ihre kräftigen, gesunden Leiber, mit Notizblöcken, und ach, Höllerer am Katheder, wie ein Kapellmeister! Meine einzige Hoffnung war also sein Lachen, und ich, Ferdydurke, konnte am

Ende meiner Reise nur auf sein burschikoses, ungezwungenes Studentenlachen zählen, das alles zertrümmern würde! Aber ach wo! Die Rollen waren verteilt. Die Situation war organisiert, sie zerfiel in Studenten und Professor. Höllerer ist ernst und geht an die Eröffnung, stellt mich vor, ich verbeuge mich, Beifall, er reicht mir eine angekreuzte Seite meiner *Ferdydurke* zum Vorlesen, ich lehne ab
    lehne ab
    lehne ab
    kurze Verwirrung, momentaner Verzug, endlich liest auf Bitten Hölleres Klaus Völker
    ich höre zu und höre nicht zu
    sitze und bin, und bin doch nicht
    Lesen
    alles läuft reibungslos
    bin ich?
    Sind sie?
    Ich scheine zuzuhören
    aber irgendwo dort oben war der Haken, eingeschlagen, eingeschlagen, eingeschlagen in die Wand, aber wohl nicht in diese, wohl in jene andere, und dieser Haken saß fest, aber womöglich nicht hier, dort, was konnte man wissen im Gebirge, in den Wolken, im Nebel
    wenn hier, im Tiefland, alles so reibungslos verlief, mit einem so unheimlichen Glauben an die Wirklichkeit des eigenen Tuns, daß ich im Sterben lag
    Schluß, Beifall, ich lächle, die Nichtigkeit meines Lächelns vernichtet mich
    da beginnt Hölzer mit der Verlesung seiner Gedichte, er liest, Beifall, er lächelt, setzt sich
    Höllerer, Berlevi, Hölzer und Klaus Völker beginnen die Diskussion, die Diskussion
    Diskussion
    Höllerer sprach als Professor und nur als Professor, im Rahmen seiner FUNKTION. Berlevi als Pole und Warschauer Fu-

turist der Vorkriegsjahre, und als Maler, der eine Ausstellung vorbereitete, und als von Höllerer Geladener. Hölzer als Dichter und als Teilnehmer... Völker als junger Autor.

Ich kann nicht behaupten, daß ich besonders entsetzt wäre, wenn ich zum Beispiel fünf Deutsche mit acht Maschinen beim Bau eines Hauses sehe. Gewiß, diese Leidenschaft des Verwirklichens, die so unnachgiebig ist und doch ganz ruhig und gutmütig, mag Besorgnis erregen... Aber wieviel schrecklicher sind sie anzuschauen, wenn sie sich in etwas derart Chimärischem wie der Kultur verwirklichen... Ich wußte, daß Berlin sein geistiges und intellektuelles Leben organisiert in Angriff nahm und wimmelte von Konferenzen, Sitzungen, Begegnungen, Ausstellungen, Lesungen, Seminaren usw. usw., alles funktional, alles so gemacht, als käme nie jemand auf den Gedanken, diese Arbeit in Frage zu stellen... ich könnte lange darüber erzählen, was ich gesehen habe, was mir begegnet ist, vor allem diese unheimliche Loyalität des in der Kultur tätigen Deutschen, eine Loyalität, die insofern erstaunen muß, als sie mit einer höchst scharfsinnigen Skepsis einhergeht... Dieser Höllerer etwa... er wußte doch ebenso gut wie ich, daß sich da Irrealität verwirklichte... und war trotzdem bedenkenlos tätig, funktionierte, so wie Schauspieler, die mit aller Kraft Schwerthiebe austeilen, welche nur aus ihrer Sicht real, in ihrer Wirkung dagegen unwirklich sind, eine Art halbherziges, unvollständiges Schaffen... Und ich wartete immer noch darauf, daß ein Ausbruch ungezügelten studentischen Professorengelächters die Sitzung einfach liquidieren, in Schutt und Asche legen wollte, doch aus mir unbekannten, aber wahrscheinlich zutiefst deutschen Gründen ermattete er kein bißchen in seiner Ernsthaftigkeit.

Aber ich war schon zu angegriffen in meiner Existenz, ich mußte mich wehren, ich wollte nicht sterben und beschloß daher, ein Lebenszeichen zu geben, doch wie, doch was tun, noch immer lief die Diskussion... und auf einmal bat ich, so wie ich war, in diesem meinem Deutsch, das kaum mehr war als Gestammel, ums Wort, ich griff in die Diskussion ein, begann zu sprechen.

Ich spreche zum vollen Saal, man hört zu. Die schamlose Belanglosigkeit meines Gestammels wurde sofort unbegreiflich, ich verlor den Faden, es war eine Aneinanderreihung von zufälligen Wörtern, nur reden, nur zu Ende kommen, die Wörter waren entstellend, sie machten mit mir, was sie wollten, zitternd, torkelnd, Betrunkener, Irrer, Idiot, klammerte ich mich an die Worte, unverständlich für sie und für mich, sprach und sprach, und dies umso heftiger, mit umso aufgeregterer Gestik, je sinnloser, fadenloser, inhaltsloser ich wurde. Und muß zu meinem Entsetzen sehen, daß mir der Saal unter Leitung des ungerührten Höllerer zuhört! Ja, die aufmerksamen, ruhigen, ungerührten Köpfe der Studenten, die mir, um es so zu sagen, unbeugsam lauschen, und meine Anarchie, die untergeht in ihrem seelenruhig angespannten Willen zu Ordnung, Sinn, Organisation. Unsinn als Sinn genommen! Wahnwitz, der momentan zu etwas verarbeitet wurde das der Norm unterworfen, das *normal* war. Waren sie also bereit, sämtliche Tollheiten der Welt in sich aufzunehmen, um sie untereinander zu formen... so sehr von sich selbst absorbiert, so sehr in sich verschlossen, daß keine Zügellosigkeit sie hätte zerstreiten können?

Berlevi?

Ich spürte, daß ich nicht länger wie betrunken zu diesem deutschen Felsgestein würde sprechen können. Aber hier, ein paar Stühle weiter, war Herr Berlevi, Warschauer immerhin, Vorkriegsfuturist aus dem Café *Ziemiańska*, vom *Lourse*, jawohl, ein Landsmann, irgendwie lockerer, wie ein Spalt in dieser gnadenlosen Einheitlichkeit, so etwas wie eine angelehnte Tür, eine Art Erweichung... in dieser Richtung konnte ich entwischen...

Ich wandte mich also direkt an ihn und machte ihm auf die heftigste Weise irgendwelche unbegreiflichen Vorwürfe, griff ihn scharf an, steigerte mich in eine gewaltige Polemik jenseits aller Grenzen des Sinns hinein, irgendwo im Absurden, und das versackte in ihm wie in einem Kissen, allmählich überkam Schlaf unsere beiden Häupter, als erster schlief Berlevi ein, ich gleich darauf, fast wie nach Wodka, in der Kneipe, wo man plappert, um zu plappern in süßem Rausch, sei's drum, noch ein Gläschen, was soll's, wie spät, noch einen drauf!... Noch einen! Denn, wissen Sie, nur die subkutane Quietisierung der antrophoidal begriffenen Agglomeration ex und prost und hopp was schon drei gehn wir gleich der Surrealismus der Soziologie die Flasche Spule na dann nochmal prost assi-mi-liern waa da kickste Schnaps Schnaps Schnaps.

Ja leider! Berlevi und ich betranken uns bis zur Bewußtlosigkeit.

Indessen erklang Beifall, die Studenten erhoben sich, Höllerer dankte Hölzer und mir in einer kurzen Ansprache, die *Lesung* war beendet. Ich stand auf, dankte mit einer Verbeugung und begann auch hinauszugehen, aber mein Hinausgehen zog sich irgendwie hin, ich ging hinaus und ging hinaus und kam nicht dazu, hinauszugehen, wollte schreien und konnte es nicht, so beschloß ich, mich bei jemand zu beschweren, was soll das, ich gehe hinaus und gehe hinaus und komme nicht hinaus, aber es war niemand mehr da; seltsam – dachte ich –, was ist das für eine Stadt, in der die Tätigkeiten sich dehnen wie Gummi und wie Fallen sind... da erblickte ich Höllerer, er stand an der Wand, trug sein Lachen unter dem Arm, wie eine Aktentasche... und war irgendwie verändert. Ich sah genauer hin... er war schwer... schwerer als alles, was ich mir vorstellen konnte, als bestünde er aus der Materie jener toten, konzentrierten Sterne, die wie Kugeln in den schwarzen Löchern des Kosmos liegen, was denn, dachte ich, weshalb ist er so, was ist ihm passiert?... Er aber stand und lastete und ertrug sein Gewicht... lastete... Und etwas weiter stand Senator Arndt, mir allzeit wohlgesonnen, aber es war eher eine Variante von ihm und so weit entfernt von ihm selbst, daß es eigentlich er war und doch nicht er... Immerhin, dachte ich, wie weit sie von sich abweichen können, so weit, und ich verlor den Boden unter den Füßen; im Rausch des Stolzes, im Wahn der Macht fand ich mich irgendwo im Sonnensystem und dachte oooo, was denn, mehrere rasende, feurige Massen flogen wütend vorüber, schon waren sie fort, und man hörte Weinen, Verzweiflung, Schluchzen. Ist es denn wahr, dachte ich, ist es wahr, so also muß man auf der Hut sein bei ihnen, ganz offensichtlich ist das keine irdische Rasse, die Erde scheint ihnen nicht zu genügen, weder die Erde noch der Mensch, sie haben höhere Ansprüche... Schluchzen. Verzweiflung. Trauer. Darin erkannte ich die sympathische, junge Frau Kurpiers, aber durch ein Fernrohr in unfaßbarer Weite, auch sie betrachtete mich durchs Fernrohr und weinte durchs Fernrohr und sagte ach, bitte verstehen Sie unseren Schmerz und unsere Qual, immer müssen wir gehen und gehen und uns von uns entfernen und uns zurücklassen in einem Raum, der kein Ende hat, der nicht von dieser Erde ist, sondern jenseitig... Genug. Ich will diese Metaphern, Visionen etc. nicht fortsetzen. Es reicht. Vielleicht ist das auch langweilig. Endlich gelang es mir, da rauszukommen und in meine schöne Wohnung in der Bartningallee, gegenüber der Akademie der Künste, zurückzukehren. Ich warf mich in voller Kleidung aufs Bett und schlief ein.

N. (nicht er allein) erzählte mir von der Amerikanisierung Berlins. Er sagte: »Wir brauchten Amerika nach dieser Katastrophe so sehr... mehr noch seinen Geist als seine militärische Kraft und seine Dollars. Amerika zog über uns hinweg wie eine Walze, nivellierend, demokratisierend, simplifizierend. Wir beseitigten die Überreste unser Türme, auf denen einst stolze Banner wehten, die ganze Metaphysik, die gesamte Romantik, das Nebelhafte, die hohen Wolken, und berührten dafür den Boden mit den Füßen, bekamen die Konkretheit gewöhnlichen Lebens und gewöhnlichen Tuns zu Gesicht.«

Ich kam mit keinem Wort auf meine Abenteuer zu sprechen... die, wie das oben beschriebene, eher davon zeugten, daß die Wirklichkeit in Berlin nicht gerade sehr festgestellt und geklärt ist... Gewiß, an der Oberfläche ist, wie gesagt, alles ungewöhnlich solide... aber da gibt es Keller, und in diesen Kellern gerät ihnen die Wirklichkeit wie ein Versuchskaninchen in die Hände, wie Gummi, das man formt, man könnte sagen, sie wird beinahe etwas, das *hergestellt* wird wie jedes andere Produkt...

Ewa Bechmann sagte zu mir: »Nichts ist, wenn man aus Paris kommt, so beruhigend wie der Anblick eines Berliners, der an einem Sommertag in einem Straßencafé vor seinem Schwarzen sitzt. Er und sein Kaffee – das ist so etwas wie ein Absolutum.«

Gewiß. Nur... ob sie wirklich Menschen sind? Natürlich sind sie – und sehr menschlich –, aber sie sind zugleich auf eine spezifische Art unbegrenzte Menschen, beinahe keine Menschen mehr, sondern Wesen, für die die Form »Mensch« nur Zufall und Übergangsphase ist. Ich würde nicht zuviel Vertrauen in die Amerikanisierung Berlins setzen. Es beruhigt mich keineswegs, daß die Rasse der *grands seigneurs*, die halsbrecherische Sprünge in den ABGRUND des SEINS taten, in dieser Generation ausgestorben ist. Ganz im Gegenteil. Daß Hegel friedlich auf einem Ostberliner Friedhof schlummert, kann keine Garantie sein in bezug auf das Absolutum von Kaffee, Kuchen oder etwa Damen- und Herrenkonfektion. Wäre ich in Berlin Kaffee oder Kuchen, mir wäre nicht recht geheuer.

Ihre metaphysische Unruhe sammelt sich nicht mehr im Bewußtsein genialer Individuen und irrt, sich selbst überlassen, wie ein exorzierter Geist umher, sucht nach Ausdruck in Zusammenstellungen von Menschen, in den Kombinationen des kollektiven Lebens, in Formen, die das Individuum übersteigen. Und wenn das nun am wichtigsten werden sollte für das heraufziehende neue Europa?

Die ungeheure Vermehrung der Menschenwesen ist wohl geeignet, die Enstehung dieser neuen Gottheiten zu ermöglichen.

Politik. Ökonomie. Alle Augenblick hört man davon, nur davon. Nüchternheit. Sachlichkeit. Ich aber frage, was wäre, wenn sich etwa herausstellte, daß sie in Wahrheit mit etwas ganz anderem beschäftigt sind ...
Produktion? Gewiß. Aber während der Franzose arbeitet, um etwas herzustellen, arbeiten sie um der Arbeit willen.

Ich neige sogar zu der Annahme, daß ihre imponierenden materiellen Errungenschaften nur möglich wurden, weil sie sich nicht allzuviel daraus machten.

Wieviel von dem, was mir in den Sinn kommt, ist durch meine Krankheit bedingt? Wieviel von der Krankheit Berlins? Diese Stadt ist mir in gewisser Hinsicht so ähnlich, daß ich selbst nicht mehr weiß, wo ich aufhöre und sie anfängt.

Mir fehlte in Berlin das literarische Kaffeehaus; so etwas wie die *Ziemiańska*, oder der *Zodiak*, im alten Warschau. Redakteur Jaesrich gefiel dieser Gedanke, wir beschlossen, künftig dienstags und donnerstags im Café *Zuntz* Dienst zu tun und benachrichtigten Freunde und Bekannte. Anfangs war viel Volks da, man hätte meinen können, die berühmten Traditionen dieser Art des Berliner Kaffeehauses lebten wieder auf. Ausländische Künstler, die von der Fordstiftung nach Berlin eingeladen waren, kamen auch vorbei, von den deutschen Schriftstellern Günter Grass, Uwe Johnson, ab und zu Peter Weiss ... Das dauerte nicht lange. Nach ein paar Monaten war alles auf meinen Tisch zusammengeschrumpft, der sich über ein halbes Jahr hielt, um dann auch einzugehen ... Ich nehme an, wenn das mehr ihre eigene, innere und weniger internationale Initiative gewesen wäre, hätte es sich etwas länger gehalten – aber viel länger wohl auch nicht. Ich hatte den Eindruck, daß sie im allgemeinen nicht sehr gesellig sind, sie haben kein Bedürfnis nach Meinungsaustausch, überhaupt dem Austausch von irgend etwas, jeder wußte das Seine und brachte, was er wußte, zum Ausdruck in dem, was er produzierte: in Büchern, Artikeln, Bildern oder anderem Tun. Allgemeine Skepsis gegenüber jeglichem unmittelbaren Kontakt, der nicht im Rahmen einer bestimmten Aufgabe geschieht. Wohl traf sich ihr Blick, immer aber auf etwas, niemals versank daher ein Blick im anderen.

Prof. Hasenclever lud mich zu einem Gespräch mit seinen Studenten ein – den Studenten des *Literarischen Colloquiums*. Eine recht seltsame Wissenschaft wird dort gelehrt: wie man schreibt, wie man Schriftsteller wird. Junge Autoren, die die Göttliche Berufung zur Literatur fühlen, studieren dort die Technik der Komposition, des künstlerischen Ausdrucks, der Beschreibung, Handlung, weiß der Teufel, vielleicht sogar die Technik der Inspiration. Eine wunderschöne Villa am Wannsee und prächtige Räume im Zentrum der Stadt geben den materiellen Rahmen für dieses besondere Experiment ab, das wohl einzig in dieser Art ist. *Veni, vidi*..., und sagte *primo*, wenn sie Schriftsteller sein wollten, sollten sie Hals über Kopf fliehen von hier, *secundo* sollten nicht auf Butor reinfallen, der sie mit dem faulen Zauber des *nouveau roman français* und ähnlichen Theorien locken wolle. Sowohl Prof. Hasenclever wie seine Studenten nahmen meine Ratschläge mit (soweit ich das beurteilen kann) großer Genugtuung und nicht ohne Belustigung auf. Wirklich seltsam: Sie alle stecken bis über die Ohren in der Wissenschaft, der Technik, der Szientismus drängt sich ihnen sogar in Gebiete, die bislang ein Reservat menschlicher Freiheit waren, und dennoch höre ich alle Augenblick ihr befreiendes Lachen und spüre, daß sie – irgendwo, irgendwie – meine Verbündeten sind.

Butor war herzensgut zu mir, besuchte mich, wenn ich mich von meinen Grippen aufrappelte – ich vergalt es ihm mit Angriffen auf seine teuersten künstlerischen Credos. Häßlich von mir? Je nun, ich meine, wenn jeder Künstler, ob er will oder nicht, eine dramatische Erscheinung sein muß (denn Kunst macht tief), dann können auch kurzfristige Kontakte zwischen Künstlern nicht nach dem Geschmack einer lauen, faden Suppe sein. Verfluchte Kinder von Joyce! Verflucht wie er diejenigen, die hübsch langsam und ungerührt eine Literatur um der Literatur willen betreiben, überdreht, esoterisch, gestützt auf einen Kreis Eingeweihter, während ich mich langweile, speien möchte, verdorre.

Doch nicht nur Butor, nicht nur Berlin!... Ganz Europa sah mir aus nach einem Pferd, das freiwillig ins Kummet geht... Gefügig, gehorsam, guten Willens gegenüber der Theorie, konstruktiv, positiv, methodisch, zerebral... Wüste!

Ich bekomme Besuch von Frau Barbara Swinarska, der Frau des Regisseurs, aus Polen. Sie überreicht mir eine prachtvolle Rose, sagt, sie würde mich gern kennenlernen, mit mir plaudern... Schön. Solche Besuche sind mir nichts Neues. Wir gehen in ein Café.

Das Gespräch kommt auf die Psychologie der Deutschen. Mir schien, Frau Swinarska simplifiziere diese Psychologie ein wenig, eine der zentralen Fragen der Gegenwart, über die Bände geschrieben worden sind – denn so wie man diesem Volk Tugenden und Talente schwerlich absprechen kann, so muß man auch zugeben, daß diese Tugenden und Talente sie unter Hitler in die schwärzeste Nacht geführt haben. Frau Swinarska sagt, sie wüßte es besser als ich, denn ich hätte in Argentinien gesessen und die Deutschen nicht am eigenen Leibe erfahren, hätte sie nie bei ihrem blutigen Werk gesehen. Wissen Sie, sage ich, Erfahrung allein genügt nicht, um in jemandes Seele einzudringen, dazu braucht es Intelligenz, Scharfsichtigkeit, man muß sich tief hineinversetzen in den Menschen oder das Volk, und fehlende Distanz erschwert bisweilen das Verständnis ... und vielleicht sind die Polen, nach all dem, was sie durchgemacht haben, nicht immer in der Lage, die deutsche Psyche mit ausreichend kühler Objektivität zu sehen ...

So ging unser Plausch. Doch was denn? War sie beleidigt? Fühlte sich verletzt dadurch, daß ich ihrer Intelligenz nicht traute? ... jedenfalls entsteht eine Gereiztheit, die ich aus tausend Fällen kenne, besonders aus meiner Erfahrung mit Frauen. Sie denkt, ich blase mich auf, bin geringschätzig, ich als »Schriftsteller« mache mich wichtig und behandle sie von oben herab ... und wie ich nun sah, daß Frau Swinarska in ihrem Zorn immer unsinnigeres Zeug redet, sagte ich ihr noch so einige Sachen dazu. Sie verabschiedete sich und ging in einem Zustand unübersehbarer Verärgerung.

Einige Wochen später erhalte ich einen Ausschnitt aus dem Krakauer *Życie Literackie*: ein Feuilleton von Frau Swinarska mit dem Titel »Distanz, oder das Gespräch mit dem Meister«, in dem unsere Begegnung beschrieben wird. Ich trete darin als dümmlicher Großkotz und unsympathischer Eigenbrötler auf, sowie – natürlich – als Narziß, Schöngeist und Produkt des fauligen Kapitalismus. Hier einige Kostproben dieser Charakterisierung (ich zitiere wörtlich):

Ich als dümmlicher Großkotz: »Sagen Sie mir, weshalb ich so zu schreiben verstehe, wie ich schreibe?«

»Weil Sie begabt sind.«

»Begabt! Ich bin nicht begabt! Ich bin nicht begabt, sondern ich besitze das Bewußtsein. Verstehen Sie? Das *Bewußtsein*. Weil ich das weiß, was andere nicht wissen. Weil ich alles erfassen kann!«

Ich als Eigenbrötler, zudem vom Geld korrumpiert, Fordstipendiat und Gast in Berlin: »Wissen Sie, ich habe ein Fordstipendium, 1200 Dollar. Und bezahle keine Miete, weil ich Gast des Senats von Berlin bin. In Spanien ist es billig, werd' mir da ein Häuschen kaufen.«

»Müssen Sie für dieses Stipendium schreiben?«

»Müssen? Nein. Das ist einfach ein Stipendium für meine Verdienste als Schriftsteller.«

Usw. Nachdem die Sache erst einmal so »angerührt« war, konnte man mir leicht Folgendes in den Mund legen (die Rede ist von den Kriegsopfern in Polen):

»Ihr protzt dauernd so unbescheiden mit der Zahl eurer fünf Millionen Toten. Offensichtlich habt ihr zum Thema Okkupation nichts anderes zu sagen... Die Polen sind hinterwäldlerische Nationalisten... Nur bei euch erzählt man von den Grausamkeiten, die sich während des Krieges ereignet haben...«

Usw.

Halten wir fest, daß das gar nicht mal ganz aus den Fingern gesogen ist. Ich hatte Frau Swinarska gegenüber tatsächlich von dem Leichenberg gesprochen, der den Blick auf Deutschland verstellt, und davon, daß ich eine Revision des, wie ich finde, allzu verkrampften polnischen Nationalismus fordere, pah, nicht nur des Nationalismus, sondern des Patriotismus geradezu (Revision, nicht Liquidation), das ist ja ohnehin bekannt... hat doch erst kürzlich, als mir der Preis der *Wiadomości* zuerkannt wurde, Zygmunt Nowakowski Anstoß daran genommen... Aber von da bis zu dem Blödsinn dieses provokativen Schweinkrams ist ein weiter Weg. Will ein sogenannter Journalist einen Schriftsteller »fertigmachen«, so muß er sein Talent dadurch beweisen, daß er ihn nicht zu sehr entstellt, sondern eher schattiert, anstückelt, hier etwas zufügt, dort wegnimmt, bis der ehrliche Gedanke eines Mannes, der sein ganzes Leben bemüht war, so ernsthaft wie möglich zu denken, mir nichts dir nichts zur stinkenden Jauche wird.

Ich möchte übrigens wetten, daß Frau Swinarska gar nicht so richtig klargeworden ist, was für eine Schweinebrühe ihr da aus der Feder troff. Ich nehme an, ihr war nicht ganz wohl in ihrer Haut, weder als sie mich zum amüsanten Laffen stilisierte, noch bei ihrer Unterstellung, ich würde, gleichsam ein zweiter Goebbels, für das Geld von Ford die Deutschen reinwaschen, aber nachdem sie das alles geschrieben hatte, fiel es ihr sicher leicht zu glauben, ich hätte etwas »in der Art« gesagt. Ein bißchen hat sie eben mißverstanden, ein bißchen überhört und sich den Rest in ihrer wachsenden Empörung dazugedacht, schon fest überzeugt, das VATERLAND zu verteidigen. Außerdem ist Polen bekanntlich ein frohsinniges Land, dort erzählt man sich, besonders in der literarischen Welt, Witze und Anekdoten von früh bis spät, lauteres Kichern geht durchs Volk... also was soll's, hat sie den Gombrowicz ein bißchen in den Dreck gezogen, wozu trägt er auch die Nase so hoch! Wer wird sich darüber aufregen! Meine (unverbindliche) These lautet also, daß Frau Swinarska mit ihren Reaktionen ebensoviel Empörung wie Schabernack bewiesen hat.

Doch hier kommt der greise Ludwik Hieronim Morstin ins Spiel. Der kliert einen »Brief an Gombrowicz« hin, erschienen im Życie Warszawy.

»Heute las ich im Życie Literackie ein Interview mit Ihnen – von Frau Barbara Witek Swinarska – und bin so erschüttert, daß ich beschloß, an Sie zu schreiben... Ich zitiere Ihre Worte nach dem Text des Interviews von Frau Swinarska« (es folgen ausführliche Zitate). Im weiteren schilt Herr Morstin mich für meine Niedertracht. Und am Schluß: »Ganz gemeiner Egoismus ist es, die Augen vor des Nächsten Leid zu verschließen, um den Luxus und die Lockungen des Lebens ungestört genießen zu können... Sie haben die Bezeichnung Schriftsteller nicht verdient.«

Sehr schön das alles, und ich wäre völlig einverstanden mit Herrn Morstin, nur... wie kommt er darauf, daß das ein »Interview« gewesen sei? In dem Feuilleton von Frau Swinarska steht kein einziges Wort, das zu dieser Annahme berechtigte. Na ja, hat sich eben geirrt... Geirrt? Aber dies Feuilleton ist so boshaft und satirisch, daß kein Kind es für ein Interview halten könnte, das ist unübersehbar...

Passons. Ich finde diese Kombinationen von Schalkhaftigkeit und erhabenem Ernst nicht sehr amüsant und würde das gern schnell abschließen. War das Feuilleton einmal zum Interview avanciert, konnte man mich leicht im Ernst zum Schurken stempeln. Die *Trybuna Ludu* druckte Morstins Brief »wegen der großen Aktualität der Aussage« ab, und in der Wochenschrift *Siedem Dni* war zu lesen: »Wer eine derart zynische Einstellung zu dem Märtyrertod von Millionen seiner Landsleute hat... ist ein gewissenloser Mensch.«

Ich schickte einen Brief an diese Zeitungen, in dem ich feststellte, daß das Feuilleton von Frau Swinarska kein Interview ist und ohne mein Wissen geschrieben und veröffentlicht wurde. Und weiter: »Ich käme nicht in meinen schwärzesten Träumen auf die niederträchtige Idee, die Naziverbrechen in Polen, die ich ebenso wie alle aufrichtigen Menschen auf der Welt aufs schärfste verurteile, reinzuwaschen oder auch nur zu bagatellisieren. Daran kann nicht der geringste Zweifel sein, habe ich mich doch in meinem *Tagebuch* wiederholt zu diesem Thema geäußert. Den unglaublichen Leiden der Polen während des letzten Krieges gilt meine höchste Achtung.«

Das schickte ich auch an den Schriftstellerverband in Warschau. Dieser Brief, in dem ein in der Welt schon recht bekannter polnischer Schriftsteller möglichst knapp und sachlich, ohne politisch zu werden, die Tatsache zur Kenntnis zu bringen bittet, daß er keinen zynischen Unsinn geschwätzt hat, der die Gefühle der Polen zu Recht verletzen würde... dieser Brief wurde natürlich nicht abgedruckt.

Jemand schreibt mir aus Polen: »Man spricht ständig von Ihnen, Sie werden diskutiert. Das kann Ihnen nicht schaden. Sie sind ohnehin nicht für die Massen, deshalb geht denen das zum einen Ohr rein, zum anderen raus, aber in den Cafés wird viel geredet, die Leute informieren sich und die Wahrheit über Sie verbreitet sich immer mehr.«

Das scheint mir auch so. Zu viele wissen schon von mir – durch meine Bücher. Man mag mit mir übereinstimmen oder nicht, jedenfalls gehöre ich mit Sicherheit zu den ehrlichsten Autoren der polnischen Literatur. Man weiß alles von mir, schon durch mein *Tagebuch*. Bitte schön, zum Beispiel das auf Seite 155 (Band I, Ausgabe des Instytut Literacki in Paris) über die Gewalttaten der Nazis in Polen: »Ich kenne das Ausmaß dieser Leiden und das Maß dieses Unrechts und habe nicht die Absicht, mich mit ›Konzeptionen‹ rauszureden, wenn ein Verbrechen geschieht.«

Und in solchem Geist und Sinne habe ich mich schließlich nicht nur einmal, sondern oft geäußert!

Dąbrowska? Iwaszkiewicz? Słonimski? Die anderen? Was sagen die Leute dazu, die mich kennen, von denen ich nie je ein Wort der Anerkennung gehört habe? Wie werden sie dieses Feuilleton-Interview und die im Papierkorb gelandete Richtigstellung schlucken?

(P.S. Der obige Text wurde im November 1963 geschrieben und sofort in der Pariser *Kultura* veröffentlicht. Zu ergänzen ist, daß meine Richtigstellung schließlich doch in der polnischen Presse veröffentlicht wurde – einige Monate später, nachdem man mich gehörig durchgehechelt hatte. Nur das *Życie Literackie* druckte sie ab – ohne Datum, damit die Leser nichts von dem Verzug merkten – und unter Beifügung von hinterlistig gewählten Zitaten aus meinem *Tagebuch*, die beweisen sollten, daß ich doch ein Ungeheuer sei... Diese listige Montage von Zitaten aus einem in Polen verbotenen Buch, diese Datumstilgung zur Irreführung der öffentlichen Meinung, das alles kompromittiert letztendlich nicht mich...)

1965

XIV

Wetten, daß diese Berliner Erinnerungen den Zeitungsleuten in die Finger kommen; daß die Politik ihren Negertanz um sie aufführen wird; daß ich Künstler den Feuilletonisten ausgeliefert sein werde, ich Mensch den Redakteuren zur Beute falle, Faktotum der Publizisten werde, Fraß von Nationalismen, Kapitalismen, Kommunismen, weiß der Teufel was nicht alles, Opfer von Ideologien, die eher Mythologie sind, und zwar vergreiste, kindische, sklerotische, bürokratische Mythologie, gerade recht für die Katz.

Triumph von Günter Grass, sein letzter Roman nähert sich einer Auflage von zweihunderttausend verkauften Exemplaren. Grass' Humor: ihm wurde übelgenommen, daß er sich im Trainingsanzug auf Abendgesellschaften zeigte; er hat sich daher einen Smoking in scheußlichem Lila zugelegt und renommiert darin auf Dejeuners und Tees. Eine andere Eigenart des Grassschen Humors: er findet wenig Geschmack an Philosophie, ich wußte das und lenkte die Diskussion aufs philosophische Gleis. Grass darauf, höflich zu mir geneigt, subtil, diskret: »Entschuldigen Sie, aber meine hier anwesende Schwester bekommt einen nervösen Husten, wenn mehr als sechs Philosophen auf einmal erwähnt werden.«

Diese drei – Grass, Johnson, Weiss – traf ich von Zeit zu Zeit, aber unsere Begegnungen scheiterten entweder an Schwierigkeiten sprachlicher Natur oder der Anwesenheit Dritter. Oft sagte ich mir, du mußt mit Weiss reden, ihn mußt du fragen, er wird's dir sagen... Was Uwe Johnson betrifft, das ist hoher Norden. Ein Nordländer so nordisch, daß ich wiederholt beschloß, mich unbedingt einmal näher mit ihm... Aber nichts da. Wir waren hermetisch, sie für mich, ich für sie, da ging nichts, das war von vornherein klar, gar nichts, und das Beste, was man tun konnte, war sich gegenseitig in Ruhe zu lassen. Ein bißchen so wie Pferde auf der Weide. Aber auch wie eroberungslustige Wesen im Zustand der Expansion, die sich bei der ersten Gelegenheit verschlingen. Einmal begegnete mir Uwe Johnson zufällig in der Cafeteria gegenüber der Akademie der Künste. Er trat auf mich zu und brummelte in nordischer Verschämtheit etwas, von dem ich annahm, es sei ein Kompliment für die gerade auf deutsch erschienene *Pornographie*. Seine Scham beschämte ich, ich stammelte etwas, und das Gespräch kam auf unsere üblichen Themen, das heißt Pfeifen, Knöpfe und Jackenaufschläge.

Die neue Philharmonie, »Scharouns Zirkus«, wie die Taxifahrer sie nennen, außen gelb, innen ein leichtes, elegantes Abgleiten der Ebenen von den Zuhörern zum Orchester – von allen Seiten – diese Architektur hat einen guten Klang, und man hört gut in dieser Architektur. Karajan hat sie mit der Darbietung der Neunten eingeweiht (ein wahrer Festtag). Das Orchester ist der Stolz Berlins, es ist »ausgezeichnet«. Ich setze das »ausgezeichnet« in Anführungszeichen, nicht weil ich zweifelte, sondern weil nur Fachleute etwas dazu sagen können; der Rest, die Tausenden, müssen aufs Wort glauben. Zutreffender wäre also die Formulierung »man hört dieses Orchester als ein ausgezeichnetes«. Doch Kunst ist Luxus, deshalb wird auch unsere Sprache, wenn wir von ihr reden, allzu generös. »Ich kann die Neunte nicht mehr hören, die kenn' ich auswendig«, sagt man stolz. Bei Gott, sogar hier, in Berlin, kennt man die Neunte im allgemeinen zu neun Prozent, nicht mehr.

Das »vorzügliche« Vegh-Quartett, so oft auf der Platte gehört – jetzt vor mir auf der Bühne. Nach der Einsamkeit des Grammophons eingetaucht in die Menge, lausche ich nicht und höre nichts, staune nur über den Auftritt und den Abgang der vier befrackten, geigenbeflügelten Herren und besonders den theatralischen Vegh selbst, der seine rundlich werdende Figur mit einer überaus seltsamen Quälerei zu inspirieren versteht.

Szeryng in der Philharmonie, Violinkonzert mit Orchester, unangenehm, dünner Klang der Geige, man sieht die übermenschlichen Anstrengungen des »Maestros«, diesen Saiten Sang, Zornesschwang, Klangesglut zu entlocken... aber jemand, der »nichts von Musik versteht«, würde sagen, da sei kaum etwas zu hören... Doch was heißt das, »etwas von Musik verstehen«. Es heißt: mit kritischem Ohr die subtilsten Unzulänglichkeiten der Ausführung herauszuhören, krasse Mängel aber diskret zu übersehen, wenn sie – um diese Metapher zu wagen – das Schachbrett, auf dem gespielt wird, selbst betreffen. Da kann man sagen, was man will: der Klang der Violine *solo* ist für einen großen Saal, selbst bei bester Akustik, zu schwach. Wenn sogar der Flügel in diesen Räumen auf dem letzten Loch pfeift, dann bleibt von den Geigen nur ein Rinnsal, ganz so wie... hm... Und vom Standpunkt einer weniger »abgeklärten«, also weniger professionellen Ästhetik wäre es vielleicht erträglicher, wenn der Künstler ganz einfach urinierte, als mitanzusehen, wie ihm bei seinem entfesselten Wirken auf der Geige alle Inspiration und Urgewalt zum... hm... Rinnsal gerät. Was für eine Kompromittierung menschlichen Geistes! Aber das ist natürlich ein allzu naiver und »ungebildeter« Standpunkt.

Ich bin von Einladungen überhäuft: Ausstellungen, Konzerte, Opern, Vorstellungen, Kongresse und Lesungen... ob Berlin darauf aus war, ein Paris zu sein? Die Zahl der Berliner, die sich »auskennen in der Kunst«, muß demnach in nicht geringerem Tempo wachsen als die Zahl der Autos. Aber ich habe mir meine uralte Abneigung gegen das Theater bewahrt, ich glaube nicht, daß die Schlangen an den Eintrittskassen irgend jemanden zur Kunst geleiten können, man muß sie selbst machen, nicht auf der Bühne will ich sie sehen, sondern in den Augen und auf den Lippen, in Worten und im Lächeln...

Vorsichtig... aufgepaßt... wieder das junge Totengerippe... diese junge Leichenlästigkeit! Was sind ihre heutigen Theater gegen das Theater von *damals*, sie haben der Welt die größte Tragödie des Jahrhunderts geboten, die aufschlußreichste Vorstellung, die alles auf den Kopf stellte, was Europa von sich wissen konnte, und den Europäer in eine neue Dimension versetzte – doch nicht über den Glanz dieser Hölle möchte ich sprechen, sondern über den jungen, naheliegenden Leichnam, über die Jungleichenschönheit. Ein Student erzählte mir, daß er lieber ein paar Mark für den Bus ausgibt, als an der Straße als Anhalter zu warten, denn in der Regel gebe der ältere Herr hinter dem Lenkrad dann etwas von seinen Kriegserinnerungen zum besten – und das sei langweilig, stinklangweilig! Was ärgerte diesen Studenten so? War das nicht einfach Neid? Beneidete er nicht jene *andere*, mit dem Tod verbrüderte, wunderschön leichenhafte, poetisch leichenhafte Jugend... er, der an den verschiedensten Kassen, die Poesie und Schönheit verkauften, Schlange stand, er, der passive Betrachter rezitierter Dramen? Berlin ist eine politische Angelegenheit. Berlin ist eine kulturelle, ökonomische oder metaphysische Angelegenheit. Aber Berlin ist auch eine Sache der Ex-Poesie, die giftig ist wie ein junger Leichnam, raubgierig wie ein junger Leichnam. Vergessen wir nicht, daß die Schönheit zu den verborgenen, aber mächtigen Antriebskräften der Geschichte zählt. Denken wir daran, daß nicht nur das Mädchen um seine Schönheit zittert, auch den Jungen eignet dieses Bangen... so war dieser Student, der da an der Kasse anstand mit seinem Portemonnaie, mit Auto und Verlobter, mit seinem Leben, dem bürgerlich-behäbigen, das in so ruhiges Fahrwasser geraten war, trotz allem angegriffen vom Gift *jener* jungen Scheußlich-Schönheit; das ist die Sehnsucht, zu der er sich um keinen Preis bekennen wird. Beachten wir zudem, daß der Deutsche als solcher offenbar ein Wesen ist, das für das Häßliche wie das Schöne gleichermaßen empfänglich ist. Die Liebe zu Wissenschaft und Technik stößt ihn nicht selten in völlige ästhetische Unempfindlichkeit, fettweiß, schwerfällig, abstrakt, mit Brille, Bier und Notizblock – dann aber treiben ihn seine unsterbliche lyrische Ader und Romantik wieder den Musen in die Arme. Und so empfindet dieser Student in der Kassenschlange, wo es im Rahmen einer rational funktionierenden Teilung in Produktion und Konsum fertig präparierte Poesie zu kaufen gibt, dieser Student empfindet bisweilen einen dumpfen und wütenden Ekel, ganz so als kaufte er eine Eintrittskarte ins Bordell – und später, bequem im Sessel, zufrieden mit dem Komfort des Saales, mäßig eklig, zittert er dennoch, ahnend um die Möglichkeit seines Mundes von Kälte, Angst oder Hunger verzerrt, vielleicht abtransportiert in einem Zug, und er – der Narziß – spürt auf den Lippen den Kuß seines anderen, fernen Soldatenmundes.

Die Älteren, die ihren Blick, wie Angler, in *Jenes* senken... um im dunklen, verwunschenen Wasser das Spiegelbild ihres... schrecklichen... naiven... Gesichts von damals zu erhaschen. Die Jüngeren zittern, erschreckt von der unterirdischen Nähe des Altersgenossen... Welcher deutsche Dichter von heute hätte versucht, diese Poesie zum Ausdruck zu bringen? Ich kenne keinen. Und keine der Sprachen, die heute in Berlin gesprochen werden, weder diese lebensnah-praktische, noch die politische, noch die Sprache von Theorie, Glauben und Moral sind in der Lage, sich zu dem unterirdischen Ort vorzugraben, an dem schuldlose Sünde, scheußliche Schönheit, totgemachtes Leben, lebendiger Tod ruhen. Und keine Schönheit an der Oberfläche, ob sie nun Auto oder Motorrad fährt, im Fluß sich badet, stabhochspringt, ins Kino geht oder ein Sandwich ißt, vermag jenem Zauber, der den Tag zur Nacht macht, den Stachel zu rauben.

Konzerte und Ausstellungen – Theater und Kinos – Lesungen und Rezitationen... Gewiß doch. Modern. Rationalisiert, organisiert, immer »wissenschaftlicher«. Gewiß. Du aber, Dichter, willst du zum Quell vordringen, müßtest ins Schattenreich hinabsteigen. Von dir wollte ich mir so etwas wie einen zwiegesichtigen Gott erwarten.

Ich verließ Berlin nach einem Jahr, im Mai 1964, völlig entkräftet – ich kam kaum ins Flugzeug. Schon in den ersten Monaten des Aufenthalts hatte Krankheit in mir gelauert, aber erst die Schneefälle, der Regen, Wind und die Wolken des nördlichen Himmels, die ich ein Vierteljahrhundert nicht geschaut, weckten und entwickelten sie. Zwei Monate im Krankenhaus. Ich war kein guter Gast.

Während meiner Krankheit redigierte ich, nur für mich allein, ein »Tagebuch der Navigation« auf einem Meer, das ich »Bersee« nannte. Ja... Berlin war ein Meer... und ich schwamm und schwamm auf den wogenden Wassern... den sonnengleißenden... schwarzen...

Ich war auf meiner ganzen Europareise geschwächt. So ist auch dieses *Tagebuch* nur die Berührung meines – angegriffenen, geschwächten – Seins mit dem Sein Europas; und meine Schwäche, meine Erschöpfung, mußten ansteckend wirken... Ach! Vergeblich rief ich die Jugend an, um aus meinem nur mehr unzureichend seienden Sein, der zu wenig wirklichen Wirklichkeit herauszukommen.

Nach fünfundzwanzig Jahren war ich über den Atlantik gekommen, zerfressen von Zeit und Raum... hatte nicht die Kraft, die steinerne Fremdheit Europas zu überwinden. All die Jahre meines argentinischen Exils war ich nach Kräften bemüht gewesen, Europa die Treue zu halten, gerade das war der heimliche Stolz meines Schreibens: die Treue zu Europa. Mit Recht also fühlte ich mich in Paris, in Berlin wie zu Hause, ich, der Europäer. So viele Freunde. Leser. Solche Liebesbezeigungen. Zärtlichkeit. Und dennoch war ich zu schwach, die Krankheit saugte mich aus. Auch war ich trotz allem Argentinien zu sehr verhaftet. Während also Argentinien hinter mir in die Ferne entschwindet, zerfließt, ist das vor mir aufgehende Europa wie eine Pyramide, wie eine Sphinx und ein fremder Planet, eine

Fata Morgana, nicht mehr meines, ich erkenne es nicht, suche es vergeblich in Zeit und Raum.

Und will sich nicht besitzen lassen von mir, der ich geschwächt bin.

Ich fühlte mich verloren, als ich aus Buenos Aires aufbrach. Bin verloren.

Zurück nach Argentinien? Kehrte ich zurück, es wäre nur die *Vergangenheit*, zu der ich zurückkehrte.

Während meines gesamten Aufenthalts in Europa, wo immer es gewesen sein mag, in Clermont Ferrand, in Royaumont, in Paris oder Berlin, habe ich nicht die kleinste Tasse Kaffee getrunken, die »echt« gewesen wäre, »normal« – und nicht aus dem Abgrund gefischt, haltlos in unendlicher Leere.

Ihr müßt zugeben, daß Berlin, dieses Berlin der Nachkriegszeit, in meiner polnischen Seele einen Sturm entfachen mußte – der Rachsucht, des Grauens, der Sympathie und Bewunderung, Verdammung, Angst, Anerkennung, Freundschaft und Feindseligkeit – für all diese Gefühle und viele andere wäre Platz gewesen ... Aber nein.

Berlin wurde für mich zu einem Rätsel der Verwirklichung ... und des Wirklichkeitsverlustes ...

Eines dominierte alles andere: die Bildung, der Zerfall, die Entstellung, Geradestellung, Verflüchtigung, Vermischung, Intensivierung ... von Wirklichkeit.

Ich war nach Berlin gelangt wie ans Ziel meiner Pilgerfahrt durch Europa, wie zu dem wirklichsten und phantastischsten Ort. Die Reise erfolgte zwiefach: einmal auf der Landkarte, das andere Mal in mir selbst. Berlin wurde mir zum inneren Abenteuer ... aber das wird mir erst jetzt klar, allmählich, während des Schreibens ...

Sie behandelten mich, ich sagte es, mit großer und ausgesuchter Gastlichkeit und nicht minder bemühter Freundlichkeit – aber nicht doch, Unsinn, das hatte überhaupt nichts mit Politik zu tun, viel aber wohl damit, daß ich Pole bin. Klar. Als Pole lastete ich ihnen auf dem Gewissen. Sie fühlten sich schuldig.

Vergebens! Vergebens! Seid doch nicht kindisch, euer Lächeln und aller Komfort, den ihr mir bieten könntet, machen keine Minute auch nur eines einzigen der vieltausend polnischen Todeskämpfe wett, die so abwechslungsreich waren, so weit gefächert in der Art ihrer Qual. Ich lasse mich nicht verführen! Ich vergebe nicht!

Vergeben habe ich nicht, aber etwas Schlimmeres ist mir passiert. Ich als Pole (denn gerade »als Pole« hatte ich das erlebt) mußte Hitler werden.

Ich mußte all *jene* Verbrechen auf mich nehmen, ganz so, als hätte ich sie selbst begangen. Ich wurde Hitler und mußte annehmen, daß Hitler in jedem sterbenden Polen gegenwärtig war, daß er in jedem lebenden Polen ständig gegenwärtig ist.

Verurteilung, Verachtung, das ist keine Methode, das ist gar nichts... es festigt das Verbrechen nur, wenn man ewig darauf herumhackt... Schlucken muß man es. Aufessen. Man kann das Böse überwinden, aber nur in sich selbst. Völker der Erde: meint ihr immer noch, Hitler sei nur ein Deutscher gewesen?

Ausblick aus meinen Fenstern im fünfzehnten Stock:
   die fahlen Teiche des weitläufigen, eingeschläferten Parks, gleich dahinter, einen Kilometer entfernt, der Kurfürstendamm, der Zoo, das eigentliche Zentrum Westberlins, von amerikanischem Profil, pulsierend, gleißend, blinkend, Neonreklamen gehen an und aus, die Alleen von Autos beschwärmt, am Horizont der elektrische Feuerschein.

Aus dem anderen riesengroßen Fenster: Dämmer und Geheimnis, riesiges Schweigen, hinter der Mauer hat sich Ostberlin breitgemacht mit langen, traurig beleuchteten Straßen.

Schornsteine, Türme, die im frühen Frost des Winters verschwimmen, irgendwo dort glänzt etwas, ich greife zum Fernglas, ein Hochhaus wohl, vielleicht auf einem Hügel...

Dieses Glitzerding Westberlin, letzte Koketterie des luxuriösen Europa – dahinter Öde, als wäre dort nicht mehr Stadt, sondern nur gigantischer Raum, bis weit nach China. Ich schaue angestrengt hin wie auf die stumme Einsamkeit von Winterfeldern, als wäre ich auf dem Land... Magie lag verborgen in diesem ursprünglichen Raum, von dem man weiß, daß er dem universalen und organisierenden GEDANKEN unterliegt, unteilbar beherrscht ist von der IDEE.

Während Westberlin gleißend helle Verblendung ist, die sich blindlings zur Regellosigkeit ordnet, hat sich auf der anderen Seite, dort wo Nacht und Weite, Erde, Winter und Dunkelheit sind, die IDEE breitgemacht, verbissen, schweigend. Streng. Das reizt. Seltsam, schmerzlich vielleicht, daß der GEIST dort ist, nicht hier... seine Nachbarschaft fasziniert... doch es wundert, es bedrückt, daß er eher aufsteigenden Nebeln, einfallender Dunkelheit, ziehenden Wolken und den aufeinanderfolgenden Jahreszeiten ähnelt als etwas Menschlicherem...

Diese Ursprünglichkeit...

»So aus dem Fenster betrachtet, sieht es düster aus. Aber, wissen Sie, in Ostberlin sind die Menschen viel sympathischer... Freundlich, hilfsbereit... Uneigennützig. Gar nicht zu vergleichen mit dem Westberliner, der nur noch ans Materielle denkt...«

»Aha, Sie sind ein Anhänger des Systems dort?«

»Nein, im Gegenteil. Die Menschen sind besser, weil sie in Armut und Unterdrückung leben... Das ist immer so. Je schlechter das System, desto besser der Mensch...«

Aus und zu Ende! Ich lasse von dir, Insel! Fliege nach Paris.

Das Flugzeug steigt in den Raum. Europa öffnet und erstreckt sich. Ich im Flugzeug. Dämmerung. Geschwindigkeit

800, Höhe 8000. Da ist schon Frankreich. In den Sitz geschmiegt, falle ich mit dem Blick bis ganz nach unten. Häuserschwärme. Am Ende meines Blicks, des fallenden, dort, dort, Häuser und Gärten, Schachbretter, Schornsteine, Brücken, Staudämme, Fabriken, Dreiecke, Linien, Landstraßen, Siedlungen, Gebäude. Ich in schwindelerregender Höhe, fliegend mit unhörbarem, weittragendem Gedröhn. Ich fliege. Verrückt, ich. Fliege.

Ich fliege ganz allein. Aus der Umlaufbahn geworfen. Abgesondert. Und mit mir, den Himmel durchmessend mit einer Geschwindigkeit von 800, mein Alles, mein Gepäck, meine Gedanken, Kombinationen, Erinnerungen, Berlin, Argentinien, Polen, dies, das dort, Reminiszenzen, der Schlüssel, hat sie gesagt, Fische, man müßte, wozu, Hoża-Straße, all das fliegt mit mir in einer Höhe von 8000, ich fliege und assoziiere immerfort, arbeite, kombiniere, spinne aus, haltlos, verloren im Wald. Ich und mein Wald. Ich und mein Dickicht, mein Gewimmel, mein Schwarm, der sich mehrt, und überhandnimmt. Ich schaue nach unten. Unten Schwarm, Gewimmel, sich mehrend, überhandnehmend. Ich sehe sie nicht, aber ich weiß, daß sie da sind. Vieltausendfaches Ebenbild. Ich ganz allein hoch oben, und unter mir Zehntausende, Hunderttausende meiner Ebenbilder und Wiederholungen, meiner »Meinesgleichen«, wimmelnd, anknüpfend, kombinierend mit vervielfachtem Gewimmel ich weiß kenne kann nicht weiß nicht ich sie ich. Ich, in Vervielfachung entfesselt. Vielgedanke. Vielsein.

Paris.

Verdichtung, Intensivierung, Wucherung, wildes Gebrüll der Vervielfachung. Bestie! Ich fliege! Ungeheuer! Ich komme geflogen! Das vielmillionenfache Ebenbild ergießt sich füllend und überfüllend in die Breite, ich nähere mich fliegend meiner Vielverstrickung... Geheul und Gebrüll! Gleich steige ich aus. Nehme ein Taxi. Sehe einen, zwei, drei... Tausende werde ich sehen... und Millionen...

XV

Als ich Berlin verlassen hatte, im Mai vorigen Jahres, ließ ich mich in Royaumont nieder, 30 km von Paris. Eine Abtei aus dem dreizehnten Jahrhundert, in der der hl. Ludwig den Mönchen aufzuwarten pflegte, von hier aus soll eine Zeitlang Frankreich regiert worden sein, machtvolle Gotik, viereckig, vierstöckig, Mauern, Kreuzgänge, Bögen, Rosetten, Säulen, in einem stillen Park mit dem modrig-grünen Wasser der Gräben und Teiche.

Das Gebäude zur Hälfte leer – »Echo«-Refektorien, Säle mit ehrwürdigen, lateinischen Grabinschriften – und zur Hälfte bewohnt, denn die Mönchszellen im ersten Stock, einschließlich der Zelle, in welcher der hl. Ludwig gewohnt haben soll, sind für Intellektuelle und Künstler hergerichtet, die aus Paris hierherkommen. Ich war dauernd krank. Rekonvaleszenz nach dem Krankenhaus in Berlin, sollte man meinen, aber es wollte mir irgendwie nicht bessergehen, ich spürte, daß das giftige Sekret noch immer in mir saß, ich kränkelte, erging mich schwächlich unter den Kastanien, kam träge zur Straße, zur Brücke, setzte mich auf einen Stein und schaute auf die hingestreckte Seide des süßen Frankreich – Wiesen, Haine, Hügel, über denen Hochspannungsleitungen verliefen, befestigt an durchsichtigem, rhythmischem Stahlgetürm. Schaute mir das an in übler Laune, innerer Unlust, wie eine Hundeschnauze, die sich von der gefüllten Schüssel abwendet, und lenkte meine Schritte langsam zum Haus zurück, trat ein in die Dicke der Mauern, die Gotik der Gewölbe.

Wenn ich mich morgens, das Handtuch um den Hals, rasierte, sah ich aus dem Fenster Menschen durch den Park ziehen: einen Professor, der sich den Liegestuhl an einen abgelegenen

Ort zog, zwei subtile Damen mit zierlichen Schirmen, ein Maler blickte in den Wassergraben, ein Student im Gras, von Büchern umlagert. Alle paar Tage drangen fremdsprachige Gruppen in diese Stille ein, etwa sechzig Biologen, vierzig Ethnologen, siebzehn Parapsychologen (das sah ich aus dem Fenster), denn Royaumont ist ein bedeutendes wissenschaftlich-kulturelles Zentrum, Ort internationaler Kongresse sowie Lesungen, Konzerte und Seminare. Anfangs hatte ich gedacht, ich würde mich hier ganz wohl fühlen, lieber das als die Langeweile eines gewöhnlichen Hotels – und da ich in Paris nicht wohnen konnte (denn Paris war zu einem Autoalp geworden, röhr, brüll, ras, stink), war ich zufrieden, hier eine Kombination herrlichen Grüns mit Café *Flore* und Sorbonne, ja sogar Japan und Australien zu haben.

Und als ich am ersten Tag in den kleineren Eßsaal kam, der den ständigen Bewohnern und Mitgliedern des *cercle* vorbehalten ist, grüßte mich fröhliches Geschrei – wie sich herausstellte, hielt sich seit kurzem Alan Kosko hier auf, der an der französischen Übersetzung meines *Tagebuchs* arbeitete, und bei der Gelegenheit wurde so manches sprachliche Problem diskutiert. Von vielen Seiten bekam ich zu hören: »Der Kosko quält uns vielleicht mit Ihrem Tagebuch!«

Unseren Mahlzeiten präsidierte Monsieur André d'Hormon, ein äußerst distinguierter alter Herr, »Botschaftsrat und politischer Ratgeber«, seinerzeit in Peking bei der chinesischen Regierung; achtundvierzig Jahre hatte er in China verbracht (und war, so ging das Gerücht, Geliebter der Kaiserin gewesen). Doch China war spurlos an ihm vorübergegangen, er sah aus, als hätte er das *Quartier Latin* nie im Leben verlassen; Kenner von Käsen, wackerer Salatesser, Verehrer von Anatole France, Zola und Renan war Monsieur d'Hormon, und ziemlich schwerhörig dazu, was ihn nicht hinderte, mit echt französischer *cordialité* die Konversation zu leiten. »Wer ist dieser Herr?« fragte er diskret seinen Tischnachbarn, wenn jemand Neues erschien. »Das ist Redakteur X, Professor Z, der Dichter Y!« rief ihm der Nachbar dann ins Ohr. »Aha, Sie sind Schriftsteller. Pole, sieh an, sieh an, sagen Sie mir doch, wen von den zeitgenössischen französischen Autoren schätzen Sie am höchsten?« – »Sartre!« schrie ich. »Wen? Sartre? Sartre, *ce n'est rien du tout, mon ami!* Und mögen Sie Racine?« – »Och, nein!« rief ich.

»Was? Nicht? Aber so hören Sie doch:

... *Quoi! Pour noyer les Grecs et leur mille vaisseaux*
Mer, tu n'ouvriras pas des abîmes nouveaux?«

»Na ja, ganz gut!« brüllte ich. »Was? Bitte? Was hat dieser Monsieur gesagt? Ganz gut? Aber *excusez moi, mon chèr ami*, übertreiben Sie nicht etwas ...« etc.

Nicht nur mit Herrn d'Hormon verliefen meine Gespräche so – taub und widerborstig. Ich weiß noch, wie mich eine intellektuell angehauchte Dame fragte, ob ich Simone de Beauvoirs Anschauungen zur spezifischen Problematik der Frau von heute teile. Ich erwiderte, ich sei da eher der Meinung von Kaiser Wilhelm: »K.K.K.«, also »Kinder, Küche, Kirche«. Was, was, man ist konsterniert, fragt, ob ich das ernst meine, ja, antwortete ich, aber ...

Aber so ein Spaß an diesem Ort? Und überhaupt ... spaßen mit der künstlerisch-soziologisch-psychologischen Crème de la crème von Paris, dargereicht in einer gotischen Sauciere aus dem XIII. Jahrhundert? Und überhaupt ... spaßen ... ich, der ich krank bin?

»Ich verehre Sie, Sie besitzen die Gabe, Idioten aus den Leuten zu machen!« gestand mir inbrünstig einer der rebellischen Studenten von Royaumont, Jacques Clauvel.

»Royaumont ist gut für meine Nerven«, eröffnete ich nach einigen Tagen Monsieur Crespelle, dem Verwalter. »Royaumont ist gut für Ihre Nerven, weil Sie den anderen auf die Nerven fallen«, erwiderte er sentenziös.

Meine Vorsichtsmaßnahmen ... Auf alle Fälle habe ich lieber meinen Spaß, als ...

Daß ich in Royaumont zum *enfant terrible* und mutwilligen Dyzio werde – och ja, und dies umso mehr, je stattlicher, majestätischer, kartesianischer, racinescher, voltairianischer Royaumont war – je ethnologischer, geschichtsphilosophischer, logistischer, kybernetischer – je mehr mit Rosetten, Schwänen und dem hl. Ludwig. Doch ich tanzte in Eisenketten, ach, dieser drückende Griff, diese zentnerschwere Last! Der Ernst der Krankheit, diese völlige Scherzlosigkeit, die den dunklen Winkeln des leidenden Organismus eignet, verband sich übrigens (gleichsam hinter meinem Rücken) mit gewissen, wenig angenehmen Eigenarten des Ortes, an dem ich mich befand. Um zwei, drei Uhr in der Früh zählte dieses mittelalterliche Bauwerk nicht zu den heitersten... wenn der desolate Zustand meines Magens mich nachts aus dem Bett trieb, war mir nicht sehr geheuer auf dem langen Korridor, in dessen unklarer Tiefe ein Licht schimmerte, wenn im allgemeinen Schlaf die Dicke der Mauer andrang und die Leere spürbar wurde, die dort hinten in den unbewohnten Sälen residierte, ihre Einsamkeit, ihre Last, das allseitige Drücken der mit toter, erledigter, zurückliegender Zeit gefüllten Leere. In solchem Ersterben war von irgendwo nur das inständige Geflüster des alten Monsieur d'Hormon zu hören, der, weil er nicht schlafen konnte, in seinem Zimmer stundenlang Verse von Mallarmé, Rimbaud oder Racine rezitierte, als spräche er Gebete... Was wäre, wenn ich beim Gang über diesen Korridor plötzlich auf irgendeine Anomalie stieße, nein, keinen Geist, kein Gespenst, das wäre zu einfältig, sondern eine Anomalie, ich mußte doch ernsthaft damit rechnen, daß die vielen Leben, erstickt von ebenso vielen Toden, die sich in Jahrhunderten hier aufgeschichtet hatten, irgendein Ferment bildeten, etwas das mich wirklich überraschen würde, wenn ich im dunklen Korridor darauf stieße. Der Mensch ist doch immer auf so etwas gefaßt... er rechnet damit... Ich war ja selbst Krankheit, also Anomalie, also etwas Todverwandtes, und mehr als vor allen Gespenstern hatte ich wohl davor Angst, daß ich mich gar nicht so sehr fürchtete.

Nach einjähriger Tauchstation in Germanien betrachtete ich mir die Franzosen mit Interesse.

Als ich unmittelbar nach der Ankunft aus Berlin eine Woche in einer Villa bei Paris verbrachte, hinkte ich, wenn ich irgend konnte, mit den letzten Kräften an die Pforte zur Straße, um sie *wieder* zu sehen. Um festzustellen, wie sie nach den Deutschen aussahen.

In Südamerika gestrandet wie traurige Schiffbrüchige, Muscheln und Wasserpflanzen, waren die Europäer geschwächt gewesen... hier sind sie in ihren Völkern wie Früchte am Baum, und stehen im Saft.

Ich habe darüber nachgedacht, inwieweit meine ersten Eindrücke von Paris – als ich es vor einem Jahr nach der langen Zeit in Amerika zum ersten Mal wiedersah – inwieweit diese Eindrücke in den beiden Paris gewidmeten Abschnitten meines *Tagebuchs* übereilt und irrig sein mögen... Pariser, die diesen in den *Les Lettres Nouvelles* veröffentlichten Text gelesen haben, rümpften die Nase. Zum Beispiel so ein Brief von einem französischen Schriftsteller: »Sie hassen Paris, das ist Ihr gutes Recht. Aber in diesen Kapiteln sucht man vergeblich nach der Aufrichtigkeit und Frische, die Ihr Tagebuch sonst so prägen, hier bedienen Sie sich recht abgegriffener und banaler Schemata, wollen sich dieser Stadt nicht öffnen, wenden sich verärgert gegen sie... Und man sieht deutlicher als irgendwo sonst, wie sehr Sie sich die Wirklichkeit zurechtmachen, um Sie Ihrer subjektiven Vision anzupassen.«

Aber ja doch, ich mache mir die Wirklichkeit zurecht, wer würde dieses *Tagebuch* für einen Bericht halten, ein Protokoll... meine Beschreibung der Welt ist frei wie ein Gedicht, sie soll die Welt durch meine Leidenschaft, und meine Leidenschaft durch die Welt zum Ausdruck bringen. Welche Leidenschaft habe ich nun in meine Parisbeschreibung gesteckt?

Die Franzosen von Royaumont – das wußte ich – begriffen

das ebensowenig. Diese Elite, die trotz allem doch meint: »Der Mensch, das hat einen stolzen Klang!«, mußte auch finden: »Jugend, das klingt naiv!«

Sich über das von peinlichem Sentiment durchtränkte kleine Wort erheben... ja doch, ich weiß... wie oft habe ich mir den Jux gemacht und der Reife mit dem Wörtchen »Jugend« vor ihrer stolzen Nase gefuchtelt! Paris? Ich attackierte in meinen Notizen nicht so sehr Paris, wie Europa – und Paris als höchsten Ausdruck der europäischen Ästhetik. Denn in euch, Europa, Paris, wird die Schönheit zivilisiert, also organisiert, mehr noch, sie unterliegt der Arbeitsteilung: die einen sind dazu da, das Schöne zu fabrizieren, die anderen, es zu konsumieren. Die Schönheit des Menschen, der Menschheit zerfällt euch zunehmend in das Schreiben von Gedichten und das Rezitieren von Gedichten; das Malen von Bildern, und das Betrachten von Bildern; die Fabrikation von Schminke, und das Auflegen von Schminke; das Tanzen im Ballett und das Betrachten von Ballett.

Dieser Prozeß beruht darauf, die Schönheit aus sich herauszufinden, damit sie etwas Äußerliches, Objektives werde... damit sie nicht mehr schmerzt... nicht mehr Schande macht... Ich als Dichter habe das Bedürfnis, der Schönheit des Menschengeschlechts ihren ursprünglichen, wilden, beschämenden, unerbittlichen Sinn zurückzugeben... ihren *persönlichen* Sinn...

Siehe, wo das Kind aufhört und der Erwachsene noch nicht recht begonnen hat, dort, vom vierzehnten bis zum vierundzwanzigsten Jahr, ist es dem Menschen gegeben, aufzublühen. Das ist die einzige Zeit ungeschmälerter Schönheit im Menschen. Es gibt in der Menschheit ein unsterbliches Reservat von Anmut und Schönheit, doch – leider, leider! – mit der Jugend verbunden. Ach, es reicht nicht, die Schönheit abstrakter Gemälde zu bewundern – die ist nicht drastisch – man muß sie erfahren an dem, was man war, was man nicht ist, an jener Niederkeit der Jugend...

Das ist in ungefähr der Ausgangspunkt meiner Satire auf Paris.

Neige dich über den Strom der vorüberfließenden Zeit, Narziß, und suche das Gesicht zu erhaschen, das im entschwindenden Wasser blinkt und gnadenlos bezaubert...

Oft besuchten mich Polen aus Paris.

Kot Jeleński. Alan Kosko erschien eines Samstags, und wir setzten uns beide an mein *Tagebuch 53-56*, das gerade in seiner sorgfältigen Übertragung erschienen ist.

Lavelli, der Regisseur der *Trauung*, brachte mir die hübsche, kleine Krystyna Zachwatowicz mit; ihr verdanke ich die Bühnenausstattung, die großen Erfolg hatte.

Auch Jadwiga Kukulczanka, Übersetzerin der *Trauung*, die aus Sorge um den Klang der Anfangssilben ihres Namens in der Sprache der Gallier auf das wunderliche Pseudonym Koukou Chanska verfallen ist.

Pater Sadzik war zugegen, als Lektüre. Ich las seine *Esthétique de Heidegger* mit Interesse, abwechselnd mit St. Simon.

Unter Kastanien.

Kastanienblätter.

Polen. Argentinien.

Die zwei mythischen Tiger meiner Geschichte, zwei Wogen, die über mich hinwegfegen und entsetzliches Nichtsein säen – denn das ist ja nicht mehr, das war einmal.

Komme ich jetzt in die Endzeit, da man zwar lebt, aber dem lebt, das tot ist? Geschriebene Werke, getane Dinge lassen mich für Besucher noch immer lebendig sein – in der Gegenwart aber taumle ich, und sterbe. Das was ist, ist tot, tot, tot, wie versteinert.

Haben Sie Peyrefittes Erwiderung gelesen, nein, keltische Einflüsse in der Normandie... was, Sie sind so eine Art Kosmoselenitin, oh, là, là, sechsundzwanzig Leichen letzten Sonntag, Veilchen, hat er ihr gesagt, *mais quelle corvée cet encombrement...* Konversation! Samstags und sonntags gehen wir zu den Mahlzeiten in den größeren, gotischen Saal. Unter den in Holz gehauenen Gesichtern an der Wand, asketisch, ekstatisch, unter Infuln und Kreuzen – wir an der großen Tafel, etwa vierzig Personen, *hors d'œuvres, potage, entrée, rôti, salade, fromages, dessert, café*. Konversation.

Ungehemmt. Unerbittlich. Lebhaft. Daher Entrüstung der Heiligen- und Schmerzensgesichter, die das von den Wänden herab mitansehen? Nein, französische Frivolität ist heroisch. Und die Gesichter, die da bei Tisch kräftig zugreifen, selig lächelnd und redselig, sind auch nicht so verschieden von denen an der Wand, auch hier sind die Augen ausgeblichen, die Wangen pergamenten, und Vorspeisen und Braten verschwinden in zahnarmen Mündern, diese geschwätzige Runde steht größtenteils schon mit einem Bein im Grab. Dennoch verstummt die Konversation unter Leitung des stocktauben Monsieur d'Hormon keinen Augenblick. Man könnte meinen: sie reden, um ihre Identität mit dem Schmerz und dem Grauen der Wände zu übertönen...

Diese Konversationen flossen zusammen zu einem quälenden Summen unter dem Gewölbe, die Akustik war fatal, man antwortete auf gut Glück, Hauptsache antworten, Taubheit lag ihnen auf Mündern und Augen, man sprach kunterbunt durcheinander, aber man sprach, man sprach... sie aßen und waren verschlungen von Konversation...

Opa sprach zum Bild geduldig, doch das blieb die Antwort schuldig.

Der Gedanke der ANOMALIE, dieser nächtliche von den Wanderungen im Korridor, geriet mir langsam zur Idee vom AUSSAUGENDEN VAMPIR... ein Vampir war diese »lebhafte« Konversation, die immer »lebendiger« wurde, je weiter diese Nasen, Augen und Münder mit dem Sterben waren.

Ich widerspenstig, ich gespenstisch, ich amüsiert, ich ermüdet, ich lebend, ich sterbend.

Ich dachte daran, wie unfaßbar mir Europa war. Es bedrückte mich, daß mir der ganz eigene und entdeckerische Blick auf Europa bisher versagt blieb, mir, der ich nach einem Vierteljahrhundert zurückgekehrt war, Ankömmling, Argentinier, Pole auf dem Heimweg... Es war mir peinlich, über die Länder, die ich von neuem sah, auf festgelegte, abgesprochene, abgedroschene Weise zu denken – als da wäre Technik, Wissenschaft, Steigerung des Lebensstandards, Motorisierung, Sozialisierung, Lockerung der Sitten... sollte ich es nicht besser können? Jämmerlicher Kolumbus!

Es kam mir beinahe lächerlich vor, daß dies riesige Ding in der Geschichte, Europa, statt mich nach den Jahren der Pampa, den Jahren der Ferne durch Neuheit zu erleuchten, mir zu einem Schwall von abgegriffenen Gemeinplätzen zerfiel.

Das Schlimmste ist, dachte ich, daß mich die Wahrheit über Europa fast gar nicht interessiert. Ich will es mir auffrischen – will mich durch Europa auffrischen. Das alles, damit die Zeit verjüngend wirkt – statt mich und Europa altern zu lassen! Deshalb will ich einen noch ungedachten Gedanken denken – nicht der Wahrheit soll er dienen, sondern mir! Egoismus. Künstler, das heißt die Wahrheit meinem Leben unterordnen, mich der Wahrheit bedienen für meine persönlichen Zwecke.

Die steinerne Unmasse von Royaumont, wie sie herauswächst aus kartesianischen Rasen und Alleen.

Die Pariser Louvres brüllend vor Autos... und dann wieder hier diese fromme Gotik, schmerzlich gefüllt mit atheistischen Intellektuellen und scharenweise szientistisch überrollt von Ethnologen, Etymologen, Soziologen, die mit Flugzeugen aus fünf Erdteilen hergeflogen werden... voller Notizblöcke, Apparate, Brillen, Tweeds, Diskussionen, gebrochenem Französisch, gebrochenem Englisch. Von Autos und Wissenschaftlern wie von einer Flechte bedeckt, leidet Frankreich, will sich noch wehren! Konversation! Die Konversation ist wie ein großer Magen, der das zu verdauen sucht. Wie lange? Wie lange noch wird *dies* das Thema unserer Konversation sein? Wir sprechen und wissen, daß unser Sprechen das Thema von soziologischen Abhandlungen auf der *anderen* Seite ist... der wissenschaftlichen...

Im Treppenhaus hängt ein großer Wandteppich aus dem siebzehnten Jahrhundert. Wenn ich mühsam die Stufen zu meinem ersten Stock (der eigentlich ein zweiter war) erklomm, blieb ich auf halbem Wege stehen, um Atem zu schöpfen... und sah mir, da ich nichts Besseres zu tun hatte, den Wandteppich an. Ich, der Bilderstürmer, war der einzige in Royaumont, der sich hier überhaupt etwas ansah (wenn auch nicht aus eigenem Antrieb). Das warf ich ihnen beim Frühstück an den Kopf. »Wie denn?« fragte ich. »Es wimmelt hier von Kunstwerken, aber nie sehe ich jemanden, der gerade in ihre Betrachtung versunken wäre, mit Ausnahme der Kinderausflüge, die sonntags und feiertags hier herumgeführt werden. Es genügt euch also, daß das an den Wänden hängt?« ... Es genügte in der Tat. Bilder, Statuen und andere Wunder sind nur dazu da, daß man wisse, daß sie da sind... man weiß um sie und schenkt ihnen nicht mehr Beachtung als Heizkörpern und Ventilatoren.

Sie protestierten. Ich forderte sie auf, mir unverzüglich zu sagen, was für eine Szene der große, auffallende und hundertmal gesehene Gobelin im Nachbarsaal darstellt. Sie wußten es nicht. Ich fragte, ob sie andere Kunstwerke nennen könnten, die sich in diesem Saal befinden. Das gelang ihnen zu vierzig Prozent.

Ich fragte den Bibliothekar, Monsieur Gueri, den idealen Buchstabengelehrten, ganz in Schwarz mit weißem Kragen und Krawatte, ob er sagen könnte, wieviel Prozent der vieltausend Bände in seiner Bibliothek ausgeliehen würden und wie viele in ewigem Frieden ruhten, *requiescat in pace*? Er sah mich argwöhnisch an und gab eine ausweichende Antwort. Ich fragte, ob die

Regierung schon Mittel für den unausweichlich nahenden Moment der totalen Überfüllung bereitstelle – wenn die Bibliotheken die Städte sprengen, wenn man ihnen nicht nur einzelne Häuser, sondern ganze Viertel wird zuweisen müssen, wenn die Berge der Bücher und Kunstwerke sich aus den bis zum Rande gefüllten Städten auf Felder und Wälder ergießen werden?

»Vergessen wir nicht«, fügte ich hinzu, »daß so, wie die Quantität in Qualität umschlägt, auch die Qualität zur schieren Masse werden kann...«

Der Sohn Valérys, der Botschafter des Irak, ein Minister aus Thailand.

Damen mit dem neuesten Roman von Robbe-Grillet, *La Jalousie*, in den Händen. Sie gehen vorbei. Jede sagt: »Man sagt, das läßt sich nicht zu Ende lesen... Ich werde es schaffen! Ich habe mir geschworen, daß ich es durchlesen werde!«

Professor Lucien Goldmann. Breitschultrig, mit kriegerischem Brustkorb, bestürmend, so eine Art Dreißigtonner, Lastwagen oder Schiff. Er war in der Premiere der *Trauung* im Theater Récamier, hat an der Diskussion teilgenommen und suchte den Leuten rechts und links zu erklären, was das ganze Geheimnis sei, bis er schließlich einen Artikel im *France Observateur* veröffentlichte mit dem Titel »Die Kritik hat nichts verstanden«, in dem er eine eigene Interpretation des Stücks liefert. Es beginnt vielversprechend. Seiner Meinung nach hängt die *Trauung* eng mit den historischen Kataklysmen unserer Zeit zusammen, sie ist »eine Chronik der verrücktgewordenen Geschichte«, die Handlung der *Trauung* ist eine groteske Parodie realer Ereignisse. Aber dann? Aus dem Säufer macht Goldmann das aufständische Volk, aus der Verlobten Henryks – die Nation, aus dem König – den Staat, aus mir einen »polnischen Adligen«, der in solcherlei Symbolik ein historisches Drama zum Ausdruck bringt. Ich wagte schüchternen Protest, ja doch, ich stimme zu, die *Trauung* ist verrückte Version einer verrückten Geschichte, im schläfrigen oder trunkenen Werden dieser

Handlung spiegelt sich die Phantastik des historischen Prozesses, aber daß Mania die Nation sein soll, und der Vater der Staat?? Vergebens! Goldmann, Professor, Kritiker, Marxist, breitschultrig, entschied, ich wüßte das nicht, er wüßte es besser! Wahnwitziger Imperialismus des Marxismus! Ihnen dient diese Doktrin dazu, die Leute zu überfahren! Goldmann, bewaffnet mit dem Marxismus, war Subjekt – ich stand ohne den Marxismus da und war Objekt – der Diskussion hörten mehrere Personen zu, gar nicht erstaunt darüber, daß Goldmann mich interpretierte statt ich ihn.

Was besagen die neuesten Frontberichte? Jawohl, Frontberichte, denn der Kampf meiner teilweise anerkannten Größe mit diesen Franzosen darf nicht einen Moment erlahmen. Zwar könnte ich – sollte man meinen – mit denjenigen auf Kriegsfuß stehen, die nichts von mir wissen oder mich schlecht kennen, um so nebenbei mit meinen Verehrern warm zu werden. Aber – und das meine ich ernst – wie würde ich dastehen, wenn mich der Feind bei einem schwachen Augenblick mit einem Verehrer ertappte? Nein, ich muß noch immer schwierig sein! Schwierig! Und vor allem so, wie ich in Argentinien war, ach, ach, wenn ich mich nur einen Deut ändern würde unter dem Einfluß von Paris, es wäre eine Katastrophe, nein, so wie ich mit Flor oder mit Eisler im Rex war, muß ich auch jetzt sein, ach, ach, einen Abdruck von Flor aus Argentinien hinterlassen auf der Invalidenkuppel, auf den Türmen von Notre Dame!

Flor, oder das Polen des alten Adels! Deshalb ließ ich es mir angelegen sein, zwei Kommunisten zu sagen: »Und bei Gott, früher war der Knecht Knecht und der Herr war Herr, und es war besser so.« Das sagte ich ihnen unter den Kastanien. Die beiden – Professoren der Philosophie, angereist zu einem Nietzsche-Kongreß – amüsierten sich köstlich darüber, und einen Augenblick lang waren wir alle drei glücklich.

Doch spüre ich, daß mich Politik umkreist... der schlimmste von den wilden Affen des Pariser Dschungels. In der Dämmerung merke ich, wie gewisse Schlingen sich zuziehen, gewisse Fühler nach mir tasten ... Mir droht vor allem der »polnische Adlige« und zudem »Emigrant«, und von da ist es nicht weit bis zum »Antisemiten« und gar »Faschisten«, von diesem wieder nur ein Schritt bis zum »Nazi«. Hat doch ein deutscher Kritiker, Jude, Hans Mayer, der mir ein Kapitel seines Buches *Ansichten* gewidmet hat, auf einer Sitzung der Formentor-Jury rundheraus erklärt, ich sei – das wisse er genau – Antisemit, und in dem Buch, das ich gegenwärtig schriebe, wimmle es von antisemitischen Ausfällen. Wer war so freundlich, ihn davon in Kenntnis zu setzen? Diese Äußerung ist umso verwunderlicher, als Mayer in seinem Buch doch mein *Tagebuch* bespricht und ihm ein längerer Passus, in dem ich meine höchst wohlwollende Einstellung zu den Juden darlege (in den Warschauer Cafés nannte man mich den »Judenkönig«), wohl nicht entgangen sein kann. Sich wehren? Protestieren? Ach, ach, drücken wir ein Auge zu, wenn die Paarung meiner Person mit einer allzu fadenscheinigen Nomenklatur Ungereimtheiten zeugt, sie werden sich schon selbst auffressen. Schlimmer ist, daß die französischen Zeitungen bei meinem Eintreffen in Frankreich meine gräfliche Erscheinung und meine aristokratischen Manieren unterstrichen und die italienische Presse von einem *gentiluomo polacco* schrieb. Protestieren? Ach, ach, ach, was wirkte ich mit Protesten? Zwar kompromittiert mich das in den Augen der Avantgarde, der Studenten, der Linken, ich weiß, fast so als wäre ich der Autor von *Quo Vadis*; und dabei ist doch die Linke mein natürliches Wachstumsgebiet, nicht die Rechte. Da wiederholt sich leider die alte Geschichte aus der Zeit, da die Rechte einen »Bolschewiken« in mir sah, während ich für die Linke ein unerträglicher Anachronismus war. Aber darin sehe ich so etwas wie meine historische Mission: ach, ach, ach, mit harmloser Nonchalance in Paris eindringen, als konservativer Rebell, avantgardistischer Krautjunker, rechter Linker, linker Rechter, argentinischer Sarmat, aristokratischer Plebejer, kunstfeindlicher Künstler, unreifer Reifling, disziplinierter Anarchist, aufrichtig künstlich, gekünstelt aufrichtig. Das wird euch guttun... und mir auch!

Krankheit.

Stein.

Nacht und Vampir.

Mit Charairs unter dem Kastanienbaum.

Tod.

Diskussion mit Monsieur d'Hormon bei Tisch, über Philosophie. Der absolut prächtigste all meiner Dispute! Ich sagte »in Ihrem Renan steckt ein Bergson verborgen«, darauf erwiderte der alte Herr, der ein Wort nicht richtig verstanden hatte, »wenn man die Monade doch so verstehen muß, glauben Sie mir, ich habe das genau durchdacht, außerdem hat Demokrit...« Ich (brutal): »Ich traue Theokrit nicht!« Er (gefällig, mit größter Höflichkeit): »Was? Heraklit? Gewiß, gewiß, ich teile Ihre Gefühle in einem gewissen Maße, *chèr Monsieur*, aber Heraklits Horizonte...« Man lauschte unserem Gottesdienst in tiefem Schweigen, der ganze Tisch hing an unseren Lippen, bis der Alte mir schließlich auf die Schulter klopfte: »*Nous sommes du même étage*« (wir kommen aus dem gleichen Stall).

Hector, Jean, Raoul, Dominique. 14, 15, 16 Jahre. Sie tragen die Teller ab, reichen die Schüsseln, behend, von tänzerischer Wendigkeit – ist dies ein Ballett, um uns zu bedienen, oder schlagen wir uns den Bauch voll und spreizen unsere Würde nur zu dem Zweck, damit sie tanzen können? Gegen Abend treibt es sie aus Küchen und Kredenzen hinaus auf Sport- und Tennisplätze, sie besteigen ihre Motorräder, und dann fallen der hl. Ludwig, der Turm, die gotische Fassade, fallen Kongresse, Sitzungen, Gelehrte ganz flach auf die Erde vor diesen Kindern, wie vor einem fremdsprachigen Eroberer.

1966

XVI

Ein gutes Jahr ist es her, daß ich mich in Vence niedergelassen habe, zwanzig Kilometer von Nizza, am Hang der Alpes Maritimes – ein schicker Ort, so manche Residenz gibt es hier, die geschmackvoll in Palmgruppen verborgen ist, hinter Rosengemäuern, im Dickicht von Mimosen.

Oft sehe ich aus meinem Fenster einige Rolls Royces auf dem Platz, wenn ihre Besitzer Milch auf dem Markt kaufen, oder Garnelen.

Außer Rolls Royces – Jaguars.

Wer wissen möchte, was während dieses nunmehr fast einjährigen Schweigens mit mir geschehen ist...

In Royaumont bei Paris verbrachte ich drei Monate. Dann floh ich den Herbst, erst in die Gegend von Cannes, nach La Messugière. Ich mietete ein Zimmer, in dem vor Jahren Gide gewohnt hatte. Am Ende folgt mein Weg den Spuren von Menschen, die ich schon lange kenne, so als holte ich sie körperlich *post mortem* ein, und eine Stimme in mir sagt: du warst vertrieben.

Ich ließ mich in Vence nieder. Eine angenehme kleine Wohnung, fünf Balkone, vier Aussichten, drei Kamine. Zwischen den lichtgleißenden Alpen, dem in der Ferne blauenden Meer und den altertümlichen Gassen eines gefälligen Städtchens, mit dem Rest des Schlosses der Barone de Villeneuve et de Vence.

Mit einundsechzig Jahren ward mir zuteil, was man normalerweise um die Dreißig erreicht: ein Familienleben, ein Zuhause, Hund, Katze, Komfort... Auch bin ich zweifellos (alles zeugt davon) »Schriftsteller« geworden. Diese lächerliche Geschichte, die sich seit frühester Jugend bizarr und unbeholfen durch mein ganzes Leben zog, hat nun Farbe bekommen, ich bin jetzt »Schriftsteller«.

Nur dampft und tost in mir noch immer die vor zwei Jahren verlassene Küste, dort, hinter Gibraltar, hinter den Kanarischen Inseln, über dem Ozean, unter den Höhen der brasilianischen Gestade und der Strände von Uruguay. Argentinien scheint mir von hier die Gischt und den Wind des Ozeans zu atmen. Ich trage es in mir als etwas Dunkles, Undeutliches, Rätselhaftes. Niemals werde ich wohl mit Argentinien vertraut werden, schwanke ständig, meine einmal, es sei mein Schicksal, sei mir vorbestimmt gewesen, dann kommt mir wieder der Gedanke, daß es etwas Zufälliges, etwas von außen gewesen sei, wie der Sprung eines Tieres im Wald, angriffslustig.

Ich finde es auch schade, daß von jener argentinischen Zeit so wenig bleiben wird. Wo sind diejenigen, die mich erzählen, die mich beschreiben und so vermitteln können, wie ich war? Die Menschen, mit denen ich verkehrte, waren meist keine Menschen der Feder, von ihnen kann man schwerlich farbige Anekdoten, geglückte Charakterisierungen, treffende Skizzen verlangen... und außerdem war ich ja mit jedem anders, so daß niemand von ihnen weiß, wie ich war.

Es verdrießt mich, wenn ich von Zeit zu Zeit mit der Post geschickt bekomme, was man in Argentinien über mich schreibt. Wie zu erwarten, stilisiert man mich zum guten Onkel, zum Freund der Jugend, in diesen Erinnerungen oder Artikeln figuriere ich ganz konventionell als »unverstandener« und vom Milieu verstoßener Künstler. Je nun! *Tu l'a voulu, Georges Dandin!* Weshalb hast du eine Lebensweise gewählt, die zu schwer zu beschreiben ist – ein allzu kompliziertes System von Masken? Umsichtige Leute sorgen dafür, daß ihre Lebensgeschichte sich für Anekdoten eignet.

Sicher ist jedenfalls, daß dort, jenseits des Ozeans, sogar die Erinnerung an mich im Zerfall begriffen ist, im Sterben liegt.

Ob ich hier, an der Riviera, noch einmal aufleben kann? Einstweilen bin ich wie der Ton einer gedrückten Taste, mehr Tod ist in mir als Leben. Zu spät!

So um den Mai herum ist *Kosmos* erschienen, zunächst auf polnisch, im Verlag der *Kultura*.

Ich bezeichne dieses Werk gern als »Roman über die Erschaffung von Wirklichkeit«. Und da der Kriminalroman genau das ist – nämlich der Versuch, das Chaos zu organisieren – hat auch *Kosmos* ein wenig die Form des Kriminalromans.

Ich setze zwei Ausgangspunkte fest, zwei Anomalien, die sehr weit voneinander entfernt sind: a) ein erhängter Spatz; b) die Assoziation von Katasias Mund mit Lenas Mund.

Diese beiden Rätsel beginnen nach Sinn zu verlangen. Eins durchdringt das andere, nach Einheit strebend. Es kommt zu einem Prozeß von Mutmaßungen, Assoziationen, Indizien, etwas ist am Entstehen, aber ein ziemlich scheußlicher Embryo ... und diese finstere, unfaßbare Scharade wird nach ihrer Lösung rufen ... wird suchen nach der aufhellenden, ordnenden Idee ...

Was für Abenteuer, was für Eskapaden mit der Wirklichkeit, während sie sich so aus dem Nebel wälzt!

Innere Logik und äußere Logik.

Die Fallen der Logik.

Irrwege des Geistes: Analogien, Oppositionen, Symmetrien...

Plötzlich anschwellend der dithyrambische Rhythmus der ungestüm formgewinnenden Wirklichkeit. Und ihr Zerfall. Die Katastrophe. Die Scham.

Plötzliche Überfüllung durch die *übermäßige* Tatsache.

Die Bildung von seitlichen Verzweigungen ... dunklen Höhlen ... Verstopfungen ... Hemmungen, Strudeln ... Drehungen ...

Etc. etc. etc.

Die Idee umkreist mich wie ein wildes Tier...
Etc.
Meine Mitarbeit. Ich auf der anderen, auf der Seite der Scharade. Ich als der, der durch sich das Rätsel zu Ende sagen will. Ich, mitgerissen vom Strudel der Ereignisse, die nach GESTALT suchen.

Vergeblich stürze ich mich in diesen Strudel, um auf Kosten meines Glücks...
Mikrokosmos – Makrokosmos.
Mythologisierung. Distanz. Echo.
Plötzliches Vorbrechen des *logischen* Absurdum. Schamlos. Bezugspunkt. Leon und seine Andacht.
Etc. etc.

Noch zu *Kosmos*: aus der Unmenge der Phänomene, die um mich geschehen, greife ich eines heraus. Ich nehme zum Beispiel den Aschenbecher auf meinem Tisch wahr (die übrigen Gegenstände auf dem Tisch entschwinden ins Nichtsein).

Wenn ich begründen kann, weshalb mir gerade der Aschenbecher aufgefallen ist (»ich will die Zigarettenasche abstreifen«), ist alles in Ordnung.

Wenn ich den Aschenbecher zufällig bemerkt habe, ohne jede Absicht, und nicht weiter an diese Wahrnehmung denke, ist auch alles, wie es sein sollte.

Hast du jedoch diesen belanglosen Gegenstand bemerkt und kommst darauf zurück... dann wehe! Weshalb ist er dir erneut aufgefallen, wenn er belanglos ist? Ach, er bedeutet dir also doch etwas, da du auf ihn zurückgekommen bist?... Und so wird das Ding allein durch die Tatsache, daß du dich unberechtigt eine Sekunde zu lange darauf konzentriert hast, zu etwas Besonderem, wird bezeichnend... Nein, nein (wehrst du dich), es ist ein normaler Aschenbecher! – Ein normaler? Weshalb wehrst du dich gegen ihn, wenn er normal ist?

So wird eine Erscheinung zur Obsession.

Ist die Wirklichkeit ihrem Wesen nach obsessiv? Angesichts der Tatsache, daß wir unsere Welten bauen, indem wir Dinge assoziieren, würde es mich nicht wundern, wenn am Uranfang der Zeiten eine *zwiefache Assoziation* gestanden haben sollte. Sie bezeichnet die Richtung im Chaos und ist der Anfang jeglicher Ordnung.

Das Bewußtsein hat etwas, das es zur Falle macht für sich selbst.

In dieser Zeit, so Ende April und Anfang Mai, hatte ich auch ein ganz dummes Erlebnis, war an die zwei Wochen krank vor Demütigung.

Vergessen wir nicht, daß der Dichter ein vertrauliches, nächtliches, geradezu unterirdisches Wesen ist, der Künstler hat eine Fledermausnatur, er ist Ratte, Maulwurf und Mimose. Ich war sicher, daß ich in diesem Jahr keine Chance hätte, den zehntausend Dollar schweren Internationalen Verlegerpreis zu bekommen. Die Presse nannte mich nicht als Kandidaten, und mir wurde erklärt, durch diese und jene Konstellation von Rücksichten, Interessen, Taktiken und Prozeduren liefe ich außer Konkurrenz. Deshalb ließen mich auch die Beratungen der Jury, ganz hier in der Nähe, in Valescure, ziemlich kalt. Da sagte mir am dritten oder vierten Beratungstag eine italienische Journalistin, die aus Valescure gekommen war, um mit mir ein Interview zu machen, es sei immer häufiger von mir die Rede, und *Pornographie* steche allmählich von den Dutzenden diskutierter Werke ab. Das genügte. Begierde packte mich. Dollars! Und dann rief ständig jemand an, Dollars, Dollars, im Finale ging der Kampf nur noch zwischen Saul Bellow und mir, Dollars! An dem Tag, als die Entscheidung fallen sollte, war meine Würde nur noch ein nasser Lappen, meine Souveränität blöde, Dollars, Dollars, Dollars...

Die von Minute zu Minute schwanden... um fünf Uhr nachmittags trank ich Kaffee in dem kleinen Café am Platz, Dollars, da kommen gefahren: Bondy mit Frau, die griechische Schriftstellerin Kay Cicellis, Seaver, Direktor von Grove Press, und noch ein paar Personen, alle aus Valescure. Bericht von dem dramatischen Kampf, in dem, wenn nicht... Tja! Wenn die spanische Delegation, die im Grunde für mich war, nicht beschlossen hätte, beim ersten Stimmgang einen Autor aus Lateinamerika vorzuschlagen, um ein bißchen Reklame für ihn zu machen... Tja! Wenn *Pornographie* nicht *Pornographie* betitelt wäre... denn das Pech wollte es, daß dieselbe Jury vor ein paar Tagen einem Amerikaner den Jugendpreis für einen etwas drastischen Roman zuerkannt hatte, da hegte man Befürchtungen wegen meines Titels, es wäre des Guten zuviel... Tja! Wenn nicht die Taktik der deutschen Delegation und gewisse Interessen der großen Verlagshäuser... Tja! Wenn...

Relata refero. Ich sagte so etwa, ich könnte mir doch einen Anwalt nehmen und diese Jury verklagen. Aber ja! Eine solche Aktion wäre juristisch zweifellos begründet. Die Vergebung dieses Preises, des zweitgrößten nach dem Nobelpreis, ist eine bedeutende Sache. Die Jurymitglieder sind nach dem Statut verpflichtet, den Preis dem in künstlerischer Hinsicht besten Buch zuzuerkennen, nur dieser eine Gesichtspunkt darf entscheiden. Aber wie den Presseberichten zu entnehmen ist, berücksichtigt man Gesichtspunkte und -pünktchen, die nichts mit der künstlerischen Qualität zu tun haben: der eine kriegt den Preis, weil »man jemanden vom *nouveau roman français* auszeichnen muß«, der eine, weil »Lateinamerika an der Reihe ist«... die Jurymitglieder nippen an ihrem Whisky und plaudern über Gott und die Welt. Es wäre interessant, sagte ich, diesen Prozeß zu gewinnen. Das würde eine Lawine von ähnlichen Prozessen auslösen, alle Geschädigten würden die Revision sämtlicher Preisverleihungen fordern, das wiederum müßte zur Liquidierung des Preises selbst führen... dieses Handgelds, dieser Blamage.

Man fiel mir ins Wort, ha, ha, was für ein Unsinn, dann nahm Seaver mich beiseite und rückte im Namen der Grove Press mit einigen Vorschlägen heraus, Dollars, Dollars, ich fühlte mich etwas besser, und an den nächsten Tagen fiel noch so einiges ab (denn in den Zeitungen wurde viel davon geschrieben, daß mir nur eine Stimme gefehlt hatte), also fühlte ich mich eigentlich noch besser. In Wirklichkeit aber ging es mir scheußlich.

Man verstehe bitte: Wir Künstler wissen gut um die Nichtigkeit, die Verwehbarkeit unseres Beginnens. Natürlich ist es keine ernsthafte Beschäftigung, Papier mit ausgedachten Geschichten vollzukritzeln. Wie habe ich mich in den ersten Jahren meines Schreibens geschämt, wie bin ich rotgeworden, wenn mich jemand dabei ertappte! Während der Ingenieur, Arzt, Offizier, Pilot oder Arbeiter sofort ernstgenommen werden, erlangt der Künstler den Ernst der Verwirklichung erst nach jahrelangem Bemühen.

Der Künstler tritt privat, insgeheim, an jeden einzelnen heran, er flüstert dir ins Ohr und fordert heimlich Anerkennung von dir. Schon geschehen! Schon habe ich einen, zwei sogar, die mich anerkennen. Schon sind es fünfzehn, hundert, viertausend. Ich atme mit geschwellter Brust, komme also doch zu ihr, zur Ernsthaftigkeit! So viele Jahre! Mich hat diese Klettertour an die dreißig Jahre Mühe, Not und Erniedrigung gekostet.

Und dann? Dann packen sie dich am Schlafittchen und wums!... vor den Areopag. O selige Nacht, wo bist du hin?! Noch eben warst du ganz allein... und nun in geselliger Atmosphäre, im Glanz der Hotelbeleuchtung, bist eine von dreißig Milchkühen und einer von dreißig Renngäulen, die betastet und geschätzt werden. Wer ist diese Kulturtante da ganz vorn, die nonchalant daherschwatzt, sie sei »nicht in der Lage« gewesen, mehr als fünfzig Seiten von deinem Roman zu lesen? Das ist die Vorsitzende der verehrten Jury, Frau McCarthy höchstselbst. McCarthy? Aber für mich gehört McCarthy – und das sage ich ganz im Ernst – nicht zur ernsten Literatur, Ehrenwort, McCarthy war für mich immer eine völlig unwichtige Autorin der dritten oder gar vierten Klasse. Wie also kommt es, daß ich am Ziel meiner Bemühungen, nach so langer und schwerer

Wanderung zu Füßen dieser braven Dame lande, die nonchalant daherschwatzt, sie sei »nicht in der Lage« usw. Was ist das für ein Schabernack? Mit meiner Ernsthaftigkeit Schabernack? Mit meinem Stolz? Meiner Würde?! Welcher Dämon hat mich da unversehens in die Dummheit, Albernheit und Banalität meiner Anfänge zurückversetzt?!

Wer? Welcher Dämon? Zehntausend Dollar! Die du begehrst! Die dir durch Mark und Bein gegangen sind! Zehntausend? Aber das ist eine lächerliche Summe! Wenn es wenigstens eine Million wäre! Fünfzig Millionen!

Nein, zehntausend, ein Betrag, den ein durchschnittlicher Finanzmann bei einer ganz mäßigen Transaktion verdient.

(Geschrieben nicht in schnöder Verachtung der Preise, sondern gerade, um mich fürderhin ganz ungehemmt um sie bewerben zu können, ohne Schaden für mein Innenleben. Aber ich habe das auch im Blick auf das öffentliche Interesse geschrieben, man sollte endlich begreifen, wie lästig das ist ... dieses Mistzeug ...)

Ich will auch erwähnen, was kürzlich geschehen ist, im November wohl, mit einem Essay von Sandauer ... Zunächst aber kurz über eine Spazierfahrt ins Var-Tal. Spazierfahrt ins Var-Tal? Wird gemacht, schon sausen wir den zum Meer hin geöffneten Balkon der Alpes Maritimes entlang. Ein Tal, eines breiten Flusses trockenes Bett, also was? Noch weiter? Jawohl, die Autobahn führt uns tiefer, hinein in himmelstürmendes Gebirg ... was ist das? Dort, so tausend Meter über uns, eine kleine *bourgade* mit Schlößchen und Turm, hängt riesigem Fels gleichsam an der Nase ... vorwärts! Serpentinen, Abgrund, der Motor brummt. Ein Frühstück? Davon kannst du träumen, in dieser mittelalterlichen Winzigkeit ist alles zu, mit Brettern vernagelt. Ende der Saison. Herbst. Wir fahren hinunter. Doch da, eine Weggabelung ... also nach rechts, nach Roquesteron! Und es begann die Fahrt nach Roquesteron im Weiß des Sonnenglastes, durch den farbzerwühlten Herbst ... die Durchsichtigkeit des Laubes, Gold und Rot, tief die Schatten, ungeheures Grün, Wasserrauschen, Felsnester.

Um fünf Uhr nachmittags zurück in Vence. Ganz sicher, ich kann mich nicht abfinden mit dieser ihrer Literatur. Wäre es nicht besser, sie hätten überhaupt keine?

Vor mir auf dem Tisch dieser Essay von Sandauer in der Warschauer *Kultura*: »Gombrowicz, Mensch und Autor«. Seit sieben Jahren kommt nichts als Schweigen von dort (und manchmal eine Schleuder Dreck), was heißt das, dürfen sie etwa wieder über mich schreiben?

Gréolière, Thorenc, Coursegoules, mein Inneres ist reich an Aussichten.

Die Literatur in Polen sieht äußerlich genauso aus wie alle Literaturen im Westen: da gibt es »ausgezeichnete Autoren«, »glänzende Werke«, Dichtung, Prosa, Kritik, Feuilleton, Preise, Wettbewerbe, Akademien. Na seht ihr! Das reinste Paris! Erst bei näherem Hinsehen erkennt man, daß all das aufgebauscht ist. Und wer wollte sagen, ob es heroisch von ihnen ist, unter so... so heiklen Bedingungen in die Flamme der polnischen Literatur zu blasen... oder ob sie nur praktisch genug sind, sich keine Pöstchen, Ehrungen und Bequemlichkeiten entgehen zu lassen?... Sind sie tragisch? Oder gerissen?

Dieser »Humanismus«... Ihr Tugendgeschütz, das moralische Verdammungsgeschosse auf die »Gewalt am Menschen« abfeuert. Aber warum schießt diese Kanone nur in eine Richtung, von Osten nach Westen? Was ist das für eine Moral... eingleisig?

Sandauer? Wir kennen uns nicht erst seit gestern. Ein streitlustiger Gelehrter, er war's doch, der die Fiktion drüben am härtesten angegriffen hat... aber bei der ganzen Verwirrung von Begriffen, Menschen und Werten, wie kann ich wissen, ob jener Sandauer noch der Sandauer von heute ist? Auf dem Papier wird der Mensch noch unfaßbarer als im Leben. Die Literatur ist eine Reihe von Sätzen, die im Gänsemarsch marschieren, einer hinter dem anderen. Jemand kann drei aufrichtige, freie, stolze Sätze schreiben – im vierten Satz konzentriert sich diese Aufrichtigkeit dann zum Beispiel auf meinem »Feudalherrnkomplex«, statt irgendeinen anderen Aspekt meiner Person zu wählen – das bewirkt schon eine leichte Verzerrung – und obwohl die nächsten Sätze wieder so entschieden und rücksichtslos sind, daß wir bewundernd »Mann o Mann!« sagen, folgt bald ein Hinweis auf meine »faschistischen Neigungen« ... Dann merken wir, daß die Aufrichtigkeit nicht minder aufrichtig, die Entschiedenheit nicht minder entschieden ist, nein, sie stecken sich nur ihr Aktionsgebiet mit einer gewissen Vorsicht ab ...

Das gilt zum Beispiel für die Stelle, in der Sandauer auf Frau Swinarska und mein berüchtigtes Treffen mit ihr eingeht.

Na, sagt Sandauer, dieses »Interview« muß gar nicht so weit von der Wahrheit gewesen sein, denn sein »prahlerischer, widerborstiger, provokativer Ton hat etwas von Gombrowicz«. Und Gombrowicz, fährt er fort, kommt ja auch gelegentlich selbst auf seine faschistischen Neigungen zu sprechen (hier folgen Zitate aus meinem Tagebuch).

Wieviel Freiheit und Kennerblick ist in diesen subtilen Erörterungen – sie sind wohl viel zu subtil für so eine dicke Sauerei. Zum Teufel mit den Nuancen, Gombrowiczton oder nicht, schließlich war das ganze Theater, wie Sandauer gut weiß, nichts als ordinäre politische Hetze: zwei Monate lang drehten mich die verfluchten polnischen Zeitungen auf Befehl von oben durch die Mangel, verleumdeten mich, während die Richtigstellung, die ich nicht nur an die Zeitungen, sondern auch an den Schriftstellerverband geschickt hatte, auf Befehl von oben in den Schubladen verschwand. Diese Malträtierung eines mundtoten Opfers sahen sich alle »führenden ...« und »hervorragenden ...«, alle Subtilen, Moralischen, Verantwortungsvollen und Europäischen dort mit an, ohne einen Muckser zu tun. Ich will natürlich Sandauer nicht vorwerfen, daß er wie die Maus im Loch gesessen und nicht Piep gesagt hat – was weiß ich, vielleicht war er damals nicht ausreichend informiert. Aber heute weiß er immerhin Bescheid, er gibt schließlich selbst zu, meine ausführliche Klarstellung in der Pariser *Kultura* gelesen zu haben. Also? Also zieht unser Herr Kritiker, statt vor Scham wenigstens zu verstummen, die Nase kraus und seltsam, sagt er, wahrlich, was für ein Talent dieser Gombrowicz hat, Skandale zu machen... um sich dann in die Analyse meiner geistigen Tonarten zu vertiefen...

Et tu, Brute? »Denn Brutus ist ein ehrenwerter Mann.« Aber vielleicht sollte man nicht zuviel verlangen. Wenn die Kritik dieses Kritikers nicht so funktionieren kann, wie sie gern wollte, soll sie mindestens funktionieren, wie sie kann. Lassen wir einen Vorzugstarif gelten...

Sandauers Erwägungen in diesem Essay, betreffend meine eventuellen Geschlechtsverirrungen? Aber bitte sehr! Solange das mit dem nötigen Ernst und Takt geschieht... Ich weiß sehr gut, daß man das Recht auf Stolz mit Demut bezahlt und will mich derartigen Nachforschungen, die ich ja mit meinen halbherzigen Vertraulichkeiten selbst provoziere, keineswegs entziehen. (Weshalb die Vertraulichkeiten halbherzig sind? Nun, einfach deshalb, weil man homosexuell ist und auch wieder nicht; weil man es in einer bestimmten Lebensphase ist, oder unter bestimmten Umständen; weil es – das ist meine Meinung – fast keinen Mann gibt, der unter Eid behaupten könnte, diese Versuchung niemals verspürt zu haben. Auf diesem Gebiet wird man schwerlich kategorische Beichten verlangen können.)

Ich fürchte nur, Sandauer ist hier als Beichtstuhl überhaupt nicht geeignet.

Vor fünf Jahren schrieb ich in meinem Tagebuch: »*Gombrowicz sah ja auch immer deutlicher, daß seine Verständigung mit Sandauer keineswegs vollkommen war, sie umfaßte nur einen Teil seiner Werke und seiner Person. Von Sandauer konnte man nicht die unheimliche Aufnahmefähigkeit und flugs begreifende Sensibilität eines Jeleński verlangen. Sandauer gehörte zur Gattung der Käfer, die einsam ihres*

Wegs marschieren, er war Mastodon, Krustentier, Mönch, Nilpferd, Sonderling, Inquisitor, Märtyrer, Apparat, Krokodil, Soziologe...«

Was weiß dieser Kaktus vom Eros, frage ich, verirrt oder nicht? Für ihn wird die Welt der Erotik immer ein gesondertes, verschlossenes Zimmer sein, das getrennt ist von den anderen Zimmern des menschlichen Zuhause. Soziologie, ja, Psychologie... das sind Zimmer, in denen er heimisch ist. Aber die Erotik, das ist »Monomanie« für ihn...

Romane, diese verwehbaren Märchen, gewinnen erst dann Gewicht, wenn die Welt, die sie enthüllen, für uns wahr wird. Dostojewski wird ein Märchen bleiben für jemanden, der ihn nicht in seiner nackten Wirklichkeit begreift. Kafka, Valéry, Dante, Surrealismus, Dadaismus, alles in der Kunst hat nur insofern eine Daseinsberechtigung, als es sich auf die Wirklichkeit bezieht, auf irgendeine, oft neue, überraschende Wirklichkeit, die es zugänglich macht, lebendig und greifbar.

Sandauer als Erforscher meiner erotischen Verirrungen? Er müßte doch zunächst feststellen, ob sie zu irgendeiner Wahrheit geführt haben. Wenn nicht, wozu dann sich und anderen den Kopf verdrehen? So ein *casus* wäre allenfalls klinisch interessant. Ein Kritiker, der zum Beisiel *Pornographie* beurteilen wollte, müßte zunächst untersuchen, inwiefern diese Sicht des Menschen eine wesentliche Bereicherung unseres Wissens von uns selbst sein kann. Der Autor dieses Buches sagt, daß hier dem Verlangen des Menschen, Gott zu sein, ein anderes, radikal verschiedenes Verlangen gegenübergestellt wird: jung zu sein. Ist das wahr? Falsch? Bereichernd? Im Roman umgesetzt? Wie weitreichend ist es? Wie dynamisch?

Irre ich mich, wenn bei mir der aufgehende, junge Mensch zum Abgott (oder sagen wir besser: zur Ergänzung) des schon verwirklichten, alternden, niedergehenden Menschen werden muß? Entspringt es nur meiner Pathologie, wenn ich sage, daß die hochmütige Herrschaft des Alten über den Jungen mit all den sozialen, kulturellen, psychischen Konsequenzen, die das hat, auch der Verwischung einer anderen, ebenso wichtigen

Wirklichkeit dient – nämlich der, daß der niedergehende Mensch nur durch ein aufgehendes, heranwachsendes Wesen mit dem Leben anknüpfen kann – weil das Leben immer »aufgehend« ist? Bin ich pervers, wenn ich behaupte, daß die Natur des jungen Mannes, die so spezifisch, so anders ist in ihrer Unvollständigkeit, Niederkeit, ihrer wundersamen Leichtigkeit, ein Schlüssel zum Verständnis der Natur des Erwachsenen ist – und somit auch der Natur unserer erwachsenen Welt? Bin ich krank, wenn ich behaupte, daß in der Menschheit eine unaufhörliche, geheime Zusammenarbeit von Altersstufen und Entwicklungsphasen stattfindet, daß sie Spielplatz von Bezauberungen, Verführungen, Vergewaltigungen ist, dank deren der »Erwachsene« niemals nur »erwachsen« ist? »Der Mensch«, sagen wir. Das Wort sagt mir gar nichts. Ich würde fragen: Mensch in welchem Alter? Bezaubert von welchem Alter? Welchem Alter unterworfen? Mit welchem Alter in seinem Menschsein verbunden?

Das sind Fragen, die – auch wenn sie in *Pornographie* nicht erwähnt werden – die Natur des dort geschehenden Experiments bestimmen, und insbesondere die Art der Schönheit und Poesie, um die es dort geht. Aber was hat dieser Deckflügler von alledem verstanden? Genausoviel wie Madame McCarthy. Für ihn hat die Handlung dieses Romans nichts, aber auch gar nichts mit der Wirklichkeit gemein, er hält das für ein Märchen und meint, hier geschähe alles willkürlich, magisch, einfach auf Befehl Friedrichs, einer übernatürlichen und schier »göttlichen« Gestalt... die, notabene, mein *alter ego* sei. Woraus der scharfsinnige Sandauer den Schluß zieht, ich wäre aufgrund meiner internationalen Verlagserfolge größenwahnsinnig geworden... Hört, hört! Mir ist klar, daß es unerotischen Naturen schwerfällt, Zugang zu erotischen Welten zu finden, und verlange ja auch keineswegs, daß meine Werke ganz glatt geschluckt werden, mir wäre gar nicht recht geheuer, wenn das so reibungslos vonstatten ginge; aber es muß schließlich auch für die Herren Kritiker eine Grenze der Dummheit geben. Und was kann jemand, der meine Bücher so flach und unverständig liest, von mir wissen? Wozu listet er so beflissen die verschiedenen Aspekte der in mir wirksamen Antinomie zwischen »Höherem« und »Niederem« auf, wenn er nicht fähig ist, sie mit wirklich Wesentlichem zu verbinden? Und was wühlt er in meinen »Perversionen«, wenn ihm nicht klar ist, welche Konsequenzen sie haben?

Angenehme Spaziergänge mit meinem Hund Psina.
Im Café, auf dem Platz, die Maler... (in Vence wimmelt es davon). Bier, Whisky... »Ach, die geht jetzt mit dem...« sagen sie.
Chagall, Dubuffet und Papazoff.
Der Mistral.
Der Tisch hat ein zu kurzes Bein.
Muß Streichhölzer kaufen.
Hut.

XVII

Meine Mutter ist eine geborene Kotkowska. Die Abstammung der Kotkowskis von dem mythischen Ścibor kann leider nicht als gesichert gelten, ist sogar eher unsicher. Aber wie dem auch sei, Bodzechów, ihr Familiennest (wo ich einen Teil meiner Kindheit verbrachte) zählte zu Lebzeiten meines Großvaters Ignacy Kotkowski dreihundert Hufen ersten Sandomirer Bodens. Der ehrwürdige Hof, gebaut von den Małachowskis in einem hundertjährigen Park, in dem sich in zitternden Vollmondnächten der Geist des Kanzlers Małachowski erging.

Meine Großmutter, die Frau des Onufry Gombrowicz, war eine geborene Dąbrowska (von der besseren Sorte), Tochter einer Benisławska (gut), welche die Tochter einer Baronesse Toplicka war (gut), die wiederum die Tochter einer geborenen Sołtan war, der Tochter des Hofmarschalls und dessen Frau, einer geborenen Radziwiłł (ausgezeichnet). Die Benisławskis haben sich auch mehrmals mit den Radziwiłłs liiert.

Meine Urgroßmutter, Gemahlin des Józef Gombrowicz, des Marschalls von Upita, war eine geborene Gintowt Dziewiałtowska, Nichte des Kammerherrn Jan Gintowt und Enkelin des Kammerherrn Joachim. Tochter der Tekla, geb. Gombrowicz, einer Starostenfrau (gar nicht übel).

Und mein Ururgroßvater wiederum, der Vater von Józef, Jan, Starost von Wasilany und Miguciany, Richter des Großen Litauischen Tribunals, heiratete Marcjanna Rajecka von Jużyny (*très bien*). Ihre Schwester war die Gattin Weyssenhoffs. Miś Rajecki, aus »Zobel und Fräulein«, ist deshalb mein Vetter (durchaus zufriedenstellend).

Der Vater von Jan, Michał, Truchseß von Mozyry, war mit Scybutt Romanowiczówna verheiratet.

Der Vater desselben, Jan, nahm sich Jadwiga Sipowiczówna, eine geborene Połubińska, zur Frau (na bitte!).

Und der Vater von Jan, Michał Kazimierz, ehelichte eine geborene Burba aus dem ehrbaren, heute erloschenen Geschlecht der Burba.

Der Vater von Michał Kazimierz, Jerzy, war verheiratet mit Dorota, geb. Jawoyszówna (das ist also meine Urururururur-großmutter).

Ich erwähne auch die Alliancen meines Hauses mit den Häusern der Białłozór, der Witold Alexandrowicz, der Wołodkowicz (»wie einst Wołodkowicz, ein stolz und furchtlos Herr...«), der Puzyna, der Dunin Kozicz, der Zawisza...

Die Güter Lenogiry, Wysoki Dwór und Mingayłów in Litauen haben sich mehrere Jahrhunderte im Besitz der Gombrowicz befunden. Und bei dieser Gelegenheit nenne ich auch andere Güter – Użorty, Rady, Użubol, Poniemuń, Barkłojnie, Poremigole –, die kürzere Zeit in unserem Besitz waren.

Was bin ich für ein unappetitlicher Snob!

Der Dichter, des Dichters, dem Dichter, mit dem Dichter...
Der Dichter erhob sich, der Dichter setzte sich, der Dichter
ward betrübt, der Dichter ging ans Deklamieren... Und mir
geschieht etwas Seltsames!... Ich bin sprachlos! Verblüfft!...
von Dichtung bezaubert!... Betört vom Dichterwort...

Die in Polen erschienenen *Erinnerungen an Julian Tuwim* enthalten etwa vierzig Erinnerungen verschiedener Leute, klingen aber, als wären sie alle von einer und, unter uns gesagt, nicht besonders intelligenten Person geschrieben... (O Literatur! *De mortuis nihil nisi*... schlecht... Einmal muß Schluß sein mit den Rührseligkeiten, dem ist kein Genie gewachsen!)

Nicht viel Ehre macht dieser dickliche Band auch dem Poeten selbst. Man sieht genau, daß der Dichter von frühester Jugend darauf spezialisiert war, die Rolle des Dichters zu spielen (das heißt: edel, wachsam, intensiv, magisch, adlergleich, glühend, menschlich, aufrichtig, ungekünstelt...) und daß er von früh bis spät unermüdlich auf Dichter machte. Aber wer weiß, vielleicht ist ihm diese Rolle zuletzt in Fleisch und Blut übergegangen. Mir fiel der Poet, das weiß ich noch, in der *Ziemiańska* der Vorkriegszeit ein bißchen auf die Nerven, weil er keine fünf Minuten vergessen ließ, daß er Dichter sei. Ich bin für etwas mehr Diskretion in solch heiklen Dingen.

Dieser sentimentale Wälzer riecht nach schlimmsten Traditionen, richtiger: Konventionen... Tuwim selbst trägt nicht viel bei; wie der Text zeigt, ist ihm bei all dem Nachtigallgeträller kaum je ein notierenswertes Wort gelungen (außer den manchmal sehr amüsanten Witzen). Meine Damen und Herren, daß euch die Welt um Tuwim so glatt in Poeten und Poetenverehrer zerfiel, wird man euch nicht zum Verdienst anrechnen. Weshalb habt ihr es dazu kommen lassen? Woher soviel Nachsicht? Habt ihr kein Fünkchen Kälte, Strenge, Ironie, Kritik und Verstand in euch? Nichts als die beflissene Eile, möglichst umfassend an der melodramatischen Szenerie dieses großtönenden *bel canto* beteiligt zu sein?

Tuwims Ende, seine letzten Jahre im Volkspolen – wie wohl verdient! Solch nachtgellende Dichterlust mußte böse enden, mußte ihn dahin bringen, wo man zum offiziellen Poeten wird, zum Schönheitslieferanten, Funktionär des Edelmuts, Sangesbürger usw. Es war kein Zufall, daß das Tralala ihm eine palaisartige Villa in Anin einbrachte (palaisartig; nicht der erste und nicht der letzte der Edlen, die sich liebevoll über das Leid des Proletariats beugen...). Zwischen seiner unmoralischen Naivität (denn Naivität ist unmoralisch) und der unheilbaren Naivität der proletarischen Kultur gab es nie Verständnisschwierigkeiten. Ein Übermaß an Poesie, auch das hat bittere Folgen!

Was habe ich gegen ihn, letzten Endes? Er ließ sich vergöttern, das war seine Sünde!

Wie unsympathisch ich bin!

Operette, was ist mit dir, was soll ich denn tun, welche Mittel erdenken, damit die Stimme der Geschichte aus deinen Säcken spricht?... Gestammel der Geschichte in Säcken, so sehe ich das gegenwärtig... Unerwartete, ironische, bissige Gewitterstürme und plötzlich, abbrechend, Tanz und Gesang. Das Theater ist ein tückisch Ding, es lockt durch seine Bündigkeit, wieviel leichter glaubt man ein Stück fertigbringen zu können als einen vielseitigen Roman! Doch wenn du dich einmal in alle Hinterhalte dieser widerwärtigen – sperrigen, steifen, veralteten – Form begeben hast, wenn deine Phantasie niedergedrückt ist von der Last der Menschen auf der Bühne, von der Ungeschicklichkeit des »echten« Menschen, der da die Bühnenbretter knarren läßt... wenn du begreifst, daß du diese Last beflügeln, in ein Zeichen, ein Märchen, in Kunst verwandeln mußt... ja, dann wandert eine Fassung nach der anderen in den

Papierkorb, und diese mehraktige Kleinigkeit schwillt an zu Monaten deines Lebens.

Ich bin faul.

Ich bin faul, also bringe ich, statt mich anzustrengen, folgendes »Interview mit mir selbst«. Ich habe es auf Einladung der Hamburger *Welt* geschrieben.

Es ist gar nicht lange her, daß man mich in Volkspolen verleumdete, ich diente mich für »die Dollars von Ford« den Deutschen an. Jetzt fallen die Deutschen über mich her. Wer darin einen Widerspruch sehen wollte, bewiese nur fehlendes Gespür für die höhere Logik der Geschichte, die darin zum Ausdruck kommt, daß die Deutschen, wenn die Polen bum, bum, bum (reinhauen), ebenfalls bum, bum, bum (reinhauen).

Interview mit mir selbst für »Die Welt«:
 Frage: Was haben Sie zu sagen?
 Antwort: Nichts Besonderes.
 Frage: Was... zum Beispiel?
 Antwort: Was weiß ich.
 Frage: ?
 Antwort: Schön. Wir können anfangen. Dieser Anfang ist nur so zur Sicherheit. Damit man von mir keine Glanzstücke erwartet. Ich vermute, auf dieser Bühne der *Welt*, wo der Schriftsteller sich selbst die Beichte abnimmt, hat schon so mancher Kollege geglänzt... und ich glänze nicht gern im Licht der anderen. Ich möchte leuchten, wenn es dunkel ist. Machen wir also ein ganz normales Interview, ohne Feuerwerk und Arabesken, ohne große Ansprüche.
 Frage: In den letzten Monaten sind in Deutschland drei Bücher von Ihnen erschienen. Sprechen wir zunächst über die *Ber-*

liner Notizen. Sagen wir kurz, worum es sich dabei handelt. Die Fordstiftung lädt Sie zu einem Jahresaufenthalt nach Berlin ein. Sie veröffentlichen Ihre Eindrücke zuerst in der *Kultura*, dann in dem Buch *Berliner Notizen*. Das Buch ruft sehr widersprüchliche, zum Teil sogar feindselige Reaktionen der deutschen Presse hervor. Ein Blick auf die Überschriften genügt: *Die Zeit*: »Ein Exot in der deutschen Wohnküche«, *Münchner Merkur*: »Klecks im Berliner Gästebuch«, *Der Spiegel*: »Dieses Glitzerding«. Was sagen Sie dazu?

Antwort: Ja, manche Deutschen fühlten sich angegriffen. Aber ich habe es ja geschrieben, um die Deutschen anzugreifen.

Frage: Anzugreifen?

Antwort: Ja, der Schriftsteller sollte die Berührung nicht scheuen. Das ist ganz wie in der Liebe: durch die Kleidung hindurch muß man an den lebendigen Leib heran.

Frage: Aber wie erklären Sie sich, daß manche Deutsche Ihre Berührung als Liebkosung empfanden, während andere sich gekniffen fühlten?

Antwort: Das ist eine Schwierigkeit prinzipieller Art, die sich nicht vermeiden läßt. Weil ich jemand bin; weil ich jemand bin, der nach Gestalt hungert, nach ganz deutlicher Gestalt... deshalb bin ich aggressiv... und habe Feinde, die mich hassen, nein, das ist zu stark, die mich nicht leiden können, die ich reize... weil mein bloßes Dasein ihre Existenz untergräbt. Das ist ein geistiger Daseinskampf, so alt wie die Welt. Frau Maria Osterkamp schrieb, ich sei eine Person *extrême*, und deshalb müsse man mein Tagebuch im ganzen annehmen oder im ganzen ablehnen. Einverstanden. Ich bin kein Liebhaber lauer Süppchen.

Frage: Aber Sie waren Gast in Berlin. Verpflichtet das nicht?

Antwort: Nein. Eine Literatur, die etwas auf sich hält, muß vor allem verlangen, ernstgenommen zu werden. Ich war nicht Gast in Berlin, sondern etwas viel Schrecklicheres, Verzweifelteres, Gewaltigeres – ich war ich selbst, war meine Existenz und mein eigenes Drama. Von wegen Gast! Ein Drama! Existenz! Ringen mit dem Schicksal! Heute, in einer Zeit des leichten Reisens, wird der Schriftsteller immer mehr zu einer Art Handlungsreisender in Kultur. Nein. Ich lasse mich nicht importieren wie eine Tüte Bonbons. Darf doch bitten, ich bin Geist. Natürlich, wenn irgend möglich, guterzogener Geist (ich finde, in dieser Hinsicht ist den *Berliner Notizen* nichts vorzuwerfen), aber doch immer Geist.

Frage: Hm... man muß zugeben, daß Ihre Gegner die Sache weniger pathetisch und eher praktisch sehen. Man hat Ihnen deutlich zu verstehen gegeben, daß Sie für das runde Sümmchen Dollars von der Fordstiftung ruhig etwas... gefälliger hätten schreiben können...

Antwort: *Hélas!* Auch das Argument wurde vorgebracht. Ich fürchte, das war weder gerecht noch sehr elegant von diesen Gegnern. Die Stiftung hat den geladenen Künstlern keine Bedingungen gestellt: kommt her, bleibt eine Weile in Berlin, macht was ihr wollt, niemand erwartet irgend etwas von euch. Wenn ich also dieses Berliner Tagebuch geschrieben habe, dann nicht deshalb, weil ich eingeladen war, sondern weil ich seit Jahren überall Tagebuch schreibe, wo ich bin... in Buenos Aires, in Paris, in Berlin... Aber es ist ungeschickt von mir, mich so wortreich gegen die Vorwürfe zu wehren. Man könnte meinen, die *Berliner Notizen* hätten einen regelrechten Skandal verursacht, dabei hatte ich viel mehr herzlich wohlwollende, ungespielt freundliche Stimmen.

Frage: Dieses Wohlwollen bestimmter Deutscher hat wohl niemand besser zum Ausdruck gebracht als Karl Korn in der *Frankfurter Allgemeinen Zeitung*. Am Schluß seines Artikels heißt es: »Gombrowicz hat aus seiner Lage als Gast das Mögliche gemacht. Er hat das enorme Kunststück fertiggebracht, wahrhaftig zu sein... Man schweigt über die Deutschen. Dieser Pole, Witold Gombrowicz, hat das Schweigen gebrochen. Er hat zu erkennen gegeben, daß wir ihn angehen, ob er will oder nicht. Er geht uns an, ob wir wollen oder nicht.« Was sagen Sie dazu?

Antwort: Darin kommt ein sehr wichtiges, aktuelles Bedürfnis der deutschen Seele zum Ausdruck. Da verlangt der Deutsche vom Ausländer Ungezwungenheit, Aufrichtigkeit und besonders Souveränität, weil er weiß, daß er ohne dies dem Ausländer selbst nicht frei, aufrichtig und souverän gegenübertreten könnte. Dem Ausländer, das heißt der Welt. Der Welt, das heißt sich selbst.

Frage: Und was verlangen die Herren Kritiker?

Antwort: Sie hätten gern mehr... Ehrerbietung... Es sei mir gestattet, meine bescheidene Meinung dazu zu sagen: diese Widersprüchlichkeit der deutschen Seele wird sich vertiefen in dem Maße, wie der Komfort wächst. Der materielle, aber mehr noch der geistige Komfort. Allerdings gehen beide Hand in Hand.

Frage: Kommen wir zu Ihrem nächsten Buch, das kürzlich erschien, *Des Tagebuch des Witold Gombrowicz*, eine Volksausgabe Ihres Tagebuches aus den Jahren 1953–1956.

Antwort: Wenn ich meinen Mit-Schöpfern, das heißt meinen Lesern (denn Lesen ist nicht weniger schöpferisch als Schreiben) einen wichtigen Rat geben sollte, würde ich sagen: macht's euch nicht zu leicht dadurch, daß ihr sagt: »er tut das aus Liebe zum Paradox«, oder »aus Widerspenstigkeit«, oder »um zu provozieren«. Paradox, Neckerei, *Épater*... nein, das ist nichts mehr für uns, das haben wir satt, das taugte was, als sich die Unschuld der ehrbaren Bourgeoisie noch schockieren ließ. Versucht mir zu glauben, und ihr werdet sehen, wie sich meine bizarren Spielereien zu einem organischen, lebensfähigen Ganzen zusammentun. Bei mir ist das Künstliche etwas, das Aufrichtigkeit erleichtert, der Scherz führt zum Ernst, die Widerborstigkeit zur Wahrheit. Versucht, mich möglichst tief zu verstehen. Ehrenwort, ich werde bestehen.

Frage: Und was würden Sie zu *Kosmos* sagen, Ihrem letzten Roman. Er liegt schon in den Buchhandlungen vor.

Antwort: Ich mag diese Geburten nicht... das ist so unangenehm.

Frage: Was denn? Sind Sie sich dieses Werkes nicht sicher?

Antwort: Ich weiß nichts. Das ist noch warm, es ist eben erst auf polnisch und deutsch erschienen, in Frankreich kommt es dieser Tage heraus. Nicht daß ich Angst hätte... ich mag das nicht... All meine Geburten sind schwer, verworren... Um jedes Buch von mir entsteht zunächst etwas wie Dunkelheit, durchsetzt von leichter Bestürzung. Meine Freunde sind verlegen, oft beschämt. Ich versuche, möglichst wenig davon zu wissen, manchmal sehe ich die eingehenden Zeitungsausschnitte erst nach Monaten durch. Ich habe mir noch nie ein Stück von mir im Theater angeschaut. Ich denke so ungern daran, daß ich fast regelmäßig die Premierentermine verpasse, und erst ein überraschendes Telegramm versetzt mich in diese Welt zurück.

Frage: Ihr letztes Wort?

Antwort: Freunde! Gestattet, daß ich ausnahmsweise über etwas anderes spreche als über mich selbst: Europa. Mich erregt dieser Name »Europa«, der so viel umfassender ist als »Deutschland«, »Polen« oder »Frankreich«, voller aufsteigender Energie. Doch bleibt der Schwung der europäischen Humanisten weit hinter dem Schwung der europäischen Techniker zurück... sollte Europas Geist ganz von der Maschine absorbiert worden sein? Wie kommt es, daß uns Humanisten alles zunehmend mißrät, daß die Musik schrumpft, die Poesie austrocknet, die Literatur so furchtbar langweilig wird. Ja gewiß, das europäische Bewußtsein steht schon seit zweihundert Jahren im Zeichen der Reduktion: Kant, Marx, Husserl, Heidegger, das sind in Deutschland die Phasen dieser vorsichtigen Selbstbeschränkung des Geistes. Doch der Niedergang in Kunst und Literatur hat nichts zu tun mit diesem Prozeß, der zweifellos von großer Bedeutung ist. So ein Fiasko aber auch! Fürchterlichen Blödsinn bekommen wir zu spüren in allem, was wir anfassen, in unserer Art zu schaffen (die zerebral und abstoßend geworden ist), in unserem Sprechen über die Kunst (es wird zuviel gefaselt), in allen Mechanismen dieser unserer Welt der Kunst, dieser gigantischen Maschinerie, die aus Hunderttausenden von Doktoren, Dozenten, Interpretatoren, Glossatoren besteht, welche blasses Blut aus den anämischen Leibern von Zehntausenden gemein gewordener Schaffender saugen. Was geschieht da? Wo sind in unserer künstlerischen Küche die großartigen Beefsteaks, die so blutig und umwerfend wären wie Goethe und Beethoven? Was tun, damit die Kunst nicht mehr Ausdruck unserer Mäßigkeit sei und wieder Ausdruck unserer Größe, Schönheit und Poesie werde? Hier mein Programm: *Primo* muß uns aufs schmerzlichste bewußt werden, wie mies wir sind. *Secundo* sind alle ästhetischen Theorien abzulehnen, die in den letzten fünfzig Jahren produziert wurden und insgeheim dazu dienen, die Persönlichkeit zu schwächen; diese ganze Periode ist vergiftet von dem Bestreben, Werte und Menschen zu nivellieren, fort damit! *Tertio* müssen wir uns, haben wir die Theorien einmal verworfen, an Personen halten, an die großen Personen der Vergangenheit, um im Bunde mit ihnen in unseren eigenen Personen die ewigen Quellen von Schwung, Inspiration, Begeisterung und Charme wiederzufinden. Denn es gibt keine Demokratie, in der nicht irgendeine Art von Aristokratie, eine gewisse Form des Höheren erreichbar wäre. *Dixi*. Ich nutze die Gelegenheit, Frau Hanne Garthe aus Saarbrücken herzlich zu grüßen.

Manchmal bin ich wirklich ganz schön faul...

Rache ist süß!
Der Dummkopf, der dieser berauschenden Süßigkeit nicht widerstehen konnte (ich weiß, wer), vergaß, daß sie sich natürlich auch wieder gegen mich wenden wird.
Aber ich bringe den folgenden Brief an die Londoner *Wiadomości* nicht aus Rache in meinem Tagebuch, sondern aus staatsbürgerlicher Fürsorge, um die emigrierte Öffentlichkeit noch einmal auf gewisse Fehler und Mängel unserer Exilpresse hin-

zuweisen. Wieviele Tageszeitungen, Wochen- und Monatsschriften haben wir in der Emigration, die sich doch nichts anderem widmen als dem polnischen Leben? Und wieviele Polen in der Emigration haben aus der polnischen Presse erfahren, daß die kleine *Yvonne* z.B. hie und da ganz schönen Erfolg gehabt hat? Gar nicht zu reden von anderen, nicht minder bemerkenswerten Tatsachen ähnlichen Stils, die eifrig ins Leichentuch des Schweigens gehüllt werden. Man könnte wirklich meinen, daß unsere Presse die Autoren in sympathische und unsympathische teilt. Bei den Sympathischen werden die geringsten Tatsachen notiert, während man bei den Unsympathischen selbst gar nicht so geringe übergeht.

Wie unsympathisch ich bin!

An den Redakteur der *Wiadomości*:
»Der polnische Kritiker Artur Sandauer besuchte mich und erzählte, verschiedene Personen aus dem literarischen Milieu in Polen, darunter er selbst, hätten mit der Post aus London anonym Ausschnitte aus den *Wiadomości* und dem *Dziennik Polski* zugeschickt bekommen, aus denen hervorging, daß mein Theaterstück *Yvonne*, das vor einigen Monaten in Paris aufgeführt wurde, von der Kritik ganz fürchterlich ›verrissen‹ worden sei.

Neugierig gemacht von dieser etwas seltsamen Nachricht, sah ich in den *Wiadomości* jener Zeit nach. Tatsächlich findet sich in der Ausgabe vom 7. Oktober letzten Jahres eine Notiz mit dem Titel ›Gombrowicz in Paris verrissen‹.

Es fängt damit an, daß der Rezensent des *Figaro*, Jean-Jacques Gautier, die *Yvonne* ›gnadenlos heruntergemacht‹ habe. Dann folgen lange Auszüge aus seiner Rezension. Ich darf zitieren: ›Ein prätentiöseres und bedrückenderes Schauspiel läßt sich kaum vorstellen. Man ist von Empörung geschüttelt beim Anblick einer solchen Parade von Absurdität, Unfähigkeit,

Dummheit und Bluff.‹ Und so weiter. Am Ende zwei tröstliche Sätze des Verfassers der Notiz, daß ein anderer Kritiker, Lemarchand, immerhin ›voller Anerkennung für das Stück und die Dekoration‹ gewesen sei.

Ich möchte den Lesern der *Wiadomości* vor allem die schon etwas überholte, aber polnischen Ohren doch angenehme Mitteilung machen, daß das Stück des polnischen Autors in Paris so schlecht nun auch nicht aufgenommen wurde. Im Informations-Bulletin des *Théâtre de Bourgogne* (diese Truppe spielte die *Yvonne*) findet sich unter dem Titel ›Yvonne in Paris‹ folgende Liste:

›Von 39 Rezensionen 30 positiv (davon ungefähr 20 sehr lobend); 5 günstig entweder für das Stück oder die szenische Bearbeitung, und 4 negativ (davon eine äußerst ablehnend).‹

Diese ›äußerst ablehnend‹ ist natürlich die in den *Wiadomości* angegebene Rezension. Doch hören wir, wie einige von den günstigen klingen. Jean Paget im *Combat*: ›Das ist ein sehr großes Stück‹; Robert Abirached in *Le Nouvel Observateur*: ›Ein Meisterwerk‹; Gilles Sandier in *Arts*: ›Eine bewundernswerte Aufführung‹; Christian Megret in *Carrefour*: ›Eine Lektion schönen und guten Theaters‹...

›Gombrowicz in Paris verrissen‹, nicht wahr? Und was die Rezension des *Figaro* betrifft, hören wir einmal, welche Abfuhr sie in der französischen Presse erhielt:

›Unglücklicher Gombrowicz‹, schreibt Sandier in *Arts*, ›trag es mit Geduld, daß diese Rabauken (goujats) dich einen Metöken schimpfen... das französische Theater ist stolz darauf, dich spielen zu können, den Autor des *Ferdydurke*, einen jener Menschen, die unserer Zeit Ehre machen.‹ Nicht nur in *Arts*, auch in anderen Zeitschriften sowie im Radio wurde gegen die brutale Rezension im *Figaro* protestiert.

Ich werde es den *Wiadomości* nicht zum Vorwurf machen, daß sie die doch recht augenfällige Tatsache, daß ein polnisches Theaterstück in Paris einen unbestreitbaren und großen Erfolg davontrug, übersehen haben. Von einer Zeitschrift, die unter den schweren Bedingungen im Exil arbeiten muß, kann man keinen funktionierenden Pressedienst verlangen. Aber der Herr Redakteur wird zugeben, daß sowohl die Leser der Zeitschrift wie auch ich Anspruch auf Genugtuung in Form dieser Richtigstellung haben. Die polnische öffentliche Meinung hat ein Recht zu wissen, daß sich ein polnischer Schriftsteller nicht im Théâtre de France zum Narren gemacht hat, und ich als Schriftsteller darf wohl um etwas mehr, wie soll ich sagen, Wohlwollen und eine gewisse Umsicht bei mich betreffenden Informationen bitten. Denn die Dosis Verschweigung, Verdrehung und Beschimpfung, die mir das rote Regime in Polen verordnet, halte ich für völlig ausreichend und sähe es gern, wenn die Exilpresse durch derartige Entrefilets nicht noch Öl ins Feuer gösse.

Ein Autor, der im eigenen Land mundtot gemacht ist, sollte wohl auf die Unterstützung, Hilfe und Sympathie der freien polnischen Presse rechnen können. Wie vielsagend das alles ist! Da strengst du dich an und mühst dich, um dem Aschenputtel der heimischen Literatur ein bißchen Erfolg zu verschaffen, und wirst dafür im Heimatland gewürgt, in der Emigration gekniffen, und zu allem Überfluß verschickt irgendein schmutziger und gehässiger Spaßvogel das alles noch per Post! Uff!

Noch ein Wort. Auf die Premiere im Théâtre de France folgte die Premiere im Königlich Dramatischen Theater in Stockholm. *Dagens Nyheter*: »Ein ungewöhnliches Theaterereignis«; *Stockholm Tidningen*: »Ein Schauspiel, das alle bekannten Grenzen übersteigt«; *Aftonbladet*: »Das ist nicht Theater, das ist Magie«.

»Die Premiere der *Yvonne*«, schreiben die Stockholmer *Wiadomości Polskie*, »wurde zu einer Lobeshymne auf das polnische Theaterschaffen.«

Hm...

Bätsch!

3. VII. 66

Schon druckfertig. Ich habe es durchgesehen. Hie und da verbessert. Jetzt kann ich es Giedroyć schicken, damit der dritte Band meines *Tagebuchs*, für die Jahre 1961-1966, erscheint.

Ich bin weit davon entfernt, zufrieden zu sein.

Ehrlich gesagt: eine der wichtigsten Aufgaben, die mir keine Ruhe ließ, als ich in jenen Jahren die Arbeit am Tagebuch aufnahm, ist unbewältigt geblieben. Jetzt ist mir das klar ... und es bedrückt mich ...

Ich habe es nicht verstanden, meinen Übergang vom Niederen zum Höheren, diesen Wechsel vom unbedeutenden Gombrowicz zum bedeutenden Gombrowicz richtig darzustellen. Weder der geistige Sinn dieser Angelegenheit, noch sein schamhaft persönlicher Sinn, noch sein sozialer Sinn (diese Veränderung meines Halts in den Menschen) sind angemessen behandelt. Die Konvention war einfach stärker. Sooft ich auf dieses Thema kam, zerbröselte es mir, verflüchtigte sich, glitt ab in Scherz, Polemik, in vermeintliches Eigenlob, in Widerborstigkeit ... ins Feuilleton ... Die eingeschliffenen Ausdrucksmittel obsiegten. Den Stellen meines Tagebuchs, die diese Saite anschlagen, fehlt es an Energie, Mut, Entschlossenheit und Ideen.

Das ist eine ganz schöne Niederlage – stilistisch – persönlich. Und ich glaube nicht, daß ich diesen Stier in Zukunft noch bei den Hörnern packen kann. Die Zeit ist vorbei.

XVIII

16. X. 1966

»*Durch mich führt der Weg in traurige Gefilde*
Durch mich führt der Weg zur ewigen Trauer
Durch mich führt der Weg zum Stamm der Verlorenen«

»Traurige Gefilde«, schreibt er, wohlgemerkt über die Hölle. Ist ihm nichts Besseres eingefallen?

Plump ist das, und gewöhnlich... zu sehr »aus dem Leben gegriffen«... Ich würde das heute besser sagen! »Meta«! Die Hölle ist vor allem metaphysisch!

Wenn man über die Hölle spricht, muß man innerlich widersprüchliche Worte wählen, damit in ihnen das Element des Unausdrückbaren enthalten ist.

Statt »Durch mich führt der Weg in traurige Gefilde« schreiben wir also etwa Folgendes:

»*Durch mich führt der Weg in ein Land, das,*
Bodenlos, ewig den eigenen Abgrund jagt.«

Besser! Wieviel tiefer ist so eine Hölle, die in der eigenen Tiefe versinkt...

Und die zweite Zeile dieser Danteschen Inschrift auf dem Höllentor (denn es handelt es sich um den dritten Gesang der *Göttlichen Komödie*, Dante und Vergil nähern sich dem Höllentor, auf dem diese Worte geschrieben stehen):

»*Durch mich führt der Weg zur ewigen Trauer*«

Das einzige, was hier beunruhigen könnte, ist das »ewigen«. Mehr hat er nicht gebracht? Ich greife zur Feder. Überlegen wir mal... Doch wozu grübeln, ich habe mindestens ein Dutzend besserer Ideen zur Auswahl, die in meinem Kopf lang schon zu Hause sind... zum Beispiel:

*»Durch mich führt der Weg dorthin, wo das Schlechte ewig
Sich durch sich selbst verdirbt, und selbst sich stets zerfrißt.«*
Und die Auslegung meines Verses: während ich in der vorigen (metaphysischen) Definition die absolute Un-Menschlichkeit der Hölle hervorhob, bringe ich hier das einzige zum Ausdruck, was sie, und sei es nur ein wenig, vermenschlichen, dem Menschen zugänglich machen könnte. Es geht ganz einfach um den Pfusch. Die Hölle ist ein verpfuschtes Unterfangen.

Ein moderner (und ich finde, verlockender) Gedanke.

Denn das ABSOLUTE Schlechte muß »schlecht« auch in seinem Sein sein. Das nach Schlechtem und nichts als Schlechtem verlangende Schlechte kann sich nicht »gut«, also vollständig, verwirklichen. Der »schlechte« Mensch tut etwas Schlechtes (bringt den Nachbarn um), aber dies Schlechte ist für ihn Gutes, er tut das nicht, weil es schlecht ist, sondern weil es für ihn gut ist, in seinem Interesse ist ... und er will es nicht »schlecht« tun, sondern »gut«. Dieser Mensch ist also wie die anderen, er sucht das Gute; nur mit dem Unterschied, daß er das Gute im Verbrechen sieht ... Und der Satan? Der Satan will Schlechtes und nur Schlechtes, er kann nicht Gutes wollen; sogar Satan sein will er also »schlecht«. Die Hölle ist etwas schlecht Verwirklichtes. Ist verdorben in ihrem Sein. Ist Pfusch.

Ein interessanter Gedanke. Modern. Vielleicht etwas zu dialektisch, erweitert aber doch die Vorstellungskraft ...

Nur diese Idee des Pfusches kann dem MENSCHSEIN den Höllenabgrund zugänglich machen. Die Vision eines in sich selbst verbissenen, sich selbst quälenden Schlechten ... doch, doch, schmeckt gut ...

Das wußte der florentinische Pilger nicht, zu diesem Gedanken war er nicht fähig ... wäre er auf ihn gekommen, auf den Knien hätte er ihn gegrüßt, er und Vergil. Was für einen Satz hätte seine Hölle, derartig angespornt, getan!

Was die dritte Zeile betrifft:
»Durch mich führt der Weg zum Stamm der Verlorenen«
gut, einverstanden, keine Vorbehalte, »Verlorenheit«, ja,

dieser Geschmack ist uns heute vertraut... nur ein Adjektiv würde ich hinzufügen, das überraschen mag:
»*Durch mich führt der Weg zum Stamm der Verlorenen,*
Der unermüdlichen...«
Doch, doch, »Unermüdlichen«, so ein rauhes Adjektiv wie in »unermüdlicher Tänzer« oder »unermüdlicher Arbeiter«, aber auch mit Anklängen an »unermordet«... Ja, denn die Menschlichkeit des Verdammten ist unaufgezehrt, auf immerdar, Teufel und Mensch sind die zwei Säulen der Hölle, die sich nie abnutzen.

Lesen wir alles noch einmal:
»*Durch mich führt der Weg zu dem Land, das*
Bodenlos, seinem Abgrund ewig nachjagt.
Durch mich führt der Weg dorthin, wo das Schlechte ewig
Sich durch sich selbst verdirbt, und selbst sich stets zerfrißt.
Durch mich führt der Weg zum Stamm der Verlorenen,
Unermüdlichen...«

Vergleicht das mit der oberflächlichen, ungeschickten Terzine! Das wäre vielleicht eine Dantesche Hölle – mit meinen drei Ideen darin. Aber, das sage ich noch einmal, ich könnte zehn weitere, nicht weniger schwindelerregende angeben, die er auch nicht kannte (könnte zum Beispiel die Hölle als »Kontinuum« fassen oder als »Granulat«, sie in den Kategorien von »Metastase«, »Hintergrund«, »Transzendenz«, »Entfremdung«, »Funktion«, »das Psychische«, »An-und-für-sich-Sein« usw. usw. usw. behandeln, och, och, och!).

Wie ich da mit diesem seltsamen Dante anknüpfe durch Schwarm und Wirbel von sechshundert seinsgefüllten Jahren hindurch, wie ich eintauche in die erledigte Zeit, um ihn, den Toten, diesen gewissen, »gewesenen« Alighieri zu erreichen... An unserem Umgang mit den Toten ist nur das anormal, daß er für uns so normal ist. Wir sagen: Er lebte, er starb, er schrieb die *Göttliche Komödie*, ich lese sie jetzt...

Dabei ist die Vergangenheit doch etwas, das es nicht gibt. Und gar etwas sechs Jahrhunderte Vergangenes ist so entfernt, daß ich sogar in meiner eigenen Vergangenheit niemals Berührung damit hatte – seit ich lebe, ist es immer »Vergangenes« gewesen. Was also heißt »er lebte in der Vergangenheit?« In meiner Gegenwart finde ich einige Spuren – ein Poem – und muß aus ihnen auf jenes einstige Sein schließen, muß es mir nachbilden. Um aber von jemandem sagen zu können, daß er »war« (unerhört, dieses Wort, so ähnlich wie »ist«, nur abgeschwächt), muß ich dieses »war« zu sehen bekommen, aber im Gesichtskreis meiner Gegenwart, als seltsamen Schnittpunkt zweier Strahlen: eines, der von mir ausgeht, meiner Rekonstruktionsanstrengung, und eines anderen, der außen entsteht, direkt am Schnitt zwischen Zukunft und Vergangenheit, am Punkte des Vergehens, und der spüren läßt, daß das, was war, immer »ist«, als etwas »Gewesenes« ist.

Der Umgang mit Vergangenheit ist also ein ständiges Sich-Erarbeiten, Ins-Leben-Rufen dieser Vergangenheit... da wir sie aber aus den Spuren lesen, die sie hinterlassen hat, und diese Spuren vom Zufall abhängig sind, von dem mehr oder weniger brüchigen Material, in dem sie sich finden, von allerlei Abenteuern in der Zeit, ist diese Vergangenheit chaotisch, zufällig, fragmentarisch... Von einer meiner Urgroßmütter weiß ich nichts, Aussehen, Charakter, Leben, nichts, nichts, außer der Tatsache, daß sie am sechzehnten Juni 1669, am Tag der Wahl von König Michał, zwei Ellen Barchent und Ingwer gekauft hat. Es ist ein vergilbter, mit Rechnungen bedeckter Bogen Papier erhalten geblieben, an dessen Rand stand, ich weiß nicht mehr genau, ungefähr: »Ich bitte Herrn Szolt, zwei Ellen Barchent und Ingwer zu kaufen, wenn er aus Remigola zurückkehrt.« Ingwer und Barchent, nur soviel, nicht mehr.

Die Vergangenheit ist ein Panoptikum aus Bruchstücken... das ist sie in Wahrheit... Es gibt also zu denken, daß wir sie trotz allem in Fülle wollen, lebendig, voller Personen, konkret... und daß dies Bedürfnis in uns so hartnäckig ist...

Zehn Uhr früh, lichtdurchwirkte Wolken beklettern die Berge.

Mir ist schon lange aufgefallen, daß die Lektüren irgendwie zusammentreffen. Zum Beispiel:

Dante: *Göttliche Komödie.*
Michel Foucault: *Les mots et les choses.*
Roland Barthes: *Essais critiques.*
Und davor habe ich ein bißchen Borges gelesen.

Sind mir diese Bücher freund, oder feind? Einmal befuhr ich den oberen Paraná mit seinen verschlungenen Überschwemmungsgebieten und nahm mit ungeheurer Spannung die Landschaften auf, die hinter jeder Windung des Flusses neu waren – als könnten sie mich schwächen, oder potenzieren – nicht anders habe ich im Laufe meiner vieljährigen literarischen Arbeit prüfend die Welt betrachtet, ob die Zeit mich bestärkt oder verwirft. Viele Jahre lang waren diese Erkundungen positiv; und nichts ist so tröstlich, wie zu sehen, daß alles – die Entwicklung der Geschmäcker, Begriffe, Sitten, Technik – mit dir im Bunde ist, dir Wege ebnet. Jetzt aber hat sich die Sache kompliziert. Um mich mehren sich Phänomene, die mir gewiß eng verwandt, aber doch vergiftet sind von einer bestimmten Intention, die ich unerträglich finde.

Das Problem der Form, der Mensch als Produzent von Form, der Mensch als Sklave der Form, der Begriff der Zwischenmenschlichen Form als oberster, schaffender Kraft, der unauthentische Mensch – davon habe ich immer geschrieben, das habe ich aufgezeigt, damit war ich beschäftigt – und bitte, ersetzt »Form« durch »Strukturalismus«, schon seht ihr mich im Mittelpunkt der französischen intellektuellen Problematik von heute. Es geht doch in *Ferdydurke*, in *Kosmos* um nichts anderes als um die Tyrannei der Form, das Ballett der Strukturen. Und in der *Trauung* heißt es schwarz auf weiß: »Nicht wir sprechen die Wörter, die Wörter sprechen uns.«

Woher also diese Antipathie zwischen mir und ihnen... und daß sie sich gleichsam abwenden von mir, in eine andere Richtung gehen... Ihre Werke – ob der *nouveau roman français*, ihre

Soziologie, Linguistik oder Literaturkritik – sind von einem geistigen Streben gekennzeichnet, das ich wirklich unangenehm, unangebracht, unpraktisch und unwirksam finde... Das Wichtigste, was uns trennt, ist bestimmt, daß sie Wissenschaftler sind und ich Künstler. Sie riechen nach Universität. Ihre bewußte und fanatische Pedanterie. Ihre Professorenart. Grämlichkeit, verbissene Langeweile, Ungeselligkeit, intellektueller Hochmut, Strenge... ihre Manieren stoßen mich ab, ihre Sprache ist zu hochgeschraubt... Doch das ist nicht alles. Es gibt einen tieferen Grund für diese Verstimmung zwischen uns. Während ich Lockerung sein will, sind sie verkrampft, gespannt, steif und verbohrt... und während ich »zu mir« strebe, atmen sie immer – seit langem schon – das Verlangen nach Selbstvernichtung, sie wollen aus sich heraus, wollen sich verlassen. Objekt. Objektivität. Eine Art Askese, fast mittelalterlich. Diese gewisse »Reinheit«, die sie an der Entmenschlichung anzieht. Aber ihre Objektivität ist nicht kühl (auch wenn sie gern eisig sein wollte), sie birgt den Stachel einer aggressiven Intention, etwas Provozierendes, ja, das ist Provokation. Und mit leichtem Erstaunen grüße ich eine – schien sie nicht begraben für alle Zeit? – Nomenklatur, die oft der Astrologie, Kabbala, Magie nahe ist, aber kämpferisch, aber voll Widerborstigkeit, und ich habe den Eindruck, als wäre der Tod zum Leben erwacht...

Für mich ist nun ein jedes Streben des Menschen, von sich selbst loszukommen, ob es in der reinen Ästhetik, dem reinen Strukturalismus, in Religion oder Marxismus geschieht – eine zum Scheitern verurteilte Naivität. Eine Art märtyrerhafter Mystizismus. Und dieses Streben nach Entmenschlichung (das mir übrigens selbst nicht fremd ist) muß unbedingt mit einer Vermenschlichung einhergehen, sonst fällt die Wirklichkeit wie ein Kartenhaus zusammen und man droht in irrealem Verbalismus zu ertrinken. Nein, Formeln machen nicht satt! Eure Konstruktionen, diese Gemächer, sie werden leer bleiben, solange nicht *jemand* in sie einzieht. Je unfaßbarer, unerreichbarer, abgründiger euch der Mensch gerät, je tiefer er in anderen Elementen steckt, in Formen gefangen und gleichsam nicht mit dem eigenem Mund redend, desto dringender, unabdingbarer wird die Gegenwart des gewöhnlichen Menschen, wie wir ihn aus unserer täglichen Erfahrung und unserem täglichen Empfinden kennen: der Mensch im Café, auf der Straße, wie er uns konkret gegeben ist. Das Erreichen menschlichen Grenzlandes muß sofort durch einen ungestümen Rückzug in menschliche Gewöhnlichkeit und menschliche Durchschnittlichkeit ausgeglichen werden. Man darf in den menschlichen Abgrund tauchen, aber unter der Bedingung, daß man wieder an die Oberfläche kommt.

Wollte man von mir aber die tiefste und schwierigste Definition dieses *Jemand*, von dem ich sage, daß er Wohnung nehmen soll in diesen Strukturen und Konstruktionen, so würde ich einfach sagen, dieser Jemand ist der SCHMERZ. Denn Wirklichkeit, das ist das, was Widerstand setzt; also das, was schmerzt. Und der wirkliche Mensch ist einer, den es schmerzt.

Was immer man uns erzählen will, es gibt im gesamten Weltall, im ganzen Raum des SEINS ein einziges grauenhaftes, unmögliches, unannehmbares Element, ein einziges Ding, das wahrlich und absolut gegen uns ist und uns zermalmt: der Schmerz. Auf ihm und auf nichts anderem beruht die ganze Dynamik des Daseins. Beseitigt den Schmerz, und die Welt wird gleichgültig werden...

Tja! Das ist vielleicht zu ernst, um darüber zu philosophieren... Jedenfalls ist es bedrohlich. Ich möchte aber festhalten, daß für diese (wie auch für andere) Denker die Welt noch immer, trotz allem, ein Feld recht besinnlicher, wenn nicht gar olympischer Hirnspekulationen ist. All diese Analysen sind insofern gesund, als sie offensichtlich von Professoren produziert werden, denen es gutgeht und die bequem in ihren Sesseln sitzen. Eine ganz kindische Geringschätzung des Schmerzes liegt diesem unermüdlichen Spiel mit intellektuellen Bauklötzen zugrunde. Wenn schon die Sartresche Freiheit kein Gespür für den Schmerz hat, ihn nicht genug fürchtet, dann machen die heutigen Objektivismen den Eindruck, als wären sie in Vollnarkose gezeugt.

Sehen wir die Widersprüchlichkeit des obigen Gedankengangs. Ich fordere ja den »gelockerten« Menschen und den »gewöhnlichen« Menschen in einem; und zugleich den schmerzdurchdrungenen Menschen. Der Widerspruch ist scheinbar.

Ankämpfen gegen diesen militanten Asketismus? Oder mich lieber in mir selbst vergraben, mir selbst mich hingeben, in mir Wohnung finden wie in einer Feste?

Zahnschmerzen wünsch ich ihnen.

Mein elektrischer Rasierapparat, ein amerikanischer, ist siebzig Francs teurer als Koskos Apparat, ein gewöhnlicher Phili-shave. In seinem eleganten Lederetui fand sich ein Zettel mit dem Glückwunsch: »Wir gratulieren! Sie sind äußerst intelligent, deshalb sind Sie zum Besitzer des besten Rasierapparats der Welt geworden! Sie werden sich viel besser fühlen!«

Es ging mir tatsächlich besser, nur bin ich leider in letzter Zeit nicht besonders gut rasiert, der Apparat rasiert irgendwie schlecht, Koskos Phili-shave war besser und ... und ... irgendwie ist das nicht so, irgendwie als wenn ... das heißt ... immer irgendwie anders als ... und irgendwie wirklich nicht so ganz, als wenn ...

Dies Buch, die *Göttliche Komödie* – sie liegt noch immer vor mir auf dem Tisch – ist sechshundert Jahre weit entfernt.

Was soll die Vergangenheit des Menschengeschlechts für mich sein? Ich ruhe auf einem riesigen Berg von Leichen, Vergangenen. Was ist das, dieser Brei unter mir, auf dem ich sitze, dies Gewimmel von Existenzen, die jenseits von mir ihr Ende fanden?

Soll ich in der Vergangenheit nach Menschen suchen oder nur nach einer gewissen, abstrakten Dialektik der Entwicklung?

Was sofort ins Auge fällt: nur die wichtigsten Menschen gelangen aus der Vergangenheit zu mir. In der Geschichte muß man, um zu bleiben, jemand werden... Auf allen Friedhöfen des alten Griechenland sehen wir nur wenige hundert Personen, wie Alexander, Solon, Perikles... Und im Florenz des Mittelalters, wer ist geblieben außer Dante?

Im großen Defilee aller Gestorbenen dieser Welt würde ich niemanden erkennen als die Großen. Ich mag die Arithmetik, sie verleiht mir einen Stand gegenüber den Problemen. Wieviele Menschen sterben täglich? Zweihundert-, dreihunderttausend? Täglich wandert eine ganze Armee, an die zwanzig Divisionen, ins Grab... Ich kenne sie nicht, weiß nichts davon, bin nicht *au courant*... nichts... nichts... alles außerhalb meines Gesichtskreises. Die Diskretion des Todes (aber auch der Krankheit)! Wer nicht wüßte, daß in dieser unserer Welt gestorben wird, könnte jahrelang auf unseren Straßen, Wegen, Feldern, Plätzen und in Parks umherwandern, bevor er entdeckte, daß so etwas überhaupt geschieht. Aber auch bei den Tieren ist die Diskretion erstaunlich. Wie machen es zum Beispiel die Vögel, daß niemand weiß, daß sie eingegangen sind? Wälder und Haine müßten übersät sein von ihnen, und doch kann man endlos spazierengehen und trifft fast nie auf das kleinste Skelett. Wo sickert das ein? Wohin verschwindet das? Es gibt in diesen Wäldern weder genug Ameisen noch andere Fresser, die das schaffen könnten.

Der Tod ist allgegenwärtig, undeutlich, verwischend.

Aber ich? Ich unter diesen Bedingungen? Ich mit meinen Zwängen, mit den Zwängen meines Ich? Je weniger ich erkennen kann in diesen Friedhofsheerscharen, desto mehr halte ich mich an die Großen. Die kenne ich persönlich. Die Geschichte, das sind sie. Kein Panoptikum der Bruchstücke kann sie mir ersetzen.

Ist aber mein Verhältnis zu ihnen persönlich genug?

Ich lege ungeheuren, persönlichen Wert auf diese Frage. Die *Göttliche Komödie* reicht mir nicht. Ich suche Dante darin. Finde ihn aber nicht, denn der Dante, der mir historisch überliefert ist, ist gerade der Autor der *Göttlichen Komödie*. Diese großen Menschen sind keine Menschen mehr, es sind reine Leistungen.

Ärgerlicher ist jedoch, daß sogar unser Verhältnis zu diesen Leistungen ganz verdorben ist. Denn in der Schule, zu Hause hat man uns nur Ehre und Achtung gelehrt, dabei ist unsere Einstellung zu den Großen zwiespältig: ich bewundere zwar demütig, zeige aber auch Geringschätzung und Mitleid. Ich bin niedriger, denn sie sind GROSS. Aber ich bin höher, weil ich später bin, auf einer höheren Entwicklungsstufe stehe.

Diese zweite Einstellung, die ich als »brutal« oder »direkt« bezeichnen würde, ist nicht in Gebrauch. Wir sind allenfalls fähig, Schöpfer und Werke in ihrer historischen Perspektive und historischen Bedeutung zu erfassen. Wie würde so eine direkte Auffassung aussehen? Kann ich mit meiner heutigen Vorstellungskraft mich denn aufrichtig für die Geschöpfe der fast bäuerlichen, eben erwachten Vorstellungskraft eines Dante begeistern? Sie sind doch so simpel, die Qualen seiner Verdammten. Und irgendwie mickrig! So geschwätzig! Diese Diskurse zwischen einer Qual und der anderen... Die gleichen Situationen, die mit ermüdender Monotonie wiederkehren (aber wenn ich das Werk in historischer Perspektive faßte, müßte ich sagen, daß diese Situationen für ein Buch aus dem vierzehnten Jahrhundert einfallsreich und originell sind), und dazu kommt ihnen ständig das DIESSEITS *in crudo* mit seinen politischen und anderen Sorgen ins Gehege der EWIGKEIT. Und er hat kein Gespür für die Sünde, diese Sünden sind kraftlos, eher Ordnungswidrigkeiten, sie locken weder noch stoßen sie ab.

Was könnte man in diesem Sinne noch alles sagen, um aufzuzeigen, daß das ein simples, armseliges, langweiliges, schwaches Werk ist! Und der melancholische Schluß daraus: daß ich zu diesem Menschen auf keine Weise durch sein Werk vordringen kann. Denn im historischen Sinne ist er mir nur die große, historische Leistung. Und wenn ich ihn brutal zu erreichen suche, direkt, unter Absehung von der Zeit, dann ist diese *Göttliche Komödie* keinen Pfifferling wert!

Muß also die Vergangenheit für mich immer ein Loch sein? Ohne richtige Menschen?

Zurück zu der Terzine, die ich umgearbeitet habe:
»*Durch mich führt der Weg in traurige Gefilde*
Durch mich führt der Weg zur ewigen Trauer
Durch mich führt der Weg zum Stamm der Verlorenen«
Und hier die Fortsetzung dieser Hölleninschrift:
»*Gerechtigkeit bewegte meinen Bauherrn*
Des Höchsten Allmacht richtete mich auf,
Die höchste Weisheit und die größte Liebe.«
Und plötzlich... der Schock!
Wie denn?!
Wie konnte er?!
Abscheulich!
Und niederträchtig!

Jetzt erst sehe ich: das ist das abscheulichste Gedicht in der Weltliteratur, Seite für Seite eine Litanei der Qualen, Register der Torturen. »Größte Liebe...« Diese seine »größte Liebe« bringt plötzlich die ganze Monstrosität dieses Unternehmens ans Licht. Und seine Gemeinheit. Gut, wenn es ums Fegefeuer geht, einverstanden... wenn jene Sünden nach so satanischer Strafe verlangten, dann schimmert in der Ferne doch das Licht der Erlösung. Aber die Hölle?

Die Hölle ist nicht Strafe. Eine Strafe führt zur Reinigung, sie hat ihr Ende. Die Hölle ist Tortur bis in alle Ewigkeit, und der Verdammte muß wimmern zehn Millionen Jahre so wie jetzt im Augenblick, niemals wird sich irgend etwas ändern. Damit kann man sich nicht abfinden. Unser Sinn für Gerechtigkeit erträgt es nicht.

Und er schreibt so einfach ans Höllentor: »Die größte Liebe richtete mich auf.«

Wie läßt sich das anders erklären als durch Angst und Kriecherei? Einschmeicheln wollte er sich! ... Entsetzt und zitternd vor Angst ringt er sich dazu durch, dem größten Terror ergebenst zu huldigen und bezeichnet größte Grausamkeit als größte Liebe. Nie ist das Wort »Liebe« je auf so schamlos paradoxe Weise gebraucht worden. Kein Wort der Menschensprache mit so unverschämter Perfidie eingesetzt worden. Und ist doch gerade dieses Wort der heiligsten, teuersten eins! Aus den Händen fällt uns das schändliche Werk, und unsere Lippen flüstern wund: er hatte kein Recht ...

Ich nehme das Schandbuch wieder, überfliege das Poem im ganzen, ja, da gibt es nichts, diese höllische Folterkammer ist bei ihm verhangen vom Weihrauch der HÖCHSTEN LIEBE, er akzeptiert die Hölle, er stimmt zu, ja, er vergöttert sie! Aber wie kommt das ... wie konnte es geschehen, daß ein Werk, das so demoralisiert ist von panischer Angst, so unterwürfig, so ganz im Widerspruch zum elementarsten Gerechtigkeitsgefühl des Menschen, im Laufe der Jahrhunderte zu einem ERBAULICHEN BUCH, einem höchst angesehenen Poem wurde?

Katholiken ... das ist doch eure Sache, die *Göttliche Komödie* ... wie seid ihr damit klargekommen?

Der kirchlichen Doktrin zufolge wurde der Mensch nach dem Bilde Gottes geschaffen.

Und was unserem tiefsten Gerechtigkeitsempfinden widerspricht, kann nicht gerecht sein, weder im Diesseits noch im Jenseits.

Ein katholischer Künstler darf sich schreibend nicht selbst verleugnen. Die ganze *Göttliche Komödie* ist im Stande der Todsünde.

Und die katholische Welt hält sie in Ehren.

Ja, ja ... Aber jetzt habe ich ihn endlich, hab ihn gepackt, er verletzt mich, empört mich, also ist er dort ... hinter der Mauer der Zeit ... ist mir zur Person geworden ...

Im höchsten S\ognkindCHMERZ ist er mir jemand geworden.

Genugtuung. Und ich notiere: ja, der SCHMERZ verschafft Wirklichkeit. Allein der Schmerz kann verbinden, durch Zeit und Raum hindurch, der Schmerz ist es, welcher die Generationen auf einen Nenner bringt.

Doch... Was für ein Chor hebt da an, vielstimmig wie ein Froschkonzert, wie verhüllender Nebel, wie verdünnende Nässe?... Schon hatte sich mir dies Buch in einem konkreten Menschen verkörpert. Jetzt aber, da ich genauer hinhöre, erkenne ich, daß nicht er es ist, der singt. Da singt das ganze Mittelalter.

Wie konnte ich mich eben nur entrüsten? Nicht allein Dante ist da mit der Hölle einverstanden, die ganze Epoche ist es. Das ist doch nur Rezitation von Formeln, von etwas, das im allgemeinen Empfinden kodifiziert ist. Worte, leere Worte... das kam ihnen damals nur so über die Lippen...

Und wieder sehe ich die *Göttliche Komödie* nur noch als Monument, als Form, Kodifizierung, Ritual, Geste, Zeremonie... Das ist notierenswert: als ich eben entdeckte, daß er gegen sich selbst schreibt, fand ich persönlichen Kontakt zu ihm. Und jetzt, da ich sehe, daß er bei dieser Selbstverleugnung unter dem Diktat der Epoche schreibt, verliert jene innere Widersprüchlichkeit ihre wirklichkeitsschaffende Kraft. Es ist alles verblaßt.

Zweitens: wie konnte ich die Würde des Poems und sein heutiges Prestige eben nur so ernst nehmen? Worte! Leere Worte!... nur ein zwischenmenschliches Verehrungs-Ritual, das dem zwischenmenschlichen Ritual dieser Gesänge entspricht. Er zelebriert sich dort, also neigt man hier fleißig das Haupt. Und die Verehrung ist der beste Beweis, daß niemand ihm glaubt.

Hölle? Ein Mythos ist das!

Aha, aha, jetzt sehe ich alles in einem anderen Licht. Wie konnte ihm diese »größte Liebe« so glatt aus der Feder kommen? Weil das eine unechte Hölle ist. Diese Qualen sind rhetorisch. Diese Verdammten rezitieren nur. Diese Ewigkeit ist die schmerzlose Ewigkeit einer Stilfigur. Die ab und auf gehenden Kreise, die majestätischen Hierarchien der Sünden und Qualen, die Weihungen, Prophezeiungen, die wachsende Helligkeit, Tugenden und Kranke, Theologie und Wissenschaft, verfluchte und heilige Geheimnisse, alles, alles nur Rhetorik. Er rezitierte seine Epoche. Doch die Epoche rezitierte auch. Und das Poem ist gewissermaßen eine doppelte Phrase: der Dichter rezitierte, was ohnehin allgemein rezitiert wurde. So ein bißchen wie die Diskussionen der einfachen Leute über Fußball, sonntags in Kneipen und Cafés. Nehmen sie das wirklich ernst? Aber nicht doch. Das ist nur, weil sie dieses Vokabular, diese Art zu reden beherrschen und ihnen die fertige Sprache fehlt, um über etwas anderes zu sprechen. Die Menschheit drückt sich in eingefahrenen Sprachbahnen aus.

Ein leeres Poem, das entgegen der Wirklichkeit existiert, ihr gleichsam zum Trotz!

Halt, das fällt dir zu leicht!

So einfach entgehst du der Hölle nicht, du Schlauberger! Es gibt sie doch, es gibt sie.

Hast du vergessen, daß man im Namen des in der *Göttlichen Komödie* enthaltenen Kodex wirklich, in Wirklichkeit Ketzer auf dem Scheiterhaufen verbrannt hat? Also kann man sich doch verbrennen an diesem Feuer...

Und wieder beginnt mir dies Höllenpoem aus Leibeskräften zu brüllen! Und atmet Qual!

Es ist sehr lehrreich (und ich empfehle dieses Experiment allen Kulturtheoretikern), sich bisweilen ein bißchen dem Schmerzzentrum zu nähern. Da wird man hineingezogen. Und kommt schwer wieder raus.

Die Wahrheit aber wird Schrei und Gebrüll.

Aber...

Jetzt fällt mir wieder ein, daß diese *Verwirklichung* nur in einer Atmosphäre schlechterdings leichtfertiger *Unwirklichkeit* möglich wurde.

Aber ja! Die vernichtende Ernsthaftigkeit des hl. Dominikus mußte herabsteigen zu den Machthabern des »weltlichen Schwertes«, mußte zum Fraß von Politik, Ehrgeiz und ganz unterschiedlichen Lebenslüsten werden, mußte auf die Bürokratentische der Beamten wandern, sich in Funktion und Arbeit kleiden und, noch tiefer, in die harten Pfoten der Schergen gelangen, die das Leid nicht spüren. Ohne diese stufenweise Degradierung – welcher Mensch würde es wagen, einen anderen Menschen zu verbrennen? Die radikale Idee von Sünde, Hölle und Tortur mußte erst zerbröseln in vielen halbgebildeten Geistern, tumben Empfindsamkeiten, um endlich zu hartem, unbeugsamem, wahrhaft sengendem Feuer zu entflammen!

Was also bist du, *Göttliche Komödie?*

Ungeschicktes Werk des kleinen Dante?

Gewaltiges Werk des großen Dante?

Scheußliches Werk des schamlosen Dante?

Rhetorische Rezitation des verlogenen Dante?

Leeres Ritual der Danteschen Epoche?

Feuerwerk? Oder wahres Feuer?

Unwirklichkeit?

Oder schwieriges, verworrenes Geflecht von Wirklichkeit und Unwirklichkeit?

Sag mir, Pilger, wie kann ich zu dir dringen?

XIX

30. X. 66

Ich muß endlich (denn ich sehe, das nimmt mir niemand ab) das Hauptproblem unserer Zeit formulieren, das die gesamte *epistê-mê** des Westens restlos beherrscht. Es ist dies weder das Problem der GESCHICHTE, noch das Problem der EXISTENZ, noch das Problem der PRAXIS, der STRUKTUR, des COGITO oder des PSYCHISMUS, noch irgendeins der Probleme, die sich in unserem Gesichtskreis breitgemacht haben. Das wichtigste Problem ist das Problem *je klüger, desto dümmer*.

Ich komme erneut darauf, auch wenn ich schon oft davon gesprochen habe... Die Dummheit, die ich erfahre – und dies immer stärker, auf immer demütigendere Weise – die mich schwächt und bedrückt – hat sehr zugenommen, seit ich in der Nähe von Paris bin, der Stadt, die mehr verdummt als alle anderen Städte. Ich glaube nicht, daß nur ich ihre Wirkung spüre; wohl alle, die teilhaben am großen Marsch des zeitgenössischen Bewußtseins, konnten nichts tun gegen ihren begleitenden Schritt... gegen ihr wildes Wuchern, das kurz vorm Durchbruch steht... Ich habe überlegt und überlegt, in welchem GESETZ die spezifische Situation des europäischen GEISTES am bündigsten zu fassen wäre. Ich sehe kein anderes als

JE KLÜGER, DESTO DÜMMER.

* Hierzu schrieb Gombrowicz: »›Epistêmê‹ ist ein *gemachtes Wort*, wenn ich nicht irre, durch Foucault, einen französischen Strukturalisten und Philosophen, das von ›épistemologie‹ abstammt und etwa die Bedeutung hat wie Lehre über die Wissenschaft, oder bei ihm eher die Ganzheit der organisierten Wissenschaft über die Welt. Ich würde das in Anführungsstriche setzen und nicht erläutern, denn das ursprüngliche Quellwort ist griechisch, also international.«

In der Tat: hier geht es nicht um das gewisse Kontingent noch unüberwundener Dummheit, mit der die Entwicklung früher oder später fertigwerden wird. Hier ist die Rede von einer Dummheit, die fortschreitet im Einklang mit einem Verstand, der mit ihr wächst. Seht all die Orgien des Intellekts: diese Konzeptionen! Diese Entdeckungen! Perspektiven! Subtilitäten! Publikationen! Kongresse! Diskussionen! Institute! Universitäten! Und trotzdem: dumm.

Ich muß darauf hinweisen, daß ich das Gesetz *je klüger, desto dümmer* keineswegs als scherzhafte Formulierung verstehe. Nein, das ist wirklich so... Und der Grundsatz der umgekehrten Proportionalität scheint das Wesen der Sache zu treffen, entspricht doch der immer edleren Qualität der Vernunft eine zunehmend niederträchtige Kategorie von Dummheit, diese Dummheit wird immer ordinärer und entzieht sich gerade durch ihre Grobheit den immer subtileren Instrumenten der intellektuellen Kontrolle... unser Verstand ist zu klug, um sich gegen eine so dumme Dummheit zu wehren. Was dumm ist an der *epistêmê* des Westens, ist dumm auf gigantische Art – und deshalb nicht zu fassen.

Als Beispiel erlaube ich mir den Hinweis auf die Dummheit, die unser immer reicher entwickeltes Kommunikationssystem kennzeichnet. Jeder wird zugeben, daß dieses System in letzter Zeit großartig ausgebaut worden ist. Präzision, Vielfalt, und sprachliche Tiefe nicht nur in zentralen, sondern sogar in randständigen Darlegungen oder solchen, die an Publizistik grenzen (wie die Literaturkritik) verdienen höchste Anerkennung. Doch von der Flut der Vielfalt ermüdet die Aufmerksamkeit, also geht die zunehmende Präzision mit wachsender Zerstreutheit einher. Ergebnis: statt wachsender Verständigung zunehmendes Mißverständnis.

Und zudem kommen da irgendwelche saugrobe Komplikationen ins Gehege. Denn so ein Kritiker (um bei dem Beispiel zu bleiben) ist zwar gelehrt, mit Lektüren geladen, orientiert, aber er ist auch abgehetzt, überarbeitet, erschöpft und ausgebrannt.

Da jagt er zur nächsten Premiere, um noch ein Stück zu sehen und – einmalige Ansicht genügt ihm – aufs Geratewohl noch eine Rezension hinzuschmieren – die daher tiefschürfend und oberflächlich sein wird, Meisterwerk und Pfusch. Und es sieht leider nicht so aus, als ob die *epistêmê* des Westens in der Lage wäre, die Widersprüche des Kommunikationssystems zu lösen, nicht einmal wahrnehmen kann es sie, weil sie unter ihrem Niveau sind... Die Wehrlosigkeit der *epistêmê* gegenüber der schreiendsten Dummheit ist ein charakteristischer Zug unserer Zeit.

Eine Bekannte erzählte mir noch vor dem Krieg, wie einmal Onkel Szymon gekommen sei, als sie gerade beim Nachmittagstee auf der Veranda saßen. »Wie denn«, fragte ich, »Szymon liegt doch schon fünf Jahre unter der Erde?« – »Das ist es ja«, sagte sie, »er kam vom Friedhof, im selben Anzug, in dem wir ihn begraben hatten, grüßte, nahm Platz, trank Tee, plauderte ein bißchen über die Ernte und ging dann wieder auf den Friedhof zurück.« – »Wie denn, und ihr habt euch das gefallen lassen?!...« – »Mein Lieber, was willst du gegen so eine *Unverschämtheit* tun...«

Deshalb ist die *epistêmê* unfähig zum Gegenstoß: die Dummheit ist zu unverschämt!

Aber... dieser Prunk!

»*L'écriture n'est jamais qu'un langage, un système formel (quelque vérité qui l'anime); à un certain moment (qui est peut-être celui de nos crises profondes, sans autre rapport avec ce que nous disons que d'en changer le rythme), ce langage peut toujours être parlé par un autre langage; écrire (tout au long du temps) c'est chercher à découvrir le plus grand langage, celui qui est la forme de tous les autres.*« (Roland Barthes)

Hm... was?... Zugegeben, ganz schön dreist!

Wir, die sogenannten Künstler, sind Bergsteiger von Geburt; so eine intellektuell-verbale Klettertour kann uns daher nur recht sein. Hauptsache, wir werden nicht schwindlig dabei.

Ich bin hier auf die Dummheiten unseres Kommunikationssystems eingegangen. Werfen wir einen Blick auf die Girlande von Dummheiten, die sich um unsere Bildung windet.

Es ist doch ein Skandal, daß sie noch keine Sprache besitzen, um ihre Ignoranz auszudrücken. Immer und ewig müssen sie daher ihre Kenntnis zum Ausdruck bringen, und daß sie »den Gegenstand beherrschen«.

Sobald sie auf dem Podium sitzen und ums Wort bitten, sind die Würfel gefallen: sie müssen wissen, dürfen nicht nicht wissen oder nur so ungefähr wissen, dürfen mit keiner Geste, keiner Wimper verraten, daß ihr Wissen Löcher hat und aus dem hohlen Bauch kommt...

In all den von der *epistêmê* des Abendlandes zehrenden Diskussionen werdet ihr keine Stimme vernehmen, die begönne mit »genau weiß ich's nicht... kenn ich nicht... hab's nicht genau gelesen... wer wollte das alles behalten... keine Zeit zum Lesen... ein bißchen weiß ich schon, aber...«. Und damit müßte man doch beginnen! Aber wer hätte den Mut! Sie könnten so beginnen, aber alle zusammen, nachdem sie einander das Ehrenwort gegeben hätten!

Die *epistêmê* ist somit verlogen. Da geschehen häßliche Dinge. Als kürzlich ein bedeutender Philosoph einen anderen bedeutenden Philosophen besuchte, sagte ich: »Na, da werden sie sattsam philosophieren!« – »Aber woher denn!« erwiderte mir ein Eingeweihter. »Sie werden doch nicht so indiskret sein, gegenseitig ihrer Belesenheit auf den Zahn zu fühlen!«

Die Form der Gedankenvermittlung ist seit ältester Zeit dieselbe geblieben – da entwickelt sich nichts – es ist immer dieselbe Reihe von Wörtern, die da quer übers Papier schnürt. Und dieser Wörterbandwurm reicht inzwischen bis zur Sonne! Weshalb schreit da niemand, daß das über seine Kräfte geht?

Noch an die offensichtliche Dummheit der Methoden will ich erinnern, die ebenfalls an der erwähnten inneren Widersprüchlichkeit kranken. Die Methoden der geisteswissenschaftlichen *epistêmê* des Abendlandes sind umso exakter, je unbestimmter ihr Objekt; umso wissenschaftlicher, je weniger ihr Objekt sich zum wissenschaftliche Verständnis eignet.

Die geisteswissenschaftlichen Fakultäten der Universitäten bersten vor schwergewichtigem Professorenblödsinn. *Delenda est Carthago.* Kaputtmachen!

Doch was fange ich mit mir an?

Ich stecke ja selber darin!

Seit ich Literatur betreibe, mußte ich immer jemanden vernichten, um mich zu retten. Wenn ich in *Ferdydurke* die Kritiker angriff, so deshalb, um aus diesem »System« auszusteigen, mich unabhängig zu machen. Meine Angriffe auf die Dichter, die Maler – sie waren gleichfalls diktiert vom Bedürfnis, mich abzusondern, auszuschließen. Ich wollte vor Scham im Boden versinken bei dem Gedanken, »Künstler« zu werden wie sie, Bewohner dieser lächerlichen Republik von naiven Seelen, Rädchen in diesem fürchterlichen Getriebe, Mitglied dieses Clans. Vergebens!

Aber mit den Jahren weichen meine Worte, die geschriebenen Worte, immer weiter von mir ab, sind schon so fern, in fremden Sprachen, verschiedenen Ausgaben, die ich häufig nie gesehen habe, in den Händen von Kommentatoren, von denen ich nichts weiß ... ich habe keine Kontrolle mehr darüber, also was geschieht mit mir, in welcher Sprache, welchem Land? Ich bin Literatur geworden, und all meine Auflehnung ist auch Literatur. Und das Gesetz *je klüger, desto dümmer* paßt ausgezeichnet auf mich.

Was also? Mit der *epistêmê* Schluß machen, sie an der Gurgel packen, kämpfen damit wie Don Quijote? Schon wieder? Und eins ist sicher: mein Aufstand wird Verleger finden, Kommentatoren, Leser, er wird vom Mechanismus glatt geschluckt werden. Es gibt doch niemanden in der *epistêmê*, der sich seiner

Absurdität nicht bewußt und nicht trotzdem sein Bestandteil wäre. Man müßte das listiger... vielleicht so naiv, so einfältig, daß es unwiderstehlich würde... Nein. Naivität mit Vorbedacht? Nein. Was braucht man für Kraft, das zu erschüttern! Ich kann es nicht. Schaffe es nicht. Und mir fehlt die Zeit. Ich muß auf die Übersetzungen aufpassen. Dazu die Korrespondenz. Andere Aufgaben. Also was? Nichts. Geht nicht. Ich kann nicht alles machen. Soll jemand anders. Wer? Wenn ich ein Führer wär! Führer sein und eine schlagbereite Armee hinter sich haben. Dort, wohin mein Finger zeigt! Doch nein! Ich bin allein. Niemand unterstützt mich. Kann man denn aus einem Zug aussteigen, der über die Schienen rollt? Kann man mit dem Kopf durch die Wand? Wozu? Um zu beweisen, daß die Wand existiert. Wer wüßte das nicht? Alle wissen es, alle wissen alles, aber dieses Wissen ist privat... Der Stolz. Sei froh, daß du wenigstens deine Würde verteidigst. Werde ich für spätere Jahrhunderte weniger lächerlich sein, weil ich schrieb, was ich hier geschrieben habe? Du lieber Gott! Das ist nur eben Anspielung, Andeutung, Skizze, eine Art Einleitung, ach, ich schreibe doch im *Tagebuch* nur so zu zehn Prozent, nicht mehr. *Sapienti sat*. Und wer schreibt hier denn auch?... Wer?

Hallo, hallo! Wer spricht?
Ich weiß es nicht.

Wenn ich lese
Wenn ich schreibe
Wenn ich teilnehme
Wenn ich funktioniere
Immer und überall stoße ich auf das Gesetz
Je klüger
Desto dümmer.

Während unsere ganze geistige Anstrengung im Laufe der Jahrhunderte darauf abzielt, von der Dummheit loszukommen und sie zu überwinden, scheint tief im Schoße der Menschheit die Dummheit sich mit dem Verstand gut zu vertragen. Das ist das Interessante. Die personelle Zusammensetzung der Menschheit sichert der Dummheit eine beachtliche Rolle. Die Menschheit besteht aus Männern, Frauen, Jugendlichen und Kindern – schon allein deshalb müssen wir ewig schwanken zwischen Entwicklung und Unterentwicklung, die Dummheit lebt in jeder Generation von neuem auf. Und ist sie denn nicht nötig zum Leben, würde denn die Frau ohne sie gebären wollen, wären Befehl, Gehorsam, mechanische Arbeit möglich, würden Eisenbahn, Bergwerke, Büros, Fabriken arbeiten ohne dies Öl in ihrem Getriebe? Wäre der Tod ohne Leichtigkeit, ohne dümmliche Leichtfertigkeit zu ertragen? Die *conditio humana*? Das Bestreben der *epistêmê*, sich von der Dummheit zu reinigen, findet keine Bestätigung in der inneren Organisation der menschlichen Gattung, wo eher von einer Rollenteilung zu sprechen ist: die einen haben das höhere, die anderen das niedere Bewußtsein auszudrücken.

Nein, Kant! Deine Kritik, sei sie auch noch so exakt und tiefschürfend und geschrieben im Schweiße deines Angesichts, sie genügt nicht. Die Axt nimm! Nimm die Axt, sag ich, zieh los mit der Axt und zack, nach links und rechts, Kinder und Frauen, Jugendliche und Arbeiter und überhaupt alle, ja, alle und alle! ... Es genügt nicht, die Dummheit nur auf dem Papier auszurotten! Töten!

Hä ... was red ich da?

1. I. 1967
Gestern gingen Rita und ich ins Jahr 1967. Zu zweit, ohne Champagner, sahen wir aus dem Fenster auf die Stille, die Menschenleere unserer schönen Place du Grand-Jardin, mit den aufgetürmten Dächern des alten Vence, dem Turm der Kathedrale und weiter hinten den Felswänden der Berge, die der Mond mit mystischem Licht übergoß.

Der Mond war so stark, daß man auf der anderen Seite das Meer hinter dem Cap d'Antibes schimmern sah.

Mir passiert so gut wie nichts. Meine angegriffene Gesundheit ist für mich so eine Art Kloster geworden. Ich lebe wie ein Mönch. Frühstück um neun, dann Schreiben, um zwölf die Post, eine Autofahrt in die Berge, verbunden mit einem Spaziergang, dann zurück, Mittagessen, Zeitung, Schläfchen, Korrespondenz, Lektüre... meistens besuchen wir Maria Sperling und Józef Jarema, die ein hübsches Häuschen und einen schöneren Garten auf einem Hügel über Nizza haben.

An Besuchern fehlt es nicht, das ist hier immerhin der Salon Europas, ständig kommt jemand, aus Amerika, aus Australien, aus Schweden, aus Polen, an Feiertagen wimmelt es von Königen, Finanzleuten, Maharadschas, Admiralen, Filmstars. Aber passieren tut nichts. Bisweilen versuche ich mit geradezu selbstquälerischer Anstrengung, irgendein vergessenes Detail auszugraben, das Jahre zurückliegt. Zum Beispiel – darüber grübelte ich gestern abend, nachts vorm Einschlafen und heute früh – in welchen Hauseingang in welcher Straße ich mich damals, im September 1955, in Buenos vor einem Wolkenbruch geflüchtet hatte, während der Revolution, als ich aus meiner gefährdeten Wohnung zu Russo getürmt war.

Darin liegt trotz allem viel bittere Ironie: daß ich nach jahrelangem Fasten in Argentinien endlich in so ein elegantes Land, so eine hohe Zivilisation gelangt bin, in solche Landschaften, mit diesem Gebäck, Fisch, Delikatessen, solchen Wegen, Plätzen, Palästen, Kaskaden und Raffinessen, daß ich mit Auto, Fernsehen, Plattenspieler, Klimaanlage, Hündchen, Kater, ich in den Bergen, in der Sonne, an frischer Luft, am Meer nun ins Kloster gehen mußte. Doch ganz im Innern gebe ich dieser KRAFT, die es mir verwehrt, meinen Erfolg allzu gierig auszukosten, recht. Ich hatte seit langem, von Anfang an gewußt – gewissermaßen vorgewarnt –, daß die Kunst keinen persönlichen Nutzen bringen kann und darf... daß sie ein tragisch Ding ist. Ungerecht finde ich etwas anderes: daß die eigentliche künstlerische Arbeit mir so wenig reineres, dem Künstler gestattetes Vergnügen bereitet hat; wenn mir das Schreiben doch einmal eine Befriedigung verschafft, so ist sie irgendwie kalt, verbissen, ja lustlos; oft aber schreibe ich wie ein Schüler, der seine Hausaufgaben macht; noch öfter in Angst; oder in quälender Unsicherheit. Gewiß kam es vor, daß ich regelrecht gepackt war, mich nicht losreißen konnte, noch Stunden nach der Trennung vom Papier in einer seltsamen, unfruchtbaren Erregung verblieb und die frisch geschriebenen Sätze, Wendungen immer wieder nachsprach (ich erinnere mich an so eine irre Wanderung durch Buenos Aires, am Fluß, als mir gar nicht einmal Sätze, sondern lose Worte im Kopf nachdröhnten, aus der *Trauung*). Aber da war ich getrieben, in einer Art überschießenden Galopps, zittrig und aufgewühlt, das hatte mit Freude nicht viel zu tun.

Es ist vielleicht ungerecht und ein wenig grausam, daß meine hohe Berufung mit so einem schrecklichen Mangel an Illusionen, so einer erbarmungslosen Nüchternheit versehen ward. Die Wut, die mich beim Gedanken an Künstler wie Tuwim, d'Annunzio oder gar Gide packt, hängt wohl auch damit zusammen, daß die in der Lage waren, jemandem ihren Text vorzulesen ohne den quälenden Verdacht, sie könnten langweilig sein? Ich finde auch, ein wenig Gespür für das, was wir die gesellschaftliche Bedeutung des Künstlers nennen, täte besser als meine Gewißheit, daß ich gesellschaftlich eine Null bin, eine Randfigur. Ist das nicht traurig: sich der Kunst hinzugeben, ohne in ihrem Kreis zu sein, fern von ihrem Zeremoniell, ihren Hierarchien, Werten, Reizen – mit schier bäuerlichem Mißtrauen – einem bäuerlichen, listig unwilligen Lächeln.

Und wenn man annähme, alldem liege ein höchst vergnüglicher und segensreicher Leichtsinn zugrunde, weshalb blieben dann mir, frage ich, die Verschwörungen und Späße verwehrt, all der Künstlerjux und die Tollerei, die wir von den Skamandriten – oder den Romantikern zu Zeiten Victor Hugos – den Surrealisten oder sonstig ausgelassener Jugend kennen? Meine Zeit war blutig und grausam, gewiß. Krieg, Revolution, Emigration. Aber weshalb habe ich mir gerade diese Zeit ausgesucht (als ich 1904 in Małoszyce geboren wurde)?

Ich bin ein Heiliger. Ja, ich bin ein Heiliger ... und ein Asket.

An meinem Leben ist ein Widerspruch, der mir den Teller aus der Hand schlägt, immer wenn ich ihn gerade zum Mund führe.

Ich weiß nicht, was ich schreiben soll. Weiß nicht, was ich nach dem Abschluß der *Operette* schreiben soll und was ich jetzt, hier im *Tagebuch*, schreiben soll. Keine beneidenswerte Situation.

Le Clézio? Na gut, dann eben Le Clézio, obwohl ich überhaupt nicht weiß, was ich über ihn ... Le Clézio besuchte mich mit seiner Frau, kurz nachdem ich nach Vence gekommen war, und machte den besten Eindruck, ernsthaft, intelligent, ungekünstelt. Dramatisch (er ist 27 Jahre) und konzentriert. Ein schöner Mann, und mehr noch fotogen, so daß der *Express* und andere *revues* ganzseitige Aufnahmen von ihm bringen.

Die Presse sieht in ihm den Spitzenruhm der französischen Literatur *à l'heure de promesse*, er ist schon bekannt in Europa, katalogisiert als künftiger Camus Frankreichs, man bleibt stehen, wenn er die Straße entlanggeht. Siebenundzwanzig Jahre, und schon drei Romane (diese Franzosen, aber echt...).

Abgesehen von den Unbequemlichkeiten dieser etwas halsbrecherischen Position, ist Le Clézio – finde ich – von zwei Seiten bedroht. Die erste Gefahr ist der Lebensstil, der ihm zuteil ward: paradiesische Idylle. Gesund, kräftig, braungebrannt im Blütenmeer von Nizza, eine hübsche Frau, Krevetten, Ruhm und der Strand ... was will man mehr? Seine Romane atmen das undurchdringliche Dunkel schwärzester Verzweiflung, während er selbst, junger Gott in Badehose, ins salzige Blau des Mittelmeers eintaucht. Doch dieser Gegensatz ist zu epidermal, als daß er ihn kompromittieren könnte, erst das zweite, viel toxischere Gift macht sich zum Vehikel des ersten. Dies zweite Gift ist die Schönheit.

Ich hätte ihn kennen müssen, als er dreizehn, vierzehn war, um etwas Konkretes dazu sagen zu können. So wie ich ihn heute sehe, erwehrt er sich der Schönheit vor allem durch die Stimme – die unerwartet rauh ist, männlich, solid – sowie der radikalen Tragik seiner Vision von der Welt, auch durch die Heroik der ethischen Haltung. Trotzdem passieren ihm gewisse Zugeständnisse, seine Frau zum Beispiel ist auch sehr hübsch, und sie besitzen einen teuren Sportwagen, der nicht minder gut aussieht. Ich finde es auch sehr bezeichnend, daß sie in Nizza an einem Platz wohnen, der *Ile de Beauté* (Insel der Schönheit) heißt. Ich will natürlich nicht behaupten, daß sie sich diesen Platz bewußt ausgesucht hätten, aber es gibt im Leben solche indiskreten Konvergenzen, die verborgene Neigungen offenbaren . . . dieser Zufall ist nicht nur Zufall, finde ich.

Le Clézio besteht also aus Kontrasten: einerseits Schönheit, Gesundheit, Ruhm, Fotos, Nizza, Rosen, Sportwagen, andererseits Dunkelheit, Nacht, Leere, Einsamkeit, Absurdes und Tod. Seine größte Schwierigkeit aber besteht darin, daß bei ihm das Drama wohlgestalt und anmutig wird. Er rebelliert. »Jugend, ich weiß nicht, was das ist, das gibt es nicht«, hat er in einem Interview gesagt . . . aber er hat nicht beachtet, daß man jung nicht für sich selbst ist, jung ist man für andere, durch andere.

Das einzige, was ihn erretten könnte, wäre das Lachen.

Nadeau schreibt mir, daß er in *La Quinzaine* mein Selbstinterview drucken wird, das den Strukturalismus recht hart angeht. Bin gewiß von Feinden umgeben. Die vom *nouveau roman français* und der *Nouvelle Critique* können mich nicht ausstehen, weil ich ihnen bei jeder Gelegenheit sage, wie schrecklich langweilig sie sind. Und doch bin ich verbunden mit diesen Leuten, wir bewegen uns trotz allem in der gleichen Richtung. Form.

Der Londoner *Dziennik Polski* klagt: »Die Art, wie die englische Kritik mit *Pornographie* umsprang, ist wirklich höchst bedauerlich.« Bedauerlich? Eine Lust doch wohl, und ganz entzückend! Kann es mir doch jetzt so mancher Bastard in der Emigrantenpresse, dem ich auf die Pelle gerückt war (zu Recht, denn sie hatten angefangen), heimzahlen, indem er mit betrüblicher Miene aufzählt, in der einen Rezension habe es geheißen, *Pornographie* sei verrückt, in der anderen, sie sei dumm, in der dritten, sie sei umnachtet.

Und im Londoner *Tygodnik Polski* lesen wir: »Derdywurke, so betitelte der Kritiker des *Times Literary Supplement* seine Rezension von *Pornographie*. Dieser verdrehte Titel von Gombrowiczs erstem Roman *Ferdydurke* soll den neuen Roman charakterisieren: der erste Teil dieses Neologismus suggeriert ›dreckig‹ (dirty), der zweite ›work‹, also Werk. Das Ganze bedeutet ›schweinisches Buch‹ oder so ähnlich.«

Piers Read, der Autor dieser Rezension, schreibt mir: »Ich stehe zu Ihrer Verfügung für den Fall, daß Sie denen eine Richtigstellung schicken wollen. Aber es lohnt glaube ich nicht. Man kann doch den Titel nicht losgelöst von der eigentlichen Rezension interpretieren, in der es heißt, daß Sie einer der größten Schriftsteller Europas sind. Wie schmutzig das ist! Sind Sie in polnischen Kreisen wirklich solchem Schmutz ausgesetzt?«

Da habt ihr's, Jauchebauern! Piers Read ist der Sohn von Sir Herbert Read, dem verdienten Kunsthistoriker, Freund von Bertrand Russell und anderen Persönlichkeiten. In solchen Kreisen und in der Redaktion der *Times* werden die Gentlemen jetzt natürlich beim Whisky sitzen und sagen: »Der arme Gombrowicz, wie furchtbar, daß er unter den Polen solchem Schmutz ausgesetzt ist!« Oh, ihr Dungritter! Da veranstaltet ihr Feste, Feierlichkeiten, gebt einen Haufen Geld aus, um in Kultur zu machen, und dann entfährt euch so eine unduftige Kleinigkeit und schadet euch mehr, als Kopernikus samt Chopin und Małcużyński euch je nutzten.

Sich mit Kopernikus & Co. aufzublasen, ist leicht. Schwerer

ist es, eine intelligente und ehrliche Einstellung zu den lebendigen Werten der Nation zu finden.

Damit nicht genug. Während man in höheren englischen Kreisen leicht konsterniert ist, wird in Warschau lärmende Freude herrschen. Genosse Kliszko stürzt zu Genosse Gomułka ins Kabinett: »Genosse! Haben Sie schon den anonymen Brief aus London mit dem Ausschnitt aus dem *Dziennik Polski* bekommen?« – »Nein, aber ich habe eben einen anonymen Brief aus London mit einem Ausschnitt aus dem *Tygodnik Polski* bekommen!« – »Großartig! Das schicken wir gleich an alle Zeitungen! Die Intellektuellen werfen uns vor, daß wir in Polen diesen Gombrowicz da nicht veröffentlichen und der Presse verboten hätten, über sein verfaultes Ansehen in Europa zu schreiben... Gut, Verbot aufgehoben, beide Notizen werden buchstabengetreu abgedruckt, das Volk soll wissen, daß wir recht daran tun, solche schweinischen Romane wie diese *Pornographie* nicht zu publizieren! Genosse! Die Emigrationsliteratur ist verfault, aber die Emigrationspresse zeigt doch gesunde Reflexe!« (Beide tanzen, wedeln mit den Ausschnitten. Musik. Ballett, Konfetti.)

Tja, liebe Hüter der polnischen Kultur! Und was die Schweinerei an sich betrifft, so kannte ich einen Polen, der verfiel in langes Nachdenken. Dann kam er zu sich und sagte: »Ein Schwein kriecht dem anderen hinten rein.« – »Wen meinst du?« fragte ich schließlich. Er antwortete: »Die Polen.«

1967–1969

1967

6. VIII. 67

Eine Hitze – zwei Monate – kein Tropfen Regen – fast 28 Grad. Von den Alpen steigt jeden Abend köstliche Frische herab, eine andere Frische weht bisweilen vom Meer her.

Miłosz. Seine Frau. Sie sind in unsere direkte Nachbarschaft gezogen, an den St. Paul-Hang. Diskussionen. Spaziergänge. Ich hatte ihn seit der Vorkriegszeit nicht gesehen, und auch damals nur ein paar Mal, kannte ihn also eigentlich so gut wie gar nicht.

Wir sind sofort große Freunde geworden.

Doch das war im Mai. Jetzt erwarte ich die Ankunft von Maria und Bohdan Paczkowski aus Chiavari, mit denen es auch lange Diskussionen geben wird.

Der Zahn, oben, seitlich, rechts, und etwas wie Juckreiz hinter dem Ohr.

Jarema ist nach Rom gefahren, und Maria Sperling-Jaremowa bereitet auf Biegen und Brechen ihre Ausstellung in New York vor.

Mit Hamilton sind wir jede Woche nach Juan-les-Pins gefahren, an den Strand.

Jalard, Roux, Christian Bourgois.

Kot.

Odier, Volle, Bjurström, Boden, Stolpe und noch ein paar Holländer und Schweden, auch ein Schweizer. Und Einaudi.

Ich mag keinen Joghurt mehr und esse zu Abend am liebsten blutiges Roastbeef in dünnen Scheiben mit Salat.

Bier.

Polen haben sich dieses Jahr wenige blicken lassen. An *Evergreen* schreiben, die Charairs besuchen, zum Oberst gehen, ob

Piper sich mit Neske einig geworden ist, was ist mit Japan, die Papiere abschicken, eine Menge Korrespondenz erledigen, in Berlin anrufen. Und dieses Telegramm!

7. VIII. 67

Ich habe einen Stilschrank gekauft, dazu einen Stiltisch und irre Renaissancestühle.

Halten wir fest, wie das mit dem Preis war, Prix International de Litterature, zwanzigtausend Dollar.

Seit mindestens fünf Jahren war ich für diesen Preis vorgeschlagen worden. Hatten die ersten Preisträger, Beckett und Borges, beide hervorragend, ihn noch hundertprozentig verdient, so trugen die späteren Ehrungen für mich den Ruch von Rücksichtnahmen, die mit der reinen Kunst wenig zu tun hatten. Meine Kandidatur gewann langsam Schwung, und schon vor zwei Jahren hätte ich den Preis beinahe für *Pornographie* bekommen. Zum Glück stimmte damals die ehrbare Mrs. McCarthy gegen mich. Zum Glück! Wieviel verdanke ich dieser vorzüglichen Autorin! Denn durch des Höchsten Fügung (vermutlich aus Ausgleich dafür, daß ich so einem Geklüngel zum Opfer gefallen war) wurde der Preis kurz darauf reformiert; man verlieh ihm eine größere Bedeutung und erhöhte ihn auf den doppelten Dollarbetrag. Von nun an sollte er nur alle zwei Jahre verliehen werden und stieg von zehn- auf zwanzigtausend Dollar.

Wilde Begierde erfaßte mich, als ich in *Le Monde* von dieser Reform las.

Doch eingedenk dessen, daß ich eine vollkommene Privatperson bin, ideal einsam, bar aller Cliquen, Klüngel, Gruppen, Botschafter, uninteressant aus politischer und ökonomischer Sicht, sagte ich mir mit den Worten des Kaisers aller Reußen: *point de rêveries!*

Da heißt es plötzlich: paff! Volltreffer. Zwanzigtausend. Gar nicht ohne, so ein Sümmchen, ha, ha, da werd ich mir wohl ein neues Auto kaufen!

Sofort nachdem ich den Preis erhalten hatte, legte ich mir eine Liste meiner literarischen Feinde an (in der Mehrheit leider polnische Namen) und fischte mir auf gut Glück den einen oder anderen heraus, um mich an dieser sauren Verzweiflung, an dieser aschgrauen Bitterkeit zu laben.

Das ist wohl das einzig Vergnügliche daran. Sonst habe ich mehr Arbeit damit als alles andere, allein Interviews über dreißig. Was den Ruhm betrifft, der hat seine Eigenarten. Der französische Kritiker Michel Mohrt trat in einer großartigen Rede auf der Jurysitzung für meine Kandidatur ein und sagte dabei unter anderem: »In dem Schaffen dieses Autors steckt ein Geheimnis, ich würde es gern herausbekommen, womöglich ist das ein Homosexueller, oder er ist impotent, oder Onanist, jedenfalls hat er etwas von einem Bastard, und ich würde mich nicht wundern, wenn er heimlich Orgien feiern würde, so wie König Ubu.« Diese scharfsinnige Interpretation meiner Werke und meiner Person, im besten französischen Stil, wurde vom Radio und der internationalen Presse in alle Welt hinausposaunt, und die Folge ist, daß die jungen Leute im Straßencafé in Vence, wenn sie mich vorbeigehen sehen, sich zuflüstern: »Seht nur, dort ist der alte impotente Homosexuelle, der Bastard, der ständig Orgien feiert!« Und weil die skandinavische Delegation mich in derselben Jury als »Humanisten« protegiert hat, trugen manche Presseberichte den reimvollen Titel »Humanist oder Onanist«.

In einem anderen Bericht von der Jurysitzung las ich, dem amerikanischen Kritiker, einem Anhänger Mishimas, meines japanischen Rivalen, sei entschlüpft, daß er meinen *Kosmos* überhaupt nicht gelesen hat. Gefragt, wie er dann überhaupt wissen könne, daß *Kosmos* schlechter sei als der Roman von Mishima, erwiderte er, es täte ihm sehr leid, er hätte *Kosmos* gar nicht lesen können, weil es ihm zu spät zugeschickt wurde.

Ich will auch festhalten, daß die Jury vergessen hat, mich von meiner Auszeichnung zu benachrichtigen. Als ich nach acht langen Tagen immer noch kein offizielles Telegramm in Händen hielt, schrieb ich Nadeau und bat ihn, da einmal nachzuhaken. Es stellte sich heraus, daß der Generalsekretär meine Adresse verloren hatte und später davon ausgegangen war, es sei überflüssig, mich noch zu benachrichtigen, da ich es ohnehin schon aus der Presse erfahren hätte.

Doch das sind Kleinigkeiten, das kenne ich, Hauptsache, ich habe den Preis in der Tasche. Man muß sagen, das Rennen habe ich im Galopp gewonnen, zur allgemeinen Verblüffung blieben in der Ausscheidungsabstimmung von dreißig Kandidaten nur Mishima und ich übrig. Nun hab ich's also schwarz auf weiß, daß ich ein Schriftsteller großen Schlages bin, und das Zertifikat ist von der Crème der internationalen Kritik unterschrieben. Sieg! Erfolg! Bravo! Doch weshalb, Laureat, erstarren dir die Züge, wird dir streng das Gesicht – abweisend – und eine gewisse Askese – Exotik – Einsamkeit – dumpfer Ernst – tiefe Abneigung – und schmerzliche Ironie verschließen es mit sieben Siegeln? ... Ein fremdes Gesicht, das nur eines sagt: sollen sie ihren Tanz aufführen um dich, du aber rühre nicht eine Wimper!

Mieroszewski wundert sich in der *Kultura*, daß die Exilpolen sich nicht so recht über meinen Erfolg freuen. Mich wundert nur, was ihn daran wundert. Für sie ist dieser Preis doch allenfalls ein *testimonium paupertatis*, ein Beweis, daß sie sich in ihren eigenen Werten nicht auskennen. Worüber soll man sich da freuen? Hätte »einer von uns«, Wierzyński zum Beispiel, so einen Preis geschnappt, herrschte Jubel im Volke. Aber mit mir gibt es ja sowieso nur Ärger.

Sollen sie ihren Tanz aufführen um dich, du rühre nicht eine Wimper! Daß meine Arbeiten in dreißig Jahren nichts an Vitalität eingebüßt haben, daß ein Buch wie *Ferdydurke* heute wie damals von Italienern, Holländern, Kanadiern oder Paraguayern mit einem Ausbruch von Heiterkeit begrüßt wird – das ist wichtig für mich!

8. VIII. 67

Polnische Literatur! Ich, in Lumpen, zerrupft, zerkniffen, ich der Poseur, der Verräter, der Größenwahnsinnige, lege Dir den internationalen Lorbeer zu Füßen, den vorzüglichsten seit den Zeiten Sienkiewiczs und Reymonts.

(Von Beileidsbekundungen bitte ich abzusehen.)

21. VIII.

Ich überlege und überlege... schon die dritte Woche... und verstehe nichts! Nichts verstehe ich! L. ist schließlich gekommen, hat sich alles genauestens angesehen und sagt ebenfalls, daß sie mindestens hundertfünfzigtausend Dollar wert ist! Mindestens! In diesem Kiefernwald, dem trockenen, der unter den Sohlen knistert, ganz wie in Polen, mit einer himmlischen Rundsicht auf die Berge, dem fürstlichen Panorama des Schlösserreigens ringsum, St. Paul, Cagnes, Villeneuve, die wie aus einem Lichtermeer erstehen.

Eine wunderschöne Eichenhalle im Parterre und drei große Zimmer in einer Flucht. Im ersten Stock zwei weitere Zimmer mit einem gemeinsamen, aber geräumigen Bad. Solide Veranden und...

Weshalb will er nur fünfundvierzigtausend (aber bar)? Ist er verrückt? Dieser ungreifbare Krösus... wer kann das sein? Womöglich ein Leser von mir? Macht er diesen Preis nur mir? Der Anwalt sagt: so lautet mein Auftrag.

???

3. IX.

Ich kann an nichts anderes mehr denken.

Jedenfalls machen es mir diese zwanzigtausend auch etwas leichter...

7. IX.

Kaufen?

9. IX.

Ich habe gekauft.

14. IX.

Das Ausmessen beginnt – das Berechnen, Bedenken – Streitigkeiten.

Ich möchte, daß Jaremas Wandteppich mit den tiefen, farbkräftigen schwarz-grün-rötlich-fasrigen Kombinationen in der eichengetäfelten Halle ein Gegenstück zu Maria Sperlings goldblond-rostfarbener, mit schwarzem Rhythmengespinst gesättigter Tapisserie bildet... und dort hängt, am Ende der Flucht, an der Wand meines Kabinetts.

Vier intensive und irre Głazs, zwei strukturell durchsichtige Stankiewiczs sowie sechs stillebereifte, vibrierende Sperlings würde ich (wenn man nur auf mich hörte) für die ersten beiden Zimmer vorsehen, die zwei alten Holländer dagegen, ein wertvolles Geschenk von Read, sollen an die Wände meines Kabinetts.

Jaremas Rot (auf dem ich, wie er sagt, »spazieren« soll) möge zwischen dem flämischen Schrank und der Tür meines Kabinetts farbenreich prunken.

Der Chagall?

Probleme mit dem Eßzimmer.

Wenn sie mir nur diese kleinen Sessel verkaufen wollte...

Heute habe ich schon, wenn auch auf einem provisorischen Schemel, in den vielfenstrigen Rundheiten meines Kabinetts gesessen.

14. IX.

Ein Brief von Basilio aus Argentinien, daß »Henryk« bereits auf einem Schiff der Linie C nach Cannes unterwegs sei, um mir »eine Überraschung zu bereiten«.

???

27. X. 67

Henryk. Doch nicht Henryk! Und wenn Henryk, dann vermutlich Fernando!

Basilio macht sich in dem Brief nicht einmal die Mühe zu erklären, weshalb Henryk. Warum nicht Rodrigo? Hiacinto, Pedro vielleicht? Weiter, weiter so, dann werden wir ihn noch als Estebano sehen, als Tadeusz, ja, ja, weshalb eigentlich nicht Tadeusz?

Rosa! Undeutlich, im Grau der Vergangenheit, eine Mulattin.

Ich sitze auf dem provisorischen Schemel in den Rundheiten des noch leeren Kabinetts. Mache mir Notizen auf den Knien. Die ganze Freude an der kiefernumstandenen, aussichtsreichen Villa, die Freude am Umzug, an der Möblierung – alles zum Teufel! Diese dunkle Mulattin ist wie Wassergewächs am Grunde, sie irrlichtert wie ein schwarzdunkles Büschel... schlecht zu sehen... nichts zu sehen...

Und natürlich gibt es gleich Gerede (ich vermute, daß »Henryk« hier jemand hat, sonst würde er nicht kommen). Alastair sagte mir gestern, als er vom Spaziergang mit Psina zurückkam, leicht geniert, unser bärtiger Wikinger habe ihn in der *La Régence* gefragt, »ob Herr Gombrowicz Besuch aus der Familie erwartet?«.

Rosa – nein, daran werde ich mich nie erinnern – Rosa – entsinne mich nicht – Rosa – weiß nicht – Rosa – ist doch ewig her – Rosa – ertrunken – Rosa – ertränkt – Rosa – am Grunde – Rosa...

Unklare Mulattin tief auf dem Grunde.

Und er ist ein Irrer, ein Irrer, ein Irrer!

Habe nie im Leben daran gedacht, einen Sohn zu haben. Und eigentlich ist es mir ziemlich egal, ob ehelich oder unehelich. Meine geistige Entwicklung, meine ganze intellektuelle Evolution haben dieses Dilemma obsolet für mich werden lassen. Daß nun so ein Halbmulatte zärtlich »Papa« zu mir sagt... Woher, wie, weshalb?... Und wenn schon, ich würde mich auch damit schließlich abfinden, mich gewöhnen. Und was die Erpressung betrifft...

Wer hat ihm Geld für die Reise aus Brasilien gegeben? Und diese ständigen Volten, Finten, Pirouetten mit der Nomenklatur, mit dem Vornamen, wozu? Um zu überraschen? Zu verblüffen, zu schwächen? Spekuliert er darauf, mich mit dieser vielnamigen Metökensamba, diesem Kriegstanz des Apachen schwindlig machen zu können, er, der angebliche (denn nicht einmal das ist sicher) Sohn der unklaren Mulattin, gezeugt von einer zufälligen Nacht, beiläufig, auf der Durchreise gleichsam, von einer Hotelnacht, die in der Nacht des Vergessens versunken ist?... Ich weiß nichts. Erinnere mich nicht.

Aus leerem Dunkel taucht der Sohn auf!

Ich habe Louis-Philippe-Fauteuils gekauft, sie müssen neu bezogen werden, dunkelgrün.

1. XI. 1967

Rosa, Rosa, Rosa und Henryk, Henryk, Henryk und Rosa, Rosa, Rosa und Henryk, Henryk, Henryk.

Was für ein Henryk denn!

In den Rundheiten meines Kabinetts.

6. XII. 67

Henryk, Henryk, Henryk und Rosa, Rosa, Rosa und Henryk, Henryk. Henryk!

Was für ein Henryk denn, sage ich, und wiederhole: was für ein Henryk!

Eher noch Fernando, mit Pedro in ihm lauernd!
Władysław? Aus dem Dionisio hervorlugt?
Unehelich! Also vielleicht nicht einmal getauft... Und wenn er sagt: »Ich habe keine Geburtsurkunde...«?
Giftig vielnamiges Dickicht ringsum, vor dem Fenster, auf den Hängen, wenn ich so dasitze in den unehelichen Rundheiten meines Kabinetts!

12. XII. 67

Rosa, Rosa, Rosa und Henryk, Henryk, Henryk und Rosa, Rosa, Rosa!
Aus negerfinstrem, tropischen Hoteldämmer (ein Loch) wabert Unehelichkeit auf. Nebel. Nebel erwachen, wälzen sich, kriechen heran, sickern ein, winseln, keuchen, schluchzen, kinseln (ja, kinseln! Kinseln!), während ich in den unehelichen Rundheiten meines Kabinetts mit meinen unsäglichen Głazs, von denen ich 4 habe.
Henryk? Und wenn nun einfach Hieronymus!
Leonard?

1968

10. I. 68

Pedro?
Francisco?
Nicolas?
Conrado?
Esteban?
Manuel?
Roberto?
Marcelo?

Eduardo?
Luis?
Lucio?
Alejandro?
Bernardo?
Pablo?
Gregorio?
Antonio?
Guillermo?
Felipe?
In den unehelichen Rundungen
meines mit Rosa
Kabinetts...

    14. I. 68

Crisóstomo?
Javier?
Axel?
Bartolomé?
Basilio?
Modesto?
Benito?
Celestino?
Uneheliche
Rundheit
Kab
Ka

    21. II. 68

Rosa
Rundheit
Kab
In den Rundheiten Rosas Kabinetts

Vielnamig
Unehelich
Empfangen
Und kreist, umkreist und gestern hat er auch Fräulein Leonce gefragt ob
Rund
Kab
Rundrokabsaheitringsrokab

25. II. 68

Umkreisender unehelicher Sohn
runde Unehelichkeit des Sohnes!
Rosas rundes Kabinett
in dem der Sohn angefangen ward!
Ich verkaufe! Ich verkaufe! Ich verkaufe!
Spottbillig verkaufe ich die Villa mit ihrer Zimmerflucht, den soliden Veranden und Aussichten im Kiefernwald sowie rundlichem Arbeitskabinett!
Ich verkaufe den Sohn und Rosa mit allem Runden, das dazugehört...

VILLA ZU VERKAUFEN KURZFRISTIG SEHR GÜNSTIGE BEDINGUNGEN

TEL. 36-850-1 VON 15 – 17 Uhr nachmittags.

29. III. 68

Ich habe für zweihundertvierzehntausend Dollar verkauft, samt Zubehör, Gebirgsaussichten, Sohn und Mulattin. Nichts mehr übrig!

3. IV. 68

Mir fällt ein, als ich vor Jahren einmal über den »Bösen« bei Tyrmand schrieb, fing ich so an: »Tyrmand! Ein Talent!«

Auch heute ist mir dieses Poem unter der Schirmmütze, stinkend nach Wodka und Niederlage, mit dem romantischen Mond über den Schluchten des seltsam in die Luft stehenden Warschau, lieb und teuer. Leicht? »Kriminal«? Populär? Geradezu »Boulevard«? Aber gewiß doch! Und gerade deshalb, weil dieser Gesang in zerschlagener Fresse, mit den Zahnlücken vom Prügeln, sich vor nichts und niemand gefallen, nicht höhere Literatur noch Volksliteratur noch proletarische Literatur sein will, sondern geradewegs dem trivialen Boulevardgeschmack entspringt, dem *genius loci*, der Phantasie, die wie ein Kater durch diese Ruinen schleicht, deshalb, sage ich, ist dies ein bewundernswertes, auf ganz eigene Weise schöpferisches Werk. Und vital dazu.

Vermutlich übertreiben also Jeleński und andere, wenn sie diesem schartigen Poeten gegenüber jenen herablassenden Ton anschlagen, den er schon in Polen zu hören bekam. Da er nun in der Freiheit lebt, begleicht Tyrmand bei Gelegenheit persönliche Rechnungen? Selbst wenn es so wäre, ist denn nicht jeder Prozeß, der dem gegenwärtigen System in Polen gemacht wird, vor allem eine persönliche Abrechnung? Außerdem fehlt Tyrmand wie allen, die vom Nachkriegspolen geprägt wurden, die Kristallisierung, sie sind wie eine getrübte Flüssigkeit, die sich noch nicht in Schichten hat setzen können, ihre wertvollsten Züge sind gewissermaßen wehrlos – aufgerührt vom Leben. Das ist vielleicht gar nicht schlecht in einer Zeit, wo wir die Werte zu gut einzuordnen und uns ihrer zu bedienen gelernt haben. Hłasko, Tyrmand gehören zu diesem, heute wohl originellsten und mit stachligsten persönlichen Schwierigkeiten gespicktem Zweig unserer Literatur. Ich würde Tyrmand zu streiten gestatten, wie und mit welchen Waffen er will, würde nur darauf achten, was im Funkenregen dieser Schlacht zum Vorschein kommt – denn obwohl sein »geselliges und Gefühlsleben« gewissermaßen die Satire und Analyse eines lädierten lyrischen Tenors ist, führt es doch in die Wirklichkeit ein... in eine spezifische Wirklichkeit, die polnische... und wird ungewöhnlich, außerordentlich, charakteristisch. Weshalb? Wie kommt es, daß hier sogar bestimmte Schwächen zu Stärken werden? Es kommt daher, daß man hier mit dem Buch auch den Autor liest, der stammt »von dort«, ist geprägt durch das, was er beschreibt, verbunden mit seiner Beschreibung durch eine unsichtbare Nabelschnur, ist immer Kind dessen, was er von sich weist – auch wenn er sich losgerissen hat, auch wenn er kämpft. Das verleiht dem Werk das Gepräge einer besonderen Authentizität. Am deutlichsten sieht man das an den unschuldigsten Sätzen, den beiläufigen, die am wenigsten politisch engagiert sind und unwillkürlich kommen.

7. IV. 68

Habe Kompott vergossen.

1969

FREITAG

Erstaunlich und beschämend. Was? Lechońs Tagebuch, Band I, das ich noch einmal genauer durchgesehen habe. Wie ist das Geflecht entstanden, das die unbestreitbare Originalität dieses Tagebuchs ausmacht, diese Mischung aus Kunstfertigkeit, hoher Sensibilität, Scharfsinn und ... Ungebildetheit, Ignoranz, Engstirnigkeit, Verblendung. Die Sprache im allgemeinen ist glänzend, und in dieser Sprache wird feinsinnig über Literatur, Kunst und häufig über Menschen geurteilt, aber in derselben Sprache bringt Lechoń auch seine ganze fürchterliche, so unerträglich polnische Beschränktheit zum Ausdruck. In intellektueller Hinsicht ist das Tagebuch wie ein Anzug aus dem Jahre 1939, der nach Mottenpulver riecht, wenn wir ihn aus dem

Schrank nehmen. Lechoń fand keinen Zugang zum modernen Menschen und zur modernen Welt, er verlor sich in der Kultur, hatte keine Ahnung vom heutigen, zeitgenössischen Denken, nichts, das ihm erlaubt hätte, die gegenwärtige Welt zu begreifen und zu ordnen. Chaos. Dunkelheit. Aufruhr und Nebel. Geradezu epidermale Leidenschaften und Gereiztheiten. Die Jahre, die er in Paris verbracht hat, sind von ihm abgeglitten wie Regentropfen von einem Dach. Und als die Geschichte ihn endgültig aus Polen hinausgeworfen hatte, ertrank er in der weiten Welt genau wie der erstbeste Gutsbesitzer, der von seinem Grund vertrieben wird.

Die Tragik der Notizen über Lechońs Ringen mit dem Roman *Der Ball beim Senator* ist komisch. Nichts außer naiven »Problemen« der Art, ob Skarga vor oder nach dem Dialog mit Eleonora erscheinen soll.

Dieser muffige Keller, wie konnte er in unserem Geist Platz ergreifen? Sollten Weltblindheit, Naivität und Ignoranz eine Folge des Verlustes der Unabhängigkeit sein? Aber in der sächsischen Periode war Polen doch das konkurrenzlos dümmste Land Europas, unter den Jagiellos schritt es allen zivilisierten Nationen hinterher; Frankreich hatte Rabelais und Montaigne, wir – Rey und Kochanowski. Also? Was ist der Grund? Der Mangel an größeren Städten, die polnische »Ländlichkeit«? Die unteilbare geistige Vorherrschaft des Pfarrers? Ja, aber das ist vielleicht weniger wichtig, das Wichtigste ist vermutlich die *Gestalt*, jene *Vergröberung der Gestalt* dieser mit geradezu griechischer Anmut gemeißelten Preziose Europa, die sich über die polnischen Ebenen in die unförmigen Maßlosigkeiten Rußlands und Asiens hineinwälzt. Ein Übergangsland zu sein, ist nicht leicht!

Da die Manie der pompösen Titel in jeder Provinz gedeiht, wurde Lechoń zum »*Altissimo* Dichter«, und Józef Mackiewicz zum »Hetman« gemacht. Doch während der *Altissimo* immerhin ein Rassekünstler war, wäre der Hetman eher als Rittmeister der – ich wollte sagen der »leichten«, sage aber »schweren«

– Kavallerie geeignet. Der Hetman lebt nur einer Idee – dem Kampf gegen den Kommunismus. Nichts anderes kümmert ihn, und am allerwenigsten, daß diese fünfzig Jahre blutiger Umwälzungen die Antwort auf die tausendjährige Unterdrückung des Bauern und Arbeiters durch den Edelmann sind, der fett und breit auf ihm saß und fraß. Gegen den Kommunismus zu kämpfen und mit den Snobismen und bizarren Auswüchsen des heutigen Geisteslebens aufzuräumen, finde ich sehr wichtig, ich tue es selbst. Aber Husarenmut allein, so wie im Jahre 1939, als unsere Ulanen zur Verblüffung der ganzen Welt auf Panzer losstürmten, reicht dafür nicht. Ich erlaube mir auch die Vermutung, daß des Hetmans Urteil weniger harsch ausgefallen wäre, wenn die höheren literarischen und intellektuellen Kreise Europas sich seinem Vorstoß nicht ebenso gepanzert gezeigt hätten. Es hilft nichts – die Namen eines Schulz, Witkiewicz, Miłosz oder Mrożek sind zu diesen gewiß nicht ganz hirnlosen Kreisen vorgedrungen, vom Hetman dagegen hört man dort nichts. Der Hetman behauptet, meine *Ferdydurke* werde »hochgespielt« (?), aber Tatsache bleibt, daß *Ferdydurke*, wiewohl vor dreißig Jahren geschrieben, sich mit jugendlicher Verve fast alle westlichen Länder erobert hat; wenn dagegen der Hetman ab und zu in irgendeine Sprache übersetzt wird, dann nicht deshalb, weil er gut wäre, sondern weil er leicht ist. Gewiß, eine Rangfolge von Kunstwerken ist immer schwer zu ermitteln, aber wenn ich, der ich 20 Killometer vom Flughafen Nizza lebe und ständig mit Schriftstellern, Kritikern und Journalisten aus aller Herren Ländern verkehre, kein einziges Mal den Namen »Mackiewicz« vernommen habe, so darf ich doch wohl sagen, daß seine Bücher bei dem ernsthafteren Leser kein Interesse wecken. Dennoch traktiert mich der Hetman mit fürchterlicher Herablassung und schimpft mich einen Snob, Poseur und Wirrkopf – ewig die gleiche hoffnungslose Sammlung von ebenso dummen wie verletzenden Schimpfworten, mit denen die geistige Impotenz eines bestimmten Zweiges der Emigration mich seit undenklichen Zeiten bedenkt. Als ich ungefähr acht Jahre alt war, wandte ich im Kampf mit meinem älteren Bruder, der mich gern prügelte, die »Kuckuck«-Taktik an. Ich kam hinter einem Gebüsch hervor und schrie »Idiot!«, und wenn er in meine Richtung lief, tauchte ich schon hinter einem anderen Gebüsch auf und schrie »Rindvieh!«. Sind diese Methoden nicht zu kindisch, meine Herren, wenn man bedenkt, daß wir alle schon um die Sechzig sind? Es paßt mir aber ganz gut, daß der Hetman mich so ordinär angreift, das entbindet mich der Diskretion, zu der ich mich gegenüber Exilautoren bisher verpflichtet fühlte. Jetzt wird es bald Zeit, unseren immer unbändigeren Savonarola ein wenig zu zügeln. Vorsicht, verehrte Herren! Unter Führung dieses Hetmans wandert ihr geradewegs nach Hinterpfaffenhofen.

P.S. In seinem Artikel in den *Wiadomości* über Hemars Feuilletons, die er mit höchstem Lob bedenkt (»das geistreichste Buch, das im Exil erschienen ist«), verwahrt sich der Hetman dagegen, sein Lob könnte irgend etwas mit dem fast schon übertriebenen Enthusiasmus zu tun haben, mit dem Hemar sich in seinem Artikel über ihn geäußert hatte. In der letzten Ausgabe der *Wiadomości* findet sich nun ein Leserbrief von Hemar: »Glückwünsch zu dem ausgezeichneten Mackiewicz... Eine glänzende Lektion in Sachen Essay!«

Doch das bezieht sich nicht auf Mackiewiczs Essay über Hemar, sondern auf den nächsten, über das Buch von General Pragłowski, das Hetman als »großartig« oder so ähnlich bezeichnet. Na gratuliere! Keine drei Monate sind vergangen, schon haben wir vier Meisterwerke. Es ist ja ein Leben in Saus und Braus in diesem gegenseitigen Verehrungsklub.

SONNABEND

Meine Polemik mit Baśka Szubska in den *Wiadomości*, der sich noch an die fünfzehn Personen angeschlossen haben, hat einige Freunde von mir verbittert, die mir schreiben: Wo gibt's denn so etwas, daß ein ernsthafter Autor sich so gemein macht! Jeleński sagt, sie seien noch ganz im Althergebrachten befangen und begreifen überhaupt nicht, worum es geht. Recht hat er. Vom Sockel herabsteigen, Hofgesinde und Leibgarde vertreiben, den Hermelin an den Nagel hängen und sich nackt ausziehen, um sich auf der Straße mit einem Hergelaufenen zu prügeln – ja, das ist mein Stil. Bei so einem Faustkampf geht die ganze künstliche, nur auf Schicklichkeit und Zeremoniell gestützte »Erhabenheit« des Schriftstellers flöten, die Distanz, die ihn vor dem Leser schützt, schwindet, und umso grausamer treten die wahre Erhabenheit und die wirkliche Niederkeit zutage, dieses furchtbare, quälende Problem. Ich sage doch bei jeder Gelegenheit, daß das Urteil des niederen Menschen verletzt und weh tut, wie ein »zu enger Schuh«; es stimmt nicht, daß uns »Schriftsteller« das ganz kalt ließe.

Und es ist besser, daß dieser nackte Faustkampf mit einer Frau begann. Der Schriftsteller und die Frau sind beides empfindsame und geschützte Wesen; gut, daß wir uns geprügelt haben. Sicher wäre es viel interessanter gewesen, wenn ich den Kampf ernster genommen hätte, aber die Tatsache, daß ich Basia öffentlich dazu aufgerufen habe, ihre eigene Niederkeit und meine Überlegenheit einzugestehen, ist auch so bedeutungsvoll. Diese Polemik, das darf ich in aller Bescheidenheit sagen, ist einzig in der Literaturgeschichte. Ehre Basia und mir!

Es ist leicht zu verstehen, worauf die Schwierigkeit und die Bedrohlichkeit dieses Problems beruhen! Basia kann die Welt, wie jeder, nur mit ihren eigenen Augen sehen, nur mit ihrem eigenen Verstand denken. Selbst wenn sie sagt »der da ist höher, besser als ich«, so ist das ihre und keines anderen Meinung. Und selbst wenn sie sagen sollte, sie glaubte an die Größe Einsteins, weil sie das von Kennern so gehört habe, muß letztlich sie und niemand anders entscheiden, ob diese Fachleute vertrauenswürdig sind. Diese Tatsache nun, daß jeder, ob er will oder nicht, Mittelpunkt seiner Welt und höchster Richter sein muß, will gar nicht zu dem Objektivismus passen, der uns fremde Welten und fremde Anschauungen akzeptieren heißt. Die

Qual jener, die Basia zu Hilfe eilten, und mir zum Verderben, rührt gerade daher; denn objektiv gesehen, ist kaum denkbar, daß alle, die mich loben, Kretins wären; mit den Augen der andern kann man andrerseits auch nicht sehen, und aus dieser Sicht sind all meine Lobredner Kretins, ich selbst auch. Ein Widerspruch. *Inde ira*.

Sicher, wenn ich die Sache ernster genommen hätte... Aber für mich war das trotz allem eine lehrreiche Erfahrung. Am wichtigsten ist, daß ich nach diesem Konflikt ein viel besseres, beinahe freundschaftliches Verhältnis zu Basia habe – ob sie das auch so empfindet? Wenn ja, so wäre das ein Beweis dafür, daß man die Tortur Höheres–Niederes leichter in ihrer ganzen Nacktheit erträgt als verhüllt mit Rücksichtnahmen, Diskretion, Manieren, Prüderien und ähnlicher Heuchelei.

MITTWOCH
Die tiefste Zerrissenheit des Menschen, seine blutende Wunde, ist genau damit bezeichnet: Subjektivismus – Objektivismus. Sie ist grundlegend. Heillos. Die Beziehung Subjekt – Objekt, also Bewußtsein und Objekt des Bewußtseins, ist Ausgangspunkt des philosophischen Denkens. Stellen wir uns vor, die Welt würde sich auf einen einzigen Gegenstand reduzieren. Wenn es niemanden gäbe, der sich die Existenz dieses Gegenstands bewußtmacht, würde dieser nicht existieren. Das Bewußtsein transzendiert alles, es ist letztgültig, bewußt bin ich mir meiner Gedanken, meines Körpers, meiner Eindrücke und Empfindungen, und deshalb existiert das alles für mich.

Schon in der Frühzeit spaltet sich das Denken bei Platon und Aristoteles – in das subjektive und das objektive Denken. Aristoteles wirkt über Thomas von Aquin auf verschiedenen Wegen in unsere Zeit hinein, während Platon über den hl. Augustin, über Descartes, über den blendend hellen Ausbruch der Kantschen Kritik und die von ihr sich herleitende Richtung des deutschen Idealismus, über Fichte, Schelling und Hegel, über die Husserlsche Phänomenologie und den Existentialismus zu gewaltiger Blüte gelangte, mehr noch als in ihren ersten Tagen. Das objektive Denken dagegen verwirklicht sich heute vor allem im Katholizismus und im Marxismus; jedoch ist der Marxismus, wie Marx selbst sagte, keine Philosophie, und der Katholizismus ist eine Metaphysik, gestützt auf den Glauben – er ist, so paradox das klingt, die subjektive Überzeugung, daß eine objektive Welt existiert.

Wollt ihr Subjektivismus und Objektivismus in den bildenden Künsten ausmachen? Seht hin. Ist die Renaissance nicht Objektivismus, der Barock – Subjektivismus? In der Musik ist Beethoven subjektiv, Bach objektiv. Und was für Köpfe haben sich nicht für den Subjektivismus ausgesprochen! Künstler und Denker wie Montaigne oder Nietzsche... Und wenn ihr sehen wollt, wie unverheilt diese unsere Zerrissenheit immer noch ist, so lest euch die dramatischen Seiten in *L'être et le néant* durch, auf denen Sartre sich mit der seltsamen Frage beschäftigt: gibt es andere Menschen außer mir selbst?

Ein »seltsames« Problem, sage ich, denn die Existenz der anderen Menschen ist doch offensichtliche, greifbare Wirklichkeit – für den Existentialisten Sartre jedoch, aber auch für den Marxisten oder den Moralisten, war es fast eine Frage von Leben und Tod, diese Wirklichkeit anzuerkennen. Dennoch, nach einer gründlichen Analyse dieses Problems bei Descartes, Kant, Hegel und Husserl sieht er sich zu der Feststellung gezwungen, daß die Existenz des andere Menschen für das exakte, philosophische Denken unannehmbar ist. Warum? Weil ich in meinem letzten Wesen, wie gesagt, reines Bewußtsein bin, ich bin Subjekt... Und wenn ich annehmen würde, daß der andere Mensch gleichfalls Bewußtsein ist, so würde ich im selben Augenblick für dieses fremde Bewußtsein zum Objekt, also zu einem Ding. Zwei Subjekte sind für das exakte Denken nicht akzeptabel, das eine schließt das andere aus.

Ignoranten, für die Philosophie nur Geschwafel ist, weil sie nichts davon verstehen, weise ich darauf hin, daß sich über ganz ähnliche Widersprüche z.B. die Physiker den Kopf zerbrechen (Wellentheorie und Korpuskeltheorie des Lichts, die doppelte Auffassung des Elektrons, Einsteins *Kontinuum* und die Plancksche Theorie). Überall, überall zerschellt das tiefste Denken des Menschen an derselben Zwiespältigkeit der Interpretation, die sich immanent nicht in Einklang bringen läßt. Deshalb ist der Mensch sich selbst so ein Geheimnis.

Für die polnischen Denker ist dieses Bagatellproblem die reinste Schaumschlägerei, gerade recht für Egozentriker, Snobs, Schöngeister.

Und seltsam, dieser grundlegende Widerspruch zeigt sich auch, wenn wir uns fragen, was das Bewußtsein als solches, das reine Bewußtsein sei – es ist ja gerade, daß das Bewußtsein immer Bewußtsein von etwas sein muß, es ist korrelativ. Ich kann mir die Gestalt dieses Tisches oder die Bewegung der Kuh dort bewußtmachen, aber Bewußtsein in Loslösung vom Objekt kann nicht gedacht werden, weil es gerade die Bewußtmachung von etwas ist. Das Gesetz der Gleichheit, A gleich A, verliert also hier seine Gültigkeit – wieder eine grundlegende Widersprüchlichkeit für unser Denken, die sich nicht beseitigen läßt, und das führt zu der existentialistischen Formel, in der dieses fundamentale »Verfehlen« in uns anschaulich wird, diese Unfaßbarkeit dessen, was der Mensch sei: »Der Mensch ist, was er nicht ist, und er ist nicht, was er ist.«

So sieht in groben Zügen das harmlose Problem des Subjektivismus aus, das vielen Hohlköpfen noch immer als »egozentrische Nabelschau« und »Geistestrübung« gilt. Trübe Köpfe finden alles trüb. Dieses Bagatellproblem, diese unscheinbare Schwierigkeit dominiert die gesamte zeitgenössische Kultur. Aber die trüben Köpfe können nicht einmal begreifen, daß ihr Feldzug gegen den Marxismus genau dies ist – ein Kampf zwischen Subjektivismus und Objektivismus. Denn der Marxismus leitet sich von der Wissenschaft her, er ist der Versuch einer wissenschaftlichen, d.h. objektiven Organisation der Gesellschaft, ist somit eine Theorie, die mit abgehobenen Begriffen operiert und den Menschen, um es so zu sagen, »von außen her« begreift. Der aber verteidigt seine Innenwelt, seine Freiheit, sein privates, konkretes Leben, er ist auf seiten des Subjektivismus.

Ein Beispiel noch, um den Unterschied zwischen Objektivismus und Subjektivismus besser klarzumachen. Wenn ihr einen Menschen mit Blinddarmentzündung operiert, so ist er für euch ein Gegenstand, ihr operiert ihn genau so, als würdet ihr ein Auto oder eine andere Maschine reparieren; er ist ein Mechanismus, dessen Funktion gestört ist. Aber aus der Sicht des Kranken, der die Operation »erlebt«, sieht die Sache ganz anders aus – für ihn ist das etwas Besonderes, Einzigartiges, Eigenes, es ist »seine« Operation.

MONTAG
»Das Büchlein dieses Polen über Dante ist schändlich. Unsinnig, idiotisch, daß dieses verleumderische Machwerk überhaupt im Druck erschienen ist. Ich habe diese geistesgestörte Scheußlichkeit zerrissen und zum Teufel geschmissen. Ungaretti.«

Dieses Telegramm hat Ungaretti nach der Lektüre meines französischen *Dante* an Dominique de Roux geschickt. Dominique schreibt mir, daß der Attaché der italienischen Botschaft in Paris seinen Besuch angekündigt hat.

DONNERSTAG
Herzanfall und Trauung. Heute gehe ich schon ein bißchen in der Wohnung auf und ab – nach vier Monaten – und fange an, ein wenig zu schreiben. Es geschah alles in plusquamperfekter Vergangenheit – den siebzehnten November frühmorgens – reißende Schmerzen in der Herzgegend – ich kann mich nicht rühren, stöhne. Aber der Mensch ist sich selber eine ewige Überraschung, und obwohl ich in Todesangst lag und es mir die Brust wie mit einem Bohrer zerreißen wollte, genierte ich mich, Rita

zu wecken und zu so früher Stunde den Arzt zu rufen; schließlich kam er doch und gab mir eine Spritze, und als der Schmerz nachließ, bekamen ich und Rita ausgezeichnete Laune, wir wurden ganz fröhlich, lachten und erzählten Dummheiten, der Mediziner sah uns an wie zwei Irre.

In den nächsten Tagen folgten weitere Anfälle – ich lag, verdammt zu absoluter Bewegungslosigkeit – benommen von den Pillen, wenn ich die Hand bewegte, schrie der Arzt »Rühren Sie sich nicht!« – die Bewegungslosigkeit dauerte zwei Monate – jetzt ist es schon besser, aber nach vier Monaten darf ich noch immer nicht aus dem Haus – beantworte aber schon die dringlichste Post, höre Musik. Herzinfarkt, so nennt man das wohl...

Ich bin nicht gestorben, aber etwas in mir ist tödlich betroffen – was vor der Krankheit war, liegt wie hinter einer Mauer. Eine neue Schwierigkeit zwischen mir und der Vergangenheit ist aufgetaucht.

Sonntag

Bei den Besuchern aus Polen ist der alte innere Wechseltanz zu bemerken. Der Kommunismus knebelt uns, heißt es, er hemmt unsere Entwicklung, das Land liegt im Elend, es gibt keine Freiheit des Wortes... Und gleich darauf – Na und?! Unsere Literatur, der Wiederaufbau Warschaus, unsere Fahrräder und Motorräder, unsere Briefmarken gehören zu den schönsten, und unser Ballett... Wir tollen Jungs aus Krakau, wir machen gern Radau!

Entweder, oder. Entweder ist die Literatur geknebelt, oder sie ist »groß«. Welche Scham hindert uns, uns zu uns selbst zu bekennen? Diese Manie, immer die Façon zu wahren! Miene zu machen.

Ein Pole, der *sich bekennen* kann, wird sofort zu einem Europäer, und zwar von hoher Klasse. Ein Pole, der etwas zu verbergen sucht und sich im Ausland aufspielt, der sich schämt, als wäre der Verfall von heute oder gestern ausschließlich seine Schuld, identifiziert sich mit seinem Elend. Wer die Lumpen abwirft, gelangt zu souveräner Nacktheit; wer sich schämt und die zerfransten Hosenbeine unter dem Stuhl verbirgt, die Löcher in der Jacke mit der Hand verdeckt, ist ein Bettler. Diese unsere ewige Scham! Diese Schwäche!

Herr Stanisław Kocik schreibt von Zeit zu Zeit Berichte über das literarische Leben in Polen für eine Pariser Zeitung. In einem der letzten Artikel nennt er mich »den polnischsten der ›großen‹ zeitgenössischen polnischen Autoren«. Schön, aber geht es nicht eine Nummer kleiner? Wer wird denn glauben, daß es heute in Polen so viele »Größen« gibt, wenn im Westen niemand davon weiß? Stanisław Ignacy Witkiewicz ist Herrn Kocik zufolge »riesig« (*immense*), ich will gar nichts gegen diese seine Meinung sagen, aber wäre es nicht besser, ein wenig Humor zu zeigen und nicht so mit »Riesen« und »Größen« um sich zu werfen? Ich bin stolz darauf, daß Herr Kocik die Gelegenheit genutzt hat, mit den Bemerkungen über mich ein wenig »polnische Größe« durchzuschmuggeln, aber das ist eine zweischneidige Sache, denn genervt von soviel Größe, neige ich womöglich dazu, in der Auslandspresse hie und da etwas von Mäßigkeit anzudeuten. Man fühlt sich ja seltsam. Das ganze Leben habe ich darum gekämpft, kein »polnischer Autor«, sondern ich selbst, Gombrowicz zu sein, ich halte diese Unsitte des Wir-Sagens für lächerlich. »Die Sonne hielt er an, die Erde brachte er zum Drehen, wir dürfen ihn als Polen sehen!« – das klingt im werdenden Europa schon ziemlich verstaubt. Ich habe darum gekämpft, ich selbst zu sein, nun kriegt mich die Nation in Gestalt von Herrn Kocik doch wieder am Wickel und steckt mich als eine Feder in ihren Pfauenschweif. Ärgerlich ist auch, daß Herr Kocik sich bei dem Hinweis, daß ich in Polen verboten bin, nicht die Bemerkung verkneifen kann, daß ich dennoch in irgendeiner Enzyklopädie auftauche, daß eine Zeitschrift in den letzten zehn Jahren immerhin den Essay eines Jugoslawen über mich abgedruckt hat, und daß meine *Trauung* zumindest in der Provinz aufgeführt worden ist (drei Tage hat's gedauert, dann ging die Polizei dazwischen). Was ist das für eine hehre Unparteilichkeit? Soll das vielleicht heißen, daß es so schlimm gar nicht sei, daß trotz allem die Kultur in Polen usw.? Du lieber Gott! Muß man denn noch erklären, daß in einer derart wichtigen Angelegenheit wie der Zensur solche Flickschusterei dem französischen Leser nur ein mitleidiges Lächeln entlockt? Es wäre besser, Herr Kocik, Sie schwenkten Witkiewicz nicht wie eine Standarte, sondern wären ganz einfach ehrlich. Das käme auch Polen zugute.

Ein anderes Beispiel, subtiler, aber nicht mehr zum Scherzen geeignet. Nach dem Einmarsch der Sowjetarmee in der Tschechoslowakei erschienen in der Exilpresse Proteste von Polen, manche davon sehr mutig, wie der von Andrzejewski. Ich unterschreibe solche Proteste grundsätzlich nicht, weil ich der Meinung bin, daß der Schriftsteller weder Führer noch Lehrer ist, sondern Privatperson, womöglich noch privater als andere. Außerdem sind diese Proteste so zur Mode geworden, daß sie kaum noch Wirkung zeigen. Dennoch teile ich ihre Gefühle vollkommen und bin voller Anerkennung. Nur ein beinahe Freudsches Detail macht mich stutzig: in ihrer geradezu kindlichen Verbitterung scheinen sie zu vergessen, daß Polen die gleiche Gewalt angetan worden ist. Polen ist doch schon seit Jahren ein besetztes Land – genau so wie heute die Tschechoslowakei. Wenn sie sagen würden: »Für mich ist Gewalt ein alltäglicher Akt, ich weiß ein Lied davon zu singen, deshalb verurteile ich den russischen Einmarsch« – dann wäre alles klar. Aber sie vergessen ... sogar die, die im Ausland leben. Vor lauter Aufregung über die Tschechoslowakei vergessen sie das eigene Schicksal.

Anhang

Editorische Notiz

Das *Tagebuch* wurde zuerst laufend zwischen 1953 und 1967 (Nachträge: 1967–1969) in der polnischen Zeitschrift *Kultura*, Paris, veröffentlicht. Die erste polnische Buchausgabe erschien im *Institut Littéraire*, dem Verlag der *Kultura*, in drei Bänden – 1957: *Dziennik 1953–1956;* 1962: *Dziennik 1957–1961;* 1966: *Dziennik 1961–1966/Operetka*. Gombrowicz hat den Text dafür überarbeitet und auch mehrere in der *Kultura* ursprünglich publizierte Passagen gestrichen.

1961 erschien als erste deutsche Ausgabe *Das Tagebuch des Witold Gombrowicz* in der Übersetzung von Walter Tiel bei Neske in Pfullingen; ihr folgte 1970 eine gegenüber der polnischen Buchversion erweiterte Ausgabe in drei Bänden. Die darin enthaltenen *Berliner Notizen* waren 1965 als einzelne Broschüre erschienen.

Die zweite, erweiterte polnische Auflage erschien posthum 1971 als Band 6–8 der *Gesammelten Werke (Dzieła Zebrane)* wiederum im *Institut Littéraire*. Eine dritte polnische Auflage erschien, um 17 Zeilen gekürzt, 1986 als Band 7–9 der *Werke (Dzieła)* in Krakau.

In der hier vorgelegten neuen Übersetzung von Olaf Kühl ist der vollständige Text und die Textanordnung der zweiten Pariser polnischen Auflage wiedergegeben – mit Ausnahme der Polemik *Gegen die Dichter* (ursprünglich im Anhang zu *Dziennik 1953–1956*), die wir, zusammen mit der Antwort von Czesław Miłosz und anderen Materialien, im Anhang zu *Trans-Atlantik* (Bd. 2 der Münchener *Gesammelten Werke*) bereits veröffentlicht haben. Die Texte der Jahre 1967–1969 wurden aus der *Kultura* übersetzt.

Unsere Ausgabe des *Tagebuchs* enthält im HAUPTTEXT und im ANHANG eine Reihe von Zusätzen.

In den HAUPTTEXT wurden, soweit sie ihm neue Akzente hinzufügen, mehrere vom Autor für die erste Buchausgabe gestrichene Passagen aus der Zeitschriftenversion wieder aufgenommen. Sie stehen, gekennzeichnet durch ein K (= *Kultura*), zwischen zwei waagrechten Linien. Nach dem Willen des Autors und seiner Witwe ist, wie bereits in der Krakauer Ausgabe, ohne Kennzeichnung eine Tagebuchnotiz über Konstanty Jeleński ebenfalls in den Haupttext eingefügt worden (1956, Kap. XXI, zweites Textstück, »Montag«).

Der ANHANG enthält bisher nicht publizierte Tagebuchnotizen: ein längeres druckreifes Typoskript über die Umstände von Gombrowiczs Arbeitsaufnahme im *Banco Polaco* 1947 aus dem Archiv der *Kultura*, sowie einige besonders für den deutschen Leser interessante handschriftliche Notizen aus der Berliner Zeit des Autors, die Rita Gombrowicz uns freundlicherweise zur Verfügung gestellt hat und die Olaf Kühl (mit einigen Unsicherheitsstellen) entziffern konnte.

Mit allen Zusätzen ist die vorliegende Fassung die umfangreichste Buchausgabe des *Tagebuchs* überhaupt.

Für die Endkorrekturen sind auch die Krakauer Ausgabe und die französische und die niederländische Übersetzung zu Rate gezogen worden, für die Erläuterungen im Register außerdem: Rajmund Kalicki (Hrsg.), *Tango Gombrowicz*, Wrocław 1984 und Rita Gombrowicz, *Gombrowicz en Argentine. Temoignages et documents 1939–1963*, Paris 1984.

Auf weite Strecken ist das Register der erste Versuch, in das komplexe Geflecht der Personen einzudringen, mit denen Gombrowicz verkehrte. Deren Identifizierung ist dadurch erschwert, daß Gombrowicz zuweilen die gleichen Personen mit verschiedenen Namen benennt und deren Schreibweise willkürlich verändert.

R. F.   F. A.

Vorwort zur deutschen Ausgabe der *Berliner Notizen*

Seit zwölf Jahren führe ich ein Tagebuch; davon habe ich in Polnisch drei Bände, rund tausend Seiten veröffentlicht. In deutscher Sprache ist bisher ein Band erschienen, aus den Jahren 1953 bis 1956.

Diese Notizen hier umfassen eine erst unlängst vergangene Zeitspanne: den Abschied von Argentinien, den einmonatigen Aufenthalt in Paris, den einjährigen Aufenthalt in Berlin.

Meine – ein wenig bissigen – Eindrücke von Paris, die in *Les Lettres Nouvelles* veröffentlicht wurden, erweckten Proteste mancher Pariser und mehr noch solche von fremden Verehrern der *ville lumière*. Man sagte mir: Sie kennen Paris nicht; das sind allzu voreilige Verallgemeinerungen; allzu heftige Grimassen; zu leichte Themen... Ach, nein! Jetzt muß ich meinerseits protestieren gegen jegliche Versuche, diese nur scheinbar leichtsinnigen Bekenntnisse zu verflachen. Mein Unwille gegen Paris ist nicht nur die Kaprice eines Touristen. Er entspringt aus einer wirklichen Notwendigkeit des Geistes.

Ich bin keineswegs ein Aufwiegler aus Liebhaberei. Aber mit der Zeit gehen gewisse Hegemonien zu Ende, Mythen sterben, Konvenienzen, unsere Empfindsamkeit sucht sich andere Wege, sei es auch unter der Erde, die zu einer neuen Mythologie führen. Der Mensch will seine Schönheit immer anders erfühlen, und darin äußert sich die Dynamik der Zeit – dieser Narziß sucht sein Antlitz nicht in stehendem, sondern in vorbeifließendem Wasser.

Was Berlin betrifft... hier ist mir noch mehr ein aufmerksamer, wohlgeneigter Leser vonnöten. Einverstanden: mein Besuch in dieser Stadt gehörte nicht zu den leichtesten, das Niederschreiben dieser Notizen war ebenfalls mit gewissen Schwierigkeiten gespickt. Bin ich doch ein Pole... also mit welchen Entsetzen aus der Vergangenheit belastet! Indessen war ich in Berlin ein Gast der Ford-Stiftung und sogar ein Gast der Stadt... also aufgepaßt, man muß um Zartgefühl und gute Manieren bemüht sein! Doch, da ich ein Schriftsteller bin, bin ich da nicht verpflichtet, die Wahrheit zu sagen und nur die Wahrheit? Sollte ich nicht dennoch, als Künstler, mich verpflichtet fühlen, darauf zu achten, daß die Wahrheit mit Leidenschaft und Poesie gesättigt sei? Gleichwohl, als Europäer, sollte ich nicht die Worte wägen und auf meine Verpflichtung achten der Historie gegenüber (als auch der Politik)? Doch war ich in Berlin nicht nur Pole, Gast, Schriftsteller, Künstler, Europäer, sondern auch Halb-Argentinier, aus Amerika angekommen. Und bei alldem erkrankte ich, war also nicht nur Pole, Gast, Schriftsteller, Künstler, Europäer, Amerikaner, sondern auch ein erkranktes Wesen, das zahllose Pastillen schluckte.

Unter derart komplizierten Umständen ist es besser, sich nicht zu überanstrengen und so zu schreiben, als sei man Gombrowicz *tout court*. Das heißt – präzisieren wir –, indem ich Gombrowicz bin, so bin ich dennoch ein wenig Pole, Gast, Schriftsteller etc., etc., doch bin ich dies alles ohne ein spezielles Resultat, nur insofern, als mir das von selber begegnet. Das ist eine Methode, die ich seit langem im Tagebuch angenommen habe: so weit wie möglich locker und frei schreiben wie ein privater Mensch. Und vor allem über sich schreiben. Also betreffen diese Berliner Notizen zwar Berlin, noch mehr aber mich selber, mich in Berlin. Es fehlt nicht an solchen Menschen, die eine solche Konzentrierung auf sich selber als ein Symptom unerhörten Dünkels erachten. Ich, im Gegenteil, erachte das als eine anerkennenswerte Bescheidenheit und lobenswerte Zurückhaltung. Wer bin ich denn, daß ich Urteile über die Welt, über Städte und Nationen fällen sollte? Spreche ich aber von mir, so bin ich bei mir zu Hause.

Bitte also zu gedenken: dies kleine Büchlein, das ist ein Fragment eines weit größeren Ganzen, meines bereits vieljährigen Tagebuchs; hier ziehen dieselben Leidenschaften, Sorgen, Probleme vorüber... Ich in Berlin machte dasselbe wie immer; das, was überall – ich durchlebte mein Leben – und Berlin interessierte mich insofern, inwieweit es meine Existenz durchdrang.

Es durchdrang jedoch gewaltig. Ich möchte, daß durch das Skizzenhafte dieser Szenen und Betrachtungen hindurch meine Anspannung angesichts dieses unheimlichen Ortes empfunden werde.

(Aus dem Polnischen von Walter Tiel)

Typoskript aus dem Archiv der *Kultura*

S<small>ONNABEND</small>
Plötzlich, am Dienstag um ein Uhr nachts, kramte ich stapelweise Briefe der letzten zwölf Jahre aus dem Schrank. Ich begann, sie zu ordnen. Darüber verging die ganze Nacht.

Briefe, Briefe. Vergessene Namen, nebelhafte Tatsachen, verwitterte Personen, verklungene Situationen – Korrespondenz – ich wühle in diesem Material, das noch lebendig ist, aber im Sterben liegt, sich entfernt, mit jedem Augenblick vergangener und perfekter, plus quam perfekt. Nichts betört mich so, berauscht mich so wie mein Leben, dieser Abgrund, der mich schafft. Es war ein großer Fehler von mir, daß ich mein Leben nicht Stunde für Stunde, Minute für Minute notiert habe. Aber läßt sich dieses Unmaß an Augenblicken fassen? Die Zukunft ist ein Geheimnis, ein Chaos die Vergangenheit.

Ich habe mir Aktenordner gekauft und stopfe sie mit Briefen voll, in alphabetischer Ordnung. Abel, Accion Bancaria, Alvarez, Angelini, Arciszewski... Vier Abende habe ich für diese Arbeit gebraucht. Mehr als einmal wollte ich vor Erschöpfung alles hinwerfen – wozu das alles, was bringt's, es gibt so viel Dringenderes! Ich ging aus dem Haus, um etwas zu essen – und aß, gequält von der plötzlichen Wiederauferstehung des Herrn Casanova, der mir 1944 aus Anlaß meines Besuchs bei Kirssen geschrieben hatte... was für ein Besuch, was für ein Kirssen, verschwommen, untergegangen, fort...

S<small>ONNTAG</small>
Einmal habe ich euch meine Kriegsjahre in Argentinien erzählt, und ihre Offenbarungen. Erinnert ihr euch – meine Einweihung in den Retiro und mein Sturz in die Jugend, die mir zum einzigen, zum destruktiven Wert des Lebens wurde... Diese Erinnerungen habe ich bis zum Jahre 1947 fortgeführt, als *Fer-*

dydurke auf spanisch erschien – ein wahrhaft entscheidender Augenblick, denn er bezeichnet meine Wiederkehr aus dem Abgrund in die normale Dimension des Lebens.

Nunmehr möchte ich den Sinn der folgenden Jahre wiedergeben – ich wünsche mir, daß allmählich meine ganze Lebensgeschichte bekannt wird. In meiner Interpretation. Wenn die Geschichte ohne Interpretation auskommen könnte, würde ich sie *in crudo* liefern – die nackten Tatsachen. Aber schließlich muß man eine Auswahl treffen, muß das Wichtige, Schöpferische von dem Unwichtigen und Fruchtlosen scheiden – immerhin bin ich noch nicht tot, ich lebe und habe die Zukunft vor mir, ich muß mir eine Vergangenheit konstruieren, auf daß sie mir die Zukunft weise. »Wer interessiert sich schon für Ihre Abenteuer?« – ach, so manchesmal hat man mir das gesagt. Bedaure. Nicht zu ändern. Was würdet ihr sagen, wenn ich, der ich in Buenos Aires wohne, euch Berichte etwa aus Peking schicken würde? Betrug! würdet ihr rufen. Seht ihr – ich wohne in mir, und nur von dort aus, von mir aus kann ich mich zu euch äußern.

Im April 1947 erschien also *Ferdydurke* in Argentinien, und wir – ich meine die Gruppe von Schriftstellern, die viel Mühe in die Übersetzung gesteckt und bei dieser Arbeit einen engen Zusammenhalt entwickelt hatten – wir gingen daran, eine Pressekampagne zu organisieren. »Die Autorengruppe, die *Ferdydurke* mit so großem Aufsehen lanciert, legt es zweifellos auf einen Skandal an«, spöttelte die *Critica*, eine bekannte hiesige Tageszeitung. Ja, zweifellos. Wir hatten die Illusion, das Buch könnte die südamerikanische Kuh zur Weißglut bringen und sie in einen wunderbaren Stier verwandeln. Wir ließen uns vom Schein täuschen, vergaßen, daß jenseits der Stadt, die so riesengroß ist wie Paris, die endlose Schläfrigkeit der Pampa beginnt, reglose Ruhe, Vegetation... Mir war ganz seltsam, so als nähme ich an einer Vorstellung teil. Ich hielt einen Vortrag im Radio, gab Interviews, veranstaltete einen Empfang für mich selbst – aber alles so unernst, vergiftet vom spöttischen Geist des Buches, immer kam uns der Spaß in die Quere, wir waren wie Kinder. Und meine Finanzen wurden immer löchriger, die paar Pesos, die mir von dem Buch zutröpfelten, versickerten sofort spurlos.

Ich war damals zwischen Literatur und Narretei hin- und hergerissen. Ich war wieder Schriftsteller. Nicht weil ich einen Empfang gegeben hatte, sondern weil ich, von *Ferdydurke* erregt, nachts über einem neuen Werk saß, dem Drama *Die Trauung*, meinem ersten Nachkriegswerk – in dem Ernst und Unernst wieder untrennbar verflochten waren. Denn ich war verrückt genug, mir ein Drama im höchsten Stil, »genial«, metaphysisch, epochal, vorzunehmen, als wäre ich Goethe, mindestens. Aber zugleich hatte ich noch genug Verstand um zu begreifen, daß ich durch meine Verrücktheit vielleicht Grenzen überschreiten würde, die ich anders zu vergewaltigen nie gewagt hätte. Das Kind ist manchmal mutiger als der Erwachsene... Wieder meine *idée fixe*, daß ich, mit dem Retiro verbunden, der Jugend verhaftet, weit weg von der Kultur, mehr in der Kultur erreichen könnte als die anderen... die Erwachsenen; daß hinter jeder Wagetat, also jeder Größe – Unreife und Unverantwortlichkeit stecken, daß Kunst und Kultur mehr mit schierem Spaß zu tun haben, als man denkt. Und wenn ich den Schwerpunkt meines Dramas vom Widerstreit der Personen auf den Konflikt des Menschen mit seiner Form verlegen würde, so dachte ich, müßte ich gewaltige und hundertprozentig theatralische Kräfte freisetzen können. Als ich die *Trauung* schrieb, war ich also noch immer Nihilist, ganz so, als hätte ich mich noch immer im Retiro herumgetrieben. Nihilistisch war ich nur insofern nicht mehr, als ich (wie damals bei *Ferdydurke*) meine Verantwortungslosigkeit zu bewirtschaften suchte und meinen Anarchismus mit der kalten Vorsätzlichkeit des Produzenten traktierte.

So allmählich kehrte ich also doch zur Zivilisation zurück. Weniger wild war ich, weniger verwildert durch jene unnachgiebige Präsenz des Retiro. Aber dieses Jahr 1947, so reich, war auch dadurch gekennzeichnet, daß sich damals meine Gefühle zum Vaterland herauskristallisierten – und darüber möchte ich ein wenig ausführlicher schreiben, damit man mich besser versteht. Damals war ich Anarchie. Heute stehe ich Polen viel näher, bin schon beinah in ihm drin, als sein Bestandteil, und werde mich gewiß mit der Zeit immer enger mit ihm verbinden, ihr werdet sehen, ich sterbe noch einmal als rechtschaffener Bürger, mit der Heimat versöhnt. Damals war ich zu gar keinem Verkehr mit Polen fähig, wußte einfach nicht, wie ich mit ihm umgehen sollte. Heute bin ich mit alledem weitgehend im reinen. Über diesen Prozeß meiner langsamen Zähmung, meiner Gewöhnung an Polen werde ich kurz berichten.

DIENSTAG

Im Jahre 1947 erkannte Argentinien die Warschauer Regierung an, eine neue Gesandtschaft traf ein.

Wie hatte mein Umgang mit dem Vaterland bislang ausgesehen? Solange ich in Polen lebte, d.h. bis zum Krieg, war es mir kaum aufgefallen – nur flüchtig und nebelhaft, wie eine Atmosphäre, die man atmet. Die Worte »Nation« und »Vaterland« schienen mir völlig verbraucht, instinktiv argwöhnte ich, daß ihr Umfeld durch übermäßige Bestellung ganz unfruchtbar geworden sei – und lenkte meine Entwicklung lieber in eine andere Richtung. In dem Moment, da Polen krachte und zusammenfiel, empfand ich das hier in Amerika auf so konkrete Weise, als sähe ich ein Haus einstürzen. Doch gleich darauf geriet ich ins Getriebe der Antinomie zwischen Jugend und Reife, und das saugte mich so schmerzlich ein, daß Staaten und Nationen ihren Sinn für mich verloren. Ich war nicht nur geographisch außerhalb der Grenzen meiner Heimat, meines Staates; ich war außerhalb der Grenzen, weil die Menschheit mir in Jugend und Erwachsene zerfiel, in zwei unversöhnliche biologische Vaterländer. In der Gewalt, die über Europa dräute, sah ich die Schönheit der Jugend und die Scheußlichkeit, die da heißt »Mannesalter«. Nichts, kein moralisches Recht, kein Heldentum kann in meinen Augen die Menschen erlösen, deren Leben nicht Eintritt ins Leben ist – sondern verderbt vom Ekel der Reife. Und nichts, keine Gemeinheit, konnte dem aufgehenden, noch undefinierten jungen Leben auf beiden Seiten der Barrikaden seinen Zauber rauben.

Meine damalige Abneigung gegen die Nation? Sie rührte doch vor allem daher, daß die Nation ein Verbund von Alten, Erwachsenen und Jungen war – wie eine Familie – ein Verbund, in dem alle BesonderheitWn, die für mich die Poesie des Lebens ausmachten, verwischt wurden. Ich wollte die Menschheit anders begreifen. Es gab aber noch einen anderen Grund für meine Abneigung: ich haßte die Nation, weil ich ihr nicht gerecht werden konnte. Ich bin leider kein tapferer Mensch. Angeborene Feigheit verwehrte es mir, fürs Vaterland zu kämpfen und zu fallen. Eher psychisch unfähig zum Wehrdienst als physisch, nämlich unfähig zum Mut, ohne den der Akt der höchsten Affirmation nationaler Existenz – der Krieg – nicht zu leisten ist. Wie konnte ich mich mit der Nation abfinden, wenn sie mich zu Taten zwang, die mir unmöglich waren, über meine Fassung gingen? Ich konnte ihr nicht gerecht werden, also haßte ich sie – mußte sie zu den Erscheinungen in der Welt rechnen, die meinem Menschsein feind waren – weil sie sich ein Recht auf mich anmaßte, weil sie raubgieriger war als jene andere, fremde Nation.

Aber ich konnte mich nicht losreißen von ihr. Erst im Ausland sieht man, wie sehr man auf seine Landsleute angewiesen ist. Der Pole fesselte mich an Polen ... Polen wie ich, mit denen ich seltsam unter einer Decke steckte, als wären wir Sklaven desselben Herrn, Schüler derselben Schule. An wen sollte ich mich in diesen finanziellen Schwierigkeiten wenden, wenn nicht an sie, meine Landskameraden, meine Nationsgenossen? Ich schrieb an Słonimski, der – damals noch »neutral« – einen ziemlich hohen Posten bei der Unesco in Paris bekleidete, und fragte an, ob sich nicht auch für mich irgend etwas fände – wobei ich erwähnte, daß ich nicht nach Polen zurück wollte. Ich erhielt Antwort – und sah mich wieder Auge in Auge Polen gegenüber.

»Für eine Tätigkeit bei der Unesco sehe ich kaum eine Möglichkeit«, schrieb Słonimski, »aber ich glaube, in Polen könnte man Ihnen helfen. Dort sind Sie beileibe nicht vergessen. Ich finde, als Kulturattaché bei unserer Botschaft in Argentinien wären Sie sehr gut zu gebrauchen.«

Diese Idee frappierte mich. Ich – Attaché? Nicht doch... bei der Botschaft einer Regierung, die vom Kommunismus schon so gut wie beherrscht war – ich konnte mir nicht untreu werden, konnte mich nicht bei dieser Ideologie verdingen, so ein Kompromiß wäre vernichtend für meine Persönlichkeit gewesen – und diese Persönlichkeit war inzwischen mein wertvollstes Gut, ich mußte sie hüten wie meinen Augapfel, ohne sie wäre ich in der Literatur zu einer Null geschrumpft. Das war aber noch die Zeit von Mikołajczyk. Die Sache der Demokratie in Polen war noch nicht verloren, und es hieß immer, man solle sich nicht aus den Staatsdingen zurückziehen, ja man sollte den Apparat geradezu durchsetzen, um so der roten Unersättlichkeit einen Riegel vorzuschieben. Zumindest von hier, von Argentinien aus und aufgrund der spärlichen Informationen, die zu uns drangen, konnte man meinen, daß Mikołajczyk die volle Unterstützung der demokratischen Mächte hatte. Ich selbst wußte nur eins – daß ich schreiben wollte und die Mittel dafür brauchte. Menschen anderer Berufe kann man nur schwer verständlich machen, wie sehr die literarische Berufung im Laufe der Jahre zur gefräßigen Dominante im Leben wird: ich mußte Schriftsteller sein, konnte gar nicht anders, nur die Literatur konnte mich erlösen, ohne sie war ich ein verachtungswürdiger Sonderling, eine verkrachte Existenz, mißraten, gedemütigt. In Anbetracht dessen, daß mein Schicksal von der Literatur abhing, war es relativ gleichgültig, wo und für wen ich arbeitete, um mir die Mittel für meine geistige Unabhängigkeit zu verdienen, die *conditio sine qua non* schöpferischer Tätigkeit. Die Sorge um diese Unabhängigkeit verbot mir, nach Polen zurückzukehren. Die Botschaft konnte mir den weiteren Aufenthalt in Argentinien ermöglichen. Sollte sich dort keine Zuflucht vor den rotgewordenen Armen des Vaterlands finden, die sich schon freundlich nach mir ausstreckten? Dennoch nahm ich mir vor, mit dem Botschafter, Stefan Szumowski, ganz aufrichtig zu sein.

»Ich bin kein Kommunist, auch kein Sympathisant. Für eine politische Mitarbeit sehe ich deshalb keine Möglichkeit. Aber was eine gelegentliche Beschäftigung bei technischen Aufgaben betrifft, z.B. im Bereich des Kulturaustausches zwischen Polen und Argentinien, könnte ich mich nützlich machen. Ich könnte mich z.B. mit dem Problem der Übersetzungen aus der polnischen Literatur, der Verbreitung von Informationen über polnische Geschichte und Kultur in Argentinien befassen...«

Szumowski schüttelte darauf bedenklich den Kopf. Ich hatte sehr wenig mit ihm zu tun, habe nur zwei-, dreimal mit ihm gesprochen. Ich fürchte, wir hatten recht identische Eindrücke voneinander: er hielt mich für eine gescheiterte Existenz, und viel mehr war von ihm, wenn man ihn so ansah, auch nicht zu erwarten... meine Mitarbeit entpuppte sich jedenfalls von Anfang an als Totgeburt. Wieder befand ich mich auf hoher See. Was tun? Ich, Ferdydurke, so furchtbar hilflos im praktischen Leben. Vom Hunger bedroht. Und über den Ozean griffen die freundlichen Arme des Vaterlands nach mir, mich zu erwürgen, gleich würden sie mich packen, schwebten schon über mir, und der Schatten dieses Geiers fiel auf mich in meiner Wüste.

Entsetzt suchte ich irgendeine Beschäftigung, ein Unterkommen, irgendwas... Eines Tages bat mich der Direktor der Banco Polaco, Nowiński, telefonisch zu sich und bot mir eine Stellung im Sekretariat der Bank an. Ich sagte zu.

Ein tragischer Entschluß. Nein, gar nicht deshalb, weil die Bank mit dem »Regime« liiert war. Aber von einem freien Menschen, von einer Person zum Beamten werden? Sich in eine Arbeitskraft verwandeln? Zum Anonymus degenerieren, zur Funktion? Das göttliche Element der frei sich gestaltenden Existenz aufgeben und nicht mehr »leben«, nur noch »für den Lebensunterhalt arbeiten«? Untergeordneter sein? Jede Aussicht auf künstlerische Tätigkeit vom erschöpfenden Siebenstundentag des Angestellten weitgehend verbaut? Und das bis hinein in die ferne Zukunft? Ich fühlte mich so erniedrigt, daß ich an einem der Tage vor meiner Verhaftung in die erstbeste Straßenbahn stieg und weit weg fuhr, irgendwo hinter Avellaneda, so weit weg wie möglich... Das war es, was mich entsetzte, und nicht daß die Bank angeblich rot war; dieses Rot konnte in Argentinien nicht aggressiv sein, soviel wußte ich. Vor einigen Jahren hat jemand im hiesigen *Głos Polski* ein pompös-ordinäres Pamphlet auf mich losgelassen, in dem es hieß, ich sei ein Kommunistenknecht, weil ich in der Banco Polaco arbeite. Unsinn – ich arbeitete dort, um mich eben nicht bei den Kommunisten zu verdingen. Die Angestellten der Bank (die keine Filiale der P.K.O. war, wie man allgemein annahm, sondern eine selbständige Bank – die Aktienmehrheit lag bei Warschauer Banken) genossen nach dem argentinischen Recht Kündigungsschutz, die Bank unterstand der strengen Kontrolle der argentinischen Zentralbank, sowohl in finanzieller wie in politischer Hinsicht – dieses Mäuschen von einer Bank saß also ganz still, von politischer Aktivität oder gar Druck auf irgend jemand konnte gar keine Rede sein. Und während dieser Großkotz im *Głos* die Hände drüber rang, daß ein »polnischer Schriftsteller« (in solchen Fällen bin ich dann einer) seiner Würde nicht achtet, sich kaufen und entehren läßt, produzierte ich in der Bank, wenn ich gerade nichts zu tun hatte, unter entsprechenden Vorsichtsmaßnahmen mein *Tagebuch* für die *Kultura*. Was bleibt denn einem Schriftsteller wie mir übrig? Niemand von euch hätte mir einen Groschen gegeben, ich gehöre nicht zu den Anerkannten, die von euren Komitees gefördert werden, und fand mich mit meiner Kunst, meiner Natur völlig allein... unter diesen Umständen solltet ihr eigentlich das großartige Paradox loben, kraft dessen ich sieben Jahre von der Bank lebte, um mich als Schriftsteller im Exil zu verwirklichen. Euch hat das

Geld gespart, und zudem hat es etwas mehr Literatur entstehen lassen, die mehr ist als aufgewärmter Klops und laue Nudeln.

Sieben Jahre! Herr Nowiński hat mich, glaube ich, vor allem aus Rücksicht auf Freunde von mir eingestellt, Autoren, die in Polen einflußreiche Positionen besaßen – ihm lag nämlich sehr daran, sein Ansehen bei einigen »Entscheidungsträgern« dort aufzupolieren. Bald zeigte sich, daß ich ihm dabei gar nicht helfen konnte, und nun war er in tiefster Seele zerrissen. Persönlich schätzte er mich vermutlich doch – aber der Bankdirektor in ihm hatte etwas gegen den Angestellten, der nicht ganz und gar Angestellter war, nicht richtig zu gebrauchen war und Normen und Routine sprengte. Und allmählich gewann der Direktor in ihm die Oberhand, man nahm mir die bescheidenen Privilegien, verbot mir kategorisch jede »bankfremde Tätigkeit«, also das Schreiben, und es hagelte Restriktionen, Streitereien und Schikanen *crescendo*. Man zog mich zu anspruchsvolleren Arbeiten heran, wie dem Briefwechsel, Finanzberichten und Statistiken, aber von dieser Arbeit gab es zu wenig, um meine sieben Stunden zu füllen. Ich war der Ansicht, mir mit dieser Arbeit, die bisweilen recht schwierig und für die Bank nicht ohne Bedeutung war, mein mehr als bescheidenes Gehalt, das mir gerade nur den kümmerlichen Unterhalt sicherte, schon verdient zu haben und flehte darum, meine Zeit zu achten, die Zeit eines Mannes, der etwas schaffen wollte ... und besaß einen mächtigen Fürsprecher in der Gestalt von Frau Nowińska, die sich gegen das tägliche Einerlei auflehnte, fürs Geld nichts übrig hatte und vom Leben Inhalt, Sinn und Ziel verlangte. Aber meine Ansprüche waren mit dem Angestelltendasein unvereinbar. Deshalb erschien ich um Viertel vor zwölf im Büro und versuchte, so viel Zeit wie möglich mit dem Aufziehen der Uhr im Sekretariat totzuschlagen; kramte so langsam wie nur möglich die Akten hervor und ordnete sie; zog die Abschrift eines Briefes so lange hinaus, bis diese Tätigkeit schier zu platzen drohte von derart fürchterlicher Blähung; und verbrachte auf diese Weise sieben Stunden damit, Kleinigkeiten aufzublasen, ihnen die Elefantiasis beizubringen, sie ins Nichts zu übersteigern – um mir die Zeit zu vertreiben, mir, der ich keine Zeit zu verlieren hatte, mich beeilen mußte, ein Programm vor mir hatte! Hölle und Qual! Und die Sekretärin, Frau Zawadzka, machte mir Vorhaltungen, weil der Bürodiener Speichel im Papierkorb gefunden hatte, das konnte natürlich nur ich gewesen sein (aber ich schwöre, ich habe nicht in den Korb gespuckt!). Ich bin Frau Zawadzka dankbar dafür, daß sie mir (und vermutlich nicht mir allein) den Aufenthalt in der Bank gründlich verekelt hat; wer weiß, ob ich es sonst gewagt hätte, dieses doch immerhin solide Institut zu verlassen und auf der Straße zu stehen, wenn sie mir nicht von hinten mit ihren Spitzen Mut gemacht hätte.

Wirklich, ich mache Frau Zawadzka und Herrn Nowiński keinen Vorwurf. Dieses Pärchen hat selbst genug gelitten... In dieser Bank war ich ein Nonsens, das ist alles.

Ich fürchte... meine Peripetien mit der Bank, oder mit der Botschaft, sind nicht sehr interessant. Ich mußte aber von meiner damaligen Existenz erzählen, um meine Probleme in ihr zu fundieren. Ich bin kein Philosoph, der abstrakte Diskurs steht mir nicht an – der Zusammenhalt meiner Theorie mit meinem Leben muß immer gewahrt bleiben.

In jenen Jahren wurde immer deutlicher, daß ich die Klärung meines Verhältnisses zum Vaterland nicht *ad infinitum* würde hinauszögern können. Diese Aussicht war beunruhigend. Ich besaß in dieser Materie keinen ausgefeilten Stil, sogar das Nachdenken darüber fiel mir schwer; ungern drang ich in dieses Gebiet ein, das von der gesamten polnischen Kunst so ausgetrampelt war – wer hätte denn den nationalen Gaul nicht bestiegen?

Aber ich stand am Scheideweg und konnte wählen: entweder mit Polen zu brechen und auf eigene Rechnung in der Welt zu leben, nur Gombrowicz in der Menschheit zu sein; oder als polnischer Schriftsteller zu Wirklichkeit zu kommen. Am liebsten hätte ich die erste Lösung gewählt. Gombrowicz in der

Menschheit sein – eine schöne Rolle! Diese Formel war die reinste und zugleich grundlegend, sie führte meine Situation auf ihre Grundelemente zurück: Individuum – Gemeinschaft, sie gestattete mir, meine Fülle ganz zu mobilisieren. Und gab mir Bewegungsfreiheit. Wie oft habe ich ausgezeichnete polnische Talente im Zustand jämmerlicher Beklemmung sehen müssen, weil sie ans Vaterland »gebunden« waren.

Doch ich wurde das Gefühl nicht los, daß eine derart radikale Befreiung von Polen gewissermaßen Verrat an meinem Leben wäre. Weshalb? Mit den Polen lebte ich am intensivsten, mit ihnen besaß meine Existenz die größte Spannung, verstärkt von der gemeinsamen Entwicklung, Sprache und Geschichte. Tauchte ich dagegen in die Grenzenlosigkeit der Welt ein, wurde ich nebelhaft und unbestimmt. Auf dieser polnischen Seite war meine Wirklichkeit konkreter, und überhaupt stießen all meine Angelegenheiten mich ständig auf die Polen.

Ganz sicher wollte ich mein Dasein nicht nach einem kopfgezeugten Programm verbiegen. Ich hätte es vorgezogen, das Programm vom Leben selbst diktiert zu bekommen. Nur welches?

Denn hätte ich mich mit meiner Nation verbunden, so hätte ich sie als übergeordnetes Sein anerkennen müssen. Aber ich konnte ihr nicht gerecht werden, konnte sie somit nicht ertragen. Ich begehrte auf. Hatte genug von diesem Gebet. Etwas anderes war mir zur Leidenschaft und Begeisterung geworden. Für die Polen und auf polnisch schreiben, immer den ängstlichen Gedanken im Hinterkopf, daß ich ein Verräter sei?

Die Wahl fiel nicht leicht. Ich konnte wählen zwischen der blassen Existenz des Kosmopoliten und einem polnischen Dasein, das geschwächt und von Unwahrhaftigkeit verdorben war. Was war besser? Verlogener Pole sein, oder blutarmer Weltbürger?

Das Erscheinen von *Ferdydurke*, die Bank, ja – ich wurde allmählich zivilisiert. Dennoch wollte die Absurdität nicht von mir lassen, nichts war unberührt von ihr. Die Bank und *Ferdy-*

durke. Und die letzten Arbeiten an der *Trauung*, eines dunklen und irren, eines traumgeborenen Werkes. Gott weiß, wozu ich das geschrieben habe, auf welche Bühne konnte dieses Drama rechnen, auf welchen Leser? Meine Konsolidierung war nur scheinbar, sie war eine Konsolidierung im Absurden. Und der Zauber, der aus jenem Tiefland, dem Retiro, pulste, ließ mich die Unreife all meiner Unternehmungen vergöttern.

Damals war ich dreifach oder vierfach Ausländer. Ohne Polen, in das ich nicht zurück wollte. Außerhalb der Emigration, fern von ihr und unabhängig – im Banco Polaco angesiedelt. Jenseits von Argentinien. Und jenseits der Welt der Werte, die vom Retiro gefressen war. Ich hing im Leeren, Anarchie im Herzen. Spielte Schach.

Das Drama hatte ich abgeschlossen. Jetzt übersetzte ich es mit Hilfe meines Freundes Aleksander Russovich und einiger anderer Argentinier ins Spanische. Wozu? Es war doch noch schwieriger als *Ferdydurke* und hatte in Argentinien nicht die geringsten Chancen.

Ohne Gott, ohne Philosophie, ohne Vaterland, ohne irgendeine soziale Ideologie, mit der Bank, mit meinem irren Theaterstück und mit dem Retiro.

Zu der Zeit erhellte Jarosław Iwaszkiewicz meinen Horizont ungewollt in jähem Blitzschlag – damals zeichnete sich für mich zum ersten Mal die Möglichkeit einer Heimkehr nach Polen ab – nicht körperlich, sondern geistig. Und das kam so. Iwaszkiewicz war zu einem Schriftstellerkongreß nach Argentinien gekommen. Ich hatte mein Drama bisher niemandem zu lesen gegeben, wem denn auch? Zu den Polen hatte ich kein Vertrauen. Das Stück kannten die Argentinier, die an der Übersetzung arbeiteten, aber von ihnen zeigte nur Russovich, mit fortschreitender Arbeit zunehmende, Begeisterung. Die übrigen blieben kühl, sogar skeptisch – sollte das Stück nichts taugen? Oder waren seine Trübungen und Abgründigkeiten für ihre Latinizität unverträglich? Ich zitterte um dieses Drama, mein erstes

Werk nach der langjährigen Unterbrechung – wenn es nun Schund war und ich nie mehr etwas aus mir würde hervorbringen können? Als ich Iwaszkiewicz das Typoskript aushändigte, fürchtete ich mich wie ein Debütant und war auf das Schlimmste gefaßt. Einige Tage später gab er mir den Text zurück. Er sagte, das sei eine große Leistung und sprach von der *Trauung* als einem Werk höchsten Ranges.

Und ich? Nun, ich war kein junger Mann mehr. Ich wußte nur zu gut, daß eine einzelne Stimme noch nicht viel besagt – das Drama mochte bestimmte Saiten in ihm angerührt und ihm den Blick für die Proportionen verstellt haben – oder vielleicht neigte er von Natur aus zum Enthusiasmus? Dennoch, in kindlicher Freude genoß ich den Geschmack der Würde, die mir da umgehängt wurde.

Im hellen Licht dieses flüchtigen Glorienscheins erkannte ich ein Geheimnis von mir, entdeckte etwas Wichtiges. Und zwar, daß ich für die Welt der Werte nur auf eine einzige Weise gerettet werden konnte, ich, dessen wahres Vaterland Jugend und Niederkeit waren. Ich selbst aus eigener Kraft konnte nicht erreichen, daß mir Dinge wie Kunst, Kultur, Menschheit und Nation wieder wertvoll würden. Damit war ich überfordert. Was aber, wenn diese reife Welt mich als erste anerkannte? Dann würde auch ich nicht umhinkönnen, sie anzuerkennen. Zum Beispiel: ich war los vom Vaterland. Aber wenn das Vaterland mich lieben und hochschätzen würde, müßte auch ich mich mit ihm abfinden und Halt in ihm suchen.

Genau den umgekehrten Gedanken äußerte Goethe gegenüber Schopenhauer: »Willst Du Dich Deines Wertes freuen, / So mußt der Welt Du Wert verleihen.« Bei mir klang das so: du wirst den Wert der Welt entdecken, sobald du selbst ein Wert für die Welt geworden bist. Eisig, dieser Gedanke: denn er bedeutete, daß ich, mir selbst zuwider, um »ihre« Gunst bemüht sein mußte, damit »sie« für mich wirklich wurden. Mußte so lange in meiner Leere zappeln, bis sie gefüllt wäre, mußte einen »leeren«, schier sinnlosen Sprung auf andere Menschen aus mir machen – um Sein für sie zu gewinnen, und damit sie für mich Sein gewannen. Ich war so wie der unwillige Verlobte, dem die Eltern klarmachen wollen: heirate erst einmal, dann wirst du sie auch liebgewinnen. Nur Vorschlag sein, nur rein formale Geste, sinnentleert – damit der Sinn geboren werden konnte?

Damals kam ich mit Russo zufällig zu dem verlassenen Haus der Pueyrredons in San Isidor, und seither begleitet mich dieses leere Haus; ich spüre seine Gegenwart noch immer. Ein weißes Haus, mit Säulen, mit großen Bäumen im Garten, am hohen Ufer eines Flusses gelegen. Der Mensch wählt sich seine Orte, seine Dinge. Ich habe mich willkürlich mit ihm verbunden, ohne jeden Grund – es hat sich mit mir verbunden – und immer weiß ich, daß es dort blinkt, weiß zwischen den Bäumen.

Die Kubaner sind weggefahren. Der Ferdydurke-Clan ist auseinandergebrochen. Keine Versammlungen mehr bei Graziela. Mein engster Freund ist nun Russo, und im *Rex* hat sich eine neue *barra* gebildet.

Viel ist mir passiert in dieser Zeit der unergründlichen Abenteuer, von denen ich stundenlang erzählen könnte. Aber es ist Zeit, die Geschichte von *Trans-Atlantik* zu beginnen; es wird die Geschichte meines Anbändelns mit dem Vaterland sein.
  Ihr habt sicher schon gemerkt: ich fasse mein Leben pathethisch. Mag es denn eine Farce sein für den, der das nicht erlebt hat.
  Wie sollte ich die Woge verachten, die mich in all meinem Beben gebar, im Spiel meiner Illusionen, Ambitionen, Bezauberungen, Ängste?

Aus dem handschriftlichen Nachlaß

SONNABEND

Eine Warteschlange zum Bus, die quer über den Bürgersteig steht... So lange bin ich nicht in Europa gewesen... ob es dort so etwas gibt? Ein erstaunliches Phänomen, das das Blut in den Adern gerinnen läßt. Du gehst in der Menschenmenge die Straße entlang und siehst plötzlich, daß der Bürgersteig von einer Warteschlange geschnitten wird, die sich nicht entlang des Bürgersteigs sammelt, sondern quer über ihm, wie zum Trotz gegen andrängende Passanten (man bildet einen schmalen Spalt, durch die diese sich durchzwängen). Zu dieser unheimlichen Absurdität kommt es deshalb, weil der erste Mensch sich vor dem Halteschild mit dem Gesicht zur Straße anstellt, der nächste hinter ihm, hinter diesem der dritte – in dem Augenblick ist die Richtung der Schlange noch belanglos – aber sobald sie zum Hindernis für den Fußgängerverkehr wird, sind es schon zu viele, wird es zu schwer, ihre Richtung zu ändern, es würde eine furchtbare Anstrengung erfordern, man müßte nämlich nicht nur selbst abweichen, sondern auch dem nächsten, der auftaucht, erklären, daß er sich in der richtigen Richtung hinter dir anstellt.

Ich habe niemals beobachten können, daß jemand in diesem Sinne tätig geworden wäre. Warteschlangen quer zum Bürgersteig kommen auch auf der Corrientes um 6 Uhr abends vor, d.h. wenn Tausende von Menschen die Straßen entlangströmen. Niemand reagiert... kein Polizist kommt auf die Idee einzugreifen... und diese aus Menschen gemachte Unmenschlichkeit treibt ihre Blüten... Brr!

Feingefühl geht mit Stumpfheit einher... Der durchschnittliche Argentinier ist ruhig, menschlich, ungezwungen – sehr angenehm – aber es gibt auch seltsame Konstellationen. Es kommt vor, daß eine *patota* (eine Bande von Halbstarken) eine Frau anfällt. Ganz seriöse Zeitungen drucken am andern Tag allen Ernstes, daß Señorita Delia Alicia Fulano (...) um halb eins nachts von sechs wilden Kerlen vergewaltigt wurde.

Argentinien, eine Mischung von höchst seltsamer Zivilisation und Primitivität.

Sonntag

Ein leichtgemachtes Leben verdirbt ebenso wie ein unerträgliches Leben... das ist Argentiniens Geheimnis.

Sie sind provinziell. Charakteristisch für die Provinz ist, daß sie fürchten, zu zeigen, wer sie sind (...) und auch, etwas beim anderen anzuerkennen aus Furcht, das könnte provinziell sein. Deshalb ist die Provinz rauher und schwieriger als sämtliche Paris'.

Überdies gestehe ich, daß ich niemals begreifen konnte, wonach sie eigentlich urteilen. Sagen wir, ich schreibe zwei Sätze: der eine weckt Bewunderung, der andere Verachtung. Weshalb, habe ich nie begreifen können. Ich gebe überhaupt zu, daß ich eine Menge bei ihnen nicht verstehe. Die Poesie der Jungen – die ungewöhnliche Fertigkeit in mancher Hinsicht – warum? Die Sprache – die Formulierung – der Geist –

Ihre *grande dame* eingebildet und provinziell. Ich als Mann hatte den Eindruck: (...).

– Der Dämonismus Arlts – die Literarizität Borges' –

Außerdem die Grausamkeit der Menschen, die ihn nicht erfahren haben – *pitucos*.

Donnerstag

Nach längerer Trennung habe ich wieder engere Beziehungen zur Musik geknüpft – und verbrachte heute den Abend mit Musikern und ihren Ehefrauen (die noch selbstvergessener in dieser Leidenschaft sind als ihre Männer) am Flügel, manch ein Musikstück analysierend, vor allem aber plaudernd. Sie sind voller Enthusiasmus (die jungen Komponisten, überwiegend das Werk von Paz) und glauben an die Zukunft. Ich selbst sehe schwarz. In keiner anderen Kunst sieht man so deutlich wie in dieser, daß der technische Fortschritt mit dem geistigen streitet, daß diese beiden Fortschritte unterschiedliche Tempi und Rhythmen haben – wodurch die Kakophonie unablässig wächst. Die Musik ist in höchstem Grade von der Technik abhängig: neue Instrumente schaffen die Möglichkeit einer neuen Polyphonie, reizen zu neuen Harmonien, neue Rhythmuskombinationen eröffnen der Komposition neue Gebiete, mit einem Wort, die Inspiration des Schöpfers wird vom Instrument diktiert, und von neuerrungenen Methoden, sich des Instruments zu bedienen.

Habe ich Angst vor den Deutschen? Ja, es ist wahr, ich habe Angst vor ihnen, ich hatte während meines ganzen Aufenthalts in Berlin Angst vor ihnen, der Deutsche entgleitet mir ständig in den Alp... Aber wovor habe ich bei ihnen Angst? Nach vielen Erfahrungen der oben beschriebenen Art, nach mancherlei Visionen und Abenteuern habe ich entdeckt, daß es einzig und allein ihre unerhörte Fähigkeit zur Verwirklichung ist, die mir Angst einflößt. Ganz Europa ist eine einzige rasende Fabrik – davon konnte ich, Ankömmling aus öder argentinischer Ferne, mich überzeugen, seit mein Fuß den bebenden Kontinent betreten hatte. Doch nichts läßt sich in dieser Hinsicht mit der Furie des Deutschen vergleichen, dieses Wesens, das zum Herstellen, Produzieren und Verwandeln wie geschaffen scheint. Ach, sie täglich ruhig, methodisch und unermüdlich in ihrer Werkstatt zu sehen! Aber das Verwirklichen ist in Berlin noch »riskanter«, »gefährlicher« und vielleicht sogar »irrsinniger«, und zwar deshalb, weil die Realität dieser Stadt, die Realität in dieser Stadt so tiefgreifenden Verwerfungen ausgesetzt war. Das Genie. Das deutsche Genie. Die Leistung jener *grands seigneurs*, von denen Hölzer sprach, ist ein beispielloses, verwegenes Vordringen über alles Menschliche hinaus, die

Eroberung von etwas, das man bisher nicht einmal ahnte, nichts auf der Welt läßt sich mit der Übermenschlichkeit der deutschen Metaphysik vergleichen, mit ihren schwindelerregenden, halsbrecherischen Sprüngen in die Leere ringsum. Diese Rasse wildgewordener Genies, diese Musik, die über alle Musik hinaus drängt... ist es zu Ende mit ihr? Selbst wenn es so wäre, so stünde dennoch zu befürchten (und ich befürchtete es, vielleicht nicht übertrieben heftig, ober dafür ohne Unterlaß), daß das deutsche Genie eine Metamorphose durchmacht und andere, nicht minder bestürzende Form annehmen wird. Ich hatte Gelegenheit, eine große Fabrik zu besichtigen, eine Stadt für sich, gemacht aus Tausenden von Arbeitern, Ingenieuren, aus Millionen Funktionen. Schau nur, sieh, das ist der neue deutsche Hegel, der neue Goethe, dachte ich und sagte es zu meinem Gefährten. Ja, dieses Mastodon, in dessen Innern jeder ruhig seiner Arbeit nachging, war etwas nicht minder Schöpferisches – mitreißend, nicht zu zügeln. Seliges Frankreich! Wenn in Frankreich jemand mit dem Hammer schlägt, sieht man ihn, wie er auf der Erde steht und etwas Bestimmtes schmiedet, und man sieht, er schmiedet etwas, was er braucht. In Berlin weiß man nicht recht, wer schmiedet, was schmiedet, die Hammerschläge werden aus Leere geboren und fallen in Leere – im Nebel, in einer Art Geheimnis, fast Mystifikation geschieht die wütende Arbeit, gleichsam vorschlags- oder versuchsweise, diese Verwirklichung, von jedem Grund gelöst, ist haltlos in den Abgründen des Weltalls, und man hat den Eindruck, sie dröschen da auf sich selbst ein, schmiedeten nur sich selbst. Aber wie? In welchem Sinne? Zu welchem Zweck?

Niemand ist menschlicher – und niemand unmenschlicher. Ruhiger – und irrsinniger. Mehr verliebt in die anständige, ganz normale Arbeit – und mehr ihr Opfer. Aus ihnen entstehen Fabriken, Institutionen, Götter, Aktionen, Strömungen... und reißen einen mit... ungeschluchzte Poesie ist um ihr Drängen in die Nacht, und ein Schmerz, der zerreißen will.

Ich hätte vielleicht Geschmack an der knappen Form, der epischen Form. Oder soll ich zum – lang schon aufgegebenen – Humor zurückkehren? »Kombination der Gesimse«, diese seltsame Bezeichnung fiel mir für meine Sondierungen ein, die darin bestehen, Bruchstücke von Kunstwerken der Vergangenheit zu kombinieren (z.B. diese Worte Dantes: [freigelassen] mit einer Kadenz aus Mozarts *Zauberflöte*), um zu erkennen, »was zwischen ihnen ist«. Derartige Zusammenstellungen von einander stilfremden Fragmenten finde ich ganz aufregend. Mit solchen Wanderungen (Maß-Nahmen) habe ich mich immer befaßt, wenn ich nichts in Arbeit hatte. (Der Surrealismus betreibt ähnliches; aber bei mir hat es etwas anderes damit auf sich.)

Gombrowicz und der Wandschirm

Denken wir uns folgende Konstellation: zwei nicht mehr ganz junge Herren sitzen vor einem Café und unterhalten sich über Dante, genaugenommen spricht allerdings nur der eine, der andere hört zu oder vielmehr spielt den Zuhörer, in Wahrheit gilt seine ganze Aufmerksamkeit einem jungen Paar am Nebentisch, übrigens ein Paar, an dem nichts anderes auffällt, als daß es ein junges Paar ist; doch die leiseste Bewegung, das beliebigste Wort vom Nebentisch fesseln diesen Herrn offenbar weit mehr als die tiefsinnigsten Dante-Verse und Dante-Interpretationen, die an sein Ohr dringen. Plötzlich aber ergreift dieser Herr überraschend doch das Wort und erklärt seinem erstaunten Begleiter: »Diese ganzen Martern von Dantes Verdammten sind doch so simpel und einfältig – und irgendwie mager – und geschwätzig – und überhaupt ist diese *Göttliche Komödie* ein einfältiges, schlechtes, langweiliges Werk – was heißt, daß ich mich in keiner Weise durch dieses Werk zu dem Menschen Dante hindurchzuschlagen vermag.« Diese Dante-Lästerung treibt den Dante-Begeisterten sofort in die Flucht, und zurück bleibt, schon wieder gierig in die Betrachtung des jungen Paares vom Nebentisch versunken, kein anderer als – *Witold Gombrowicz*.

War Gombrowicz ernsthaft überzeugt von dem, was er da gegen Dante vorbrachte, oder wollte er lediglich seinen Gesprächspartner heftig provozieren, um ihn loszuwerden und um sich selbst leichter durchschlagen zu können zur Wirklichkeit der jungen Menschen vom Nebentisch? So fragen, heißt in Gombrowiczs Fall schon falsch fragen. Denn Gombrowicz kennt keine Überzeugungen; genauer: alle seine Überzeugungen lassen sich subsumieren unter die einzige, daß nämlich auch hehrste Überzeugungen – und gerade sie – unentwegt in Gefahr sind, von der Lebenswirklichkeit blamiert zu werden. Die Sinne sind etwas weit Wirklicheres und Umfassenderes als der Geist: das ist für Gombrowicz die oberste Prämisse. Und also bemüht er sich, mehr mit dem Körper als mit dem Kopf zu denken. (»Ich traue keinem entsexualisierten Gedanken«, schreibt er im Nachwort zu *Pornographie*.) Die Gewöhnlichkeit des Lebens ist für ihn etwas viel Ungewöhnlicheres als die ungewöhnlichsten Geistesblitze. Ideen interessieren ihn daher weit weniger als das Verhältnis der Menschen zu diesen Ideen. »Die Idee war und ist immer ein Schirm, hinter dem andere und wichtigere Dinge geschehen. Die Idee ist Vorwand...« schreibt Gombrowicz zu Beginn seines *Tagebuchs*. Und er fährt fort: »Ich verlange vom Menschen einzig und allein, daß er sich von seinen eigenen Weisheiten nicht verdummen läßt.«

Gombrowicz versuchte zeitlebens, durch diese Wandschirme der Ideen hindurchzuspähen, um *die wichtigeren Dinge* wahrzunehmen. Im Namen des Lebens trat dieser eminent Geistige gegen den Geist an. Und sein Motto in diesem Kampf, den Gombrowicz auf dem Feld seiner Romane, Dramen und seines Tagebuchs austrug, lautete: *alle Ideen existieren nur als fleischgewordene*. Fleischgeworden aber, so müssen wir hinzusetzen, sind sie eben bereits nicht mehr Ideen. Die Wirkung einer Idee hat nichts oder nur noch sehr wenig mit dieser zu tun. *Wirkung –*: was für ein Zauberwort für Gombrowicz!

Wirkung ist tatsächlich das höchste Gesetz, unter das Gombrowicz sich gestellt sieht. Wirken ist ihm allemal wichtiger als überzeugen. 1955 schon notiert er im *Tagebuch*: »Ich also will sprechen. Aber von dem, was ich sage, gilt: nichts davon ist kategorisch. Alles hypothetisch... Alles abhängig – warum sollte ich das verhehlen? – von der Wirkung, die es hervorruft. Davon ist meine ganze literarische Produktion geprägt. Ich versuche mich in verschiedenen Rollen. Nehme unterschiedliche Haltungen an. Verleihe meinen Erlebnissen die verschiedensten Bedeutungen – und wenn eine dieser Bedeutungen von den Menschen akzeptiert wird, fixiere ich mich darin. – Nicht ich allein verleihe mir Sinn. Auch die anderen verleihen mir Sinn.

Aus dem Konflikt dieser Interpretationen entsteht ein dritter Sinn, der mich bestimmt.«

Die wichtigeren Dinge. – *Vor* dem Gombrowiczschen Wandschirm der Ideen regieren die Formen, Stile, Kleiderordnungen, *dahinter* beginnt das Ungeformte, das Nackte, die Verführung. *Vor* diesem Wandschirm drängt alles zum Hohen, zum Niveau, zur Reife, *dahinter* erstreckt sich das unermeßliche Reich des Niederen, der Unreife. Dieses Reich wird – jedenfalls für Gombrowicz – regiert von der Jugend; das Reich der Formen und der Reife aber ist ihm in allem ein Synonym für Nicht-Jugend. Es ließe sich auch sagen: *vor* dem Wandschirm herrscht der Vater, *hinter* ihm der Sohn. Da Gombrowiczs einzige Gottheit die Jugend ist – genauer: jung sein –, und er Jugend mit Schönheit identifiziert, wobei wahre Schönheit für ihn nackt und niedrig ist, sieht er sich gezwungen, ununterbrochen alles das zu bekriegen, was vor dem Wandschirm den Ton angibt: Form, Stil, Niveau, Reife, kurz: die Vatersphäre. »Zum Teufel mit Vater und Vaterland! Ist ein Sohnland nicht besser? Ersetze das Vaterland durch das Sohnland und du wirst sehen!« (*Trans-Atlantik*)

Es sind sehr mächtige, oft übermächtige Feinde, die sich Gombrowicz da ausgesucht hat. Sie lassen sich nicht so leicht aus dem Weg räumen, zumal sie sich ja längst in ihm selbst – in Gombrowicz – eingenistet haben, ein Teil von ihm geworden sind. Sie bekämpfen heißt also immer auch: sich selbst bekämpfen. Der Reife muß die Unreife in sich wiedererwecken, der Formvollendete muß den noch Ungeformten in sich freisetzen, der Bekleidete sich zur Nacktheit bekennen, der Vater muß den Sohn in sich entdecken und der Sohn den Vater in sich am Wachsen hindern. Das Ziel aller dieser Kämpfe und Mühen ließe sich auch auf die einfache Formel bringen: verführbar bleiben, nach Verführung verlangen – und selbst Verführer sein, gerade als Schriftsteller und Künstler. Was wiederum impliziert: man muß verletzbar und verletzend bleiben, denn – um Gombrowiczs *Interview mit sich selbst* zu zitieren –: »Ein Schriftsteller muß verletzend sein. Das ist genau so wie in der Liebe: man muß sich an den lebendigen Körper durch die Kleidung hindurch heranmachen!«

In dem Tagebuch, das Cyril Connolly unter dem Namen des Palinurus publizierte, findet sich der Satz: »In jedem dicken Mann sitzt ein dünner, der Zeichen gibt und herauswill.« Entsprechend sitzt für Gombrowicz in jedem Vater ein Sohn, in jedem Älteren ein Jüngerer, der Zeichen gibt und herauswill. Und der Augenblick des Ausbruchs ist für Gombrowicz der eigentliche Akt der Menschwerdung. Daß Gombrowicz auch Gottvater selbst von seinem Verdikt gegen das Alter nicht ausnimmt, davon zeugt ein bezeichnender Abschnitt seines *Tagebuchs*; er beschreibt da einen Öldruck in seinem Pariser Hotelzimmer, der ein Detail von der Decke der Sixtinischen Kapelle zeigt – und zwar jenes, wo Gott in Gestalt eines gewaltigen Greises über Adam dahinzieht, um ihm den Odem des Lebens einzuhauchen: »Ich betrachte diesen Adam, der wohl zwanzig sein mochte, und Gott, der über sechzig war – und fragte mich, wer mir lieber war, Gott oder Adam? Lieber zwanzig oder sechzig? Und diese Frage schien mir ungeheuer wichtig, ja entscheidend – denn es ist nicht egal, welches Ideal vom Menschen und von der Menschheit in dir schlummert, welche Art Schönheit du von der menschlichen Gattung verlangst, wie du ihn haben möchtest, diesen Menschen. Der Mensch – ja – aber in welchem Alter? . . . Versunken in den Anblick Gottes und Adams, sinniere ich darüber, daß die großartigsten Werke von Geist, Verstand und Technik allein aus dem Grund unbefriedigend sein können, daß sie Ausdruck eines Menschenalters sind, das wir weder liebenswert noch entzückend finden – dann wirst du sie gleichsam wider besseres Wissen ablehnen, im Namen einer leidenschaftlichen Ratio, die mit der menschlichen Schönheit zusammenhängt. So beging ich das Sakrileg, Gott auf diesem Gemälde von Michelangelo zu verwerfen und mich für Adam auszusprechen.«

Gombrowiczs Welt ist, seinen eigenen Worten nach, »des Gottes beraubt«; in ihr schaffen sich die Menschen selbst. »Menschwerdung durch den Menschen« nennt Gombrowicz das. Was ist darunter zu verstehen? – Die Grunderfahrung der Moderne, für die Rimbaud mit seinem *Je est un autre* so etwas wie das Generalmotto fand, hat selbstverständlich auch Gombrowicz heimgesucht und geprägt. Auch sein Ich ist ein modernes – also gespaltenes, zerrissenes, enteignetes, ein entfremdetes Ich. Doch konstatiert Gombrowicz diese Ich-Schwächung nicht bestürzt und mehr oder weniger fassungslos wie die meisten Autoren der Moderne, sondern erstaunlicherweise eher ein bißchen genießerisch. Für Gombrowicz ist *Ich ein anderer*, weil jedes Ich nicht durch sich selbst, sondern durch andere definiert wird. Wir sind nur das, was wir in den Augen der anderen sind. (Selbst jene, die sich absondern von den andern, die Einsiedler und Heiligen dieser Welt, beziehen ihren Nimbus und ihr Selbstwertgefühl noch von diesen andern, auch der Heilige ist nur dann Heiliger, wenn er es in den Augen der anderen ist.)

Für Gombrowicz ist es nicht Gott, der uns erschafft, sondern die anderen erschaffen uns – und wir sie. »Denn der Mensch ist zutiefst abhängig von seinem Abbild in der Seele des anderen Menschen, auch wenn dessen Seele die eines Kretins ist«, so lesen wir im Einleitungskapitel des Romans *Ferdydurke*; und weiter: »Wahrhaftig, in der Welt des Geistes geht eine ständige Vergewaltigung vor sich, wir sind nicht selbständig, wir sind nur eine Funktion anderer Menschen, wir müssen so sein, wie sie uns sehen.«

Die schrille Sensation, die Gombrowiczs erster Roman *Ferdydurke* darstellte, und seine Aura des wahrhaftig Unerhörten, die er bis heute bewahrt hat, resultieren einerseits aus der ebenso lustvollen wie grausamen (und grausam illusionslosen) Darstellung dieser *ständigen Vergewaltigung* – und andererseits darin, daß eben diese Vergewaltigung als *Erschaffung des Menschen durch den Menschen* interpretiert wird. Der Gombrowiczsche Mensch genießt offenbar diese Vergewaltigung mindestens so sehr wie ihm gleichzeitig vor ihr graut; dieser durch den Menschen geschaffene Mensch ist vor allem der vollkommen ambivalente Mensch.

Da dieser Gombrowiczsche Mensch nicht primär Produkt seiner sozialen Klasse ist, sondern Produkt – Opfer und Erwählter – jener Form, die er sich von jedem beliebigen anderen – und sei es eben der Kretin – und in jedem beliebigen Augenblick aufzwingen lassen muß, ist auch – laut *Ferdydurke* – »derselbe Mensch nach außen hin mal klug, mal dumm, mal blutrünstig, mal engelhaft, mal reif, mal unreif, je nachdem, welcher Stil ihn gerade anwandelt und wie er von anderen Menschen beeindruckt ist.« Aufrichtigkeit, Geradheit sind in diesem Reich der Ambivalenz Fremdworte; die ganze Sphäre des Zwischenmenschlichen – und das Menschliche ist für Gombrowicz identisch mit dem Zwischenmenschlichen – wird bestimmt durch permanente Fälschung, jeder in ihr ist verurteilt zur Fälschung und gleichzeitig auserwählt zum Falschspiel.

»Menschsein heißt Schauspieler sein«, schreibt Gombrowicz im *Tagebuch*, »Menschsein heißt den Menschen spielen – Menschsein heißt sich wie ein Mensch ›benehmen‹, ohne es in tiefster Tiefe zu sein – Menschsein heißt Menschentum rezitieren.« Die einzige Aufrichtigkeit besteht für Gombrowicz darin, zu bekennen, daß Aufrichtigkeit uns verwehrt ist. Gombrowiczs ganzes Werk ist Ausdruck dieser seiner aufrichtigen Unaufrichtigkeit oder unaufrichtiger Aufrichtigkeit.

Opfer und Erwählter. – Auch zwischen ihnen herrscht ein dialektisches Verhältnis, auch Opfer und Erwählter agieren im Reich der Ambivalenz: weit lieber ist Gombrowicz Opfer des Kretins, des Rotzers, des Pupsers, des Ladenschwengels, weit lieber ist es Opfer der Unreife, des Ungeformten, kurz: Opfer des jenseitigen Bereichs des Wandschirms, als Erwählter im diesseitigen Bereich, also dem der Formen, der Reife, dem Dantes. Anders ausgedrückt: der Vergewaltigung durch die Kultur zieht er die durch das Leben vor.

Die Deformierung durch die Form erfährt er in seinem ureigensten Bereich, dem der Kultur, besonders stark, besonders erniedrigend – und um so erniedrigender, je mehr deren Tendenz darauf ausgerichtet ist, den Menschen *emporzuziehen*. Je höher er emporgezogen wird, so Gombrowicz, desto tiefer sein Fall. Oder mit einer Formel gesagt, die in Gombrowiczs *Tagebuch* mit provozierender Hartnäckigkeit immer wiederkehrt: *Je klüger, desto dümmer*. Der Mensch, meint Gombrowicz, ist dem kulturellen Niveau, zu dem er sich hocharbeitet, niemals ganz gewachsen – und auch und gerade nicht der Denker oder Künstler, der so gern diese zur Nachfolge reizenden Niveau-Kraftakte vollbringt. Seine Werke, heißt das, wachsen über ihn – den Denker, den Künstler, den denkenden Künstler – so weit hinaus, daß er erst recht als Erniedrigter zurückbleibt, in »irgendeine peinliche zweite Verkindlichung hineingestoßen« wird, die sich kaum noch von jener Verblödung unterscheidet, die Gombrowicz immer wieder an Konzert- und Museumsbesuchern beobachtet. (Erstere lassen sich, laut Gombrowicz, etwa von einem Chopin-Konzert vor allem darum begeistern, weil sie es bereits im Wissen darum besuchen, daß Chopin schließlich ein großes Genie und der ihn exekutierende Pianist eine Berühmtheit ist – und weil sich zwischen den Zuhörern »ein kollektiver Druck bildet, der sie zur Begeisterung zwingt« – letztere verraten im Museum mit jedem Blick, der zunächst der Bildunterschrift statt dem Bild gilt, daß sie sich ganz sicher sein wollen, es mit einem als ›Meisterwerk‹ kanonisierten Objekt zu tun zu haben, von dem sich berauschen zu lassen legitim ist.)

Die Diskrepanz zwischen der Reife des Kunstwerks und der Unreife seiner Konsumenten wie seiner Produzenten ist für Gombrowicz ein Lebensthema in doppeltem Sinne; zum einen, weil es ihn sein ganzes Leben lang (das freilich viel zu kurz war) beschäftigt hat, zum andern, weil er stets das Leben – also die Unreife – gegen die Kunst – also die Reife – ins Feld führt. Dominique de Roux gegenüber hat Gombrowicz einmal geäußert, es sei »sehr belehrend« für ihn gewesen, daß die einzige

Schönheit, die Marcel Proust angebetet hätte, nämlich die Schönheit eines ganz gewöhnlichen Jungen, nicht ein einziges Mal auf den Seiten des Proustschen Werkes auftauche, weder unmittelbar noch mittelbar, weil derartige Schönheit eben nicht zum Stil gepaßt hätte. Dem hohen Stil hat Proust das niedere Bedürfnis geopfert. Das ist für Gombrowicz ganz und gar unannehmbar.

So wie ihn nicht die vollkommenen Ideen interessieren, sondern die unvollkommenen Menschen in ihrem Verhältnis zu diesen Ideen, wird seine Neugier weit weniger vom vollkommenen Kunstwerk als von seinem Schöpfer, dem unvollkommenen Künstler, gereizt. Zur Wirklichkeit einer Idee oder eines Kunstwerks vordringen, das heißt für Gombrowicz zu ihrem Schöpfer vordringen. Mit Gombrich könnte er ausrufen: »Es gibt keine Kunst, nur Künstler!«

Nun ist es freilich auch Gombrowicz nicht verborgen geblieben, daß selbst jener Künstler, der die Diktatur der Form und die Deformierung durch die Form anprangert, dieser genauso verfällt, sobald er das Papier mit Buchstaben und Worten bedeckt. Auch von ihm verlangt das Kunstwerk als Preis den Künstler, was bedeutet, daß sich dessen Lebenswirklichkeit verflüchtigt, sich sublimiert oder versteigt zu einer künstlichen Wirklichkeit. Auf Papier ist auch die angebetete Nacktheit nur noch nacktes – oder vielmehr bedrucktes – Papier. Auf Papier wird auch das Lob des Niederen und der Unreife zur hohen Reife der Form. *Ferdydurke* ist nicht mehr Gombrowicz, sondern nur noch *Ferdydurke* – allenfalls ein Teil von Gombrowicz.

»Ich bin Literatur geworden, und all meine Auflehnung ist auch Literatur«, stellt Gombrowicz am Ende seines *Tagebuchs* bekümmert fest, »und das Gesetz *je klüger, desto dümmer* paßt ausgezeichnet auf mich«. Wie reagiert Gombrowicz auf dieses Dilemma, diesen unaufhebbaren Widerspruch? Mit Grimassen, Gelächter – und als negativer Dialektiker. Es ist wie mit der Aufrichtigkeit, die nur darin bestehen kann, zuzugeben, daß es sie nicht gibt: der Widerspruch muß selbst in die Form des Kunstwerks eingehen und sie deformieren, das Kunstwerk muß sich selbst andauernd in Frage stellen, sich selbst Fallen stellen und Fratzen schneiden, es muß das Fragmentarische zum Prinzip erheben, es muß sich erniedrigen, beschmutzen, kompromittieren, muß seine Schwäche zur Stärke machen. In dem Spiegel, den Gombrowicz im *Tagebuch* Sartre vorgehalten hat, blickt er selbst – Gombrowicz – auf uns zurück: »Unsere ganze – philosophische, ethische – Dialektik«, heißt es da, »vollzieht sich vor dem Hintergrund eines Unmaßes, dessen Name Dreiviertelgestalt ist und das weder Dunkelheit noch Licht, sondern gerade eine Mischung von allem ist, Ferment, Unordnung, Unreinheit und Zufall. Gegner von Sartre ist nicht der Priester. Es ist der Milchmann, der Apotheker, das Kind des Apothekers und die Frau des Tischlers, es sind die Bewohner der mittleren Sphäre, der Sphäre von Dreiviertelgestalt und Dreiviertelwert, die immer etwas Unvorhersehbares, Überraschendes bleibt. Und in sich selbst wird Sartre einen Gegner aus dieser Sphäre finden, den man als ›Nicht-fertig-Sartre‹ bezeichnen könnte. Und ihr Argument ist, daß kein Gedanke und keine Form das Sein ganz erfassen können, und je umfassender, desto falscher sind sie.«

Im Widerstreit zwischen deformierender Form und einer angemessenen Form der Deformation hat Gombrowicz in sich immer mehr den *Nicht-fertig-Gombrowicz* ermutigt und in den Vordergrund gespielt. Und das ist häufig ein ziemlich alberner Gombrowicz, ein mit dem Nonsens Verbündeter, der seinen Roman *Ferdydurke* – schon dieser Titel ist ja reiner Nonsens – nicht von ungefähr mit dem Kinderreim »Schluß, Punktum!/ Wer es las, der ist dumm!« beschließt – oder sein *Tagebuch* von 1968 mit dem bemerkenswerten Bekenntnis beendet: »Habe Kompott vergossen.« – Aber verbirgt sich nicht hinter diesem Vergießen vielleicht eine kleine Tragödie?

Es ist der traurige Clown, der tragische Clown Gombrowicz, der am wirksamsten als jener »Zerstörer der ›Kunst‹ im Namen des ›Menschseins‹« agiert, als den er sich einmal im *Tagebuch* definiert hat. Hier beklagt er auch, daß seine »Vergötterung des Menschen« nie ohne Gelächter, Faxen und Fratzen abgegangen sei: »Immer kam es zwischen mir und dem zwischenmenschlichen Gott zur Groteske, nicht zum Gebet... Schade! – ganz ehrlich. Schade! – Denn nur Er – solch ein menschengeborener Halbgott, ›höher‹ als ich, aber nur einen Fingerbreit, sozusagen nur die erste Weihe, ein so unvollkommener, mit einem Wort, ein Gott nach dem Maße meiner Beschränktheit – könnte mich von dem verfluchten Universalismus befreien, mit dem ich nicht fertig werde, und mich der erlösenden Konkretheit wiedergeben. Ach, meine Grenzen finden! Mich beschränken! Einen beschränkten Gott besitzen!«

Der Clown ist nicht nur einer, der die Dummheit der Klugheit vorführt, die Unreife der Reife bloßstellt, die Vollkommenheit bis zur Peinlichkeit – eben der Peinlichkeit der Vollkommenheit – treibt, er sprengt nicht nur alle geschlossenen Systeme (weswegen ihn diese gern als bezahlten Hofnarren an die Kandare zu nehmen versuchen), er ist inmitten jenes *verfluchten Universalismus*, dem Gombrowicz entkommen möchte, der bewußte *Nicht-fertig-Mensch* – und zugleich jener, der den *Fertig-Menschen* demontiert, dem Gelächter preisgibt. Der Clown – provokativ, destruktiv, enervierend, peinlich, zerfetzt, halbnackt, unanständig, anmaßend, virtuos täppisch – ist leibhaftiger Aufstand gegen die Form, die Reife, gegen die Vatersphäre. Er ist das Kind, das gespielte Kind, jedenfalls jenseits des Wandschirms zu Hause – oder genauer: nirgends zu Hause, sondern irgendwie dazwischen, zwischen Vater und Sohn, denn er ist ja nicht wirklich der Sohn, sondern nur ein gespielter Sohn, irgendwo zwischen Reife und Unreife, denn er ist ja nicht wirklich der Unreife, sondern ein Parodist der Reife. – *Dazwischen*, das ist das wahre Refugium des Witold Gombrowicz. Ein peinlicher Ort im Doppelsinne. Denn es ist ja peinlich und bereitet Pein, weder hier noch dort dazuzugehören, sich nie völlig hingeben zu können, auf die Voyeursrolle festgelegt, im permanenten Widerspruch gefangen zu sein (»der Widerspruch, der der Tod des Philosophen ist, ist das Leben des Künstlers«, sagte Gombrowicz zu Dominique de Roux). Ja, Gombrowicz ist vor allem der Poet der Peinlichkeit, der peinigenden Peinlichkeit.

Und hier muß nun doch wohl das Stichwort *Polen* fallen. Gombrowicz, der Pole, Gombrowicz und seine polnische Kindheit und Jugend: finden wir dort die Keimzelle dieser Peinlichkeit? Gombrowiczs Erfahrung der Deformierung durch die Form, seine Fixierung auf die Unreife, die Jugend: haben sie dort ihre wahren Wurzeln?

Gombrowicz sah sich ja von Anfang an einem doppelten Dilemma ausgesetzt. Einerseits war er mit dem Makel seiner hohen Herkunft belastet – schließlich entstammte er einer adeligen Großgrundbesitzer-Familie –, andererseits war er keineswegs von jenem Minderwertigkeitskomplex frei, der aus dem Bewußtsein der peripheren Lage Polens und der Niederrangigkeit seiner Kultur resultiert und polnische Intellektuelle und Künstler seit jeher belastete und hemmte – und aus Polen forttrieb.

Das Milieu, in dem Gombrowicz heranwuchs, war noch beherrscht von starrer Etikette, von überlebten, aber desto sturer eingehaltenen Formen, ein durch und durch anachronistisches, ein lächerliches Milieu. Hier war die Zeit der Visitenkarten und Gehröcke noch nicht vorbei. Gombrowiczs Brüder duellierten sich noch, nur weil sie von irgend jemandem im Restaurant »fixiert« worden waren. Seine Mutter lebte in andauerndem absurdem Selbstbetrug und in grotesker Selbstüberschätzung, schlimmer noch, sie war auch unfähig, Liebe zu geben oder zu erwecken, reizte ihre Kinder allenfalls dazu, sie mit kalter Ironie zu behandeln. »Sie war dem Leben nie wirklich begegnet«, schreibt Gombrowicz in den *Polnischen Erinnerungen*, – und Dominique de Roux gestand er: »Sie war es, die mich ins Absurdum stieß, das später zu einem der wichtigsten Elemente meiner Kunst wurde... Nichts Gesünderes, Belehrenderes, den

Charakter und Verstand Bildendes als ihre schrecklichen Fehler. Sie war mir eine Schule der Werte, bis zum Wahnsinn getrieben durch ihren Selbstbetrug... Von ihr her kommt mein Kult der Wirklichkeit... Sie war wohl die erste Chimäre, auf die ich losstürmte.«

Als 1933 – in dem Jahr, in dem Gombrowicz seine ersten Erzählungen in Polen publiziert – der Vater stirbt, bringt es der Sohn nicht fertig, am Grab die Mutter zu umarmen, er ist »wie gelähmt von Form und Stil«, die Formen haben ihn schon so deformiert, daß er »unfähig zu gewöhnlichen menschlichen Reaktionen« ist. Kein Wunder, daß Gombrowicz dieses Milieu der Salons verabscheute und zur Gegenwelt flüchtete, also zur Küche, zum Stall, zum Gesinde, zur Welt jenseits des Wandschirms, und daß er dort die Sensationen des lebendigen Lebens, des wirklichen Lebens witterte. Auch wenn oder gerade weil diese Welt eine ungeformte war, eine schmutzige und beschmutzende, eine Welt der Tölpel, der Popos, der Fressen, der Niedrigkeit und Nacktheit, übte sie auf Gombrowicz eine erregende Anziehungskraft aus: »Das Niedere wurde für immer zu meinem Ideal. Wenn ich jemanden verehrte, so war es der Geknechtete. Doch wußte ich nicht, daß ich, einen Geknechteten verehrend, zu einem Aristokraten wurde« (*Gespräche* mit Dominique de Roux). Was heißt, das Gombrowicz bald schmerzlich erfuhr, daß er weder zur einen noch zur anderen Seite gehörte, sondern sein Ort eben das *Dazwischen* war.

Dieses Dazwischensein ist freilich für den polnischen Intellektuellen zugleich immer auch Ausdruck jenes anderen Dazwischenseins, das seit alters her Polens ureigenstes Schicksal ist, eines Landes zwischen Osten und Westen, von dem Gombrowicz gegenüber de Roux gesagt hat, es sei »ein Übergangsland, wo der Osten und der Westen sich gegenseitig schwächen, ein Land daher von einer geschwächten Form«. Gombrowicz hat immer wieder beklagt, daß keiner der großen Prozesse europäischer Kultur Polen wirklich umgepflügt habe, weder die Renaissance noch die Religionskämpfe, noch die Französische

Revolution – und daß auch die zeitgenössische Russische Revolution nicht durchlebt, sondern lediglich ihre Folgen fix und fertig auf Polen übertragen worden seien.

»Wo war denn der original polnische Gedanke, die polnische Philosophie, der polnische intellektuelle und geistige Anteil im Erschaffen Europas? Die Literatur war seit hundertfünfzig Jahren zugekorkt mit dem Drama des Verlustes der Unabhängigkeit, reduziert zu lokalen Unglückseligkeiten... Die polnischen Schriftsteller meiner Generation hatten im allgemeinen nur zwei Wege zur Auswahl. Sie konnten sich auf das polnische Terrain begrenzen, doch dann waren sie zur Unterrangigkeit verurteilt; oder sie konnten Anspruch auf Europäertum erheben, doch in diesem Fall waren sie gleichfalls zur Unterrangigkeit verurteilt, denn dies war ein Europäertum aus zweiter Hand, das einzig bemüht war, Europa gleichzukommen und Europa zu wiederholen« (*Gespräche* mit Dominique de Roux).

Oder aber sie konnten sich über alle diese Anstrengungen, die verzweifelte Unterrangigkeit loszuwerden, lachend und grimassierend hinwegsetzen und eben diese Unterrangigkeit zu ihrem Stoff machen, kurz: die Kraft aus der eigenen Schwäche ziehen, die Kraft statt aus einer fremden Kultur aus der eigenen Unkultur ziehen. Doch in Wahrheit konnte das nur einer unter ihnen: Witold Gombrowicz. In seinen *Polnischen Erinnerungen* erklärte er später: »*Fresse* und *Popo* – unter dem Zeichen dieser beiden mächtigen Mythen bin ich in die polnische Literatur eingegangen.« Tatsächlich handelte der Schriftsteller Gombrowicz nicht anders als der Gutsbesitzersohn: er folgte seiner Faszination für das Niedere, für die Welt jenseits des Wandschirms. Und entdeckte dort alles das als gewaltige Kraft-Substanz, was polnische Künstler und Intellektuelle bis dahin abgestoßen und beschämt hatte und was sie in ihrem Denken und in ihren Werken möglichst zu verbergen getrachtet hatten, wodurch sie sich aber gerade zu jener Fälschung und Nachahmung fremder Größe verurteilten, die einen Gombrowicz gegen sie aufbrachte. Unter den polnischen Schriftstellern seiner Generation war nur einer und der einzige ihm ebenbürtige, der wirklich verstand, was Gombrowicz so sehr »von der Kunst entfernte und mit der Gewöhnlichkeit des Lebens verband«: Bruno Schulz.

Er pries *Ferdydurke* begeistert und analysierte es scharfsinnig: »Gombrowicz zeigt, wie die angeblich reifen und klaren Formen unserer geistigen Existenz ein ›frommer Wunsch‹ sind und eher als ewig angespannte Absicht in uns leben denn als Realität... Während wir unter der Hülle erwachsener und offizieller Formen höheren, verfeinerten Werken huldigen, findet unser tatsächliches Leben heimlich und ohne höhere Sanktionen in dieser schmutzigen heimischen Sphäre statt, und die in ihr gespeicherten emotionalen Energien sind hundertfach mächtiger als jene, die der dünnen Schicht des Offiziellen zur Verfügung stehen. Gombrowicz zeigt, daß sich gerade hier, in dieser verschmähten und unrühmlichen Sphäre, schäumendes und üppiges Leben vermehrt, daß das Leben auch ganz gut ohne höhere Sanktionen auskommen kann, daß unter dem hundertfachen Druck des Ekels und der Schande es sich besser fortpflanzt als auf den Hochebenen der Sublimation.«

Witold Gombrowicz, der die Wahrheit des Bibelwortes *wer sich erniedrigt, der wird erhöht werden* auf eine nicht nur für die polnische Intelligenz bis heute provokante Weise auslegte, blieb auch dann, als er Polen 1939 verließ – noch konnte er nicht ahnen, daß es ein Abschied für immer sein würde –, diesem niederen, gewöhnlichen Polen, dem nicht nach Europa lechzenden Polen verhaftet. Weder wählte er als Ort des Exils ein Land der Hochkultur, noch wechselte er die polnische Sprache wie Joseph Conrad (der zum englischen Autor geworden war). Gombrowicz blieb 23 Jahre lang in Argentinien, also einem Lande, dessen kulturelle Unterrangigkeit nicht nur gegenüber Europa, sondern insbesondere auch gegenüber Polen außer Zweifel stand.

Und dieses Gombrowiczsche Argentinien, in das er sich hatte vom Zufall führen lassen, war nicht das von Señora Ocampo (mit ihrem berühmten Salon und ihrer noch berühmteren Zeitschrift) und nicht das von Jorge Luis Borges, also nicht das nach Europa und europäischem Niveau schielende Argentinien, sondern ein niederes, gewöhnliches Argentinien, eines der Vorstädte, der zweifelhaften Kneipen und zweifelhaften jungen Männer, Nichtstuer, Spieler, *amigos*. (Gombrowiczs Freundschaft mit Ernesto Sábato wird erst kurz bevor er Argentinien verläßt beginnen.)

In Borges erkennt Gombrowicz geradezu beispielhaft alles das, was seinen Widerwillen gegen die *kulturelle Sphäre* nährt. Nach dem Motto *je klüger, desto dümmer* geht er gegen ihn vor: »Borges als Gelehrsamer ist ein schrecklicher Ignorant, doch ist er auch nicht besonders intelligent, da die Gelehrsamkeit ihrem Wesen nach nicht intelligent ist« (*Gespräche* mit Dominique de Roux). Gombrowicz bringt das Mißverhältnis zwischen sich und Borges auf die vernichtende Formel: »Er wurzelt in der Literatur, ich im Leben.« Die Literatur von Borges empfindet er »wie speziell für Mitglieder einer literarischen Jury geschrieben«. Und wenn er Borges auch dessen Blindheit zugute hält – »im Resultat wurde Borges in der Blindheit immer tiefer, und nach außen hin, mit den Menschen, immer flacher« –, so mißfällt ihm doch, daß Borges Schule gemacht, Verehrer gefunden hat, die sich von einem Blinden selbst blind machen ließen.

Das *Tagebuch* von 1962 – schon nicht mehr in Argentinien, sondern in Europa geschrieben – setzt sich noch immer mit dem Antipoden Borges auseinander: »Wenn die Größe von Literatur sich daran mißt, wie unliterarisch sie ist, wie gut sie sich selbst überwinden und zur Wirklichkeit vordringen kann, dann muß man sagen, daß Borges sich durch solche Größe in seiner fleißigen Betriebsamkeit nicht stören läßt. Aber ach, nicht Borges ist es, der mich ärgert, unter vier Augen könnte ich mit ihm und seinem Werk schon einig werden ... wütend machen mich die Borgisten, diese Armeen von Ästheten, Ziseleuren, Connaisseuren, Eingeweihten, Uhrmachern, Metaphysikern, Klugscheißern und Feinschmeckern... Dieser reine Künstler hat die unangenehme Begabung, um sich herum gerade das Miserabelste, das Eunuchenhafte mobil zu machen!« Versteht sich, daß Gombrowicz doppelsinnig vom *reinen Künstler* spricht, vor allem aber doch in dem Sinne von *bloßer Künstler* – und bloße Künstler gehören für ihn nach Paris, in Gombrowiczs Augen die künstlichste und die dümmste Stadt der Welt, deren Louvre für Gombrowicz so etwas wie die Apotheose der Dummheit darstellt (»... dummes Aushängen dieser Bilder, eins neben dem andern. Der Schluckauf dieser Häufung. Kakophonie, Kneipe. Leonardo prügelt sich mit Tizian«).

Im inbrünstig gehaßten Paris, das für Gombrowicz 1962 nicht nur Durchgangsstation nach Vence ist, wo er seine letzten Lebensjahre verbringen wird, sondern ironischerweise auch der Ort, der seinen literarischen Weltruhm begründet – in Paris hat sich, folgt man dem Wertsystem Gombrowiczs, alle Schönheit in Häßlichkeit verwandelt, alle Jugend in Alter. Und im Kampf gegen dieses Paris – und gegen die *Borgisten* – glaubt Gombrowicz »nur einen einzigen Verbündeten« zu haben; es kann wohl kein anderer sein als der Prophet jener Lehre, die ihren Namen Existentialismus aus der Vorstellung ableitet, daß die Existenz der Essenz vorausgehe, kein anderer also als Jean Paul Sartre, der vor allem in seinem Roman *Der Ekel* ganz im Sinne Gombrowiczs gezeigt hat, daß »die komplexen Verhaltensweisen der Menschen zueinander« jedes Sich-selbst-Verwirklichen bzw. »Entwerfen« zum Scheitern verurteilen. »Die französische Häßlichkeit, seit Jahrhunderten gewachsen in traulichen Wohnungen, hinter zarten Gardinen, umgeben von Nippsachen, diese Häßlichkeit hatte, weil sie sich selbst nicht mehr ertragen konnte, Sartre hervorgebracht, den grausamen Messias...«, schreibt Gombrowicz in seinem *Tagebuch*, »er allein vermochte ihnen die Restaurants, Salons, Zylinder, Galerien, Kabaretts, Feuilletons, Theater, Teppiche, Seidenschals zu zertrümmern, den Louvre in Schutt und Asche zu legen, die Champs-Elysées, die Denkmäler und die Place de la Concorde bei Sonnenuntergang. Und den Bois de Boulogne! Ich fand es nicht anstößig, sondern im Gegenteil achtenswert, daß diese Philosophie in einem unschönen, aber mit leidenschaftlicher, künstlerischer Empfindsamkeit begabten Franzosen entstanden war, wer hätte mit mehr Recht als er fordern können, daß man sich hinter das Objekt, hinter den Leib, sogar hinter das ›Ich‹ zurückzieht, in die Sphäre des *pour soi*, wo man für sich ist? Das Nichts in den Menschen bringen – das reinigt doch schließlich auch von der Häßlichkeit!... Ich Pole... ich Argentinier... Slawe und Südamerikaner... Literat verloren in Paris... ich wehmütiger Liebhaber einer längst entflohenen Vergangenheit... suchte den Bund mit Sartre, gegen Paris.«

Dieses Bündnis sucht ein in Europa, in Paris gelandeter – und also von der Kultur wieder eingeholter Gombrowicz, vor allem: ein nicht mehr junger Gombrowicz. Gombrowicz ist jetzt plötzlich ein heftig diskutierter, interpretierter, beklatschter Autor, er ist eine *Größe* – und *große Menschen*, das sind in seinen eigenen Worten »schon nicht mehr Menschen, sondern lediglich Resultate«. – Ist Gombrowicz, der sich gerade noch überzeugt davon zeigte, »daß die Revision der europäischen Form nur von außereuropäischen Positionen aus unternommen werden kann«, als Europa-Heimkehrer auch der Revisionist der eigenen gegen die Formen gerichteten Form? Ist er endgültig zur Reife verurteilt? Ist er nur noch ein *Resultat?*

»Sinnlich zu sein rühme ich mich mehr als dessen, mich auf den Geist zu verstehen; und meine Leidenschaft, meine Sündigkeit und Dunkelheit sind mir wertvoller als mein Licht. Noch mehr? Soll ich euch noch so einiges gestehen? So sage ich denn, daß die größte künstlerische Errungenschaft meines Lebens nicht die paar Bücher sind, die ich geschrieben habe, sondern einzig und ganz einfach die Tatsache, daß ich es weiter mit der ›unehelichen Liebe‹ halte. Ach! Denn Künstler sein heißt doch, tödlich verliebt sein, unheilbar, leidenschaftlich, aber auch wild und ohne Ehegelöbnis...« – So hatte Gombrowicz

1958, in Argentinien, sein Leben zum Kunstwerk erklärt. Nach Europa zurückgekehrt, wird Gombrowicz bald auch mit der unehelichen Liebe brechen, er wird sich mit Rita verheiraten. Und er wird fortan auch – gemäß seinen eigenen Einsichten – das darstellen müssen, was er in den Augen der andern ist: *bloßer Künstler*, nicht *Lebenskünstler*. Nur noch auf Papier, im *Tagebuch* wird er hinüberspähen – in die Welt jenseits des Wandschirms.

Aber halt! Zu simpel, zu vereinfachend sind solche Zäsuren, solche Schlüsse. Hat sich diese ganze Gombrowiczsche »Lebenswirklichkeit« – Unreife, Niedrigkeit, Jugend – nicht seit jeher mehr auf dem Papier, mehr in Büchern als in der Wirklichkeit ereignet? Ist *Lebenswirklichkeit* nicht von allen Fiktionen die vielleicht größte? Solange über Lebenswirklichkeit geschrieben wird, wird sie nicht gelebt. Oder wird sie gerade erst beim Schreiben wirklich erlebt? Auf dem Schau- und Kampfplatz des Gombrowiczschen *Tagebuchs*, auf dem er so unermüdlich das Leben gegen die Literatur ins Feld führt, gab es von Anfang an keine Sieger, sondern nur lauter – Strategen und Strategien. Und es war dies immer auch schon ein Ort der Rückschläge und der Rückzüge, geordneter wie ungeordneter.

Während die Romane und Stücke alle dem Prinzip der Vorwärtsstrategie verpflichtet sind, von Ausrufezeichen zu Ausrufezeichen voranstürmen, ist das *Tagebuch* voller Fragezeichen, voller Irritationen. – »Rückzug! Rückzug! Rückzug! Sobald wir begreifen, daß wir uns zu weit vorgewagt haben, sobald wir uns aus uns zurückziehen wollen, reicht uns der geniale Christus die Hand: diese Seele hat wie keine andere das Geheimnis des Rückzugs erkannt.« Wer hätte hinter solchen Sätzen, wie sie sich bereits im Tagebuch von 1953 finden, den Schöpfer der *Menschwerdung durch den Menschen*, den Autor von *Ferdydurke* vermutet? Und hat sich dieser Verklärer und Vergötterer des gottlosen Menschen im *Tagebuch* nicht sogar mit dem Katholizismus eingelassen? »Nahegekommen ist mir die Kirche in ihrem Mißtrauen gegen den Menschen, und meine Abneigung gegen die Form, mein Bedürfnis, Gestalt zu meiden, jene Feststellung ›das bin noch nicht ich‹, die jeden meiner Gedanken und jedes Gefühl begleitet, deckt sich mit den Intuitionen ihrer Doktrin. Die Kirche fürchtet den Menschen, auch ich fürchte ihn.« Auch dieses überraschende Bekenntnis steht schon im *Tagebuch* von 1953.

Fürchtet sich dieser Gombrowicz etwa vor dem, was er so inbrünstig anbetet, vor der Verführung? Spricht er im *Tagebuch* nicht sogar vor seiner Furcht vor dem Bösen, seiner Furcht vor dem Teufel? »Die Gegenwart des Bösen macht meine Existenz so riskant . . . so empfänglich für alles Teufelswerk«, notiert er 1960. Und ist nicht, wo der Teufel auftritt, auch Gott nicht weit, den Gombrowicz doch Adam geopfert hat? Waren vielleicht diese ganzen Gombrowiczschen Grimassen doch nur eine zu Hohn geronnene Verzweiflung über den Verlust Gottes, der »in der Welt nur in der Form der Abwesenheit anwesend sein kann«, wie Simone Weil das ausgedrückt hat?

In seiner Auseinandersetzung mit Simone Weil, die viele Seiten des *Tagebuchs* von 1955 und 1956 beherrscht, überprüft er an den Weilschen Prämissen noch einmal alle eigenen. *Je klüger, desto dümmer,* gilt das auch für die Weil? ›Funktioniert‹ auch ihre *Größe* nicht gegenüber dem Nicht-Großen, sondern nur gegenüber anderer Größe? Auf einen Aufsatz des Theologen und Weil-Freundes Gustav Thibon anspielend, der darin von einer jungen Arbeiterin berichtet hatte, die sich bei den intellektuellen Tiraden der Weil »tödlich langweilte«, stellt Gombrowicz eher triumphierend als verärgert fest: »Mich ärgert, daß ihre Größe nicht bei allen richtig funktioniert. Bei Thibon ist sie groß – mit dem Mädchen macht sie sich lächerlich. Ich wollte eine Größe fordern, die jeden Menschen aushalten kann.«

Doch an ihm, Gombrowicz, ›funktioniert‹ die Größe der Weil ebenso wie an Thibon: »Diese Frau ist zu stark, als daß ich mich ihrer erwehren könnte, gerade jetzt in dieser inneren Aufgewühltheit, da ich ganz den Elementen ausgeliefert bin. Durch ihre wachsende Anwesenheit bei mir wächst die Gegenwart ihres Gottes...« Wie das? Sollte Gombrowicz plötzlich geschwächt sein durch Außermenschliches – durch *Elemente*? Konfrontieren sie ihn mit jenen *unendlichen Räumen* Pascals, die den Ruf nach Gott provozieren? Gombrowicz fährt fort: »Das Leben selbst, scheußlich wie es geworden ist, treibt mich der Metaphysik in die Arme. Der Wind, die Bäume, das Rauschen, das Haus, all das ist nicht mehr ›natürlich‹, weil ich selbst nicht mehr Natur bin, sondern etwas, das allmählich aus ihr ausgestoßen wird. Nicht ich selbst, sondern das, was mit mir geschieht, verlangt nach Gott, dieses Bedürfnis oder auch diese Notwendigkeit kommen nicht aus mir, sondern aus meiner Situation.« Muß Gombrowicz zu Tricks greifen? Seit wann unterscheidet er zwischen dem Menschen und seiner Situation, dem Menschen und seinem – aus der jeweiligen Situation resultierendem – Bedürfnis? Hat ihn die »Verliebtheit« der Weil in Gott verführt – oder ist es Angst, die aus einem überraschenden Bedürfnis nach Gott spricht?

»Ich sehe Simone Weil an und frage nicht: gibt es einen Gott? – ich betrachte sie nur aufmerksam und sage: Wie, durch welche magische Kunst hat diese Frau sich innerlich so einrichten können, daß sie dem, was mich vernichtet, die Stirne bietet? Den Gott, der in diesem Leben eingeschlossen ist, empfinde ich als eine rein menschliche Kraft, die mit keinem überirdischen Zentrum verbunden ist, als einen Gott, den sie sich aus eigener Kraft erschaffen hat. Eine Fiktion. Aber, wenn sie das Sterben erleichtert...« Gombrowiczs Frage könnte auch lauten: wie hat Simone Weil es fertiggebracht, dem Leiden, dem Schmerz Sinn zu verleihen? Und desto dringlicher wird diese Frage, je näher sie der Tatsache des Todes gerückt ist.

Gombrowicz hat den Schmerz nie geleugnet, sondern hinter Grimassen verborgen. Aber hat man vergessen, daß seine Religion die des Körpers ist – und Körper Widerstand leisten? Hat man vergessen, daß das *Dazwischensein* als Existenzform zu einer »Zügellosigkeit der Vorstellungskraft« führt und verführt, die äußerst schmerzliche Folgen hat? Hat Gombrowicz nicht »den

›gelockerten‹ Menschen und den ›gewöhnlichen‹ Menschen in einem und zugleich den schmerzdurchdrungenen Menschen« gefordert? Aber ist dieser jenseits des Wandschirms zu finden? Fasziniert am Niederen und Unreifen nicht auch die Schmerzunempfindlichkeit? Der *gelockerte und gewöhnliche – und gleichzeitig vom Schmerz durchdrungene Mensch*, das ist eine Forderung, die Gombrowicz nur an sich selbst stellen kann. Nur dieser Mensch des schmerzhaften *Dazwischenseins* ist imstande, die *Wonnen der Gewöhnlichkeit* (Thomas Mann) *und* die unendliche Dimension des Schmerzes gleichermaßen zu empfinden, gleichermaßen zu ermessen! Nur Gombrowicz selbst ist imstande, diese unendliche Dimension des Schmerzes im *Tagebuch* zu benennen: »Es ist das ein heutiger Schmerz, ein gestriger, ein vorgestriger sowie einer von vor Tausenden von Jahren, denn der Schmerz zerfließt nicht in der Zeit, und der Schrei eines Kindes vor dreißig Jahrhunderten ist um kein bißchen weniger geworden als der Schrei, der vor drei Tagen gellte – es ist dies ein Schmerz aller Generationen und aller Wesen – nicht nur des Menschen.«

Es ist dies ein Schmerz, den zu fühlen – Gombrowicz möge vergeben – man *reif* sein muß. – Der junge, der unreife Gombrowicz quält nach eigenem Bekenntnis Tiere, der alte Gombrowicz fürchtet sich davor, daß er »den Schmerz einer Fliege nicht ertragen kann« – und stellt in seinem letzten Roman *Kosmos* im Zeichen eines gehenkten Spatzen nicht nur die ganze Zivilisation in Frage, sondern auch den Sinn des Seins. Und wenn Gombrowicz jeden Glauben an die Geschichte und jeden Geschichtsoptimismus – voran den marxistischen – grimmig verwirft, dann im Namen der seit Anbeginn gequälten, dem Schmerz ausgelieferten Kreatur: »In dem Augenblick, da ich dies schreibe«, heißt es im *Tagebuch* einmal, »überschreitet ein kleiner Fisch in der Nähe der Galapagosinseln die Schwelle zur Hölle, weil ein anderer Fisch seinen Schwanz gefressen hat.« Und so ist es doch wieder seine Fixierung auf das *Niedere*, die Gombrowicz den Blick öffnet auch auf diesen sehr entfernten ›niedrigen‹ Schmerz. Aber – so wissen wir nach der Gombrowicz-Lektüre wieder besser – der Schmerz kümmert sich nicht um diese Kategorien *hoch* und *nieder*, er ist diesseits und jenseits des Wandschirms *reiner Schmerz*, Schmerz schlechthin. Er ist das Wirklichste an jener *Lebenswirklichkeit*, in deren Namen Gombrowicz alle Überzeugungen und Ideen von der Gefahr der Blamage bedroht sieht, von der Gefahr der Unwirklichkeit.

Den gleichermaßen gelockerten und gewöhnlichen wie vom Schmerz durchdrungenen Menschen, den Gombrowicz gefordert und den er verkörpert hat, finden wir im *Tagebuch* unverstellter als in den Romanen und Stücken, in denen das Gewöhnliche oft demonstrativ überbetont wird, so daß der Schmerz, der doch erst das Verlangen nach diesen Wonnen der Gewöhnlichkeit erklärt, manchmal wie verflüchtigt erscheint. »Euer Unglück ist nicht anrührend, sondern reizt zum Lachen«, heißt es in *Trans-Atlantik* – und es ist vor allem dieses Lachen, ein Lachen über die Sphäre diesseits des Wandschirms, das Gombrowiczs Romane und Stücke durchtönt, ein gelegentlich ziemlich teuflisches Lachen, ein der »vernichtenden Idee des Humors« (Jean Paul) verpflichtetes. Diese Romane und Stücke sind alle Grotesken und – folgt man der Definition Thomas Manns, wonach das Groteske das *Überwahre* sei – *überwahr*. Als ihre Ahnen und Vorbilder ließen sich ausmachen sowohl Shakespeare wie Cervantes (den einen konnte Gombrowicz schon als Halbwüchsiger in großen Passagen auswendig, über den anderen hat er schon früh einen huldigenden Essay verfaßt), sowohl Rabelais wie Swift, sowohl Gogol wie Alfred Jarry, dessen König Ubu auffallenderweise ›König von Polen‹ ist und als ›Graf Sandomir‹ sogar jene polnische Provinz repräsentiert, aus der Gombrowicz stammt.

Das Besondere an diesem grotesken, grimassierenden, überwahren Autor ist allerdings, daß er sich bei seinem humoristischen Vernichtungswerk selbst nicht in Sicherheit bringt, daß er die Entlarvung bei sich selbst beginnt, in ziemlichem Gegensatz etwa zu Thomas Mann oder auch zu G.B. Shaw, »der mit seinem Stachel alles gestochen hat, nur nicht G.B. Shaw« (Józef Wittlin). Gombrowiczs Wille zur Selbstdemontage äußert sich aber nicht – wie etwa bei Robert Walser oder Franz Kafka – als schmerzhaft gegen sich selbst gerichtete Ironie, als ein permanentes Sichkleinmachen, sondern eben auch gombrowiczhaft grell, grotesk, clownesk. Gombrowicz bläst sich gerne so weit auf, bis schon der Gedanke an eine Nadel – oder eben ein nadelfeiner Gedanke – genügen, diesen Ballon zum Platzen zu bringen. Doch diesen Gedanken liefert Gombrowicz selbst mit, legt ihn uns Lesern genüßlich nahe. Gerade sein *Tagebuch* ist die Arena, in der Gombrowicz sich unablässig unter den Augen der anderen und für die Augen der anderen selbst schafft und selbst wieder demontiert.

Programmatisch beginnt dieses Tagebuch mit einem vierfachen Ich/Ich/Ich/Ich. Aber der Erklärung: »Ich bin mein wichtigstes und wohl gar mein einziges Problem, ich bin der einzige meiner Helden, an dem mir wirklich gelegen ist«, folgt bald schon die Einschränkung: »Ich bin nicht Gombrowicz, der Schriftsteller, nur Gombrowicz – und nicht einmal das«. Denn der Mensch ist unterhalb seines Bewußtseins angesiedelt, nicht nur der von Gombrowicz in seinen Romanen und Stücken geschaffene Mensch, sondern auch der Mensch des Namens Gombrowicz. Wenn auch dieses Tagebuch nur einen Helden kennt – ob es ihn nun schafft oder demontiert –, so ist es doch kein *journal intime*, nicht Baudelaires *mon cœur mis a nu* ist sein Motto, es ist kein Ort der großen Geständnisse oder der Gewissensforschung, wie das die Tagebücher André Gides oder Julien Greens sind, erst recht kein Geheimtagebuch wie das des Grafen Tolstoj, der die Kreuzwegstationen seiner Ehe nur dem Tagebuch anzuvertrauen vermochte. Es ist auch nicht, wie im Falle Amiels und Cesare Paveses, das, was dem Alkoholiker die Flasche, nämlich Trost- und Zufluchtsort und zugleich nimmermüde Qual, und auch kein Refugium frivoler Träume wie bei Pepys, Boswell oder Benjamin Constant. Aber es ist auch nicht Arbeitsjournal wie bei Brecht oder die Keimzelle späterer Werke wie bei Henry James und Max Frisch. Dieses Gombrowiczsche *Tagebuch* ist die lebendige Bühne seiner Auftritte und Verwandlungen, nicht von ungefähr wird hier immer wieder das imaginäre Publikum angeredet: *Wollt ihr noch wissen...? Soll ich euch noch sagen...?* Dieses *Tagebuch* ist die Kanzel, von der Gombrowicz, der Prophet der Peinlichkeit und der Labilität, uns predigt und peinigt, indem er uns die labilen Grundlagen aller unserer Überzeugungen und Taten nachweist.

Aber was sich in den Romanen und Stücken hinter greller Maskerade verbirgt, kommt im *Tagebuch* dann doch oft ziemlich unmaskiert zum Vorschein: nämlich das von Grund auf tragische Lebensgefühl des Witold Gombrowicz. »Das tragische Merkmal großer Tragödien ist, daß sie zu kleinen Tragödien führen«, hat Gombrowicz zu Dominique de Roux gesagt. In seinen Romanen und Stücken sind es vor allem diese kleinen Folgetragödien, die Gombrowicz uns vorsetzt. Im *Tagebuch* aber wird nicht nur die Tragödie des kleinen Fisches von den Galapagosinseln beschworen, sondern hier ist – und auch noch dort, wo Gombrowicz von etwas ganz anderem zu sprechen scheint – die größte aller Tragödien insgeheim stets gegenwärtig, die Tragödie, geboren zu sein. Kein Zweifel, auch Gombrowicz hielte es als das Beste für den Menschen, niemals geboren worden zu sein.

Und wenn schon geboren – so ließe sich aus dem Blickwinkel Gombrowiczs hinzufügen –, so wäre es das Beste für den Menschen, klein geblieben zu sein, unfertig, unreif, unerwachsen, kindlich. Aber ist Gombrowicz das nicht geblieben? Im Anschluß an einen Briefwechsel mit Czeslaw Milosz, den Gombrowicz auszugsweise im *Tagebuch* wiedergibt, bezichtigt er sich unvermittelt der Unaufrichtigkeit, weil er nirgends verdeutlicht habe, daß ihm an allen den mit Milosz erörterten Thesen und Gegenthesen, Problemen und Problemlösungen ziemlich wenig gelegen sei, »... daß ich mich in der Tat zwar damit beschäftigte, doch eher mit Unlust; und im Grunde bin ich vor allen Dingen *kindlich*... Ob Miłosz ebenfalls *vor allen Dingen kindlich* ist?« – Es ist dieser Blick auf den *Nicht-fertig-Gombrowicz*, auf den kindlichen und kindlich erschreckten Gombrowicz, den das *Tagebuch* freigibt, und der es über Gombrowiczs Romane und Stücke hinaus zu seinem eigentlichen Lebensroman und Lebenswerk erhebt.

Und wenn hier auch alle seine Defizite offen ausgestellt und zum Studium freigegeben werden, wenn Gombrowicz sich hier auch als der zappeligste Autor der modernen Weltliteratur präsentiert, dem es nie gelingt, einmal bei etwas auszuruhen oder schreibend Ruhe und Harmonie herzustellen, dem die Fermate schlechthin fremd ist, Gombrowicz, der totale Städter, für den Natur gleichsam nicht geschaffen worden scheint – so ist hier doch stets auch der andere Gombrowicz anwesend, der untröstliche, der sich für diese seine Untröstlichkeit geniert und sie deshalb hinter Grimassen zu verstecken versucht.

Paul Claudel hat als letzten Sinn der Dichtung das Lob der Schöpfung bezeichnet. Den denkbar extremsten Gegenpart zu Claudel scheint Gombrowicz einzunehmen, der offenbar die Schmähung der Schöpfung bevorzugt. Aber was ist sein Hymnus auf die Jugend – auf jung-sein –, auf die Nacktheit und Schönheit der Nacktheit, auf die Sphäre jenseits des Wandschirms anderes als eine vertrackte Variante des Schöpfungslobes? Auch wenn Gombrowicz gleich wieder grimassiert: »Wir legen an einer Haltestelle an, und ein Mädchen steigt ein, das... Wie soll man sagen? Schönheit hat ihre Geheimnisse. Es gibt viele schöne Melodien, aber nur einige sind wie eine würgende Hand. Diese Schönheit war so ›packend‹, daß allen sonderbar und vielleicht ein wenig schamhaft zumute wurde – und niemand wagte, sich anmerken zu lassen, daß er es betrachtete, obwohl es kein Auge gab, das nicht seine blendende Gegenwart heimlich bespähte. Da begann das Mädchen in aller Ruhe in der Nase zu bohren.« In diesen Tagebuchzeilen, in dieser Bagatelle haben wir noch einmal den ganzen Gombrowicz.

Doch halt, es gibt keinen *ganzen Gombrowicz*, unterbricht hier der Gombrowicz-Geschulte, der vom *Tagebuch* Belehrte, der *Ferdydurke*-Freund, es gibt nur Splitter und Teile; gemäß *Ferdydurke*: »Große Entdeckungen sind noch unerläßlich – gewaltige, von weicher Menschenhand gegen den stählernen Panzer der Form geführte Streiche – unerhörte List und große Gedankenredlichkeit und eine bis zum Äußersten geschärfte Intelligenz – damit der Mensch seine Steifheit verliere und in seinem Inneren die Form mit der Formlosigkeit, das Recht mit der Anarchie, die Reife mit der ewigen und heiligen Unreife versöhne. Doch bis das geschieht, sagt mir: sind eurer Meinung nach Butterbirnen besser als Ananasbirnen? Und habt ihr es gern, sie auf der Veranda, bequem auf Rohrfauteuils sitzend, zu verzehren, oder mögt ihr das lieber im Schatten eines Baumes genießen, während ein sanftes und frisches Lüftchen eure Körperteile kühlt? Ich frage euch das in vollem Ernst, mit der ganzen Verantwortlichkeit für das Wort und mit dem größten Respekt für alle eure Teile ohne jede Ausnahme; denn ich weiß, daß ihr einen Teil der Menschheit darstellt, von der auch ich ein Teil bin, sowie daß ihr zum Teil an einem Teil des Teiles von etwas teilnehmt, das seinerseits ein Teil ist, und dessen auch ich zum Teil ein Teil bin zugleich mit allen Teilchen und Teilen von Teilen, Teilen, Teilen, Teilen, Teilen, Teilen, Teilen... Zu Hilfe! O verfluchte Teile! O blutrünstige, entsetzliche Teile, von neuem habt ihr mich also erwischt!...«)

Peter Hamm

Register

A

Abalos, Jorge 551
Abirached, Robert *(Le Nouvel Observateur)* 933
Aguirre, Francisco 495
Aita, Antonio 763
Akzente (Zeitschrift) 864
Alberes, Marril (franz. Schriftsteller u. Kritiker) 136
Andrzejewski, Jerzy (poln. Schriftsteller, 1909–1983) 21, 26, 348, 349, 601, 990
d'Annunzio, Gabriele 959
Anticoli-Corrado, Pauline de 85
Aristoteles, 290, 312, 595, 627, 984
Aramburu, General 552
Aron, Raymond 653
Arlt 1013
Arlet, Suzanne 535, 697
Arndt, Senator 870
Atilio 432, 434–436

B

Bach, Johann Sebastian 38, 243, 577, 584, 612, 622–626, 658, 666 *(Brandenburgische Konzerte)*, 691, 743–744, 985
Bachmann, Ingeborg 841, 842
Backhaus, Wilhelm 741
Baliński, Stanisław (poln. Lyriker, Bekannter aus G.s Jugend) 89, 569, 593, 755, 823
Balzac, Honoré de 367, 493, 564
Barcza, Alice de (poln. Bekannte G.s aus der Vorkriegszeit, lebt in den USA) 535
Barletta, Leonidas (Direktor des *Teatro del Pueblo* in Buenos Aires) 556
Bartelski, Lesław Marian (poln. Dichter, Romancier, Bibliograph u. Kritiker, geb. 1920) 347
Barthes, Roland 940 *(Essais critiques)* 953
Bartók, Béla 626, 692
Basia → Szubska
Bau, Zdzisław (Leroy, Pat) (poln.-argent. Journalist) 654, 785
Baudelaire, Charles 367, 666 *(Les Fleurs du Mal)*, 690
Bayce, Julio 645
Beauvoir, Simone de 895
Bechmann, Ewa 872
Beckett, Samuel 968
Beduino (= Allub, Leopoldo Mansur, Freund aus Santiago del Estero; später auch in Buenos Aires) 627, 710–711
Beethoven, Ludwig van 59, 67, 102, 135, 466, 577 *(Quartett Nr. 14)*, 616 *(späte Quartette)*, 618–622, 623 *(Pastorale)*, 624 *(Quartett A-moll, op. 132)*, 625, 778, 860, 931, 985
Benedit de Debenedetti, Cecilia (Gründerin u. Leiterin des Musikverlages *Argos*, der 1947 *Ferdydurke* auf spanisch veröffentlichte) 137, 191, 220, 233
Berdjaev, Nikolaj A. 653
Bergson, Henri 906
Berkeley, George 595
Berlevi, Henryk (poln. Avantgarde-Maler 1894–1967, seit 1928 in Paris) 865, 867, 869–870

Berni, Antonia 837
Berni, Antonio (argent. Maler, 1906–1981) 219, 220
Betelú, Mariano (Spitzname Guillé od. Quilombo, Graphiker, Staatsbeamter, Mittelpunkt der Freundesgruppe von Tandil; geb. 1939) 511–516
Bianciotti, Hector (argent.-franz. Schriftsteller) 476
Bigatti (argent. Bildhauer) 438
Bjurström, M. C. Gustaf (schwed. Übersetzer) 967
Bloy, Léon 583–584
Bobkowski, Andrzej (poln. Exilschriftsteller u. Modellflugzeugbauer, 1913–1961) 482 *(Federskizzen)*, 483, 485–486, 593
Bobrzyński, Michał (poln. Historiker, Befürworter nationaler Selbstkritik; 1849–1935) 449
Bocheński, Jacek (poln. Schriftsteller u. Kritiker, geb. 1926) 485
Boden, Bertil (schwed. Theateragent) 967
Bohr, Niels 653, 674
Bomhard, Professor von 841
Bondy, François (Mitentdecker G.s für den franz. Sprachraum) 663–664, 816, 914
Borges, Jorge Luis 225–227, 548, 636, 778–779, 819, 940, 968, 1013
Borowski, Tadeusz (poln. Erzähler u. Lyriker, 1922–1951) 348, 349
Bourgois, Christian (franz. Verleger G.s) 967
Brahms, Johannes 58, 638, 725, 741
Brailowski, Alexander 57
Brancacio-Ruffano 80
Bratny, Roman (poln. Erzähler, geb. 1921) 347

Braun, Jerzy (poln. Avantgarde-Lyriker, 1901–1975) 22, 270
Brecht, Bertolt 856
Breiter, Emil (poln. Kritiker der Vorkriegszeit, 1886–1943) 558
Brentano, Bettina 624
Breza, Tadeusz (poln. Romancier u. Essayist, 1905–1970, Bekannter aus G.s Warschauer Zeit) 811, 828, 973
Broglie, Louis-Victor 653, 674
Brochwicz-Kozłowski, Leon (poln. profaschistischer Archäologe u. Politiker, 1892–1944) 635
Bolesław I. Chrobry (»der Tapfere«, poln. König, 992–1025) 581
Broniewski, Władysław (linker poln. Lyriker, 1897–1962) 81
Brzozowski, Stanisław (poln. Kulturphilosoph u. Romancier, 1878–1911) 750–752, 754
Buber, Martin 37
Buccleuch-et-Queensberry 80
Buckle, Henry Thomas 751
Butor, Michel 760, 766–768, 829, 874–875
Byron, Lord 91, 188, 612 *(Childe Harold's Pilgrimage)*

C

Café Adria (Warschau) 318
Café Aguila (Santiago) 632
Café de la Paix (Paris) 811
Café Flore (Paris) 894
Café Fragata (Buenos Aires) 664, 745, 829
Café Ideal (Santiago) 499
Café Ips (Warschau) 608
Café Lourse (Warschau) 217
Café Paris (Buenos Aires) 185

Café Querandí – (Buenos Aires) 345, 578, 579, 582–583, 585, 586, 587, 590, 591
Café Rex (Buenos Aires) 137, 185, 228, 234, 513, 1011
Café Tip-Top (Montevideo) 642
Café Tortoni (Buenos Aires) 137
Café Ziemiańska (Warschau) 21, 81, 608, 869, 873, 924
Café Zodiak (Warschau) 21, 608, 873
Café Zuntz (Berlin) 853, 861, 866, 873
Camus, Albert 38, 73–75 *(L'Homme révolté)*, 76, 77, 456, 758, 960
Capdevilà, Arturo (argent. Schriftsteller, 1889–1966) 215, 217–219
– Chinchina (Tochter) 218
Casares, Adolfo Bioy 225, 228
Cassou, Jean 766, 768
Castellane 80
Cervantes, Miguel 29 *(Don Quichote)*, 322, 762
Cézanne, Paul 443, 445, 646, 828
Chądzyńska, Zofia (»Zosia«, poln. Erzählerin u. lit. Übersetzerin aus dem südamerikan. Spanischen, geb. 1912) 663
Chagall, Marc 922, 972
Chamico 190
Charaire, Georges u. Véronique (Freunde in Royaumont) 967
Chesterton, Gilbert K. 644, 676
Chopin, Frédéric 12–14, 16, 56, 135, 173, 321, 485, 563, 618, 625, 670 u. 671 *(Sonate h-moll)*, 675, 701, 962
Compton, Arthur H. 674
Choromański, Michał (poln. Erzähler, Vorkriegsbekannter G.s, 1904–1972) 215, 217, 274 *(Eifersucht und Medizin)*
Chruschtschow, Nikita S. 357

Ciano, Graf Galeazzo 10
Cicellis, Kay 914
Cioran, E.M. 68 *(Bequemlichkeiten und Unbequemlichkeiten des Exils)*, 69–70
Clarín (lit. Zeitschrift in Buenos Aires) 785
Claudel, Paul 26, 166, 167, 268, 536
Clodion 437
Cocteau, Jean 26, 43, 828
Colimba →Guille
Concreto-Invención (lit. Gruppe) 167, 387
Conrad, Joseph (engl. Schriftsteller poln. Herkunft, 1857–1924) 69, 113, 230, 677
Contreras, Rosita 229
Cortes (eigtl. Salceda, Juan Antonio, kommunistischer Schriftsteller in Tandil) 455–459, 463, 464, 470–473
Cox, David (amerik. Schriftsteller) 463
Critica (Tageszeitung i. Buenos Aires) 999
Croce, Benedetto 653
Cuadernos (argent. Kulturzeitschrift) 761
Curie-Skłodowska, Marie (poln.-franz. Naturwissenschaftlerin, 1867–1934, 1903 Nobelpreis für Physik) 12, 113
Cyrankiewicz, Józef (poln. Politiker, langjähriger Premier, geb. 1911) 318
Czapski, Andrzej 303
Czapski, Józef (exilpoln. Maler u. Essayist, geb. 1896) 811
Czapski, Stanisław (u. Tochter Lena) 303
Czaykowski, Bogdan (poln. Lyriker der engl. Emigration, Mit-

glied der Gruppe *Kontinente*,
geb. 1932) 676, 711
Czerniawski, Adam (exilpoln. Lyriker, Mitglied der Gruppe *Kontinente*, geb. 1934) 676
Czerwińska, Kropka 439
Czerwiński, Tadeusz 420

D

Dąbrowska, Maria (einflußreiche poln. Erzählerin, 1889–1965) 274, 661, 880
Dalí, Salvador 249, 708
Dante, Alighieri 11, 920, 936–950 *(Die Göttliche Komödie)*, 987, 1016
Darwin, Charles 751
Dębicki, Zdzislaw (poln. patriotischer Lyriker u. Kritiker, 1871–1931) 12
Dębicki, Jacek 326, 408, 421, 423
Debussy, Claude 59, 612, 619, 623 *(Nachmittag eines Fauns)*, 673
Demokrit 725
De Rokha, Pablo 163, 164
Descartes, René 290, 311, 312, 564, 595, 629, 820, 984, 985
Dickens, Charles 644
Dickman, Max (argent. Schriftsteller, hatte *Ferdydurke* für den Verlag *Santiago Rueda Escritores* abgelehnt) 642–643
Dilthey, Wilhelm 653
Dimensión (Zeitschrift) 499, 630
Dipi (»Asno«, Spitznamen für Yorge Di Paola aus Tandil, Schriftsteller u. Journalist, geb. 1940) 511
Dos Passos, John 760, 766, 768
Dostojewski, Fedor M. 14, 27 *(Die Brüder Karamasov*, auch 78), 38, 78, 367, 370, 536, 588 *(Die Dämonen, Schuld und Sühne)*, 590, 690, 772, 793, 920
Dubuffet, Jean 922
Dürer, Albrecht 690
Dukas, Paul 673
Dumas, Alexandre 288 *(Le vicomte de Bragelonne)*, 361
Dyzio (Figur aus S. Żeromskis Roman *Die Unbehausten)* 896
Dzianotta, Jacek u. Rena 344
Dziś i Jutro (regimekatholisches Wochenblatt, 1945–1956) 318

E

Eichler (exilpoln. Maler) 41, 46, 140, 740
Einaudi, Luigi 967
Einstein, Albert 653, 674, 986
El Ciclón (argent. Zeitschrift) 354
Eliot, Thomas S. 38
Erasmus von Rotterdam 536
Evergreen (amerikan. Zeitschrift) 967

F

Falkiewicz, Andrzej (poln. Kritiker) 557 *(Die Problematik der »Trauung« von Gombrowicz)*, 558–561
Faucigny Lucinge 85
Faulkner, William 758
Feijoo, Bernardo (»Feihoo, Schriftsteller aus Santiago del Estero, Mitherausgeber von *Dimensión*) 498
Fels, Susanne 852
Feo, Rodriguez (kuban. Schriftsteller, Herausgeber der Zeitschrift *El Ciclón*) 354

Fernández, Joaquin Perez 220
Ferreira, Juan Carlos (auch Ferreyra, Fireyra, Fririri, einer von G.s jungen Getreuen in Tandil) 463
Fichte, Johann G. 984
Filefotto (Linksintellektueller in Tandil) 466
Fini, Leonor (italien. Malerin in Paris, Lebensgefährtin von K. Jeleński) 827
Fleury 88
Flor → Guille
Ford-Stiftung 995
Forner, Raquel (argent. Malerin) 438
Foucault, Michel 940 *(Les mots et les choses)*
Fragonard, Jean Honoré 437
France, Anatole 114, 319, 536, 894
Franciszkowa, Herzogin, 85
Franz von Assisi 725
Freud, Sigm. 238, 330, 540, 554, 990
Frondizi, Arturo (Staatspräsident v. Argentinien) 489, 552
Frydman, Paulino (poln.-argent. Schachmeister, Direktor des Schachclubs *Rex* in Buenos Aires, in dem G. Schach spielte, 1905-1982) 228, 229
Fulano 456

G

Gacki, Stefan Kordian (poln. Vorkriegslyriker) 270
Gaetano, Fürst → Kajetan
Gaita → Magariños, Juan Angel
Galey, Mathieu 816
Gałczyński, Konstanty Ildefons (poln. Lyriker, 1905-1953, prekäre Kraftnatur, die G. sehr zusagte) 22, 26
Gálvez, Manuel (argent. Schriftsteller, 1882-1962) 215
Garthe, Hanne (mit G. befreundete Fotografin) 931
Garaño (Nachbar der Jankowskis in Necochea) 420-421
Gauguin, Paul 43
Gautier, Jean-Jacques *(Le Figaro)* 932
Genaro (Zufallsbekannter in Goya) 343
Genet, Jean 833-834 *(Les Pompes Funèbres)*, 835-837
German, Juliusz (poln. Verf. von Unterhaltungsromanen, 1880-1953) 115, 203
Giangrande, Alicia Yadwiga (argent. Malerin poln. Herkunft, 1933 Zeugin der Kontaktaufnahme des völlig unbekannten Bruno Schulz mit Zofia Nałkowska, Freundin und Förderin G.s in Buenos Aires) 535, 718, 721, 724, 725
Gide, André 38, 162, 166, 188, 319, 371, 675, 959
Giedroyć, Jerzy (Verleger der Zeitschrift *Kultura*, Paris) 68, 347, 357, 391, 535, 793, 803, 811, 935
Girrèferest-Prést, Georges 745-748
Gieseking, Walter 57
Giotto 435
Głaz, Casimir (poln. Maler)
Głos Polski (poln. Exilzeitschrift i. Buenos Aires) 1003, 1005
Goebbels, Joseph 878
Goetel, Ferdynand (poln. Exil-Schriftsteller, 1890-1960) 112, 186

Goethe, Johann W. von 366, 367, 396, 621, 622, 778, 855, 857, 860, 931, 1000, 1010, 1015
Gogol, Nikolaj 98, 169
Gojawiczyńska, Pola (poln. Romanschriftstellerin, 1896–1963) 272, 274
Goldmann, Lucien 903–904
Gombrowicz, Janusz (Bruder G.s) 535
Gombrowicz, Rita 957
Gombrowicz, Witold 27, 39, 78, 100, 126, 137, 152, 161, 174, 189, 209, 218, 248, 252, 289, 309, 317, 379, 402, 416, 448, 452, 453, 469, 508, 509, 512, 514, 517, 522, 532, 533, 537, 538, 539, 540, 542, 550, 557, 566, 567, 588, 603, 604, 615, 630, 631, 642, 643, 676, 725, 728, 766, 786, 790, 797, 806, 843, 846, 878, 917, 918, 919, 928, 933, 935, 962, 973, 989, 1007, 1008
– *Bakakay:* 465
– *Bankett:* 34, 793
– *Die Begebenheiten auf der Brigg Banbury:* 416, 804
– *Beiläufiges zu Straszewicz:* 170
– *Berliner Notizen:* 928, 995
– *Dante:* 987
– *Ferdydurke:* 125, 128, 132, 133, 151, 216, 221, 223, 233, 234, 235, 236, 280, 281, 294, 304, 305, 309, 317, 324, 379, 380, 382, 383, 385, 386, 392, 418, 449, 463, 465, 487, 511, 517, 566, 603, 615, 630, 631, 647, 659, 660, 673, 676, 699, 709, 762, 846, 867, 933, 940, 955, 962, 970, 981, 999, 1000, 1009
– *Gegen die Dichter:* 45, 93, 208, 355
– *Kosmos:* 715, 719, 783, 911, 912, 929, 949, 969
– *Memoiren aus der Epoche des Reifens:* 698, 699
– *Operette:* 534, 535, 960
– *Pornographie:* 494, 500, 510, 517, 639, 640, 641, 646, 647, 648, 649, 661, 761, 763, 833, 913,
– *Risum teneatis:* 170
– *Tagebuch:* 248, 249, 385, 386, 427, 465, 487, 534, 535, 537, 538, 540, 569, 614, 615, 647, 661, 764, 879, 880, 888, 897, 899, 935, 956, 960, 1005
– *Trans-Atlantik:* 29, 39, 132, 133, 170, 205, 246, 385, 390, 391, 392, 393, 485, 1011
– *Die Trauung:* 27, 34, 39, 62, 100, 107–111, 133, 237, 297, 324, 383, 416, 465, 475, 518, 557, 558, 559, 630–631, 812, 899, 903, 940, 959, 989, 1000, 1009, 1010
– *Yvonne:* 465, 535, 932–934
Gómez, Juan Carlos (»Goma«, argent. Physiker, Freund u. Diskussionspartner von G., geb. 1934) 588, 673, 730, 731, 733, 735, 736, 738, 739
Gomułka, Władysław (Chef der PVAP 1956–1970) 963
Gośka 77, 79, 167
Goya, Francisco J. de 690
Grabowski, Zbigniew (exilpoln. Romancier u. Essayist, 1903–1974) 611, 711–712
Grass, Günter 848, 856, 873, 883
Graziela 1011
Grinberg, Miguel (argent. Journalist, Freund G.s) 785
Grocholski, Zygmunt (poln. Maler in Argentinien) 41, 46, 79, 80, 186, 188, 740, 793

Grodzicki, Halina u. Krzysztof (Freunde u. Gastgeber G.s in Buenos Aires) 41, 46, 793
Grubiński, Wacław (poln. Dramatiker, Erzähler u. Kritiker, seit 1943 in London; 1883–1973) 186, 427, 823
Grydzewski, Mieczysław (Verleger der einflußreichen *Wiadomości Literackie* in der Vorkriegszeit u. im englischen Exil) 277, 427, 572, 574, 595, 599, 752, 824
Grzymała-Siedlecki, Adam (poln. Romancier, Dramatiker u. Kritiker, 1876–1967) 12
Guillé → Betelú
Gulda, Friedrich 57

H

Hagenau, Gerda (österr. Übersetzerin aus dem Polnischen) 710
Hala (= Grodzicka, Halina) 78, 167
Hamilton, Alastair (engl. Übersetzer) 967
Händel, Georg Friedrich 742
Hasenclever, Walter 874
Haydn, Joseph 618, 742
Hegel, Georg W. F. 67, 74, 153, 160, 316, 394, 570, 595, 641, 662, 754, 860, 872, 984, 985, 1015
Heidegger, Martin 305, 579 *(Essais et conférences)*, 596 *(Sein und Zeit)*, 634, 702, 703, 930
Heine, Heinrich 98
Heisenberg, Werner K. 519, 674
Helvetico (Bar) 167
Hemar, Marian (poln. satirischer Lyriker, 1901–1972) 17, 982
Heraklit 906
Hérédia, Nicolas de 496
Herriot, Édouard 624
Hitler, Adolf 173, 477, 478, 480, 851, 853, 859, 862, 890
Hlasko, Marek (poln. Erzähler, 1934–1969) 602, 978
Höllerer, Walter 842, 864–870
Hölzer, Max 861–865, 867, 868, 870, 1015
Homer 361, 726
d'Hormon, André 894–895, 896, 900, 906
Horowitz, Vladimir 57
Hugo, Victor 959
Hume, David 595
Husserl, Edmund 519, 596, 629, 754, 930, 985
Huxley, Aldous 38

IJ

Ibsen, Henrik 260, 564, 772
Iwaszkiewicz, Jarosław (einflußreicher poln. Schriftsteller, 1894–1980) 73, 268, 755, 880, 1009, 1010
Jalard, Michel-Claude (franz. Lektor und Verleger) 967
Jankowska, Andrea 320, 326, 407, 420
Jankowska, Lena (Tochter von Duś Jankowski) 320, 326
Jankowska, Marisa 326, 407
Jankowski, Władysław (»Duś«; beherbergte mit seiner Familie G. mehrfach in seiner Estanzia »La Cabaña« in Necochea) 287, 302, 303, 308, 309, 314, 326, 407, 408, 415, 420–421, 424, 426
Jarema, Józef (poln. Maler) 958, 967, 972

Jarry, Alfred 273, 536, 583
Jasieński, Bruno (poln. u. russ. Futurist u. Sozrealist, 1901–1939) 556
Jaspers, Karl 305, 307, 653
Jaurès, Jean 653
Jeanne (= Guilloux) 421, 422
Jeleński, Konstanty (»Kot«; exilpoln., franz. u. ital. Essayist, Kritiker u. Übersetzer; Freund u. Förderer G.s; 1922–1987) 136, 151, 152, 156, 210, 345–346, 535, 598, 603, 604, 709, 803, 808, 816, 823, 827, 899, 967, 978, 983
Jezierska (Teilnehmerin des polnischen Clubs in Buenos Aires) 205
Joachimides, Christos 854
Johnson, Uwe 848, 873, 883, 884
Joyce, James 875
Jung, Carl G. 634

K

Kaden-Bandrowski, Juliusz (poln. Verf. sozialer u. politischer Romane, 1885–1944) 127, 272–273
Kafka, Franz 69, 137 *(Tagebuch)*, 162 *(Tagebuch, Der Prozeß)*, 697, 702, 706, 779, 920
Kajetan, Fürst (= Fürst Gaetano) 85–88
Kant, Immanuel 290, 312 *(Kritik der reinen Vernunft, auch 595)*, 608, 754, 930, 957, 984
Kandinsky, Wassily 554
Karl der Große 581, 584,
Kasprowicz, Jan (einflußreicher poln. Lyriker des Fin de siècle, 1860–1926) 262–264, 355

Kelly, Grace 319
Kempka, Jo 317
Keyserling, Hermann 224
Kierkegaard, Søren 290, 297 (Regine Ohlsen), 305, 312, 536, 595
Kisielewski, Stefan (»Kisiel«, poln. Romancier, Satiriker, Kritiker u. Komponist, geb. 1911) 386–387, 448–453, 484, 485, 486 *(Die Verschwörung)*
Kliszko, Zenon (poln. komm. Politiker, Mitarb. Gomulkas) 963
Kochanowski, Jan (einflußreicher poln. u. neulat. Renaissance-Dichter, 1530–1584) 980
Kocik, Stanisław 989
Koestler, Arthur 32
Kolumbus 160
Konopnicka, Maria (poln. Novellistin u. Dichterin des Realismus, 1842–1910) 13
Kontinente (exilpoln. Poesie-Zeitschrift einer Dichtergruppe) 676, 711
Kopernikus, Nicolaus 14, 16, 962
Korczyński (Botschaftsrat) 611
Korn, Karl 928
Kościuszko, Tadeusz (poln. Soldat u. Politiker; Teilnehmer am amerikanischen Unabhängigkeitskrieg; »Diktator« des polnischen Aufstands von 1794; 1746–1817) 14, 725
Kosko, Allan (franz. Übersetzer G.s) 815, 894, 899
Koszella 535
Kotkowski, Ignacy 922
Kott, Jan (poln. Literaturwissenschaftler; 1945–1954 Wortführer des Sozrealismus, dann des Tauwetters u. schließlich der Opposition u. des Exils; geb. 1914) 558, 601

Koukou, Chańska (Kukułczanka, Jadwiga, franz. Übersetzerin von *Die Trauung*) 812, 899
Kowalewski, Janusz 427
Krasicki, Ignacy (poln. Bischof u. Aufklärungsschriftsteller, 1735–1801) 308
Krasiński, Zygmunt (Dramatiker u. Dichter der poln. Romantik, 1812–1859) 12 *(Ungöttliche Komödie)*, 361
Kraszewski, Józef Ignacy (populärer poln. Romancier, 1812–1887) 367
Kukiel, Marian (poln. General, Historiker u. Exilpolitiker, 1885–1973) 823, 824
Kultura (exilpoln. Zeitschrift; Paris) 27, 34, 36, 45, 89, 165, 205, 318, 321, 355, 391, 392, 487, 569, 598, 599, 646, 676, 709, 811, 824, 880, 911, 917, 919, 927, 970, 998, 1005
Kuncewiczowa, Maria (poln. Romanschriftstellerin, geb. 1899) 275 *(Die Ausländerin)*
Kurier Poranny (rechtsliberale Warschauer Vorkriegszeitung) 700
Kurier Warszawski (traditionsreiche konservative Warschauer Vorkriegszeitung) 115, 217, 571, 572

L

La Fleur 220
La Nación (Zeitschrift, Buenos Aires) 763
Lam, Stanisław (Herausgeber, Literarhistoriker, Kritiker; seit 1944 in Paris; 1891–1965) 89 *(Die bedeutendsten Lyriker der Emigration)*
Landes, Alicia de 187
La Prensa (argent. Zeitschrift) 217
Lapter (poln. Kritiker) 347
La Razón (argent. Zeitschrift) 345
La Rochefoucauld 437, 816
Lautréamont, Isidore Ducasse, Comte de 12, 322, 536, 690
Lavelli, Jorge (argent. Regisseur der Uraufführung der *Trauung*, Paris 1963) 812, 899
Lechoń, Jan (poln. Lyriker; Mitglied des *Komander;* 1899–1956) 11 *(Die polnische Literatur und die Literatur in Polen)*, 12, 49, 89, 92, 106, 223, 268, 418, 427, 566, 567 *(Seiten aus dem Tagebuch)*, 568 *(Waldesstille)*, 569–571, 574, 755, 979, 980 *(Der Ball beim Senator)*
Le Clegh, Guy (franz. Kritiker) 816
Le Clézio, Jean-Marie G. 960–961
Lefebvre, Henri 297
Lena →Jankowska, Lena
Lenin, Wladimir 653
Leon (Romanfigur aus *Kosmos*) 912
Leoplan (argent. Zeitschrift) 469
Les Lettres Nouvelles 897, 995
Lessing, Gotthold E. 856
Lewenthal (Besitzer des *Kurier Warszawski*) 572
Lichniak, Zygmunt (poln. Literaturkritiker u. Publizist des regierungsfreundlichen Katholikentums; geb. 1925) 318
Lipkowski (Gastgeber G.s in Vertientes) 147
Lisicka, Teresa (poln. Literaturkritikerin) 612
Lisiecka, Alicja (zeitgen. poln. Essayistin) 611 *(Das Jubiläum der Kritik)*
Liszt, Franz 673

1051

Litka 136
Łobodowski, Józef (poln. Lyriker u. Publizist; seit 1939 im Exil; geb. 1909) 89, 117, 210
Lollobrigida, Gina 319
Lubomirska, Ada 466, 663, 763
Lubomirski, Henryk 466, 663
Ludwig XIV. 434
Lugones, Leopoldo 228

M

Maciaszek (Priester) 180
Mackiewicz, Józef (poln. Verf. provokativer Zeitromane; Antinationalist u. heftiger Antikommunist der Emigration; geb. 1902) 17, 35, 36, 159 *(Freund Flor)*, 484 *(Kontra, Der Weg ins Nirgendwo, Der Karrierist)*, 593, 824, 980–982
Madariaga, Salvador 760, 766, 768
Madi-Gruppe 167
Magariños, Juan Angel (»Gaita«, argent. Lyriker, Tandil) 463
Mahler, Gustav 673
Makowski, Józef 641
Małcużyński, Witold (poln. Pianist, geb. 1914) 741, 962
Mallarmé, Stéphane 896
Mallea, Eduardo (argent. Romancier, geb. 1903) 469
Malraux, André 43, 758
Mann, Thomas 12, 205, 536, 537 *(Tonio Kröger)*, 538, 539, 775
Marcel, Gabriel 313, 519
Marx, Karl 49, 236, 330, 351, 455, 471, 543, 595, 609, 670, 726, 930, 985
Mascolo, Dionys 124, 137–139 *(Le Communisme)*, 141, 144–150
Mastronardi, Carlo (argent. Lyriker, zeitweilig Freund G.s, 1901–1976) 223–224, 315
Mauersberger, Adam (»Adaś«, poln. Freund des jungen G., Habitué Warschauer Literatenzirkel; nach dem Krieg Direktor des Mickiewicz-Museums in Warschau) 798
Mauriac, François 772
Mauro, Deolinda R. und Goyo de (mehrfache Gastgeber G.s in Tandil, Villa Casita de Paz) 534
Mayaud 816
Mayer, Hans 905 *(Ansichten)*
Mayewski 692
Mazurkiewicz (Minister) 641, 790
McCarthy, Mary 915, 921, 968
Medeiros, Paulina 642–643
Megret Christian *(Carrefour)* 933
Melcer, Wanda (poln. Romanautorin, geb. 1896) 533
Melpomene-Gruppe 825
Mendoza, Francisco de 496
Mercedes H. de A. 436, 437
Michelangelo 135, 136, 435, 646, 810
Mieckiewicz, Adam (Haupt der polnischen Romantik; 1798–1855) 11–13, 14, 16, 19, 68–69, 173, 183, 351, 355, 361–365, 366 *(Ode an die Jugend)*, 367–368, 371, 811
Mieroszewski, Juliusz (exilpoln. Literaturkritiker) 392, 595, 598, 627, 823, 970
Mikołajczyk, Stanisław (1945–1947 bürgerlicher Vize-Premier d. Warschauer Koalitionsregierung, 1901–1966) 1003
Miłosz Czesław (bedeutender lebender poln. Lyriker u. Essayist, 1980 Nobelpreis f. Lite-

ratur, geb. 1911) 21, 24–32,
34–37, 40, 96–98, 158–159,
172, 174, 318, 572, 595, 598,
627–629, 750–754, 758, 981
– *Brzozowski: Mensch unter Skorpionen:* 750
– *Heimatliches Europa:* 627, 629
– *La prise du pouvoir:* 158, 159
– *Tageslicht:* 159
– *Verführtes Denken:* 21, 34, 159, 793
Mishima, Yukio 969
Mitzner, Zbigniew 317
Mniszkówna, Helena (die poln. Courths-Mahler; G. kannte sie stellenweise auswendig; 1878–1943) 115
Molo (argent. Zufallsbekannter in Goya) 343
Montaigne, Michel de 19, 33, 49, 322, 821, 828, 980, 985
Mohrt, Michel 969
Morawski, Kajetan 427, 712
Moreno, Cesar Fernández 215
Morstin, Ludwik Hieronim (poln. Kulturliterat, 1886–1966) 878–879
Mostowicz, Tadeusz Dołęga (poln. Unterhaltungsschriftsteller, 1898–1939) 115
Moya 581
Mozart, Wolfgang A. 57, 118, 618, 625, 675 *(Jupiter-Symphonie* u. *Don Giovanni),* 690, 1016 *(Die Zauberflöte)*
Mrożek, Sławomir (poln. Dramatiker, Erzähler, Satiriker, seit 1968 im Exil, geb. 1930) 981
Murillo, Bartolomé E. 42

N

Nadeau, Maurice (franz. Hrsg. von G.) 697, 803, 833, 970
Naglerowa, Herminia 17
Nałkowska, Zofia (einflußreiche Romanschriftstellerin der Vorkriegszeit; u. a. Förderin des jungen Gombrowicz; 1884–1954) 274, 698
Napoleon 458, 624
Neske, Günther (G.s erster deutscher Verleger) 579, 968
Nietzsche, Friedrich 10, 14, 53, 74, 242, 261, 312, 313, 316, 318, 323, 330, 578, 579, 621 *(Die fröhliche Wissenschaft),* 622, 627, 772, 985
Norwid, Cyprian K. (einflußreicher poln. Lyriker; 1821–1883) 19, 69, 129, 262, 449
Nowaczyński, Adolf (vielseitiger Literat u. Satiriker; 1876–1944) 449
Nowakowski, Zygmunt 593, 823, 824, 877
Nowa Kultura (Warschauer Wochenzeitschrift) 347, 611
Nowiński, Juliusz (Direktor d. Banco Polaco, Buenos Aires) 1004, 1006, 1007
Nueva Era (Tageszeitung im Tandil) 454

O

Obieta, Adolfo de (argent. Schriftsteller, geb. 1912) 137, 234
Ocampo, Victoria (auch Gruppe) (reiche argent. Literaturförderin; Gründerin der Literaturzeitschrift *Sur* [1931–1978],

gest. 1979) 224, 543, 663, 778, 785, 793
Oddone, Pocha 433
Odier 967
Odyniec, Stanisław (Förderer G.s in Argentinien) 198, 287
Oppedheimherr, 85
Ortega y Gasset, José 621, 622–623
Orwell, George 32
Orzel Biały (poln. Exilzeitschrift) 39, 40
Osterkamp, Maria 927
Ostrowski, Jan (poln. Exilkritiker) 39–40

PQ

Paczowski, Maria u. Bohdan 967
Paget, Jean *(Combat)* 933
Panufnik, Andrzej 741
Papazoff (bulgar. Maler) 922
Pascal, Blaise 76, 446, 458, 490, 772
Pasek, Jan Chryzostom (poln. adliger Offizier; Autor von Memoiren, die in etwa mit dem Stil von Grimmelshausen zu vergleichen sind; 1636–1702 [?]) 174
Pawlikowski, Michał K. 484
Paz, General 510
Paz 1011
Peiper, Tadeusz (Haupt der lyrischen Krakauer Avantgarde; 1891–1969) 22, 270
Pellegrini, Aldo 187
Pescopagano, Marquise 85
Pettoruti 436
Peyrefitte, Roger 899
Piasecki, Stanisław (poln. Publizist; Redakteur von *Prosto z Mostu*; geb. 1900; »fiel ganz wakker«: wurde 1941 von den Deutschen erschossen) 277
Picasso, Pablo 435
Picon, Gaetan 653 *(Panorama des idées contemporaines)*, 656
Pierret, Marc 828
Pietrkiewicz, Jerzy (»Peterkiewicz«, poln. Lyriker; engl. Romancier u. Kritiker; geb. 1916) 677
Piłsudski, Józef (poln. Marschall u. Staatschef; 1867–1935) 262, 273
Piñera, Virgilio (kuban. Schriftsteller, Mitübersetzer von *Ferdydurke* ins Spanische; 1912–1979) 116, 234, 434, 548
Pirandello, Luigi 151–152
Pla, Roger (argent. Romancier u. Kritiker; korrigierte G.s pseudonyme spanische Pressebeiträge; 1912–1982) 219, 282–283
Planck, Max 674, 986
Platon 984
Pocho 137
Poe, Edgar A. 367, 536, 563, 568
Po Prostu (1947–57 Warschauer Studentenzeitschrift) 347
Potocki, Wacław (»kernpolnischer« Barockdichter; 1621–1696) 169
Pragłowski, General 982
Pretre, Georges 740
Preuves (franz. Zeitschrift; hier erschienen erste franz. Übersetzungen G.s) 151, 535, 804
Prilidiano 179
Prometheus 471
Prosto z Mostu (rechtsgerichtete Kulturzeitschrift der Vorkriegszeit) 22, 276, 277
Proust, Marcel 33–34, 35, 58, 85, 127, 349, 459, 461–462 *(A la recherche du temps perdu)*, 608, 735, 819–820, 821, 828

Prus, Bolesław (poln. Romancier des Realismus, 1847–1912) 19
Przegląd Kulturalny (1952–1963 poln. Kulturzeitschrift) 347
Przybyszewski, Stanisław (dt. u. poln. Autor des Fin de siècle, 1868–1927) 261–262, 264, 273, 361
Pueyrredon 179–180, 1011
Pyzik 557
Quilombo → Betelú

R

Rabelais, François 49, 96, 98, 322, 563, 980
Rabski, Władysław (poln. Schriftsteller, Mitarbeiter des *Kurier Warszawski*, 1865–1925) 573
Racine, Jean 11, 98, 895, 896
Radzymińska, Józefa 9
Ravel, Maurice 59
Rawicz 816 *(Le sang du ciel)*
Read, Piers 856, 962, 972
Rebinder 188
Rej, Mikolaj (vielseitiger poln. Renaissance-Schriftsteller; sein kernpolnischer Provinzstil hat G. beeindruckt; 1505–1569) 169
Rembieliński (Senator) 790
Rembrandt, Harmensz von Rijn 41, 658
Renan, Ernest 894, 906
Rey de Artieda, Andrés 980
Reymont, Władysław St. (poln. Romancier u. Erzähler; 1924 Nobelpreis für Literatur; 1867–1925) 971
Revista 118
Rhode, Jorge 437
Ricardo 469
Rilke, Rainer Maria 268

Rimbaud, Arthur 69, 771, 772, 896
Robbe-Grillet, Alain 760, 768, 903 *(La Jalousie)*
Rojas, Diego de 496
Roettier 437
Rolland, Romain 624
Roman 17
Rooney, Rivas 220
Rostworowski, Jan (poln. Lyriker u. Erzähler; 1939–1971 im Exil; 1919–1975) 750
Rousseau, Jean-Jacques 828
Roux, Dominique de (franz. Hrsg. der *Gespräche*) 967, 987
Rothschild 85
Rubinstein, Arthur (amerik. Pianist poln. Herkunft) 57
Rudnicki, Adolf (poln.-jüd. Erzähler, geb. 1912) 348, 387–388, 601
Ruskin, John 367
Russo → Rússovich, Alejandro
Rússovich, Alejandro (»Russo«, argent. Philosoph; i. d. 40er Jahren eng mit G. befreundet; wirkt a. d. span. Version von *Die Trauung* mit; geb. 1925) 137, 191, 410, 958, 1009, 1011
Rússovich, Sergio 175–179

S

Sábato, Ernesto (argent. Schriftsteller, Bekannter G.s, geb. 1911) 167, 315, 645, 719
Sadzik, Pater Józef (zeitgen. poln. Theologe; u. a. Freund v. C. Miłosz) 899 *(Esthétique de Heidegger)*
Saint-Simon, Duc de 899
Sakowski, Juliusz (exilpoln. Literaturkritiker) 186, 427, 452, 486, 823

Sand, George 563
Sandauer, Artur (vielseitiger poln. Kritiker, Literat u. Übersetzer; noch vor 1939 einer der Entdecker G.s; gegenwärtig die bête noire der nichtkommunistischen Intelligenz) 387–389, 416, 418, 448–452, 600, 601 *(Ohne Vorzugstarif*, auch 603), 602, 603, 608, 611, 702, 703, 709, 823, 916, 917–922, 932
Sandier, Gilles *(Arts)* 933
Sanzo (span. Maler) 117
Santucho, Roby (junger Buchhändler in Santiago del Estero; fiel in den 70er Jahren als Guerrillero) 499–500, 501, 505–506, 854
Sartre, Jean-Paul 38, 148, 151–153, 155, 249, 305, 321, 456, 634, 746–748, 754, 774–775, 818–821, 834–835, 837, 844–845, 895, 942, 985
– *L'être et le néant*: 596, 746, 748, 754, 818, 821, 985
– *Saint Genet, comédien et matyr*: 834
– *Situations*: 754, 774
Segura, Galignana 219
Sergio →Rússovich, Sergio
Serreau, Geneviève 833
Shakespeare, William 11, 88 *(Richard II.)*, 102, 260, 367, 563 bis 564 *(Hamlet)*, 566, 690, 709, 734
Shaw, George Bernard 224, 778
Siedem Dni (poln. Wochenzeitschrift) 879
Siegrist 673
Sienkiewicz, Henryk (poln. Romancier; 1905 Nobelpreis für Literatur; 1846–1916) 12, 140, 169, 255–257, 259, 264, 272, 351, 361–374, 757, 971

– *Quo Vadis?*: 12, 905
– *Trilogie*: 370
Silone, Ignazio 760, 766, 768
Simon 678–689
Skamander (Warschauer Schriftstellergruppe [v. a. J. Iwaszkiewicz, J. Lechoń, A. Słonimski, J. Tuwim] mit großem Einfluß zwischen 1920 und 1939) 22, 99, 267, 268–269, 383, 699
Skrjabin, Aleksandr N. 673 *(Prometheus)*
Skrowaczewski, Stanisław (poln.-amerik. Dirigent u. Komponist, geb. 1923) 741, 745, 746
Słonimski, Antoni (vielseitiger poln. Literat, von G. bewundert, 1895–1976) 268, 275, 755
Słowacki, Juliusz (poln. romantischer Dichter, 1809–1849) 12, 69, 355, 361, 1002, 1003
Śmieja, Florian (exilpoln. Lyriker u. Literaturprofessor; Mitglied der Gruppe *Kontinente*; geb. 1925) 677
Sobański, Henryk 426
Sobieski, Jan (poln. König 1674–1696, Sieger über die Türken vor Wien 1683) 14
Sokrates, 51, 312, 507, 654
Solomon (jüd.-österr. Exilpianist) 57
Sorel, Georges 634
Sorrento (Restaurant) 585–587
Spender, Stephen 760, 767
Spengler, Oswald 653
Sperling, Maria (poln. Malerin) 958, 967, 972
Spinoza, Benedictus de 312
Stankiewicz, Theresa (poln. Malerin) 972
Stempowski, Jeremi (poln. Diplomat u. Staatsbeamter, später

Emigrant in Buenos Aries, geb.
1900) 215
Die Stimme (poln. Zeitschrift) 95
Stolpe, Sven 967
Storni, Alfonsino 228
Straszewicz, Czesław (poln. Erzähler; Bekannter G.s, vgl. den Anfang von *Trans-Atlantik*;
1904–1963) 159, 169, 170 *(Touristen vom Storchennest)*,
171–174, 392, 593, 641, 790
Strauss, Richard 673
Strawinsky, Igor 224, 619
Stuart, Eddy Montague 85
Sur (argent. Kulturzeitschrift; vgl. Ocampo, Victoria) 224
Świeczewski, Karol und Maria (G.s Freunde in Argentinien) 107, 179–181, 205, 535, 567, 740
Świnarska, Barbara (poln. Journalistin; Autorin eines Pseudo-Interviews mit G.) 875–879, 918
Szeryng, Henryk (poln.-mexikanischer Violinist, geb. 1918) 885
Szubska, Baśka (Basia) 982–984
Szumowski, Stefan (poln. Botschafter i. Argentinien) 1004
Szumowski (Minister) 611

Sch

Schelling, Friedrich W. 984
Schiller, Friedrich 564
Schönberg, Arnold 617, 690, 691
Schopenhauer, Arthur 74, 261, 312, 323, 539, 817, 1010
Schostakowitsch, Dimitrij 620
Schrödinger, Erwin 674
Schubert, Franz 625
Schulz, Bruno (poln.-jüd. Erzähler; Freund G.s; 1892–1942) 275

(Die Zimtläden, auch 697, 698), 383, 601, 697–709, 758, 981

T

Tagore, Rabindranath 224
Teran 669
Tetmajer, Kazimierz (poln. Lyriker des Fin de siècle, 1865–1940) 13, 81
Theokrit 906
Thibon, Gustave 293, 294
Thomas von Aquin 984
Tiel, Walter (erster dt. Übersetzer der Werke G.s) 709
Tiepolo, Giovanni B. 42
Tito (= Espiro, Nicolas) 215
Tizian, 41, 442, 446, 536, 722, 816
Toeplitz, Krystof Teodor (poln. Journalist) 347
Tolstoj, Lew Nikolajewitsch (Leo) 536, 564, 772
Tomeu, Humberto Rodriguez (exilkuban. Schriftsteller; Mitarbeiter an der span. Übersetzung von *Ferdydurke*; geb. 1919) 234, 354
Torre, Guillermo de 765
Toynbee, Arnold J. 653
Trotzkij, Leo 653
Tschaikowsky, Peter I. 620
Turner, Joseph 434
Tuwim, Julian (vielseitiger poln. Lyriker u. Literat; 1894–1953) 22, 168, 418, 427, 571, 755, 924–925, 959
Tygodnik Powszechny (Wochenzeitung der poln. Katholiken) 386, 448
Tyrmand, Leopold (poln. Erzähler der »Tauwetterzeit«, später emigriert, 1920–1985) 488–489, 977–978

U

Uniłowski, Zbigniew (poln. Erzähler, G. schätzte ihn; 1909–1937) 317 *(Zwanzig Jahre des Lebens)*
Ungaretti, Giuseppe 987

V

Valentino, Rudolf 502
Valéry, Paul 26, 38, 106 *(Profusion du soir)*, 224, 268, 458, 920
van Gogh, Vincent 443
Vegh-Quartett 884
Verdi, Giuseppe 158 *(La Traviata)*
Vergil 936, 937
Verlaine, Paul 33, 772
Vilela, Jorge Ruben (»Marlon«, Freund in Tandil) 613
Vilela, Ricardo (argent. Geschäftsmann, G.s Schachpartner im Café Rex; geb. 1920) 469
Villagra, Francisco de 496
Vinci, Leonardo da 43, 536, 675, 816
Virgilio →Piñera, Virgilio
Visée 612 *(Suite en re)*
Völker, Klaus 865, 867–868
Volle, Jacques (franz. Schriftsteller, Autor von *Gombrowicz, bourreau martyre*, Paris 1972) 967
Voltaire, François-Marie 844

W

Wagner, Richard 58 *(Götterdämmerung)*, 261, 618, 624
Wajda, Andrzej (poln. Film- u. Theaterregisseur, geb. 1926) 628 *(Asche und Diamant)*
Ważyk, Adam (poln. Lyriker der Vorkriegsavantgarde, des Sozrealismus u. der Nachkriegsavantgarde, geb. 1905) 22, 270
Weidlé, Wladimir 760, 764, 767, 768, 777, 829
Weikert, Ingrid 865
Weil, Simone 50–51, 288, 290 *(La pesanteur et la grace)*, 291–296, 300
Weiss, Peter 848, 873, 883
Wendt, Enrique (»el Aleman«, »der Deutsche«; dt. Mitglied der Gombrowicz-Clique in Buenos Aires; »Spezialist für Kant, Mathematik u. Schach«)
Weyssenhoff, Józef (Baron, poln. Schriftsteller, u. a. Jagdthemen, 1860–1932) 923
Wiadomości Literackie (einflußreichste Literaturzeitschrift der Vorkriegszeit, Herausgeber: Mieczysław Grydzewski; nach dem Krieg u. a. Fortsetzung in *Wiadomości*, London) 9, 11, 17, 18, 34, 36, 112, 151, 161, 275, 276–277, 392, 427, 452, 566–569, 571–573, 598–599, 676, 749, 761, 793, 824, 877, 931–934, 982
Wickenhagen, Staś 326
Wiech, Stefan (Wiechecki, poln. volkstümlicher Satiriker, 1896–1979) 169
Wierzyński, Kazimierz (poln. Lyriker, seit 1939 im Exil; 1894–1969) 89, 91, 755, 970
Wilde, Oscar 188, 367
Winczakiewicz, Jan (exilpoln. Kritiker) 89–91, 99, 837
Wisłocki, Stanisław (poln. Dirigent, geb. 1921) 741, 743–745
Witkiewicz, Stanisław Ignacy

(Witkacy, poln. Dramatiker,
Romancier, Maler, Kunsttheoretiker u. Philosoph der Vor-
kriegsmoderne, 1885–1939)
272–273, 309, 698, 708, 758,
981, 989, 990
Wittlin, Józef (poln. Romancier u.
Lyriker, Schulkamerad von Joseph Roth, zeitweise Freund
G.s; 1896–1976) 99, 274, 597,
599, 709, 750, 756–760,
776–777
– *Hymnen:* 756
– *Salz der Erde:* 274, 756
Wojewode (altpoln. Verwaltungs-
rang) 169
Wraga, Ryszard (exilpoln. Kritiker)
100
Wurmbrand-Stuppach 80
Wyspiański, Stanisław (poln. Dramatiker u. Künstler des Fin de
siècle; 1869–1907) 259–261,
262, 264, 355, 361, 369, 449
– *Die Hochzeit:* 260, 449

Z

Zabłocki, Franciszek (poln. Komö-
dienautor der Aufklärung,
1752–1821) 19 *(Der verliebte Modegeck),* 571
Zamecznik (Stanislaw Z.,
1909–1971, oder Wojciech Z.,
1923–1967 – beide Architekten
und Graphiker) 663
Zamszycki (poln. Zufallsbekannter) 185
Zarzycka, Irena (poln. feministi-
sche u. linke Romanautorin;
1900–?) 115, 203
Zawadzka, Helena (Sekretärin i. d.
Banco Polaco) 1007
Zbyszewski, Wacław Alfred (exilpoln. Kritiker) 17, 165, 167,
392, 572
Ždanov, Andrej A. (sowjet. bol-
schew. Politiker u. Ideologe,
sein Name ist mit der schlimmsten Phase des stalinistischen
Sozrealismus verbunden;
1896–1948) 356
Zdziechowski, Paweł 391, 811
Żeleński-Boy, Tadeusz (einflußreicher poln. Literat u. Übersetzer,
1874–1941) 51, 69, 275–276,
427
Zellner (G.s poln. Arzt) 534
Żeromski, Stefan (einflußreicher
poln. Romancier u. Novellist;
1864–1925) 17, 19, 97,
257–259, 264, 272, 275, 351,
369, 456, 633
Zola, Émile 726, 894
Zosia → Chądzyńska
Życie Literackie (Krakauer Wochenzeitschrift) 347, 388, 611, 876,
878, 880
Życie Warszawy (Warschauer Tageszeitung) 878

Inhalt

Erstes Buch (1953–1956)

1953 Kapitel I 9 – Kapitel II 20 – Kapitel III 41 – Kapitel IV 59 – Kapitel V 77 – Kapitel VI 89

1954 Kapitel VII 105 – Kapitel VIII 117 – Kapitel IX 137 – Kapitel X 151 – Kapitel XI 165 – Ländliches Tagebuch 175 – Kapitel XII 179 – Kapitel XIII 192

1955 Kapitel XIV 215 – Kapitel XV 233 – Kapitel XVI 247 Kapitel XVII 266

1956 Kapitel XVIII (Mare del Plata) 287 – Kapitel XIX (La Cabaña) 302 – Kapitel XX (La Cabaña) 319 – Diarium vom Río Paraná 335 – Goya 342 – Rosario 344 – Buenos Aires 344 – Kapitel XXI 345 – Sienkiewicz 361

Zweites Buch (1957–1961)

1957 Kapitel I 379 – Kapitel II 390

1958 Kapitel III 407 – Kapitel IV 420 – Kapitel V 433 – Kapitel VI 453 – Kapitel VII 465 – Kapitel VIII 482 – Kapitel IX 495 – Kapitel X 588

1959 Kapitel XI 529 – Kapitel XII 543 – Kapitel XIII 557

1960 Kapitel XIV 577 – Kapitel XV 591 – Kapitel XVI 606 – Kapitel XVII 616 – Kapitel XVIII 629

1961 Kapitel XIX 653 – Kapitel XX 664 – Kapitel XXI 678

DRITTES BUCH (1961–1966)

1961 Kapitel I 697

1962 Kapitel II 715 – Kapitel III 728 – Kapitel IV 740 – Kapitel V 755 – Kapitel VI 770

1963 Kapitel VII 783 – Kapitel VIII 797 – Kapitel IX 811 – Kapitel X 825 –

1964 Kapitel XI 841 – Kapitel XII 850 – Kapitel XIII 861 –

1965 Kapitel XIV 883 – Kapitel XV 893 –

1966 Kapitel XVI 909 – Kapitel XVII 922 – Kapitel XVIII 936 – Kapitel XIX 951 –

1967–1969

1967   967 – 1968 975 – 1969   979

Anhang

Editorische Notiz	993
Vorwort zur deutschen Ausgabe der *Berliner Notizen* . . .	995
Typoskript aus dem Archiv der *Kultura*	998
Aus dem handschriftlichen Nachlaß	1012
Peter Hamm: *Gombrowicz und der Wandschirm*	1017
Register	1043

Witold Gombrowicz

Gesammelte Werke

in dreizehn Bänden

Herausgegeben von Rolf Fieguth und Fritz Arnold
Band 13895

Band 1:
Ferdydurke
Roman
*Aus dem Polnischen von
WalterTiel*

Band 2:
Trans-Atlantik
Roman
*Aus dem Polnischen von
Rolf Fieguth*

Band 3:
Pornographie
Roman
*Aus dem Polnischen von
Walter Tiel und Renate Schmidgall*

Band 4:
Kosmos
Roman
Aus dem Polnischen von Olaf Kühl

Band 5:
Theaterstücke
Yvonne,
die Burgunderprinzessin/
Die Trauung/
Operette/
Geschichte
*Aus dem Polnischen von
Heinrich Kunstmann, Rolf Fieguth,
Christa Vogel, François Bondy
und Constantin Jelenski*

Band 6 – 8
Tagebuch 1953-1969
Aus dem Polnischen von Olaf Kühl

Band 9:
Bacacay
Erzählungen
*Aus dem Polnischen von WalterTiel
und Olaf Kühl*

Band 10:
Polnische Erinnerungen
*Aus dem Polnischen von
Klaus Staemmler*

Band 11:
Argentinische Streifzüge
und andere Schriften
*Aus dem Polnischen von
Klaus Staemmler und aus dem
Argentinischen von Gisbert Haefs*

Band 12:
Die Besessenen
Roman
*Aus dem Polnischen von
Klaus Staemmler*

Band 13:
Eine Art Testament
Gespräche und Aufsätze
*Aus dem Polnischen und Französischen von Rolf Fieguth, Walter Tiel
und Renate Schmidgall*

Fischer Taschenbuch Verlag

Joseph Brodsky
Gedichte

Deutsch von Heinrich Ost und Alexander Kaempfe

Band 9232

Schon in seinem ersten Gedichtband, der 1965 in New York erschien, stellte sich Brodsky, damals gerade 25 Jahre alt, als eines der außergewöhnlichsten Talente der zeitgenössischen russischen Lyrik vor. Heute gilt er als der größte russische Dichter der Gegenwart. Es ist als nutze er Versmaß und Reim als ästhetische Hürde, die er berücksichtigen, aber zugleich spielerisch überwinden will. So entsteht in seiner Lyrik eine faszinierende Spannung von Tradition und Modernität. Neben Gedichten mit Metrum und Reim enthält dieser Band nichtstrophische Gedichte und auch schon Beispiele der früher für ihn charakteristischen Gedankenlyrik. Seine vielschichtige Lyrik überrascht durch die Modernität der Sprache und durch den präzisen Blick, der die Wirklichkeit verfremdend erhellt und die ungewöhnliche Metapher.

Fischer Taschenbuch Verlag

Ossip Mandelstam

Das Rauschen der Zeit
Gesammelte »autobiographische« Prosa der 20er Jahre
Herausgegeben und übersetzt von Ralph Dutli. Band 9183

Mitternacht in Moskau
Die Moskauer Hefte
Gedichte 1930 - 1934. Russisch und Deutsch
Herausgegeben und übersetzt von Ralph Dutli. Band 9184

Gedichte
Aus dem Russischen übertragen von Paul Celan
Band 5312

Über den Gesprächspartner
Gesammelte Essays I
1913 - 1924
Herausgegeben und übersetzt von Ralph Dutli
Band 11862

Gespräch über Dante
Gesammelte Essays II
1925 - 1935
Herausgegeben und übersetzt von Ralph Dutli
Band 11863

Tristia
Gedichte 1916 - 1925
Aus dem Russischen übertragen und
herausgegeben von Ralph Dutli
Band 11874

Fischer Taschenbuch Verlag

Alistair MacLeod
Land der Bäume
Roman

Alexander MacDonald ist der letzte eines schottischen Clans, dessen Mitglieder sich an ihren roten Haaren erkennen – und an ihren Geschichten. Wie die von dem Hund, der ihrem Schiff beim Abschied von Schottland nachschwamm und ihnen bis Kanada, ins »Land der Bäume« gefolgt wäre, hätte man ihn nicht an Bord genommen. Ein bestechender kanadischer Roman von einem glänzenden Fabulierer, der weiß, was Familien zusammenhält: Geschichten.

»Der größte zu entdeckende Schriftsteller unserer Zeit.«
Michael Ondaatje

»Ein Buch wie eine Ballade von Bob Dylan.
Ein Meisterwerk.«
Michael Krüger im Literarischen Quartett

Fischer Taschenbuch Verlag

Gabriel García Márquez
Der General in seinem Labyrinth
Roman
Aus dem Spanischen von Dagmar Ploetz
Band 16254

Simón Bolívar, der glorreiche General des lateinamerikanischen Unabhängigkeitskrieges gegen die spanische Krone und spätere Präsident des von ihm gegründeten Kolumbien, hat abgedankt. Mit einem kleinen Aufgebot an Mitstreitern sucht er den beschwerlichen Weg über die Anden zum Rio Magdalena. Seine letzte Reise, die er in einem Boot zurücklegt, gleicht einer Flucht. Vom großen Ruhm bis zur bitteren Niederlage entwirft Gabriel García Márquez das Porträt eines Menschen im Labyrinth seiner Leiden und verlorenen Träume.

»Eine lebendige Gestalt aus Fleisch und Blut jenseits der Heldenklischees ... Simón Bolívar ist sicher eine der großen Romanfiguren von Gabriel García Márquez.«
Walter Haubrich, Frankfurter Allgemeine Zeitung

Fischer Taschenbuch Verlag

Michael Pauen
Grundprobleme der Philosophie des Geistes
Eine Einführung
Band 14568

An der Philosophie des Geistes scheiden sich die Geister. Die Auseinandersetzung um das Verhältnis von Gehirn und Bewusstsein beschäftigt Philosophen und empirische Wissenschaftler seit Jahrhunderten. Entsprechend unübersichtlich ist die Diskussionslage.

Michael Pauen gibt eine systematische, problemorientierte Darstellung der wichtigsten Positionen, Debatten und Argumente der letzten Jahrzehnte und unterscheidet dabei auch zwischen aussichtsreichen und weniger aussichtsreichen Vorschlägen. Berücksichtigt werden außerdem die Ergebnisse der empirischen Forschung sowie die möglichen Konsequenzen für unser Selbstverständnis als bewusste, frei handelnde Subjekte.

Fischer Taschenbuch Verlag

Fjodor Dostojewskij

Verbrechen und Strafe

Roman

Aus dem Russischen neu übersetzt von Swetlana Geier

Band 12997

Raskolnikow entstammt einer verarmten bürgerlichen Familie. In der schrankähnlichen Enge seines Zimmers ist der »euklidische Verstand«, der der Diener des Lebens sein sollte, zum Herrscher geworden. Raskolnikow ist Utilitarist. Um eines naturgemäß unklar gefaßten Begriffs des wissenschaftlichen oder sozialen Fortschritts willen, scheint es ihm erlaubt, eine alte Wucherin, die »nicht besser als eine Laus ist«, zu töten und mit dem geraubten Geld sein Studium zu finanzieren. Sein Herz wehrt sich ebenso wie sein Unterbewußtsein gegen die geplante Tat, doch von sozialer Not gedrängt und gefangen in lebensfeindlichen Ideen, wird er zum Mörder. Das Delirium und die grenzenlose Einsamkeit, die dem Verbrechen folgen, lassen ihn erkennen, daß die Funktionen des »euklidischen Verstandes« nicht die einzige bestimmende Dimension der menschlichen Persönlichkeit ausmachen. Leidvoll, aber bereichert durch die einfühlsame Scharfsicht des Untersuchungsrichters Porfirij und durch die frisch erwachte Liebe zu Sonja Marmeladowa, erfährt er, daß der Weg aus der Vereinsamung nur über Geständnis *und* Strafe führen kann. Auch wenn die »Reue« ihm eher fremd ist, die Liebe errettet ihn schließlich.

Fischer Taschenbuch Verlag

»*Eine einzigartige Schatzkammer erfundener wie realer Individualisten.*«

Thomas Schmid, DIE ZEIT

Neues vom Nobelpreisträger Isaac Bashevis Singer: 27 Geschichten des großen Erzählers liegen hier erstmals auf Deutsch vor. So erzählt er von einem Handwerker, der eine Prostituierte heiraten will oder von einem armen Klempner, der alles dafür gibt, um aus seinem Sohn einen Rabbi zu machen. Geschichten aus Singers Warschauer Zeit, die sich zu einem faszinierenden Bild der untergegangenen Welt des Ostjudentums zu Beginn des 20. Jahrhunderts fügen.

Aus dem Amerikanischen von Sylvia List
216 Seiten. Gebunden

www.hanser.de
HANSER